De Boor-Newald

Geschichte der deutschen Literatur

Band IV/1

GESCHICHTE
DER DEUTSCHEN LITERATUR

VON DEN ANFÄNGEN BIS ZUR GEGENWART

VON HELMUT DE BOOR

UND RICHARD NEWALD †

VIERTER BAND / ERSTER TEIL

C. H. BECK'SCHE VERLAGSBUCHHANDLUNG
MÜNCHEN MCMLXX

DIE DEUTSCHE LITERATUR VOM SPÄTEN MITTELALTER BIS ZUM BAROCK

ERSTER TEIL

DAS AUSGEHENDE MITTELALTER,
HUMANISMUS UND RENAISSANCE
1370–1520

VON

HANS RUPPRICH

C. H. BECK'SCHE VERLAGSBUCHHANDLUNG
MÜNCHEN MCMLXX

ISBN Leinen 3 406 00715 5
ISBN Broschur 3 406 00716 3

© C. H. Beck'sche Verlagsbuchhandlung (Oscar Beck) München 1970
Druck: Buchdruckerei Georg Appl, Wemding
Printed in Germany

VORBEMERKUNG

Autor und Verlag planten ursprünglich, beide Teile der darzustellenden Epoche in einem Band zu vereinigen. Doch die ungeheure Stoffbreite und Vielfalt der Erscheinungen, insbesondere im 15. Jahrhundert, zwangen zu einer Aufteilung in zwei Bände: IV/1 ‹Das ausgehende Mittelalter› und ‹Humanismus und Renaissance›, IV/2 ‹Das Zeitalter der Reformation›. Obgleich die beiden Bände aus Gründen der leichteren Benutzung durch eigene Register aufgeschlossen wurden, bilden sie inhaltlich und darstellungsmäßig eine Einheit.

INHALTSÜBERSICHT

Einleitung

Die bisherigen Bemühungen um Erfassung und Darstellung der
Epoche. Inhalt und Anlage des Bandes   1

Der Zeitraum von 1370 bis 1570

Gegebenheiten, Geschehnisse und Zustände, innerhalb derer die
deutsche Literatur sich entfaltete   10

a) Die staats- und kirchenpolitischen Verhältnisse und Ereignisse . . .   11

b) Die soziologische Situation: Kirche und Adel, Stadtbürger, Bauern.
Veränderungen im Rechtsleben   13

c) Die geistigen Grundlagen und Strömungen: Scholastik und Mystik,
Errichtung der Universitäten; Humanismus und Renaissance; Reformation   17

d) Sprache, Dichtung und Schrifttum von der Mitte des 14. bis zum Anfang des 17. Jahrhunderts: Charakter der Epoche, Gattungen, Autoren, Publikum, Wirkungsgeschichte   27

e) Konnexe zwischen Literatur, Baukunst, bildender Kunst und Musik .   35

ERSTER ABSCHNITT

DAS AUSGEHENDE MITTELALTER

Begriffsbestimmung. Geistig-kulturelle Wesenszüge   43

I. Kapitel. Die epische Dichtung in Vers und Prosa   48

1. Höfische Epik, Heldensage, Spielmannsepik

a) Die höfische Epik   49

b) Die Heldensage   63

c) Die Spielmannsepik   69

2. Romanhafte Prosaerzählungen. Übersetzungen aus dem Lateinischen, Französischen und Niederländischen. Auflösungen mittelhochdeutscher Versepen in Prosa. ‹Fortunatus›   72

3. Kleinepik in Vers und Prosa   81

4. Geistliche Dichtung und religiöse Poesie in Vers und Prosa   88

a) Geistliche Großepik in Versen   90

b) Leben Jesu und Mariae   92

c) Legende 95

d) Jenseitsvisionen. ‹Die Visionen des Ritters Georg aus Ungarn› . . . 103

5. Schwankdichtung 106

   a) ‹Von Metzen Hochzeit› und der ‹Ring› des Wittenwiler 108

   b) ‹Neithart Fuchs› und ‹Die Geschichte des Pfarrers vom Kahlenberg› . 113

   c) ‹Till Eulenspiegel› 124

6. Das literarische Werk Kaiser Maximilians I. 128

*II. Kapitel. Historie in Vers und Prosa. Vorformen und Beiformen
der Selbstzeugnisse. Reisebeschreibungen* 138

1. Deutsche Chroniken und Memoiren. Deutschsprachige geschichtliche Prosa. Ihre Ausbildung in den politischen Territorien, Landschaften und Städten 140

2. Ansätze zur Lebensbeschreibung und Selbstbiographie. Reisebeschreibungen 157

III. Kapitel. Lyrische Dichtung. Spruchdichtung 165

1. Die Ausklänge des Minnesangs und der Dorfpoesie. Oswald von
Wolkenstein. Weltliche und geistliche Kunstlyrik 167

2. Volkstümliche Lyrik 180

   a) Weltliche Lyrik. Das historisch-politische Lied 183

   b) Geistliches Lied. Kirchenlied 191

3. Liedersammlungen und Liederbücher 193

4. Lehrhafte Versreden. Minne-Reden und -Allegorien. Herolds- und
Wappendichtung. Peter Suchenwirt 197

5. Bilddichtung. Totentänze 216

6. Von der nachklassischen Lyrik zum Meistergesang 218

   a) Die spruchdichterische Vorphase 220

   b) Der schulmäßig organisierte Meistergesang 227

*IV. Kapitel. Dramatische Dichtung in deutscher Sprache. Ausgestal-
tung, Ausbreitung und Darstellungsformen* 236

1. Die geistlichen Spiele. Das religiöse Drama in der Volkssprache . . 239

   a) Die Osterspiele 242

   b) Die Passionsspiele. Die Marienklagen 247

   c) Die Weihnachtsspiele 257

   d) Leben Jesu-Spiele; Prophetenspiele; Paradiesspiele; Eschatologisches;
Spiele, die das gesamte Heilsgeschehen umfassen; Prozessionsspiele . 260

   e) Legendendramen und Mirakelspiele; Moralitäten 267

2. Die weltlichen Spiele 272

   a) Frühlingsspiele; Jahreszeiten-Kampf 277

   b) Die Fastnachtspiele 282

   c) Das Puppenspiel 287

V. Kapitel. Didaktische Dichtung. Geistliches und weltliches lehrhaftes Schrifttum 290

1. Lehrdichtung in Vers und Prosa. Zeitkritik und Satire 293

   a) Fortleben älterer Lehrdichtung und Spruchdichtung 293

   b) Beispieldichtung und Sprichwort 295

   c) Spiegelliteratur. Standes- und Sittenlehre. Schachbücher 296

   d) Satire. ‹Des Teufels Netz›. Josep 302

   e) Fabeldichtung und satirisches Tierepos. Äsop. ‹Reinhart Fuchs› . . . 305

2. Religiöse Unterweisungs- und Erbauungsliteratur in Prosa und Vers 309

   a) Aus Scholastik und Mystik. Literatur der einzelnen Orden 313

   b) Aus der Leidenstheologie. Consolatorien. Passionshistorie 333

   c) Die Devotio moderna. Thomas von Kempen 336

   d) Gebet- und Andachtsbücher 340

   e) Bibelübersetzung und Bibeldichtung 342

3. Die Artesliteratur 347

   a) Älteres Gebrauchs- und Wissenschaftsschrifttum 348

   b) Artes liberales, Artes mechanicae, Artes magicae; neue naturwissenschaftliche Erkenntnisse und Erfindungen. Der Buchdruck. Einblattdrucke und Flugschriften 350

   c) Rechtsliteratur. Satansprozesse 370

VI. Kapitel. Spätmittelalterliche Ansätze zu Neuformungen. Erste Berührung mit dem Renaissance-Humanismus Italiens. Große Dichtung. Höhe des theologisch-philosophischen Schrifttums . . 373

1. Die Auseinandersetzungen zwischen Kaisertum und Papsttum. Die politische und geistesgeschichtliche Situation in der ersten Hälfte des 14. Jahrhunderts

   a) Der Hof Ludwigs IV. von Bayern 375

   b) Marsilius von Padua und Wilhelm von Ockham 377

2. Der Übergang der Kaiserwürde auf die Luxemburger in Böhmen 384

   a) Hof und Kanzlei in Prag. Johann von Neumarkt. Petrarca und Cola di Rienzo. Das Neue als Form: Stilkunde und Rhetorik. Anhänger der Neuansätze und Reformideen 384

   b) Dichtung: ‹Der Ackermann› des Johannes von Tepl 393

   c) Die Auswirkungen der Geschehnisse in München und Prag 401

3. Der Übergang der Kaiserwürde auf die Habsburger in Österreich   404

a) Hof und Kanzlei in Österreich. Die Universität Wien; Heinrich von Langenstein 405

4. Nikolaus von Cues: Synthese der Gegensätze; das neue Weltbild   413

ZWEITER ABSCHNITT

HUMANISMUS UND RENAISSANCE

Voraussetzungen. Begriffsbestimmung. Entfaltung in Italien. Die deutsche Ausbildung

1. Die allgemeinen geschichtlichen und kulturellen Voraussetzungen   425

2. Begriffsbestimmung und Wortgeschichte von Humanismus und Renaissance 427

3. Die Entfaltung von Humanismus und Renaissance, vorzugsweise in Italien 435

a) In der Geistesgeschichte, im Bildungswesen, im Religiösen, in der Staatslehre 436

b) In der Dichtung, Rhetorik, Geschichtsschreibung, in der bildenden Kunst, in der Artes- und Fachliteratur 442

c) Das neue Bild der Welt und des Menschen. Das neue Lebensgefühl . 448

4. Humanismus und Renaissance in Deutschland

a) Ausbildung, Ablauf, Zusammenhänge 452

b) Literatur und Dichtung des deutschen Renaissance-Humanismus . . 457

I. Kapitel. Anfänge, Ausbreitung und Blüte des Humanismus in Deutschland 461

1. Die beiden Richtungen im deutschen Humanismus 462

a) Die mathematisch-naturwissenschaftliche Richtung. Georg von Peuerbach. Johannes Regiomontan   464

b) Die literarisch-stilistische Richtung. Enea Silvio am Kaiserhof. Die ersten Vertreter und Propagatoren 469

c) Wanderhumanisten. Peter Luder 479

2. Der spätscholastische Humanismus 482

a) Übergangsgestalten 483

b) Rudolf Agricola 490

3. Humanistische Lebenslehre 495

a) Jakob Wimpfeling 495

b) Johann Adelphus Muling. Matthias Ringmann Philesius 499

4. Verbreitung und Blütezeit 501
  a) Der Südosten: Die Schweiz, Österreich, Vorderösterreich 502
  b) Der Westen: Straßburg, Schlettstadt, Mittel- und Niederrhein . . . 506
  c) Schwaben, Franken, Bayern 512
  d) Thüringen, Sachsen, Norddeutschland 517
5. Die Repräsentanten der humanistischen Geisteshaltung 521
  a) Der deutsche Erzhumanist Konrad Celtis. Die Errichtung des Collegium poetarum et mathematicorum 522
  b) Johannes Reuchlin 531
  c) Willibald Pirckheimer 542
  d) Konrad Mutianus Rufus 552
  e) Erasmus von Rotterdam 555

II. Kapitel. Die epische Dichtung in Prosa und Vers 568

1. Übersetzungen aus dem Lateinischen und Italienischen. Akademische Kunstprosa. Niklas von Wyle, Heinrich Steinhöwel, Heinrich Schlüsselfelder, Albrecht von Eyb 570

2. Didaktisch-satirische Versepik in deutscher Sprache: Sebastian Brant, Thomas Murner 580

3. Die lateinsprachige Epik in Deutschland
  a) Gesprächsnovelle: Paul Schneevogel-Niavis 591
  b) Fazetie, allegorische Satire, Sprichwort: Augustin Tünger, Heinrich Bebel, Johann Adelphus Muling 592
  c) Religiöse und historische Epik 595

III. Kapitel. Die lyrische Dichtung

1. Antike Vorbilder. Italienischer Vorausgang. Verbindungen zwischen Süden und Norden 598

2. Übergangserscheinungen. Johann Beussel. Benedictus Chelidonius. Der ältere Humanismus 601

3. Die humanistische Lyrik der Blütezeit 608
  a) Das lyrische Werk des Konrad Celtis; sein Schüler- und Freundeskreis. Hermann von dem Busche 609
  b) Ulrich von Hutten 615
  c) Kaspar Ursinus Velius 617

4. Die neulateinische Lyrik des frühen 16. Jahrhunderts. Der Erfurter Kreis 619
  a) Eobanus Hessus 619
  b) Euricius Cordus 622

IV. Kapitel. Das Drama

1. Die wiedererwachsene römisch-griechische Antike. Italien und
   Deutschland 626

2. Die ersten Versuche in Deutschland. Enea Silvio. Johann Tröster.
   Donisius 631

3. Dramatische Dichtung im älteren Humanismus 634
   a) Wimpfeling. Johann Kerckmeister. Heinrich Bebel 634
   b) Joseph Grünpeck 636

4. Das Drama der Blütezeit 637
   a) Reuchlin 638
   b) Locher 640
   c) Celtis und Nachfahren. Chelidonius. Herkules am Scheidewege.
      Joachim von Watt. Christoph Hegendorff 643
   d) Aufführungen antiker Stücke 649

*V. Kapitel. Humanistische Artesliteratur, Fachschrifttum und Wissen-
schaft* 652

1. Artes liberales 653
   a) Das Trivium: Grammatik, Dialektik, Rhetorik, Poetik, Literatur-
      geschichte; Geschichtsschreibung und Topographie; Biographie und
      Selbstzeugnisse 654
   b) Das Quadrivium: Mathematik, Astronomie, Musik; Kunsttheorie und
      Kunstliteratur: Albrecht Dürer 676

2. Artes mechanicae: Geographie, Medizin, Botanik 690

3. Artes magicae: Agrippa von Nettesheim 696

4. Rechtswissenschaft. Zasius 698

*VI. Kapitel. Antike und Christentum. Kulturkritik. Vom Renaissance-
Humanismus zur Reformation.* 700

1. Außerchristliche Kultur und moderner Humanismus 702

2. Der Pfefferkorn-Reuchlinsche Streit und die ‹Epistolae obscurorum virorum›. Crotus Rubeanus 709

3. Ulrich von Hutten; Humanist und Ritter; Kampf gegen Rom . . . 720

4. Humanismus und ausgehendes Mittelalter als Wegbereiter der
   Reformation 728

Bibliographie 733

Register (Personennamen und Titel bedeutenderer anonymer Werke) 801

EINLEITUNG

Die bisherigen Bemühungen um Erfassung und
Darstellung der Epoche. Anlage und Inhalt
des Bandes

Das Gebiet der deutschen Literatur vom Ausgang des Mittelalters bis zu den Anfängen des Barock, das ist die Epoche von etwa 1350 bis gegen 1600, wurde von der Forschung lange Zeit vernachlässigt. Der Bereich war wenig beliebt, ist im gesamten verhältnismäßig wenig durchforscht und wenig bekannt; das Material ist schwer überschaubar, die Texte sind häufig nicht leicht zugänglich. Die Periode des Spätmittelalters und der Glaubenskämpfe litt seit WILHELM SCHERER unter dem Vorurteil, daß ihre Dichtung minderwertig sei und die Mühe einer systematischen Beschäftigung nicht lohne.

Es ist verständlich, daß sich seit dem Aufkommen der historischen Wissenschaften zunächst die Kirchen- und Religionsgeschichte intensiv mit der Erforschung und textlichen Darlegung des Reformationszeitalters befaßt hat. Nach Abflauen der Begeisterung für die Renaissance wandte sich die Kunstgeschichte mit Eifer und großen Erfolgen der Bestandsaufnahme und Würdigung der Spätgotik zu. Auch die Kulturgeschichte erkannte schließlich den herbstlichen Reiz und die Schönheiten spätmittelalterlicher Kulturzentren. Gewiß: die großen geistigen Auseinandersetzungen spielten sich auf religiösem Gebiet ab, die Leistungen der Bau- und Bildkunst des Spätmittelalters sind außerordentlich. Doch auch die Literatur zwischen Mittelalter und Neuzeit besaß eine reiche Fülle geistig und künstlerisch bedeutsamer Erscheinungen und Schöpfungen.

Als erster mit lebensphilosophischen und geisteswissenschaftlichen Aspekten trat an das 15. und 16. Jh. heran WILHELM DILTHEY in einer Abhandlung ‹Auffassung und Analyse des Menschen im 15. und 16. Jahrhundert› [Arch.f.Gesch.d.Phil.IV (1891), 604 ff.; V (1892), 337 ff.]. Wesensverwandt mit JAKOB BURCKHARDT, schildert JOHAN HUIZINGA, ‹Herfsttijd der Middeleeuwen› (1919), deutsch: ‹Herbst des Mittelalters. Studien über Lebens- und Geistesformen des 14. und 15. Jhs. in Frankreich und in den Niederlanden› (1924, ⁴1951), in meisterhafter Weise Atmosphäre, Lebens- und Geistesformen des burgundisch-niederländischen Raumes im ausgehenden Mittelalter. Das Werk ist heute bereits ähnlich klassisch wie BURCKHARDTS ‹Kultur der Renaissance in Italien›. An der Erfassung der deutschen kulturellen, geistigen und literarischen Zustände waren Germanisten, Kulturphilosophen und Historiker beteiligt. In unserem Zusammenhang interessieren naturgemäß vor allem die germanistischen Darstellungsversuche.

Erst in der Zeit zwischen den beiden Weltkriegen wagte man von germanistischer Seite in sich geschlossene Epochendarstellungen, die sich vorwiegend mit der Literatur des ausgehenden Mittelalters, des Humanismus und des Reformationszeitalters beschäftigen. WOLFGANG STAMMLER, ‹Von der Mystik zum Barock› (1927, ²1950; Epochen der deutschen Literatur II, 1), umfaßt den Zeitraum von 1400 bis 1600 und setzt entsprechend seiner Ansicht, daß die großen Veränderungen im menschlichen Geistesleben stets aus der Religion hervorwachsen – und zwar weniger aus der offiziell kirchlichen als aus der geheimen, individuellen Frömmigkeit –, an erste Stelle den Abschnitt ‹Zustand und Auflösung›. In ihm werden Mystik und Scholastik, NIKOLAUS VON CUES, Kirchenreform, bürgerliche Kultur und Literatur, Drama, Epigonenliteratur, Prosa, Allegorie, Volkslied, bäuerliche Literatur behandelt. Ein zweiter Abschnitt ‹Neues Lebensgefühl und neuer Stil› ist den Anfängen der italienischen Renaissance und dem deutschen Humanismus gewidmet. Ein dritter Abschnitt ‹Beharren in alter Kunstübung› berichtet über die alte Epik, die Satire, die Lehrdichtung, HANS SACHS, Reimchroniken, Fabeldichtung, die Lyrik, weltliche und geistliche Prosa, das Drama. Der vierte Abschnitt ‹Lutherische Pause› bemüht sich um die Reformationsliteratur, Geschichtsschreibung und Selbstbiographie, um Übersetzungs- und Lehrschrifttum. Der fünfte Abschnitt ‹Künstlerischer Anstieg› umreißt die katholische Restauration, den Ausbau des Protestantismus, das polemische und didaktische Schrifttum, die Schwankbücher, Tierdichtung, Teufelsliteratur, Theosophie und Pansophie, Geschichtsschreibung und Reiseliteratur, die neuen Naturwissenschaften, die neue Weltanschauung und Kunstauffassung, die neumodischen Ritterromane, das neue Drama und die neue Lyrik. STAMMLER wollte in beiden Auflagen nur eine Skizze der Epoche zwischen Mittelalter und Neuzeit bieten, «da der Stoff zu umfangreich und noch zu ungesichert sich darbietet». Seine Darstellung sollte zunächst «den Grund legen für eine intensive Durcharbeitung dieser Epoche». Sie sollte ein ausgesprochenes «Stoffbuch» sein.

DILTHEY in Problemstellung und Darstellungsweise folgend, versuchte RUDOLF STADELMANN in seinem Buch ‹Vom Geist des ausgehenden Mittelalters. Studien zur Geschichte der Weltanschauung von Nikolaus Cusanus bis Sebastian Franck› (1929, ²1966; DVjs Buchreihe 15) an einer Anzahl «repräsentativer Männer und Werke die Geisteshaltung des fin de siècle im deutschen Sprachgebiet zu charakterisieren». Das Resultat ist ein Bild der Dekadenz. Nachdem ein erstes Kapitel ‹Das Sentiment des 15. Jahrhunderts› zu zeichnen bemüht ist, stehen die folgenden vier Kapitel unter den Begriffen: ‹Skepsis›, Abwandlungen der Idee der Docta ignorantia; ‹Resignation›, Mystik des Spätmittelalters; ‹Emanzipation›,

Rationalismus im 15. Jahrhundert; ‹Pessimismus›, Historisches Selbstbewußtsein, Geschichtsphilosophie und Paradoxie.

Auf anderen Grundsätzen als STAMMLER und in manchem STADELMANN verwandt, baute GÜNTER MÜLLER sein Unternehmen auf. Ihm ging es in erster Linie darum, die tragenden Ideen und wesentlichen Strömungen der Epoche zwischen Mittelalter und Neuzeit herauszuarbeiten und darzulegen. GÜNTER MÜLLER, ‹Deutsche Dichtung von der Renaissance bis zum Ausgang des Barock› (1930; Handbuch der Literaturwissenschaft, hrsg. v. O. WALZEL), faßte unter diesem Titel das dichterische Schaffen vom 13. bis Ende des 17. Jhs. zusammen und teilte das Ganze in die zwei Teile ‹Renaissance› und ‹Barock›. Unter ‹Renaissance› behandelt er: I. die ‹Ausbildung der literarischen Grundformen›, II. ‹Nikolaus Cusanus und der Fortgang der deutschen Renaissance-Literatur›, III. ‹Renaissance-Breite und Luthers Formverwirklichung›. Unter ‹Barock› zeigt G. MÜLLER: I. die ‹Straffung und Differenzierung der Renaissance-Breite›, II. ‹Böhme, Bidermann und der Fortgang der Barockdichtung›. Wenige Jahre nach dem Erscheinen dieser großen Darstellung gliederte G. MÜLLER in ‹Deutsches Dichten und Denken vom Mittelalter zur Neuzeit› (1934; ²1949; Sammlung Göschen 1086) den Zeitraum von 1270 bis 1700 straff in die drei Kapitel: I. ‹Der mystische Grundstrom›, II. ‹Lebenslehre und Unterhaltung›, III. ‹Dichtung›. STAMMLERS Darstellung wird in ihrer zweiten Auflage zwar als «durchgesehen und erweitert» bezeichnet, doch bezieht sich die Erweiterung hauptsächlich auf die Erneuerung der Bibliographie. MÜLLERS Werk wurde unverändert neu aufgelegt. STAMMLER wie G. MÜLLER greifen vom 16. Jh. her auf das späte Mittelalter zurück, sehen es meist als Vorbereitungszeit der Renaissance und beschränken sich in der Stoffdarbietung mehr oder weniger auf eine Auswahl von Gestalten und Werken, die als Wegbereiter von Humanismus und Renaissance gelten.

Geistesgeschichte und Volkskunde zu verbinden, sucht WILL-ERICH PEUCKERT. Dabei schöpft er aus den gleichen Quellen, die dem politischen, dem Kultur-, Literatur- und Wirtschafts-Historiker zur Verfügung stehen. WILL-ERICH PEUCKERT, ‹Die große Wende. Das apokalyptische Saeculum und Luther› (1948), bezeichnet seinen Versuch als die «Geschichte des Umbruches» und möchte die Ablösung einer ländlich-bäuerlichen durch eine städtisch-bürgerliche Ordnung und Welt zur Darstellung bringen; der bäuerliche Mensch, der Mensch des Ackers, tritt in den Schatten, der städtische Mensch, der Bürger, erhebt sich. Nach einem ‹Vorspiel: Die bäuerliche Ordnung› werden die Zeit und der Stoff in fünf ‹Bücher› gegliedert: I. ‹Untergang: Zeit der Verwirrung, Die Schuldigen, Das Ende›; II. ‹Reformatio: Reformation, Der schlafende Kaiser, Bäuerliche Wiedergeburt›; III. ‹Intermezzo: Der Pauker von Niklashausen›; IV. ‹Aufgang der bürgerlichen Kultur: Der neue Geist, Cusa, Die neuen Tugenden, Neuplatonische Wiedergeburt, Phoenix›; V. ‹Luther: Vorreformatorische Wege, Der Reformator, Die Entscheidung›. Das Ergebnis ist das Bild eines «von dämonischen Kräften getriebenen Zeitumbruchs». Sowohl STADEL-MANN als auch PEUCKERT zeichnen kein Gesamtbild der spätmittelalterlichen Kultur, beide geben Studien zum ausgehenden Mittelalter auf begrenzter Auswahl der Quellen.

Im Rahmen einer Kulturgeschichte den lebensmäßigen, geistesgeschichtlichen und soziologischen Hintergrund der Zeit von der Mitte des 13. bis zur Mitte des 16. Jhs. zu zeichnen versuchte HERMANN GUMBEL, ‹Deutsche Kultur vom Zeitalter der Mystik bis zur Gegenreformation› (1936/39; Handbuch der Kulturgeschichte, hrsg. von H. KINDERMANN). Im Vordergrund der Darstellung stehen der Aufstieg und die Bedeutung der Städte, doch wird auch gezeigt, wie neben den neuen theologisch-philosophischen Kräften die alten ständischen Mächte noch lang ihre Macht und Geltung bewahren. Die Lebensformen und Denkweisen im Zeitalter des Humanismus, der Reformation und der Glaubenskämpfe bilden den Gegenstand der Arbeit von ERNST WALTER ZEEDEN ‹Deutsche Kultur in der frühen Neuzeit› (1968; Handbuch der Kulturgeschichte, hrsg. von E. THURNHER).

In der ‹Deutschen Literaturgeschichte in Grundzügen› (³1967) bearbeiteten der Herausgeber BRUNO BOESCH ‹Die Literatur des Spätmittelalters› (1250–1500) und LEONHARD BERIGER ‹Das Zeitalter des Humanismus und der Reformation›. In den ‹Annalen der deutschen Literatur› (²1962) bearbeiteten FRIEDRICH RANKE, SIEGFRIED BEYSCHLAG und RICHARD NE-WALD den Zeitraum von 1230 bis 1600. RANKE ‹Von der ritterlichen zur bürgerlichen Dichtung, 1230–1430›, BEYSCHLAG ‹Städte, Höfe, Gelehrte, 1430–1490›, NEWALD ‹Humanismus und Reformation, 1490–1600›, chronologisch, wie es ‹Jahrbüchern› entspricht, nach den gepflegten und in Erscheinung tretenden Gattungen und prominenten Persönlichkeiten. Miteinbezogen ist der Zeitraum von 1350 bis 1600 selbstverständlich auch in mehreren Beiträgen zur ‹Deutschen Philologie im Aufriß›, hrsg. von WOLFANG STAMMLER (3 Bde. u. Reg., 1952–1959; ²1957–1962). HANS-GERT ROLOFF hat in einem Aufsatz ‹Ein Textzentrum für frühneuhochdeutsche Literatur› [Euphorion 56 (1962), S. 125 ff.] die Absicht vorgetragen, ein allgemein zugängliches Text- und Forschungszentrum für die deutsche Literatur vom Spätmittelalter bis zum Barock einzurichten.

Neben diesen den gesamten Zeitraum 1350–1600 umfassenden Spezialdarstellungen, Beiträgen und Planungen existieren selbstverständlich auch gesonderte Erfassungsversuche entweder für das Spätmittelalter oder das 16. Jh. und Behandlungen des Zeitraumes in weiter ausgreifenden Geschichten der deutschen Literatur.

Die bisher ausführlichste Darstellung der deutschen Literatur des späten Mittelalters von GUSTAV EHRISMANN in dessen ‹Geschichte der deutschen Literatur II› (1935, ²1959) nannte HANNS FISCHER mit Recht eine «Kapitulationserklärung» an den Stoff.

Die Probleme und Aufgaben der Literaturforschung zum deutschen Spätmittelalter erörtern ARCHER TAYLOR, ‹Problems in German Literary History of the fifteenth and sixteenth Centuries› (1939) und HANNS FISCHER ‹Probleme und Aufgaben der Literaturforschung zum deutschen Spätmittelalter› in der Germanisch-Romanischen Monatsschrift 40 (1959), S. 217 ff.

Seit 1929 erschien GEORG ELLINGERS ‹Geschichte der neulateinischen Literatur Deutschlands im sechzehnten Jahrhundert› (3 Bände bis 1933). FRIEDRICH NEUMANN, ‹Geschichte der altdeutschen Literatur (800–1600). Grundriß und Aufriß› (1966), setzt nach einem Kapitel ‹Zwischen hohem und spätem Mittelalter›, das die Zeit von 1250/60 bis zur Mitte des 14. Jhs. umfaßt, ein Kapitel ‹VII. Spätmittelalterliche Reformzeit (1350 bis 1520)› und läßt darauf Kapitel ‹VIII. Im Zeitalter der Reformation› folgen. Nur die zweite Hälfte unseres Zeitraumes behandelt die ‹Geschichte der deutschen Literatur von 1480 bis 1600› von JOACHIM G. BOECKH, GÜNTER ALBRECHT, KURT BÖTTCHER, KLAUS GYSI, PAUL GÜNTER KROHN (1960; Geschichte der deutschen Literatur von den Anfängen bis zur Gegenwart 4). Sie ist «der erste Versuch, die Dichtungsgeschichte dieser Periode vom marxistisch-leninistischen Standpunkt neu zu ordnen und zu werten». Besonderen Nutzen zog der Verfasser selbstverständlich aus WOLFGANG STAMMLER-KARL LANGOSCH, ‹Die deutsche Literatur des Mittelalters. Verfasserlexikon› (5 Bde., 1933–1955), weiters aus den seit 1953 erschienenen Bänden der ‹Neuen deutschen Biographie› und den Darstellungen einzelner Dichtungs- und Literaturgattungen in den ‹Realienbüchern für Germanisten› der Sammlung METZLER. Für die Entwicklung und Wandlungen der deutschen Sprachgestalt in der Zeit des Spätmittelalters, die Entstehung einer deutschen Gemeinsprache und die Ausbildung der neuhochdeutschen Schriftsprache kann auf FRITZ TSCHIRCH, ‹Geschichte der deutschen Sprache›, 2. Tl. (1969; Grundlagen der Germanistik 9) verwiesen werden.*

Die folgende eigene Sonderdarstellung, die eine Einführung und brauchbare Grundlage in erster Linie für Studierende der Germanistik sein möchte, umfaßt innerhalb einer ‹Geschichte der deutschen Literatur von den Anfängen bis zur Gegenwart› den Zeitraum von ungefähr 1370

---

* Während der Korrektur dieses Bandes erschien das Werk von HEINZ OTTO BURGER ‹Renaissance, Humanismus, Reformation. Deutsche Literatur im europäischen Kontext› (1969; Frankfurter Beiträge zur Germanistik 7), worauf hier nur noch hingewiesen werden kann.

bis 1570. Der Standort, von dem aus Werden und Ablauf der Literatur dieser Epoche gesehen und dargestellt werden, liegt im Spätmittelalter. Philologisch sachliche Stofferfassung und -darbietung soll mit kultur- und geistesgeschichtlicher Einstellung verbunden werden. Erprobung neuer Methoden, neue Sehweisen und Deutungen können nur in begrenztem Maß zur Anwendung kommen. Ein Handbuch ist kein Ort zur Diskussion aller neuen Thesen. Im übrigen wird in der Literaturgeschichtsschreibung auch die Frage, was eine genauere Deutung verdient, wo eine kurze Interpretation oder nur eine Erwähnung genügt, immer umstritten sein. Nach Anlage des ganzen Werkes mußten die Grenzen chronologisch gezogen werden. Der Band hat im wesentlichen zum Territorium das deutsche Sprach- und Kulturgebiet, wie es im späten Mittelalter und in der Reformationsepoche bestanden hat, und ist bemüht, die Literatur der Epoche soweit als möglich im großen kulturhistorischen Zusammenhang und im Gesamtaspekt der geistesgeschichtlichen Entwicklung zu sehen. Wie in den vorangehenden Bänden werden die Dichtungsarten als Gattungen behandelt und die einzelnen Dichter als Repräsentanten betrachtet. Gleichwohl konnte dabei der Versuchung nicht widerstanden werden, die Bilder einzelner Persönlichkeiten, die eine Krönung oder einen Typus bedeuten, in ihrer Ganzheit zu skizzieren; ebenso verleiteten komplizierte Individualisten, Einzelgänger, Außenseiter zu geschlossener Zeichnung. Auch war in der zu behandelnden Epoche die Abgrenzung der verschiedenen Literaturgattungen nach Epik, Didaktik, Lyrik und Drama nicht immer eindeutig durchführbar. Ferner muß für diesen Zeitraum ähnlich wie in der althochdeutschen Periode an die Stelle einer Geschichte der poetischen Literatur die Schrifttumsgeschichte treten.

Das späte Mittelalter und die beginnende Neuzeit sind eine aus vielfältigen Bestrebungen, Geisteskrisen und Richtungen zusammengesetzte Erscheinung; einerseits voll Stimmungen einer alternden Zeit, andererseits voller Ansätze zu Neuem, ja voll revolutionärer Umbrüche, wie sie das Abendland in seiner Kulturgeschichte seit Jahrhunderten nicht gesehen hatte. Der vorliegende Band gibt daher in einem Teil noch eine Darstellung des Weiterlebens, vor allem aber der Wandlung und des Abblühens der überlieferten höfischen, geistlich-mittelalterlichen und verbürgerlichten Gattungen; zum andern ist er nachdrücklich dem Neuen und Andersartigen gewidmet, das sich geltend macht, die alten Gattungen beiseite schiebt und das Gesicht der Zeit bestimmt. Darzustellen sind dabei im besonderen der Finstrom und die Bildungsbewegung von Humanismus und Renaissance, der Ausbruch und die Einwirkungen der Reformation und beginnenden Gegenreformation auf die Literatur. Naturgemäß spiegelt die Literatur dieses Zeitraumes wie kaum eine andere die Verschiedenheiten und Wandlungen der geistigen Struktur der damaligen Menschen wider.

Das deutsche Kulturgebiet war zwischen Mittelalter und Neuzeit kein einheitlicher und geschlossener Organismus. Das Geschaffene stand trotz einer durchgehenden ständischen Gliederung der Nation landschaftlich unter verschiedenen Bedingungen und dieses Geographische war mit unterschiedlichen sozialen und wirtschaftlichen Zuständen verbunden. Es gibt zwar viele literarische Zusammenhänge, doch die Verhältnisse lagen im deutschen Westen, Süden, Norden und Osten sehr verschieden. Dazu förderte der dem Volke eigene Individualismus das Einzelgängertum, dessen Gestalten und Werke für sich aufgesucht und gewürdigt werden wollen. Man kann daher das dichterische Kunstschaffen und die literarischen Geschehnisse der Epoche kaum in eine regelrecht gegliederte Disposition bringen. Das Folgende ist nur der Versuch einer Anordnung und Aufgliederung.

Aus der Absicht, ein Handbuch zur Erwerbung des nötigen Realwissens zu schaffen, das möglichst übersichtlich ist, und entsprechend dem Wesen der darzustellenden Epoche wurde der vorhandene Stoff in drei Hauptabschnitte gegliedert: I. Das ausgehende Mittelalter; II. Humanismus und Renaissance; III. Das Zeitalter der Reformation. ‹Humanismus und Renaissance›, d. h. die deutsche Ausprägung dieser europäischen Bewegung und ihr damit geistig verbundenes Schrifttum, werden bis etwa 1520 als gesonderter II. Hauptabschnitt behandelt und nicht in ihrer chronologischen Verflechtung mit dem ausgehenden Mittelalter. Dieses Vorgehen verlangt eine Begründung, denn die Träger dieses größtenteils neulateinischen Schrifttums sind Deutsche, ihr Geist, ihr Empfinden, ihr Lebensgefühl etc. sind deutsch. Entscheidend für die Sonderung waren darstellerische und faktische Beweggründe: 1. Ein humanistisches Schrifttum setzt in Deutschland erst nach der Mitte des 15. Jhs. ein; 2. es bringt eine Reihe neuer Formen und Gattungen mit sich, die das späte Mittelalter nicht hat; 3. eine Anzahl repräsentativer Persönlichkeiten läßt sich mit ihrem universalen Schaffen in einer nach Gattungen angelegten Literaturgeschichte nur schwer unterbringen.

Den vorliegenden Band sollte ursprünglich RICHARD NEWALD ausarbeiten. Erst nach seinem frühen Tod 1954 kam die Aufgabe an den jetzigen Verfasser. NEWALD wählte den Ansatz 1370 wohl mit Rücksicht auf die Vorgänge am Hofe der Luxemburger und in Böhmen. Gewiß liegt dort ein Beginn der Neuformungen im 14. Jahrhundert. Doch bereits ARTHUR HÜBNER hat einmal den Rat erteilt, nicht nur auf Prag und Böhmen zu sehen, sondern sich auch um die ein halbes Jahrhundert vorausliegenden Vorgänge am Hof in München zu kümmern. Dieser Hinweis ist berechtigt und der gegenwärtige Verfasser hielt es für erforderlich, auch die politischen und religiös-ideengeschichtlichen Vorgänge in Deutschland unter LUDWIG DEM BAYERN und an dessen Kaiserhof in die Darstellung miteinzubeziehen.

Da HELMUT DE BOOR im 2. Teil des Bds. III dem geistlichen Drama, der Mystik, der Mariendichtung, der Minneallegorie des späten Mittelalters und dem Spruchdichter HEINRICH DEM TEICHNER eigene Kapitel widmen will, sind diese Gattungen hier nur soweit behandelt, als es die Zusammenhänge erforderten.

Man erwarte nicht, daß im folgenden ein einheitliches Literaturbild oder eine abschließende Synthese gezeichnet wird. Das ist nicht möglich bei einer Epoche, in der Sprache, Form und Stil im Flusse sind, eine Bewegung wie der Humanismus eine gelehrt-lateinische Literatur mit sich brachte, und die reformatorischen Glaubenskämpfe ein halbes Jahrhundert den größten Teil des Schrifttums absorbieren. Das Buch hat in erster Linie das Material zu sichten und darzulegen. Einer die Tatsachen organisch zusammenschließenden Gesamtschau stehen noch immer eine sehr schmale Textbasis und eine Fülle von ungelösten Problemen entgegen. Es fehlen monographische Untersuchungen von Denkmälern, literarischen Typen und persönlichen Werken. Die deutsche Literatur des ausgehenden Mittelalters und des 16. Jhs. wird sich voll erst dann verstehen und darstellen lassen, wenn auch das ganze philosophische, geistliche, naturwissenschaftliche und juristische Schrifttum der Zeit durchforscht ist. Gediegene Synthesen sind nur auf Grund von eindringenden Analysen möglich. HELMUT DE BOOR hat sich im Vorwort zu Band III/1 ‹Die deutsche Literatur im späten Mittelalter› zu den Sätzen veranlaßt gesehen: «Wer eine Gesamtdarstellung der Literatur dieser Zeit schreibt, muß das Wagnis der Vorläufigkeit und des Irrtums auf sich nehmen. Sie käme nicht zustande, wollte man die nötigen Voruntersuchungen abwarten oder selber durchführen». Diese Worte gelten mit verstärktem Akzent auch für diesen Band. Um weiter zu kommen, muß manchmal etwas gewagt werden.

Der Verfasser eines Hand- und Lehrbuches muß häufiger verallgemeinern, als er es gerne tut. Es wird manches zurechtgerückt, ergänzt, vertieft, anders gesehen oder beurteilt und in vielen Einzelheiten richtiggestellt werden müssen. Der Verfasser, der sich in den Jahren der Ausarbeitung der Mängel und Unvollkommenheiten seines Versuches selber mehr als bewußt wurde, ist für jeden brauchbaren Hinweis und jede Korrektur dankbar. Es geht ihm nicht um persönliche Rechthaberei, sondern um die Sache und eine der Wahrheit verpflichtete Darstellung. Am liebsten hätte er den Rat des HORAZ befolgt, der ‹De arte Poetica› 386 ff. empfiehlt, man solle ein geschriebenes Werk nicht sogleich veröffentlichen, sondern es «neun Jahre lang» verborgen halten und es ständig verbessern. Doch nicht immer ist es möglich, das zu tun, was das Bessere scheint.

Für Unterstützung bei der Arbeit habe ich in erster Linie meiner treuen Helferin, Frau Univ. Doz. Dr. Hedwig Heger, zu danken. Sie hat bei der

Herstellung des Druckmanuskriptes mitgeholfen und hat die Korrekturen mitgelesen.

Aber auch dem Verlag C. H. Beck gilt mein Dank für die Großzügigkeit bei der Bemessung des Umfanges, für das Bemühen um eine möglichst gute Ausstattung des Bandes und die harmonische Zusammenarbeit während der Drucklegung.

DER ZEITRAUM VON 1370 BIS 1570

Gegebenheiten, Geschehnisse und Zustände, innerhalb derer
die deutsche Literatur sich entfaltete

Seit der Mitte des 13. Jhs. hatte in der bisher in Geltung befindlichen politischen, sozialen und religiösen Ordnung ein langwieriger Umschichtungsprozeß eingesetzt. Die alte Gesetzlichkeit bewahrte zwar ihre ideelle Gültigkeit, doch ihre praktische Wirksamkeit wurde immer schwächer. Die Mitlebenden empfanden diese Diskrepanz als Verwirrung und sehnten sich wieder nach Ordnung und Sicherheit. Die Wünsche sind zunächst noch lange auf die Werte und Formen der Vergangenheit gerichtet, erst später orientieren sie sich auf die Gegenwart und Zukunft. In der Stauferzeit hatte man die Ordnung der Welt statisch als etwas Gottgesetztes aufgefaßt, ihre Relativität und Wandlungsmöglichkeit begriff man erst im ausgehenden Mittelalter. Das Verhalten der Menschen bei diesem Zerfall der Ordnungen war nach Lebenslage und Temperament verschieden: die einen nahmen ihn nicht zur Kenntnis; andere beklagten und kritisierten ihn; eine dritte Gruppe stürzte sich ins Geschehen und behauptete ihren Platz oder ging zugrunde; eine vierte kehrte der Welt den Rücken und wandte sich ausschließlich dem Ewigen zu. Diesem verschiedenartigen Verhalten entsprechen eine Vielheit der kulturellen Ausdrucksformen und eine Anzahl von menschlichen Charaktertypen, die bis ins ausgehende Mittelalter in Erscheinung treten.

Im gesamten betrachtet, ist die Zeit von 1370 bis 1570 eine ausgesprochene Übergangsepoche: das Alte versinkt oder wird gewandelt, Renaissance, Humanismus und Reformation führen als bewegende Mächte die Neuzeit herauf. Die längst angelaufenen Veränderungen der politischen und gesellschaftlichen Verhältnisse drängen immer nachhaltiger auf eine Neuordnung des Gesamtlebens. Der politisch-religiöskirchliche Weg führt vom Rittertum zur Bürgerkultur der Städte, von der mittelalterlichen Einheitsreligion zu verschiedenen christlichen Konfessionen. Auf geistig-kulturellem Gebiet erfolgt ein Wandel im Sprachkörper als Ausdrucksmittel der Dichtkunst und Literatur: der Wechsel vom Deutschen zum Humanistenlatein; es entsteht eine Literatur für eine exklusive Schicht der Gebildeten.

Anregende und vermittelnde Tätigkeit für das literarische Schaffen und für die Verbreitung der Literatur üben hauptsächlich drei Faktoren: noch immer und noch lange die Fürstenhöfe, die emporgestiegenen und aufblühenden Städte, die neu geschaffenen Universitäten. Zu beachten ist, daß es sowohl im Spätmittelalter als auch in Renaissance und Reformation Erscheinungen gab, deren Psychologie für einen heutigen Menschen nur mehr schwer erfühlbar ist.

Die großen kulturellen Leistungen des ausgehenden Mittelalters liegen auf den Gebieten der Bau- und Bildkunst, des Religiösen, der Philosophie und der Naturwissenschaften. Die Erzeugnisse der Dichtkunst treten demgegenüber einigermaßen in den Hintergrund. Die lateinische Humanistenpoesie war mehr philologisches Kunsthandwerk als Erlebnisdichtung und kunstschaffende Dichtung; nur das Streitgespräch, die Satire und die Übersetzung erreichen Hochleistungen. Von 1520 bis 1570 wird die Zeit erfüllt von heftigen religiösen Auseinandersetzungen und deren Folgen. Die großen Leistungen liegen auch für diese Jahrzehnte nicht auf dem Sektor der Dichtung, bei der eine neulateinische Kunstdichtung und eine deutsche volkstümliche nebeneinander leben, sondern in den Naturwissenschaften. Das literarische Leben der Zeit vom 14. bis Ende des 16. Jhs. spielte sich innerhalb bestimmter geschichtlicher, soziologischer und geistig kultureller Geschehnisse und Zustände ab und stand in Wechselbeziehungen zu anderen Künsten, besonders zur bildenden Kunst und zur Musik.

a) Die staats- und kirchenpolitischen Verhältnisse und Ereignisse

Gegenüber dem Hochmittelalter ist zunächst eine historisch-geographische Erweiterung des deutschen Kulturraumes festzustellen. Um 1200 hatte die deutsche Kolonisation Schlesiens eingesetzt, um die Mitte des 13. Jhs. die Errichtung des preußischen Ordensstaates. Andererseits lösten sich im Nordwesten Flandern und Holland aus dem politischen Verband des deutschen Reiches und lehnten sich an Frankreich an; knapp vor Ausbruch der Reformation trennte sich die Schweiz aus dem Reichsverband.

Seit dem 14. Jh. gerieten die Hauptmächte des Mittelalters, Kaisertum und Papsttum, in fortschreitenden Verfall und verloren ihren universalen Charakter. Das deutsche Reich wurde in eine Vielfalt kleiner Staats- und Rechtsgebilde, Territorien und Städte zersplittert. Durch das päpstliche Exil in Avignon und das vierzigjährige Schisma erfuhren die allenthalben aufkommenden kirchlichen Reformtendenzen eine außerordentliche Verstärkung. Das Verlangen nach religiösen, moralischen und politischen Reformen gab dem Zeitalter ein gut Teil seines Stimmungsgehaltes. Seit dem Ende des 14. Jhs. machte der Adel eine Krise durch, die schließlich zu seinem Niedergang und Verfall führte, weil er außerstande war, die für seinen Stand akut gewordenen Probleme zu lösen. Mit der Einführung der Feuerwaffen verlor das Rittertum seinen militärischen Vorrang. Die Burgen gewährten keinen sicheren Schutz mehr. An Stelle der ritter-

lichen Lehensaufgebote traten angeworbene Söldnerheere. Der Ausgang
des Baseler Konzils zerschlug alle Hoffnungen auf Reformen. Ein Jahrhundert später erfolgte der offene Ausbruch der Kirchenkämpfe. Um die
Mitte des 16. Jhs. trat das Konzil von Trient zusammen.

Die *staatspolitischen Verhältnisse* des 14. Jahrhunderts sind zunächst
gekennzeichnet durch das Ringen um die Vormachtstellung zwischen den
Habsburgern, Wittelsbachern und Luxemburgern und die erneute Aus-
einandersetzung zwischen Imperium und Sacerdotium unter LUDWIG DEM
BAYERN und den in Avignon residierenden Päpsten. Im Streit um die
Vormacht entschied nach achtjährigem Kampf zwischen FRIEDRICH DEM
SCHÖNEN von Österreich und LUDWIG DEM BAYERN die Schlacht bei
Mühldorf 1322 für LUDWIG. Im kirchenpolitischen Kampf wurde die
äußere Weltordnung des hohen Mittelalters, ruhend auf den Mächten
Reich und Kirche, endgültig zerbrochen. In der Folge davon trieb auch die
in Bewegung geratene innere Ordnung ihrer Auflösung zu. Von KARL IV.
(1346) bis SIGISMUND († 1437) besaßen mit Ausnahme der Jahre 1400 bis
1410, während der RUPRECHT VON DER PFALZ regierte, die Luxemburger
als Könige von Böhmen und Ungarn die Kaiserwürde. Darauf folgten
wieder die Habsburger: ALBRECHT II. VON ÖSTERREICH 1438–1439,
FRIEDRICH III. VON STEIERMARK 1440–1493, MAXIMILIAN I. 1493–1519,
KARL V. 1519–1556, FERDINAND I. 1556–1564, MAXIMILIAN II. 1564 bis
1576. Die Verlegung der Reichskanzlei von München nach Prag und
schließlich nach Österreich zog eine Verlagerung des deutschen Geisteslebens nach dem Osten mit sich. Stärker auch als früher traten die mitteldeutschen Landschaften in den Vordergrund. Der Siedlungsvorgang im
deutschen Ordensland erreichte zwischen 1300 und 1350 seinen Höhepunkt. Eine bedeutsame Begebenheit, die sich ebenfalls auf die Literatur
auswirkte, war die Aufrichtung und Vollendung des burgundisch-lothringisch-niederländischen Reiches durch PHILIPP DEN GUTEN (1419–1467)
und KARL DEN KÜHNEN (1467–1477) und der schließliche Übergang
dieses Reiches an die Habsburger. Für ganz Europa von größter Bedeutung war der Hundertjährige Krieg zwischen England und Frankreich und die Eroberung Konstantinopels, der Hauptstadt des Oströmischen Reiches 1453 durch die Türken. Von da ab standen der Kontinent
und die abendländisch-christliche Kultur während der ganzen darzustellenden Epoche unter der drohenden Türkengefahr. Nach Unterwerfung der Balkanhalbinsel und der Eroberung Ungarns drangen 1529 mitten
unter den reformatorischen Auseinandersetzungen die Türken bis Wien
vor. Nach 1453 wird Konstantinopel die geistige Metropole der islamischen Welt. Da die Angriffe der Türken die Habsburger nötigten, den
evangelischen Reichsständen für ihre Hilfe Zugeständnisse zu machen,
wurde die Türkengefahr für die Ausbreitung der Reformation von entscheidender Bedeutung.

Wie die Staatspolitik, war von Erschütterungen des 13. Jahrhunderts auch die *Kirche* nicht unberührt geblieben. Die ständische Umschichtung in der Hierarchie führte dazu, daß der Adel allmählich die leitenden Stellen in der Kirche verlor. Neben den benediktinischen Herren-Orden und seine Abzweigung, die Zisterzienser, traten seit der Mitte des 13. Jhs. die Neugründungen der Mendikanten, der Franziskaner und Dominikaner, mit anderer Auswahl ihrer Mitglieder, anderen Lebensgewohnheiten und Regeln, anderen Wirkungsaufgaben. Der Aufstieg und die Verbreitung der Bettelorden ist eine der wichtigsten Erscheinungen der abendländischen Kirche. Von 1309 bis 1377 regierten die Päpste nicht mehr in Rom, sondern in Avignon in Abhängigkeit vom französischen König. Erst GREGOR XI. kehrte wieder endgültig nach Rom zurück. Von 1378 bis 1417 regierten zwei oder drei Päpste nebeneinander. Das Schisma bewirkte bei vielen Gläubigen eine starke religiöse Erregung. Viele Menschen suchten ein persönlicheres Verhältnis zu Gott und zu Christus. Die Reformkonzilien in Konstanz und Basel vermochten keine echte Abhilfe zu schaffen. Seit PIUS II., besonders aber seit SIXTUS IV. (1471–1484) stand das Papsttum unter dem Einfluß der Lebensauffassung von Humanismus und Renaissance: ALEXANDER VI., JULIUS II., LEO X. u. a. Die Reformation des 16. Jhs. führte zum Abfall großer Teile Europas von der römisch-katholischen Kirche und zur Ausbildung gesonderter christlicher Bekenntnisse.

b) Die soziologische Situation: Kirche und Adel, Stadtbürger, Bauern. Veränderungen im Rechtsleben

Im Hochmittelalter war das politische und geistig-kulturelle Leben durch den Adel und die Geistlichkeit bestimmt, die ruhende Unterschicht bildete der Bauernstand. Die deutsche Literatur des 11./12. Jhs. hatten Geistliche adeligen Standes getragen, sie ist in vielem religiösen Inhalts und war für den Adel gedacht. Die Dichtung der Stauferzeit wurde von Rittern für ein höfisches Publikum geschaffen, bewegte sich in den Bereichen des Rittertums und zeichnete ein Bild ständischer Exklusivität. Die soziale Breite des menschlichen Lebens und seine Vielfalt kamen nicht zur Darstellung. Erst als die Volksschichten, die bisher politisch und kulturell ohne Bedeutung waren, in Bewegung gerieten, versuchte man gegen 1300 die Welt in ihrer Vielgestaltigkeit und Fragwürdigkeit zu erfassen. Während dieser Versuche blieben aber noch lange Zeit die tragenden geistigen und soziologischen Kräfte *Kirche und Adel* mit ihren Ausprägungen ritterliche Kultur, Scholastik-Mystik. In dem Umfang, wie die Landes- und Kirchenfürsten in den verschiedenen Territorien ihre Macht befestigen und die einzelnen Dynastien die Kaiserwürde innehaben, werden ihre Höfe und Kanzleien Pflegestätten und Sammelplätze der Politik, der

Literatur, des geistigen Lebens. Noch immer bringt der Adel eine Fülle
von führenden und schöpferischen Kräften hervor.

Das politische und ethische Denken der ritterlichen Kultur des Spätmittelalters lebt auch im 14. und 15. Jh. im Adel weiter. Noch sind das
ritterliche Lebensgefühl und seine weltlichen Traditionen nicht erloschen
oder verschwunden. Eine gebildete, höfische, rückschauende Adelsschicht
ist bemüht, das ideale Rittertum weiter zu hegen und zu pflegen. LUDWIG
DER BAYER gründete zu Ettal ein Stift (Monsalvatsch); OTTO DER FRÖH-
LICHE von Österreich errichtete zu Wien eine ‹Societas Templois›; der
Luxemburger KARL IV. begann 1357 im Augustiner-Chorherrenstift Karl-
hof zu Prag eine Nachbildung des Gralstempels (nach ALBRECHTS
‹Titurel›); Kurfürst FRIEDRICH II. VON BRANDENBURG errichtete 1440 zu
St. Marien auf dem Harlunger Berg einen adeligen Schwanenorden, der
1459 und 1514 Filialen an der Georgenkapelle von St. Gumbert zu Ans-
bach und an der Königsberger Schloßkapelle bekam. Bedeutsam wurde
ferner die im burgundisch-lothringisch-niederländischen Raum geübte
Pflege der ritterlich-höfischen Tradition und Kultur. Man spricht von einer
«neuhöfischen Renaissance» und bestaunt ihre weite Ausstrahlung. Die
Neubelebung der Ritterkultur wird durch den Erben der burgundischen
Staatsbildung, Kaiser MAXIMILIAN I., weitergeführt und abgeschlossen.

Im 14. Jh. bilden sich in Europa die Anfänge einer neuzeitlichen Welt-
wirtschaft, die vom *Bürgertum der Städte* getragen wurde. Deutschland
trat in den Welthandel ein und wurde ein Verkehrsland großer Beweglichkeit. Es kamen Industrien auf, der Bergbau wurde eifrig betrieben. Kleinere Siedlungen wuchsen zu Städten an oder es wurden überhaupt neue
Städte gegründet. Die Städte kamen zu Reichtum und Wohlfahrt. Ihre
Geldwirtschaft bedrängte den auf Naturalwirtschaft eingerichteten land-
sässigen Adel. Die alten Wirtschaftsformen weichen dem aus Italien übernommenen Bankwesen. Das Bürgertum beginnt, neben dem Adel und
dem Klerus im kulturellen Leben eine entscheidende Rolle zu spielen.

Die Wurzeln und Fermente des bürgerlichen Geistes bilden einerseits
Stoffe und Formen der höfisch-ritterlichen Kultur, andererseits die Morallehren und Einrichtungen der Kirche. Die scholastische Tugendlehre
liefert dem wirtschaftlich und politisch tätigen Bürgertum die ethischen
Fundamente, auf denen sich eine eigene Lebens- und Weltanschauung
aufbaut. Alle Städte besaßen eine Verfassung mit Bürgerfreiheit und meist
auch Selbstregierung. Die Einwohnerschaft war geschichtet in die Geschlechter, die Kaufleute, die Handwerker, kleine Ackerbürger, Gesellen,
Taglöhner und sonstiges dienstbares Volk.

Zuerst bildete sich um 1400 der neue Stand des städtischen Patriziates
und brachte neben der wirtschaftlichen Machtstellung die politische
Führung an sich. Später gewannen auch die Handwerker Zugang zum
Stadtregiment. Die Städte zogen die Menschen aller Schichten an. Der

Adel siedelte häufig in die Städte über und trat mit dem Patriziat in Verbindung. Zuwanderung vom Lande vergrößerte die Einwohnerzahl. Jeder Hörige oder Pflichtige, der aufgenommen wurde, war damit von dinglicher und persönlicher Abhängigkeit frei. Seit Anfang des 15. Jhs. führt der große Verkehr des Levantehandels und des Nordhandels durch Deutschland. Knotenpunkte und Umschlagplätze werden zu bedeutenden Handelsstädten: Basel, Augsburg, Ulm, Frankfurt a. M., Köln u. a.; für den Handel mit dem östlichen Mitteleuropa wird Nürnberg Vorort der Erschließung. Zunehmende Wohlhabenheit bewirkte eine steigende Lebenshaltung und beförderte kulturelle Ansprüche. In den Städten erblühte ein eigenständiges Leben: die kirchlichen Orden hatten ihre Niederlassungen, man verfügte über ein Schulwesen, hatte eventuell sogar eine Universität, man errichtete sakrale und profane Bauten hoher Form und gab Kunstwerke in Auftrag. Der Anteil an der Literatur und ihre Pflege gingen erst an das führende Patriziertum, dann an das Stadtbürgertum über. Die deutschen Städte sind Hauptorte der Literatur des Zeitraumes von 1370 bis 1570: die Residenzstädte der Fürsten, die Reichsstädte, die vielen kleineren Städte unter fürstlicher oder bischöflicher Gewalt.

In der Literatur erscheinen die Städte als politische Gebilde und der Bürger als eigenständige Lebensform zunächst noch undeutlich. Die Repräsentanten der gebildeten Oberschicht, d. s. die großen Handelsherren, die Stadtritterschaft und die geistlichen Prälaten, empfanden sich als Erben der Höfe des Hochmittelalters und seiner Kultur. Man übernahm höfische Gesittung und wollte eine höfisch stilisierte Literatur. Eine Verbürgerlichung in der Literatur, ein Übergreifen der Dichtkunst von Adel und Patriziat auf das mittlere Bürgertum, tritt erst im 14./15. Jh. ein, nachdem sich bei der Mittelschicht und den Handwerkern ein bürgerlicher Lebensstil im engeren Sinn mit seßhafter Ordnung und Wohlanständigkeit herausgebildet hatte. Einen Gipfel dieser Verbürgerlichung stellt der zunftmäßig geordnete Meistergesang dar.

Neben dem Erbe ritterlich höfischer Art und seiner Weiterpflege ist für die Städte charakteristisch eine rasche Ausbreitung religiös-erbaulicher und moralisch-didaktischer Dichtung und Literatur. Ohne den Hintergrund der Stadt nicht möglich gewesen wäre das große religiöse Drama. Seine Ausbildung seit dem späten 14. Jh. ist eine Leistung der städtischen Gemeinschaften.

Dem Aufstieg des Bürgertums folgte zuletzt eine neue Bewertung des *Bauernstandes*. Sein mit dem 9./10. Jh. begonnener wirtschaftlicher Aufstieg hatte bis in die Mitte des 14. Jhs. angehalten, als Folge der Verdichtung der Bevölkerung und des Ansteigens der Agrarpreise. Doch schon seit dem 13. Jh. war die Landbevölkerung in Unruhe, besonders dort, wo sich ein freies Bauerntum entfaltet hatte, wie in manchen niederdeutschen Gebieten und in der Schweiz. In der Literatur erscheinen die Bauern als politische Gebilde bei NEIDHART; indem er die bäuerliche Anmaßung an ritterliche Tracht und ritterliches Gebaren schildert, rührt er an die soziale Frage. Während NEIDHART aus ritterlichem Denken Stellung nahm, behandelt die Frage vom Bauern her WERNHER DER GÄRTNER im ‹Meier Helmbrecht›, aber ebenfalls aus Sorge um die alte Ordnung. Anders beim STRICKER: er schildert in dem Gedicht ‹Die Gäuhühner› bereits eine soziale Revolte, ein reales Vorkommnis in der Nähe von Wien. Wenn in der stadtbürgerlichen Literatur der Bauer der Inbegriff des geistig Unbedeutenden und das billige Ziel des Spottes wird, so lagen die Gründe dafür auch im religiös-weltanschaulich bedingten Urteil über den Charakter und Wert seiner anscheinend ungelernten Arbeit.

Durch den Schwarzen Tod (Pocken und Pest) 1347/51 wurde in wenigen Jahren die Bevölkerung Deutschlands um ungefähr die Hälfte vermindert. Das nächste war eine Agrarkrise, die sich in einem Verfall der Preise und der Grundrenten äußerte. Als infolge veralteter Bewirtschaftungsmethoden auf den Gütern des Adels und durch fortgesetzte Erbteilungen, sowie durch die Entvölkerung der Dörfer und Höfe die Erträge immer geringer wurden, erhöhten die Grundherren die Abgaben und Leistungen der Bauern. Auf beiden Seiten luden sich Unbehagen und Feindseligkeit auf. Gegen Ende des 15. Jhs. kam es in Süd- und Südwestdeutschland zu den ersten Bauernunruhen. Die Bauern beriefen sich auf das «gute alte Recht». Eine Generation später, im großen Bauernaufstand im ersten Viertel des 16. Jhs., kämpften die Bauern um ihre Eingliederung in die Ständeordnung und beriefen sich auf das «göttliche Recht». Gleichwohl kam es unter diesen Umständen im 14./16. Jh. auch zu einer bäuerlichen Literatur mit Bauern als Hauptgestalten. Die ‹Ackermann›-Dichtung, der ‹Ring› des WITTENWILER, die Fastnachtspiele sind für die Zeit um 1400 und danach symptomatisch. Mit dem politischen Auftreten der Bauern kommen ihre Wesensart und Sprache, kommt Bäuerlich-Grobianisches an die Oberfläche. Bezeichnende Erscheinungen sind HANS BÖHM, der Pauker von Niklashausen, der *Bundschuh,* der in den 80er Jahren der entarteten Gesellschaft den Tod schwur, die Umsturzbewegung am Oberrhein 1493. Wie man bei GEILER, JAKOB KÖBEL, JOHANNES PAULI, THOMAS MURNER u. a. sieht, dringt das Drastische, Bäuerliche, Derbe auch in die Städte und in die Stadtsprache ein. DÜRER beginnt um diese Zeit, Bauern zu zeichnen. Während der Reformation und der Bauernkriege tritt in Disputationen den Lateinkundigen, Herren und Geistlichen der bibelfeste Bauer entgegen und triumphiert. Um 1500 hatte das damalige Deutschland wieder eine Bevölkerung von etwa zwölf Millionen.

Nicht vergessen werden dürfen für die Epoche die *Veränderungen im*

Rechtsleben. Sie sind z. T. bedingt durch den Wandel im Wirtschaftsleben. Unter den luxemburgischen Kaisern begann die Rezeption des römischen Rechtes, Humanismus und Renaissance förderten den Übernahmevorgang.

c) Die geistigen Grundlagen und Strömungen: Scholastik und Mystik, Errichtung der Universitäten; Humanismus und Renaissance; Reformation

Unter *Scholastik* versteht man eine philosophisch-theologische Spekulation, die mit einer Frühscholastik im 11./12. Jahrhundert begann, in einer Hochscholastik im 13. Jh. gipfelte und mit einer Spätscholastik im 14./15. Jh. endet; im 16. Jh. setzte eine neue, hauptsächlich von Spanien und Italien ausgehende Nachblüte der theologischen Scholastik ein. Die Anhänger der Scholastik wollten durch Anwendung der Vernunft und Philosophie auf die christliche Offenbarung möglichst klare Einsichten in den Glaubensinhalt gewinnen, um so die übernatürliche Wahrheit dem denkenden Menschen näherzubringen. Ihre Methoden und Ziele gaben der Scholastik notwendigerweise eine allgemeine intellektualistische Physiognomie und erstrebten eine Harmonisierung von Philosophie und Theologie, wobei die Philosophie eine Art Hilfswissenschaft der Theologie abgeben sollte. Bei gemeinsamen Fragen hätte die Philosophie sich an der Theologie zu orientieren. Im Werdegang der Scholastik waren zur Zeit ihrer Hochblüte als führende Geister ALBERTUS MAGNUS und THOMAS VON AQUIN in den Vordergrund getreten und zwar als Schöpfer eines christlichen Aristotelismus. In ihrer Gesamtheit zeigt sich die Scholastik als eine gewaltige geistige Erscheinung von großer Mannigfaltigkeit der Richtungen und reicher Lebendigkeit in Ausdruck und Gegensatz der Meinungen. Der Ertrag und die kennzeichnende Leistung des 13./14. Jhs. war die ‹Summa theologica›, d. s. große philosophisch-theologische systematische Werke, wie sie WILHELM VON AUXERRE, ALEXANDER VON HALES, ALBERTUS MAGNUS, THOMAS VON AQUIN, ULRICH VON STRASSBURG, HEINRICH VON GENT u. a. geschaffen haben.

Das 14. Jh. griff die ihm überkommenen Anregungen der Scholastik mit großer Vehemenz auf und lenkte sie Höhepunkten zu. Entscheidend wurde eine Lockerung in der Position des Einzelmenschen aus seiner mehr oder minder vorhandenen hochmittelalterlichen Gebundenheit und ein weiteres Auseinandertreten von Subjekt und Objekt. Umwälzend neu ist, daß der Standpunkt des Betrachters anerkannt wird und die Schaffenden sich in bisher ungewohnter Weise von ihren Gegenständen distanzieren. Man sieht diese Vorgänge in Philosophie, Theologie und den Wissenschaften.

Der «Fürst der Scholastik» THOMAS VON AQUIN († 1274; kanonisiert 1323) hatte zum erstenmal eine bürgerliche Ethik aufgestellt. Er betonte darin die Notwendigkeit der ständischen Gliederung und des Privateigentums. Erst die Arbeit verleiht der Sache Wert; sie hat moralische Zwecke. Seine Leitsätze findet man in allen von Thomisten verfaßten Sittenlehren des ausgehenden Mittelalters. Die religiöse Unterweisung und die Predigt vermittelten sie an die Laien. Die Folge war die Ausbildung einer neuen, nicht mehr ritterlichen, sondern bürgerlichen Lebens- und Weltanschauung. Die repräsentative und ästhetische Haltung der höfischen Kultur wich einer allgemein menschlichen Seelenlage und individuellen Grundstimmung.

An den Generalstudien der Orden und an den Universitäten erscheint im 14. Jh. der scholastische Wissenschaftsbetrieb bestimmt durch die drei Schulsysteme des *Thomismus,* des *Scotismus* und des *Nominalismus.* Der Unterschied der Systeme bildete sich weiter zur *Via antiqua* mit den Thomisten und Scotisten als Realisten, und der *Via moderna* mit den Nominalisten. Das hauptsächlichste Unterscheidungsmerkmal zwischen der Alten und Neuen Schule liegt in der Erkenntnislehre, besonders der Beantwortung des Universalienproblems. Die Realisten hielten die allgemeinen Begriffe für etwas in der Natur der Dinge Wirkliches (real Existierendes), im göttlichen Ursein und in dessen vorweltlichem Denken Vorhandenes. Die Nominalisten billigten den universalen Denkbildern der Einzeldinge außerhalb der Seele keinerlei Realität zu, hielten sie nur für Namen oder subjektive Vorstellungsgebilde; sie erblickten die Wirklichkeit in einer Fülle kaum mehr zu ordnender Einzelerscheinungen. War für THOMAS und seine Anhänger Gott das höchste unanschauliche Sein, so ist er für DUNS SCOTUS und die Franziskanerschule der allmächtige Wille, dessen Gottheit absolute Allmacht, Freiheit und Majestät ausmachen. Nicht durch die Vernunft wird Gott erkennbar, sondern durch die Offenbarung, durch die er sich den Menschen zu erkennen gab. Die Seligkeit wird dem, den Gott dafür erwählt hat, durch eine Annahme (acceptatio) Gottes zuteil. Der Ockhamismus wurde vielfach als ein sicherer Weg zum Angenommenwerden empfunden.

Nominalisten gab es seit dem frühen Mittelalter. Aber im 14. Jahrhundert lebte das System erneut auf und gewann verstärktes Gewicht für die Folgezeit. In Frankreich begannen um 1300 der Franziskaner PETRUS AUREOLUS († 1322) und der Dominikaner DURANDUS DE S. PORCIANO († 1334) der Lehre von der idealen Eindeutigkeit und Einförmigkeit der Universalien die nominalistische Lehre entgegenzustellen, daß nur im individuellen Sein das wahre Sein sichtbar werde. Diese Lehre griff der Franziskaner WILHELM VON OCKHAM (ca. 1285–1347) auf und baute sie aus. In ihm fand der spätmittelalterliche Nominalismus seinen geistigen Mittelpunkt. Von OCKHAMS philosophisch-theologischen Werken sind eine ‹Summa totius Logicae› (gedr. 1488, 1498, 1508, 1522, 1591) und ‹Summulae in libros Physicorum› oder ‹Philosophia naturalis› (gedr. 1491, 1494, 1506, 1637) zu nennen; von den theologischen Werken vor allem ein Sentenzenkommentar (vor 1324; gedr. 1483, 1495). In einen anderen Zusammenhang gehören die kirchenpolitischen Schriften.

Nach JOSEF KOCH läßt sich OCKHAMS System aus zwei Grundgedanken verständlich machen: das methodische Grundgesetz ist die strenge Anwendung des Ökonomieprinzips, d. h. die einfachste Erklärung einer Sache ist die beste; Gegenstand der Wissenschaft sind nur notwendige Wahrheiten, nicht zufällige Einzeltatsachen; diese Wahrheiten müssen grundsätzlich bezweifelbar sein und können nur auf dem Wege logischer Schlußfolgerung einsichtig gemacht werden. Zwei metaphysische Grundanschauungen sind für OCKHAM charakteristisch: ein voluntaristischer Gottesbegriff (was der absolut freie Gott wirkt, ist in keiner Weise aus seinem Wesen ableitbar, sondern beruht auf freier Setzung; der Allmacht Gottes ist nur das logisch Widersprechende unmöglich); das Ergebnis der freien Setzung Gottes sind die absolut singularen Einzeldinge, in denen es nichts Allgemeines, keine Wesensgesetze gibt. Ebensowenig wie Universalien gibt es in sich böse und deshalb verbotene Akte. Es gibt keine absoluten Werte. Zwischen Objekt und Subjekt, Gott und Geschöpf, Glauben und Wissen herrscht ein Dualismus, eine Gespaltenheit. Der Mensch besteht aus Leib (forma corporeitatis), sinnlicher Seele (anima sensitiva) und Geistseele (anima rationalis). Die Seele setzt als Akte Denken, Wollen usw. Die intuitive Erkenntnis erfaßt die Objekte unmittelbar, die abstrakte Erkenntnis sieht von der Existenz der Objekte ab. Alle unsere Erkenntnis ist von den Objekten gewirkt. Mit den Begriffen erfassen wir nicht das Wesen der Dinge. Sie sind nur Zeichen der Dinge, wie etwa der Rauch, der auf das Feuer hindeutet. Die Begriffswelt ist von der Seinswelt radikal verschieden. Eine Seinsmetaphysik ist daher unmöglich. Die Existenz, Einzigkeit, Allmacht und Unendlichkeit Gottes lassen sich nicht beweisen. Der natürlichen Erkenntnis entziehen sich auch die Geistigkeit und Unsterblichkeit der Seele des Menschen. Die Theologie ist für OCKHAM keine Wissenschaft im eigentlichen Sinne, denn sie setzt den Glauben voraus.

OCKHAM lehnte die vorangehenden Versuche, die ganze Heilsökonomie als ein rational erfaßbares System zu betrachten, ab. In der Welt der Realität existieren bloß Einzeldinge. Das Allgemeine existiert nur in unserem Denken, indem wir ähnliche Dinge in der Sprache durch das Nomen (Namen), im Urteil durch den Terminus (Grenzzeichen, Endpunkt) und in der Vorstellung durch den Conceptus (Begriff) zu einer Einheit zusammenfassen. Man spricht daher neben Nominalismus auch von einem Terminismus und einem Konzeptualismus.

Die nominalistische Deutung der Universalien stellte die Tragfähigkeit der natürlichen Erkenntnisse in Metaphysik und Theologie in Frage und öffnete dem Einbruch einer allgemeinen Skepsis gegen alles menschliche Wissen die Tore. Glauben und Wissen werden auseinandergerissen, ja in ausdrücklichen Gegensatz gebracht. Die Theologie des Nominalismus vertrat eine irrationale voluntaristische Gottesidee und einen weitgehenden Moralpositivismus. Gegenüber dem metaphysikfreudigen Denken der Hochscholastik versuchte die nominalistische Zweifelsucht, Wahrheit und Wirklichkeit vom Subjekt her, anthropozentrisch zu bestimmen. Durch all das wurde die Geschlossenheit des mittelalterlichen Weltbildes in den Grundlagen bedroht.

Unter den älteren Schülern OCKHAMS, die seine Lehren weiterbildeten, erscheinen u. a. GREGOR VON RIMINI, Professor in Paris und Italien, und NIKOLAUS VON AUTRECOURT, Professor an der Sorbonne, der die objektive Geltung des Kausalgesetzes leugnete und sich die Welt atomistisch konstruiert vorstellte. Der Ockhamismus besaß an der Universität Paris in der zweiten Hälfte des 14. Jhs. bereits die Vorherrschaft über die Via antiqua. Infolge des päpstlichen Verbotes der ockhamistischen Lehre und verschiedener nominalistischer Sätze 1339/40 und durch die Gegenwirkung der scholastischen Tradition bildete sich seit 1350 eine gemäßigte Richtung des Nominalismus heraus, die in den theologischen Fragen, teilweise auch in der Metaphysik, eklektizistisch vorging. Dazu gehörten PETRUS VON AILLY, JOHANNES GERSON, MARSILIUS VON INGHEN, ALBERT VON SACHSEN, HEINRICH VON LANGENSTEIN, HEINRICH TOTING VON OYTA u. a. Die gleichen Richtungen der Nominalisten und Realisten, die einander in Paris gegenüberstanden, verpflanzten sich auch auf die neugegründeten deutschen Universitäten. Hier lagen die Verhältnisse so, daß Wien und Erfurt beinahe ausschließlicher Besitz des Ockhamismus und der Moderne waren, in Prag, Köln, Leipzig und Greifswald die Via antiqua die vorherrschende Richtung war, an den übrigen deutschen Hochschulen hingegen die Vertreter der beiden Richtungen nebeneinander wirkten, wenngleich von den Realisten der Zutritt und die Gleichberechtigung erst erkämpft werden mußten. Im 14. Jahrhundert war die Via moderna wirklich modern, im 15. Jh. setzte eine rückläufige Bewegung ein und die alten Schulen bekamen wieder neue Anhänger und Vertreter. Es ist eine Tatsache von größter Wichtigkeit, daß an zahlreichen deutschen Universitäten und auch an nicht wenigen Ordenslehranstalten der Nominalismus die herrschende Geistesrichtung wurde. In der auf OCKHAM folgenden Generation verzweigten sich die gegebenen Anregungen in die Spezialwissenschaften. Als erstes verselbständigten sich die mathematisch-naturwissenschaftlichen Fächer. Die Zertrümmerung der hochscholastischen Summa und des mittelalterlichen Ganzheitsdenkens machte die Wissenschaft ungebundener und freier. Diese steht aber noch lange nicht im grundsätzlichen Antagonismus zum Glauben. Bestimmt z. T. durch die nominalistische Denkrichtung, wurde das 15. Jahrhundert eine Epoche des technischen Denkens, der Experimente und Konstruktionen. Auf wissenschaftlichem Gebiet und in der Literatur macht sich eine ausgesprochene Gegenstandsfreude bemerkbar. Das politische Splitterbild und die Aufsplitterung der Sprache nach 1250 sind Begleiterscheinungen des Nominalismus (SCHIROKAUER). Gefördert vom Nominalismus, keimen auf allen Lebensgebieten individualistische Züge und verändern mehr und mehr das universalistische Mittelalter.

In der Philosophie Nominalist, aber zwischen Nominalismus und Realismus vermitteln wollte JOHANNES GERSON (1363–1429), von 1395 bis zum Tode Kanzler der Universität Paris. Er stellte in der Theologie über die Scholastik bereits die Mystik. GERSON faßte das Verhältnis von Wissen und Glauben harmonisch auf. Das Wissen wird durch den Glauben ergänzt. Die Verinnerlichung der von der Scholastik begründeten Lehre erstrebte die *Mystik*. Scholastik und Mystik sind daher nicht Gegensätze, sondern Korrelate, d. h. im Wechselbezug stehende Denkrichtungen. Die christliche Mystik des Abendlandes hatte sich seit dem Hochmittelalter in Verbindung mit der mönchischen Lebensweise und Tugendübung, dem Gottesdienst, der Bibelexegese, der philosophischen und theologischen Spekulation entfaltet. Im gesamten gesehen, bildeten sich in der Mystik vier große Richtungen heraus: eine viktorinische und eine bernhardische, eine franziskanische und eine dominikanische.

Bei den *Viktorinern* in Paris verband sich die pseudodionysische Theologie mit der traditionellen Kirchenlehre und den Ideen AUGUSTINS vom Aufstieg zu Gott durch die Einkehr in die Seele. Die Zusammenschau aller geistigen und religiösen Disziplinen durch HUGO VON ST. VICTOR (sächsischer oder flämischer Herkunft, † 1141) zu einer Hierarchie stufenförmiger Vollendung vom Vernünftigen zum Übervernünftigen war das Muster für alle folgende spekulative Mystik. RICHARD VON ST. VICTOR (ein Schotte, † 1173) lehrte dann eine besondere Erfahrung (experientia), die eine Gottesbetrachtung bis zur größten Reinheit und (in der Entäußerung des Geistes zur) Unmittelbarkeit ermöglicht.

Die Mystik BERNHARDS VON CLAIRVAUX (aus burgundischem Hochadel, † 1153) strebte hauptsächlich danach, eine mönchisch-asketische Auffassung der Gnadenlehre auf eine persönliche Gotteserfahrung zu begründen. Aufbauend auf AUGUSTINUS und GREGOR D. GR. und veranlaßt durch persönliche Erlebnisse, entwickelte BERNHARD ein Verhältnis der Seele zu Christus, dessen letztes Ziel ein Gleichförmigwerden mit Gott und Aufgehen in der Gottheit ohne Selbstaufgabe darstellt. Der Weg zu dieser Einigung mit Gott führt durch die drei Phasen der purificatio, consideratio und contemplatio, d. h. Reinigung, Beschauung, Anschauung, alles betrachtet und erfahren in einem bräutlichen Verhältnis der Seele zu Christus. Durch diese Verbindung der Einigungs- oder Vergottungsmystik mit der Christusmystik in der Sprache und den Bildern des Hohenliedes wurde BERNHARD zum Begründer der Christus- und Brautmystik, die viele Mystiker des Hoch- und Spätmittelalters anzog, weil sie auf Veranschaulichung drängte, Hingabe und tätiges Heiligungsstreben vereinigte und nicht spekulativ systematisierte, sondern gefühlsmäßig ausgerichtet war.

An den deutschen Mystikerinnen des 12./13. Jahrhunderts war zu ersehen, wie bernhardische Einflüsse zusammentrafen mit persönlicher Erlebnis- und Ausdrucksfähigkeit und wie dabei ganz organisch Visionäres und Dichterisches emporwuchs. Und auch im ausgehenden Mittelalter sind bei zahllosen europäischen Theologen, Predigern, Asketen und Mystikern, bei GERSON und dem Verfasser der ‹Imitatio Christi›, bei LUTHER und CALVIN bernhardische Gedanken und Praktiken lebendig und wirksam.

Der Wegbereiter der *franziskanischen* Mystik war FRANZ VON ASSISI († 1226). Er verfügte seit seiner Jugend über ritterlichen und poetischen Sinn. Sein ‹Canticum solis› (Sonnengesang) oder ‹Canticum creaturarum› (Gesang der Geschöpfe) bezeugt, daß er sich einmal die Sprache der französischen Troubadours angeeignet hatte. Später befolgte er höchste Armut, tiefste Demut, Mitgefühl gegen alle leidenden Menschen und Geschöpfe, aus Gottesliebe entsprungene Naturliebe, glühende Christusminne. Ihm galt als Hauptaufgabe, seinem göttlichen Vorbilde immer ähnlicher zu werden und möglichst vollkommen nachzufolgen. Ihre Ausbildung und Weiterbildung erfuhr diese Mystik durch JOHANNES FIDANZA, GEN. BONAVENTURA († 1274), ANGELA VON FOLIGNO († 1309) und überhaupt durch die ältere Franziskanerschule. Nach BONAVENTURA, orientiert neben AUGUSTINUS an den Viktorinern, soll alle Erkenntnis dem Heil der Seele dienen und durch die Liebe zu Gott führen. Im ‹Itinerarium mentis ad Deum› lehrt er die Liebesvereinigung mit dem höchsten Wesen über einen dreistufigen Aufstieg von der cogitatio über die meditatio zur contemplatio, die in die mystische Ekstase mündet.

Im Unterschied zur romanischen war die deutsche Mystik vielfacher geschichtet, weiter verbreitet und übte stärkeren Einfluß auf Volksfrömmigkeit, Seelsorge und Literatur aus. Als ihre innere Eigenart hat OTTO KARRER, einer ihrer besten Kenner, bezeichnet: «methodisch das Hervortreten gemütvoller Spekulation vor unmittelbar Praktischem oder Affektivem, gegenständlich die (fast ausschließliche) Versenkung in die Seins- und Lebensbeziehungen zwischen der Seele und dem Dreifaltig-Einen, ideengeschichtlich die engere Anlehnung an den (neu)platonischen Idealismus und Exemplarismus (PLOTIN, AUGUSTIN, PSEUDO-DIONYSIUS, jüdisch-arabische Philosophie, Viktoriner, WILHELM VON ST. THIERRY, BONAVENTURA) gegenüber dem aristotelischen Thomismus, final das auf ‹Leben in Gott› (über ‹Wissen um Gott› hinaus) gerichtete Einigungsstreben, dem als ethische Grundstimmung entspricht die Gleichförmigkeit des ‹edlen Menschen› mit Gottes Willen in der Nachfolge Christi (Motto: ‹Durch Christus den Menschen zu Christus Gott›)».

Der schon bei ALBERT D. GR. und seinem Gefolge stark betonte pseudodionysische Neuplatonismus und die dem Orden übertragene Nonnenseelsorge führten zur Ausbildung einer eigentümlichen Form *dominikanischer Mystik:* in MEISTER ECKEHART, dem Hauptvertreter der spekulativen Mystik, HEINRICH SEUSE, ausgezeichnet durch Gemütsinnigkeit und schöpferische Phantasie, JOHANNES TAULER, der ECKEHARTS Logosmystik ins Praktisch-Ethische wandte, und deren zahlreichen Schülern.

Obwohl MEISTER ECKEHART 1329 von höchster kirchlicher Stelle verurteilt wurde, wirkte sein sachlicher Lehrgehalt fort bei den Ordensgenossen, besonders bei JOHANNES TAULER und HEINRICH SEUSE. Stark thomistisch ausgerichtet war die Mystik eines NIKOLAUS VON STRASSBURG, JOHANNES und GERHARD VON STERNGASSEN u. a. Verwandt mit ihnen gilt JAN VON RUYSBROECK mit seiner überragenden künstlerischen Kontemplation. Zwischen Theologie und Volksleben standen die sogenannten *Gottesfreunde*. Sie verbreiteten in Orden und Laienkreisen von Basel und Straßburg bis Köln und Wien mystische Ideen und mystisches Leben, verbunden mit karitativer Tätigkeit, pflegten einen regen Reise- und Briefverkehr und Schriftenaustausch und übten daher einen beachtlichen Einfluß auf die deutsche Literatur wie auf die bildende Kunst. In die Nähe der Mystik gehört die wesentlich durch die franziskanische Strömung bedingte Devotio moderna. Der Nominalismus brachte insofern einen Umschwung, als infolge der Kritik und Skepsis gegenüber der scholastischen Synthese die Mystik zum Zufluchtsort wurde aus der Unsicherheit der Wissenschaften. Der Theologia scholastica wird eine Theologia mystica gegenübergestellt. Die Gefühlsmystik gewann in mittleren Schichten an Boden. Eine auffallende Renaissance erlebte in Deutschland im ausgehenden Mittelalter der Franziskaner BONAVENTURA. Ebenso erneuerte sich die Kartäuser- und Benediktiner-Mystik. Doch auch die Mystik entging nicht dem Schicksal einer jeden Bewegung: je weiter sie sich ausbreitete, desto mehr verflachte sie.

Schon im 13. Jahrhundert war es zu Reaktionen gegen die Scholastik und zwar durch den Augustinismus und den Averroismus gekommen. Der *Augustinismus,* der besonders im Franziskanerorden verbreitet war, suchte vor allem in der Erkenntnistheorie und Psychologie am Lehrgut AUGUSTINS festzuhalten. Sein Hauptvertreter BONAVENTURA wollte alle Erkenntnis in den Dienst des Seelenheils stellen und durch die Liebe zu Gott hinführen. Am Augustinismus lagen ebenfalls Keime des Skeptizismus, etwa in der Lehre von der Trüglichkeit der sinnlichen Erkenntnis oder in der Lehre von der Notwendigkeit, die Wahrheit der geistigen Erkenntnis durch die Einstrahlung des göttlichen Lichtes zu begründen.

Mit der augustinischen Illuminationslehre häufig verbunden war der *Averroismus.* Er übernahm die aristotelische Philosophie in der Auffassung und Deutung der arabischen Philosophen, besonders des AVERROES († 1198), und bildete sie weiter. Die hauptsächlichsten Lehren betrafen: Leugnung oder Einschränkung der göttlichen Vorsehung; Annahme einer Ewigkeit der Welt und der Bewegung; Monopsychismus (numerische Einheit der Geistseele für alle Menschen) und Leugnung der persönlichen Unsterblichkeit. Der menschliche Wille sei mit Notwendigkeit dem Einwirken der Himmelskörper unterworfen. Auf ethischem Gebiet wird das Endziel des Menschen diesseitig bestimmt und in die philosophische Betrachtung der Wahrheit verlegt. Es gibt eine doppelte Wahrheit, besser gesagt: doppelte Logik (etwas theologisch Richtiges kann philosophisch falsch sein und umgekehrt) und als Folge davon eine doppelte Moral. Obwohl von Papst JOHANNES XXI. 1277 verurteilt, wurde der Averroismus zu Beginn des 14. Jahrhunderts neuerdings von einer Anzahl von Philosophen vertreten. Dies vor allem an der Universität in Paris. Für die Spätzeit des Mittelalters sind zwei Formen auseinander zu halten: eine strenge Richtung, welche den heterodoxen Lehren folgte, und eine mildere, die AVERROES anhing, soweit Konflikte mit den Grundsätzen des Christentums zu vermeiden waren. Einwirkungen nach Deutschland erfolgten am Hofe LUDWIGS IV. VON BAYERN und von der Universität Padua, wo der Averroismus bis ins 17. Jahrhundert eine dauernde Pflegestätte hatte.

Von der Spätscholastik und Mystik und ihren verschiedenen Richtungen und Begleiterscheinungen führen viele Verbindungslinien zur Gesamtkultur, zur Dichtung, zu den politischen Theorien. Ohne Kenntnis der Spätscholastik und Mystik läßt sich ein richtiges und vollständiges Bild der spätmittelalterlichen Weltanschauung und damit großer Gebiete des Schrifttums nicht zeichnen. Der Einbruch der scholastischen Theologie in die deutschsprachige Welt durch ein breites Übersetzungsschrifttum wurde zu einem geistesgeschichtlichen Ereignis erster Ordnung.

Neben Sacerdotium und Imperium die dritte und geistige Hauptmacht der Kultur des Mittelalters war das Studium, die Bemühungen um Wissenschaft und Lehre. Seit Anfang des 12. Jahrhunderts gab es in Europa *Universitäten*. Sie sind eine Frucht der Scholastik. Die Frühformen dieser höchsten Lehr- und Studienanstalten waren in den romanischen Ländern und in England entstanden: Bologna 1119, Padua 1222, Neapel 1224, Perugia 1308; Oxford 1214, Cambridge 1229; Salamanca 1220, Lissabon 1290 (1308 verlegt nach Coimbra). In Deutschland haben um 1300 die Generalstudien der Dominikaner in Köln und Erfurt nicht den Namen, wohl aber die Funktion von Hochschulen. Seit 1255 bestand in Paris eine in Fakultäten gegliederte Universität von weiter Ausstrahlungskraft. KARL IV., mit der französischen Kulturwelt vertraut, schuf in Prag für das Gebiet des deutschen Reiches eine gleichrangige Hochschule und gab damit den Territorialfürsten und -mächten ein Vorbild: auf Prag 1348 folgten die Gründungen in Wien 1365, Heidelberg 1386, Köln 1388, Erfurt 1389. Die Mehrzahl der Stiftungen im deutschen Kulturgebiet kam erst im 15. Jahrhundert zustande: Leipzig 1409, Rostock 1419, Löwen 1425, Greifswald 1456, Freiburg i. Br. 1457, Basel 1460, Ingolstadt 1472, Tübingen 1477, Wittenberg 1502, Frankfurt a. d. O. 1506. Bei den Errichtungen wirkten in der Regel Kirche und weltliche Obrigkeit zusammen. Die deutschen Universitäten wurden in Städte verlegt. Ihre Professoren, Magister und Scholaren lebten in den Städten, gehören jedoch ständisch nicht zur städtischen Welt des Bürgertums, sondern bildeten neben den aus Stiftsschulen und Ordenslehranstalten hervorgegangenen Schriftkundigen alter Ordnung eine Gruppe Studierter neuer Art, die sehr bald eigene Würde und Geltung errangen und aktiv in das Kulturgeschehen eingriffen. Sie vor allem setzen die Literatur der neuen Zeit in Bewegung. Die an den Universitäten tätigen und in ihrem Geiste herangebildeten Persönlichkeiten gemischter Herkunft stellen seit dem letzten Viertel des 15. Jhs. den größten Teil der literarisch Tätigen und Träger der Literatur.

Die Universitäten waren Studien- und Lebensgemeinschaften und gegliedert in Fakultäten und Nationen. Alle Hohen Schulen, die aus der Scholastik hervorgingen, verwendeten die lateinische Unterrichtssprache, die Unterrichtsform der Vorlesung und der Disputation. An den Universitäten wurde ein neuer Stand von Menschen mit höherer geistiger Vorbildung herangezogen: Gelehrte, Weltgeistliche, Juristen, Ärzte. Die Grundausbildung besorgten die artistischen Fakultäten. Sie waren eingerichtet nach dem von der Antike übernommenen Schema der Septem artes liberales (der Sieben allgemeinbildenden Lehrfächer), das aus dem geisteswissenschaftlichen Trivium und dem naturwissenschaftlichen Quadrivium bestand. Auf jedem dieser Gebiete traten echte Fachleute in Erscheinung, und das Ansehen dieser Fakultät wuchs im Laufe des 15. Jahrhunderts erheblich an. Am Anfang der Allgemeinbildung stand als Grundfach die lateinische Grammatik. Als Rhetorik (und Poetik, «Singen und Sagen») faßte man die Lehre von der kunstmäßigen Gestaltung des mündlichen und schriftlichen Vortrages und Ausdruckes, Stilkunde würde man heute sagen. Sie war für jeden Vortragenden, jeden literarisch Tätigen, jeden Prediger, jeden Urkundenverfasser in einer Kanzlei wichtig. Das dritte Lehrfach des Triviums, die Dialektik, war in erster Linie Logik, im weiteren die methodische Behandlung philosophischer Probleme und überschnitt sich vielfach mit der Theologie. Beim Quadrivium gelangten Arithmetik, Geometrie, Astronomie sehr bald zu weit über den höheren Schulunterricht hinausgehenden Fortschritten und Leistungen. Die Universitäten zeigen ein rasch anwachsendes Personal, das mit großer Betriebsamkeit das diskutable Gedankengut untersuchte, auflockerte und verbreitete. Es kam zu einer öffentlichen Erörterung der höchsten Probleme in intellektuellen und bald auch sozialen Sphären. Die Folge war größte Elastizität des Denkens. Alles, was in Erscheinung trat und vorgebracht wurde, brauchte nicht lange auf Gegenwirkung zu warten. Im Religiös-Geistigen war die Zeit um 1370 weitgehend international. Universalsprache bildete auch außerhalb der Universitäten das Latein der Kirche. Die Orden der Franziskaner und Dominikaner waren gemeineuropäisch und stellten zahlreiche Lehrer an den theologischen Fakultäten. Scholastik und Mystik blieben auch in ihrer Spätzeit religiös-europäische Erscheinungen.

Das Kunst-, insbesondere das Literaturschaffen, fühlt sich seit dem ausgehenden 14. Jh. und besonders dann im 15. und 16. Jh. als ein gelehrtes Schaffen. Dies gilt nicht nur für die Humanisten, sondern auch für viele Spätscholastiker, für die Meistersinger u. a. Das lehrhafte religiöse und profane Schrifttum nimmt zu, die Artesliteratur wird umfangreicher, das gelehrte Übersetzungsschrifttum immer breiter.

Im gesamten ist die spätmittelalterliche Philosophie inhaltlich durch stark skeptische oder kritische Neigungen charakterisiert. Das scholastische System behält jedoch seine maßgebliche Bedeutung bis zum Beginn der Reformation. Ein entscheidender Umschwung vollzog sich vorerst nur in den Naturwissenschaften. Der kritische Geist, der DUNS SCOTUS, OCKHAM und andere Spätscholastiker erfüllte, führte in Oxford und Paris zur Ausbildung einer neuen und selbständigen Naturphilosophie. Geändert wird zunächst weniger das Bild der Natur als die wissenschaftliche Methode, die nach eigener unabhängiger empirischer Erkenntnis der Natur strebt. Nach Abwendung von der Naturlehre des ARISTOTELES wurden hauptsächlich durch den Nominalismus wesentliche Grundbegriffe der späteren Naturwissenschaften und die Prinzipien der höheren Mathematik gefunden. Herbst ist eben nicht bloß die Zeit der Reifung und Ernte, sondern auch Zeit der Aussaat.

In diese spätgotische Geistes- und Kulturwelt Deutschlands mit ihrer Dichtung und Literatur und mit einer Bau- und Bildkunst höchsten Ranges sickerte von Italien her, über die Kanzleien, besonders in Prag und Wien, über das Rechtswesen, die Kirche und die Universitäten, die neue Geistes- und Kulturströmung des *Humanismus und* der *Renaissance* ein: als religiöse und politische Reformbewegung, als Reaktion gegen die mittelalterliche Weltanschauung und scholastische Geisteshaltung. Man fordert die Rückkehr zu den Quellen der Wissenschaft und Offenbarung. Als Folgen zeigten sich einerseits ein wieder aufsteigender Neuplatonismus, andererseits eine Emanzipation von der kirchlichen metaphysischen Denkweise. Man gewinnt eine neue Stellung zur menschlichen Persönlichkeit, zur Nation, zur Natur, zum Diesseits. Der Humanismus zeigt aber auch starke rationalistische Tendenzen und entwickelt besonders in Deutschland weitgehende pädagogische Bestrebungen. Seit dem 14. Jh. hier vorhandene Ansätze zu Neuformungen auf politischen und geistigen Gebieten und die unvermindert fortlebenden Reformwünsche zeigten sich bald anfällig für die Rezeption des Humanismus und der Renaissance eines PETRARCA, COLA DI RIENZO, ENEA SILVIO u. a. In Prag beginnt es mit PETRARCA und RIENZO, aber ohne besonderen Erfolg. Breiter wird der Einbruch in Wien durch ENEA. Deutsche Studenten an italienischen Universitäten, italienische und deutsche Wanderhumanisten beschleunigen den Prozeß. Es ist ein literarisch-stilistischer Humanismus. Durch die schon auf eigenem Boden vorhandene höhere Ausbildung der Mathematik und durch die geänderte Haltung zur Natur bekommt die deutsche Renaissancebewegung ihre Zuneigung zu den Naturwissenschaften und ist imstande, auf diesem Gebiet echte Leistungen hervorzubringen.

Begünstigt also durch eigene Entwicklungsvorgänge und gefördert durch Einströme aus Italien, kam es in der ersten Hälfte des 15. Jhs. zur Ausbildung eines deutschen Humanismus. Er ging von den Kanzleien des Kaisers, der Territorialfürsten und Städte aus und fand an den Universitäten Anhänger. Humanismus, spätmittelalterlicher Nominalismus und das Reformverlangen führten schließlich zum Ausbruch der religiösen Auseinandersetzungen um 1520, gerade zu einem Zeitpunkt, als der Humanismus seiner Höhe zustrebte. Die religiösen Kämpfe der *Reformation* drücken fortan dem ganzen 16. Jahrhundert ihr Gepräge auf.

d) Sprache, Dichtung und Schrifttum von der Mitte des 14. bis zum Anfang des 17. Jahrhunderts: Charakter der Epoche, Gattungen, Autoren, Publikum, Wirkungsgeschichte

Durchaus zutreffend hat FRIEDRICH RANKE das Gesamtbild der deutschen Literatur von 1230 bis 1350 als das eines fruchtbaren Gärungsvorganges gesehen: das Neue löste viele alte Formen auf, ohne, wie es in der gotischen Baukunst geschah, in deutscher Dichtung die gültige Form für den neuen Gehalt zu finden. Der Zeitraum zeigt ein Neben- und Durcheinander verschiedener Strömungen. Die im gesamten aber doch erkennbare Stromrichtung führt von der Ritterkultur des Hochmittelalters zu einem Neuen, das man mit ‹allegorisch›, ‹geistlich› und ‹bürgerlich› nur unzulänglich benennt. Der Selbstauflösung des Minnesangs geht eine neue realistische Dichtung parallel. Wie immer gibt es auch Dichterpersönlichkeiten, die gegen den Strom schwimmen. Nach 1350 entzieht sich der weitere Gärungsvorgang für ein Jahrhundert fast aller Überschaubarkeit. Zu der Vielfalt der aus der eigenen Vergangenheit noch lebendigen Strömungen dringt aus Italien das neue, an den antiken Autoren sich orientierende Schrifttum des Renaissance-Humanismus in verschiedenen Stößen und Wellen nach Deutschland: anfangs mehr als Muster für sprachliche Gestaltung, später auch als Inhalt und Lebensgefühl. Das neue Weltbild freilich erringt ein deutscher Denker, der die besten heimischen Traditionen mit der Geistesbildung der Antike verband: der CUSANER. In der Literatur bildet das humanistische Schrifttum nach seiner lateinsprachigen Neuformung eine besondere Bewegung, die im 16. Jh. durch die Reformation in eine neue Richtung gelenkt wird. Von 1520 an steht die gesamte Literatur in Deutschland weitgehend unter dem Zeichen der Kirchenkämpfe. Zwischen Mittelalter und Neuzeit gibt es im Grunde keine scharfen Abgrenzungen, keine Trennungsmöglichkeiten; alles greift und fließt ineinander über. Von den eigenen Traditionen aus und angeregt und veranlaßt durch Humanismus und Reformation, werden die Kunst des Dichtens und die Literatur zu sehr verschiedenen Aussagen gebracht.

Vom Linguistischen her gesehen, ist die Epoche von etwa 1350 bis gegen 1600 zweisprachig, d. h. sie umfaßt eine *Literatur in deutscher und in lateinischer Sprache*. Auch die letztere ist ein Teil deutschen Schrifttums, insofern sie von deutschen Autoren stammt. Die volkssprachige Literatur gehört lautgeschichtlich zum Spätmittelhochdeutschen und zum Frühneuhochdeutschen. Doch lassen sich weder in der Lautgeschichte noch in der Syntax feste Grenzmerkmale angeben. Das Frühneuhochdeutsche betrachtet man nicht mehr als Frühgeschichte des Neuhochdeutschen, sondern als eine souveräne Sprachepoche und spricht ihm rund drei Jahrhunderte zu: 1350 bis 1620. Die Literatur in lateinischer Sprache bediente sich erst des Lateins der Kirche und des Mittellateins. Seit der Mitte des 15. Jhs. führte der Humanismus in seiner Dichtung und Literatur die Sprachform der römischen Schriftsteller herbei und erstrebte eine zunehmende Angleichung. Dabei kam es anfangs zu gemischten Erscheinungen und erst am Beginn des 16. Jhs. zu einer neulateinischen Dichtung in der erstrebten Reinheit.

Von der Geistesgeschichte, genauer gesagt, vom philosophisch-politisch-religiösen Blickfeld her bedeutsam wurde die Sammlung der Hauptvertreter des Nominalismus und des Joachimismus aus Frankreich, England und Italien am Hofe LUDWIGS VON BAYERN in München zwischen 1323 und 1350, während dessen Auseinandersetzung mit dem Papsttum. Diesen Vorgängen in Bayern erst folgte nach dem Übergang der Königswürde von den Wittelsbachern auf die Luxemburger in Böhmen unter KARL IV. die Berührung mit dem italienischen Humanismus in PETRARCA und COLA DI RIENZO.

Der Bestand an Dichtwerken im Zeitraum 1370 bis 1570 war wesentlich größer als was handschriftlich und durch den Buchdruck der Zeit überliefert ist. Es muß nachdrücklich darauf hingewiesen werden, daß es etwa in der Epik und Lyrik neben den Denkmälern, die den Weg in die Schrift oder in die Lettern fanden, auch noch eine nur *mündlich tradierte Volksdichtung* gab: Vieles im Märchen, in Sage, Schwank, Kleinerzählung und vieles im Volks-Lied wurde oft erst in späteren Perioden, verwandelt und modifiziert, aufgezeichnet. Nicht Weniges ist überhaupt für immer versunken.

Was den *Umfang der Literatur* des Zeitraumes von 1370 bis 1570 betrifft, so ist der Rahmen der in die Betrachtung einzubeziehenden Denkmäler weiter zu spannen als etwa bei der Literatur vom Barock bis zur Gegenwart. Die Dichtung der Stauferzeit konnte um wenige Namen gruppiert werden. Seit der Mitte des 13. Jhs. nahm der Umfang der Dichtung und Literatur ebenso zu wie die Zahl der Personen, die sie produzieren. Es herrscht eine große Mannigfaltigkeit der literarischen und sprachlichen Erscheinungen und Ausdrucksweisen. Die Literatur der darzustellenden Epoche besteht nicht nur aus Dichtungen; die Kenntnis der Geisteswelt, Glaubensvorstellungen und Lebenswirklichkeit bliebe lückenhaft ohne Berücksichtigung religiöser Literaturwerke und wesentlicher Denkmäler des Fachschrifttums. Vieles muß berücksichtigt werden, was nicht zum Dichterischen im engeren Sinn gehört: weltliches und geistliches Übersetzungsschrifttum, Erbauungsliteratur, Predigt, Gebrauchs- und Wissenschaftsschrifttum; die Abspiegelung der geistig-religiösen Strömungen und Umwälzungen in der Literatur verlangt es ferner, einzugehen auf die geistigen Bewegungen und führenden Persönlichkeiten innerhalb der Spätscholastik und Mystik, auf die Philosophie und Wissenschaft der Renaissance und die kirchlich-reformatorischen Auseinandersetzungen. Wahrscheinlich in höherem Maße als für andere Epochen gilt für das Spätmittelalter und das 16. Jh. die Erkenntnis, daß jedes Literaturprodukt der Ausdruck und der Ausfluß einer bestimmten Welt- und Lebensauffassung seines Erzeugers ist.

Bei dem ausgedehnten literarischen Besitzstand der Periode 1370 bis 1570 wird man grundsätzlich unterscheiden müssen zwischen literarischer Neuproduktion und Reproduktion von dem, was im 14./15. Jh. an Dichtung und Literatur entstand und was an älteren Dicht- und Literaturwerken bis gegen Ende des 15. Jhs. und unter Umständen auch noch im 16. Jh. Wirkung hatte. Aufschluß darüber geben die Fertigungsjahre und Anzahl der Handschriften und die Frühdrucke. Manche Literaturwerke entstanden wohl im 13. oder 14. Jh., wurden aber erst im 15. Jh. richtig rezipiert. Auch Werke der Nachbarliteraturen kamen nicht selten verspätet nach Deutschland. Manches, was im 14./15. Jh. noch lebendig ist, ging im 16. Jh. verloren. Die Linie der literarischen Tradition reißt vor und zu Beginn des 16. Jhs. an mehreren Stellen ab. Aber der Urgrund des Schrifttums des 16. Jhs. baute sich doch auf dem Vermächtnis des 14. und 15. Jhs. auf, allerdings wird das meiste ins Volkstümliche gewendet.

Im ausgehenden Mittelalter und im 16. Jh. hat man eine andere Auffassung vom geistigen Eigentum als heutzutage. Literarische Originalität im modernen Sinn darf man in diesem Zeitalter nicht suchen. Sie wäre kein Kriterium für diese Literatur. Wichtiger sind die Neudeutungen überlieferter Stoffe oder die Modifizierung von Gedanken.

Bei der Reproduktion älterer Literaturwerke ist zu beachten, daß der Schreiber oder dessen Auftraggeber sich in vielen Fällen nicht als Kopist oder Besteller antiquierter Werke empfanden, sondern als Bearbeiter und Käufer noch lebendigen Literaturgutes. Jede Handschrift eines Werkes stellt eine Art Neuauflage dar. Daher wird der alte Text ‹verbessert› und dem Zeitgeschmack und Bedürfnis angepaßt. Mit Recht vergleicht

HANNS FISCHER die mehr oder weniger eingreifende Tätigkeit spätmittelalterlicher Abschreiber und Bearbeiter mit dem Vorgehen eines Baumeisters, der etwa eine romanische Flachdecke durch ein gotisches Ge-
wölbe ersetzt, um damit einen alten Innenraum zu ‹verschönern›. Es
kommt zu der Bearbeitung eines älteren Dichtwerkes und zu einer geistigen oder künstlerischen Auseinandersetzung des Schreibers oder seines
Auftraggebers mit dem Kunstwerk.

Produktions- und Rezeptionsvorgang vereinigen sich in der Frage der
sozialen Stratigraphie oder Schichtenkunde des Schrifttums der Epoche:
Adel und Klerus als Dichter und Autoren, kunstverständiges und gebil-
detes Patriziat, halbgebildetes Handwerkertum, Gelehrte an den Universitäten und Studenten, Bauern. *Zentren und Pflegestätten* der Dichtung
und Literatur sind vorerst noch die Fürsten- und Adelshöfe: der Herzoge
von Bayern, der Luxemburger, der Habsburger, der Pfalzgrafen bei Rhein,
der Herzoge von Sachsen, der Grafen von Württemberg u. a. Daneben
gewinnen immer mehr die Universitäten und Städte an Geltung. Die *Träger und Autoren der Literatur* sind weiter Adel (OSWALD VON WOLKEN-
STEIN, HUGO VON MONTFORT, ULRICH VON HUTTEN) und Kleriker (JO-
HANN VON NEUMARKT, der MÖNCH VON SALZBURG, THOMAS MURNER).
Dazu kommen mehr oder weniger gebildete Laien, Schriftkundige alter
Tradition (der TEICHNER, PETER SUCHENWIRT, HEINRICH VON MÜGELN,
viele Namenlose), wandernde Literaten und Spruchdichter. Die letzteren
empfinden sich häufig als Erben der höfischen Dichtung und Kultur. Meist
sind sie aus der sozialen Ordnung herausgetreten und ziehen ortlos durch
die noch ständisch gegliederte Welt. Sie gestalten adelige Themen und
arbeiten für den Adel, beschäftigen sich mit Fürsten und Höfen und hoffen von ihnen Gönnerschaft und Unterhalt. Seit Gründung der Universitäten kommen zu den literaturschaffenden und literaturverbreitenden Personen in zunehmendem Maße Studierte neuer Art (JOHANNES VON TEPL,
SEBASTIAN BRANT, die Humanisten, die Reformatoren) und Handwerker
(Meistergesang).

Sowohl von den Autoren als auch vom *Publikum* her öffnet sich die
Frage nach dem *Lebensraum* der einzelnen Literaturgattungen und ihrer
Wirkungsgeschichte. Hieher gehören: der Literaturbetrieb an den Höfen,
die durch das Brauchtum bedingten Literatursituationen, die literarischen
Interessen der religiösen Orden und der Laienbruderschaften, die Buch-
produktion in den Städten u. dgl.

Die Abgrenzung der Dichtungsgattungen 1370–1570 nach Epik, Didaktik, Lyrik, Drama ist nicht mehr so streng wie früher. Der ganzen Epoche
ist ein epischer Grundzug eigentümlich. Manche *Gattungen der Epik*
(z. B. das Heldenepos) verschwinden aus der literarischen Produktion,
andauert hingegen ihre Reproduktion. Die höfische Epik, Heldensage,
Spielmannsepik leben, wenn auch vergröbert, zunächst noch weiter. Nur

ein Einzelgänger schafft um 1400 ein originales welthaltiges Großepos, aber in Gestalt einer possenhaften Dorfgeschichte. Später kommt es zur Ausbildung romanhafter Prosaerzählungen, Übersetzungen, die alten Versepen werden teilweise in Prosa aufgelöst. Seitdem die große höfische Dichtung nicht mehr vorbildhaft war und bloße Literatur wurde, trat eine Fülle kleiner Erzählungen, Novellen, Beispiele, Fabeln, Anekdoten etc. hervor. Analog der weltlichen Groß- und Kleinepik lebt im ausgehenden Mittelalter eine geistliche Dichtung und religiöse Poesie in Vers und Prosa weiter. In der Schwankdichtung geht die Entwicklung ebenfalls von den Versformen zu den Prosaschwänken. Der Humanismus bringt seit der Mitte des 15. Jhs. zur heimischen Überlieferung die Prosanovelle und die Fazetie. Zu einer besonders kultivierten Literaturgattung wurde die Satire. Sie bringt gegen 1500 eine Wort und Bild vereinigende Moralsatire in deutscher Sprache und erreicht am Vorabend der Reformation in den ‹Epistolae obscurorum virorum› kulturkritische Höhe. Erst nach 1500 zeigt in der Prosaepik der ‹Fortunatus› Teilhabe am Wirtschaftsleben der Zeit. Im Verlauf des 16. Jhs. kommt es zu den Anfängen eines Prosaromans und zur Ausbildung der sogenannten Volksbücher. Der Epik nahe stehen eine Historie in Vers und Prosa, Chroniken und Selbstzeugnisse.

In der *Lyrik und Spruchdichtung* leben weltliche und geistliche Formen höfischer und bürgerlicher Art weiter. Beide Gattungen bringen in einer Nachblüte auch noch markante Pflegerpersönlichkeiten hervor. Daneben tritt bereits eine volkstümlich sangbare Lyrik breiter in Erscheinung. Sangeszentren werden die Städte. Es gewinnt auch das historische und politische Lied zusehends an Boden. Das neubelebte Rittertum begünstigt eine Herolds- und Wappendichtung. Die Verbürgerlichung der Spruchdichtung führt über Einzelerscheinungen zum handwerklichen Meistergesang. Der Humanismus produziert nach antiken und italienischen Vorbildern eine umfängliche lateinische Lyrik mit neuen Formen und vereinzelt auch schon eine Erlebnisdichtung im modernen Sinn. Im Gefolge der Reformation erhält das religiöse Bekenntnis- und Kirchenlied Eingang in die neue Liturgie und damit breitere Geltung. In der weltlichen Kunstlyrik dominieren das ganze 16. Jh. die Neulateiner. Erst gegen Ende der Epoche zeigen sich die Ansätze zu deutschsprachigen Gestaltungen.

Im *Drama* erreichen im ausgehenden Mittelalter die geistlichen Spiele in ihren deutschsprachigen Ausformungen weite Verbreitung. Seit der zweiten Hälfte des 14. Jhs. finden aus der Sphäre des Unterliterarischen weltliche Spiele den Weg in die Schrift. Man stellt sie unter die Bezeichnung Fastnachtspiele. Der Humanismus bemüht sich im Anschluß an die Antike um ein nicht der Mimik und Anschauung, sondern ein dem Wort zugetanes Drama. Die protestantischen Kreise lehnen das mittelalterliche geistliche Spiel ab und geben es auf. Das Wortdrama wird erst in die

Dienste der Kirchenkämpfe genommen, dann großenteils den höheren Schulen überlassen.

Weite Gebiete der Literatur beherrscht die *Didaktik,* die Lehrdichtung und das lehrhafte Schrifttum: Lebenslehre, Sittenlehre, Glaubenslehre in poetischem Gewand und in Prosa. Den ideellen Hintergrund dieses weltlichen und religiös-erbaulichen Lehrschrifttums bildet eine Ethik, die zunächst noch spätritterlich ist, besonders aber religiös-asketisch im Sinne der Spätscholastik, dann zunehmend humanistische und reformatorische Charakterzüge annimmt. Eine umfangreiche religiöse Prosaliteratur sorgt für die Verbreitung theologischen Wissens unter den nicht lateinkundigen Bevölkerungskreisen und bereitet die großen Übersetzungsleistungen der Reformatoren sprachlich vor. Dieses deutsche Erbauungsschrifttum wirkt maßgeblich auf Geschmacksbildung, Religiosität und Sprache. Zu ihm gesellt sich gegen Ende des 15. und im beginnenden 16. Jh. eine eschatologische und sozialrevolutionäre Literatur. Kurzum: ein beträchtlicher Teil der Literaturwerke steht im Dienste der Sakralisierung der Epoche.

Da auch während des ausgehenden Mittelalters und im 16. Jh. die Grenzen zwischen Dichtung und Fachschrifttum unscharf waren, ist auch die *Artesliteratur,* das Gebrauchs- und Wissenschaftsschrifttum, sowie die *Rechtsliteratur* in die literarhistorische Darstellung miteinzubeziehen, bis die Artes den Charakter exakter Wissenschaften erlangten. Dem gesamten Literaturbetrieb gab die Erfindung des Buchdruckes ein neues Aussehen und neue Wirkungsmöglichkeiten.

Wie in keiner anderen Epoche ist in der darzustellenden ein großer Teil der Ausführungen nicht streng nach literarischen Gattungen aufzugliedern, sondern gehört geistesgeschichtlichen, kulturgeschichtlichen und religionsgeschichtlichen Bereichen und Vorgängen an. Außerhalb der literarischen Gattungen stehen und berücksichtigt werden müssen: a) Die im ausgehenden Mittelalter erscheinenden Ansätze zu Neuformungen an den Höfen in München, Prag, Wien und beim CUSANER; b) die Ausbildung des Renaissance-Humanismus in Italien und Deutschland, seine deutschen Hauptrichtungen, seine Verbreitung und einige seiner Repräsentanten; c) Ausbruch und Durchführung der Reformation, ihre Glaubensrichtungen, ihre Einwirkungen auf die Literatur.

Die *Formen der Literatur* 1370 bis 1570 sind Vers und Prosa. Der Reimvers der mittelhochdeutschen Epoche sowohl in seiner strengen als auch in seiner freieren Gattung wird beibehalten. In der Epik setzten sich die strengen Verse KONRADS VON WÜRZBURG, besonders aber die freieren ULRICHS VON ETZENBACH fort. Die Lyrik gibt den Daktylus und den Leich auf und neigt zum glatten Versbau. Der frühneuhochdeutsche Reimvers verfügt im großen und ganzen über eine zweifache Technik. Die erste erstrebt einen alternierenden Rhythmus, d. h. einen regelmäßigen Wechsel von Hebung und Senkung, und verlangt eine feste Silbenzahl: acht Silben bei stumpfem, neun bei klingendem Ausgang. Die zweite Technik wahrt die alten Freiheiten der Versbehandlung. Sie wird bevorzugt vom weltlichen und geistlichen volkstümlichen Lied. Der Meistergesang zeigt in Strophenbau und im Versrhythmus den Stand der vor- und frühhöfischen Lyrik des 13. Jahrhunderts. In der Sprachbehandlung hingegen bringt er bedauernswerte Neuerungen: die Silben werden zumeist nicht mehr gewogen, sondern gezählt. Dadurch fällt der Versakzent häufig auf die unbetonte Silbe.

Aus wolframschen Ansätzen und gefördert wahrscheinlich durch die Metaphern-Sprache der Mystik bildete sich um die Wende des 14. Jhs. der *geblümte Stil* heraus. Er ist gekennzeichnet durch überraschende Wortbildungen, Vorliebe für Anapher und Annomination, für Umschreibung und hyperbolische Vergleiche, Litotes, d. h. Gebrauch eines scheinbar schwächeren Ausdruckes zur Hervorhebung, Vorliebe für Zwei- und Dreigliedrigkeit im Satzbau. Dieser Stil findet seine Anwendung hauptsächlich in der Minneallegorie und im Meistergesang und hat mit seiner Häufung der Stilmittel Entsprechungen in der Architektur der Spätgotik. Außer diesem ‹Blümen› wird der sog. ‹Kursus› (cursus planus, cursus tardus, cursus velox) verwendet. Besonders die Übersetzer suchen seit dem 14. Jh. den Satzschluß gefälliger zu gestalten, indem sie die lateinischen Regeln für dessen rhythmische Gestaltung auch im Deutschen anwenden. Neben diesen feineren Stilerscheinungen mehren sich unhöfische, neben gefühlsbetont innigen realistische, derbkomische und volkstümliche Züge. Im Vergleich zu der hochhöfischen Dichtersprache bedeutet das letztere Vergröberung und Verrohung. Doch die Wendung zur Wirklichkeit vollzog sich nicht in den älteren Gattungen, sondern in den neu aufkommenden.

Die schon im 14. Jh. ausgebildetete *Prosa* gewinnt in der frühneuhochdeutschen Zeit Schritt für Schritt an Boden, in den Kanzleien, im staatlichen und privaten Geschäftsleben, im Recht, auf religiösem Gebiet, in der Dichtkunst, in der historischen Chronik, Übersetzungsliteratur und Wissenschaft. Dabei wirkt überall noch die Tradition des Schulbetriebes der mittelalterlichen lateinischen Rhetorik. Man sieht ihre stilistische Nachwirkung im 14./15. Jh. auf die gegliederte Periode, die Figuren der Rede, den wechselnden Satzrhythmus, die synonymische Häufung u. a. m.

Seit jeher hat die Analogie als Schlüssel zum schwer Erkennbaren besondere Bedeutung. Die Hochscholastik bestimmte. das Verhältnis von Gott und Geschöpf als Analogie und machte diese für die Erkenntnis der Weltordnung nützbar. Die nominalistischen Denkbemühungen versuchen mit Hilfe der *Allegorie* oder Sinnbilderei die abstrakten Begriffe oder Vorstellungskreise konkret und bildhaft zu machen und dabei zu vertiefen. In der spätmittelalterlichen Dichtung wurde die Allegorie auf

die Eindeutung einer nützlichen Moral geschoben. Allegorische Bibelauslegung fand sich in der geistlichen Dichtung des 14. Jhs. bei HEINRICH
VON HESLER und bei TILO VON KULM. In der weltlichen Dichtung benützen die sinnbildliche Darstellung und verblümte Rede die Minneallegorien. Sie verbinden die Pflege der Minnelehre aus dem 13. Jh. mit
allegorischer Sittenlehre.

In *stofflicher Hinsicht* legte der mittelhochdeutsche Dichter weniger
Wert auf die Erfindung als auf die neue Auffassung und Darstellung. Das
ändert sich im ausgehenden Mittelalter. Der frühneuhochdeutsche Autor
will weniger durch die Form als durch den Inhalt wirken. Ein realistischer
Stoffhunger schöpft die Motive, wo er sie findet: aus Bibel, Antike, fremden Literaturen, Sage und Geschichte.

Die *Überlieferung* der deutschen Literatur des Zeitraumes von 1370 bis
1570 erfolgt zu einem Teil durch Handschriften, zum anderen durch gedruckte Bücher. Das 15. Jh. war eine Blütezeit der Handschriftenpro-
duktion und des Handschriftenhandels. Es kam bereits zu einer Massenherstellung gewöhnlicher Papierhandschriften. Um die Mitte des 15. Jhs.
wurde der Buchdruck erfunden. Lange Zeit noch gehen Handschriften-
herstellung und Drucke nebeneinander. Erst gegen die Mitte des 16. Jhs.
überflügelt der Druck die Handschrift. Das gedruckte Buch wahrte zunächst noch durchaus den Charakter einer mittelalterlichen Handschrift.

Das Verhältnis zwischen den deutschen und den lateinischen Druck-
werken sah zunächst so aus: bei Ausbruch der Reformation erschienen
im Jahre 1518 in Deutschland nur 150 deutsche Bücher; noch 1520 waren
90 Prozent aller in Deutschland hergestellten Drucke in lateinischer
Sprache abgefaßt. Mit LUTHERS Auftreten nahm die Zahl der deutschen
Bücher rasch zu: 1519 wurden 260, um 1525 schon 1000 deutsche Schriften gedruckt. Noch 1570 betrug die Anzahl der lateinisch geschriebenen
Neuerscheinungen 70 Prozent; erst 1681 überwiegen die deutschen die
lateinischen Drucke.

Die *Aufnahme der Literatur* bis zur Massenherstellung von Büchern
erfolgte meist durch Vortrag oder Vorlesen vor einem größeren oder
kleineren Zuhörerkreis. Nun wird die stille Einzellektüre immer mehr zur
Gewohnheit. Durch die Stadtschulen verbreitete sich die Kenntnis des
Lesens und Schreibens in bisher unbekanntem Maße, so daß die Zahl
der am literarischen Leben in deutscher Sprache Teilnehmenden dauernd
größer wird. Der Buchdruck, seine zunehmende Leistungfähigkeit, die
hohen Auflagen und die Verbilligung der Druckerzeugnisse ermöglichen
eine bis dahin nicht vorhandene Breiten- und Tiefenwirkung für religiöse
und soziale Ideen. An den Hauptorten des frühen Buchdruckes, Straßburg, Basel, Augsburg, Nürnberg, Mainz, Köln, Wittenberg, entwickeln
sich lokale Druckersprachen, d. s. Spracheinheiten, die in Einzelheiten
noch mundartlich gefärbt sind, aber als Ganzes über den landschaftlichen

Idiomen stehen. Das erzeugte Buch sollte im Interesse des Absatzes in einem möglichst großen Teil des deutschen Sprachraumes verstanden und benutzt werden können. Die *Wirkung der Literatur* ist sehr verschieden. Während es von den Reimsprüchen des TEICHNER sehr viele Handschriften gibt, existiert vom ‹Ring› des WITTENWILER eine einzige und das Schaffen OSWALDS VON WOLKENSTEIN ist über das Familienarchiv kaum hinausgedrungen. Von der ‹Ackermann›-Dichtung sind 16 Handschriften und 17 verschiedene Drucke im 15./16. Jh. bekannt, dabei gelten viele Handschriften für verloren. KONRAD VON MEGENBERGS ‹Buch der Natur› erlebte von 1475 bis 1500 sechzehn illustrierte Drucke in Folio. THOMAS VON KEMPENS ‹De imitatione Christi› ist auch gegenwärtig noch neben der Bibel das meistgelesene Buch der Weltliteratur, das in 95 Sprachen übersetzt und in etwa 3000 verschiedenen Ausgaben veröffentlicht wurde.

Im Gefolge der alten Neigung, das Buch mit Miniaturen und Illustrationen künstlerisch auszuschmücken, stellte man nach Erfindung des Kupferstiches und des Holzschnittes diese graphischen Künste in den Dienst der *Buchillustrierung.* Zu unterscheiden ist zwischen bloßem Buchschmuck und Textillustration, Buchillustration als Zusammenwirkung von Wort und Bild, wobei das Bild die Funktion hat, den Text zu erläutern. Besonders der Holzschnitt hat häufig zweierlei Zweck: des Lesens Unkundigen das Verständnis zu erleichtern, künstlerisch anspruchsvoll zu illustrieren.

Was das *Verhältnis von Autor, Publikum und Wirkung* angeht, so ist das Schrifttum der Epoche von 1370 bis 1570 noch zumeist männlich, von Männern für Männer geschrieben; im ritterlichen Unterhaltungsschrifttum, besonders aber in der Mystik, sowie im religiösen Schrifttum sind in zunehmendem Maße Frauen beteiligt. Ebenso war das volkstümliche und geistliche Lied mit für Frauen berechnet. Das geistliche und weltliche Spiel war für Männer wie Frauen, eine religiöse Aufführung gewiß auch für Jugendliche zugänglich. Die Autoren stehen ihrem ritterlichen, landadeligen, städtischen, klösterlichen Publikum als Belehrer oder Unterhalter unmittelbar gegenüber. Der Dichter muß seine Inhalte und Formen den Bedürfnissen und der Aufnahmebereitschaft seiner Zuhörer und Leser anpassen.

e) Konnexe zwischen Literatur, Baukunst, bildender Kunst und Musik

Wie in andern älteren Epochen steht auch in der hier darzustellenden die Literatur in Wechselbeziehungen und -wirkungen zur Bau- und Bildkunst und zur Musik. Sprache, Weltanschauung, Kunst und Literatur erwachsen demselben kulturellen und geistigen Mutterboden und sind durch ein gemeinsames Band vereinigt. Meist wirkt in der Kulturgeschichte Wort auf Wort und Bild auf Bild, seltener Wort auf Bild. Die

Konnexe erscheinen daher weniger stilistisch-formaler als sachlich-motivlicher und ideeller Art, denn beider Stoffgebiet wird weitgehend aus denselben Quellen gespeist: Bibel, Liturgie, Legende. Instruktiv stellt KURT HERBERT HALBACH in der ‹Vergleichenden Zeittafel zur deutschen Literaturgeschichte› (Erstes Ergänzungsheft zu den ‹Annalen der deutschen Literatur›) den Dichtern und ihren Hauptwerken auch die bedeutendsten Meister der Bau- und Bildkunst Europas mit ihren Schöpfungen an die Seite.

Mehr als in der Literaturgeschichte gilt in der *Kunstgeschichte* die Zeit von etwa 1370 bis 1570 als eine Hauptepoche. Man sieht in ihr die Übergangsperiode vom Mittelalter zur Neuzeit. Das künstlerische Wollen dieses Zeitraumes hat nicht die Poesie zum tiefsten und umfassendsten Ausdruck gebraucht, sondern die bildende Kunst: Architektur, Wand- und Tafelbild, Handzeichnung, Kupferstich und Holzschnitt.

Literatur und bildende Kunst von 1370 bis 1570 haben weitgehende gedankliche, motivische und sachliche Berührungen, regen einander an und dienen einander als Quelle; es zeigen sich verschiedene Verflechtungen wie die Ausschmückung und Ausdeutung von Literaturwerken durch Illustration oder die Beschreibung von Bildwerken in der Literatur. Die dargestellte Szene ist oft nur verständlich, wenn man die literarische Vorlage oder die betreffende Heiligenlegende kennt. Oder vieles in der bildenden Kunst, besonders der Blütezeit, etwa DÜRERS ‹Melancholie› oder GRÜNEWALDS Isenheimer Altar, ist so dicht mit Bedeutungen, d. i. Sinnbildern, Symbolen, Analogien, Allegorien, Motiven mit tieferem Sinn durchsetzt, daß sie nur mit Hilfe theologischer oder weltlicher oder entlegener und ungewöhnlicher Literatur erklärt werden können.

Wie in der Geistesgeschichte, ist es auch bei der Architektur, bildenden Kunst und Musik nötig, die Dinge gesamteuropäisch zu betrachten. Nach der höfischen Literatur hatte das europäische Rittertum eine höfische Malerei ins Leben gerufen mit einem ausgebildeten Stil, eigener Kunstsprache, Vorliebe für bestimmte ikonographische Themen und eine zugleich mystische und mondäne Atmosphäre. Die Charakteristika des besonderen Stiles in Malerei und Plastik waren: Leidenschaft für Umriß und Faltenwurf, beherrschende Arabesken, Sinn für Luxus und gesuchte Eleganz. Doch um 1400 begann der höfische Stil seinen ausschließlich aristokratischen Charakter zu verlieren. Die Auftraggeber wurden zunehmend Bürger oder städtische Körperschaften. Anstatt höfisch-ritterlicher Themen gestaltet man mehr und mehr bürgerlich-lehrhafte und volkstümlichsatirische. Die *Architektur* offenbart in Anlehnung an die französische Gotik ihren Gestaltungswillen wesentlich in den meist vom Bürgertum der Städte errichteten Hallenkirchen. Mit Spitzbogen und Kreuzrippengewölben sollte die Materie durch den Geist überwunden werden. In der städtischen Architektur entwickelt sich eine deutsche Sondergotik; ihr parallel geht eine bürgerliche Literatur mit eigenem Stilgefühl. Dichter und Künstler werden seit dem 14. Jh. von der Gedanken- und Gefühlswelt der Mystiker bestimmt und formen ihre Werke stimmungsvoller, weicher und zarter. Der Stil, der sich in den großen Kirchenretabeln und den kleinen Hausaltären entfaltete, bekommt eine lyrische Note. Die Hauptwerke entstanden entlang des Rheines, wo STEPHAN LOCHNER und KONRAD VON SOEST wirkten. In Böhmen entwickelte sich seit der Regierungszeit KARLS IV. der sogenannte ‹Weiche Stil› mit kurviger Linienführung, Haltung und Ausdruck von Poesie umflossen. Mit der verinnerlichten theologischen Interpretation der Gottesmutter und ihres Sohnes schuf in der *Plastik* die deutsche Kunst um 1400 Typen wie die ‹Schöne Madonna›, die Pieta, den Schmerzensmann in unzähligen Abwandlungen. Die anscheinend von Salzburg ausgehende ‹Schöne Madonna› ist in ihren verschiedenen Ausprägungen das Erzeugnis einer sublimierten Sinnlichkeit mit neuer Vorrangstellung formaler Werte. Die literarischen Entsprechungen finden sich etwa beim MÖNCH VON SALZBURG oder beim Kartäuser DOMINIKUS VON PREUSSEN. Was das Vesperbild betrifft, so ist die schöne Pieta im böhmisch-österreichischen Raum beheimatet. Eine Art von Gesamtkunstwerk, das Architektur, Plastik und Malerei vereinigte, ist der spätgotische Schreinaltar. Im späten 14. und beginnenden 15. Jh. liegt der Ursprung der Handzeichnung als selbständiger künstlerischer Ausdruck. Zu gleicher Zeit erfolgte der Aufstieg des *Tafelbildes* zum selbständigen Organismus. Gegen die Mitte des 15. Jhs. trat in Süddeutschland ein spätgotischer Realismus zutage: der Genfer Altar von KONRAD WITZ (1444) hat die erste identifizierbare Landschaft. In der zweiten Hälfte kam es gelegentlich zu einer barocken Phase der Spätgotik. Konform mit der Erbauungsliteratur hat die Zeit von 1400 auch im Andachtsbild viele ihrer originellsten Leistungen aufzuweisen. Auch in der Epoche von 1370 bis 1570 begleitet häufig das Wort das Bild, die Illustration den Text. Noch hat die *Miniaturmalerei* in Handschriften aus dem 14. und 15. Jh. bekannter mittelhochdeutscher weltlicher Dichtungen große Leistungen aufzuweisen. Das illuminierte Buch wird Träger des internationalen Stiles in den Kreisen des Adels und denen des Patriziates. Nach Erfindung von Holzschnitt und Kupferstich werden diese Verfahren in den Dienst der Literatur gestellt. Wie im 13. Jh. Spruchdichter bildnerische Darstellungen umschrieben, so sind auch später, besonders im 16. Jh., Spruchgedichte auf illustrierten Einblättern zu lesen.

Als Auswirkungen des vom Nominalismus geförderten Sinnes für das Individuelle erscheinen in der zweiten Hälfte des 14. Jhs. auch die ersten *Porträts* im modernen Sinn, d. h. die Versuche, das Einmalige und Zufällige einer menschlichen Physiognomie bildlich festzuhalten. Man begann anscheinend mit dem Fürstenbildnis. Die Porträts sind wegen der Problematik der Interpretation für die Literaturwissenschaft verhältnismäßig wenig genützt. Man sollte aber ihren Aussagewert nicht unterschätzen; auch nicht ihre Bedeutung für das Fortleben und das Wesensbild der Dargestellten. Die Dichterbildnisse setzen im 15. Jh. ein und erreichen bald nach 1500 eine große Breite und hohe Qualität. Während der ‹Ackermann›-Dichter JOHANNES VON TEPL noch ganz mittelalterlich auf dem Votivbild seines St. Hieronymus-Offiziums als Donator vor dem Heiligen betend kniet und HEINRICH WITTENWILER primitiv in einer Initiale der ‹Ring›-Handschrift dargestellt ist, haben wir bei OSWALD VON WOLKENSTEIN nicht zufällig das älteste authentische gleichzeitige Bildnis eines deutschen Dichters, porträtiert als Einzelmensch und selbständige Erscheinung. Einmal spätmittelalterlich deutsch, das andere Mal im Stil der italienischen Renaissance lebenstreu dargestellt ist der CUSANER: auf dem Stifterporträt des Kreuzigungsbildes in Berncastel-Cues und auf dem Grabmal in Rom. Seit dem Ende des 15. Jhs. kann man die Literaturgeschichte bereits mit Porträts reich illustrieren. Viele Männer der Übergangszeit, fast alle führenden Humanisten und Reformatoren sind, z. T. von Meistern ersten Ranges, im Bilde festgehalten. Wie es in der Literatur Selbstzeugnisse gibt, so auch in den bildenden Künsten: die Selbstbildnisse. Zu den frühesten gehören die Plastiken der Baumeisterbildnisse. Von ALBRECHT DÜRER besitzen wir bereits Selbstdarstellungen von der Kindheit bis zum Lebensende.

Der mittelalterlichen Malerei lag alles an der spannungserfüllten Fläche. Vorbereitet durch GIOTTO, festigte sich in Italien im 14. Jh. die Vorstellung des malerischen Tiefenraumes und führte im zweiten Jahrzehnt des 15. Jhs. in Florenz zur Entdeckung der mathematischen Konstruktion der *Perspektive*. Schon unter FRIEDRICH DEM SCHÖNEN von Österreich unternahm in der Nähe Wiens, im Augustiner-Chorherrenstift Klosterneuburg, etwa 1331 als erster ein unbekannter Meister den Versuch, in vier Tafelbildern (Kreuzigung und Ostermorgen, Tod und Krönung Mariens) das gotische Formengut Westeuropas mit der neuen Perspektive und Ausdruckskunst Italiens, insbesondere GIOTTOS, zu vertiefen. Die Leistung ist gekennzeichnet durch eine neuartige Raumgestaltung, ausdrucksvolle Mimik einzelner Gestalten und das porträtähnliche Bildnis des Stifters.

Merkwürdig ist, daß in dieser Übergangszeit die *Doppelbegabungen* stärker in Erscheinung treten. Männer der Literatur betätigen sich bildnerisch und bildende Künstler verfassen Dichtungen und Schriftwerke: HEINRICH SEUSE, der die von ihm geschauten Bilder doppelt, sprachlich und mit dem Zeichenstift, formte; NIKLAS VON WYLE, THOMAS MURNER, JÖRG WICKRAM haben zeichnerisches Talent; andererseits versuchen sich ULRICH FUETRER, NIKLAS MANUEL u. a. in der Dichtkunst. Auch eine Kunsttheorie blieb nicht aus: ALBRECHT DÜRER hat nicht nur Gedichte angefertigt, sondern ähnlich wie ALBERTI und LEONARDO auch ein umfangreiches theoretisches Schriftwerk geschaffen.

Durch Scholastik und Mystik fand die *Allegorie* Eingang wie in die Literatur so in die bildende Kunst. Der Allegorist versucht wissenschaftliche und philosophische Ideen und Begriffe künstlerisch zu gestalten. Liebe, Schönheit, Tugend, Welt werden personifiziert; ebenso ganze Vorstellungs- und Handlungskomplexe, wie der christliche Pilger, Ritter, der Totentanz u. dgl. versinnbildet; die Mystiker machen die allegorische Ausdeutung der Bibel volkstümlich.

Besonders eng waren die Wechselbeziehungen zwischen *Schauspiel und bildender Kunst*, zwischen Bild und Bühne. Zahlreiche bildende Künstler waren als Leiter geistlicher Spiele tätig. Die naturalistische Färbung der Passionsbilder resultiert großenteils aus der Anlehnung und Bühnenerinnerung an Spielaufführungen.

Die Wendung schließlich vom Religiösen ins Weltliche wurde früher und kräftiger in der Literatur, vorab der des Humanismus, vollzogen als in der bildenden Kunst. Die Renaissance brachte die Zerstörung des mittelalterlichen Weltbildes. Die Mehrzahl der Humanisten wandte sich der gelehrt-lateinischen Dichtung zu. Man schafft aus den spätantiken änigmatischen Hieroglyphen eine Renaissance-Bildschrift, die sich mit der Mode der Impresen verbindet und so zu den Emblemata des ALCIATI führt. Die religiöse Bild- und Baukunst ging in ihren Formen eigene Wege. Nur Stoffe und Motive für profane Werke wurden der Mythologie, Literatur, Geschichte etc. entlehnt. Erst die Reformation drängte die religiöse Bildkunst zurück und führt ihre Verweltlichung herbei. Eine hohe Renaissancekunst, wie sie Italien hatte, kam in Deutschland nicht zustande. Spätgotik und Renaissance fanden sich in DÜRER und HOLBEIN d. J., besonders ihrer Porträtkunst. Bei dem zeitlich neben ihnen stehenden MATTHIAS GRÜNEWALD ist die Einwirkung mystischer Formsprache unverkennbar und das Beharren am Alteigenen fester; er veranschaulicht in ergreifendster Weise die Gotteslehren des Leidens und der Tröstung. Annähernd Analoges ist in der Literatur der Zeit noch nicht möglich. In der niederen Populärkunst, besonders im Holzschnitt, herrscht ein derber sinnenfroher Realismus.

Nachdem schon die Wyclifiten und Hussiten vorgearbeitet hatten, wurde durch die Reformation erneut die Frage der bildlichen Darstellung religiöser Dinge und der Bilderverehrung zur Diskussion gestellt und vielfach negativ beantwortet. Zahlreiche kostbare Schätze der mittelalterlichen Bildkunst wurden aus den Kirchen entfernt und zerstört und Neuanfertigungen verboten. Die bildende Kunst wird jäh in andere Bahnen gelenkt.

Die Berührungen und Wechselwirkungen zwischen *Musik und Literatur* beruhen auf dem Verhältnis zwischen Wort und Ton, Sprachrhythmus und Musikrhythmus. Bis weit in die Neuzeit hinein wurde ein erheblicher Teil der Literaturwerke im Hinblick auf die musikalische Verwendung verfaßt. Vorerst lebte noch das mittelalterliche einstimmige Lied weiter, doch kommt bereits mehrstimmige Vokalmusik und die Kunst des Kontrapunktes auf. Wie für den Humanisten und Maler wurde auch für den Musiker Italien das Land der hohen Schule. In Deutschland hat 1450–1500 das weltliche Lied im allgemeinen noch die Form der Dreistimmigkeit. Dann bürgert sich der vier- und mehrstimmige Liedersatz als die kanonische Form ein. Das Anwachsen der Dichtungsbereiche bringt Gattungen mit sich, in denen die Musik fehlt oder von sekundärer Bedeutung ist. Gegen Ende des 15. Jhs. bahnt sich ein völlig verändertes Verhältnis der Musik zum Textinhalt an. Poetik und Rhetorik werden gepflegt wie nie zuvor. Und auch die Musik bedient sich in wachsendem Maße der seit der Antike bewährten rhetorischen Kunstmittel und bildet ein umfassendes System von Figuren aus, um die musikalische Darstellung des Textgehaltes wirkungsvoll zu steigern. Das rhetorische Prinzip der Textvertonung gelangt zu immer weiterer Auswirkung. Die Humanisten regen im frühen 16. Jh. die Vertonung von HORAZ-Oden an, wobei man um die genaue Umsetzung der antiken Metren in die Musikrhythmik bemüht ist. Seit etwa 1530 sind die fahrenden Meister und Spielleute an den Fürstenhöfen ersetzt durch die fürstlichen Kapellmeister und die Kantoreien. Das Verhältnis zwischen Wort und Ton ist völlig verändert: Früher lag das Hauptgewicht auf dem Text, jetzt ist es umgekehrt. Die Musik tritt als selbständige Kunst auf. In der zweiten Hälfte des 16. Jahrhunderts kommt es abermals zu einer neuen Art der Liederbehandlung, die auf dem italienischen Madrigal beruht. Dies zeigt die Liedersammlung des kurfürstlich-sächsischen Kapellmeisters ANTONIO SCANDELLI ‹Neue Teutsche Liedlein mit fünff und sechs Stimmen› (1565 u. ö.).

ERSTER ABSCHNITT

DAS AUSGEHENDE MITTELALTER

BEGRIFFSBESTIMMUNG.
GEISTIG-KULTURELLE WESENSZÜGE

Aus der Charakteristik des Zeitraumes von der Mitte des 14. Jahrhunderts bis zum Beginn des Barock ergibt sich, was mit *ausgehendem Mittelalter* gemeint ist, warum der Begriff Verwendung findet und welcher Inhalt ihm zugeschrieben wird: Die Dichtung und das Schrifttum im weiteren Sinn, wie sie um die Mitte des 14. Jahrhunderts an die Literatur des späten Mittelalters anschließen und sich bis zum Ausbruch der Reformation entfalten. Die Anwendung des Begriffes läßt sich kultur- und geistesgeschichtlich ebenso wie sprach- und literarhistorisch rechtfertigen.

Das ausgehende Mittelalter soll nicht allein als Niedergang, Verfall oder Epigonentum angesehen werden. Denn wenn auch das höfische Ethos gewandelt und die Form der Dichtungen im Vergleich zu der klassischen Norm weniger korrekt stilisiert erscheint, sondern sorgloser und derber ist, so werden solche Veränderungen aufgewogen durch Stoffreichtum und Horizonterweiterung, Weltfreude, durch neuen Blick auf die Natur und die menschliche Individualität, kurzum durch viele Ansätze zu Neuem. Man wird auch die Sprache ECKEHARTS, SEUSES, des JOHANNES VON TEPL, LUTHERS u. a. kaum als Verfall ansprechen können. Ebensowenig die Geistigkeit der Mystik, des CUSANERS, REGIOMONTANS u. a.

Ein wesentliches Strukturmerkmal der spätmittelalterlichen Literaturgeschichte ist der Auf- und Untergang von Gattungen. Es gibt aber auch Dauergattungen, die das ganze Spätmittelalter konstant bleiben: z. B. die Kurzerzählung und die didaktische Großform. Von 1400 an kommt es in der deutschen Literatur- und Geistesgeschichte zu großen Eigenleistungen: in der ‹Ackermann›-Dichtung, im ‹Ring› des WITTENWILER, in der Lyrik OSWALDS VON WOLKENSTEIN, im Werk des CUSANERS, bei REGIOMONTAN, in der ‹Theologia deutsch›, im Übersetzungsschrifttum. Die Zeit ist charakterisiert durch grelle Gegensätzlichkeit. Infolge des erschütterten Lebensgefühles schwanken die Menschen zwischen hemmungsloser Hingabe an alle Reize der Sinnenwelt oder innerer Einkehr und Weltflucht.

Im späten und ausgehenden Mittelalter sind immer wieder, und zwar in zunehmendem Maße, Bemühungen des Sammelns, Verzeichnens, Rühmens, Bewahrens zu beobachten. Wie es Kunstsammler gab, so auch Sammler von Literaturwerken. Man sammelte Erzeugnisse der Literatur zu Gebrauchszwecken und aus Gründen der ästhetischen Wertschätzung. Die Bemühungen stehen in einem Zusammenhang, der mit den Literaturschauen bei GOTTFRIED VON STRASSBURG, RUDOLF VON EMS, KONRAD

VON WÜRZBURG beginnt, über die Nachrufe und Namenslisten der Minne-singer, Spruchdichter und Meistersänger zu den Einblicken in literarisches Leben führt, wie sie die ‹Limburger Chronik›, der ‹Ehrenbrief› PÜTERICHS VON REICHERTSHAUSEN und die großen Sammelwerke der Heldenbücher und Liederhandschriften etc. geben. Die Kanzleien legten Formelsamm-lungen von Urkunden und Briefen an, die Kirche Heiligen-Viten und -Legenden. Im weltlichen Bereich scheint man zuerst Lyrik gesammelt zu haben. Zu Gebrauchszwecken schuf man später Liederbücher. Leiter und Veranstalter von Spielaufführungen sammelten Spieltexte und Dra-men in Handschriften. Die Heldenbücher schließlich vereinigen gegen Ende des 15. Jhs. höfische und heroische Epik. Die Zeit ist vielleicht mehr noch als eine Literatur schaffende, eine Literatur verbrauchende Epoche.

Was den ‹Geist des ausgehenden Mittelalters› anlangt (vgl. Einleitung), so umschrieb ihn RUDOLF STADELMANN mit den vier Begriffen: Skepsis, Resignation, Emanzipation, Pessimismus. Das Pathologische der Epoche des ‹Herbstes des Mittelalters› sah JOHAN HUIZINGA in schmerzlichen Spannungen und extremen Widersprüchen. Beide Forscher haben wesent-liche Eigentümlichkeiten erkannt. In den Lebensstimmungen sind sowohl bittere Schwermut und tiefe Niedergeschlagenheit als auch Vorliebe für das Komische zu finden. Die ersteren erwecken die Sehnsucht nach schönerem Leben, d. h. oft nach ritterlich-aristokratischer Lebensform. Es entsteht eine Spannung zwischen Lebensform und Wirklichkeit. Später ändert sich diese Grundstimmung. Im Humanismus sind ausgesprochener Optimismus, Daseinsfreude u. dgl. zu beobachten. Mit der Reformation bricht ein schon lange latent dagewesener Änderungs- und Erneuerungs-willen durch.

Als Wesenszüge der Epoche gelten ferner: Auslaufen der alten Tradi-tion, verändertes Lebensgefühl und Weltverständnis, Drang nach An-schauung und Vorstellbarkeit, immer stärkeres Vordringen des Wirk-lichkeitsgestaltens, größte Unbedenklichkeit in natürlichen Belangen, re-ligiöse Inbrunst, zunehmendes Eindringen geistlicher Gehalte, immer stärkere Inanspruchnahme der Literatur zu lehrhaften Zwecken. Das aus-gehende Mittelalter war eine Zeit, in der man schon die menschliche Per-son und ihre Rechte herausstreicht, mit einer Mischung von Ernst und spielerischem Gehaben, mit der Verbindung von Grobheit, ja Wildheit, mit Sentimentalität und Weichheit, Schwanken zwischen derber Genuß-sucht und ergreifender Opferbereitschaft. Weitere Merkmale sind: Ver-fall der Formen neben übersteigerter Künstelei; Neigung zu Allegorie und Lehre; zunehmende Geltung und Pflege der deutschen Prosa. Humanis-mus und Renaissance bringen ein Wiederaufleben der Antike in literari-scher, geistiger und künstlerischer Hinsicht. Während die Bewegung ihrem Höhepunkt zuströmt, bricht die Reformation aus und zwingt die führenden Geister des Humanismus zur Auseinandersetzung mit den kirchlich-religiösen Problemen.

Die ganze Epoche hat nicht allein abgestufte Gesellschaftskreise, sondern auch sehr verschiedene Bildungskreise gehabt. Die Zugehörigkeiten ergaben für die geistige Haltung, den geistigen Besitz und das Weltbild der Menschen große Unterschiede. Es gab Schichtungen des sozialen, sprachlichen, geistigen und literarischen Lebens. Oft ist eine literarische Gattungsform in einer Schicht noch in uneingeschränkter Geltung, während die Ausbildung einer neuen Gattung in einer anderen Schicht bereits im Gang ist. Bei einer Aufteilung der Zeit nach ihren Schichten und ihrer jeweiligen Erfassung in Gestalten von typischer Geltung gewinnt das Gemälde erst vollere Farben. Zwischen der hohen Philosophie und Theologie des Mittelalters und dem, worin man innerhalb des praktischen Lebens ihren Ausdruck und ihr Echo suchen kann, liegt ein großer Abstand. Es gab auch Schichten innerhalb der Aristokratie, des Bürgertums, und auf den entsprechenden Stufen kommen verschiedene, komplizierte und primitive, Formen seelischer Haltung vor. Der ‹Realismus› der Theologie und jener in Kunst, Literatur und Moral liegen nicht immer auf derselben Linie. Weiters gab es auch im Sprachlichen soziale Schichten. Die erhaltene Predigtprosa, das geistliche Spiel, die Geschichtsdichtung, das Gesellschaftslied, die Exempel- und Fabeldichtung sprachen vorwiegend städtische Kreise an. Andererseits ragte die Welt des Höfischen mit einer intakten Hochsprache noch weit ins 15. Jh. hinein. In der Empfindung und im Geist hat der Adel als gesellschaftliches Element noch immer den ersten Rang.

Für die spätmittelalterliche Religiosität wird man sagen dürfen: Die liturgische Seinshaltung der romanischen Epoche ist von einer anderen Frömmigkeitshaltung abgelöst, die ihre Beziehung zur Gottheit durch einen moralischen Individualakt herstellt und den Hauptakzent auf das Verhältnis der Seele zu Gott legt. Die seelische Haltung des Betenden wandte sich vom Objektiv-Sakralen zum Subjektiv-Psychologischen, einer privaten Frömmigkeit des verlassenen sündigen Individuums, die sich bittend an den leidenden Sohn um die Barmherzigkeit Gottes wendet. Charakteristisch für die spätmittelalterliche Religiosität sind: Jenseitsangst, übertriebenes Sündhaftigkeitsgefühl, beständige Todesfurcht, Anklammern an das wirklich oder vermeintlich Faßbare, an den Kultus, an Reliquien, Wallfahrten. Im Verhältnis zur herrschenden Kirche bildeten sich unter den Menschen drei Gruppen: die Frommgläubigen, die sich mit dem Zustand der Kirche kritiklos abfanden; die Reformpartei, welche die Lehre der Kirche anerkannte, ihr aber bessernde Kritik entgegenbrachte; solche, die glaubten, das defekte Papsttum vermöge mit seinen Gnadenmitteln nicht dem Menschen zum Heile zu verhelfen, und die daher den Heilsweg nach eigenem Gutdünken suchten. Einer der wenigen Begriffe, die als bindend und durchlaufend angesehen werden können, ist das Verlangen nach Reform. Dieser Begriff erfaßt Äußeres und Inneres, Kirchenreform und Reichsreform, Seelisch-Ethisches und Geistig-Künstlerisches. Genötigt durch das päpstliche Schisma, versucht die Kirche durch Einberufung der Konzile zu Konstanz und Basel die Gegensätzlichkeiten mit Hilfe neuer Ordnungen zu überwinden. Zusammen mit der Kirchenreform sollte die Reform des Reiches gehen und ein Gemeinwesen ausgewogener Kräfte geschaffen werden. Weder die Kirchen- noch die Reichsreform erreichte ihre Absichten. Umso stetiger breiten sich von Reformideen erfüllte geistige Wandlungen aus: 1) auf das persönlich Religiöse bezogen, die Devotio moderna; 2) auf das Geistige und Literarische gerichtet, der Renaissance-Humanismus.

Die Auswirkungen dieser spätmittelalterlichen Gesamtstruktur, insbesondere der philosophischen und theologischen Anschauungen, Richtungen und Strömungen, zeigen sich innerhalb des kulturellen Gesamtgeschehens besonders deutlich in der Literatur. Zunächst bilden Scholastik und Mystik im allgemeinen die geistigen und ethischen Grundlagen des gesamten Schrifttums bis in die Blütezeit des Humanismus. Erst bei diesem machen sich vereinzelt antik-heidnische und libertinische Tendenzen bemerkbar. Im 14. Jh. zeigt sich wie in Philosophie und Theologie auch im Schrifttum die kritische und skeptische Richtung des von Ockham erneuerten Nominalismus.

Durch die Scholastik und die Kämpfe Ludwigs des Bayern mit der Kurie werden Ideen popularisiert, wie die von der Volkssouveränität und dem Entstehen des Staates aus einem Vertrage, von der angeborenen Freiheit des Menschen und der Wertlosigkeit der hohen Geburt.

Die Literatur des ausgehenden Mittelalters läßt sich nur schwer harmonisch zusammenordnen. Neben dem deutschsprachigen Schrifttum stehen Schriftwerke in mittel- und kirchenlateinischer Sprache und sehr viele Übersetzungen. Die geistigen Kräfte liegen oft in heftigem Widerspruch. Als wesentliche Eigentümlichkeiten und Kräfte treten neben dem als dominierend empfundenen Reformwillen in Erscheinung: eine mit den zunehmenden Universitätsgründungen breiter werdende Wissenschaftlichkeit; ein Erstarken der mathematisch-naturwissenschaftlichen Disziplinen; die von Burgund und Frankreich ausgehende Wiederbelebung höfischer Ritterkultur; das Aufkommen des Renaissance-Humanismus und seine Erstarkung zu einer eigenen Lebensauffassung und Bildungsrichtung. Man hat im gesamten eine Vielfalt von Erscheinungen vor sich, eine verwirrende Mannigfaltigkeit literarischer Bemühungen; sehr Verschiedenartiges liegt neben-, über- und durcheinander.

Was einem städtischen Patrizier Mitte des 14. Jhs. an handschriftlicher Überlieferung der deutschen Dichtung und Artesliteratur des 13./14. Jhs. zugänglich war und was er als bewahrenswert ansah, zeigt das ‹Hausbuch› des Michael

DE LEONE oder VON LÖWEN († 1355). Dieser Würzburger Prokurator und Advokat hatte fünf Jahre in Bologna theologische und juristische Studien betrieben und legte um 1340 ein großformatiges umfangreiches Sammelwerk an, in das eine Generation nach der anderen alles Lesens- und Wissenswerte eintragen sollte: Lateinisches und Deutsches, Juristisches und Medizinisches, Naturkundliches, Erbauliches, Gebete, Grabschriften, Historisches, Dichtungen, ein deutsches Kochbuch u. a. Das Ganze war in zwei Teile geteilt, erhalten ist nur der zweite (Univ. Bibl. München) und Fragmente vom ersten. An deutscher Dichtung und Literatur war aufgenommen: eine Sammlung von 46 Gedichten WALTHERS VON DER VOGELWEIDE und 44 von REINMAR DEM ALTEN, 2 kleinere Hefte mit Gedichten FRAUENLOBS und einzelne Gedichte des MARNER, die ‹Reden› (Reimpaargedichte) des KÖNIGS VON ODENWALD und LUPOLD HORNBURGS, eine Sammlung von Beispielen und Mären des STRICKERS, der ‹Renner› des HUGO VON TRIMBERG, der deutsche ‹Cato›, FREIDANK, die ‹Goldene Schmiede› und der ‹Turnei von Nantes› von KONRAD VON WÜRZBURG, der deutsche ‹Lucidarius›, die Grabschrift auf WALTHER: «Pascua qui volucrum», Gedichte gegen die Geißler und gegen die Juden. Das Sammelwerk ist eine Art literarischer Familienenzyklopädie, in der zusammengefaßt wurde, was in Handschriften, Heften und sonst zu finden war, zu praktischen, erbaulichen, didaktischen und unterhaltsamen Zwecken.

ERSTES KAPITEL

DIE EPISCHE DICHTUNG IN VERS UND PROSA

Das ausgehende Mittelalter besitzt eine formenreiche und breite epische Dichtung weltlicher und geistlicher Art. Auch im 15. Jh. wird das mittelhochdeutsche Versepos in seinen Hauptgattungen, der höfischen Epik, Heldensage und Spielmannsepik, in der aristokratischen, hochbürgerlichen und traditionsbestimmten geistlichen Welt noch immer hochgeschätzt. Die in rascher Veränderung begriffenen sozialen Verhältnisse und der Geschmackswandel schmälern allerdings zusehends Ansehen und Verbreitung dieser höfischen Versepik und geben anderen Gattungen und der Prosa den Vorzug. Es kommt zur Ausbildung romanhafter Prosaerzählungen hauptsächlich durch Übersetzungen aus dem Französischen, durch Auflösung mittelhochdeutscher Versepen, ja schließlich zur Entstehung der Prosa-Historie vom ‹Fortunatus›. In den Frühdrucken und bei Kaiser MAXIMILIAN I. steht Versdichtung neben der Prosaform. Neben den epischen Großformen in Vers und Prosa wächst eine Kleinepik in den gleichen Formen in die Breite. Nicht mehr so kräftig wie die höfische Versepik lebte die geistliche Großepik in Versen fort, wohl aber greift eine religiöse Poesie in Vers und Prosa mit Heiligenleben, Legende und Jenseitsvisionen um sich. Besitzt die religiöse Dichtung durch ihr theologisches Gedankengut eine metaphysische Bedeutung, so hat die Schwankdichtung ihren Schwerpunkt im vordergründigen Handlungsgeschehen. Ihre originellste Leistung erreichte die profane Erzähldichtung in dem tragikomischen Versepos ‹Der Ring›. STRICKERS dem 13. Jh. zugehörige Schwankreihe um den ‹Pfaffen Amîs› findet im 14./15. Jh. ihre Nachfahren in den Schwankbüchern von ‹Neithart Fuchs›, ‹Pfarrer vom Kahlenberg›, beide noch in Versen, und auf niederdeutschem Gebiet in ‹Till Eulenspiegel›, der bereits in Prosa abgefaßt wurde. So ziemlich alle epischen Gattungen des ausgehenden Mittelalters wenigstens im Plan enthält das literarische Werk Kaiser MAXIMILIANS I.

Bei der Prosaepik muß man unterscheiden zwischen den Prosaromanen von literarischem Anspruch und dem Volksbuch der niederen Unterhaltungssphäre. Das letztere ist eine literarische Erscheinung erst des 16. Jhs.

1. Höfische Epik, Heldensage, Spielmannsepik

a) Die höfische Epik

Eine Darstellung dieser Gattung hat an Kap. III des Bandes III/1 ‹Die späte höfische Epik› anzuschließen und wird nur das Fortleben und die Ausläufer dieser Erzähldichtung berücksichtigen. Zustandegekommen sind mehr oder minder umfängliche Versepen. Die Verfasser waren adelige oder bürgerliche Dichter. Ein beträchtlicher Teil der Produkte ist ohne besondere künstlerische Bedeutung. Der Abenteuerroman und Minneroman sind weiterhin Unterhaltungsliteratur ritterlicher und gehobener stadtbürgerlicher Kreise. Vorgebildetes wird in stofflicher und formaler Hinsicht weitergeführt. Den Autoren vorbildlich sind noch immer KONRAD VON WÜRZBURG, RUDOLF VON EMS, ALBRECHT VON SCHARFENBERG u. a. Die Aufgeschlossenheit gegenüber den Nachbar-Literaturen und anderen Stoffbereichen nimmt zu. Seit Beginn des 14. Jahrhunderts verschloß sich zusehends der Blick des Dichters für die Bedeutung der ‹Gestalt›, für die aufmerksame Pflege der Form eines Erzählwerkes und wandte sich mehr und mehr dem Ablauf des Geschehens und den abenteuerlichen Vorgängen zu. Man verläßt sich auf die Wirkung des Stofflichen. Die Tradition nähert sich dem Ende. Die Richtung auf Dinglichkeit im Neben- und Nacheinander und Fährlichkeiten, verbunden mit antiquarischer Sammelfreude, tragen im 15./16. Jh. große epische Sammelwerke zusammen: die drei Heldenbücher, ULRICH FUETRERS ‹Buch der Abenteuer› und auch noch FEYERABENDS ‹Buch der Liebe› (1587).

Noch immer üben die Fürstenhöfe eine besondere anregende und vermittelnde Tätigkeit für die Literatur aus. Auffällig tritt dabei die Pfalzgräfin bei Rhein MECHTHILD (1418/19–1482), zuletzt Erzherzogin von Vorderösterreich, in Erscheinung, Tochter LUDWIGS III. VON DER PFALZ († 1436) aus der Ehe mit MATHILDE, der Tochter des Grafen AMADEUS VON SAVOYEN. MECHTHILD wurde in erster Ehe mit dem Grafen LUDWIG VON WÜRTTEMBERG († 1450) und in zweiter 1452 mit ALBRECHT VI. VON ÖSTERREICH († 1463) vermählt. Der ersten Ehe entstammte EBERHARD V. IM BART (1445–1496). MECHTHILD lebte und wirkte demnach am Hof der Pfalzgrafen bei Rhein in Heidelberg, am Hofe der Grafen zu Württemberg, am Hofe der Habsburger und schließlich an ihrem Witwensitz in Rottenburg am Neckar. Der für Altes und Neues aufgeschlossenen Frau und ihren Kreisen gehören HERMANN VON SACHSENHEIM und PÜTERICH VON REICHERTSHAUSEN an, ANTONIUS VON PFORR und NIKLAS VON WYLE.

Die klassischen Autoren des 12. und 13. Jhs. mit der lebendigen Tradition des 14. und 15. Jhs. verband HERMANN VON SACHSENHEIM (1366/69

bis 1458). Er gehört zur höfischen Gesellschaftsdichtung und bewegte sich
hauptsächlich auf epischem Gebiete und in den Stoffbereichen von Minne
und Abenteuer. Der Dichter stammte aus einer württembergischen Adelsfamilie und war ein Ritter der alten Art, Vogt zu Neuenburg, württem-
bergischer Rat und Lehensrichter, Gegner der Hussiten und Schweizer
Eidgenossen. Er verfügte über eine gute Bildung, besonders über juridische Kenntnisse, und war belesen in der lyrischen, epischen und didaktischen Literatur der vergangenen 250 Jahre; im vorgerückten Lebensalter
fing er erst zu schreiben an. HERMANN VON SACHSENHEIM begann seine
dichterische Tätigkeit anscheinend mit Liedern und setzte das Thema in
Minnereden wie dem ‹Traumgesicht› und der ‹Blauen Rede› bzw. dem
Minnelehre und Fürstenspiegel verbindenden ‹Minneturnier› fort. Dieses
letztere Werk schrieb er vermutlich aus Anlaß der Vermählung der Pfalzgräfin MECHTHILD mit Herzog ALBRECHT VON ÖSTERREICH. In den weiteren drei Werken verläßt HERMANN die genannten traditionellen Formen
und parodiert die Gattung Minnerede: in der ‹Grasmetze› am Typus einer
grobianischen Liebeswerbung, im ‹Spiegel› und der ‹Mörin› am Minne-
prozeß. Eine Verbindung von Reisebeschreibung mit erdichteter Liebesnovelle stellt der ‹Schleier› dar. Die ‹Unminne› schließt sich formal an
HADAMAR VON LABERS ‹Jagd› an. Geistlicher Thematik zugewandt sind
der ‹Goldene Tempel› und ‹Jesus der Arzt›.

HERMANN VON SACHSENHEIM repräsentiert nicht nur als ein «letzter
Minnesinger» den «nachhöfischen Rittergeist des sinkenden Mittelalters»,
sondern seine Dichtungen verfügen über eine Eigenständigkeit, die für
die Literaturgeschichte des 15. Jhs. von Bedeutung ist.

Den Hauptwerken chronologisch voraus geht die zum Genre der dör-
perlichen Dichtung gehörige ‹Grasmetze› (1450/53). In dieser dialogischen
Parodie auf die Minnedichtung tritt der Dichter selber auf und trägt einer
mit Grasschneiden beschäftigten Bauerndirne seine Minne vor. Er spricht
mit ihr im hohen Stil, sie antwortet mit Derbheiten. Als er gewalttätig
werden will, zeigt sich die Kraftlosigkeit des Alters. Höfischer Ton und
bäuerische Roheit sollen kontrastieren.

Das Prozeßepos ‹Die Mörin› (1453) umfaßt 6081 Verse und ist in 6
Handschriften des 15. und 5 Drucken des 16. Jhs. (ältester Straßburg 1512
mit Vorrede des Mediziners und Frühhumanisten JOHANN ADELPHUS
MULING, weitere 1528, 1538, 1539, um 1560) überliefert. Die Reimpaardichtung wurde für den Pfalzgrafen FRIEDRICH und dessen Schwester
MECHTHILD geschaffen und ist insofern und ihrer ganzen Art nach höfi
sche Gesellschaftsdichtung.

Der Dichter wird bei einem Spaziergang vom getreuen Eckehart und einem
Zwerg gefangengenommen, in eine Truhe gesperrt und auf dem Luftwege in
das Land der Königin Venus und ihres Gemahls Tannhäuser gebracht. Dort
macht man ihm wegen seiner Verfehlungen gegen die Minne den Prozeß. Die

Gerichtsverhandlung findet im Zelt der Frau Venus statt. Anklägerin ist die wilde Mörin Brinhild, Verteidiger Eckehart, zwölf Ritter sind Schöffen. Nach langem Verfahren fällen die bestochenen Richter und König Tannhäuser das Todesurteil über den Angeklagten. Dieser will an die ferne Kaiserin Abenteuer appellieren. Es findet ein Turnier zu Ehren der Dame Schande statt. Man scheut die Kosten und Gefahren einer Reise in das Land der Kaiserin. Der gefangene Dichter muß den aus dem Bilderschwank bei ‹Neithart Fuchs› bekannten Eid beim herzoglichen Hunde Zyprion schwören und wird daraufhin freigelassen und durch Zauber auf dem Luftwege in die Heimat zurückgebracht.

Die Dichtung vereinigt die Sagen vom Venusberg, vom Tannhäuser und vom getreuen Eckehart. Die Gestalt entnahm der Dichter WOLFRAMS ‹Parzival›, wo Belacâne eine Möhrin ist. Das Epos enthält auch sonst eine Menge literarischer Anspielungen und Zitate; viel benützt wurde die allegorische Novelle ‹Der Tugenden Schatz› des MEISTERS ALTSWERT. Wie die Drucke des 16. Jhs. zeigen, hat die ‹Mörin› eine lange Nachwirkung gehabt. Noch HANS SACHS und FISCHART war sie bekannt.

An die ‹Mörin› schließt sich ‹Des Spiegels Abenteuer› (um 1452; ca. 2300 V.), verfaßt ebenfalls für die Pfalzgräfin MECHTHILD.

Der Dichter trifft auf einem Waldspaziergang in einem entlegenen Tale am Brunnen sitzend Frau Treue. Sie dient mit ihren elf königlichen Geschwistern (Minne, Liebe, Tugent, Ere, Zucht, Scham, Stetigkeit, Warheit, Milte, Gerechtekeit, Saelde) der Kaiserin Abenteuer. Frau Treue war nach Schwaben gesandt worden, um Treue zu suchen. Weil sie keine fand, wagte sie sich nicht zurück zu ihrer Herrin. Da empfiehlt sich ihr der Dichter als Muster der Treue und ein Zwerg führt die beiden an den Hof der Kaiserin. Auf der Wasserfahrt dahin erblickt der Dichter im Zauberspiegel des Zwerges eine herrlich schöne Dame: seine Treue ist vergessen und er ist schuldig geworden. Dem Frevel folgen sofort die Verwicklungen: Frau Abenteuer will ihm den Prozeß machen, und der Dichter soll mit dem Leben büßen. Die Wendung zum Guten bringt ein Minnebuch, in dem er den bösen Charakter der schönen Dame und die Treue seiner Frau studieren darf. Die Königinnen legen Fürbitte ein, es wird ihm Verzeihung gewährt und der Zwerg bringt ihn mit Hilfe eines Greifen in die Heimat zurück.

Zur Parodierung der Minnereden und Glossierung zeitgeschichtlicher und persönlicher Verhältnisse kam schon im ‹Minneturnier› (um 1451/ 52) die Lehre oder das ‹Bîspel›. Die Liebesnovelle ‹Das Sleigertüechlin› (wahrscheinlich nach 1455) hat einen zweifachen Rahmen.

Im äußeren Rahmen trifft der Dichter auf dem üblichen Waldspaziergang einen jungen Ritter, den er tröstet und vor dem Tod aus Herzeleid bewahrt. Der Jüngling klagt dem Dichter sein Weh, wobei die Schilderung seiner Minne zu einer Dame, der er seit früher Jugend dient, die zweite Rahmenerzählung abgibt. Ihretwegen unternahm er eine Pilgerfahrt ins hl. Land. Beim Abschied hatte ihm die Dame ein Schleiertüchlein geschenkt, das mit ihren Blutstropfen getränkt war. Als er zurückkam, erfuhr er den Tod der Geliebten. Eingefügt in die Erzählung des jungen Ritters ist der Bericht von der Reise zum Grab des Herrn.

Die Szene zwischen dem Jüngling und seiner Mutter, die Schilderung des Seesturmes und des Schiffbruches sind Höhepunkte der Darstellungskunst HERMANNS. Die Reisebeschreibungen sind vermutlich nach mündlichen oder schriftlichen Berichten gegeben wie ‹Des schwäbischen Ritters Georg von Ehingen Reisen nach Ritterschaft›.

Fast 90 Jahre alt, schrieb HERMANN zu Ehren der hl. Maria die allegorische Dichtung ‹Der goldene Tempel› (1455). Das Gedicht gehört stilistisch in die Nachfolge der ‹Goldenen Schmiede› des KONRAD VON WÜRZBURG; bei der Darstellung des allegorischen Tempelbaues war das Vorbild der Gralstempel im ‹Jüngeren Titurel›. In dem für die Wechselbeziehungen zwischen Dichtung, Bau- und Bildkunst interessanten kleinen Epos (1320 Verse) errichtet der Dichter mit Hilfe der Geometrie den Tempel Salomos.

Die vier Tore des Bauwerkes sind gegen die vier Himmelsrichtungen (Orient, Westerwind, Meridion, Septemtrion) gebaut; an sie schließen je vier Mauern (die vier Elemente ignis, aer, aqua, terra) an; zwölf Türme symbolisieren die zwölf Monate und die zwölf Sternzeichen; die Tage des Jahres ergeben 364 Fenster im Chor; der Chor ist innen mit einem ‹Umhang› geschmückt, auf dem Szenen aus dem Alten Testament typologisch bezogen werden auf Geschehnisse im Neuen Bund; Sonne, Mond und Planeten geben dem Bauwerk das Licht; als Orgeln fungieren die Universitäten Prag (die aber nun des Hussitismus wegen dissoniert), Paris und Wien, Padua und Montpellier, Köln und Heidelberg, Erfurt und Leipzig; als Glocken wirken die Kirchenväter Augustin, Ambrosius, Hieronymus und Gregor, als Schellen St. Bernhard und die Seinen. Gegen Schluß gibt er eine Blasonierung seines Wappenschildes: er führte als Ritter das Wappen von Sachsenheim; von seiner Mutter her das der Nothaft von Rense, von seiner Großmutter das derer von Helmstadt, von seiner Urgroßmutter das von Frauenberg. Zum Schluß wird Maria als Fürsprecherin angerufen. – Im Stil bedient sich der Dichter der geblümten Ausdrucksweise. Viele seiner blumigen Redensarten entnahm er der ‹Minneburg›.

In der späten kleinen Versdichtung ‹Jesus als Arzt› feiert HERMANN VON SACHSENHEIM die Erlösungstat Christi, indem er ihn in allegorischer Weise als großen Arzt bezeichnet, der auch die durch Eva in die Welt gekommene Sünde, eine nie verwachsende Wunde, heilt. HERMANN hat sich auch noch selbst die Inschrift für sein Grabmal verfaßt. Sie lautet:

> O welt, du hast gelassen mich,
> Mein schilt vnd helm hangt vnder sich,
> Mein wåppenrock ist stavb vnd erdt!
> Gelebt ich ye in deinem wertt,
> Das hat sich nun vercheret gar!
> O herr, nymm meiner sel war,
> Vnd auch dein keüsche muoter zart!
> Jung man, geporen von meiner art,
> Laß dir ze sünden nit wesen gach,
> Ir müssent sicher all hernach.

Alle seine Dichtungen erzählt HERMANN VON SACHSENHEIM in Ich-Form. In seiner Technik verwendet er den Dialog, das Gespräch und die Unterhaltung; bloße Berichterstattung und Schilderung spielen gegenüber

der direkten Rede eine untergeordnete Rolle. Dialogtechnik und Prozeß-
handlung weisen auf eine gewisse Verwandtschaft mit dem spätmittelalterlichen Schauspiel. Durch Aneinandervorbeireden wird häufig eine
komische Wirkung erzielt. Die Dichtungen enthalten zahllose Anspielungen auf Werke anderer mittelhochdeutscher Dichter der hoch- und späthöfischen Epik wie der Heldenepik, der Lehrdichtung und der Schwankliteratur. An erster Stelle steht WOLFRAM VON ESCHENBACH, dessen Epen
HERMANN geradezu als eine Art Beispielsammlung ansieht. Ferner werden FREIDANK, HADAMAR VON LABER, KONRAD VON WÜRZBURG, NEID-
HART VON REUENTAL und OSWALD VON WOLKENSTEIN namentlich genannt. Ohne Nennung des Namens werden erwähnt die *Dietrichsage,* der
Äsop, die *Kudrun,* HARTMANN VON AUE, *Herzog Ernst,* JOHANN VON
WÜRZBURG, *König Laurin* und der *Kleine Rosengarten,* der Prosa-*Lanzelot,* die Lehren des *Cato,* ‹Von Metzen Hochzeit›, ‹Neithart Fuchs›, *Nibe-
lungenlied,* ‹Rolandslied›, *Rosengarten zu Worms,* RUDOLF VON EMS, der
STRICKER, ‹Tristan›, WIRNT VON GRAFENBERG. Angespielt wird auf die
Geschichte von *Herpin,* die antiken Sagen von *Pyramus und Thispe* und
den *Trojanerkrieg.* HERMANN VON SACHSENHEIM ist Epigone und Eklek-
tiker, aber echter Typus des spätmittelalterlichen Rittertums. Doch die
hochhöfischen Ideale sind nicht mehr inneres Erleben, sondern äußerlicher
Stoff. Sein Stil als Kunstsprache zeigt die Formen der späten Gotik. Die
Nachwirkungen dieses zu seiner Zeit angesehenen Dichters sieht man bei
MICHAEL BEHEIM, HANS FOLZ, in ‹Der neuen Liebe Buch› u. a.

Ein Zeitgenosse HERMANNS VON SACHSENHEIM war der anscheinend
unter dem Pseudonym ELBELIN VON ESELSBERG schreibende Verfasser
einer Dichtung ‹Das nackte Bild› (2. H. 15. Jh.). Der dem schwäbisch-
bairischen Sprachraum angehörige Dichter versucht in dem Gedicht eine
Liebesdoktrin im Sinne einer Psychologie der Liebe.

Er trifft auf einem Spaziergang im Frühling eine Schar schöner Frauen. Eine
davon trägt auf dem Überkleid ein nacktes Frauenbild. In dem Gespräch zwischen dem Dichter und der Frau belehrt sie ihn über das Wesen der Liebe, ihre
Herkunft, ihren Schaden oder Nutzen. Es gibt drei Stufen von Liebe: an-
hebende, zunehmende, ganze. Liebe entsteht aus der Anziehungskraft der vier
Temperamente, deren Wirkung die vier der Vernunft unterstehenden Dinge
durchkreuzen: edler Anstand, Schönheit, adlige Herkunft, Reichtum.

Verehrer WOLFRAMS VON ESCHENBACH als Vorbild und Sammler alt-
deutscher Dichtungen war JAKOB PÜTERICH VON REICHERTSHAUSEN (um
1400–1469), JAKOB II., aus altem Münchener Stadtadel. Er machte 1420
die Heerfahrt König SIGISMUNDS gegen die Hussiten mit, bereiste Brabant,
Ungarn, Italien, fungierte als Landrichter, herzoglicher Rat, Ritter des
Malteserordens, Beisitzer des kaiserlichen Kammergerichtes in Wien und
stand in persönlichen Beziehungen zu OSWALD VON WOLKENSTEIN, HANS
HARTLIEB, ULRICH FUETRER. PÜTERICH verband praktisch-tätiges Leben

mit leidenschaftlicher Liebe für die deutsche Dichtung des Hoch- und
Spätmittelalters. Er sammelte ältere Dichtung in Handschriften, suchte
Anonymes zu klären, kopierte die Grabinschriften alter Meister, durchsuchte die Bibliotheken, entlieh und verlieh Texte. Insofern ist er Vorläufer der Vergangenheitsforschung, wie sie später bei CELTIS, WATT u. a.
in Erscheinung tritt. Von PÜTERICHS Dichtungen sind vier Lieder und
drei Reden aus den 30er Jahren verloren. Im Alter von 62 Jahren verfaßte er für die Erzherzogin MECHTHILD zu Rottenburg den ‹Ehrenbrief›.
MECHTHILD, die ebenfalls für die altdeutsche Dichtung interessiert war,
hatte ihm ein Verzeichnis ihrer 94 Bücher übermittelt, von denen PÜTE-
RICH 23 unbekannt waren. Gleichsam als Erwiderung darauf zählt er im
‹Ehrenbrief› seine eigenen Lieblingsbücher auf und fügt bei der Übersendung an MECHTHILD ein Gesamtverzeichnis seiner Handschriften hinzu. Es waren 164 Bände.

Der ‹Ehrenbrief› (1462) ist nach dem Schema eines Privatbriefes angelegt, aber in Titurelstrophen abgefaßt. Der Salutatio sind die Str. 1–29,
dem Hauptteil (Narratio) die Str. 30–144, der Conclusio die Str. 145–148
gewidmet. Der Hauptteil enthält eine Aufzählung der turnierfähigen
bayrischen Geschlechter und die Mitteilungen über seine Dichter-Hand-
schriften und seine literarischen Interessen. Diese Str. 30–144 sind eine
bedeutsame Quelle für Nachleben und Überlieferung der deutschen Dichtung des 12. und 13. Jhs. Am höchsten schätzt PÜTERICH WOLFRAM VON
ESCHENBACH und HADAMAR VON LABER. Er erwähnt auch Dichter und
Werke, von denen wir sonst keine Kenntnis haben. So nennt er u. a. ein
Epos ‹Gottfried von Brabant›, das den ersten Kreuzzug zum Hintergrund
hat. Vielleicht hängt es zusammen mit einer 1482 bei HANS BÄMLER in
Augsburg erschienenen Prosa-Erzählung ‹Gottfrieds Eroberung des Heiligen Grabes›, die möglicherweise auf eine ältere Reimdichtung zurückgeht. Eine zweite Ausgabe trägt den Titel ‹Historie von Herzog Gottfried,
wie er wider die Türken gestritten› (Augsburg 1502).

Vermutlich PÜTERICHS Schüler, dem er seine literarischen Kenntnisse
vermittelte und die Kunst, Verse zu dichten, lehrte, war ULRICH FUETRER,
eigentlich FURTTER († 1496), Maler, Dichter, Chronist. Er schuf sein
Schriftwerk in erster Linie für die literarisch und historisch interessierten
Kreise des Wittelsbacher Hofes, die Anteil nahmen sowohl am mittel-
alterlich-höfischen Wesen und den alten Rittergedichten als auch an der
neuen Geistesströmung des Humanismus.

FUETRER besuchte die Landshuter Lateinschule, wurde sodann vermutlich von
DIETRICH ZIEGLER im Malerhandwerk unterwiesen und übersiedelte frühzeitig nach München. Als Maler erscheint FUETRER zuerst neben GABRIEL MÄ-
LESSKIRCHER für das Kloster Tegernsee tätig. Erhalten ist ein Tafelbild ‹Kreuzigung Christi› von 1457 (Alte Pinakothek); Wandgemälde in Tegernsee betraf
eine Zahlung von 44 Pfund 1465. Die nachweisbare malerische Haupttätigkeit
in München bestand in Arbeiten für das alte Rathaus und zwar Ausschmückung

des Inneren sowie der Fassade. Zugeschrieben wird FUETRER neuerdings auch ein Bildnis des Erzherzogs SIEGMUND VON TIROL um 1460; 1494 bezahlte ihn die Münchener Stadtkammer «von seiner müe wegen zum Spiel corporis Christi gehapt». In den 6oer Jahren trat FUETRER in Beziehungen zum bayrischen Hof, schloß sich dem konservativen Kreise PÜTERICHS VON REICHERTSHAUSEN, KONRAD PAUMANNS, J. HARTLIEBS und H. HESELLOHERS an und entfaltete eine umfangreiche literarische Tätigkeit. Außer PÜTERICH haben der Verfasser des ‹Jüngeren Titurel› und JOHANNES HARTLIEB, der letztere insbesondere durch seine Übersetzungen, auf FUETRER eingewirkt.

Das erste Werk, das FUETRER «aus ettlichen püechern» für Herzog ALBRECHT IV. (1447–1508), der an den alten Rittergeschichten große Freude hatte, verfaßte, war ein Prosaroman ‹Dye gesta oder getat von herren Lantzilet vom Lack›. Das Ganze ist in sechs Bücher eingeteilt. Die ersten vier behandeln die eigentliche Lanzelotsage, das fünfte handelt von der Gralssuche, das sechste vom Tod des Königs Artus. FUETRERS Redaktion ist abgeleitet vom deutschen Prosaroman von Lanzelot aus dem 13. Jh. (vgl. Bd. III/1, 121 ff.), wie er in Handschriften des 15. Jhs. noch verbreitet war. Der *Geschichte des Lanzelot vom See* folgte das im Auftrag desselben Herzogs zusammengestellte ‹Buch der Abenteuer› (ca. 41 500 Verse in Titurelstrophen; Str. 10–29 enthalten in einem Akrostichon die Widmung). Das zum größten Teil zwischen 1473 und 1478 entstandene Werk stellt einen Zyklus von höfischen Abenteuerromanen dar. Die Welt, die FUETRER damit wiederherstellen sollte und wollte, war damals schon dem Untergang geweiht. Es ist der Bereich der höfischen Epik mit ihren beiden Stoffkomplexen von der Tafelrunde des Königs Artus und der Gralssage. Nach einem Gebet und der Klage über die Schwierigkeit des Vorhabens beginnt der Kompilator seine Arbeit mit der Geschichte des Grals und seiner Hüter, die er im Anschluß an den ‹Jüngeren Titurel› bis zur Verwundung des Amfortas und dem Erscheinen der Gralsinschrift erzählt. Dann wendet er sich der Geschichte der Tafelrunde zu. Da die Herrscher Britanniens ihren Ursprung von den Trojanern ableiten, schaltet er in engem Anschluß an KONRAD VON WÜRZBURG die Erzählung des Trojanischen Krieges ein. Das eigentliche Werk eröffnet FUETRER mit der Vorgeschichte der Tafelrunde und des Grals, d. h. den Abenteuern des Merlin, im Anschluß an die (verlorene) Bearbeitung durch ALBRECHT VON SCHARFENBERG. Dem folgen ‹Parzival› nach WOLFRAM, die ‹Krone›, ‹Lohengrin›, ‹Wigalois› nach der Prosa von 1472, ‹Seifried von Ardemont› nach ALBRECHT VON SCHARFENBERG, ‹Meleranz› nach dem PLEIER, ‹Iwein› nach HARTMANN, ‹Persibein›, ‹Poytislier›, ‹Flordimar›, ‹Lancelot›. FUETRER zeigt sich in dieser großen Kompilation als Verehrer und Nachahmer WOLFRAMS und Vertreter der neubelebten Ideen des mittelalterlichen Rittertums, wie sie gegen Ende des 15. Jhs. wieder in Erscheinung traten und in der Gestalt Kaiser MAXIMILIANS I. ihren Abschluß fanden. Gleichfalls für Herzog ALBRECHT IV. dichtete FUETRER die als erstes

Werk erwähnte Lanzelotprosa um in einen poetischen ‹Lantzilet› (Titurelstrophen, ca. 39 000 V.) und schrieb zwischen 1478 und 1481 eine ‹Baierische Chronik›, eine Beschreibung vom Herkommen des Hauses Bayern, die 60 v. Chr. beginnt und bis 1479 reicht. Der herzogliche Hofmeister JÖRG VON EYSENHOFEN war dabei sein Berater. FUETRERS gesamtes Schriftwerk blieb in den Handschriften liegen und wurde erst in neuerer Zeit z. T. im Druck veröffentlicht.

Die Wirksamkeit ULRICH FUETRERS zeigt das Reimpaargedicht des LADISLAUS SUNTHEIM, ‹Ein Spruch von den Tafelrundern› (Ende 15. Jh.), das HERMANN MENHARDT aus der Wiener Handschrift 7692 veröffentlichte. Die Kunst SUNTHEIMS, der den Spruch für den Hof Herzog ALBRECHTS IV. VON BAYERN gedichtet hat, besteht nur in der Aneinanderreihung von Namen aus epischen Dichtungen. Sein Leitstern ist die Ritterlichkeit.

In der Nachfolge KONRADS VON WÜRZBURG bewegte sich noch HANS VON BÜHEL, der BÜHELER (urk. 1414 f., † 1429/44); Laie, verheiratet mit einer Baslerin; Ministeriale der Markgrafen von Hachberg in Ober-Baden; Dienstmann des Kölner Erzbischofs FRIEDRICH VON SAARWERDEN. Er ist der Verfasser zweier Verserzählungen. Den Versroman ‹Die Königstochter von Frankreich› (1401; etwa 8250 V.) überliefern eine Handschrift der Breslauer Stadtbibliothek und Drucke 1500 (Straßburg bei GRÜNINGER) und 1508. Der Stoff ist in französischen Dichtungen, in ‹Mai und Beaflor› (um 1260) und im Volksbuch von der ‹geduldigen Helena› behandelt.

Ein französischer König will) nach dem Tode seiner Frau die eigene Tochter heiraten. Das Mädchen flüchtet und wird Königin von England. In Abwesenheit des Königs verleumdet man die Frau, verurteilt sie und setzt sie mit ihrem kleinen Sohn aus. Beide kommen nach Rom zum Papst und leben unter dessen Schutz. Nach Jahren erfolgt ein Wiederfinden und die Versöhnung mit dem Gatten und dem Vater.

Der Stoff stammte aus dem späthellenistischen Orient. Die Erzählung erhielt im 12. Jh. durch ALEXANDER VON PARIS eine Formung. Auf ihr beruht die Prosa-Auflösung des deutschen Volksbuches. Der deutsche ‹Künic ze Riuzen› (Handschrift 15. Jh.) verbreitete den Stoff weiter. Das zweite Werk des BÜHELERS, den ‹Dyocletian›-Roman (1412; etwa 9500 V.), überliefern eine Basler Handschrift aus dem Entstehungsjahr und ein Druck Augsburg 1473. Die Dichtung geht auf die Geschichten ‹Von den sieben weisen Meistern› zurück. Vorlage des Dichters war eine Übersetzung aus dem Lateinischen in deutsche Prosa (die Heidelberger Handschrift 106,8).

Ein Königssohn wird von seiner Stiefmutter verleumdet. Die sieben Lehrmeister des Prinzen streiten mit der bösen Frau eine Woche lang um dessen Leben, indem sie sieben Erzählungen der Stiefmutter von der Schlechtigkeit der Männer mit sieben Geschichten von der Verworfenheit der Frauen erwidern.

Nach Ablauf der Woche darf der Beschuldigte das ihm auferlegte Schweigen beenden: Er erzählt als letzte die Geschichte von einer bösen Frau und enthüllt darin die Bosheit seiner Verleumderin. Diese wird zum Feuertod verurteilt.

In die Gattung der historischen Erzählungen gehört *der Kampf um Troja*. Schon im Altertum war der Trojanische Krieg einer der beliebtesten Sagenkreise. Im Germanischen taucht die Trojanersage bei den Franken auf. Deutsche Trojadichtungen in Versform stammen von HERBORT VON FRITZLAR (‹Lied von Troja›, 1210/17; vgl. Bd. II, 49 ff.), RUDOLF VON EMS (verloren), KONRAD VON WÜRZBURG (‹Trojanerkrieg›, 1277/87; vgl. Bd. III/1, 27 ff.); als Nachahmer WOLFRAMS dichtet im 14. Jh. ein unbekannter Alemanne in Reimversen den ‹Göttweiger Trojanerkrieg›.

Die Untersuchungen von KARIN SCHNEIDER haben gezeigt, daß es im Mittelalter mehr als zwölf verschiedene Troja-Romane in Prosa gab. Sie gehen z. T. zurück auf die mittellateinische ‹Historia destructionis Trojae› des GUIDO DE COLUMNA (um 1276), z. T. setzen sie den ‹Trojanerkrieg› KONRADS VON WÜRZBURG in Prosa um, z. T. sind es selbständige Bearbeitungen, die aus verschiedenen Quellen eine neue Erzählung bilden. Ein *Buch von Troja* aus der Zeit um 1400 ist in mehreren Handschriften überliefert. Der erste Teil des Werkes geht auf KONRAD VON WÜRZBURG zurück, dessen Verse in Prosa aufgelöst sind. Der Text ist gekürzt, beibehalten sind aber das Tatsächliche und die Dialoge. Der zweite Teil benützt hauptsächlich GUIDO DE COLUMNA, stellenweise auch DARES PHRYGIUS ‹De exidio Trojae historia› (6. Jh.). Eine andere Bearbeitung, die mit GUIDO näher verwandt ist, liegt vor in Cod. Vind. 2678 (Österr. Nat.-Bibl.): «Hir hebit sich an dy vorrede von der troyani valle …». Eine freie Bearbeitung des GUIDO bringt HANS MAIR VON NÖRDLINGEN im ‹Buch von Troja› (1392), gedruckt Augsburg 1474, 1479, 1482, 1488 usw. Weitere Prosabearbeitungen: von HEKTOR MÜLICH aus Nördlingen (1458), auf Grund des DARES; ein Auszug aus KONRAD VON WÜRZBURG, oberdeutsch; von HEINRICH GUTEVRUNT VON DEM BRUNSWICK (1436) im Auftrage eines Ritters JOHANNES DRYBORCH, mitteldeutsch. Ein niederdeutsches Volksbuch ‹Historie van der verstorynge der stat Troye› wurde 1478 in Lübeck und 1494 in Magdeburg gedruckt; ein niederländisches Volksbuch ‹Die destructie van der stat van Troyen, ende hoc si lestwerf ghedestrueert wert von den Greken›, zurückgehend auf GUIDO DE COLUMNA, 1541 in Antwerpen.

Mit dem Trojanischen Krieg in Verbindung steht der antike Sagenkranz um die Gestalt ALEXANDERS DES GROSSEN. Die Urquelle für die mittelalterlichen Vorstellungen bot der griechische *Alexander-Roman* des PSEUDO-KALLISTHENES (um 200 v. Chr.), ein Abenteuerroman mit sagen- und märchenhaften Motiven und Zügen des spätgriechischen erotischen Romans. Aus ihm schöpften die lateinischen Bearbeitungen des Stoffes durch JULIUS VALERIUS (um 300) und den ARCHIPRESBYTER LEO. Die

‹Res gestae Alexandri Macedonis› des VALERIUS und der ‹Liber de preliis› (um 950) des Erzpriesters bildeten die Grundlagen für die meisten mittelalterlichen Alexander-Epen, die seit dem 11. Jh. in Frankreich und Deutschland gedichtet wurden: das ‹Alexanderlied› des PFAFFEN LAMPRECHT (vgl. Bd. I, 232 ff.), den ‹Alexander› des RUDOLF VON EMS (vgl. Bd. II, 176 ff.), den ‹Alexander› des ULRICH VON ETZENBACH (vgl. Bd. III/1, 114 ff.) am Hofe KÖNIG WENZELS und schließlich für den ‹Alexander› des JOHANNES HARTLIEB.

Das fortdauernde Interesse an den Taten und am Schicksal ALEXANDERS D. GR. bekunden zwei umfangreiche Versdichtungen. Der Österreicher SEIFRIED vollendete in der St. Martinsnacht 1352 den ‹Großen Alexander› (9081 V.). Quelle war der ‹Liber de preliis›. Das Werk zeigt die Wandlungen der Alexander-Auffassung des Spätmittelalters. Alexander, dessen Gestalt positiv bewertet wird, tritt als von Gott gesandter Richter und Züchtiger auf. Die zahlreichen Handschriften zeigen den ‹Großen Alexander› als ein beliebtes Werk des Spätmittelalters. Weniger verbreitet war der nur in einer Handschrift in Wernigerode erhaltene ‹Große Alexander› (um 1390), eine spätmittelhochdeutsche Reimpaardichtung mit rund 6450 Versen. Der unbekannte Dichter stammte aus dem alemannischen Sprachgebiet. Er wollte (nach der vorangestellten Inhaltsangabe) erzählen, wie Alexander der Große die ganze Welt bezwang, wie er starb und wo er sein Ende nahm. Die Dichtung ist eine Übertragung der lateinischen Bearbeitung der ‹Historia Alexandri› des QUILICHINUS DE SPOLETO aus der Zeit um 1235. Zum Alexander-Stoffkreis gehört ferner die in mehreren Handschriften aus dem 14. und 15. Jh. überlieferte Versdichtung ‹Alexander und Anteloye›, das Zusammentreffen Alexanders mit dem Zwergenkönig.

Die ‹Alexander-Chronik› der zweiten Hälfte des 14. Jhs. löst nicht ein Versepos in Prosa auf, sondern greift wiederum auf den ‹Liber de preliis› zurück und betont in erster Linie den Weltherrscher. Als Ergänzungen werden an die Chronik häufig angefügt: der Brief des Mardocheus an Alexander, in dem der Judenfürst den Makedonier zum wahren Gott bekehren will, und der Briefwechsel Alexanders mit den Brahmanenkönig Dindimus.

Aus dem ‹Liber de preliis› übersetzte im 15. Jh. ein MEISTER BABILOTH seine ‹Cronica Alexandri des großen Königs› in deutsche Prosa. Ihr moralisierender und lehrhafter Charakter verschaffte der Arbeit weite Verbreitung. Man kennt acht Handschriften und einen niederdeutschen Frühdruck.

Wie ein großer Maler der Zeit das Alexander-Thema behandelte, zeigt ALBRECHT ALTDORFER, als er für Herzog WILHELM IV. VON BAYERN, den Sohn ALBRECHTS IV., die ‹Alexanderschlacht› (1529) schuf. In einer Art Weltlandschaft, die den gesamten Kosmos zu spiegeln scheint, wird mit größter Akribie und genialer Komposition das Aufeinanderprallen der makedonischen und persischen Reitermassen geschildert und ein geradezu metaphysisches Weltpanorama vor Augen gestellt.

Geschrieben für eine höfisch-ritterliche Leserschaft, im Grundton männlich-kriegerisch, erscheint die Geschichte ‹Von den vier Haimonskindern›. Die Grundgeschichte der aus verschiedenen, z. T. fremden Motiven (der Zauberer Malegys, das Roß Bayart) zusammengeflossenen Sage bildet neben Vasallenkämpfen und Sarazenenkrieg der Streit zwischen KARL D. GR. und den Söhnen des Haimon, besonders dem ältesten, Reinhold von Montelban. Den zweiten Teil der Erzählung bildet das Martyrium des sagenhaften HL. REINOLT in Köln († angebl. 960) und seine wunderbare Beisetzung in Dortmund. Der Stoff wurde seit dem 12. Jh. in französischen Versdichtungen und Prosa-Auflösungen behandelt und drang auch nach Italien und Spanien, später anscheinend über England nach Skandinavien, wo die Malegys-Geschichte in den Vordergrund gerückt und das Geschehen in Deutschland lokalisiert wird. Angeregt von Frankreich, entstand in den Niederlanden schon im 13. Jh. ein ‹Renout van Montelbaen›. Er wurde in Prosa aufgelöst und ‹Heemkinderen› betitelt (erster Druck 1508). Die Renout-Dichtung und die Prosa-Auflösung sind die Vorbilder für die deutschen Behandlungen des Stoffes: des ‹Reinolt von Montelbaen› (2. H. 15. Jh.), in Versen, von einem Niederdeutschen in pfälzischen oder württembergischen Diensten, und der in kölnischer Mundart geschriebenen Prosa-‹Historie van sent Reinolt›, die unter Heranziehung einer lateinischen ‹Vita sancti Reynoldi› aus dem 13. Jh. und der ‹Acta Sanctorum› als erbaulicher Lesestoff für Stift und Kirche St. Aposteln verfaßt wurde. Die Legendenerzählung fand auf niederdeutschem Boden sehr günstige Aufnahme. In hochdeutscher Prosa finden sich die ‹Haimonskinder› erstmalig in der Handschrift zu Aarau aus dem Jahre 1531 (Bibl. Zurl. 41). Einen hochdeutschen Druck besorgte HIERONYMUS RODLER 1535. Zum wirklichen ‹Volksbuch› wurden die ‹Haimonskinder› erst zu Beginn des 17. Jhs. mit der Übertragung aus der niederländischen Prosa.

Fast die ganze Zeit seines Lebens mit dem bayrischen Hof verbunden war JOHANNES HARTLIEB (ca. 1400–1468). Er entstammte der Gefolgschaft des LUDWIG VII. DEM BÄRTIGEN VON BAYERN-INGOLSTADT († 1447) gehörigen Schlosses Neuburg an der Donau und vermählte sich mit SIBYLLA NEUFARER, der angeblichen Tochter ALBRECHTS III. VON BAYERN-MÜNCHEN († 1460) aus seiner Verbindung mit AGNES BERNAUER († 1435). HARTLIEB war einer der ersten, die Naturwissenschaften mit literarischer Tätigkeit verbanden. Das hat er offenbar aus seiner Studienzeit an der nominalistisch eingestellten Universität Wien, wohin ihn 1431 sein Gönner Herzog LUDWIG geschickt hatte und wo er die akademischen Grade bis zum Doktor der Medizin erlangte. Seit 1440 lebte er wieder in Bayern, doch nun in Diensten der den Ingolstädtern feindlichen Linie Bayern-München und zwar als Leibarzt und Diplomat bei ALBRECHT III., seit 1456 Leibarzt bei dessen Sohn Herzog SIEGMUND. HARTLIEB war eine vielseitige Persönlichkeit, die das Dasein weitgehend auf höfische Beziehungen aufbaute und sich nach den herrschenden Strömungen richtete. Literarisch betätigte er sich auf dem Gebiete des deutschsprachigen Artes-Schrifttums und als Übersetzer mittellateinischer Literaturwerke. Er ist Eindeutscher von Minneliteratur, Roman, Legende und Kurzgeschichten. Sein gesamtes Schrifttum war zunächst für den bayrischen Hof und dessen Freundeskreis bestimmt. Man ersieht daraus den über die schöne Literatur und Dichtung hinausgreifenden gesamtliterarischen Interessenbereich dieser hochadeligen Gesellschaftsschicht.

Zu den literarischen Erstlingen HARTLIEBS gehören eine ‹Kunst des gedächtnüß› (1430) und die astrologische Abhandlung ‹Über die Erhaltung des Sieges› (1434). Die Ars memorativa oder Mnemotechnik fertigte er im Auftrag Herzog LUDWIGS DES BÄRTIGEN zu Neuburg an, zur Unterweisung für WIELAND VON FREIBERG († 1439), den illegitimen Lieblingssohn des Herzogs. Offenbar durch Herzog LUDWIGS Einfluß erlangte HARTLIEB in Wien Zutritt zum Hof Herzog ALBRECHTS VI. VON ÖSTERREICH und besorgte für diesen eine Übersetzung des Minnetraktates ‹De amore libri tres› (1440 oder kurz vorher) des ANDREAS CAPELLANUS in deutsche Prosa. HARTLIEB übertrug zunächst Buch I und II; erst 1449 fügte er die Übertragung von Buch III hinzu. Die Ursache lag vermutlich darin, daß HARTLIEB von einem Minnehof wegen seiner Übersetzung angegriffen wurde. Sein einziger Verteidiger war anscheinend ein HANS VON NEYDECK. Daraufhin lieferte HARTLIEB die Übersetzung des dritten Buchs (‹De reprobatione amoris›) nach. Zwischen 1433/35 bis 1448 verfaßte HARTLIEB vier Übersetzungen und Bearbeitungen zu den Artes magicae gehöriger Schriften: ein *Mondwahrsagebuch,* eine *Namenmantik,* eine *Geomantie* und eine *Chiromantie* (vgl. S. 360 ff.).

Für seinen Schwiegervater Herzog ALBRECHT III. und dessen zweite Gemahlin ANNA VON BRAUNSCHWEIG übersetzte HARTLIEB sein ‹Buch vom großen Alexander› (nach 1447; 10 Handschriften und viele Drucke von 1472 bis 1670). Vorlage war eine lateinische Redaktion von LEOS ‹Liber de preliis› in einer Pariser Handschrift. HARTLIEBS *Alexanderbuch* ist das Hauptstück unter den Erzählungen um ALEXANDER D. GR. Der Auftrag aus höfischen Kreisen, die dadurch gebotene Rücksicht auf den Geschmack der adeligen Gesellschaft, die ähnliche Behandlung der Erotik, die Wahl der Prosa verraten den Einfluß des Werkes der ELISABETH VON NASSAU-SAARBRÜCKEN. HARTLIEB schreibt nicht Humanistendeutsch, sondern süddeutsche Gesellschaftssprache. Aus Adelskreisen kam der Alexanderstoff in die Bürgerhäuser der deutschen Spätgotik. Die Übertragung bildete die Textquelle für das Volksbuch.

Das Jahr 1451 bedeutet in HARTLIEBS Leben und literarischer Tätigkeit einen Wendepunkt. Aus einer Urkunde ergibt sich, daß er damals
an Papst NIKOLAUS V. ein Ansuchen richtete um die Bewilligung zur
Stiftung eines Minoritenklosters nebst Kirche mit Turm und Friedhof.
Dem Ansuchen wurde stattgegeben, über die Durchführung der Stiftung
fehlen weitere Nachrichten. Sie war vermutlich gedacht als Sühne und
Absage an die bisherige okkultistische Betätigung. Man bringt diese
Wendung in HARTLIEBS Anschauungen in Zusammenhang mit der Re-
form- und Visitationsreise des NIKOLAUS VON CUES 1451 und der Bekanntschaft mit dieser Persönlichkeit in München. Die Wandlung zeichnet
sich auch in HARTLIEBS literarischer Tätigkeit ab. Während vorher die
Artes magicae ihm noch als wertvoll galten, erschienen sie 1456 als verbotene, falsche und aufs schärfste zu verurteilende Betätigungen.

Zu den besten Erzeugnissen damaliger deutscher Prosa gehört HART-
LIEBS für die Herzogin ANNA angefertigte Übersetzung der *Legende von
St. Brandan* (1456/57) mit den mehrjährigen Irrfahrten des Heiligen in
der irischen See. Der Übersetzer folgt der lateinischen Version. Die Arbeit
gilt als HARTLIEBS trefflichste Übersetzerleistung. Sie ist einfach erzählend,
frei von den Umstrickungen und Umschlingungen der lateinischen Syntax;
scharf unterschieden von der Prosa der gleichzeitigen Humanisten WYLE,
STEINHÖWEL, SCHLÜSSELFELDER und auch EYB.

Um 1456 machte HARTLIEB den Versuch, das Legenden- und Kurz-
geschichten-Kompendium ‹Dialogus miraculorum› des CAESARIUS VON
HEISTERBACH († um 1240) durch eine Übersetzung in deutsche Prosa
aus der hochmittelalterlichen Umwelt heraus in diejenige des Münchener
Hofes und der ihm nahestehenden Kreise zu versetzen. Das Werk des
Zisterziensers hat die Form eines Zwiegespräches zwischen einem Mönch
und einem Novizen, der in die kirchliche Stoff- und Geisteswelt eingeführt werden soll. Es ist eingeteilt in zwei Bücher zu je sechs Distink-
tionen. Das erste Buch enthält: unter ‹De conversione› Geschichten über
Bekehrung zum Klosterleben, unter ‹De contricione› Geschichten über die
Wirkungen der Reue, unter ‹De confessione› Geschichten über die Beichte,
unter ‹De tentatione› Geschichten über die Versuchungen der Christen,
unter ‹De daemonibus› Geschichten über Wesen und Treiben der bösen
Geister, unter ‹De simplicitate› Geschichten über wahre Herzenseinfalt
als Gegenmittel gegen alle diese Anfechtungen. Das zweite Buch erzählt
zunächst unter ‹De sancta Maria› wunderbare Taten der Jungfrau Maria,
unter ‹De diversis visionibus› eine Reihe wunderbarer Gesichte, unter
‹De sacramento corporis et sanguinis Christi› Wunder des Leibes und
Blutes Christi und handelt unter ‹De miraculis› über Wunder im allgemeinen, unter ‹De morientibus› von Gesichten Sterbender, unter ‹De
praemio mortuorum› vom Gericht über die Verstorbenen, von ihrer Verklärung oder Verdammnis. Nur das zweite Buch hat HARTLIEB übersetzt

und dem Münchener Bürger HANS PÜTERICH D. J. gewidmet. Die Übersetzung eines solchen Werkes barg schwierige Probleme. Die Vorlage bewegt sich von einfachen Erzählungen, Lebensbeschreibungen mit Charakteristik bis zu komplizierten theologischen Erörterungen. Zur Arbeit bewogen HARTLIEB religiöse und lehrhafte Zwecke. Die CAESARIUS-Über-
tragung ist seine umfänglichste Verdeutschung. Sie ist zu ihrer Zeit nicht
mehr zum Druck gelangt und nur in einer Handschrift des Britischen
Museums (Add. 6039) erhalten.

Eine letzte Gruppe von Arbeiten betrifft die Heilkunde. Und da ist
es, außer einem ‹Kräuterbuch› in den 40er Jahren und einer Übersetzung
von FELIX HEMMERLINS Abhandlung ‹Von warmen Bädern› (1467) aus
dem Lateinischen ins Deutsche, eine Aufklärungsschrift zur Frauenheilkunde, die Interesse erweckt (vgl. S. 359).

HARTLIEBS Übersetzungen sind abhängig von der jeweiligen Vorlage
und deren Stil. Ist das Latein der Vorlage einfach und gut, so schreibt er
einen flüssigen Stil, ist es kompliziert und schwerfällig, so auch der Text
der Übertragung. Im allgemeinen verbreitert er die Vorlage. Stofflich
weisen HARTLIEBS Übersetzungen auf die Vergangenheit, auf die konservativ literarischen Traditionen des 14. Jhs. und sind vom Humanismus
noch wenig berührt. Sie stellen in ihrer äußern Form einen frischeren
und freieren, auf deutschem Boden gewachsenen Zustand dar, der freilich später vom Humanismus in den Hintergrund gedrängt wurde.

Verbunden mit dem Heidelberger Hof FRIEDRICHS DES SIEGREICHEN,
wirkte der Verfasser eines umfangreichen Abenteuerromans und einer
Autobiographie JOHANNES VON SOEST, auch J. STEINWERT von Soest,
Musiker, Dichter und Arzt.

Aus der Autobiographie kann man seine Lebensgeschichte nachzeichnen.
Geboren 1448 zu Unna i. W., gestorben 2. Mai 1506 zu Frankfurt a. M. Sohn des
Steinmetzmeisters ROTCHER VON GRUMMELKUT († 1451) und der WENDEL
HUSSELIN aus Werl, verbrachte er seine früheste Jugend in Werl, Menden und
Soest. Seit 1457 Chorschüler an der Patrokluskirche in Soest, wurde er der stimm-
begabte Knabe auf Veranlassung Herzog JOHANNS I. VON CLEVE in dessen
Kapelle zum Sänger ausgebildet. Als er zwei reisenden englischen Sängern nach
Flandern folgte, verlor er die Gunst des Herzogs. An die Lehrjahre zu Jülich
und Brügge schloß sich ein bewegtes Wanderleben, das ihn als Mitglied der
Kapelle nach Aardenburg und als Sukzentor nach Maastricht führte. Im Begriff, nach Rom zu reisen, um in die päpstliche Kapelle einzutreten, wurde er in
Köln vom Landgrafen HERMANN VON HESSEN, Probst von St. Gereon, an seinen Hof aufgenommen, jedoch kurz danach (1469) dem Landgrafen LUDWIG II.
nach Kassel geschickt. Nach dem Tode des Landgrafen (1471) gelangte er 1472
nach Heidelberg, wo ihn Pfalzgraf FRIEDRICH I. auf Lebenszeit zum Leiter der
Hofkapelle ernannte (22. Nov. 1472). Zur Musikpflege traten nunmehr auch
medizinische und literarische Interessen. Er ging nach Italien, erwarb in Pavia
die Doktorwürde der Medizin und hielt in Pavia wie in Heidelberg medizinische
Vorlesungen. Infolge eines Streites mit dem kurfürstlichen Rat HANS VON TRATT
verließ er bald darauf Heidelberg. Bis 1499 Stadtarzt in Worms, dann ein Jahr

in Oppenheim tätig, versah er schließlich in Frankfurt a. M. bis zu seinem Tode das gleiche Amt. JOHANNES VON SOEST war der Vater des berühmten Antwerpener Musikverlegers TILMAN SUSATO und wohl auch einer der Lehrer SEBASTIAN VIRDUNGS.

Das erste und umfangreichste Werk des JOHANNES VON SOEST, das er vermutlich noch in Kassel begonnen hatte, aber erst in Heidelberg abschloß, ist der noch ganz unter niederländischem Einfluß stehende, in Art einer Reimchronik nach dem mittelniederländischen Original des HEIN VAN AKEN (1280–1317) verfaßte Abenteuer- und Liebesroman ‹Die Kinder von Limburg› (1479/80; Cod. Pal. germ. 51), auf dessen Titelblatt eine farbige Federzeichnung des *Hausbuchmeisters* die Szene der Überreichung des Werkes durch den Autor an Kurfürst PHILIPP wiedergibt. In über 23 000 Versen werden die Schicksale der Markgräfin MARGARETHE und ihres Bruders, des Herzogs HEINRICHS IV. VON LIMBURG, erzählt, von JOHANNES VON SOEST verbürgerlicht und durchsetzt mit frommen und lehrhaften Einschüben. Das ritterliche Ideal leuchtet nur mehr von ferne durch. Während der Heidelberger Zeit entstand ‹Dy gemein bicht› (1483; Cod. Pal. germ. 323), ein gereimter Beichtspiegel in fast 1200 deutschen Versen. Beeinflußt wahrscheinlich durch die ‹Norimberga› des KONRAD CELTIS und angeregt durch eine Reform des Stadtrechtes, verfaßte JOHANNES VON SOEST bald nach seiner Ankunft in Worms die Schrift ‹Wie men eyn statt regyrn sol, damytt sy lang bestendig blyb› 1494; Handschrift Einsiedeln 1069), in deutschen Versen, aber vom Verfasser lateinisch kommentiert. Während der letzten Lebensjahre in Frankfurt folgten der ‹Lobspruch auf die Stadt Frankfurt› (1501), ein Gedicht zur ‹Verteidigung der unbefleckten Empfängnis Mariens› (1502; Cod. germ. 2 der Hamburger Staats- und Universitätsbibl.) und seine in deutschen Versen abgefaßte einzigartige ‹Selbstbiographie› (1504) mit zahlreichen anschaulichen Einzelszenen und, obgleich stark moralisierend, doch der Ausdruck einer originellen Persönlichkeit und Künstlernatur. Verloren sind eine musiktheoretische Schrift ‹De musica subalterna› (‹Über die Volksmusik›?) und eine gereimte Erklärung der Evangelien auf die meisten Sonn- und Feiertage des Kirchenjahres (1503).

Ein Beweis für das Fortleben und die Beliebtheit einzelner *Werke der höfischen Versepik* ist, daß sich auch der neu erfundene Buchdruck dafür interessierte. JOHANN MENTEL legt zu Straßburg 1477 WOLFRAMS ‹Parzival› und ALBRECHTS ‹Jüngeren Titurel› auf. Ihnen folgen mit Abstand der Legendenroman *Orendel* (Augsburg 1512) und KONRADS VON WÜRZBURG ‹Engelhart› (Frankfurt a. M. 1573).

b) Die Heldensage

In der Geschichte der Heldenepik wird im ausgehenden Mittelalter die letzte Etappe erreicht. Neben dem höfischen Abenteuer- und Liebesroman blieb auch die Überlieferung der Heldenepik in ihrer Verritterung und Verhöfischung in Stoff, Stil und Form lebendig, ja erst im 15. Jh. erreichte die handschriftliche Verbreitung des heroischen Romans ihren Höhepunkt. Von den Werken der klassischen Zeit wird das *Nibelungenlied* weiter abgeschrieben und verbreitet; bis zur völligen Umgestaltung von Sprache und Metrik des Denkmals gehen die Eingriffe eines Bearbeiters in der Wiener (Piaristen-)Handschrift aus dem 15. Jh. Außerdem kam es zu einer Zudichtung zum Epos, dem ‹Hürnen Seyfried›. Die Dichtung erzählt teils nach alter Sage, teils frei fabulierend die Jugendtaten Siegfrieds. Aus dem Kontext gelöst und selbständig herausgegeben, wurde sie später zum Volksbuch. Von den Dichtungen der spätstaufischen Periode lebt der älteste heroische Abenteuerroman, der *Wolfdietrich,* fort, wurde umgeformt und ins Abenteuerliche erweitert. Am breitesten geltend macht sich die *Dietrich*-Epik. In den Sammelwerken der ‹Heldenbücher› gehören der *Wolfdietrich* und die *Dietrich*-Epik, der *Laurin,* der *Rosengarten,* das *Eckenlied* und die *Virginal* zum festen Bestand. Indes der höfische Versroman mit wenigen Ausnahmen vom Buchdruck nicht mehr aufgenommen, sondern durch Prosa-Auflösungen ersetzt wurde, gelang es dem heroischen Abenteuerroman, in Einzeldrucken oder im gedruckten Heldenbuch in breitere Leserschichten einzudringen. Während in den zahlreichen Handschriften des ‹Parzival›, ‹Tristan› oder des *Nibelungenliedes* das Werk unversehrt blieb, sind die späteren Heldenromane alle in einer Reihe verschiedener Fassungen überliefert. Umgestaltung und Erweiterung setzten schon sehr bald nach ihrer Entstehung ein. Der höfische Abenteuerroman und der heroische Roman gehen infolge des zunehmenden Mangels an Sinn und Verständnis für Form und Stil und durch andauernde Stoffaufschwellung, die Abenteuer an Abenteuer knüpfte, zugrunde.

Beliebt auch noch im 15. und 16. Jh. war der um 1250 von einem Fahrenden in Tirol gedichtete kleine Abenteuerroman ‹König Laurin›. Er erzählt den märchenhaften, mit verschiedenen Abenteuern ausgeschmückten Kampf zwischen Laurin und Dietrich und die Besiegung des Zwergenkönigs. In Wandgemälden, die sich im Schloß Lichtenberg in Tirol befinden, wurde die Erzählung in eine Bilderfolge umgesetzt. Bei WOLFGANG LAZIUS, ‹De gentium aliquot migrationibus› (Basel 1557, S. 680 f.), stehen Zitate einer nicht mehr vorhandenen Laurin-Handschrift, elf andere Handschriften (z. T. fragmentarisch) sind erhalten. Früh- und Altdrucke der Dichtung erschienen Straßburg um 1480; Straßburg 1500; Nürnberg 1560, im ‹Heldenbuch› Frankfurt 1590 sprachlich und metrisch modernisiert.

Zu den Dichtungen der Dietrichsage gehört *Der Wunderer:* Eine schöne Jungfrau flüchtet sich vor dem wilden Wunderer in die Burg König Etzels, wo auch der junge Dietrich weilt. Etzel und Rüdiger lehnen es ab, mit dem Ungeheuer zu kämpfen, Dietrich aber tötet den Wunderer. Die Jungfrau dankt ihrem Retter und nennt ihren Namen: Frau Saelde. *Der Wunderer* wurzelte wie der *Laurin* in der tirolischen Volkssage und entstand in enger Anlehnung an den ‹Wigamur›. Die Dichtung ist in sechs Fassungen überliefert: einem strophischen Gedicht mit 215 Strophen im Hildebrandston im *Dresdener Heldenbuch* (1472); einem Straßburger Druck dieses Gedichtes mit Holzschnitten von 1503; einem Erfurter Druck von 1518; einem spätestens 1494 verfaßten ‹Spil von dem Perner und Wunderer›; einem Reimpaargedicht ‹Ain spruch von ain konig mit namen Ezell› aus dem Ende des 14. Jhs.; einem Bruchstück eines Augsburger Druckes, vielleicht Rest eines Heldenbuches. Die ersten drei Fassungen gehen nach HEINRICH HEMPEL auf eine gemeinsame strophische Vorstufe aus dem Anfang des 15. Jhs. zurück.

Das um 1250 entstandene *Eckenlied* hatte noch im 13. Jh. unter französischem Einfluß eine dem Ritterstil angepaßte Bearbeitung als Epos erfahren (vgl. Bd. III/1, 159 ff.). Der Riese Ecke zieht mit seinem Bruder Fasolt aus, um Dietrich von Bern zu bekämpfen. Der Berner muß den Maßlosen erstechen. Darauf folgt ein Kampf mit dem Sturmriesen Fasolt. Angefügt sind weitere phantastische Gefahren des Dietrich. Diese strophische Kleinerzählung mit ihren heldischen, höfischen und burlesken Zügen wurde 1491 zu Augsburg unter dem Titel ‹Herr Ecken Ausfahrt› gedruckt, dann Nürnberg 1512, Straßburg 1559, 1577 und 1606.

Vom *Sigenot* existieren zwei Fassungen, eine ältere um 1250, eine jüngere Bearbeitung um 1350. Die Dichtung erzählt von den Kämpfen des jungen Dietrich von Bern und seines Meisters Hildebrand mit dem Riesen Sigenot. Von der jüngeren Fassung sind nicht weniger als neunzehn Früh- und Altdrucke bekannt. Die Ausgaben beginnen Augsburg um 1487 und enden Nürnberg 1661.

Zahlreiche Dichtungen aus dem Stoffgebiet der Heldensage sind nur in Handschriften des 15. und 16. Jahrhunderts überliefert. Sie wären ohne das Interesse dafür auch noch am Ende des Mittelalters für uns verloren. Von anderen Heldendichtungen, die zwar in älteren Handschriften erhalten sind, besitzen wir außerdem Bearbeitungen aus den genannten Jahrhunderten. Diese überarbeiteten Fassungen beruhen z. T. auf älteren Versionen als die der Zeit ihrer Niederschrift vorausliegenden. Daraus, wie man beim Umarbeiten verfuhr, was man verwarf, was beibehielt, was man dazutat, wie man Sprache und Vers änderte, kann man oft richtiger den Geschmack der Zeit ersehen als aus Originalprodukten. Sammlungen von Gedichten aus der Heldensphäre, meist von Heldenepen, bezeichnete man im 15. und 16. Jh. als *Heldenbücher*. Sie vereinigen höfische und heroische Epik und retten viele Denkmäler in letzter Stunde vor dem Untergang. Zuerst treten adelige, dann bürgerliche Kreise als Sammler und Bewahrer entgegen.

Die umfassendste und großartigste Sammlung von nicht umgearbeiteten Heldenepen und anderen mittelhochdeutschen Dichtungen, deren Anfertigung das unvergängliche Verdienst Kaiser MAXIMILIANS I. darstellt, ist das *Ambraser Heldenbuch* in der Österreichischen Nationalbibliothek in Wien (Ser. nova 2663, früher auf Schloß Ambras). Die Sammlung wurde gleich einem verschollenen *Heldenbuch an der Etsch* über Auftrag des Kaisers 1504 bis 1515 oder 1516 von HANS RIED, Zöllner am Eisack bei Bozen in Südtirol, nach mustergültiger Vorlage auf Pergament geschrieben. Sie verbindet Heldenepik mit höfischer Epik und enthält: 1. Der STRICKER, ‹Frauenlob› (auch ‹Frauenehre› genannt), V. 1321 bis 1972; 2. ‹Moriz von Craon› (einzige Hs.); 3. HARTMANN VON AUE, ‹Iwein› (Hs. d); 4. HARTMANN VON AUE, ‹Das (1.) Büchlein›; 5. Das sogenannte ‹zweite Büchlein›; 6. HEINRICH VON DEM TÜRLIN, ‹Der Mantel›; 7. HARTMANN VON AUE, ‹Erec› (einzige, fast vollständige Hs.); 8. *Dietrichs Flucht* (Hs. d); 9. *Die Rabenschlacht* (Hs. d); 10. *Nibelungenlied* (Hs. d); 11. *Die Klage* (bis V. 4403); 12. *Kudrun* (einzige Hs.); 13. *Biterolf* (einzige Hs.); 14. *Ortnit* (Hs. A); 15. *Wolfdietrich* A; 16. ‹Die böse Frau›; 17. HERRANT VON WILDON, ‹Die getreue Hausfrau›; 18. HERRANT VON WILDON, ‹Der getäuschte Ehemann›; 19. HERRANT VON WILDON, ‹Der nackte Kaiser›; 20. HERRANT VON WILDON, ‹Die Katze›; 21. ULRICH VON LICHTENSTEIN, ‹Frauenbuch› (einzige Hs.); 22. WERNHER DER GÄRTNER, ‹Meier Helmbrecht› (Hs. A); 23. Der STRICKER, ‹Pfaffe Amîs›; 24. WOLFRAM VON ESCHENBACH, ‹Titurel› (Bruchstück); 25. ‹Priester Johannes› (Bruchstück, so nur in dieser Hs. bekannt). Die Sammelhandschrift ist für die Kenntnis unserer mittelhochdeutschen Literatur von größter Wichtigkeit: sie ist für sechzehn Texte die einzige Handschrift, die wir besitzen. Ohne ihre Anlegung wüßten wir nichts von der *Kudrun,* von *Biterolf,* ‹Moriz von Craon›, HARTMANNS ‹Büchlein› etc. Die Vorlage von Text 8 bis 15 war aller Wahrscheinlichkeit ebenfalls eine großformatige Sammelhandschrift, das *Heldenbuch an der Etsch* aus der ersten Hälfte des 14. Jhs. Mit der *Ambraser Handschrift* MAXIMILIANS endet die Tradition der heroisch-historischen Epik.

Bearbeitung der Vorlagen ist bereits das *Dresdener Heldenbuch* (1472; Dresden M 201, früher 103). Die Handschrift wurde für Herzog BALTHASAR VON MECKLENBURG von KASPAR VON DER RHÖN und einem Mitarbeiter geschrieben. KASPAR VON DER RHÖN stammte aus Münnerstadt in Franken, war adeliger Abkunft und studierte 1474 in Leipzig. Den Auftrag vermittelte wahrscheinlich der aus Nürnberg stammende Kanzler Herzog Balthasars, DR. ANTONIUS GRÜNEWALD. Die Handschrift kam im 17. Jh. in den Besitz von GOTTFRIED THOMASIUS, dann in den Besitz GOTTSCHEDS, von dem sie die Dresdener Hofbibliothek erwarb. Die Bearbeiter, die z. T. auf guten Quellen fußten, zogen heran: 1. *Ortnit,* 2. *Wolfdietrich,* 3. *Ecke,* 4. *Wormser Rosengarten,* 5. *Meerwunder,* 6. *Sige-*

not, 7. *Wunderer*, 8. *Herzog Ernst*, 9. *Laurin*, 10. *Dietrich und seine Ge-sellen*, 11. *Hildebrandslied*. Die Vorlagen wurden besonders von KAS-PARS Mitarbeiter stark gekürzt. Obgleich in der poetischen Physiognomie formal und stilitisch verändert, ist vieles nicht wertlos, weil eine Reihe von Gedichten in sonst nicht erhaltenen Rezensionen vorliegt; weitere, wie *Meerwunder*, sind anderswo überhaupt nicht erhalten.

Ein aufschlußreiches Beispiel der Umarbeitungen, denen man im spä-teren Mittelalter ältere Werke unterzog, bietet *Lienhart Scheubels Helden-buch*, ehemals Handschrift des Piaristenkollegiums zu St. Joseph in Wien, jetzt der Österreichischen Nationalbibliothek (Cod. 15478), teilweise bebildert. Das von WILHELM SCHERER so genannte Heldenbuch umfaßt sieben Teile: 1. *Dietrichs erste Ausfahrt* («Das ist die erst außfart her Ditrichs von Pern, Da er facht mit den haiden und sein meister Hillde-brant und erlosten die kunigin Virginal und manig schone magt und schlugen in und die sein czu tot») in Umdichtung bzw. Bearbeitung; 2. *König Anteloy* («Das ist die ritterschafft kunig Anteloy auß Schotten-lant und was ein czwerck und rant mit her Parczefal und andern rittern an kunig Artus hoff und stach si all ab und behiellt preis und er ob in allen») in jambischen Hildebrand-Strophen; 3. *Ortnit* («Das ist die hy-storia des edlen kaiser Ortneitz ausz Lamparten und seiner frawen Libe-gart»); 4. *Wolfdietrich* («Das ist die historia Wolffditrichs ausz Krichen-land, wie er Ortneitz weip erfacht»); 5. *Nibelungenlied*, Bearbeitung k, 1. Teil («Das ist die erst hoch[czeit] mit Seyfridt ausz Niderlant und mit Krenhillden»); 6. *Nibelungenlied*, Bearbeitung k, 2. Teil («Das ist die ander hochczeit kunig Eczels und Krenhillden ausz Purgunderlant»); 7. *Lorengel* («Hie heben an die lieder von her Lorengell in dem schwar-czen don Clinggssors. Der lieder sein czweyhundert und VII lider».), eine Fortsetzung des alten Lohengrin-Rätsels im meistersingerischen Stil. Die Mundart der Dichtungen ist bairisch-österreichisch und niederaleman-nisch, je nach den Vorlagen [für Teil 1 und vielleicht auch für Teil 7 im Elsaß zu suchen, für 3 und 4 in Baden und Württemberg, für 5 und 6 in einer Nibelungen-Handschrift, die zu denen aus Hohenems (A, B, C) in naher Beziehung stand]. Zuerst wurden Teil 3 und 4 (etwa 1480), dann 5 und 6 geschrieben, hierauf 7. Als diese fünf Teile, die einzeln im Umlauf gewesen zu sein scheinen, schon abgenützt waren, kamen um 1490 Teil 1 und 2 hinzu. Nun erst wurden die Bilder, rote Überschriften und farben-prächtige Initialen angebracht und eine äußere Verbindung hergestellt. Wahrscheinlich hängt diese Zusammenfassung mit dem neuen Besitzer zusammen, der am Ende des 15. Jhs. sein Wappen und seinen Spruch an-bringen ließ bzw. anbrachte:

Das buech vnd bethschafft sol nymant hassen,
Ist Linharcz Schewbels an der prayten gassen.

Teil 5 und 6 umfassen eine ziemlich freie Übersetzung des *Nibelungen-liedes* in die Sprache und Vorstellungswelt des ausgehenden 15. Jhs. Spra-che und Metrik der Vorlage sind völlig umgestaltet; absichtliche Ände-rungen des Inhalts selten. Der Bearbeiter war in seiner Art bemüht, die Auffassung des Stoffes zu heben. Er legt auf Adel und hohe Herkunft großen Wert; Veränderungen in der Etikette werden berücksichtigt; kirch-lich-religiöse Dinge, Kampfschilderungen und Minne haben sein erhöhtes Interesse; eine große Rolle spielt das Herz als Träger des Gefühles; die Färbung der Dichtung wird weniger heroisch; die Änderung der Kultur-verhältnisse spiegelt sich wider.

Bereits durch den Buchdruck verbreitet, aber auch durch ihn gerettet, wurde das sogenannte *Gedruckte Heldenbuch.* Die älteste Ausgabe hat den Wert einer (einzigen) Handschrift, da eine Handschrift der gleichen Rezension nicht erhalten ist. Dieses Heldenbuch erschien erstmals um 1477 in Straßburg und ist mit zahlreichen Holzschnitten illustriert. Wei-tere Drucke, Nachdrucke des ersten, erschienen Augsburg 1491, Straß-burg 1509, o. O. 1545, Frankfurt 1560 und 1590 und dokumentieren das Interesse daran durch das ganze 16. Jh. Der Text des Erstdruckes steht einer etwas älteren Straßburger Handschrift, die DIEBOLD VON HANAU schrieb, und einer Handschrift von 1452 in Donaueschingen nahe. Das *Gedruckte Heldenbuch* enthält: *Ortnit, Wolfdietrich* (D), *Laurin, Rosen-garten* und eine bemerkenswerte Vorrede (in späteren Drucken Anhang), die aus nicht mehr erhaltenen Sagenquellen schöpfte.

Ein großer Teil der religiösen biblisch-erzählenden *Dichtung des Deut-schen Ordens* wurde bereits um 1400 in einer umfangreichen Prachthand-schrift (aus der Bibliothek der zentralen Ordensburg Mergentheim, jetzt in der Stuttgarter Landesbibliothek) zusammengefaßt.

Ein fliegendes Blatt aus der Zeit um 1560 überliefert *Ermenrikes Dot.* Das altgermanische Heldenlied, in jahrhundertelanger Überlieferung um-gewandelt und erhalten, erzählt, wie Dietrich von Bern nach Beratung mit Hildebrand und dessen Frau mit zwölf Gefährten, darunter Blödelink, an einem neuen, von Ermenrich für die Zwölf errichteten Galgen vorbei zu dessen Burg reitet. Nachdem sie eingelassen sind, droht Ermenrich, alle zu hängen. Dietrich fragt vergebens nach dem Grund dieser Absicht und erschlägt Ermenrich. Auch von dessen Mannen wird außer dem Wächter niemand verschont. Diese 24 stark zersungenen Strophen sind neben einigen anderen Drucken, vor allem des *Jüngeren Hildebrandsliedes,* ein Zeugnis dafür, daß in Niederdeutschland noch im 16. Jh. mündlich über-lieferte Heldendichtung lebendig war.

Bedeutsam für einen Teil der höfisch-ritterlichen Literatur des aus-gehenden Mittelalters wurde, daß die späte Ritterkultur in Burgund und Lothringen auf die angrenzenden oder in politischen und verwandtschaft-lichen Beziehungen stehenden deutschen Fürstenhöfe des Ober- und Niederrheins, der Habsburger und Wittelsbacher, in Vorderösterreich, Tirol, Wien, München überwirkte und auch dort eine Reihe rückwärtsgewandter Literaturwerke im Gewande älterer Gattungen hervorbringt. In diesen Zusammenhang gehören an Personen: ELISABETH VON NASSAU-SAAR-BRÜCKEN, die Pfalzgräfin MECHTHILD, ELEONORE VON ÖSTERREICH, HERMANN VON SACHSENHEIM, ULRICH FUETRER, PÜTERICH VON REICHERTSHAUSEN u. a. Reproduktiv zählen dahin die meisten der nun entstehenden Sammlungen älteren Literaturgutes: das *Dresdener Heldenbuch*, das erschlossene *Heldenbuch an der Etsch* etc. Auch die Bearbeitung des *Nibelungenliedes* in der Wiener Piaristenhandschrift gehört in diesen Kreis. Die erneute Beliebtheit heldenepischer und höfischer Stoffe und Formen bezeugt ferner die Literaturauswahl, die der frühe Buchdruck vornimmt: WOLFRAMS ‹Parzival›, der ‹Jüngere Titurel›, das *Gedruckte Heldenbuch*. Diese neuhöfische Renaissance tritt überdies anregend und empfangend in Wechselbeziehungen zu stadtbürgerlich-geistlichen wie gelehrt-humanistischen Kreisen, so bei ALBRECHT VON EYB, NIKLAS VON WYLE, HEINRICH STEINHÖWEL oder ANTONIUS VON PFORR. Zuletzt verbindet Kaiser MAXIMILIAN I. Pflege des Alten mit Aufgeschlossenheit für das Neue.

c) Die Spielmannsepik

Unter *Spielmannsepen* versteht man eine Gruppe von fünf erzählenden Versdichtungen in mittelhochdeutscher Sprache, deren Originalfassungen aus der zweiten Hälfte des 13. Jhs. stammen und die weder zur Heldensage noch zur höfischen oder geistlichen Epik gerechnet werden können, obwohl sie stofflich und thematisch mannigfach damit verbunden sind. Beim ältesten der Denkmäler, dem *König Rother* (vgl. Bd. I, 252 ff.), stammt das letzte bekannte Handschriftenfragment aus dem 14. Jh. Eine spätere Überlieferung ist nicht mehr bekannt. Der *Herzog Ernst, St. Oswald, Orendel, Salman und Morolf* hingegen leben in den alten Fassungen, in Bearbeitungen oder in Prosa das ganze ausgehende Mittelalter weiter.

Der vor 1186 entstandene *Herzog Ernst* verbindet Empörer-Geschichten und abenteuerlichen Reiseroman sowie Geschichtliches mit orientalischer Fabelwelt (vgl. Bd. I, 257 ff.). Seiner Quellen- und Stoffgeschichte nach besteht der Roman 1. aus der historischen Kernfabel, 2. aus der Orientfahrt. Die Erlebnisse der Orientfahrt betreffen 1. orientalisch-indische Motive, die auch in die arabische Märchensammlung ‹1001 Nacht› (‹Sindbads Abenteuer›) eingegangen sind: über die Wunderburg der Kranichleute, wo der Versuch, die dort gefangene indische Königstochter zu befreien, fehlschlägt, über Magnetberg, Lebermeer, Greifennest und unterirdischen Höhlenstrom gelangt der gestrandete Ernst zu den Arimaspen. Die 2. Erlebnisgruppe umfaßt fünf ethnographische Kuriositäten: die Arimaspen oder einäugigen Zyklopen, für die Ernst die feindlichen Plattfüßler und Langohren besiegt, das Nachbarvolk der Pygmäen mit ihren Unterdrückern, den Kranichen, und schließlich die kananäischen Riesen (Altes Testament). Der 3. Motivkreis umfaßt Kreuzfahrtabenteuer durch Ernsts Kämpfe auf seiten des christlichen Königs von Ubian gegen den heidnischen König von Babylon und auf seiten der Tempelherren in Jerusalem gegen die Heiden. In den dichterischen Gestaltungen des Stoffes sind drei bzw. vier Gruppen zu unterscheiden. 1. Das alte mittelfränkische *Herzog Ernst Epos (A)* des 12. Jhs.; 2. dessen Bearbeitungen in Gestalt deutscher Versdichtungen des 13. bis 15. Jhs.: *Herzog Ernst B* (rheinfr. 1210/20), erhalten in Handschriften aus dem 15. Jh.; das Klagenfurter Bruchstück aus dem 14. Jh.; die weitere Bearbeitung (um 1280) wahrscheinlich von dem böhmischen Hofdichter ULRICH VON ETZENBACH; das kurze balladeske *Lied vom Herzog Ernst* in zwei Druckfassungen Erfurt 1500, Nürnberg nach 1500 (89 Strophen) und im *Dresdener Heldenbuch* des KASPAR VON DER RHÖN von 1472 (54 Strophen). Drucke dieser strophischen Liedform finden sich weiter Augsburg 1507, Köln zwischen 1513 und 1526, Nürnberg um 1530, Straßburg um 1560, Frankfurt a. M. 1568, o. O. u. J. Mitte des 18. Jhs.; 3. die lateinischen Fassungen und ihre Nachfolge: Der ‹Ernestus› des Priesters ODO VON MAGDEBURG (1205/18) in Hexametern; die Erfurter ‹Gesta Ernesti ducis› aus der Mitte des 13. Jhs., Handschrift von 1445/46; die lateinische Prosa (C) aus dem 13. Jh.; in Handschriften vom Ende des 14. und aus der 2. Hälfte des 15. Jhs. 4. der deutsche Prosaroman vom Anfang des 15. Jhs.

Der deutsche *Prosaroman vom Herzog Ernst* entstand durch Übertragung aus der lateinischen Prosa, wahrscheinlich schon Anfang des 15. Jhs. durch einen Kleriker in Augsburg. Vermutlich wurden beide längere Zeit gemeinsam weitergegeben; in Cgm. 572 (2. H. 15. Jh.) folgt auf den lateinischen Text die deutsche Übersetzung. Auf dieser Handschrift basiert der älteste Druck: ‹Aine hüpsche liepliche history ains edeln fürsten herzog Ernsts von Bairn vnd von Österrich› (Augsburg A. SORG um 1480, mit 31 Holzschnitten). Alle späteren Drucke stammen von diesem ab. Die deutsche Prosabearbeitung, die Mitte des 16. Jhs. zum Volkbuch wurde, ist gekennzeichnet durch Kürzung und Vereinfachung, Zurückdrängung des Höfisch-Ritterlichen und Gelehrten; Bürgerlich-Gemütliches ist vereinigt mit der schillernden Farbigkeit des Orients.

Das um 1170 entstandene Spielmannsepos von *Sant Oswalt uz Engel lant* (vgl. Bd. I, 266 ff.) ist uns in drei verschiedenen Fassungen überliefert. Von der ersten, dem *Münchener Oswald,* stammen die erhaltenen vier Handschriften aus dem 15. Jh. Dazu kommen drei Prosa-Auflösungen in schwäbischer und bairischer Mundart. Erzählt wird die Brautwerbungsgeschichte des Königs Oswald mit Zügen aus der Legende des Heiligen und Märchenhaftes: Werbung (mit Hilfe eines Raben, der sprechen kann), Meerfahrt, Entführung, Schlacht, Taufe des Heidenkönigs, Gehorsamsprobe Oswalds durch den als Bettler verkleideten Heiland, Oswalds und seiner Gemahlin Tod (eine Engelschar holt die Seelen des Königs und der Königin in das ewige Himmelreich). In der selbständigen *Prosafassung* des Denkmals (2.) im Sommerteil des ‹Lebens der Heiligen›, erhalten in zahlreichen Handschriften des 15. Jhs. und seit 1471 auch in Drucken, beseitigte der Bearbeiter alles Spielmännische und beschränkte sich auf das Legendäre. Im *Wiener Oswald* (3.), der Versbearbeitung eines schlesischen Geistlichen aus der ersten Hälfte des 14. Jhs., überliefert durch drei Handschriften in schlesischer, böhmisch-mährischer und obersächsischer Mundart, ist das Anliegen des Bearbeiters noch geistlicher als in der Prosafassung. Mehr als die Hälfte der Dichtung nehmen Gebete, die Vision von Hölle und Himmel und die Schilderung der Heidentaufe ein.

Die 1196 oder kurz vorher in Trier anläßlich der Translatio des hl. Rockes Christi in den Hauptaltar des Domes entstandene epische Versgestaltung *Orendel* (vgl. Bd. I, 268 f.) beginnt mit einem Gebet an Christus, berichtet die Vorgeschichte des grauen Rockes, behandelt Orendels Ausfahrt, Schiffbruch und Aufenthalt beim Fischer Ise, seine Erwerbung des Rockes, der später zu Trier in einen Steinsarg eingeschlossen wird, erzählt, wie Orendel, der Königssohn von Trier, die Königin Bride von Jerusalem zur Frau und mit ihr die Herrschaft über das hl. Grab erlangt. Nachdem er die Heiden besiegt hat, kehrt Orendel mit Bride nach Trier zurück. Aber das hl. Grab fällt erneut in die Hände der Heiden und muß abermals erobert werden. Bride gerät zweimal in Gefangenschaft und wird wieder befreit. Zuletzt gehen Orendel, Bride, Ise und der Pförtner Achille ins Kloster. Nach kurzer Zeit führt sie ein Engel in den Himmel. Die Grundlinien der eigentlichen Handlung, Schiffbruch, Aufnahme bei einem Fischer, Erwerb eines Rockes, Trennung von der Gattin, Wiedervereinigung u.a.m. bezog der Dichter aus einer Fassung des spätgriechischen Romans ‹Apollonius von Tyrus› durch JOUDRAIN DE BLAIVIES; was er vom hl. Rock erzählt, dürfte weitgehend eigene Erfindung sein; verwertet sind auch zeitgeschichtliche Ereignisse des 12. Jhs. Die Dichtung war nur in einer einzigen Handschrift vom Jahre 1477 überliefert. Sie gehörte der Johanniterbibliothek in Straßburg und ging beim Brand 1870 zugrunde. Als Kaiser MAXIMILIAN I. 1512 die Ausstellung des hl. Rockes anordnete, beschäftigten sich einige Bücher mit der Reliquie. Außerdem erschienen zwei Drucke des *Orendel* (beide Augsburg 1512), denen zwei andere Handschriften als Vorlage dienten: eine Versfassung ‹Ein hübsche Histori zu lesen von vnsers herren rock› und eine Prosa-Auflösung ‹Von dem vntrenlichen vngenäten Rock vnsers herren Jesu Christi›.

Durch griechisch-byzantinische Vermittlung war die orientalische Sage von *Salman und Morolf* (*Salomon und Markolf*) nach Deutschland gekommen. Ein kurzes Spielmannsepos vom Ende des 12. Jhs. (vgl. Bd. I, 262 ff.), ein Spielmannslied und ein mittelhochdeutsches Spruchgedicht vom Ende des 14. Jhs. behandelten den Stoff. Das Spielmannsepos verarbeitete die orientalische Salomo-Sage, die Erzählung von der ungetreuen Gattin, und das Spruchgedicht von Salomon und Markolf. Die Handschriften, die das Epos überliefern, stammen aus dem 14./15. und 15. Jh. und sind z. T. mit Bildern illustriert. Ein Druck mit Holzschnitten ‹Dis Buch seit von Kunig Salomon und siner Huß Frouwen Salome, wie sy der Künig fore nam und wie sy Morolff Künig Salomo Brüder wider brocht› erschien Straßburg 1499. In allen Dichtungen werden an die Gestalt Markolfs verschiedene Motive der Schwankliteratur herangetragen. Das in Reimpaaren abgefaßte Spruchgedicht ‹Salomon und Markolf›, das nur durch einen epischen Epilog mit der Entführungs- und Wiedergewinnungssage verbunden ist, hat zur Quelle einen lateinischen Dialog ‹Salomon et Marcolfus›. Diese lateinische Prosa des Dialoges erfuhr in der zweiten Hälfte des 15. Jhs. durch GREGOR HAYDEN für den bayrischen Landgrafen FRIEDRICH VII. VON LEUCHTENBERG († 1487) eine Übertragung in deutsche Reimverse. Überdies wurde sie mehrmals in deutsche Prosa übersetzt. Erster Druck 1482 Nürnberg bei MARCUS AYRER: ‹Frag und antwortt Salomonis vnd Marcolfij›. Die Übersetzung wählte 84 Spruchpaare aus und ist ziemlich schwerfällig. Es folgen jedoch bis 1520 sieben hochdeutsche Drucke; bis Ende des 17. Jhs. weitere zehn. Schon 1487 erschien in Köln eine niederfränkische Bearbeitung; 1489 eine niederdeutsche bei JOACHIM WESTFAEL in Stendal; ein weiterer niederdeutscher Druck um 1502 in Hamburg. Noch im 18. Jh. war das Volksbuch ein beliebter Jahrmarktsdruck.

Eine merkwürdige Ausstrahlung der spätmittelhochdeutschen epischen Dichtung, insbesondere der Komplexe *Kudrunlied* und *König Rother,* ins Hebräische stellt das in einer Cambridger Handschrift erhaltene Fragment vom *Dukus Horant* (1382/83) dar. Nach INGEBORG SCHRÖBLER schöpfte der Autor vermutlich aus einem Repertoire von Erzählstoffen, zu denen ein *Hildelied,* ein *König Rother,* ‹Tristan und Isolde›, ein *Buch von Troja,* ‹Flore und Blanscheflur›, *Herzog Ernst* etc. gehörten.

2. Romanhafte Prosaerzählungen.
Übersetzungen aus dem Lateinischen, Französischen und Niederländischen.
Auflösungen mittelhochdeutscher Versepen in Prosa. ‹Fortunatus›

Das Ziel, auch in Prosa einen bestimmten Stil zu formen, ist alt. Schon NOTKER und WILLIRAM haben sich darum bemüht, die cluniazensische Reformbewegung, die sich auch in Deutschland durchsetzte, verzögerte die Entfaltung. Zunächst erscheinen Lehrprosa, Rechtsprosa, religiöse Unterweisungsprosa. Als in der ersten Hälfte des 13. Jhs. neue Ideen auf den Gebieten der Künste und Wissenschaften sich geltend machten, erwachte auch die *volkssprachige Prosa* zu neuem Leben. Seit EIKE VON REPGOWE, dem Verfasser des ‹Sachsenspiegels› (1220) und der ‹Sächsischen Weltchronik›, bemühten sich die deutschen Rechtsbücher um eine verständliche Sprache. Neben der auf die Volkssprache angewiesenen Predigt verwenden Mystiker, auf Volksbelehrung bedachte Scholastiker und Gelehrte die deutsche Sprache für philosophische, religiöse und naturkundliche Inhalte. Eine auf Erbauung und Unterhaltung abgestimmte Legendenliteratur formt einen deutschen Prosa-Erzählstil, d. h. in fortlaufender Rede, ohne die Aussagen durch Versgesetzlichkeit und Reime zu beschränken. Die geschichtlichen und persönlichen Aufzeichnungen erfolgen in deutscher Sprache. Zusammenfassend wird man sagen können: Seit dem späten 14. Jh. gibt es in Deutschland eine literarische Prosa, die aus spätmittelalterlicher Gesellschafts- und Gelehrtensprache erwuchs. Ebenso haben spätmittelalterliche Verserzählungen schon Prosastil in sich, sind prosanahe. In Frankreich gab es bereits zu Beginn des 13. Jahrhunderts als neue Form des Erzählens den Prosaroman: bisher in Versepenform niedergelegte Stoffe des Artuskreises wurden in Prosa wiedererzählt. Nach diesen französischen Vorbildern setzt noch im selben Jahrhundert im flämisch-holländischen Bereich eine Prosaepik ein, gewann später für Roman und Novelle zunehmende Beliebtheit und wanderte aus der Hofgesellschaft in die Kreise des Stadtbürgertums.

Eine am Niederrhein zu lokalisierende Übersetzung eines verlorenen flämischen Originals ist der in Deutschland neben den Versromanen WOLFRAMS, HARTMANNS, WIRNTS VON GRAFENBERG um 1230 (oder etwas später) entstandene *Lanzelot-Prosaroman*. Das in Sprache und Stil mächtige Werk behandelt den bekannten Stoff aus dem Artuskreis (vgl. Bd. III/1,121 ff.). Das älteste Zeugnis für die Existenz dieses mittelhochdeutschen Gesellschaftsromans ist das oberdeutsche Bruchstück von Amorbach. Aus wenig späterer Zeit (noch vor 1250) stammt ein niederdeutsches Fragment (Cgm. 5250, Nr. 5). Das oberdeutsche Bruchstück stimmt überein mit der späteren vollständigen Heidelberger Handschrift. In diesem Cod. Pal. germ. 147 aus der Zeit kurz vor 1450 ist die ganze oberdeutsche Fassung erhalten. Das Werk gehörte offenbar nicht in den oberdeutschen Raum mit seiner Gebundenheit an das klassische Versepos, sondern in den damals schon kulturell an Frankreich angelehnten flämisch-holländischen Bereich. Die Untersuchung der Quellenfrage ergab, daß hinter dem deutschen *Prosa-Lanzelot* ein französischer *Prosa-Lanzelot* steht. Doch brachten die Studien von PENTTI TILVIS den Nachweis, daß die Heidelberger Fassung (P) keine direkte Übersetzung aus dem Altfranzösischen darstellt, sondern auf eine mittelniederländische Vorlage zurückgeht. Erstaunlich ist, mit welcher Sicherheit der deutsche Übersetzer den Prosastil beherrschte. Er übt eine durchaus künstlerische Behandlung des Prosawortes.

Dieser deutsche *Prosa-Lanzelot* steht in seiner Form nicht vereinzelt da. Es sind Bruchstücke von einem niederdeutschen Prosaroman *Gerart van Rossiliun* erhalten. Sie sind aber keine Übertragung eines französischen Prosaromans, sondern eine Bearbeitung der französischen Chanson de geste von *Girart de Roussillon* (2. H. 12. Jh.): die Geschichte von König Karl und Herzog Girart, ihre Vermählung mit den Töchtern Elissent und Berte des Kaisers von Konstantinopel, die drei Kriege der beiden Schwäger, die Verdächtigung und Rechtfertigung Bertes, die Verbringung der Reliquien der HL. MAGDALENA nach Frankreich und die Errichtung des Münsters zu Vezelai, wo Girart und Berte bestattet werden. Die Bearbeitung gehört noch in das 13., die Reste der Handschrift stammen aus dem 14. Jh.

Ein ähnlicher verfrühter Vorläufer der späteren Unterhaltungsprosa war die Kölner Bearbeitung des Versepos ‹Crane› von BERTHOLD VON HOLLE (1250/60). Sie stammt schon aus dem 14. Jh. und war für ein bürgerliches Publikum bestimmt. Prosastück war nach DE BOORS Vermutung auch eine dem Anfang des 14. Jhs. angehörige deutsche Nacherzählung der französischen *Bataille d'Aliscans*. Die Fragmente der aus Kitzingen am Main stammenden Handschrift dieser *Schlacht bei Alischanz* berichten von der zweiten Schlacht und dem starken Renoard (Rennewart). Wahrscheinlich reichen auch die Prosa des *Willehalm* in Zürich und das Bruchstück eines prosaischen *Tristan-Romans* noch ins 14. Jh. zurück.

Alle diese Prosa vermochte jedoch nicht, andere Prosaerzählungen anzuziehen. Die Geltung und Wirkung der Versepik HARTMANNS, WOLFRAMS, GOTTFRIEDS, KONRADS VON WÜRZBURG war stärker. Erst als im 15. Jh. der hochmittelalterliche Versroman seine Lebenskraft verlor, wurde der literarische Raum frei für Prosaerzählungen. Die Entfaltung dieser späthöfischen Erzählprosa währt zunächst bis knapp vor den Ausbruch der Kirchenkämpfe. Bemerkenswert ist in unserer Phase der Anteil der Frauen als Übersetzerinnen und Förderinnen.

Das in Umbildung begriffene gesellschaftliche Leben Deutschlands war nicht angetan, aus eigenen Kräften Erzählungen zu einer geschlossenen Romantradition aufzubauen. Daher wurde das Fehlende erst vom Französischen, dann (durch den Frühhumanismus) vom Italienischen her ausgefüllt.

Erzählgut der französischen Heimat in den neuen deutschen Wirkungsbereich übertrug in einer dem neuen Geschmack entsprechenden Form ELISABETH VON NASSAU-SAARBRÜCKEN (1379–1456). ELISABETH gehört nach Herkunft, Erziehung und Bildung in die Welt der französisch-burgundischen Hofkultur und deren Wahrung und Pflege ritterlicher Traditionen. Sie war die Tochter der MARGARETE VON VAUDÉMONT UND JOINVILLE und des FRIEDRICH VON LOTHRINGEN. Im französischen Kulturbereich aufgewachsen, heiratete sie 1412 den deutschen Grafen PHILIPP I. VON NASSAU-SAARBRÜCKEN, übernahm nach dessen Tod 1429 die Regierung und führte sie bis 1438. Sie war verwandtschaftlich mit den Höfen in Heidelberg, Rottenburg und Nancy verbunden. Ihre Tumba mit liegender Gestalt befindet sich in der Stiftskirche zu St. Arnual bei Saarbrücken. ELISABETH VON NASSAU-SAARBRÜCKEN übersetzte eine Reihe französischer Chansons de geste in deutsche Prosaromane: ‹Herpin› (um 1437), ‹Sibille› (um 1437), ‹Loher und Maller› (vor 1437), ‹Huge Scheppel› (1437). Die Vorlagen dazu wurden ihr durch Vermittlung ihrer Mutter zugänglich. Alle Romane kreisen stofflich um die Person KARLS D. GR. Das von zahlreichen Abenteuern erfüllte Handlungsgeschehen der ersten drei Übertragungen hat eine ziemlich einheitliche Motivik: Verleumdung des jeweiligen Helden durch arglistige Neider, Verbannung durch den Kaiser, zuletzt glanzvolle Wiedereinsetzung in alle Würden; beim ‹Huge Scheppel› fehlt entsprechend der Sage das einleitende Motiv der Verstoßung. Der ‹Herpin› (Lewenbuch von Burges in Berrye), eigentlich ist Herzog Herpins Sohn Löw der Held, ist die durch Vertauschungsmotive und Kreuzzugsfabel zum Roman erweiterte Geschichte von einem Horn, das nur vom rechtmäßigen Besitzer geblasen werden kann. Die ‹Sibille› erzählt von der unschuldig verleumdeten und vertriebenen Gattin, die nach beschwerlichen Irrwegen gerechtfertigt und wieder aufgenommen wird. In der Chanson de geste-Poesie ist Sibille die Gattin Karls d. Gr.; sie gebiert in der Verbannung einen Knaben Ludwig, den späteren Kaiser. In ‹Loher und Maller› ist Loher der Sohn Karls d. Gr., Maller der getreue Freund, der die Nöte und Gefahren der Verbannung teilt. Nach vielfältigen Abenteuern wird Loher durch Heirat mit der Kaiserstochter Herrscher von Byzanz und erringt im Kampf gegen seinen Halbbruder Ludwig das ihm vorenthaltene fränkische Erbe und die römische Kaiserwürde (Thronkämpfe LOTHARS I.). ‹Huge Scheppel› ist HUGO CAPET, der Sohn eines Edelmannes und einer Fleischerstochter. Er gewinnt und ehelicht großer Heldentaten wegen die Tochter des letzten Karolingers Ludwig, hier ein Sohn Karls d. Gr. ELISABETH VON NASSAU-SAARBRÜCKEN hat sich bemüht, ihre Vorlagen möglichst getreu wiederzugeben. Das Wesentliche und für die Zukunft Bedeutsame an diesen vier Romanübertragungen liegt in der vom früheren höfischen Epos völlig verschiedenen realistischen Atmosphäre und in der menschlichen Begrenztheit der adeligen Gesellschaft, die dadurch auch unebenbürtigen Feinden unterliegt, wenn diese in Überzahl auftreten. Die Ritterromantik ist verbunden mit nüchterner Beobachtung und kluger Nutzung politischer und materieller Realitäten. Eine derartige Wirklichkeits- und Lebensnähe entsprach dem Empfinden und dem Geschmack erst adeliger, dann bürgerlicher Leserkreise und später auch breiterer Volksschichten. Auch das Schicksal des Helden mit dem Sturz aus Glanz in die Erniedrigung – gleichzeitig eine heilsame Lehre – bzw. der Aufstieg aus Niedrigkeit empor zur Höhe war ganz danach angetan, Sympathien zu wecken. Das Ende mit der Belohnung der Guten und Bestrafung der Bösen sorgt für die Wiederherstellung des gerechten Zustandes. Bis auf ‹Sibille› wurden ELISABETHS Übertragungen lange Zeit nach ihrem Tode in gekürzten Versionen zu Volksbüchern verarbeitet.

In Frankreich hatte ein unbekannter Autor um 1400 den Prosaroman ‹Pontus et Sidonie› verfaßt. Die Grundzüge der Handlung entnahm er einem ursprünglich mittelenglischen Gedicht ‹King Horn›, schnitt jedoch die Erzählung auf die Kämpfe mit den Arabern in Spanien zu. Dieser französische Prosaroman wurde in der 2. Hälfte des 15. Jhs. zweimal ins Deutsche übertragen. Die Fassung A stammt von der Herzogin ELEONORE VON ÖSTERREICH, die Fassung B von einem Unbekannten. Die Übersetzung der Herzogin findet sich nur in einer Handschrift, wurde jedoch mehrmals gedruckt, die Fassung B ist in fünf Handschriften erhalten, gelangte jedoch erst in jüngster Zeit zum Druck. Herzogin ELEONORE VON ÖSTERREICH (1433–1480), Tochter König JAKOBS I. VON SCHOTTLAND, war seit 1449 mit Herzog SIEGMUND VON TIROL UND VORDERÖSTERREICH verheiratet. Die Herzogin hatte schon am heimatlichen Hof literarische Anregungen empfangen. Ihr Vater selbst versuchte sich, CHAUCER nachahmend, in einem ‹Kingis Quair›. In Innsbruck übersetzte ELEONORE um 1460 den französischen Roman von ‹Pontus und Sidonia› ins Deutsche. Die Vorlage hatte sie vermutlich von ihrer Schwester MARGARETHA, der Gattin LUDWIGS XI., erhalten. Um die bekannten Motive der Flucht des Königssohnes Pontus vor den Mauren aus dem heimatlichen Spanien, der Erringung von Herz und Hand der Prinzessin Sidonia von Britannien durch mannigfache Heldentaten, dem siegreichen Bestehen aller Intrigen und der schließlichen Bestrafung des Anstifters und Verräters Gendolet, ist eine Fülle von Abenteuern und Heidenkämpfen gruppiert, die mit der Rückgewinnung des väterlichen Reiches von Galizien und dem Erbe der Herrschaft von Britannien schließen. Die Kämpfe gegen die Mauren, das Verrätermotiv u. a. verliehen angesichts der drohenden Türkengefahr der Übertragung unmittelbare Aktualität. Den Druck der Übersetzung besorgte Herzog SIEGMUND 1483 bei SCHÖNSPERGER in Augsburg. Weitere Drucke erschienen 1485, 1491, 1498. Die anonyme Übertragung des Romans (zwischen 1455 und 1470) ist der Arbeit der Herzogin durchaus gleichwertig, ja gilt ihr in mancher Hinsicht sogar überlegen.

Eine deutsche Fassung des französischen Epos von ‹Gormond und Isenbrand› ist in einer Hamburger Handschrift von 1437 erhalten.

Als Übersetzer aus dem Französischen betätigte sich auch MARQUART VON STEIN (1425/30–1495/96). Aus altem württembergischem Adelsgeschlecht herstammend, genoß er eine sorgfältige Erziehung, kam an den burgundischen Hof und dort in Beziehungen zum Hause der Châlons. Mit WILHELM VON CHALONS unternahm er 1453 eine Pilgerfahrt ins hl. Land; 1457 ist er Pfandherr von Florimont; 1459 heiratete er AGNES VON MÖMPELGART und wurde 1460 Landvogt der Grafschaft Mömpelgart. MARQUART VON STEIN übersetzte den 1371 entstandenen ‹Livre du Chevalier Geoffroy de la Tour Landry pour l'enseignement des ses filles› in deutsche Prosa: ‹Der Ritter von Turn, von den Exempeln der Gottesfurcht und Ehrbarkeit›. Das Buch ist eine Sammlung von Novellen z. T. schlüpfriger Natur, z. T. unter Anfügung moralischer Belehrungen für Mädchen. Die erste Ausgabe Basel 1493 bei BERGMANN VON OLPE ist eines der am schönsten illustrierten Bücher des 15. Jhs. Die 45 Holzschnitte sind nach Zeichnungen des jungen DÜRER angefertigt. Die Ausgaben von der Mitte des 16. Jhs. an wurden im protestantischen Sinn umgearbeitet.

Fragment aus einem Prosaroman ist die Übersetzung einer französischen Prosa-Auflösung des ‹Cleomades› von ADENES LI ROI. Zwar wurde diese Prosa-Auflösung in Frankreich 1480 erstmals gedruckt, doch diente als Vorlage für die deutsche Übersetzung eine Handschrift. Das in Bern erhaltene Fragment ist ein bemerkenswertes Zeugnis für das Aufkommen des Prosaromans in der Schweiz. Bemerkenswert sind ferner außer THÜRING VON RINGOLTINGEN die *Romane* von *Karl d. Gr.* und *Willehalm* aus einer 1475 datierten Züricher Handschrift. THÜRING VON RINGOLTINGEN (geb. um 1415, † 1483) aus einem Berner Geschlecht, das sich aus dem Handwerkerstand in den Adel hinaufgearbeitet hatte, übertrug 1456 für den Markgrafen RUDOLF VON HOCHBERG eine französische Versdichtung des Trouvère COULDRETTE ‹Melusigne›, die dieser nach der (Prosa-) ‹Histoire de Lusignan› des JEAN d'ARRAS (1387/94) verfaßt hatte, in deutsche Prosa. Die Übersetzung ist heute noch in 15 Handschriften aus dem Ende des 15. Jhs. erhalten und wurde erstmals 1474 in Augsburg bei JOHANN BÄMLER gedruckt: ‹Dis abenteürlich buch beweyset vns von einer frauen genandt Melusina die ein Merfaye ... was›, mit 71 Holzschnitten. In der Handlung wird die Sage von der Meerfei mit der Familienchronik der Grafen von Poitiers verbunden und die schöne Melusine zur Ahnfrau des Hauses Lusignan gemacht. Gleichzeitig bildet die Geschlechtersage den Rahmen für eine Menge von Abenteuererzählungen im höfischen Geschmack.

Raimund von Poitiers ersticht auf der Jagd versehentlich seinen Oheim. Auf der Flucht trifft er im Walde an einem Brunnen drei Mädchen. Die schönste von ihnen, Melusine, verspricht ihm Heil, wenn er sie zur Frau nehme. Bedingung ist nur, sie nie nach ihrer Herkunft zu fragen und sie jeden Sonnabend zu meiden.

Es kommt zur Hochzeit. Der glücklichen Ehe entspringen zehn Söhne. Zwar tragen alle gewisse Verunstaltungen als Kennzeichen ihrer nichtmenschlichen Abstammung, aber sie werden durchwegs tapfere Ritter, bestehen Heidenkämpfe und Abenteuer. Als Raimund, aufgestachelt durch seinen Bruder, das Versprechen bricht und Melusine im Bad als Meerfrau mit Fischschwanz sieht, hat er das Glück verwirkt. Melusine muß unerlöst in ihr Element zurück, nur nachts erscheint sie noch mehrmals aus Sorge um ihre jungen Söhne, Raimund pilgert nach Rom und wird Einsiedler.

THÜRING verbindet beachtenswerte Erzählkunst mit geschickter Handlungsführung und verfügt über warme Töne. Die große Beliebtheit des bald zum Volksbuch gewordenen Werkes wird dadurch bewiesen, daß außer dem Erstdruck bis 1500 etwa 13 Drucke, darunter 2 niederdeutsche (Lübeck um 1480, 1495), und bis 1800 etwa 40 Drucke zustande kamen.

Einige Jahre nach THÜRING, 1471, übersetzte der Baseler Ratsherr NIKOLAUS MEYER die ‹Melusine› aus dem Französischen des COULDRETTE ins Deutsche. Die Übertragung, deren Originalhandschrift in der Universitätsbibliothek in Basel erhalten ist, gelangte nicht zum Druck. Wohl aber fand seit 1483 den Weg in den Druck die ebenfalls das Melusinen-Motiv behandelnde *Versnovelle vom Staufenberger* aus der Zeit um 1300 (vgl. Bd. III/1, 257).

Das Motiv der Wette um die Treue einer Frau erschien in der deutschen Dichtung zuerst Ende des 13. Jhs. bei RUPRECHT VON WÜRZBURG in der Reimpaarnovelle ‹Von zwein koufman›. Die Ende des 15. Jhs. auftauchende Prosaerzählung ‹Von den vier Kaufleuten› (die sich selbst in das Jahr 1424 setzt; Drucke o. O. u. J., Leipzig 1494, Nürnberg 1498) steht BOCCACCIOS Novelle ‹Dekamerone› II,9 nahe. Die Erzählung wurde ins Niederdeutsche (Druck Hamburg 1510), Dänische und Schwedische übertragen.

Eine mittelniederdeutsche Bearbeitung von HERODOTS ‹Schatz des Rampsinit› liegt vor in der Novelle ‹Der Dieb von Brügge› (‹De deyf van Brugghe vnde van Parijs›). Sie entstand im 15. Jh. und ist in einer Handschrift, die Ende des Jhs. in Vorpommern entstand, überliefert.

Nach einer romanischen Vorlage bearbeitete im 15. Jh. ein bayrischer Geistlicher die *Geschichte von Robert dem Teufel*.

Aus einer niederländischen Vorlage ins Niederdeutsche übertragen wurde der Prosaroman ‹Paris und Vienna›. Er behandelt das Thema der in ritterlicher Umwelt, an Höfen und bei Turnieren wachsenden, schwer geprüften, durch nichts zu erschütternden treuen Liebe. Das Werk war in zahlreichen Handschriften und Drucken (zuerst 1488 mit Holzschnitten) verbreitet.

Für Leute, die gereimte Bücher nicht mehr mochten oder denen die Kunst der Reime und Verse nicht verständlich war, wurden *Prosa-Auflösungen mittelhochdeutscher Versdichtungen* angefertigt. Seit dem 14. Jh. kam es zur Prosaisierung des ‹Gregorius auf dem Stein›, dieser Legendendichtung HARTMANNS VON AUE. Ob die drei verschiedenen Fassungen alle auf das Gedicht unmittelbar zurückgehen oder ob eine der lateinischen Redaktionen gedruckt wurde, ist nicht geklärt; 1471 wurde eine Prosafassung gedruckt. Eine Prosa-Umarbeitung erfuhr im 15. Jh. WOLFRAMS ‹Willehalm› mit Vorgeschichte (ULRICH V. D. TÜRLIN) und Fortsetzung (ULRICH VON TÜRHEIM). Noch vor 1465 fällt, als vielleicht früheste, die hochdeutsche Prosa-Auflösung von ‹Valentin und Namelos›. Eine Prosafassung des ‹Barlaam und Josaphat›-Romans nach dem lateinischen Text des JOHANNES DAMASCENUS und dem Epos des RUDOLF VON EMS ist in der Berliner Handschrift 1259 vom Jahre 1493 erhalten. Ob die in Berlin (Mgf. 1342) im 16. Jh. geschriebene ‹Historie von dem Schwan› eine Prosa-Auflösung des ‹Schwanenritters› KONRADS VON WÜRZBURG ist oder des ‹Lohengrin›, scheint nicht entschieden. Vom ‹Wigalois› des WIRNT VON GRAFENBERG erschien 1472 eine Prosabearbeitung in Druck und erlebte mehrere Auflagen. Sie wurde ins Dänische und Isländische übersetzt. Gegen Ende des 16. Jhs. behandelte den Stoff JOSEL WITZENHAUSEN in jiddischen Reimversen. Gedruckt: ‹Ein schön Maase. Von König Artis Hof ... Und von dem berühmten Ritter Wieduwilt› (Königsberg 1699). Bis zum Ende des 15. Jhs. großen Beifall fand das Epos des JOHANN VON WÜRZBURG ‹Wilhelm von Österreich› (1314). Im Schloß Runkelstein bei Bozen wurden im 15. Jh. Wandgemälde geschaffen, auf denen neben Tristan und Isolde, Wilhelm von Orleans und Amelye auch Wilhelm von Österreich und Aglye dargestellt sind. Eine Prosa-Auflösung der Versdichtung wurde 1481 unter dem Titel ‹Historie von Herzog Leupold und seinem Sohn› gedruckt. Auf der vorhöfischen ‹Tristan›-Dichtung EILHARTS VON OBERGE beruht der Prosaroman ‹Tristan und Isalde› (ältester Druck 1484). Bekannt ist ferner eine Prosa-Auflösung von SCHONDOCHS ‹Königin von Frankreich› (niederschlesisch) und die Prosaisierung der ‹Minneburg›, einer Allegorie im geblümten Stil (1463).

Die von einem berufsmäßigen Kunstdichter aus dem südlichen Rheinhessen gegen Ende des 14. Jhs. verfaßte bzw. bearbeitete biographische Rittermäre ‹Johann aus dem Virgiere› (vgl. Bd. III/1, 126) gab die Hauptquelle für das mittelniederländische Drama ‹Esmoreit› und wurde im 16. Jh. in Prosa aufgelöst und zum flämischen Volksbuch ‹Joncker Jan wt den vergiere›. Von ihm hat sich ein einziges Exemplar (Univ.-Bibl. Göttingen) erhalten.

In all diesen Prosaerzählungen des 15. Jhs. findet man begreiflicherweise weder ein neues Menschenbild noch ein neues Ethos. Bezeichnend an ihnen ist die Vorliebe für spannende Abenteuer sowohl feinerer wie roherer Art; unverbindliche Ehrbarkeit, Vorliebe für realistisches Darstellen, Neigung zu Gefühligem. Das literaturgeschichtlich Bedeutsame am Werk der ELISABETH VON NASSAU-SAARBRÜCKEN, der ELEONORE VON

ÖSTERREICH und der anderen Übersetzer aus dem Französischen war, daß durch sie für rein epische Stoffe, deren Gestaltung bisher dem höfischen Vers vorbehalten war, in breiterem Umfang die Prosadarstellung eingeführt wurde. Die Mäzene und das Publikum für diese Literatur sind fürstliche Persönlichkeiten oder Patrizier, die es dem Adel gleichtun wollen. Das Charakteristische dieser Prosawelt tritt auch in der Sprache zutage: gelehrte Fachsprachen und traditionsbedingte Gesellschaftssprachen vermischen sich in Ausbildung einer literarischen Erzählsprache hin auf ein Gemeindeutsch. Von dieser aus spätmittelalterlicher Gesellschafts- und Gelehrtensprache erwachsenen Prosa zu unterscheiden ist die akademische Kunstprosa in deutscher Sprache, wie sie bald nach 1450 bei den Frühhumanisten WYLE, STEINHÖWEL und EYB erscheint.

Gegenwartsnäher als die meisten der genannten romanhaften Prosaerzählungen ist das einzige derartige Denkmal, das «durch die innere Form seiner Handlung an den wirtschaftlichen Wagnissen einer neuen Zeit teilhat» (NEUMANN). Im letzten Drittel des 15. Jhs. verfaßte vermutlich ein Augsburger Bürger mit dem geographischen Gesichtskreis eines durch den Orienthandel reich gewordenen süddeutschen Kaufherrn die *Geschichte von Fortunatus und seinen Söhnen.* Die Fabel der Erzählung ist aus Märchen- und Sagenmotiven, Erfundenem und Alltagserfahrungen zusammengefügt. Das Grundmotiv des Ganzen ist der Auf- und Abstieg einer Bürgerfamilie in zwei Generationen, wobei die Handlung wie beim Ritterroman aus zwei Teilen besteht.

Im ersten Teil wird geschildert, wie der zu Besonnenheit und Mäßigung erzogene Fortunatus (d. i. der Glückliche, Begüterte, von der Fortuna Beglückte) von Zypern aus in die Welt zieht. Den fünf irdischen Dingen Weisheit, Reichtum, Stärke, Gesundheit und langes Leben gegenübergestellt, wählt er für sich den Reichtum. Er gewinnt einen Säckel, in dem sich jederzeit Geld findet und ein Hütlein, mit dem er sich an jeden beliebigen Ort wünschen kann. Durch kluge Verwendung dieser beiden Glücksdinge gelangt er zu Vermögen und Einfluß, steigt auf in den Adel und heiratet eine Gräfin. Der zweite Teil, die Gegengeschichte, erzählt Leben und Untergang der charakterschwachen Söhne des Fortunatus. Der maßlose Andolosie und der unfähige Ampedo sind das genaue Gegenteil ihres verstorbenen Vaters und ihnen wird Besitz von Wunschhütlein und Glückssäckel zum Verderben: der eine wird im Gefängnis ermordet, der andere stirbt vor Leid. Zum Schlusse meint der Verfasser, Fortunatus hätte anstatt des Reichtums die Weisheit wählen sollen, dann wäre ihm beides zuteil geworden.

Die Erzählung trägt alle Kennzeichen einer Übergangszeit. Alte, aus den ritterlichen Abenteuerromanen, den ‹Gesta Romanorum›, der Novellistik entnommene Motive und Züge mischen sich mit solchen aus der Wirklichkeit der Zeit. Adel und Bürgertum werden einander gegenübergestellt. Der unbekannte Verfasser übt zwar eine fast nur das Faktische gebende Erzählweise, berichtet aber z. B. eingehend über den Handel in

Alexandrien und den Pfefferimport aus Indien und schweift auch sonst häufig ins Episodische ab. Trotzdem durchzieht seinen Roman ein klarer Grundgedanke. Fortunatus ist ein Mensch, der durch Zauberei aus den Begrenzungen seiner menschlich-materiell und lokal gebundenen Existenz hinausgeleitet und an die Schranken der möglichen Steigerung des Ich herangeführt wird. Diese Züge des Erzählwerkes weisen voraus auf das *Faustbuch*. Das Buch wurde erstmalig 1509 in Augsburg bei JOHANN OTMAR gedruckt, mit Holzschnitten wahrscheinlich von JÖRG BREU d. Ä., und erschien von 1530 ab bis in das 20. Jh. unzählige Male. Auch ins Niederdeutsche (2 Ausg., 17. Jh.), Jüdische (Frankfurt 1699), Niederländische, Dänische, Schwedische, Englische, Französische, Italienische wurde es übertragen.

Aus dieser frühneuhochdeutschen Erzählprosa des 15./16. Jhs. ging ein großer Teil der sogenannten *Volksbücher* hervor. Voraussetzung für diesen Werdegang war die Erfindung des Buchdruckes, dessen rasche Ausbreitung und zunehmende Leistungsfähigkeit.

3. Kleinepik in Vers und Prosa

Im 13. Jahrhundert wurde als neue literarische Form die Kurzgeschichte in Versen gefunden, geistliche und weltliche *Kleinepik*. Die Schöpfer und Wegbereiter waren der Fahrende STRICKER (um 1230/50) mit epischer und didaktischer Kleindichtung, der höfisch gerichtete Stadtbürger KONRAD VON WÜRZBURG (1220/30–1287) und der Ritter HERRANT VON WILDON (1248/78) durch unterhaltende und belehrende Novellen. Eine Anzahl von Verserzählungen in der Weltchronik des JANS ENIKEL steht in Verbindung mit internationalem Erzählgut; die Frauenliststücke KAUFRINGERS, Frauentreuestücke wie SCHONDOCHS ‹Königin von Frankreich›, Schwankhaftes wie ‹Die halbe Birne› bezeichnen die Thematik und den Umfang der nicht immer präzise abgrenzbaren Gattung. Dazu kommen als wesentliche Ergänzungen die geistlichen Verslegenden. Vieles ist anonym überliefert. Das Hervortreten von Neuformungen in den Versnovellen ist zeitlich noch nicht näher bestimmt.

Eine Einteilung der Kleinepik des späten und ausgehenden Mittelalters ist nicht ganz leicht zu geben. Die verschiedenen Stoffgruppen werden uns zumeist als Verserzählungen dargeboten, weisen aber im einzelnen beträchtliche Stilunterschiede auf; auch setzen etwa Legenden andere innere Haltung voraus als Schwänke. Wie die Sammelhandschriften der Verserzählungen zu beweisen scheinen, faßte der spätmittelalterliche Gattungsbegriff sowohl die Ritter- und Liebesnovelle als auch die Exempel-, Moral-, Fabel- und Schwankdichtung als einheitliche Literaturgruppe auf.

Die erzählende Kleindichtung ist demnach sehr vielzählig und vielfältig und verfügt über große Spannweiten des Inhaltes und der Stilformen. Der Umfang schwankt zwischen einigen Dutzend bis zu ungefähr zweitausend Verszeilen.

Parallel zur gereimten Verserzählung geht eine Prosa-Kurzgeschichte, d. s. Märlein, Exempel u. dgl. Sie wird gespeist: a) aus Umsetzungen höfischer Versnovellen in Prosa, wie es etwa schon um 1300 mit STRICKERS Schwank ‹Der nackte Bote› geschah; b) aus der lateinischen Exempelliteratur.

Die Kleinerzählung hat es mit Menschen und Dingen der Wirklichkeit, oft des Alltags zu tun. Daraus gewann sie ihre Beliebtheit. Die Fabel im Sinne der äsopischen beginnt hervorzutreten. Der Novelle und dem Schwank sind gemeinsam eine einfache unverzweigte Handlung zwischen wenigen Personen, rasch vorschreitend und einem Höhepunkt, einer überraschenden fesselnden Lösung zugeführt. Die Pointe hat gern ein *fabula docet*. Verschieben sich die Gewichte so sehr, daß die Lehre in den Vordergrund tritt und die Erzählung keine eigene Bedeutung mehr hat, so spricht man von *Bispel* (Beispiel): für die Lehre wird ein Erzählstoff gefunden. Die Novellen- und Schwankdichter haben ihre Stoffe nur selten selbst erfunden; sie nahmen ihr Erzählgut, wo sie es bekommen konnten. Für viele Stoffe ist eine Verbreitung nachweisbar, die von Indien und Ägypten nach Europa reicht. Man hat die Fragen nach ihrer Entstehung und ihren Wanderungen aufgeworfen. Aber neben der stoffgeschichtlichen Betrachtungsweise empfiehlt es sich auch, auf ihre Lebensbedingungen und Erscheinungs- und Bauformen zu achten.

Bei den novellistischen Gebilden kann man deutlich verschiedene Gruppen unterscheiden, älteres und jüngeres Gut. *Höfische Novellen und Minnenovellen,* die noch aus dem idealen ritterlichen Denken hervorgingen. Bei ihnen dominiert das höfische Menschenbild, die adelige Minnekultur, die ältere Motivik mit Liebestod etc. Eine zweite Gruppe sind die *erotischen Erzählungen und Ehegeschichten* mit den Beziehungen von Mann und Frau und dem Spiel der Geschlechter als Hauptthema. Meist ist die Frau die Schuldige. Sie haben ein anderes Menschenbild und eine andere Liebesauffassung als die höfische Epik. Beides wird als Reaktion gegen das überhöhte Frauenbild der hochhöfischen Zeit und als Abwertung der Frau durch die populäre Moraltheologie angesehen. Man hat einen ganzen Kreis solcher erotischer Erzählungen mit verschiedenen Spielarten vor sich. In den Kreis der Erzählungen von der Naivität eines unerfahrenen Mädchens gehört die Reimnovelle ‹Die Teufelsacht› (um 1350). In ihr wird der Frau in der Hochzeitsnacht die Liebesvereinigung als Ächtung des Teufels und als Verdienst für das Seelenheil hingestellt. Bei den Ehegeschichten geht es hauptsächlich um Frauentreue, die boshafte und treulose Frau, Ehebruchschwänke. Eine dritte umfängliche Gruppe sind die *moralischen Novellen* mit sittlich-lehrhafter Note (Tiergeschichten, Parabeln, Märchen). Vereinzelt erscheinen dabei auch politisch-soziale Themen. Eine vierte Gruppe bildeten die *anekdotischen Erzählungen.* An Kleinepik tauchen schon in früher Zeit die beliebten *Predigtmärlein* auf, d. s. in die rhetorisch durchgeformten Predigten eingefügte kleine, ebenfalls durchgeformte Prosageschichten, Beispiele, Anekdoten.

Die Kleinepik erscheint häufig in Sammlungen von Erzählungen oder die Schwänke sind um eine Person gruppiert. Die Sammel- und Abschreibetätigkeit setzt sich durch das ganze 14. und 15. Jh. fort und bezeugt die weitere Beliebtheit der Gattung. Noch im 14. Jh. ist die Melker Handschrift R. 18, ganz am Ende des Jhs. (1393) die Wiener Hs. 2858 geschrieben. Im 15. Jh. folgen u. a. die Dresdener Hs. 68 (1447) und die Hs. des Innsbrucker Ferdinandeums (1456). In dieselbe Zeit gehört die große Donaueschinger Hs. (= LASSBERGS Liedersaal 1820/22). Die Grundabsicht dieser Sammlungen lag in religiöser Erbauung und moralischer Belehrung.

Daneben leben ältere Sammlungen erbaulicher und moralischer Erzählungen für den Schulunterricht und als Hilfsmittel für Predigten weiter: ‹Der Dialogus miraculorum› des CAESARIUS VON HEISTERBACH, für die Novizenlehre abgefaßt, das ‹Solsequium› des HUGO VON TRIMBERG, ein Schullehrbuch aus dem späten 13. Jahrhundert.

Noch in der Tradition KONRADS VON WÜRZBURG stehen der Elsässer KUNZ KISTENER (Mitte 14. Jh.) und der Alemanne SCHONDOCH (2. H. 14. Jh.) mit ihren halbgeistlichen lehrhaften Versnovellen. KISTENER überträgt in den ‹Jakobsbrüdern› die Geschichte von der Freundestreue des Amicus und Amelius auf eine Wallfahrt von Deutschland nach Santiago de Compostela, erweitert sie durch die vom Heiligen bewirkte Erweckung des Toten und verbindet sie mit dem Aussatzmotiv. Von SCHONDOCH, vermutlich ein Fahrender, besitzen wir zwei Dichtungen. Die eine, früher HUGO VON LANGENSTEIN zugeschrieben, ‹Der Littauer› (324 V.), erzählt die 1251 erfolgte Bekehrung des Litauerfürsten MINDOWG zum Christentum, die zweite behandelt den legendarischen Stoff der ‹Königin von Frankreich›, die unschuldig verurteilt wird und deren Ehre und Leben hier ein Hund im Zweikampf gegen den verleumderischen Hofmarschall rettet. Vielleicht auf Grund des Gedichtes von SCHONDOCH wurde der Stoff um 1460 auf einem Wandgemälde im ehemaligen Gerichtssaal zu Corredo am Monsberg in Südtirol gestaltet.

Eine Reimpaarnovelle von der abenteuerlichen Liebesgeschichte eines Herzogs von Braunschweig erzählt ein sonst nicht bekannter AUGUSTIN. Das Ganze ist offenbar aus dem Niederländischen unbeholfen ins Hochdeutsche umgesetzt. Überliefert ist die Novelle in einer illustrierten Handschrift des 15. Jhs. im Britischen Museum mit Handschriften von ‹Loher und Maller› und der ‹Königin von Frankreich›.

Der spanische König bittet den Herzog von Braunschweig um Hilfe gegen seinen Schwiegervater, den Maurenkönig von Aragonien. Der 21jährige Sohn des Herzogs von Braunschweig befreit das Land. Liebe zwischen ihm und der Königin. Trennung und endliche Wiedervereinigung nach ihres Gatten Tod und nach vielen Abenteuern. Von ihren Söhnen wird der eine König von Spanien, der andere Herzog von Braunschweig.

Ende des 14., dann hauptsächlich im 15. Jh. kam auch der weltliterarische Novellenzyklus ‹Von den sieben weisen Meistern› (‹Septem sapientes›) in Versbearbeitungen und Prosaübersetzungen nach Deutschland. Die Literaturforschung nimmt eine indische Urfassung an, die durch Vermittlung einer arabischen Übersetzung zu Hebräern, Syrern, Griechen, Persern und Spaniern gelangte. An abendländischen lateinischen Fassungen sind bekannt: Die lateinische Übersetzung der hebräischen ‹Mischle Senabar› (13./14. Jh.), der ‹Dolopathos› des französischen Zisterziensers JOHANNES DE ALTA SILVA (um 1200; eine deutsche Übersetzung enthält die Hs. der Leipziger Univ.-Bibl. 1279, 15. Jh.) und die Fassungen der ‹Scala celi› (so genannt nach dem Predigtwerk des französischen Dominikaners JOHANNES GOBII JUNIOR, vor 1230). Von den übrigen lateinischen Handschriften ist die älteste die Innsbrucker Handschrift vom Jahre 1342, deren Text in den ‹Gesta Romanorum› wiederkehrt. Sämtliche lateinische Handschriften gehen auf ein verlorenes lateinisches Original zurück. Deutsche Prosaübersetzungen erscheinen erst im 15. Jh. Der erste Druck der deutschen Übertragung kam um 1470 zustande. Zwischen 1470 und 1687 erreichte der Novellenzyklus 15 lateinische und 57 deutsche Auflagen. Was den Inhalt des Werkes angeht, so hatte schon CARL LEO CHOLEVIUS (‹Geschichte der deutschen Poesie nach ihren antiken Elementen›, I, 1854, S. 258) nicht unrecht, wenn er meinte, das Ganze enthält einen Prozeß: die Mutter, eine Potiphar, verklagt ihren Stiefsohn, der eine Zeitlang nicht sprechen darf; der Vater soll entscheiden. «In sieben Novellen, welche zeigen, daß jede Nachsicht verderblich ist, dringt die Mutter auf schnelles Urteil und die Lehrer des Jünglings stellen sieben Novellen entgegen, welche dartun, daß nichts eine schmerzlichere Reue verursacht als eine übereilte Bestrafung. Die Verurteilung wird dadurch aufgeschoben, bis der Unschuldige wieder reden und sich rechtfertigen kann.» Die Novellen ordnen sich somit um einen moralischen Satz. Im folgenden sei (im Anschluß an BOBERTAG, I, 120 ff.) der Inhalt nach der verbreitetsten deutschen Prosafassung kurz skizziert.

Der Kaiser Pontianus von Rom übergibt nach dem Tode seiner Gemahlin den Sohn Diocletianus sieben weisen Meistern (Bancillas, Lentulus, Cato, Waldach, Josephus, Cleophas, Joachim) zur Erziehung und Ausbildung. Nach sieben Jahren stellen die Meister mit ihrem Zögling eine Prüfung an: sie legen ihm, während er schläft, unter jeden Bettfuß ein Eichenblatt. Diocletianus merkt nach dem Erwachen sogleich, daß er sich der Decke der Kammer näher befindet. Inzwischen hat Kaiser Pontianus ein zweitesmal geheiratet. Die Frau trachtet ihrem Stiefsohn nach dem Leben. Auf ihren Wunsch ruft ihn der Kaiser an den Hof zurück. Aus der Konstellation der Gestirne sieht er, daß er sein Leben nur bewahren könne, wenn er nach der Ankunft bei seinem Vater sieben Tage schweige. Die Stiefmutter versucht den Zurückgekehrten zu verführen. Als er widersteht, verleumdet sie ihn der gleichen Tat beim Kaiser, dieser verurteilt ihn zum Tode und befiehlt, ihn sofort zu hängen. Die Räte des Kaisers erwirken einen Aufschub bis zum nächsten Morgen. Gegen diese Ratgeber erzählt die Kaiserin die *Geschichte vom Baum und Bäumlein*: Ein alter Baum, der einen jungen beengte, wurde abgehauen, der junge ging dennoch ein. Gegen den Befehl zur Hinrichtung am nächsten Morgen erzählt Bancillas die *Geschichte vom Hund und der Schlange*: Ein Hund beschützte das Kind seines Herrn gegen eine Schlange, die Mutter beschuldigte ihn der Tötung des Kindes, der Vater erschlug vorschnell den Hund. Die Kaiserin erzählt gegen die vorläufige Begnadigung die *Geschichte von Eber und Hirt*: Ein Hirt wollte einen Eber erlegen, floh auf einen Baum, warf Früchte herab und kraute den Eber, bis dieser einschlief; darauf erstach er ihn. Gegen den wieder erfolgenden Hinrichtungsbefehl erzählt Lentulus die *Geschichte vom Brunnen*: Ein Ritter sperrte seine buhlerische Frau aus, sie drohte, sich in den Brunnen zu stürzen, warf einen Stein hinein, der Mann eilte erschrocken aus dem Haus, nun sperrt die Frau den Mann aus und dieser wird als Nachtschwärmer bestraft. Die Kaiserin erzählt die *Geschichte vom Schatzhaus*: Ein Ritter stahl mit seinem Sohne dem Kaiser Octavianus Geld, beim zweiten Versuch fiel der Alte in einen hingestellten Kessel, der Sohn schnitt ihm auf seinen Befehl den Kopf ab; als die Töchter den durch die Stadt geschleiften Leichnam erkennen und ein Geschrei erhoben, schnitt sich der Sohn, um dies zu begründen, eine Wunde und ließ den Körper des Vaters, der an den Galgen gehängt wurde, ruhig hängen. Cato erzählt die *Geschichte vom redenden Vogel*: Eine Elster berichtete ihrem Besitzer öfter von der Untreue seiner Frau; diese und ihr Buhle beschütteten den Vogel mit Kies und Wasser, die Elster sagt dem Mann, die Frau habe wieder gebuhlt und es habe gehagelt und geregnet, der Mann tötet voreilig den vermeintlich lügnerischen Vogel. Die Kaiserin erzählt die *Geschichte vom geblendeten Kaiser*: Sieben Zaubermeister hatten bewirkt, daß der Kaiser von Rom außerhalb seines Palastes blind war, der herbeigebrachte Knabe Serlinus (Merlin) zeigte dem Kaiser sieben Brunnen unter seinem Bette als die Ursache; die Brunnen waren nur durch die Tötung der Meister zu stopfen. Gegen den erneuten Hinrichtungsbefehl erzählt Waldach die *Geschichte von der Probe der Männergeduld*: Die junge Frau eines alten Mannes beschloß, sich einen Geistlichen zum Liebhaber zu nehmen, vorher erprobte sie die Geduld ihres Mannes, indem sie seinen liebsten Baum verbrannte, sein Hündlein tötete und bei einem Gastmahl das Tischtuch herabzog; ein kräftiger Aderlaß stillte das Liebesverlangen. Die Kaiserin erzählt die *Geschichte vom Zauberer*: Vergil machte den Römern ein vor Feinden warnendes Kunstwerk; als der geizige Kaiser Octavianus drei feindliche Könige unter dem Turme, auf dem das Kunstwerk stand, nach Gold graben ließ, fiel der Turm ein und tötete den Kaiser. Darauf erzählt Josephus die *Geschichte von Hippokrates und Galenus*: Der erstere tötete aus Eifersucht seinen Freund und mußte so zur Vergeltung ebenfalls sterben. Die Kaiserin erzählt die *Geschichte vom König und der Frau des Marschalls*: Ein Marschall verkuppelte seine Frau dem König, wofür ihn dieser verjagte und die Frau behielt; als der Marschall Rom belagerte, wurde die Stadt durch die Klugheit von sieben weisen Meistern gerettet. Cleophas erzählt die *Geschichte von den drei Freiern*: Die junge Frau eines alten Mannes lockte drei Ritter zu sich, die ihr Mann erstach und ihr Bruder ins Meer warf; die Sache kam heraus und die Schuldigen wurden bestraft. Die Kaiserin erzählt die *Geschichte von der eingeschlossenen Königin*: Ein König schloß seine Gemahlin in einen festen Turm; ein Ritter nahm mit ihr Verbindung auf und heiratet sie in Anwesenheit des Königs, der trotz aller Ähnlichkeit glaubt, sie sei eine andere. Joachim erzählt die *Geschichte von der Witwe von Ephesus*: Eine Frau freute sich über den Tod ihres Mannes und wurde von dem nur Scheintoten durchschaut und bestraft. Auf diese Weise werden in sieben Tagen vierzehn Geschichten vorgetragen. Nun ist die Zeit erfüllt und Diocletianus darf selber reden. Er entlarvt eine vermeintliche Hofdame seiner Stiefmutter als deren verkleideten Liebhaber, erklärt, warum er solange geschwiegen habe und erzählt als 15. die *Geschichte von der erfüllten Weissagung*: Alexander, der Sohn eines Ritters, wurde wegen einer Traumauslegung ins Meer geworfen; gerettet, erwies er dem Prinzen Ludwig von Frankreich Dienste, wurde durch Ludwig vom Aussatz geheilt und bestieg den Thron Ägyptens, wodurch sein Traum in Erfüllung ging. Nach dieser Geschichte erhält die Kaiserin die verdiente Strafe.

Von den zwei deutschen Versbearbeitungen des Novellenkranzes stammt die eine von Hans von Bühel, für die andere illustrierte bezeichnet sich in der sog. Dirmstein-Handschrift (Stadt- und Univ.Bibl. Frankfurt) der Miniator Hans Dirmstein auch als Verfasser der Verse. Auf lateinischen Handschriften basiert außer einem gegen Ende des 14. Jhs. entstandenen Gedicht aus dem südlichen Hessen anscheinend auch das Schauspiel des Augsburger Meistersingers Sebastian Wild (um 1560).

Aus kurzen anekdotischen Prosaerzählungen bestehen die ‹Gesta Romanorum›. Der ursprüngliche Bestand setzte sich aus römischen, besonders spätrömischen Autoren entnommenen Stücken zusammen, die seit langem in Sammlungen für Predigtzwecke vereint waren und denen nun ‹Moralisationen›, d. h. geistlich-allegorische Auslegungen, angefügt wurden. Die Sammlungen gingen unter dem Titel ‹Historia› oder ‹Gesta Romanorum moralizata›. In sie drängten sich zu den antiken Stücken Phantasiegeschichten, Parabeln, Fabeln, Erzählungen, orientalische Märchen, vor allem des Petrus Alphonsi, auch einzelne Liebesabenteuer, Stücke aus Chroniken, Legenden u. a. und vermehrten den Grundbestand. Dieser wurde aber bald auch durch Parallelsammlungen moralisierter Stücke erweitert: durch die Quelle der ‹Moralitates› des Engländers Robert Holkot († 1349), die Moralisationen über Senecas ‹Deklamationen›, die moralisierten ‹Enigmata Aristotelis›, die ‹Ymagines Fulgentii›, das mehr oder weniger vollständig aufgenommene Buch ‹Von den sieben weisen Meistern›, das Buch ‹De naturis rerum› des Alexander Neckam († 1227), die ‹Narrationes› des Odo von Cerington u. a. Diese Stoffe der ‹Gesta Romanorum› werden volksläufig, teils durch die Predigt, teils durch wandernde Literaten, und leben auch in ungeformter mündlicher Erzählung. Der Hörer- und Leserkreis, das Publikum, war hauptsächlich das Bürgertum. Die spätere Vergröberung in Stoff und Stil zeigt, daß die Gattung auch in tiefere Publikumsschichten absank. Das Neue an dieser Kleinepik war, daß die Dichtung sich löste von ständischer Gebundenheit; es geht ihr um den Menschen und um menschliches Verhalten.

Immer mehr Dinge und Situationen werden darstellbar: Alltägliches, Häßliches, Ungezügeltes, Komisches, Groteskes. Die menschlichen Erscheinungsformen sind meist Ritter und Bürger. Von den Dichtern kennt man nur einzelne Namen, vieles ist anonym oder pseudonym; fahrende Literaten waren gewiß daran beteiligt.

Die Urfassung der ‹Gesta Romanorum› wurde wahrscheinlich in England kompiliert, doch ist eine deutsche Herkunft nicht ganz von der Hand zu weisen. Als Zeit der Zusammenstellung ergibt sich das Ende des 13. oder der Anfang des 14. Jhs. Die ältesten um 1472 gedruckten, in lateinischer Sprache geschriebenen Ausgaben enthielten rund 150 Nummern. Dieser Bestand erweiterte sich bald zu 181 Stücken (Vulgärtext). Eine 1489 in Augsburg gedruckte Sammlung in deutscher Sprache enthält nur 95 Kapitel, von denen manche mit dem lateinischen Text übereinstimmen, andere dagegen völlig neu sind. Eine nur 43/44 Kapitel umfassende Rezension in englischer Sprache schließt gleichfalls eine Reihe im lateinischen Vulgärtext nicht enthaltener Stücke in sich. Die bisher vollständigste neuere Ausgabe der lateinischen ‹Gesta Romanorum› von HERMANN OESTERLEY (1872) zählt 283 Nummern. OESTERLEY kannte 111 lateinische Handschriften, davon 79 aus dem deutschen Sprachgebiet, weiters 24 mit der Überlieferung in deutscher und 3 in englischer Sprache, insgesamt also 138 Handschriften. Diese Zahl ließe sich seither erheblich vermehren. Die älteste Datierung 1342 findet sich in der Innsbrucker Handschrift 310. Die ‹Gesta Romanorum› sind das handschriftlich meist verbreitete Geschichtenbuch des späten Mittelalters, aus dem der spätgotische Bürger großenteils sein Bild der Antike bezog. Die Beliebtheit erfährt durch die Reformation eine starke Einschränkung. Den ‹Gesta› nachgebildet ist eine Leipziger Novellensammlung (Univ. Bibl., Cod. 1279), das Werk eines obersächsischen Geistlichen.

An die Abschrift von BONERS ‹Edelstein› in Cod. 643 der Stiftsbibliothek St. Gallen schließt ein Unbekannter einer der ersten Hälfte des 15. Jhs. angehörige *Sammlung Schweizer Kleinepik* in Versen, 22 Fabeln und Schwänke. Die Handlung der aus schriftlichen und mündlichen Quellen geschöpften Erzählungen wird flüssig abgewickelt und mit einer moralisierenden Betrachtung geschlossen. Originell ist das Stück 13 mit einem Lied, das ein kirchliches Prozessionslied parodiert.

Zehn teils geistliche, teils weltliche Kleinerzählungen sind von dem in der Mitte des 15. Jhs. dichtenden GEORG ZOBEL aus St. Gallen überliefert. Eine Münchener Handschrift (Cgm. 568) enthält folgende Stücke: 1. ‹Von einem Roßtäuscher›; 2. ‹St. Eustachius› (1455); 3. ‹Mariae Schmerzen und Klagen›; 4. ‹Ein goldener Ball, der dem größten Toren gegeben ward›; 5. ‹Von Pfaffen, Edeln und Kaufleuten›; 6. ‹Der geäffte Ehemann›; 7. ‹Auf Maria›; 8. ‹St. Basilius› (1456); ‹Des Reichen und des Armen Streit›; 10. ‹St. Alexius›.

Eine Art ‹Gattungsausgabe› der gesamten Überlieferung des 15. Jhs. hat HANNS FISCHER unter die Bezeichnung ‹Märendichtung› gestellt und herausgegeben. Diese an NIEWÖHNERS ‹Neues Gesamtabenteuer› anschließende Sammlung poetisch-morphologisch verwandter Stücke enthält 52 ‹Mären› im eigentlichen Sinn und eine Auswahl von 13 Texten aus dem Grenzbereich der Gattung. An bekannten Autoren sind vertreten: FRÖSCHEL VON LAIDNITZ, HANS RAMINGER, HANS ROSENPLÜT, PETER SCHMIEHER, HANS SCHNEIDER, JÖRG ZOBEL, JOHANNES WERNER VON ZIMMERN, HANS SCHNEEBERGER, HEINRICH VON LANDSHUT, CLAUS SPAUN, HANS MEISSNER. Vieles ist anonym. Die Märentexte wurden nicht als konservierte Produkte weitergereicht, sondern leben im Überlieferungsvorgang weiter: sie werden bei der Wiedererzählung umgeformt und neugeformt; es kommt zu Doppelredaktionen. Was uns überliefert wird, ist das Ergebnis eines solchen Umformungsprozesses.

Historisch betrachtet, führen von diesem breiten Strom der spätmittelalterlichen Kleinepik Linien zur Novelle der späteren Jahrhunderte, vorausgesetzt, daß man den Begriff der Novelle nicht allzu eng faßt. Wie stark oder schwach die Überleitung war, steht wissenschaftlich noch nicht fest.

An die Seite der umfangreichen Kurzepik in Versen und in Prosa treten in der 2. Hälfte des 15. Jhs. aus Italien kommend neue Formen: die Novelle PETRARCAS, BOCCACCIOS, ENEA SILVIOS, die Fazetien POGGIOS u. a. Sie werden zunächst ins Deutsche übersetzt und stofflich ausgewertet. Gleichrangige Nachbildungen kommen kaum zustande. Das alte heimische Erzählgut lebt und gedeiht daneben weiter oder es erfolgen stoffliche Vermengungen mit dem Fremden. Die Versform wird aufgegeben. Das 15. und 16. Jh. bilden die Prosa-Kurzerzählung aus bis zur Virtuosität. Die eigenständige Form ist gewonnen. Die humanistische Fazetie vermehrt nur die Stoffe.

4. Geistliche Dichtung und religiöse Poesie in Vers und Prosa

Während die *geistliche Dichtung* ihre Wirkung innerhalb des kirchlichgeistlichen Aufgabenkreises sucht, ihre Schöpfer meist Geistliche sind und ihre Stoffe aus kirchlichem Überlieferungs- und Lehrgut stammen, erstrebt die *religiöse Poesie* eine breitere Wirksamkeit und ist auch stofflich und ständisch von allgemeinerer Spannweite. Bei einer nach Gattungen angelegten Darstellungsweise sind die beiden kaum streng zu trennen.

In der Literatur des Hochmittelalters überragte die weltlich-ritterliche Dichtung die geistliche an künstlerischer Form und kultureller Bedeutung. Im Spätmittelalter gewannen wieder die geistliche Dichtung und das deutschsprachige religiöse Schrifttum an Geltung und Umfang. Das Publikum, für das sie entstanden, waren Kreise des Adels, lateinunkundige Klosterleute, besonders Ordensfrauen, das Bürgertum der Städte. Man pflegte im 14./15. Jh. noch immer eine geistliche Versepik. Neben ihr breitet sich zunehmend eine geistliche Prosa, Erzählprosa wie Lehr- und Gebrauchsprosa, aus. In der religiösen Versepik erscheinen an Gattungen: Heils-Spiegel; das Leben Jesu und seiner Mutter Maria; zahllose Heiligenlegenden in Sammlungen wie im einzelnen; Jenseitsvisionen.

An der Spitze der *Heils-Spiegel-Literatur* steht das ‹Speculum humanae salvationis›, ‹Spiegel der menschlichen Seligkeit›, eine 1324 wahrscheinlich in Straßburg bei den Dominikanern (LUDOLF VON SACHSEN) entstandene, bald illustrierte Darstellung der Heilsgeschichte in lateinischer Reimprosa, mit typologischen Beispielen auch aus der Profangeschichte. Das Werk ist eine Erläuterung von Fall und Erlösung der Menschheit nach dem System der Präfigurationen. Schon Mitte des 14. Jhs. wirkte der ‹Spiegel› auf die Malerei. Er wurde in 200 bis 300 lateinischen, lateinisch-deutschen und rein deutschen Vers- und Prosahandschriften weit verbreitet, daneben auch in französischen Übersetzungen. Unter den verschiedenen Bearbeitungen, die vorgenommen wurden, ist eine niederdeutsche in Versen und mit Bildern (1456) bemerkenswert. Ein lateinischer Druck mit Holzschnitten erschien Harlem o. J.; deutsche Drucke: Augsburg 1473 (lateinischer Text und deutsche Prosa-Übersetzung), Basel 1476; Augsburg 1476, 1489 u. ö.

Seit dem *Heliand*, TATIANS und OTFRIDS Evangelienwerken vom 9. Jh. besteht in der religiösen Dichtung besonderes Interesse am *Leben Jesu*. Neben epischen Gestaltungen wird der Stoff in das geistliche Drama miteinbezogen. Der im Mittelalter immer mehr zunehmende Marienkult verlangte außer den Marienlegenden auch Berichte über das Leben, die Leiden und die Taten der Gottesmutter Maria. Dem ‹Marienleben›, das im 12. Jh. der PRIESTER WERNHER dichtete (vgl. Bd. I, 214 ff.), folgen vom 13. bis 15. Jh. zahlreiche weitere poetische *Marienleben*.

Die *Legende* des ausgehenden Mittelalters (vgl. Bd. I, 86 ff., II, 377 ff., III/1, 520 ff.) ist an den mittelalterlichen Katholizismus gebunden. Die Überschneidung theologischer und literarischer Gesichtspunkte erschwert eine scharfe Bestimmung ihrer sehr mannigfach abgewandelten Gattung. Allgemein sieht man die Legende als dichterisch verklärtes Heiligenleben an oder als eine Episode daraus. Auch in der Legende werden die Wechselbeziehungen zwischen Wort- und Bildkunst besonders fruchtbar. Das für die Heiligenlegende geprägte Wort ‹legenda›, d. h. Lesung, hat bis ins 16. Jh. hinein auch nur die Heiligenlegende bezeichnet. Die Grundform dürfte ein kurzer Prosabericht oder eine kurze Prosaerzählung gewesen sein. Die einzelnen Legenden haben oft eine weit in die Antike, den Orient, ins Buddhistische zurückreichende Tradition. Je nach den Zeitströmungen wurden sie unter Hineinnahme von Volkserzählungen und

Märchen verklärt, gesteigert, umgebildet, mit anderen verschmolzen. Mittelpunkt und Haupteffektmittel ist das Wunder. Grundsätzlich wird man zu unterscheiden haben zwischen Heiligen-Vita als historischer Lebensbeschreibung und Heiligen-Legende als phantasiegeborener Verherrlichung. Die Legende, besonders die Märtyrerlegende, galt im religiösen Bereich das gleiche, was im weltlichen die Heldensage ist. Beiden gemeinsam ist die Verklärung historischer Gestalten und das Strukturelement der Figur. Auch im Aufbau und in der Architektonik sind Sage und Legende verwandt. Ziel der Legende ist die Durchdringung von Menschentum mit Heiligkeit. Die Legenden werden unter kirchlichem Einfluß gedichtet, gesammelt, gepflegt und verbreitet. Es gibt Hochformen und Volksformen. Aus lateinischen Sammlungen fanden sie Eingang in die Nationalliteraturen. In der mittelhochdeutschen Blütezeit wurde die Legende zu einer höfischen Kunstform. Ein eigener Legendentyp entfaltete sich aus der weiblichen Mystik; die Schwestern nahmen sich selbst legendär und erzählen ihr Zusammensein mit Christus als Kind, Mann, Schmerzensgestalt und formen solche Phantasien und Visionen zu kleinen Erzählungen aus.

Schon vom 12. Jh. an begegnet man im deutschen Bereich einer *Visionsliteratur* (vgl. Bd. I, 190 ff.), sei es in der Mystik als charismatisches Gnadengeschenk Gottes, sei es als Jenseitsvision theologisch-literarischen Charakters.

a) Geistliche Großepik in Versen

Die *geistliche Versepik* des ausgehenden Mittelalters hat nur mehr wenige große Denkmäler hervorgebracht. Nach dem hochmittelalterlichen lateinischen ‹Speculum humanae salvationis› verfassen große Heils-Spiegel-Dichtungen Andreas Kurzmann und Heinrich Laufenberg. Beide sind auch sonst literarisch tätig. Andreas Kurzmann († vor 1428), Zisterzienser in Neuburg a. d. Mürz (Steiermark), als Verfasser bzw. Übersetzer einer ‹St. Alban›-Legende, der Freundschaftslegende von ‹Amicus und Amelius›, der Erzählung ‹De quodam moriente› und eines ‹Soliloquium Mariae cum Jesu›, Übersetzung eines Abschnittes der ‹Vita Mariae metrica›, alles in Versen. Das umfänglichste und verhältnismäßig selbständigste seiner Werke ist das deutsche ‹Speculum humanae salvationis› in rund 8000 Versen. Kurzmann arbeitete diesen ‹Spiegel der menschlichen Seligkeit› in genauer Anlehnung an die lateinische Quelle.

Bei Heinrich Laufenberg (1390/91–1460), 1429–44 Münster-Kaplan und Dekan in Freiburg i. Br., seit 1445 Johanniter in Straßburg, stehen an erster Stelle seiner literarischen Tätigkeit Lieder (vgl. S. 170) und das ‹Gesundheitsbuch›; verloren sind die theologischen Übersetzungswerke, ein zweiteiliges geistliches Lehrgespräch in deutscher Prosa und eine Sammlung lateinischer Predigten. Erhalten haben sich dagegen zwei Reimpaarübersetzungen didaktischen Inhaltes: der *Facetus* und ‹Der sele süzikeit›; ferner ein Gespräch zwischen einem Beichtvater und seiner geistlichen Tochter. Seine literarische Tätigkeit erstreckte sich nach den Datierungen in etwa vierzig Dichtungen von 1413 bis 1458.

Die in mehreren Handschriften überlieferte Gesundheitsordnung ‹Regimen› (1429) ist ein astrologisch-medizinisches Hausbuch in rund 6000 Versen mit 7 Kapiteln: 1. Die zwölf Monate, mit Kalender; 2. Die sieben Planeten; 3. Die zwölf Tierzeichen; 4. Die vier Jahreszeiten, Elemente und Komplexionen; 5. Gesundheitsregeln in sechs Stücken; 6. Schwangerschaft und Kindbehandlung; 7. Von der Pestilenz (DENECKE, nach der Münchener Handschrift). Die Quellen für diese sorgfältig durchdachte Komposition boten das ‹Speculum naturale› des VINZENZ VON BEAUVAIS, AVICENNA, RHASES u. a. Das Buch wurde unter dem Titel ‹Versehung des leibs› Augsburg 1491 gedruckt. LAUFENBERGS episch-didaktisches Hauptwerk, der (1870 in Straßburg verbrannte) ‹Spiegel menschlichen Heils› (1437), ist eine erweiternde Übersetzung des ‹Speculum humanae salvationis› zu etwa 15000 Versen mit einem 192 Darstellungen umfassenden Bilderzyklus und erzählt und veranschaulicht das Erlösungsgeschehen von der Verheißung bis zum Weltende. Das mächtigste Denkmal der geistlichen Versepik ist LAUFENBERGS (ebenfalls verbranntes) ‹Buch der Figuren› (1441; nach ENGELHARDT 15 370, nach HALBACH gegen 25 000 Verse), möglicherweise eine Übersetzung des ‹Opus figurarum› des KONRAD VON ALZEY. Bei 136 Präfigurationen Marias im Alten Testament fügen sich eine Beschreibung der ‹Figur›, die Deutung auf Maria und ein Schlußgebet jeweils zu einem Bild.

Durch Übersetzung aus dem Französischen nach Deutschland kam das geistlich-allegorische Epos von der ‹Pilgerfahrt des träumenden Mönchs›. Angeregt durch den *Rosenroman* hatte in Frankreich der Zisterzienser GUILLAUME DE DEGUILEVILLE 1330/32 eine Dichtung ‹Le Pelerinage de Vie humaine› verfaßt. Ihr Thema ist, wie HALBACH es knapp und zutreffend formuliert: «Traumvision als breites Gemälde christlicher Pilgerfahrt menschlichen Lebens». Der Dichter erzählt, wie er sich auf die Pilgerfahrt nach dem himmlischen Jerusalem macht, das er im Kloster Chaalos im Traume sah. Die einzelnen Teile der Pilgerkleidung und -ausstattung, die vielen begegnenden Gestalten (Natur, Weisheit, die Laster usw.) werden allegorisch gedeutet. ‹Rechtes Verständnis› und ‹Gottes Gnade› sind ihm Begleiter auf der sinnbildlichen Lebenswanderung. Das Werk hatte Erfolg und der Verfasser besorgte später eine Neubearbeitung mit zwei Fortsetzungen (‹Le Pelerinage de l'Ame› und ‹Le Pelerinage de Jesuscrist›). Eine Mitte des 15. Jhs. von JEAN GALLOPES verfaßte französische Prosa-Auflösung des ersten Teiles wurde mehrmals gedruckt. Neben Übersetzungen ins Englische, Niederländische, Spanische, Lateinische gibt es auch drei Übersetzungen ins Deutsche, wo die

Dichtung als ‹Pilgerfahrt des träumenden Mönchs› geführt wird: eine Berleburger Versübersetzung (ca. 14 000 V.), die sich eng an das französische Original anschließt, illustriert; eine Kölner Versübersetzung von 1444, verfaßt von PETER DE MERODE, einst Sekretär PHILIPPS VON ORLEANS; eine Hamburger aus der Mitte oder 2. Hälfte des 15. Jhs., in Prosa, die auf der Berleburger Reimpaarfassung beruht und ebenfalls illustriert ist. Die Berleburger Handschrift gehörte ursprünglich der MARGARETHE VON RODEMACHERN, einer Tochter der ELISABETH VON NASSAU-SAARBRÜCKEN; die Hamburger Handschrift läßt sich auf ELISABETHS Sohn JOHANN zurückverfolgen. Möglicherweise geht daher die Übersetzung auf ELISABETH zurück.

OSWALD DER SCHREIBER, der erste bekannte in Ungarn geborene und dort wirkende deutsche Dichter, schrieb um 1400 in Königsberg (Bergstädtchen in der Slovakei) das *Gedicht vom Priester Johannes*, dem fabelhaften König im Wunderlande Indien. Oswalds Dichtung geht auf die Interpolation D des Briefes zurück, den Johannes über die Wunder seines Reiches an den oströmischen Kaiser Emanuel geschrieben haben soll und durch den der Kaiser sich veranlaßt sah, sein Reich dem Priester-König unterzuordnen. Was erhalten ist (1398 V.), beginnt mitten im Brief.

In der verlorenen ersten Hälfte des Gedichtes wurde erzählt, wie Emanuel eine Gesandtschaft unter Leitung eines Kardinals an den Hof des Priesters Johannes beschloß und entsandte. Nach Abfassung des Briefes kehrt die Gesandtschaft mit dem Schreiber des Priesters zu Emanuel zurück. Selbst der Schreiber muß nun aber zugeben, daß alle Schätze seines Herrn sich nicht messen können mit dem Wert der christlichen Reliquien in Rom. Der Schreiber reitet von Rom zu Kaiser FRIEDRICH auf die Feste zů Stauffe in Schwaben, um ebenfalls Brief und Kleinodien zu überreichen. Der Kaiser wird während der Rüstungen zum Kreuzzug von Papst HONORIUS gebannt. Da reitet er eines Tages fort und ward nicht mehr gesehen. Das Landvolk aber erzählt, daß FRIEDRICH dereinst wiederkomme, nach seinem Kampf gegen die Geistlichkeit das hl. Land zurückerobern und seinen Schild an den dürren Ast hängen werde.

Die Grundzüge dieser Rahmenerzählung sind bereits alle vor OSWALD nachweisbar. Interessant ist, daß die Gesandtschaft zunächst mit FRIEDRICH I. in Verbindung gebracht wurde, erst später mit FRIEDRICH II. Die Sprache ist eine Mischung von mitteldeutschen Elementen und bairisch-österreichischer Mundart.

b) Leben Jesu und Mariae

Das Anschwellen der *Marienverehrung* begann im 12. Jh. und wurde gefördert vorzüglich durch die Orden der Zisterzienser und Prämonstratenser. Literarische Begleiterscheinungen der zunehmenden Bedeutung und Ausbreitung des Marienkultes sind zahlreiche einzelne Marienlegenden und große legendarische Biographien. Schon das alte ‹Passional›

bot in seinem ersten Buch einen Zyklus von 25 z. T. sehr schönen Marienlegenden. Von den Gattungen der spätmittelalterlichen Mariendichtung,
Marien-Lyrik, Marien-Legenden, Marien-Dramen, Marien-Leben, haben
die epischen Darstellungen des Lebens ihre Ursprünge im Protoevangelium und im Pseudo-Matthäus-Evangelium, das schon ROSWITHA VON
GANDERSHEIM in Verse faßte. Dieses ‹Evangelium de nativitate Mariae›
wurde vollständig in die ‹Legenda aurea› aufgenommen. Ein unbekannter
Dichter behandelte es in der ersten Hälfte des 13. Jhs. in lateinischen Versen. Seine ‹Vita beatae virginis Mariae et Salvatoris rhythmica› bleibt
die Hauptquelle auch für die späteren Marienleben.

Noch vor 1300 verfaßte in den Niederlanden ein Brabanter Benediktiner ein ‹Leben Jesu› (‹Limburger Evangelien›) in Prosa. Es ist nach
STAMMLERS Urteil (‹Aufriß› [2]I, 874) «ein sprachliches Wunder», das von
den Beginen und Brüdern vom gemeinsamen Leben über verschiedene
Zwischenglieder wie Perikopen bis auf LUTHERS Sprachform wirkte. «Die
dem Höfischen ferne Sprache des Limburger Bürgertums ist hier mit
einem Schlage auf die Höhe eines fertigen Kunstidioms gelangt. So daß
wenigstens in diesem einen Falle ein den gotischen Kathedralen ebenbür-
tiges Sprachkunstwerk namhaft gemacht werden kann.» Im 15. Jh. verfaßte ein Kartäuser RUDOLF ein umfängliches ‹Leben Jesu›, das nur handschriftlich erhalten ist.

In den letzten Jahren des 13. oder zu Anfang des 14. Jhs. hatte WAL-
THER VON RHEINAU nach der ‹Vita beatae virginis Mariae et Salvatoris
rhythmica› ein gereimtes ‹Marienleben› (ca. 15 000 V.) verfaßt. Um 1316
schuf der Kartäuser-Ordens-BRUDER PHILIPP eine epische Dichtung vom
‹Leben Christi und Mariens› (10 131 V.), die eine ungemein breite und
langdauernde Wirkung hatte. Der Dichter stammte aus dem Gebiet der
unteren Lahn. Geschaffen wurde das Werk in der Kartause Seitz (damals
Südsteiermark). Später übersiedelte PHILIPP in die Kartause Allerheiligen,
der Stiftung FRIEDRICHS DES SCHÖNEN zu Mauerbach bei Wien, wo er
1345/46 starb. Sein ‹Marienleben›, wie die Dichtung meist genannt wird,
widmete er «den bruodern von dem diutschen hus», d. h. den Angehörigen der Niederlassung des Deutschen Ritterordens in Wien oder einer
der österreichischen Komtureien. Als Vorlage für die Dichtung diente eine
glossierte Handschrift der ‹Vita beatae virginis Mariae et Salvatoris
rhythmica›. Zustandegebracht wurde eine freie Nachschöpfung in vier
Büchern: 1. beginnend mit Mariens Eltern, Geburt und Jugend bis zur
Vermählung; 2. Christi Geburt und Jugend; 3. sein weiteres Leben und
die Passion; 4. von der Auferstehung Christi bis zur Aufnahme Mariens
in den Himmel. Noch zu Lebzeiten des Dichters erfuhr das Werk (als
Original gilt die sog. mitteldeutsche Fassung) mindestens fünf Bearbeitungen auf österreichischem Boden und eine Übertragung ins Niederdeutsche. Ihnen folgten eine große Anzahl Auszüge und Verarbeitungen

sowie Umwandlungen in Prosa. Vom Originalwerk sind noch 42 Handschriften aus dem 14. Jh., 31 aus dem 15. Jh. und 1 aus dem 16. Jh. nachweisbar. Das ‹Marienleben› des BRUDER PHILIPP war daher eine der bekanntesten Dichtungen der zwei spätmittelalterlichen Jahrhunderte.

Der Geistliche WERNHER DER SCHWEIZER bearbeitete in der 2. Hälfte des 14. Jhs. ebenfalls die ‹Vita beatae virginis Mariae et Salvatoris rhythmica› in deutschen Versen (14 914 V.), indem er seine Vorlage ohne größere Abweichungen wiedergab. Sein Werk ist aber nur in einer einzigen Handschrift überliefert, die der Schreiber einer Dame widmete. Zur geistlichen Prosa gehören weiters eine im 15. Jh. aus dem Lateinischen übersetzte Marien-Vita ‹Die Walfart der Bilderfart der seligen Jungfröwen und Muter Gottes Marie› (gedr. Basel 1489), der ‹Marienspiegel› des Melker Priors THOMAS VON BADEN und die stilgeschichtlich bemerkenswerte Verdeutschung des Blockdruckes ‹Defensorium inviolatae virginitatis beatae Mariae virginis›. Um 1400 schuf der niedersächsische Geistliche HERMANN KREMMELING für Hildesheimer Nonnen nach dem ‹Rosarium› des österreichischen Kartäusers KONRAD VON GAMING (auch K. VON HAIMBURG) einen ‹Marienrosenkranz› in mittelniederdeutscher Prosa.

Ein um 1400 verfaßtes lyrisch-episches ‹Marienbuch› (5280 V.) ist das Werk eines hochadeligen niederrheinischen Mystikers aus der Gegend von Kleve, der sich BRUDER HANS nennt, ein Mann, der verheiratet war und in der Welt gelebt hatte, bevor er sein kunstvolles Marienlob, eine Art Marienleben dichtete. Das ‹Marienbuch› hat sieben Teile: I. Vorrede mit 15 Strophen, deren Anfangsworte (bzw. deren erste zwei Worte) das ‹Ave Maria› bilden, jede Strophe zu 12 Zeilen, wechselnd in Deutsch, Französisch, Englisch und Latein; II. Marias Abstammung; III. Von der Wunderkraft des Englischen Grußes; IV. ‹Marien genaat›; V. ‹Marien staat›; VI. ‹Marien danz›; VII. ‹Marien glanz› (Beschluß). Auch bei Teil II bis VI zu je 100 Titurelstrophen ergeben die Strophenanfänge akrostichisch das ‹Ave Maria›. Teil VII. mit 100 Strophen zu je 16 Versen hat das gleiche Akrostichon. Vorbild und Quelle war BONAVENTURAS ‹Laus beatae virginis Mariae›. Dazu kommen KONRADS VON WÜRZBURG ‹Goldene Schmiede›, RUMSLAND u. a. Genannt sind NEIDHART, WOLFRAM (d. h. der ‹Jüngere Titurel›), FRAUENLOB, MEISTER BOPPE, HANS VON LOTHRINGEN, BERNHARD VON CLAIRVAUX, BIRGITTA VON SCHWEDEN, die ‹Meditiationes vitae Christi› BONAVENTURAS. Dieser Mannigfaltigkeit der Quelle entspricht der Inhalt. Neben liturgischen Marienpradikaten und Mariensymbolen stehen eigene Bilder des Verfassers, Hohes neben Trivialem, hymnischer Schwung und dichterische Bilder neben Namenslisten und Vulgarismen. Trotz dieser bunten Mischung und Gegensätzlichkeit ist das Ganze eine Dichtung von hoher Empfindung, Rang und Würde, Heiterkeit und Zuversicht, wie es einer mystischen Grundstimmung und adeligen Lebenshaltung entspricht. Die metrischen und strophischen Künste des Werkes und sein Inhalt weisen auf einen hochgebildeten und in der Dichtkunst geschulten Mann. Der Vokalismus seiner Sprache ist niederfränkisch, sein Konsonantismus oberdeutsch. Die Entstehung dieses nach dem Zeitgeschmack sehr gekünstelten Werkes stellt man sich so vor, daß zuerst die den Kern bildenden Bücher III–V entstanden, denen der Dichter später Buch II voranstellte, sodann Buch I hinzufügte und schließlich noch die Vorrede dichtete. Die schön illustrierte Haupthandschrift gehörte der Gräfin MARGARETHE VON BERG-RAVENSBERG († 1425?). Auch der Ausgang des Lebens Mariae erregte Interesse. Eine poetische Bearbeitung des Themas aus dem 14. Jh. ist die ‹Himmelfahrt Marias› aus Seitenstetten.

c) Legende

Der Umstand, daß die Kirche das Gedenken an die Heiligen an deren Jahrestagen festlegte, brachte es schon früh mit sich, die Viten und Legenden für das ganze Kirchenjahr geordnet zusammenzustellen. Später kam wie in der weltlichen Epik so auch in der religiösen und vor allem in der *Legende* dazu eine Neigung zur *Sammlung und zyklischen Zusammenfassung*. Im Spätmittelalter erfuhr die Heiligenverehrung eine bis dahin ungewohnte Steigerung. Geistliche und Laiendichter sind ihre Pfleger; zahllose Bildkünstler entnehmen der Legende ihre Stoffe für Plastiken und Malwerke. Sie alle machen die Legende zu einem Mittel der religiösen Volkserziehung; sie wird bedeutsam für die Kirchen-, Kultur-, Kunst-, und Literaturgeschichte. Neben die männlichen Legendenhelden treten seit dem 14. Jh. weibliche Heilige in den Vordergrund. Mit dem Einsetzen der historischen Kritik im 15. Jh. stellte man sich der Legende kritisch gegenüber. Ähnlich wie der größte Teil der weltlichen Epik des Hochmittelalters in Versform gestaltet war, so auch die deutsche Heiligenlegende. Im Spätmittelalter wird das anders: Man bedient sich bei Neuschöpfungen immer häufiger der Prosaform und es kommt zu Auflösungen älterer Verslegenden in geradeaus gehende Rede. Zunächst aber ist die Mehrzahl der Legenden noch immer in Versform abgefaßt. Wie in der Profanepik ist in den Legenden des Spätmittelalters die alte poetische Tradition nicht völlig erloschen, doch werden, ähnlich wie im geistlichen Spiel, auch in den legendären Erzählungen derbe und krasse Szenen oft absichtlich breit realistisch ausgemalt.

Für das späte und ausgehende Mittelalter bezeichnend ist die passive Wirkungsdauer von umfangreichen älteren Sammlungen und von Einzellegenden: das ‹Speculum historiale› des VINZENZ VON BEAUVAIS († 1264), die ‹Legenda aurea› des JACOBUS DE VORAGINE (ca. 1270), das deutsche

‹Passional› und ‹Väterbuch›, das ‹Magnum Legendarium Austriacum›
(Ende 13. Jh.), ein großes ‹Kreuzensteiner Legendar›, sowie zahlreiche
Sammlungen des 14. und 15. Jhs., etwa das ‹Sanctuarium› des BONINUS
MOMBRITIUS (1424–1482) u. a. leben weiter.

Das Sammelwerk der ‹Legenda aurea›, das in die Klöster des ganzen
Abendlandes Eingang gefunden hatte, bildete die Hauptquelle für das
umfänglichste und einflußreichste deutsche Legendenwerk, das ‹Passional›
(vgl. Bd. III/1, 527 ff.). Die Dichtung (ca. 110 000 V.) entstand gegen 1300
und vereinigt in drei Büchern das Leben und die Leidensgeschichte Christi
bis zur Himmelfahrt, das Marienleben (I), das Leben der Apostel und
der Maria Magdalena (II), sowie 75 Heiligenviten (III). Der mitteldeutsche
Dichter stand noch in der Tradition der höfischen Kunstform, insbesondere des RUDOLF VON EMS. Von demselben Dichter stammt vermutlich
das ‹Buch der Väter› (über 40 000 V.). Es erzählt nach den unter dem
Namen des HIERONYMUS gehenden ‹Vitae patrum› 120 Legenden von den
ersten Mönchen der Thebaischen Wüste. Dichterisch geringer bewertet
wird das ebenfalls nach der ‹Legenda aurea› im bayrisch-fränkischen
Grenzgebiet für eine Gräfin von ROSENBERG geschaffene ‹Buch der Märtyrer› (1320/40). Es behandelt in 103 Verslegenden (über 28 000 V.) nicht
nur Märtyrer, sondern auch fromme Büßer, Einsiedler, Bischöfe, Kirchenlehrer u. a. Als Quelle kommt u. a. das ‹Magnum Legendarium Austriacum› in Betracht. Diese vier großen zyklischen Zusammenfassungen lebten in dieser Form weiter bis zur Reformation. Die Übersetzung der
‹Legenda aurea› des JACOBUS DE VORAGINE in ‹Der Heiligen Leben›,
gedr. Augsburg 1513, umfaßt rund 250 Heiligenviten und ist von HANS
SCHÄUFELEIN illustriert. Später pflegte geistlich-legendarische Epik JO-
HANNES ROTHE. Seine ‹Passion› in Reimpaaren ist nur in vier Auszügen
(2051 Verse) bekannt. Sie enthalten die Lebensgeschichte des Judas, das
Schicksal der dreißig Silberlinge, die Pilatuslegende und einen Abschnitt
über die Zerstörung Jerusalems.

Mit dem 14. Jh. setzen die *Prosapassionale* ein. Am Anfang steht der
‹heimliche Gottesfreund› HERMANN VON FRITZLAR mit dem aus Predigten zusammengestellten ‹Buch von der Heiligen Lebine› (1343/49). Es ist
selbständig in der Stoffsammlung und stark durchsetzt mit mystischem
Lehr- und Predigtgut. Die umfangreichste und verbreitetste Sammlung
deutscher Heiligenlegenden war das ‹Der Heiligen Leben› oder Prosa-
passional, irrtümlich ‹Wenzel-Passional› genannt. Über den Autor und
die Entstehungszeit ist nichts Sicheres bekannt. Die Gesamtheit der Handschriften ist nicht erfaßt, sie war aber sehr groß. An Inkunabeln wurden
von 1471 bis 1499 allein 28 Drucke gezählt, von 1500 bis 1521 fast 50
Ausgaben. Der Textumfang der Sammlung stand nicht fest und war nicht
überall einheitlich. Der Inhalt variiert nach Entstehungsort und -zeit
der Handschriften bzw. Drucke. Der erste Druck, Augsburg 1471, ent-

hält 260 Legenden und gliedert den Stoff, entsprechend dem Kirchenjahr, in einen Sommerteil mit 127 und einen Winterteil mit 133 Legenden.

Von den Passionalen zu unterscheiden sind kleine, ebenfalls ‹Passional› genannte illustrierte Bücher volkstümlicher Haltung, die meist die Passionsgeschichte Christi in den Mittelpunkt stellen und bei denen das Hauptgewicht auf den Holzschnitten liegt, denen nur kurze Begleittexte oder Gebete beigegeben sind. Das einflußreichste Werk dieser Art ist LUTHERS ‹Passional› (im ‹Betbüchlein› von 1522). Auch die Holzschnittfolge des LUKAS CRANACH, die LUTHER mit knappen Begleitworten 1521 herausgab, gehört hieher.

Aus Prosa-Auflösungen der Apostellegenden des alten Vers-‹Passionals› zusammengesetzt ist das ‹Apostelbuch›. Es entstand im 15. Jh. vermutlich in Nürnberg. Ein großes Heiligenwerk in Prosa stellte der Benediktiner FRIEDRICH CÖLNER († 1451) zusammen. Eine bairische Prosa-Legendenkompilation 1482 nennt einen Karmeliten ERASMUS als Verdeutscher. Eine Sammlung Heiligenlegenden verbirgt sich hinter dem niederdeutschen ‹Speghel der Sammiticheyt› (Lübeck 1487).

Speziell das Leben Marias und die Viten der zehn heiligen Jungfrauen Barbara, Dorothea, Margareta, Ursula, Agnes, Lucia, Cecilia, Christina, Anastasia und Juliana umfaßt das gereimte Legendenwerk ‹Der Maget Krone› eines alemannischen Dichters (2. Hälfte 14. Jh.). Die Dichtung war vermutlich ein Erbauungsbuch für Frauen weltlichen Standes.

Neben den zyklischen Zusammenfassungen in Vers und Prosa fehlt es nicht an *legendarischen Einzeldichtungen* und Prosalegenden größeren und kleineren Umfanges. Im Mittelalter und bis in die Neuzeit in fast allen europäischen Literaturen verbreitet war die zu den Weltgerichtsdichtungen gehörige Legende von den ‹Fünfzehn Zeichen› vor dem Jüngsten Tag. Ihre Ausbildung geht anscheinend parallel mit der Entwicklung der *Antichrist-Legende*. Bisher sind von der *Vorzeichen-Legende* rund 120 verschiedene Fassungen festgestellt. Die deutschen Texte beginnen bei FRAU AVA. Aus dem 15. Jh. sind deutsche Vers- und Prosatexte bekannt. An der Wende des 13. zum 14. Jh. wird die schon in der ‹Kaiserchronik› (V. 6421 ff.) erhaltene *Siebenschläferlegende* neu in Versform bearbeitet. Aus der zweiten Hälfte des 14. Jhs. stammt die den Teufelslegenden zugehörige ‹Teufelsbeichte› (vgl. Bd. III/1, 558 f.). Der Satan ist hier nicht der böse Teufel, sondern ein armer Teufel, erfüllt von Sehnsucht und Verlangen nach Reinheit, aber er vermag keine Vergebung seiner Sünden zu erlangen, weil er an der Gnade Gottes zweifelt. Eine um 1400 anzusetzende gereimte *Georgslegende* weist erstmalig den der Legende ursprünglich fremden Kampf mit dem Lindwurm auf. Aus dem Kreise der vierzehn Nothelfer stammte *Christophorus*, der bekehrte kynokephale Riese als Christkindträger. Die ursprüngliche Passio (9. Jh.) war eine unter gnostischem Einfluß stehende Märtyrerlegende vom unzerstörbaren

Leben. Die spätere Legende entstand erst im hohen Mittelalter, vermutlich in den Alpenländern.

In der Fassung der ‹Legenda aurea› werden für seine Berufung zum Dienste Gottes drei Stufen angegeben: Christophorus glaubt den Kaiser in höchstem Machtbesitz; als er bemerkt, daß der Kaiser sich vor dem Teufel fürchtet, verläßt er den Kaiser und dient dem Teufel; als der Teufel einem Christusbild ängstlich ausweicht, beschließt Christophorus, Christus zu dienen. Ein anderer Zweig der Legende belohnt die Dienste des Heiligen, der Pilger und Wanderer über Gießbäche trug oder über die Flüsse setzte, mit dem Tragen des Jesuskindes.

Der Druck ‹Sant Christoffs gepurt und leben mit vil figuren gar lustig in reym Weyhs› (Landshut 1520) mit 31 Holzschnitten ist die leichte Überarbeitung einer älteren, dem 15. Jh. angehörigen Dichtung im Geschmack des ausgehenden Mittelalters. Diese Dichtung, die Passio und Christusträger verband, hatte spielmännischen Charakter und war fabulierlustig; novellistisch-idyllische Elemente stehen neben derbem Humor und Groteskem, Motive der Legendendichtung neben solchen des Volksepos.

Von Augsburg nahm ihren Ausgang die *Legende des hl. Ulrich* (890 bis 973, 993 heiliggesprochen), der 955 hoch zu Roß die Stadt gegen die Ungarn verteidigte und dem man eine schier unbegrenzte Wohltätigkeit nachrühmte. Am Anfang stehen drei lateinische Viten des Bischofs aus der Wende des 10. zum 11. Jh. Schon an ihnen zeigt sich der Übergang der Lebensbeschreibung zur Legende. Die deutschsprachigen *Ulrichs-Legenden* beginnen mit der poetischen Bearbeitung des Priesters ALBERTUS VON AUGSBURG (um 1200). Ende des 14. Jhs. findet man eine kurze Fassung im Nürnberger ‹Der Heiligen Leben›. Übersetzt aus einer interpolierten Handschrift der ‹Ulrich-Vita› des Dompropstes GERHARD wurde die Augsburger Prosafassung aus der Mitte des 15. Jhs. (3 Handschriften, 2 illustriert). Eine von diesen Handschriften verschiedene selbständige Überlieferung der Legende zeigen Augsburger Frühdrucke mit der Legende. Der Übersetzer der Prosafassung verwendet bei der Sprachbehandlung die Anfänge humanistischer Technik.

Von Augsburg aus ging auch die *Afralegende*. Die spätere Heilige soll zur Zeit Diokletians Dirne gewesen sein, wurde aber von Bischof Narcissus, der bei Ausbruch der Christenverfolgung in ihrem Hause Zuflucht fand, bekehrt und erlitt bald danach auf der Lechinsel den Feuertod. Eine Versfassung stammt aus dem ausgehenden 14. oder der ersten Hälfte des 15. Jhs. Ein lateinischer Prosatext wurde gemeinsam mit den *Viten* der Augsburger Stadtheiligen *Ulrich und Simpert* 1516 bei SILVAN OTMAR gedruckt. Zu dieser Ausgabe erschien noch im selben Jahr eine Übersetzung ins Deutsche.

Weit verbreitet in Literatur und bildender Kunst waren die *Legenden* der Heiligen *Barbara, Dorothea, Katharina, Margareta.* Mit Hilfe ihrer gründlichen Bildung soll die hl. *Katharina von Alexandrien* die von Kaiser Maxentius berufenen fünfzig Philosophen in einer Disputation besiegt haben, worauf sich die Weisen zum Christentum bekehrten und verbrannt wurden. Nachdem die artistische Fakultät in Paris sie zur Patronin gewählt hatte, galt sie bald als Beschützerin der philosophischen Studien auch in Deutschland. Noch in die ersten Jahrzehnte des 14. Jhs. gehört eine deutsche Versfassung der *Katharinenlegende* in der Altstädter Kirchenbibliothek zu Bielefeld. Ihr folgten zahlreiche andere Katharinenlegenden in Vers und Prosa.

Von einer nicht erhaltenen, aber rekonstruierbaren *Crescentia-Legendendichtung* des 12. Jhs. herzuleiten sind verschiedene Vers- und Prosa-Fassungen dieser Erzählung von der unschuldig verfolgten und wieder zu Ehren gebrachten Frau. Dem aus dem Orient stammenden Stoff wurde vom Dichter unter Benutzung der ‹Recognitiones Clementis›, des ‹Apollonius›-Romans und der Mirakelliteratur eine Gestalt gegeben, die in der ‹Kaiserchronik›, bei HEINRICH DEM TEICHNER, in der ‹Sächsischen Weltchronik› etc. und schließlich im Volksbuch des 16. Jhs. ‹Ein schone und warhafftige hystori von einer Kayserin zü Rom: genandt Crescentia› (Landshut zwischen 1513 und 1534) entgegentritt.

Der im gesamtliterarischen Leben der Zeit herrschende Zug zur Prosadarstellung gewinnt auch auf dem Gebiete der Legende zusehends Raum. An *Prosa-Auflösungen* älterer Verslegenden sind bekannt: die schon im Hochmittelalter in Gedichtform gestaltete *Adamslegende* (Adam und Eva, Adams Klage, Buße Adams und Evas, Geburt des Kain), *St. Oswalds Leben, St. Alexius, Crescentia*, HARTMANNS ‹Gregorius›, das ‹St. Georgs›-Epos des REINBOT VON DURNE, EBERNANDS ‹Heinrich und Kunigunde›, KISTENERS ‹Jakobsbrüder› u. a.

Eine Kompilation aus Legenden und Reiseberichten stellt die von dem Karmeliten JOHANN VON HILDESHEIM († 1375) verfaßte ‹Historia trium regum› dar. Die Geschichte wurde ins Deutsche übersetzt und in vielen Handschriften verbreitet.

Von Bedeutung für die abendländische Literatur wurde und blieb die Anachoreten-Legende von *Barlaam und Josaphat*. Nach einer lateinischen Vorlage hatte RUDOLF VON EMS um 1220 eine freie deutsche Versbearbeitung geschaffen (vgl. Bd. II, 180 f.). Enger an den lateinischen Text hielt sich der zwischen 1200 und 1220 verfaßte ‹Laubacher Barlaam› des Bischofs OTTO II. VON FREISING (vgl. Bd. III/1, 535 f.). Die Legende stammte aus Indien und kam über den Orient in griechisch-christliche Fassungen. In die Legende eingeschlossen sind Parabeln und Geschichten. Übersetzungen ins Lateinische führten zu abendländischen volkssprachlichen Fassungen. Zustande kamen epische und dramatische Gestaltungen. Nach der griechisch-christlichen Fassung des JOHANNES DAMASCENUS kam der in der Handschrift verbliebene moselfränkische Prosaroman vom Jahre 1478 zustande. Voraus gingen zwei Drucke einer Prosa Augsburg 1476. Teils Mythologisches und Märchenhaftes, teils Mönchisch-Erbauliches und Legendarisches enthält die im 12. Jh. aus Irland nach Deutschland gewanderte *Brandanlegende* (vgl. Bd. I, 209). Man stellt sie in die Nähe der Jenseitsvisionen, weil hier ein Mensch Höllenqualen und Paradiesesfreuden gesehen haben will. Die Erzählung ist in einen Reisebericht gekleidet, aber ist keine in Ekstase, Traum oder Scheintod erlebte Vision. Zunächst entstand eine ‹Vita Brendani›, aus der etwa 1050 die ‹Navigatio Sancti Brendani› (oberdeutscher Druck 1511; Übersetzung im 15. Jh. durch JOHANNES HARTLIEB und um 1600 durch GABRIEL ROLLENHAGEN in den ‹Wunderbarlichen Reysen› 1603) erwuchs. Diese bildet die Grundlage der meisten irischen und lateinischen, englischen und französischen Texte. Nach CARL SCHRÖDER existieren von der *Brandanlegende* eine lateinische und eine deutsche Überlieferung. In der lateinischen wird Brandan durch den Besuch und die Erzählung des alten Paters Barindus, der das Paradies, das Land der Verheißung (‹terra repromissionis›) gesehen, ebenfalls bewogen, sich auf den Weg zu machen, die seligen Gefilde zu schauen. In der deutschen Fassung bringt ein Engel dem Brandanus vom Himmel ein Buch. Brandan liest es, zweifelt aber an der Wahrheit der berichteten Wunderdinge und wirft erzürnt das Buch ins Feuer. Zur Strafe für seinen Unglauben muß er neun Jahre auf dem Meere fahren, um alles, an das er nicht glaubte, selbst zu sehen. Erst dann darf er wieder in seine Heimat zu einem gottseligen Tod zurückkehren. Auf dieser Grundlage waren entstanden: ein mittelniederländisches Gedicht (13. Jh.), ein mitteldeutsches Gedicht (13./14. Jh.), auf dem eine etwas kürzere mittelniederdeutsche Dichtung (14. Jh.) beruht, und schließlich das Volksbuch (15. Jh.), das eine Prosa-Auflösung des alten Gedichtes darstellt, dessen Reime noch gelegentlich erkennbar sind. Der Inhalt des *Brandan-Volksbuches* ist eine bunte Mischung von Wundern: Drache und Meerweib; Lebermeer und Magnetberg; Insel auf dem Rücken des großen Fisches und Insel der gepeinigten Unbarmherzigen; Kloster, dessen Mönche durch eine Taube aus dem Paradies gespeist werden; Gregorius auf der Felsenklippe und Judas auf dem glühenden Stein; Insel der Seligen und das finstere Land; gute, böse und neutrale Engel. In der deutschen Fassung fällt die possenhafte Figur eines Mönchs auf, der in goldenem Inselsaal einen Zaum stiehlt. Zuletzt kommt auf einem Blatte ein Däumling, der mit einer kleinen Schussel das Meer ausmessen will, und sein Tun für ebenso vernünftig hält wie Brandans Unterfangen, die Wunder selbst sehen zu wollen. Daraufhin tritt Brandan die Rückfahrt an. Der unterhaltsame Stoff sicherte der Legende große Beliebtheit und langes Fortleben.

Einen historischen Kern im Martyrium einiger Frauen in Köln in der Zeit des Frühchristentums im Rheinland hat wahrscheinlich die Legende von der *hl. Ursula und den elftausend Jungfrauen.* Die früheste ‹Passio Ursulae› (10. Jh.) erzählte von einer Königstochter aus England, die vor der unwillkommenen Ehe mit einem eben erst getauften Königssohn eine Pilgerfahrt nach Rom unternimmt, begleitet von einem Heer von elftausend Jungfrauen. Auf der Rückreise in Köln erleiden alle durch die belagernden Hunnen den Märtyrertod. Eine zweite, nicht inhaltlich, aber stilistisch verschiedene Passio entstand im 11. Jh. Sie wurde später mehrmals gedruckt, viermal vor 1500. Im 12. Jh. wurde die *Ursula-Legende* unter Einwirkung der Mystikerin ELISABETH VON SCHÖNAU und von zwei Büchern ‹Revelationes› einer unbekannten Person umgestaltet. Auf diesem Grundriß der lateinischen Überlieferung fußen die deutschen *Ursula-Legenden.* Die Überlieferung war sehr reich. Bis 1525 sind aus Köln zehn Drucke bekannt. Einige davon gehen auf die zweite Passio zurück, berichten aber im Anhang auch aus den Visionen der ELISABETH. Eine szenische Aufführung der *Ursula-Legende* war dem Freiburger Passionsspiel angeschlossen.

Interesse an Vita und Legende ihrer Gründer hatten begreiflicherweise die einzelnen Orden. Von BONAVENTURAS *Legende des hl. Franciscus,* deren ‹Legenda maior› um 1262 angesetzt wird, entstand anderthalb Jahrhunderte nach ihrer Entstehung um 1400 eine erste deutsche Prosafassung. Die Zuweisung einer Übersetzung aus der Zeit nach 1460 an die Buchmalerin und Kopistin SIBILLA VON BONDORF, Mitglied des Klarissenklosters Freiburg i. Br., wird in ihrer Richtigkeit vom Herausgeber neuerdings selbst angezweifelt.

Legendarische Erhöhung von Frauengestalten der damaligen jüngeren Geschichte liegt vor bei HEDWIG, der Herzogin von Schlesien, und ELISABETH, der Gemahlin des Landgrafen LUDWIG VON THÜRINGEN. Schon im 13. Jh. gab es eine Vita und *Legenden der hl. Hedwig* (1174–1243), die einer Familie des bayrischen Uradels entstammte und 1186 mit dem Herzog HEINRICH I. VON SCHLESIEN vermählt wurde. Erfüllt von Gottes- und Nächstenliebe, asketisch-streng gegen sich selbst, tat sie viel zur kulturellen Hebung ihres Landes. Eine ‹Vita maior› und ‹Vita minor› waren in vielen Handschriften verbreitet, manche davon reich illustriert. Mehrfach kam es zu Übertragungen ins Deutsche. Herzog ALBRECHT III. VON ÖSTERREICH (1365–1395) ließ 1380 durch RUDOLF WITTAUER die ‹Legenda maior› ins Deutsche übersetzen. Eine illuminierte deutsche Übersetzung der ‹Großen Legende› aus dem 15. Jh. besitzt die Öttingen-Wallersteinsche Bibliothek in Maihingen. Am 26. September 1424 beendete in Erfurt der fränkische Barfüßermönch KILIAN eine Übersetzung ins Deutsche: ‹Daz lebin sent Hedewigis›. Aus der Übersetzung ins Deutsche, die PETER FREITAG 1451 anfertigte, entnahm der schwäbische Wanderdrucker KONRAD BAUMGARTEN in Breslau die Grundlage für die 66 Holzschnitte des ersten Druckes 1504: ‹Alhy hebet sich an dy grosse legende der hailigsten frawen Sandt Hedwigis›. Auch von dem Krakauer Druck 1511 erschien eine deutsche Übersetzung, besorgt von BLASIUS LAUBICH (Graz 1595). Eine heute verschollene ‹Vita S. Hedwigis ... heroico carmine descripta› (Frankfurt 1511) wurde von MATTHIAS FUNCK, Pfarrer zu Haynau, veröffentlicht.

Vita und *Legende* der wegen ihrer aufopfernden Liebestätigkeit aus franziskanischem Geiste für Arme und Kranke bereits 1235 heiliggesprochenen Landgräfin *Elisabeth von Thüringen* (1207–1231) wurden behandelt: von JOHANNES ROTHE in einem gereimten ‹Leben der Hl. Elisabeth›, ferner in Form einer Ballade, die im niederdeutschen Liederbuch aus dem Zisterzienserinnenkloster Wienhausen bei Celle (geschrieben gegen 1470) überliefert ist. Die letztere berichtet den Abschied vom Landgrafen LUDWIG IV., ihrem Gemahl, dessen Tod, Entsagung des fürstlichen Glanzes, das mönchische Leben und die Heiligwerdung. Ein Unbekannter übertrug das ‹Leben der Hl. Elisabeth› des Dominikaners DIETRICH VON APOLDA (1289/1297) in niederdeutsche Reimprosa.

Seit dem 15. Jh. wurde der *hl. Rochus* als Pestpatron verehrt und zu den vierzehn Nothelfern gezählt. Ausgangsort der Verehrung war Venedig. Dort schrieb 1478 FRANCESCO DIEDO die erste Vita des Heiligen, die auch die Grundlage der deutschen Bearbeitungen wurde. Bekannt sind drei verschiedene Bearbeitungen in deutscher Prosa. Die älteste wurde 1482 in Wien verfaßt: ‹History von Sand Roccus›. Es ist dies der erste Wiener Druck in deutscher Sprache (Nachdrucke 1484 in Nürnberg und 1521 in Wien); eine zweite ist die um 1488 von PEREGRINUS BERMENTLO in Hasselt gedruckte ‹Legende ende dat leven des gloriosen confessoers sinte Rochus›; eine dritte die dem 16. Jh. angehörige, aus der Kartause St. Barbara in Köln stammende Rochuslegende der Berliner Hs. germ. quart. 261: ‹Van dem leuven vnd doit des alren hillichsten confessors sent Rochi›. Heiligen-Vita einer zeitgenössischen Persönlichkeit ist die Biographie des Schweizer Klausners und Visionärs *Nikolaus von Flüe* (1417–1487) von HEINRICH VON GUNDELFINGEN (1488).

In der Zeit unmittelbar vor Ausbruch der Reformation bemächtigte sich der Buchdruck der Einzel-Legende und sorgt für zahlreiche Ausgaben. An solchen *Legendendrucken* seien außer den schon genannten verzeichnet: *Von Sancta Anna* (1495); *St. Anselm* (1514); die *Annen- und Eucharius-Legende* vereinigt (1509); *St. Barbara* (1500 u. ö.); *St. Elisabeth* (o. J.); *Legende und Leben des Kaisers Heinrich und der Kaiserin Kunigunde* (1511); *Legende von Sant Sebald* (1514); *Ill. drei Könige* (1500 u. ö.); *Margarete* (1500 u. ö.); *Legende von Sand Wolfgang* (1515); *die Legende der hll. Ulrich, Simpert und Afra* (1516), *Legende der hll. Ruprecht und Hildegard* (1524); *die Historien des hl. Basilius, des Weibleins von Edessa und des hl. Barlaam* (1549). Bis 1520 wurden in Deutschland 45 Passionale, 18 Altväterbücher und 125 Viten einzelner Heiligen gedruckt.

Mit der Legendenliteratur verwandt sind die *Heiltumsbücher*, d. s. Inventarien und Beschreibungen der wundertätigen Reliquien und heilbringenden Objekte einer Kirche, und die *Mirakelbücher*, d. s. oft umfangreiche Berichte und Erzählungen der Wunder, die sich an Wallfahrtsorten ereigneten.

d) Jenseitsvisionen. ‹Die Visionen des Ritters Georg aus Ungarn›

Das Weltbild des späten Mittelalters umfaßt Diesseits und Jenseits. Auch vom letzteren wollte man gegenständliches Wissen haben. Während der Mensch die reale Welt selber wahrzunehmen vermag, kann ihm das Wissen um das Transzendente und seine Schauung nur die Gnade Gottes oder die Theologie offenbaren und vermitteln. Eine Verbindung der beiden Faktoren stellt die *Visionsliteratur* dar, insbesondere die der *Jenseitsvisionen*.

Die Bibel kennt im Alten Testament zweierlei Arten der Visionen: 1. Gotteserscheinung mit Wortempfang; 2. einen apokalyptischen Visionstyp mit Bildgut und Gotteslehre. Im Neuen Testament sind es vor allem die Apostel Johannes und Paulus sowie Lazarus (der bereits vier Tage im Jenseits weilte, bevor ihn Jesus vom Tode auferweckte), denen Visionen zuteil wurden und von denen man annahm, daß sie über Wissen um den jenseitigen Teil der Schöpfung verfügen. In der Mystik und Heiligenvita tritt die Vision als Begleiterscheinung des Gebetes und der Meditation oder als charismatisches Gnadengeschenk Gottes entgegen.

Schon im Alten Testament war schließlich die echte Vision zur «Lehrmeinung im literarischen Gewand des Visionsberichtes» geworden. Dieser wird im Mittelalter unter Hinzunahme legendarischer und zeittheologischer Elemente literarisch weiter ausgeformt und diente auch dazu, den Menschen die drei Jenseitsbereiche, Himmel, Hölle und Fegefeuer, anschaulich vor Augen zu führen, meist, um auf sie religiös-moralisch einzuwirken. In der antiken Literatur und in der Legende erfolgt die Jenseitsvision häufig nach einem Abstieg oder einer Reise in die Unterwelt bzw. in das Jenseits. Jenseitsvisionen wie in DANTES ‹Divina Commedia› hat die deutsche Literatur des ausgehenden Mittelalters nicht aufzuweisen, immerhin aber ein Denkmal wie ‹Die Visionen des Ritters Georg aus Ungarn›.

In der ‹Visio Sancti Pauli› vom 12. Jh. sieht der Apostel bei seiner Entrückung «vor dem Tor der ewigen Stadt Bäume, auf denen Seelen sitzen, bangend, durch den Sturmwind in den Abgrund gefegt zu werden, aber erquickt durch den Blick in die Himmelsburg und die Hoffnung, endlich dorthin zu gelangen»; in der *Tundalus-Vision* ging der Scheintote durch die seligen Orte des Himmels und die Qualorte der Hölle. Gegen Ausgang des Mittelalters verstärkte sich die eschatologische Stimmung. Sie erzeugt Dichtungen hohen Wertes, aber auch Reimereien prophetischen Inhaltes, wie die ‹Sibyllen-Weissagung›, die gleichwohl sich ein Jahrhundert behaupteten. In dem Gedicht ‹Von Frau Welt› oder ‹Weltlohn› (vgl. Bd. III/1, 563 f.) aus der Mitte des 14. Jhs. führt Frau Welt den Dichter in ihr Reich, das sich aus einem lustvollen Ort höfischer Kultur in ein qualvolles Feuermeer verwandelt. Der Verfasser versuchte das Fegefeuer auszumalen und läßt seiner Erzählung eine Bußpredigt über das Jüngste Gericht folgen.

Zur ‹Visio Sancti Pauli› als pseudoepigraphische Apokalypse mit einer Himmelsschilderung gehört die ‹Visio Lazari›, in dem ein bereits Totgewesener, der Freund Christi während dessen Erdenleben, berichtet, was er in der Hölle sah. Das um 1400 entstandene deutsche Gedicht (778 Reimpaarverse) eines unbekannten bayrischen Geistlichen ist bisher in drei Handschriften aus der Kartause Mauerbach bei Wien, St. Emmeram und Nonnberg in Salzburg bekannt geworden. Der Kunstwert der Dichtung wird nicht hoch eingeschätzt, sie ist aber wegen der Art ihrer religiösen Grundstimmung und Ergriffenheit bemerkenswert. Als Quelle ist eine lateinische Prosa-Schrift ‹Buch (oder Geschichte) des Lazarus› anzunehmen, die bis jetzt nicht eruiert wurde. Die Dichtung macht Lazarus selbst zum Verfasser.

Die Vision findet noch vor der Heilstat Christi statt und führt fünffache Pein in der Hölle vor Augen: Feuer, eisige Kälte, Finsternis, Stank, Wunden, womit die Verdammten gequält werden. Die ebenfalls in der Hölle befindlichen Erzväter und Propheten leiden zwar keine Qualen, harren aber klagend und ungeduldig der Erlösung. Nach seiner Rückberufung aus der Unterwelt legt Lazarus Fürsprache ein für die armen Seelen bei Christus und versichert, er werde nie mehr lachen können, sondern immer weinen müssen. Denn: er habe den Tod erfahren und müsse diesen ein zweitesmal erleiden; die Höllenstrafen seien tausendmal schlimmer, als er sie beschreiben könne; am ärgsten sei die Tatsache, daß auch die Frömmsten von der Hölle nicht freigekommen seien.

Das geistesgeschichtlich für das ausgehende Mittelalter Bezeichnende ist ein aus diesen Gesichten entgegentretender fast trostloser Pessimismus und ein verzweifelndes Andringen an die vorgebliche Barmherzigkeit Gottes. Wie weit diese ketzerische Grundstimmung schon in der lateinischen Vorlage vorhanden war, läßt sich ohne ihre Kenntnis schwer sagen. Gleichwohl hätte der Verfasser die Verzweiflung an der Allmacht und Güte Gottes übernommen, wenn er V. 127 ff. sagt: «Got, herr, ich wolt dich geren fragen . . . warumb du den menschen beschaffen hast zu disem jamerbernden last? schol er hie solchen jamer leiden und dort dein amplick vermeiden, so wais ich nicht für wen er ist . . . got herr, was schol des menschen leben, schol er hie leiden und dort chlagen?» Vom Soteriologischen und den Gnadenmitteln der Kirche ist kaum die Rede. Ein nicht viel jüngerer erregter Leser hat auch in der aus Mauerbach stammenden Handschrift neben die Verse 144/152: «Mag er den jamer an uns sehen,

so tût er gar unväterlich . . . gedenck an dein arme hantgetat, die du nach
dir gepildet hast! Ist das du die verderben last, so scheint chain parmung,
lieb noch gût: da uns dein genad vor behût!» die Marginalnote «Plasphe-
mia est» angebracht.

In der ‹Visio Lazari› müht sich ein einsamer Mönch
mit dem gleichen Problem ab, das auch den LANDGRAFEN VON THÜRIN-
GEN beim ‹Spiel von den klugen und törichten Jungfrauen› derart ergriff,
daß er verzweiflungsvoll vor innerer Erregung daran starb.

In trostvollerer Weise als die ‹Visio Lazari› auf das Gemüt der Leser
Eindruck machen wollten die ‹Visiones, quas in Purgatorio Sancti Patricii
vidit Georgius miles de Ungaria a. D. 1353›. Diese ‹Visionen des Ritters
Georg aus Ungarn im Purgatorium des hl. Patricius› stammen aus demselben irischen Raum wie die *Tundalus*-Gesichte. Der Verfasser der lateinischen Version war vermutlich ein provenzalischer Augustiner-Eremit,
der das Werk kurz nach 1353 in der Nähe von Avignon schrieb. Die jetzt
vorliegende Fassung entstand möglicherweise ein paar Jahrzehnte später
in Böhmen oder dessen Nähe. Das Werk hatte in Deutschland großen
Erfolg (bis 1930 in den österreichischen-bayrisch-böhmischen Gebieten
zehn Handschriften festgestellt). In denselben Ländern wurden im 14./
15. Jh. die ‹Visiones› viermal ins Deutsche (17 Hss.) und einmal ins Tschechische übersetzt. Die älteste deutsche Handschrift (Cod. Pal. Vind. 2875)
ist in der böhmischen Kanzleisprache abgefaßt, die anderen Bearbeitungen zeigen zumeist bairisch-österreichische Mundart, eine einzige trägt
ostschwäbisches Sprachgewand. Die älteste deutsche Bearbeitung ist die
einzige, deren Urheber seinen Namen nennt: NIKOLAUS VON ASTAU. Er
ist möglicherweise identisch mit dem ‹bruder Niclas dem Fuchs›, der um
1370 in Urkunden des Wiener Augustiner-Eremiten-Klosters erscheint,
und war als Verdeutscher theologischer Prosa in der zweiten Hälfte des
14. Jhs. ein Genosse des LEOPOLD STAINREUTER und SIMON VON RUCKERS-
BURG. Das Visionswerk schildert die Wallfahrt Georgs, des in Italien ansässigen Sohnes des ungarischen Ritters und Barons Grissaphan, nach
dem Purgatorium S. Patricii in Irland. Nach der Legende kann an diesem
Ort jeder wahrhaft Gläubige und Bußfertige die Peinigungen des Fegefeuers erleben (nicht bloß ansehen) und dadurch Vergebung seiner Sün-
denstrafen erlangen.

In plötzlicher Einkehr hat der Ritter Georg ein Leben voller Gewalttaten und
Roheit bereut und pilgert nun über Avignon und Santiago de Compostela zu
St. Patricks Purgatory, dessen Eingang der Obhut eines Augustiner-Chorherren-
Konventes anvertraut ist. Nach entsprechender Vorbereitung im nahen Kloster
durch Kommunion und Totenamt mit dem eigenen Körper auf der Bahre darf
der ritterliche Pilger von einer Insel im ‹Roten See› aus in die jenseitige Welt
hinuntersteigen. Sogleich beginnen die transmondanen Visionen. In den kako-
dämonischen erscheinen u. a. Teufel in Gestalt von Klerikern, die den Ritter mit
sophistischen Darlegungen zu Unglauben und Ketzerei verführen wollen, erst
eine Prozession von Dominikanern und Minoriten, dann eine solche von Re-

gularkanonikern und Weltgeistlichen. Beide Gruppen dringen in Georg, seinen Glauben an die. Gottheit Christi aufzugeben. Die zweite Hälfte des Werkes bringt die Besichtigung der transmondanen Wunder. Der Erzengel Michael übernimmt die Führung und Interpretation und geleitet den Ritter in großartigen Visionen durch die Leiden des Fegefeuers ebenso wie durch die Schrecken der Hölle und die Wunder des Paradieses. Den Himmel selbst darf er nicht betreten, dieser wird ihm nur von der Ferne geöffnet und der Pilger erblickt einen wunderschönen Palast mit den Thronen Christi und Marias, deren Segen er empfängt. Darauf werden ihm von Gott besondere Gnaden gewährt: er wird vor der Hölle bewahrt bleiben; er soll noch einige Zeit nach der Erfüllung besonderer Aufgaben leben, und er erfährt, wie er die Befreiung seiner Mutter, die er im Fegefeuer leiden sah, erwirken könne. Zuletzt gibt der Engel dem Ritter Bestellungen an Große dieser Welt auf und führt ihn zurück in die Kapelle auf der See-Insel, wo der Prior, der König und eine große Menge Volkes ihn erwarten.

Das in der Komposition und im Aufbau sehr geschickt angelegte erbauliche Werk bezweckte dogmatisch-asketische Unterweisung in phantasievoller, für den religiösen Geschmack des Spätmittelalters ungemein charakteristischer Weise. Es wurde besonders in Augustiner-Eremiten- und Kartäuserklöstern gerne gelesen und drang von da aus in deutscher Übersetzung und Bearbeitung in die Kreise des Adels und höheren Bürgertums, die diesen Orden nahestanden.

Die im Humanismus zunehmende historische Kritik, die Verwerfung der persönlichen Anrufung der Heiligen als Vermittler oder Nothelfer in besonderen Anliegen durch die Reformatoren bereiteten dem größten Teil der spätmittelalterlichen geistlichen Dichtung, insbesondere der Hagiographie und Legendenliteratur, bald nach Ausbruch der Kirchenkämpfe ein jähes Ende. Ähnlich wie bei den geistlichen Spielen war der Heiligenliteratur der Nährboden plötzlich entzogen. Erst mit Einsetzen der katholischen Restauration kommt es wieder zu Anknüpfungen und Fortsetzungen.

5. Schwankdichtung

‹Schwank› bezeichnet ursprünglich nur einen derb lustigen Streich, erst später die Erzählung eines Streiches. Schwankdichtung begann dort, wo Schwankstoffe um ihres schwankhaften Charakters willen und ohne Bindung an fremdartige Stoffe literarisch gestaltet werden. Sie fand im Spätmittelalter erstmals in deutscher Sprache auf breiterer Basis den Weg in die Literatur. Als Darbietungsform wird die kleine Verserzählung gewählt. Diese verhilft den Schwankstoffen zu dichterischem Ausdruck.

Auf den Inhalt hin angesehen, bezeichnet man die Themen der Schwankliteratur als scherzhaft, lustig, häufig derb und ins Obszöne gleitend; für bestimmte Typen der Gattung wird man noch die Attribute ‹lehrhaft› und ‹volkstümlich› hinzufügen müssen. In der formalen Gestaltung können Schwankdichtungen gereimt, in Prosa, novellenhaft oder anekdotisch dargeboten werden. Die Schwankerzählung kann in enge Beziehung zum Märchen treten, wie das ‹Schwankmärchen› beweist. Im 13./14. Jh. wendet sich die Schwankliteratur als schriftlich fixierte Dichtung an dieselben Kreise wie die übrige Dichtung, d. h. an den Adel und das gehobene Bürgertum, im 15. Jh. wurde dieser Kreis etwas erweitert, erst im Verlauf des 16. Jhs. kommt es zum volkstümlichen Prosaschwank.

Schon das Spielmannsepos *Salman und Morolf* (12. Jh.) hatte in der Gestalt des Morolf einen Verkleidungskünstler und eulenspiegelhaften Ersinner von Listen und gröblichen Streichen. Im 13. Jh. verfaßte der aus Franken stammende, in Österreich ansässig gewordene STRICKER (vgl. Bd. III/1, 231 ff.) kleine poetische Erzählungen scherzhaften Charakters, die vielleicht über das Lateinische den französischen Fabliaux nachgebildet, aber geschickt den deutschen Verhältnissen angepaßt waren. Der Dichter, ein bürgerlicher Fahrender, vereinigte auch eine Anzahl solcher gereimter Schwänke zu einer Schwankkette, einem Zyklus. Die Hauptperson des nach dem Vorbild eines Aventiurenromans entworfenen Werkes ist der *Pfaffe Amîs*, ein englischer Geistlicher. Er wurde zum Ahnherrn einer ganzen Reihe verwandter Gestalten und seine Streiche übernahm man in die späteren Schwanksammlungen. STRICKERS ‹Pfaffe Amîs› wurde bei JOHANN PRÜSS in Straßburg 1481 oder 1482 und vermutlich auch noch etwas später ein zweitesmal gedruckt. Ebenfalls im 13. Jh. erfolgte in den *Neithart-Schwänken* eine ansehnliche Bereicherung des heimischen Stoffbestandes. Anderes wurde mit Hilfe des orientalisch-abendländischen Kultursektors ausgebildet. Der STRICKER wollte noch moralisch wirken. Der späteren Schwankdichtung mangelte die Absicht einer sittlichen Vertiefung; sie will nur mehr unterhalten und stellt sich auf eine mittlere und untere Bürgerschicht als Leser- und Hörerschaft ein. Wie die Fastnachtspiele greifen auch die Schwänke nach dem Unflat und der Zote. Geschichten wie HERMANNS VON SACHSENHEIM ‹Grasmetze›, eines unbekannten Dichters ‹Von den sieben größten Freuden› oder die Geschichten ‹Von dem Preller›, ‹Von dem Strigelein›, ‹Der Türnei von dem Zers› sind Zeugnisse für den Wandel des Geschmackes und der Einstellung zu diesen Dingen. Nicht selten ist die Hauptsache weniger die Erzählung als die Zeichnung von Charaktertypen, wie ‹Der Weinschwelg›, ‹Die böse Frau› u. dgl. Die Neigung zu realistischer Darstellung von Ereignissen, zu Nachahmung in spöttischer Absicht und Posse führte außer zu Obszönem und Frivolem auch zu Verhöhnungen religiöser Funktionen, Anschauungen und Dinge.

Aus einer alemannischen Kleinerzählung ‹Von Metzen hochzit›, einem Schwank der Neidhartschule, das Grundgerüst entnahm bald nach 1400

Heinrich Wittenwiler für sein tragikomisches Versepos ‹Der Ring›. Im
weiteren 15. Jh. fand man Gefallen an der zyklischen Verarbeitung von
Schwankserien. Die bedeutendsten sind: ‹Neithart Fuchs›, ‹Die Geschichte
des Pfarrers vom Kahlenberg›, ‹Till Eulenspiegel›, ‹Die Historie Peter
Lewen› und die im Volksbuch ‹Frag und Antwort Salomonis und Mar-
colfy› angefügten Schwänke. Man unterscheidet dabei zwei Schwank-
typen. Die eine verspottet die bäuerliche Dummheit: der Ritter Neithart
zeichnet und verhöhnt im wesentlichen das Bauernvolk; der Pfarrer vom
Kahlenberg verschont zwar weder Herzog noch Bischof, macht aber ebenfalls vorzüglich die Bauern zum Gegenstand seiner Späße; der listige
Schwabe Peter Leu rückt vom Lohgerberknecht zum Pfarrer auf und
treibt seine Possen mit Bauern und anderen Tölpeln. Im zweiten Schwank-
typus rächt sich der Bauer an den Vertretern der übrigen Stände: der zum
derben Bauern umgebildete Markolf legt mit seinen Reden und Späßen
sogar den weisen König Salomon hinein, und der Bauernbursche Till
Eulenspiegel treibt mit Adeligen, Klerikern, Bauern, vor allem aber mit
Stadtbürgern und Handwerkern seine Streiche. Während im ‹Kahlenberger› und ‹Peter Leu› die humoristischen Geschichten und die Listig-
keit des Helden überwiegen, tragen ‹Neithart Fuchs› und ‹Markolf› einen
deutlichen satirischen Stempel. Der Haß Neitharts gegen die Bauern und
der Zynismus Markolfs sind nicht mehr Harmlosigkeiten.

Im späteren Verlauf der Entfaltung äußert sich die Schwankdichtung im
Meistergesang, in der Komödie und wendet sich über die Fazetie der Renaissance zur Prosa-Anekdote des 16. Jahrhunderts.

a) ‹Von Metzen Hochzeit› und der ‹Ring› des Wittenwiler

Das deutsche Schrifttum des späteren Mittelalters zeigt zwei Strömungen,
die Lesern neuerer Zeiten nicht leicht verständlich sind: die Neigung zu
ausgedehntem lehrhaftem Ernst in Unterweisung und Lebenslehre, andererseits die Vorliebe für derbe Späße und Zoten in Schwank und Drama.
Eine Verbindung der beiden zwiespältigen Schichten stellt Heinrich
Wittenwilers grotesk-satirisches Lehrepos ‹Der Ring› dar. Der Verfasser dieser umfänglichen Dichtung aus der Wende des 14. zum 15. Jh.,
die eine Gipfelleistung der Gattung repräsentiert, war wohl nicht der in
Konstanzer Urkunden 1387 und 1395 erscheinende Meister Heinrich
von Wittenwile, der als Notar und *Advocatus curie Constantiensis* bezeugt ist, sondern mit größerer Wahrscheinlichkeit jener Heinrich Wittenwille, gen. Müller, der aus Wängi im Thurgau stammte und um
die Zeit des Appenzeller Einfalles 1403 nach Lichtensteig ins Toggen-
burger Gebiet übersiedelte. Er ist 1395 bis 1426 urkundlich bezeugt und
als Einwohner von Lichtensteig bis 1436 nachgewiesen. Die Vertrautheit
des ‹Ring›-Dichters mit der Gegend um Lichtensteig und der dortigen
Mundart spricht für den letztgenannten.

Aus einer schwäbisch-alemannischen Kleinerzählung, die in zwei Fassungen überliefert ist, einer kürzeren ‹Von Meyer Betzen› und einer längeren ‹Von Metzen hochzit› nahm WITTENWILER das Grundgerüst für sein Versepos. Die noch ganz in der Neithart-Tradition stehende schwankhafte Erzählung schildert die Hochzeit des bäuerlichen Paares Betz (Bernhard) und Metz (Mechtild) im üblichen Verlauf bis zur Rauferei beim Tanz und deren Schlichtung durch die Dorfbewohner. Die erste epische Auswirkung der Neithart-Nachahmungen hatte zur ‹Helmbrecht›-Novelle geführt (vgl. Bd. III/1, 262 ff.). Nunmehr bringt sie auch einen Versroman (9699 V.) hervor: Neithart tritt selbst auf, es werden der Beichtschwank und Neithartmotive verwendet.

Der ‹Ring› ist in einer einzigen, unter Aufsicht des Dichters entstandenen Abschrift von ca. 1410 (heute in Meiningen) erhalten. Die Eingangsinitiale füllt das Bildnis des Dichters in Amtstracht, darunter befindet sich sein Wappen. Die Dichtung ist Anfang des 15. Jhs. (1400/08) entstanden. HEINRICH WITTENWILER war damals etwa 50 Jahre alt. In einer Vorrede (1–54) erläutert er Titel, Zweck und Einrichtung seiner Dichtung. Der Titel ‹Ring› ist eine Allegorie mit zweifacher Bedeutung: einer abstrakten ‹orbis› im Sinne von ‹Kompendium› und einer sinnlichen ‹anulus›, der Fingerring. Der Ring hält einen Edelstein. Dieser meint Lehren. Das Ziel des Verfassers war, Bescheid zu geben «ze ring umb» über den Lauf der Welt und das richtige Verhalten des Menschen in der Welt. Das ‹puoch› besteht nach 17 ff. aus drei Teilen:

Daz erste lert hofieren	Daz ander kan uns sagen wol,
Mit stechen und turnieren,	Wie ein man sich halten schol
Mit sagen und mit singen	An sel und leib und gen der welt:
Und auch mit andern dingen.	Daz hab dir für daz best gezelt.

Daz dritte tail dir chündet gar,
Wie man allerpest gevar
Ze nöten, chrieges zeiten
In stürmen, vechten, streiten.

Demnach lehrt der erste Teil die ritterlichen und musischen Künste, der zweite und wichtigste gibt eine Morallehre für Seele und Leib und für das Verhalten der Welt gegenüber, der dritte eine Verhaltenslehre in Kriegs- und Notzeiten. Alles in parodistischer, grotesk-satirischer Weise und in bäuerlicher Umwelt. Um seinen Zuhörern die ernste Lebenslehre schmackhaft zu machen, würzt er die Themen mit lustigen Elementen und drolliger Komik. Die erzählte Geschichte soll nur als Gleichnis verstanden werden. In V. 39 ff. verweist der Dichter auf zwei (in der Handschrift tatsächlich vorhandene) Farbenlinien, durch die man beide Schichten seines Epos auseinanderhalten möge: die rote bezeichnet den ‹Ernst›,

die grüne das ‹Törpelleben›, d. h. die heiteren Partien seines Werkes. Vers
49 ff. nennt er seinen Namen:

> Secht es aver ichts hie inn,
> Das weder nutz noch tagalt pring,
> So mügt ïrs haben für ein mär,
> Sprach Hainreich Wittenweilär.

Den größten Teil der belustigenden Elemente bezog WITTENWILER aus
dem Bauerntum, wie es Adel und Stadtbürger seit NEIDHARTS Winterliedern, in der Schwankdichtung und in den Fastnachtspielen sahen.
WITTENWILER benützte ‹Von Metzen hochzit› in einer alemannischen
Version, die in der Fürstlich Fürstenbergischen Hofbibliothek in Donaueschingen erhalten ist. Auf der Grundlage dieses 680 Verse umfassenden
Gedichtes baute der Dichter ein grotesk-komisches Bauernepos von fast
5000 Reimpaaren auf und verwob darin den zurecht gelegten Stoff seiner
Lebenslehre: Lehre und Leben in Form einer Parodie enge verbunden und
scharf konfrontiert. Die Anordnung dieses Stoffes folgt dem Gang des
epischen Geschehens.

Thema des umfangreichen Versepos WITTENWILERS ist die Geschichte
des Bauernburschen Bertschi (Berthold) Triefnas in Lappenhausen und
des Bauernmädchens Mätzli Rüerenzumpf: die Werbung, ihre Verlobung
und Hochzeit. Eine beim Hochzeitstanz entfachte Rauferei führt zum
Krieg zwischen Lappenhausen und Nissingen. Lappenhausen wird erobert und gebrandschatzt. Als Bertschi im zerstörten Dorf seine Hausfrau
tot findet, geht er in den Schwarzwald, um frommer Einsiedler zu werden.
In das Handlungsschema ist eine Fülle grotesker Personen und Episoden
verwoben. In planvollem Aufbau enthalten die drei Teile der Erzählung
den Welt- und Lebensspiegel, ernsthafte Lehre in komische Epik ein-
gebettet. Der erste Teil (55–2622), der Bertschis Liebeswerben um Mätzli
bis zu seinem Eheentschluß vorführt, gestattete mannigfache Lehren von
Frauendienst und Liebeskunst. Der zweite Teil (2623–6457), nach der
Vorrede der Kern des Epos, mit der Schilderung des Verlaufes der Hochzeit von der Beratung der Bräutigamsippe bis zum Hochzeitstanz, bot die
Möglichkeit zu Lehren über Ehe und Kinderzucht, geistiges und leibliches
Wohl und den Umgang mit den Mitmenschen. Der dritte Teil (6458 bis
9699), der mit der Rauferei beim Tanz beginnt und mit dem Untergang
von Lappenhausen und der Weltflucht des Haupthelden endet, erlaubte
Belehrung über das Kriegswesen. Der Dichter spricht durch Bauern, aber
nicht für Bauern, sondern seine Mischung von Schwank und Lehre ist für
ein stadtbürgerliches Publikum gedacht. Gleich am Anfang des ‹Ring›
wird betont: Derjenige, der unrecht lebt und töricht, läppisch handelt,
werde hier als Bauer bezeichnet, nicht aber der als rechter Bauer sich mit

treuer Arbeit nähre; ein rechter Bauer gelte dem Dichter vielmehr in seiner Art vorbildlich.

Eine nähere Betrachtung des Aufbaues läßt Umrisse und Materialien, mit denen der Dichter arbeitete, deutlich erkennen. Im ersten Teil, der das Publikum gewinnen will, herrscht die komische Epik. Das Minnewerben Bertschis um Mätzli parodiert die höfischen Formen; in die Liebesgeschichte des Brautpaares wird eine Parodie des weiblichen Schönheitsideals verflochten. Bertschis Werben um Mätzli ermöglicht eine Fülle von täppischen und zotenhaften Szenen. Die Handlung wird durch das Auftreten des Ritters Neidhart eröffnet. Für seine Episode (103–1281) benützte WITTENWILER möglicherweise ein Spiel, das ein Kübelstechen und Bauernturnier mit dem Beichtschwank verband. Neidhart selbst begründet den Zweck des Stechens und Turnierens. Der Dorfschreiber entwickelt vor Bertschi eine Minneallegorie und einen höfischen Liebesbrief. In der Antwort Mätzlis liefert der Bader eine Minneallegorie in Form eines Traumbildes.

Der zweite Teil wird durch die Ehedebatte der Sippe Bertschis eröffnet. Sie stellt in Aufbau und Durchführung von Rede und Gegenrede eine Glanzleistung des Dichters dar. In der Disputation sprechen die Männer dagegen, die Weiber dafür, zwei alte Generalredner beschließen die Debatte, wobei die schlagfertige Alte ihren Partner abführt. Der Dorfschreiber entscheidet die Frage, ob ein Mann ein Weib nehmen soll, mit einem Prosaspruch. Die ehefeindlichen Äußerungen der Männer beruhen z. T. auf THEOPHRASTS ‹Liber de nuptiis›. Bei Erörterung der Anforderungen an einen Ehemann wird das männliche Schönheitsideal entworfen (3650 bis 3674), ein Gegenstück zur Parodie des weiblichen im ersten Teil. Bei dem Brautexamen, das Bertschi vor dem Dorfältesten ablegt, muß er Pater noster, Ave Maria, Credo und Beichtformel aufsagen. Die fünf Vorträge für den Eheanwärter haben zum Gegenstand: einen Schülerspiegel, eine Christenlehre für Laien (nach einem Laiendoktrinal), eine Gesundheitslehre (nach den ‹Secreta secretorum›), eine Tugendlehre für das Verhalten gegenüber der Welt (nach dem ‹Moralium dogma philosophorum›), eine Haushaltungslehre (nach der BERNHARD VON CLAIRVAUX zugeschriebenen Epistel ‹De cura et modo rei familiaris› an den Ritter Raimund). Der Schülerspiegel umfaßt zehn Punkte: Gottesfurcht, Aufenthalt in der Fremde, Fähigkeit und Lust zum Studium, Demut, Ausdauer, Gründlichkeit, Kritik, Gute Kost und Kleidung, Mäßiger Wohlstand, Sittsames Vergnügen zur Erholung. In der Christenlehre werden dargestellt oder aufgezählt: die Trinitätslehre, die Zehn Gebote Gottes, die sechs Werke der Barmherzigkeit, die sieben Sakramente, die sieben Hauptsünden. Alle Lehren sind nicht auf bäuerliche Verhältnisse eingestellt. Die folgenden kulturgeschichtlich und volkskundlich interessanten epischen Partien schildern die Trauung im Ring der Sippe, den Vorgang in der Kirche, die Be-

schenkung des Paares, das reichausgestattete Hochzeitsmahl – ein Gemälde, das in der zeitgenössischen Literatur nicht seinesgleichen hat und
mit dem der Dichter eine parodistische Tischzucht im Sinne hatte –, den
Tanz.

Im dritten Teil wird aus der Rauferei beim Tanz ein Krieg der Bauern-
dörfer Lappenhausen und Nissingen. Die beiden werben weithin um
Bundesgenossen und Waffenhilfe. Ein Städtekongreß versucht vergeblich
zu vermitteln. Die Bundesgenossen rücken heran, darunter Hexen und
Zwerge vom Heuberg, Riesen und Recken aus der Dietrichepik, Heiden,
Russen und Türken. Die Kampfszenen der Recken, Riesen und Zwerge
gehen möglicherweise auf ein verlorenes Tiroler Spiel zurück, das den
Kampf im Rosengarten darstellte. Die Nissinger vernichten Lappenhausen, Bertschi wird auf einem Heuschober belagert, wobei der Dichter die
Belagerungstechnik in Angriff und Abwehr vorführt. Mit all den Rauf-
und Schlachtszenen sind zahlreiche, auf VEGETIUS zurückgehende Lehren
über Kriegswesen und Kriegsleben verbunden. Mit Klagen über die Vergänglichkeit alles Irdischen verabschiedet sich Bertschi, nachdem auch
Mätzli tot ist, als der einzig Überlebende seines Dorfes vom Leser und
zieht sich als Einsiedler in den Schwarzwald zurück:

> Da verdienet der vil gwär
> In gantzer andacht an gevär
> Nach disem laid das ewig leben.

Die Sprache der einzelnen Personen und Gruppen ist abgestuft nach
ihrem Wesen. Äußerliche Vorgänge werden sinnfällig wiedergegeben,
physiologische Zustände realistisch geschildert, komische Situationen mit
sicherem Blick erfaßt, die Komik ins Groteske verzerrt, Unsauberes, Fre-
ches und Zotenhaftes reichlich verwendet. Eine Lieblingsform ist die
Parodie. Ansätze zu geschlossener Charakteristik von Hauptpersonen
sind vorhanden: bei Neidhart, bei der alten Vettel Laichdenmann, dem
hitzigen Lochdenspieß, dem Meier von Lappenhausen und seinem Wider-
part Strudel, vielleicht einem Abbild des Dichtes selbst.

WITTENWILER ist Satiriker und spiegelt die Welt im karikierenden Bilde
bäuerlicher Lebensform. Nicht Bauernsatire ist die Absicht des Werkes,
sondern Didaktik für den Menschen. Das hauptsächliche Lehrthema ist
der Gedanke der *vanitas*.

Der ‹Ring› wurzelt tief in der Tradition des Mittelalters, dessen Erbe
souverän gehandhabt wird. Die Elemente der Lebenslehre entstammen
z. T. Spruchsammlungen, wie des FREIDANK, des *Cato*, des *Facetus*, der
Legende, den Bereichen des deutschen und des kanonischen Rechtes, der
Populartheologie. Der Dichter kennt noch die Heldenepik und die höfische Epik, den Minnesang und die Minneallegorien, das zeitgenössische
Fastnachtspiel. Dazu kamen eigene Beobachtung und Erfahrung.

Die Komposition des Versepos verbindet Unterhaltendes mit lehrhaft Nutzbarem. Ein in die Parodie und ins Burleske gesteigertes Geschehen wird an zeitloser Lehre gemessen. Den ständischen und gehaltlichen Schichten des Bäuerlichen und Ritterlichen mit ihrer weiten Welthaltigkeit angepaßt ist die prosanahe Sprache, in die der Dichter viel unterliterarisches Wortgut miteinbezieht. Das Werk enthält, wie man mit Recht gesagt hat, die Synthese der Möglichkeiten spätmittelalterlicher Dichtung. Wir haben damit ein Epos vor uns von inneren Dimensionen, wie es die Zeit schon lange nicht mehr aufzuweisen hatte. Weltbild und Wirklichkeitsauffassung des Dichters ermöglichen seinem eminenten Gestaltungsvermögen die enge Verbindung von kräftigem Naturalismus und willkürlich-grotesker Phantastik, Übersteigerung und Verzerrung.

Die geistig und künstlerisch hochwertige Dichtung erhellt die Situation des späten Mittelalters und bekundet Gedanken und Vorstellungen, wie sie der ‹Ackermann›-Dichtung und ihrem Verfasser nicht fremd sind. Das auf episch-didaktischem Gebiet schlechthin einzigartige Werk blieb zu seiner Zeit allem Anschein nach so gut wie unbekannt. Nirgends wird es genannt, man bemerkt keine literarische Nachwirkung. Die Erhaltung der einzigen Handschrift ist ein glücklicher Zufall. Wenn am Schluß des Werkes Bertschi in den Schwarzwald geht und Einsiedler wird, denkt man unwillkürlich an GRIMMELSHAUSENS Simplizissimus, der das gleiche tut. Beide haben erlebt und gesehen, wie alle Dinge vergehen, die menschliches Wirken hervorbringen und erwerben kann; und wie nur Gottesfurcht und Gottesliebe bestehen. Das späte Mittelalter kennt vom Nominalismus her neben der weltanschaulich-religiösen auch eine triebbewegte natürliche Weltfreudigkeit. Beides kann man bei OSWALD VON WOLKENSTEIN, dem großen Lyriker der Epoche, und in WITTENWILERS ‹Ring›, dem großen Epos der Zeit, beobachten. Beim ersteren freilich noch auf ritterlicher Ebene. Beide, der WOLKENSTEINER und WITTENWILER, zeigen aber auch ein gut Teil Menschenverachtung und Weltverneinung. Das Nebeneinander ist für die Übergangsepoche charakteristisch.

b) ‹Neithart Fuchs› und ‹Die Geschichte des Pfarrers vom Kahlenberg›

Von langer Hand vorbereitet erscheint das Auftauchen der *Schwankbücher* vom ‹Neithart Fuchs› und vom ‹Pfarrer vom Kahlenberg›. Zur Zeit OTTOS DES FRÖHLICHEN († 1339) und FRIEDRICHS DES SCHÖNEN († 1330) bildeten sich in Anknüpfung an Gestalten des Herzogshofes in Wien Erzählungen schwankartigen Charakters heraus, die zuerst mündlich umliefen, gelegentlich auch im Bild ihren Niederschlag fanden, verändert und vermehrt wurden und schließlich zur literarischen Form verdichteten. In beiden Schwanksammlungen zeigen sich höfische, stadtbürgerliche, klerikale und dörflich-ländliche Schichtungen. Beide Schwankbücher enthalten außer den derben und erotischen Elementen auch noch solche, die

Sakrales in die Possenhaftigkeit miteinbeziehen, und Elemente, die sich mit den herrschenden Kirchengesetzen schwer vertrugen. Vielleicht könnte man zur Erklärung solcher den Normen der christlichen Glaubens- und Sittenlehre widersprechenden Elemente z. T. den lateinischen Averroismus und den Nominalismus heranziehen, die, wie einleitend ausgeführt, im 14. und 15. Jh. weit verbreitet waren.

Die Verbindung ‹Neitharts› mit dem ‹Pfarrer vom Kahlenberg› wurde sowohl am Schlusse des alten *Neithartdruckes* als auch im *Kahlenbergerbuch* vorgebildet. Die Zusammengehörigkeit wird später von KONRAD CELTIS und seinen Schülern (AVENTIN) festgehalten.

Das Grunderlebnis des späthöfischen Lyrikers NEIDHART VON REUENTAL (1250 schon †) ist die unaufgelöste Dissonanz. WALTHER war klassischer Vollender, NEIDHART kühner Neuschöpfer und Anreger, der durch die Wahl seiner Stoffe bis in das 16. Jh. befruchtend wirkte. Seit dem 14. Jh. wurde er zu einer Art mythischer Figur und tritt als Schwankheld neben den *Pfaffen Amis*. Das Neue in der Dichtung NEIDHARTS bestand zunächst im Stofflichen. Nicht mehr die adelige Dame, nicht der Ritter, nicht zartes Liebeswerben, sondern das Landmädchen, der Bauer und das vitale Spiel der Menschen geben den Stoff seiner Sommer- und Winterlieder, Reigen und Streitgespräche. Sein scharfer Blick sah auch die Schattenseiten des Lebens. Das späte Mittelalter schrieb NEIDHART ab und dichtete an seiner Figur, seinem Leben und Werk weiter. Er wurde dadurch der einzige Lyriker des Mittelalters, dessen Schaffen durch Nachdichtungen in Lyrik und Schwank bis ins 16. Jh. lebendig blieb.

Die bäuerlichen Streitszenen NEIDHARTS VON REUENTAL, seine Reihen, die Wechselgesänge zwischen Mutter und Tochter, ließen mit ihren volkstümlichen Bestandteilen und ihrer anschaulichen Darstellungsart im 13. und 14. Jh. zahlreiche Nachahmungen und Fortsetzungen entstehen, in denen diese und ähnliche Motive festgehalten, variiert oder weitergebildet wurden. Naturgemäß stehen die vielen erhaltenen *unechten Neitharte*, Lieder und Schwänke, unter den Wirkungen des sich wandelnden Formsinnes, insofern sie inhaltlich und formell vergröbern. Allmählich ward die Gattung Gemeingut, das bei der mündlichen und schriftlichen Verbreitung und Weitergabe verändert, erweitert, verkürzt, in den Reimen beschädigt wurde. Das Schwankgut unterlag dabei ähnlichen Gesetzen wie das Volkslied, der mystische Traktat, das geistliche Spiel.

Innere Gründe und äußere Zeugnisse lehren, daß ein großer Teil der Neidhart-Nachahmungen in Nieder Österreich, wahrscheinlich in Wien und seiner Umgebung entstand. Man sang in den späten Nachahmungen als NEITHART, wie NEITHART und von NEITHART. Den Hauptbestand bilden die Lieder, in denen der Vortragende als NEITHART auftrat. Mit der Gattung wurde auch der Dichter zum Typus. Der Chronist und Theologe THOMAS EBENDORFER sah sich im 15 Jh. veranlaßt, gegen die

Laszivität und Bauernverspottung der «unechten Neitharte» Stellung zu nehmen.

Bei den Nachahmungen kann man verschiedene Schichten unterscheiden. Die erste bringt immer noch Einzellieder hervor, gedacht zu Musik und Tanz. Eine spätere Gruppe enthält bereits einen epischen Zug in sich mit dem Bestreben, die Einzelstücke zu einer fortschreitenden Handlung zu verbinden. Zu den zwei handelnden Faktoren, NEITHART und den Bauern, kommt ein dritter, um den sich diese beiden wie um ein Zentrum anordnen, Herzog OTTO DER FRÖHLICHE, seine erste Gemahlin ELISA-BETH (von Bayern, † 1330) und sein Hof. Gegenstand der Erzählung ist meist die Planung, Durchführung und der Ausgang eines Streiches, den NEITHART den Bauern spielt.

Als Anfang und Ursache seiner Feindschaft zu den Bauern wird die Schmach hingestellt, die ihm die Bauern beim Suchen und Finden des ersten Frühlingsveilchens für die Herzogin angetan haben. Diese Unbill zu rächen, verübt er an den Bauern verschiedene Streiche: er mimt als Dorfmädchen kostümiert die Braut eines Bauern, er hört den Bauern die Beichte, er schert Betrunkenen eine Mönchstonsur u. a. m. Die Geschichten werden zunächst ohne innere Verknüpfung erzählt und sind nur äußerlich verbunden. In den Stücken, die den Herzog in die Handlung bringen, gilt NEITHART als sein Lustigmacher und Hofnarr. Der epische Kristallisationsprozeß ist am weitesten im ältesten Druck gediehen. Über die Vorstufen ist aus der Sterzinger Miscellaneen-Handschrift (Ende des 14. Jhs.) und einer Berliner Handschrift (15. Jh.) zu entnehmen, daß sich bereits Ende des 14. Jhs. die *Neithart-Schwänke* zu einem größeren Ganzen zu formen begannen. Aus den Beziehungen NEITHARTS zum Herzogshof und aus der Einheit des Helden entstand der Antrieb, die Schwänke aneinanderzureihen und durch eine Aufeinanderfolge der Handlungen zu verknüpfen.

Die *Veilchengeschichte*, die den Kern der *Neithart-Schwänke* bildete, begegnet auch in zwei bildlichen Darstellungen. Zuerst auf dem zwischen 1320 und 1340 entstandenen Wandgemälde in der Herrenstube des Hauses ‹Zur Zinne› in Diessenhofen in den österreichischen Vorlanden, die Herzog OTTO verwaltete. Wahrscheinlich gab einer der Besuche OTTOS in Diessenhofen Anlaß zur Bemalung. Zweitens auf dem heute nur in weitgehend beschädigtem Zustand erhaltenen NEITHART-Grab an der Südseite des Stephansdomes in Wien: unter erneuertem gotischen Baldachin steht ein Sarkophag mit Liegefigur und Relief am Fußende. Es ist nach alter Überlieferung (seit 1479) das Grab des Dichters NEITHART FUCHS. WOLFGANG SCHMELTZL bezeugt, daß die daran befindlichen Reliefs die «historie» NEITHARTS darstellen, und FRANZ TSCHISCHKA sah noch 1843 die Szene, «wie Nithart dem Herzoge die Nachricht bringt, daß er das erste Veilchen des Frühlings gefunden habe». In dramatischer Form er-

scheint die Geschichte vom Veilchen im *St. Pauler Neithartspiel* (2. Hälfte
14. Jh.), dem *Großen* wie *Kleinen Neithartspiel* des 15. Jhs., dem Szenar
eines *Neithartspieles* in den Sammlungen VIGIL RABERS und dem ‹Neithartspiel› des HANS SACHS.

Das Material pseudoneithardischer Gedichte und das Schwankmaterial
hatte der dem Namen nach unbekannte Kompilator des ‹Buches vom
Neithart Fuchs› in einer oder mehreren Sammlungen vor sich, als er gegen
Ende des 15. Jhs. daranging, eine volkstümliche komische Dichtung, in
der Art des *Kahlenbergerbuches* zu redigieren: Sie besteht aus 36 Schwänken und Liedern, darunter auch solche OSWALDS VON WOLKENSTEIN und
HANS HESELLOHERS, und einem 37. Stück in Reimpaaren als Beschluß.
Der Kompilator fand sich durch den Vorgang PHILIPP FRANKFÜRTERS
bei den *Kahlenbergerschwänken* zu seiner Arbeit angeregt.

Wie beim *Kahlenbergerbuch* ist auch vom ‹Neithart Fuchs› eine handschriftliche Überlieferung bisher nicht aufgefunden worden. Bekannt sind
drei alte Drucke: (A) «Hye nach volget gar hüpsche / abentewrige gidicht
so gar / kurczweillyg sind zelessenn / vnd zesingen die der edel vnd / ge-
streng herren. Neithart fuchs gepor / en auß meichssenn. Rytter der durch=
leüchtigen hochgeporn fürsten vnd herrn / Herr Otten vnd fridrichen
herczogen / zu ósterreych saligen Diener by seinen / zeitten gemacht vnd
volbracht hatt / mit denn paurenn zu zeichellmaur / in ósterreich vnd ander
halbsen:/» Erschienen bei JOHANN SCHAUR, der 1482 in München nachweisbar ist, ca. 1491. Erhalten in der Hamburger Stadtbibliothek. (B) Erschienen 1537, vermutlich in Nürnberg. Erhalten in der Ratschulbiblio-
thek zu Zwickau. (C) Frankfurt a. M. 1566. Der älteste Druck enthält,
wie gesagt, sowohl *Neithart-Lieder* wie *Neithart-Schwänke*. Die lyrischen
Gebilde sind in der Überzahl, an der Spitze aber stehen die Schwänke.
Eine Einleitung fehlt. Erst im Beschluß wird V. 3897 der Inhalt zusammengefaßt: «wie er so mengen kluogen list / mit den pauren hat angefangen».

Das Buch beginnt unvermittelt mit der Schwankerzählung, wie Neithart infolge eines Liebesabenteuers aus seinem Vaterland Meißen floh, wie er sich
in Nürnberg beim Einkauf von Hosen an Bürgern reibt und die Gunst des Herzogs von Österreich erwarb (I). Darauf wird sogleich der Schwank vom Veilchen erzählt: Neithart ist Ritter und Hofmann Herzog Ottos in Wien. Er sucht
das erste Frühlingsveilchen, dessen Auffindung mit Aufzug, Musik und Tanz
gefeiert zu werden pflegt. Er findet den ‹Feiel›, deckt seinen Hut darüber und
eilt an den Hof, damit die Herzogin mit ihren Hofdamen komme und die Blume
pflücke. Als die Herzogin den Hut hebt, findet sie einen ‹großen merdum› darunter, den inzwischen ein Bauer an Stelle des von ihm gestohlenen Veilchens
gesetzt hatte. Die Herzogin ist auf das tiefste beleidigt (II). Neithart beteuert
eindringlich seine Schuldlosigkeit und bezichtigt die Bauern der Untat (III). Das
war Samstagabend. Am Sonntag veranstalten die Bauern den Tanz um den
gestohlenen ‹Feiel› (IV). Neithart erzählt sein Erlebnis am Wiener Hof den
Edelleuten. Die Beschämung und Enttäuschung, die er erleben mußte, sind der

Grund seiner Bauern-Feindschaft (V). In den folgenden Schwänken werden die Streiche erzählt, die er forthin an den Bauern verübt: Er schenkt bei einer Tanzveranstaltung in Zeiselmauer Wein aus und läßt Bienen unter die Bauern; er spielt die Braut des Bauern Rasch und betrügt ihn um die Morgengabe (VII); er hört als Mönch verkleidet die Beichte der Bauern, verweist aber schließlich die Pönitenten an den Bruder Arnold (VIII); er kommt als Krämer in das Haus des Bauern Engelmair und erzählt ihm von einem neuen Spottgedicht Neitharts über Engelmairs Wams (X); er läßt Bremsen unter die tanzenden Bauern (XI); er schert den Betrunkenen eine Platte und führt sie als Mönche an den Herzogshof (XII); er erzählt, wie Engelmair und die Bauern Neithart bewirteten und wähnten, er sei des Herzogs Jäger (XIII); er mischt sich als Siecher unter die Bauern, soll den Neithart mit einer stinkenden Salbe beschmieren, macht die Bauern betrunken und bestreicht diese (XIV); er läßt bei einem Maler 42 hölzerne Spottfiguren anfertigen, verkleidet sich als fahrende Krämerin, besucht Engelmairs Haus, läßt dort seinen Korb zurück und als ihn die neugierigen Bauern öffnen, finden sie ihre Konterfeis, sie verklagen Neithart beim Herzog, Neithart darf bei dessen Hund Cyprian einen Eid schwören, die Bauern verfallen in Geld-buße (XV); die Bauern machen den Herzog auf Neitharts schöne Frau scharf, Neithart rettet in spaßhafter und geschickter Weise seine Hausehre (XVIII). Diese Schwänke folgen ohne innere Verknüpfung aufeinander. Nur einmal ist der Versuch einer Verbindung gemacht, als Neithart von Engelmair gegen die anderen Bauern geschützt wird und dafür verspricht, Engelmair fernerhin in seinen Liedern nicht mehr beim Namen zu nennen, und Neithart reichlich beschenkt von dannen zieht. Die innere Verbindung ergibt sich durch das Gegenspiel Hofkreise (Vertreter Neithart) und Bauernkreise.

Die Reihe der so aufgezählten Schwänke wird zweimal unterbrochen: zwischen der Veilchengeschichte und Neithart als Braut steht ein Stück ‹Neithart im Faße› (VI), das einen Übergang vom Lied zum Schwank darstellt, und mit dem letzten der Schwänke ‹Neitharts Frau und der Herzog› korrespondiert. Der größere Teil des ‹Neithart Fuchs› besteht aus Liedern. Ihre Thematik betrifft: wie eine Mutter ihrer Tochter die Minne erlaubt (IX); Streit der Tochter mit der Mutter (XXX); die Tochter bittet die Mutter um einen Mann (XXXII); wie ein Bauer dem andern die Zähne ausschlägt (XVIᵃ); wie 24 Bauern erschlagen werden (XVII); vier kühne Bauern (XIX); einen hoffärtigen Bauern (XX); wie ein hoffärtiger Bauer tanzt und tobt (XXXIII); einen Tölpel von Reuental (XXIV); Bauernkämpfe und Streitigkeiten (XXI, XXII, XXIII, XXXV); Kampf der Marchfeldbauern mit denen aus dem Tullnerfeld bei Pottenbrunn (XXXIV); Tanz der Tochter, Fechten der Bauern (XXVIII, XXVII); Ballspiel der Bauern mit den Mädchen (XXIX); Liebesspiel zwischen Neithart und seiner Frau (XVIᵇ); Neithart mit seiner Frau in Paris, er bestellt ihr Schuhe (XXV); Neithart im Gasteiner Bade (XXVI); Neitharts Mahlzeit (XXXI); des alten Neitharts Klage beim Fürsten wegen seiner liebeshungrigen Frau (XXXVI). Die Lieder sind z. T. nicht minder derb wie die Schwänke, z. T. aber von hoher Sprachkunst auch noch in den Verderbnissen des Frühdruckes. Ein offenbar vom Redaktor des ältesten Druckes stammendes Reimpaargedicht (XXXVII) berichtet als Beschluß dem Leser von Neitharts Grab in Wien, nach dessen Gestalt auf der Tumba die Bauern mit Spießen stechen, und nimmt für sich in Anspruch, seinem Helden zu einem dauernden Gedenken verholfen zu haben.

Die Suche nach dem Kompilator oder Redaktor des ‹Neithart Fuchs› war bisher vergeblich. Aller Wahrscheinlichkeit lebte am Hofe OTTOS DES FRÖHLICHEN und dessen Bruders FRIEDRICH DES SCHÖNEN ein Ritter

NEITHART, der zur Unterhaltung der Hofgesellschaft *Neithart-Lieder* sang, auf den im Stil der Lieder erdichtete *Neithart-Schwänke* übertragen wurden, wobei auch die typische Figur des Bauernfeindes auf ihn überging.

Die *Neithart-Lieder* und *-Schwänke* waren erst Unterhaltungsdichtung für höfische adelige Kreise, in denen der Spott über die Bauern als altüberliefertes Motiv noch beliebt war. Mit der Sammlung und Ordnung durch den Kompilator des ‹Neithart Fuchs› und dessen Drucklegung wurden sie zur volkstümlichen Unterhaltungsliteratur auch stadtbürgerlicher Kreise.

Ob der Kompilator des ‹Neithart Fuchs› ein Österreicher war, ist nicht ausgemacht. Er selber nennt sich nirgends. Außer der Beschlußrede stammt nach FELIX BOBERTAG (S. 147) möglicherweise von ihm auch noch das Bogen o Bl. 7 als Bogenfüllung beigefügte Gedicht von ‹Frau Ehre›. Die Mundart, soweit sie die Lautlehre des Druckes betrifft, kann großenteils auf Rechnung des Setzers gebucht werden.

Obgleich in Inhalt und Form älter, steht der Druck des ‹Neithart Fuchs› unter unmittelbarer Einwirkung des *Kahlenbergerbuches*. Wie der Pfarrer verläßt der Ritter Neithart jung seine Heimat und erhält Zugang zum Hofe Herzog OTTOS; jeder gewinnt ihn durch ein Kaufgeschäft; der eine führt nackte, der andere tonsurierte Bauern an den Hof. Gegen Ende des Buches sind der Pfarrer und der Ritter alte Männer. Das letzte Kapitel berichtet von Tod und Begräbnis oder dem Grabmal.

Die *Neithart-Schwänke* sind aus einem literarischen Motiv entstanden. Die Schwänke des *Kahlenbergerbuches* erwuchsen wenigstens zum Teil auf dem Boden tatsächlicher Verhältnisse dieser Landpfarre. In den *Kahlenbergergeschichten* handelt es sich dem Pfarrer meist um einen Gewinn für sich oder seine Kirche. Die *Neithart-Schwänke* zeigen den Ritter viel weniger auf Vorteil oder Gewinn ausgehend; nirgends liegt eine gewinnsüchtige Überlistung der Bauern vor. Im Verhältnis zum Herzog tritt nicht das Gehren zutage. In beiden Fällen vereinigten im 14. Jh. nachweisbare historische Persönlichkeiten älteres und neueres Schwankgut auf sich: der Ritter NEITHART den Bestand der Pseudoneithartiana an Liedern und Schwänken, der *Pfarrer vom Kahlenberg* nur mehr Schwänke.

Die Wahl des Pfarrers zum Helden der Geschichten des *Kahlenbergerbuches*, der Umstand, daß die Überlegenheit an Verstand und Witz noch an die Figur des Klerikers gebunden ist, bezeugen den Anschluß an ältere Kultur- und Literaturtradition, wie etwa den ‹Pfaffen Amîs› des 13. Jhs. Die Figur des Pfarrers vom Kahlenberg hat zwei Seiten: den Dorfpfarrer und den höfischen Lustigmacher. Im Verhältnis des Pfarrers zu den Bauern ist der neithartische Standpunkt der Gegnerschaft gegeben.

Die Schwanksammlung ist im ältesten Druck betitelt: ‹Des pfaffen geschicht vnd histori vom Kalenberg›. Eine handschriftliche Überlieferung fehlt. Wenn EDWARD SCHRÖDERS Vermutung zutrifft, daß der Autor sein Werk direkt für die Vervielfältigung durch den Druck bestimmt hatte, wäre es das erste größere Originalwerk, von dem wir so etwas wissen. Drucke, meist mit Holzschnitten illustriert, erschienen: 1. um 1473 bei JODOCUS PFLANZMANN in Augsburg; 2. 1490 bei HEINRICH KNOBLOCHTZER in Heidelberg; 3. um 1488 bei PETER WAGNER in Nürnberg; ferner vor 1515, um 1525, um 1540, 1550, 1556, 1582, 1596, um 1600, 1602, 1611, 1613, 1620; die älteste niederdeutsche Ausgabe erschien um 1497 wahrscheinlich bei STEFAN ARNDES in Lübeck; diese Fassung wurde bald darauf in niederländische Prosa umgearbeitet und 1510 in Antwerpen und 1613 in Amsterdam gedruckt; in Antwerpen erschien auch um 1520 eine englische Prosa-Ausgabe ‹The Storie of the Parson of Kalenborow›.

Im ältesten Druck nennt sich im Beschluß (V. 2178–2180) der Verfasser des Schwankbuches:

> So redet Villip Franchfůrter
> Czu Wien in der loblichen stat,
> Der das zu reimen gemacht hat.

PHILIPP FRANKFÜRTER bezeichnet sich demnach als Reimer des Stoffes. In den einleitenden Versen (7 ff.) bekennt er seine mangelnde Kunst ein:

> Das ich nit hab auff disse fart
> Subtyle vnd geplůmpte wart,
> Alß die rethorica hat in yr.

V. 2175 bezeichnet er sich als «vngelart», d. h. wohl ohne Universitätsbildung. Er war also ein Reimsprecher meistersingerischer Art, hat offenbar eine ältere handschriftliche Vorlage erneuert, vielleicht verbunden, wahrscheinlich gekürzt.

Über das Leben und die Persönlichkeit des «Reimers» war bisher weder aus literarischen Quellen noch aus Urkunden etwas ermittelt worden. Nach von RICHARD PERGER gefundenen Grundbucheintragungen jedoch ist der Gestalter der Schwankgeschichten wahrscheinlich identisch mit dem zu Wien als Haus- und Grundbesitzer in der Laimgrube und bei St. Ulrich aufscheinenden Bürger PHILIPP FRANKFURTER. Die Eintragungen bezeugen diesen Frankfurter von 1486 bis 1507 als in den genannten Vorstädten lebend; 1511 wird er bereits als verstorben bezeichnet. Seine Gattin KATHARINA starb vor ihrem Gemahl. Um 1500 adoptierte das Ehepaar zwei Pflegekinder. Das Geburtsjahr FRANKFURTERS könnte zwischen 1445/50 angenommen werden. Möglicherweise war er aus Regensburg nach Wien zugewandert. In Wien erfreute er sich eines gewissen Wohlstandes. Ein 1486 gekauftes Haus bei dem Franziskanerkloster St. Tibold in der Laimgrube diente ihm als Wohnsitz. Sonst scheint er brandzerstörte Häuser erworben und nach Wiederaufbau mit Gewinn veräußert zu haben.

Seinen Stoff entnahm PH. FRANKFÜRTER der mündlichen und schriftlichen Überlieferung, deren Ursprünge noch im 14. Jh. zu suchen sind.

Die Sammlung, Redigierung, Verbindung, Versifizierung und Anordnung der Schwänke im Rahmen der Lebensgeschichte des Pfarrers ist seine Leistung. Der Held der Geschichten ist ein an Verstand und Witz überlegener Kleriker, erst noch Student in Wien, der dann von Herzog OTTO DEM FRÖHLICHEN die Pfarre am Fuße des Kahlenberges (seit dem 17. Jh. Leopoldsberg) gelegenen Dorfes erhält, zum Priester geweiht wird und im Kahlenbergerdorf als Pfarrer und Landwirt wirkt. Nach einer Reihe von Jahren voll von Schelmenstreichen übersiedelte er auf die Pfarre Prigglitz (bei Neunkirchen), wo er starb. Die Zahl der diesem *Pfarrer vom Kahlenberg* angedichteten Schwänke war größer als sie das Buch FRANKFÜRTERS enthält. Das wußte PH. FRANKFÜRTER auch selbst, denn nach V. 2160 hielt er Zusätze für möglich. HANS JAKOB FUGGERS ‹Spiegel der Ehren des Erzhauses Österreich› (1668), 317, und HERMANN SCHEDEL in Clm. 400, fol. 71^b (um 1460), erwähnen *Kahlenbergerschwänke,* die bei FRANKFÜRTER fehlen. Die anscheinend besonders in Universitätskreisen beliebt gewesenen Geschichten spielen z. T. am Wiener Hof, z. T. im Kahlenbergerdorf oder haben die Passauer hohe Geistlichkeit, zu dessen Diözese der Pfarrsitz gehörte, zum Gegenstand. Alle drei Gruppen, die höfische, die bäuerliche und die klerikale, sind miteinander verzahnt. Die Schwänke der Hofsphäre und der Dorfsphäre waren ursprünglich vermutlich zwei getrennte Bereiche, bis durch die sich ändernden soziologischen Verhältnisse die Gestalt des Dorfpfarrers die stärkere wurde und die Hofnarrenstreiche an sich zog. Mittelpunkt der höfischen Gruppe war ein geistlicher Spaßmacher, der vom Typus des studentischen Vaganten herkam. Die älteste Gruppe sind anscheinend die Bauernschwänke. Sie gehören noch dem frühen 14. Jh. an. Die Hofschwänke mögen bald nach dem Tode OTTOS DES FRÖHLICHEN entstanden sein. Jünger als die echten Bauernschwänke ist auch die Passauer Schwankgruppe. Aus dem Stilgebrauch ist eine einheitliche Dichterpersönlichkeit des ganzen Werkes zu erschließen. Die Schwänke der bäuerlichen Sphäre sind reich an Handlung, lebendig und werden knapp vorgebracht, wobei die Pointe immer glücklich herausgearbeitet wird und der Pfarrer den Bauern überlegen ist. In den Hofschwänken ist der Pfarrer ein Art Hofmann, ja Hofnarr, derb, listig und verschlagen, der auch seinen einfachen Wortwitz zur Geltung bringt, durch Witz unterhält und selbst zur Zielscheibe des Spottes wird. Die derbsten Späße nähern sich dem Geschmack mancher Fastnachtspiele und der Eulenspiegelschwänke.

Ein Überblick über den Inhalt des *Kahlenbergerbuches* zeigt einen epischen Faden, der das Ganze zusammenhält. Der erste Schwank vom Studenten und dem Türhüter des Herzogs Otto gehört dem Wiener Hofkreis an (V. 20–219). Der Held sieht auf dem Markte einen besonders schönen Fisch, den er dem Herzog überreichen will. Der Türhüter in der Burg läßt den Studenten nicht vor, bevor er ihm die halbe Belohnung zugesagt hat. Der Student legt gleich die entscheidende Probe seines Witzes ab: er bittet den Herzog um eine Tracht Prügel (damit der Türhüter die Hälfte abbekomme), dann aber um die Beihilfe des Fürsten zu seiner Priesterweihe und um die nächste vakant werdende Pfarre. Es ist die im Kahlenbergerdorf. Auf diesen Einleitungsschwank, in dem der Student mit dem Herzog bekannt wird, folgen vier Bauernschwänke des bereits amtierenden Pfarrers im Kahlenbergerdorf: das Eindecken der Pfarrkirche (220–296), die Überlistung der gedungenen Weinberghauer mit ihrem Zeitvogel(297–398), die Folgen nach dem Genuß des Linsengerichtes beim Pfarrer (399–422) und der angekündigte Flug über die Donau, um sauern Wein loszuschlagen (423–486). Die nun folgende klerikale Schwankgruppe zeigt deutlich eine Dreigliedrigkeit: drei Episoden mit einem nachbarlichen Amtsbruder, zwei Streiche in Passau, eine Geschichte mit dem Weihbischof. Bei dem an den ‹Pfaffen Amîs› gemahnenden Rätselwettkampf mit dem Amtsbruder werden drei Fragen gestellt: wie viele Füße haben «achthalb» Schafe? (nicht 30, sondern 2, da er die Frage im Singular stellt); welche Jungfrau gebar einen Sohn, ehe sie ein Jahr alt war, und starb, ohne geboren zu sein? (Eva);

«Ich hab vil, des ich ny gewan,
Vnd mangel, des ich genug han;
Doch ich nít het, do gab ich dar,
Nun ich do hab, ich gib nit zwar»

(Motiv einer erotischen Kurzgeschichte). Nach dem Rätselstreit täuscht der Pfarrer den Amtsbruder über die kirchlichen Opfereinkünfte von den Bauern, worauf dieser, bereits berauscht, ein Brettspiel um einen Tausch ihrer beiden Pfarren fordert: er verliert und muß dem Kahlenberger 30 Pfund Ablöse zahlen (487–700). Die Geschichte wurde dem Bischof zu Passau bekannt, der den Pfarrer zu sich beordert. In der bischöflichen Sphäre spielen die Schwänke, wie der Pfarrer den alten blinden Bischof mit einem medico-erotischen Rat heilen will (701–784) und das einer Transsubstantiations-Blasphemie nahekommende Geflügel- und Wildbretessen mit demselben Bischof am Fasttag (785 bis 803); um sich von der darauf vom Weihbischof verhängten Verpflichtung, als Zeremoniär ihn bei den häufigen Kirchweihungen begleiten zu müssen, zu befreien, arrangiert der Pfarrer mit Beihilfe der bischöflichen Schafferin eine erotische Kirchweihe. Darauf folgen wieder im Kahlenbergerdorf: als er auf Geheiß des rachsüchtigen Weihbischofs bei Androhung von Bann und Einkerkerung seine junge Haushälterin gegen eine im kanonischen Alter austauschen soll, nimmt er sich zwei zu je 20 Jahren (908–940) – und als zusammenhängende Mittelgruppe des Ganzen Hofschwänke. Zunächst die Streiche, mit denen der Pfarrer die Herzogin Elisabeth unterhält: während die Herzogin donauabwärts fährt, wäscht der Pfarrer am Ufer nackt seine Hose (941–996); als die Herzogin im Winter den Pfarrer im Kahlenbergerdorf besucht und sich die zwei jungen Haushälterinnen zeigen läßt, veranlaßt der Pfarrer Elisabeth, diese zu beschenken, bewirtet die Fürstin und ihr Gefolge sehr karg, verbrennt seine 12 Apostel, um von der Herzogin neue Holzfiguren zu erhalten, macht die Abendmusik auf dem Krautbrett und verschläft am nächsten Tag die Abreise der hohen Gäste (997–1296). Der Gastaufenthalt der Herzogin im Kahlenbergerdorf und die versäumte Verabschiedung veranlassen den Pfarrer zu einer Visite bei Hof in Wien und zu fünf übermütigen Streichen: er führt nackte Bauern (in der Überlieferung eigene Pfarrkinder) vor das Herzogspaar (1297 bis 1358); er legt dreimal Worte des freigebigen Herzogs zu seinem Vorteil aus, indem er die Schuhe mit Silber besohlen läßt, ein Pferd und diesem das Futter erlangt; er kommt zu Hofjagd zwar auf dem Pferde geritten, dieses aber auf dem beladenen Mistwagen gefahren (1359–1766). Dië derbe Erzählung vom Besuch der vier Hofherren, denen der Pfarrer die Hengste mit Stuten vertauscht (1767–1908), lenkt zurück auf das Dorf: als die Dorfgemeinde für die Prozessionen weder Banner noch Fahne zur Verfügung stellt, hängt der Pfarrer einfach ein Paar Hosen auf eine Stange und trägt sie dem Zug voran, worauf sich die Bauern sogleich nach Wien begeben und eine neue Fahne und ein neues Meßgewand kaufen (1909–1974); da es im Kahlenbergerdorf keinen eigenen Viehhirten gibt, treiben die Bauern abwechselnd die Tiere auf die Weide – als der ebenfalls viehbesitzende Pfarrer von dieser Verpflichtung nicht ausgenommen wird, treibt er, bekleidet mit dem besten Meßgewand, die Haushälterin vor ihm hergehend, die Kühe, Ziegen und Säue zum Grasen, singend ‹Ego sum pastor bonus›, worauf ihm sofort die Ausnahme zugestanden wird (1975–2118). Der Schlußabschnitt berichtet die Übersiedlung des Pfarrers nach Prigglitz und seinen Tod. In den letzten Versen spricht PH. FRANKFÜRTER zum Leser.

Wie schon angedeutet, liegen dem Schwankbuch geschichtliche Tatsachen und Vorgänge zu Grunde. Natürlich nicht in dem Sinn, als ob die Schwänke, so wie sie erzählt werden, sich auch tatsächlich ereignet hätten. Aber außer der historischen Persönlichkeit Herzog OTTOS und seiner Gemahlin ELISABETH (vermählt seit 1324) wurde in jüngster Zeit auch nachgewiesen, daß es in der zweiten Hälfte des 15. Jhs. in Wien noch eine von den Drucken der Schwanksammlung unabhängige Überlieferung gab, die in einem gewissen GUNDAKER VON THERNBERG den historischen *Pfarrer vom Kahlenberg* erblickte.

Der Hofhistoriograph Kaiser MAXIMILIANS I. LADISLAUS SUNTHEIM berichtet in seiner zwischen 1498 und 1506 verfaßten Beschreibung des Donautales über den Kahlenberg folgendes: «Da ist der abentewrist pfaff, genannt vom Kallenperg, pharrer gewesen und ist von gepürt ein edelman gewesen, genant mit seinem taufnamen herr Gundacker, von geschlecht von Ternberg, und ligt begraben in dem closter Lilienfeld in dem kor under den glockhen.» Diese Gleichsetzung GUNDAKERS mit dem *Pfarrer vom Kahlenberg* ist richtig. Der vermeintliche Grabstein in Lilienfeld ist allerdings nur ein Gedenkstein. Eintragungen aus dem 14./15. Jh. im Totenbuch des Stiftes Lilienfeld bestätigen die historische Existenz dieses GUNDAKER. Der geschichtliche *Pfarrer vom Kahlenberg* hieß also weder VINCENTIUS, wie LUTHER (Randglossen zur Bibel, Jesus Sirach XIX, 5) meinte, noch Pfaffe HANS, wie AVENTIN erzählt, noch WEIGAND VON THEBEN, wie FUGGER zu wissen glaubte, sondern GUNDAKER VON THERNBERG. Dieser entstammte einer zu Thernberg im südlichen Niederösterreich ansässigen Adelsfamilie und war ein Sohn des NIKLAS VON THERNBERG. Er war Pfarrer in Kirchberg am Wechsel, von etwa 1330 bis 1339 Pfarrer im Kahlenbergerdorf, stand in Beziehungen zum Zisterzienserstift Lilienfeld, in dessen Klosterkirche man ihm als Wohltäter einen Denkstein setzte, und war zuletzt wie es V. 2119 ff. berichtet wird, Pfarrer zu Prigglitz («Prücklens»), wo er auch begraben liegt und eine Grabplatte seinen Namen trägt.

Diese historische Persönlichkeit war das Vorbild des Schwankhelden, ohne daß GUNDAKER auch nur annähernd so geartet gewesen zu sein brauchte wie die Gestalt des *Kahlenbergerbuches*. Die historische Persönlichkeit hat später alles Individuelle abgestreift. Geblieben ist nur der Name ihrer Wirkungsstätte und das Lokalkolorit: das Dorf am Fuße des Kahlenberges, die steilansteigenden weinbepflanzten Hänge und die vorbeiflutende Donau. Der adelige Pfarrer GUNDAKER wurde im Verlauf des 14./15. Jhs. gemeinsam mit dem adeligen Dichter NEIDHART zu einer sagenhaften Gestalt, auf die eine Anzahl älterer, aus früherer Zeit literarisch bezeugter und neuerer Possen und Wandergeschichten vereinigt wurde. Die Wahrscheinlichkeit, daß GUNDAKER VON THERNBERG selbst auch ein schalkhafter Kauz war, der zu dieser Vereinigung der Schwänke auf seine Person Anlaß gab, ist natürlich nicht von der Hand zu weisen.

Das Ergebnis der Schwänke ist regelmäßig die Erringung eines Vorteils, in den Hofschwänken und klerikalen Späßen gewöhnlich ein persönlicher, in den bäurischen meist ein der Kirche zugute kommender. Der Herzog wird als freigebiger Fürst hingestellt. Er und seine Gemahlin geben oft den Anstoß zum Schwank und setzen den Pfarrer in Bewegung. In den Bauernschwänken ist meist Kargheit das Motiv der Handlungsweise und die treibende Kraft des Geschehens.

Was den Stil der ‹Geschichte des Pfarrers vom Kahlenberg› angeht, so soll man vom Verfasser nicht verlangen, daß er die einfachen Formen der Erzähl- und Umgangssprache zu einer Kunst- und Literatursprache erhebe. Seine Stilmittel gehören zur Gänze der mündlichen Redeform an. Er verfügt über eine lebendige Darstellung: die direkte Rede überwiegt weit die objektive Erzählung; gerne läßt er Rede und Gegenrede unmittelbar aufeinander folgen; er verfügt über eine gewisse Fülle des Ausdruckes und behagliche Breite; Reimnot führt zum Einschub leerer Füllverse, Verswiederholungen kommen vor; der Reichtum an Ausdrucksmitteln ist nicht groß; Beteuerung dient häufig als Stilmittel, Spannung zu erhalten. Der syntaktische Bau der Sätze ist einfach. Gleichmäßig im ganzen Buch zeigen sich die lockere Form und Anknüpfungsart der Umgangssprache. Nur gelegentlich sucht der Verfasser sich der Schriftsprache zu nähern. PHILIPP FRANKFÜRTER kam offenbar aus der einfachen bürgerlichen Schicht des Volkes und erzählt für sie die schon älteren, örtlich fixierten Schwänke. Die Mittel der Darstellung entnahm er der Wiener Umgangssprache des ausgehenden 15. Jhs.; allzu örtlich bedingte Wortwahl wird vom Verfasser oder Drucker vermieden. Er besaß eine gewisse theologische Bildung.

Das *Kahlenbergerbuch* gehört einer Gattung Schwankliteratur an, die bald nach 1200 mit den listigen Schelmenstreichen des ‹Pfaffen Amîs› begann, gegen Ende des 15. Jhs. die Schwänke des *Pfarrers vom Kahlenberg* und die *Neithart-Schwänke* hervorbrachte, bzw. auf bestimmte Persönlichkeiten vereinigte und schließlich im 16. Jh. im *Prosavolksbuch vom Eulenspiegel* den Höhepunkt erreichte.

Die Schwänke des *Pfarrers vom Kahlenberg* waren überaus beliebt und haben eine weite Verbreitung im ober- und mitteldeutschen Sprachgebiet gehabt. Bis in die erste Hälfte des 17. Jhs. wurde das Buch erneuert. Es wird bei BRANT, BEBEL, CELTIS, AVENTIN, MURNER, im *Eulenspiegel,* bei AGRICOLA, LUTHER, FISCHART, NIGRINUS etc. erwähnt. ACHILLES JASON WIDMANN bürgerte schließlich (1558) die spätmittelalterliche Schwankfigur des PETER LEU († 1496 in Schwäbisch Hall) als «andern Kahlenberger» in die Literatur ein.

Vermutlich dem 15. Jh. gehört an und alemannische Eigentümlichkeiten enthält die Schwankdichtung ‹Die Historien von dem Ritter Beringer› (ca. 400 V., Straßburg 1495). Sie erzählt von der Entlarvung eines feigen und prahlerischen Ritters durch eine listige Frau.

c) ‹Till Eulenspiegel›

Mit seiner Gestalt und seinem Stoff ebenfalls noch in das 14. Jh. reicht zurück, aber auf niederdeutschem Gebiet entstand das *Schwankbuch* ‹Ulenspegel›. Wie der *Pfarrer vom Kahlenberg* ist auch der *Eulenspiegel* im Anschluß an eine bestimmte Persönlichkeit erwachsen. Der Kern der ihnen zugeschriebenen Schwänke hat persönliche, historische Züge. Die Geschichten spiegeln bestimmte Kulturverhältnisse wider. Auf den bayrisch-österreichischen Ritter NEITHART folgte der Dorfpfarrer, auf diesen der Kneitlinger Bauernsohn. Der Wandergeselle EULENSPIEGEL kommt aus dem dritten Stand. Bei seinen Streichen spielen das Kleinbürgertum und das Handwerk in den Städten eine Hauptrolle. Dieser Anschluß an die Entwicklung sicherte der Schwanksammlung den Weg in die Zukunft. Der ‹Ulenspegel› ist bereits in Prosa abgefaßt.

Das Wort ‹Ulenspegel› bezeichnet zunächst den Schleier der Schleiereule. Der erste Träger des Namens dürfte ein eulenähnliches Gesicht gehabt haben. Der Name ULENSPEGEL ist 1335/55 in Braunschweig belegt. Es gab einen CLAWS ULENSPEGEL, dessen Sohn TILE zum Helden des Volksbuches wurde. TILE ULENSPEGEL wurde in Kneitlingen am Elm geboren und starb 1350 zu Mölln in Lauenburg, wo man ihm später einen Grabstein setzte. Die meisten Historien sind ohne geschichtliche Gewähr. Die in ihnen erzählten Streiche wurden erst nachträglich auf ULENSPEGEL übertragen. Bereits Anfang des 15. Jhs. war er als Träger bestimmter Schwankmotive bekannt. Dies bekunden zwei Briefe des DIETRICH VON NIEHEIM und eines Freundes von 1411. In der zweiten Hälfte des 15. Jhs. bildete sich wahrscheinlich in Braunschweig die Sammlung der Schwänke heraus. Es entstand zunächst ein noch handschriftliches Buch. Unmittelbare literarische Quellen lassen sich nicht nachweisen. Überliefert ist das Buch nur in verschiedenen Übersetzungen. Es gab aber eine niederdeutsche Ausgabe. Bisher konnte man zwei Überlieferungszweige eruieren. Den ersten stellen dar: der älteste erhaltene Druck Straßburg JOHANN GRIENINGER 1515 mit Holzschnitten: ‹Ein kurtzweilig Lesen von Dyl Ulenspiegel› (einziges erhaltenes Exemplar im Britischen

Museum), übersetzt aus einer niederdeutschen Vorlage, und ein jüngerer Druck Straßburg GRIENINGER 1519. Den zweiten Überlieferungszweig bilden die niederländische, französische und englische Übersetzung; er beruht unabhängig vom ersten ebenfalls auf einem niederdeutschen Druck. Die Vorlage der niederländischen und englischen Übersetzung war der niederdeutsche Urdruck, die Vorlage der hochdeutschen Übertragung jedoch eine erweiterte niederdeutsche Bearbeitung. Der niederdeutsche Urdruck kam wahrscheinlich um 1478 in Lübeck zustande. Drucker könnte LUCAS BRANDIS gewesen sein, bei dem damals auch die ‹Historie van der Verstoringe der Stat Troye›, die ‹Historia van den söven wysen Meisteren›, ‹Van Alexandro deme groten koninge›, und, wie wir annehmen dürfen, auch die ‹Griseldis› und die ‹Melusine› erschienen.

Im Vorwort des Druckes von 1515 berichtet ein ungenannter N., er sei im Jahre 1500 von «etlichen Personen» gebeten worden, die über DYL ULENSPIEGEL kursierenden Historien und Geschichten zu sammeln und niederzuschreiben. Die Ausgabe Köln 1539 und der Druck Frankfurt 1545 nennen das Jahr 1483. Es handelt sich demnach beim *Ulenspiegel-Buch* nicht um eine individuelle Dichtung, sondern um die schriftliche Fixierung im letzten Viertel des 15. Jhs. von mündlich tradierten Schwänken. Die überwiegende Anzahl der Historien wurde im Braunschweiger Raum oder im weiteren norddeutschen Gebiet gesammelt. Aufgeschrieben wurden sie in niederdeutscher Sprache. Als Zweck seiner Arbeit nennt der Sammler und Bearbeiter: den «Lesenden und Zuhörenden» ein «fröhlich Gemüt zu machen in schweren Zeiten». Am Ende der Vorrede sagt der Redaktor weiters, er habe seiner Arbeit auch etliche «Fabeln» des ‹Pfaffen Amîs› und des ‹Pfaffen von dem Kahlenberg› «zugelegt». Das trifft auch zu: dem ‹Pfaffen Amîs› sind die ‹Ulenspiegel›-Historien 27, 28, 29, 31 nachgebildet, dem ‹Pfaffen von dem Kahlenberg› die Historien 14 und 23. Der Sammler, der um 1500 in Braunschweig lebte, schöpfte demnach sowohl aus der mündlichen als auch aus der schriftlichen Tradition.

Aus der Vorrede zum Druck 1515 geht auch die Absicht des Verfassers hervor, sein Unternehmen wenigstens in bescheidener Weise literarisch zu formen. Was dabei zustande kam, ist eine gattungsgeschichtlich interessante Frühstufe des Prosaromans. *Eulenspiegel* wird durch seinen Witz und seine Fähigkeiten die Mittelpunktsfigur einer in losen biographischen Zusammenhang gebrachten Folge von Erlebnissen und Unternehmungen. Er ist ein hauptsächlich im Gebiet des braunschweigisch-lüneburgischen Herzogtums wandernder Geselle und Landfahrer. Seine Geschichte reicht von Geburt und Taufe bis zum Begräbnis und der Aufstellung eines Gedenksteins. Der Verfasser malt ein Abbild des Alltags im 15. Jh. mit seinen verschiedenen Ständen und sozialen Schichten.

Eulenspiegel ist eines Bauern Sohn. Nach dem frühen Tod des Vaters übt er sich im Seiltanzen, anstatt auf Wunsch der Mutter ein Handwerk

zu lernen, und wird ein wandernder Geselle und Gelegenheitsarbeiter. Er
bringt sein Leben mit viel Schalkheit zu. Zwischen den Possen und Schwänken sind immer wieder biographische Hinweise eingestreut. Der aus dem
verachteten Bauerntum stammende Landfahrer ist klüger als die selbstgefälligen Stadtbürger. Nachdem er alle «Lande umlaufen» hat, alt und
verdrossen geworden, geht er um seines Seelenheiles willen in das Zister-
zienserkloster Mariental bei Helmstedt. Seiner Schalkheiten wegen muß er
es jedoch bald wieder verlassen. Kurz darauf wird er krank, seine alte
Mutter besucht ihn, er stirbt zu Mölln. JOHANN MARTIN LAPPENBERG
erkannte bereits, daß die Erzählungen weder nach einer Zeitfolge noch
nach Orten der Begebenheiten angeordnet sind, sondern nach gewissen
Gattungen. Aber auch das geschah nicht genau, sondern nur ungefähr.

Die Nummern 1 bis 9 (und eventuell 10 und 21) berichten über Herkunft und
Jugendstreiche des Till Eulenspiegel. Nr. 11 bis 13 erzählen die Schelmenstreiche
beim Pfarrer zu Budenstetten in der Nähe Magdeburgs, darunter die bemerkenswerte Verulkung des Osterspieles (von HANS SACHS 1539 als Schwank gestaltet). Nr. 14 bis 17 sind Marktschreier- und Quacksalbergeschichten. Nr. 18
bis 20 betreffen Brot und Bäcker. Nr. 22 bis 27 sind inhaltlich verschieden, haben
aber gemeinsam, daß Eulenspiegel weltlichen Fürsten [dem Grafen von Anhalt, dem König von Dänemark, dem König von Polen, dem Herzog von Lüneburg (25 und 26), dem Landgrafen von Hessen] gegenübersteht und sie überlistet.
Nr. 28, 29 und 30 verhöhnen die Weisheit der Universitäten (Prag, Erfurt) und
anderer Kluger. Nr. 31 bis 38 betreffen den Reliquienkult und mit einigen Ausnahmen den Klerus, darunter Eulenspiegels Reise nach Rom mit der Annäherung an den Papst, und den Betrug an den Juden in Frankfurt. Nr. 39 bis 62
und 74 sowie 63 bis 66 berichten meist von gefoppten Handwerkern (Schmieden,
Schuhmachern, Schneidern, Kürschnern, Gerbern etc.) und verwandten Gewerben (darunter ein Brillenmacher), wobei Eulenspiegel in Lübeck nur mit
knapper Not dem Galgen entgeht (in Nr. 58). Nr. 67 bis 73 haben die Verspottung
Eulenspiegels durch eine Bäuerin, einen Bauernbetrug, Streiche in Hannover
und Bremen und den Schwank mit den zwölf Blinden zum Thema. Nr. 75 bis
86 (und 33) beziehen sich auf Gastwirte und Bewirtung. Nr. 87 bis 89 betreffen
den Markt und Klosterleute. Nr. 90 bis 96 schließlich erzählen von der Krankheit, dem Testament, von Tod und Grab des Eulenspiegel.

Wie die ‹Geschichte des Pfarrers vom Kahlenberg›, BRANTS ‹Narren-
schiff› u. a. hat auch das *Eulenspiegel-Buch* schon im erhaltenen ältesten
Druck Holzschnitte. Mit wenigen Ausnahmen ist jede Historie mit einem
Holzschnitt illustriert. Dieser Bildschmuck war damals unabdingbarer
Bestandteil des Buches und sollte Hilfen abgeben für das des Lesens oft
noch unkundige Publikum.

Gemäß der Vorrede geht es dem Verfasser in erster Linie um die Freude
und den Spaß am Scherz. *Till* erstrebt keine materiellen Vorteile: er foppt
die Leute, vollführt seine Streiche und hat daran sein Vergnügen. Zuvör-
derst neckt er die selbstbewußten Handwerker: in rund 55 Schwänken
sind Vertreter der verschiedenen Zünfte seine Gegenspieler. Dann erst
kommen weltliche Herren, die Geistlichen, die Bauern, die Professoren.

Doch nicht der Stand wird verspottet, sondern die Verhaltensweise eines Einzelnen soll bloßgestellt und getroffen werden. Bei manchen Historien sind auch der Grobianismus, die Zote und die derbe Heiterkeit Selbstzweck. In den eigentlichen Streichen geht es um den ‹Wortwitz› oder die wörtliche Befolgung eines Befehles. Dieser erfolgt regelmäßig zum Schaden der Betroffenen, aber nicht immer zum Vorteil Eulenspiegels; reine Betrügereien sind selten. Rohes, Derbes wird nicht vermieden. Vor allem für Norddeutschland ist Eulenspiegel zu einem symbolischen Vertreter von Volkswitz und Volksweisheit geworden. Aus dem niederdeutschen Raum herausgenommen ist die Mehrzahl der Formeln, Sprichwörter und Leitgedanken, die Eulenspiegel als Vorwurf für seine Streiche dienen. Geschickt nützt er deren Vieldeutigkeit oder macht Wortverwechslung zum Motiv seines Handelns. Seine Komik ist witzig und geistiger Art und nur selten Situationskomik.

Die uns in den Drucken entgegentretende Figur des Eulenspiegel ist bereits zeitlos. Die Streiche werden vom Beginn des 12. Jhs. bis um 1500 datiert. Mehrfach sind auch andere Schwänke auf Eulenspiegel übertragen. Abgesehen von den in der Vorrede genannten Geschichten des ‹Pfaffen Amîs› und des ‹Pfarrers vom Kahlenberg› hat man weitere Berührungen nachzuweisen versucht, so für den italienischen Erzähler GIROLAMO MORLINI, die FRANÇOIS VILLON zugeschriebenen ‹Repues franches›, für den italienischen Eulenspiegel Gonella, POGGIOS ‹Facetien›, HEINRICH BEBEL und die ‹Cento novelle antiche›.

Durch den ULENSPEGEL, dessen Schwänke (obgleich LUTHER ihren Helden in den Glossen zu Jesus Sirach als verachtenswertes Subjekt bezeichnete) im 16. Jh. zum beliebtesten Erzähl- und Lesegut weiter Kreise wurden, gewann die niedersächsische Dichtung Anteil an der Weltliteratur. Das Buch wurde, außer ins Hochdeutsche, ins Kölnische (bei SERVAIS KRUFFTER 1520/30), Niederländische (bei MICHIEL VAN HOOCHSTRATEN, Antwerpen), Englische (‹Howleglas›, um 1550 erschienen), Französische, Polnische, Jiddische, Dänische, Schwedische, Tschechische, Jugoslawische, Russische und Finnische übersetzt. Es fand dichterische Verwendung in Schwänken, Fastnachtspielen, Meistergesängen bei HANS SACHS (1533/63) usw. JOHANNES NEMIUS, Rektor zu Herzogenbusch, übersetzte den ‹Eulenspiegel› in lateinische Jamben (1558), AEGIDIUS PERIANDER, d. i. GILLES OMMA aus Brüssel, in lateinische Distichen (1567, 1572). Von den zahlreichen bildlichen Darstellungen seien nur die Kupferstiche von LUCAS VAN LEYDEN und REMBRANDT genannt.

6. Das literarische Werk Kaiser Maximilians I.

So ziemlich alle wesentlichen Kultur- und Literaturströmungen des ausgehenden Mittelalters vereinigen sich in der Persönlichkeit Kaiser MAXIMILIANS I. (1459–1518), des Sohnes Kaiser FRIEDRICHS III. und der ELEONORE VON PORTUGAL: *ritterlich-höfisches Mittelalter, scholastische Bildungswelt und Humanismus,* habsburgisch-österreichische Tradition und burgundische Einwirkungen. Der Kaiser pflegte und förderte beinahe alle Gattungen und Formen der damaligen Literatur. Planung und Thematik seiner Schrift- und Buchwerke stammen von ihm selber; die Ausführung lag großenteils in den Händen von Beamten seiner Kanzleien und beauftragten Fachleuten. Er befahl die Sammlung und Bewahrung der Epik des Hochmittelalters, er wollte die österreichische Schwankdichtung des 14. Jhs. erneuern lassen, er diktierte eine Autobiographie, dichtete selber einen Abenteuerroman in Versen und einen Geschichtsroman in Prosa, veranlaßte und plante Geschichtswerke, Genealogien, Landesbeschreibungen, gab Werke profaner Fachliteratur und religiöser Erbauung in Auftrag, befahl Übersetzungen und zog den Holzschnitt zur Illustration seiner Buchwerke und zur Herstellung von enkomiastischen Folgen und von Gemäldepoesie heran.

Die Erziehung und Heranbildung Kaiser MAXIMILIANS I. war noch vorwiegend im Sinne des scholastischen Bildungssystems und der ritterlichen Lebensformen erfolgt und auf möglichste Vollkommenheit bedacht. Die Landschaft seiner Kinderjahre war die Burg in Wiener Neustadt mit ihren Einrichtungen und ihrer Umgebung. Die Septem artes mechanicae, insbesondere die Hofkünste, waren dem Knaben zunächst lieber als die Artes liberales. Lateinischer Dialog und Grammatik brachten ihm das nötige Gebrauchslatein bei. Über Legenden und Sagen näherte er sich der Chronistik und Geschichte. Von der Hauswirtschaft führte ihn der Vater zum Staats- und Kanzleiwesen und zu den Sprachen. Die religiöse Prägung erfolgte im Geiste des alten Glaubens. Doch nahmen auch einzelne Humanisten auf die Ausbildung Einfluß, so der kaiserliche Sekretär und Rat JOHANN HINDERBACH, indem er der Kaiserin den Erziehungstraktat, den einst ENEA SILVIO für LADISLAUS VON BÖHMEN verfaßt hatte, empfahl. Angesichts der immer drohender werdenden Türkengefahr erschien dem Prinzen ein Kreuzzug als hohe Berufung seines zukünftigen Kaisertums.

Diese Allgemeinbildung aus Altem und Neuem und die mannigfachen Anregungen erfuhren eine wesentliche Ergänzung, als MAXIMILIAN im April 1477 mit MARIA VON BURGUND, der Tochter und Erbin KARLS DES KÜHNEN, vermählt wurde und nicht nur in die Tradition der burgundisch-niederländischen Politik und Staatskunst, sondern auch mitten in den flandrisch-burgundischen Kulturbereich mit seiner Ritterromantik, seiner höfischen Literatur, Pracht der Malerei, Skulptur und Musik eintrat. Da jedoch KARL DER KÜHNE kurz zuvor (5. 1. 1477) gestorben war, stand der junge MAXIMILIAN zunächst vor der schweren Aufgabe, den Burgundischen Staat zu erhalten, dem Ausdehnungsstreben

Frankreichs Grenzen zu setzen und die ständischen Gewalten zu unterwerfen. Nach dem frühen Tode MARIAS († 1482) verband sich die innere Opposition mit dem äußeren Feind, den Franzosen. Die Auseinandersetzungen führten 1485 zur Unterwerfung von Brügge und Gent. Nach seiner Erwählung und Krönung zum deutschen König in Aachen 1486 führte der Frankfurter Reichstag MAXIMILIAN gleichzeitig alle großen Fragen der Reichsreform, Reichshilfe, Reichssteuer, Reichsregiment, Kammergericht und Landfrieden, vor Augen. Bei einem neuen Widerstand der niederländischen Städte wurde der König 1488 nach Brügge gelockt und gefangengesetzt. Erst angesichts eines Reichsheeres gab man ihn frei. Obwohl MAXIMILIANS burgundische Periode wenig glücklich war, haben ihn Burgund und sein Hof wesentlich mitbestimmt: die kaiserliche Repräsentation und Lebenshaltung, seine rege literarische Tätigkeit und Kunstpflege, seinen historiographischen und genealogischen Eifer. Ähnlich wie die Herzoge von Burgund zog auch MAXIMILIAN, was in Gelehrsamkeit, Dichtung, Musik und den Künsten hervorragte, in seine Umgebung und beschäftigte es mit seinen Plänen.

Mit seiner Rückkehr nach Deutschland 1489 nahm die burgundische Periode MAXIMILIANS zwar persönlich ein Ende, nicht aber in der Politik. Unmittelbar darauf kam es 1490/91 zum sog. ‹Brautraub von Britannien›. MAXIMILIAN hatte sich mit ANNA VON DER BRETAGNE *per procuram* vermählt. Die Vereinigung der Niederlande mit der Bretagne wäre die Folge gewesen. Da besetzte KARL VIII. VON FRANKREICH die Bretagne und zwang ANNA, ihm die Hand zu reichen, obwohl er bereits mit MAXIMILIANS Tochter MARGARETA verlobt war. MAXIMILIAN, der in Ungarn festgehalten war, mußte die Schmach hinnehmen. Sowohl die Gefangennahme in Brügge als auch der sog. ‹Brautraub› fanden in historischen Liedern mehrfachen Niederschlag.

Im Laufe der niederländischen Kriege war es MAXIMILIAN gelungen, Österreich in ein weltgeschichtliches Mächtebündnis mit England und Spanien einzuführen, das die Großmachtstellung des Hauses Habsburg begründete. Durch den Verzicht SIEGMUNDS wurde er Herr von Tirol und der österreichischen Vorlande und folgte nach dem Tode seines Vaters 1493 diesem als Kaiser in der Regierung. MAXIMILIANS Auffassung von Kaisertum und Reich war noch vorwiegend mittelalterlich, die Hofhaltung zeigt aber bald burgundisch-renaissancemäßige Züge: der Kaiser umgeben von Gelehrten, Dichtern, Geschichtsschreibern, Künstlern und Musikern. Die höfische und spätmittelalterliche Kultur des Rittertums ging bei MAXIMILIAN mit dem unter Kaiser FRIEDRICH III. aufstrebenden Humanismus eine einzigartige Verbindung ein. Kaiser FRIEDRICH war ein eifriger Astrologe und Chymist und glaubte fest daran, daß sich Gottes Wille und das Schicksal des Menschen in den Sternen offenbaren. Die väterliche Neigung vererbte sich auf den Sohn. Horoskope, die der Hofastronom JOHANNES BOHEMUS-NIHIL und REGIOMONTAN für MAXIMILIAN lieferten, waren Anlaß, daß der Kaiser sich zeit seines Lebens die Ungunst der Gestirne bei seiner Geburt vor Augen hielt. Besonders die durch REGIOMONTAN berechnete unglückliche Konstellation des Kaisers gab ein Grundelement seiner literarischen Hauptwerke von der ‹Autobiographie› bis zum ‹Theuerdank›.

Der Kaiser, dessen Politik wandelbar schien, hatte den Drang nach rastloser Tätigkeit und besaß eine rege Phantasie und Kombinationsgabe. Er war allen Fragen des Daseins aufgeschlossen, dabei von universeller Vielseitigkeit in Politik und Kriegswesen, in den Künsten und Wissenschaften. Das Interesse des Kaisers galt nicht allein dem Kriegführen, dem Ritterspiel, der Jagd und den Mummereien. Er war auch sehr ernsten Dingen und religiösen Problemen zugewandt. Wahrscheinlich bei Gelegenheit des Kölner Reichstages 1505 berief er auf das Schloß Boppart JOHANNES TRITHEMIUS und legte ihm acht Fragen vor. TRITHEMIUS hat darüber ein Buch verfaßt und es 1508 dem Kaiser übersandt. Es wurde unter dem Titel: ‹Johannes Trithemius, Liber octo quaestionum theologicarum ad Maximilianum Caesarem› (Oppenheim 1515; deutsch von HIERONYMUS ZIEGLER 1556) gedruckt. Erfüllt von Reformideen für Kirche, Reich und christliche Staatenfamilie, versuchte er eine Neugestaltung des Heiligen Römischen Reiches Deutscher Nation durchzuführen, doch die Entwicklung seit dem Interregnum im 13. Jh. war nicht mehr rückgängig zu machen. Seit seiner Jugend war er für die Epik des Mittelalters und das darin verherrlichte Ritterideal begeistert. Später konzentrierte sich sein Kunstinteresse vor allem auf die Verherrlichung seiner Person zu dauerndem Gedächtnis mit Hilfe der Literatur und des Holzschnittes.

MAXIMILIANS *Bücherprojekte* und *Programme,* deren wir mehrere überliefert haben, sind sehr umfangreich und umfassen heterogene Stoffe. Weitausgreifend umspannen sie schließlich das gesamte Gebiet der kaiserlichen Interessen: Kunst und Literatur, Musik, Ethik und Religion, Geschichte, Politik, Kriegswesen, Geschützgießerei, Münzprägung, Bergbau und Jagd. Das meiste davon ist Plan geblieben oder über den Entwurf nicht hinausgekommen. Am weitesten gediehen sind die *literarisch-geschichtlichen Werke* und zwar zunächst solche, die genaue und ausführliche Kunde *vom eigenen Leben und Wirken* bringen: ‹Triumph› und ‹Triumphzug›, ‹Triumphwagen› und ‹Ehrenpforte›, ‹Weißkunig›, ‹Freydal›, ‹Theuerdank›. Dann andere, welche die *Geschichte des kaiserlichen Hauses und Geschlechtes* aus dem Dunkel der Vergessenheit emporheben und der Nachwelt überliefern sollten: der ‹Stam› und die ‹Stam Chronik›. *Geschichtliche Werke einer dritten Gruppe* endlich sollten (zunächst anscheinend in ideeller Verbindung mit den Plänen der ‹Germania illustrata› des KONRAD CELTIS) eine großangelegte Landeskunde Deutschlands (das erste Buch eine Art Fürstenspiegel, das zweite eine genaue Landesbeschreibung), eine Kaisergeschichte und, als Neben- und Vorarbeit zur Kaisergeschichte und dem Fürstenspiegel, ein Münzbuch enthalten. Dabei waren zuerst LADISLAUS SUNTHEIM, dann KONRAD CELTIS, JOHANNES STABIUS, JAKOB MENNEL (MANLIUS), KONRAD PEUTINGER, WILLIBALD PIRCKHEIMER u. a. beratend und helfend mittätig. Nach dem Tode des CELTIS wurden zur Ausgestaltung der poetischen Pläne in der Hauptsache Vertreter älterer Geistes- und Kunstrichtungen herangezogen: MARX TREITZSAURWEIN (um 1450–1527), MELCHIOR PFINZING (1481–1535) u. a.

Das literarische Werk Kaiser MAXIMILIANS ist in erster Linie persönlich und dynastisch, in zweiter imperialistisch. Es repräsentiert ein großangelegtes autobiographisches Ruhmeswerk, das noch einmal die Welt des Rittertums zurückrufen und zur Verherrlichung der Person des Kaisers und seines Hauses dienen sollte. An der Ausführung beteiligte der Herrscher Dichter, Gelehrte, die Geheimschreiber seiner Kanzlei und die bildende Kunst. In der ‹Ehrenpforte›, auch ‹Triumphpforte› (1515/17) genannt, mußten 1512 ff., nach gedanklicher Planung von JOHANNES STABIUS, JÖRG KÖLDERER und ALBRECHT DÜRER die Triumphbogen der römischen Imperatoren im Holzschnitt nachbilden. Der als Wandschmuck gedachte Riesenholzschnitt sollte ein «Lehrgemäl» oder «Gemälpoesey» vorstellen. Für die Ornamentik fand die Hieroglyphen-Symbolik der Renaissance Verwendung. Mit der ‹Ehrenpforte› in engem Zusammenhang stand außer ‹Triumph› auch der ‹Triumphzug› mit dem ‹Triumphwagen› (1512 ff.). Das Programm führte MARX TREITZSAURWEIN aus. Als epischer Bilderzug sollte das Werk alles zum Leben des kaiserlichen Ritters und Herrschers Gehörige vorführen.

Außer diesen überwiegend bildnerischen Darstellungen wurden als zusammengehörige poetische Werke besonders der ‹Weißkunig›, der ‹Freydal› und der ‹Theuerdank› gefördert. Diese drei Dichtungen haben ihre Wurzeln in der höfischen Literatur des Mittelalters, in Minnesang und Ritterroman, sowie der Kunstform der Ritterbiographie der französischen und burgundischen Literatur des 14. und 15. Jhs. Auch die von der Mystik geschaffene deutsche Autobiographie und das von der scholastischen Bildungswelt her geförderte Allegorisieren, wie es der frühe Meistergesang übte, kamen ihnen zugute. Im ‹Freydal› wie im ‹Theuerdank› spielen die Hofkünste, d. s. Turniere, Turnierfahrten, Fechten und Stechen, eine große Rolle. Das Verständnis der Gesamtkomposition der drei Werke erschließt MAXIMILIANS lateinische ‹Autobiographie› (1492/97). Sie enthält den ursprünglichen Gesamtentwurf und schließt die späteren Einzelwerke sowohl dem Stoff wie der Konzeption nach keimhaft in sich. An einer Stelle der ‹Autobiographie› versucht der Kaiser eine Sinndeutung seines Lebens, indem er meint, diesem liege der Widerstreit zwischen *misericordia Dei* (Gnade Gottes) und *constellatio prava* (Ungunst der Gestirne) zugrunde. Daher müsse er mit Notwendigkeit viel Leiden und Mißgeschick erdulden, obgleich ihn Gott immer in leiblichen Gefahren behütet hat. Das Lebensgefühl des Herrschers zeigt eine Spannung zwischen der Gewißheit des Berufenseins und ständigem Scheitern.

Der ‹Autobiographie› am nächsten steht noch der ‹Weißkunig› (= der weiße König nach seinem blanken, weißen Harnisch; aber auch weiser König). Der Held ist MAXIMILIAN selbst. Das Werk ist ein memoirenartiger Prosaroman in der Nachfolge der ELEONORE VON SCHOTTLAND, des ‹Alexander›-Romans von JOHANNES HARTLIEB, aber auch des ‹Livre des faits et bonnes moeurs de sage roy Charl V.› der CHRISTINE DE PIZAN oder des ‹Chevalier deliberé› (1483) des burgundischen Hofdichters und

Geschichtsschreibers OLIVIER DE LA MARCHE (1422–1502), der das Leben KARLS DES KÜHNEN in allegorisch-symbolischer Form erzählte. Das Buch ist auch Fürstenspiegel, das einen Fürsten nach mittelalterlichem Vorbild zeigt. MAXIMILIAN wollte offenbar zuerst einen historischen Schlüsselroman schaffen, später ein historisches Quellenwerk. Mit der Bearbeitung war ursprünglich KONRAD CELTIS betraut. Schließlich mußte TREITZSAURWEIN den Roman 1514 nach Diktaten des Kaisers ausarbeiten. Der junge Herrscher versuchte, sich den Zeitgenossen und Nachkommen hinzustellen, wie er selbst von ihnen gesehen werden wollte, als tapferer, beharrlicher, durch nichts zu beugender König. Die historischen Personen wurden hinter Decknamen verborgen. Die Krönung der Taten des jungen Herrschers sollte die Vertreibung der Türken aus Europa bilden. Das nicht abgeschlossene Werk wurde mit Holzschnitten von BURGKMAIR, SCHÄUFELEIN und SPRINGINKLEE illustriert und erst 1775 veröffentlicht.

Der ‹Weißkunig› hat drei Teile. Im I. Teil werden in Kapitel 1–12 ausführlich, aber meist mit verdeckten Namen, geschildert: die Werbung der Gesandten des alten Weißkunig (FRIEDRICH III.) um ELEONORE VON PORTUGAL; die aus diesem Anlaß in Lissabon veranstalteten Festlichkeiten; die See-Reise der Braut nach Italien, wo Friedrich sie einholte. In Rom finden die Kaiserkrönung und Vermählung durch den Papst statt. Als Quellen wurden benützt: Aufzeichnungen zu einer Jugendgeschichte MAXIMILIANS, ‹Der Außzug von Teutschen Landen gen Rom› (Augsburg 1503), d. i. eine Beschreibung der Reise FRIEDRICHS III. zur Krönung und Vermählung nach Rom, und die von NIKOLAUS KAPS besorgte Übersetzung der ‹Historia desponsationis et coronationis Friderici III. et coniugis ipsius Eleonorae› des NIKOLAUS LANCKMANN VON FALKENSTEIN (Augsburg 1503). Im II. Teil werden in den Kapiteln 13–69 Geburt, Kindheit und Jugend Maximilians und Unterweisung in fast allen Artes erzählt. Im III. Teil (Kap. 70–221) sollten die Kriegstaten des Helden dargestellt werden. Der Roman fußt durchwegs auf Diktaten MAXIMILIANS. Schon im II. Teil, vollends aber im III. wird der ‹Weißkunig› zur Autobiographie. Sie reicht dann bis zur Schlacht bei Vicenza 1513.

Die innere Idee, wie aus dem Leben des Kaisers das Ideal der Ritterehre und Adelsethik herauswächst, eröffnet den Zusammenhang des ‹Weißkunig› mit dem ‹Freydal› und ‹Theuerdank›, welche das ritterlichhöfische Leben, die Spiele und Abenteuer behandeln. Den Rahmen für die Begebnisse der beiden letzteren gaben die Liebe und Minnefahrt zur burgundischen Königstochter. Der Text des ‹Freydal› (richtiger *Freydalb*, d. i. der weiße freudige Jüngling) wurde ebenfalls von TREITZSAURWEIN bearbeitet, liegt aber nur mehr teilweise handschriftlich vor.

Der «freydige» Jüngling nähert sich, um Minne werbend, drei königlichen Jungfrauen. Diese stellen dem jungen Helden schwere und gefährliche Aufgaben. Freydal sucht 64 Fürstenhöfe auf und vollbringt dort ritterliche Taten im Rennen, Stechen oder im Turnier und Fußkampf und richtet jedesmal eine Mummerei (Maskerade mit Auf- und Umzügen) aus. Die Ereignisse an den Höfen sind ziemlich gleichförmig: Freydal kommt an den Hof der Dame und läßt durch seinen Herold dreierlei Turniere ausrufen. Die Dame wählt (wenn sie verheiratet

ist, mit Rat ihres Gemahls, sonst mit dem ihres Vaters oder eines «Vorgehers»)
drei Kämpfer aus, die drei Ritterspiele gegen Freydal zu bestehen haben.
Darauf folgt die Schilderung der Kämpfe, die Einladung zur Mummerei, der Abschied
Freydals. Als er von den Kämpfen ruhmbedeckt wieder am väterlichen Hof
anlangt, trifft die Gesandtschaft einer mächtigen jungen Königin ein und verlangt für ihre Herrin Freydal zum Gemahl. Diese Königin ist eine der drei
Jungfrauen, die Freydal zu den Ritterspielen ausgeschickt hatten. In diese
Handlung sollten 256 Holzschnitte mit tatsächlich abgehaltenen Ritterspielen,
geordnet zu einem Zyklus von Turnierhöfen, eingefügt werden. Das Werk gehört gattungsmäßig zur Artesliteratur und zwar innerhalb der Eigenkünste
(Artes mechanicae) zu den Hofkünsten mit ihren festlichen Wettkämpfen, Veranstaltungen und Vergnügungen.

An die Ritterspiele des ‹Freydal› schließt sich in ‹tragedien›hafter Entsprechung das Epos ‹Theuerdank› (1505/12; gedr. Augsburg 1517; 1519,
1537) an, ein späthöfischer Abenteuer- und Liebesroman in Versen. Auch
hier bestimmte der Kaiser den Inhalt der einzelnen Kapitel. Die Ausarbeitung besorgten SIEGMUND VON DIETRICHSTEIN, MARX TREITZSAUR-
WEIN und MELCHIOR PFINZING im Stil der deutschsprachigen Versepik
des frühen 16. Jhs.; Mitberater war JOHANNES STABIUS. Im ‹Theuerdank›
(Grand-Penser; der Hochgesinnte) werden «eines löblichen teuern und
hochberümten Helden und Ritters ... Geschicht, History und Taten ...
in Form, Maß und Weise der Heldenbücher» beschrieben, genauer: die
Geschichte der Werbung MAXIMILIANS um MARIA VON BURGUND wird
mit einer großen Anzahl von Erlebnissen und Abenteuern in poetischer
Selbstschilderung zu einer allegorischen Darstellung des Ritterlebens gemacht. Das mittelalterliche Grundmotiv der gefahrvollen Brautfahrt ist
mit faktischen und allegorischen Geschehnissen und Abenteuern verbunden. Das Lebenswerk des Kaisers wird als siegreicher Kampf mit der
bösen Welt um menschliche und göttliche Ehre dargestellt, wobei abermals die mittelalterliche Kreuzzugsidee eine Verherrlichung findet. Jede
Fährlichkeit hat ihre Ursache in der Ungunst der Gestirne.

Der Held Theuerdank ist Maximilian selbst. König Romreich, d. i. Herzog
Karl von Burgund, hatte vor seinem Tode testamentarisch verfügt, daß seine
Tochter Ehrenreich, d. i. Maria von Burgund, den Theuerdank zum Gemahl
nehmen solle, was sie diesem nach dem Ableben des Vaters im Einvernehmen
mit ihren Räten kundtut, ihn auffordernd, sich bei ihr einzufinden. Theuer-
dank nimmt von seinem Vater Abschied und begibt sich mit seinem getreuen
Begleiter Ehrenhold auf die Reise von Österreich nach Burgund. Die Fahrt
würde einfach verlaufen, wenn nicht Bosheit, Leichtsinn, Unfälle, Ränke der
Feinde des Helden ihr viele Hindernisse entgegensetzten. Zunächst erscheint der
Teufel selbst in Gestalt eines Doktors, um Theuerdank durch drei Lehren zu
verführen: 1. Der nach Ehren Strebsame solle alles versuchen, was ihm vor
Augen gebracht werde und immer seiner Natur folgen; 2. kein Abenteuer
scheuen und stets die weltliche Ehre im Auge behalten; 3. er solle anderen ihr
Land abgewinnen und unter seine Botmäßigkeit bringen, ohne zu fragen, ob
man dazu ein Recht habe, und ohne um des Gutes wegen seinen Eid zu brechen.
Theuerdank weist den Verführer mit dem geschriebenen Gotteswort von sich.

Dieser beschließt nun, den Helden durch seine Dienstmannen Fürwittig, Unfallo und Neidelhart mit Haß und Neid zu verfolgen und in Not und Leiden zu bringen (1–10). Sie werden als Hauptleute der Königin Ehrenreich dargestellt, die das Land vor feindlichem Eindringen zu behüten haben und die, weil sie um ihre Macht fürchten, Theuerdank nicht zur Königin gelangen lassen wollen. Zuerst beginnt der Hauptmann Fürwittig mit seinen Behinderungen und Versuchen, Theuerdank zu verderben (11–24). Er hat den ersten Paß besetzt, den Theuerdank auf seiner Reise passieren muß. Aber der Held besteht alle Abenteuer meist leichtsinniger und übermütiger Art, durchschaut Fürwittig und jagt ihn in die Flucht. Den zweiten Paß hat Unfallo besetzt. Auch hier wird der arglose Theuerdank von Gefahr zu Gefahr getrieben (25–74), zu Wasser, zu Lande, besonders auf der Jagd, von Ärzten etc. Immer retten den Helden eigene Entschlossenheit und «vernünftiges Aufmerken seiner Natur». Auch Unfallo wird schließlich durchschaut und flüchtet. Den dritten Paß hat Neidelhart besetzt. Die (75–97) erzählten Abenteuer betreffen Maximilians kriegerisches Leben meist in den Niederlanden. Zum Schluß wird auch Neidelhart entfernt, der sich zu seinen Gesellen zurückbegibt.

Als endlich die Straße frei ist, kommt Theuerdank zu der schönen Königin Ehrenreich und wird von ihr ehrenvoll empfangen (98). Die Vereinigung wird jedoch weiter aufgehalten durch ritterliche Kampfspiele, zu denen Fürwittig, Unfallo und Neidelhart ihre Verwandten gegen Theuerdank aufreizen (99–106). Königin Ehrenreich krönt den Sieger Theuerdank mit einem Lorbeerkranz (107). Die drei bösen Hauptleute werden für ihre Untaten vor Gericht gestellt und zum Tode verurteilt (108–112). Nun stünde der Vereinigung Theuerdanks mit der Königin nichts mehr im Wege. Doch die hohe Frau wünscht, daß er vorher noch einen Zug gegen die Feinde der Christenheit unternehmen möge. Ein Engel redet dem Zögernden zu. Ein Priester segnet den Ehe-Verspruch. Der Held rüstet sich zur Heerfahrt (113–117). Ein Epilog an den Leser oder Hörer beschließt die Dichtung.

Der ‹Theuerdank› wandte sich an Adel und Bürgertum. Er wies eine romantische Rückkehr zu den Werten der Ritterzeit: *êre* und *gottes hulde*. Dabei bedeutet das letztere die Gnade Gottes, die dem Menschen in seinem Kampf um *êre* hilft und ihm den Sieg schenkt. Die Gestalten des Fürwittig, Unfallo und Neidelhart bedeuten persönliche Feinde und politische Gegner, verkörpern aber auch allgemein sittliche Qualitäten und astrale, kosmische Gewalten. Diesen drei Gewaltigen muß Theuerdank seine Ehre abgewinnen. Er kann es nur mit Gottes Gnade.

Um das Allegorische zu deuten, verfaßten schon der Kaiser und PFINZING eine Erläuterungsschrift; ein zweiter Schlüssel rührt von SEBASTIAN FRANCK her, ein dritter von JAKOB FUGGER. Die Illustrationen von LEONHARD BECK, HANS BURGKMAIR und ALBRECHT DÜRER machten das Werk zu einem der bestausgestatteten Druckwerke der Zeit. BURKHARD WALDIS hat es bearbeitet und erweitert (gedr. 1553, 1563, 1589, 1596). Trotz verschiedener Schwächen im Dichterischen und Sprachlich-Rhythmischen stellt der ‹Theuerdank› ein bedeutsames menschliches und kulturgeschichtliches Literaturdenkmal dar, das die höfische Welt des vergangenen Mittelalters im Idealbild eines Ritters um 1500 veranschaulichen wollte.

An die drei autobiographischen Hauptwerke wollte der Kaiser eine Satire und Mahnrede ‹Die vier namhafften Königreich› anschließen. Für Kinder und Enkel schuf er Lehr- und Sammelwerke, wie das ‹Papstall› und das ‹Kaiserall› mit allem Wissenswerten über Papst und Kaiser. Eine lange Reihe von Buchwerken des Kaisers gehört zur Artesliteratur, genauer zum Schrifttum der Eigenkünste (Artes mechanicae). Im Vordergrund dabei stand das Kriegswesen, ihm folgten Haushalt, Jagd und Hofkünste. Ein ungenannter Fachmann verfaßte für den jungen MAXIMILIAN eine gereimte ‹Lere› für das Kriegswesen. Darin wird der Charakterschulung ebenso viel Wert beigemessen wie dem fachlichen Können. Im Heerwesen befahl der Kaiser, sich nach burgundischem Vorbild zu richten. Er ließ die ‹Große burgundische Ordonanz› abschreiben und durch ALEXANDER HELMSCHMID 1473 ins Deutsche übersetzen. Auf den Kaiser gehen einige reich illustrierte ‹Zeugbücher› zurück. Sie wurden von BARTHOLOMÄUS FREYSLEBEN und MICHAEL OTT hergestellt. Nach dem Tode des Kaisers erschien der ‹Trewe Rath›, der den Krieg mit großen Heeren behandelte. Die Summe der maximilianischen Kriegserfahrungen verwerteten MICHAEL OTT VON AECHTERDINGEN und JAKOB PREUSS in der ‹Kriegsordnung› (1524). Sie behandelt die Besatzung eines Schlosses, die Artillerie und die Infanterie und gilt als die beste taktische Lehrschrift neben MACHIAVELLIS ‹Libro dell’ arte della guerra›. Den Haushalt betrafen Werke über ‹Gartnerey› und ‹Kellerey›, die Jagd das ‹Gejaidtpuech› und ‹Heimlich gejaidt puech›, 1502 von WOLFGANG LEITNER angelegt, sowie die ‹Jegerey› und ‹Valcknerey›. ‹Paumaisterey› und ›Münzbuch‹ sind verschollen. Zu den großen Holzschnittwerken ‹Stam Chronik› und ‹Stam›, ‹Andacht›, ‹Moralitet› und ‹Sant Jorgen› lieferten TREITZSAURWEIN, STABIUS und MENNEL die Texte. Von den ‹Gedenkbüchern› (= Notizbüchern) sind vier auf uns gekommen. Im Herbst 1512 erteilte der Kaiser dem Buchdrucker HANS SCHÖNSPERGER D. Ä. in Augsburg den Auftrag, den Text eines für den St.-Georgs-Orden bestimmten neuen ‹Gebetbuches› zu drucken. Der Druck war Ende 1513 beendet. Ein Pergament-Exemplar sollte illustriert werden. Dabei waren DÜRER, CRANACH, BALDUNG-GRIEN und BURGKMAIR tätig. Mit dem Werk geht die große Zeit der mittelalterlichen Buchmalerei zu Ende.

Veranlaßt durch eigene Neigungen und die von den Humanisten geweckte Liebe zur Vergangenheit, hat MAXIMILIAN auch eine humanistische *Hofgeschichtsschreibung* ins Leben gerufen und in seine Dienste gestellt. Zunächst wurde LADISLAUS SUNTHEIM 1498 zum «Chronikmacher» ernannt. Später waren CELTIS, besonders aber JAKOB MENNEL, PEUTINGER und CUSPINIAN dafür tätig. Dem für den Speyerer Dom geplanten großen Grabmal der mittelalterlichen Kaiser sollte als literarische Parallele ein ‹Kaiserbuch› zur Seite treten. PEUTINGER und CUSPINIAN wurden mit der Ausarbeitung betraut. Die ‹Caesares› des letzteren wurden der historische

Ausdruck der gesamten politischen Ideen MAXIMILIANS. Die poetischen
wie die historischen Werke standen zuletzt in engem geistigem Zusammenhang mit den Plänen des Kaisers zu seinem eigenen Grabmal.
Von Jugend auf war der Kaiser für die höfische Dichtung des Mittelalters interessiert. Daraus ergab sich später der Plan einer Sammlung der
deutschen Dichtung der Vorzeit, und HANS RIED († 1516) schrieb in
kaiserlichem Auftrag nach älteren Vorlagen das *Ambraser Heldenbuch*
(vgl. S. 66), wodurch eine Reihe bedeutender Denkmäler der deutschen
mittelalterlichen Dichtung in letzter Stunde gerettet wurde. Der Kaiser
ließ ferner im Schloß Runkelstein die alten Gemälde von Tristan erneuern
und plante ein Werk über Feirefis. Er hatte die Absicht, die Bücher von
«Nydthart, Pfarrer am Kolenberg» und «Pfaf Amis und Dietrich von
Bern» «auf ein news» zu richten. Besondere Pflege ließ der Herrscher auch
der *Musik* angedeihen. Die hervorragendsten Meister der Zeit, PAUL
HOFHAIMER, HEINRICH ISAAC, LUDWIG SENFL, waren in seiner Kapelle
tätig. Sobald MAXIMILIAN in das historische Geschehen eingetreten war,
erscheint seine Gestalt im Volkslied. Von Spruchsprechern und Volks-
dichtern standen HANS SCHNEIDER und JÖRG GRAFF längere Zeit zu ihm
in einem näheren Verhältnis. Die Mehrzahl der literarischen Berater des
Kaisers waren Humanisten. Eine umfangreiche gelehrte Dichtung verherrlichte den Kaiser. CELTIS widmete ihm sein dichterisches Hauptwerk,
die ‹Vier Bücher Amores› (1502), führte 1501 in Linz vor dem Hof das
‹Spiel von Diana› auf und feierte 1504 in einer dramatischen ‹Rhapsodia›
den Sieg des Kaisers bei Regensburg über die Böhmen.
Der Kaiser brachte auch der Sprache in hohem Maß sein pflegliches
Interesse entgegen. In seiner Umgebung arbeitete der Hofkaplan LADIS-
LAUS SUNTHEIM an einer ‹Descriptio linguae vulgaris per superiorem Germaniam›, der kaiserliche Pronotar JOHANN KRACHENBERGER bereitete ein
‹Opus grammaticale de lingua Germanica certis adstricta legibus› vor,
der Kanzler NIKLAS ZIEGLER förderte durch eine Reform der Rechtschrei-
bung in der kaiserlichen Kanzlei die sprachlichen Einheitsbestrebungen.
Kaiser MAXIMILIAN war in Persönlichkeit und Schaffen ein Mensch der
Zeitenwende. Einerseits der letzte Ritter, dem die Vergangenheit der
höfischen Kultur in einem romantisch verklärten Licht erschien und der
literarisch noch durchaus in den Vergleichen der deutschen Heldendichtung dachte und lebte, auf der anderen Seite von früh an der neuen Bildung zugeneigt, ein Gönner und Förderer des in die Zukunft drängenden
Humanismus, der Kaiser nach dem Herzen der Gelehrten und Künstler.
Das literarische Werk des Kaisers ist charakterisiert durch ein enges Zusammenwirken von *Wort und Bild,* so daß häufig der bildliche Ausdruck
das Sprachliche überwiegt. Nachdem auf die poetisch-historischen Pläne
zunächst KONRAD CELTIS im Sinne des Humanismus eingewirkt hatte,
machte sich nach dessen Tod 1508 wieder der auf das Mittelalterliche ge-

richtete Geschmack des Kaisers geltend. Der ‹Weißkunig› wurde daher als Ritterroman in zeitgenössischer Prosa, der ‹Theuerdank› als Abenteuerroman in den Formen der alten Versepik ausgearbeitet. Beide Dichtungen haben zwar einen stark autobiographischen Grundgehalt, stehen aber sonst durchaus in den Traditionen der älteren literarischen Kunstübung. Das Gesamtwesensbild dieses zuletzt doch mehr dem Mittelalter als der Neuzeit zugewandten Kaisers, der in seinem Sinnen und Trachten noch unmittelbare Beziehungen zum Leben und Fühlen des Volkes hatte, lebt fort, wie ihn DÜRER 1518 in Augsburg in jener genialen Kohlezeichnung der Albertina in Wien festgehalten hat: ein gealterter Mann mit abwärts blickenden lächelnden Augen, der stolze edle Kopf aber noch immer voll unbesiegter Majestät und Schönheit der Erscheinung.

Aus der Ehe MAXIMILIANS mit MARIA VON BURGUND waren zwei Kinder entsprossen: PHILIPP DER SCHÖNE († 1506) und MARGARETA VON ÖSTERREICH (1480–1530). Diese leitete die Erziehung KARLS V. und wurde von ihrem Vater zur Generalstatthalterin der Niederlande bestellt, wo sie sich auch als Dichterin und Förderin von Kunst und Wissenschaft betätigte.

ZWEITES KAPITEL

HISTORIE IN VERS UND PROSA.
VORFORMEN UND BEIFORMEN DER SELBST-
ZEUGNISSE. REISEBESCHREIBUNGEN

Zwischen *Dichtung und Geschichtsschreibung* besteht eine tiefere Gemeinsamkeit. Geschichtliches Geschehen ist häufig Gegenstand der Dichtung. Es gibt Anschauungsformen, die der Mensch zuerst als Mythos und
Sage begreift. Eine Art vorwissenschaftlicher Geschichtsanschauung ist
ferner die Legende. Seit ISIDOR VON SEVILLA (‹Etymologiae› I, 41–44)
rechnete man die Geschichtsschreibung auch zum Trivium. Im Mittelalter
führt die Geschichtsschreibung häufig episch-fabuloses Material mit sich.
Die Darstellung der Geschichte kann in verschiedenen literarischen Formen und Gattungen erfolgen: in Epos, Lied, Reim- und Prosachronik,
Anekdote, Satire, Utopie, Drama, Vita, Annalen, Memorabilien, Autobiographie. Das Hoch- und z. T. auch das Spätmittelalter glaubte an eine
Geschichtskonzeption mit doppeltem Geschichtsablauf als Heilsgeschichte
und Weltgeschichte. Das Alte Testament, die Taten und Wunder der Heiligen waren Geschichte; *Trojaroman, Alexanderroman, Aeneasroman*,
das ‹Rolandslied› und die Kreuzzugsdichtung waren Geschichte. Seit dem
12. Jh. hatte man Kaiser- und Weltchroniken. Zu ihnen kamen bald Lo-
kal- und Landesgeschichten wie die ‹Österreichische Reimchronik› des
Steiermärkers OTTOKAR AUS DER GEUL (um 1310; rund 100000 V.), die
‹Gandersheimer Reimchronik› des Priesters EBERHARD, die *Braunschweigische Reimchronik, die Chronik der Stadt Köln, die Chronistik des Deutschen Ordens* und Geschichtsdichtung als Fürstenpreis (vgl. Bd. III/1,
187 ff.). Im ausgehenden Mittelalter treten zu diesen Geschichtsdichtungen
und dieser mit epischen Elementen durchsetzten Welt- und Landeschro-
nistik weitere Stadt- und Familienchroniken und Selbstzeugnisse in Prosa.
Der hochmittelalterliche Standpunkt einer bis ins einzelne reichenden unmittelbaren göttlichen Weltordnung wird aufgegeben. Alter Aberglaube,
die Einflüsse vom Islam her, zunehmende Spekulation um die Begriffe
Fortuna, Schicksal, Fügung und Zulassung Gottes, besonders aber die vermeintliche Verbundenheit mit kosmischen Erscheinungen untergruben
den schlichten Glauben. Die Beweggründe des Geschehens werden aus den
Bereichen der Bestimmtheit durch Gott oder den Einflüsterungen des Teufels verlagert in die persönliche Willenssphäre des Menschen. In der Folge
davon kam es zur Aufbürdung einer immer größer werdenden Verantwortlichkeit des Einzelmenschen, bis schließlich dieses Problem in den

religiösen Krisen zu Beginn des 16. Jhs. neue Interpretationen erfuhr. Von den Hauptereignissen der Geschichte des ausgehenden Mittelalters spielen eine besondere Rolle: die Reformkonzilien, die Türkengefahr, der Fall Konstantinopels, die Bedrängung Ungarns und der österreichischen Länder, der Fall von Rhodos 1522, die Türken vor Wien 1529 und selbstverständlich die reformatorischen Ereignisse.

Sowohl der Geschichtsschreibung wie der schönen Literatur gehört an die Gattung der *Lebensbeschreibung* oder die *Biographie*. In dem einen Fall ist sie mehr Wissenschaft, in dem andern erfordert sie beim Autor künstlerische Darstellungsgabe. Den ersten Höhepunkt der Biographik im europäischen Kulturkreis schuf PLUTARCH mit seinen ‹Vitae Parallelae›, d. s. moralische Charakteristiken großer Griechen und Römer mit dem Ziel, den Menschen der Zeit Beispiele vor Augen zu stellen. Nach dem griechischen Muster bildeten die Römer ihre Biographien. Vieles aus der griechisch-römischen Biographik, namentlich die Struktur und Darstellungsform, übernahm die hagiographische Erbauungsliteratur des Christentums und tradierte es in Gestalt der Heiligen-Vita und -Legende dem europäischen Mittelalter.

Der Beschreibung eines fremden Lebens verwandt ist die Darstellung des eigenen Daseins, die *Autobiographie*. Das haben schon MARC AUREL und AUGUSTINUS gewußt. Das Hauptwerk der frühchristlichen Autobiographik, AUGUSTINS ‹Confessiones›, blieb das ganze Mittelalter hindurch bekannt und lebendig. Halb Konfession, halb Gedenkbuch war die Autobiographie ‹De vita sua› (um 1115) des aus einer Rittersippe Frankreichs stammenden Benediktiners GUIBERT VON NOGENT. Im späten Mittelalter veranlaßte die im 14. Jh. aufkommende Mystik Niederschriften religiöser Erlebnisse mit der Absicht, diese auch anderen Menschen zugänglich zu machen, und schuf so in der deutschen Literatur die ersten Selbstdarstellungen. Freilich sind diese Schilderungen nicht als wahrheitsgetreue Darstellungen, sondern als Typen einer bestimmten religiösen Empfindungs- und Denkart aufzufassen. Außer der Mystik wirkten sich die autobiographischen Schriften DANTES, PETRARCAS u. a. aus.

Das schließliche Vorhandensein der Autobiographie als literarische Gattung hat Vorstufen und Begleitformen, wie die Familienaufzeichnungen, teilweise auch die Städtechroniken, Haushaltungsbücher, berufliche Aufzeichnungen, Geschichtswerke, die Selbsterlebtes schildern, Apologien, Memoiren, Tagebücher etc. Schon im Zeitalter der Kreuzzüge gab es Beschreibungen über Reisen ins Heilige Land. Seit dem 14. Jh. werden die *Reisebeschreibungen* immer mehr zu einer selbständigen Gattung. Unter Einwirkung der großen Entdeckungsreisen des 15. und 16. Jhs. brachte die portugiesische, spanische und italienische Literatur große Reisewerke hervor. Die deutsche Reiseliteratur der Zeit ist davon nur ein schwacher Abglanz.

Das Bedürfnis nach Festhaltung der eigenen oder fremden Existenz und Selbstdarstellung blieb nicht auf die Literatur beschränkt. In das ausgehende Mittelalter fällt auch die Ausbildung des *Porträts* als Darstellung eines bestimmten Menschen durch den bildenden Künstler und das Aufkommen der bildnerischen Selbstdarstellung, so zwar, daß die körperliche und seelische Individualität des Menschen hauptsächlich an Antlitz und Kopf anschaulich vergegenwärtigt wird. Dem frühen und hohen Mittelalter fehlte der Drang, einen Menschen physiognomisch zu differenzieren, die ideale Erscheinung galt mehr als die wirkliche. Nach einer im 13./14. Jh. verbreiteten Auffassung sollte auf Grabfiguren der Verstorbene im Todesalter Christi, d. h. etwa 33jährig, dargestellt werden. Erst gegen Ende des 14. Jhs. wurde in der europäischen Kunst das Individualbildnis ein drängendes Gestaltungsproblem und um 1500 hatte Deutschland den Vorsprung anderer europäischer Kunstkreise eingeholt. Es ist wohl nicht Zufall, daß im böhmischen Kulturkreis, der ein frühes Zentrum spätgotischer individueller Bildnisdarstellung (die aus der PARLER-Werkstatt stammenden Bildnisleisten auf dem Triforium des Prager Domes) bildete, Kaiser KARL IV. in einer Autobiographie eine introspektive Lebensanalyse wagte. Auch die literarischen Hauptwerke Kaiser MAXIMILIANS I. haben ihre Keimzellen in einer knappen lateinischen Autobiographie. Die porträtgetreuen Selbstbildnisse in der Kunst sprechen viel deutlicher und eindrucksvoller die Menschen späterer Jahrhunderte an als die literarischen Selbstzeugnisse: die zahlreichen Baumeisterbildnisse, das bekannte Bildnis Herzog RUDOLFS IV. im Wiener Diözesanmuseum u. a. Profane Vita und Autobiographie als ausgebildete Gattungen treten im ausgehenden Mittelalter in der deutschen Literatur noch nicht auf, sondern erst im Verlauf des Humanismus und des 16. Jahrhunderts.

1. Deutsche Chroniken und Memoiren. Deutschsprachige geschichtliche Prosa. *Ihre Ausbildung in den politischen Territorien, Landschaften und Städten.*

Seit AUGUSTINUS war man an die Vorstellung von den sechs Weltzeitaltern gewöhnt: fünf Zeitalter seien Christus vorangegangen; das sechste begann mit Christus und endet mit dem Antichrist und dem Weltgericht. Erst spätere Geister wie MARSILIUS VON PADUA stellten die letztlich bereits unmittelalterliche Frage nach den natürlichen Anlässen und Wirkkräften der Geschichte. Der im 14. und 15. Jh. eintretende, kulturell, gesellschaftlich und weltanschaulich bedingte Wandel änderte allmählich die geistigen Grundlagen der Geschichtsschreibung.

Der ideellen Wandlung entspricht eine formale und sprachliche Veränderung. Im 13. Jh. überwogen die lateinisch geschriebenen Geschichtswerke bei weitem die Zahl der deutschen. Im 14. und 15. Jh. wurde dies anders: Die *deutsche Sprache* gewinnt an Umfang: sei es als Vers – in der Reimchronik – oder als Prosa; eine Erscheinung, die sich über alle deutschsprachigen Gebiete erstreckte. Man begegnet rhetorisch gepflegter, hochsprachlicher Prosa, aber auch unbeholfenen, mundartlich bestimmten, einfach aneinander gereihten Berichten und Feststellungen. Bald nach den Ereignissen von 1378, besonders aber zur Zeit des Baseler Konzils bemüht man sich (etwa ULRICH VON RICHENTAL, ANDREAS VON REGENSBURG) durch Aktenstücke, die chronologisch zusammengefügt werden, um die Darstellung großer geschichtlicher Vorgänge.

Ein Wandel erfolgt auch in der Person und im Stand der *Chronikenschreiber*. Im Früh- und Hochmittelalter waren es meist Geistliche, im Spätmittelalter sind es gewöhnlich Angehörige des Bürgerstandes: Ratsmitglieder, Schöffen, Bürgermeister, häufig Stadtschreiber, vereinzelt Geistliche. Diese Menschen stehen mitten im Alltag, sind vertraut mit den Mühen und Sorgen des Volkes, blicken scharf und offen in das wirtschaftliche und politische Leben. Neben der bürgerlichen Geschichtsschreibung in den Städten blieb der Geistliche noch immer dominierend im Wirkungsfeld des Deutschen Ordens; gelegentlich wurde die Geschichtsschreibung auch entscheidend geprägt durch die Bettelorden, die Franziskaner und Dominikaner.

Neben die *Weltchronik* treten die *Städtechronik* und die *Landesgeschichte*: «Schweizer, elsässische, westfälische, sächsische, preußische, schlesische, thüringische, bayrische, österreichische Landesgeschichte oder Kölner, Lübecker, Magdeburger, Nürnberger Stadtgeschichte oder Bistums- und Klostergeschichte» (HERMANN MASCHEK).

Den Wandel im *Inhalt* ersieht man daran, daß nicht immer Freude am Bericht allein die Feder leitet, sondern häufig die Verteidigung überkommener Rechtsansprüche, Rechtfertigung vor Verdacht, Warnung an kommende Geschlechter oder an die junge Generation, Lehre, z. B. wie man es nicht oder besser machen solle. Man erhält Einblick in die Nöte und Anliegen des Bürgers, den Kampf der Stadt etwa mit einem großen Herrn, die Spannungen zwischen den Geschlechtern und Zünften, die Freuden des Bürgers, seine Feste, denkwürdige Vorkommnisse, Seuchen und Krankheiten, Kriege und Wirtschaftsangelegenheiten, das religiöse Leben und Schwärmereien.

Die noch in der ersten Hälfte des 14. Jhs. reiche Chronikenliteratur erlahmt allmählich. Epigonen sind PERSON GOBELINUS, DIETRICH ENGELHUS, ANDREAS VON REGENSBURG. In Österreich folgte auf LEOPOLD STAINREUTER erst ein halbes Jahrhundert später THOMAS EBENDORFER mit seiner ersten Chronik.

Was den Kärntner Pfarrer JACOB UNREST zu seiner ‹Österreichischen Chronik› veranlaßte, sprach er mit den Worten aus: «So aber die zeit verfleust alls das wasser und des menschen gedechtnus vergeet mit der glocken donn, hab ich in meiner einfallt gedacht, was in schrifft kumbt, bleibt lennger, dan des menschn gedachtnus wert.» Die Gattung der Chroniken und ihre Tatsachenprosa wurden bisher im Rahmen der Literaturgeschichte wenig gewürdigt. Erst HERMANN MASCHEK hat dazu wesentlich beigetragen. Der folgende Überblick über die Geschichtsschreiber Deutschlands im Spätmittelalter muß sich mit Rücksicht auf die Überfülle des Stoffes auf die großen Umrisse und im wesentlichen auf die deutschsprachige Geschichtsliteratur beschränken. Die Gliederung erfolgt nach politischen Territorien, Landschaften und Städten.

In der *Schweiz* gab ein Beispiel noch für eine mittelalterliche Weltchronik die sog. *Oberrheinische Chronik* (1337) eines unbekannten Verfassers. Sie enthält ein Papst- und Kaiserverzeichnis und vermengt Sagen mit historischen Tatsachen. Der St. Galler Bürger CHRISTAN KUCHIMEISTER hebt 1335 an, die ‹Nüwen Casus Monasterii Sancti Galli› abzufassen. Kaiser LUDWIG DEM BAYERN freundlich gesinnt erscheint der Minorit JOHANN VON WINTERTHUR in seiner Chronik aus der ersten Hälfte des 14. Jhs. Noch im Reimen behandelte zu Anfang des 15. Jhs. ein Unbekannter den Kampf der Appenzeller Bauern gegen das Stift St. Gallen (1399–1409). Das Werk ist ein Mittelding zwischen historischem Lied und Reimchronik.

Im Auftrage des Berner Stadtrates schrieb 1421 KONRAD JUSTINGER († um 1425) eine ‹Chronik der Stadt Bern›. Sie beginnt 1152 mit der Wahl BARBAROSSAS und reicht bis 1420. JUSTINGER verwertet Urkunden und nahm zeitgenössische historische Lieder auf. Seine Arbeit wurde fortgesetzt durch DIEBOLD SCHILLING D. Ä. (ca. 1435–1486) aus Solothurn. Dessen Jugendwerk, ebenfalls eine *Bernische Chronik,* behandelt die Zeit von 1448 bis 1468. Sie wurde vermehrt und von HEINRICH DITTLINGER und BENDICHT TSCHACHTLAN († 1493) bearbeitet und illustriert: ‹Dittlinger-Tschachtlansche Bilderchronik›. Im Jahre 1474 wurde SCHILLING vom Berner Rat mit der Abfassung einer amtlichen Berner Chronik beauftragt. Zustande kam ein dreiteiliges Werk: für den ersten Teil legte er JUSTINGERS Chronik zugrunde; für den zweiten Teil bearbeitete er sein eigenes Jugendwerk; als dritten Teil legte er 1481 eine Geschichte der zeitgenössischen Burgunderkriege vor (der Kämpfe der Schweiz gegen Herzog KARL DEN KÜHNEN). Als die Arbeit jedoch nicht die Genehmigung des Rates fand, reichte SCHILLING 1484 eine neue Fassung ein, ein großes dreibändiges, mit etwa 600 Bildern geschmücktes Werk: die offizielle Ratschronik. Held ist das Berner Volk, und die Chronik spiegelt die öffentliche Meinung wider.

Die *Burgunderkriege* und das Schicksal Herzog KARLS DES KÜHNEN waren ein beliebter Stoff der Schweizer Geschichtsschreiber: die Belagerung der Stadt Neuß; die Niederlage bei Grandson und Murten; das Ende bei Nancy (1477). Ein Luzerner Zeitbuch schuf DIEBOLD SCHILLING D. J. (1460–1516/23), der Neffe DIEBOLD SCHILLING D. Ä., mit seiner ‹Schweizer Chronik›. Die mit anschaulich realistischem Bilderschmuck versehene Handschrift wurde 1513 dem Luzerner Rat überreicht. HANS FRÜND († 1469), Landschreiber, stellt einseitig, aber mit gründlicher Sachkenntnis den *Züricher Krieg* um die Toggenburgische Herrschaft dar. HANS LENZ († 1541), Schulmeister in Freiburg i. Ü., behandelt in einem gereimten Zwiegespräch zwischen Waldbruder und Weltmenschen den *Schwabenkrieg* 1499. Ähnlich verfaßte der Luzerner Stadtschreiber NIKOLAUS SCHRADIN (nachweisbar 1488–1531) eine *Reimchronik* über den Krieg der Eidgenossen mit Kaiser MAXIMILIAN und dem Schwäbischen Bund 1499 (gedr. Sursee, Aargau 1500; mit 41 Holzschnitten).

Bei der Schweizer Geschichtsschreibung ist eine Vorliebe für Sagenhaftes zu beobachten. Manchmal bildet die Sage den Hauptinhalt der ganzen Chronik. So bei dem Leutpriester EULOGIUS KIBURGER († 1506) in der ‹Strätlinger Chronik›, worin die Geschichte des Minnesängers HEINRICH VON STRÄTLINGEN erzählt wird und um den fabelhaften Stammbaum der Strätlingen Legenden und Märchen gereiht erscheinen. Hieher gehört auch der Obwaldner Stadtschreiber SCHÄLLY mit seinem ‹Weißen Buch von Sarnen›, in dem die Urgeschichte der Waldkantone erzählt wird, und weiters, wie die Schweden nach Schwyz kamen, und warum Tell seinen Namen habe. Ein drittes Werk, früher ebenfalls EULOGIUS KIBURGER zugeschrieben, wahrscheinlich aber von dem Konstanzer Humanisten HEINRICH GUNDELFINGEN stammend, ‹Über den Ursprung und das Herkommen der Schwyzer und Oberhasler›, verknüpft die Nordgermanen mit den Schweizern und macht die Friesen zu den Stammvätern. Die Sage vom Tell erzählt auch PETERMANN ETTERLIN († 1509) in seiner 1507 gedruckten *Chronik*.

Bereits vom Humanismus beeinflußt zeigt sich die *Luzerner Chronik* 1482 bis 1512 des MELCHIOR RUSS. THÜRING FRICKER († 1519), Stadtschreiber, behandelt den *Twingherrenstreit*, die Kämpfe der Berner Bürgerschaft mit dem städtischen Adel, und überliefert dabei die tatsächlich gewechselten Staatsreden. Als Sprecher im Großen Rat stehen einander gegenüber der Metzger PETER KISTLER und der Ritter ADRIAN VON BUBENBERG, jeder ein Meister seiner Art. GEROLD EDLIBACH (1454–1530) in Zürich war Gegner der Reformation ZWINGLIS. Er schrieb 1485/86 eine *Zürcherische und Eidgenössische Chronik,* die von 1436–1486 reicht, vom alten Zürichkrieg bis zum Ende des Burgunderkrieges. Später setzte EDLIBACH die Chronik fort und führte sie bis zu seinem Tode. Ebenfalls

Katholik und der Reformation abgeneigt war WERNHER SCHODELER D. Ä. (ca. 1490–1541), aus einem Geschlecht, das drei Chronisten hervorbrachte. Angeregt von DIEBOLD SCHILLING D. Ä. schrieb er eine *Eidgenössische Chronik.* Sie wurde von seinem Sohn WERNHER D. J. fortgesetzt Beide Werke wurden sodann von BALTHASAR SCHODELER, wohl ein Neffe WERNHERS D. Ä., bearbeitet und ergänzt.

In dem der Schweiz benachbarten *Elsaß* gehört noch dem 13. Jh. an der Straßburger Bürger ELLENHARD (VOR DEM MÜNSTER), auf den die ersten Aufzeichnungen der Straßburger Stadtgeschichte zurückgehen. An ihn schließt im 14. Jh. an FRITSCHE (FRIEDRICH) CLOSENER († vor 1396), Geistlicher aus einer Straßburger Patrizierfamilie. Seine *Chronik* steht am Beginn der in deutscher Sprache abgefaßten Geschichtswerke Straßburgs. Nur als Papst- und Kaisergeschichte geplant, wurde sie schließlich zur Straßburger Stadt- und Bistumsgeschichte. Als solche berichtet sie u. a. über viele selbsterlebte Merkwürdigkeiten: Bürgerkriege, Judenverfolgungen, Naturereignisse, Feuersbrünste, Seuchen, Bauwerke, Geißlerfahrten etc. Die bürgerlichen Interessen stehen im Vordergrund. CLOSENER verfaßte auch ein geschickt angelegtes ‹Vocabularium›, das zur Artesliteratur (s. d.) zählt und wichtig wurde für die Geschichte der mittelhochdeutschen Lexikographie.

Ein universalhistorisches Geschichtswerk in deutscher Sprache schrieb in Süddeutschland als erster JAKOB TWINGER VON KÖNIGSHOFEN (1346 bis 1420). Auch er war Geistlicher. Dem Hauptwerk voran ging eine ‹Lateinische Chronik› (*Cronica de diversis collecta*). Die ‹Deutsche Chronik› (1386) hat sechs Abschnitte: 1. Einleitung und die frühen Weltzeitalter bis auf Christus; 2. Geschichte der römischen Kaiser; 3. Kirchen- und Papstgeschichte; 4. und 5. Stadt- und Bistumsgeschichte von Straßburg; 6. Inhalts- und Sachverzeichnis. Welt- und Kirchengeschichte werden einander gegenübergestellt. Die Chronik sollte eine Fortsetzung und Erweiterung des Closnerschen Geschichtswerkes sein.

Eine Chronik der Stadt *Colmar* reicht bis 1426. In den Breisgau und noch ins 14. Jh. gehört MATTHIAS VON NEUENBURG mit seiner ‹Cronica›. Nach dem Vorbild JAKOB TWINGERS verfaßte EIKHART (EUCHARIUS) ARTZT, Bürger zu Weißenburg im Unterelsaß, eine ‹Weißenburger Chronik›. Sie ist ein Register historischer Ereignisse, angefangen mit «unserm vatter Adam» und alphabetisch geordnet. Die darauffolgende Zeitgeschichte umfaßt die Jahre 1431 bis 1471. Mit dieser gilt sie als eines der besten Geschichtswerke des 15. Jhs. Weitere Chronisten behandeln speziell elsässische Themen: HANS ERHART TÜSCH verfaßte eine gereimte ‹Burgundische Historie› (gedr. Straßburg 1477), eher Geschichtsdichtung denn Geschichtsschreibung; eine dem späten 15. Jh. angehörige *Breisacher Reimchronik* befaßt sich mit dem burgundischen Landvogt PETER

HAGENBACH und den oberrheinischen Ereignissen der 60er und 70er Jahre; KONRAD PFETTISHEIM († 1516) schrieb ebenfalls eine ‹Geschichte (Historie) Peter Hagenbachs und der Burgunderkriege› (gedr. Straßburg 1477).

In *Österreich* verfertigte gegen Ende des 14. Jhs. LEOPOLD STAINREUTER († um 1400) sein Hauptwerk, die ‹Österreichische Landeschronik›, meist unter dem Titel ‹Chronik von den 95 Herrschaften›. Im 14. Jh. wirkte auch GOSWIN VON MARIENBERG, ein Benediktiner, als Chronist des Vintschgauer Stiftes. Anderes fällt bereits in das 15. Jh. Ein unbekannter Verfasser zeichnete 1416 in deutscher Prosa in Klosterneuburg die Geschichte des Lebens und der Wundertaten des Markgrafen LEOPOLD III. VON ÖSTERREICH (1095–1136) auf. Eine *Klosterneuburger Stadtchronik* beginnt mit 1322 und endet 1428. Der Hauptteil, die ersten drei Jahrzehnte des 15. Jhs., stammt wahrscheinlich von dem Stadtschreiber und Stadtrichter NIKLAS TEIM († 1435 in Lilienfeld). EBERHARD WINDECK († 1440) brachte in seiner Chronik ‹Des keiser Sigesmundus buch› Denkwürdigkeiten zur Geschichte des Zeitalters Kaiser SIGISMUNDS. CLEWI FRYGER VON WALDSHUT gilt als Verfasser der Schrift ‹Von dem Ursprung der durchlauchtigen Fürsten von Österreich› (1442). Über MICHAEL BEHEIMS ‹Buch von den Wienern› ist S. 225 f. gehandelt. JACOB UNREST († 1500), ein Geistlicher in Kärnten, erzählt in der ‹Chronik von Kärnten› die Geschichte seines Heimatlandes von den sagenhaften Anfängen bis zur Erwerbung durch die Habsburger und bietet in der ‹Österreichischen Chronik› für die Jahre 1435–1499 eine Menge von Nachrichten zur Zeitgeschichte. ANDREAS VON LAPPITZ, der Krabat (ca. 1435– nach 1500), Teilnehmer am Romzug Kaiser FRIEDRICHS III. (1452), legte ein ‹Lappitzisches Stammes- und Geschlechterbuch›, eine Familienchronik, an. Aus ihr stammt das Fragment seiner eigenen Lebensgeschichte (bis 1457), aufgezeichnet zu «unterricht main kindern, namblich mein söhnen». Memoirencharakter tragen der Bericht des HANNS HIERSZMANN über den Tod Herzog ALBRECHTS VI. († 1463), eine ungewöhnlich getreue und eindrucksvolle Schilderung, und die ‹Denkwürdigkeiten› der HELENE KOTTANNER, geb. WOLFRAM (um 1400 Ödenburg – nach 1470 Wien). Die KOTTANNERIN erscheint urkundlich seit 1436 in den Diensten ELISABETHS, der Tochter Kaiser SIGISMUNDS und Gemahlin Herzog ALBRECHTS V. VON ÖSTERREICH, 1437 Königin in Ungarn, 1438 in Böhmen und Deutschland. Als Kammerfrau lebte sie an der Seite der Königin in Ofen, Preßburg und auf der Plintenburg (Vizegrad). Nach dem Tode König ALBRECHTS II. 1439 vollführte sie für ELISABETH den Raub der ungarischen Königskrone aus der Plintenburg und wohnte der Krönung des jungen LADISLAUS in Stuhlweißenburg bei. STEPHAN ENDLICHER hat 1846 anonym ihre in Cod. Vind. 2920 erhaltenen, in deutscher Sprache niedergeschriebenen ‹Denkwürdig-

keiten› zum erstenmal herausgegeben. Gustav Freytag machte sie auszugsweise in den ‹Bildern aus der deutschen Vergangenheit› weiteren
Kreisen bekannt. Das offenbar bald nach den Ereignissen diktierte Bruchstück erzählt frisch und lebendig vom listigen Raub, der Krönung und
vom Rückzug der Königinwitwe nach Ödenburg; die Namen der Mit-
tätigen sind weggelassen oder durch Siglen ersetzt. Die Aufzeichnungen der
Kottannerin sind nicht nur eine Hauptquelle für einen wichtigen Zeitraum der ungarischen und österreichischen Geschichte, sondern in ihrer
lebensvollen Art, mit der die Erzählerin die dramatischen Vorgänge zu
schildern versteht, ein bedeutsames Denkmal deutscher Memoirenliteratur
des Spätmittelalters. Der ‹Lumen animae›-Übersetzer Ulrich Putsch
führt ein durch seine ganze Zeit als Bischof von Brixen (1427–1437) rei-
chendes Tagebuch. Georg Kirchmair (um 1480–1554), Hofrichter und
Gutsverwalter der Propstei Neustift bei Brixen am Eisack, verfaßte
‹Denkwürdigkeiten› seiner Zeit (1519–1533), in denen besonders die
Umsturzereignisse des Tiroler Bauernkrieges von 1525 behandelt werden.

In *Bayern* war ein Nachfahre der höfisch-klassischen Epik und zugleich
Geschichtsschreiber im 14. Jh. Heinrich von München. Aber seine umfangreiche Weltchronik in Versen, gedacht als Fortsetzung der *Thüringischen Weltchronik,* ist zumeist nur oberflächlich zusammengetragen und
arbeitet mit umfangreichen Entlehnungen. Klosterchronik ist die *Reimchronik von Kastl* (um 1325) in der Oberpfalz. Der Münchener Bürger
Jörg Katzmair († 1417) verfaßte eine historisch hochwertige ‹Denkschrift› über den Streit des wittelsbachischen Herzogs Stephan III. mit
dessen Neffen Ernst und Wilhelm 1397–1403. Die bedeutsamste Gestalt der bayrischen Chronistik war Andreas von Regensburg (um 1380
Straubing – um 1438), seit 1401 Augustiner im Kloster St. Mang in
Regensburg. Er pflegt noch in der Spätzeit die geistlich universale Chronistik des Mittelalters, sammelt aber Urkunden und Akten, und leitet durch
sein Werk über zu modernen Formen der Geschichtsschreibung. Seine
ersten Arbeiten sind eine ‹Chronica pontificum et imperatorum Romanorum›, bis 1422 bzw. 1438 reichend, und das ‹Concilium Constantiense›,
d. i. eine das Konzil von Konstanz betreffende wertvolle Aktensammlung.
Als bedeutendstes Werk gilt die ‹Chronica Husitarum› (bis 1429), eine
Bearbeitung der Zeitgeschichte, die sich hauptsächlich mit der Hussiten-
frage auseinandersetzt. Im Auftrag Herzog Ludwigs verfaßte Andreas
die ‹Chronica de principibus terre Bavarorum› (1425, in zwei Fassungen:
A und B). Eine von Andreas selbst besorgte Übersetzung ins Deutsche,
‹Chronik von den Fürsten zu Baiern›, gilt als «ein köstliches Denkmal der
baierischen Sprach- und Literaturgeschichte» und zählt «als Sprachdenkmal zu den besten Erzeugnissen der baierischen Mundart des 15. Jhs.»

(GEORG LEIDINGER). ANDREAS VON REGENSBURG war ein unermüdlicher Sammler und Berichterstatter zur Zeitgeschichte, war geistlicher Chronist, gleichzeitig Geschichtsforscher in der Vergangenheit und Geschichtsschreiber seiner Gegenwart. Seine reichhaltigen und wertvollen Werke enthalten vieles zur zeitgenössischen Politik, ebenso aber auch Erstaufzeichnungen von Sagen und Kulturgeschichtliches. Die A-Chronik wurde von LEONHARD HEFFT 1471 ins Deutsche übersetzt, die B-Fassung 1558 von GEORG FRÖLICH. Die Geschichtsschreibung des ANDREAS VON REGENSBURG ist vielfach Quelle geworden für die späteren bayrischen Chronisten VEIT ARNPECK, ULRICH FUETRER, HANS EBRAN VON WILDENBERG, HARTMANN SCHEDEL.

VEIT ARNPECK († 1495), vermutlich aus Freising, ist im wesentlichen ein geistlicher Kompilator noch in echt mittelalterlichem Sinn. Seine ‹Chronica Baioariorum› (1493) übersetzte er als ‹Bairische Chronik› 1493 selbst ins Deutsche und schuf damit ein wichtiges Denkmal der bairischen Mundart. Ihr folgten ein ‹Chronicon Austriacum› (1494/95) und ein ‹Liber de gestis episcoporum Frisingensium› (1495). ULRICH FUETRER überliefert in seiner ‹Historie, Gesta und Getat von den edlen Fürsten des löblichen Haus von Bayern und Norisken› (1481) Fabeln aus der Urzeit des Landes.

HANS EBRAN VON WILDENBERG (ca. 1430–1501/03), Niederbayer, Rat des Herzogs, Hofmeister, Teilnehmer an der Palästinareise, die ULRICH FABRI beschrieben hat, schildert in seiner ‹Chronik von den Fürsten aus Baiern› (zwei Fassungen) die Geschlechter und einzelnen Regenten, die das Land von den ältesten Zeiten bis zum Ende des 15. Jhs. gehabt hat, bringt Anekdoten und Kulturgeschichtliches und versucht, seinen Stoff, anstatt annalistisch zu reihen, sachlich zu ordnen und objektiv vorzugehen. Auch diese Chronik ist ein wichtiges Sprachdenkmal. Mit ANDREAS VON REGENSBURG wird HANS EBRAN VON WILDENBERG zum Vorläufer AVENTINS. PAUL und ALEXANDER MURNAUER (15. Jh.), Vater und Sohn, beide Stadtschreiber von Landshut, bearbeiteten die sog. ‹Landshuter Ratschronik›; PAUL den von 1439–1464 reichenden Teil, ALEXANDER die Jahre 1464–1488. Es sind kunstlose Aufzeichnungen, angefügt den jährlichen Ratsregistern über unmittelbar miterlebte Ereignisse, wertvoll besonders für die Stadtgeschichte. Eine Fortsetzung bis 1504 besorgte JOHANN VETTER († 1514). Nach GEORG LEIDINGERS Vermutung war es der Buchdrucker und Holzschneider HANS WURM in Landshut, der die ‹Chronik und Stamm der Pfalzgrafen bei Rhein und Herzoge in Bayern› (Landshut 1501) verfaßte. Reich an kultur- und literaturgeschichtlichen Materialien ist die aus dem 15. und 16. Jh. stammende *Ratschronik der Stadt Würzburg.*

Für *Nürnberg* existieren schon aus dem 14. Jh. Geschichtswerke. So von ULMAN STROMER (1329–1407) das ‹Püchel von mein geslechet und von abentewr›, das von 1349 bis 1407 reicht und wertvolle Aufzeichnungen aus den Patriziatskreisen der alten Reichsstadt enthält. Ihm folgen das ‹Memorialbuch› der Familie TUCHER (1386–1454), das ‹Memorial› des ENDRES TUCHER D. Ä. (1421–1440) und schließlich ANTON TUCHER (1457–1524) mit Aufzeichnungen über seine Familie und seine politische Tätigkeit. Sein ‹Haushaltbuch› (1507/17) überliefert viele Nachrichten zur Nürnberger Geschlechter-, Handels- und Gewerbegeschichte. Ferner KONRAD PAUMGARTNER D. Ä. (ca. 1380–1464) mit einer ‹Familiengeschichte›, LAZARUS HOLZSCHUHER D. Ä. (1472–1523) mit einer ‹Familiengeschichte› und angeschlossener Liste der ‹Ehrbaren›, ENDRES TUCHER D. J. (1423–1507) mit seinem quellenwichtigen ‹Baumeisterbuch› (1464/70, Nachtrag 1467/75), einer Anleitung über die Aufgaben des Stadtbauamtes, Rechte und Pflichten des Baumeisters, das in Nürnberg noch im 17. Jh. in Gebrauch stand; ERHARD SCHÜRRSTAB († 1461) mit Dokumenten und einem Bericht über den Krieg der Stadt mit Markgraf ALBRECHT ACHILLES VON BRANDENBURG 1449/50. JOHANNES PLATTENBERGER D. J., Schreiber und Diener in der Losungstube, vollendet 1459 mit dem Stadtschreiber THEODORICH TRUCHSESS die ‹Excerpta chronicarum›, eine kompilierte deutsche Weltchronik (zwei Bände, zweiter verschollen), die als Vorgängerin und Quelle für HARTMANN SCHEDEL und SIGISMUND MEISTERLIN anzusehen ist. Zu besonderer Bedeutung gelangte HEINRICH DEICHSLER (1430–1506/07), ein Bierbrauer, der eine Fülle historischer Nachrichten lokaler und allgemeiner Art sammelte und aufzeichnete. Seine ‹Chronik›, eine Stadtchronik (in dreibändiger Originalschrift erhalten), beginnt mit dem Jahre 730 und endet 1506. Der erste Teil bis 1469 ist lediglich Stoffsammlung aus älteren Nürnberger Chroniken und sonstigen Geschichtswerken. Später berichtet DEICHSLER nur selbsterlebte oder ihm von anderen erzählte Ereignisse. Er schreibt als Handwerker die Sprache des einfachen Volkes, oft unbeholfen. Anschaulich und kulturgeschichtlich interessant wird seine ‹Chronik›, wenn er als Augenzeuge Vorkommnisse des städtischen Lebens schildert. Bereits Frühhumanistisches enthalten die auf Nürnberg bezüglichen Geschichtswerke des wahrscheinlich aus Augsburg stammenden SIGISMUND MEISTERLIN.

In *Schwaben* nahm das Geschichtswerk des ULRICH VON RICHENTAL († 1437) das Konstanzer Konzil 1414/18 zum Gegenstand. Er war wohlhabender Kaufmann in Konstanz und stand im Dienste der Stadt und vornehmer geistlicher und weltlicher Herren. Auf ausgedehnten Reisen hatte er die Welt kennengelernt und viele Verbindungen angeknüpft. Seine ‹Chronik des Konstanzer Konzils› ist in neun Handschriften überliefert und wurde Augsburg 1483 gedruckt (39 große Holzschnitte, mehr als 1000 Wappenschilde). ULRICH sammelte seinen Stoff während des

Konzils in tagebuchartigen Aufzeichnungen. Er hatte vieles mit eigenen Augen gesehen und miterlebt (durfte der Hinrichtung des Hus beiwohnen; beschaffte dem Verurteilten einen Beichtvater), aber er benützte auch andere Quellen, mündliche Mitteilungen und Berichte, Urkunden und Akten. Die Ausarbeitung der Chronik erfolgte 1420–1430. Das Werk hat zwei Teile: zuerst werden die wichtigsten Konzilsereignisse erzählt, hernach alle Teilnehmer namentlich angeführt. Der Chronist hat die Bedeutung der Kirchenversammlung nicht erfaßt. Er ist über vieles nur mangelhaft unterrichtet, übersieht oft das Wesentliche, bringt Unrichtigkeiten und Ungenauigkeiten. Bemerkenswert ist sein Interesse für Wirtschaftsfragen, für die Ökonomie des Konzils. Er erreicht nicht die geistige Höhe der drei Westfalen DIETRICH VON NIEM, DIETRICH VRIE und PERSON GOBELINUS. Es ist nicht Einsicht in die weltgeschichtlichen Vorgänge, nicht Zuverlässigkeit des Berichtes, aber Selbstzeugnis eines gründlichen Mannes, der wachen Geistes die Geschehnisse betrachtet, naiv erzählt und schildert: lebensvoll-anschauliches Gesamtbild der Zeit. ULRICH scheute nicht die Kosten, seine Chronik mit Bildern und Wappen ausschmücken zu lassen. Sie sind künstlerisch wertvoll und zeigen in weitgehendem Realismus eine Fülle von Leben: «behäbige Prälaten, herbe Krieger, feine Höflinge, dicke Fleischergesichter mit Stulpnasen, rohe Stadtknechte, bebrillte Kanzler, päpstliche Sänger mit weitgeöffnetem Mund und zugekniffenen Augen» (FRANZ HERBERHOLD).

Eine Chronik des Klosters *Reichenau* schrieb GALLUS OEHEM († nach 1511). Für die Geschichte des Schwabenkrieges, die Vertreibung ULRICHS VON WÜRTTEMBERG und für den Bauernkrieg ist die *Villinger Chronik* aufschlußreich.

Zu den frühesten *Augsburger Stadtchroniken* gehört die Chronik des ERHARD WAHRAUS. Sie reicht von 1126 bis 1445. Ihr folgt SIGISMUND MEISTERLIN mit seinen Geschichtswerken. Stadtgeschichte und allgemeine Weltgeschichte, Persönliches und Kulturgeschichtliches vereinigt das Geschichtswerk BURKHARD ZINKS (um 1396–1474/75) aus Memmingen. Er war als 11jähriger aus Memmingen, wo sein Vater Weber war, mit einem fahrenden Schüler in die Fremde gezogen. In Krain schickte ihn ein geistlicher Oheim sieben Jahre auf die Schule nach Reifnitz. ZINK war u. a. Schulmeister in Memmingen, Kürschner, Fahrender, schließlich angesehener Kaufmann in Augsburg, tätig im Handelsgeschäft und in städtischen Diensten. Er handelte mit Cypern und Morokko, seine vielen Reisen führten ihn weit umher in der Welt. ZINKS ‹Chronik› umfaßt in vier Büchern die Zeit von 1368 bis 1468. Das erste, nach fremder Vorlage gearbeitete Buch reicht von der Einführung der Zunftverfassung 1368 bis zu den Unruhen 1397; das zweite Buch schildert die Jahre 1401–1466, großenteils selbständig aufgrund eigener Beobachtungen gearbeitet; das dritte Buch bringt die Selbstbiographie (Herkunft und Erlebnisse, Familienereignisse); im vierten Buch erzählt er die Geschichte Augsburgs von 1416 bis 1468. Der Gegenstand der Chronik ist hauptsächlich städtische Geschichte, die ZINK anschaulich und lebendig zu schildern weiß. Neben den politischen Vorkommnissen finden sich aber auch viele Notizen über Handel, Verkehr etc. Interessant ist die Verbindung der Stadtgeschichte mit der eigenen Lebensgeschichte. ZINKS Geschichtsschreibung mit dem Hauptmerkmal subjektiv persönlicher Auffassung und Anteilnahme entspricht der politischen Gesinnung des Städters. Ziel war Erziehung zu Bürgersinn und überpersönlicher Sittlichkeit. Höher noch steht die Selbstbiographie. Ihr Inhalt ist reich, vielfältig, persönlich; nicht religiös zweckhaft wie bei den Mystikern, sondern entstanden aus freier Lust am frischen Erzählen der Lebensschicksale.

Ein Beispiel spätmittelalterlicher Welt- und Landes-Chronik gibt die von THOMAS LIRER vermutlich im Auftrag der Familie von MONTFORT-WERDENBERG Ende des 15. Jhs. verfaßte ‹Schwäbische Chronik› (gedr. 1485, 1486, 1500, 1761), eine Sammlung schwäbischer Geschichten und Geschichte.

Ein Meisterwerk spätmittelalterlicher Geschichtsschreibung in *Hessen* ist TILEMANN ELHENS (1348–1420) ‹Limburger Chronik›. ELHEN VON WOLF-HAGEN war erst Geistlicher, dann Notar und Stadtschreiber. Seine ‹Chronik› mit kulturgeschichtlich höchst wertvollen Nachrichten über die Zeitspanne von 1335 bis 1398 beruht in der Hauptsache auf Berichten von Zeitgenossen und persönlich Erlebtem. Am lebendigsten ist seine Darstellung bei der Schilderung von Sitten und Gebräuchen, Waffen und Kleidung. So vermerkt er z. B. genau, welche Lieder in den verschiedenen Jahren am beliebtesten waren. Spätere hessische Chroniken stammen von WIGAND GERSTENBERG (1457–1522) aus Frankenberg in Oberhessen, einem Geistlichen, der eine ‹Landeschronik von Thüringen und Hessen› und eine ‹Frankenberger Chronik› schrieb, und von JOHANNES NUHN (1422– nach 1523), Verfasser des ‹Chronicon Hassiacum› und einer nur mehr fragmentarisch überlieferten zweiten Chronik. Die Stadt *Mainz* betrifft KLESSE = *Klas, Nikolaus* (wahrscheinlich CLESSE REISE, † 1462) mit seiner ‹Chronik von alten Dingen der Stadt Mainz›. Diese umfaßt im wesentlichen die Jahre 1332–1452, ab etwa 1400 aus eigenem Miterleben geschildert. Behandelt werden meist die inneren Verhältnisse der Stadt. Über MICHAEL BEHEIMS Reimchronik der Taten FRIEDRICHS I. VON DER PFALZ ist S. 226 gehandelt.

Schon im 14. Jh. brachte *Westfalen* drei bedeutende Chronisten hervor: DIETRICH VON NIEM, DIETRICH VRIE und PERSON GOBELINUS.

DIETRICH VON NIEM, *Nieheim* (ca. 1340–1418) war Historiker und Publizist, Geistlicher, erst in Deutschland, später (1370 ff.) als Skriptor und Abbreviator an der päpstlichen Kanzlei tätig; er nahm im Gefolge von JOHANN XXIII. am Konstanzer Konzil teil. Von ihm stammen Kanzleischriften und historische Werke. DIETRICH erneuerte den ‹Liber cancellariae› (1380), ein Formular- und Handbuch für die päpstliche Kanzlei, und stellte den ‹Stilus palatii abbreviatus› (1387/89), ein kurzgefaßtes Handbuch der Geschäftsordnung, zusammen. Seine (verlorene) ‹Chronik› von 1399 reichte wahrscheinlich von KARL D. GR. bis auf DIETRICHS eigene Zeit. Der ‹Nemus Unionis› (1406/08) bildet im wesentlichen eine Sammlung von Akten zu den Unionsverhandlungen GREGORS XII. und BENEDIKTS XIII. ‹De scismate libri tres› (1409/10) versuchen eine Darstellung vom Gesamtverlauf des Schismas, wobei viele selbsterlebte Vorgänge eingehend geschildert werden. Als Fortsetzung ist die ‹Historia de vita Iohannis XXIII. pontificis› (1415/16) anzusehen. Die ‹Privilegia aut iura imperii› sind mehr eine Chronik als ein Traktat. Ein ‹Liber de regionibus orbis et qualitatibus habitantium in eisdem› scheint verloren. Unter den Traktaten und Sendschreiben ragt hervor ‹Contra dampnatos Wiclevitas Prage› (1411). Umstritten, aber wahrscheinlich von DIETRICH ist auch die Schrift ‹Monita de necessitate reformationis ecclesie› (1414). Der vermutlich ebenfalls ihm zugehörige Dialog ‹De modis vivendi ac reformandi ecclesiam› (1414) enthält eine auf OCKHAM und MARSILIUS VON PADUA fußende Darlegung der konziliaren Theorie. Nach HEINRICH FINKE war DIETRICH ein freier und beweglicher Geist, «einer der bedeutendsten Männer der Konzilsepoche, der größte Journalist des späteren Mittelalters». Seine Nachwirkung war stark, wurde später freilich von NIKOLAUS VON CUES und dem Humanismus überdeckt.

DIETRICH VRIE, Augustiner-Eremit, Lektor der Theologie in Osnabrück, Tournai, Brügge und Köln, beschreibt in der merkwürdigen Schrift ‹De consolatione ecclesiae› (1417, gedr. Köln 1488) das Konzil von Konstanz, an dem er selbst teilgenommen hat, in Form einer Wechselrede zwischen Christus und der Kirche. Das Werk ist König SIGISMUND gewidmet und bringt (Buch 5–8) wertvolle Nachrichten und Akten, etwa über HIERONYMUS VON PRAG. Der Autor vertritt die Oberhoheit des Papstes über das Konzil und beklagt die in der Kirche, besonders in den Orden, auftretenden Unzulänglichkeiten. VRIE ist außerdem Verfasser eines ‹Cosmologium sive liber apum› und eines ‹Liber de intensione et remissione formarum contra Marsilium de Padua›.

PERSON GOBELINUS (1358–1421) aus Paderborn war Geistlicher, erst Kammerkleriker an der Kurie URBANS VI., seit 1387 wieder in Paderborn, später Generalvikar, zuletzt Dechant in Bielefeld. Sein Hauptwerk ist der ‹Cosmidromius› (‹Weltenlauf›), eine Chronik nach den sechs Zeitaltern, in zwei Fassungen bis 1406, bzw. 1418 geführt. Sie enthält zahlreiche

(z. T. heute verlorene) Quellen, die nicht ohne Kritik verarbeitet sind. Auffällig sind bereits erkennbare humanistische Vorklänge.

ARND BEVERGERN, einflußreicher Aldermann in Münster, schrieb in niederdeutscher Mundart eine ‹Chronik des Bistums Münster›, die 772 beginnt und ab 1424 bis zum Schluß 1466 Selbsterlebtes bringt. TILE-MANN PLUNTSCH (PLUNK), Stiftsherr in Münstereifel, verfaßte 1448/49 die ‹Münstereifeler Chronik› (1270–1450) und die ‹Passio, translatio et miracula sanctorum martirum Chrisanti et Darie›. BARTHOLOMÄUS VON DER LAKE († 1468) aus Soest, angesehener Stadtsekretär seiner Vaterstadt, schrieb die Geschichte der *Soester Fehde* (Auseinandersetzung mit dem Kölner Erzbischof DIETRICH VON MÖS 1444/49) in Form eines Kriegstagebuches. Sie ist in einer Überarbeitung 1533 durch einen Soester Prädikanten erhalten. Ihre weite Verbreitung zeigt sich in der häufigen Benützung durch spätere Geschichtsschreiber. ERTWIN ERTMAN († 1505) aus Osnabrück, Jurist, Ratsherr, Bürgermeister, bischöflicher Rat, schrieb eine Geschichte des Bistums Osnabrück, die bis 1453 reichende ‹Cronica sive catalogus episcoporum Osnaburgensium›. BERNHARD VON HORST übertrug sie im 16. Jh. ins Niederdeutsche. In dieser Sprachform wurde sie von dem Benediktiner DIETRICH LILIE bis zum Jahre 1553 weitergeführt. JOHANN WASSENBERCH (1454– nach 1517), Bruder des Johanniterordens, verfaßte die ‹Duisburger Chronik›, auf der die späteren Duisburger Geschichtsschreiber aufbauen: AMBROSIUS MOER, ALEXANDER TACK und GEORG WEYMANN. Historiker und Lexikograph war GERT VAN DER SCHÜREN (ca. 1411– ca. 1489) aus Xanten, kaiserlicher Notar, Sekretär der Herzöge von Kleve. Seine ‹Chronik von Kleve und Mark› enthält u. a. eine Darstellung der Schwanrittersage. Die bedeutendste der *Dortmunder Chroniken* stammt von JOHANN KERKHÖRDE. Das nur teilweise erhaltene Werk, das auch viel Familiäres enthält, vielleicht überhaupt nur für die Familie geschrieben war, berichtet aus dem Miterleben heraus über Vorgänge der inneren und äußeren Politik von 1405 bis 1465. REINHOLD KERKHÖRDE († nach 1503), Enkel des Vorigen, Priester in Dortmund, schrieb eine niederdeutsche Prosachronik und eine niederdeutsche Reimchronik, die beide mit dem Jahre 1491 beginnen und mehr von örtlichen Dingen handeln.

Auch die reichste und größte niederdeutsche Handelsstadt, *Köln,* verfügt über eine deutschsprachige chronikalische Literatur. Noch aus dem 13. Jh. stammt die Reimchronik des GOTTFRIED HAGEN: ‹Boech van der stede van Coelne› (1277/87). ‹Dat nuwe boich› ist eine Kölner Stadtchronik, in der die Stadt bereits als politisches Eigengebilde mit ihren sozialen Schichtungen und Spannungen erfaßt wird. Dem 15. Jh. gehören an HEINRICH VAN BEECK mit der ‹Agrippina› (1469/72), einer Stadtgeschichte bis 1419, und die große deutsche Prosachronik eines unbekannten Verfassers ‹Cronica van der hilliger Stat van Coellen› (gedr. Lübeck 1499), von den römischen Anfängen bis zur damaligen Gegenwart. Sie enthält die berühmte Stelle über die Erfindung der Buchdruckerkunst. Reimchronik (3000 V.) ist CHRISTIAN WIERSTRAITS ‹Hystorie van der Eirlicher Stat Nuys, wye dye strenglich beleegen gewest is van Hertzoch Karll van Burgondien ind van Brabant Anno 1474› (gedr. Köln 1497).

In der *Rheinpfalz* wurden das Leben und die Taten des Pfalzgrafen FRIEDRICH von MICHAEL BEHEIM, PETER LUDER und MATTHIAS VON KEMNAT beschrieben. MATTHIAS WIDMAN aus Kemnat (um 1430–1475/76), Hofkaplan FRIEDRICHS in Heidelberg, Frühhumanist, nicht gerade asketischen Lebenswandels, ist der Verfasser der ersten Fürstengeschichte in deutscher Sprache. Seine ‹Chronik Friedrichs des Siegreichen›, ein universalhistorisches Elaborat aus Weltchronik, Papst- und Kaisergeschichte, Landesgeschichte und Biographie, reicht von der Geburt Christi bis in die Tage des Chronisten. Als Quellen wird eine Anzahl klassischer Autoren angeführt, verschwiegen aber werden die literarischen Anleihen bei seinen Freunden JAKOB WIMPFELING (von dem viele der Gedichte in der ‹Chronik› stammen) und PETER LUDER. An Kulturgeschichtlichem sind Berichte über den Hexenglauben, das Landstreichertum, Kuriositäten u. dgl. bemerkenswert. Obgleich von stark höfischer Tendenz, ist die Chronik doch auch Geschichtsquelle.

Auch *Niedersachsen* mit Braunschweig, Hildesheim, Oldenburg und Lüneburg hat seine Chronisten. Noch dem 12. Jh. gehört die *Braunschweigische Reimchronik* an. Später liefern HERMANN VON VECHELDE und HANS PORNER Beiträge zur spätmittelalterlichen Stadtgeschichte. RAINER GRONINGEN beschreibt in einer gereimten Braunschweiger Chronik, ‹Schichtspeel› (1492), den durch den Kürschner LUDEKEN HOLLAND 1488–1491 angestifteten Aufruhr. Das nüchtern-schwunglose Geschichtswerk umfaßt mehr als 5000 Verse und wurde bald nach 1510 in Prosa umgearbeitet. HERMANN BOTE (um 1460–1520), Zollschreiber in Braunschweig, bedeutender Vertreter der mittelniederdeutschen Literatur, schuf zwei wertvolle Geschichtswerke: eine ‹Weltchronik› in Prosa, von der Erschaffung der Welt bis 1438, und ‹Dat Schichtbok› (1510/13), eine kraftvolle Darstellung der braunschweigischen Volksaufstände. BOTE hält sich dabei bereits an die Grundsätze der antiken Geschichtsschreibung. Nach dem Vorbild SALLUSTS stellt er die Volksaufstände nach künstlerischen Motiven dar. BOTE ist auch Verfasser politischer Lieder und lehrhafter Dichtungen. Der Vetter HERMANNS, KONRAD BOTE († nach 1501), Goldschmied, ist vermutlich der Verfasser der ‹Cronecken der Sassen›, die ihrer vielen Bilder wegen auch unter dem Namen ‹Niedersächsische Bilderchronik› geht (gedr. Mainz 1492, mit Holzschnitten). JOHANN STATWECH, Geistlicher in

Braunschweig, verfaßte um die Mitte des 15. Jhs. eine prosaische ‹Welt-chronik› (bis 1441) und eine große gereimte ‹Weltchronik› (bis zum Tod Kaisers SIGISMUNDS) in z. T. recht komplizierter Anlage. So steht etwa in der Reimchronik je einer Spalte lateinischem Prosatext eine Spalte deutscher Verse gegenüber; jener war für Gelehrte gedacht, dieser für Laien.

Für *Lüneburg* eröffnet der geistliche Ratsschreiber NIKOLAUS FLOREKE die Stadtchronistik mit einem Bericht über die stürmischen Jahre 1369 bis 1373, eingetragen im ältesten Stadtbuch. HINRICK LANGE (um 1390–1467) aus Lüneburg, zuletzt Bürgermeister der Stadt, verfaßte eine anschaulich-lebendige ‹Chronik›, die hauptsächlich den sog. Prälatenkrieg darstellt. Schon dem Humanismus zugetan war JOHANNES SCHIPHOWER (1463 bis nach 1521), Augustiner-Eremit, in Deutschland und Italien gebildet. Au-ßer theologischen Schriften verfaßte er die ‹Chronica archicomitum Ol-denburgensium›, eine Geschichte der Grafen von Oldenburg mit wich-tigen Daten auch für die Geschichte der Augustiner-Eremiten. Sie bildet einen Übergang von der Klosterchronik zur Grafenchronik.

Für *Thüringen* sind zwei namhafte Persönlichkeiten hervorzuheben. JO-HANNES ROTHE (um 1360–1434), auch Verfasser einer deutschen Landes-chronik mit drei in Prosa verfaßten Redaktionen. An seiner ‹Düringischen Chronik› ist der künstlerische Ausdruck der Sprache bemerkenswert. Sie wurde bis zum Jahre 1467 von HARTUNG KAMMERMEISTER († 1467), Ratsmeister in Erfurt, fortgesetzt. Wertvolle Angaben für die deutsche Kultur- und Sittengeschichte des 15. Jhs. enthält das ‹Hand- und Haus-buch› des KONRAD STOLLE (um 1430–1505). Die Chronik vermittelt einen getreuen Einblick in das Leben jener Zeit. Sie berichtet über den Burgunderkrieg, die Spannung zwischen Deutschland und Frankreich, NIKLAS BÖHM (den Hirten im Taubergrund), die Wallfahrten nach Wils-nack u. a.

In der zu dem wettinischen Raum von *Sachsen und Meißen* gehörigen Oberlausitz verfaßte der Stadtschreiber JOHANN VON GUBEN um 1370 eine zeitgenössische ‹Zittauer Chronik› in deutscher Sprache. Sie reicht bis 1375 und ist aufschlußreich für die Zeit KARLS IV. Das Werk einer Reihe von Männern war die *Magdeburger Schöppenchronik*, entstanden im Auftrag des Rates. Der erste, HEINRICH VON LAMMESSPRINGE, scheint als einziger in der vorhumanistischen Zeit eine Stadtgeschichte als ein heitliches Ganzes haben schaffen zu wollen. Die Chronik, als deren Inhalt er eigens die Geschichte der Stadt und die Geschicke des Sachsenlandes nennt, umfaßt drei Bücher: 1. Die Bekehrung der Sachsen und ihre Ge-schichte bis zu den Ottonen; 2. die Reichs- und Stadtgeschichte bis 1350; 3. die Erfahrungen des Chronisten. Ein Unbekannter setzte dies von 1373

bis 1385 fort. Im 15. Jh. betätigten sich HINRIK VAN DEN RONEN und
ENGELBERT WUSTERWITZ († 1433) als Fortsetzer. Die nach dem Muster
der *Magdeburger Schöppenchronik* aufgebaute *Zerbster Ratschronik* verfaßte, wie neuere Forschungen ergeben haben, nicht PETER BECKER, sondern ein unbekannter Stadtschreiber. Für Halle schrieb MARKUS SPITTEN-
DORF († vor 1513) in Tagebuchform Aufzeichnungen über städtische Ereignisse in den Jahren 1473 bis 1480. In Görlitz pflegte JOHANN BEREIT
(† 1472) die städtische Geschichtsschreibung.

Der bedeutendste Chronist *Mecklenburgs* war ERNST VON KIRCHBERG,
der Verfasser der ‹Mecklenburgischen Reimchronik› (1378/79). Er schrieb
die 28 000 Verse hochdeutsch. Als Schulbuch weite Verbreitung fand die
‹Nova Chronica› des Geistlichen DIETRICH ENGELHUS (um 1362–1434).
Er stammte aus Einbeck, hatte 1381 bis 1389 an der Universität Prag studiert und trat mit verschiedenen, meist praktischen Zwecken dienenden
Schriften hervor, so u. a. mit einer ‹Deutschen Chronik› (1424). In seinem
letzten Lebensjahr zog er sich in das der Windesheimer Kongregation
angeschlossene Augustiner-Chorherrenkloster Wittenburg (Diözese Hildesheim) zurück. Seine ‹Nova Chronica› erzählt die Weltgeschichte im Stil
des Mittelalters. Eine erste Fassung reicht bis 1421, die zweite bis 1433.
Fortgesetzt wurde die Chronik bis 1464 von MATTHIAS DÖRING und
schließlich bis 1498 von THOMAS WERNER. MATTHIAS DÖRING († 1469)
aus Kyritz in der Priegnitz, Franziskaner-Provinzial, schrieb auch den
‹Defensor pacis› des MARSILIUS VON PADUA aus. Seine eigenen Werke
stehen mit seiner Tätigkeit auf dem Konzil in Basel in Zusammenhang:
‹Propositio circa Hussitarum articulum de donatione Constantini› (1432);
und die anonyme Flugschrift ‹Confutatio primatus papae› (1443), viel
verbreitet, ein kühnes Stück der konziliaren Literatur. Die Wismarer Unruhen in der ersten Hälfte des 15. Jhs. behandelte JOHANN WERKMANN
(† 1456) in der ‹Historie von her Johan Bantzkowen vnde her Hinrik van
Haren, wo se enthouet sint›.

Die *Hansestädte Lübeck und Bremen* haben ebenfalls ihre Historiographen. Noch dem 14. Jh. gehört an JOHANNES RODE (RUFFUS), Ratsnotar,
Verfasser einer Lübecker ‹Stadechronik› vom Jahre 1105 bis zum Brand
1276. Die sog. *Rufus-Chronik,* eine Lübecker Stadtchronik über den Zeitraum 1105–1430, geht zu Unrecht unter seinem Namen. Sie stammt von
einem unbekannten Chronisten. Rode begann aber 1347 auch eine Geschichte Lübecks. Sie wurde fortgesetzt von DETMAR VON LÜBECK, Lesemeister der Franziskaner, mit der ‹Detmarschen Chronik› (1385), die
ihrerseits in der *Lübecker Ratschronik von 1401–1482* eine Fortsetzung
fand. Die Ratschronik wurde von drei Chronisten geschrieben: der erste
Teil (bis 1469) von JOHANN HERTZE; der zweite Teil (1469–1480) von

JOHANN REYNDES (WUNSTORP); der dritte Teil (ab 1480) von DIETRICH BRANDES. HERMANN KORNER, Dominikaner in Lübeck, schrieb um 1425 eine lateinische Weltchronik, ‹Chronika novella›, von der er selbst eine niederdeutsche Fassung herstellte (1431). Sie ist eine wichtige Quelle für die Kenntnis des Niederdeutschen und enthält neben dem Historischen viel Volkstümliches, geschickt erzählte Geschichten, Legenden und Sagen (so z. B. den Tanz von Kölbigk). Verfasser der ersten niederdeutschen Chronik *Bremens* waren die beiden Geistlichen HERBORD SCHENE († 1413/ 14) und GERD RINESBERCH. Sie gliederten ihr Werk nach den Bremer Erzbischöfen. Die Chronik beginnt mit der Gründung der Kirche zu Bremen 788 und endet 1430. Mithelfer und Fortsetzer war der Bremer Bürgermeister JOHANN HEMELING († 1428).

Die Reihe der großen Geschichtswerke des *Deutschen Ordens* wird eröffnet durch die *Livländische Reimchronik* (Ende des 13. Jhs.). Sie ist die erste deutschsprachige Dichtung Livlands. Ihr folgt der Deutschordenspriester PETER VON DUSBURG mit dem ‹Chronicon terrae Prussiae› (1326), das die Geschichte des Deutschen Ordens bis 1326 berichtet und von KONRAD BITSCHIN, Stadtschreiber in Kulm, fortgesetzt wurde. Die Übersetzung durch den Ordenskaplan, die ‹Deutschordenschronik› des NIKOLAUS VON JEROSCHIN (1. Hälfte 14. Jh.), brachte den literarischen Höhepunkt der Deutschordensdichtung. Der Ordensritter HEINRICH KAPER († 1457) schrieb eine ‹Danziger Chronik›, die besonders eingeht auf den Konflikt des Danziger Bürgermeisters KONRAD LECZKAU mit dem Landkomtur. JOHANNES VON POSILGE († 1405), Offizial des Bischofs von Riesenburg, erzählt in einer Prosachronik die Geschichte Preußens von 1360 an. Ein Fortsetzer führte sie bis 1420. Die Chronik *Geschichte wegen eines Bundes* behandelt den Bund der Städte und Stände Preußens, das angespannte Verhältnis zum Deutschen Orden und schließlich den Krieg 1454 ff., der die Ordensmacht erschütterte und die polnische Schutzherrschaft über Preußen im Gefolge hatte. Ein Ordensgeistlicher, der große Anleihen bei NIKOLAUS VON JEROSCHIN machte, verfaßte zwischen 1433 und 1440 die sog. *Ältere Hochmeisterchronik*. Sie beginnt mit dem Jahre 1190 und stellt die Geschichte des Ordens bis 1433 dar. Die Chronik fand drei Fortsetzungen, deren letzte 1472 entstand. Die gegen Ende des 15. Jhs. zu datierende *Chronik vom Pfaffenkrieg* berichtet von den Streitigkeiten der preußischen Gebiete mit Polen wegen der Wahl des Deutschen NIKOLAUS VON TÜNGEN zum Bischof von Ermland. Verfasser war ein Danziger Bürger.

Als der bedeutendste Geschichtsschreiber Danzigs gilt KASPAR WEINREICH, ein weitgereister Kaufmann, Verfasser des Zeitbuches über die Jahre 1461 bis 1496. JAKOB LUBBE († nach 1500), ebenfalls Kaufmann in Danzig, ist Verfasser einer Familienchronik von 1465 bis 1489.

Im Grenzland *Schlesien* verfaßte PETER ESCHENLOER († 1481) aus Nürnberg, Magister und Rektor der Stadtschule in Görlitz, Stadtschreiber in Breslau, eine Breslauer Chronik in lateinischer und deutscher Fassung über die Jahre 1440 bis 1479. Neben ESCHENLOER war einer der bekanntesten schlesischen Geschichtsschreiber MARTIN VON BOLKENHAIN, ein welterfahrener Kaufmann. Seine Chronik schildert die Hussitenkämpfe der Jahre 1421 bis 1444. Er zeigt sich darin als scharfer Beobachter, der Selbsterlebtes anschaulich zu schildern vermag. Der Dominikaner HERMANN VON LERBECK verfaßte ein ‹Chronicon Comitum Schawenburgensium› (1400–1404) ab dem Jahre 1030, das in der zweiten Hälfte des 15. Jhs. ins Niederdeutsche übertragen wurde.

Außerhalb des geschlossenen deutschen Siedlungsraumes sind erwähnenswert die deutsche *Chronik aus Georgenberg* in der Zips, HERMANN VON WEISSENBURGS deutsche Chronik über die Zeit STEPHANS des GROSSEN († 1499) und die Chronik des sog. DALIMIL, eine tschechische Reimchronik, die zweimal ins Deutsche übersetzt wurde. Über die ‹Ungarnchronik› HEINRICHS VON MÜGELN wird S. 406 gesprochen.

2. Ansätze zur Lebensbeschreibung und Selbstbiographie. Reisebeschreibungen

Die griechisch-römische Antike kannte die rhetorische *Lebensgeschichte* und die philosophische *Selbstbetrachtung*. Beide Gattungen wurden vom Christentum übernommen und im kirchlichen Raum weiter ausgebildet. Das Mittelalter pflegt sowohl die religiös inspirierte Vita und Autobiographie als auch profane Erzeugnisse der Gattungen.

Die theologische und monastische Bewegung des 12. und 13. Jhs. hatte der hochmittelalterlichen *Hagiographie* Ansätze zu historischer Kritik und psychologischer Darstellung, Reformgedanken und Einwirkungen von der Ideenwelt des Islams her verliehen. Im ausgehenden Mittelalter mehrten sich die Sammelwerke, Legendare, Passionale, Heiligen-Leben etc. zu großer Breite. Sie zeigen häufig eine Vorliebe für Wunder und Übernatürliches. Angeregt wahrscheinlich durch deutsche Fassungen des *Lebens der Altväter* und die ‹Vitae fratrum ordinis paedicatorum› des GERHART VON FRACHETO († 1271) wurden die *Schwestern-Viten* aus dominikanischen Klöstern. Beispiele dafür sind: KATHARINA VON GEBWEILER († ca. 1340) mit den ‹Vitae sororum› des Klosters Unterlinden zu Kolmar; ANNA VON MUNZINGEN (1. H. 14. Jh.) mit der ‹Chronik der Mystikerinnen von Adelhausen›; CHRISTINE EBNER VON ENGELTAL († 1355) mit den Werken ‹Leben›, ‹Gesichte›, ‹Büchlein von der Gnaden Überlast›; besonders aber ELSBETH STAGEL († gegen 1360), die Verfasserin der Sammlung ‹Leben der Ordensschwestern zu Töss›, denen als Anhang die Legende der in Töss jung verstorbenen ungarischen Königstochter ELISABETH beigegeben ist.

Für die *christlich-religiöse Autobiographie* waren zunächst die im Neuplatonismus vorhandenen Ansätze zu einer Seelen- und Bekehrungsgeschichte ausgebildet worden: JUSTIN DER MÄRTYRER beschrieb seinen Weg vom Heidentum zum Christentum, GREGOR VON NAZIANZ schilderte die sein Leben bestimmende Spannung zwischen vita contemplativa und vita activa, AUGUSTINUS die Führung seines Lebens durch Gott. AUGUSTINS ‹Confessiones› wurden zum Archetyp der christlichen Selbstbiographie. Doch er fand damit im frühen Mittelalter zunächst keine Nachfolge. Erst GUIBERT VON NOGENT knüpft bewußt an ihn an.

Seit jeher wurde durch die *Mystik* das Selbststudium und die Erfassung der Persönlichkeit gepflegt und befördert. Das Ergebnis waren zahlreiche biographische und autobiographische Aufzeichnungen subjektiv analytischer Art. Bei MECHTHILD VON MAGDEBURG bricht in den Selbstzeugnissen der Mystiker die Muttersprache durch. In deutscher Sprache verfaßt sind auch die auf Tagebüchern beruhenden ‹Offenbarungen› der MARGARETE EBNER. Die durch ELSBETH STAGEL aufgezeichnete, von HEINRICH SEUSE um 1362 redigierte und vollendete ‹Vita› (‹Der Seuse›) ist das erste Beispiel einer von der Hauptperson selbst herausgegebenen religiösen Autobiographie in deutscher Sprache. Neben der Selbstbiographie als Form der mystischen Selbstmitteilung sind die Selbstzeugnisse der Mystiker gattungsmäßig in ihrer Mehrzahl Visionen, Revelationen, Selbstgespräche, Dialoge, Briefe.

Die *weltlichen Lebensbeschreibungen* und Selbstdarstellungen können mit den religiösen Ausprägungen der Gattungen nur bedingt konkurrieren. Marksteine profaner Produkte sind: in der Karolingerzeit EINHARDS (ca. 770–840) weitverbreitete ‹Vita Caroli›; im Hochmittelalter ULRICHS VON LICHTENSTEIN ‹Frauendienst› (1255); im Spätmittelalter die französische Ritterbiographie, die ‹Selbstbiographie› KARLS IV. (bis 1346), die lateinische Autobiographie Kaiser MAXIMILIANS I. und das autobiographische Element in seinem Schriftwerk. Zur Gattung der Tagebücher gehört das ‹Memorandenbuch› Kaiser FRIEDRICHS III. Es enthält biographische Notizen, verzeichnet Einnahmen und Ausgaben, notiert einige Sprüche volkstümlicher Art. Der Deutschböhme CHRISTOPH VON THEIN (1453– nach 1520), seit 1477 in Diensten FRIEDRICHS III., kaiserlicher Hauptmann in Triest und Fiume, Landesverweser in Krain, hinterließ eine Autobiographie über sein ganzes Leben. Noch gereimt ist die 1504 abgeschlossene Selbstbiographie des Musikers JOHANN VON SOEST am Hofe des Kurfürsten FRIEDRICHS I. in Heidelberg (vgl. S. 62 f.).

Aus dem Zusammenhang einer Familienchronik abgelöst erscheint die Lebensgeschichte LUDWIGS VON DIESBACH (1452–1527), Herrn zu Landshut und Diesbach. In Frankreich zum Ritter erzogen, machte er die Feldzüge gegen den Herzog von Burgund mit, seit 1476 erscheint er in verschiedenen Stellungen in Thun, Basel und begleitete MAXIMILIAN I. 1496 auf dessen Romzug, später waltete er als Gouverneur von Neuchâtel und Landvogt von Älen. Die Autobiographie zeigt ihn als Parteigänger Frankreichs. Sie schildert im ersten Teil sein abenteuerliches Leben als Knappe LUDWIGS XI., im zweiten sein Dasein als Schweizer Grundherr. Familiengeschichtlich und allgemein Denkwürdiges enthalten die kulturhistorisch wichtigen Aufzeichnungen der Frankfurter Patrizier BERNHARD (1446–1482) und JOB (1469–1502) RORBACH. BERNHARD schrieb seit 1478 die ‹Stirps Rorbach› und damit parallel den ‹Liber gestorum›. JOB hat die Niederschriften seines Vaters zur Zeitgeschichte fortgesetzt und von 1494 bis zu seinem Tode ein Tagebuch geführt. Denkwürdigkeit und Reise verbindet der Nürnberger Patrizier NIKOLAUS MUFFEL (1410–1469) in seinem ‹Gedenkbuch› und seiner ‹Beschreibung der Stadt Rom›.

Hofdienste, Ritterfahrten, Abenteuer und Pilgerreise ins hl. Land schildert der aus altem Adelsgeschlecht stammende GEORG VON EHINGEN (1428–1508). Er stand zuerst in Diensten am Hof zu Innsbruck, dann am österreichischen Hof zu Rottenburg am Neckar, schließlich der Grafen zu Württemberg und war Hauptmann des ‹St. Jörgen-Schildes› und des Schwäbischen Bundes. In den ‹Raisen nach Ritterschaft› beschreibt er, noch aus der Sicht einer idealen Auffassung vom Rittertum: 1. seine Ritterfahrt von Böhmen über Venedig nach Rhodos, seine Pilgerfahrt nach Palästina und die Gefangenschaft bei den Arabern (1454/55); 2. eine zweite zur diplomatischen Ausbildung 1456–1459 unternommene Reise an die Höfe Westeuropas, wobei er 1457 bei Ceuta und Granada gegen die Mauren kämpfte.

Leider nur fragmentarisch erhalten sind die deutsch-lateinischen Haushaltsaufzeichnungen des Münchener Arztes SIGMUND GOTZKIRCHER († 1475) mit kulturhistorisch und literarisch hochinteressanten Einzelheiten.

Biographik und Autobiographik haben ihre Parallele in der *Topographik*, aufgefaßt in räumlich-geographischer wie in sinnlich-gegenständlicher Hinsicht. Die Ortsbeschreibung ist literarisch ausgeprägt in der *Reiseliteratur*. Der größte Teil der Reisebeschreibungen bietet für die Auffassung der Zeit historische Tatsachen. Ihre Erlebnisberichte und topographischen Partien fanden in einem Zeitalter der Entdeckungen und der zunehmenden Handelsbeziehungen eifrige Leser. Der Minorit ODERICH kehrte 1330 von einer Missionsreise zurück, die ihn bis nach China geführt hatte, und schrieb darüber einen Bericht. Der deutsche Ritter WILHELM VON BOLDENSELE verfaßte 1336 einen Bericht über seine Palästinareise. Diese Berichte ODERICHS und BOLDENSELES übernahm JEAN DE BOURGOIGNE (JOHANN VON BURGUND, † 1382), Arzt zu Lüttich, der sich

den Namen des englischen Ritters JOHN MANDEVILLE beilegte, für seine
französisch geschriebene Reisebeschreibung. Er galt ein halbes Jahrtausend für einen unerschrockenen Weltreisenden durch die Länder des
fernen Ostens, bis sich Ende des 19. Jhs. herausstellte, daß er den Großteil
der von ihm beschriebenen Gebiete niemals auch nur gesehen hat und
sein Werk durchaus unselbständig ist. Er verarbeitete aber seine Quellen
und Entlehnungen äußerst gewandt. Die Reisebeschreibung des MANDE-
VILLE wurde zunächst aus dem Französischen ins Englische und Lateinische, dann bald in sämtliche Sprachen Kultureuropas übersetzt. Die Übertragung ins Deutsche besorgte OTTO VON DIEMERINGEN, Domherr zu
Metz (urk. 1369–1398). Seine getreue Übertragung geht auf eine Lütti-
cher französische Handschriftengruppe und eine lateinische Bearbeitung
zurück. Sie wurde u. a. Straßburg 1483 gedruckt. Auf einer zweiten französischen Handschriftengruppe beruht die um 1400 zustande gekommene,
etwas freiere Übersetzung MICHEL VELSERS, eines Juristen zu Bardassano.
Sie wurde seit 1481 (Augsburg) öfter gedruckt. Eine dritte Übertragung
besorgte der Ulmer Bürger HANS BART.

Zu Beginn des 15. Jhs. verfaßte HANS SCHILTBERGER aus München
ein buntbewegtes ‹Reisebuch›. Er war bei den ungarischen Kämpfen nach
der Schlacht bei Nikopolis 1396 in türkische Gefangenschaft geraten und
kam in die Dienste des Sultans BAJAZET. Nach dem Sturz der türkischen
Macht geriet er in die Gewalt des mongolischen Groß-Timur und mußte
mit ihm nach Osten ziehen. Als ihm endlich eine abenteuerliche Flucht
gelang, erreichte er zunächst Konstantinopel, von wo ihm der griechische
Kaiser 1427 die Heimkehr ermöglichte. In Bayern trat er als Kämmerer
in die Dienste Herzog ALBRECHTS III. Das ‹Reisebuch› berichtet über
kriegerische und politische Ereignisse, Religion, Rechtswesen, Handwerk,
Landbau, Kochkunst. Was SCHILTBERGER über sein Leben und über die
selbst gesehenen Länder berichtet, ist sein geistiges Eigentum und eine
bedeutsame geographische Quelle. Andere Abschnitte, auch geographische, sind dem JOHN MANDEVILLE entnommen; für die historischen Teile
kommen ältere Berichte in Betracht. Das Werk ist in vier Handschriften,
fünf Inkunabeln (alle mit 15 gleichen Holzschnitten) und mehreren Drukken des 16. und 17. Jhs. überliefert.

Ebenfalls Erlebnisse in türkischer Gefangenschaft schildert GEORG VON
UNGARN (nach mündlicher Überlieferung JOHANNES KLOOR) in seinem
lateinisch abgefaßten ‹Tractatus de ritu, moribus et nequitia Turcorum›,
d. i. ‹Chronica und Beschreibung der Türkey› (gedr. Urach 1480 u. ö.).
GEORG wurde wahrscheinlich im siebenbürgischen Rumes geboren, kam
als Jüngling nach Mühlbach und geriet bei der Einnahme der Stadt durch
Sultan MURAD II. 1437 in Gefangenschaft. Die Türken verkauften ihn an
Sklavenhändler nach Adrianopel; von dort kam er nach Pergamum,
Brussa und Chios: «sibenmal verkaufft, sibenmal entronnen, sibenmal

wider gefangen und mit geld verkauft», sagt er von sich. Während der
zwanzig Jahre, die er bis 1458 unter den Türken zubrachte, machte er
sich mit deren Sprache und Literatur derart vertraut, daß ihm ein höherer
Geistlicher sein Amt abtrat und GEORG als erfolgreicher Prediger wirken
konnte. Nach seiner Heimkehr trat er in den Dominikanerorden ein und
wirkte später an der römischen Kurie. GEORGS ‹Chronica› ist in 32 Abschnitte geteilt und schildert Sprache und Sitten, Brauchtum und Religion
der Türken. In den Partien über die Religion stimmt er mit dem ‹Reisebuch› HANS SCHILTBERGERS überein. Die deutsche Reformation machte
sich das Werk dienstbar. SEBASTIAN FRANCK bearbeitete 1530 den Traktat deutsch und LUTHER schrieb dazu eine Vorrede. GEORGS Angaben
werden in der Türkenliteratur der Zeit häufig verwertet.

Gegen Ende des 15. Jhs. (1477) wurden die ‹Wunderbaren Reisen› des
Venetianers MARCO POLO († 1323) zum erstenmal in deutscher Sprache
gedruckt. Die Entdeckungen in Amerika fanden ihren Niederschlag im
Bericht des KOLUMBUS. Die Übersetzung dieses sog. *Kolumbusbriefes*
ins Deutsche entstand in Ulm und wurde Straßburg 1497 gedruckt.
Der Name des Übersetzers ist nicht bekannt. AMERIGO VESPUCCIS Reise
wurde 1505 hochdeutsch und 1506 mittelniederdeutsch gedruckt. Den Bericht ‹Paesi novamente retrovati› des Italieners FRACAN MONTALBODDO
arbeitete 1508 der Nürnberger Arzt JOBST RUCHAMER um in das Büchlein
‹Neue unbekannte Lande›; der Lübecker HENNIEG VAN GHETELEN setzte
diese hochdeutsche Übertragung um ins Niederdeutsche (1508); MICHAEL
HERR († nach 1550) übersetzte die Beschreibung der Reise durch Arabien,
Persien und Indien des Bolognesers LUDOVICO BARTHEMA ins Deutsche
(erster Druck 1515, der neunte 1556).

Einen großen Teil seines Lebens auf Reisen, meist im Dienste der
Augsburger Firma WELSER, verbrachte der Augsburger Patriziersohn
LUKAS REM (1481–1542). Sein 1494 begonnenes und bis 1541 geführ-
tes Tagebuch besteht aus zehn Abschnitten, in denen er alle äußeren
Vorkommnisse verzeichnet. In Vienne sah er 1510 ein großes Passionsspiel. Eine im Auftrage der Welser unternommene Handelsreise nach
Indien beschrieb BALTHASAR SPRINGER (SPRENGER) aus Vils bei Füssen.
Er geleitete vom März 1505 bis November 1506 die portugiesische Ex-
pedition des Vizekönigs FRANCISCO D'ALMEIDA an die Gewürzküste und
zurück nach Lissabon. Aus Tagebuchnotizen stellte SPRINGER 1507 sein
‹Iter Indicum› zusammen (lateinische Handschrift in Gießen) und ließ
dazu von HANS BURGKMAIR sechs Holzschnitte anfertigen. Auf die ersten
vier druckte er die ethnographischen Hauptergebnisse seiner Reise. Es ist
dies die sogenannte kleine deutsche Ausgabe. Ihr folgte die große deutsche
Ausgabe: ‹Die Meerfart vun erfarung nüwer Schiffung vnd Wege zu viln
onerkannten Inseln vnd Kunigreichen› (o. O. 1509). Sie entspricht an
Umfang ungefähr der lateinischen Fassung.

Von der weltlichen Reiseliteratur unterschieden sind die *Pilgerreisen.*
Unter den Reisebeschreibungen von Wallfahrern unterscheidet man drei
Gruppen: 1. Reisen nach Rom; 2. nach Santiago de Compostela, der
Hauptstadt des alten Königreiches Galicien, wo der HL. JAKOBUS D. Ä. be-
graben lag; 3. nach Palästina. Diese Reiseliteratur ist meist in Prosa ab-
gefaßt, es gibt aber auch Ausnahmen. HANS SCHNEIDER beschrieb die
1493 erfolgte Pilgerfahrt des Kurfürsten FRIEDRICH DES WEISEN von
Sachsen in Versen. Rom-Pilgerbücher stammen von LEOPOLD STAIN-
REUTER 1377, KASPAR ENENKEL über die Romfahrt Kaiser FRIEDRICHS III.
Als Pilgerführer durch Rom dienten die ‹Mirabilia Romae›, deutsch und
lateinisch. Compostela-Fahrten beschrieben PETER RIETER 1428, GEORG
PFINZING 1436, PETER RINDFLEISCH, DANIEL KAUFMANN, SEBALD ORTEL;
eine Art Baedeker für St. Jakobs-Pilger war das gereimte Wallfahrtsbuch
des oberdeutschen Serviten-Mönches HERMANNUS KÜNIG VON VACH ‹Die
Wallfahrt und Strasse zu Sant Jakob› (Straßburg 1495 u. ö.). Eine ‹Wallfahrt zu den Einsideln und die Legend Sant Meinrat› erschien Nürnberg
um 1495.

Oberstes Pilgerziel war das Heilige Land. Palästina-Reisen schildern:
der schon genannte WILHELM VON BOLDENSELE (1336), der westfälische
Kleriker LUDOLF VON SUDHEIM (1336–1341), der braunschweigische Bürger HANS PORNER (1418/19), der Baseler Ratsherr HANS ROT (1440), der
Gefolgsmann (APEL STEINHAUSEN?) Herzog WILHELMS VON THÜRINGEN
(1461), der St. Galler Kaufmann ULRICH LEMAN (1472/80), der Gefolgsmann des Landgrafen WILHELM VON HESSEN DIETRICH VON SCHACHTEN
(1491), der Augsburger Priester WOLF VON ZÜLNHART (1495), der niederrheinische Ritter ARNOLD VON HARFF (1499, mit Zeichnungen), der
Franziskaner NIKOLAUS WANCKEL (1510), DIETRICH VON KETTLER
(1519). Ferner HANS TUCHER, BERNHARD VON BREIDENBACH und FELIX
FABRI.

HANS TUCHER (1428–1491), aus alter Nürnberger Patrizierfamilie, unternahm 1479/80 eine Pilgerfahrt ins hl. Land und auf den Sinai und beschrieb Tag für Tag alle Stationen in seinem ‹Reyßbuch›. Der Mainzer
Domherr BERNHARD VON BREIDENBACH († 1497) begab sich 1483 mit
dem Grafen JOHANNES ZU SOLMS-LICH, dem Ritter PHILIPP VON BICKEN
und dem Maler ERHARD REWICH zu einer Pilgerfahrt nach Palästina. Die
Reise führte über Venedig, Korfu, Rhodos und Cypern nach Joppe und
von da nach Jerusalem; von dort zum Berg Sinai. BERNHARD, ein Mann
sowohl von echtem Gefühl als auch wachem Verstand, schildert in ergreifender Weise den Eindruck der heiligen Stätten und berichtet genau und
zuverlässig über die Gegenden und Städte, zu denen sein Weg führte.
Das Werk ist für die Geographie eine Quelle hohen Ranges. Die Beschreibung dieser Pilgerreise erschien zuerst in lateinischer, dann bald
darauf in deutscher Sprache: ‹Peregrinatio in terram sanctam› (Mainz

1486; deutsch 1486). Das Werk war mit Holzschnitten und Stadtansichten von der Hand REWICHS illustriert. Ob BREIDENBACH tatsächlich der Autor des gesamten Werkes ist, kann nicht mit Sicherheit gesagt werden. BREIDENBACH selbst berichtet, er habe den Abbildungen REWICHS Erläuterungen durch einen Gelehrten hinzufügen lassen. Das beliebte Werk war ungemein weit verbreitet und wurde ins Niederländische, Französische, Italienische und Spanische übersetzt. BERNHARD VON HIRSCHFELD, Kämmerer FRIEDRICHS DES WEISEN, unternahm 1517 auf dem Seeweg eine Fahrt ins hl. Land. Seine Beschreibung der Wallfahrt erschien später mit verschiedenen Zugaben in Druck.

Der nach REINHOLD RÖRICHT wichtigste von allen Reiseberichten des späten Mittelalters ins hl. Land stammt von FELIX FABRI (1441/42–1502) aus Zürich, Mitglied des Dominikanerordens: ‹Eigentliche beschreibung der hin vnd wider Fahrt zu dem Heyligen Landt›. FABRI wirkte seit 1468 in Ulm und unternahm zwei Pilgerreisen nach Palästina: 1480 als geistlicher Reisebegleiter GEORGS VON STEIN und 1483/84 in der gleichen Eigenschaft mit dem Truchseß JOHANN VON WALDBERG. Seine Beschreibungen der Fahrten und des Landes sind durch praktisch-konkrete Darstellungsgabe ausgezeichnet und enthalten interessante geographische, botanische und zoologische Angaben. Von der umfangreichen lateinischen Fassung erschien noch um die Mitte des 16. Jhs. eine kurze deutsche Bearbeitung. Ebenso beruht ein ‹Gereimtes Pilgerbüchlein› auf FABRIS Berichten. Bei FABRI sind weiters auch bedeutsame Ansätze der «topographisch-historischen Beschreibung» zu konstatieren, wie sie später durch den Humanismus ausgebildet und gepflegt wurde: sein ‹Tractatus de civitate Ulmensi› ist eine der ersten Stadtbeschreibungen und seine ‹Descriptio Sueviae› (1489) trägt topographisch-historisch-volkskundlichen Charakter.

Die deutschen Jerusalempilger berichten meist einen typischen Reiseverlauf und typische Situationen: den Reiseweg zur See, Venedig, Rhodos, Kreta, Zypern, Jaffa; die Städteansichten, das Leben auf dem Schiffe, die hl. Stätten, Aufbruch und Rückkehr. Der Landweg über Konstantinopel wird selten benützt. Die Grundlage der Reiseschilderungen bilden häufig *lateinische Pilgerführer*, die man in Venedig oder in Palästina erwerben konnte. In sie trug man Neues und Verändertes ein. Aber trotz eines derartigen Pilger-Baedekers beschrieben viele Wallfahrer selbständig ihre Reise, manchmal auf Grund von tagebuchartigen Aufzeichnungen oder Ausgabenbüchern. Seit dem Beginn des 15. Jhs. ist bei den Pilgerschriften eine fortschreitende Episierung unverkennbar. Sie zeigen auch immer mehr Beobachtung und eigene Wahrnehmung ethnologischer, sozialer, ökonomischer, klimatischer, botanischer und zoologischer Phänomene. Die religiös-erbaulichen Motive der Niederschrift verweltlichen, es machen sich didaktische und unterhaltsame Zwecke geltend.

In ihrer Gesamtheit betrachtet, spiegeln die deutschen Reisebeschreibungen und topographischen Schilderungen des 14., 15. und beginnenden 16. Jhs. den Weg wider, der von Konrad von Megenbergs ‹Buch der Natur› zu Sebastian Francks ‹Kosmographia› und ‹Weltbuch› führt.

DRITTES KAPITEL

LYRISCHE DICHTUNG. SPRUCHDICHTUNG

Im folgenden Kapitel soll die lyrische Dichtung im weitesten Umfang behandelt werden, d. h. die beiden Gattungen des Liedes und des Spruches samt ihren späteren Verzweigungen. Im Anschluß an DE BOORS Ausführungen Bd. III/1, 299 und 407 ff. wird trotz mancher Grenzverwischungen und Überschneidungen aus sachlichen und darstellerischen Gründen unterschieden zwischen Lyrik *im engeren Sinn und Spruchdichtung.* Der Sangverslyrik gehören zu: 1. Die Ausklänge des Minnesangs und der Dorfpoesie, die weltliche und geistliche Kunstlyrik; 2. die volkstümliche Lyrik mit dem weltlichen und geistlichen Lied; 3. die Liedersammlungen und Liederbücher. Der zweiten Gattung zu eigen sind: 4. Lehrhafte Versreden, Minne-Reden und -Allegorien, Herolds- und Wappendichtung; 5. Bilddichtung; Totentänze; 6. der Übergang von der nachklassischen Lyrik zum Meistergesang mit seiner spruchdichterischen Vorphase und der schulmäßigen Organisation. Die geistliche Kunstlyrik, die Lyrik einzelner Persönlichkeiten und die historisch-politische Dichtung verwenden teils die Lied-, teils die Spruchform. Die Liedersammlungen und Liederbücher unterscheiden nicht streng zwischen Liedern und Sprüchen. Wie jede geschichtliche Gegebenheit tragen auch die lyrischen Formen in sich den Trieb zum Weiterwachsen und die Neigung zum Absterben.

In ihrer Gesamtheit gesehen, umschließt die Lyrik des ausgehenden Mittelalters eine höhere Anzahl von Gattungen und ist viel differenzierter als die der früheren Epoche. Nicht immer sind die Gruppen klar geschieden.

Als Träger und Gegenstand der Lyrik dieser Spätzeit erscheinen Adel und Ritter, Geistliche, Gelehrte, Bürger, Bauerntum. Die Insassen der Städte waren in der Lage, sich an der Dichtung zu beteiligen: das Patriziat an den späthöfischen Formen, die mittlere Schicht am Gesellschaftslied, am geistlichen Lied, am Spruch, am Meistergesang. Wesentlich an der Lyrik ist die Mitarbeit der Gebildeten als Geistliche, Schulmeister, Studenten, Schreiber, Vaganten. Eine selbsttätige Anteilnahme der Bauern liegt zunächst nicht vor, sie blieben Objekt der Dichtung. Im gesamten gesehen, erscheint die späte Lyrik bis zur Reformation als eine reiche Kunstübung der ständisch breiten spätgotischen Kultur. Einzelne Adelige oder für den Adel arbeitende Dichter pflegen noch die eigentliche Minnelyrik, geistliche und adelige Persönlichkeiten eine religiöse und weltliche Kunstlyrik. An Gattungen des Minnesangs, dessen Nachwirkungen bis ins

16. Jh. dauern, werden gepflegt: Lied, Leich, Spruch und die sog. höfische Dorfpoesie. Aus dem höfischen Lied beginnt sich ein bürgerlich-ständisches volkstümliches Lied herauszubilden, aus der Spruchdichtung entwickeln sich Reimrede und Meistergesang. Bereiche des Sprechspruches sind: Religion, Moral, Jugendlehre, Gelehrsamkeit und Lebenserfahrung, Sozialkritik, Politik, Kunsttheorie. Das Dichterische beim Spruch besteht in der eindringlichen Bildprägung. Die alten Inhalte und Formen sind der freien Verfügung hauptsächlich des Bürgertums preisgegeben.

Die kunstmäßige geistliche Lyrik deckt sich weitgehend mit gelesener Lyrik, die volkstümliche geistliche Lyrik mit gesungener. Eine Grenzverwischung mit weltlicher Kunstlyrik ergibt sich, indem führende Persönlichkeiten sowohl weltliche als auch geistliche Kunstlyrik pflegen, weltliche Dichter sich geistliche Stoffe aneignen und die Spruchdichter und Meistersinger häufig Themen aus der Theologie und Mariologie behandeln; auch formal sind die vorwiegend geistlich interessierten Dichter der weltlichen Lyrik verpflichtet. Die volkstümliche weltliche Lyrik übernahm viele Motive und Bilder des Minnesangs. Zunächst stehen die höfisch-feudalistische Überlieferung und eine bürgerlich-ständische Lyrik noch nebeneinander.

Von den verschiedenen Gattungen des volkstümlichen Liedes greifen die Balladen zurück auf Älteres. Die bürgerlich-ständische Lyrik pflegt die Liebes- und Geselligkeitsdichtung, Liebeslied (Tanzlied, Tagelied), religiöses Lied (geistliche Kontrafaktur, Festtagslieder, Wallfahrtslieder, Lieder in geistlichen Spielen, Marienklagen). Große Bedeutung erlangen das Sittenlied und das historisch-politische Lied. Fort leben die Formen des Preisliedes, des Lügen- und Wettliedes, Schwank-, Spott- und Rätselliedes. Noch immer entstehen Vagantenlyrik, Freß- und Sauflieder. Die Standeslieder singen von Studenten, Soldaten, Jägern, Bergleuten, Handwerkern. Der höfisch-feudalistischen Spruchdichtung gehört die Herolds- und Wappendichtung zu, ein Teil davon steht in politischen Diensten der Fürsten. Ein weiterer Teil der Spruchdichtung ist Bilddichtung.

Inhaltlich an die höfische Spruchpoesie, in der Strophenform an den Minnesang knüpfen die bürgerlichen und meist fahrenden Spruchdichter an, die sich seit dem 13. Jh. Meister nannten und die man als Vorläufer der späteren Meistersinger und des Meistersangs betrachtet. Der Meistergesang als schul- oder handwerksmäßig geübte Kunst setzt im 14. Jh. ein und breitet sich in der Folgezeit rasch über weite Gebiete Deutschlands aus.

Einblick in das Leben der Lyrik in städtischen Kreisen gewährt die ‹Limburger Chronik› des TILEMANN ELHEN. Ihr Verfasser teilt nach älteren Aufzeichnungen zu den Jahren ab 1351 den Beginn einer Reihe damals neuer Lieder mit, die vom Volke gesungen und durch «Meister, Pfeifer und Spielleute» Verbreitung fanden. Die meisten der angeführten Lieder haben minnesingerisch klagende und werbende Tendenz; eine Nachricht

zum Jahr 1356 bezieht sich auf die ‹Große Tageweise› des Grafen PETER
VON ARBERG, eine Behandlung der Passion Christi; zum Jahr 1359 gehört
das Unmutslied einer Nonne «Got gebe ime ein verdorben jar, der mich
machte zu einer nunnen»; in einigen Liedern auf den Mai beklagt ein
aussätziger Mönch sein Schicksal. Einen Formwandel will der Chronist
zum Jahr 1360 festgestellt wissen: von diesem Jahr an seien nur noch
dreistrophige Lieder gedichtet worden («di heißent widersenge»). Dieses
Gesetz des ‹Widersanges› hat man auch tatsächlich beachtet, so etwa der
Verfasser der weltlichen Lieder, die unter dem Namen des MÖNCHS VON
SALZBURG überliefert sind.

In formaler Hinsicht ist bemerkenswert, daß in den 90er Jahren des
14. Jhs. die ältesten deutschen Rondeaus nach französischem Muster auftauchen. Diese Strophenform besteht aus 8, meist aber aus 12 bis 14
Versen, die nur zwei Reime zeigen. Das Rondeau wird durch Sinnes-
abschnitte und Reimstellung in zwei oder drei Teile gegliedert. Die Anfangsworte des ersten Verses kehren am Schluß des zweiten und dritten
Teiles als ungereimter Refrain wieder.

Aus Gründen des inneren und formalen Wohlgefallens sammelte man
schon sehr früh weltliche Lyrik. Der Ritter und Ratsherr zu Zürich RÜ-
DIGER MANESSE (1224–1304) sammelte alte lyrische Dichtung. Später
legte man Liederbücher an. Ihre Zahl wird im Verlaufe des 14. bis 16. Jhs.
immer größer.

Liedgut der niederen Volksschichten ist aus dem späten Mittelalter
kaum erhalten. Bei der lateinsprachigen Lyrik des ausgehenden Mittelalters wird man eine ältere spätmittellateinische Gruppe und eine modern-
humanistische zu unterscheiden haben.

1. Die Ausklänge des Minnesangs und der Dorfpoesie.
Oswald von Wolkenstein. Weltliche und geistliche Kunstlyrik

Die Veränderungen im sozialen Gefüge der Nation und weltanschaulich-
stilistische Wandlungen entzogen im 14. und 15. Jh. dem *Minnesang* den
Boden, auf dem er gedieh. Neben dem Adel war das Bürgertum empor-
gestiegen, das ritterliche Ethos weitgehend geschwunden, der Inhalt des
Begriffes ‹Minne› ein anderer geworden; der höfische Frauenkult hatte
seine Idealität eingebüßt. Aber wenn auch die schöpferische Zeit des
Minnesangs um 1300 zu Ende war, so doch nicht seine Fortwirkung.
Gegen Ende des Jahrhunderts hatte der ritterliche Sang den Weg in die
Städte gefunden, und bürgerliche Dichter verfaßten Minnelieder. Seither
übten die festgeprägten Formen des Minneliedes, seine Motive, Bilder,
Formeln und Sprachgebärden einen lange währenden Einfluß auf die
lyrische Dichtung der nichtadeligen Stände. Gleichwohl berichten lite-

rarisch-urkundliche Zeugnisse noch immer auch von adeligen Personen als Liederdichter und einer für aristokratische Kreise bestimmten Lieddichtung, von Minnesang und Minnespottlied. Außerdem treten in dieser Spätzeit noch zwei fest umrissene Persönlichkeiten mit einem umfänglichen Dichtwerk auf, die zeigen, wie die alte Tradition der Minnedichtung sich wandelt und sich im Übergang befindet zu Neuen: OSWALD VON WOLKENSTEIN und HUGO VON MONTFORT.

Über die Fortwirkung und das Weiterleben der meist mit dem Namen NEIDHARTS VON REUENTAL verbundenen höfischen *Dorfpoesie* wurde in Kap. I, 5, Schwankdichtung, bei Gelegenheit von ‹Neithart Fuchs› bereits das Wesentliche gesagt.

Von den Fürstenhöfen des Ostens und Nordostens kam in seinen letzten Lebensjahren HEINRICH FRAUENLOB († 1318) von Meißen nach Mainz, wohin ihn vermutlich Erzbischof PETER VON ASPELT, einst Kanzler König WENZELS II. VON BÖHMEN, berufen hatte (vgl. Bd. III/1, 334 f.). Sein Grabstein am Mainzer Dom zeigte das Haupt des Dichters mit Blumen bekränzt, darunter in reliefartiger Darstellung, wie der Sarg von acht Jungfrauen zu Grabe getragen wird. FRAUENLOB war kein Ritter, hat aber die Ausbildung in seiner Kunst noch an Fürstenhöfen erhalten. Als seine berufliche Aufgabe betrachtete er eine würdige ernste Unterhaltung der Fürsten und geistlichen Herren und ihrer Ritter. Als Hauptwerke gelten die drei großen Kompositionen ‹Leich Unser Frauen›, ‹Kreuzleich›, ‹Minneleich›, 13 Lieder und 448 Spruchstrophen. Die Sprüche fügen sich meist zu Reihen von drei zusammen, die inhaltlich und durch Responsionen miteinander verknüpft sind. Man sieht darin bereits die Anordnung der ‹Bare› der späteren Singschulen. FRAUENLOBS Lyrik hat sich schon weit hinweg entwickelt vom Minnesang. Er ist Nominalist, dem die Namen der Dinge Zeichen sind, die deren Wesen aussprechen. Sein Denken beherrscht die göttliche Vernunft; die alten Worte des Rittertums erhalten andere Werte. Der Begriff der Minne erfährt eine Veränderung hin zur abstrakten Tugend; sie ist auf der einen Seite geradezu die eheliche Liebe, auf der anderen Seite wird sie Liebe zum Göttlichen. FRAUENLOBS Stil hat sich aus dem blühenden oder auch dunklen Stil herausgebildet, wie er zuerst bei WOLFRAM auftaucht. Er stützte sich mit seinen Wortspielen, Bildern und Gleichnissen auf ein reiches Wissen und eine bewegte Phantasie.

Pfleger der höfisch-ritterlichen Traditionen und Formen sind zunächst auch noch Adelige, die für eine adelige Gesellschaft schaffen. TILEMANN ELHENS ‹Limburger Chronik› gibt in ihrer ausführlichen Fassung Kap. 10, zu 1347, ein Schelt- und Absagelied an eine Frau wieder, das REINHARD I., HERR VON WESTERBURG, gedichtet hat:

> Ob ich durch si den hals zubreche,
> wer recke mir den schaiden dan?!

Daran anschließend wird berichtet, Kaiser LUDWIG IV. VON BAYERN habe für dieses in drei volksliedhaften Vierzeilerstrophen abgefaßte Gebilde eine Sühne verlangt, worauf REINHARD ein Minnelied im üblichen Sinne gedichtet hätte:

> In jamers noden ich gar vurdreven bin
> durch ein wif so minnecliche.

Damit sei der Kaiser zufrieden gewesen. Beachtenswert an dem Scheltlied ist die lässige Form. Der Kaiser war in seinem Geschmack konservativ eingestellt. REINHARD VON WESTERBURG beherrschte das Minnespottlied und die höfische Minneklage.

Die *Zimmersche Chronik* des Grafen FROBEN CHRISTOPH VON ZIMMERN (1564/66) erwähnt einen HEINRICH OFFENBACH VON ISNY, um 1350 Domherr in Konstanz, der gleichfalls «mit den deutschen Liedern und geruempten Gedichten umbgangen».

Ein weiterer Beleg für zwei Aristokraten als Lieder-Dichter stammt von NIKLAS VON WYLE, dem Frühhumanisten. WYLE berichtet im Vorwort zu seiner Übersetzung des ‹Traumes der Fortuna› von ENEA SILVIO (1468), daß Herzog LEOPOLD IV. VON ÖSTERREICH (1371–1411) ein Lied gemacht habe «von einer Fürstin, die ihm vermählt zugebracht werden sollt»:

> Kum glück vnd tů din hilff darzů.
> Sid Ich nit rǔw hab spåt noch frǔ.

LEOPOLD IV. war Regent von Tirol und der habsburgischen Besitzungen in den Vorlanden. Mit der Fürstin ist vermutlich KATHARINA, die Tochter Herzog PHILIPPS VON BURGUND gemeint, die Gemahlin LEOPOLDS. Und weiter berichtet WYLE, daß auch ein Mann (offenbar Adeliger), der ENEA SILVIO bekannt ist und noch am Leben sei, ebenfalls ein Lied auf seine eheliche Hausfrau gedichtet habe, das mit einer Anrufung der Fortuna einsetzt:

> Hilff glück daz er schier füge sich.
> Daz mir geb fröid die minnenklich.

In der Sterzinger Miszellaneenhandschrift steht eine nach 1409 eingetragene Gedichtgruppe eines Magister JOHANN VON BOPFINGEN aus Nördlingen, der in der 2. Hälfte des 14. Jhs. als Pfarrer an verschiedenen Orten Tirols und Domherr von Trient erscheint. Es sind dreistophige Liebeslieder im höfischen Ton und offenbar für eine adelige Gesellschaft bestimmt.

In umfangreichem Maße als Lyriker betätigte sich auch EBERHARD VON CERSNE, der uns noch als Verfasser des Werkes ‹Der Minne Regel› begegnen wird. Von ihm sind zwanzig Lieder erhalten. Sie schließen sich an seine Minneallegorie an. Die Liebeslieder zeigen die Art des Minnesangs, aber auch die des volkstümlichen Liedes. Die Berliner Sammelhandschrift 719 enthält u. a. eine 1464 anzusetzende Sammlung von Liedern, vornehmlich Liebeslieder, doch auch Spiel- und Fastnachtslieder. Vier Lieder haben Graf HEINRICH VON WÜRTTEMBERG (1448–1519), den Stammvater des ehemaligen Königshauses, zum Verfasser. Die innerhalb der Tradition der ritterlichen Minnedichtung stehenden sorgsam gebauten Gebilde sind vermutlich Jugenddichtungen.

Aus oberrheinischem Gebiet stammte HEINRICH VON LAUFENBERG (vgl. S. 90 f.), Übersetzer in Versen und Prosa, aber auch Liederdichter und Komponist. Von ihm sind gegen 120 deutsche Lieder bekannt, deren Handschrift 1870 in Straßburg verbrannt ist, nachdem PHILIPP WACKERNAGEL den größten Teil in seinen ‹Kirchenliedern› veröffentlicht hatte. Die Sammelhandschrift (B 121) vereinigte dem Dichter eigenes und fremdes Gut, wie den deutschen Cato, den MÖNCH VON SALZBURG, HEINRICH VON MÜGELN u. a. Die Lieder sind größtenteils geistliche Gesellschaftslieder, meistens an die hl. Maria gerichtet, Übersetzungen, Kontrafakte, Glossenlieder, ABC-Gedichte, daneben Weihnachts- und Neujahrslieder u. a. In 88 Gesätzen wird das Hohelied auf Maria gedeutet. Eine Reihe von Liedern ist Kunstdichtung, sonst aber suchte HEINRICH in Form und Stil Anlehnung an das weltliche volkstümliche Lied und wurde einer der ersten, die in großem Umfang.Kontrafakturen anfertigten. Dabei verwertete er Neujahrs-, Fastnachts-, Martinslieder. Seine besondere Liebe aber galt dem geistlichen Tagelied. Dabei benützt er häufig bloß die erste Strophe der weltlichen Vorlage oder gar nur einige Wendungen und Formeln. Nur noch die Weise wird beibehalten. Man erklärt diese Kontrafakturen z. T. aus praktisch-seelsorgerischen Aspekten, um die verderblichen Tagelieder durch Umsetzen ins Geistliche unschädlich zu machen, z. T. aus literarischen Beziehungen des jüngeren und noch unselbständigeren geistlichen Liedes, das beim kräftigeren und älteren weltlichen Volks-Lied Anleihen macht. Das Publikum der erbaulichen Kontrafakturen LAUFENBERGS waren Nonnen und gebildete städtische Laien. Seine Praxis der Umwandlung ins Geistliche erhielt sich bis über die Reformation. Außer diesen Kontrafakturen hat LAUFENBERG eine größere Anzahl lateinischer Hymnen verdeutscht. Bei den Weihnachts-, Neujahrs- und Marienliedern, die LAUFENBERG schuf, verwendete er ähnlich wie der MÖNCH VON SALZBURG die gehobeneren und kunstvolleren Formen. Seine gesamte Liederdichtung ist ausgezeichnet durch hohes religiöses Ethos, Wärme des Gemütes, poetische und musikalische Kunst.

Weltliches und geistliches Kunstlied vereinigt ·die Lyrik des sog. ‹MÖNCHS VON SALZBURG› um die Wende des 14. Jhs. Salzburg, seit dem 8. Jh. Erzbistum, entfaltete schon früh reiches künstlerisches Leben. Sein Dom (mit Bibliothek seit dem 8. Jh.) galt als der bedeutendste romanische in Süddeutschland. Der Hof der Erzbischöfe und die Klöster waren durch Jahrhunderte Pflegestätten geistigen und literarischen Wirkens. Im ausgehenden Mittelalter führte eine besonders glänzende Hofhaltung Erzbischof PILGRIM II. VON PUCHHEIM 1365–1396. Man hielt daher die Person des MÖNCHS früher identisch mit dem zum Hofkreise PILGRIMS gehörigen 1424 urkundlich genannten Prior HERMANNUS des Benediktinerstiftes St. Peter in Salzburg. Insgesamt sind sechzig weltliche und über vierzig geistliche Gedichte mit einer großen Anzahl von Melodien, z. T. mit instrumentaler Begleitung, erhalten. Die sangbaren geistlichen Kunstlieder lehnen sich größtenteils an lateinische Hymnen an, die weltlichen spielen mit Formeln der späthöfischen Lyrik; volkstümliche Töne von STEINMAR her sind da; meistersingerisch-barocke Formen sind bereits zu beobachten. Neuere Forschung teilt dieses Liedgut auf zwei verschiedene Dichter. Eine größere Reihe von Übersetzungen kirchlicher Hymnen und eine kleine Zahl neugedichteter geistlicher Gesänge sollen von JOHANNES II. VON ROSSESSING (bei Mühldorf/Inn), Abt von St. Peter (1364–1375), stammen. Eine kleinere Anzahl übersetzter Hymnen und eine größere Gruppe geistlicher Lieder habe der Leutpriester MARTINUS KUCHLMEISTER geschaffen. MARTINUS war der Hofdichter des Erzbischofs PILGRIM und damit auch der Autor der weltlichen Lieder, die mit den genannten geistlichen Dichtungen zusammenstehen. Unter den weltlichen Liedern finden sich Liebesgrüße, Liebesepisteln, Liebeslieder, Neujahrsgrüße, Abschiedslieder, Situationslieder. Die Stimmung ist durchgehend heiter und lebensfroh. Die Form folgt stets dem Gesetz des ‹Widersanges›, d. h. sie sind dreistrophig. Ein Liebesgruß aus der Ferne ist 1392 an «das allerlibste schönste weib im Freudensal» (Lustschloß Freisaal bei Salzburg) gerichtet, eine Liebesepistel für 15 Hofbeamte, die sich 1387 mit dem Erzbischof bei König WENZEL aufhielten, an die in Salzburg verbliebenen Damen. Von Situationsliedern gelten als besonders eigenartig und originell Dichtungen und Kompositionen wie das ‹Nachthorn› und das ‹Taghorn›, ein nächtliches bzw. morgendliches Ständchen zur Begleitung des Pumhart (eines fagottartigen Blasinstrumentes); die ‹Trumpet›, ein Gesprächslied des Liebenden mit der Geliebten beim nächtlichen Besuch mit der Stimme des warnenden Wächters; das ‹Kuhhorn›, ein Tagelied, in dem Knecht und Kuhmagd mit Horn und Lied aus dem Mittagschlaf geweckt werden. Unvergleichlich weiter als die weltlichen waren die geistlichen Gedichte verbreitet. Sie umfassen zwei Teile: Übersetzungen lateinischer Sequenzen und Hymnen und neugeschaffene geistliche Lieder. Beide zusammen verteilen sich auf die Hauptfeste des Kirchenjahres. Die virtuose Formkunst zeigt sich an Strophengebilden mit kunstvoll verteilten Reimen, der Verwendung von Akrostichen, ABC- und Zahlenspielereien. ‹Das guldin ABC› besteht aus 24 Halbstrophen, deren erste aus 24 Wörtern gebildet ist, die in alphabetischer Folge anlauten; jede folgende Strophe beginnt in gleicher Reihenfolge mit je einem Wort der ersten usw. Viele der geistlichen Lieder sind Marienlieder. Unter den Übersetzungen befindet sich das ‹Stabat mater›. In der Übertragung des Hymnus ‹Ut queant laxis resonare fibris› erscheint die erste deutsche sapphische Strophe. Die Nachwirkung der Lyrik des MÖNCHS zeigt sich in der Sterzinger Liederhandschrift und bei OSWALD VON WOLKENSTEIN. Der MÖNCH blieb für das 15. und 16. Jh. ein lebendiger Begriff. Seine Werke waren in über 60 Handschriften verbreitet. Außer manchem Namenlosen steht als Dichter geistlicher Lieder neben dem MÖNCH KONRAD VON QUEINFURT, gest. 1382 zu Löwenberg in Schlesien. Von ihm stammt das weitverbreitet gewesene Osterlied ‹Du lentze gut, des jores teuirste quarte›.

In Beziehung zum MÖNCH VON SALZBURG stand PETER VON SACHSEN, ein Geistlicher, der in den letzten Dezennien des 14. Jhs. lebte, unter dessen Namen zwei reimreiche, in verkünstelten Strophen abgefaßte Lieder gehen, ein *Marienlied* und ein *Mailied*. Das *Marienlied* ist aus literarhistorischen Gründen bemerkenswert. In der Kolmarer Handschrift (und auch in der Donaueschinger) heißt es darüber: «Als Herr Peter von Sahsen dem münch von Salczburg dyß vorgeschriben par schicket, da schicket er yme dyß nachgende latynisch par her wyder vmb in dem selben Tone (= ‹O Maria pya›).»

In der breiten Entfaltung der bürgerlich-ständischen Lieddichtung steht um 1400 als einsame Gestalt ein ritterlicher Lyriker, den die Epoche dieses Umbruches und der Neuformung hervorbrachte, OSWALD VON WOLKENSTEIN (1377–1445), Dichter und Komponist von Liedern: 126 echte Lieder, 122 Kompositionen (82 einstimmige, 40 mehrstimmige); dazu vermutlich zwei Umdichtungen lateinischer Sequenzen und eine Anzahl ungesicherter Lieder. Sein spätmittelalterlichem Individualismus geöffnetes abenteuerliches Leben ist ein Abbild der unruhigen Zeit. Viele Geschehnisse und Erlebnisse des Daseins spiegeln sich in seiner Lyrik. Während wir über die mittelhochdeutschen Dichter des Blütezeit nur wenig wissen, sind wir über OSWALD VON WOLKENSTEIN eingehend unterrichtet. Wir haben eine Anzahl Urkunden über den Dichter; wir besitzen von ihm personengetreue Porträts. Man kann sein Leben eingehend und anschaulich nachzeichnen. Das Wissen darum erschließt das Verständnis seiner Dichtung.

OSWALD VON WOLKENSTEIN ist wahrscheinlich auf der Burg Schöneck im Pustertal geboren. Er verließ mit zehn Jahren Elternhaus und Heimat und war etwa vierzehn Jahre unterwegs; in früher Kindheit verlor er ein Auge. Er kam als Läufer, Koch, Pferdeknecht, Ruderer, Soldat und Musikant nach Preußen und in die Ostseegebiete, später über Rumänien in die Türkei, angeblich über Aramenien bis nach Persien; früh schon nach Spanien, Böhmen und Ungarn. Er behauptet, zehn Sprachen gebraucht zu haben. In dieser Unruhe und Reiselust bekundet sich so etwas wie «die Entgrenzung des hochmittelalterlichen Weltbildes». Bei der Erbteilung nach dem Tode seines Vaters bekam OSWALD 1407

u. a. ein Drittel des Hauensteiner Besitzes. Aber er erbte damit auch den Streit seines Vaters mit dem Ritter MARTIN JÄGER von Tisens. Das Unglück wollte es, daß der junge Adelige seit 1401/02 eine heftige Leidenschaft faßte zu SABINE, der 18jährigen Tochter JÄGERS, die bereits mit dem Ritter HAUSMANN verheiratet war. OSWALD selbst erzählt, daß ihn SABINE HAUSMANN zu einer zweijährigen Pilgerfahrt ins Heilige Land drängte, die ihn zu einem «halben Begarden» gemacht habe. Auf dem Konstanzer Konzil erscheint OSWALD 1415 in der Umgebung König SIGISMUNDS. Von Konstanz reiste er an die Höfe von England, Schottland, Portugal, Aragon und nach Südfrankreich, wo er wieder König SIGISMUND traf, der um die Beseitigung des Schismas bemüht war. Frühjahr 1416 begleitete er den König nach Paris, weilte abermals in Konstanz und wirkte 1417/18 in Tirol im Zug der Adelspolitik gegen Herzog FRIEDRICH IV. VON ÖSTERREICH. Wohl 1417 verheiratete sich OSWALD mit MARGARETE VON SCHWANGAU. Im Verlauf eines Konfliktes mit MARTIN JÄGER wurde er 1421 gefangengesetzt und 1421/23 in wechselnder Gefangenschaft gehalten; freigelassen, reiste er 1424 nach Athen und Ungarn zu König SIGISMUND, lebte dann wieder in Tirol, bis 1427 der Rechtsstreit beendigt wurde. Von 1430 bis 1432 betätigte sich OSWALD nochmals in der Reichspolitik, in den späteren Lebensjahren lediglich in der Haus- und Tiroler Landespolitik. Nach 1427 entstand nur mehr wenig Dichtung. Im Kloster Neustift bei Brixen liegt OSWALD VON WOLKENSTEIN begraben. Sein Leben war ein Ritterdasein, das etwas Genialisches an sich hat und häufig einen hemmungslosen Betätigungsdrang zeigt in der vielfältigen Spannungswelt dieser spätmittelalterlichen Reformzeit.

Die Lieder OSWALDS sind in drei Sammelhandschriften, eine in Wien (A), zwei in Innsbruck (B, C), überliefert. Die Wiener Pergamenthandschrift (Texte mit Noten) besteht aus einer 1425 abgeschlossenen Grundsammlung von 42 Liedern. Zu ihnen fügte von etwa 1427 bis 1436 ein anderer Schreiber OSWALDS weitere 66 Gedichte. Im Schreiber, der das Verzeichnis der Grundsammlung anlegte und Korrekturen anbrachte, glaubte JOSEF SCHATZ den Dichter zu erkennen. Die Innsbrucker Pergamenthandschrift (Texte mit Noten) schrieb zur Gänze der zweite Schreiber OSWALDS und zwar, abgesehen von einigen Spätliedern, im Jahre 1432. Beide Handschriften ließ OSWALD selbst anfertigen und mit seinen Bildnissen schmücken. Es sind die ersten authentischen Porträts eines deutschen Dichters. Das Brustbild in der Innsbrucker Handschrift zeigt den 55jährigen Dichter in seiner selbstbewußten und lebensvollen Energie. Die Innsbruck-Trostburger Handschrift (Texte ohne Noten) ist in der Hauptsache eine um 1450 vorgenommene Abschrift der zweitgenannten Handschrift. Nur 11 Lieder und einige Verse sowie die zwei Umdichtungen lateinischer Sequenzen OSWALDS sind an anderen Stellen, vor allem in Liederbüchern, überliefert. Seine literarische Fortwirkung war daher nur gering.

Der Herausgeber der Gedichte JOSEF SCHATZ, der die Hs. A zur Grundlage nahm, teilte die Dichtungen OSWALDS in zwei Gruppen: eine erste mit 57 Liedern, zumeist vor dem Beginn (1414) des Konstanzer Konzils entstanden; die zweite nach 1414 geschaffen mit 68/69 Liedern. Der neueste Herausgeber KARL KURT KLEIN folgt der Hs. B, die als Redaktion letzter Hand vom Dichter besonders sorgfältig betreut wurde. Die Ordnung erfolgte nach ‹Tönen›, d. h. Strophengefüge und Liedweise wurden zusammengebracht. Die Dichtung OSWALDS zeigt zuerst noch die strenge mittelalterliche Liedkunst: Melodie, Strophenbau, Sprachgefüge, Motivzusammenhang und Gehalt aneinander gebunden. Doch OSWALDS *Liebesdichtung* ist kein Minnesang hohen Stiles mehr, sondern die Geliebte ist eine reale Erscheinung; einzelne Liebeslieder sind Ehelieder; Schlichtes steht neben Überladenem oder spielerisch Zugerichtetem; Persönliches wird freigelegt. Ein Teil der Lieder entstand aus der Liebe zu SABINE HAUSMANN, andere stammen aus der Zeit der jungen Ehe des Vierzigjährigen mit MARGARETE VON SCHWANGAU. Es finden sich das ichbezogene Liebeslied, das von ULRICH VON LICHTENSTEIN her bekannte Gefangenschaftsminnelied, das Tagelied, Sommer-Lieder in der NEIDHART-NEIFEN-Nachfolge; es erscheinen das Jagdmotiv, Zwiegespräche zwischen Nickel und Elselein, der Schäferin Bärbelein und einem Unbekannten, Trinklieder, Lieder von einer ‹Jäterin› und einer ‹Graserin›, parodisierende Spottlieder auf Bauernliebe. OSWALDS *geistliche Dichtung* stammt meist aus der Zeit seiner Gefangenschaften und umfaßt: Marienlieder, Klage über vergangene Tage, Bitte um Schutz gegen Luzifer, Absage an die Welt, Meditationen über die Hölle, die Passion Christi, einen geistlichen Weckruf des Greises. Es ist von Lebensnot hervorgerufene Gedankendichtung. OSWALDS *biographische Dichtung* gestaltet eigenes Leben und enthält Genrebilder seiner Fahrt nach Konstanz, ein balladenhaftes Lied der Verteidigung des Greifensteins, berichtet über seine Gefangenschaft, die Rheinreise 1424, die Ungarnfahrt, das Leben des häuslichen Alltags auf dem Hauenstein. Eine späte *Kleindichtung,* darunter Spruchdichtung, rückt OSWALD an den frühen Meistergesang heran: ein Spruchlied von zwölf Trunkenheiten, ein Spruchlied aus FREIDANK-Sprüchen zusammengesetzt, eine Liedmahnung gegen die «grobe Gans» (HUS), ein Gedicht von der Sternenkunde, Der gesprochene Kalender, Der gesungene Kalender (Cisioianus), eine Spruchrede vom Recht.

Die *frühe Lieddichtung* OSWALDS nach seiner Heimkehr 1401 hat noch nicht die Lebensfülle der späteren Schöpfungen, zeigt aber bereits einen weiten Reichtum an Motiven: Sehnsucht, Beglückung, Abschiedsschmerz; Tagelieder verteilt auf die Stimmen des Ritters, der Frau und des Wächters in allen Formen und Reimkünsten, Duette zwischen Knecht und Magd, Terzette zwischen Knecht, Magd und Herrin, Zwiegesang von Hirt und Hirtin, einen dreistimmigen Kanon der Zecher; das Vogelstimmenkonzert (SCHATZ Nr. 45) ist einem Virelay des JEAN VADTLANT (1370) nachgebildet. In die frühe Schaffensperiode fallen vermutlich auch schon einige im Heiligen Land entstandene religiöse Lieder OSWALDS. Der noch junge Dichter beherrscht alle sprachlich-musikalischen Formen, wie sie die Nachfolger NEIDHARTS, des TANNHÄUSERS und der MÖNCH VON SALZBURG ausgebildet hatten. *Die Lyrik der reifen und späten Mannesjahre* OSWALDS ist erfüllt mit unmittelbarem Erleben. Eine Anordnung an überlieferte Gattungen ist kaum mehr durchführbar. Die Sprache erscheint bis zu den äußersten Grenzen des Möglichen versinnlicht. Auf Lieder wie das von der Reise zum Konzil nach Konstanz und den lustigen Aufbruch der Zecher (Nr. 42) folgt das große autobiographische Gedicht Nr. 64: der 38jährige Dichter hält Rückschau auf sein bisheriges Dasein und findet, es sei an der Zeit für ihn zu Ehe und Hausstand. Die Vermählung veranlaßt einmalige Lieder des ehelichen Glücks. Das weitere Liedschaffen spiegelt immer wieder das persönliche Erleben; die zweimalige Gefangenschaft und die zunehmenden Lebensjahre lassen Lieder der religiösen Besinnung, Todessorge, Klage über körperliche Leiden entstehen, dabei aber auch noch ein so wildes Produkt wie das Lied vom Fastnachtsgesang des Gelähmten mit der Krücke (Nr. 86). Nach der Befreiung aus der Haft lebt sogleich die Freude am Reisen und Hofleben wieder auf. Die Nöte einer dritten Gefangenschaft wecken abermals Beicht- und Bußgedanken, zeigen aber gleichwohl auch noch die Kraft zu einer Elendschilderung wie das Lied Nr. 109.

OSWALD war Dichter und Musiker, die Lieder mit eigener Melodie sind in der Mehrzahl; mindestens sechs Melodien sind übernommen, neunzehn Gedichte unter rezitative Melodien gestellt. Er war mit der Liedmusik der Franzosen, Niederländer und Italiener vertraut. OSWALD benützte aus der Tradition das Schlichte und das Kunstvolle, das Spielerische und das Umständliche. Seiner Wortfülle und seiner Wortschöpfungen wegen gehört OSWALD zu den schwierigsten Dichtern des Mittelalters. Er füllt seinen Sprachschatz aus der Umgangssprache auf, wendet sich zum Sinnenhaften, ja Vital-Fröhlichen, bringt eine Fülle des gegenständlichen Einzelnen, möchte das Leben in Erfahrungssätzen einfangen. Spätmittelalterliche Denkart, der sich das Universale in sinnlich nahe Einzelheiten auflöst, wird hier in der Dichtkunst sichtbar. Er nennt sowohl THOMAS VON AQUIN (117) als auch PETRARCA (97). OSWALD war ein ungewöhnliches Talent, ein Mensch mit schöpferischem Erleben und einer sinnenhaften Fülle gegenständlicher Erfahrung. Das Geistig-Seelische hat nur geringe führende Kraft. Originell ist das biographische Einzelne; Historienhaftes wird dem lyrischen Raum eingefügt; der Humor ist oft gallig bis zur Ironie. OSWALDS Schaffen vollzog sich im Denk- und Erlebnisraum der spätmittelalterlichen Ständewelt, aber er ist viel zu vital, um wesentlich teilzuhaben am Sentiment der Untergangszeit.

Der Tiroler OSWALD VON WOLKENSTEIN war in seiner Person und Höhe der Leistung ein genialer Einzelgänger. Leichter in den literaturgeschichtlichen Ablauf einzufügen ist das lyrisch-epische Dichten eines zeitgenössischen adeligen Alemannen. Seine lyrischen Reden, strophischen Liebesbriefe und Lieder bezeugen keine leidenschaftlichen Gefühle und Spannungen, sind aber als Zeitausdruck bedeutsam, weil sich in ihnen das Empfinden, der Denk- und Erlebnisbereich eines unabhängigen Liebhabers und Pflegers der Dichtkunst widerspiegeln. HUGO VON MONTFORT (1357–1423), Graf HUGO VIII., Herr von Bregenz, war Hofmeister Herzog LEOPOLDS III. VON ÖSTERREICH, 1413 bis 1416 Landeshauptmann der Steiermark. In der Heidelberger Prachthandschrift 329, die sein dichterisches Schaffen überliefert, nennt er sich fol. 53:

> Comes Hugo de Monteforti
> Dominus de Brigantia
> O wer ich aller sunden fry
> So wurd ich in selden gra.

HUGO lernte in Wien den Ritterdienst und das Minnedichten. Er steht daher in seinen ersten Gedichten noch ganz in der Tradition des hohen Minneliedes, erst langsam fand er eigene Formen: seine Gedichte gelten nicht mehr unerreichbaren Damen, sondern seinen Gattinnen. Er war der letzte Aus- und Umgestalter des Minnesanges, der dem geistigen und kulturellen Erbe seines Standes in seinem dichterischen Werk Ausdruck verlieh. HUGO war dreimal verheiratet: 17jährig wurde er mit Gräfin MARGARETHA VON PFANNBERG, verwitwete Gräfin von CILLI († um 1391) vermählt; um 1395 heiratete er CLEMENTIA VON TOGGENBURG († 1400) und 1402 ANNA VON NEUHAUS UND STADECK. Als kluger und besonnener Staatsmann verstand er es, seine Länder durch Heiraten zu vermehren. HUGO kannte alle Wandlungen der Zeit und gab seinen Gedichten deren Kolorit. Diese bekunden eine Stärke der Persönlichkeit und Nähe des Erlebens. Viele der Gedichte hat er «ze rossen» gedichtet:

> So han ich vil geticht in welden und in owen
> Und darzuo geritten.

Mit großer Frische schüttet er sein Herz aus:

> Wan wes das hertz begernd ist,
> Der mund tuots dikche sagen.

Seine Farben sind gesehen, die Klänge gehört; er nahm leidenschaftlich teil an allen Fragen der Zeit. Er möchte das Leben in seiner Schönheit und Fülle genießen, bangt jedoch um sein Seelenheil. Die Kirche der Minoriten zu Bruck an der Mur wählte er sich als letzte Ruhestätte.

HUGO VON MONTFORT selbst unterschied drei Gattungen: *Reden, Briefe, Lieder.* Schon FRAUENLOB und seine Nachfolger hatten Sprüche von drei, fünf und mehr Strophen. HUGOS Zeitgenossen SUCHENWIRT, TEICHNER u. a. haben anstelle der früheren Sprüche Reden. Diese Form war besonders geeignet, Anschauungen über die Zeit und Anklagen auszusprechen. Von HUGOS Reden hat WACKERNELL 24 eine hübsche Einkleidung in einen Traum, 28 enthält einen Gang zur Gralsburg und ihre Schilderung, 27 ist eine Trauerrede über den Verlust der zweiten Gattin CLEMENTIA. In den sechs erhaltenen Briefen pflegte HUGO nicht den didaktischen, sondern den Minnebrief. Alle sind sie nicht fingiert, sondern aus der Wirklichkeit entstanden, wirklich geschrieben und von HUGO geschickt, der durch die weite Ausdehnung seiner Besitzungen und als Hofmeister viel von zu Hause fort war. Manchmal unterscheiden sie sich nur wenig von den (im ganzen elf erhaltenen) Liedern. Bei diesen sind die Grenzen zwischen den Gattungen Tanzlieder, Moralisches, Tagelieder fließend. Die Tagelieder sind an die eigene Gattin gerichtet; in geistlichen Tageliedern wird der Wächter zum Mahner eines geistigen Lebens; aus dem Tagelied wird ein Tagegebet. Die ‹Frau Welt› wird offenbar nach einer bildlichen Darstellung geschildert auf der Frontseite eine schöne Frau, am Rücken Schlangen und Geschwüre. Die Heidelberger Handschrift enthält zu den einzelnen Liedern die Noten, vermittelt also das gesungene Lied. HUGOS Komponist war BURK MANGOLT.

An HUGOS Dichtungen ersieht man eine bemerkenswerte Stellung zur Kirche und den religiösen Strömungen der Zeit. Er stand der Kirche als Institution, ihrem inneren Bau und ihren Dogmen durchwegs konservativ gegenüber. Wohl aber kritisiert er ihre äußeren Schäden: die Habsucht des Klerus und den Handel mit geistlichen Dingen; das Schisma: von den zwei Päpsten auf Petri Stuhl muß einer von beiden den Teufel bei sich haben. In einem Aufruf an die Könige und Fürsten ist er wie die Reformfreundlichen (und besonders die Pariser Universität mit ihrem Kanzler GERSON) der Meinung, daß gegen einen unrechtmäßig gewählten und die Eintracht störenden Papst die weltlichen Gewalten zum Einschreiten befugt und berechtigt seien. Andererseits verteidigt HUGO die seiner Ansicht nach richtigen kirchlichen Glaubensmeinungen gegen die Leugner der menschlichen Willensfreiheit und die Behauptung, daß Gott der Urheber auch des Übels und der Sünde sei. Unter den ‹Prädestinatianern› sind die konsequenten Nominalisten nach OCKHAM, MARSILIUS VON PADUA, WYCLIF und die Brüder des freien Geistes gemeint; ein Angriff richtet sich auch gegen die Beginen. Im Kampf zwischen Thomisten (Maculisten) und Scotisten beteuert er seinen Glauben an die Unbefleckte Empfängnis Mariens. Ebenso beteuert er seinen rechten Glauben im Streit über das Dogma von der Dreieinigkeit Gottes, die hauptsächlich vom Averroismus geleugnet wurde.

HUGOS sittliche Grundsätze resultieren aus zwei Quellen: aus dem christlichen Glauben und aus seinem ritterlichen Stand. Er ist Aristokrat der Geburt und der Gesinnung nach. Sein Publikum ist der Adel. Aus ihm stammen auch die typischen Figuren, die ihm Lehren und Sendung erteilen. Es erscheint ihm Parzival, und Helden wie Alexander, Artus, Hektor, Dietrich von Bern zieht er zum Vergleich heran. Vom Adel fordert er: Zucht, Ehrgefühl, Selbstbeherrschung; je höher die Würde, desto größer die Pflichten. Am alten Frauenkultus wird festgehalten. Er hat noch Sinn für den äußeren Glanz des Rittertums, geht auf Ritterfahrten und macht einen Kreuzzug mit. Wo sich der ritterliche Sinn mit dem kirchlichen überschnitt, stellt HUGO sich auf die Seite des ersten. Alles zu einer Zeit, in der sich in den Feuerwaffen eine neue Zeit ankündigte (38,26).

Im Stil von NEIDHARTS Winterliedern mit ihrer Häufung von Namen, grotesken Einzelheiten an der Kleidung, Gehaben und Prügelszenen der Bauerngecken dichtete HANS HESELLOHER (geb. Anf. 15. Jh., † vor 1486), vermutlich aus Wolfratshausen (Obb.), 1453–1472 Pfleger zu Pähl, 1466 bis 1483 Land- und Stadtrichter zu Weilheim, der in gehobener Stellung unter Bauern lebte und sich an ihnen in Spott und Selbstverspottung reibt. Die meisten seiner Lieder sind verloren, die erhaltenen sieben (vielleicht nur vier) weisen einen künstlerisch beachtlichen Strophenbau und geschickte szenische Bilder auf. ‹Von yppiklichen Dingen› mit der Schilderung einer beim Tanz entstandenen Schlägerei wurde als fliegendes Blatt Nürnberg 1515/36 gedruckt. Ein bayrischer Zeitgenosse HESELLOHERS, der sich ‹DER DURST› nennt und vermutlich ein Fahrender war, entwarf in dem satirischen Lehrgedicht ‹Der Bauern Hoffart› (um 1420) ein anschauliches Sittengemälde der Zeit: Die alten Fürsten und rechten Bauern sind ausgestorben, überall ist die Hoffart aufs höchste gestiegen; die heutigen Bauern tun es in Kleidung und Lebensweise den Herren gleich, wollen, anstatt zu arbeiten, bei Wein und Tanz die Zeit verbringen. Doch der Dichter meint es mit den Bauern gut und bedauert ihren Niedergang.

Geistliche Kunstdichtung gab es seit dem 11. Jh. (vgl. Bd. I, 133 ff.). Sie stand bis zu FRAUENLOBS ‹Marienleich› im Schatten der höfischen Kunstpoesie. Im späten Mittelalter ist das geistliche Kunstlied entweder Gesangsvortrag oder Lesedichtung, Chor- oder Gemeindelieder sind nicht darunter. Erst die Stadtkultur des 14. Jhs. und die Pestepidemien fördern das Entstehen deutscher geistlicher Lieder.

Die geistliche Kunstlyrik ist großenteils *Marienlyrik*. Seit dem 13. Jh. hatten sich die Ansätze in doppelter Richtung entfaltet: nach einer volkstümlichen Seite und in eine kunstmäßige Richtung für literarisch Anspruchsvolle. Beide Zweige blieben im Gedanken-, Bilder- und Formelschatz abhängig von lateinischen Vorbildern, nur traten in den deutschen Erzeugnissen die Bitte und das Gebet deutlicher hervor. Weniger der Minnesang, wohl aber die Spruchdichtung verbanden den Marienpreis mit Motiven der Minnelyrik. Die Meistersinger griffen dies begierig auf und bauten daran weiter. Als besondere Arten der Marienlyrik bildeten sich die *Mariengrüße* und die *Marienklagen* heraus. Die Mariengrüße sind abzuleiten vom Englischen Gruß des Ave Maria, das in der Liturgie immer mehr Bedeutung gewann. Die zum Singen, Beten oder als Lesedichtungen gedachten Mariengrüße begegnen u. a. beim MÖNCH VON

SALZBURG, im scholastischen Humanismus bei SEBASTIAN BRANT und JODOCUS BEISSEL. Die ebenfalls in der lateinischen Dichtung vorhandenen Marienklagen erfuhren in den Passionsspielen ihre deutsche dramatische Ausgestaltung. Im Gefolge des Marienpreises KONRADS VON WÜRZBURG, der mit seiner ‹Goldenen Schmiede› für den Bau des Straßburger Münsters unter der Bauperiode ERWINS VON STEINBACH geworben hatte, und des ‹Rheinischen Marienlobs› steht das eigentlich zu einem epischen Gebilde zusammengefügte große ‹Marienlob› des BRUDER HANS (vgl. S. 94 f.). Der spätmittelalterlichen Marienlyrik gehört das aus der zweiten Hälfte des 15. Jhs. stammende *Heltauer Marienlied* an, das schönste Denkmal geistlicher Lyrik aus dem Spätmittelalter in Ungarn. Das anonym in einem Codex der Kirchenbibliothek in Heltau (Siebenbürgen) überlieferte Lied besteht aus sieben reimlosen Strophen. Liebevolle Anhänglichkeit an die Gottesmutter, ein inniges persönliches Verhältnis zur hl. Jungfrau sind seine Wesenszüge.

Ein Ritter, der das geistliche Tagelied pflegte, war Graf PETER VON ARBERG, ein Schweizer, der 1348–1368 in der Umgebung KARLS IV. nachweisbar ist. Von ihm sind überliefert: die ‹Große Tageweise› von der heiligen Passion «O starker got, all unser not» (10 Handschriften, 1 lateinische Übersetzung), die in der ‹Limburger Chronik› zum Jahre 1356 als neu bezeichnet wird; das weihnachtliche Tagelied «Marien wart ein bott gesant» und das geistliche Wecklied «Ich wachter ich solt erwecken». Zuweisungen anderer Lieder sind unsicher. Bei der ‹Großen Tageweise› wurden vermutlich die Stollen von einem Vorsänger im höfisch-ritterlichen Stil gesungen, indes der Abgesang volksmäßig schlicht erscheint. Die drei genannten Gedichte waren in verschiedenen Fassungen in ganz Altdeutschland verbreitet.

Von FRAUENLOB her kam offenbar PETER VON REICHENBACH, von dem in der Kolmarer Handschrift ein Gedicht überliefert ist, das den Titel ‹Hort› trägt. Der kunstvoll gereimte Leich ist bemerkenswert, weil er in der Form des Tageliedes beginnt, dann aber übergeht in eine Aufzählung der Herrlichkeit Gottes, seines Schöpfungswerkes und Weltplanes. Zuletzt preist er die Herrlichkeit Mariens und schließt mit der Antwort Marias auf den Englischen Gruß.

Ähnlich wie PETER VON ARBERG in Böhmen am Hofe der Luxemburger, so erscheint der Liederdichter SUCHENSINN am Hofe der Wittelsbacher. Über sein Leben ist fast nichts bekannt. VALENTIN VOIGT nennt ihn in seinem Verzeichnis der ‹zwölf alten Meister›; auch NACHTIGAL führt ihn neben anderen Meistern an und bemerkt: »der Suchensin sang lobeleich von Frauwen rein». Allem Anschein nach war er ein Bayer und ein Fahrender, der 1390 und 1392 am Hofe Herzog ALBRECHTS II. weilte. Bekannt sind zwanzig Lieder und ein Reimspruch. Die mit Allegorien arbeitenden Lieder sind fast alle für höfische Zuhörer bestimmt. Ein

Grundthema ist das Lob der reinen Frau. Das ‹reine wîp› ist ihm ein Abbild der jungfräulichen Gottesmutter. Höfische Minnedichtung wird verbunden mit Marienkult. Den Frauen will SUCHENSINN auch ein guter Ratgeber sein. In seinem Schaffen spiegelt sich der Charakter der Übergangsepoche: einerseits Vorliebe für höfisches Wesen und Rittertum, andererseits verlangt er bürgerliche Ehrbarkeit und Gattentreue. Die begrenzten dichterischen Kräfte lassen SUCHENSINN mit einer einzigen Strophenform auskommen.

In seiner Eigenart und Bedeutung durch die Arbeiten von TILO BRANDIS erst in letzter Zeit erkannt wurde ein Spruchdichter und Lyriker, der in den Handschriften der HARDER (der HARDER aus Franken, KONRAD HARDER, KUNZ HERTER) genannt wird. Er war vermutlich Geistlicher und dichtete Ende des 14. Jhs., seiner Mundart nach zu schließen im deutsch-böhmischen Sprachgebiet. Wir kennen von ihm Spruchdichtung, geistliche und weltliche Lieder und eine Minnerede. Seine Themen, der geblümte Stil, die Vorliebe für symbolische Zahlenschematik in der Komposition erinnern an die Werke HEINRICHS VON MÜGELN, PETER SUCHENWIRTS, des BRUDER HANS. In dem zu Ehren Mariens gedichteten ‹Frauenkranz› flicht der HARDER das Gloria der Messe ein und läßt im Mittelteil die lateinische Bibel sprechen. Angeregt durch die apokalyptischen Bilder vom Himmlischen Jerusalem und der Sternenkrone, schildert er ein Kronenwappen der hl. Jungfrau, dessen «prächtige Beschreibung ihresgleichen in der spätmittelhochdeutschen Literatur sucht». In den in der Tradition des KONRAD VON WÜRZBURG, BOPPES, FRAUENLOBS, FRIEDRICHS VON SUNNENBURG u. a. stehenden Strophengedichten ‹Guldin Schilling› und ‹Guldin Rei› werden, inspiriert durch das Hohelied und die Gefühlsmystik, die Bildvorstellungen der weltlichen Minnelyrik und der Pastourelle bezogen auf das Mysterium der Menschwerdung Gottes; himmlische und profane Minne erscheinen auf das engste miteinander verquickt. In der im Gegensatz zu diesen Dichtungen schlichten, aber im Erzählstil anschaulichen ‹Minnerede› verklagt der Dichter seine hartherzige Geliebte bei Frau Minne. Hervorzuheben ist die Beschreibung der glanzvollen Hofpracht der Frau Minne. In dem Lied «Man hoeret aber richen schal» unternahm er es, die Musiktheorie seiner Zeit darzubieten und ausführlich zu behandeln. Des HARDERS kleinere Mariengedichte im ‹Süßen Ton› (elfzeilige Verse) haben das Interesse der Meistersinger auf ihn gelenkt und ihm den Ruf eines ‹Nachmeisters› verschafft.

2. Volkstümliche Lyrik

Das Lied der Kunstdichtung geht aus dem persönlichen Empfinden und Erleben des einzelnen Dichters hervor. Der Dichter des volkstümlichen Liedes fühlt sich von den Gefühlen angeregt, die den ganzen Kreis, in dem

er lebt, durchwalten. Man unterscheidet ein älteres *volkstümliches Lied*
von den überlieferten Anfängen bis zum Ausgang des 16. Jahrhunderts
und ein neueres noch lebendes, der Art nach aber verschiedenes *Volkslied*. Denn was die Forschung heute unter dem Begriff ‹Volkslied› subsumiert, ist etwas anderes als das allgemein beliebte gemeinverständliche
Lied des ausgehenden Mittelalters. Diesem Liedgut gibt man eher die auf
Hoffmann von Fallersleben zurückgehende Bezeichnung ‹Gesellschaftslied› und zwar nicht primär soziologisch gemeint, sondern im bio-
logischen Sinn, oder man nennt es ‹volkstümliche Lyrik›.

Erst seit der Mitte des 15. Jhs. sind vereinzelte Volksliedaufzeichnungen
nachweisbar. Als älteste gelten die in der Karlsruher Hs. St. Blasien Nr. 77
enthaltenen, wo fol. 311ᵃ unter der Überschrift «Purengesangk» eine Ballade vom erschlagenen Liebhaber erhalten ist. Die demselben Jahrhundert angehörigen Liederhandschriften umfassen im wesentlichen das Liedgut stadtbürgerlicher Gesellschaftsschichten. Das gleiche gilt für die später gedruckten Liederbücher und die Flugblätter. In der Hauptsache
spiegelt die Überlieferung auch noch bis ins 16. Jh. nur das Lied des
Stadtbürgertums im Westen und Südwesten des deutschen Sprachraumes;
das Liedgut der urtümlicheren Bevölkerungsschichten und des kulturell
rückständigeren Ostens wurde von ihnen nicht erfaßt.

Das volkstümliche Lied des späten und ausgehenden Mittelalters ist
großenteils das Ergebnis einer in der feudal-höfischen Blütezeit verwurzelten Entfaltung (vgl. Bd. II, 267 ff. u. III/1, 298 ff.). Die stadtbürgerlichen
Kreise ziehen auch in der lyrischen Dichtung z. T. das frühere Rittertum
an sich oder gleichen es ihrer Auffassung und Wertungsweise an. Die
Formkunst des Minnesanges besaß bestimmte Prägungen des äußeren
Schemas: ihre Strophe bestand aus zwei gleichförmigen ‹Stollen› und
einem ‹Abgesang›. Diese Anlage bleibt nicht nur im Schullied der Meistersinger, sondern in der ganzen Lyrik bis über das Barockzeitalter hinaus.
Gewandelt hat sich nur der innere Sinn.

Die volkstümliche Lyrik des 14. bis 16. Jhs. enthält noch Nachklänge
von Stoffen, Anschauungen und Wendungen sehr alter und älterer Zeit.
Die Lieder lieben es, gleich mit den ersten Zeilen den Hörer in die rechte
Bahn der Empfindung zu geleiten: «Christ lag in Todesbanden», «Ach
Gott, ich klag dir meine Not», «Es geht ein frischer Sommer daher», «Ach
Elslein, liebes Elselein!», «Den liebsten Buhlen, den ich han, der liegt
beim Wirt im Keller» u. a. Oft wird ein neues Lied auf die Melodie eines
alten gesungen.

Die volkstümlichen Lieder wurden im Laufe ihrer Verbreitung umgebildet und zersungen. Diese Umbildung ist ein ähnlicher Vorgang, wie
man ihn bei den geistlichen Spielen beobachten kann. Nur zeigen sich die
Inhalte und Umrisse der Lieder in viel höherem Maße wandelbar. Eine
der Ursachen für die Umbildungen liegt in dem Umstand, daß seit dem

Ende des 15. Jhs. das kunstvolle mehrstimmige Zusammensingen dazu beitrug, das Volk gleichsam unmittelbar dichtend wirken zu machen: allzu persönliche Wendungen werden abgeschliffen, Strophen aus ihren ursprünglichen Zusammenhängen herausgelöst u.ä.m. Beim Zusammensingen kamen neue Formen zutage, denen dichterische Eigenheit innewohnt. Charakteristische Eigenschaften der nichthistorischen weltlichen Lieder sind häufig das Fragmentarische, Abgerissene, Springende, mehr Andeutende als Ausführende, Dunkle, Verworrene, Widersprechende. Diese Eigenschaften entstanden jedoch erst, während die Lieder mündlich weitergegeben wurden und von Generation zu Generation wanderten. Eine allmähliche Umformung, Textverderbnis im guten Sinn, warf das Zufällige und Unwesentliche ab, hob aber das Dauernde und Wesentliche heraus. Auf ihr beruhen vielfach die starke Wirkung des Volksliedes und sein großer Reiz. Das viele Formelhafte, das dem volkstümlichen Lied anhaftet, hat insofern seinen Grund und Sinn, als in ihm etwas unpersönlich Gemeinschaftliches erscheint.

Zu dem eben Ausgeführten ist noch zu sagen, daß die *volkstümliche sangbare Lyrik* im ausgehenden Mittelalter in zwei Erscheinungsformen auftritt: 1. Sie wurde auf die Melodie des Liedes einstimmig gesungen (so fand sie als geistliches Lied Eingang in die Kirche und durch LUTHER Aufnahme in die Liturgie des Gottesdienstes); 2. daneben war aus der Lyrik ein musikalisches Kunstwerk erblüht, in dem die einstimmige Melodie erweitert ist zu einer Körpergestalt (in dieser Form erklang es in den fürstlichen Kapellen, im Familienkreise und im geselligen Verkehr). Wie viele Texte wirkliche Dichter, so setzen auch viele der Melodien das schöpferische Wirken technisch gebildeter Künstler voraus. Als Verfasser und Vortragende kommen in Betracht einzelne mit Namen bekannte Persönlichkeiten, ‹Sagende›, die Epen und Mären vortrugen, ‹Spruchsprecher›, d. h. Gelegenheitsdichter und poetische Chronisten an den Höfen des Adels und in den Städten, Wappendichter, welche im Heroldsamte dienten, aber auch viele heute Namenlose; Sängergruppen.

Sieht man auf die literarhistorischen Tatsachen, so findet man zunächst unter den Dichtern oder Sängern neuer Lieder auch zahlreiche Adelige; aber sie pflegen nicht mehr den alten ritterlichen Minnesang, sondern das werdende Lied der seelischen Grundtriebe.

Aus Gründen der besseren Übersicht unterscheiden wir bei der volkstümlichen Lyrik zwei große Gattungen, ein *weltliches und* ein *geistliches Lied,* und innerhalb der beiden Gattungen verschiedene Liedergruppen. Obgleich das volkstümliche geistliche Lied bereits eine lange Geschichte hat, werden die besonders bei Wallfahrten gesungenen Leise erst seit dem 14. Jh. textlich faßbar.

a) Weltliche Lyrik. Das historisch-politische Lied

Seit dem 13./14. Jh. entstand als neue Liedgattung das *bürgerlich-ständische Gemeinschaftslied.* Der Liedtypus tritt bei Dichtern wie SUCHENSINN, dem MÖNCH VON SALZBURG, HEINRICH VON LAUFENBERG und in den Liedersammlungen des 15. Jhs. entgegen. Er bildet keine scharf umrissene Einheit, sondern zeigt zahlreiche Unterarten. Es gab sowohl individuelldichterische als auch zeitlich-landschaftliche Besonderheiten. An Gattungen kann man unterscheiden: Liebeslieder, historische Lieder, Meistersingerlieder. Der Minnesang war aristokratisch-ästhetisch orientiert, der bürgerlich-ständische Liedtypus geht konform mit dem Realismus des Spätmittelalters und dem sinnlich-seelischen Lebensrhythmus des höheren und niederen Bürgertums. Mehr als die andere Dichtung der Zeit verfügt diese Lyrik über Innigkeit der Gefühle, anschauliche Darstellung der Situationen, freilich auch Lehrhaftigkeit, Anklage, Episodik, Behaglichkeit, Beschaulichkeit; im Zuständlichen ist auch die enge Verbindung mit der Musik begründet.

Ein Hauptthema des weltlichen Liedes ist die *Liebe*: Liebesglück und Liebesleid, Scheiden und Wiederfinden, Hingebung und Treue bis in den Tod, Abschied und Klage. Die Darstellung der Liebe ist im volkstümlichen Lied anders als in der Kunstdichtung. Man individualisiert die Empfindung nicht, sondern bleibt im allgemeinen. Stets liegt auch ein kleines Begebnis zugrunde: «Der Wächter verkündiget uns den Tag», «Ich hort ein Sichelein rauschen» u. dgl. Blumen und Farben haben ihre symbolische Bedeutung.

Durch alle Volksgesänge zieht der Gegensatz der *Jahreszeiten* Sommer und Winter, der Gegensatz von Werden und Vergehen; der Wechsel der Jahreszeiten wird zum Symbol des menschlichen Lebensganzen. Beliebt waren die Lieder um die Maifeiern.

Eine Stufe tiefer als die Liebes- und Jahreszeitenlieder stehen die *Arbeitslieder,* d. h. die Gesänge zur Regelung und Förderung körperlicher Arbeiten: solche, die für eine bestimmte Arbeit geschaffen werden, und freie Lieder, die einer bestimmten Arbeit angepaßt sind. Nicht immer Arbeitslieder sind die Handwerkerlieder, etwa die Müllerlieder. Für das ausgehende Mittelalter weiß man von Lieddichtungen zum Spinnen, Kinderwiegen, zu Flachsarbeiten, zum Faßziehen u.a.m. Irgendwelche geschichtliche Linien nachzuzeichnen ist nach Aussage der Fachleute nicht möglich.

Aus dem mittelalterlichen Lied epischen Inhaltes, das an eine bestimmte Persönlichkeit oder an ein bestimmtes Ereignis anknüpfte, herausgebildet wurde die *Volksballade.* Zur Erzählsubstanz traten einzelne Elemente des Minnesanges. Das Erbe der Volksballade tritt im 16. Jh. das *Zeitungslied* an. Dieses wiederum wird abgelöst vom *Bänkelgesang.*

Aus der unterliterarischen Sphäre taucht im 14. Jh. als neue volkstümliche lyrisch-epische Gattung das historische, besser *historisch-politische Lied* auf. Es erreicht wie die Chronik seine Hauptentfaltung in den bewegten Zeiten des 15. und 16. Jhs. Die historischen Lieder und Spruchgedichte haben nicht individuelle Erlebnisse, Empfindungen und Stimmungen, sondern Ereignisse von politischer Tragweite zum Thema. Der alte politische Sangspruch wird im 14. Jh. abgelöst durch die gesprochene *Reimrede*. LUPOLD HORNBURG, Bürger von Rothenburg o. d. Tauber, befaßt sich in drei Spruchreden 1347/48 mit der Politik KARLS IV.: ‹Landpredigt›, ‹Rede von des Reiches Klage›, ‹Der Zunge Streit›. Die zweite war zum Vortrag auf dem Fürstentag zu Passau bestimmt.

Unter der sog. *Volksballade* versteht man ein volkstümliches episches strophisches Lied, das zuerst ritterlichen Kreisen angehörte und später Volksgut wurde. Seine textliche Überlieferung reicht nur selten über das 15. Jh. zurück. Ein Zeugnis für Balladen auf historische Personen und Vorgänge ist das ‹Lied auf die Abschiedsszene zwischen Elisabeth und Ludwig von Thüringen› 1227 (a. d. J. 1233) beim Aufbruch LUDWIGS zum Kreuzzug, von dem im ‹Leben des Heiligen Ludwig› von FRIEDRICH KÖDIZ berichtet wird. Wenn es im 14./15. Jh. heißt, die «blinden Sänger» auf der Gasse sängen das «Eggenlied», so sind damit die Lieder der Heldensagen gemeint: vom hörnen Siegfried, von Dietrich von Bern und seinen Gefährten, vom alten Hildebrant, vom Rosengarten und vom Zwerg Laurin, von Ermenrichs Tod und König Alphart, von Ortnit und Wolfdietrich, von Herzog Ernsts Meerfahrt etc. Drei Minnesinger-Volksballaden liegen im Morunger-, Bremberger- und Tannhäuser-Lied vor. Die aus dem Jahre 1459 überlieferte novellenartige Ballade vom ‹Edlen Möringer› verknüpft die Heimkehrsage von der Thomaswallfahrt mit HEINRICH VON MORUNGEN. Ihre Diktion ist noch stark mittelhochdeutsch, das Ganze durchsetzt mit Elementen der höfischen Dichtung. Im ‹Bremberger› wird das weitverbreitete ‹Herzmäre› übertragen auf REIMAR VON BRENNENBERG. Die ‹Tannhäuserballade› überträgt die Sage vom Venusberg und vom grünenden Stab auf den bekannten Minnesänger. Auf der großen Epik, auf dem *Kudrunepos,* beruht die Ballade von der ‹Schönen Meererin›.

Im späten und ausgehenden Mittelalter gerät die Ballade mehr und mehr in die Hände bürgerlicher Dichter. Einige der seit der Mitte des 15. Jhs. entstandenen bekanntesten Balladen sind. das ‹Schloß in Österreich›, das ‹Lied vom Ulinger›, der ‹Abendgang›, ‹Graf Friedrich›, ‹Peter Unverdorben›, der ‹Kleine Spielmannssohn›, der ‹Herr von Falkenstein›, die ‹Zwei Königskinder›, ‹Die Jüdin›. Sie sind inhaltlich und formal bereits Schöpfungen eines bewußt arbeitenden Dichterwillens. Historische Beziehung oder geschichtliches Faktum ist nicht immer gegeben. Das ‹Lied vom Ulinger› behandelt die Blaubartsage; der ‹Abendgang› die Sage von Pyramus und Thisbe, verbunden mit der vom Zwerg, der eine schöne Jungfrau raubt; den ‹Königskindern› liegt die Sage von Hero und Leander zugrunde. Bei den Neuschöpfungen kommen allmählich Züge wie Sentimentalität, Übertreibung u. dgl. dazu. Ritterliche Spuren halten sich in Motiv und Milieu noch lange Zeit, aber die Ritter werden zu Landsknechten und Soldaten, die Sphäre von Burg und Schloß weicht städtischer und dörflicher Umgebung, die adeligen Abenteuer werden zu Missetaten und Verbrechen.

Die mit der zweiten Hälfte des 15. Jhs. absinkende Kraft der Volksballade läßt das sogenannte *Zeitungslied* aufkommen. Darstellung, Stil und Tendenz, die ganze Form sind von der Ballade verschieden und rücken die Gattung an die historischen Volkslieder heran. ‹Zeitung› heißt im Frühneuhochdeutschen bekanntlich ‹Neuigkeit, Nachricht›. Die Lieder haben daher aktuelle Ereignisse, politische und private Begebenheiten, Elementarkatastrophen, Himmelserscheinungen, Wunderereignisse u. dgl. zum Inhalt. Mündlicher Vortrag von wandernden Sängern und Spruchsprechern und, nach Erfindung des Buchdruckes, fliegende Blätter sorgten für die Verbreitung.

Von den *historischen oder geschichtlich-politischen Liedern* läßt sich häufig mit Sicherheit nachweisen, wann und wo sie entstanden. Sie entspringen einer geschichtlich aktuellen Situation, schildern dieses Ereignis, nehmen dazu Stellung und suchen meist auch propagandistisch zu wirken. Alle haben sie etwas vom epischen Wesen an sich. Von historischen Liedern des Früh- und Hochmittelalters ist nur weniges auf uns gelangt. Erst im 14. Jh. setzt eine breitere Überlieferung ein. Das Wachstum ersieht man aus LILIENCRONS Sammlung. Sie zählt für die zweite Hälfte des 13. Jhs. 5 Stück, im 14. Jh. 36, für die erste Hälfte des 15. Jhs. 53, für die zweite 129, von 1500 bis 1554 sogar 402. Gewiß begünstigte der Buchdruck die Erhaltung. Die frühen historischen Lieder stehen durch Tiersymbolik und Verfasserangabe in Zusammenhang mit dem politischen Sangspruch der vorhergehenden Perioden. Ihre Stilform verbindet sie mit der noch unterliterarischen, schwer faßbaren Gattung der Balladen. Die jüngeren historischen Lieder sind nicht mehr von der älteren heroischen Weltansicht geformt und haben nur wenig vom traditionellen epischen Stil an sich; sie sind in ihrer Darstellung häufig nüchtern, geben nur einen Tatsachenbericht und behandeln auch zweitrangige Ereignisse. Die Verfasser waren Fahrende, Spruchsprecher, Avisensänger, Landsknechte, Handwerker, Geistliche, Schulmeister. Einzelne Autoren nennen (in einer Verfasserstrophe) ihre Namen, das meiste ist anonym. Manche historische Lieder dichtete man zu beliebten Melodien und versah sie mit Tonangaben, wie ‹Jörg Schillers Ton›, ‹O du armer Judas›, ‹Ach Gott im Himmel, sieh darein› u. a. Als Themen haben die Lieder: geschichtliche und lokale

Ereignisse, Siege in Schlachten, Preis oder Totenklage fürstlicher Personen, politische Vorgänge, Städtebelagerungen etc. Anlässe und Gegenstände sind bis in das letzte Viertel des 15. Jhs. große Ereignisse der Zeit, wie das Konstanzer Konzil und die sich anschließenden Hussitenkriege (1419–1436), Vorkommnisse von mehr oder minder lokaler Bedeutung, Bürgerzwist und Verfassungskämpfe in den Reichsstädten, soziale Wirren, Fehden der Fürsten und Ritter, seltener Dinge von Reichsinteresse wie die Türkengefahr. Mit den Kriegen KARLS DES KÜHNEN VON BURGUND erweitern sich die Interessenkreise und das Geographische: die Braunschweiger Fehde 1492/93, der Schwabenkrieg 1499, der Landshuter Krieg 1504 erregen weitere und weiteste Gebiete. MAXIMILIAN I. zieht alle Augen auf sich. Der Kaiser wurde für die Mitwelt der bezaubernde ritterliche Held und seine verunglückte Werbung um ANNA VON DER BRETAGNE zeigt sich im Lied als Herzenssache des Volkes. Um den Kaiser erhob sich das Kriegsvolk der Landsknechte. Das Andrängen der Türken, die französisch-italienischen Kriege werden Themen der Lieder. Aus den lokalen und landschaftlichen Interessen wird Reichsinteresse. In dem Liede auf die Zerstörung der Feste Hohenkrahn 1512 (LILIENCRON 267) begegnet im historischen Lied zuerst das Wort ‹Deutschland›. Reformation und der Krieg der 40er Jahre steigern die Hinwendung auf das Ganze. Viele geschichtliche Lieder verschwinden wieder sehr rasch, weil ihr Anlaß neueren Ereignissen wich. Einige aber, wie solche auf MAXIMILIAN I., den Sieg von Pavia 1524 u. dgl., hielten sich längere Zeit. Dem Kampf der Städter mit wegelagernden Rittern entstammten Lieder, welche während ganzer Jahrhunderte gesungen wurden: ‹Vom Lindenschmied› (1491), ‹Vom Schüttensam› (1474 zu Nürnberg hingerichtet), ‹Vom Eppele von Gailingen› (1381 in Neumarkt gerichtet), ‹Vom Raumensattel› (14. Jh.? Fassung von 1529). Viele historisch-politische Lieder sind in die Volksüberlieferung eingegangen. Erst sorgten Fahrende und Spielleute für ihre Verbreitung, dann schuf der Buchdruck die Möglichkeit der Massenverbreitung in Form fliegender Blätter. Die kirchlichen Kämpfe des 16. Jhs. riefen eine Menge von Lieddichtungen hervor, welche nicht als historische, sondern als polemische bezeichnet werden müssen.

Die ältesten Zeugnisse des historisch-politischen Liedes gehören der *Schweiz* an. Es sind dies: Lieder auf den ‹Güminenkrieg› von 1331, auf die ‹Schlacht bei Laupen› von 1339, auf den Bund zwischen ‹Bern und Freiburg› (i. Ü.) von 1343. Später behandelt ein Kriegslied die Schlacht bei Sempach von 1386. Zwischen 1430/40 dichtete der österreichisch gesinnte SENHOFER ein Spottlied auf die eidgenössischen Bauern. HANS VON ANWIL verfaßte ein Lied von der vergeblichen Belagerung Laufenburgs im Aargau (1443), HANS AUER von Schaffhausen, Bürger in Basel, ein Lied auf die Schlacht bei Ragatz (1446), HANS BRUNNER ein Lied auf den Zwist des Abtes von St. Gallen mit der Bürgerschaft (1451), TÖNI STEINHUSER von Wyl ein Lied auf den Zug nach Waldshut (1468), HANS HALBSUTER von Luzern das große Sempacherlied ‹Im tusend und drühundert›. RU-DOLF MONTIGEL (MONZIGEL) ist Verfasser eines Liedes auf die ‹Ewige Richtung› mit Österreich («Der süeße sumer fröwet mich», 1474) und eines zweiten auf die Schlacht bei Grandson («Oesterrich, du slafest gar lang»), MATTHIAS ZOLLER Verfasser historischer Lieder aus dem Burgundischen Krieg: ‹Auf den Zug vor Blomont› (1475), ‹Auf die Schlacht bei Murten› (1476), ‹Auf die Schlacht bei Nancy› (1477), HANS VIOL Verfasser ebenfalls eines Liedes auf die Schlacht bei Murten. VEIT WEBER (1410/20–1483) vertrat in seinen sechs erhaltenen Zeit- und Streitgedichten die Interessen eidgenössischer Städte und die Politik Herzog SIEGMUNDS. PETER MEILER, PETER MÜLLER, HANS WICK und MATHES SCHANZ nehmen den Schwabenkrieg 1499 zum Thema ihrer Lieddichtungen, WICK auch die Aufnahme Mühlhausens in die Eidgenossenschaft (1515). KASPAR JÖPPEL besang die Aufnahme Basels in den eidgenössischen Bund (1501), HANS BIRKER, Bürger und Schultheiß von Luzern, in einem Lied den Zug nach Genua (1507) und in zwei anderen den sog. Leinlakenkrieg (1521).

In *Österreich* verfaßte der CHIPHENBERGER, ein Fahrender im Dienste ALBRECHTS II., das Lied ‹Von König Albrecht und den Ungarn› (1439) und ein Lied auf den 1446 hingerichteten LEONHARD ASENHEIMER. JAKOB VETTER, Verfasser von Possen, Satiren und politischen Liedern, dichtete 1452 ein Lied auf die «Befreiung» des jungen Königs LADISLAUS aus der Vormundschaft FRIEDRICHS III. BALTHASAR MANDELREISS, ein Fahrender, dichtete im Auftrage Kaiser FRIEDRICHS III. den ‹Türkenschrei› (1453) als offizielle Reichspoesie mit der Mahnung an die deutschen Stände zur Einigkeit im Kampfe gegen die Türken. HANS WISPECK betrauert in einem Liede den frühzeitigen Tod des Königs LADISLAUS (1457). Das gleiche Ereignis, das Treffen bei Regensburg am 12. September 1504 im Landshuter Krieg, das KONRAD CELTIS in seiner ‹Rhapsodia› feierte, nahmen HANS GERN in seinem Gedicht ‹Ain lied von der behemschen schlacht› (17 fünfzeilige Strophen; Druck o. O. u. J. [1504]) und HANS SCHNEIDER, der «k. maiestät sprecher», in seinem Spruch ‹Hie nach folget die küngliche schlacht, wie der künig und das rych die Behem nit wit von Regenspurg geschlagen haben› (230 V.) zum Thema. MATTHIAS KUNIG verfaßte 1475 ein Gedicht auf die angebliche Ermordung des Christenknaben Simon in Trient. HANS PROBST, ein Tiroler aus Schwaz, verfaßte ein ‹Lied vom Romzug› (1508) und unterstützte damit die Politik MAXIMILIANS I.

CHRISTOPH WEILER aus Wien betrauert 1519 in einem Lied den Tod Kaiser MAXIMILIANS I. GEORG PLEICHER, ebenfalls aus Wien, arbeitete WEILERS Lied um zu einem kürzeren gleichen Inhalts. WOLFGANG VON MANN, Kaplan am Hofe MAXIMILIANS I. und Verfasser einer Passionsgeschichte in deutschen Strophen, dichtete ein Lied auf die Eroberung von Tournay (1521). MARTIN WEISS begrüßte in einem Lied die Wahl KARLS V. OSWALD FRAGENSTEINER, ein Tiroler, ist Verfasser eines Gedichtes auf GEORG VON FRUNDSBERG und die Schlacht bei Bicocca (1522).

Auch in *Schwaben und Franken* ist eine Reihe historischer Lieddichtungen entstanden. KONRAD SILBERDRAT verfaßte ein historisches Lied über die Belagerung und Zerstörung der Burg Hohenzollern (1422/23) in Schwaben. Der schwäbische Adelige HANS VON WESTERNACH, Verfasser verschiedener Lieder, dichtet als Teilnehmer und Gefangener in der Schlacht bei Seckenheim 1462 ein Lied auf den Sieger, um die Freiheit zu erlangen. Von HEINZ GLUF (Name vermutlich fingiert) kennt man eine ‹Hofmär vom Punt› (um 1489) gegen den Grafen EBERHARD IM BART. THOMAS PRISCHUCH († 1469), Ratsherr und Schöffe in Augsburg, verfaßte zwei Reimpaargedichte auf das Konzil von Konstanz 1414–1418: ‹Des consilis gruntvest› und ›Des consily schloßred›. Der Pritschmeister MATTHIAS HIRTZ dichtet ‹Ein Lied vom Schießen zu Augsburg› (1509). HANS VOM HOF nahm die Belagerung Bambergs durch den Bischof ANTON VON ROTENHAN (1435) zum Thema eines Liedes. Der Spruchdichter GABRIEL VON LIECHTENSTEIN behandelt in einem politischen Gedicht den Aufruhr in der Stadt Schweinfurt (1514). BALTHASAR VON HEILBRONN dichtet um 1500 das Lied ‹Fuchswild bin ich› und zeigt darin den Stolz und das Elend eines Soldknechtes.

Viele historische Lieder wurden auf Herzog ULRICH VON WÜRTTEMBERG (1498–1550) gedichtet. Er stürzte das Land in Verwicklungen mit Bayern und Kaiser MAXIMILIAN I. Er wurde 1519 durch das Heer des Schwäbischen Bundes vertrieben, wurde aber 1534 wieder in sein Land zurückgeführt. Von ULRICH selbst stammt ein um 1510 entstandenes Jagd- und Liebeslied ‹Ich schell mein horn ins jamertal›, das er selbst vertonte und vortrug. Von den Verfassern der vielen Lieder, die 1516 bis 1534 auf den Herzog entstanden, seien nur einige angeführt: HANS UMPERLIN, Parteigänger ULRICHS, mit einem nach dem Blaubeurer Friedensvertrag 1516 verfaßten Gedicht, in dem der Dichter am Schlusse von sich selber sagt:

> Der uns das liedlin newes singt,
> der nennt sich Hans Umperlin,
> er hat zwelf lebendige kind
> und seint die sibne klain,
> darzu hat er gar wenig korn.

MATTHÄUS JELIN aus Ulm und KONRAD MAYER, Maler in Ulm, mit Liedern vom Württembergischen Krieg (1519) für und gegen den Herzog.

In *fränkisches Gebiet* gehört offenbar der SCHENKENBACH, Verfasser zweier Lieder: ‹Ich weiß ein neuen orden, nent man die ritterei› und ‹Von

erst so wöl wir loben Marjam die reine meid›. Im ersten verurteilt er das
Raubrittertum und lobt den frommen Adel. Das zweite ist für die fränkischen Reiter bestimmt und schildert ihr wüstes Treiben. Die Lieder gehören in das zweite Jahrzehnt des 16. Jhs. Die drohenden Bauernunruhen
spielen hinein. Zum zweiten Lied existiert eine geistliche Parodie (1523):
‹Ein neues lied vom Antichrist zu Rom vnd seinen Aposteln›.

In *Bayern* dichtete PETER WEIGLEIN das Lied ‹Wie die Rothenburger
Ingelstatt erbrachen› (1439). Der Fahrende GILGENSCHEIN verfaßte zwei
Lieder zum Pfälzischen Krieg (1462). Ein ‹Lobspruch von den bairischen
Fürsten› stammt aus dem Ende des 15. Jhs. WILHELM SUNNEBERG feiert
in einem Lied Herzog ALBRECHT IV. VON BAYERN und RUPRECHT VON
DER PFALZ (1503/04). JÖRG WIDMANN rühmt in ‹Ain schönes lied von
Vilshofen› (1504) die Verteidiger der Stadt.

In *Nürnberg* befaßte sich ein Dichter, der sich BAUERNFEIND nennt und
diesem Pseudonym gemäß auf seiten der Ritterschaft steht, in einem historischen Lied (1449) mit den Kämpfen, welche Nürnberg um die Mitte des
15. Jhs. mit verschiedenen Herren und Rittern zu führen hatte. HEINZ
ÜBERTWERCH, dichtet 1469 ein politisches Lied auf den Nürnberger Lo-
sunger NIKLAS MUFFEL und schildert unter Schmähungen der Stadt und
des Rates den polemischen Verlauf und das Ergebnis des Prozesses. HANS
KUGLER verfaßte ein Lied auf die Ereignisse, die sich 1474 in Nürnberg
um den Ritter HANS SCHÜTTENSAM abspielten (2 Drucke: Augsburg o. J.
und o. O. u. J.). PETER HASENSTAND besingt die Kirchweih von Affalter-
bach 1502, bei der die Nürnbergischen vom Markgrafen von Ansbach
überfallen wurden. HANS PECK berichtet in einem Lied die Eroberung des
Schlosses Bösenbrunn durch ULMAN STROMER (1502).

VEIT SCHREIBER, Landsknecht, dichtet ein Lied an Herzog GEORG VON
SACHSEN über die Einnahme von Appingadam (1514). Aus den 30er
Jahren des 15. Jhs. stammt die politische Volksballade von der Gefangen-
schaft und dem Ende des ‹Peter Unverdorben›. Ort der Handlung ist
Neunburg vorm Wald in der Oberpfalz.

Nach *Breslau* gehören JAKOB VON RATINGEN mit einem Lied auf den
angeblichen Hostienfrevel der dortigen Juden 1453, und ein Lied auf den
wegen vermuteten Hochverrats 1490 enthaupteten Bürgermeister HEINZ
DOMPING.

In *Braunschweig* entstand eines unserer ältesten historischen Lieder. Ein
gewisser KEMPENSEN dichtete den ‹Gesang von der Ursulanacht› (21. 10.
1371): 700 Ritter und Knappen aus dem Lager des Herzogs MAGNUS VON
BRAUNSCHWEIG versuchen die Wiedereroberung der verlorenen Landes-
hauptstadt Lüneburg, werden aber von der Bürgerlichen geschlagen. Ein
gewisser KÖNIGSBERG behandelt in einem Spruchgedicht die Ermordung
Herzog FRIEDRICHS (1400), NIKOLAUS UPPSLACHT den Fall der QUITZOWS
(1414), KÖNE FINKE in einem niederdeutschen Lied den Sieg des Mark-

grafen FRIEDRICH I. VON BRANDENBURG über die Pommern (1420), ein Dichter, der sich PFAFFENFEIND nennt, um 1435 die Magdeburger Stiftsfehde, ein gewisser NYSSING den Aufruhr LENETHUNS in Osnabrück (1488/90), HENNI BRUMINTFELD, ein Fahrender, die Niederbrennung des Augustinerklosters Catlenburg (1521).

Ursprünglich *niederdeutsch*, aber nur in hochdeutschen Fassungen erhalten ist das ‹Lied vom Störtebeker›, das die Ereignisse des Jahres 1401 behandelt. Von dem mit einem Zug ins Derb-Abenteuerliche behafteten Lied sind 10 Drucke, darunter 5 fliegende Blätter bekannt. Es vertritt die Sache der Stadt Hamburg und ihrer Kaufleute, steht aber auch den Seeräubern mit Anteilnahme gegenüber. HERMANN GREVENSTEIN in *Göttingen* dichtet ein Lied gegen die Hussiten (1429/30).

Aus dem *Westen* stammt ein Lied, das 1447 anläßlich der Soester Fehde entstand und dessen Verfasser sich VRISCHEMAN nennt. PETER HARZER feiert in einem Gedicht die Hochzeit des Pfalzgrafen FRIEDRICH I. DES SIEGREICHEN (1451–1476). HANS JUDENSINT aus Speyer verfaßt ein Geschichtslied auf die Ereignisse um PETER HAGENBACH, den burgundischen Landvogt im Elsaß (1474). HANS VON SCHORE ist Verfasser eines Rügeliedes gegen das Schmählied eines Anonymus in der Fehde zwischen Erzbischof ALBRECHT VON MAINZ und PHILIPP VON HESSEN (1519). Beide Dichtungen wurden in einem fliegenden Blatt 1519 gedruckt. Von MARTIN SCHLEICH ist ein Lied von der Köngin von Frankreich in zwei fliegenden Blättern (etwa 1520 und 1605 u. ö.) erhalten. KASPAR SUTER verfaßte ein Lied über die Bemunder Schlacht (1544), an der er selbst teilnahm.

Seit 1453, als die Türken Konstantinopel eroberten, bis 1790 erscheinen in der deutschen Literatur *Türkenlieder*. Die meisten tragen den Charakter der ‹Neuen Zeitung› und hatten nur eine kurze Lebensdauer; nur einzelnes ist zum Volkslied geworden. Zunächst galten die Türken als Feinde des christlichen Glaubens; später werden von den Protestanten Papst und Türken in einem Atem genannt. Das Entstehungs- und Verbreitungsgebiet der Türkenliteratur ist im wesentlichen Süddeutschland, Österreich, Bayern. Den Anfang macht Geistliches, ihm folgt Politisches und breiter Darstellendes. Verherrlicht in den Liedern werden der Tod König LUDWIGS in der Schlacht bei Mohacs (1526) und die Großtat des Verteidigers der Festung Sigeth, Graf ZRINY (1566).

Das ausgehende Mittelalter hat gewiß auch *Kinderlieder und Kinderreime* gehabt, für Kinder gedichtet, von Kindern selbst gesungen oder ihnen von Erwachsenen vorgesungen, etwa Wiegenlieder (wie sie in den Weihnachtsspielen verwendet werden), Schaukel- und Kniereiterliedchen, Tanzreime, Abzähl- und Orakelreime, Tierlieder, Kinderpredigten (Kinderbischof), Ansinge- und Heischelieder, Scherz- und Spottreime, Bastlösereime u. a. m. Ihre Verbreitung und Vererbung erfolgte jahrhundertelang fast ausschließlich auf mündlichem Wege. Überlieferungen und Auf-

zeichnungen sind ganz selten, Hinweise, Fragmente in Quodlibets, parodistische Umsingungen müssen genügen.

b) Geistliches Lied. Kirchenlied

Das Aufblühen der volkstümlichen Dichtung und besonders der Lyrik
im 14. und 15. Jh. kam auch dem geistlichen Lied und Kirchenlied zugute. Als *geistliches Lied* kann man jedes Lied bezeichnen, das einen
geistlichen Inhalt hat, gleichgültig, ob es ein einzelner vortrug oder ob es
von der Gemeinde gesungen wurde; auch können weltliche Lieder geistlichen Einschlag haben. Enger ist der Begriff *Kirchenlied*. Die klarste De-
finition steht noch immer bei BÄUMKER (I, S. 5): «Unter ‹Kirchenlied› verstehen wir jene strophisch gegliederten geistlichen Gesänge in der Landessprache, welche vermöge ihres kirchlichen Charakters dazu geeignet
sind, während des Gottesdienstes, mag dieser nun innerhalb der Kirche
oder außerhalb stattfinden, von der ganzen Gemeinde gesungen zu werden und zu diesem Zwecke von der kirchlichen Obrigkeit entweder still-
schweigend geduldet oder ausdrücklich approbiert sind.» Das deutsche
Kirchenlied des ausgehenden Mittelalters besteht: 1. Aus Übersetzungen
der im Gregorianischen Choral gesungenen Psalmen, Hymnen und Sequenzen; 2. aus freigedichteten geistlichen Liedern mit ihren Melodien.
BÄUMKER hat 1886 auch festgestellt, daß die Zahl der Texte und Melodien vor der Reformation eine bedeutend größere war als bei WACKER-
NAGEL in der Textsammlung angegeben und erhalten ist und man geradezu von einer Blüte des geistlichen Liedes, resp. Kirchenliedes sprechen
kann. Freilich, erst LUTHER erhob das deutsche Kirchenlied zum offiziellen, liturgischen Gesang der evangelischen Kirche.

Schon vom Hochmittelalter her kommt das *Legendenlied*. Die Gattung
erzählt von den Schicksalen und Wundern der Heiligen, der Bekehrung
und dem Büßerleben großer Sünder und deren Rettung. Einzelnes dieser
Erzähllieder, wie das Motiv von St. Georg dem Drachentöter, reicht bis
in die vorchristliche Zeit zurück. Stil und Darstellungsweise des Legenden-
liedes sind anfangs denen der Ballade verwandt.

Den Bedarf an *gesungener geistlicher Lyrik* allgemeiner und volkstümlicher Art befriedigte man in dreierlei Weise: zunächst durch Übersetzungen lateinischer Lob- und Bittgesänge; man fertigte Kontrafakturen zu
weltlichen Liedern an, d. h. man unterlegte einer weltlichen Weise einen
religiösen Text; man dichtete neue geistliche Lieder. Bei den Neudichtungen nahm man sich für die Formen den Strophenbau, Formelschatz
und Motivbestand der weltlichen Lieder zum Muster, indes man für den
Inhalt aus der Gedanken- und Gefühlswelt der Laienfrömmigkeit, insbesondere der affektiven Mystik und Passionstheologie schöpfte.

Das vom Volke gesungene deutsche geistliche Lied wird erst seit dem 14. Jh. textlich faßbar. Das Volk hatte wohl bei Prozessionen, Wallfahrten, bei den Kreuzzügen, vor Schlachten, auch bei Spielaufführungen Gelegenheit und Anlaß zu geistlichem Gesang. Doch die meisten dieser Texte bestanden in einfachen Formen. Ein deutsches Kirchenlied kennt man erst seit dem Ende des 15. Jhs.

Bevor LUTHER dem Gemeindegesang eine Stätte innerhalb der Liturgie bereitete, war der geistliche Liedergesang großenteils außerkirchlich. Doch griff das Volk auch an den Hauptfesten Weihnachten, Ostern, Pfingsten in den Gesang der Sequenzen mit einem deutschen Liede ein; auch vor und nach der Predigt wurden deutsche Lieder gesungen, ebenso während der stillen Messen. Das älteste aller bekannten deutschen geistlichen Lieder ist das Osterlied ‹Christ ist erstanden›. Im 15. Jh. beliebt und mehrfach variiert wurde das geistliche Volkslied ‹O du armer Judas› (15. Jh.). Von Wallfahrtsliedern war berühmt das Lied zur Wallfahrt nach Santiago de Compostela. Von Heiligen, deren Feste sich durch das ganze Jahr zogen, wurden durch Lieder besonders gefeiert: Martin 10. November, Katharina 25. November, Barbara 4. Dezember, Nikolaus 6. Dezember, Dreikönig 6. Januar, Georg 23. April, Johannes 24. Juni, Maria Magdalena 22. Juli, Lorenz (der Heilige der Lechfeldschlacht) 10. August, Michael 29. September. Alle Heiligenlieder entlehnen ihren Stoff der Legende. Auf eine Dichtung von NOTKER BALBULUS († 912) ‹Media vita in morte sumus› geht das erhabene geistliche Totenlied zurück, dem LUTHER 1524 die mächtige deutsche Gestalt gab:

> Mitten wir im Leben sind
> mit dem Tod umfangen.

Das bei den unteren Bürgerschichten der Städte existierende volkstümliche geistliche Lied hat man in den altbekannten *Leisen* vor sich. Die Leise waren zunächst einfaches deutsches Prozessions- und Wallfahrtslied, wie es sich aus der lateinischen Litanei herausgebildet hatte. Später kamen sog. *Rufe*, d. s. Anrufungen, dazu. Niedergeschrieben wurden die Leise zur Gänze erst im 14./15. Jh. Sie heißen in den altkirchlichen Gesangbüchern *Kreuzlieder*. Die ausgeweiteten Formen alter Rufe sind zwei- oder vierzeilige Strophen, oft mit dem Kehrreim ‹Kyrieleis! Hilf uns, Maria› o. ä. Bei solchen einfachen Strophen unterscheidet man Bittrufe mit Anruf und Bitte, und epische Rufe mit Szenen aus dem Leben Jesu, Marias oder einzelner Heiliger. Eine eigene Gruppe scheinen die *Jakobslieder* gebildet zu haben.

Am besten kann man das Entstehen und Weiterleben geistlicher Volkslieder, d. h. die unterliterarische Schicht des geistlichen Liedes, an den *Liedern der Geißler,* auch Kreuzbrüder genannt, verfolgen. Sie enthalten Volksgesänge niederer Schicht, z. T. altes Liedgut, das sonst nirgends aufgezeichnet ist.

Eine 1260 in Italien aufgetretene Massenbewegung hatte die ‹disciplina flagelli› aus den Klöstern auf die Straße getragen und zog bis ins 15. Jh. unter Gebet und Gesang durch die Länder Mitteleuropas. Durch öffentliche Bußdisziplin wollten schwärmerische Laien zur Teilnahme an der Passion Christi gelangen und Gottes Strafgericht abwenden. Die durch die Apokalyptik JOACHIMS VON FIORE genährte Bewegung kam 1260/62, 1296 nach Deutschland und geisterte insbesondere während der Pestjahre 1348/49 wieder durch das Reich. Verschiedene Chroniken, vorzüglich FRITSCHE CLOSENERS ‹Straßburger Chronik› und das ‹Chronicon auf das Jahr 1349› des HUGO VON REUTLINGEN, beschreiben das Rituell und überliefern die Texte und Melodien der damaligen deutschen Geißler. Die Bußübung hatte ihr festes Zeremoniell und trat «in der Aufmachung eines mit Zuschauern rechnenden religiösen Schauspiels» auf.

Zu unterscheiden ist zwischen dem liturgischen Gesang, welcher den Bußakt begleitete und feststand, und den zahlreichen Fahrtliedern, Einzugs- und Auszugsliedern. Die letzte Gruppe zeigt den kompilatorischen Charakter von Volksliedern niederen Ranges; ein Fahrt-Leis knüpft an ein Kreuzfahrerlied an; es werden Weihnachts- und Dreikönigslieder verwendet; auch Kontrafakturen weltlicher Volkslieder finden sich. Der umfängliche Leis, den die Büßer bei der Geißelung sangen, wurde schon im Winter 1349 von den Landsknechten in Bern parodiert.

Eine Art geistliches Volkslied, ‹Ach Zeit, ach Zeit, ach edle Zeit!›, aus der zweiten Hälfte des 15. Jhs. hat WIELAND SCHMIDT näher untersucht und gewürdigt.

3. Liedersammlungen und Liederbücher

In Sammlungen vereinigt und in Bücher gefaßt wurde das von bekannten Autoren stammende und das namenlose Liedgut der verschiedenen Gattungen mehrere Male. An späten Liedersammlungen und Liederbüchern seien die folgenden angeführt: 1. Die ‹Limburger Chronik› 1336–1398 TILEMANN ELHENS. Sie enthält Minnelieder, Volkslieder, religiöse Lieder und gehört wenigstens in die Nähe der Liedersammlungen. – 2. *Die Sterzinger Handschrift*. Noch im 14. Jh. geschrieben. Das Werk eines gebildeten Sammlers. – 3. *Zwei handschriftliche Liederbücher der Berliner Staatsbibliothek Nr. 459 und 922*. Um 1400. Codex 459 ist eine Sammlung oberdeutschen Inhalts. – 4. *Die Mondsee-Wiener Liederhandschrift*. Ende des 14. bis nach der Mitte des 15. Jhs. (Cod. Vind. 2856). Inhalt: 100 geistliche und weltliche Lieder, großenteils mit Noten. Hauptquelle für den MÖNCH VON SALZBURG. – 5. *Die Haager Liederhandschrift*. Anfang des 15. Jhs. Die sprachlich und kulturgeschichtlich beachtenswerte Handschrift wurde in Holland vermutlich für Angehörige des dort regierenden bayrischen Hofes geschrieben. Sie umfaßt etwas über 60 deutsche und holländische Lieder. – 6. *Das Liederbuch des Jakob Kebitz d. J.*, überliefert in Cgm. 811 (geschrieben nach 1421). Die Handschrift ist kein

Meistersinger-Repertoirebuch, wie man lange glaubte, sondern ein bürgerliches Liederbuch mit den zwei Liedbereichen: Spruchdichtung in Meistertönen und bürgerliches Gesellschaftslied. Sie enthält 72 Nummern: 1 Heldenepos (*Laurin*), 33 Lieder, 7 Reimpaarsprüche didaktischer Art, 2 ökonomische Merksprüche in Reimpaaren, 2 Liebesbriefe in Prosa, 1 (lateinischen) musiktheoretischen Prosatraktat mit Regeln für die Instrumentalbegleitung von Liedern, 26 (lateinische und deutsche) Rezepte. KEBITZ stammte aus der Familie eines gräflich-rettingischen Beamten zu Wemding in Schwaben und war kein vagierender professioneller Sangspruchdichter, sondern Literatur-Liebhaber und -Sammler. – 7. *Die Handschrift St. Blasien 77 der Badischen Landesbibliothek Karlsruhe.* Von dem alemannischen Priester und Schottenmönch HEINRICH OTTER 1439–1442 z. T. in Italien für seine Privatbibliothek zusammengeschrieben (321 Blätter). Sie enthält neben lateinischen Predigten und liturgischen Texten eine kleine Sammlung deutscher volkstümlicher Lieder mit den ersten bekannten Notierungen. – 8. *Das Lochamer-Liederbuch.* Berlin, Deutsche Staatsbibliothek, ms. mus. 40613. So genannt nach dem Nürnberger Patriziersohn WOLFLEIN VON LOCHAMER (geb. um 1490), in dessen Besitz sich die Handschrift um 1510 befand. Angelegt zwischen 1452 und 1460. Der Hauptschreiber war ein Angehöriger der Nürnberger Bildungsschicht. Das Liederbuch umfaßt sowohl die Texte als auch die dazugehörigen Melodien. Der zweite Teil der Handschrift enthält das ‹Fundamentum organisandi› des Komponisten und Organisten KONRAD PAUMANN (geb. um 1410). – 9. *Das Augsburger Liederbuch* vom Jahre 1454 (Cgm. 379). Angelegt von einem Augsburger Bürger. Inhalt: Liebes- und Studentenlieder, Spruchgedichte. – 10. *Das Liederbuch der Klara Hätzlerin.* Die HÄTZLERIN, eine Augsburger Bürgerstochter (Laie, nicht Nonne), war eine berufsmäßige Abschreiberin, die auch eine Reihe Prosa-Abschriften anfertigte. Sie ist zwischen 1452/76 in Augsburg urkundlich nachweisbar. Das Liederbuch ist nur in der für ihren Augsburger Landsmann JÖRG ROGGENBURG 1471 geschriebenen Handschrift in Prag erhalten. Es ist nicht von der HÄTZLERIN selbst zusammengestellt oder gesammelt, sondern beruht auf einem älteren Vorbild. Die meisten Lieder gehören in den Anfang des 14. Jhs. (ähnlich das sog. *Bechsteinsche* und das *Ebenreuttersche Liederbuch* aus dem beginnenden 16. Jh.). Das Buch hat zwei Teile: I. Spruchgedichte, erzählende oder didaktische Gedichte, in Reimpaaren; II. Lieder, in Strophen. An Gattungen sind enthalten: Tagweisen, Minnelieder, Frühlings- und Winterlieder, Allegorien, Sprüche, Priameln, Erzählungen, Didaktisches, Geistliches, Politisches, Freß- und Weinlieder. Von Dichtern sind vertreten: HERMANN VON SACHSENHEIM, der TEICHNER, SUCHENWIRT, SUCHENSINN, OSWALD VON WOLKENSTEIN, der MÖNCH VON SALZBURG, JÖRG SCHILHER, KALTENBACH, MUSKATBLÜT, ROSENPLÜT, FREIDANK, NEIDHART. – 11. *Eine schwäbische*

Liedersammlung des 15. Jhs. in der ehem. Preußischen Staatsbibliothek, Cod. Mgq. 1107. Sie enthält u. a. neun Gesellschaftslieder, die eine Art Corpus vorstellen; sechs scheinen Unica zu sein. 12. *Das Frankfurter oder Fichardsche Liederbuch* aus der Mitte des 15. Jhs. So genannt nach seinem Besitzer zu Beginn des 19. Jhs. Jetzt verschollen. Inhalt: Studentenlyrik. – 13. *Das Münchener Liederbuch oder Liederbuch des Hartmann Schedel*, Arzt und Humanist in Nürnberg. Er legte die Sammlung in seiner Studentenzeit 1461/67 an. Sie enthält deutsche und fremdsprachige Studentenlyrik, 70 deutsche Lieder mit Weisen, 26 ohne Noten. – 14. *Das Wienhäuser Liederbuch* aus der Zeit um 1470 mit 59 teils lateinischen, teils niederdeutschen, teils lateinisch-niederdeutsch gemischten Liedern. Die meisten Texte dieser 1934 im ehem. Zisterzienserinnenkloster Wienhausen entdeckten ältesten bekannten niederdeutschen Liedersammlung sind vom Geiste populärer Mystik erfüllte geistliche Gesellschaftslieder. Von den weltlichen Texten gelten das lateinisch-deutsche ‹Esellied› und die ‹Ballade vom Landgrafen Ludwig› für beachtenswert. – 15. *Das Glogauer Liederbuch*. Nach 1470. Berlin, Deutsche Staatsbibliothek, ms. mus. 40098. Verschiedenartiger Inhalt: 294 Stücke, davon etwa ein Viertel deutsche Lieder, 158 lateinische Gesänge und 61 Spielstücke. Sammlung für den Gebrauch gebildeter Kreise zum Musizieren geistlicher und profaner Werke in einer Kleinstadt. – 16. *Das Rostocker niederdeutsche Liederbuch*. Letztes Viertel des 15. Jhs. Es enthält 52 z. T. unvollständige Lieder, 47 weltliche und 5 geistliche, darunter 5 hochdeutsche; 3 zeigen lateinisch-niederdeutsche Mischpoesie, 4 sind ganz lateinisch. Die Lieder haben z. T. Melodien. Der Urheber war ein Gelehrter, Mitglied der Universität. – 17. *Das Hohenfurter Liederbuch*. Handschrift des Zisterzienserstiftes Hohenfurt in Südböhmen, zweite Hälfte des 15. Jhs. Sie enthält 79 Liedtexte und 38 Singweisen religiöser Art. Die den Texten beigegebenen Melodien stellen weltliche Weisen dar. – 18. *Die Donaueschinger Liederhandschrift*. Fürstl. Fürstenbergische Hofbibliothek, Cod. 120. Aus dem 15. Jh., tw. mit Noten. Steht für einen Teil der Lieder in engem Zusammenhang mit der *Kolmarer Liederhandschrift* (gemeinsame Vorlage?). – 19. JOHANNES HAUSER (um 1440–1518) aus St. Georgen bei Mondsee, Benediktiner in Mondsee, schrieb etwa zwanzig Bände zusammen, davon ist noch ein halbes Dutzend nachweisbar. Sie enthalten: Hymnen und Reimgebete, Lehrgedichte und Sprüche, Priameln, weltliche Lieder, Segen, Zaubersprüche, Meistergesänge, kleinere dramenartige Zwiegespräche u. dgl. – 20. *Das Liederbuch des Johannes Heer von Glarus*. Umfaßt 88 drei- und vierstimmige Tonsätze, textlich in der Hauptsache deutsche Lieder, aber auch einige lateinische Motetten, französische Chansons und italienische Kanzonen. Es wurde zum größten Teil 1510 in Paris von dem späteren Humanisten und Geistlichen JOHANNES HEER zusammengestellt und in den Folgejahren von diesem um weitere Eintragungen ergänzt. Im Kern ein Studentenliederbuch, enthält es vereinzelt auch Liedgut der städtischen Unterschicht. – 21. *Die Klosterneuburger Liederhandschrift.* Stiftsbibliothek, Cod. 1228. Um 1520 vermutlich für den dortigen Chorfrauen-Konvent geschrieben. Enthält 38 geistliche und Kirchenlieder verschiedenen Inhalts, davon sind 3 lateinisch. Zuerst steht eine Gruppe von Christusliedern, ihnen folgen moralisch-lehrhafte Stücke, Marienlieder und eine geschlossene Reihe von Weihnachtsliedern; vereinzelt taucht auch Historisches auf. – 22. Eine von LUKAS WAGENRIEDER zwischen 1500 und 1533 geschriebene *Sammelhandschrift* mit mehrstimmigen deutschen Liedern, französischen Chansons etc. in Cod. 18810 der Österreichischen Nationalbibliothek in Wien. – 23. *Die Darfelder Liederhandschrift* im Archiv der Grafen DROSTE-VISCHERING zu Darfeld (Kreis Coesfeld) aus den Jahren 1540/65 ist ein Liederstammbuch der hohen rheinisch-westfälischen Adelskreise. Sie enthält mehr als 100 Stücke: Liebeslieder, Gesellschaftslieder alten ritterlich-höfischen Einschlages, historische Lieder, einzelne geistliche oder moralisierende Stücke, eine poetische Übersetzung vom ersten Kapitel des Hohenliedes, auch französische Eintragungen u. a.

Das 16. Jh. hat dann selbstverständlich gedruckte Sammlungen, die aber häufig auch noch sehr viel älteres Liedgut enthalten. Nennenswert ist das älteste gedruckte weltliche Liederbuch ‹75 hubscher Lieder myt Discant, Alt, Bas und Tenor› (Köln, wahrscheinlich 1513, bei ARND VON AICH).

Die angeführten Liederhandschriften umschließen teilweise adeliges Liedgut, zumeist aber solches der bürgerlichen Gesellschaft der Städte, nicht eigentliche Volkslieder, sondern in die Kreise des städtischen Bürgertums abgesunkenen Minnesang. Dabei wurden freilich auch von unten her Elemente des Volksliedes aufgenommen. Das schlichte Volkslied aus unterer Schicht wird erst herrschend etwa im *Ambraser Liederbuch* von 1582. In den älteren Sammlungen geht der Ausgleichsprozeß zwischen Minnesang und Volkslied nur bis ins Patriziat der Städte und das Bürgertum. Die Dichtung des hohen Minnesangs sank ab in breite Volksschichten und wurde den Verhältnissen in den Städten und auf dem Lande angepaßt. Das geistliche Liedgut umfaßt religiöse Lieder z. T. mit mystischem Einschlag, Kirchenlieder, Christuslieder, Moralisch-Didaktisches, Marienlieder, Festlieder. In den Sammelhandschriften steht Künstliches neben schlichten Gebilden. Die bekannten Begriffe, Motive, Formeln und Gestalten sind da und werden weiter verwendet. Adel und Stadtbürgertum pflegen längere Zeit das gleiche Liedgut in Stimmungen, Gefühlen, Gegenstanden und Formen. In seiner unorganischen Mischung ist im bürgerlichen Gesellschaftslied manches schon verwandt dem einfacheren Volkslied.

Neben den durch Handschriften oder den Buchdruck überlieferten Lied-Denkmälern lebt auch in der Lyrik eine der Aufzeichnung nicht für wert befundene, *mündlich tradierte Volksdichtung.* Ihre Erfassung und Würdigung ist der neueren Volksliedforschung zu verdanken.

4. Lehrhafte Versreden. Minne-Reden und -Allegorien. Herolds- und Wappendichtung. *Peter Suchenwirt*

In jüngster Zeit verwendet man den Gattungsbegriff *Rede* für kleinere Reimpaargedichte, die nicht Erzählungen im engeren Sinn sind, sondern die im Einzelvortrag, in Streit- oder Wechselgespräch Themen aus den Bereichen der allgemeinen Moral, der Minne, des religiösen oder politischen Lebens betrachtend, belehrend, tadelnd, lobend oder parodierend abhandeln. Man subsumiert unter diesen Begriff der *Rede* oder *Reimrede* die Minnereden, die Dichtungen des Teichner und Suchenwirt, die entsprechenden Teile des literarischen Schaffens von Folz, Rosenplüt u. a.

Von den Helbling-Satiren, dem Stricker, dem ‹Renner› des Hugo von Trimberg und von Freidank führen die Wege zu Heinrich dem Teichner (um 1310–1372/78)*. Er, ein bürgerlicher Dichter, ist der spezifisch österreichische Moralist des 14. Jhs., darüber hinaus jedoch der eigentliche Repräsentant der Lehrdichtung und Zeitkritik. Beim Teichner und seinem Publikum kommt bereits der Kleinbürger zu literarischer Bedeutung. Das unter seinem Namen überlieferte Schrifttum ist überaus umfangreich (über 700 Gedichte mit rund 70 000 Versen). Die literarischen Schöpfungen des wißbegierigen und grüblerisch veranlagten Mannes sind dem Inhalt und Ethos nach vorwiegend religiöse Lehrgedichte, Sitten- und Strafreden. Der Gesichtskreis des maßvollen und versöhnlichen Dichters umschließt die drei gottgeschaffenen Stände Geistlichkeit, Adel, Bauern. Mit dem Blick eines religiös-sittlichen Menschen beobachtet er, ein wenig düster gestimmt, nachdenklich das Leben und Treiben in Kirche, Haus, Hof, Wirtsstube und auf Kriegszügen, stets unbefriedigt, immer Anlaß findend zu Tadel und Besserungsversuchen. Zu diesen moralischen Stoffen kommen theologische Themen und Probleme der Glaubenswissenschaft.

An seine Schilderungen des Geschehenen knüpft der Teichner praktische Sitten- und Lebenslehren. Alle Scheltreden bleiben allgemein und unpersönlich. Immer ist er bestrebt, den Menschen einen Spiegel vorzuhalten, wobei er viel kulturgeschichtliches Material bietet. Die im Geist der Scholastik gehaltenen theologischen Themen zeigen, wie der grübeln-

---

* Da dieser Hauptrepräsentant der bürgerlichen Lehrdichtung in Form des Reimspruches bereits in Band III/2 ausführlich behandelt wird, sollen hier die Wesenszüge seiner lehrhaften und zeitkritischen Reimsprüche nur in großen Zügen umrissen werden.

de Laie zu einem System der Moral gelangen möchte und bestrebt ist, sein Publikum über die wesentlichen Glaubenssätze zu belehren. Religiös-sittlichen Standpunkt und praktische Opportunitätsmoral versteht er geschickt miteinander zu verbinden.

Als literarische Form für alle seine Sitten- und Tugendlehren und laientheologischen Fragen benützte der TEICHNER vorzugsweise die Spruchrede. Manches folgt der inneren Form des älteren Rügeliedes, gibt aber das Sangbare auf und nimmt das Kleid des Reimspruches an. Rein Episches ist selten, Lyrisches wird abgelehnt, Hauptsache ist die ethische Haltung. Für den stilistischen Kunstbegriff und die Kunsttechnik sind Wissen und Belehrung maßgebend. Die Sprache nähert sich weitgehend der Prosa. Seine moralische Kunstübung traf offenbar auf ein sehr lebendiges Bedürfnis, veranlaßt durch innere Not und menschliches Interesse am Moralgehalt des Alltagslebens, über den mitzureden auch einfache Menschen sich fähig fühlten.

Das Weltbild des TEICHNER setzt sich aus geistlichen, weltlichen, gelehrten und volkstümlichen Elementen zusammen. Angst vor der Welt und dem Teufel und das Gefühl der Sündhaftigkeit bedrücken sein Gemüt. Seine Kenntnis der älteren Literatur erstreckte sich noch auf den höfischen Roman, auf Formeln der Lyrik und Epik; er kannte die Lehr- und Spruchdichtung wie die Satire. Aber näher lagen ihm die *Alexandersage*, Erzählstoffe im ‹Römerbuch›, im ‹Buch der Väter›, volkstümliche Spruchweisheit u. dgl. Er zeigt naturwissenschaftliche Kenntnisse und war den Einwirkungen der Predigt- und Traktatenliteratur ausgesetzt. Der TEICHNER will seine Zuhörer und Leser in nahezu alle wichtigen Kirchenlehren einführend unterweisen: das Gottesverständnis, die Lehre von der Schöpfung, vom Wesen des Menschen und seiner Seele, die Christologie, Mariologie, Gnaden- und Sakramentenlehre, Eschatologie. Immer vertritt er den spätmittelalterlich-katholischen Standpunkt; er verteidigt den freien Willen des Menschen; lehnt die averroistische Lehre von der Ewigkeit der Materie ab; wendet sich gegen die Ansicht des Manichäismus, es gebe auch etwas, das in seiner Substanz böse ist; weist in der Gnadenlehre pelagianische Auffassungen zurück. Neuere Untersuchungen haben erwiesen, daß der TEICHNER bei seinen dogmatischen Aussagen augustinischen und nominalistischen Gedankengängen folgt und sich stark beeinflußt zeigt von den Lehren BONAVENTURAS und des DUNS SCOTUS. Sein theologisches Wissen bezog er allem Anschein nach aus der religiösen Unterweisung, den Predigten und der deutschsprachigen Übersetzungsliteratur. Der Nachruf für den TEICHNER, den ihm sein Freund PETER SUCHENWIRT gedichtet hat, ist ein frühes Beispiel literarhistorischer Wesenszeichnung.

Die Spruchgedichte des TEICHNER wurden im 14. und 15. Jh. viel abgeschrieben. Ihre Nachwirkung war beträchtlich. Mit Namen nennen den

TEICHNER: PETER SUCHENWIRT, der ERHARD WAMESHAFT nahestehende
oder mit ihm identische Dichter der ‹Warnung an hartherzige Frauen›
(1460). AUGUSTIN VON HAMERSTETTEN schenkte 1497 zu Wien dem
Kurfürsten FRIEDRICH DEM WEISEN VON SACHSEN und dessen Bruder
JOHANN eine TEICHNER-Handschrift (Gotha Cod. B Nr. 271), die er z. T.
«vff siben silleb gemacht», d. h. korrigiert hatte. THOMAS EBENDORFER
erwähnt den TEICHNER ablehnend. Wie der TEICHNER setzen viele Dich-
ter des 15. Jhs. ihren Namen in die letzte Zeile ihrer Gedichte, darunter
FRÖSCHEL VON LAIDNITZ, PETER SCHMIEHER, JÖRG SCHILKNECHT, HANS
RAMINGER, HANS SCHNEIDER, JÖRG GRAF, KUNZ HAS, JÖRG SCHILHER,
SUCHENWIRT und vor allem aber HANS ROSENPLÜT. Als Schüler des
TEICHNER sind zu nennen: LIENHART PEUGER (Anf. des 15. Jhs.), KONRAD
BOLLSTATTER und besonders HEINRICH KAUFRINGER. Von LIENHART
PEUGER, erst Soldat, seit 1420 Benediktiner in Melk, stammt ein unver-
öffentliches Lehrgedicht; anderes schrieb er zum Preis Mariens; auch in
der Psalmenübersetzung versuchte er sich. KONRAD BOLLSTATTER ist als
Schreiber mehrerer deutschsprachiger Handschriften zwischen 1446 und
1487 nachgewiesen und wirkte hauptsächlich auf Schloß Wallerstein und
in Augsburg. Ihm wird ein Gedicht ‹Von des Tüfels Töchtern der siben
waren› (1472) zugeschrieben. Vielfältiger und umfangreicher ist das Werk
HEINRICH KAUFRINGERS (gest. vor 1404) vermutlich aus Landsberg am
Lech. Die 27 erhaltenen Gedichte bezeichnet man als *Sprechsprüche*. Es
sind versifizierte geistliche Traktate, Legenden, derb erotische Novellen,
dörperlich-grobe Schwänke – alles vorgetragen in einem kunstlosen, volks-
tümlich-naiven Stil. Asketische Weltabgewandtheit und genußfrohe Lust
am Dasein stehen nebeneinander. KAUFRINGER gehört nur z. T. unter die
Schüler des TEICHNER und die Vertreter der nachklassischen Didaktik; als
fruchtbarer Dichter von Kurzerzählungen zählt er vielmehr zu den Weg-
bereitern der kleinbürgerlichen Unterhaltungsliteratur der Folgezeit.

An die Stelle der höfischen Epik, aber thematisch zugleich auch an die
Stelle der Minnelyrik tritt die neue Gattung der *Minnerede* bzw. der
Minneallegorie. Unter Minnerede versteht man die theoretische Erörte-
rung des Minnethemas in Reimpaaren, bestimmt für den Vortrag eines
Sprechers. Formal zwischen Traktat und Erzählung stehend, wachsen
Minnerede und Minneallegorie nach vereinzelten früheren Versuchen vom
zweiten Drittel des 14. Jhs. plötzlich gewaltig in die Breite und werden
so zu einer der kennzeichnendsten Literatur- und Denkform ihrer Zeit.
Wie in der Minnelyrik stehen auch neben der Minnerede Parodie und
Spott.

Die *Minnerede* war im 13./14. Jh. eine Gattung der höfischen Gesellschaftsdichtung. Minnerede konnte sein: Belehrung der Mutter an die
Tochter, *Catos* an seinen Sohn, Belehrung über Wesen und Wert der

Minne, Abhandlung der Gebote und Regeln der Minne. In nordrhein-
fränkischen Adelskreisen erscheint die Minnerede vermischt mit herolds-
mäßigem Ritterpreis (vgl. Bd. III/1, 213 f.). Drei bis vier Jahrzehnte
später entstanden 1325/50 in denselben Kreisen die Minnereden ‹Minne
und Gesellschaft› und ‹Die Schule der Ehre›. Abermals ein Jahrhundert
später schuf für die Nachfahren dieses Adels ERHARD WAMESHAFT seine
Dichtungen.

Wenn es in Minnereden zu Auseinandersetzungen kommt, werden daraus *personifizierende Streitgedichte*, in denen Personen wie Abstrakta
(Liebe und Schönheit, Treue und Untreue etc.) debattieren und breit aus-
malende Schilderungen geben. Epische Belehrung erfolgt auch, wo aus
monologischer Betrachtung ein Zwiegespräch in der Art der ‹Psychomachia› des PRUDENTIUS (der Minner spricht mit seinem Herzen, es reden
Herz und Leib etc.) und die Urteilsfällung ausgestaltet wird.

Wohnt dem, was erzählt wird, auch noch ein anderer Sinn inne, so
spricht man von *Minneallegorien*. Hieher gehören die Partie über die
Minnegrotte in GOTTFRIEDS ‹Tristan›, ein Jahrhundert später HADAMAR
VON LABERS ‹Jagd›-Gedicht und ‹Die Minneburg›. Verwertet wird auch
die geistliche Allegorie. Frau Minne ist gelegentlich Meisterin einer Schule
oder Vorsteherin eines Klosters. Andere Motive der Minnereden und
Allegorien entstammen der lateinischen weltlichen Dichtung des Mittelalters, vieles der französischen Literatur, besonders dem *Rosenroman*,
manches stammt aus der geistlichen Literatur (z. B. dem früher BERNHARD
VON CLAIRVAUX zugeschriebenen ‹Geistlichen Kloster›) und aus der Antike.

In den Minnereden erfolgen die didaktischen sinnbildlichen Auseinandersetzungen formal entweder spruchartig in gereimten Vierzeilern
aneinander gereiht oder in einem epischen Rahmen wie Spaziergang,
Begegnung mit Frau Minne u. dgl. Den Beginn bildet das erste ‹Büchlein›
HARTMANNS VON AUE, die höchste Ausbildung und weiteste Verbreitung
erfolgte im 14. und 15. Jh. bei Spruchdichtern, Reimsprechern, Meistersingern. Gleichwohl leben Minnereden einfacher Art bis ins 15. Jh. weiter.
Die Minneallegorie ist bis etwa 1350 zur vollen Blüte entwickelt. Die
Minneallegorien-Sammelhandschriften gehören alle erst dem 15. Jh. an.*

Der ELENDE KNABE bezeichnet sich der wohl fahrende Dichter von
vier Spruchgedichten über die Minne (1. H. 15. Jh.). ‹Der Minne Gericht›
(1840 V.) arbeitet mit dem Motiv der Bestrafung der spröden Geliebten;
das Hauptgewicht liegt auf den 13 Geboten und 32 Regeln der Liebesgöttin. ‹Die Minne und der Pfennig› (688 V.) verbindet die Form des

---

* Da Wesen und Entfaltung der beiden Gattungen in Band III/2 eingehend
behandelt werden, beschränken sich unsere Ausführungen auf die dem ausgehenden Mittelalter als besonders kennzeichnend zugehörigen Gestalten und
Dichtungen.

Streitgespräches mit allegorischer Handlung und einer allgemeinen Klage
der verschiedenen Tugenden über den Materialismus. ‹Der Minne Freud
und Leid› (522 V.) personifiziert diese beiden Seiten der Minne und betont
deren innere Notwendigkeit. ‹Die Minne im Garten› (246 V.) belehrt
mit dem Motiv der Traumliebe über die Minne. Die Dichtungen wurden
Straßburg 1499 gedruckt.

Eine Einkleidung von Minneregeln in eine Allegorie und Rahmenerzählung lieferte EBERHARD VON CERSNE, 1408 als Kanonikus in Minden
urkundlich bezeugt. Wir haben von ihm ‹Der Mynnen Regelen› (1404;
4830 V.) und zwanzig Liebeslieder (nach 1404), vier davon mit Noten;
verloren sind die bis 1404 entstandenen Gedichte, darunter auch zehn
lateinische. Die *Minneregeln* bestehen aus drei Teilen und einem Schluß.
Im ersten Teil trifft der Dichter die Minnekönigin und erfährt 10 Liebes-
gebote und 13 Minnevorschriften. Im zweiten Teil richtet der Dichter an
die Königin 38 Fragen und erhält darauf die Antworten. Der dritte Teil
schildert die Fahrt des Dichters zu König Sydrus, von der er 31 Minneregeln (in Prosa) zurückbringt. Das Werk ist in ungleichen vierzeiligen
Strophen mit einzelnen gereimten Hexametern, den ersten in deutscher
Sprache, abgefaßt. Der Dichter beherrschte alle Kunstausdrücke aus der
Musiktheorie und -praxis. Seine Quelle war für den 2. und 3. Teil der
‹Tractatus amoris› des ANDREAS CAPELLANUS. An Stelle von Artus tritt
Sydrus. EBERHARDS erhaltene lyrische Dichtungen zeigen sowohl die Art
des Minnesangs als auch die des volkstümlichen Liedes.

Minneallegoriker und Heroldsdichter nordrheinfränkischer Adelskreise war ERHARD WAMESHAFT, dem Beruf nach vermutlich höherer
Hofbeamter. Von ihm stammen mit Bestimmtheit zwei Dichtungen: die
Minneallegorie ‹Liebe und Glück› (320 Reimpaarverse) und das ‹Hodoeporicon oder Beschreibung der Reise des Grafen Philipp von Katzenelnbogen nach dem hl. Lande› (1477; 2400 Reimpaarverse). Wahrscheinlich
gehört ihm auch an das namenlos überlieferte Gedicht ‹Warnung an hartherzige Frauen› (um 1460). In der Minneallegorie kommt der Dichter zur
Frau Liebe. Ein Jüngling tritt hinzu und zeigt sein brennendes und bluten-
des Herz. Die folgende Beschreibung und Belehrung beruht auf einem
vom Dichter gemalten Blatte. Das Glück wendet sich nur dem zu, der
maßvoll ist, der zu schweigen, meiden und zu verheimlichen versteht,
seine Blicke beherrschen kann und nicht gleich zu Tode betrübt ist. Beim
‹Hodoeporicon› arbeitete WAMESHAFT nach einem deutschen Prosabericht und faßte als Versifikator ähnlich wie MICHAEL BEHEIM seine Dichtung nicht als Reimpaargedicht auf, sondern als 240 Strophen zu je 10
Versen. Am Schlusse steht eine 128 Verse umfassende Blasonierung des
gräflich Katzenelnbogenschen Wappens. Die ‹Warnung an hartherzige
Frauen› ist eine Reimpaarübersetzung des umfangreichen Zwiegespräches
‹Loquitur nobilis nobili› aus dem Traktat des ANDREAS CAPELLANUS.

Dialoggedichte mit dem Minnethema werden belebter, wenn die Personen entgegengesetzte Meinungen vertreten und die Form des Streitgedichtes verwendet wird. Es streiten mit Rede und Gegenrede der Minner und der Kriegsmann, der Minner und Trinker etc., der Dichter fällt das Urteil. Beim Streit personifizierter Abstrakta fällt die Entscheidung nicht immer der Dichter, sondern eine höhere Instanz, wie Frau Minne oder Frau Ehre. Solche personifizierende Streitgedichte sind etwa das von ‹Liebe und Schönheit›, PETER SUCHENWIRTS ‹Krieg der Liebe und der Schöne›, des ELENDEN KNABEN ‹Minne und Pfennig› u. a. Wird die Urteilsfällung reicher ausgestaltet, so erwachsen aus den Streitgedichten solche vom Gericht der Minne oder der Ehre. Eine andere Vorstellung ist die von der ‹Schule der Minne› oder ‹Die Schule der Ehre›.

‹Des Minners Anklagen› nennt sich eine unvollständig überlieferte mittelniederdeutsche Dichtung, die aus einer mittelhochdeutschen Vorlage des 14. Jhs. übersetzt wurde. Ein Streitgespräch von etwas über 1000 Versen, die sich in 42 Abschnitte zu je 24 Verse gliedern; die einzelnen Abschnitte tragen Überschriften. Nach HANS EGGERS «ein allegorisches Dialoggedicht, in welchem der Liebhaber im Streitgespräch der Liebe und der Schönheit vorwirft, an seinem Liebesleid die Schuld zu tragen, bis sie ihm endlich zur Erinnerung der Geliebten verhelfen; die Stetigkeit macht daraufhin der Frau Vorwürfe, wird aber umgestimmt und schließlich um Schutz für den Liebesbund gebeten». Aus dem Motivstamm der mittelhochdeutschen Minneallegorien ‹Der werden Minne Lehre› (13./ 14. Jh.) von JOHANN VON KONSTANZ, ‹Die Jagd› HADAMAR VON LABERS (1335/40), ‹Die Minneburg›, ‹Das Kloster der Minne› decken spätere Dichter von Allegorien ihren Bedarf. Die ‹Minneburg› wird ausgebaut zur Stadt in ‹Der neuen Liebe Buch›. Das ‹Kloster der Minne› hat einen Nachfahren im ‹Weltlichen Klösterlein› (1472). Unter den Gebäude-Ausdeutungen heben sich heraus: der ‹Bergfried der Minne›, die ‹Sechs Kronen› und das ‹Schloß Immer›.

In der Oberpfalz hatte HADAMAR (III.) VON LABER seine Stammburg (ca. 1300–ca. 1354). Er und sein Bruder ULRICH standen treu zu LUDWIG DEM BAYERN und dessen Sohn, dem Markgrafen von Brandenburg. Anregungen von GOTTFRIED, dem ‹Titurel›-Dichter ALBRECHT, ULRICH VON LICHTENSTEIN, von SEIFRIED HELBLING und der ‹Königsberger Jagdallegorie› mögen HADAMARS Minneallegorie ‹Die Jagd› in siebenzeiligen Titurelstrophen veranlaßt haben. Die Dichtung hatte eine außerordentlich starke Nachwirkung (17 Handschriften). Vor allem waren es die Allegorie, der Stil und die Strophe, die Schule machten. So in: ‹Das geiaid› von SUCHENWIRT, in ‹Des Minners Klage›, ‹Der Minnenden Zwist und Versöhnung›, ‹Der Minne Falkner›, einem ‹Löberer› überschriebenem Gedicht, ‹Von der Unminne›, ‹Der Thron der Ehre› u. a. ‹In des von Laber gemainen Thonn› dichtete JAKOB PÜTERICH den ‹Ehrenbrief›.

Die umfangreichste Minneallegorie repräsentiert die auf ostfränkischem Gebiet entstandene ‹Minneburg› (um 1340). Sie besteht aus fünf Kapiteln und ist aus drei Erzählungen kompiliert: 1. der Minneburg mit der Säule; 2. der Erstürmung der Burg Freudenberg; 3. einer Gerichtsverhandlung vor der Minne. Dabei tritt mehrfach ein geistlicher scholastisch-gelehrter Einschlag hervor. Der Mann als Vernunft, die Frau als freier Wille sind Personifizierungen der beiden Seelenvermögen. Wie die Minne entspringen alle Tugenden aus der Vernunft und dem Willen. Die Erstürmung der Burg Freudenberg ist gesehen als Kampf der Tugenden und Laster. Der Dichter verwendet weitgehend die geblümte Rede. Von der Dichtung existiert auch eine Prosabearbeitung.

In demselben Würzburger Kulturraum wie die ‹Minneburg› gehört auch das lateinische ‹Ritmaticum dictamen› des LUPOLD VON BEBENBURG (vgl. S. 381 f.). Die Naturschilderung am Anfang des besonders für den höheren Klerus bestimmten politischen Gedichtes enthält wesentliche Elemente der in den Minneallegorien beliebten Einführungen. Die Anklänge des ‹Ritmaticums› an die ‹Minneburg›-Einleitung verstärkt die deutsche Übersetzung des Gedichtes durch OTTO BALDEMANN in geblümtem Stil.

Die Einrichtung des von LUDWIG IV. VON BAYERN in Anlehnung an die Templeisen gestifteten Klosters Ettal 1332 gab vermutlich Anlaß und Vorbild für die Abfassung des ‹Klosters der Minne› (um 1350) in 1890 Reimpaarversen. Der schwäbische Dichter stellt dabei großenteils in Form von Zwiegesprächen das Leben und die Verfassung eines Minneordens dar: «ein weltliches Ritterstift mit klösterlichen Formen». «Die Ethik», meint EHRISMANN wohl mit Recht, «ist die des ritterlichen Humanismus: ‹wer dise regel halten› könnte, ‹Der möht in fröden alten Vnd doch da by dienen got›.»

Der Dichter begegnet im Walde einer schönen Frau, die von ihrer Herrin, der Minne, ausgesandt ist, würdige Frauen und Ritter für das Kloster der Minne zu suchen. Sie beschreibt ihm das vornehm höfische Leben im Kloster (Spiele, Waffenübungen, Musik) und weist ihm den Weg dahin. Im Kloster ist ihm eine gute Bekannte Führerin: sie zeigt ihm die Baulichkeiten, ein Turnier und macht ihn mit den Klosterregeln bekannt; in einer geschmückten Zelle trinken sie St. Johannis Minne. Der Dichter nimmt klagend Abschied, hofft aber, sich eines Tages ganz in dieses Kloster begeben zu können.

Die dem bürgerlichen MEISTER ALTSWERT aus dem Elsaß mit Sicherheit zugeschriebenen Gedichte werden um 1380 angesetzt. Die Minne- und Farbenallegorie spielt darin eine große Rolle, doch äußert sie sich meist in Aufzählungen. Die Vers- und Reimkunst ist begrenzt. In der ersten Allegorie ‹Das alte Schwert› bittet der Dichter Frau Venus um Hilfe und erhält guten Rat. Im ‹Kittel› reitet der Dichter mit einem Knechte aus, um das Land der Liebesgöttin zu suchen. In einer Traum

vision begegnet er einer Botin der Venus in seidenem Kittel. Sie belehrt
ihn über den Hofstaat der Göttin und führt ihn hin. Dort beschreibt der
Dichter die neue Minne und Mode im Elsaß. In ‹Der Tugend Schatz›
(der Dichter nennt sich hier *Nieman*) erscheinen die in verschiedene Farben gekleideten Tugenden als Begleiterinnen der Venus. Ein kleiner «Ma-
tinsvogel» geleitet den Dichter zu einem Zwerge, der ihm den Weg in den
Venusberg weist. Eingehend wird über die dortigen Spiele berichtet. Im
‹Spiegel› schenkt auf einem Jahrmarkt ein Kaufmann dem Dichter einen
Stahlspiegel, der nur die Bildnisse der Tugendhaften zeigt. Seine Geliebte ist darunter.

Das Motiv vom *Minnekloster,* verkoppelt mit satirischer Geißelung
kirchlicher Mißstände, tritt im ‹Weltlichen Klösterlein› (1472; 434 V.)
entgegen. Ausgehend von den Motiven der Minneallegorie, wie Spaziergang, Orden der Minner, wird ein weltliches Kloster geschildert, in dem
achtzehn Ehepaare samt Gefolge ein gutes Leben führen. Die Dichtung
wurde noch Anfang des 16. Jhs. als Flugschrift gedruckt. Auch in die
Zimmersche Chronik fand sie Aufnahme.

In einem Wiegendruck, wahrscheinlich aus der Offizin des KONRAD
DINCKMUT in Ulm, überliefert ist die Minneallegorie ‹Der neuen Liebe
Buch› (1486; 1791 V.). Sie enthält in der Hauptsache eine Beschreibung
der von Amor beherrschten Stadt der Liebe mit den verschiedenen Arten
von Lebewesen. Aus Alltagsrede, Kanzleisprache und höfischen Elementen
schuf der Dichter einen Mischstil, der an HERMANN VON SACHSENHEIM
erinnert.

Verfasser einer Prosa-Minneallegorie war AUGUSTIN VON HAMERSTET-
TEN, vermutlich ein Schwabe, Soldat in kaiserlichen Diensten, der beim
Aufstand der Wiener 1462 gegen FRIEDRICH III. verwundet und gefangengenommen wurde. Er wechselte 1490 die Dienste und trat in die Kanzlei
FRIEDRICHS DES WEISEN VON SACHSEN über, mit dem er sich 1496 in
Torgau befand und 1497 wieder nach Wien kam. AUGUSTIN widmete
1496 dem Kurfürsten die ‹Hystori vom Hirs mit dem guldin ghurn und
der Fürstin vom pronnen›, eine Minneallegorie mit Dichtertraum, Wald-
ritt, Frau am Brunnen und den üblichen höfischen Minneszenen. Das
Ganze ist eine Art Schlüsselroman mit verschleierter Darstellung des Lie-
besverhältnisses FRIEDRICHS zur Gräfin Amelei (AMALIE) VON SCHWARZ-
BURG. Einblicke in AUGUSTINS literarische Geschmackwelt geben zwei aus
seinem Besitz stammende Handschriften: eine BEHEIM-Handschrift mit
Randnotizen von AUGUSTINS Hand; ein Sammelband (TEICHNER, SUCHEN-
WIRT, KONRAD VON WÜRZBURG), ebenfalls mit Bemerkungen und ge-
reimten Zusätzen, den er FRIEDRICH DEM WEISEN und dessen Bruder
JOHANN mit einer Widmung (240 V.) dedizierte.

Sehr viel älter als die ältesten literarischen Zeugnisse dürften die Wurzeln der *Herolds- und Wappendichtung* sein. Die nachhöfische Herolds-

dichtung des 14. und 15. Jhs. setzt ältere Stufen germanischer Schilddichtung und die seit der frühhöfischen Epik aufgekommenen heraldi-
schen Schilderungen voraus. Nur die künstlerisch bedeutsameren Stücke
dieser Gebrauchsdichtung haben anscheinend den Weg vom mündlichen
Vortrag in die Literatur gefunden. Die Polemik, die der niederösterreichi-
sche Satiriker SEIFRIED HELBLING, der zwischen 1282 und 1299 die Zeitsatire des ‹Kleinen Lucidarius› dichtete, in Gedicht XIII gegen die Wappendichtung führt, spricht für ihre Beliebtheit und Verbreitung
    Die Bezeichnung *Herold* findet sich im 14. Jh. bei SUCHENWIRT u. a.
Vorher hießen sie *Knappen von dem Wappen, Wappenknaben,* oder *Per-*
sevanten (Poursuivants). Sie hatten eine dreigestufte Rangordnung mit
einem Wappenkönig und eine eigene Amtstracht. Ihre Aufgabe war die
kunstgerechte Wappenbeschreibung (‹Blasonierung›, ‹Visierung›), d. h. die
Wappen der fürstlichen und adeligen Herren zu schildern und auszudeuten. Nach VELDEKE und WOLFRAM gab zuletzt das Vorbild KONRAD VON
WÜRZBURG im ‹Turnier von Nantes›, wo er die Rüstung der auftretenden
Ritter beschreibt. Seine Wappenbeschreibungen sind aber noch keine berufsmäßige Heroldsarbeit; Berufsherolde, die ganze Wappenkataloge mit
Lobpreisungen ihrer Gönner anlegen, gibt es erst im späten Mittelalter.
Diese Wappendichter sind Erben der Spielleute, befinden sich im Gefolge
adeliger Herren und erhalten nach längerer Dienstzeit das Heroldamt.
Sie sind *Reimsprecher,* die öffentlich auftreten: bei Turnierfesten z. B.
hatten sie Namen und Wahlspruch ihres Herrn auszurufen und die Bedeutung seines Wappens zu künden.
    Zu den erblichen Wappen kommen seit dem späten 14. Jh. neue frei
gewählte Embleme, ‹Devisen› genannt. Diese Nebenwappen zeigen meist
Figuren (tier-)symbolischer Bedeutung, die durch einen Sinnspruch erklärt wird. Die Embleme erscheinen zuerst bei Fürsten und Adeligen,
dann beim städtischen Patriziat, Buchverlegern, Gelehrten. Mit Humanismus und Renaissance wandelt sich die alte Wappendichtung zur *literari-*
schen Emblematik.
    Die Heroldsdichtung verbindet die Wappenbeschreibung mit der *Ehren-*
rede. Die aus dem mittelalterlichen Ehrenspruch entstandene Ehrenrede
galt Lebenden oder ist Totenklage um einen Verstorbenen. Nach dem
Lobpreis der Ruhmestaten des Gefeierten folgte die fachkundige Beschreibung des Wappens und der Rüstung, besonders des Schildes und
des Helmes. Die Ehrenrede war zum Vortrag durch einen Sprecher bestimmt. Bekannt sind Ehrenreden auf ‹Beatrix, Herzogin von Kärnten
und Tirol› († 1331), den ‹Grafen Wernher von Horberg› († ca. 1335), den
‹Grafen Wilhelm von Holland› († 1337). Alle sind sie allegorisch ein-
gekleidete Personifikationsdichtung. Nur LUPOLD HORNBURG verzichtet
in seiner Ehren- und Leichenrede auf den ‹Ritter Konrad von Schlüsselberg› († 1347) auf das allegorische Gewand.

Die beiden repräsentativen Vertreter der Heroldsdichtung des ausgehenden Mittelalters waren der Herold GELRE in Geldern am Niederrhein und PETER SUCHENWIRT in Österreich. Bei ihnen erscheint «das eigentliche Wappengedicht in seiner literarisch sichtbaren Form»: der Ehrenrede oder Totenklage folgt die Beschreibung des Wappens.

Der flämische Herold und Wappendichter GELRE hieß eigentlich HEYNEN. Geboren um 1310/15, war er 1334 bis 1372 dichterisch tätig, seit 1339 als Herold im Dienste der Herzoge von Geldern. Dadurch kam er bis Litauen und Ungarn und erlebte als Augenzeuge die Schlachten von Crécy (1346) und Poitiers (1356) im Kriege zwischen England und Frankreich. In GELRES Schaffen stehen zunächst *Reimchroniken der Grafen von Brabant* und *der Grafen von Holland* (1335), historische Lieder und Wappengedichte auf einzelne Fürsten oder die Teilnehmer einer Schlacht, wie etwa der von Stavern 1345. Die Wappengedichte stimmen mit SUCHENWIRTS Ehrenreden und anderen hochdeutschen Wappengedichten sowohl in Aufbau und Einkleidung als auch in der Art der Wappenbeschreibung großenteils überein. Dadurch wird wohl eine einheitliche deutsche Wappendichtung wahrscheinlich gemacht. GELRES *Wappenbuch* enthält die Namen und Wappen der geistlichen und weltlichen Fürsten Europas nach der Goldenen Bulle von 1356. GELRES Sohn CLAES HEYNEN war 1371 bis 1404 Nachfolger seines Vaters, hernach bis 1411 Herold der Herzoge von Bavière.

Der namhafteste Wappendichter war PETER SUCHENWIRT (um 1330 bis bald nach 1395). Er gab der Gattung ihre endgültige literarische Form. Von ihm sind zahlreiche Nekrologe und *Ehrenreden* überliefert, alle nach einem traditionellen Schema. Jedesmal wird das Wappen des Gefeierten fachkundig beschrieben und erläutert: die ‹Blasonierung› der Helm- und Schildzier gegeben, d. h. das Wappen in allen seinen Bestandteilen geprüft und in den gehörigen Kunstausdrücken erklärt, wappenkünstlich ausgemalt. Doch SUCHENWIRTS dichterische Tätigkeit erstreckt sich auch auf andere Gattungen der Spruchdichtung.

PETER SUCHENWIRT war bürgerlicher Herkunft, ein Fahrender, der von der Kunst lebte; der offenbar eine berufsmäßige Ausbildung zum Wappensprecher erhalten hatte. Sprache, Anschauungen und Sympathien erweisen ihn als Österreicher. Er begleitet Herzog ALBRECHT III. VON ÖSTERREICH ebenso wie HUGO VON MONTFORT und OSWALD VON WOLKENSTEIN auf seiner Ritterfahrt nach Preußen und kannte Ungarn aus eigener Anschauung. Eine Schenkungsurkunde vom 4. II. 1386 berichtet, daß ALBRECHT III. in Wien nebst sieben anderen Häusern auch das Haus *Peters des Suchenwirts* den Karmeliten zum Bau von Kirche und Kloster schenkte. Es lag in der Seitzer-Gasse in der Nähe des alten Babenberger Herzogshofes. Wir haben von SUCHENWIRT einige Selbstaussagen. Im Gedicht ‹Der Minneslâf› (PRIMISSER 30) will die Minne nach zehnjährigem Schlafe in der Nähe von Wien ein Turnier ausschreiben. Dazu benötigt sie einen Knappen,

> Dem unterschaid der wappen
> Waer mit namen wol bechant,

Der solt verchunden in di lant
Den turnay in dew Vråudenaw.

Frau Ehre rät ihr:

Vraw, so nemt den Suechenwirt,
Der red mit worten schon florirt,
Den vindet man in Österreich
Pey den fürsten tugentleich.

An anderen Stellen sagt er von sich: «ich berate, ich tadle, ich lehre die jungen Herren»; «ich heiße der Suchenwirt, dessen Reden oft ihrem Gegenstande so nahe rücken, daß man's mit der Hand zu greifen meint», Zucht und Ehre ratend, weise die Herren belehrend, einsichtsvoll und mit Maß sie tadelnd (21, 81; 22, 45).

SUCHENWIRTS früheste Gedichte fallen in die Zeit um 1353, seine letzten in die zweite Hälfte 1395. Die Gesamtzahl seiner Dichtungen beträgt etwa 52 Stück. Gattungsmäßig umfaßt diese poetische Tätigkeit die Ehrenrede, die Travestie und das Lügenmärchen, moralisierende und religiöse Zeitgedichte, Allegorien, besonders Minneallegorien mit lehrhafter Spitze, und historische Zeitgedichte. SUCHENWIRT ging aus von der Wappenblasonierung, wie sie vor ihm bei WOLFRAM, ULRICH VON LICHTENSTEIN, KONRAD VON WÜRZBURG erschien, und betätigte sich als Spruchsprecher für adelige und höfische Kreise; er übte eine Heroldskunst, die sowohl genaue Kenntnis des Wappenwesens als auch eine ausgebreitete Personenkenntnis in der Aristokratie zur Vorbedingung hatte. Die Ehrenreden sind zur Gänze, von den anderen Dichtungen viele für höfische und adelige Kreise bestimmt. Alle erwarten ihren Lohn. Nur ein kleiner Teil der Gedichte wendet sich auch an ein stadtbürgerliches Publikum. SUCHENWIRTS sittliche Anschauungen gehen aber über diese Kreise hinaus; auch der Arme kommt bei ihm zu Wort und er hat Verständnis für die Bauern. SUCHENWIRT erwähnt WOLFRAM und dessen ‹Parzival›, den ‹Wigalois›, den ‹Lanzelot›, vor allem hebt er hervor die Kunst KONRADS VON WÜRZBURG und dessen ‹Goldene Schmiede›, er kennt die HELBLING-Satiren, das *Wachtelmäre*, FREIDANK, NEIDHART, die alte Heldendichtung, ULRICH VON LICHTENSTEIN, FRAUENLOB, HADAMAR VON LABER, HEINRICH VON MÜGELN u. a.

Mit den *Ehrenreden* steht SUCHENWIRT am Ausgang einer Entwicklung, die ihre Wurzeln in der Antike hat. Innerhalb der deutschen Literatur schließt er in Form und Ausdrucksweise eng an die lyrische mittelhochdeutsche Totenklage an, wie wir sie z. B. von BRUDER WERNHER um LUDWIG VON BAYERN († 1231), ULRICH VON LICHTENSTEIN um Herzog FRIEDRICH II. († 1246), RUMSLAND VON SACHSEN um den MARNER, LUPOLD HORNBURG um KONRAD VON SCHLÜSSELBERG u. a. kennen. Auch die Toten-‹Klage› um die gefallenen Helden des *Nibelungenliedes* und die *Marienklagen* gehören zur Vorgeschichte der Gattung. Die Ehrenreden

SUCHENWIRTS greifen in Ausdrucksweise und Darstellung auf die verwandten Dichtungen des 13. und 14. Jhs. zurück. Gleichwohl ist er für uns der Hauptrepräsentant der Heroldskunst im 14. Jh. Die mittelhochdeutsche Totenklage hat üblicherweise drei Teile: Klage, Lob, Fürbitte. Bei SUCHENWIRT treten zu diesen drei Teilen andere Bestandteile hinzu. Die klagende Feststellung vom Tode des Helden wird erweitert durch ein Bedauern über die eigene dichterische Unzulänglichkeit, d. h. eine Demutserklärung des Dichters. Das Lob wird in drei Unterabteilungen gegliedert: Preis der Charaktereigenschaften, Schilderung der Taten, Preis der ritterlichen Tapferkeit. An die Fürbitte schließt sich die Wappenschilderung. SUCHENWIRT pflegt die Ehrenrede in dieser Form in einer großen Anzahl von Gedichten im Umfang von 100 bis 600 Versen. Sie künden gleich nach dem Tod beim Mahl oder am Gedenktag vor den Verwandten und Freunden in Lob und Klage den Ruhm der Verstorbenen. Nach dem stereotypen Eingang, in dem die ‹Kunst›, der göttliche Geist oder der ‹Herr Sinn› angerufen werden, bringt ein erzählender Hauptteil auf Grund eigener Anschauung oder fremder Mitteilungen das Biographische, in dem die Person des tugendhaften Helden und seine Taten geschildert werden; der Schluß enthält die fachmännische Blasonierung der Helm- und Schildzier. Die Reden sind folgenden Personen gewidmet: MORITZ VON HAUNFELD († 1353/57), HANS VON KAPELLEN († 1357), Herzog ALBRECHT II. († 1358), ALBRECHT VON RAUHENSTEIN († 1354), Kaiserin MARGARETHA († 1356), BURGHARD VON ELLERBACH D. J. († 1357), FRIEDRICH VON KREISBACH († 1360), HANS VON TRAUN († nach 1370), ULRICH VON PFANNBERG († 1355), HERDEGEN VON PETTAU († 1352/53), ULRICH VON WALLSEE († nach 1363), Herzog ALBRECHT III. († 1395), Burggraf ALBRECHT VON NÜRNBERG († 1361), Herzog HEINRICH VON KÄRNTEN († 1331), LEUTOLD VON STADECK († 1366/67), BURGHARD VON ELLERBACH D. Ä. († 1369), Graf ULRICH VON CILLI († 1368), FRIEDRICH VON LOCKEN. Im Falle König LUDWIGS VON UNGARN (abgefaßt 1356) verwendet SUCHENWIRT die Ehrenrede zur Verherrlichung eines noch Lebenden. Die Helden dieser Ehrenreden kämpfen und bluten auf beinahe allen Schlachtfeldern der damaligen bekannten Welt; ihre Spuren lassen sich von Babylon und Jerusalem bis Tunis, von Granada bis Memel, von Rom und Calais bis Stockholm und Krakau verfolgen. Die Ehrenrede auf ALBRECHT III. geht in der zweiten Hälfte in eine Begrüßung seiner Neffen und seines Sohnes über. Bei der Ehrenrede auf Kaiserin MARGARETHA, Gräfin von Holland, machte KARL HELM wahrscheinlich, daß SUCHENWIRT die von GELRE gedichtete *Reimchronik der Grafen. von Brabant* kannte und durch sie zu seiner Dichtung veranlaßt wurde. Eine Nachahmung der Ehrenreden ist der poetische *Nekrolog auf den Teichner*. SUCHENWIRT legt bei seinen Ehrenreden Wert auf den biographischen Stoff und versichert, daß er die Wahrheit mitteilen wolle. Die Charakterschilderung geht über das Rühmen höfischer Eigenschaften hinaus auf allgemein sittliche Wesenszüge. Im Stil ist ein Schwanken zwischen höfischer Stilisierung des Stoffes und einer persönlich charakterisierenden Darstellung zu beobachten. Nichtsdestoweniger gab er schon früh den Ehrenreden eine feste, von ihm durch Jahre hindurch eingehaltene Form. Bis um 1370 hatte SUCHENWIRT 16 Ehrenreden verfertigt, erst kürzere, dann längere. Nach der vierten versuchte er sich in einer Travestie ihrer Form. In der Rede ‹Von Herrn Gumolf Lappen von Ernwicht› hängt er an die erfundene Figur eines bäurischen Gauches parodierend alle Ruhmestaten, Lobpreisungen, mit denen sonst die ernsthaften Ehrenreden arbeiten; die Wappenblasonierug operiert mit «leberwurst, futtersakch, habestro» und einem «hafen sawrkoch».

Abgesehen von einem Lügenmärchen, ‹Rede von hübscher Lug›, für das schon REINMAR VON ZWETER ein Beispiel gab, begann SUCHENWIRT auch früh mit in Gefolge einer weit verbreiteten Liebhaberei stehenden *Minneallegorien und Aventiuregedichten*: ‹Rede von der Minne›, ‹Minne vor Gericht›, ‹Der Minne Schlaf›, ‹Die Jagd›, ‹Streit der Liebe und Schönheit› u. a. Sie zeigen in Form und Inhalt enge Verwandtschaft mit gleichartigen Gedichten der Zeit. Ebenso erweist sich der Dichter bei der Beschreibung der Natur den überlieferten Formen des Natureinganges verhaftet. Allegorische Gestalten, Frau Minne, Frau Treue, Frau Aventiure, mit denen er gelegentlich eines Ganges ins Freie zusammentrifft, klagen über den Verfall der guten alten Sitten und schildern die unguten Zeitverhältnisse: «Zucht und Scham sind krank, der Wahrheit tut die Zunge weh, der Treue ist der Fuß zerspalten, der Staete ist das Herz unmaßen krank, Gerechtigkeit fiel die Stiege herab, die Milde ist an beiden Armen lahm» usw. Frau Staete entwirft das Idealbild eines christlichen Ritters; Frau Minne schildert einen Gottesverräter, Don Juan und Trunkenbold. Zum Verfall der ritterlichen Kultur tragen insbesondere bei: die ‹neuen Räte› (22) und die falsche Erziehung. In dem hervorragenden Gedicht ‹Die Verlegenheit› (31), das Daheimliegen, tadelt der Dichter die Väter, die ihre Söhne knapp halten, daß sie nicht auf Ritterfahrt ziehen können. Sterben die Alten, so übernehmen die Söhne das Erbe, sind aber ritterlich und im Hofleben unerfahren. Auf den Rat von Freunden heiratet der wie ein ‹Ochsenkalb› verlegene Sohn eine alte reiche Witwe, die ihn von jeder ritterlichen Tat abhält und neben der er alt wird und sich völlig ‹verliegt›. Oder es werden die Modehelden gegeißelt, die schamlose kurze Kleider tragen, sich vorn und hinten schnüren, sich schminken, falsches Haar einbinden und dgl. In den sich bei dieser Art Gedichte ergebenden persönlichen Reflexionen über den Rückgang höfischer Moral und Zucht gewann SUCHENWIRT Beziehungen zu über das höfische Leben hinausgreifenden allgemeinen staatlichen und wirtschaftlichen Erscheinungen, so z. B. in den Gedichten ‹Der Brief› oder ‹Vom Pfennig›, oder wenn ‹Der Rat vom Ungeld› (ca. 1365)

die Herzoge ALBRECHT und LEOPOLD mahnt, die 1359 eingeführte Ge-
tränkesteuer aufzuheben, und dabei das Idealbild eines guten Fürsten
zeichnet. Auch kurz vor seinem Tode griff SUCHENWIRT zur stilisierenden
Einkleidung eines lehrhaften Stoffes für adelige Kreise. Im Gedicht ‹Das
sind Aristotiles rêt› (1394) läßt er den greisen Philosophen in Briefform
dem einstigen Schüler ALEXANDER D. GR. die Ratschläge eines Fürsten-
spiegels erteilen. Als Vorlage nennt SUCHENWIRT die ‹Secreta secretorum›,
d. i. die Epistel ‹De regimine principum›, auf die ihn Herzog ALBRECHT
III. aufmerksam machte, der sie für sich hatte verdeutschen lassen.

Anscheinend unter dem Einfluß seines Freundes TEICHNER stellte SU-
CHENWIRT über die rein höfische Sphäre hinaus seine Mahntätigkeit in den
Dienst der Allgemeinheit und pflegt neben dem moralisierenden auch das
religiöse *Lehrgedicht*. Hieher gehören ‹Der Würfel›, der die Folgen des
Würfelspieles in den verschiedenen Ständen zum Thema hat, ‹Die Geizig-
keit›, die gereimten Traktate über ‹Die zehn Gebote› und ‹Die sieben
Todsünden›, die packende Schilderung der letzten Dinge in der Rede
‹Vom jüngsten Gericht›. Das geistliche Prunkstück ‹Die sieben Freuden
Mariä› (1540 V.) ist eine Art Marienpreis, in dem über geistliche Ver-
mittlung Bibel und Kirchenväter, MARKUS und LUKAS, AUGUSTINUS und
HIERONYMUS, DIONYSIUS und ISIDOR, die ‹Historia ecclesiastica›, das
‹Buch der Weisheit Philonis› u. a. zitiert werden. Im «Doppelsinn» (‹Die
red ist Equivocum›) folgen aufeinander: Anrufung des hl. Geistes, Sün-
denklage, Ermahnung der Menschheit, Bitte an Gott um Erbarmen und
an Maria um Fürbitte. Der Titel ‹Aequivocum› dürfte nach SEEMÜLLER
von SUCHENWIRT selbst stammen. Es ist das spätere meistersingerische
Wort für Stücke im rührenden Reim.

In den letzten Schaffensjahren bevorzugte SUCHENWIRT das historische
(strophische) *Zeitgedicht*, teils berichtend, teils die Fürsten ermahnend
und eingestellt auf unmittelbare Wirkung: ‹Von Herzog Albrechts Ritterschaft›, das den Preußenzug des Jahres 1377 zum Thema hat, ‹Von der
Fürsten Teilung›, das sich gegen die Aufteilung der österreichischen Länder zwischen ALBRECHT und LEOPOLD richtet, ‹Von zwei Päpsten› mit der
Kirchenspaltung des Jahres 1378 als Stoff, der ‹Getreue Rat› mit der Mahnung vor Zwietracht der Fürsten, ‹Von fünf Fürsten›, das Ereignisse des
Jahres 1386 chronikartig aneinanderreiht, der ‹Umgekehrte Wagen›, das
den Kampf Paduas mit Mailand zum Gegenstande hat, wobei der Gedanke des göttlichen Strafgerichtes über den frevelnden CARRARA in den
Vordergrund tritt. Zeitereignisse sind der Anstoß, der Dichter nimmt zu
ihnen Stellung, er tadelt und mahnt. Wie weit er dabei den Verhältnissen
auf den Grund sah, zeigt das Gedicht ‹Von dem Kriege der Fürsten und
Reichsstädte› (37), in dem er zu Einigkeit mahnt und die Gefahren betont, die das Elend des armen Volkes in den Städten und die Gegensätze
der Volksstände mit sich bringen.

Den reichen sind die chasten vol,
Den arm sind si laere,
Dem povel wird der magen hol,
Daz ist ein grozzew swere,
Wan si sehent weib und chind
Vor hunger gel gestellet,
Die arm dez undurfftig sind,
Gar übel in daz gevellet.
Tzuhant der povel samet sich
Mit manigerhant waffen,
In den gazzen, dunchet mich,
Fraysleich und ungeschaffen;
Ayn hauffen dringt dem andern vor,
Werelich gar vermezzen:
‹Den reichen schrotet auf die tor,
Wir wellen mit in ezzen›;
‹Pazz tzimpt, wir werden all erslagen,
Ee wir vor hunger sterben,
Wir wellen daz leben frischleich wagen
Ee wir also verderben›.

SUCHENWIRTS Stoffe und Stil sind durch das Hofleben bestimmt. Er blieb von Anfang bis zum Ende seiner Entwicklung Verfasser historischer und didaktischer Reden. Es ändern sich nur die Anlässe und Formen. Die anfangs herrschende Ehrenrede wird seltener und macht freierer und individuellerer Produktion Platz. Das Ende ist nicht Weltflucht, sondern er bleibt der den Zeitereignissen teilnehmend zugewandte Sprecher und Mahner. Als metrische Hauptform aller seiner Dichtungen verwendet SUCHENWIRT das Reimpaar; für historische Zeitgedichte eine Vierzeile mit gekreuzten Reimen; gelegentlich kommen auch Dreireim, umgekehrt gekreuzte oder rührende Reime vor. Er weiß in ‹geschmückter Sprache› zu reden, wobei sich das Blümen der Rede sowohl auf sprachliche oder gedankliche Figuren als auch auf die Einkleidung des Ganzen beziehen kann. Bei den Ehrenreden sind Anfang und Ende ‹geblümt›; ‹Das schöne Abenteuer› hat er ganz in geblümter Kunst gedichtet. SUCHENWIRT kannte auch die Einkleidung eines Stoffes in Briefform. Als berufsmäßiger Fahrender und Reimsprecher war er ein Erbe der Spielleute, der das Hof- und Burgenleben kannte und selbstbewußt durch seine Dichtung die öffentliche Meinung beeinflußte. Die drei hauptsächlichsten Komponenten seines Stiles sind: breite Ausführlichkeit, klare Anschaulichkeit und klingende Betonung der Worte. Die einzelnen Mittel gehen z. T. auf die hochhöfischen Meister zurück, berühren sich mit der Ausdrucksweise der Heldenepen und der Spruchdichtung, sowie häufig mit der Technik der blümenden Dichter des 14. Jhs. Vom Stil der alten höfischen Phraseologie her stammen die der Lyrik entnommene Frühlingslust, das Motiv der höfischen ‹Freude›, der Kampf, die höfische Sittenlehre etc.; seine Verwandtschaft mit dem Meistergesang zeigen Kunstausdrücke, Phrasen, poetische Stoffe und Formen. Bei SUCHENWIRT herrscht «der epigonische und in die volle bürgerlich-meistersingerische Kunstübung hinüberleitende Begriff einer bestimmten Formregeln unterworfenen, womöglich Wissen und ‹Gelehrsamkeit› äußernden Dichtkunst». In der Trauerrede auf ALBRECHT III. (5) rühmt er als dessen größtes Verdienst,

> Daz er di hohen schul her pracht
> Hat zw dewtschen landen
> Gen Wienn in di werden stat,
> Der man hat lob und ere,
> Daz manig grozzer maister hat
> Pewårt mit weiser lere.

Gemeint ist der Ausbau der Universität zu Wien und die Berufung einer Anzahl infolge der kirchenpolitischen Auseinandersetzung in Paris frei gewordener deutscher Professoren, zu denen HEINRICH VON LANGENSTEIN, HEINRICH VON OYTA u. a. gehörten.

Die unmittelbare noch ritterlich-höfische Nachwirkung SUCHENWIRTS zeigt sich vor allem an HUGO VON MONTFORT. Auf diesen übte SUCHENWIRT stärksten Einfluß: HUGO übernahm SUCHENWIRTS moralisierende und zeitgeschichtliche Rede formal wie inhaltlich. Auch das 15. Jh. hat SUCHENWIRT sehr geschätzt. Um 1470 wird er noch neben dem TEICHNER, FRAUENLOB und dem MÖNCH VON SALZBURG als Dichter angeführt. Besonders die Motive und Schilderungen der Minneallegorien entsprachen dem Zeitgeschmack. Die meisten SUCHENWIRT-Handschriften sind im späten 15. Jh. entstanden. Das Interesse an ihm lebte bis ins 17. Jh. fort.

WIGAND VON MARBURG (14./15. Jh.), Herold des Deutschen Ordens, hatte die Aufgabe, die Einhaltung der edlen ritterlichen Form zu überwachen. Er mußte ritterliches Leben und ritterliche Taten in Prosa und Vers ‹bekroijieren›, d. h. durch Ausruf kundtun. Auch bei diplomatischen Aufträgen wurde er verwendet. Die großen Persönlichkeiten unter den Hochmeistern werden preisend verherrlicht.

Viel von der Welt gesehen hat offenbar JOHANN HOLLAND (geb. um 1390 in Eggenfelden), der von sich behauptet, Latein, Französisch, Englisch, Polnisch und Ungarisch zu können. Er war Ehrenhold (Herold) und Wappendichter Herzog LUDWIGS DES BÄRTIGEN VON INGOLSTADT und verfaßte zwischen 1415 und 1424 auf Wunsch Kaiser SIGISMUNDS oder dessen Kanzlers KASPAR SCHLICK ein versifiziertes Gesamtverzeichnis des am Turnier zu Schaffhausen im Jahre 1392 beteiligt gewesenen bayrischen Adels. Diese weitverbreiteten ‹Turnierreime› wurden eine Quelle für Püterichs ‹Ehrenbrief› und Georg Rüxners *Turnierbuch*. Rüxner, pfalzgräflicher Herold, gab seinem vielgelesenen *Turnierbuch* den Titel ‹Anfang, Ursprung und Herkommen des Thurniers in Teutscher Nation› (Siemern 1530). Das reich illustrierte Werk beschreibt 36 Turniere in verschiedenen Städten Deutschlands und der Schweiz mit Nennung aller Beteiligten. Hans Sebald Lautensack (ca. 1524–1561/66), Sohn des Apokalyptikers Paul Lautensack, gab in Wien das große, zur Feier Kaiser Ferdinands stattgehabte Turnier heraus: ‹Thurnier Buch Wahrhaftiger Ritterlicher Thaten, so in dem Monad Junii des vergangenen LX Jars in und außerhalb der Stadt Wien zu Roß und zu Fuß auf Wasser und Land gehalten worden, mit schönen Figuren contrafet› etc. (Wien 1560). Im 16. Jh. starb die Wappendichtung aus. Die Pritschmeister verdrängten die Herolde.

Eine besondere Sache ist es mit *Sprüchesprechern und Gelegenheitsdichtern* wie Hans Schneider und Erasmus Amman. Beide stammen aus Augsburg. Von beiden ist ein umfänglicheres Schaffen bekannt und erhalten. Hans Schneider (um 1450 – um 1520) lebte 1498 in Annaberg, seit 1504 in Nürnberg. Er stand als politischer Spruchsprecher erst in Diensten Christophs von Bayern, dann Maximilians I. In diesen nennt er sich «seiner küniglichen maiestät poet» oder «seiner keyserlichen maiestät sprecher». Doch übernahm er auch andere Aufträge. So schrieb er 1504 auf Veranlassung des Nürnberger Rates die ‹Rede von den Nürnbergern›, in der die Verdienste der Bürger im Landshuter Krieg gefeiert werden; oder er verherrlichte die Feste reicher Kaufleute mit Sprüchen. Schneiders politische Sprüche erwuchsen aus den Zeitereignissen, bekunden eine reichstreue Gesinnung und sind ganz im Sinne der Politik Maximilians gehalten: Ritter, Bürger und Bauern sollen sich ohne Eigennutz dem Kaiser zur Verfügung stellen. Genannt seien die Sprüche: ‹Von dem kaiserlichen her . . .›; ‹Vom Hause Osterreich›; ‹Ain Spruch von der schlacht im Niderland geschehen›; ‹Ain Gedicht vom ungehorsame der Venediger›. Die unpolitischen Sprüche haben verschiedenen Inhalt, wie z. B.: ‹Carmen von der Stadt Annaberg Erbauung›; ‹Ain spruch von dreyen mannen, die ab iren Weibern klagenn›; ‹Ain spruch von trew und untrew›; ‹Ein Gespräch, so ain bawer mit seinem Pfarrherrn gehalten hat› u. a.

Auch Erasmus Amman (urk. 1497–1556) stand zunächst im Dienste Kaiser Maximilians I., zu dessen Einzug in Wien 17. Juli 1515 mit den Königen von Ungarn und Polen er ‹Ain hübschen spruch . . .› verfaßte. Später finden wir von ihm Gelegenheitsdichtungen auf politische Ereignisse: 1519 sang er für Herzog Ulrich von Württemberg (‹Ein schön lied gemacht im ton als man singt von der stat Tollen› = Doln); 1521 begrüßte er Kaiser Karl V. (‹All welt die fragt nach neüer meer›); 1522

und 1525 entstanden Lieder auf die Erfolge der Kaiserlichen (FRUNDS-
BERG) bei Bicocca und Pavia.

Vermutlich nach Augsburg gehörte der Abschreiber von Novellen und
Schwänken und Spruchdichter PETER GRIENINGER. Von ihm ist bekannt
‹Ain spruch uon sant Sebastian vnd uon vnser lieben frawen vnd uon der
bestilentz› (124 Reimpaarverse), vermutlich veranlaßt durch die 1438 zu
Augsburg wütende Pest.

VEIT HÜNDLER († nach 1467) aus der Gegend von Kronstadt in Siebenbürgen, Karmelit in Wien, Bischof in Bodon und Suffragan von Fünfkir-
chen, später Suffragan in Großwardein, legte eine Sammlung von Sprüchen ‹Proverbia Germanica› an. Er zählt zunächst die Tugenden auf, die
Königen zur Zierde gereichen, behandelt hierauf andere Tugenden und
Laster und gibt dazu moralische Betrachtungen.

Ein bayrisch-österreichischer Dichter bürgerlichen Standes, FRÖSCHEL
VON LAIDNITZ (1. H. 15. Jh.), gestaltet in einem seiner Spruchgedichte die
Erfüllung gestellter Aufgaben durch drei ritterliche Liebhaber als Liebes-
beweis, in dem anderen (jüngeren) einen Legendenschwank: In den Formen des altdeutschen Rechts führt St. Nikolaus vor Gott einen Prozeß
gegen St. Johannes wegen des Gebrauchs, Johannesminne zu trinken.

Vielseitiger als SUCHENWIRT, aber auch zerfahrener in seiner geistigen
Haltung ist der stadtbürgerlich gesinnte HANS ROSENPLÜT der SCHNEP-
PERER, d. i. Schwätzer (um 1400 – um 1470), Rotschmied und Bürger in
Nürnberg, seit 1444 Büchsen(Geschütz-)meister der Stadt. In der Musik
scheint KONRAD PAUMANN sein Lehrer gewesen zu sein. ROSENPLÜT
wird ein umfangreiches Schaffen auf verschiedenen Gebieten zugeschrieben, doch ist die Verfasserschaft vieler dieser Werke unsicher und nur
über einen gewissen Kern herrscht Übereinstimmung. Seit mehr als einem
Jahrhundert geplante Ausgaben sind bis in die Gegenwart nicht zustande gekommen. Von ROSENPLÜTS Werken sind über 60 Handschriften
und Drucke erfaßt worden. Sie enthalten Fastnachtspiele, Spruchgedichte
und strophische Lieder, wobei unter die zweite Gruppe geistliche Gedichte, politische Gedichte, sonstige ernste Gedichte und Schwänke gerechnet werden. An Fastnachtspielen werden ROSENPLÜT mehr als zwei
Dutzend zugeschrieben (vgl. Kap. IV). Das einzige, bei dem die Handschrift seinen Namen am Schluß nennt, ist ‹Das Spiel von der Hochzeit
des Königs von England›. Doch besteht für die Mehrzahl der Zuschreibungen kein triftiger Grund, sie ROSENPLÜT abzusprechen. Den Vorzug
sicherer Datierbarkeit haben die geschichtlich-politischen *Sprüche*. Ihrer
Thematik nach entstanden sie in den Jahren 1427 bis 1460, denn es behandeln: ‹Ein Spruch von Böhmen› den vierten Hussitenkrieg, d. i. die
Belagerung Tachaus und die Schlacht bei Mies 1427; ‹Von der Hussen-
flucht› den fünften Hussitenkrieg und die Schlacht bei Taus 1431; ‹Vom

Krieg zu Nürnberg› den Kampf zwischen Nürnberg und dem Markgrafen
ALBRECHT ACHILLES 1450. ‹Das Lied von den Türken› ist 1459 gedichtet.
Er zielt auf den Zusammenschluß der Fürsten 1459 gegen die Städte.
Das Andrängen der Türken macht die Schäden des Reiches erneut deut-
lich. Der Adler (das Reich) soll die Geier und Falken (die Fürsten) bän-
digen und die Stare, Zeislein und Meisen (die Städte und Bauern) unter-
stützen. Sie seien mehr wert als der fürstliche Zobelpelz. Zur Wappendichtung gehören der Spruch ‹Auf Herzog Ludwig von Bayern› (1460) und
‹Unser Frauen Wappenrede›, ein Marienpreis. In einem ‹Lobspruch auf die
Stadt Nürnberg› (1447) rühmt ROSENPLÜT Bürgerschaft und Stadtverfassung. Religiöse Themen behandeln Gedichte wie ‹Die Turteltaube›,
‹Unser Frauen Schöne›, ‹Die Beichte›, ‹Die Welt›, ‹Die Kaiserin zu Rom›,
d. i. die Geschichte der Dulderin Crescentia, u. a. Die didaktischen Sprüche
und Erzählungen richten sich gegen schlechte Menschen, wie Säufer, Ehebrecher, Winkelwirte, Müßiggänger, etc. In der ‹Klag vom Wolf am Hage›
beklagt sich der Wolf über die schlechte Behandlung, die er von den
Menschen erfährt. In der satirischen ‹Disputatz eines Freiheit mit einem
Juden› disputieren ein Landstreicher und ein Jude über religiöse Dinge.
ROSENPLÜTS zahlreiche Schwänke sind derb und reich an Zoten: ‹Der
Knecht im Garten›; ‹Der fahrende Schüler›; ‹Die Wolfsgrube›; ‹Der Hasen-
geier›; ‹Die Tinte›; ‹Die Lerche und auch die Nachtigall›; ‹Spruch, daß
alles in der Welt gut geht›; ‹Der Pfaffe in der Reuse›; ‹Klopfan›; ‹Der
Bauernkalender› u. a. Unsicher ist die Verfasserschaft ROSENPLÜTS bei den
ihm zugeschriebenen ‹Wein-(Bier-, Met-)segen und -grüßen› und bei den
Priameln. Unter den letzteren versteht man scherzhafte Stegreifsprüche
zur Laute oder Orgel. Solche epigrammatische Improvisationen versuchen
«eine Reihe paralleler Einzelheiten in bestimmten Formen mit künstlerischer Absicht zu einer inneren Einheit zu verbinden». Man verfährt meist
synthetisch, steigernd und analytisch. Paradigma dieser literarischen Klein-
kunst ist der priamelhafte Vierzeiler. In den ROSENPLÜT zugeschriebenen
Priameln gewinnt Nürnberger Leben der Zeit anschauliche Gestalt. RO-
SENPLÜT hat ein offenes Auge für Leben und Sitte der niederen Schichten
des Nürnberger Bürgertums, verfügt über einen kräftigen verstandes-
mäßigen Witz und ist unermüdlich im Aufspüren von Bildern und Vergleichen. Sympathisch berührt das Mitgefühl mit den Unterdrückten,
d. h. dem ärmeren Bürgertum und der Bauernschaft. Ein hervorstechendes
Merkmal ist die Unruhe im Stil.

Nach dem Vorbild ROSENPLÜTS schuf KUNZ HAS (ca. 1460–ca. 1525)
Tuchmacher in Nürnberg, seine Dichtungen und Sprüche. Sein Lobgedicht auf Nürnberg ‹Eyn new gedicht der loblichen Stat Nürnberg von
dem regiment, gebot vnd satzung eyns erbern weysen Rats› hat hauptsächlich die Gewerbs- und Handelsgesetzgebung zum Gegenstand. Handel und Geldwesen stehen im Vordergrund auch in dem Gedicht ‹Hierin

vindet mon die vrsach wodurch alle hendel yetz in der welt verkert vnd verderbt werden› (gedr. 1493). ‹Ein spruch von einem peckenknecht, der funff vnschuldiger menschen grausamlich ermördet zu Wienn in Osterreich› (1516) ist die Umarbeitung eines älteren Gedichtes über den 1504 geschehenen Mord. Voller Derbheiten und Zoten steckt der ‹Pawrn kalender in der Narren kappen weiß› (1515/20). Mit dem Bettlerwesen befaßt sich ‹Der valschen Bettler Teuscherey›. Der Ehefrage ist ‹Von dem Eelichen standt› gewidmet. ‹Ein new lied von der stat Rottenburg an der Tauber und von vertreibung der Juden do selbst› (1520) behandelt ein zeitgeschichtliches Vorkommnis.

5. Bilddichtung. Totentänze

Unter *Bilddichtung* oder Gemäldegedicht versteht man «ein durch ein Bild angeregtes oder auf ein Gemälde verfaßtes Gedicht». Der Umfang reicht von Einzelversen bis zu längeren strophischen und epischen Erzeugnissen. Diese Umsetzung eines Bildwerkes in Wortkunst hat ihre Anfänge in der Antike, entwickelte im Frühchristentum eine neue Form und wurde innerhalb der deutschen Kulturentfaltung in der Karolingerzeit geübt. In der mittelhochdeutschen Zeit wurden die Beziehungen zwischen *Bild- und Wortkunst* eng und vielfältig. Die Spruchdichtung etwa umschreibt bekannte Allegorien aus der bildenden Kunst. Im 14. und 15. Jh. werden Spruchgedichte auf illustrierten Einblättern und Bilderbogen verbreitet. Durch eingehende Interpretation einer bildlichen Vorlage werden die Bildgedichte allmählich umfangreicher, bis zu Ende des 15. und im 16. Jh. eine erste Hochblüte erreicht ist: die Hersteller kommen in Stil und Gehalt dem Volksgeschmack entgegen und verbinden Bild und Vers zu wirkungsvoller Einheit. Themen dafür können sein: außergewöhnliche Begebenheiten, groteske Gestalten, Mißgeburten, wie etwa BRANTS Flugblatt und DÜRERS Kupferstich ‹Die Mißgeburt eines Schweines 1496 im Elsaß›, Wundertiere, Fabeln, Schwänke, besonders die erregenden Totentanz-Bilderbogen; auch der Erfolg der *Narrenbücher* von BRANT und MURNER ist großenteils der Illustrierung zu verdanken. Die Bilderbuchdichtung gehört mehr der populären Richtung in der Literatur an, die lateinsprachigen Humanisten verhielten sich zu ihr meist zurückhaltend. Gleichwohl versah BENEDICTUS CHELIDONIUS DÜRERS *Passionen* und das *Marienleben* mit lateinischen Versen auf der Rückseite der Stiche und Holzschnitte. Besondere Hervorhebung in der Bilddichtung verdienen Werke wie die Totentänze, MAXIMILIANS ‹Ehrenpforte›, später die Emblematik.

Wie das *Memento mori*, die *Ars moriendi*, der *Contemptus mundi*, die *Vado mori*-Gedichte gehören zur religiösen Bußliteratur auch die *Totentänze*. Man versteht darunter «meist durch Verse erläuterte Darstellun-

gen eines Tanzes von Toten, bzw. von Toten oder dem als persönlich gedachten Tod mit eben Verstorbenen». Der Totentanztext ist Bildunter-
schrift und Bilderläuterung, hervorgegangen aus der alten und umfangreichen Gattung der Bildtituli. Der Sinn und Zweck der Totentänze waren
Anruf und Mahnung an die Menschen vor sündhaftem Leben, zur recht-
zeitigen Buße, damit nicht auch sie in diesen Tanz hineingezogen werden.

Der *Totentanz* erwuchs unter dem Eindruck des Schwarzen Todes 1348/
50, hat zum Urgrund den mittelalterlich kirchlichen Glauben an die Armen Seelen im Fegefeuer und verwertet volkstümliche Vorstellungen vom
nächtlichen Tanz der Toten auf dem Friedhof oder auf Kreuzwegen, wobei die Toten Lebende in ihren Reigen zu ziehen trachten. Die Geschichte
des eigentlichen Totentanzes beginnt da, wo Wort und Bild zusammentreffen. Entgegen der bisherigen Annahme, daß diese Verbindung von
Traditionen aus der Bußliteratur und Ständesatire mit Überlieferungen
aus der Todesikonographie sich zuerst 1424 in einem Wandgemälde am
Karner des Pariser Minoriten-Klosters Aux Saints Innocents vollzogen
wurde, glaubt HELMUT ROSENFELD an eine Entstehung in Deutschland
und zwar in Form des Bilderbogens. Die Schöpfer des *Totentanzes* waren
demnach Dominikaner-Prediger, die als Seelsorger in einer Zeit der Angst
vor dem Tode und tiefer Melancholie den *Totentanz* in den Dienst der
Bußpredigt stellten. Man verwertete dabei Gedankengut der seit dem
12. Jh. bekannten *Legende von den drei Lebenden und drei Toten* sowie
des seit dem 13. Jh. verbreiteten *Vado mori*-Gedichtes, in dem zum Tod
gerufene Angehörige verschiedener Stände ihren Abschied aus dem Leben
bejammern. Verbreitet wurde der *Totentanz* zunächst vermutlich als Bilderbogen (d. s. illustrierte Spruchgedichte, wie sie seit dem 13./14. Jh. im
Gebrauch waren) mit lateinischen Versen, die sich an die in Frankreich
entstandene Todeselegie *Vado mori* anlehnen. Die Bilder zeigen Vertreter
aller Stände, von Papst und Kaiser, Ritter und Bürger, Mönch und Nonne,
bis zum Bauern, Bettler und Kind, als Sterbende (Neuverstorbene) wech-
selweise mit halbverwesten Toten im Reigen oder Tanz vereint, nach der
Pfeife des Todes tanzend, auf dem Wege ins Jenseits. Die in lateinischer
Sprache abgefaßten Verse waren ursprünglich von einer Vers-Predigt umrahmt und bildeten kurze Monologe der Neuverstorbenen, die sich in
zwei leoninischen Hexametern beklagen, daß sie in den grausigen Tanz
des Todes gezwungen werden. Dominikaner-Prediger warnen am Anfang und am Schluß vor sündhaftem Leben, unbußfertigem Tod und
Jüngstem Gericht. Der älteste erhaltene deutsche Totentanztext (Cgm.
270, 15. Jh.), der sogenannte *Würzburger Totentanz*, ist die Umsetzung
solcher lateinischer Verse ins Deutsche, wobei die Verse bereits zum Dialog zwischen Sterbenden und Toten geworden sind. Dieser deutsche Text
entstand auf mainfränkischem Gebiet um 1360, wahrscheinlich im Würzburger Dominikaner-Kloster. In der Folgezeit wurden die Verse zu Rede

und Gegenrede zwischen Tod und Mensch. Auch erfolgte eine teilweise inhaltliche Umbildung ins Franziskanische: die dominikanische Warnung vor Sünde und Gericht wird gemäßigt durch den Hinweis auf das Erlösungswerk Christi und das Allerbarmen Gottes. Ebenso mischen sich Kritik und Satire an den Ständen ein. So etwa in den *Totentänzen von Mainz* (vor 1460) *und Berlin* (1484). Die bildhafte Totentanzpredigt eroberte von Deutschland aus ganz Mittel- und Südeuropa. Der von der Pest genesene französische Parlamentsprokurator JEAN LE FÈVRE bearbeitete 1374 die Hexameterverse zu achtzeiligen Reimstrophen. Mit ihnen wurde 1424 in Paris das Totentanz-Wandgemälde am Karner des Minoriten-Klosters beschriftet. Der französische *Totentanz* wirkte seinerseits wieder auf Deutschland zurück. Im Westen (Brügge 1449, Besançon 1453) wurde der *Totentanz* auch szenisch dargestellt. Bei den deutschen *Totentänzen* unterscheidet man außer dem *Würzburger* eine niederdeutsche und eine mitteldeutsche Gruppe. Im *Totentanz* der Marienkirche zu *Lübeck* (1463) führten die Teufelsszenen der Osterspiele den Textdichter dazu, den Tanz dramatisch eindrucksvoll zu gestalten. Zu den mitteldeutschen Denkmälern gehört der *Mainzer*, großstädtisch, im franziskanischen Geist, und ein kleinerer *nordböhmischer Totentanz*. Der franziskanische mittelrheinische Text ist in einer illuminierten Pracht-Handschrift von 1460 (Kassel, Ms. poet. 5) und zwei durch ihre Musikinstrumentendarstellung berühmten Holzschnittdrucken (Heidelberg 1485; Mainz 1492) erhalten. Die *Totentanz-Wandgemälde* wurden meist in Zusammenhang mit Pestkatastrophen geschaffen. Die berühmtesten sind bzw. waren: Paris (1424); Basel, Dominikanerkloster, nach einer Buchvorlage gemalt (1437/41); Ulm, Wengenkirche (1440); Lübeck, Marienkirche (1463); Berlin, Marienkirche (1484); Metnitz in Kärnten, Karner (1490); Bern, Dominikanerkloster (1516/20) von NIKLAS MANUEL.

Mit Renaissance und Reformation verlor der *Totentanz* den mittelalterlichen Sinn und Zweck. HANS HOLBEIN D. J. zerlegt in seinen ‹Bildern des Todes› (1522/26, gedr. Lyon 1538) den *Totentanz* in Einzelbilder mit Genredarstellungen der einzelnen Stände und zeigt in realistischen, psychologisch durchdachten Holzschnitten, wie der Tod den jeweiligen Vertreter aus seiner besondern Beschäftigung herausholt. Was blieb, ist eine Allegorie der Vergänglichkeit alles irdischen Seins bei allerdings höchster bildkünstlerischer Leistung. Die ursprüngliche Idee ist entscheidend gewandelt.

6. Von der nachklassischen Lyrik zum Meistergesang

In der Anwendung des Begriffes *Meistergesang* herrscht bei den Literarhistorikern Uneinigkeit. Wesen, Umfang und Grenzen der Gattung sind nicht deutlich bestimmt. Das Verhältnis des Meistergesanges zum mittelalterlichen Minnesang und zur Spruchdichtung bedarf noch mancher Klärungen. Zwischen dem sog. frühen Meistergesang und den Reimereien der späteren Handwerksmeister herrschen große Verschiedenheiten. Es ist sehr fraglich, ob FRAUENLOB an den Anfang des Meistergesanges gehört und die Gattung zwischen FRAUENLOB und HANS SACHS eine durch die Jahrhunderte dauernde Einheit bildete. Weder FRAUENLOB noch HEINRICH VON MÜGELN dürften überhaupt unter den Begriff *Meistergesang* fallen. Mit Recht betonte KARL STACKMANN in seiner Besprechung des Buches von BERT NAGEL: «Die Vorformen des Meistergesangs der Zünfte liegen da, wo sich die Erstarrung der strophischen Dichtung in äußerem Formelkram vollzieht. Es ist einstweilen noch unbekannt, wann und bei welchen Autoren sich diese Reglementierung der alten Kunst durchgesetzt hat, gegen die sich die Reformen des Hans Folz richten.»

Die *Ursprungssage* der Meistersinger erzählte: Zur Zeit Kaiser OTTOS I. und Papst LEOS VIII. im Jahre 962, wurden durch die Gnade Gottes unabhängig von einander zwölf Männer in Deutschland zum Dichten erweckt; der Kaiser, beeinflußt durch Geistliche, sah in den Erweckten eine aufrührerische Sekte und befahl sie zur Überprüfung vor die Hohe Schule in Pavia (oder Paris), wo sie nach gründlichem Verhör als unanfechtbar befunden wurden; daraufhin billigte der Papst ihre Kunst und ermahnte sie zu deren Ausbreitung, der Kaiser verlieh ein Privilegium und schenkte als Kleinod eine Krone. Als diese zwölf alten Meister werden genannt: FRAUENLOB, REGENBOGEN, MÜGELN, WALTHER, WOLFRAM, REINMAR, der MARNER, KLINGSOR, der KANZLER, BOPPE, STOLLE, OFTERDINGEN. Der Meistergesang ist daher nach der Meinung seiner Pfleger eine gottgefällige, durch Gott selbst inspirierte Kunst, hat der theologisch-gelehrten Überprüfung standgehalten und besitzt die Legitimation von Papst und Kaiser. Er hat auch innerhalb der deutschen Dichtung eine ehrwürdige Tradition. Der frühe Meistergesang vereinigt die Form des Liedes und den Inhalt des Spruches und stand in naher Beziehung zu geistlichen Theoretikern.

Der *Meistergesang der Zünfte* erreichte im Reformationszeitalter seine stärkste Entfaltung. Die Bewegung hatte ihre Schwerpunkte in Oberdeutschland, besonders den Städten Augsburg, Nürnberg, Ulm, Memmingen, verbreitete sich aber auch nach Österreich, Schlesien bis Danzig u. a. O.; Ausläufer erstreckten sich nach Mitteldeutschland bis Magdeburg und Hessen, vereinzeltes auch in die Schweiz, doch handelt es sich dabei nur um singuläre Vertreter, keine zunftmäßige Pflege. Der Meistergesang ist dank eines systematischen Schreib- und Sammelfleißes in zahlreichen *Sammelhandschriften* überliefert. Eine Zusammenstellung der Sammlungen gab erstmalig GOEDEKE (‹Grundriß› ²II, 248 ff.). Eine der bemerkenswertesten ist die *Kolmarer Handschrift* (jetzt Cgm. 4997), 1546 durch JÖRG WICKRAM in Schlettstadt gekauft, 1789 auf der Schusterzunft in

Kolmar aufgefunden, dann in PFEFFELS Händen. Sie enthält von älteren und neueren Dichtern (bis 1591) mehr als tausend Lieder, Minnelieder, Fabeln, weltliche Stoffe. Weitere wichtige Handschriften sind: die Baseler Hs. O LV 28, die Wiltener Hs., die Münchener Hss. Cgm. 6249–52. Als wichtigste meistersingerische Selbstdarstellungen seien angeführt: ADAM PUSCHMANN, ‹Gründlicher Bericht des deutschen Meistergesanges›, Görlitz 1571, 2. Aufl. 1584, 3. Aufl. 1596; CYRIAKUS SPANGENBERG, ‹Von der Musica und den Meistersängern›, Straßburg 1598; JOHANN CHRISTOPH WAGENSEIL, ‹Von der Meister-Singer holdseligen Kunst› (in ‹De civitate Noribergensi›), Altdorf 1697.

Da die *Begriffsbestimmung* des Meistergesanges noch nicht fest umrissen ist, besteht die Möglichkeit, den Bedeutungsgehalt enger oder weiter zu fassen. Während LUDWIG UHLAND (‹Schriften zur Geschichte der Dichtung und Sage› II, 1866, 284) unter Meistergesang «den Betrieb der zur Ausübung der Singkunst und der Dichtkunst zunftmäßig verbundenen bürgerlichen Genossenschaften» sah, der seine Hauptgestalt im 15. und 16. Jh. erlangte und Handwerkerdichtung war, weisen WOLFGANG STAMMLER und BERT NAGEL darauf hin, daß der Meistergesang sowohl jene zeitlichen Grenzen überschreitet als auch soziologisch nicht so einfach festgelegt werden kann. Die Bestandaufnahme legt vielmehr eine Betrachtung nahe, die zunächst die frühen Ansätze und die Schöpfungen der Vorläufer und Wegbereiter in Betracht zieht, bevor die voll ausgebildeten Einrichtungen der Singschulen zur Darstellung gebracht werden.

Wir versuchen, den Weg von der nachklassischen Lyrik zum *Meistergesang* in folgenden Phasen zu skizzieren: 1. *Eine spruchdichterische Vorphase* im 14. Jh. mit den markanten Vertretern FRAUENLOB, RUMSLAND, HEINRICH VON MÜGELN u. a., denen meist fahrende Spruchdichter des 15. Jhs., wie MUSKATBLÜT, MICHAEL BEHEIM, ALBRECHT LESCH folgen, deren poetisch-musikalische Praxis schon viele meistersingerische Züge aufweist. 2. Die Phase mit dem seßhaften *schulmäßig organisierten Meistergesang* des 15. und 16. Jhs. in den Städten. Sie wird bestimmt durch die Reform des HANS FOLZ. Wir führen diese Phase zunächst bis zum Ausbruch der Reformation, die auch die Mehrzahl der Singschulen in ihren Bann zog und ihrer Thematik ein evangelisch-reformatorisches Gepräge gab.

a) Die spruchdichterische Vorphase

Seit dem 13. Jh. nannten sich bürgerliche, meist fahrende Spruchdichter *Meister*. Sie wollten damit den Gegensatz ausdrücken zu den ungebildeten Laien, die nicht den Unterricht eines berühmten Meisters erfahren hatten und nicht die Sieben freien Künste beherrschten. Die Form der Strophen übernahmen die Meister vom Minnesang. Größerer Wert jedoch wurde auf den Inhalt, den *Sinn*, gelegt, weshalb hauptsächlich an die höfische Spruchpoesie angeknüpft wurde. Die Meister bearbeiteten den Stoff der Spruchdichtung in lyrischer Technik, forderten Mehrstrophigkeit auch bei lehrhafter Poesie. Mit der Zunahme des scholastischen Einflusses wuchs die Freude am Allegorisieren und Andeuten. Technik und Regeln des meisterlichen Gesanges kommen aus der gelehrten Musik. Poesie und Gesang wurden zu einer Wissenschaft.

In der Gruppe von *Meistern*, die sich bereits im 13. Jh. herausbildete und die Laiengelehrsamkeit mit sorgsamer Pflege der lyrischen Formen verband, steht an erster Stelle Heinrich Frauenlob. Er ist noch der Vertreter einer persönlichen, sich selber einsetzenden Kunst. Gleichwohl stand sein Name in besonderem Ansehen bei den späteren Singschulen, die auch seine Gedichte erhalten haben. Die Manessische Liederhandschrift stellt Frauenlob als Leiter einer Meisterschule dar. Frauenlob führte einen Sängerstreit mit den Spruchdichtern Regenbogen und Rumsland von Sachsen. Sie trafen um 1300 in Mainz zusammen und disputierten über die Frage, ob ‹vrouwe› oder ‹wîp› die würdigere Bezeichnung der Frau sei. Frauenlob trat für ‹vrouwe› ein, Regenbogen und Rumsland setzten sich (wie Walther) für ‹wîp› ein.

Der Schwabe Barthel Regenbogen († nach 1318) war zunächst Schmied, wandte sich aber dann der Dichtkunst zu und wurde fahrender Sänger. Als solcher ist er in Mainz, Sterzing etc. nachweisbar. An Sprüchen sind von Regenbogen insgesamt 35 erhalten, davon 25 in eigenen Tönen und 10 in Tönen Frauenlobs. Die Stoffe betreffen die Stellung der Stände, den Preis der Frau, die Kunst, religiöse Fragen, das Lob Gottes und den Preis der Jungfrau Maria; im Mittelpunkt steht die Sangeskunst; das Studium der Sieben freien Künste wird als unbedingt notwendig erachtet. Von seinen beiden Rätselliedern besteht das eine (vom ‹Antichrist›) aus zwei Sprüchen: dem Rätsel Frauenlobs und der Lösung Regenbogens. Das andere ist eine allegorisch-geistliche Ausdeutung der Mühle. Regenbogen vertrat gegenüber Frauenlob die alte Kunstübung, ist andererseits aber bereits der Typus des bürgerlichen Dichters. Die Meistersinger haben ihn unter die zwölf Meister eingereiht.

Es gab in der zweiten Hälfte des 13. Jhs. zwei Spruchdichter des Namens Rumsland, der eine war ein Sachse, der andere ein Schwabe. Der mit Frauenlob in Mainz den Sängerstreit abführte, war Rumsland von Sachsen, ein Niederdeutscher, der hochdeutsch dichtete. Er ist als Fahrender nachweisbar bei Herzog Ludwig II. von Bayern, bei Herzog Albrecht von Braunschweig († 1279), an den Höfen von Mecklenburg, Pommern und Dänemark. Die datierbaren Sprüche fallen in die Zeit von 1273 bis 1286, doch setzte die dichterische Tätigkeit offenbar schon vorher ein. Seine Spruchdichtung erstreckte sich auf Politisches, Didaktisches, Religiöses. Oft verbindet er mehrere Sprüche zu einem inhaltlichen Ganzen. Versuche in der Minnelieddichtung mißlangen, dazu war er vielleicht zu nüchtern und arm an Phantasie. Bei den späteren Meistersingern haben sich nur geringe Spuren von ihm erhalten.

An Schöpfungen des Lieder- und Spruchdichters der KANZLER und an FRAUENLOB gemahnt MICHEL NACHTIGAL, ein Pfleger des geblümten Stiles, mit seinem Gedicht im kurzen Ton ‹Der winter lank zwank mank vogelein geschwind›. Traditionell eingestellt war ein oberdeutscher *Meister* um die Mitte des 14. Jhs. mit Namen MEFFRID. Eindrucksvoll ist seine Klage:

> Wie rîch wie starc wie schoen wir sîn,
> wir müezen doch von hinnen.
> Es ist vater mûter vor geschehen!
> des selben wir uns auch versehen.

Angesichts des Karners ist die Frage gleichgültig, wer die Schilde ‹zerhouwen› habe, und für welche Dame man Speere verstach. Wie andere Meister widmete sich auch MEFFRID dem Lob Mariens.

Bereits der auf FRAUENLOB folgenden Generation gehörte HEINRICH VON MÜGELN (um 1315–um 1370) an. In der Widmung seiner Übersetzung des VALERIUS MAXIMUS an HERTNIT VON PETTAU nennt er sich: «ich Heinrich von Mogelin gesezzen bi der Elbe in dem land zu Missin». Er stammte demnach aus Mügeln im Meißischen. In seiner Persönlichkeit strömen fast alle Bezirke des späten Mittelalters zusammen. Er betätigte sich als Prosadichter, Historiker, Übersetzer und in der biblizistischen Bewegung. Er hat ferner zahlreiche weltliche und geistliche Gedichte verfaßt: Minnelieder, Sprüche, Fabeln, eine allegorisch-didaktische Lobdichtung. Dem Zeitgeschmack entsprach der gelehrte Aufputz. Er hat an Können und Bildung die Mehrzahl der Spruchdichter seiner Zeit überragt. Wendungen gegen die alte ritterliche Kultur treten gelegentlich zutage. HUGO VON MONTFORT hat noch Freude an «ritterspil, an turnieren, stechen zuo dem zil». HEINRICH VON MÜGELN beschimpft öffentlich das Turnierwesen. Wir begegnen dem offenbar unruhigen Mann am Prager Hof; am Hofe LUDWIGS I. in Ungarn; später am Hof der Habsburger in Wien und in Österreich (vgl. Kap. VI). Hauptsächlich auf Grund seiner Sprüche und Fabeln zählten ihn die Meistersinger zu den Begründern ihrer Kunst.

In die spruchdichterische Vorphase des Meistergesanges im 14. Jh. gehören noch eine Reihe kleinerer Erscheinungen. So der Dichter und Komponist MÜLICH VON PRAG, von dem die Kolmarer Liederhandschrift vier Lieder überliefert: einen höfischen ‹Reigen› und drei im ‹langen Ton› verfaßte geistliche Gedichte gelehrter didaktisch-mystischer Art. Den von MÜLICH geschaffenen ‹Hofton› verwendet HEINRICH VON MÜGELN in der

‹Ungarischen Reimchronik›. MÜLICHS Weisen gelten als die ältesten deutschen Tonstücke aus Böhmen. Im Ethos noch dem Höfischen nahe stand LIEBE VON GIENGEN mit seinen Dichtungen: einem Lied über das Badeleben, Marienliedern, einer siebenstrophigen Tugendlehre für Jungfrauen, dem Gedicht über die ‹Zwölf Meister im Rosengarten› (unsicher) u. a. Der zweiten Hälfte des 14. Jhs. gehört an der ZWINGER, auch PETER ZWINGER, mit einem ‹Lob des Wirtes› und einer ‹Aufforderung zum Meistergesang› mit Apostrophierung der Sieben freien Künste.

Als ‹Nachmeister› des Gesanges im Gegensatz zu den alten Meistern nennt MICHAEL BEHEIM u. a. KONRAD HARDER und den HÜLZING (15. Jh.). Von HÜLZING sind drei Meisterlieder überliefert: eine Paraphrase des Vaterunsers, ein Lied, in dem er fordert, daß der Meistersinger die Sieben freien Künste kennen müsse, und das Lied ‹Reich mir den win, sprach Trunkenbold›, in dem er sich gegen die Unkenntnisse und Fehler der Singschulmitglieder wendet.

Zu den Nachfolgern der zwölf alten Meister wird von den Meistersingern auch JÖRG SCHILHER gezählt. Er war eine Schwabe und dichtete vor 1474 weltliche und geistliche Gedichte. Ihr Hauptmotiv ist die Satire auf die verschiedenen Stände. Die Dichtungen fanden in Handschriften und Flugblättern weite Verbreitung.

Viele Spruchdichter des 14. und 15. Jhs. zogen als Fahrende im Lande umher, von Stadt zu Stadt, von Fürstenhof zu Fürstenhof, von Burg zu Burg. Die bekanntesten sind MUSKATBLÜT und MICHAEL BEHEIM.

MUSKATBLÜT war ein Ostfranke (geb. im letzten Viertel des 14. Jhs., † bald nach 1438), Dichter und Komponist, der nachweisbar im Dienste verschiedener Herren, wie KONRADS VON WEINSBERG und des Erzbischofs DIETRICH VON MAINZ stand. Er hielt sich zur Zeit des Konzils 1415 in Konstanz auf, weilte 1422 in Nürnberg, 1437 in Mainz etc.; nahm vermutlich 1420, 1422, 1427 und 1431 an den Hussitenkriegen teil. Von MUSKATBLÜT sind 104 Dichtungen erhalten: Marienlieder, Minnelieder, didaktische und politische Gedichte. Er wollte ein gelehrter Dichter sein, hat Selbstbewußtsein, wissenschaftlichen Stolz, er nennt seine Quellen und empfand sich im Gegensatz zu den ungebildeten Laien; er hielt seine Kunst durch Beherrschung der Sieben freien Künste und ihrer Krone, der Philosophie, für erlernbar. In seinen musiktheoretischen Doktrinen stellt er über die Instrumentalmusik den Gesang, für ihn Hort der Sieben freien Künste. Sein naturwissenschaftliches Wissen schöpfte er großenteils aus dem ‹Physiologus›. Überzeugt von der sittlichen Wirkung der Dichtkunst, betrachtet er wie der TEICHNER seine Kunst als Spiegel für die Mitmenschen; nicht um Erwerb dichtet er vom ‹Lauf der Welt›, sondern um der Wahrheit willen; als Ratgeber fühlt er sich in seinen Mahnungen, Warnungen und Klagen. MUSKATBLÜTS geistlichen Gedichten liegt scholastisches Gedankengut zugrunde; gelegentlich macht sich mystischer Einfluß

bemerkbar. Die Themen, die er behandelt, sind: die Trinität, die Prä-
existenz Mariens, die Schöpfung der Welt, der Sündenfall, die Menschwerdung Gottes, die Erlösung. An Motiven sind bemerkenswert: das
geistliche Ackerwerk, die Minneburg, die Mühle, die Schiffahrt, die Heil-
kraft der Edelsteine; eine große Rolle spielt die Verherrlichung Mariens.
In den Minneliedern empfindet sich MUSKATBLÜT noch ganz wie die
Minnesänger als Diener der Frau, die er um Mariae willen verherrlicht,
wendet sich aber gegen den übertriebenen Minnedienst und reflektiert
über die Minne. Erhöhte Beobachtungsfreude an den Lebensäußerungen
der Natur fällt auf. Seine moralischen Gedichte enthalten u. a. eine Pflicht-
ethik für das Rittertum, dessen Niedergang beklagt wird, und einen
‹Fürstenspiegel›, in dem die Aufgaben des Herrschers umrissen werden.
Düstere Lebensstimmung läßt ihn überall den Verfall sehen und kenn-
zeichnet die Gedichte über ‹Die sieben Hauptsünden› und ‹Die Zehn Gebote›. Bei allen Ständen (Adel, Geistlichkeit, Bürger und Bauern) findet er
Laster und Untugenden: Wucher, Geiz, Hoffart, Lüge, Betrug, Zorn,
Trunksucht, Spiel, Bestechlichkeit, Putzsucht, Trägheit, Unzucht; er schützt
die Armen und verteidigt die Ehe. In den politischen Gedichten beklagt
MUSKATBLÜT das große Schisma, bejaht als Gegner der Hussiten und
Juden das Konzil von Konstanz, verwirft das zu Basel, und fordert auf
zum Kreuzzug gegen die Polen zur Unterstützung des Deutschen Ritter-
ordens. Als Feind des Gegenpapstes JOHANN XXIII. meint er, Herzog
FRIEDRICH VON ÖSTERREICH habe sich von diesem bestechen lassen. Die
Wahl Herzog ALBRECHTS VON ÖSTERREICH 1438 zum deutschen König
wird begrüßt.

Als Glied zwischen den älteren und jüngeren Meistersingern fungierte
MICHAEL BEHEIM (1416–um 1474) aus Sulzbach bei Weinsberg, Hofdichter, Komponist, Landsknecht und Meistersinger, Reimchronist. BE-
HEIM war der Sohn des Webers JOHANNES BEHEIM, dessen Großvater
KONRAD aus Pilsen i. B. (CUNZ BILSNER) ausgewandert war und sich in
Erdmannshausen bei Marbach niedergelassen hatte. MICHAEL BEHEIM
übte zuerst das Handwerk seines Vaters aus, bis ihn 1438/39 sein Grundherr KONRAD VON WEINSBERG, Reichserzkämmerer Kaiser SIGISMUNDS,
als Kriegsmann ausrüstete und in seine Dienste nahm. Auf weiten Reisen
mit seinem Herrn erlernte er die Dichtkunst, die er später an verschiedenen Fürstenhöfen ausübte.

Da BEHEIMS umfangreiches Dichtwerk mit den Hauptphasen eines unruhigen
Wanderlebens zusammenhängt, ist es erforderlich, die wichtigsten Abschnitte
festzuhalten. Zunächst hielt sich BEHEIM bis zum Tode seines Gönners (1448)
am Hofe Kaiser SIGISMUNDS auf. Hierauf diente er bis 1454 Markgraf ALBRECHT
ACHILLES VON BRANDENBURG. Frühjahr 1450 unternahm er eine große Reise
über Köln, Westfalen, Lübeck nach Kopenhagen und Bergen zu dem jungen
König CHRISTIAN. Nach 1454 zog er an den Hof Herzog ALBRECHTS III. VON
BAYERN, wo er mit PÜTERICH VON REICHERTSHAUSEN zusammentraf. Von

Bayern ging er an die Höfe österreichischer Fürsten, zuerst zu Herzog ALBRECHT VI., dann als «tichter» zu LADISLAUS VON BÖHMEN UND UNGARN († 1458), nahm 1456 am Zug nach Ungarn teil, erlebte die Ermordung ULRICHS VON CILLI und begleitete den König 1457 nach Wien und Prag. Von 1459 bis 1466 wirkte BEHEIM als FRIEDRICHS III., «des römischen Kaiser teutscher poet und tichter», machte die Belagerung des Kaisers in der Wiener Hofburg mit, zog hierauf mit der Herrscherfamilie nach Wiener Neustadt und beteiligte sich an der Erstürmung der Burgen Urschendorf und Scheuchenstein, über welch letztere er als Hauptmann gesetzt wurde. Einige Zeit nach der Versöhnung FRIEDRICHS III. mit den Wienern (1465) wandte er sich zurück nach Württemberg und taucht 1467 am Hofe des Pfalzgrafen FRIEDRICH in Heidelberg auf. Wenn J. CASPARTS Deutung eines Gedenk- und eines Wappensteines in Sulzbach auf BEHEIM zutrifft, so war er 1472 Schultheiß seines Geburtsortes und fiel 1474 oder bald darauf einem Mordanschlag zum Opfer.

BEHEIM gehörte zu jener Gruppe bürgerlicher Spruchdichter des Spätmittelalters, welche den Übergang von den Spielleuten zu den Meistersingern bilden. Als fahrender Meistersinger und Hofdichter im Dienste verschiedener Fürsten und des Kaisers, war er einer der fruchtbarsten und hervorragendsten dieser Art. Wanderleben und Herrendienst bestimmten in hohem Maße den Inhalt seiner Dichtungen. Seine poetische Begabung und Kunst waren nicht überragend, aber er besaß die Gabe, anschaulich zu erzählen, verfügte über einen gewissen Humor und war voll treuer Hingabe an seinen Dichterberuf. BEHEIMS Werk ist sehr umfangreich und besteht aus zwei großen strophischen Reimchroniken und einer beträchtlichen Anzahl größerer und kleinerer historischer, didaktischer, erzählender, religiöser und sonstiger Dichtungen. Am besten beherrschte er die kleinen meistersingerischen Formen (etwa 400 Meisterlieder). Die Handschriften befinden sich in den Bibliotheken Heidelberg (Autographen), Nürnberg, Gotha, Dresden, Berlin, Wien.

Die erste Reimchronik, das ‹Buch von den Wienern›, rund 2000 Strophen in drei Reimpaaren, schrieb und vertonte BEHEIM als Hofdichter Kaiser FRIEDRICHS III. Diese sowohl zum Lesen wie zum Singen bestimmte Dichtung («das man es lesen mag als ainen spruch oder singen als ain liet») erzählt den Konflikt des Kaisers mit dem Herzog ALBRECHT VI. und den Wienern in den Jahren 1462 bis 1465. Hauptstoff ist die Belagerung und Verteidigung der Hofburg, in der FRIEDRICH mit seiner Familie vom 2. Oktober bis 4. Dezember 1462 eingeschlossen war. Dem folgt das Wirken und Schicksal des Wiener Bürgermeisters WOLFGANG HOLZER, Einzelunternehmungen verschiedener Adeliger und Schilderungen des Treibens der Anhänger ALBRECHTS. Ein dritter Teil beginnt mit dem jähen Tod ALBRECHTS VI. und schließt mit der Aussöhnung der Wiener mit dem Kaiser. Das Werk weist keine das innere Gefüge ordnende Einheitlichkeit auf, sondern erzählt die Ereignisse in ihrer zeitlichen Aufeinanderfolge, wie der kaiserlich gesinnte BEHEIM sie sah. Die Anlage weist auf eine die Ereignisse begleitende Entstehung, und als

BEHEIM während der Belagerung vor der Kaiserin zu singen befohlen wurde, hat er wohl Teile aus dem eben in Arbeit befindlichen Werk vorgetragen. Sprache und Metrik sind meistersingerisch. Die Melodie nannte Beheim ‹Angstweis›.

Die zweite *Reimchronik* verfaßte BEHEIM 1469 als «her Fridrichs pfalczgraven pei Rein teutscher poet vnd tichter». Sie hat in zwei Büchern das Leben und die Taten FRIEDRICHS I. DES SIEGREICHEN VON DER PFALZ zum Gegenstand. Das Werk ist eine Versifizierung und Reimung der Prosachronik des pfalzgräflichen Kaplans MATTHIAS VON KEMNAT, mit dem BEHEIM befreundet war. Die Melodie der paargereimten sechszeiligen Strophe nannte er ‹Osterweis›.

Neben diesen Reimchroniken schuf BEHEIM ein umfangreiches historisches Gedicht über den unmenschlichen Woiwoden WLAD II. DRAKUL, eine poetische Beschreibung der Reise nach Dänemark und Norwegen ‹Dis ist von meiner mervart, die ich uber das westermer tet›, und das Gedicht ‹Von der statt Triest›, einen versifizierten Stammbaum der Habsburger, ein ‹Preislied auf die Hohe Schule zu Wien›, oft folgt er mit rascher Feder den Ereignissen der zeitgenössischen Geschichte, beschreibt den Zug des Königs LADISLAUS nach Ungarn oder greift das alte Suchenwirtsche Thema der Fürstenzwietracht auf und mahnt FRIEDRICH III. und ALBRECHT VI. zur Verständigung. Das übrige Schaffen äußert sich hauptsächlich in Meistergesängen und zwar biblisch-christlichen Dichtungen, Lehrgedichten, Gleichnissen mit geistlicher Auslegung, Streitgedichten, Lügenliedern, Wappendichtung, Fabeln, Schwänken, Frühlings- und Liebesliedern und der Darstellung persönlicher Erlebnisse. Seine Sangweisen nennt BEHEIM: ‹Zugweis›, ‹kurze Weis›, ‹verkehrter Don›, ‹Trommetenweis›, ‹gekrönte Weis›, ‹slecht guldin Weis›, ‹Hofweis› usw. Im ‹verkerten Don› zu singen war ein Lied oder Spruch, wie der Teufel um Werkleute (Maurer, Zimmerleute, Schmiede, Taglöhner etc.) aussandte, um die Hölle weiter auszubauen, ihm aber dieses Vorhaben abgestellt wurde. Von BEHEIMS Melodien sind nur elf erhalten, darunter nicht die ‹Angstweis›. BEHEIMS Auffassung und Ausübung der Dichtkunst war durchaus meistersingerisch: er verweist auf die alten Meister, hat Respekt vor gelehrtem Wissen, legt großen Wert auf den ‹Sinn›, betont die Vokalmusik und liebt die sinnreiche Allegorie; er vereinigt die Form des Liedes mit dem Inhalt des Spruches und bearbeitet die Stoffe der höfischen Spruchdichtung in lyrischer Technik. Der kirchlich-christliche Gehalt seiner Dichtungen äußert sich in scharfer Stellungnahme gegen die Hussiten und den Aberglauben, sowie in der Behandlung theologischer Grundfragen wie der Trinität, des Wesens Gottes u. a.; an die Moralität von ‹Jedermann› erinnert ein Lob der guten Werke, die dem Menschen in der Not helfen. Bei ihm findet sich bereits die ‹Parabel von den drei Ringen›. Beachtenswert sind auch BEHEIMS Paraphrasierungen von alt- und neutestamentlichen Bibelstellen.

Das öfter nachgesprochene harte Urteil von GERVINUS über BEHEIMS dichterische Anlagen und Versehrtheit seines Charakters ist ungerecht. Erst die vollständige, modernen Anforderungen entsprechende Herausgabe seiner Dichtungen wird eine unbefangene Gesamtwürdigung ermöglichen.

Kein Fahrender und Gehrender wie MUSKATBLÜT oder BEHEIM, sondern ein im meisterlichen Singen unterrichteter Bürger in München war ALBRECHT LESCH (ca. 1420–ca. 1478/79). BEHEIM nennt ihn bei der Abwehr seiner Kritiker neben dem HARDER und HÜLZING. Seine formsicheren Lieder waren beliebt und bekannt. Darunter sind: ‹Zeuch durch die wolken mein gesank›; ‹Ave Maria dich lobet musica›; ‹Ich kam für aines fürsten haus›, das die *Legende vom hl. Wolfgang* erzählt (LESCH selbst habe in dem bekannten oberösterreichischen Wallfahrtsort Erhörung und Heilung gefunden); ‹Das ist unser frauen guldein slozz›. LESCH ist ein Meistersinger, der von ‹Gelehrsamkeit› künden will. Er gibt ein Rätsel auf: Ein Geier kommt auf einem «fiurîn bogen» geflogen, führt sechzig Pfeile und zwölf Strahlen mit sich, dazu «von süezikait ein ruot», zwölf Falken und fünf Rosen. Der Geier ist Gott am Jüngsten Tag, die Falken sind die Apostel, die Strahlen alle Christen, die Rute Maria usw. Wie ältere Dichter empfindet LESCH die Endlichkeit und Unbeständigkeit des Daseins, klagt über den Verfall der Mannestugend, die Überbewertung des Geldes u. a. Er lobt die irdische Frau wie die eine himmlische. Er ist überzeugt von der Würde seiner Kunst: «Gesang ist wîse meisterschafft». Bemerkenswert ist sein siebenstrophiges Lied auf die Handwerker Schmied, Köhler, Weber, Spinnerin, Müller, Gerber. Die Hauptschaffenszeit von ALBRECHT LESCH fällt mit der Regierungszeit Herzog ALBRECHTS III. (1438–1460) zusammen.

b) Der schulmäßig organisierte Meistergesang

Die erste Phase des seßhaften Meistergesanges zeigt sich an der Tatsache, daß sich in den *Städten* Laien zu *Singbruderschaften* vereinigten. Geistliche unterrichteten sie in den Septem artes liberales. Im Anschluß an das Höfische betonte man die Form. Bald aber wird der Inhalt wichtiger, wobei das Religiöse dominiert. Man hat Laiendichter vor sich, die sich der Muttersprache bedienten. Die in der Ursprungssage genannten zwölf alten Meister galten als Stifter; nur Töne (Melodien) dieser zwölf Meister durften benützt werden. Der Brüderschaftsorganisation folgte nach Erstarken der Zünfte eine handwerkliche Ausgestaltung und der Meistergesang wird in *Singschulen* ausgeübt, d. h. zunftmäßig organisierten Vereinigungen von Pflegern der Dicht- und Singkunst. Für die Entstehung der Singschulen reichen die Zeugnisse nicht über das 15. Jh. zurück.

Doch waren die Organisationen nicht als fertige Einrichtungen auf einmal da, sondern haben sich aus verschiedenen Vorformen allmählich herausgebildet. Die Singschule amtierte wie eine Disputation an einem mittelalterlichen Generalstudium oder an einer Universität: der Singer sitzt auf einem Stuhl und trägt sein Lied vor, ihm gegenüber sitzen die ‹Merker›, ringsherum die Zuhörer. Die Singschulen bestimmten Gehalt und Zielsetzung des Meistersingens. Man betonte Kunst, Erbauung und Belehrung, Kunsterprobung und Unterhaltung. Wenn sich einzelne Singschulen als Brüderschaften bezeichneten, deutet das weiterhin auf Zusammenhänge mit kirchlichen Institutionen. Die meisten Mitglieder stellten die bürgerlichen Handwerker, dann kamen die Vertreter der Lehrberufe. Der Meistergesang wurde neben dem Beruf ausgeübt. Ein Mysterium der Kunstschöpfung kannte man nicht. Kunst ist Regelbefolgung. Ein persönlicher Weg zur Kunst und individuelle Gestaltung werden abgelehnt. Was die Entwicklung der Singschulen angeht, so scheint der Ausgangsort *Mainz* gewesen zu sein; frühe Bruderschaften existierten auch in Straßburg und Worms. Im 15. Jh. erfolgte eine rasche Ausbreitung nach Osten: Schwaben, Franken, Bayern (Nördlingen, Rothenburg o. d. Tauber, Donauwörth, Ulm, Augsburg, Nürnberg); über München nach Tirol und Oberösterreich. Im 16. Jh. folgten Freiburg i. Br., Frankfurt a. M., Kolmar, Eßlingen, Schlesien und Mähren mit Breslau, Görlitz, Iglau. Norddeutschland hielt sich vom Meistergesang fern. Zu neuem Aufschwung und rascher Verbreitung kam es gegen 1500. Sie waren bedingt durch HANS FOLZ und seine Reform um 1480. Auch der durch FOLZ reformierte Meistergesang hielt am höfischen Strophenbau fest. FOLZ aber trat für die Möglichkeit ein, auch ‹neue› Töne zu komponieren und bald konnte nur der ein *Meister* werden, der auch einen neuen Ton erfunden hatte. Zu den Tönen der zwölf Meister trat eine Unmenge neuer Melodien. Aber auch in stofflicher Hinsicht brachte die Reform neue Motive und Themen.

Singschule bezeichnete nicht allein die zunftmäßige Vereinigung der Meistersinger einer Stadt, sondern auch die einzelne Singveranstaltung. Diese konnte ein kirchliches Haupt- oder Schulsingen oder ein unterhaltsames Zechsingen im Rathaus oder Gasthofsaal sein. Bei den Mitgliedern oder Gesellschaftern der *Meistersinger-Zunft* wurden folgende Stufen unterschieden: Schüler, Schulfreund und bloß reproduktiver Singer, poetisch produktiver Dichter, poetisch wie musikalisch neuschaffender Meister und zensierender Merker. Dieser überwacht im Gemerk die Darbietungen und bildet in seiner Gesamtheit (meist vier) den Vorstand der Schule. Seit dem 14. Jh. hatte der Meistergesang feste Vorschriften für Dichtart und Gesang (*Tabulatur*). Die Musik stammte anfangs vom Gregorianischen Choral; die Verse sollten auftaktig (jambisch) gebaut sein und nicht mehr als zwölf bis dreizehn Silben enthalten. Später wurde der poetisch-kompositorische Vorgang in umfangreichere Tabulaturen oder Sing- und Reimordnungen zusammengefaßt. Verstöße dagegen wurden bestraft. Von den Siegern erhielt der erste das Schulkleinod (eine Krone oder ein Bild des Königs David), der zweite einen Kranz aus Kunstblumen. Gesungen wurde auf dem Singstuhl (einem kanzelartigen Katheder) und zwar aus dem Gedächtnis. Die Gemäße, d. h. die Verszahlen der Strophen, wurden für die Haupt- und Zechsingen jeweils festgesetzt. Das ganze Lied oder Gedicht wurde *Bar* genannt und mußte mindestens drei Strophen haben; eine größere Strophenzahl sollte stets aus solchen Triaden bestehen. Die Strophe hieß *Gesätz*, das Reimschema *Gebänd*, die metrische musikalische Gesamtform der Strophe *Ton*. Dieser wurde gegliedert in zwei gleich gebaute *Stollen* (*Aufgesang*) und einen anders gestalteten *Abgesang*. Wurde zum Schluß der Strophe ein Stollen wiederholt, nannte man diese Form *Reprisenbar*. Die Architektur der Strophe blieb den ganzen Meistergesang hindurch bestehen. Für den Vers war die Silbenzahl maßgebend, erst im 17. Jh. erfolgte eine Messung der Silben. Verbreitung der zustande gebrachten Meisterlieder durch den Druck war verboten. Die Hauptakte des Singschullebens waren: die Taufe (Treueverpflichtung des Singers), Tonbewährung (Anerkennung eines neuen Tones) und Freiung (Zuerkennung des Meistertitels). Ordnungen für Singschulen sind überliefert für Kolmar 1549, Straßburg 1597, Breslau 1598. Die Inhalte und das Repertoire der Meistersinger zeigen einen ziemlich gleichbleibenden *Stoffkreis*: Geistliches und Weltliches, Moralisches und Gelehrtes. Dem Vorrang der kirchlichen Hauptsingen vor dem Zechsingen entspricht der Vorrang der religiösen Stoffe vor den profanen. Die theologischen Stoffe und (bis zur Kirchenspaltung) Mariologie überwiegen; auch die Rätsellieder zielen häufig auf theologische Probleme. Weltgeschichte wird aufgefaßt als Heilsgeschichte. Auf allegorisch-typologische Bibelauslegung folgte im 16. Jh. wörtliche Versifizierung der LUTHER-Bibel. Beliebt ist die christliche Sittenlehre. Der weltliche Stoffkreis erstreckte sich auf Geschichte und Sage, auf seriöses Gelehrte und unterhaltsame Anekdoten, auf Sensationelles, aber auch auf unflätige Derbheiten. Man ist bereit, alles Gehörte und Gelesene in Verse zu bringen. Letzten Endes jedoch steht auch der weltliche Stoffbereich unter geistlicher Sinngebung.

Auch in Sprache und Stil zeigt der Meistergesang Typisch-Gemeinsames; individuelle Züge sind nicht ausgeschlossen. Als Hauptcharakteristika gelten: Zug zur Bildgebung, Zug zur Stofflichkeit, zum Spiel mit der Sprache, Lehrhaftigkeit des Stiles. Dichtung und Musik des Meistergesanges sind betonte *Formkunst*. Die gesungene Dichtung ist ein poetisch-musikalisches Doppelwesen. Die dichterische Kunstübung mußte im gesanglichen Vortrag verlebendigt werden. Einzelne Meister von Rang treten hervor.

Die wesentlichen Züge des Meistersingertums sind: ihr zunftmäßig geprägter Gemeinschaftscharakter, die Stellung zur Obrigkeit, das Bestreben zu gradmäßiger Rangstufung, die ämtermäßige Spezialisierung der Schulorganisation. Im Meistergesang verbinden sich eine volkstümliche und eine gelehrte Tradition. Eine Hauptlebensform ist der Wettkampf, das Wettsingen. Die Hauptaspekte sind sein geschichtlicher Ursprung, die poetisch-musikalische Technik, der eigentümliche Stoffkreis, die Praktiken des Kunstbetriebes und die moralisch-ästhetische Wertung. In der poetischen Technik textierte man zunächst alte Töne neu, dann schuf man neue Töne. Der Meistergesang war ein regelhaft technischer Kunsttypus. Den Primat hat der Kunstverstand. Auch hier herrscht die Überzeugung, daß der Schöpfer alles geordnet habe nach Maß, Zahl und Gewicht.

Die Meistersinger in den wohlhabenden Reichsstädten Nürnberg, Ulm, Straßburg gehörten nicht zur gehobenen literarischen Sphäre, sondern zur unteren Schicht. Die gelehrten Humanisten und das Patriziat sahen auf die Handwerker-Dichter überlegen hinab. Auch das Volk kam mit dem abgeschlossenen Singschulbetrieb nur wenig in Berührung; erst als man auch begann, Komödien aufzuführen, kam es örtlich zu Kontakten mit der Bevölkerung. Vorher hatte nur in Augsburg die Singschule gewisse Beziehungen zu den oberen Schichten, denn dort befanden sich auch Schulmeister und Juristen unter den Mitgliedern der Meistersingerzunft; in Augsburg lebten überdies die Anhänger des alten und des neuen Glaubens in der Singschule friedlich nebeneinander. Im allgemeinen aber war der Meistergesang abgeschlossen, ohne Bestreben, in die Breite zu wirken, ohne nähere Fühlung mit der zeitgenössischen Dichtkunst und Musik.

Eine chronologische Zusammenstellung der Singschulen ergibt, daß die erste derartige Einrichtung in Hessen nachweisbar ist. Von der gesamten meistersingerischen Überlieferung als Ursprungsort des Meistergesanges wird *Mainz* (1315–1600) bezeichnet, wobei FRAUENLOB der Begründer gewesen sei. Doch gibt es hiefür keinen urkundlichen Anhalt. Die im 15. Jh. errichtete, 1517 amtlich bestätigte Mainzer Meisterschule veranstaltete außer den Singveranstaltungen jährlich drei bis vier geistliche Spiele (Kirchenraum) und führte einige Komödien (Tanz- oder Spielhaus) auf, wobei PLAUTUS und TERENZ ebenso wie sensationelle Tagesereignisse gebracht wurden. Die Schule wurde 1535 wegen Verdachtes antiklerikaler, reformatorischer und sozialrevolutionärer Tendenzen verboten, doch 1562 wiedererrichtet.

Die bedeutendste aller Singschulen, *Nürnberg,* entstand bereits um 1450; kurz nach 1479 trat ihr, aus Worms kommend, HANS FOLZ bei; die Schule erlangte mit HANS SACHS ihren größten Erfolg. Um 1558 hatte sie über 250 Mitglieder. Als wichtigstes Dokument aus dem Jahre 1540 gilt die älteste erhaltene Tabulatur, der sog. *Nürnberger Schul-*

zettel. Als die in Nürnberg verehrten zwölf älteren Meister zählt HANS SACHS in einer Schulkunst von 1515 auf: KONRAD NACHTIGAL, FRITZ ZORN, KONRAD VOGELSANG, HERMANN OERTEL, FRITZ KETTNER, HANS VOGEL, SIXT BECKMESSER, AUGUST MOSER, HANS SCHWARZ, ULRICH EISLINGER, HANS FOLZ und LIENHART NUNNENBECK. Nach Einführung der Reformation in Nürnberg wurden die öffentlichen Singveranstaltungen erst in der Marthakirche, dann in der Katharinenkirche abgehalten. KONRAD NACHTIGAL (I.), Bäcker in Nürnberg, befaßte sich, getreu älterer Meistersingertradition, mit religiösen Fragen. Er ist bedeutsam, weil wir durch eines seiner Gedichte, eine *Schulkunst,* eine Anzahl von Meistersingern kennenlernen, die sonst nirgends überliefert sind. Er war auch ein geschickter Musiker. Von FRITZ ZORN, Nagelschmied in Nürnberg, ist ein Gedicht ‹Die Tugenden› überliefert. FRITZ KETTNER sang mit viel Geschick allegorisch verzierte Lieder auf Maria und die Erlösung der Altväter. Er bediente sich ‹geplumter Worte› und gibt am Beginn eines Gesanges die Begründung, warum er ihn jeweils in diesem besonderen Ton verfaßte. Thematisch bemerkenswert ist sein ‹Prophetentanz›.

> Nu horet wuneclichen tantz
> Der ist so wid rig vñd so glantz
> Vir vnd zwainzig altherren springen
> ... Eva vnd Adam hat vns den tantz geprawen.

HANS FOLZ (1435/40–1513), Spruchdichter, Meistersinger, Verfasser von Schwänken und Fastnachtspielen, war in Nürnberg Barbier, d. i. geschworener Meister der Wundarzneikunst, und stand als solcher zwischen Bürgertum, Handwerkertum und Gelehrten; außerdem besaß er eine eigene Drucker-Presse, mit der er von ihm verfaßte oder redigierte Werke druckte und verlegte. FOLZ pflegte verschiedene Gattungen. Die Hauptkomplexe sind: Reimpaarsprüche, Fastnachtspiele, Meisterlieder. Die *Sprüche* machen mit etwa 13 000 Versen nahezu die Hälfte seines poetischen Schaffens aus. Ein Teil ist medizinisch-naturwissenschaftlichen Inhaltes. Ihm steht der Prosatraktat über die Pest nahe. Andere Sprechdichtungen enthalten katechetische, ökonomische, moralische und dogmatische Überlegungen und Anweisungen. Neben den *Sprüchen* entstanden Minnereden, Historisch-Politisches und Volkstümlich-Scherzhaftes, Erzählungen (besonders 19 Schwankmären), Meisterlieder. Eine erste Sphäre seines Schaffens zeigt Freude an Umkompliziertem und Ursprünglichem. Ihr gehört etwa der Schwank vom Kuhdieb an, eine kleine Versnovelle vom schlauen Dieb (behandelt auch vom Brüsseler Schulmeister REGNERUS DE WAEL), der Spruch über den Hausrat (der Einblick in einen Bürgerhaushalt um 1500 gibt), der Spruch, woher die Affen kommen. Die zweite Sphäre hat gelehrten Charakter. Zu ihr gehören die Werke, die mit seinem Beruf zusammenhängen und viele seiner

rund hundert Meisterlieder. Bei den erstern benützt er gern die gebundene Form, auf daß seine Lehren und Rezepte auch wirklich ins Volk
dringen können. So in ‹Dises puchlein saget / vns von allen paden / die
von natur heiß sein›, dem ersten deutschen *Bäderbüchlein*, in kurzen Reimpaaren abgefaßt. Ihm folgen ‹Von einem kriechischen arczat der sich
ausgeb all kranckheit zu pruen zu erkennen›, ein ‹Liber collationum›, d. i.
ein Konfektbuch, ein ‹Laßkalender›, eine ‹Practica teutsch›, ein ‹Fast köst-
licher spruch von der pestilencz›. Bei den Meisterliedern schrieb FOLZ, wie
viele seiner Kunstgenossen, häufig den Stoff zuerst in Prosa und goß ihn
dann in Verse um. FOLZ verdankt der seßhafte Meistergesang der Städte
seine *Reformierung*. Er nimmt in satirisch-kritischer Weise Stellung zu
dem Mythus von den zwölf alten Meistern. In einem fünfstrophigen
Meisterlied führt er aus, daß niemand Zuverlässiges über jene vielge-
rühmten Zwölf wisse, unter denen mehr als 60 alte Dichter aufgeführt
würden; auch hätten jüngere Dichter durch strengere Regeln die Kunst
der Vergangenheit übertroffen; jetzt gelte es, «auf freiem steg ... der
kunste ... nachzugraben». FOLZ brachte ein Schulgesetz zustande, «daß
die Zuerkennung des Meistertitels die Schaffung eines neuen Tones, also
eine poetisch-kompositorische Originalschöpfung, voraussetze» (NAGEL).
Überdies forderte er eine straffe Tabulaturordnung. Diese in der Hauptsache auf GOEDEKE zurückgehende These einer Meistergesangsreform
durch FOLZ wurde jüngst durch CHRISTOPH PETZSCH dahin modifiziert,
daß FOLZ weniger als ‹Reformator›, sondern als Wortführer derer anzusehen ist, die sich gegen ‹Kunstlose› und Unfähige wandten. FOLZENS
eigene Weisen, ‹Abenteuerweise›, ‹Baumton›, ‹Blütweise›, ‹Feielweise›,
‹Hahnenkrath›, ‹Unser Frauen Korweise›, ‹Passional›, ‹Tagweise› etc., sind
eindrucksvoll, doch herb und düster. Bei ihm sieht man bereits auch die
Verbindung des Meistergesanges mit dem Fastnachtspiel. Seine literarischen Arbeiten und Drucke waren nur in Ausnahmefällen für gehobene
Schichten, in der Hauptsache für die städischen Ackerbürger, Handwerker und Gesellen bestimmt.

Derselben Generation wie FOLZ gehörte LIENHARD NUNNENPECK
(† nach 1515) an, ein Leinenweber. In seinen 46 Meisterliedern, meist geistlichen Inhaltes, paßte er sich der neuen Zeit an und sang nicht einzig in
den Tönen der alten Meister, sondern schuf eine Anzahl eigener Weisen.
Er verfaßte sein ‹Ave Maria› in HANS SACHSENS ‹Silberweise› und versuchte, in naturnaher Schilderung die Passion Christi darzustellen. Ein
Weihnachtslied von ihm beginnt:

> Frolocket,
> iubeliret, seit fro,
> ban vns ein veine meide
> hat geporen ein kint.

Des schocket
manch hercz mit iubilo
der wuniklichen freide
die heit entsprungen sind.

Einen weltlichen antiken Stoff behandelt ‹Ein schöner meyster gesang, Wie die groß und mechtig stat Troya zerstört wardt durch die schöne küniginn Helena auß Kriechenlande›. NUNNENPECKS begabtester Singschüler war HANS SACHS.

Zu der um FOLZ gescharten jüngeren Generation, die auch eigene Töne schuf, gehörte SIXT BECKMESSER, ein Messerschmied, der zwar niemals in Nürnberg ansässig war, wohl aber in der Nürnberger Singschule den Meistertitel erwarb. Seine Melodien blieben bis ins 17. Jh. bekannt. Von seinen Gedichttexten ist als einziges das Neujahrsgedicht auf die hl. Jungfrau ‹Freut euch, ir werden cristenleut› überliefert. Am Anfang des 16. Jhs. dichtete in Nürnberg LUDWIG BARTHOLOME, ein Binder und Meistersinger, im ‹späten Ton› ein Lied auf die Untaten NEROS; vermutlich auch das sehr beliebte ‹Diß lied sagt von Lucretiam / Do sie vmb jr ehre kam›.

In *Augsburg* war um 1450 bereits eine Singschule vorhanden. Eine 1535 beginnende Liste umfaßt 262 Mitglieder. Der erste bekannte Augsburger Meistersinger, wohl das Haupt der Singschule, dürfte ULRICH WIEST gewesen sein. Er verfaßte 1449 ein Streitlied wider die geistlichen Fürsten, gegen die sich der 1450 ausbrechende Städtekrieg richtete. Vor 1474 dichtete auch JÖRG SCHILHER, ein Schwabe, weltliche und geistliche Lieder. Sein Hauptthema war die Satire auf die verschiedenen Stände. Im Rahmen der alten Tradition schrieb HANS PANTZER, Kürschner in Augsburg, um 1483/96 Meistergesänge über biblische und legendäre Themen. Von dem Schwaben MARTIN SCHRADE ist aus dem 15. Jh. ein Meistergesang über die *Legende der hl. Dorothea* bekannt. In ‹Schilhers melody› dichtete 1497/1515 HERMANN FRANCK ein Lied ‹Von der welt lauff und von dem schweren vnd von denen die gott lesteren›. Um 1500 dichtet HANS SCHWARTZ ein Loblied auf den Wein: ‹Figur vom Wein›. Weitere namhafte Augsburger Meistersinger waren RAPHAEL DULLER (ca. 1480–1548), MARTIN SCHROT, JOHANNES SPRENG, SEBASTIAN WILD.

In *Eßlingen* in Württemberg lebte 1511 MARTIN MAIER, Angehöriger der dortigen Meistersingerschule und Spruchsprecher. Er ist bekannt als Verfasser der im 16. Jh. oft gedruckten Ballade vom ‹Ritter Trimunitas› von Steiermark (1507), die im Herzog Ernst-Ton Novellenmotive erzählt: Ehebruch einer französischen Königin mit dem steirischen Ritter; dieser wird von seiner treuen Gattin, einer Königstochter aus Dänemark, aus dem Gefängnis vor dem sicheren Tod gerettet. Von dieser Ballade sind 18 hochdeutsche Drucke (der älteste Nürnberg 1515), ein niederdeutscher (Bremen 1581), einer in hebräischen Lettern (unvollständig) bekannt. Andere didaktische und erzählende Gedichte von MAIER sind: ‹Ein schöner Spruch von einem kauffman vnd von einem lenker, wie er drew mördt verbracht› (um 1515) mit der Erzählung eines Justizmordes (Vorlage für die Prosaerzählung 258 in PAULIS ‹Schimpf und Ernst›); das historische Gedicht über die Ermordung des Grafen ANDREAS VON SONNENBERG; das religiöse Gedicht ‹Ain schönen tagweis gaistlich von vnsser frawen›.

Urkundlich nicht zu belegen sind die Singschulen zu *Worms* und *Speyer*. Ihr Bestehen wird jedoch angenommen. Aus Speyer entstammte vermutlich NESTLER VON SPEYER, ein Meistersinger in der zweiten Hälfte des 15. Jhs. Er schrieb den größten Teil der *Kolmarer Handschrift*, redigierte den gesamten Codex und paßte die veröffentlichten Lieder durch Überarbeitung den Forderungen der Zeit an. Von seinen eigenen Dichtungen kennen wir nur ein Preislied auf die 72 Namen Mariae und eine Weise: mit einem eigenen ‹unerkannten Ton› (um 1460) durchbrach er die Schranken der alten Vorschriften.

Etwa 1492 wurde in *Straßburg* ‹die uralte löbliche Kunst des teutschen Meistergesanges› aufgerichtet. Die Schule bestand bis 1780. Erster Vertreter der Meisterkunst war aber bereits im späten 14. und beginnenden 15. Jh. (HANNS) PFALZ VON STRASSBURG. Wie in Freiburg, Kolmar und München sind auch hier weibliche Mitglieder, z. B. SUSANNA GRAMERIN, bezeugt.

Die Singschule in *Freiburg i. Br.* (1513–1672) wurde 1513 eröffnet. Der Stiftungsbrief verzeichnet als Schulordnung die neunzehn ‹Artickel der Singer›. Als Hauptzwecke der Singbruderschaft, die Brüder und Schwestern umfaßte, werden Gotteslob, Seelentröstung und die Abkehr von Gotteslästerung, Spiel und anderen weltlich-üppigen Untugenden genannt. Die Hauptsingen (Weihnachten und Pfingsten) fanden im Predigerkloster statt. Die Dominikaner sollten zwei Geistliche als Merker dazu abordnen. Als namhafte Meistersinger gelten: der Anreger der Stiftung PETER SPRUNG und das Stifterkollegium von 1513: MICHEL PUNT, JAKOB RUMEL, RUDOLF BALDUFF, LUDWIG WÜRTZBURGER, HEINRICH WISSLANDT. Noch dem 15. Jh. gehört der Freiburger VEIT WEBER an. Vielleicht fahrender Meistersinger aus Freiburg und Buchdrucker war JÖRG KIENAST, der 1518 zwei seiner drei Lieder druckte. Wir kennen von ihm zwei Lobgedichte auf Straßburg und ein Wappengedicht auf dieselbe Stadt.

Oberdeutscher war offenbar HANS KRUG (Mitte 15. Jh.), von dem ein episch-didaktischer Neujahrsgruß an die Frauen und eine Parodie des *Cato* bekannt sind. In *München* bestand eine Singschule von spätestens 1514 bis 1531. Ort des Zechsingens war vermutlich eine Brauerei-Wirtschaft.

Zum bayrischen Meistergesang Ende des 15. Jhs. gehörte HIERONY-
MUS DRABOLT, der in seinen Liedern Tabulaturvorschriften und religiöse
Themen behandelte. Zu Eger dichtete im 15. Jh. der Meistersinger KASPAR SINGER ein ‹Salve
Regina›. Aus Rotha a. d. Pleiße (Bez. Leipzig) stammte CYRIACUS
SCHNAUSS, ein Apothekergeselle, der den *Herzog Ernst* ‹christlich ver-
endet› («Christus preiß ich gantz erentreich») und ein Lied von «freien
schwatzenden Halmen» dichtete. PETER FREY, Verfasser einer Reihe von
Meisterliedern historischen Inhaltes, vorzugsweise im ‹Späten Ton› FRAU-
ENLOBS, verfaßte eine Klage auf den Tod PHILIPPS VON KASTILIEN 1506.
Der Meistersinger ALBRECHT PAUMHOLZ dichtet, angeregt von ROSEN-
PLÜT, das Lied ‹Die Kaiserin von Rom› (1517/18), das den orientalischen
Stoff der züchtigen, vom Schwager begehrten Frau behandelt.

DRAMATISCHE DICHTUNG IN DEUTSCHER SPRACHE. AUSGESTALTUNG, AUSBREITUNG UND DARSTELLUNGSFORMEN

Das ausgehende Mittelalter weist zwei große Gruppen des Dramas auf, religiös-kirchliche und weltliche Spiele. Während die eine Gruppe seit dem Hochmittelalter in einer großen Anzahl von zunächst lateinischen, dann deutschen Texten überschaubar ist, fand die zweite erst im 14. Jh. den Weg in die Schrift. Wie das geistliche hat auch das weltliche Drama seine Wurzeln im Kultischen, trägt aber in den Fastnachtspielen schon weitgehend literarisch-theatralischen Charakter.

Die Zeit um 1350 ist in der Geschichte des deutschen Dramas insofern eine brauchbare Abschnittsgrenze, als damals für die geistlichen Spiele ihre breitere deutschsprachige Phase beginnt und die ersten Textaufzeichnungen weltlicher Spiele einsetzen. Da in Band III/2 Ursprungsfrage, Wesen, Entfaltung und insbesondere die bis ins 11. Jh. zurückreichende Textgeschichte der geistlichen Spiele mit ihrem Weg vom Chorisch-Liturgischen zum Volkstümlich-Realistischen behandelt werden, blieb es Aufgabe des Bandes IV/1, für *die geistlichen Spiele* hauptsächlich die deutschsprachige Text- und Wirkungsgeschichte zur Darstellung zu bringen, *die weltlichen Spiele* jedoch von ihrem Eintritt in die Schrift als literarische Erscheinung in ihrer Gesamtheit zu behandeln. Sowohl beim religiösen als auch beim weltlichen Drama sind wir bemüht, sofern es die Überlieferung ermöglicht, die Ausgestaltungen und Effekte in gattungsmäßiger, zeitlicher, landschaftlicher und gesellschaftlicher Hinsicht darzulegen. Dabei soll an den *Ausformungen der Spiele* sichtbar gemacht werden, wer diese Gestaltungen besorgte, wie sie beschaffen sind, von wo aus sie zu wirken begannen und wie lange ihre Wirkungsdauer währte. Es soll auch unter Berücksichtigung der Darstellungsform und der Anteilnahme verschiedener Stände und Volksschichten versucht werden, die vorhandenen Gattungen der Spiele in ihrer Gesamtheit zu deuten und künstlerisch zu erfassen. Da aber die Spiele fast nur als literarische Denkmäler überliefert sind, ihre unmittelbare dramatische Wirkung hingegen verloren und nur schwer nachfühlbar ist, stellen sich einer wertenden Ordnung von der dramatischen Seite große Schwierigkeiten entgegen, und die Forschung ist genötigt, durch die Sprache in den Sinnbereich der Spiele zu treten.

Die geistlichen Spiele des ausgehenden Mittelalters waren weitgehend eine Angelegenheit der Städte, ihres Klerus und ihrer Bürgerschaft. Spiel-

traditionen sind bezeugt: ab 1430 für Hall in Tirol, ab 1443 für Eger etc.
Doch scheinen ähnlich wie beim *Zehnjungfrauenspiel* 1322 in Eisenach
auch einzelne Höfe daran Interesse gehabt zu haben: 1431/33 wurde in
der herzoglichen Burg in Wien ein Passions- und Osterspiel aufgeführt.
Die ältesten überlieferten Texte für *weltliche Spiele* haben noch höfisch-
ritterliches Gepräge. Die aus dem Anfang des 15. Jhs. bekannten Fastnachtspiele sind größtenteils städtisch. Traditionen für weltliche Spiele der
städtischen Gemeinschaften sind belegt: ab 1414 für Nürnberg (‹Tanaweschel›), ab 1430 für Lübeck und Hall in Tirol.

Der im Laufe des 15. Jhs. aufkommende Humanismus bringt vom
Studium der antiken Dramatiker her und nach italienischen Vorbildern in
die deutsche Literatur- und Theatergeschichte einen von den mittelalterlichen Spielen verschiedenen und in neulateinischer Sprache abgefaßten
Dramentypus: das Wort- und Personendrama. Seine Anfänge zeichnen
sich gegen 1500 hin ab, so daß, chronologisch betrachtet, zu den deutschen geistlichen und weltlichen Spielen noch im ausgehenden Mittelalter
als dritter Gattungsbereich die Anfänge des Humanistendramas treten.

Im Streben nach Vervollständigung der heilsgeschichtlichen Ereignisse
nehmen die *geistlichen Spiele* immer größeren Umfang an. Jeder Bearbeiter konnte das bekannte Geschehen auf eigene Weise vorbringen und zur
Szenenreihe fügen. Zur Ausführung standen die liturgischen Feiern mit
ihren Antiphonen und Sequenzen, sowie die nichtliturgischen und weltlichen Spiele vor Augen. Der seelische Gehalt wurde durch Herausarbei-
tung einzelner Figuren vertieft. Die wachsende Absicht, den Erlösungs-
vorgang der Menschheit möglichst richtig und naturgetreu auszumalen,
führte unter Mithilfe der Darsteller und des Publikums dazu, mehr und
mehr mit Realismus zu arbeiten. Dabei mußten naturgemäß die lateinische Sprache und die Würde der Liturgie fallen. In den Motiven und
Kunstformen treten die nationalen Unterschiede immer deutlicher in Erscheinung. Vom Nominalismus gefördert, tritt an Stelle der Symbolik das
Individuelle in Erscheinung, irdische Züge nehmen überhand, Lebenslust,
Wirklichkeitsnähe, ein spiritueller Naturalismus, Lebenskritik, die Einzeldinge gewinnen an Bedeutung, die heiligen Gestalten werden vermensch-
licht. Der Realismus der Spiele ist jedoch keineswegs künstlerischer Selbstzweck, sondern dient lediglich dem Bestreben, das Geschehene möglichst
deutlich und nachdrücklich zu machen zum Zweck religiöser Erbauung.
Die zunehmende *Breite und Vielfalt* drängen die Spiele aus Chor und
Kirche ins Freie, auf die Kirchhöfe und Marktplätze. Die Teufels-, Krä-
mer- und Ritterszenen zogen bereitwillig die hauptsächlich von den Spielleuten dargebotenen weltlichen Elemente an sich; die Magdalenenszene
gab Raum dem absinkenden Minnedienst. Vorgeführt werden das Oster-
und Weihnachtsgeschehen, das Leben, Wirken und Leiden Christi, der

Abfall der Engel, der Sündenfall der Menschen, deren Schicksalsmöglich-
keiten im Jenseits, das Wirken des Antichrist, die Wiederkunft des Herrn
und das Weltgericht, Einzelnes aus dem Leben der Propheten und Heiligen, Legendarisches und Moralitäten. Es handelt sich bei den Spielen
meist um epische Dramatik. Die Veranschaulichung erfolgt in der Form
des Neben- und Nacheinander. Von einem dramatischen Aufbau kann
nur in seltenen Fällen die Rede sein. Es gibt Standorts- und Umgangsspiele.
   Die Ursprungsheimat der deutschsprachigen geistlichen Spiele ist wahrscheinlich der deutsche Westen, das rheinische Gebiet. An den Spielen beteiligen sich so gut wie alle Teile des deutschen Sprachraumes. Die im
Gang befindliche *Ausweitung und Popularisierung der Spiele* zeigt um
1350 die Spielrolle des Frankfurter Kanonikus BALDEMAR VON PETER-
WEIL. Die im Lauf der folgenden Generationen entstandenen Formen zeigen der *Frankfurter, Friedberger, Alsfelder* und *Heidelberger* Text um
1500. Sie umfassen so ziemlich die ganze Breite der Entwicklung. In Tirol
setzen die Spiele nach 1400 voll ein und erreichen ebenfalls um 1500 die
Höhepunkte. Schon etwas früher wurde der Höhepunkt in Wien erreicht.
In der Schweiz bildete Luzern das Zentrum und blieb vom 14. bis Ende
des 16. Jhs. führend. Auch aus Niederdeutschland sind zahlreiche Aufführungen geistlicher Spiele in Osnabrück, Dortmund, Hildesheim, Lüneburg, Wittenberg, Hamburg berichtet. Aus urkundlichen Belegen weiß
man, daß in märkischen Kirchen geistliche Aufführungen vom 14. bis
Ende des 16. Jhs. gebräuchlich waren.
   Die geistlichen Spiele des ausgehenden Mittelalters sind in erster Linie
Frömmigkeitsäußerungen von Gemeinschaften. Die konstitutiven Elemente sind poetische Diktion und mimische Repräsentation. Einen gewissen Einblick in die *Darstellungsart* und direkte Wirkung kann man
nur den wenigen Fällen abgewinnen, in denen Spielleiter bildende Künstler waren und das Spielgeschehen auch bildlich veranschaulichten.
   Bei den geistlichen Spielen ist das Wort nicht die Hauptsache, sondern
mehr der Begleittext zum Schau-Spiel und den lebenden Bildern; stumme
Szenen (Tanz Magdalenas vor der Bekehrung, Tanz der Teufel, naturalistische Geißelung und Kreuzigung) sind von starkem Eindruck. Belehrungen werden vor Spielbeginn von eigenen Rollen (vom hl. Augustinus am
Eingang des *Frankfurter Passionsspieles* 1493; vom Papst am Schluß des
Künzelsauer Fronleichnamsspieles 1479) oder vom «Proklamator» vorgetragen. Die Spiele finden auf dem Marktplatz, in den Straßen, vor den
Kirchen statt. Gespielt wurde auf Holzbühnen. Die Handlungsorte waren
fest (Simultanbühne) und deutlich voneinander geschieden: Palast des
Pilatus, Haus der Marien, Himmel, Hölle etc. Das Spiel war Bewegung
zwischen den festen Orten; die Kreuztragung führte gelegentlich vom
Marktplatz durch die Straßen der Stadt zum Kirchhof; zur Grablegung
diente eine Kapelle des Domes.

Die *Darsteller* bei den Aufführungen waren Bürger, auch Studenten; Geistliche erschienen nur mehr in einigen Hauptrollen und als Regisseure. Wie in Frankreich waren auch in den Niederlanden und in Deutschland bildende Künstler als Mitgestalter des Schauspielwesens tätig. Aus urkundlichen Belegen wissen wir, daß es von etwa 1350 bis in das Reformationszeitalter Maler- und Bildschnitzer-Regisseure gegeben hat. In Frankreich JEAN FOUQUET, PERRCAL genannt, JEAN DE PARIS u. a. In den Niederlanden HANS MEMLING, JAN VAN SCOREL, PIETER BRUEGEL D. Ä. u. a. In Deutschland KASPAR ISENMANN in Kolmar, weiters WILHELM ROLLINGER in Wien, VIGIL RABER in Sterzing, HANS HOLBEIN d. J. u. a. Träger der geistlichen und weltlichen Spiele sind häufig die spätmittelalterlichen Gilden und Zünfte.

Neuerdings hat man auch wieder versucht, die Rolle der *Musik* in den Oster- und Passionsspielen zu bestimmen. Dabei ist man zu folgenden Ergebnissen gelangt: Die Musik hat bei den Aufführungen eine strukturelle und bühnentechnische Bedeutung und bildet eine gefühlsmäßige und assoziative Ergänzung der Handlung; der Gesang der geistlichen Texte trägt dazu bei, die sakrale Botschaft der Spiele den Zuschauern zu vermitteln; die Musik ist ein wesentlicher Faktor in der Gestaltung der dramatischen Illusion, durch die der religiöse Stoff mitgeteilt wird.

Grundsätzlich ist festzustellen, daß es in der Geschichte des rezitierenden *volkssprachigen religiösen Dramas* große *Gruppen* von bestimmter Eigenart und lokaler Ansiedelung gibt. Eine reinliche Scheidung ihrer zeitweiligen Verschlingungen und eine sichere Gruppierung ihrer landschaftlichen Verzweigungen ist aber noch nicht möglich. Man sieht wohl die Zusammenhänge, kann aber die einzelnen Gruppen nicht endgültig abgrenzen. Wir ordnen daher im folgenden nach der Entstehung und inhaltlichen Zusammengehörigkeit, d. i.: Osterspiele, Passionsspiele und Marienklagen, Weihnachtsspiele, Leben Jesu-Spiele, Prophetenspiele, Paradiesspiele, Eschatologisches, Spiele, die das gesamte Heilsgeschehen umfassen, Prozessionsspiele, Legendendramen und Mirakelspiele, Moralitäten.

1. Die geistlichen Spiele.
Das religiöse Drama in der Volkssprache

Seit 900 kennen wir liturgische *Oster-Feiern,* seit dem 10. Jh. liturgische *Oster- und Weihnachts-Spiele in lateinischer Sprache,* seit dem späten 12. und dem 13. Jh. wissen wir von geistlichen Großspielen besonders in städtischen Gemeinwesen. Die Themen lieferten vorerst Ostern, Weihnachten, Epiphanie und die Karwoche, bald aber wuchsen die Spiele an zu einer Darstellung der Vorgeschichte der Erlösung und der eschatologischen Geschehnisse. In Teilen und in Zusammenfassungen wurde der Ab-

lauf der Heilsgeschichte vor Augen geführt, einsetzend mit dem Engel-
sturz und Sündenfall der Menschen, endend im Jüngsten Gericht. Als
Einzelspiel aus diesem Gesamtkomplex hat sich im späten 12. Jh.
aus dem deutschen Bereich der Tegernseer ‹Ludus de Antichristo› erhalten. Aber
dieser hochwertige Spieltext steht vereinzelt. Sonst müssen wir uns mit
Nachrichten, wie denen bei GERHOH VON REICHERSBERG, Berichten aus
Regensburg und Riga etc., über solche Spielaufführungen begnügen oder
können sie aus Werken der bildenden Kunst erschließen.

Das geistliche Spiel in deutscher Sprache, wie es sich aus den lateinischen liturgischen Feiern im 13. und 14. Jh. herausbildete und ihnen ent-
gegentrat, zeigt zunächst noch eine halbliturgische, melodramatische Haltung, hat anfangs noch höfisch-ritterlichen Charakter oder derartige Bestandteile, wird aber im ausgehenden 14. und 15. Jh. zum bürgerlichen
Volksschauspiel und gehört schließlich zu den öffentlichen Funktionen
des Gemeinschaftslebens in den Städten. Um die Mitte des 14. Jhs. setzt
die Ausweitung der Oster- und Passionsspiele auf eine mehrtägige Spiel-
dauer ein.

Alle religiösen Spiele des späten Mittelalters sind kirchlicher Herkunft.
Geistliche waren die Verfasser, Bearbeiter, häufig auch Leiter der Aufführungen und Spieler für die Christus-, Marien- und Apostel-Rollen; nur
im Beiwerk macht sich der Einfluß fahrender Spielleute bemerkbar, und
erst im 15. und 16. Jh. nehmen Laien die Spiele in die Hand, Magister der
Artistenfakultäten, Schulmeister, Stadtschreiber, Maler, Bildhauer.

Beim Übergang vom lateinischen zum volkssprachigen geistlichen
Drama wurde zunächst auch für die deutschsprachigen Bestandteile der
Gesangsvortrag beibehalten. Als jedoch die volkssprachigen Bestandteile immer mehr überwogen, trat an Stelle des Gesangs die Rezitation;
nur die eingelegten Chorgesänge und Lieder oder deutschen Paraphrasen
lateinischer Gesangsstrophen wurden weiter gesungen. Dem Wechsel der
Sprache entspricht ein Wandel in der Metrik. Bei den zum Sprechen bestimmten deutschen Spieltexten gebraucht man an Stelle der lateinischen
Versmaße gereimte vierhebige deutsche Verse. Gesprochene Prosa kommt
in den geistlichen Spielen nicht vor.

Die Veranstaltung der deutschsprachigen geistlichen Spiele fällt in die
Periode eines Frömmigkeitswandels von den objektiven Normen des liturgischen Betens und Feierns zu der subjektiv volkstümlichen Frömmigkeit.
Daher wechseln auch die Spiele von der verehrenden Kultfeier zur er-
bauenden Andachtsübung. Liturgisch-stilisierender Gestaltungswille steht
aber noch lange neben volkstümlich Illusionistischem. Es gibt Spiele, die
entweder von der Liturgie oder von individueller Frömmigkeit getragen
sind, und solche, die beide Seinshaltungen nebeneinander und verquickt
zeigen. Je mehr sich die Spiele von der kultischen Gebundenheit ent-
fernen, desto rascher bildet sich ein geistliches Volksdrama aus mit viel

Possenhaftem, greller Handlung und allerlei Inszenierungskünsten und desto selbstherrlicher wird die Sprache. Der philosophisch-theologisch vom Nominalismus genährte spätgotische Individualismus bringt eine machtvolle und breite Entfaltung der geistlichen Spiele mit sich. Die späteren Spiele haben auch schon das Streben nach Naturwahrheit und Detailreichtum. Das Verlangen nach genauer Schilderung der Ereignisse erreicht in den tagelangen Passionsdarstellungen im 15./16. Jh. seinen Höhepunkt.

Das gesamte geistliche Drama einschließlich der Moralitäten ist erbaulich oder lehrhaft und meist ohne ästhetische Beziehung. Ansätze zu einer solchen sind anfangs im *Rheinischen Osterspiel* und später in Wiener Aufführungen erkennbar. Die dramatische Produktion läuft in Stoff und Tendenz parallel mit der übrigen geistlichen Literatur der Zeit.

Die *Überlieferung* der geistlichen Spiele des ausgehenden Mittelalters ist ungünstig. Die Texte haben als halbliterarisches Sprachgut nicht den Schutz gehabt wie individuelle Leistungen in Epik und Lyrik. Kein Spiel spricht eine bestimmte Mundart ganz rein, sondern zeigt neben den deutlich hervortretenden Eigenheiten des letzten Bearbeiters auch noch Spuren anderer Gebiete, durch die der Text gegangen ist. Inhaltlich sind alle Stücke einander ähnlich und weisen untereinander zahlreiche Übereinstimmungen auf. Auch im Text-(Vers-)bestand haben die Gruppen viel Gemeinsames.

Häufig vereinigten Spielleiter in ihren Händen mehrere Spieltexte, geistliche und weltliche gelegentlich nebeneinander. Die aus dem Augustiner-Chorherrenkloster Neustift bei Brixen stammende Handschrift 960 der Universitätsbibliothek in Innsbruck bewahrt drei vollständige geistliche Spiele, die zu Ostern, Fronleichnam und Mariae Himmelfahrt zur Aufführung kommen sollten. Die Handschrift dieser sogenannten *Neustifter (Innsbrucker) Spiele* wurde 1391 zwar in Neustift angefertigt, die Stücke aber stammen aus dem thüringischen Sprachraum. Die Handschrift diente als Spielbuch. Später angefügte Anmerkungen in lateinischer Sprache beziehen sich auf ein Spiel von der Zerstörung Jerusalems. In Wien, und zwar in der Fürstlich Auerspergischen Bibliothek, befand sich eine Sammelhandschrift aus dem 15. Jh., die unter lateinischen Traktaten eine Gruppe von sechs deutschen geistlichen Spielen enthält. Der Codex kam 1783 durch Kauf an die Erzbischöfliche Diözesanbibliothek in Erlau, Ungarn, Cod. B.V. 6 (olim 772–774/1563). Die sechs *Erlauer Spiele* sind: ein Weihnachtsspiel (1); ein Dreikönigsspiel (2); eine Marienklage (6), der Grabbesuch der Frauen mit Krämerszene (3), Ludus Marie Magdalene (4) und Ludus Judeorum circa sepulchrum Domini (5). Die vier Osterspiele bringen jeweils nur Teilbegebenheiten zur Darstellung, erst zusammen ergeben sie den Ablauf von der Visitatio sepulcri bis zur Auferstehung Christi. In den Spielen sind die volkstümlichen burlesken Sze-

nen besonders breit und derb herausgearbeitet. In der Handschrift sind
die lateinischen Bühnenanweisungen rot unterstrichen; über den Gesangs-
partien stehen Linien für Noten, die aber nur teilweise eingetragen sind.
Die Spiele wurden von vier Schreibern niedergeschrieben. Schrift- und
Sprachform lassen als Heimat bairisches Gebiet erkennen. Die Heimat
der Schreiber ist in Kärnten zu suchen. In Spiel 3 ist ein Hinweis: «und
dort oben pei der Mûr, / do ist so getane fûr»; in Spiel 6 am Schluß auf
«Gmunden», d. i. «Gmünd» in Kärnten. Eine ganze Anzahl verschiedener
geistlicher Spiele erscheinen auf Tiroler Gebiet um 1500 vereinigt in den
Händen von BENEDIKT DEBS († 1515), Lateinschulmeister und Spielleiter
in Bozen. Die Spiele sind in der 2. Hälfte des 15. Jhs. von verschiedenen
Händen geschrieben worden. Die Sammlung, die DEBS dem Spielver-
anstalter VIGIL RABER vererbte, enthielt: ein Passionsspiel, ein Emmausspiel und eine dramatische Marienklage; weiters eine Sammelhandschrift
mit 15 Spielen: ein Himmelfahrtsspiel, zwei Kreuzabnahmen, ein Osterspiel, ein Emmausspiel, den 2. Teil des Osterspieles, das Fastnachtspiel
‹Consistorj Rumpoldi› (1510), ein Lichtmeßspiel, ein Osterspiel mit dem
Gärtner, zwei Marienklagen, ein Osterspiel mit den Juden, ein Bruder-
spiel, eine Verkündigung Mariae, ein Fronleichnamsspiel. Der Maler VIGIL
RABER († 1552) aus Sterzing zeichnete zwischen 1510 und 1539 für Aufführungen 7 geistliche Lehrstücke und 25 Fastnachtspiele auf; außerdem
1511 ein Weihnachtsspiel, 1514 die Texte des *Haller Passions- und Palm-
sonntagsspieles,* 1520 ein Osterspiel, 1526 das erste ‹Evangeli Johanne›
und bald das zweite, 1529 ‹Ain recht, das Christus sterben soll›, 1543 die
Sterzinger Passion. Der Hauptstock der Raberschen Spieltexte stammt
noch aus dem 15. Jh.; nur einzelnes greift in die Reformation über. Ebenso
wie DEBS hat auch RABER die Spiele nicht selbst verfaßt, sondern ist nur
Sammler und Abschreiber. In Bozen war RABER bei den geistlichen (und
weltlichen) Spielen als Berater, Ausstattungskünstler, Einstudierer, Mit-
spieler und Regisseur tätig, auch als Anführer öffentlicher Spielgesell-
schaften in der Fastnacht, zu Pfingsten usw. In Bozen spielte er einmal
den Judas und das andere Mal den Hortulanus. Von seinen Inszenierun-
gen ist der Bühnenplan für das Eröffnungsspiel zum siebentägigen Bozener Aufführungszyklus von 1514 erhalten.

a) Die Osterspiele

Bei den aus kultisch-liturgischem Bereich hervorgegangenen *Osterfeiern*
unterscheidet man drei Stufen. Zuerst wurde der im Ostertropus gegebene ‹Quem quaeritis›-Gesang, d. h. das Zwiegespräch zwischen den das
Grab Christi besuchenden Marien und den dort Wache haltenden Engeln, mit der Visitatio sepulcri, d. h. der Handlung des Grabbesuches

der drei Marien, verbunden. Dann wuchs nach dem liturgischen Prinzip der Wiederholung im Verlauf des 11./12. Jhs. als weiteres Szenenbild eine Apostelszene hinzu: Als die Frauen den Aposteln die Auferstehung verkündet haben, eilen Petrus und Johannes zum Grab, um sich ebenfalls von der Wahrheit des Berichteten zu überzeugen; so wie früher die Marien, zeigen jetzt die Apostel die Grabeslinnen. Dabei finden WIPOS berühmte Sequenz ‹Victimae paschali› und die beiden Antiphonen ‹Currebant duo simul› und ‹Cernitis o socii› Verwendung. Als dritte Erweiterung kam die leibhafte Erscheinung Christi hinzu. Und zwar erschien der Auferstandene zuerst Maria Magdalena. Zu der mit dem Grabesbesuch der Frauen in engster Verbindung stehenden Magdalenenszene bilden sich allmählich auch Wächter- und Ritterszenen heraus, wobei die Soldaten am Grabe von den Engeln niedergeschlagen werden und später bei ihrer Rückkehr von den Hohenpriestern Schweigegeld erhalten, eine Merkatorszene, welche den Salbenkauf der Frauen zum Gegenstand hat, der Descensus ad inferos mit dem die Höllentore sprengenden Christus und die Szene mit dem ungläubigen Thomas. Kurzum, aus der ursprünglich schlichten kurzen Feier und Begehung wird in der Spätromanik und Frühgotik durch dichterische Bearbeitung ein in Text und Handlung immer umfangreicheres Osterspiel. Der Stoff ist dem Volk vertraut und wird nicht erfunden, sondern durch Neuverbindungen, Umdichtungen, Hinzudichten, Abstreichen bloß neu gestaltet, und zwar mehr liturgisch oder mehr weltlich.

Der historische Weg von den liturgischen Feiern aller drei Typen zum lateinischen Osterdrama wird in Bd. III/2 von DE BOOR dargestellt. Das lateinische Grundspiel der deutschsprachigen Osterspiele ist wahrscheinlich in einer der geistigen Metropolen des Rheinlandes, Köln, Frankfurt, Mainz, entstanden. Diese lateinische Grundlage war aus einer dreiszenigen Versfeier (Visitatio, Jüngerlauf, Erscheinungsszene Christi vor Maria Magdalena) und einer französischen Merkatorszene komponiert. Das älteste deutschsprachige Osterspiel wurde ebenfalls mit größter Wahrscheinlichkeit im deutschen Westen gedichtet.

Wie es nur eine Oster-Feier gab, so gibt es im Grunde genommen auch nur ein einziges *Oster-Spiel*, das sich allerdings in den verschiedenen Landschaften und Jahrhunderten vielfach wandelt. Entsprechend ihrem Werden und dem kompilatorischen Charakter der Texte hat man bei fast allen Spielen nicht einen Dichter, sondern nur das Ergebnis mehrerer Bearbeiter, die sich über Generationen verteilen, vor sich.

Die Chronologie der Osterspiele zeigt, daß die Entwicklung nicht durchwegs vom Einfachen zum Kunstvollen und Umfangreicheren ging. Die primitiven Formen leben bis in die späteste Zeit weiter. Noch im 14. Jh., als man bereits über ausgebildetere Formen geistlicher Spiele verfügte, fand in Wien eine zur Stufe 2 gehörige liturgische ‹Osterfeier mit deutschen Rubriken› Verwendung. Und im *Schwankbuch vom Eulenspiegel* (1515) beruht das ‹Osterspiel› zu Budensteten, in dem Eulenspiegel sein Unwesen treibt, auf einer solchen Osterfeier des 13. Jhs.

Das älteste erhaltene, zur Gänze in deutscher Sprache abgefaßte Spiel ist das *Osterspiel von Muri* (Handschrift Mitte 13. Jh.) in der Schweiz. Noch aus höfischem Geist gewachsen, gebraucht es die ritterliche Standessprache in höfischen Reimpaaren. Unabhängig von diesem Spiel arbeitete sich gegen Ende des 13. Jhs. auf rheinisch-hessischem Boden aus der lateinischen Tradition das *Rheinische Osterspiel* mit seinem neuen tektonischen Stil heraus. Von ihm werden alle späteren deutschen Osterspiele abgeleitet. Als nächstältere deutsche Osterspiele gelten das *Trierer Osterspiel* und das *Wolfenbüttler Osterspiel*. Die Handschrift des vermutlich aus dem Hennebergischen stammenden *Neustifter (Innsbrucker) Osterspieles* wurde 1391 fertiggestellt.

Wie sich zuerst deutsche Bestandteile an den lateinischen Text ansetzten, zeigt das *Trierer Osterspiel*. Die aus dem 14./15. Jh. stammende Handschrift beruht auf einer älteren Vorlage. Das Spiel besteht aus einer lateinischen Osterfeier der dritten Stufe. Den lateinischen Gesängen folgen die deutschen Übersetzungen, die großenteils gesprochen wurden; auch die prosaischen lateinischen Gesangstücke, wie etwa das ‹Quem quaeritis› werden in Verse übertragen. Einen ähnlich streng kirchlichen Charakter wie das *Trierer* zeigt das *Wolfenbüttler Osterspiel*, das eine Handschrift des 15. Jhs. überliefert. Nur läßt der Verfasser hier auch die zwei Salbenkrämer auftreten und, anders als im *Trierer Osterspiel*, wo die Umdichtung in kurzzeilige Sprechweise erfolgt, werden hier lateinische Gesangsstrophen in deutschem Gesang wiederholt.

Aus der 2. Hälfte des 14. Jhs. stammt das in Alt-Ostschlesien bearbeitete *Wiener Osterspiel*: ‹Spil von der besuchunge des grabis vnd von der ofirstendunge gotis› (lateinisch und mitteldeutsch, 1172 V.). Die Handschrift, wahrscheinlich aus dem Wiener Augustiner-Eremitenkloster auf der Landstraße, ist 1472 datiert. Der Schreiber nennt sich JOHANNES. Dieselbe Hand hat auch den im selben Codex enthaltenen *Wiener Oswald* geschrieben. Das in deutschen Sprechversen abgefaßte Spiel erweist sich als das Ergebnis der über einen langen Zeitraum sich erstreckenden Überarbeitung und hat daher keinerlei Einheit.

Es beginnt mit dem Auftrag des Pilatus, das Grab Christi zu bewachen und endet mit dem Wettlauf der Jünger zum Grabe. Das Spiel ist ein Marktplatzmysterium mit acht Bühnenorten und zehn Auftritten. In der Hauptsache werden die Vorgänge um das Auferstehungswunder samt Beiwerk vorgeführt. Wie üblich verhandeln Pilatus und die Juden wegen der Bewachung des Grabes. Es folgen die erste Wächterszene, die Auferstehung, der Descensus ad inferos, die zweite Wächterszene, eine breit ausgebaute Merkatorszene, der Gang der Marien zum Grabe, ihre Frage und die tröstende Antwort des Engels, Erscheinung vor Maria Magdalena und Wettlauf der Apostel. Alle singen das Osterlied.

Obgleich sich die einzelnen Szenen in Verlauf und Wortlaut an die älteren lateinischen Texte anlehnen, zeigt das Spiel die Wende zu einem wirklichkeitsnäheren Stil. Die Handlung ist von lebhafter Eindringlichkeit, die liturgischen Bindungen sind zugunsten der Nahsicht des Alltags gelöst. Zum Religiösen tritt schon sehr viel Possenhaftes. Der Fabulier- und Schaulust ist weitester Spielraum gegeben. Die Salbenkrämerszene ist bereits dermaßen verweltlicht, daß sie ohne allzugroße textliche Veränderung, vom Ganzen losgelöst, in den *Sterzinger Spielen* (‹Ipocras› 47–64 und ‹Consistory Rumpoldi› 114–118) zum Fastnachtspiel umgestaltet werden konnte.

Dem tektonischen Aufbau des *Rheinischen Osterspieles* gesellt sich zu das *Redentiner Spiel von der Auferstehung Christi* (1464; 2014 V.). Der gestaltungsbegabte Verfasser brachte es zustande, seine Überlieferungen, die auf die Urstufe des *Tiroler Passionsspieles* (vielleicht in einer mitteldeutschen Ausgestaltung) und auf das *Neustifter (Innsbrucker) Osterspiel* zurückgehen, zu einer eindrucksvollen Leistung zu formen. Dabei griff er selbständig zurück auf die Bibel, die Liturgie, das Evangelium Nicodemi u. a. Das Resultat war ein streng dualistisch gebautes, auf das Geschehen der Auferstehung und seiner Gegenhandlung konzentriertes Spiel. Im ersten Teil verläßt der Heiland trotz der Bewachung das Grab, steigt ab in die Hölle, triumphiert über den Teufel und erlöst die Vorväter. Im zweiten Teil (950 V.), einem Teufelsspiel, füllt Luzifer die Hölle mit Sündern wieder auf; der Dichter gibt eine niederdeutsche Ständesatire, mit dem Zweck, vor solchen Dingen zu warnen. Ein wie im *Redentiner Osterspiel* dualistisch gleichgewichtiger Bau wird später häufig die Form vieler Reformationsspiele.

Das *Neustifter (Innsbrucker) Osterspiel* ‹Ludus de resurrectione domini› (1317 V.) entstand zwischen dem 3. und 5. Jahrzehnt des 14. Jhs. in Thüringen-Henneberg. Eine Erwähnung des Streites zwischen Papst und Kaiser LUDWIG (V. 740 f.) datiert diese Partie in die Jahre 1323/47. Chorische Feierlichkeit wechselt mit Burlesken und Schlägereien, lateinischer liturgischer Gesang mit volkstümlichen Liedern, liturgische Partien mit komischen. Zur Aufführung benötigte man rund 54 Darsteller.

Die Szenenfolge war: Pilatus und die Juden – der Landpfleger schickt vier Ritter zur Grabbewachung – sie schlafen ein – ein Engel erscheint, Christus erhebt sich aus dem Grabe – Pilatus und die Ritter – Christi Abstieg in die Vorhölle – Teufelsszenen mit Ständesatiren – die drei Marien, Krämerszenen, die Frauen vor dem Grabe – Christus erscheint als Gärtner – Bekehrung des ungläubigen Thomas – Maria Magdalena berichtet den Aposteln ihr Erlebnis – Wettlauf der Apostel zum Grabe – Johannes stimmt das Osterlied an.

Zwischen die alten religiösen Partien ist bereits sehr viel Weltliches, Grelles, Derbes, Gegensätzliches gelagert: der Tanz der singenden Juden, mit dem das Spiel einsetzt; die lange Aufzählung der Stände und Berufe, mit denen Luzifer die durch Christus entleerte Hölle wieder füllen will; die Klage der herbeigeschleppten Seelen, die ihre Sünden bekennen; der Buhler, von dem Luzifer befürchtet, er könnte selbst der Hölle gefährlich werden. Die den weitaus größten Raum des Spieles einnehmende Merkatorszene entwickelt derbste Jahrmarkts- und Fastnachtspiel-Stimmung. Woher dieses Beiwerk stammt, erfährt man aus dem Schlußwort des Johannes: es ist die Welt der fahrenden Schüler und Studenten.

Offenbar aus dem größeren Zusammenhang eines vollständigen Osterspieles gelöst und zu selbständigen Teilen gemacht sind die in der *Erlauer Sammelhandschrift* überlieferten Spiele ‹Visitatio sepulchri in nocte resurreccionis› (Nr. 3; 1331 V.) mit Grabbesuch der Frauen und Krämerszene, Erscheinung Christi und Apostelspiel, ‹Ludus Marie Magdalene in gaudio› (Nr. 4; 713 V.) mit dem Weltleben der Maria Magdalena, und ‹Ludus Judeorum circa sepulchrum Domini› (Nr. 5; 477 V.), ein Wächterspiel. Die Lösung erfolgte vermutlich, um zeitgemäße Umarbeitungen und Aufschwellungen durchführen und die Spiele leichter zur Darstellung bringen zu können. Bei Spiel Nr. 3 und 5 weist die Handschrift besonders starke Gebrauchsspuren auf. Die Spiele stehen naturgemäß in der bisherigen Tradition und weisen Berührungspunkte mit anderen im Thema gleichartigen Produkten auf, sind aber doch auch weitgehend textliche Neuschöpfungen. Nr. 4 besteht aus einer Teufelskomödie und dem Spiel von der lustigen Magdalena. Luzifer ruft seine sechs teuflischen Gesellen zusammen, diese gehen auf Raub aus und schleppen Seelen aus verschiedenen Ständen herbei: des Schneiders, Schusters, Räubers, Bäckers, Wirtes, des Schülers, der Buhlerin, des Schreibers, des zweiten Schülers. Die Bibelstelle MARK. 16,9 verbindet die Teufelskomödie mit dem Magdalenenspiel. Bei diesem liegt das Hauptgewicht auf der Vorführung des sündigen Lebenswandels der Maria Magdalena mit ihrem Buhler, weniger auf der Bekehrung. Das Grabspiel Nr. 5 zeigt, wie die Juden vor Pilatus ziehen, eine Grabwache begehren, die Soldaten am Grabe, die Auferstehung, Höllenfahrt, Einkerkerung der Wächter. In Nr. 3 hat Weltlich-Komisches von größter Ausgelassenheit Eingang gefunden. Die mittelalterliche Heldenepik und das Rittertum werden parodiert, das Heilige wird nicht geschont. Dicht neben dem Grab Christi wird die Salbenkrämerbude mit ihrem Unflat aufgerichtet. Außer den Marien, Engeln und Christus agieren Rubin, Pusterpalk, ein heruntergekommener Arzt und ein ehebrecherisches Weib. Das religiöse Weihespiel ist partienweise hart in die Nähe des Fastnachtspieles gerückt.

Mittelniederdeutsch ist das *Osnabrücker Osterspiel* (584 V.), geschrieben 1505 im Frauenkloster Gertrudenberg, Pergament-Handschrift heute im Generalvikariat Osnabrück. Über dem ganzen Spiel liegt ein hoheitsvoll gedämpfter Ton. Im Vordergrund stehen die fünf Erscheinungen.

Nach einem Vorspruch und Chor der Engel beginnt das Spiel mit einer Auseinandersetzung zwischen Infernus und Satan über die Gottheit Christi. Es folgen die Wächterszene mit Kaiphas vor Pilatus und vor dem Grabe, der Grabbesuch der drei Marien und Bericht an die Jünger, Magdalena vor Christus, der zweite Teil der Ostersequenz ‹Victimae paschali›, Jesus vor den drei Marien und deren Botschaft an die Jünger, Emmaus, Lukas und Kleophas berichten den Aposteln, Jesus vor den Jüngern, zweite ziemlich ausgeweitete Wächterszene, die Thomasszene. Es fehlen die Krämerszene und der Salbenkauf; Wettlauf und Grablegung sind nur in Liedern angedeutet; nicht vorgeführt wird die Auferstehung.

b) Die Passionsspiele. Die Marienklagen

Im 13. Jh. verlagerte sich in den geistlichen Spielen das Hauptgewicht vom Oster- und Weihnachtsgeschehen auf die Darstellung des Erlösungswerkes Christi in der Karwoche. Seine dramatische Ausgestaltung im Geiste der Scholastik und Mystik ist die Arbeit der folgenden zwei Jahrhunderte. Man ging von den Osterspielen über zu den *Passionsspielen.* Unter dem Einfluß der Passions- oder Leidenstheologie wird die Leidensgeschichte Christi zum Hauptthema. Seit der zweiten Hälfte des 14. Jhs. dringt in allen Teilen des deutschen Sprachraumes das Passionsspiel empor und breitet sich in rascher Folge aus. Nicht alles, was unter diesem Namen geht, ist Leiden-Christi-Spiel im engeren Sinn. Manchmal wird auch die biblische Vorgeschichte, die das Erlösungswerk nötig machte, vorgeführt. Das mag Erweiterung und Begründung der biblischen Geschehnisse von Passion und Auferstehung sein oder auch Rückgriff und Fortsetzung.

Wie das geistliche Schauspiel durch nationale Gestaltung des religiösen Stoffes allmählich volkstümlich wurde und ein spezifisch deutsches Gepräge bekam, zeigt der mit dem Benediktbeurer verwandte, leider nur teilweise erhaltene *Wiener Ludus Paschalis* (Cod. Vind. 12887) aus der Zeit um 1325, lateinisch und deutsch, wahrscheinlich rheinhessischer Herkunft, auf seiner Wanderung aber vielleicht nach Wien oder in dessen Umgebung gekommen. Die Bezeichnung ‹Osterspiel› trifft nicht zu, denn es sollte in wohlüberlegter Weise die gesamte Heilsgeschichte der Menschheit mit den drei Hauptphasen: Sündenfall und Strafe, Gnade, Erlösung zur Darstellung gelangen.

Zunächst werden im Himmel die Auflehnung des Engels Luzifer und dessen Sturz vorgeführt. Hierauf erscheint Luzifer in Teufelsgestalt mit seinen Gefährten in der Hölle und verbündet sich mit den Teufeln zur Verführung des ersten Menschenpaares. Es folgt im Paradies der Sündenfall und die Verstoßung Adams und Evas. Dem Fall Luzifers und der ersten Menschen angefügt ist eine Szenengruppe von armen Sündern aus verschiedenen Ständen oder der verschiedenen Laster. Gehilfen des Teufels führen die ersten Menschen in die Hölle ab. Hier erhalten sie Gesellschaft durch vier Seelen, die der Reihe nach herbeigeschleppt werden und durch ihre Bestrafung die Folgen der Erbsünde veranschaulichen: ein «Gesücher» (Wucherer), ein buhlerischer «Prediger», eine «Zauberinne» (Hexe) und ein «Apprecher» (Räuber). Der dritte Abschnitt zeigt in großer Ausführlichkeit Weltleben und Bekehrung der schönen Maria Magdalena: wie sie sich schminkt, ein leichtes Liedchen singt, mit dem Teufel in Gestalt eines Jünglings tanzt, die Warnung ihrer Schwester Martha ausschlägt, bis endlich die Engelsbotschaft sie zur Umkehr bringt und sie beim Gastmahl im Hause des Pharisäers Simon die Vergebung ihrer Sünden durch Jesus erlangt. Der vierte Abschnitt beginnt mit dem letzten Abendmahl und bricht mit der Judasszene ab. Nicht mehr erhalten sind die Passion im engeren Sinn und die Osterspielszenen Höllenfahrt und Auferstehung.

Das Wirken Jesu seit der Hochzeit zu Kana bzw. der Taufe durch Johannes behandeln ein *St. Galler* und ein *Frankfurter Spiel*. Beide gehen in der Literatur unter dem Namen von Passionsspielen, obgleich sie darüber weit hinausreichen. Das *St. Galler Spiel vom Leben Jesu* (1340 V.) aus der ersten Hälfte des 14. Jhs. stammt aus Rheinhessen. Verfasser war ein Geistlicher. Er hält sich eng an den Evangelienbericht, den er erst in liturgischer Weise lateinisch singen läßt und dann in deutschen Sprechversen nachbildet. Es war ihm nicht um eine realistische Darstellung zu tun, sondern um die Sinneserschließung des Dargestellten für die Zuschauer.

Vorgeführt wird das Wirken Jesu von der ersten Wundertat bei der Hochzeit zu Kana bis zur Auferstehung: Taufe im Jordan, Versuchung Jesu durch den Teufel, Magdalenen-Episode, weitere Wunder, Beratung der Juden, Einzug in Jerusalem, Passion und Auferstehung. St. Augustinus fungiert als Prologsprecher und Praecursor, der die einzelnen Auftrittsreihen mit einem Vorspruch einleitet.

In Frankfurt a. M. wurde um 1350/60 ein auf zwei Tage verteiltes Passionsspiel aufgeführt. Erhalten ist nur die ‹Dirigierrolle› oder das Regiebuch des BALDEMAR VON PETERWEIL, Kanonikus am St. Bartholomäus-Stift. Sie enthält die Bühnenanweisungen und verzeichnet die auftretenden Personen (rund 100 ohne die Statisten) mit ihren Stichworten. Das in deutschen Reimpaaren abgefaßt gewesene Spiel ging vom *St. Galler Spiel vom Leben Jesu* aus und übernahm aus der epischen Dichtung ‹Die Erlösung› zahlreiche Dialog-Partien. Gespielt wurde am ersten Tag auf dem Marktplatz, am zweiten vermutlich im Dom.

Der Verfasser stellt seinen Stoff in den Rahmen der Prophetenspiele. Der hl. Augustinus läßt die einzelnen Propheten ihre Weissagungen vortragen. Die Juden wollen sie nicht glauben und verwerfen sie, worauf ihnen der Kirchenvater die Wahrheit am einsetzenden Spiel faktisch vor Augen führt. Das Spiel reicht von der Taufe Christi bis zur Grablegung (erster Tag) und von der Auferstehung bis zur Himmelfahrt. Einige Juden, die den Geschehnissen zugesehen haben, lassen sich taufen. Der personifizierten Synagoge entgleiten Mantel und Krone. Ecclesia triumphiert.

Eine jüngere Fassung des alten Frankfurter Spieles, das *Frankfurter Passionsspiel*, Handschrift von 1493 (4408 V.), wirkte auf andere Spiele der hessischen Gruppe ein, so auf ein *Friedberger Prozessionsspiel*, von dem eine Dirigierrolle aus dem Jahre 1465 erhalten ist. Das *Friedberger*

Spiel bildet wieder neben einer älteren Frankfurter Fassung die Grundlage für das *Alsfelder Passionsspiel*. Ferner gehören zu dieser rheinfränkisch-hessischen Spielgruppe das *Heidelberger Passionsspiel* (6125 V.) des WOLFGANG STÜECKH von 1514, das Fragment eines *Passionsspieles von Fritzlar* und das *Rheinische Osterspiel* (Handschrift von 1460).

Wie keine andere Passionsspielgruppe in vielen Handschriften und urkundlichen Zeugnissen festgelegt sind die *Tiroler Passionsspiele*. Unter *Tiroler Passion* versteht man das dreiteilige Passionsspiel tirolischer Städte aus der Zeit um 1380 bis 1580. Die Tiroler Passion nahm ihren Ausgang vom *Neustifter (Innsbrucker) Osterspiel*. Bald nach 1400 schuf ein nicht namentlich bekannter Sterzinger Geistlicher den ersten Spieltext. Er wollte mehr aus seelsorglichen als künstlerischen Absichten das Leiden und Sterben des Erlösers in Bild und Handlung vorführen. Diese *Sterzinger Passion* ist die Urform aller weiteren Tiroler Passionsspiele als einer bestimmten Art des Anschauens und sprachlichen Ergreifens der heilsgeschichtlichen Vorgänge.

Das dreiteilige Passionsspiel begann am Gründonnerstag mit der Versammlung des jüdischen Rates und endet mit Jesus vor Kaiphas. Das Karfreitagsspiel zeigte Jesus vor Herodes und Pilatus, den Kreuzweg, die Kreuzigung, den Tod Christi bis zur Marienklage und der Grablegung. Das dritte Spiel begann mit der Anwerbung von Rittern durch die Juden zur Bewachung des Grabes, zeigte den Abstieg Christi in die Vorhölle, führte die Auferstehung vor und endete mit der Bestechung der Wächter durch die Juden. Zum Schluß will Luzifer durch verschiedene Sünder unter den Ständen die entleerte Hölle bevölkern (wo sich nach mittelalterlicher Auffassung auch die Erzväter, Adam und Gefährten befanden, freilich ohne Qual und mit Hoffnung auf Erlösung).

Bemerkenswert ist die geschlossene Form dieser Passion. Das Geschehen wird wirklichkeitsgetreu wiedergegeben. Praefigurationen fehlen. Die Einheit der Zeit ist streng gewahrt, die Szenen sind örtlich straff gebunden. Aufführungsort war der Kirchenraum. Im Unterschied zu den mitteldeutschen Großspielen beschränkte sich die *Tiroler Passion* ursprünglich auf die Darstellung des Leidens, Sterbens und der Auferstehung Christi. Später versuchte man auch die Wundertaten Christi darzustellen. Ein eigenes Tiroler Vorspiel ist das *Palmsonntagsspiel*, ein Tiroler Nachspiel das *Brüder- oder Emmausspiel*. Obgleich die Passion um 1400 in Sterzing entstand, setzen urkundliche Nachrichten über Spielaufführungen in der Stadt erst 1455 ein: bis 1503 spielte man ziemlich regelmäßig alle sieben Jahre; weitere Aufführungen sind später von 1533 bis 1580 belegt.

Aber Sterzing war nicht die einzige Tiroler Stadt, in der gespielt wurde. Für Hall bei Innsbruck ist bereits 1430 ein Osterspiel bezeugt, 1434 spielte man zum letzten Mal in der Kirche, die Aufführungen von 1451 bis 1507 fanden im Stadtgarten statt, wo man eine eigene «sprachprucken» errichtete. Die viertägige Aufführung des gesamten Passionsspieles 1511 gab das Vorbild für die große *Bozener Passion* von 1514. Bozen besaß aber mindestens seit 1476 ebenfalls eine ältere Spieltradition; 1489 ließ der Stadtrat die *Sterzinger Passion* abschreiben. Im Jahre 1514 kam es dann zur großen siebenteiligen Aufführung. Sie stellt den Höhepunkt des spätmittelalterlichen Spielgeschehens in Tirol dar.

Die Teile dieses das gesamte österliche Geschehen umfassenden großen Passionspieles wurden während sieben Tagen vom Palmsonntag bis Christi Himmelfahrt in der Bozener Pfarrkirche entsprechend den kirchlichen Gedenkfeiern gegeben: das Vorspiel am Palmsonntag mit dem Einzug Jesu in Jerusalem, das Hauptspiel am Gründonnerstag und Karfreitag mit Abendmahl und Kreuzigung, am Karsamstag die Marienklage, am Ostersonntag die Auferstehung, am Ostermontag der Gang der Jünger nach Emmaus, das Nachspiel am Himmelfahrtstage mit der Auffahrt des Herrn.

In Bozen wurden 1514 zum ersten Mal weibliche Rollen mit Frauen besetzt. Von anderen Tiroler Städten existieren nur spärliche Nachrichten über Spielaufführungen. Doch wurde an einzelnen Orten noch das ganze 16. Jh. gespielt: in Bruneck 1536, in Schwaz 1551, in Lienz noch 1724. Die Handschriften von Spieltexten überliefern: eine *Sterzinger Passion,* eine *Bozener Passion,* eine *Haller Passion,* eine *Steinacher Passion,* eine *Brixener (Schwazer) Passion,* eine *Sonthofer Passion, Bozener Umgangsspiele* u. a. Die Tiroler geistlichen Spiele sind getragen von einer spätgotisch-bürgerlichen Lebensauffassung und ihrem städtischen Gemeinschaftsgeist.

Aus alemannischem Sprachraum stammt das *Donaueschinger Passionsspiel* (4177 V.). Die aus der 2. Hälfte des 15. Jhs. stammende Niederschrift wurde als Spielbuch hergestellt und ist bedeutsam wegen des genauen Verzeichnisses der Bühnenorte, eines skizzierten Lageplanes der Örtlichkeiten, der eingehenden Spielanweisungen und der kompletten Garderobeliste für alle 166 Spielrollen. Der Dichter oder Bearbeiter war ein bühnenerfahrener Mann.

Das Spiel hat drei Teile. Einen 1. mit Christi Lehre und Wunder bis zum Verrat des Judas (Weltleben der Maria Magdalena, Mahl bei Simon und Bekehrung der Magdalena, Versuchung Christi durch den Teufel, Jesus im Tempel, Heilung des Kranken am Teich Bethsaida, Jesus und die Samariterin, die Auferweckung des Jünglings von Naim, Heilung des Marcellus, Vertreibung der Händler aus dem Tempel, Auferweckung des Lazarus, Beratung der Juden im Tempel, Mahl in Bethania, Christi Einzug in Jerusalem, Urias verleitet Judas zum Verrat). Einen 2. mit Abendmahl, Prozeß Jesu, Verleugnung des Petrus, Selbstmord des Judas, Judas in der Hölle, der Teufel und die Pilatissa, Weg nach Golgotha, Kreuzigung, Tod, Lanzenstich und Bekehrung des Longinus, Grablegung. Einen 3. mit Grabwache, Auferstehung, Wächterszenen, Erscheinungen Christi, Salbenkrämer, Gang der Frauen zum Grabe, Kunde an die Apostel, Wettlauf der Jünger. Das Spiel sollte an zwei Tagen aufgeführt werden. Den ersten Tag füllten 18, den zweiten 24 Handlungen. Den Mittelpunkt des Geschehens bildet Christus; breiten Raum nimmt die Bekehrung der Maria Magdalena ein. Krasse Wirklichkeitsnähe und bewegte Volksauftritte sind vorhanden, alles bürgerlich breit und wortfreudig. Im Aufbau der Bühnenorte ist der Spiel-

Raum in drei durch Tore miteinander verbundene Abschnitte gegliedert. In der Mitte liegen die irdischen Orte, an den Enden Himmel und Hölle. Als Mensch und Gott hat Christus diese drei Bereiche durchmessen. Jeder Mensch steht in seinem Erdendasein in der ständigen Spannung zwischen Hölle und Himmel. Das Kreuz und das Grab Christi befinden sich im selben Abschnitt wie der Himmel. Der Ölberg, auf dem Christus verraten wird, liegt im selben Bühnenraum wie die Hölle. Die Zuschauer stellen das der Kreuzigung beiwohnende jüdische Volk dar und sind andererseits die Vertreter der gesamten Christenheit.

Inhaltlich mit dem entsprechenden Teil des *Donaueschinger Passionsspieles* deckt sich das umfängliche *Luzerner Osterspiel* von 1616. Es ist die Überarbeitung eines Urspiels von etwa 1480. Seine Bedeutung in der Geschichte des mittelalterlichen Theaters liegt weniger im Text als in der Aufführungspraxis.

Einer alten Textgruppe gehört das *Alsfelder Passionsspiel* (8095 V.) an. Aufführungen sind für 1501, 1511, 1517 bezeugt. Zur Aufführung von 1517 ist die Dirigierrolle erhalten. Das Spiel ist für drei Tage eingerichtet.

Die Handlung beginnt mit einem Vorspiel, das als eine dramatische Höchstleistung der Zeit gilt: Beratung der Teufel, wie sie Jesu zu Tode bringen könnten; ihre Hinterlist erreicht zuerst die Enthauptung des Johannes (Johannesszenen: Hof des Herodes, Herodias, Salomes Schleiertanz); die Herodesweiber werden in die Hölle geschleppt. Die Haupthandlung setzt ein mit der Versuchung Jesu und der Berufung der Apostel. Es folgen die Vorstellung des Herodes und des Pilatus, die Wundertaten Jesu und die Ereignisse bis zum Auftreten der Maria Magdalena (Mantellied etc.), weitere Wundertaten Jesu, die Beratung der Juden und Palmsonntagsereignisse. Der zweite Spieltag bringt zu drei Viertel das historische Geschehen des Gründonnerstags und Karfreitags, im letzten Viertel aber allegorisch-didaktische Rhetorik. Dem Urteil des Pilatus folgt der Streit zwischen Ecclesia und Synagoga. Der dritte Spieltag bringt eine Fülle von Auftritten in Form des Prozessionsstiles: die Dornenkrönung, eine Hetzrede der Synagoga, das Zusammentreffen Maria-Jesus, Veronika mit dem Schweißtuch, die Kreuzigung, Schmähreden, die Marienklage, die Longinusszene, Kreuzabnahme und Grablegung, die Wächterszene, die Auferstehung, den Abstieg in die Vorhölle, Synagoga findet die schlafenden Wächter und das leere Grab, die Salbenkrämerszene, den Gang der Frauen zum Grab, die Erscheinungen Christi, die Himmelfahrt, die Ausgießung des hl. Geistes, die Aussendung der Apostel.

Zu den vielen Auftritten kommt eine Menge Beiwerk, wie Tropen, Antiphonen, Lamentationen, Hymnen, Kirchenlieder. Der Verfasser war kein schöpferischer Dichter, wohl aber ein sichtender Ordner und Mehrer, imstande, lebensnahe Bilder und eindringliche Lehrreden zu geben und wirkungsvoll zu kontrastieren (Tanz der Salome, der Magdalena und der Juden; Gejohle um die Kreuzigungsgruppe; Seelenhandel der Teufel; possenhafte Krämerszenen; dazwischen lyrische Episoden und religiöse Ergriffenheit und Erschütterung). Christus wird menschlich nahegebracht. Die Klagen, Vorwürfe und Schmerzausbrüche der Magdalena, des Judas, der Maria sind heftig. Der Teufel wird dämonisch aufgefaßt. Bei den religiösen Auftritten verharren Gestik und Mimik im liturgischen Stil, in den Weltszenen herrscht freieste Bewegung.

Ein bemerkenswerter Bericht über die *Betätigung von Universitäts-Lehrern und -Studenten bei der Aufführung geistlicher Spiele* für adelige und stadtbürgerliche Zuschauer stammt aus Wien. Hier versammelte sich am Freitag vor Judica 1432 (4. April) die Artistische Fakultät, um einen Bericht ihres Dekans anzuhören «quomodo quidam magister scil. Johannes Celler de Augusta in die Cene Domini, Parasceves et Pasce habuisset publice ludos de cena, passione et resurreccione Domini in castro ducis, non obstante exhortacione decani contraria.» Magister JOHANNES ZELLER aus Augsburg hatte also trotz Abmahnung durch den Dekan am Gründonnerstag, Karfreitag und Ostertag 1431 (offenbar mit seinen Studenten) in der herzoglichen Burg öffentliche Spiele, welche das letzte Abendmahl, die Passion und die Auferstehung zum Gegenstand hatten, aufgeführt. Die Fakultät verfügte unter Androhung des Ausschlusses, daß keiner ihrer Magister ohne ausdrückliche Erlaubnis in Hinkunft solche Spiele veranstalten dürfe. Ein Jahr darauf, am 8. März 1433, mußte sich die versammelte Artistenfakultät erneut mit diesen Spielen befassen. ZELLER hatte ein Ansuchen eingebracht «ad habendum planctum seu exhortacionem de passione Domini», d. h. wohl eines Passionsspieles mit eingefügter dramatischer Marienklage. «Et supplicauit Mag. Johannes Tzeller de Augusta, qui ludum habere proposuit ad peticionem domini principis.» Da der Fakultät schon vorher das durch ZELLER veranstaltete Spiel mißfallen hatte, so verweigerte sie trotz der Unterstützung des Ansuchens durch Herzog ALBRECHT V. ihre Genehmigung «propter multas racionabiles causas in facultate tactas». Der genannte Magister ZELLER aus Augsburg erscheint 1430 bei der Rheinischen Nation der Wiener Universität immatrikuliert, erwarb später die medizinische Doktorwürde und verunglückte 1456 zu Belgrad beim Übersetzen der Donau zur selben Zeit, als dort Graf ULRICH VON CILLI ermordet wurde.

Die ablehnende Haltung der Fakultät stimmt auffallend überein mit einer Äußerung des Dominikaners und Professors an der Wiener Universität FRANZ VON RETZ, der sich in seiner Anfang des 15. Jhs. entstandenen ‹Lectura super Salve Regina› scharf gegen die verweltlichten Osterspiele und auch gegen deren Aufführung in den Kirchen wandte. Er sagt dort: «Daraus erhellt, daß jene theatralischen Schauspiele vom Pusterpalk und seinen zügellosen Nachbarn, die von manchen Geistlichen zu Ostern aufgeführt zu werden pflegen, gottlos sind und aus heiligen Stätten ausgeschlossen werden müssen. Solche Spiele hätten dereinst auch in den Theatern der Heiden und in öffentlichen Schauspielen Anstoß erregt. ‹Und womit soll ich dieses Geschlecht vergleichen, wenn nicht mit den Knaben, die auf dem Markte spielen› MATTH. 11,16 und LUK. 7,32 – sie machen nämlich durch ein derartiges Spiel aus Kirche und Chor einen Marktplatz.» Die Äußerung zeigt, daß auch noch in später Zeit nicht selten Kirche und Chor zur Darstellung schon sehr umfangreicher Oster- und Passionsspiele mit dem ganzen Beiwerk der Merkator- und Teufelsszenen benutzt wurden.

ZELLER führte seine Spiele in der Herzogs-Burg auf. Herzog ALBRECHT V. (1404 1499, bis 1411 unter Vormundschaft), der die Aufführungen befürwortete, hatte eine Reihe vortrefflicher Männer zu Erziehern gehabt, die auch später in seiner Umgebung blieben: der durch Studien in Padua hochgebildete Kanzler ANDREAS PLANK, der als Veranlasser von Übersetzungen bekannte REIMPRECHT VON WALLSEE, der weise PILGRIM VON PUCHHEIM. ALBRECHT, als deutscher König II. (1438–39), ist auch der Stifter des großen Albrechts-Altares, eines der Hauptwerke des spätgotischen Realismus.

Nahezu alle religiösen Spiele sind uns lediglich als *literarische Denkmäler* überliefert. Zu einem Drama gehört aber als zweites konstitutives Element auch die *mimische Repräsentation*. Doch diese und ihre unmittelbare dramatische Wirkung sind verloren. Die Darstellung wird noch am ehesten einfühlbar unter Zuhilfenahme der bildenden Kunst. Diese bewahrt unter Umständen auch die bildhafte Gebärde. Ein solcher Sachverhalt wäre eventuell gegeben, wenn ein erprobter Leiter von geistlichen Spielen gleichzeitig auch als bildender Künstler die Thematik etwa eines Oster- oder Passionsspieles zur Darstellung gebracht hätte. Ein derartiger Fall ist in der jüngsten Zeit bekannt geworden an WILHELM ROLLINGER in Wien, seinen Passionsspielen in dieser Stadt und seinen Passionsreliefs auf dem Chorgestühl im Dom zu St. Stephan. Allerdings mit der Einschränkung, daß man zwar Abbildungen seiner Bildwerke besitzt und es ausführliche Nachrichten über seine Spiele und deren Inszenierung gibt, nicht aber die Texte der Spiele erhalten sind.

In Wien waren gegen 1500 unter Leitung von Stadtbürgern zwei Spiele «der Ausführung Christi», d. h. ein Passionsspiel mit Kreuztragung und Kreuzigung in Übung, eines am Karfreitag auf dem Friedhof um die Stephanskirche, ein anderes am Fronleichnamstag nach der Prozession. Leiter beider Spiele waren der namhafte Bildschnitzer WILHELM ROLLINGER († 1521) und der Ratsherr MATTHÄUS HEUBERGER aus Hall in Tirol. HEUBERGER ist literarisch als Verfasser des ‹Wiener Heiltumbuches› (gedr. Wien 1502) bekannt. Das Passionsspiel am Fronleichnamstag befand sich in der Obhut der ‹Gottsleichnams-Bruderschaft›. Aus Urkunden und den Rechnungsbüchern dieser Bruderschaft, die Angehörige aller Stände umfaßte, ergeben sich, wie selten anderswo, aufschlußreiche Nachrichten über die Spielrequisiten, das Spielpersonal etc. Das Spiel wurde 1505 auf zwei Tage verteilt.

Am Dreifaltigkeitssonntag spielte man auf dem Neuen Markt, wo vier Bühnen aufgerichtet waren, die Szenen vor der Kreuztragung: Prolog, Collegium Judeorum, in dem der Tod Christi beschlossen wird, Fußwaschung, letztes Abendmahl, Verrat des Judas, Ölbergszenen, Vorführung bei Annas, Kaiphas, Pilatus, Herodes, Verspottung Christi, Szenen bei Pilatus, Dornenkrönung, Ecce homo, Verurteilung und Händewaschung des Pilatus; die «Ausführung» selbst vollzog man am Fronleichnamstag in Form eines gefolgereichen Kreuzweges durch die Straßen der Stadt mit der Begegnung der Frauen, dem mehrmaligen Fall des Herrn, Simon von Cyrene und den beiden Schächern im Zug, bis zum Stephansfriedhof. Dort war wieder eine Bühne errichtet. Auf ihr stellte man die Kreuzigung Christi und der beiden Schächer, die Szenen unter dem Kreuz, die Verheißung für den rechten Schächer, den Lanzenstich und die Kreuzabnahme dar. Die Grablegung erfolgte in Form einer Prozession in den Dom, wo in der Tirnaschen Kapelle das Ostergrab bereitet war. Leider sind die «Register inn Reymen drin verschrieben der ganntz passion», d. h. die Spieltexte, die ROLLINGER zu verwahren pflegte, bisher nicht wieder aufgefunden worden. Sie waren zweifellos sehr umfangreich und in Versen abgefaßt. Das Spielpersonal erscheint 1510 in vier Gruppen geteilt: 1. «der Hergott mit seiner Zuegehörung»

(50–88 Personen); 2. die «Judenschul» oder «Synagog» (60–114; der Gesang oblag Schülern, die auf Wagen mitgeführt wurden); 3. die reitenden Juden und die Trabanten (50–60); 4. das Fußvolk im Harnisch (40–90); zu diesen vier Gruppen kam 1521 noch der Engel mit seiner Rotte. Aus den Spielrequisiten kann man schließen, daß auch die volkstümlich-weltlichen Elemente stark zur Geltung kamen.

Die für dieses große zweiteilige Passionsspiel erschlossenen Szenen stehen in engster inhaltlich-literarischer und vor allem theatergeschichtlicher Beziehung zu dem von ROLLINGER als Bildschnitzer angefertigten *Passionsreliefs* über den Rücklehnen des 1945 beim Dombrand vernichteten spätgotischen Chorgestühles (1476/95). Dort waren folgende Szenen zu sehen: Versuch der Steinigung Christi (JOH. 8,59) am Sonntag Judica, Einzug in Jerusalem, Empfang durch das Volk, Vertreibung der Wechsler aus dem Tempel, Fußwaschung, letztes Abendmahl, Verrat des Judas, Judas führt die Häscher auf den Ölberg, Christus betet das erste Mal auf dem Ölberg, er weckt die schlafenden Jünger, er betet zum dritten Mal, die Häscher fallen vor Christus nieder, Judaskuß und Heilung des Malchus, die Flucht des zurückgebliebenen Jünglings (MARK. 14,51 f.), Christus durch den Bach Cedron geschleift, Christus wird unter Mißhandlungen nach Jerusalem geführt, Verhör vor Annas, Christus vor Kaiphas, Christus wird vor dem Gerichtshaus an Pilatus übergeben, er betritt das Haus des Pilatus, Pilatus schickt Christus zu Herodes, Christus vor Herodes, Christus wird von Herodes zu Pilatus in weißem Kleid zurückgesandt, Christus das zweite Mal vor Pilatus, die Geißelung, die Dornenkrönung, die Schaustellung, Pilatus wäscht sich die Hände und übergibt Christus den Juden zur Kreuzigung, Simon von Cyrene hilft das Kreuz tragen, die beiden Schächer im Zug, auf dem Kalvarienberg wird die Grube für das Kreuz ausgehoben, die Kreuzaufrichtung, der rechte Schächer, Christus am Kreuz, der linke Schächer, die Beweinung Christi, die Grablegung, Christus befreit die Seelen der Gerechten aus dem Limbus, Christus mit den zwei Jüngern auf dem Wege nach Emmaus. Gegen Schluß tauchen auch einige Szenen aus der früheren Wirksamkeit Christi wie Heilung eines Bessessenen, erste Versuchung Christi, Speisung der 5000 etc. auf, andere Reliefs wurden im Frühbarock ergänzt. Die einzelnen Szenen waren mit großer Ausdruckskraft geschaffen, die lebhaften Figurengruppen in Innenräume oder vor Landschaftshintergründe gestellt. Niemand, der diese Passionsreliefs an seinem Auge vorüberziehen läßt, kann sich dem Eindruck entziehen, die Abfolge eines Passionsspiels voll tiefster Stimmungen und stärkster Dramatik vor sich zu haben.

Mit den aus der Dichtung vieler Völker her bekannten Totenklagen in Zusammenhang stehen wohl die sogenannten *Marienklagen*. Man hat als auffallende Tatsache festgestellt, daß in der gesamten patristischen und frühmittelalterlichen Literatur die Klage der Gottesmutter unter dem Kreuz nicht erwähnt wird. Erst seit dem 12. Jh. legte man der Mutter Christi leidenschaftliche Klagen über den Tod ihres Sohnes in den Mund und schrieb ihr heftige Gebärden zu. Hauptzweck der Klageliteratur wird die mit zunehmender mystischer Laienfrömmigkeit einsetzende Ansehung der Gottesmutter als Vorbildgestalt christlicher Compassio im Sinne der Leidenstheologie. Literarhistorisch auszugehen ist von der Sequenz ‹Planctus ante nescia› des Viktoriners GOTTFRIED VON BRETEUIL († 1194). Die sich um den ‹Planctus› formenden Marienklagen nehmen ihre realistische Leidensgestik und dramatischen Elemente aus dem pseudobernhardischen Traktat ‹De passione Christi et doloribus et planctibus Matris eius›. Durch Verselbständigung aus den großen Spielen wurden die Marienklagen zu einer eigenen Aufführungsgattung. Eine Sondergruppe daraus sind die *dramatischen Marienklagen*: große Klagemonologe, in denen Maria die am Passionsgeschehen unter dem Kreuz Beteiligten anspricht; einmal greift auch Johannes redend ein; die Handlung (stummes Spiel mit zahlreichem Personal) ist in die Bühnenanweisungen verlegt; ständiger Begleiter Mariens ist der Erzengel Gabriel. Die monodramatische Form der Marienklagen scheint sich in Böhmen entwickelt zu haben. Ein Beispiel dafür ist die *Aggsbacher Marienklage* (um 1416). Ihr Dichter war vermutlich ein Kartäuser aus Prag. Er schrieb ostmitteldeutschen Dialekt.

Die früheste bekannte Übertragung des Sequenz ‹Planctus ante nescia› ins Deutsche ist die *Ältere niederrheinische Marienklage* (Wende 12./13. Jh.), eine monologische Klage unter dem Kreuz, die in Maria Vorbild und Führerin der christlichen Gemeinde sieht. Eine *Jüngere niederrheinische Marienklage* (15. Jh.) erfreute sich zu Beginn des 16. Jhs. großer Beliebtheit (6 Kölner Drucke 1500–1520). Das älteste Zeugnis für die deutschen dramatischen Marienklagen ist die *Lichtenthaler Marienklage* (13. Jh., bairisch; Handschrift Kloster Lichtenthal in Baden). Diese strophische Dichtung besteht aus einem dreimaligen Wechsel von Klagen der Maria und der Trostworte des Johannes. Noch aus dem 14. Jh. stammt die *Berner Marienklage*. Eine dramatische Frühform ist auch die *Erlauer Marienklage* (in der bereits genannten Sammelhandschrift). Es sprechen außer in der Einleitung (drei Marien) nur Maria und Johannes (eine jüngere Hand hat auf dem Rand eine Christusrolle hinzugefügt). Die Gemeinde wird in direkter Anrede zum Mitleid aufgefordert. Auf niederdeutschem Gebiet entstand die dramatische *Wolfenbüttler Marienklage*. Sie ist dadurch bemerkenswert, daß Christus, der sich zunächst geweigert hatte, auf die Bitten der Mutter hin den Sündern vergibt. Das ist wohl kaum etwas anderes als eine öffentliche Einwirkung der ockhamistischen Willenslehre. Der *Wolfenbüttler Klage* nahe verwandt ist die *Bordesholmer (Jasenitzer) Marienklage* (aus dem Augustinerkloster Bordesholm in Schleswig-Holstein; Handschrift datiert 1476). Das mit Noten versehene Stück stellt einen Höhepunkt der Gattung dar, ein Lied hat den Ton von WALTHERS Palästinalied (14, 38). Es wird in der Einleitung ausdrücklich von den zeitläufigen Spielen abgehoben. Die frommer Empfindung hingegebene Dichtung war zur Darstellung am Karfreitag in der Kirche bestimmt. Sie bewegt sich in sinnbildlichen Formen und will das Erleben der Gottesmutter menschlich und religiös nachempfinden. An die *Erlauer Klage* erinnert und verwandt mit der in das *Alsfelder Passionsspiel* eingelegten ist die umfangreiche *Trierer Marienklage*. Sie hat einen geschlossenen Aufbau. In der ersten Hälfte werden die fast allen dramatischen Stücken gemeinsamen Stationen gezeigt: 1. Klagedialog Maria – Johannes (hier durch Petrus erweitert) und Aufbruch zum Kreuz; 2. Christus vertraut die Mutter dem Johannes an (Commendatio Christi); 3. Johannes führt Maria beiseite. Im weiteren Verlauf wird der Rahmen gesprengt und die Christusgestalt tritt in den Mittelpunkt. Die mit Noten überlieferte *Münchener Marienklage* spiegelt im Monolog den Weg zum Kreuz und das Geschehen unter dem Kreuz. Alles ist auf den trostlosen Schmerz der als Himmelskönigin wie als Mutter gesehenen Maria angelegt. Den letzten Ausläufer der böhmischen Gruppe hat man in der *Prager Marienklage* (16. Jh.), dem Werk einer Nonne, vor sich. Eine neue Sicht der Mariengestalt bringt die mittelniederländische *Marienweerder Marienklage*. Maria ist ganz irdische Frau und Mutter, erschüttert durch den Sturz aus Glück in tiefstes Leid.

Die hohe Blüte der dramatischen Kunstformen, insbesondere der Passionsspiele in den Jahren unmittelbar vor Ausbruch der Kirchenkämpfe ersieht man aus *Berichten über Aufführungen*. Nachrichten aus Colmar besagen, daß dort die Bürger 1515 und 1531 die Passion aufführten. Passionsaufführungen werden berichtet in Straßburg 1518 auf dem Roßmarkt, in Eger 1519, in Gebweiler mit 330 Mitwirkenden. Während der Karwoche 1517 wurde in Hildesheim auf dem Markplatz die Passion Christi aufgeführt, die Ereignisse verteilt auf die entsprechenden Tage. Vermutlich 1519 spielte man in Rostock am Sonntag der Sieben Schmerzen Mariens ein Stück, das hauptsächlich von der mystischen Bedeutung der Siebenzahl handelte.

Im Anschluß an die Oster- und Passionsspiele ergeben sich eine Reihe von Erkenntnissen zur *Deutung und künstlerischen Erfassung, sowie zur Darstellungsform* der geistlichen Spiele. Im Gehaltlichen tritt der symbolischen Bedeutsamkeit ein zeitlicher Ausdruckswille entgegen, im Formalen der statischen Klarheit eine dynamische, der Ganzheitstendenz das Einzelheitsstreben, der plastischen Besonderung die malerische Ähnlichkeit, der geschlossenen Form eine offene, der Gliederung der Zusammenhang. Die Aufführungen fanden nicht mehr im Architektur- und Sakralraum der Kirchen, sondern im Freien statt. Als Gegensätzlichkeit zum Feierlich-Religiösen machen sich weltlich-volksmäßige Elemente breit. Die Spiele werden aufgeschwellt und immer mehr verweltlicht und verbürgerlicht, die Zahl der Spielorte und Darsteller wird größer bis zum mehrere Tage währenden Massenspiel; es gab Aufführungen, die einen großen Teil der Stadt, Marktplatz, Straßen, Friedhof um die Hauptkirche, Kapelle in der Kirche in den Bühnenraum miteinbezogen. Das an sich wie alle Dichtung sukzessiv entworfene Drama wird auf der kubischen Simultanbühne im Nebeneinander vorgeführt. Erst in der Annäherung zu Humanismus und Renaissance machen sich ein zeiträumliches Nebeneinander und Ansätze der Perspektive bemerkbar. Mit zunehmendem

Realismus werden wie in der bildenden Kunst auch beim Theater die Geschehnisse wirklichkeitsnäher und derber gestaltet. Das Bestreben, das ganze Heilsgeschehen unmittelbar gegenwärtig zu veranschaulichen, zeigt den Drang der Zeit nach Anschauung und Vorstellbarkeit. Der zunehmende Verismus führt zu krasser Wirklichkeitstreue und Versinnlichung des Grausamen bei den Marterszenen der Geißelung, Dornenkrönung etc. In den liturgischen Osterfeiern wurde die Auferstehung Christi nicht direkt vorgeführt, sondern nur verkündet, nun steht Christus längst tatsächlich auf der Bühne. Das geistliche Drama zeigt das religiöse Weltbild des Spätmittelalters in seiner Bewegtheit, in Hin- und Widerfluten seiner Kräfte. Es werden nicht allein neue Einzelpersonen, sondern ganze Personengruppen neu eingefügt. Die Christusdarstellung durch die Dramenverfasser und Rolleninhaber zeigt ein stark von der Theologie der Zeit her bedingtes Christusbild des leidenden Erlösers. Die Teufelsgestalten sind fürchterlich und grotesk, in erster Linie grauenerregend, dann erst komisch. Der Häßlichkeitsdarstellung der Teufel und etwa des Knechtes Rubin sind keine Grenzen gesetzt. An der Gestalt der Maria Magdalena wird erstmalig eine innere Wandlung, eine seelisch-charakterliche Entwicklung und innere Umkehr auf der Bühne dargestellt. Die Spiele wurden alle gesprochen, nicht mehr gesungen. Anfangs blieben noch die zahlreichen lateinischen Gesänge, Antiphonen, Hymnen u. dgl. Sie machen dann wenigen deutschen Gesängen Platz. Im *Spiel von Muri* ist das Publikum noch vorwiegend ritterlich, in den folgenden Spielen besteht es aus allen Schichten der Bevölkerung.

c) Die Weihnachtsspiele

Wie das lateinische Osterspiel entsproß auch das *lateinische Weihnachtsspiel* der Liturgie der Kirche. Zu den Faktoren des kirchlichen Weihnachtsoffiziums Krippe und Wechselgesang kam die Tropendichtung. Ähnlich wie bei Osterfeier und -spiel vollzog sich auch hier der Übergang von der Feier zum Spiel. Zunächst bildete sich ein Krippenspiel mit den drei Szenen: Verkündigung der Geburt Christi an die Hirten; Krippenszene mit Verehrung des Kindes; Antiphon ‹Quem vidistis›. Neben dem Hirtenspiel entstand dann ein Magierspiel mit den Szenen: Prozession der drei Könige; Oblationsszene; Antiphon. Beim Ausbau folgten die Person des Herodes und mit ihm der Konflikt zwischen Gut und Böse, ein Herodesspiel mit Schriftgelehrten etc., und die Gestalt der Rahel als Personifikation der jüdischen Mütter, die über den Verlust ihrer Kinder klagen. Als Anhang kam dazu das Prophetenspiel. Den Höhepunkt der lateinischen Weihnachtsspiele in Deutschland bildete auf der Grundlage des *Freisinger Weihnachtsspieles* und einer dazwischen stehenden Quelle im 12. Jahrhundert das *Benediktbeurer Weihnachtsspiel*. An die Stelle der

Erbauung tritt das lyrisch-didaktische Element. Einer Prophetenszene folgen die Verkündigung und Heimsuchung Mariae, Königs-, Herodes- und Hirtenspiel, der Kindermord, die Flucht nach Ägypten und die dortigen wunderbaren Ereignisse, der Tod des Herodes und die Rückkehr nach Nazareth. Im 13. und 14. Jh. wurden Oster- und Weihnachtsspiel zu großen Zyklen zusammengeschweißt. Man stellt das Prophetenspiel an das Ende der alttestamentlichen Auftritte und schafft einen Übergang vom Alten zum Neuen Testament.

Auf den Voraussetzungen der Behandlung der Liturgie und der daraus entsprossenen lateinischen Weihnachtsspiele tauchen im 13. Jh. die ersten nachweisbaren *Weihnachtsspiele in deutscher Sprache* auf. Sie übernehmen die in Frankreich und Deutschland geschaffenen lateinischen Grundlagen und bauen sie unter Zuhilfenahme von Volksbräuchen in deutscher Sprache aus. Die ursprüngliche liturgische Feier wird zum immer breiteren Spiel. Die Spieler sind Laien. Die biblischen Gestalten werden immer deutscher und volkstümlicher; weltliche Personen und weltliche Elemente dringen in das religiöse Spiel. Nach anderen Vorbildern oder mit Hilfe der eigenen Phantasie wird, wo nur möglich, eine Aufschwellung bewirkt. Die Quellen, aus denen die Bearbeiter und Dichter schöpfen, sind: die Bibel, das lateinische Offizium, das Brevier, lateinische und deutsche Weihnachtsspiele, zeitgenössische religiöse Epik, die biblischen Apokryphen. Im ganzen sind fünf bzw. sechs Spiele erhalten.

Das älteste deutsche Weihnachtsspiel ist *Das St. Galler Spiel von der Kindheit Jesu* in Reimpaaren (1081 V.). Da die Handschrift auch zwei Predigten ECKEHARTS († 1327) enthält, entstand sie nicht vor 1330. Ihre Heimat ist das St. Galler Gebiet. Die Heimat des Originals, das um das Ende des 13. Jhs. entstanden sein dürfte, war vermutlich die Westschweiz.

Das Drama beginnt mit einem Prophetenspiel: Moses, Balaam, David, Salomon, Jesaias, Jeremias, Daniel, Micha beten um den Messias und weissagen sein Erscheinen. Darauf werden vorgeführt: die Verlobung Marias und Josephs mit dem Rutenwunder im Tempel, die Verkündigung an Maria, der Besuch Marias bei Elisabeth, die Warnung Josephs durch den Engel, Maria zu verlassen, die Hirtenszene vor der Krippe, die Huldigung der Töchter Sions, die Szenen mit den drei Königen und Herodes, die Anbetung (Dreikönigsspiel), die Darstellung Jesu im Tempel (Lichtmeßspiel), die Flucht nach Ägypten, die Rahelszene, die Aufforderung zur Rückkehr nach Palästina.

Inhalt und Aufbau verraten reichliche Bibel- und Brevierbenützung, Beziehungen zu Antiphonen und Gebeten des Weihnachtsoffiziums, Beziehungen in Anlage und Einzelheiten zum *Benediktbeurer* und *Freisinger Weihnachtsspiel,* Parallelen zum *Osterspiel von Muri* u. a.; Beziehungen auch zur ‹Historia evangelica› des PETRUS COMESTOR.

Alle weiteren Weihnachtsspiele zeigen ebenfalls ein Zurückgreifen auf die lateinischen Offizien, ein Bezugnehmen auf die Literatur und auf das *St. Galler* oder ähnliche (nicht erhaltene) Spiele, aber auch eigenmächtige

Vervollkommnung. Die *Erlauer Sammelhandschrift* enthält neben anderen dramatischen Stücken auch zwei Weihnachtsspiele (1, 2), einen kurzen ‹Ludus in cunabilis Christi› (58 V.) und einen ‹Ludus trium magorum› (356 V.).

Der ‹Ludus in cunabilis› enthält: den Einzug der Darsteller mit Gesang der Synagoge (z. T. hebräisch); Joseph und der Hirt; Josephs Vermählung; das Kindelwiegen und den Abgang der Darsteller. Das Spiel steht in der Mitte zwischen ernstem lateinischem Spiel und leicht possenhaften Stücken. Der ‹Ludus trium magorum› behandelt den gleichen Stoff wie die *Freisinger* ‹Adoratio Magorum›. Die Sprache ist noch edel und ergreifend. Vorgeführt werden: die Verkündigung an die Hirten; das Magier- und Herodesspiel mit Befragung der Schriftgelehrten und Narrenszene; die Anbetung durch die Könige; die Flucht nach Ägypten; der Kindermord und die Rahelklage. Das Ganze ist umrahmt mit zahlreichen Antiphonen, Responsorien und Hymnen. Die Magier werden von Herodes bewirtet, dabei spielt der Narr Lappa seine Glanzrolle.

Aus der gleichen Gegend wie das *Alsfelder Passionsspiel* stammt *Das niederhessische Weihnachtsspiel* (870 V.). Es wurde vermutlich um 1450 im Franziskanerkloster zu Friedberg verfaßt. Die in der Landesbibliothek zu Kassel befindliche Handschrift gehört ebenfalls dem 15. Jh. an. Die Bühnenanweisungen sind lateinisch, der Text ist deutsch. Das Spiel ist in Sprache und Anschauung durchaus volkstümlich, gefühlswarm. Allerdings kommt wie in den Osterspielen auch in die Weihnachtsspiele Derbes und Obszönes. Das Geschehen fußt auf MATTH. 1 f. und LUK. 1 f. und reicht von der Verkündigung der Geburt Christi bis zur Flucht nach Ägypten. Der Verfasser zeichnet das Geschehen aus dem Gesichtswinkel armer Landleute und Dienstboten. In dem bald von Glanz und Gesang erfüllten Stall singt Maria das Wiegenlied «Joseph, lieber neve min, / hilf mir wigen das kindelin». Rührend-Zartem wird Derb-Komisches gegenübergestellt. Aus der in *Erlau* kurzen Szene mit dem Kindelwiegen ist eine breite Darbietung geworden. An Stelle der lateinischen Hymnen, Antiphonen und Responsorien treten überall deutsche Strophen. Die früheren Darsteller sind vermehrt durch einen Wirt, einen Knecht, Jungfrauen, fünf Sänger, Mägde, Teufel; Joseph spielt eine lächerliche Rolle. Die Teufelsszenen sind ausgebaut. Mit diesen Elementen tritt das deutsche Weihnachtsspiel in seine populäre Behandlung. An die Stelle orientalischer Könige treten deutsche Fürsten, wie auf der Bühne überhaupt deutsche zeitgenössische Menschen stehen.

Eng verbunden mit dem *Niederhessischen Spiel* ist das *Sterzinger oder Eisacktaler Weihnachtsspiel* (1511), dessen Handschrift von dem Sterzinger Maler und Spielleiter VIGIL RABER angefertigt wurde. Es ist ein deutschsprachiges Spiel (1010 V.) mit lateinischen Anweisungen. Die Personenzahl ist weiter gewachsen. Es treten auf: ein Praecursor, die hl. Familie, die Synagoge mit 7 Vertretern, ein Bote, ein Diener, 5 Engel, 5 Propheten, 3 Hirten, 2 Wirte, eine Amme und, was bisher unmöglich war, Gottvater selbst. Herodes- und Dreikönigsszenen fehlen ebenso wie im *Niederhessischen Spiel.* Die eigentlichen Weihnachtsszenen stehen unter dem Einfluß von Bruder Philipps ‹Marienleben›, anderes steht in Verbindung mit dem *Erlauer Spiel.*

Dem Prolog des Praecursors folgt die Beratung der Juden mit dem Beschluß, Maria zu verheiraten; ihr Widerstreben wird durch das Wunder mit der blühenden Rute im Tempel beseitigt; Gottvater entschließt sich, den Messias auf die Erde zu senden; der Engel Gabriel bekommt den Auftrag, Maria die Geburt des Kindes zu verkündigen. Darauf folgen wie im *Niederhessischen Spiel* die Verkündigung an Maria, Josephs Mißtrauen, die Herbergssuche, Weihnachtsszene und Kindelwiegen, das Hirtenspiel, Joseph holt eine Amme, Joseph erhält den Befehl zur Flucht. Ein Epilog beschließt das Ganze.

Bei dem in Zusammenhang mit den deutschen Weihnachtsspielen des ausgehenden Mittelalters häufig genannten *Egerer Spiel* handelt es sich nicht um ein Weihnachtsspiel im eigentlichen Sinn, sondern um eine Weiterbildung der in den Prophetenspielen ausgeführten Absicht, auch das Alte Testament in das Drama miteinzubeziehen.

Ein Weihnachts- und Dreikönigsspiel ist für 1517 in Alsfeld beurkundet. Frühere Dreikönigsspiele und dazwischen etliche Weihnachtsspiele fanden in Frankfurt a. M. statt. Ein *Unterinntaler Weihnachtsspiel* ist in einer Fassung 1590/1620 (Handschrift 17. Jh.) erhalten.

Das *Erlauer,* das *Niederhessische* und das *Eisacktaler Spiel* haben alle eine Szene mit dem ‹Kindelwiegen›. Man spricht von *Kindelwiegenspielen,* weil ihnen der Volksbrauch des Wiegens, Umtanzens und Besingens des Christkindes eigen ist. Der Brauch scheint aber auch im Kreise der Gefühlsmystik Eingang gefunden zu haben. Margarete Ebner im Kloster Maria-Wedingen (bei Dillingen) erhielt 1344 aus Wien eine hölzerne Wiege mit einem Jesuskind, umgeben von vier goldenen Engeln. Das beim Kindelwiegen gesungene Lied ‹Joseph, lieber neve min› (1. H. 15. Jh.) ist aus dem lateinischen Hymnus ‹Resonet in laudibus› umgedichtet. Zunächst scheinen Nebenkirchen der Minoriten in Verbindung mit der franziskanischen Krippenfeier Kindelwiegenspiele ermöglicht zu haben. Sie wurden dann aber auch als Hausfeiern und Stubenspiele gepflegt.

d) Leben Jesu-Spiele; Prophetenspiele; Paradiesspiele; Eschatologisches; Spiele, die das gesamte Heilsgeschehen umfassen; Prozessionsspiele

Wie die lateinischen Oster- und Weihnachtsspiele der romanisch-frühgotischen Epoche haben auch die lateinischen Dramen, die gegen 1200 bereits das *gesamte Heilsgeschehen* von der Erschaffung bis zum Ende der Welt umfaßten, im ausgehenden Mittelalter mit seiner gewandelten Frömmigkeitshaltung deutsche Entsprechungen und individuell-volkstümliche Ausformungen. Teile solcher Zyklen oder Bausteine dazu waren die Leben Jesu-Spiele, die Prophetenspiele, die Paradiesspiele, eschatologische Stücke, heilsgeschichtliche Spiele und Prozessionsspiele.

Dramatisierungen des *Lebens Jesu* enthalten das in Fragmenten überlieferte *Himmelgartener Spiel* aus dem Kloster Himmelgarten bei Nordhausen. Die in Niederdeutsch abgefaßte Handschrift aus der Zeit um 1350 besteht aus vier Bruchstücken. Sie enthalten Verse: aus einer Szene, wie das Kind auf der Flucht nach Ägypten einer Palme gebietet, die Zweige herabzuneigen; wie Herodes vergeblich auf die Rückkehr der hl. drei Könige wartet; der Satan vor Christus zurückweicht und dieser sich an das Galiläische Meer begibt; den Schluß der Bergpredigt und die Einladung Jesu zur Hochzeit von Kana. Einer Dramatisierung zumindest des Lebens Jesu entstammen auch die *Kreuzensteiner Bruchstücke* (um 1350) aus mittelfränkischem Gebiet, jetzt auf der Burg Kreuzenstein bei Wien. Sie behandeln: die Darstellung Jesu im Tempel, den Tod des Herodes, das Palmbaum-Wunder in Ägypten, die Berufung der Apostel, die Hochzeit zu Kana, die Gefangennahme Johannes des Täufers. Wie sonst Maria Magdalena, entfaltet hier die Tochter des Herodes ein weltfreudiges Treiben und veranstaltet mit Lore und Windrut einen Tanz, zu dem ein Lied gesungen wird.

Die *Prophetenspiele* entstanden ursprünglich aus einer Erweiterung oder einem Anhang zu den Weihnachtsszenen. Sie sind chronikalisch auf deutschem Boden bereits 1194 in Regensburg und 1204 in Riga bezeugt. Ihr Ursprung liegt in dem pseudoaugustinischen ‹Sermo contra Paganos, Judeos et Arianos de symbolo›. Darin treten mit Weissagungen nicht nur Jesaias, Jeremias, Daniel, Moses, David etc. auf, sondern auch Vergil, Nebukadnezar und die Sibylle; Vergil mit der Stelle aus seiner 4. Ekloge: «Iam nova progenies coelo demittitur alto». Das Prophetenspiel wird Vorspiel zur Weihnachtshandlung im *Benediktbeurer Spiel* und den beiden *St. Galler Spielen*. Ein niederrheinisches Fragment eines Prophetenspieles aus dem 14. Jh. und ein Würzburger Bruchstück beweisen die Tendenz, das Prophetenspiel selbständig zu machen.

Das für 1200 bezeugte *Weltdrama* brauchte zu seinem Zyklus die Erschaffung des Menschen und die Paradiesauftritte mit Sündenfall, Ausweisung aus dem Garten Eden und Verheißung, durch den Messias erlöst zu werden. Diese Adam und Eva-Szenen benötigten auch die Spielprozessionen des ausgehenden Mittelalters, sofern sie das gesamte Heilsgeschehen veranschaulichen wollten. Selbständige *Paradiesspiele* tauchen aber erst in Texten namhafter Dichter des 16. Jhs. auf. Das bekannteste, die ‹Tragedia von schepfung, fal vnd austreibung Ade auss dem paradeyss› (1548), stammt von HANS SACHS, der seinerseits auf der deutschen Fassung des ‹Protoplastus› (1545) von HIERONYMUS ZIEGLER fußt.

Nach mittelalterlich kirchlicher Lehre und Rechtgläubigkeit ist die Welt nicht ewig, sondern die Menschheitsgeschichte hat einmal ein Ende.

Am Weltende wird ein allgemeines Gericht über die Menschen und ihre guten wie bösen Taten abgehalten. Richter beim *Weltgericht* ist Christus als Mensch und als Gott. Wie in der bildnerischen Darstellung des Jüngsten Gerichts an der Galluspforte des Baseler Münsters (um 1200) neben dem eigentlichen Gericht auch das Gleichnis von den klugen und törichten Jungfrauen zur Darstellung gelangte, so finden sich auch beide Szenen im Drama verbunden. Vor dem Weltende und vor der Wiederkunft Christi tritt als warnendes Vorzeichen ein Antichrist auf: ein dämonischer Weltverführer, der sich zum Gott erklärt und mit Betrug und Scheinwundern umgeht, bis ihn Christus mit einem Hauch seines Mundes (im Drama durch einen Donnerschlag) tötet. Der stark religiöse Charakter des 14. Jhs., die Pestepidemien, die Geißlerumzüge, die schlimmen staats- und kirchenpolitischen Verhältnisse erinnerten die Menschen an das Weltende und beförderten den Glauben an das Herannahen des Jüngsten Gerichtes. Nachdem schon die Geschichtsphilosophie JOACHIMS VON FIORE die Möglichkeit geboten hatte, das Antichrist-Bild zeitgeschichtlich zu deuten, gab im Spätmittelalter das Schisma Anlaß, den Gegenpäpsten den Antichrist-Titel zuzuschieben. Theologen wie WYCLIF und HUS nehmen die Antichrist-Vorstellungen in den Kirchenbegriff auf und steigern sie zu gefährlicher Höhe. Bei LUTHER und seinen Nachfolgern wird die Antichrist-Polemik ein Teil des Konfessionskampfes.

Das Drama des ausgehenden Mittelalters gestaltet sowohl den Antichrist-Stoff als auch das Weltgericht und die Parabel von den zehn Jungfrauen. Ein wesentlicher Nährboden der beiden ersteren war das Erbauungsschrifttum.

Von *Antichrist-Spielen* sind Texte und Berichte über Aufführungen erhalten. Noch aus der ersten Regierungszeit KARLS IV. stammt das vermutlich in der Schweiz gedichtete Dramenbruchstück ‹Der Entkrist› oder ‹Des Antichrists Fastnacht› (KELLER 68). In ihm ist die Kirchenlehre mit der Politik der Zeit verknüpft. Wie im alten Tegernseer ‹Ludus de Antichristo› kann der Kaiser erst durch das Wunder der Beschwörung eines Toten, und zwar seines Vaters, für den Widerchrist gewonnen werden. Als Lohn verspricht dieser dem Kaiser «Jerusalem und das Ungerlant und das kunikreich von Salern». Der auferweckte Tote ist der einstige «König von Pehaim», also KARLS IV. Vater JOHANN († 1346). Außerdem wendet sich der Antichrist an einen Bischof Gugelweit, d. i. DIETRICH VON KUGELWEIT († 1367), Ratgeber und Finanzminister KARLS IV. Aufführungen von Antichrist-Spielen sind bezeugt für Frankfurt a. M. 1468 und 1469, für Xanten 1473 und 1474, für Dortmund 1513. Antichrist-Szenen enthalten das *Künzelsauer Fronleichnamsspiel* und die *Dresdener Johannis-Prozession*. Der *Antichrist von Chur* (1515) war anscheinend als Nachspiel eines Weltgerichtsdramas gedacht.

Von *Weltgerichtsspielen* sind ein *St. Galler Jüngstes Gericht-Spiel*
(Handschrift 15. Jh.; 341 V.) und ein *Luzerner Spiel* (1468) bekannt. Vermutlich das Erbauungsschrifttum lieferte das Schema für den weitverbreiteten *Donaueschinger-Rheinauer Typus* der Weltgerichtsspiele sowie
für das Volksbuch.

Der dem 14. Jh. angehörige Urtext des Spieles, wie ihn KARL REUSCHEL erschloß, hatte einen Aufbau mit Vorhandlung, Haupthandlung und Ausgang.
Die Vorhandlung begann mit dem Auftreten der Propheten Joel und Sophonias
und der Kirchenväter Gregorius und Hieronymus. Der Weckruf der vier Engel
leitet über zur Haupthandlung. Diese umfaßte folgende Gerichtsszenen: Scheidung der Menschen; Urteil über die Frommen; Aufforderung Christi an Maria
und die Zwölfboten, dem Gerichte beizuwohnen; Verurteilung der Sünder; Fürbitte der Maria (und des Johannes) und Antwort des Gottessohnes; Christi Befehl an die Teufel und Antwort eines von ihnen; die Verdammten und die
Teufel. Der Ausgang des Spieles veranschaulichte das Verschließen der Hölle,
die Danksagung der Apostel und den Einzug in den Himmel.

Zu diesem Typus gehören: das *Donaueschinger Spiel* (1. H. 15. Jh.), ein
Spiel aus *Grüningen* (15. Jh.; 996 V.), der *Rheinauer* Text (1467; 925
V.), RICHARD PAUL WÜLKERS Handschrift aus der *Berner Gegend* (Ende
15. Jh.), eine Berliner Handschrift aus der *Augsburger Gegend* (1482; 1510
V.), eine *Churer* Handschrift (1507), eine *Münchener* Bearbeitung (1510;
1991 V.), Auszüge in TENGLERS ‹Neuem Layenspiegel› (1511) und als Sonderdruck im ‹Buchlen vom iungsten gericht› (1512), eine *Luzerner* Handschrift (um 1530; 2750 V.), das *Volksbuch vom Jüngsten Gericht*. Der
Urtext war ein wuchtiges und würdiges Drama. Man begreift, weshalb die
Spiele die Menschen der Zeit erschüttert haben. Aufführungen von Weltgerichtsspielen sind bezeugt für Hall in Tirol 1507, Kolmar 1512 u. a. O.

Die älteste dramatische Behandlung der *Parabel von den zehn Jungfrauen*, fünf klugen und fünf törichten (Matth. 25, 1–13), liegt in dem
lateinisch-französischen ‹Sponsus› (1. H. 12. Jh.) vor. Die kurze (92 V.),
aber von furchterregendem Ernst getragene Dichtung fügte zum biblischen Text eine Krämerszene hinzu. Nachdem Christus, der Bräutigam,
den Fatuae den Einlaß verwehrt und sie zu ewiger Qual verurteilt hat, erscheinen erstmals in einem Spiel Teufel und schleppen die Törichten in
die Hölle. Das Ganze wurde gesungen.

In Deutschland folgten den seit Ende des 13. Jhs. bekannten überle-
bensgroßen Gestalten an den Gewänden der Kirchenportale und Vorhallen
des Straßburger und Freiburger Münsters, des Magdeburger und Erfurter
Domes etc. ein lateinischer ‹Ludus de decem virginibus› und ein deutsches
Spiel. Im lateinischen Grundstock kann man mit ANTON DÖRRER ein
Gegenstück sehen zum ritterlichen ‹Ludus de Antichristo› «als verselbstän-
digender Weckruf eines fraulich-biblischen Einzelmotivs».

Der ‹Ludus de decem virginibus›, das deutsche *Spiel von den zehn
Jungfrauen,* ist in zwei Handschriften überliefert, einer thüringischen

(2. H. 14. Jh.; 577 V.) und einer hessischen (1428; 688 V.), die beide auf
denselben Text zurückgehen. Die erste läßt erkennen, wie sich das
deutsche Spiel aus dem lateinischen Drama entwickelt hat.

Nach dem Einzug der Teilnehmer sendet Christus einen Engel vom Himmel.
Der Engel mahnt die Jungfrauen, sich mit guten Werken auf die Wiederkunft
des Herrn vorzubereiten. Die Klugen befolgen sogleich die Mahnung, die Törichten sagen sich:

> wy vrûwen vns noch drizzig iat,
> darnoch laze wy schere abe vnse hare
> vnd begeben vns in eyn closter.
> neyn, ich wel noch beyte bez ostern,
> also habe ich mich vorsunnen
> vnd wel den werde eyn nunne.
> hat vns got syn riche beschert,
> ich weiz wol, daz iz vns nummir sente peter gewert.

Sie tanzen, tafeln und begeben sich zur Ruhe. Doch plötzlich werden sie auf-
geschreckt und müssen die Klugen um Öl für ihre Lampen bitten; diese aber
verweisen sie an den Krämer. Während sie auf dem Wege dahin sind, naht der
Bräutigam und führt die Klugen in sein Reich. Als nun die Törichten kommen
und um Einlaß bitten, weist sie der Herr zurück und selbst die Fürsprache der
Gottesmutter ist vergeblich. Teufel erscheinen, fesseln sie an eine Kette und
führen sie ins Höllenreich. Das Grundmotiv des Spieles ist die Tragik des ‹Zu
spät›. Es wird gleich zu Beginn deutlich ausgesprochen und entschieden durchgeführt bis zum erbarmungslosen Urteil. Die letzte Szene gibt dieser furcht-
baren Lösung einen erschütternden Abschluß: Die Gefesselten treten unter das
Publikum und singen in feierlicher epischer Strophe ihre Klagen.

Das Spiel bewahrt auch in deutscher Sprache den strengen und würde-
vollen Ton der lateinischen Spiele. Die Charaktere sind gut differenziert:
die erbarmende, demütige und liebevolle Gottesmutter, der feierlich ernste
Richter. Der ‹Ludus de decem virginibus› ist eines der eindrucksvollsten
Weltgerichtsspiele des ausgehenden Mittelalters. Als Verfasser des Spieles
vermutet man einen der franziskanischen und vielleicht auch der Geißler-
Bewegung nahestehenden Dominikaner in Eisenach. Er wollte mit dem
Drama zu Wachsamkeit, Treue und Bußleben aufrufen.

Für die Wirkung eines solchen geistlichen Spieles ist der Chroniken-
Bericht (u. a. JOHANNES ROTHE) über die Aufführung eines Dramas von
den klugen und törichten Jungfrauen durch Kleriker und Schüler zu Eisenach 1321 in Gegenwart des Landgrafen FRIEDRICH DES FREIDIGEN
aufschlußreich. Bei der Szene, wo die Fatuae trotz aller Fürbitten keine
Gnade finden, wurde der Landgraf so erschüttert, daß er ausrief: «Was ist
der christliche Glaube, wenn der Sünder nicht durch die Bitten der Jungfrau und der Heiligen Gnade finden kann?» Der peinigende Gedanke
quälte FRIEDRICH dermaßen, daß er in Siechtum fiel und diesem schließlich erlag.

Mit der Weltschöpfung beginnt ein mittelfränkisches Bruchstück, auch
Maastrichter Osterspiel genannt, in der kgl. Bibliothek in Den Haag aus

dem Slawantenkloster bei Maastricht. Es bricht ab mit den Vorbereitungen zur Gefangennahme Jesu. Die Handschrift stammt vom Ende des 14. Jhs. Der Text ist noch im Kunststil der früheren Zeit gehalten. Auf den Fall Luzifers und des ersten Menschenpaares folgt ein allegorischer Streit zwischen Wahrheit und Barmherzigkeit. Dem folgen die Prophezeiungen Bileams, Jesaias und Vergils, die Verkündigung an Maria und die Ereignisse aus dem Leben Jesu.

In der europäischen Theatergeschichte des Spätmittelalters gibt es zahlreiche Beispiele dafür, daß kultische Prozessionen oder Umzüge mit lebenden Bildern und dramatischen Szenen ausgestattet wurden. Auf religiösem Gebiet haben sich diese figurierten Prozessionen oder Bilderumgänge bei der Fronleichnamsfeier entwickelt; aber auch bei anderen kirchlichen Umgängen, etwa an Marienfesten, kamen sie vor. Man kann bei der Entfaltung solcher *Prozessionsspiele* in Deutschland drei Erscheinungsformen unterscheiden: stumme, nur durch lebende Bilder geschmückte Umgänge; Prozessionen mit Erklärungen durch einen Außenstehenden; Umzüge mit Erklärungen durch die Darsteller selbst. Erst diese letzte Stufe kann man als die eigentlichen Spiele bezeichnen.

Zur ersten Gruppe gehört die Ordnung der *Fronleichnamsprozession in Freiburg i. Br.* vom Jahre 1516. Aus ihr ergibt sich, daß von zwölf Zünften in zwölf Szenengruppen die Hauptmomente der Heilsgeschichte vom Sündenfall bis zum Jüngsten Gericht dargestellt wurden. Es waren lebende Bilder, deren Darsteller sich im Zuge der Prozession zu Fuß fortbewegten, ausgenommen die auf dem Schiff der hl. Ursula, das auf Rädern mitgeführt wurde. Die Darstellungen waren stumm. Einen figurierten *Umgang in Antwerpen* 1520 beschreibt ALBRECHT DÜRER in seinem Tagebuch der Reise in die Niederlande. Dabei wurden auf einer großen Anzahl Wagen, Schiffen (mit Rädern) und anderem Gerüstwerk viele Bilder und Szenen aus der Heilsgeschichte und Legende veranschaulicht.

Der zweiten Phase gehört die Beschreibung einer 1507 zu *Zerbst* abgehaltenen Fronleichnamsprozession an. Es war ebenfalls ein Zünftespiel und umfaßte 51 Darstellungen (figurae) von der Schöpfung bis zum Weltgericht, teils biblischen, teils legendenhaften Charakters. Die dargestellten Bilder und Szenen wurden durch Texte erklärt, die von einer Art Praecursor oder Rector gesprochen wurden; einzelne Gruppen waren überdies durch Aufschriften in Versen gekennzeichnet. Die Darstellung der Dornenkrönung wurde offenbar auf einem Wagen fortbewegt. Dieses Prozessionsspiel zeigt eine bildhafte Wesensform, eine Art Revue, in der die gesprochenen Verse nur Erläuterungen der lebenden Bilder und Szenen waren.

Zur dritten Stufe zählt man das *Neustifter Fronleichnamsspiel* (14. Jh.), das *Calver Fronleichnamsspiel* u. a. Die meisten Bilder und Szenen aller drei Stufen sind von den vorhandenen geistlichen Spielen her bekannt.

Für eine dreitägige Aufführung mit 187 namentlich angeführten Rollen und Darstellern auf dem ringförmigen Platze von Eger zusammengefügt wurde um 1460 das *Egerer Passionsspiel*, oft auch (zu Unrecht) als *Egerer Fronleichnamsspiel* bezeichnet (über 8000 Verse). Der handschriftliche Titel ‹Ludus de creacione mundi› trifft nur die Eingangsauftritte. Das Spiel reicht von der Erschaffung der Welt bis zur Auferstehung und Erscheinung Christi. Prophetensprüche und legendäre Geschichten sind eingeschoben. Interessant sind folgende Details: Maria steht stumm unter dem Kreuz, sie hatte Jesus in ihrer übergroßen Angst ausgerechnet dem Schutze des Judas empfohlen (dieses Hagen-Motiv kennt vorher schon die *Prager Marienklage* und später nehmen es süddeutsche und alpenländische Passionsspiele auf); ergreifend ist die Klage der Magdalena am Grabe Christi, die wie eine der Totenklagen der höfischen Kunst klingt. Das gesamte Spiel wird stark musikalisch unterstützt, enthält wenig Komisches, dafür aber Sagenhaftes und Wunderbares in reichstem Maße.

Noch weiter aus greift das *Künzelsauer Fronleichnamsspiel*. Es ist fränkischer Herkunft und in der 2. Hälfte des 15. Jhs. entstanden. Die Handschrift (4300) umfaßt mit den Beilagen (1300) 5600 Textzeilen. Die drei Teile gruppieren sich um die biblischen Wesenspunkte von der Schöpfung bis zum Jüngsten Gericht.

Der erste Teil zeigt die Erschaffung der Engel, den Abfall Luzifers, die Erschaffung der Menschen, den Sündenfall, den Brudermord, die Sintflut, Abrahams Gehorsam, das Opfer Melchisedechs. Der zweite Teil: Moses und die Zehn Gebote (die Gottvater in lateinischen Hexametern verkündet), Josue cum botro, Sampson portans ianuam, David und Goliath, das Salomonische Urteil, die messianischen Weissagungen, die Verkündung an Elisabeth, die Annunciatio Mariae, Elisabeth und Maria, die Anbetung Jesu durch die Hirten, die hl. drei Könige, die Hintergehung des Herodes, den Bethlehemitischen Kindermord. Der dritte Teil enthält: Johannes als Vorläufer Christi, die Enthauptung des Johannes, Maria Magdalena, die Berufung der Apostel, Jesu Gefangennahme und Verurteilung, die Kreuzigung, Mariens Klage, Jesu Höllenfahrt, die Auferstehung; die zwölf Glaubensartikel, Bruchstücke aus Heiligenlegenden, Ecclesia et Sinagoge; ein verkürztes Zehnjungfrauenspiel, den Endchrist, Judicium extremum, Anrede des Papa. Der Rector processionis greift in das Spiel wiederholt mit Erläuterungen ein: er spricht gegen die revolutionären Ideen, die das Baseler Konzil bereinigen sollte; er besteht auf Opfer und Zehent für den Klerus; deutet die Praefigurationen. Am Schluß mahnt der Papst, die Priester zu ehren. Das Spiel hat keine heiteren Szenen. Von Interesse ist der auch hier auftauchende Mythos von den vier Töchtern Gottes (Litigatio sororum): Misericordia, Pax, Justitia, Veritas. Wahrheit und Gerechtigkeit verurteilen den gefallenen Menschen, Barmherzigkeit und Friede wollen ihn begnadigt wissen. Der Streit wird geschlichtet, indem Gottes unschuldiger Sohn für den Menschen die Strafe erleiden solle.

Berühmt waren die vier Tage andauernden *Pfingstspiele in Freiberg i. S.*, einer Stadt mit reicher Bergwerksindustrie. Die Spiele wurden alle sieben Jahre wiederholt; 1516 feierte man sie in Anwesenheit Herzog

GEORGS VON SACHSEN mit besonderer Pracht. Diese Spiele umfaßten das gesamte Heilsgeschehen von der Erschaffung der Welt und dem Engelkampf bis zum Antichrist und Jüngsten Gericht. Vom ausgehenden Mittelalter bis ins 18. Jh. reichen die *Bozener Fronleichnamsspiele*. Die Aufführungen sind von 1471 bis 1753 belegt; eine große Anzahl von Texten ist überliefert. In den ersten Aufführungen traten die Heiligen Georg und Margarete besonders hervor. Nach einem Bericht FERDINAND TROYERS in seiner ‹Bozener Chronik› 1648/49 vernichteten in den Jahren 1338–1341 Heuschreckenschwärme die Bozener Weinkulturen. Um künftig den Schutz der genannten heiligen Martyrer zu erlangen, gelobte die Stadtgemeinde, in der Fronleichnamsprozession in jedem dritten Jahr ein Spiel darzustellen, wie St. Georg die Jungfrau Margarete von der Gewalt des Drachens befreit. Der älteste bekannte Text von 1543 enthält nicht das Spiel, sondern nur eine Prozessionsordnung. Die Sprechtexte sind erst in einem Druck von 1590 erhalten. Die biblischen Vorstellungen und das Ritterstück wurden innerhalb der Prozession von den Zünften in den Gassen der Stadt aufgeführt.

Eine Übergangsstellung zwischen den mittelalterlichen und den barocken Figuralprozessionen und zwischen den Prozessions- und den Passionsspielen nehmen die *Freiburger Fronleichnamsspiele* (Breisgau) ein (Handschriften von 1599 und 1604).

Ein besonderer Fall ist ARNOLD IMMESSEN, ein Einbecker Geistlicher, der urkundlich in der zweiten Hälfte des 15. Jhs. (1483/86) erwähnt wird. Sein Stück (3962 Verse) wurde vom ersten Herausgeber ‹Sündenfall› genannt. Neuerdings meint man, es würde besser als ‹Spiel von der Geburt Mariae› bezeichnet; die Gesamtanlage sei auf Maria hin ausgerichtet; die Geburt Mariens ist Gipfel und Abschluß des Spieles, dem die ganze Heilsgeschichte von der Erschaffung der Welt und dem Sündenfall an entgegenstrebt. Das Spiel zeigt ein dramatisch bewegtes Leben und eine hohe Geistigkeit. Nicht Naturtreue und Stoffliches, sondern die Grundwahrheiten der Heilsgeschichte sollen in einer großen Linie zur Geltung kommen. Die religiösen Gedanken und Gefühle werden voll ausgeschöpft; entscheidend ist das innere Leben. Das Stück gibt die Ausdeutung der alttestamentarischen Ereignisse, hat Prophetenszenen, benützt die Parabel von den Töchtern Gottes und preist das göttlich-weise Walten voll Gerechtigkeit und Erbarmung. IMMESSEN war zweifellos eine Persönlichkeit, die das ganze Menschentum in kraftvoll lebendiger Empfindung zu umfassen wußte.

e) Legendendramen und Mirakelspiele; Moralitäten

Das mittelalterliche Heiligendrama ist zumeist eine in Szene gesetzte Legende. Ihre größte Entfaltung fanden die *Legendenspiele* in der französischen Literatur, wo aus der Zeit von 1400 bis 1510 für Nordfrankreich 34, für Südfrankreich 3 Heiligendramen erhalten sind und wo Marienmirakel besonders beliebt waren. Gerne wurde auch die Legende des hl. Nikolaus, des Patrons der Schulen, dramatisiert. Die französischen Nikolaus-Spiele hatten schon im 12. Jh. eine deutsche Parallele in dem *Nikolaus-Spiel* aus Einsiedeln (Schweiz). Ein alemannisches, nur in Fragmenten erhaltenes *Mariae Himmelfahrt-Spiel* aus dem Ende des 13. Jhs. zeigt lateinische Gesänge und deutsche Sprechverse. Das *Neustifter (Innsbrukker) Mariae Himmelfahrts-Spiel* aus dem 14. Jh. ist eine szenische Vergegenwärtigung der legendarischen Vorgänge beim Tode der Gottesmutter. Es besteht aus drei Szenengruppen: Sterben, Grablegung, Himmelfahrt Mariae. Die Handlungen werden eingefaßt von der ersten und zweiten Teilung der Apostel. Das Spiel ist noch deutlich der liturgischen Feier angenähert. In späteren Heiligendramen sind belegt: Agnes, Alexius, Barbara, Dorothea, Georg, Johannes der Täufer, Katharina, Magdalena. Schon in der Zeit der beginnenden Stoffverbreitung fallen einige Legendenspiele. Das thüringische *Spiel von der hl. Katharina* ‹Ludus de beata Katarina› (um 1350) schließt sich eng an den Text der ‹Legenda aurea› und ist der Typus eines mittelalterlichen Märtyrerdramas, wie der ‹Ludus de sancta Dorothea›. Der Legende nach verteidigte Katharina mit 18 Jahren vor Kaiser Maxentius das Christentum. Als sie gerädert werden sollte, zerbrach das Rad; schließlich wurde sie enthauptet; Engel brachten den Leichnam auf den Berg Sinai. Sie galt als eine der vierzehn Nothelferinnen und Beschützerin der philosophischen Studien. Auch die Legende von der *hl. Barbara*, der Helferin gegen jähen Tod, ist dramatisch bearbeitet worden. Von *Dorotheen-Spielen* ist nur ein Fragment von 1350 in Kremsmünster erhalten. Sie waren aber, wie Aufführungen in Bautzen, Eger, Zwickau u. a. O. bezeugen, besonders in ostmitteldeutschen Gegenden, Obersachsen, Böhmen und Österreich beliebt. In Bruchstücken sind ferner bekannt ein *Alexius-Spiel* (1448), ein *Oswald-Spiel* (1480). Wir wissen von einem *Georg-Spiel* (1473) mit dem volkstümlichen Drachenmotiv (KELLER Nr. 126), und einem *Heilig-Kreuzspiel* (KELLER Nr. 125), d. h. der Kreuzauffindung durch die hl. Helena, das zwei Tage in Anspruch nahm.

Gleich drei dramatische Bearbeitungen erfuhr im 15. Jh. die Legende, besser: das Marienmirakel vom geretteten Teufelsbündner Theophilus. Das niederdeutsche *Spiel von Theophilus* ist in drei verschiedenen Fassungen bekannt: in einer Helmstedter Handschrift (Wolfenbüttel), einer Stockholmer Handschrift, nur der Anfang in einer Bühnenhandschrift in Trier. Die Urfassung entstand noch im 14. Jh. auf ostfälischem Gebiet unter Nachwirkung des französischen *Spieles von Rutebeuf*. Das Spiel feiert Maria in ihrer Mittlerstellung. Als Mutter der Barmherzigkeit und Fürsprecherin bei Gott rettet sie unter den sie reumütig anrufenden Sündern auch den, der von Gott abgefallen ist und sich dem Teufel verschrieben hat. In der Trierer Fassung wurde nach dem Teufelsbündnis offenbar auch das Weltleben des Theophilus vorgeführt.

Eine Nachwirkung des *Theophilus-Spieles* zeigt sich in DIETRICH SCHERNBERGS ‹Spiel von Frau Jutten› (1480; ca. 1600V.). SCHERNBERG übernahm offenbar aus der Urfassung des *Theophilus* ganze Versfolgen für die entsprechenden Auftritte. DIETRICH SCHERNBERG war Geistlicher im Bistum Mainz. Er brachte sein Spiel 1480 zur Aufführung. HIERONYMUS TILESIUS (1531–1566, aus Hirschberg in Schlesien) ließ es aus papstfeindlichen Gründen drucken (Handschrift nicht erhalten): «Apotheosis Johannis VIII. Pontificis Romani. Ein schön Spiel von Fraw Jutten» (Eisleben 1565). Die Sage von einer Päpstin Johanna war verbreitet besonders durch einen Zusatz zur Chronik des MARTIN VON TROPPAU († 1278) und wurde im 15. Jh. gerne geglaubt. SCHERNBERG wollte aus dem Stoff ein religiös-moralisches Zweckstück machen: Maria, die barmherzige Fürbitterin.

Es lohnt sich, den Inhalt wenigstens in Schlagworten anzudeuten: Zunächst sahen die Zuschauer eine Beratung der Teufel. Um die schöne Jungfrau Jutta für die Hölle zu erobern, werden zwei Teufel zu ihr gesandt, die sich erfolgreich ihres Auftrages entledigen. Jutta zieht mit ihrem Buhlen Clericus nach Paris auf die Hohe Schule; dort treten beide als Jünglinge bei einem Magister in die Lehre und werden mit dessen Hilfe Doctores; sie ziehen nach Rom und nehmen Dienste beim Papst Basilius; der Papst erhebt sie zu Kardinälen; nach dem Tod des Basilius wird Jutta sein Nachfolger; Jutta soll dem besessenen Sohn eines römischen Senators einen Teufel austreiben; als sie dies nach anfänglicher Weigerung tut, schreit ihr der Teufel ins Gesicht, daß sie ein Weib sei und ein Kind trage. Die nächste Szene spielt im Himmel. Christus will das Weib, das seine Kirche in Schande gestürzt hat, der Hölle überantworten; Maria jedoch, unterstützt vom hl. Nikolaus, legt Fürbitte ein; Gabriel kündet Jutta von der Versöhnung des Herrn, wenn sie sich irdischer Schmach und dem sofortigen Tod unterwerfe. Während sie auf offener Straße ein Kind gebiert und vor dem Volk Gottes Barmherzigkeit erfleht, stirbt sie. Zwar führt der Teufel Unversün ihre Seele zu Luzifer, aber auf neuerliche Fürsprache Marias geleitet sie Michael in den Himmel.

SCHERNBERG benützte neben dem *Theophilus-Spiel* auch das *Alsfelder Passionsspiel*. Sein tektonisch aufgebautes Spiel war für eine Simultanbühne eingerichtet. Der volkstümliche Stoff mit Himmel und Hölle, Gesang und Tanz, Teufelsauftritten, Beschwörungsszene, Tod und Gericht etc. mag starke Wirkungen ausgelöst haben.

Hauptsächlich aus Dialogen aufgebaut ist der Rest einer *Susannen-Dichtung* des 14. Jhs. Das Fragment beginnt bei dem Gespräch zwischen Susanna und den Alten nach dem Überfall und reicht bis zu der Gerichtsszene. Als Heimat vermutet KARL STACKMANN den Raum der fränkisch-niederdeutschen Sprachgrenze. An Dramatisierungen des Stoffes (der, rein literarisch gesehen, das Meisterstück einer Kriminalgeschichte darstellt) sind die bei KELLER (Nr. 129) abgedruckte anonyme *Wiener* Fassung und die einem *Straßburger* Zweitages-Spiel (von 1512) eingefügte Bearbeitung bekannt.

In den Niederlanden entstand das halbdramatische Marienmirakel *Marieken van Nijmegen.* Diesem aus Vers und Prosa zusammengesetzten Rhetorikerdrama liegt vermutlich ein Spiel aus der Zeit nach 1465 zugrunde. Sein Text ist jedoch erst aus Drucken des 16. Jhs. erreichbar. Marieken lebt sieben Jahre als Gefährtin des Teufels. Da sieht sie in Nymwegen am Fronleichnamstag bei einem Wagenspiel von Maskeroen einen Satansprozeß, in dem die hl. Maria als Fürsprecherin der Menschen auftritt. Als Christus versichert, er wolle reuigen Sündern verzeihen, beginnt sie zu weinen. Der Teufel hebt sie in die Luft und läßt sie zur Erde fallen. Sie unternimmt eine Wallfahrt nach Rom, wo ihr der Papst als Buße auferlegt, schwere eiserne Ringe zu tragen. Ein Engel nimmt ihr dann die Last ab, und Marieken stirbt in einem Kloster zu Maastricht.

Mit dem Wort ‹Moralité› bezeichnete man zunächst in Frankreich ganz allgemein sittlich-lehrhafte Dichtungen. Gegenwärtig versteht der Literarhistoriker unter *Moralitäten* Dramen des ausgehenden Mittelalters und der Reformationszeit, in denen die Handlung in der Hauptsache von personifizierten Begriffen und Eigenschaften getragen wird. Frühe Beispiele in England behandeln das Thema des Menschen als Kampfobjekt zwischen Tugenden und Lastern, oder, wie der ‹Everyman›, die Notwendigkeit einer Vorbereitung auf die Sterbestunde. Eine französische Moralität (1426) lehnt sich an eine Predigt des Kanzlers GERSON. In den Niederlanden wurden die Moralitäten hauptsächlich von den Rederijkergesellschaften gepflegt.

Die während des 15. Jhs. in England, Frankreich und den Niederlanden reich entwickelte Gattung der *dramatischen Moralitäten* fand in Deutschland erst spät eine gewisse Pflege. Im *Spiegelbuch,* einem Werk der Erbauungsliteratur, stehen einige dialogische Szenen, in denen die Notwendigkeit rechtzeitiger und bußfertiger Vorbereitung auf das Ende des Lebens behandelt wird. Hauptpersonen und Gegenstände sind ein verstockter Sünder, eine weltlich gesinnte Jungfrau, die Parabel vom reichen Prasser und armen Lazarus, die Bekehrung eines lustigen Gesellen durch einen Mönch. Eigentliche Moralitäten finden sich bloß im *Lübecker Titel-Verzeichnis* (vgl. S. 276 f.). Schon das Lübecker Fastnachtspiel ‹Die fünf Tugenden› (1439) und ‹Das Glücksrad› (1444) dürften den Charakter von Moralitäten gehabt haben. Bestimmt trat der allegorische Charakter zutage in dem Spiel ‹Von der alten Welt, von der neuen Welt und von der Rechtfertigkeit und ihrer Tochter Treue und einem Bruder Wahrheit und Maßhalten› (1466). Seit 1478 kommen in dem Verzeichnis fast nur Titel dieser Art vor. Eine Abart des lehrhaften Spieles sind Stücke wie ‹Von der Wahrheit, wie sie überall in der Welt verstoßen wurde› (1486) oder ‹Der Glaube wird gesucht und nicht gefunden› (1496). In die Nähe der Morali-

tätenspiele in Lübeck gehört GENGENBACHS Spiel ‹Die X alter dyser welt›.
Ais älteste erhaltene deutsche Moralität aus dem Gedankenkreis der ‹Ars
moriendi› gilt das anonyme ‹Büchel von dem aygen gericht des sterbenden
menschen mit exempel vnd figuren› (München 1510). Sein Hauptinhalt
sind die nach der kirchlichen Lehre für jeden einzelnen Menschen nach
dem Tode beim besonderen Gericht gegebenen Möglichkeiten: die himmlische Seligkeit zu erlangen, ins Fegefeuer geschickt oder in die Hölle verstoßen zu werden. Das im Anschluß an die Gattung der Sterbebüchlein
mit Anregungen von den Totentänzen her abgefaßte Stück versucht,
Reimpredigt, Lehrbuch in Gesprächsform und dramatische Aktion miteinander zu verbinden.

Während dieses Münchener Spiel von übersinnlichen Mächten nur Tod,
Teufel und Engel benützte, veranschaulichten die französischen Moralitäten die verschiedenen Stufen der Bekehrung des sterbenden Menschen
durch eine Reihe allegorischer Gestalten. Eine dramatische Vertiefung
des Themas schuf aber erst ein unbekannter englischer Dichter, indem er
die Bekehrung des Menschen durch den ihm plötzlich angekündigten
Tod und die Nutzlosigkeit aller irdischen Hilfe gegenüber dem göttlichen
Richtspruch begründete. Und zwar unter Verwendung der ursprünglich
buddhistischen Parabel (‹Barlaam und Josaphat›) von den Freunden in
der Not: Reichtum und Verwandte verlassen den Menschen, sobald es
zum Sterben kommt, nur die guten Werke bleiben, trösten ihn und verteidigen ihn vor dem Richter. Zum allgemein warnenden Beispiel heißt
die Hauptperson des Dramas ‹Everyman› *Jedermann* (gedr. London 1529).
Diese englische Moralität ‹Everyman› wurde um 1495 von PETER VAN
DIEST (DIESTHEMIUS), identisch vielleicht mit dem Kartäuser PETRUS
DORLANDUS (1454–1507), ins Niederländische übersetzt (‹Den Spyeghel
der Salicheyt van Elckerlijc›) und in Antwerpen aufgeführt. Der Jeder-
mann-Stoff ist jünger als die Weltgerichtsspiele. Hauptthemen sind: Ge-
wahrwerden der Nichtigkeit irdischen Besitzes, Erkenntnis der Notwendigkeit rechtzeitiger Buße. Noch vom Mittelalter her waren ein bekanntes
Thema die *Zehn Alter dieser Welt*. Im Jahre 1515 spielten die Baseler
Bürger ‹Die X alter dyser welt› von PAMPHILUS GENGENBACH (ca. 1480 bis
1525), eine allegorische Moralität. Der Gegenstand war für Bild und Wort
beliebt: ‹Zehen Jar ein kind; Zwaintzig Jar ain Jüngling; Dreyssig Jar
ain Man; Viertzig Jar Stillstan; Fünfftzig Jar Wolgethan; Sechtzig Jar
Abgan; Sibentzig Jar, Dein seel bewar; Achtzig Jar Der Welt narr;
Neüntzig Jar Der kinder spot; Hundert Jar Nun gnad dir got› (Titel Augsburg 1518). Diesem alten Spruch gemäß läßt GENGENBACH die zehn Alter
auftreten und in Frage und Antwort mit dem Einsiedler eine Selbst-
charakteristik geben. Das Spiel wurde oft aufgeführt, gedruckt und bearbeitet. Im Jahre 1525 ließ der Verteidiger der mittelalterlichen Kirche
Herzog GEORG VON SACHSEN in der Hauptkirche zu Annaberg die Ge-

stalten der Männer- und Frauenstufen mitsamt den Tieren in Stein hauen. Für die Männerstufen: Ziegenbock, Kalb, Stier, Löwe, Fuchs, Wolf, Hund, Katze und Esel. Für die Frauenstufen: Krähe, Taube, Elster, Pfau, Henne, Gans, Geier, Nachteule, Fledermaus. Einen beliebten Vorwurf behandelte GENGENBACH auch in der ‹Gouchmat› (1516), d. i. Narrenwiese. Den unmittelbaren Anlaß gab ein kurz vorher erschienenes Gedicht, das die Unkeuschheit für sündlos erklärte. GENGENBACH richtet sein Spiel gegen Ehebruch und Unkeuschheit.

Frau Venus, die Liebesgöttin, läßt Jüngling, Ehemann, Landsknecht, Doktor, einen alten Gauch, d. h. Toren und Weibernarren, und den Bauern durch Circis (Buhlerin) und Palestra (Bordell?) zum besten halten. Als sich ein Bauer zu Tisch setzt, um die von Circis gebackenen Küchlein zu verspeisen, erscheint die Bäuerin und gibt zu den «Eiern im Schmalz» «das Saltz». Derbe Reden und Prügeleien sind reichlich verwendet. Zuletzt fordert Venus den Hofmeister auf, allen Gäuchen dafür zu danken, daß sie erschienen sind.

In die Nähe der Moralitäten gehören die *allegorischen Dramen,* in denen ebenfalls zumeist personifizierte Abstrakta Träger der Handlung sind. Ähnliche Allegorien finden sich auch in den Mysterien. Ferner gibt es allegorische Streitgedichte, wie ‹Karneval und Fasten›, ‹Sommer und Winter›. Ebenso haben die Totentänze Berührungen mit den Moralitäten.

Im allegorischen Drama des Mittelalters ist das Hauptmotiv der Kampf der guten und bösen Seelenkräfte. Das Thema geht innerhalb der christlichen Literatur letzten Endes zurück auf AURELIUS PRUDENTIUS und dessen ‹Psychomachia› (ca. 400). In diesem allegorischen Epos sollte gezeigt werden, welche Widersacher dem Menschen in seinem eigenen Innern erstehen und welche Streiter dagegen das Christentum zur Verfügung hat. In der Schlacht zwischen den Tugenden und Lastern kämpfen Fides gegen Idolatria, Pudicitia gegen Libido, Patientia gegen Ira, Superbia gegen Humilitas. Unter der Einwirkung des Humanismus bemächtigte sich die volkstümliche Literatur ziemlich rasch der Allegorien des Altertums, insbesondere der lukianischen Personifikationen. Die Hauptzeit der Moralitätendichtung fällt in Deutschland erst in das 16. Jh. Eine Sonderart der mittelalterlichen Moralitäten ist das allegorische Festspiel. Auch dieses wird in der Blütezeit des Humanismus nicht selten gepflegt.

2. Die weltlichen Spiele

Die religiösen Spiele hätten kaum diese machtvolle und breite Entfaltung zu einem Volksschauspiel von größter Beliebtheit genommen, wenn nicht neben ihnen im Lande eine theatralische Kunst lebendig gewesen wäre und das Volk sich nicht eine dauernde Vorliebe dafür bewahrt hätte. Die letzten Reste solcher vorliterarischer, zum Teil *einst kultischer Spiele* ha-

ben sich in Volksbräuchen, wie dem Perchtenlauf, Hutlerlaufen, den Bre-
chelspielen, dem Todaustragen und Sommerbringen, den Kampfspielen
zwischen Sommer und Winter, Frühlings- und Fastnachtsumzügen, Früh-
lingsreigen-Tänzen, Schwerttänzen u. dgl. bis in die Gegenwart erhalten.
Der Übergang vom vorchristlich-kultischen zum satirischen Spiel scheint
sich in Erscheinungsformen der Rügespiele, Gerichtsspiele und Hochzeits-
spiele vollzogen zu haben.

Neben den säkularisierten Kultbräuchen eine andere Komponente für
die Ausbildung des profanen Dramas war die Welt des antiken *Mimus*,
antikes, besonders römisches Mimusgut, das von den Spielleuten tradiert
und gepflegt wurde. Die spätantiken Gesticulatores führten Dialoge vor,
indem sie die verschiedenen Personen des Stückes mit verstellter Stimme
sprachen. Das gleiche taten die mittelalterlichen Fahrenden, und die Ele-
gienkomödien wie ‹Geta›, ‹Baucis›, ‹Pamphilus› etc. wurden so vorgetragen. Das Fortleben des antiken Mimus bei den Joculatores auch in
Deutschland hat ERNST BEUTLER am Fall des Bauchrednerschwankes der
‹Comedia Bile› nachgewiesen. Diese Geschichte von den redenden Fi-
schen, ein Histrionen-Kunststück der Spätantike, war auch noch ein Pa-
radestück deutscher und italienischer Mimen des 15. Jhs.: alle redenden
Personen wurden von einem und demselben Gesticulator gesprochen, der
auch mit einem Mundgeräusch die stummen und toten Fische scheinbar
zum Reden brachte. PETER LUDER traktierte die ‹Comedia Bile› in seinen
Vorlesungen. HEINRICH BEBEL erzählt die Geschichte in seinen ‹Facetien›
(1508) und nennt als Gewährsmann seinen bäuerlichen Vater. Im 16. Jh.
wird der Schwank in ganz Europa in der Buchliteratur heimisch.

Unsere Kenntnis vom *Werdegang des deutschen weltlichen Dramas* ist
in besonderem Maß von der Lücke in der Überlieferung der älteren deutschen Volksdichtung betroffen. Über die weltliche dramatisch-theatrali-
sche Kunst des Früh- und Hochmittelalters wissen wir nur aus indirekten
Zeugnissen. In die Schrift und Literatur fand das deutsche weltliche Spiel
seinen Weg erst im 14. Jh. Seine Erhaltung und Pflege vom 8. Jh. bis ins
späte Mittelalter ist ebenso wie die Fortführung der Tradition der episch-
dramatischen Heldenlieder, die Entstehung der Heldenepen und die deutsche Verskunst überhaupt großenteils den mittelalterlichen Spielleuten zu
verdanken, deren besonderer Beruf die poetische Produktion und Reproduktion war.

Diese *Spielleute* setzten sich in der Hauptsache aus drei Gruppen zu-
sammen: Vertretern einer niederen Kunst, die durch Vorführungen und
Schaustellungen als Tierbändiger, Mimiker, Puppenspieler, Zoten- und
Possenreißer, Joculatores die Menschen belustigten; dann einer vorneh-
meren Klasse, den Erben und Fortsetzern der altgermanischen Poeten und
Rezitatoren, die zum Gefolge der Fürsten gehörten, manchmal auch ein
Wanderleben von Hof zu Hof führten und eine gehobene und ernste

Kunst pflegten; und schließlich den mehr oder minder gebildeten fahrenden Klerikern, die seit dem 13. Jh. in Kultureuropa der Kirche viel zu schaffen machten. Einzelne solcher Spielleute begegnen nicht nur bei den aus der Kirche ins Freie gedrängten religiösen Spielen, sondern alle drei Gruppen bildeten zweifellos auch viele charakteristische Wesenszüge des gesamten weltlichen Dramas und Theaters aus. Durch die Joculatores und Fahrenden wurde eine Menge vor allem komischer Wirkungselemente aus der Spätantike in die komischen Szenen der religiösen Spiele und in die Farcen und Fastnachtspiele verpflanzt. Spielleute traten als Krämer, Quacksalber etc. in den Merkatorszenen der Osterspiele auf. Im Spielmannsepos *Salman und Morolf* (12. Jh.) wird die Flucht der Salme aus dem Sarg und deren Entdeckung in parodistischem Anschluß an die Auferstehung Christi und die Szene der Frauen am Grabe geschildert. Nur durch die jahrhundertelang ununterbrochene Wirksamkeit solcher berufsmäßiger Poeten und Vortragskünstler ist das scheinbar unvermittelte Auftreten eines breiten Stromes deutscher weltlicher Spiele im 14. und 15. Jh. verständlich.

Neben den dramatischen Kulthandlungen des Heidentums und dem mimischen Brauchtum sowie der Tätigkeit der Fahrenden und Spielleute enthielten gewiß auch dem Drama verwandte literarische Gattungen, wie die alten Streitgespräche u. dgl., allerlei Ansätze zu einem weltlichen Drama ernster wie possenhafter Art. Der Entfaltungsprozeß und die allmähliche Ausbildung bis etwa 1500 lassen sich jedoch nur teilweise verfolgen. Wahrscheinlich basiert das weltliche Spiel des Mittelalters auf einem ganzen *Geflecht verschiedener Komponenten*: auf einer vorchristlich-kultischen, auf Brauchtum, Mimusgut der Fahrenden, Talent der Textverfasser und Spielleiter, Spielfreude u.a.m. Von den wesentlichen Anfangselementen sind literarhistorisch unmittelbar nur die *Frühlingsfeiern, Sommer- und Winterspiele* und die *Neidhart-Spiele* faßbar. So wie sie uns heute vorliegen, sind die weltlichen Spiele sehr verschiedener Art, nähren sich aus vielen Quellen und kamen in verschiedener Form heran. Zu autochthon kultischen und antik-mimischen Elementen traten mittelalterliche Fabelstoffe mit oft willkürlicher Vermischung von Biblischem, Sage und erlebtem Geschehen. Die Vorgänge der dramatischen Umgestaltung konnten bisher nirgends mit lückenloser Deutlichkeit aufgehellt werden. Die literarische Form der weltlichen Spiele des ausgehenden Mittelalters ist mit wenigen noch dem Adel verbundenen Ausnahmen eine Hervorbringung der Städte.

Den überlieferten Bestand an spätmittelalterlichen Spiel-Texten bezeichnet man nicht ganz zu Recht als *Fastnachtspiele*. Als Zwischenstufe zwischen den vorchristlichen Kulttänzen und Fastnachtspielen werden die *Neidhart-Spiele* mit ihren *Frühlingsfeiern* und der *Jahreszeiten-Kampf* angesehen.

Thematisch gesehen hat man beim weltlichen Spiel des Spätmittelalters drei Gruppen vor sich: *Winter-Sommer-Spiele*; *Neidhart-Spiele*; *Fastnachtspiele*. Die erste Gruppe geht im 15. Jh. ins Fastnachtspiel über. Bei der zweiten Gruppe erhält sich ein Zweig der Neidhart-Spiele in ihrer ursprünglichen Form über das 15. Jh. hinaus, ein anderer wandelt sich zum Fastnachtspiel. Der dritten Gruppe gehört die Mehrzahl der überlieferten Stücke an. Die meisten Fastnachtspiele sind aus Nürnberg überliefert. Eine in Österreich entstandene Sammlung wurde in Schwaben von dem als Schwankdichter bekannten CLAUS SPAUN (oder SPAN) 1494 und 1516 in zwei Sammelbände (derzeit in Augsburg und Wolfenbüttel) von Spielen und Spruchgedichten mitaufgenommen. Anderes überliefert die Sterzinger Sammlung VIGIL RABERS. Ebenfalls aus bayrisch-österreichischem Bereich stammen drei in einer Mondsee-Wiener Handschrift (Cod. Vind. 3027) vom Ende des 15. Jhs. enthaltene, inhaltlich wie formal bemerkenswerte Stücke.

Der überkommene Bestand an spätmittelalterlichen Spiel-Texten beträgt rund 170 Texte. Davon sind sieben nicht als zur Aufführung angelegte Texte anzusprechen, sondern sind Bildersprüche, ein Streitgespräch, Lesetexte, Gesprächslieder, ein Spottgedicht. Von den verbleibenden, auf Darstellung angelegten Spielen gehören vier zu den geistlichen Spielen. Aber auch bei den weltlichen Stücken handelt es sich nicht immer um Fastnachtspiele; drei bzw. vier sind Frühlingsspiele, zwei haben den Jahreszeiten-Kampf zum Thema, zwei die Heldensage. Die durchschnittliche Verszahl der weltlichen Spiele beträgt etwa 300 bis 330 Verse; es gibt aber auch eines mit 1034 Verszeilen (KELLER 1). Für die Deutung des Spätmittelalters zeigen die rund 170 Spiele noch ein Übergewicht der konservativen über die revolutionären Züge der Zeit. Im Lichte des weltlichen Dramas erscheint das Spätmittelalter als eine noch vorwiegend im Mittelalter zentrierte Epoche.

Als Texte, die in ihrer Struktur und Funktion nicht mehr mittelalterlich sind, gelten: KELLER Nr. 107, 110, 119, 123, 129; ZINGERLE 3, 25; SEELMANN: ‹Böse Frauen›, ‹Bauernbetrügerei›, MERCATORIS' ‹Fastnachtspiel›, ‹Der Scheveklot›. Im ganzen können also elf Stücke nicht mehr als mittelalterliche Fastnachtspiele bezeichnet werden. KELLER 129 behandelt den biblischen Susannen-Stoff mit Fastnachtspiel-Schluß und stellt vielleicht schon eine Übergangsform dar zu jenem erbaulich-moralischem Typus des Fastnachtspieles, wie ihn KELLER 119 (‹Die X alter dyser welt› von P. GENGENBACH) verkörpert.

Die durch VIGIL RABER zwischen 1511 und 1535 gesammelten weltlichen Spiele sind aus verschiedenen Wurzeln gewachsen und schöpften aus vielen Quellen. Die meisten Stoffe lassen sich auf die mittelalterliche Kleinepik mit ihrem Wandergut antiker, biblischer und literarischer Herkunft zurückführen. Das Spiel vom Arzt ‹Ipocras› (ZINGERLE Nr. 4; 1511)

ist die aus dem *Neustifter* (*Innsbrucker*) *Osterspiel* herausgelöste Merkatorszene. ‹Aristotiles der hayd› (Nr. 7), zeigt, wie der griechische Philosoph durch weibliche List betört wird. Das Tanzstück ‹Von den 7 varben›
(Nr. 14) schöpft aus einem Spruchgedicht des 14. Jhs. und stellt allegorisch
die verschiedenen Formen der Liebe dar. Andere Spiele behandeln Ehe-
konflikte. Als eigene Leistung der Sterzinger Bühne gilt das Spiel ‹Rex
mortis› (Nr. 3). Es setzt den epischen Bericht der ‹Gesta Romanorum›
(Vom König, dessen drei Söhne nach dem Tode ihres Vaters auf die Leiche
schießen sollen, um ihr Recht auf die Nachfolge zu ergründen) in eine
spannende Handlung um und gilt als eine Vorstufe «des modernen See-
lendramas» (THURNHER). ZINGERLE ließ bei seiner Veröffentlichung die
biblischen Exempelstücke, ebenfalls Fastnachtspiele, aus, z. B. das Spiel
vom ‹King David und Golias› (1515). Diesen Stücken fehlt später die
reformatorische Spitze. Sie sind auf das Moralische, das Typische und die
Berufssatire eingestellt. Von Interesse ist ‹Ain recht, das Christus sterben
soll› (1529). Es hat die Form einer Gerichtsverhandlung. Der Vertreter
der Menschheit fordert Jesus auf, vom Himmel herabzusteigen und die
Menschheit zu erlösen. Maria bittet flehentlich, sie vor solchem Leid zu
bewahren. Das natürliche Recht und die Gnade verwerfen diese Appellation. Jesus nimmt Abschied von seiner Mutter und geht in den Tod. In
der Bearbeitung des *Bozener Emmaus-Spieles* von 1523 kam RABER auf
LUTHER zu sprechen; zwölf Jahre später schrieb er das Brixener Refor-
mationsspiel ‹Die zwen Stenndt› ab, in dem von der alten Geistlichkeit
abgerückt und für den neuen Glauben eingetreten wird.

Nur Titel von Spielen und z. T. auch Namen der Verfasser ersieht man
aus einem Verzeichnis der *Fastnachtspiele der Zirkelbrüder in Lübeck.*
Das Verzeichnis reicht von 1430 bis 1515 und enthält im ganzen 73 Titel.
Spielträger war die genannte Patriziergesellschaft, eine geistliche Bruderschaft, die verschiedene edle Zwecke vereinigte und deren Mitglieder
einen Zirkel im Wappen führten. Zur Aufführung benützte man die
«hovede» und die «borch», Zugtiere und eine auf Rädern stehende Bühne,
die in den Straßen herumgefahren wurde. Aus dem Administrationsbuch
der Zirkelgesellschaft kann man ersehen, daß die große Mehrzahl der
aufgeführten Stücke Dramen mit wirklicher Handlung und Verwicklung
waren. Die Formen des Aufzuges fehlen; Obszönes wird vermieden. Rund
25 Spiele behandeln Begebenheiten aus der Geschichte oder Sage: Jason
und das goldene Vließ, Alexander d. Gr., Kaiser Karl d. Gr., König Artus,
das Urteil Salomos (1434), das Paris-Urteil (1455) u. dgl. In fünf Stücken
wird die Freundestreue verherrlicht, darunter *Amicus und Amelius,* BERT-
HOLD VON HOLLES ‹Crane›. Zur Tiersage gehört ‹Wie der Löwe vom
Thron gestoßen ward› (1447). Der Schwankliteratur entnommen sind
oder ihr nahe stehen: die Geschichte vom Kaiser, der seine Frau auf die
Probe stellt (1477); der Kampf um die Herrschaft im Hause; die Ge-

schichte von der Eselsbrücke (1436); wie einer dem Wolf ein Weib geben wollte (1452) u. a. Der gehobenen Schicht und dem geistlichen Charakter der Bruderschaft entsprechen die innere Haltung und Ethik der Spiele. Sie vertreten den Geist des Zusammenhaltens, der Verantwortung dem Gemeinwohl gegenüber, Treue, Liebe, Dankbarkeit usw. Sie tadeln Habsucht, Betrug, Gewalttätigkeit.

Noch weniger als im religiösen Drama gibt es bei den weltlichen Spielen des ausgehenden Mittelalters einmalig geprägte *Texte* oder unwandelbare Partituren. Diese werden weitergegeben und nach Bedarf und Gutdünken verändert. Überarbeitungen, Ergänzungen, Zusammenbau kommen vor. Die Texte haben weitgehend kompilatorischen Charakter. Es findet sich daher oft ein und dasselbe Spiel in einer Mehrzahl von Abwandlungen und Fassungen. Nur in seltenen Fällen sind die Textdichter bekannt. Das volkssprachige weltliche Drama des ausgehenden Mittelalters ist durchgehend in Versform abgefaßt und wurde rezitiert. In Prosa geschriebene Stücke kommen erst im 16. Jh. auf.

Von der Wissenschaft ist man an die Spiele von verschiedenen Gesichtspunkten herangetreten. Die ältere Forschung gruppierte sie nach bestimmten Grundtypen, wie Ehegerichtsspiele, Quacksalberspiele, Prozeßspiele, Werbe- und Tanzspiele, Spiele aus alten Dichtungen. Eine volkskundlich-mythologische Methode (HÖFLER-STUMPFL) legte den Schwerpunkt auf die Ursprungsfrage und faßte das Fastnachtspiel als Ausdruck archaisch-mythischer Strukturen auf. PEUKERT (‹Die große Wende›) sah in den Fastnachtspielen den Ausdruck einer Seinsweise (des Bürgertums oder des Bauerntums) oder der Zeit- und Sozialkritik und wertete die Spiele als zeitgeschichtliche Quelle. Neuerdings (CATHOLY) versuchte man einen Zugang zur Gattung durch Verbindung der morphologischen und der soziologischen Betrachtungsweise. Die bei diesem Bemühen, das spätmittelalterliche Spiel typologisch zu erfassen, angewandte Methode der immanenten Formuntersuchung stellte zwei Typen fest: Reihenspiele (Reihe aufeinander folgender Reden; Revuen) und Handlungsspiele (Spiele mit geschlossener Handlung), die zugleich auch zwei entwicklungsgeschichtliche Stufen verkörpern. In ihrer Verwirklichung bei der Aufführung (zu Idealtypen ist es nur selten gekommen) bilden beide eine Einheit. Die Situationen, innerhalb derer sich die Stücke ausbildeten, war das fastnächtliche Beisammensein des spätmittelalterlichen Stadtbürgertums. Die Struktur der Stücke ist durch fastnachtgemäße Unterhaltung bestimmt.

a) Frühlingsspiele; Jahreszeiten-Kampf

Gattungsmäßig zu den vorerst in Frankreich auftauchenden *Frühlingsspielen* gehören die aus Österreich überlieferten *Neidhart-Spiele*. Sie stehen stofflich in naher Beziehung zu den *Neithart-Schwänken* (vgl. Kap. I,5 b) mit ihren mancherlei dramatischen Elementen und zeigen das alte Natur- und Jahreszeitenthema noch verbunden mit dem Liebes- und Fruchtbarkeitsmotiv. Die älteste Fassung, das *St.-Pauler Neidhart-Spiel,* ist in der Handschrift 261/4 (olim XXXII c/261) des Benediktinerstiftes St. Paul im Lavanttal (Kärnten) erhalten. Das Spiel (nur 58 Verse) wurde um 1350 von einem Fahrenden höherer Kategorie verfaßt, besteht aus einer einleitenden Vorrede des Proklamators, der den Inhalt angibt, und kurzen Dialogen. Lateinische Beischriften und Szenenanweisungen teilen den Stoff für die beiden Spieler in sechs Abschnitte.

Die Herzogin begrüßt in zierlicher Rede Ritter Neidhart; sie und ihre Hoffräulein wollen sich mit ihm des lichten Maien freuen, er möge ihnen dazu helfen. Neidhart verspricht, das Schönste zu dichten, das ihm möglich ist, und das erste Frühlingsveilchen suchen zu wollen, um die Gunst der Herzogin zu erringen, d. h. die Erlaubnis, ihr seinen Minnedienst widmen zu dürfen. Neidhart geht, legt die Blume unter den Hut und meldet seinen Fund. Beim Versuch, das Veilchen zu pflücken, erhebt die Herzogin laute Klagen über die Beleidigung, die nach ihrer Meinung der Ritter Neidhart ihr angetan hat. Neidhart beteuert seine Unschuld und wendet sich mit derbem Schelten und Drohen gegen die Bauern, die ihm das Leid zugefügt hätten.

Diese Situation wird in späteren Liedern und Spielen vergröbert und erweitert. Im *St.-Pauler Neidhart-Spiel* hat man eine Art Zwischenstufe von Lenzfeier und Spiel vor sich. Den Rahmen bilden Frühlingsreigen, Suchen und Finden der ersten Frühlingsblume. Welcher Art der Ersatz des Veilchens gewesen ist, wird nicht ausdrücklich gesagt. Bei den ursprünglichen Feiern waren das Abbrechen der Blume und die symbolische Bedeutung die Hauptsache. Daher empfindet im Spiel die Herzogin das Nichtvorhandensein als Verschmähung ihrer Gunst. Denn das Spiel stellt offenbar die entlegene und ins Höfische umgebildete Fortsetzung einer alten Jahrzeitfeier mit Maiehe dar. Form und Sprache sind von höfischer Gelassenheit und Feinheit. Es waren nur zwei sprechende Darsteller vorgesehen, Neidhart und die Herzogin; das Gefolge der Herzogin, der Bauer und seine Gefährten sind als Statisten zu betrachten. Zum Text kamen zweifellos als Begleitung pantomimische Tänze. Das *St.-Pauler Neidhart-Spiel* ist das einzige erhaltene Denkmal spielmannsmäßiger Behandlung eines derartigen Stoffes in Dramenform vor dem Fastnachtspiel. Inhalt und Darstellung, Sprache und Reime, gesellschaftliche, literarische und psychologische Voraussetzungen weisen auf Wien und Umgebung als Entstehungsort und Schauplatz der Handlung hin. Der Dichter war wohl ein Österreicher, der zu dem Wiener Hof in nächster Beziehung stand.

Die *Neidhart-Spiele* waren offenbar lange Zeit sehr beliebt. Man erkennt das an dem sog. *Sterzinger Szenar* in der Sammlung VIGIL RABERS (ZINGERLE Nr. 26). Es ist dies das einzige überlieferte Regiebuch eines älteren weltlichen Dramas. Sein Zweck war, dem Einstudierer und Spielleiter zur Inszenierung eines *Neidhart-Spieles* zu dienen. Vom Text sind nur die Stichworte angegeben. Aus den Szenen-Angaben und Stichworten hat man Inhalt und Aufbau zu rekonstruieren versucht. Das Szenar gehörte zu einem Spielmannsdrama aus der Mitte des 15. Jhs. Als Spielraum sollte ein abgesteckter Platz im Freien dienen, ein umhegter Spiel-Raum, den die Zuschauer umstehen.

Beim Einzug der Darsteller gehen zuerst die Pfeifer und Wegbahner und der erste Praecursor. Ihnen folgen der zweite Praecursor, zwei Ritter, die Herzogin und ihr Hofmeister, Neidhart mit seinen Rittern und Gesellen, die Jungfrauen mit sich führen, die Bauern mit ihren Weibern und Mägden, ungefähr 60 Mitwirkende, davon etwa 40 sprechende Personen und etwa 20 Statisten. Die Spieler nehmen auf Stühlen und Bänken Platz. Die Simultanschauplätze waren nebeneinander hingebaut. An Szenen werden vorgeführt: außer dem Suchen und Finden des Veilchens, dem Unfug der Bauern und der Enttäuschung der Herzogin, ein Kampf Neidharts und seiner Ritter mit den Bauern, wobei vor Beginn ein «Schirmmeister» agiert und die Bauern dann unterliegen, eine Arztszene mit Versorgung der Verwundeten, Tanzszenen, die Versöhnung der Herzogin mit Neidhart, Neidharts Sohn, ein Zechgelage, Neidhart im Faß.

Textlich dem *Sterzinger Szenar* entspricht ein 1946 in Sterzing aufgefundenes *Neidhart-Spiel aus dem 15. Jh.* (796 V.), das ANTON DÖRRER erstmals veröffentlicht und gewürdigt hat. Die Handschrift ist Abschrift (Ende 15. Jh.) aus einer älteren Vorlage. Diese war aber weder das genannte Szenar noch dessen Textbuch. Der neuentdeckte Text ist die einzige «spielgute» Fassung aus der Blütezeit der Neidhart- und Fastnachtspiele.

Der Praecursor begrüßt die Zuschauer und entschuldigt etwaige Mängel der Spieler. Darauf ziehen die erste Gruppe der Darsteller und die Spielleute ein. Ein zweiter Praecursor weist auf Neidhart und Herzogin und die Bauern von Zeiselmauer hin, die folgen. Nun spielt sich das Suchen des ersten Frühlingsveilchens in höfischer Weise ab. Die Fürstin ist über den Fund auf das tiefste verletzt. Neidhart gewinnt die Ritter zu einem vergeltenden Turnier gegen die Bauern. Ein «Schirmmeister» deutet den vorbereiteten Kampf an seinem Schwertspiel. Die Gegner rücken einander näher. Die Pfeifer musizieren. Der Kampf wogt hin und her. Als dem Veilchenverunglimpfer Ellschnprecht ein Bein abgehauen und der Bauer Engelbrecht arg verwundet ist, geben sich die Bauern geschlagen. Auf das Jammern ihrer Weiber tritt ein Arzt mit seinem Gehilfen auf und heilt mit einer Salbe rasch die Verletzten. Tanz und allseitige Versöhnung beschließen das Veilchenabenteuer. Doch das Spiel ist nicht zu Ende. Abermals tritt der zweite Praecursor mit Neidharts Sohn vor die Bauern und angeschlossen wird der bekannte Faßschwank. Der erste Praecursor beendet das Spiel.

In dem neu erschlossenen Spiel ist Neidhart Schalktypus im damaligen Rittertum. Die Bauern werden abfällig kritisiert. Der Tanzschwank ist zu einem Kampfspiel ausgeweitet. Die Aufführung fand im Freien statt. Traditionelle Elemente der Mimik und Komik sind gewahrt.

Die höfisch bedingte Spielmanns-Atmosphäre des *St.-Pauler Spieles*
ist im *Großen Neidhart-Spiel,* das die Wolfenbüttler Sammelhandschrift
überliefert (KELLER Nr. 53), umgewandelt in derbe Sinnlichkeit und saf-
tige Vitalität. Die vergröberte Veilchenszene wird durch Darstellung der
Bestrafung der Bauern und Aussöhnung Neidharts mit dem Herzogspaar,
durch Anfügung verschiedener dramatisierter Schwänke sowie Hineinnahme eines Teufelsspiels und Einlage zahlreicher Tänze auf 2268 Verse
erweitert und zum umfangreichsten komischen Drama des Mittelalters
aufgeschwellt. Im Spiel treten 103 Personen auf, davon sind 68 sprechende. Ort der Handlung ist der Herzogshof in Wien und die umliegende
Landschaft, namentlich das Dorf Zeiselmauer.

Ein «Vorläufer» eröffnet das Spiel. Die Herzogin und ihr Gefolge tanzen
herein. Die Bauern versuchen, mit den adeligen Jungfrauen zu tanzen, werden
aber zurückgewiesen. Es folgen derbe Bauernzoten, und ein Tanz mit Bauernmädchen schließt den ersten Teil. Im zweiten fordert zunächst der Herzog die
Ritter und Jungfrauen auf, sich als «Maienpuelen» zu verbinden. Die Herzogin
stimmt zu, auch sie wolle den Finder der «veielroesen» als Maibuhlen betrachten. Der Ritter Neidhart findet das Veilchen und bedeckt es mit seinem Hut.
Während er wegeilt, um die Herzogin und ihr Gefolge herbeizuführen, pflückt
der Bauer Enzlmann die Blume und «thuot ein dreck an des veiol stat». Als die
Herzogin erscheint und die üble Gabe vorfindet, erteilt sie Neidhart einen Ver-
weis und enteilt mit ihren Jungfrauen. Die Rache Neidharts und der Ritter an
den Bauern besteht zunächst darin, daß er einer Reihe von ihnen das linke Bein
abschlägt und sie mit Stelzfüßen versehen werden. Das Herzogspaar söhnt sich
mit Neidhart aus, er erhält ein Lehen und es gibt einen Umtrunk. Im dritten
Teil übt Neidhart verschiedene Streiche an den Bauern: er tritt als Schwertfeger
auf, nimmt ihnen ihre Messer und Schwerter ab und erhängt zwei Bauern an
einem Baum; er verkleidet sich als «pruoder Perchtold», hört die Bauern zur
Beichte (verspricht zur Lossprechung aber einen anderen Beichtvater), macht sie
betrunken, schert ihnen Tonsuren, steckt sie in Mönchskutten und führt sie vor
den Herzog. Es folgen ein Teufelsspiel, eine Rauferei wegen eines Spiegels, die
Zertrümmerung einer Säule – der Spiegelrauferei sieht Neidhart in einem Faße
versteckt zu und verspricht hernach in neuer Verkleidung den Bauern, Neidhart
zu fangen und ihnen auszuliefern. Der Herzog beschenkt neuerdings Neidhart
und spendet einen Umtrunk.

Sprache und Reimgebrauch lassen erkennen, daß das Stück ursprünglich in der um die Wende des 14./15. Jhs. noch traditionellen Dichtersprache abgefaßt war. Die Verstechnik erinnert ebenfalls häufig an die
guten mittelhochdeutschen Regeln und Kunstgriffe, und die Terminologie
des Minnesangs ist noch in vollem Gebrauch. Der Stil des Spieles zeigt
Verwandtschaft mit der Schwank- und Spielmannspoesie und dem geistlichen Drama. Der Verfasser war ein Fahrender. Er sympathisiert mit den
Rittern und nimmt Stellung gegen die Bauern. Als Veranstalter sind der
Herzog und die Herzogin angegeben, als Zuschauer waren adelige Gesellschaftskreise gedacht, von Bürgerlichen ausdrücklich nur vornehme
Gesellschaftskreise zugelassen. Im Aufführungsstil spielte der Tanz eine

wesentliche Rolle. Das ausgedehnte Spiel erforderte einen großen Bühnen-Raum. Man nimmt eine Simultanbühne, etwa eine weite Maien-Wiese, an, mit einer Reihe von Schauplätzen. Auch die Entstehung des *Großen Neidhart-Spieles* und seine Aufführung wird man sich am ehesten in Wien oder dessen Umgebung zu denken haben.

Das ebenfalls in der Wolfenbüttler Sammelhandschrift überlieferte *Kleine Neidhart-Spiel* (KELLER Nr. 21) bewegt sich bereits weitgehend in den Formen der Nürnberger Fastnachtspiele. Nach dem Kampf Neidharts und seiner Ritter mit den Bauern tritt ein Teufel auf, um die Seelen der Erschlagenen dem Luzifer zu überstellen. Ein Arzt versorgt die verwundeten Bauern. Die Herzogin ist Neidhart wieder gewogen und gibt ein Mahl.

Noch unter dem Einfluß der Dichtung des vergangenen Jahrhunderts steht das dem 14. Jh. entstammende, zu den Sommer- und Winterspielen gehörige kleine Drama ‹Ein Streit zwischen Herbst und Mai›, erhalten in einer Sammelhandschrift des Staatsarchivs Graubünden in Chur (Ms. Sig. B 1). Das Hauptmotiv des durchaus höfisch-ländlichen Charakter tragenden Spieles ist der Streit der Jahreszeiten Herbst und Frühling, durchgeführt in ritterlichen Formen.

In der Schweizer Fassung überbringt der Knappe Pitipas dem Herbst die Grüße der Tochter des Mai, der schönen Gotelint (Entlehnung aus dem ‹Meier Helmbrecht›). Der Herbst beschenkt den Knappen zum Dank dafür mit einer gebratenen Wurst und einem Trunk. Gotelint tritt auf und klagt dem Herbst die Not in ihrem Vaterhaus. Der Herbst begabt das Mädchen reichlich mit Trank und Speise und entführt es. Ein Bote meldet dem Mai das Geschehene. Es soll zum Kampf kommen. Herbst und Mai stellen einander ihre Verbündeten gegenüber. Der Herbst die Ritter: Vüllewîn (seine Wendung «ein strâze durch mich gât» stammt von STEINMAR), Giudel (Verschwender), Slapriân (Schläger), Hüenerslunt, Slintenkruog, Nimmervol, Slintezgöu (aus dem ‹Meier Helmbrecht›), Vüllensac, Sluckendarm, Gensefrâz, Trinkûz und Laerebûch. Jeder charakterisiert sein Wesen. Auf seiten des Mai wollen ebenfalls zwölf Ritter kämpfen: Grüeneklê, Rôsenblat, Blüejenzwî, Rôsenkranz, Gilgenstengel, Vîolsmac, Sunnenglanz, Minnengast, Rockenstoc, Lieberman, Morgenstern, Morgenrôt. Auch diese charakterisieren ihr Wesen. Mai und Herbst preisen ihre Vorzüge:

> Hie rôter munt und blüemlîn schîn!
> Wâ möht bezzer wünn gesîn?
> Hie wîn und würst und wecke!
> Dâ von bin ich ein recke.

Sieger bleibt der Herbst, und abschließend beklagt ein «Herold» den Ausgang des Streites:

> Sie hânt die bluomen nider geslagen,
> daz mügen wir wol ân ende clagen,
> und dar zuo den grüenen klê,
> daz tuot uns allen iemer wê.

Episch ist ein solcher *Kampf zwischen Herbst und Mai* dargestellt in ADALBERT VON KELLERS ‹Erzählungen aus altdeutschen Handschriften›. Wird im Churer Spiel die Tochter des Mai vom Herbst entführt, so wird die Tochter des Winters vom Sommer zurückgewiesen in dem *Appenzeller Sommer- und Winterspiel.* Nur in diesen beiden Texten ist von einer Tochter der Jahreszeiten die Rede. Offenbar gehören beide Texte in dieselbe Gegend. Dann hätte sich dort das älteste schweizerische Volksschauspiel erhalten.

Verwandt mit dem Churer Spiel ist das 1512 von VIGIL RABER aufgezeichnete Spiel ‹May vnd herbst› (ZINGERLE Nr. 16). Auch dieses Stück enthält noch die Elemente des späteren Minnesangs. In der Form eines Streitgespräches werden die Freuden des Frühlings und der Liebe den Freuden des Genusses nach der Erntezeit gegenübergestellt.

Ein Praecursor leitet das Spiel ein und kündigt an das Auftreten des «liechten Maienn» mit seinen Rittern (Rosnplatt, Wasnschmackh, Frauenlust, Gilgnpusch, Sumerwunn, Frauenlob), seinem Diener, dem Sommer, und des Herbstes mit seinen Rittern (Schlauch, Schlemprian, Schmoll, Trunknpoll, Fuller und Lernpecher). Neben den Hauptpersonen ergreifen in regelmäßigem Wechsel auch die Ritter das Wort.

Themen aus der altheimischen Heldensage behandeln das ‹Spil von dem Perner und Wundrer› (KELLER Nr. 62; 134 V.), das den Kampf zwischen Dietrich von Bern und dem wilden Wunderer zum Gegenstand hat, und das von VIGIL RABER 1511 aufgezeichnete ‹Recken spil› (ZINGERLE Nr. 9; 486 V.), in dem der Kampf der rheinischen und der österreichischen Sagenhelden (Kriemhild, Siegfried, Dietrich von Bern, Hildebrand etc.) um den Wormser Rosengarten auf die Bühne gestellt wird. Nachrichten aus Kolmar besagen, daß dort Anfang des 16. Jhs. Bewohner der umliegenden Ortschaften in die Stadt kamen, um ein *Spiel von Hillebrand* und ein *Spiel vom Tannhäuser* aufzuführen.

b) Die Fastnachtspiele

Die Fastnachtzeit war innerhalb des Kirchenjahres und innerhalb des städtischen bürgerlichen Jahres eine Ausnahmezeit. Zu ihren Rechten gehörte die Ausgelassenheit der Triebsphäre. Die zur Fastnachtzeit aufgeführten Spiele haben daher nicht nur eine Diesseitigkeit in der Bildersprache und in der Personengestaltung, sondern die Betonung des Geschlechtlichen ist häufig eines ihrer hervorstechendsten Kennzeichen, besonders der Reihenspiele. Da der ursprüngliche Sinn dieser Spiele war, der fastnächtlichen Gemeinsamkeit zu dienen und ihr Ausdruck zu geben, ist der Zusammenhang mit der allgemeinen fastnächtlichen Realität gewahrt. Der Stoff hat oder erhält possenhafte Form. Gegen das 16. Jh. und im 16. Jh. beginnt sich die Form des wirklichkeitsnahen Spieles immer stärker durchzusetzen, und das Fastnachtspiel mit seinen zwei Spieltypen wandelt sich in Richtung auf die Gestaltung einer selbständigen Spielrealität hin.

Possenhafte dramatische Vorführungen der Spielleute, die Quacksalber-
szenen in den Osterspielen mögen die Ausbildung deutscher komischer
Dramen zu Beginn des 15. Jhs. begünstigt haben. Ein einziges Denkmal
reicht noch in das 14. Jh. zurück, das Spiel ‹Septem mulieres› (KELLER
Nr. 122).

Das den Fastnachtspielen verwandte Fragment ist die mutwillige, beinahe
zynische Ausführung der Bibelstelle bei Jesaias 4,1: «Und sieben Weiber werden
zur selben Zeit einen Mann ergreifen, und sprechen: Wir wollen unser eigenes
Brot essen, und uns mit eigenen Kleidern kleiden; nur laß uns nach deinem
Namen heißen, und nimm die Schmach von uns.» Der Mann eröffnet das Spiel
und preist sich glücklich. Darauf machen die Frauen der Reihe nach ihre Ansprüche geltend, die zwei letzten in drastischer Form. Die Wahl fällt auf die
Prätendentin, die zuletzt ihren Anspruch vorgebracht hatte.

Sonst geht die handschriftliche Überlieferung der deutschen Fastnachtspiele im engeren Sinn meist nicht über die zweite Hälfte des 15. Jhs. zurück. Lediglich zwei sind in einer Handschrift aus dem Anfang des Jahrhunderts erhalten: Das ‹Vasnachtspil von zweien eleuten› (Nr. 19), in
dem eine Frau, die in Abwesenheit ihres Mannes von einer Kupplerin besucht wird, doch die eheliche Treue bewahrt, und ‹Die Eefrau, wie sie
iren mann (wegen Untreue) verklagt vor hofgericht› (Nr. 40).

An vorchristlich-kultische Bezüge erinnert es, wenn in Münster in
Westfalen noch im 15. Jh. Bürgersöhne ein Spiel vorführten, in dem der
Winter oder Tod durch Austreiben und Vernichten einer Strohpuppe unschädlich gemacht wurde, und zwar in Form eines Prozeßspieles mit Hin-
richtungsszene. Alte Dämonenabwehr umgewandelt erscheint auch im
Fastnachtspiel vom ‹Tanaweschel› (Nr. 54; 242 V.), d. i. einer Krankheit,
die 1414 in ganz Deutschland auftrat.

Dieses frühe Spiel verbindet Revueform mit Gerichtsverhandlung. Es erscheint eine Gestalt nach der anderen, der fahrende Schüler, der Ritter, der
Kaufmann, die Klosterfrau, der Bauer, und erhebt Anklage: der Ritter klagt
Tanaweschel an, er habe ihm seine schöne Gattin geraubt; der Kaufmann, weil
er den Geschäften nicht nachgehen kann; die Klosterfrau, weil sie in ihren Ge-
betsverpflichtungen behindert ist usw. Das Urteil lautet auf Tod durch Henkers-
hand.

Auch die Spiele von Pflug- und Eggenzeichen der heiratsfähigen Mädchen knüpfen an vorchristlich-kultische Elemente an.

Soweit die Fastnachtspiele noch in den Sozial- und Weltanschauungs-
bereich des Spätmittelalters gehören, pflegt man sie nach ihren *Ausgangs-
zentren* in vier Gruppen einzuteilen: Eine Gruppe, die im österreichisch-
bairischen Alpenraum heimisch ist, wobei den Tiroler Spielen eine Sonderstellung zukommt; eine Gruppe in den alemannischen Gebieten der
Schweiz und in Schwaben; eine Gruppe, die in Nürnberg gediehen ist;
eine niederdeutsche Gruppe mit dem Schwerpunkt in Lübeck. Die *alpen-
ländischen Spiele* haben die Gestalten der heimischen Sage und das täg-

liche Leben zum Thema, befolgen die mittelhochdeutschen Gepflogenheiten, berühren sich im Stil vielfach mit den geistlichen Spielen, sind ge-
mütvoll, humorvoll, erfüllt von naiver Lust am Komischen und Freude
an den altbekannten grotesken Figuren; Witz oder Witzeln, Satire und
politische Leidenschaften oder Vergnügen an der Zote fehlen. Mit ihnen
verwandt geben sich die *alemannisch-schwäbischen Stücke*. Die vermutlich aus Stegreifszenen hervorgegangenen *Nürnberger Fastnachtspiele* dagegen sind außerordentlich derb, reich an Zoten, satirisch und spöttisch,
insbesondere gegen die Bauern. Von den ersten drei Gruppen verschieden
zeigen sich die *Spiele in Lübeck,* die Humor mit volkspädagogischem Bemühen verbanden. In den niederdeutschen Gebieten wurden die Fastnachtspiele vorwiegend vom Bürgerpatriziat der Städte und gelegentlich
vom verstädterten Rittertum gepflegt, im oberdeutschen Bereich meist von
Handwerkern.

In den frühen deutschen Fastnachtspielen werden die vorchristlichen
Frühlingsbräuche mit Tänzen, Umzügen und Wettkämpfen beibehalten.
In der sehr vielfältigen Nürnberger Gruppe führen die ‹Aufzüge› und Revuen einen ganzen Reigen von typischen Gestalten vor: Narren erzählen
der Reihe nach einander, zu welchen Streichen sie die Liebe verleitet hat;
im ‹Morischgentanz› (KELLER Nr. 14) tritt Frau Venus mit einem Apfel
auf, der demjenigen gehören soll, der die größte Narrheit begangen hat;
eine Reihe von Pilgern bekennen allerlei wunderliche Sünden; Bauern
rühmen ihre Fähigkeiten in Trunk und Eros. Später bilden dramatisierte
Schwänke den Hauptbestandteil des Nürnberger Repertoires. Sonst erfreuten sich in den verschiedenen Gruppen neben den Aufzugs- und Re-
vueformen die Gerichtsspiele großer Beliebtheit. Vor Richter und Schöffen
erschienen die Kläger und Klägerinnen: Mareth etwa verklagt den Rum-
pold wegen Nichteinhaltung des Eheversprechens (Nr. 130). Erprobun-
gen unter Einbeziehung alter Sagengestalten liegen vor in den aus alemannischem Gebiet stammenden Stücken ‹Das vasnachtspil mit der kron›
(Nr. 80), in dem am Hofe des Königs Artus ein Bote erscheint, der eine
Krone bringt, die nur einem vollkommenen Ehemanne paßt, und ‹Der
Luneten mantel› (Nr. 81), in dem der Bote einen Mantel bringt, der nur
einer Frau paßt, die ihrem Manne unbedingt treu ist. Andere Fastnachtspiele haben Volksschwänke oder Anekdotisches zum Thema: das Spiel
vom Domherrn und der Kupplerin (Nr. 37), vom Bauern und der Edel-
frau (Nr. 46), vom Kaiser und dem Abt (Nr. 22), vom verliebten Philosophen Aristoteles (Nr. 17), den ein Weib dazu bringt, ihr vierbeiniges Reit-
tier abzugeben, indes der Narr diese Zumutung der Närrin abschlägt (vgl.
ZINGERLE Nr. 7). An die Artes-Literatur erinnert ‹Ein vasnachtspil von
den siben meistern› (Nr. 96), in dem die Meister der Septem artes liberales, der Grammatiker Priscian, der Logiker Aristoteles, Euklid in der Geometrie, der Rhetoriker Cicero, Boethius in der Musik, Pythagoras in der

Arithmetik, Ptolemaeus in der Astronomie, einen Jüngling darüber belehren, wie er diese Wissenschaften im Frauendienst verwenden könne. Im Spiel ‹Von den 7 varben› (Nr. 103; ZINGERLE Nr. 14), das auf einem Spruchgedicht des 14. Jhs. beruht (HÄTZLERIN S. 168), treten sieben Jünglinge in sieben verschiedene Farben gekleidet auf und jeder bringt seine Farbe in Beziehung zur Minne. Satire gegen den Ritterstand enthalten ‹Die kaiserlich ritterfechten› (KELLER Nr. 75) und ‹Des künigs auß Schnokenlant vasnacht› (Nr. 79). In dem einen entziehen sich die Ritter dem kaiserlichen Aufgebot, in dem anderen erzählen zwei Ritter von den Prügeln, die sie bei einem Turnier erhielten. In Nr. 47, ‹Die verdient ritterschaft›, rühmen sie sich prahlerisch ihrer Künste Ringen, Tanzen, Singen. In die politischen Verhältnisse hinein leuchtet ‹Des Türken vasnachtspil› (Nr. 39), indem es in komisch-kritischer Sicht ein Bild der Zeit und der reformbedürftigen Zustände in der Christenheit entrollt (s. u.).

Als Textdichter und Spielleiter namentlich faßbar sind in Nürnberg nur zwei Persönlichkeiten: der Spruchdichter und Schwankdichter HANS ROSENPLÜT und der Meistersinger HANS FOLZ. Bei ROSENPLÜTS umfangreichem Werk (vgl. Kap. III,6 b) herrscht hinsichtlich der Verfasserschaft nur für einen gewissen Kern Übereinstimmung, bei vielen Stücken ist die Echtheit umstritten. Wohl aber hob er in Nürnberg das Fastnachtspiel zu einer literarischen Gattung. ROSENPLÜT verwendet im Fastnachtspiel Formen einfacher Revue, dramatischer Gerichtsspiele und ausgeprägter Schwankhandlungen. ‹Des künig von Engellant hochzeit› (1441; Nr. 100) ist eine politische Satire in Form einer Revue von acht Heroldsverkündigungen, welche die Preise für die vier besten Turnierritter, für die höfischste Dame ausrufen; der Trägste erhält einen aufgezäumten Esel. Zuletzt nennt ein Brief die unsicheren Bürgen für die Preise: einen Scheinkönig, einen Pantoffelhelden, einen verjagten Fürsten u. dgl. Wahrscheinlich ebenfalls von ROSENPLÜT stammen ‹Des Türken vasnachtspil› von 1456 (s. o.) und das undatierte Stück ‹Vom babst, cardinal und von bischoffen› (Nr. 78).

Im ersten Spiel kommt der Großtürke mit Geleit der Bürgerschaft von Nürnberg ins Reich, um die Ordnung wiederherzustellen: Während es in der Türkei keinen Wucher und keine Bestechlichkeit in der Rechtspflege gibt, werden im Heiligen Römischen Reich Bürger und Bauern vom Adel geplagt und Arme von Fürsten und Geistlichen, schlechten Richtern und ungetreuen Amtleuten unterdrückt. Nur deshalb sind die hohen Herren für den Türkenkrieg. Trotz massiver Drohungen stehen die Nürnberger zu ihrem Geleit und ernten den Dank des Großtürken.

Nicht so scharf in der zeitpolitischen Satire ist das zweite Spiel. Hier treten alle bedeutenden Reichsstände auf. Gegen sie wird bittere Klage erhoben. Die Stände schieben einander die Schuld an den Übeln im Reiche zu, unter denen am meisten die Armen zu leiden haben. Am Schluß zieht ein Narr die Quintessenz und ruft den Bürgern zu: «Kauft in nicht ab und leiht in nicht ... Wolt ir fürpas mit frid sein».

Vom Meistersinger HANS FOLZ wissen wir, daß mindestens sieben, wahrscheinlich zwölf Spiele von ihm stammen: ‹Die alt und neu ee›, ein Spiel vom Alten und Neuen Testament, ‹Die Bauernhochzeit›, ‹Die neuen Weibernarren›, ‹Die zwölf buhlerischen Bauern›, ‹Frau Venus Urteil›, ‹Salomon und Markolf›, ‹Das Bauerngericht›, ferner das dogmatisch-apologetische Spiel ‹Kaiser Constantinus›, das Fastnachtspiel ‹Von einem Arzt und einem Kranken› u. a. In der genannten Mondsee-Wiener Handschrift (Cod. 3027) finden sich: ‹Das leben der heyligen frawen Susanna› mit der Geschichte von Daniel und Susanna (KELLER Nr. 129), das Gerichtspiel ‹Ein recht von Rumpolt und Marecht, dy yn dy ee ansprach› (KELLER Nr. 130), lateinisch und deutsch, und schließlich ein Mittelding von Gedicht und Fastnachtspiel ‹Der narren kappen› (KELLER Nr. 132). Namentlich das zweite Stück ist trotz seiner Grobheit und Derbheit vorzüglich gebaut.

Der literarische Charakter der Fastnachtspiele weist ähnliche Eigentümlichkeiten auf wie die übrigen Literatur-Produkte des Spätmittelalters. Wohl fehlt meist die moralisierende Tendenz, aber die Stoffe sind dieselben und der Realismus geht bis an die äußersten Grenzen: Eros und Zote blühen in den Aufzügen der Liebesnarren, den Brautwerbungsszenen und in den Szenen vor dem Ehegericht; Verspottung der Frauen ist an der Tagesordnung; von den einzelnen Ständen werden kaum je die Bürger, wenig das Rittertum und der Klerus, umso ärger aber die Bauern betroffen (in einem einzigen Stück, KELLER Nr. 51, wird dieser Hohn gegen die Bauern ernsthaft getadelt mit dem Hinweis, niemand soll seiner Eltern spotten; Adam, der Stammvater des Menschengeschlechtes, sei auch ein Bauer gewesen); die Feindschaft gegen die Juden tritt wie in den geistlichen Spielen so auch in den Fastnachtspielen hervor.

Das Fastnachtspiel des 16. Jhs. beschreitet zwei Wege. Der eine Typus verbindet Allegorie, christliche Lehre und allgemeine Didaktik zur Form des frühneuzeitlichen Fastnachtspieles. Er ist vertreten auch in MERCA-TORIS' Stück ‹Van dem Dode vnde van dem Leuende› (Druck 1567; SEELMANN, 81–94). Der andere Typus hebt die Realität einer autonomen Spielhandlung ab von der Realität des Aufführungsraumes und damit von der Wirklichkeit der Zuschauer. Hierzu gehört KELLER Nr. 107 (‹Der kluge knecht›) von ca. 1506. Beim Publikum herrscht die Illusion eines von ihm unabhängigen Seins. Die Handlung nimmt die Stelle eines Gegenüber ein. Es wird nicht mehr in der Mitte gespielt, sondern auf einem erhöhten Spielpodium. Zu diesem Typ gehören: Keller Nr. 110 (‹Elszlin Tragdenknaben›) von ca. 1529/30, KELLER 123 (‹Contz Zwergen›) von ca. 1530, ZINGERLE 25 (‹Die zwen Stenndt›) von ca. 1535, ZINGERLE 3 (‹Rex mortis›).

Bereits eine Art Zeit- und Tendenzdrama war das *Züricher Spiel von 1514,* gespielt nach Neujahr 1514 in Zürich.

Ein tüchtiger Eidgenosse wird einem wendigen Franzosen gegenübergestellt, rechtschaffenes Bauerntum überheblicher Adelsherrschaft. Einem Ungarn, der um Hilfe gegen die Türkengefahr bittet, wird gesagt, es fehle das Geld, weil es Adel und hoher Klerus verprassen. Horatius Cocles, Mutius Scaevola, Scipio Africanus, Hannibal treten auf, damit sich die jungen Schweizer an ihnen ein Beispiel nehmen können.

JAKOB RUF erweiterte 1538 dieses Spiel zu einem umfangreichen Schaustück ‹Vom wol- vnd übelstand einer loblichen Eidgnoschafft› oder nach der Hauptfigur ‹Etter Heini› genannt. Ungefähr gleichzeitig wie das *Züricher Spiel* wurde *Das alte Tellenspiel* aufgeführt: Apfelschußszene, Festnahme; Fahrt im Schiff, Sprung auf die Platte, Tat in der hohlen Gasse. Zum Teil erzählt Tell die Ereignisse den Freunden. Alle schließen sich zum Kampf gegen die Tyrannen zusammen. Tell spricht ihnen den Eid vor. Auch dieses früh durch Zeitanspielungen erweiterte, oft gedruckte Spiel wurde 1545 durch RUF bearbeitet. Ein politisches Spiel ist GENGENBACHS ‹Der Nollhart› (1517), d. h. Loll(h)ard, Laienbruder, weissagender Wanderprediger. Das Stück knüpft an die damals sehr verbreitete Literatur der Prophezeiungen und Prognostiken an, im besonderen an ein 1488 erschienenes Buch gleichen Namens. Außer dem Nollhart treten die Sibylle von Cumä auf, die hl. Birgitta, der hl. Methodius u. a., alles wegen ihrer Weissagungen berühmte Gestalten. Papst, Kaiser, König von Frankreich, Bischof von Mainz, Pfalzgraf, Venezianer, Türke, Eidgenosse, Landsknecht, Jude etc. erfragen von ihnen die Zukunft; auch der Endchrist erscheint. Ein Unbekannter zu Straßburg arbeitete in den Vierzigerjahren das Spiel um und versah es mit fanatischer Polemik gegen das Papsttum.

c) Das Puppenspiel

Eine dramatische Form, die sowohl die griechisch-römische Antike als auch das neue Mitteleuropa pflegten, war das *Puppenspiel*. Es diente der Volksunterhaltung, zum guten Teil wahrscheinlich auch der Kinderunterhaltung. Seine Heimat und historische Entfaltung sind nicht völlig geklärt. Bekannt ist die Miniatur im ‹Hortulus deliciarum› (nach 1175) der HERRAD VON LANDSBERG, Äbtissin auf Hohenburg im Elsaß, wo «spilman» und «spilwîp» (nach anderer Deutung «Knabe» und «Mädchen») an einem Tische stehen und auf der Tischplatte an Schnüren zwei geharnischte Ritterfiguren agieren lassen. Als Beischrift steht «Ludus monstrorum» (d. h. âventiur-spil). Aus HUGO VON TRIMBERGS ‹Renner› scheint hervorzugehen, daß die Fahrenden des Mittelalters häufig «Tattermannen» oder «Tokken» (‹Tocha› wird im althochdeutschen Glossar mit ‹mima›, d. h. ‹spilwîp› übersetzt) bei sich trugen und mit diesen beweglichen Gliedpuppen bei jeder Gelegenheit das Volk unterhielten. Im *Wachtelmaere* ist von an Schnüren befestigten «tatermannen» die Rede.

In PETER SUCHENWIRTS ‹Ein red von hûbscher lug› läßt sich Vers 16 ff.
ein alter Bibolus von den Spielleuten aufspielen und ein Dokenspiel vorführen:

> «Wol her und pheyfft uns einn schal»,
> Sprach ein alter ezzeich chrûg.
> Dar noch so tantzten in genûg
> Tzwo toeken wol gesliffen.

Im Fragment einer deutschen Übersetzung des altfranzösischen Ritter-
romans von ‹Malegys› (14. Jh.) wird sogar ausführlich eine von zwei Puppen gespielte Szene geschildert: Die als Spielmann verkleidete Fee Oriande kommt zu einem Fest, bei dem auch ihr seit langer Zeit abwesender
Geliebter Malegys zugegen ist. Auf einer Tafel läßt sie zwei mitgebrachte,
schön gearbeitete Figuren agieren, die einen Zauberer und eine Zauberin
vorstellen sollen; die männliche bedeutet Malegys, die weibliche Oriande.
Ein Liebesgespräch der Marionetten, an dessen Schluß sie sich küssen, läßt
auch Malegys aufspringen und er küßt die verkleidete Oriande. Im
Redentiner Osterspiel (1464) befiehlt Luzifer seinen dienstbaren Geistern
(FRONING, V. 1136 f.): Bringt mir

> de dar spelen myt den docke[n]
> Unde den doren ere ghelt aflocken.

Umherziehende Spielleute betrieben also offenbar in ziemlich ausgedehntem Maße das Puppenspiel, wobei man zunächst nur bloßes Spiel mit
den Puppen annehmen darf. Handlung und Mimik wurden durch Musik-
begleitung und bauchrednerische Fähigkeiten belebt.

Neben Marionettenspielen, bei denen die Spieler dem Publikum sichtbar waren, gab es (zumindest in Frankreich) auch solche, bei denen die
Akteure durch eine Draperie verborgen waren. Derartige Marionetten-
Kasten sind abgebildet auf Miniaturen in einer ca. 1338/44 entstandenen
Handschrift des ‹Roman d'Alexandre›: Eine fröhliche Gesellschaft sitzt
auf dem Boden und schaut gegen einen Kasten, in dem zwei Puppen,
ein dicker Mann mit einem Stock und eine Frau, sich befinden; das zweite
Bild zeigt eine Kampfszene zwischen zwei Kriegern. Für Deutschland ist
das bühnenmäßige Puppentheater, genannt ‹Himmelreich›, erst seit dem
15. Jh. nachzuweisen. Ein solches ‹Himmelreich› erregte in Wien 1479
durch ein, wie es scheint, besonders gut geleitetes Spiel im Hause des
ehemaligen Kanzlers KASPAR SCHLICK solches Aufsehen, daß auch Bürgermeister und Rat dahin gingen, es anzusehen, und den Meister gebührend
entlohnten. Leider wird nicht berichtet, was es da zu sehen gab. Die
einzige nähere Beschreibung des Repertoirs eines solchen ‹Hymelrych› gibt
erst THOMAS MURNER in der ‹Narrenbeschwörung› (1512) 59,9 ff.:

Darinn sitzt meister ysengryn
Vnd stilt ein braten der begyn
Vnd hat ein bogen vffgespant,
So bald er ein eebrecher kant,
Dann schüßt er im die nasen ab.
Darnach fecht vns ein iunger knab,
Der schlecht vmb sich vnd nert die lüt,
Vnd thůt im dannocht niemant nüt.
Darnach kompt her myn frow eptissen,
Die würfft der münch mit einem küssen,
Vast betrußlet, vast beschissen.

Der ‹Himmelreicher› agierte auf seiner Figuren-Kleinbühne offenbar sowohl mit Tiermarionetten als auch mit Menschenpuppen. Der Holzschnitt über diesen Verspartien zeigt einen Mann, dem ein Eberzahn aus dem Munde ragt und der einem Jüngling Anweisung im Geigenspiel gibt. ‹Meister Ysengryn› wird man entgegen der Kommentierung von MEIER SPANIER in ‹Th. Murners Narrenbeschwörung› (1926) nicht für einen Mannesnamen halten dürfen, sondern für den Namen des Wolfes in der Tierdichtung. Der Bratendiebstahl paßt m. E. besser zum Wolf als zum Bauer Eisengrein des Fastnachtspieles, der auch kaum als ‹meister› bezeichnet worden wäre.

FÜNFTES KAPITEL

DIDAKTISCHE DICHTUNG.
GEISTLICHES UND WELTLICHES LEHRHAFTES
SCHRIFTTUM

Lehrhafte Dichtung weist nicht im Sinne der drei Grundbegriffe in die Sphäre der Gattungen, sondern erhält vom Inhalt ihren Namen. Im Hochmittelalter hatte man unter dem Einfluß der Scholastik aus der Lehre ein System gemacht und schrieb seit dem 13. Jh. Dichtwerke ausschließlich lehrhaften Inhaltes. Wir unterscheiden im folgenden zwischen Lehrdichtung und lehrhaftem Schrifttum. Unter *Lehrdichtung* verstehen wir poetisch geformte Didaktik in Vers und Prosa. Als *lehrhaftes Schrifttum* fassen wir: a) die religiöse Unterweisungs- und Erbauungsliteratur, wie sie sich in den verschiedenen religionsgeschichtlichen Richtungen ausbildet, die Gebet- und Andachtsbücher, die Bibeldichtung und -übersetzung; b) das lehrhafte Schrifttum und die Artesliteratur mit dem Gebrauchs- und Wissenschaftsschrifttum und der Rechtsliteratur. Die Lehrdichtung und das lehrhafte Schrifttum setzen den Glauben an die Besserungsmöglichkeit der Menschen und der Welt voraus sowie die Meinung, daß Dichtung und Literatur auch erzieherische und bildende Aufgaben haben. Beide sind getragen vom Ethos der Zeit, dem traditionell überlieferten und dem neu entstehenden.

Seit der Mitte des 14. Jhs. erlebt die mittelhochdeutsche Lehrdichtung eine förmliche Wiedergeburt. Zunächst ist ihre Didaktik noch befangen im traditionellen Typendenken der geistlichen Morallehre; aber neben die Sünde tritt bald die Torheit. Beliebt wird auch die Fabel. An die Lehrdichtung schließt sich ein didaktisches Schrifttum religiöser Art, meist in Prosa. Es besteht aus Unterweisungs- und Erbauungsliteratur, Übersetzungen, Originalarbeiten, popularisierter Theologie und involviert die seelsorgerische und volkserzieherische Wirksamkeit der geistlichen Orden. Auffällig ist auch die Veränderung und Aktivierung der Rolle der Laienwelt im religiösen Leben. Weltliche Personen wagen sich an theologische Fragen. Zur alten Kritik an der Kirche als politische Macht und an der Geistlichkeit in ihrer Lebensführung kommt eine spürbare Zunahme halbketzerischer oder echtketzerischer Meinungen. Das weltliche lehrhafte Schrifttum setzt sich zusammen aus älterem Gebrauchs- und Wissenschaftsschrifttum und dem Fachschrifttum der drei Artesreihen.

Dem Lehrschrifttum mangeln durchaus nicht unterhaltende Züge. Das ausgehende Mittelalter stellt oft absichtlich die Unterhaltung in die Dienste der Belehrung. Schon lange vor Aufkommen der Renaissancepoetik mit ihrem ‹prodesse et delectare› waren weite Bereiche des deutschsprachigen volkstümlichen Schrifttums auf ‹Nützen und Ergötzen› eingestellt.

Die veränderten Zeitverhältnisse des späten Mittelalters, die Umordnung im sozialen Gefüge, das neue Verhältnis zur Welt wirkten sich naturgemäß auch auf die didaktische Literatur aus. Im gesamten kann man folgende Hauptmomente beobachten: Fortdauer alter Inhalte und Vorstellungen der ritterlichen Bildungslehre; zunehmender Einfluß der Kirche und religiöser Antriebe auf die Lehrdichtung und vor allem das Lehrschrifttum; praktische Lebenserfahrung; Interesse der Laien an der gelehrten Bildung der Zeit. Die im wesentlichen spätscholastisch, z. T. ritterlich, hauptsächlich aber bürgerlich ausgerichtete Lehrdichtung und das Lehrschrifttum waren für den Adel, für Klosterleute und Bürger bestimmt.

In formaler Hinsicht verwenden Lehrdichtung und lehrhaftes Schrifttum Großformen und Kleinformen; Abhandlung, Traktat, Predigt, philosophisches Gespräch, Lehrbuch, Vers und Prosa. Ein beliebtes Thema ist das Memento mori; Eitelkeit der Welt als Mahnung zur Buße und Weltabkehr. Die Lehrdichtung benützt gerne die Form des Spruches. Die mit der religiösen Spruchdichtung verbundene Sittenlehre zeigt den Wechsel von einer Gesinnungslehre zu einer Verhaltenslehre und ist der Grundboden, aus dem der Lob- und Scheltspruch, der politische Spruch, die Standeslehre ihre Nahrung ziehen. Die Morallehre neigt dazu, mehr das Negative zu sehen als das Positive. Der Lehrspruch zeigt die Einbrüche der Laien in die Bezirke der geistlichen und weltlichen Bildung. Aus der Lebenserfahrung entwickelt sich die Lebenslehre. In religiöser wie sozialer Sicht beherrschen die späte Spruchdichtung die Antithesen böse – gut, reich – arm. Der Dichter fühlt sich meist den Armen verbunden. Noch immer haben eigene Lehrgedichte und Spruchdichtung die adelige Verhaltenslehre zum Thema. Der Dichter will zur Tugend erwecken und das Laster bekämpfen. Was Form und Stil betrifft, so bereichert sich in der Spruchdichtung die geblümte Rede mit den Stilmitteln der gelehrten Abhandlung: verwickelten Sätzen, Deduktionen, schwülstigem Gehaben, verschnörkelter Sprache.

Die religiöse Unterweisungs- und Erbauungsliteratur sowie das weltliche lehrhafte Schrifttum sind beinahe zur Gänze in Prosa abgefaßt. Ihre Einbeziehung in die Darstellung ist unbedingt notwendig. Ohne Berücksichtigung auch der didaktischen Prosa kann eine Geschichte der deutschen Literatur des ausgehenden Mittelalters nicht geschrieben werden. Wer dieses Schrifttum beiseite schiebt, dem bleibt nicht nur die Seele des spätmittelalterlichen Menschen weitgehend verschlossen, er wird auch nie in das Geistesleben der Epoche richtig eindringen.

Der Übersetzer von Literaturwerken will sehr oft einen Text bieten, der in einer der lateinischen ebenbürtigen deutschen Kunstprosa abgefaßt ist. Er richtet vor allem auf die rhythmischen Satzschlüsse, die beim

Vorlesen des Textes besonders deutlich werden, sein Augenmerk und gestaltet den deutschen Text nach Regeln, die aus der antiken Rhetorik stammen. Es geht demnach um eine Nachbildung sowohl des Inhaltes als auch der Form. Das gleiche gilt für die deutsche Gebrauchsprosa der Urkunden und des Erbauungsschrifttums, also Texten, welche ebenfalls höhere Geltungsansprüche erhoben. Bei dem Versuch, eine vorläufige *Entwicklungsgeschichte des Stiles* der deutschen weltlichen und geistlichen Prosa zu skizzieren, hebt WOLFGANG STAMMLER für das ausgehende Mittelalter als wesentliche Umrißlinie hervor: im Nominalismus und der Spätscholastik begründete Bestrebungen, die sowohl auf Wirklichkeit als auch auf Vergeistigung gerichtet sind; die Verbreitung der Naturwissenschaften, deren Tatsachen nur ein sachlicher und anschaulicher Stil gerecht zu werden vermag; die Mystik mit einer ekstatischen Manier und einem weichen Stil; den geblümten Stil und den Cursus; die neuerdings vom Latein gespeiste stilistische Strömung des deutschen Frühhumanismus. Von den beiden festzustellenden Richtungen schreibt die eine für adelige und patrizische Leserkreise und ist in manchem noch dem Latein verhaftet, die andere arbeitet für die unteren Schichten und verwendet die spätgotische Prosa. Die sprachformenden Gedanken der gehobenen Lektüre sickerten nach unten durch und vereinten sich mit der alten dort bewahrten Überlieferung. Die aus der Verbindung der beiden neu erstehende Prosa bildet die Grundlage für die spätere Schriftsprache.

Die religiöse Gebrauchsliteratur und das weltliche Fachschrifttum erlangten seit dem 13./14. Jh. eine viel weitere *Verbreitung und Wirkung* als die Dichtung. Vergleiche, die man mit Hilfe der Zahl der noch vorhandenen Handschriften angestellt hat, ergaben erstaunliche Resultate. Aus der höfischen Literatur, deren Handschriftenbestand großenteils erst aus dem späten Mittelalter stammt, steht hinsichtlich der erhaltenen Handschriften und Fragmente an der Spitze die ‹Weltchronik› des RUDOLF VON EMS mit 103 Handschriften. Von WOLFRAMS ‹Parzival› sind 86, vom ‹Jüngeren Titurel› 57 Handschriften und Fragmente bezeugt, vom ‹Willehalm› des RUDOLF VON EMS fast 40, von GOTTFRIEDS ‹Tristan› 11 vollständige Handschriften und 12 Bruchstücke; von HARTMANNS VON AUE ‹Gregorius› 9, ‹Armen Heinrich› 6, ‹Erec› 2, ‹Iwein› 25; vom ‹Meier Helmbrecht› 2, vom *Nibelungenlied* etwa 32, von der *Kudrun* nur 1; von der *Rabenschlacht* etwa 7; von WALTHER VON DER VOGELWEIDE 25; von PHILIPPS ‹Marienleben› aber 88; vom ‹Ackermann› des JOHANNES VON TEPL 15 Handschriften und 17 Drucke. Hingegen sind von Hauptwerken der Fach- und Gebrauchsliteratur bekannt: vom *Schwabenspiegel* 380 Handschriften, vom ‹Sachsenspiegel› ca. 270, von SEUSES ‹Büchlein der ewigen Weisheit› ca. 250, von ALBRANTS ‹Roßarzneibuch› 196, vom ‹Leben Jesu› des HEINRICH VON ST. GALLEN 136, von der *Praktik des Meisters Bartholomaeus* über 100.

1. Lehrdichtung in Vers und Prosa. *Zeitkritik und Satire*

Die Literaturgeschichten werten die *Lehrdichtung* im Vergleich zu anderen Dichtungsarten gewöhnlich als künstlerisch geringer. Das mag z. T. berechtigt sein. Oft entfaltet die Lehrdichtung ihr Wesen in Zeiten, da Formvermögen und Erlebnisgehalt erschöpft sind. Von der Lehrdichtung ist nur ein kurzer Schritt zu *Zeitkritik und Satire*. Diese Art Satire hat zumeist den Zweck, den Menschen durch Tadel und Verspottung ihrer Fehler, Laster und Torheiten die Augen zu öffnen und sie zu bessern. Von den bereits vorhandenen Formen werden ins ausgehende Mittelalter übernommen, reproduziert, modifiziert oder fortgeführt: das große und kleine Lehrgedicht, der Lehrspruch, die Bîspeldichtung und das Sprichwort, die Spiegelliteratur mit den Standes- und Sittenlehren, die Schachbücher, die Moralsatire, Fabel und Tierepos. Nur das letztere ist durch GOETHES Neugestaltung im ‹Reineke Fuchs› lebendig geblieben.

a) Fortleben älterer Lehrdichtung und Spruchdichtung

Religiöse und moralische Erkenntnisse in Form von Erfahrungssätzen gab im 13. Jh. FREIDANKS ‹Bescheidenheit› (vgl. Bd. II, 411 ff.). Er verwendet den Typus des knapp geprägten Spruches in unsanglichen Reimpaaren. Das Werk ist ständisch nicht gebunden und auf allgemeine Lebenserfahrung gerichtet. FREIDANKS Name wurde zum Begriff, der sich von der Person löste und eine Gattung bezeichnet. In seiner Art wurde weiter gedichtet. Um seinen Namen sammelte sich viel Namenloses. Er wird immer wieder zitiert und berufen. Den Menschen über das Verhalten zur Umwelt belehrten die ‹Betragensbüchlein›. Sie unterrichten zunächst in kurzen Reimen über das Betragen und Benehmen in der adeligen Gesellschaft. Ihre Linie beginnt bei THOMASIN VON ZERKLAERE (vgl. Bd. II, 403 ff.) mit dem ‹Welschen Gast› (1215/16) und bei dem *Deutschen Cato* (vgl. Bd. III/1, 386 ff.), einer Sammlung spätrömischer Lebensregeln (3. Jh. n. Chr.), die zuerst NOTKER DER DEUTSCHE übersetzt hatte. Der mit Bildern versehene ‹Welsche Gast› war für adelige Laien bestimmt. Der Verfasser wollte Ordnung bringen in das einzelne Dasein wie in die menschliche Gemeinschaft. Seine über mittelalterliches Maß hinausgehende Selbstbewußtheit deutet voraus auf Humanismus und Renaissance. THOMASINS Nachfolger HUGO VON TRIMBERG (vgl. Bd. III/1, 380 ff.) überblickte in seinem ‹Renner› die ganze menschliche Gesellschaft in ihrer ständischen Gliederung. Das Werk bot eine umfassende Morallehre auf der Grundlage der sieben Hauptsünden und setzt noch die alte Ständedreiheit voraus: Klerus, Ritter, Bauern. Vom ‹Renner› und seinesgleichen führt der

Weg zur Narrendichtung des 15. und 16. Jhs. Der ‹Renner› galt das ganze ausgehende Mittelalter hindurch als moralisches Lehr- und Erbauungsbuch. Er ist in 60 Handschriften und einem Druck noch des 16. Jhs. auf uns gekommen. Die deutschen *Cato-Fassungen* verteilten sich auf das gesamte deutsche Sprachgebiet. Das Werk war dermaßen beliebt, daß es auch noch der Buchdruck übernahm und in vielen lateinischen und deutschen Ausgaben verbreitete. Eine Fortsetzung des alten *Cato* stellt der ‹Novus Cato› oder das ‹Catonis supplementum› aus dem 12. Jh. in gereimten Hexametern dar. Drucke des 15. Jhs. übertragen darauf den Namen ‹Facetus›. Diese Bezeichnung gebührt jedoch einem anderen belehrenden Werke, dessen erster Hexameter ebenfalls mit ‹Facetus› (wohlerzogen) beginnt und der gelegentlich auch als ‹Moretus› bezeichnet wird. Der ‹Novus Cato› vertritt das Lob der Mitte und bildet eine Ergänzung der wenigen religiösen Anweisungen im Sinne christlich-kirchlicher Pädagogik und Erziehung und der Anstandslehre. Der ‹Facetus› ist im 14./15. Jh. neben dem ‹Cato›, mit dem zusammen er meist überliefert wird, die beliebteste gnomische Schrift. Beide sind Vorbild und Grundlage für deutsche Werke dieser Art. Am ausführlichsten werden die Tischzucht und die Verhaltensregeln bei der Wanderschaft behandelt; Bescheidenheit und Dienstwilligkeit bilden die ethischen Hauptmerkmale. Ebenso Schulbuch wie ‹Cato› und ‹Facetus› war der ‹Cornutus›. Hierher gehört auch der ‹Antegameratus›.

Zum Thema Weltklugheit zählt die mittellateinische ‹Formula vitae honestae› des MARTIN VON BRAGA (6. Jh.). Diese dem Suevenkönig MIRO gewidmete, auf SENECAS ‹De officiis› beruhende Schrift gibt eine christliche Sittenlehre und Anweisungen, wie sich der Mensch Gott und der Welt gegenüber verhalten soll. Das Werk wurde im 14. Jh. in deutsche Prosa übersetzt. Ebenfalls eine Klugheitslehre, aber ganz anderer Art, ist das Buch ‹De amore Dei et Proximi› (1238) des Juristen ALBERTANUS BRIXIENSIS, Richter in Brescia, das in deutsche Prosa übertragen wurde. Es kompiliert seine Unterweisungen aus Ecclesiastes, Parabolae und Sapientia Salomonis, aus CICERO, *Cato* und den Kirchenvätern. Ein junger Mensch soll daraus lernen, «wie er sich in erberkeyt und guten seten gegen got und den menschen halten soll». Ein Augsburger Druck von 1472 sorgte für die Verbreitung des Büchleins. Auch der ‹Melibeus sive liber consolationis et consilii›, die Geschichte des reichen Junkers Melibeus und seiner Gemahlin Prudentia, eine Novelle mit Nutzanwendung und Allegorie, wurde im 15. Jh. zweimal ins Deutsche übersetzt und zwischen 1473 und 1496 viermal gedruckt.

b) Beispieldichtung und Sprichwort

Schon früh wurden im Mittelalter *Beispielsammlungen* angelegt. Sie waren hauptsächlich für die Kanzelredner bestimmt, um ihnen Stoff zu erbaulichen Einschaltungen oder Anlaß zu geistlichen Auslegungen zu geben. ‹Bîspel› gehört zu *spel*, ‹Rede›; gemeint ist die zur Veranschaulichung einer Lehre beigefügte Erzählung, Fabel; im Mittelhochdeutschen kürzere Lehrdichtungen mit oft breit ausgeführter Moral in Reimpaaren. Hauptvertreter war der STRICKER, Vorbild wohl die antike und orientalische Lehrdichtung. Diese Literatur der *Exempla* enthält reiches Material von Parabeln, Novellen, Fabeln, Schwänken und Fazetien. Sie zieht sich durch das ganze Mittelalter und ist eine wichtige Quelle für die Erkenntnis des Weges, auf dem die Stoffe des Orients nach Europa gelangten. Der Repräsentant dieser Gattung war das ‹Speculum Exemplorum›. Nach den alten ‹Vitae sanctorum› sollte das Exemplum durch das Vorbild der religiösen Tugendmeister aneifern zu christlichen Tugenden. Später sollte das Exemplum dem denkenden, seiner sittlichen Verantwortlichkeit bewußten Manne die jeweils auf seine Lebenslage anwendbaren Parallelen zeigen, auf daß er eine richtige Willensentscheidung treffe. Hierher gehört die seit der Antike nicht mehr erloschene *Fürstenspiegel- und Regimen-Literatur*. Eine andere Art Beispielsammlungen begann im 15. Jh., als der Humanismus das klassische Altertum erschloß.

Eine gute Vorstellung von den sog. Exempelbüchern vermittelt das ‹Magnum lumen animae›, d. i. eine nach theologischen Stichworten alphabetisch geordnete Sammlung naturkundlicher Merkwürdigkeiten und sonstiger Gelehrsamkeit, die zur Illustration religiöser Wahrheiten in der Predigt dienen sollten. Es entstand zur Zeit des Papstes JOHANN XXII. (1316–1334) und wurde vor allem im deutschen Sprachgebiet vielfach bearbeitet. Eine gekürzte Fassung des 15. Jhs. ist das weitverbreitete ‹Parvum lumen animae›, das 1426 ULRICH PUTSCH († 1437), Pfarrer auf Schloß Tirol, ins Deutsche übersetzte. Die Übertragung ist umrahmt von gereimter Vorrede, gereimter Einleitung und einem Schlußwort in Reimpaaren. Erneuert wurde das ‹Magnum lumen animae› durch MATTHIAS FARINATOR, MELBER (aus Wien, † 1505/08), Karmelit in Bamberg, Wien etc. FARINATOR, dem eine lückenhafte Handschrift vorlag, bearbeitete den Prolog des Autors, teilte die Sammlung in Titel und Paragraphen, fügte zwei Indices, eine humanistische Vorrede und zwei verwandte Werke hinzu: den Kampf zwischen Tugenden und Lastern und den ‹Manipulus florum› des THOMAS HIBERNICUS. Der Erstdruck der Bearbeitung erfolgte Augsburg 1477 (bis 1482 vier Nachdrucke). Das ‹Magnum lumen animae› diente als Vorlage für das niederdeutsche Beichtbuch ‹Dat licht der sele› (Lübeck 1484), titelgleich mit der o. a. Übertragung von PUTSCH.

Seit dem frühen Mittelalter bedienen sich deutsche und lateinische Autoren des *Sprichwortes* oder fassen den Succus von Anekdoten, Kleingeschichten, Fabeln und Schwänken in sprichwörtliche Formen. In der mittelhochdeutschen Dichtung pflegen das Sprichwort vor allem die Didaktiker, in späterer Zeit der TEICHNER u. a. bis zu ULRICH BONER und SEBASTIAN BRANT. Aber auch in der Nähe des Fastnachtspieles finden sich Sprichwörter, wie die ‹Freyhartspredig. Sampt hundert alten Sprüchen der Welt lauff betreffend› (Basel 1510). Unter ‹Freihart› verstand man einen Landstreicher, Gaukler, Spielmann, fahrenden Schüler. Gegen Ausgang des 14. Jhs. werden die selbständigen lateinischen und deutschen Sammlungen zahlreicher. Alle dienen sie lehrhaft-pädagogischen Zwecken. Ihre Quellen sind die Bibel, die Antike, die Patristik, vor allem aber der Volksmund und die deutsche Literatur. Viele deutsche Sprichwörter verdanken ihr Leben der Übersetzung älteren und neueren lateinischen Sprachgutes. Jüngere Sammler schöpfen aus älteren Sammlungen. Der deutschen Fassung wird häufig die lateinische an die Seite gesetzt. Eine der inhaltsreichsten Sammlungen sind die ‹Proverbia communia sive seriosa›, die der Sammler mit leoninischen Hexametern erläutert hat. Sie wurden Ende des 15. Jhs. aus dem Mittelniederländischen in kölnische Mundart übertragen, durch den Buchdruck der Allgemeinheit zugänglich gemacht und bildeten eine ergiebige Quelle für die folgende Sprichwortliteratur. ANTON TUNNICIUS (ca. 1470 – nach 1544), Lehrer an der Domschule in Münster, sammelte auf Veranlassung RUDOLFS VON LANGEN, meist aus den ‹Proverbia communia› schöpfend, niederdeutsch-westfälische Sprichwörter und übertrug sie in lateinische Hexameter. Die Sammlung umfaßt 1362 Nummern und wurde als ‹Versus proverbiales› 1513 u. ö. gedruckt. Der Jurist und Professor in Leipzig JOHANNES FABRI (1440/50–1505) aus Donauwörth, verfaßte ‹Proverbia metrica et vulgariter rytmisata› (1505). Gegen Ende des 15. Jhs. dringt mit einem Male das Sprichwort in breiter Strömung in die volkstümliche didaktisch-satirische Literatur: bei BRANT, MURNER, GEILER VON KAISERSBERG, HANS SACHS, LUTHER, BURKHARD WALDIS, SEBASTIAN FRANCK, FISCHART u. a. Ebenso häufen sich in der Schwank- und Chronikenliteratur die Sprichwörter. Die Humanisten, insbesondere ERASMUS und BEBEL, schließlich pflegen ebenfalls das Sprichwort und kleiden ihre Sammlungen in klassisches Latein.

c) Spiegelliteratur. Standes- und Sittenlehre. Schachbücher

Gemäß dem Bibelwort bei PAULUS 1 Kor 13, 12 «Denn wir sehen jetzt [nur wie] mittels eines Spiegels in rätselhafter Gestalt, dann aber von Angesicht zu Angesicht», erfaßt alle menschliche Augen- und Sinneswahrnehmung nicht das wahre Sein, sondern nur dessen Erscheinungen und Abspiegelung. Der Spiegel ist ferner das Gerät für die Betrachtung und Prüfung des Aussehens der eigenen Gestalt, hauptsächlich des menschlichen Antlitzes, zunächst in physischer, dann, im übertragenen Sinn, auch in moralischer Hinsicht. Mit Betonung des vorbildlichen Wertes des in einem ‹Spiegel› Geschauten verwendet man das Wort im Sinne von Vorbild, Beispiel, Muster. *Speculum, Spiegel* ist daher häufig Titel von Büchern lehrhaften Inhalts in der Profanliteratur, im Rechtswesen, im Religiösen, in der Standes- und Sittenlehre. Schon um die Mitte des 13. Jhs. hatte der französische Dominikaner VINZENZ VON BEAUVAIS († 1264) neben Schriften über Prinzenerziehung und einer ‹Epistola consolatoria› ein ‹Speculum maius› (1. Druck Straßburg 1474), eine großangelegte Enzyklopädie, verfaßt. Dieser aus drei Teilen zusammengesetzte Lehr- und Wissensspiegel behandelt im ‹Spcculum naturale› Naturphilosophie, Physik, Anatomie usw., im ‹Speculum doctrinale› Rhetorik, Rechtskunde, Medizin usw., im ‹Speculum historiale› die Weltgeschichte bis auf die Zeit des Verfassers, und gibt so ein Abbild des Wissens der Zeit. Das zunächst der Klerikerbildung dienende Werk wurde im 14. Jh. mit einem ‹Speculum morale› fortgesetzt und übte auf die Literatur des Spätmittelalters und den italienischen Frühhumanismus nachhaltige Wirkung aus. Zu Anfang des 14. Jhs. vermutlich bei den Dominikanern in Straßburg entstand ein ‹Speculum humanae salvationis› (in 200–300 Handschriften verbreitet). Dieser ‹Heilsspiegel› bot eine stärker als die Armenbibel auf den Text eingestellte Darstellung der christlichen Heilsgeschichte in Reimprosa mit typologischen Beispielen auch aus der Profangeschichte. Als eine lose Sammlung spiritualistisch gefärbter Erzählungen aus dem Leben des HL. FRANZ VON ASSISI zeigte sich das ‹Speculum perfectionis›, Spiegel der Vollkommenheit. Im ausgehenden Mittelalter lebt die alte Spiegelliteratur auf den verschiedenen Gebieten weiter, sei es in lateinischer Sprache, sei es in deutscher Übersetzung, und neue Erzeugnisse kommen dazu.

Neben dem Spiegel wurde seit dem 13. Jh. das allgemein bekannte und beliebte *Schachspiel* dazu benützt, in allegorischer Art Standes- und Sittenlehren anschaulich darzulegen. Andere allegorisch-moralische Ausdeutungen erfuhren das Ballspiel und die Blumen.

Seit der Antike war die *Fürstenspiegel- und Regimenliteratur* nicht mehr erloschen. Gemeint sind Anweisungen zur rechten, d. h. gottgefälligen Art zu regieren. Abt ENGELBERT VON ADMONT widmete dem König ALBRECHT I. für dessen Söhne ein ‹Speculum virtutum moralium› (1298). JOHANN VON VIKTRING suchte Herzog ALBRECHT II. VON ÖSTERREICH die Nützlichkeit historischer Lektüre klarzumachen. Einige Zeit später tat dies LEOPOLD STAINREUTER in der ‹Österreichischen Landeschronik› für Herzog ALBRECHT III. Vermutlich derselbe STAINREUTER fertigte für Herzog ALBRECHT IV. eine Verdeutschung des Traktates ‹De regimine principum› des AEGIDIUS ROMANUS, eines Schülers des THOMAS VON AQUIN, an. Gegen 1415 übersetzte JOHANN VAN BRACK, Augustiner-Eremit in Osnabrück, den Traktat in die westfälische Mundart.

Adelige Verhaltenslehre für das 13. Jh. wollte KONRAD VON HASLAU in dem Edelknabenspiegel ‹Der Jüngling› geben. Etwas früher schon ist ‹Der magezoge› (‹Der Erzieher›) bestrebt, ein «spigel der tugende» zu sein, und in der Form der Lehre des Vaters an den Sohn, den Weg der Gottesminne, des Rechtes und des vernünftigen Verhaltens zu weisen. Pfalzgraf LUDWIG BEI RHEIN ließ sich in der ersten Hälfte des 15. Jhs. von einem Geistlichen eine ‹Fürstenregel› zusammenstellen, die auch in andere Höfe am Niederrhein, in Schwaben, Bayern und Österreich Eingang fand. Derartige staatsrechtliche Schriften vertreten den alten naturrechtlichen Gedanken der Gemeinschaft und unterbauen ihn durch die Idee der Gerechtigkeit.

Lehrdichter für das absinkende Rittertum der Zeit des Überganges vom 14. zum 15. Jh. war JOHANNES ROTHE aus Kreuzberg an der Werra, Geistlicher, Jurist, Historiker, Sammler und Übersetzer. ROTHE kritisiert scharfsichtig menschliche Verfehlungen und soziale Mißstände. Seine Lehrdichtung erstreckt sich über das ganze Leben. Neben einem Reimpaargedicht ‹Liber devotae animae› und einem ‹Lob der Keuschheit› gehört dazu sein Hauptwerk ‹Der Ritterspiegel› (1415/16).

Die Dichtung (rd. 4100 V.) ist eine Standeslehre für das wirtschaftlich und moralisch abgesunkene Rittertum. Sie zeichnet aus städtisch-bürgerlicher Sicht und orientiert an geistlicher Tugendlehre das Ideal des adeligen Kriegers. Man sieht bei ROTHE, wie die alten ritterlichen Wertbegriffe der *zuht, maze* und *êre* auch über die Aristokratie hinaus vor allem im höheren Bürgertum Geltung gewonnen haben. Als das oberste Lebensprinzip, auch für das Rittertum – dessen Standesvorrechte auf historischer Institution und kirchlicher Konsekration beruhen –, wird der ‹Nutzen für die Allgemeinheit› erklärt. Die sieben Heerschilde bilden das System für die Gliederung des Standes. Danach folgt eine Lehre von den Adelswappen. ROTHE spart nicht an Seitenhieben gegen Fehdesucht und Raubrittertum, gibt andererseits Ratschläge zur wirtschaftlichen Gesundung des verarmten Adels durch standesgemäße Beteiligung am Erwerbsleben. Mit Nachdruck wird betont, daß nicht edle Geburt, sondern Adel der Gesinnung den Wert des Menschen bestimmt. Zitate aus Patristik und Antike sollen die Darlegungen erhärten. Die sieben Attribute des Ritters werden ausgedeutet auf seine ritterlichen Pflichten. Der letzte Teil bringt eine praktische Unterweisung für die Kriegsführung in Anschluß an FLAVIUS VEGETIUS.

ROTHES ‹Ritterspiegel› hat kaum viel literarischen Erfolg gehabt, ist aber durch den Versuch, dem bürgerlichen Arbeitsethos Anerkennung und Gültigkeit zu verschaffen, ein kulturgeschichtlich interessantes Stück spätmittelalterlicher Ritterdidaxe. Außer den genannten Lehrdichtungen haben wir von ROTHE juristische und historische Schriften. Er stellte als Stadtschreiber nach eigener Angabe zehn Jahre lang Rechtsbücher für die Stadt Eisenach zusammen. Von ihm stammen auch die ‹Düringische Chronik›, das Fragment der sog. ‹Passion› (2051 V.) und das nüchterne, aber beliebte Reimwerk vom ‹Leben der hl. Elisabeth›. Für ROTHE gehören Heilsgeschichte und Legende zur Universalgeschichte. ROTHES umfangreiches Schriftwerk ist in einer Form der thüringisch-wettinischen Schreibsprache verfaßt, die zwischen der landesfürstlichen Kanzleisprache und der städtischen Umgangssprache Westthüringens stand.

Aus adeliger Sicht des deutschen Westens erzählt JOHANN VON MORSHEIM (ca. 1450–1516), 1494 Burggraf von Alzey, 1500 Hofmeister beim Kurprinzen LUDWIG, 1510 pfälzischer Großhofmeister, im ‹Spiegel des Regiments› (1497; gedruckt 1515 etc. bis 1617) über das Hofleben. Durch ein krankes Bein zur Untätigkeit genötigt, betrachtet er in seiner Versdichtung die neue Zeit. Von Saturn beraten, verkündet Frau Untreue ihren Sieg über die Treue. Die aus dem Himmel gestürzte Untreue hat als Schlange die Menschen verführt und hält jetzt als Königin prächtigen Hofstaat. Durch diese Schilderung sollen den Fürsten die Augen über ihre Höflinge geöffnet werden.

Als Quellen sind das ‹Schachzabelbuch› des KONRAD VON AMMENHAUSEN, SEBASTIAN BRANT, der ‹Renner› des HUGO VON TRIMBERG nachgewiesen. CICERO, CATO MINOR, PETRARCA u. a. werden zitiert.

Ein für Geistliche bestimmtes ‹Speculum clericorum› verfaßte zwischen 1365/76 der Augustiner-Chorherr ALBERT VON DIESSEN (am Ammersee). Für Ordensfrauen und Mönche sind die Nonnenspiegel und Mönchsvorschriften bestimmt.

Auseinandersetzung mit den sozialen Strömungen der Zeit bekundet WERNER ROLEVINCK (1425–1502) in den Schriften ‹De origine nobilitatis› (Köln um 1472), einem Adelsspiegel, und ‹De regimine rusticorum› (Köln um 1472), einem Bauernspiegel. ROLEVINCK stammte aus einer westfälischen Bauernfamilie, studierte in Köln Rechtswissenschaften und trat 1447 in die dortige Kartause. In seinem *Bauernspiegel* versucht er aus moraltheologisch-seelsorglicher Sicht die bäuerliche Abhängigkeit (‹servitus legalis›) zu rechtfertigen und möchte die überkommene soziale Ordnung stützen, indem er zu Gehorsam und Pflichterfüllung ermahnt. Darüber hinaus aber ist er bestrebt, die Bauern als Christenmenschen anzusprechen, in ihnen den Adel der Seele zu wecken und die primitive Gottesfurcht zu einer Devotio zu lenken, die mit christlichem Stoizismus den Bauern über seine soziale Lage erhebt.

Beim ‹Spiegel des menschlichen Heiles›, den ANDREAS KURZMANN in deutsche Verse gebracht hat, überwiegen in Handschriften und Drucken immer mehr die Prosa-Übersetzungen: Cgm. 3 (Anf. 15. Jh., mit Bildern) mit dem offenbar ältesten Text einer deutschen Prosawiedergabe; Cod. Pal. germ. 432 (15. Jh., mit Bildern) usw. Deutsche Drucke setzen Augsburg 1473 ein.

Eine praktische Anleitung zum rechten christlichen Leben wollte der niederdeutsche ‹Spiegel der Laien› geben, die 1444 vollendete Bearbeitung eines niederländischen Laienspiegels von 1415. Der Bearbeiter, Bruder BUCK VAN BUEDERICK, stammte aus dem Kreis der Brüder vom gemeinsamen Leben. Das Werk besteht aus drei Büchern, Buch 1 und 3 sind gereimt, Buch 2 ist großenteils in Prosa geschrieben. Der Prosateil enthält als Exempel viele Erzählungen und Legenden; er erschien 1496 in Lübeck unter dem Titel ‹Speygel der Leyen› gesondert in Druck.

Ebenfalls zuerst in den Niederlanden entstand der ‹Spiegel der Sünden›, 14. Jh., gereimt (über 17 000 V.); im niederländisch-deutschen Grenzgebiet im 15. Jh. in Prosa bearbeitet. Die Brüder vom gemeinsamen Leben nahmen sich des Werkes an und brachten es nach Deutschland. In diesem Spiegel soll jeder seine Sünden erkennen und sich dadurch bessern; er enthält nicht nur zahlreiche biblische Geschichten, sondern auch viele Predigtmärlein zur Bekräftigung und Erläuterung; Mahnungen und Klagen gegenüber allen Ständen in der Laienwelt vom Landesherrn und Adel bis hinab zum Taglöhner. Ein ‹Spiegel des Sünders›, d. i. eine anonyme Schrift über den Beichtunterricht, erlebte vier Augsburger Frühdrucke.

Eine bebilderte Sammlung von kleinen Moralitäten war das ‹Spiegelbuch› (1. H. 15. Jh.), in Mitteldeutschland, vielleicht in Franziskanerkreisen, entstanden.

Der Inhalt zeigt: die Bekehrung eines Jünglings und seinen Eintritt in ein Kloster; das Schicksal eines leichtfertigen Mädchens (der Tod erscheint und rafft ihre Seele hinweg; das Mädchen als Gerippe im Sarg); den Urteilsspruch Gottes und die Klage einer Verdammten in der Hölle; die Parabel vom armen Lazarus und dem reichen Prasser. Einzelne dieser Gedichte nähern sich den Formen des Dramas.

Aus italienischer Quelle schöpfte HANS VINTLER († 1419), Sproß eines angesehenen Patriziergeschlechtes, 1407 Pfleger des landesfürstlichen Gerichtes Stein auf dem Ritten, für das Lehrgedicht ‹Die pluemen der tugend› (10 172 V.; 5 Handschriften und ein Druck Augsburg 1486), 1411 auf dem Familiensitz Burg Runkelstein bei Bozen vollendet. Seine Hauptquelle bildeten die prosaischen ‹Fiori di virtù› (um 1300) des Italieners Fra TOMMASO GOZZADINI, ein weitverbreitetes und noch im 15. Jh. gedrucktes Werk. Darüber hinaus fügt er aber vieles aus eigenem hinzu, etwa aus den Erzählungen des VALERIUS MAXIMUS in der Übersetzung durch HEINRICH VON MÜGELN u. a. Von Vers 7028 folgt er einem Anhang ‹Amaestramenti de' filosofi› etlicher ‹Fiori di virtù›-Handschriften, der aus der Schrift ‹Delle sei maniere di parlare› des ALBERTANO VON BRESCIA stammte. VINTLER führt in je drei Teilen (Erklärung, Beispiele, Aussprüche von Persönlichkeiten) die Tugenden und das jeweils entsprechende Laster vor. Am Anfang steht die Liebe, am Schluß die Mäßigkeit; er kritisiert die Sitten seiner Zeit und seines Standes, z. T. nach dem ‹Gewissensspiegel› des MARTIN VON AMBERG, und tadelt den Aberglauben.

Zum niederdeutschen Schrifttum seiner Zeit gehört der braunschweigische Chronist HERMANN BOTE. Er ist auch Verfasser zweier lehrhafter Versdichtungen. Die eine entwickelt seine Anschauungen über die gesamte Staats- und Gesellschaftsordnung, die andere will praktische Spruchweisheit vermitteln. Das ‹Boek van veleme Rade› (gedr. Lübeck um 1493 und 1509) schildert im Anschluß an die Allegorie von der Mühle als dem Reiche Gottes mit dem Bilde von den verschiedenen Rädern und deren besonderen Bestimmung die Reihe der menschlichen Stände mit ihren speziellen Aufgaben, die jeder an seiner ihm vom Herrn zugewiesenen Stelle zu erfüllen hat: Papst, Kaiser, Fürsten, Ritter, Städte, Bauern und die ihnen entgegenwirkenden Kräfte. In einem Akrostichon nennt der Dichter seinen Namen. Der ‹Köker› (verfaßt gegen 1520; erhalten nur in dem Abdruck FRIEDRICH AUGUST HACKMANN, ‹Reineke de Vos mit dem Köker›, Wolfenbüttel 1711) will mit einer Sammlung sprichwörtlicher Lebensweisheit für jedermann in einem ‹Köcher› die Pfeile bereithalten zur Gegenwehr gegen alle Drangsal der Welt. Die Sprichwörter und Sentenzen umfassen meist zwei Verse und sind durch den Reim mit dem vorhergehenden und dem nachfolgenden Vers verknüpft. Eine Zuweisung der verlorenen braunschweigischen Urfassung des *Till Eulenspiegel* und des *Reinke de Vos* an HERMANN BOTE ist unberechtigt.

Zur Standes- und Sittenlehre allgemeiner Art gehören die seit dem 13. Jh. gebräuchlichen *Schachbücher*. Das ‹Solatium Ludi Scacorum› oder ‹Schachzabelbuch› des JACOBUS DE CESSOLIS benützte das Schachspiel, um an seine Figuren, an ihre Verbindung mit den menschlichen Ständen (die Geistlichkeit ausgenommen), an ihre Verteilung und die Züge auf dem Schachbrett und an die Einrichtung des Schachbrettes selbst in der Form eines Predigtzyklus verschiedene Betrachtungen und Lehren zu knüpfen. Um 1250 in der Form eines lateinischen Traktates ‹De moribus hominum et officiis nobilium super ludo scacorum› niedergelegt, erzielten solche Predigten bald eine erhebliche Breitenwirkung. Allein in Deutschland brachte man die Schrift viermal in deutsche Verse: HEINRICH VON BERINGEN (1290/1300), KONRAD VON AMMENHAUSEN (1337), der sog. PFARRER ZU DEM HECHTE (1355) und in mittelniederdeutschen Versen der Schulmeister STEPHAN (1357/75). Die nach einem glossierten Text übertragene und stark erweiterte Arbeit (ca. 20 000 V.) des Benediktinermönches und Leutpriesters zu Stein am Rhein KONRAD VON AMMENHAUSEN († ca. 1360) war in vielen Handschriften verbreitet. Der Vorlage entsprechend, handelt das 1. Buch vom Ursprung des Schachs, das 2. von den edlen Figuren, das 3. von den Berufen, angefangen vom Bauern bis zum Arzt und Apotheker. Das 4. Buch resümiert allegorisch-didaktisch die Einrichtungen des Spielbrettes und den Gang der Figuren. Der Wert der Übertragung beruht nicht in der Kunst der Darstellung, sondern im kulturgeschichtlichen Gehalt für die Welt der Kleinbürger, Bauern und Klosterleute. Einen Auszug aus KONRAD VON AMMENHAUSEN besorgte JAKOB MENNEL (gedr. 1507). Das lateinische Prosa-‹Schachzabelbuch› wurde ferner dreimal oder viermal in deutsche Prosa übertragen. Die Verfasser sind nicht bekannt. Als Entstehungszeit der ersten Fassung wird die erste Hälfte des 14. Jhs. ange-

nommen. Die erhaltenen Handschriften stammen aus dem 15. Jh. Gedruckt wurde die deutsche Prosa-Bearbeitung vor 1500 viermal: Augsburg 1477, Straßburg 1478?, Augsburg 1483, Straßburg 1483. Sämtliche
Drucke sind mit Holzschnitten illustriert.

An diese allegorische Ausdeutung von Spielen knüpft später der Dominikaner MEISTER INGOLD mit seinem Prosa-Traktat ‹Das goldene
Spiel› (1430/45; gedr. 1472) an. GABRIEL LÖHR möchte MEISTER INGOLD
identifizieren mit INGOLD WILD, der 1400 nach Mailand zum Studium
geschickt wird, 1414 an der Wiener Universität immatrikuliert ist und
1420 als Professor der Theologie in Straßburg erscheint. INGOLD gibt
selbst an, was er zu schreiben beabsichtigte: «ain bůchlin das ich nennen
wil das guldin spil, und das wil ich taylen in siben spil wider die siben
haubttodsünd, und das sind syben guldin spil, schaffzagel (Schachspiel)
wider hoffart, pretspil mit den scheiblachen wider fraußhayt (Gefräßigkeit), kartenspil wider vnkeusch, würfelspil wider geitikayt, schießen wi-
der zoren, tantzen wider trauckayt, saytenspil wider neid und haß». Mehr
als die Hälfte ist dem Schachspiel gewidmet. Quellen für das Ganze waren: JACOBUS DE CESSOLIS in der deutschen Bearbeitung des KONRAD VON
AMMENHAUSEN, die Traktate ‹Ludus cartularum moralisatus›, ‹Was schaden tantzen bringt›, JOHANNES HEROLTS ‹Discipulus de eruditione christ-
fidelium› u. a. INGOLD bemüht sich, die Spiele symbolisch-moralisierend
auszulegen, schaltet dazwischen aber muntere Erzählungen und lebendige
Sittenbilder ein. Um dieselbe Zeit verfaßte in Brügge JAN VAN DEM BER-
GHE eine Auslegung des Ballspieles (gedr. 1477). Eine andere Verbildlichung, das ‹Bonum universale de apibus› des THOMAS VON CHANTIMPRÉ,
das die menschlichen Zustände unter der Allegorie eines Bienenstaates
schildert, wurde im 14. Jh. ins Westniederdeutsche und im 15. Jh. ins
Alemannische übersetzt.

d) Satire. ‹Des Teufels Netz›. Josep

Satire im engeren literarhistorischen Sinn bezeichnet eine mäßig umfangreiche Dichtung, die tadelnswerte Charaktere oder Zustände schildert. Je
nach dem Richtpunkt scheidet man zwischen persönlicher Satire, Gesell-
schaftssatire, allgemeiner und Zeitsatire. Formal ist die Satire auf keine
Dichtungsgattung beschränkt. Sie kann sich in der Epik, in der Lyrik und
im Drama äußern; sie findet sich auch im Gebrauchsschrifttum. Im ausgehenden Mittelalter war die allgemeine und ständische Satire vorherrschend. Nur ist sie nun nicht mehr getragen vom Geiste Clunys wie im
12. Jh., sondern von den religiösen Impulsen der Bettelorden, der Reformer, der Bußprediger, der Todes- und Höllenangst, der allgemeinen Lehrhaftigkeit. Die angewandten Formen und Gattungen, deren sich die Satiriker bedienen, sind mannigfaltig. Die politischen, religiösen und all-

gemein moralischen Verhältnisse, Unfriede, Zwietracht, Unsicherheit gaben reichen Stoff, geistliche und weltliche Spiele, Schwankepik, Fabel,
Spruch- und Lehrdichtung mit Satire zu erfüllen; gerne benützt man die
Allegorie, Parodie und Travestie, den Traktat und die Predigt. Meist handelt es sich dabei nicht um Satire schlechthin, sondern um satirischen Inhalt, satirische Einlagen oder satirischen Einschlag. Je näher dem 16. Jh.,
desto mehr nimmt das Satirische zu. Die satirischen Einlagen verselb-
ständigen sich. Seit BRANT und MURNER wird die Satire für längere Zeit
der Grundzug der Dichtung überhaupt. Humanismus und Reformation
erweitern die Formen und die Thematik.

Noch im 14. Jh. entstand das Gedicht ‹Von dem Hurübel›. Der mitteldeutsche Verfasser will von einer Plage reden, ärger als alle ägyptischen
Plagen, genannt die «hůresucht» oder das «hůrůbel». Man hat die Dichtung als eine Art satirischer Minnelehre bezeichnet. Eine Umarbeitung
wurde Ende des 15. Jhs. (wohl zu Augsburg) gedruckt.

In gemäßigter Satire behandelt um 1400 ein Ulmer oder Augsburger
Kaufmann in dem kulturhistorisch interessanten Gedicht ‹Der Feigenmuntorden› das Schlemmerleben deutscher Kaufleute in Venedig mit
übermäßigem Feigengenuß und Trinken von Südweinen.

Angeregt anscheinend durch HUGO VON TRIMBERG, der in seinem
‹Renner› die sieben Hauptsünden durch Lebensbilder und moralische
Lehren anschaulich macht, wurde das ironische Lehrgedicht vom ‹Mei-
ster Reuauß› (um 1400, wahrscheinlich aus Österreich; 668 V.).

Der aus den Osterspielen bekannte Quacksalber Reuauß (= Rubinus) zieht
mit seinem Knecht, dem Teufel Lasterpalk, in der nachösterlichen Zeit durch
die Lande und preist in lebensvoller Weise die Vitia capitalia als seine Salben an:
Hoffart, Geiz, Unkeuschheit, Zorn, Gefräßigkeit, Haß und Neid, Trägheit an
Gottes Dienst.

Satirisches Lehrgedicht mit allegorischer Einrahmung ist ‹Des Teufels
Netz› (13657 V.). Das Original gilt als verloren. Die vier in ebenso vielen
Handschriften erhaltenen Überarbeitungen zeigen verschiedene Stufen des
Archetypus. Der Verfasser war anscheinend ein Schwabe, vielleicht See-
alemanne. Die Dichtung enthält eine vielfältige und anschauliche Schilde-
rung des Lebens und der Sitten der Entstehungszeit. In der Form eines
Gespräches zwischen dem Teufel und einem Einsiedler werden die Ver-
gehen und Fehler der Zeit, die Laster und Torheiten jeden Standes ohne
Rücksicht auf Rang und Geschlecht, in satirisch-didaktischer Weise auf-
gedeckt und gegeißelt. Wie bei VINTLER die Tugenden, werden in ‹Des
Teufels Netz› mehr die Laster vorgeführt.

In der umfänglichsten, 1441 vollendeten Redaktion A stellt nach der Vorrede ein meditierender Einsiedler Betrachtungen an über die Heilstat des Er-

lösers und die großartige Ausbreitung des Reiches Gottes auf Erden. Der Teufel, der dem Einsiedler als Versucher naht, setzt dem Reich Christi sein Reich der Hölle entgegen und will beweisen, daß dieses das größere sei. Mit Hilfe Gottes zwingt der Eremit den Teufel, ihm zu verraten, durch welche Mittel er die Welt verführe und sein Reich vermehre. Der Teufel gesteht, daß er, um die Menschen zu fangen, ein großes Netz (‹eine segin›) habe. Dieses Netz ziehen ihm sieben Knechte durch die ganze Welt: Junker Hoffart, Neid und Haß, der Geiz, der Fraß, der Zorn, die Unkeuschheit, der Mord. Es sind die sieben Hauptsünden. Weitere drei allegorische Gesellen verschließen dem Menschen Herz, Mund und Hand, ein vierter hält die Menschen vom Besuch des Gottesdienstes ab. Am meisten fange der Teufel die Welt, indem er die Geistlichen in sein Netz zu bekommen suche. Darauf geht der Teufel über auf die Zehn Gebote und zeigt dem Einsiedel, wie er sie ins Gegenteil kehre. Nachdem dies geschehen, muß der Teufel gestehen, welche Listen und Schliche er anwendet, damit die verschiedenen Stände und Berufsarten in sein Netz gehen. Er beginnt beim (Baseler oder Konstanzer) Konzil und wendet seine ganze Macht an, um durch Uneinigkeit zwei oder drei Glauben zu stiften. Dadurch wird die Kirchenversammlung geschwächt und die ‹Reformation› unterbleibt. Vom Konzil geht der Teufel über auf den Papst und die übrigen geistlichen und weltlichen Stände, Ämter und Berufsarten. Diese Partien bieten kulturhistorisch hochinteressante, freilich meist negative Bilder der Zeit. Die geistlichen Ordnungen werden von den Kardinälen bis hinunter zu den Waldbrüdern, Beginen, willig Armen und Klausnerinnen vorgeführt. Von Bedeutung sind auch die Schilderungen der Fehler und Vergehen der Kaiser und des Adels. Ihnen folgen sämtliche Amtsträger und Berufe vom Amtmann bis zum Stubenheizer und Küchenjungen, vom Bürgermeister bis zu den Handwerkern und Gewerben, Wirten, Stadtleuten und Landleuten, Schulmeistern und Kirchenpflegern, Spielleuten, Dirnen, Räubern und Mördern. Die Exegese des Lehrgedichtes lautet:

> Die segi ist nüt anders eben
> Denn widerwertig leben
> Wider gott und sinü bott.

Als Christus erscheint, bittet ihn der Teufel, die Bösen von den Guten scheiden zu dürfen. Der Herr erlaubt es und schickt die Bösen in die Hölle. Sodann zählt Christus die Guten auf: welche nach den Zehn Geboten leben, die acht Seligkeiten und Räte hochhalten, die sechs Werke der Barmherzigkeit üben. Sie sind ausgestattet mit den sieben Gaben des hl. Geistes und den sieben Heiligkeiten usw. Zuletzt schließt der Teufel mit den Worten:

> Hiemit ker ich mit den minen hin
> In die bittren helle pin. Amen.

Die Form des Gespräches zwischen Einsiedel und Teufel ist primitiv und unausgebildet. Der Eremit fragt zwar, aber das Hauptgespräch führt der Teufel. Die Dichtung hat Prolog und Epilog. Mehrmals legt der Verfasser dem Teufel Szenen und Handlungen in den Mund, die, wie er sagt, zu einem Osterspiel brauchbar wären. In der Aufzählung und Schilderung der einzelnen Gewerbe wirkte das ‹Schachzabelbuch› des KONRAD VON AMMENHAUSEN nach. Die Tendenz des Werkes ist vorwiegend moralisch, die Unterweisung insofern negativ, als die Tugend nur von der Sünde her erläutert wird, eine Einstellung, wie sie häufig in der Predigtliteratur

oder im ‹Renner› des HUGO VON TRIMBERG vorkommt und die man
als ‹Abschreckungstheorie› bezeichnet. Die Allegorie vom Menschenfang
wird nur anfangs streng durchgeführt. Die Dichtung hat eine düstere,
pessimistische, weltverachtende Grundstimmung. Manches erinnert an
die Reihenform der Totentänze und die Teufelsszenen der geistlichen
Spiele.

Religiös orientierter gebildeter Laie aus vornehmen Kreisen, der in
ländlicher Umgebung lebte, war der sonst unbekannte niederdeutsche
JOSEP. Seine Dichtung ‹Von den sieben Todsünden› (entstanden zur Zeit
der Hussitenkriege), gegeben in Form der Antwort eines Vaters an seinen
Sohn, behandelt die sieben Vitia capitalia: Superbia, Avaritia, Luxuria,
Invidia, Cula, Ira, Acedia. In die Ausführungen werden zahlreiche Erzählungen eingeschoben. Manche Sittenschilderungen und Alltagsbilder
sind von ergreifender Lebenswahrheit.

Ein kleines Seitenstück oder einen bescheidenen Vorläufer der großen
Satiren auf die Torheit der Menschen bilden ‹Die acht Schalkheiten›
(2. H. 15. Jh.). Der Druck enthält acht Holzschnitte mit je vier paar-
weise gereimten Versen als Überschrift.

Die Bilder stellen Szenen aus dem täglichen Leben dar, die Sprüche wenden
sich gegen einzelne Laster. Die Szenen sind: Der Krämer mit falschen Ge-
wichten; der Krämer mit falscher Elle; der betrügerische Goldschmied; der
Wucherer; der betrügerische Seiler; der betrügerische Waffenschmied; der Kir-
chenräuber, der betrügerische Makler.

e) Fabeldichtung und satirisches Tierepos. Äsop. ‹Reinhart Fuchs›

Der Bîspel-Novellistik zur Seite tritt die Fabel und zwar in der Hauptsache die äsopische Fabel. Wie der Parabel, der Allegorie und der Metapher liegt auch der Fabel hinter dem Erzählten eine Bedeutung zugrunde. Die Sinndeutung vollzieht der Zuhörer oder der Leser. Ihre Pointe
am Schluß spricht eine Moral aus. Die Gattung eignet sich besonders gut
«zur Einkleidung einer wesentlich naturalistischen antiidealistischen und
unheroischen Gesinnung». Die älteste griechische Fabelsammlung aus
dem 6. Jh. v. Chr. wird den angeblichen AISOPOS zugeschrieben und ist
z. T. das Produkt einer städtisch-bürgerlichen Kultur: der sozial schwä-
chere, aber weise Sklave Äsop ist seinem Herrn, dem Philosophen Xan-
thos, geistig überlegen. Mit dem Namen ÄSOP, der stets nur als Erzähler
erwähnt wird, ist seither die ganze Gattung verbunden. Einen eigenen
Weg suchten die Dichter PHAEDRUS (ca. 15 v. – 50 n. Chr.) und BABRIUS
(Anf. 3. Jh. n. Chr.). Über PHAEDRUS, der äsopische Fabeln in lateinischen
Senaren wiedergibt, erfolgte der Übergang des äsopischen Fabelgutes in
die lateinische Fabeldichtung des Mittelalters. Die ‹Mythiambroi Aeso-
peioi› des BABRIUS enthalten 250 Fabeln in alphabetischer Ordnung in

griechischen Hinkjamben. Von BABRIUS abhängig ist AVIANUS (4. Jh.) mit 42 in lateinischen Distichen geschriebenen Fabeln. An ihn schließen sich meist die in Hexametern und Distichen gedichteten Fabeln des Mittelalters an.

Die antike Fabel ging mit mehreren Überlieferungssträngen in die europäische Literatur des Mittelalters über. Die Brücke bildete das vermutlich in Gallien entstandene *Romulus-Corpus* (350/500) in lateinischer Prosa, das z. T. auf einem lateinischen Prosa-ÄSOP aufbaut, z. T. eine Bearbeitung des PHAEDRUS bildet. Die bedeutsamsten mittelalterlichen Bearbeitungen sind: 29 *Romulus*-Fabeln in dem ‹Speculum historiale et doctrinale› (12. Jh.) des VINZENZ VON BEAUVAIS, der berichtet, daß man die Fabel in den Predigten vorzulesen pflegte; der ‹Romulus Monacensis› (15. Jh.), auf den die ‹Extravagantes› 81–97 STEINHÖWELS zurückgehen; der ‹Anonymus Neveleti› (12. Jh.) mit 60 Fabeln von WALTER ANGLICUS; der ‹Romulus Nilantinus› (11. Jh.) mit 67 Fabeln (38 aus *Romulus,* 29 aus PHAEDRUS) und einer Reihe scherzhafter Rechenrätsel; die ‹Paraphrase des Romulus-Corpus› (12 .Jh.) mit 136 Nummern. Eigenständiges Fabelgut und die durch die *Romulus*-Verzweigungen überlieferten äsopischen Fabeln bestimmten die Entwicklung in der Spruchdichtung von KERLING (HERGER, ANONYMUS SPERVOGEL) bis zu FRAUENLOB. Größere Bedeutung gewann die Fabeldichtung erst wieder mit HEINRICH VON MÜGELN (vgl. S. 222). Er nützt einerseits den ‹Anonymus Neveleti› und die AVIAN-Paraphrase und ist andererseits als selbständiger Dichter tätig: Hundefabeln, die alle das Verhalten von Herren und Dienenden behandeln. Ihre Blüte erreichte die Fabeldichtung vorerst in ULRICH BONER und den ÄSOP-Übersetzungen des *Wolfenbüttler, Magdeburger* und *Leipziger Äsop* (1420/50). Der älteste Fabel-Sammler ist der Dominikaner ULRICH BONER aus Bern. Sein ‹Edelstein› wurde gegen 1349 abgeschlossen und ist JOHANN VON RINKENBERG D. Ä., von dem sich einige Minnelieder erhalten haben, gewidmet. Das Werk will ein optisch wirkender Spiegel der Lebensweisheit sein. Diese wird an hundert ‹bîschaften›, Fabeln nach dem ÄSOP, gelehrt. Ihr Stoff stammt aus der Tier- und Pflanzenwelt, zum geringsten Teil aus dem Menschenleben. Die bernisch gefärbte Sprache ist die gesprochene Kanzleisprache und überlandschaftliche Literatursprache. Die Verskunst folgt noch der guten mittelhochdeutschen Tradition, der Stil ist frisch und volkstümlich. Die Fabeln sind selbständig gruppiert, so daß ein natürliches Fortschreiten der Moral erzielt wird. Oft stehen zwei Fabeln so beieinander, daß die Nutzanwendungen einander ergänzen: Kern und Schale, untreue und treue Frauen, unverdienter und verdienter Spott, leere und entlehnte Schönheit, Verrat und Aufrichtigkeit, Stehen und Fallen, Habsucht und Geiz. Als seine Quellen nennt BONER nur AVIAN und ÄSOP (‹Anonymus Neveleti›). Dazu kommen aber VALERIUS MAXIMUS, HIERONYMUS, ETIENNE VON BESANÇON u. a. Die Morallehre richtet sich gegen «Falschheit, Betrug, Hinterlist, Heuchelei, Neid, Habgier, Geiz, Zank, Gewalttat, Eitelkeit» und tritt ein für «Freiheit, Ehre, Kunst» (MITZKA); dazu kommen Klugheitsregeln. Von den Ständen werden Richter und Geistliche getadelt. Der ‹Edelstein› gehört zu den ersten gedruckten deutschen Büchern (Bamberg 1461).

Auf den ‹Edelstein› BONERS folgt die ÄSOP-Verdeutschung GERHARDS VON MINDEN, Dekan zu Minden in Westfalen, der 1370 die besten der äsopischen Fabeln ins Deutsche übertrug. Die Arbeit ist im sog. *Wolfenbüttler Äsop* mit 125 Fabeln überliefert. Seine Sprache ist niederdeutsch mit hochdeutschem Einschlag. Der Versbau folgt noch den mittelhochdeutschen Vorbildern. Als Stoffquelle diente ein von MARIE DE FRANCES ‹Esope› (ca. 1180) abhängiger erweiterter *Romulus*. GERHARD verkürzt meist seine Vorlage, entfaltet aber öfter auch idyllische Behaglichkeit. Am Schluß bringt immer ein selbständiger Vierzeiler die moralische Lehre. Es sind dies allgemein menschliche Sätze der Lebensweisheit und christlichen Moral.

Ebenfalls aus dem niederdeutschen Sprachgebiet stammt der Bearbeiter des *Magdeburger Äsop* mit 101 Fabeln des mittelalterlichen *Romulus*. Der Dichter, dessen Namen wir nicht kennen, war ein gebildeter Kleriker und stand in höfischen Diensten, wobei er gelegentlich bittere Erfahrungen machte. Neben dem höfisch-ritterlichen Leben ist er vertraut mit ländlichen Verhältnissen. Auffällig die Verurteilung der zu hoch strebenden, aussichtslosen Minne. Er tritt zwar entschieden für die wirtschaftlich und rechtlich Machtlosen ein, wendet sich aber energisch gegen das Herausheben der Bauern und Niedriggeborenen aus ihrem Stand. Das Fabelwerk schuf er erst im vorgerückten Alter zu Beginn des 15. Jhs., vielleicht auf einer Pfarre der Grafschaft Hoya. Seine Hauptquelle war der *Wolfenbüttler Äsop*. Daneben benützte er den erweiterten *Romulus*, den ‹Äsopus moralisatus›, AVIAN, den ‹Poenitentiarius› u. a. Über die Lehre am Schluß hinaus wird gerne eine allegorische Ausdeutung gegeben.

Die im 14. Jh. entstandenen moralisierenden *Fabeln des Cyrillus*, auch ‹Quadripartitus apologeticus›, ‹Speculum sapientiae beati Cyrilli›, ‹Gwydrinus› genannt, übersetzte um 1415 ULRICH VON POTTENSTEIN in deutsche Prosa. Während ULRICH in seiner Auslegung gottesdienstlicher Texte (vgl. Kap. VI,3) einen breiten Predigtstil volkstümlicher Sprachart gebraucht, folgt er bei seiner Übersetzungsarbeit nicht nur inhaltlich genau der lateinischen Vorlage, sondern benützt alle die Stilmittel der Rhetorik, um auch der Form des Originals möglichst nahe zu kommen. Der ‹Spiegel der Weisheit des hl. Cyrillus› fand im gesamten österreich-bairischen Sprachgebiet Verbreitung. Noch 1490 wurde das Werk als ‹Das Buch der natürlichen Weisheit› bei ANTON SORG in Augsburg gedruckt, aus welchem Druck HANS SACHS zwölf Fabeln in Reimpaaren bearbeitete. Eine von ULRICH VON POTTENSTEIN unabhängige Übertragung der *Cyrillus-*

Fabeln erschien als ‹Spiegel der Wyszheit› Basel 1520. Inzwischen hatte im Frühhumanismus HEINRICH STEINHÖWEL durch seinen ‹Esopus› (1476/ 80) die Fabel wieder als Formbegriff eingeführt.

Um 1180 hatte im Elsaß der Berufspoet HEINRICH Tiergeschichten, die den schlauen ‹Reinhart Fuchs› zu einem Helden machten, in ein Verswerk zusammengefügt, um damit ein Bild des Lebens zu geben. Das Kleinepos (vgl. Bd. II, 399) ist uns vollständig nur in einer böhmisch-bairischen Bearbeitung des späten 13. Jhs. erhalten. Ihm voraus ging das in lateinischen Distichen abgefaßte Epos ‹Ysengrimus›, in dem wahrscheinlich ein Genter Magister NIVARDUS das notvolle Geschick des vom Fuchs bedrängten Wolfes dargestellt hatte. In Flandern wurde vor dem letzten Drittel des 13. Jhs. als Parodie auf die höfische Helden- und Ritterwelt die epische Dichtung ‹Von dem vos Reinaerde› geschaffen. Reinaerd wird an den Königshof des Löwen geladen und wegen seiner Missetaten zum Tod am Galgen verurteilt. Es gelingt ihm, sich frei zu schwindeln, doch bald wird seine Bosheit aufgedeckt. Dieser Erzählung fügt um 1375 ein Niederländer mit ‹Reynaerds Historie› einen zweiten (nur fragmentarisch erhaltenen) Teil an. Reinaerd muß abermals zu einem Hoftag erscheinen. Ein Zweikampf zwischen ihm und seinem Hauptgegner, dem Wolf Isengrijn, soll entscheiden. Reinaerd obsiegt und steigt am Königshofe zu höchster Ehre auf. Das Tierepos ist zu einer Satire auf alle Arten menschlicher Schwächen, insbesondere auf das Leben bei Hofe, geworden. Hundert Jahre später versieht der Holländer HINREK VAN ALKMAR das Versepos seines Vorgängers mit einer Prosa-Glosse und legt in ihr den Lehrgehalt jeder einzelnen Szene dar, teilt dabei die Dichtung in vier Bücher, jedes Buch in Kapitel, setzte diesen inhaltsangebende Überschriften voran und Erläuterungen zur Heraushebung des Lehrgehaltes: Lebensweisheit und Lebenslehre auf dem Fürstenhof des Herzogs von Lothringen, dessen «scholemester vnde tuchtlerer» HINREK war. Die reichlich mit Holzschnitten ausgestattete Bearbeitung wurde zuerst um 1487 in Antwerpen gedruckt. Dieses Druckwerk bearbeitete bald darauf, und zwar nach einer zweiten Auflage, ein Unbekannter, indem er das Mittelniederländische ins Mittelniederdeutsche umsetzte. Es ist der ‹Reinke de Vos› (Lübeck 1498), ebenfalls bebildert: Die Geschichte des Reineke Fuchs, des schlauen Übeltäters, der vor das Gericht des Löwen geladen wird, gegen den Anklage nach Anklage vorgebracht wird, der bereits unter dem Galgen steht, aber durch eine große Lügengeschichte im letzten Moment sein Leben rettet und aus allen Anklagen als Sieger hervorgeht. Der Bearbeiter, ein lübischer Geistlicher, ist unbekannt. Vielleicht war er ostfälischer Herkunft und Mitglied eines Bettelordens oder der Brüder vom gemeinsamen Leben.

Der dichterisch begabte Übersetzer benützt die vierhebige Versform mit vollem Ausklang, verkürzt aber häufig seine Vorlage; gelegentliche

Erweiterungen sind selten. Die Geistesrichtung des Bearbeiters und die Bestimmung für ein anderes Lesepublikum werden aus den Glossen erkennbar. An Stelle der knappen Erklärungen für fürstliche Leser gibt der Übersetzer oft breite Ausführungen geistlich-lehrhafter Art für bürgerliche Kreise. Zwar knüpft er meist an das Gedankengut seiner Vorlage an, richtet es aber nach der moralischen Seite durch andere Lehren und Anklagen hauptsächlich gegen die Hofgeistlichkeit. Der Übersetzer hat den Stoff nahezu vollständig eingedeutscht, gleichzeitig aber auch die alten Tiergeschichten in ein moralisch-satirisches Werk umgeformt, «dessen psychologischer Gegenstand nicht mehr die Tiere, sondern die Menschen waren, so daß Luther den ‹Reinke› als eine ‹lebendige Kontrafaktur des Hoflebens› pries».

Durch die Bearbeitung des ‹Reinke de Vos› von 1498 wurde die inhaltlich bereits vorher bekannte Dichtung in literarischer Form bei den Niederdeutschen eingeführt. Die geistlich-lehrhafte Auswertung erfuhr eine weitere Steigerung in der jüngeren, protestantischen Glosse (Rostock 1539) mit ihrer Absicht, allen Sündern einen Spiegel vor Augen zu halten. Ihr Verfasser, wahrscheinlich LUDWIG DIETZ, wollte die alte katholische Fassung (Rostock 1517 und 1522) ersetzen.

Die oberdeutsche Dichtung von ‹Reinhart Fuchs› aus dem letzten Drittel des 12. Jhs. war der Vergessenheit anheimgefallen. Der niederdeutsche ‹Reinke de Vos› wird im 16. Jh. über ganz Deutschland und die nordischen Länder verbreitet. Mit größtem Beifall wurde eine von MICHAEL BEUTHER (1522–1587) nach der Vorlage von 1539 verfaßte hochdeutsche Übertragung aufgenommen. Sie erschien erstmalig 1544 und wurde bis 1617 einundzwanzigmal nachgedruckt. Es folgten ferner zahlreiche Bearbeitungen, Nachahmungen und Neudichtungen, die über GOTTSCHEDS Prosa von 1752 zu GOETHES ‹Reineke Fuchs› (1794) führen. Als die älteste Nachahmung gilt das bald nach 1500 in Jütland entstandene Gedicht ‹De Vos unde de Hane›. Unter ‹Reinkes› Einfluß stehen weiters ROLLENHAGENS ‹Froschmeuseler› und FISCHARTS ‹Flohhatz› und einzelne Fabeldichter. Nach der hochdeutschen Übersetzung von 1544 dichtete HARTMANN SCHOPPER (geb. 1542) seine lateinische Bearbeitung in vierfüßigen Jamben: ‹De admirabili fallacia et astutia vulpeculae Reinikes libros quatuor› (Frankfurt a. M. 1567 u. ö.) und widmete das Werk Kaiser MAXIMILIAN II.

2. *Religiöse Unterweisungs- und Erbauungsliteratur in Prosa und Vers*

Die erst klösterliche, später allgemeine kirchliche Reform von Cluny und Gorze im 11. und 12. Jh. bereitete vor, was an religiöser Massenbewegung im 13. und 14. Jh. hervorbrach. Veranlaßt durch Forderungen der Zeitverhältnisse, gründeten im 13. Jh. FRANZISKUS und DOMINIKUS ihre

Orden. Diese Ordines Mendicantium oder Bettelorden verbanden das beschauliche Leben mit dem apostolischen. Die Mönche ließen sich in den volksreichen Städten nieder, wo sie, exempt von bischöflicher Gewalt und befugt zur pfarrlichen Seelsorge, als Prediger und Beichtväter dem Volke dienten. Sie stützten sich auf das aufstrebende Bürgertum und mühten sich um die soziale Hebung des Volkes. Außerdem entfalteten beide Orden eine Lehrtätigkeit an der Universität Paris, dem Zentrum der theologischen Wissenschaft Europas. Die Folge davon war, daß sie sehr bald die führenden Köpfe in der Theologie stellten: ALBERTUS MAGNUS, THOMAS VON AQUIN, ALEXANDER VON HALES, BONAVENTURA, DUNS SCOTUS und OCKHAM. Auch die schon bei BERNHARD VON CLAIRVAUX beginnende Akzentverlagerung von der Theologia gloriae zur Theologia crucis, d. i. zur Passions- oder Leidenstheologie, wurde von den Bettelorden weiter ausgebaut und verbreitet.

Bedeutsam ist, daß gegen Mitte des 14. Jhs. auch vom kirchlichen Dogma her die Subjektivität der spätgotischen Epoche begünstigt wurde. Dadurch war es mit ermöglicht, daß Renaissance und Reformation das Individuum in den Mittelpunkt der Welt stellten. Nach AUGUSTINS universalgeschichtlich-eschatologischer Auffassung war das Ziel der Weltgeschichte die Auferstehung der Toten und das Letzte Gericht. THOMAS VON AQUIN hat diese Auffassung noch verteidigt. Doch die Hochscholastik brachte dem gegenüber die Anschauung zum Siege, daß nach Einzelgericht und Läuterung im Fegefeuer die Seele bereits der vollen Seligkeit teilhaftig werde. Papst BENEDIKT XII. erhob diese Lehre über die Visio beatifica zum Dogma. Die Zerbrechung der augustinischen Geschichtslehre und Entwertung des Endgerichtes gaben einer Individualisierung der Frömmigkeit freie Bahn.

Seit dem späten 13. Jh. kann man in Deutschland die Entstehung und Wirkung einer Literatur und eines Schrifttums beobachten, die zum Unterschied von geistlicher Dichtung und religiöser Poesie ihre Wirkung innerhalb des kirchlich-geistlichen Aufgabenbereiches suchten. Infolge des gesteigerten Interesses an religiösen und theologischen Fragen kommt es bald zu einer ganzen Flut solcher *Unterweisungs-, Erbauungs- und Gebrauchsliteratur,* erst lateinisch, dann deutsch, nicht selten beides beim selben Autor, vieles anonym. Zu der späthöfisch-adeligen Literatur tritt ein immer breiter werdender *Strom religiösen und halbreligiösen Schrifttums.* Nur selten bedient man sich der dichterischen Form als Ausdruck; auch die Bibeldichtung wird von der Bibelübersetzung in Prosa abgelöst. Als Formen werden Katechismustafeln, Traktate, katechetische Lehrgedichte, Briefe, Predigten, fromme Betrachtungen, Gebete und Ergießungen aller Art verwendet. Ein Teil ist Übersetzung aus dem Lateinischen, ein anderer Originalarbeit in der Volkssprache. Der dichterische Wert ist meist gering; hoch vielfach die sprach- und wortgeschichtliche Bedeutung;

aufschlußreich auch die Widerspiegelung der besonderen Art der spätgotischen Religiosität, der theologisch-philosophischen Ideenwelt und der Seelenhaltung der Mystik. Aber das wenigste ist bisher daraufhin untersucht.

An der Ausbildung dieser spätmittelalterlichen Unterweisungs- und Erbauungsliteratur sind alle *Orden* mit ihren männlichen und, soweit vorhanden, auch weiblichen Zweigen beteiligt. Jeder von ihnen verkörpert einen vom Stifter her bestimmten religiösen Erlebnistypus und eine bestimmte theologisch-philosophische Ausrichtung und Haltung. Die weiblichen Zweige geben z. T. das literarische Publikum ab, z. T. treten aus ihnen, besonder in der Mystik, auch Autoren hervor.

Thematisch umfaßt dieses Schrifttum sämtliche Bereiche der christlichen Glaubens- und Sittenlehre, sowie die Erzählstoffe der Bibel und Legende. Die Laien werden mit Problemen der systematischen und praktischen Theologie vertraut gemacht, allegorische und theologische Schrifterklärung ihnen vorgesetzt. Auf weite Strecken ist diese religiöse Literatur popularisierte Gotteslehre patristischer und scholastischer Herkunft, figurativ-dogmatische oder moralische Auslegung. Auffällt eine Zunahme der Bedeutung der Heiligen, vor allem der hl. Maria: die Heiligen stehen als Fürbitter und Vermittler zwischen Gott und den Menschen. Es ist kennzeichnend, daß im 15. Jh. dem Ave Maria ein zweiter Teil um Fürbitte angefügt wurde.

Sowohl kirchliche Glaubenslehre wie auch Sittenlehre hat man in der *Predigt* zu suchen. Scholastik und Mystik haben die Predigt nachhaltig beeinflußt. Man unterscheidet drei Arten von Predigten: den kunstgemäßen Sermo, d. i. die gehobene thematische Predigt; die Homilie, d. i. die volkstümliche Kanzelrede; die Kollation, d. i. die klösterliche Schriftlesung und Auslegung. In der Predigt fanden nach mittelalterlicher Auffassung die Künste des Triviums ihre höchste Bestimmung. Im 14. und 15. Jh. entstanden, hauptsächlich an Kathedral- und Stadtkirchen, eigene Predigerstellen. Die Gemeinde-Predigt an Sonn- und Feiertagen wurde zur Regel, besonders reich entwickelte sich die Passionspredigt; dazu kamen Kasualreden. Im 15. Jh. hält sich die Predigt noch an die von der Scholastik geschaffene Struktur, nur in der zweiten Hälfte zeigen sich da und dort schon Einwirkungen des Humanismus. Die Predigt wird in Form von Sammlungen, Magazinen, Exempelbüchern u. dgl. zu einer breiten Literaturgattung. Die Mendikantenorden mit ihren Seelsorgebestrebungen in den Städten und auf dem Lande naturalisieren und vulgarisieren nicht nur den Predigtstil, sondern tragen dazu bei, daß auch neue Stilbestrebungen in die deutsche Prosa eindringen, die sich bis in das Reformationszeitalter fortsetzen. Der durch OCKHAM erneuerte Nominalismus bevorzugt die Wirklichkeit, strebt zur Konkretion und verstärkt den Realisierungsprozeß. Im Widerspiel dazu zeigt die Spätgotik einen deutlichen

Hang zur Abstraktion und Vergeistigung. Diese Neigung offenbart sich an den zahllosen scholastischen Traktaten und Übersetzungen, die im 14. Jh. geradezu eine Art religiöser Aufklärung in die Wege leiten. Und wie man die Menschen mit Hilfe der *ratio* religiös-moralisch belehren will, sucht man in den Übertragungen die deutschen Sätze logisch und vernünftig zu gliedern. Das Mittelalter hat fast sämtliche Formen und Gattungen der *Erbauungsliteratur* ausgebildet. Man tut gut, den Umfang des Begriffes ziemlich weit zu fassen. Zur Erbauungsliteratur im engeren Sinn gehören: die Biblia pauperum mit den Praefigurationen, die Historienbibeln, die Traktate der Mystik, das Trostschrifttum mit Dialogen, Soliloquien, Spiegelliteratur aller Art, die Ars moriendi-Literatur mit den Sterbebüchlein, die geistlichen Allegorien, wie die Himmelsburg, die Himmelsstraße, das Himmlische Bergwerk, Hortulus animae, Paradisus animae, geistliche Arzneien, Apotheken etc. Im weiteren Sinn gehören dazu die Postillen, d. h. Homilien und Predigtbücher, die Plenarien, d. h. Meß-Perikopen, die Marienpsalter, Vitae Christi, Passionale, Legenden, Dekalog-Erläuterungen, Beichtbücher, Eheschriften, Vaterunser-Erklärungen, Katechismen, Gebet- und Andachtsbücher, Meß- und Sakramentsauslegungen und die Lehre von den Letzten Dingen.

Alt und einfach ist die Reihung geistlicher Sprüche und Lehren zu einer Art von Mosaiktrakaten. Beliebt waren im 14./15. Jh. nach dem Alphabet die ‹geistlichen ABC›. Mit Zahlensymbolik zu tun haben die Reihungen nach Zahlen, die z. B. den Weg der Seele zu Gott in Stufen teilen. Die Allegorie knüpft häufig an das Hohelied und die dortigen Bildvorstellungen an, besonders an die Lagerstätte, das Bild des Baumgartens oder Weingartens. Aus dem Hohenlied stammt ebenso das Bild des Granatapfels. Auch die ‹Stundenbücher› wurden ‹Hortulus animae› benannt. In diesen Zusammenhang gehören ferner die Baum-Allegorien: ‹Wunne Baum der minnenden Seele›, Palmbaum-Traktate; weiters die Blumen-Allegorie, wie ‹Die Lilie› u. a. Christus verkündet erbauliche Lehren als Bräutigam der Seele, als Arzt. Selbst die von BEDA und HUGO VON ST. VICTOR stammende allegorische Ausdeutung des Kirchengebäudes findet noch Anhänger. Für verschiedenartige Erbauungsbücher wird der Name ‹Speculum›, *Spiegel* gebraucht. Die Spätgotik bringt neue Typen und Formen des Gebetes. Bei den Gebetbüchern unterscheidet man zwei Typen: nach dem Muster der offiziellen kirchlichen Bücher geordnete und private Sammlungen. Die Erbauungsliteratur ist geistig getragen von der Scholastik und Mystik, der Leidenstheologie, der Devotio moderna und von Reformtendenzen.

Hauptproduktionsstätten der Erbauungsliteratur sind die einzelnen Ordensniederlassungen. Dann Orte wie Prag, wo JOHANN VON NEUMARKT eine erbauliche Übersetzungs- und Gebetsliteratur für adelige Kreise besorgte, Wien, wo HEINRICH VON LANGENSTEIN wirkte; Reformklöster, wie Melk, Kastl, Bursfeld usw. Mit den vier Büchern der ‹Imitatio Christi› des THOMAS VON KEMPEN erreichte das Erbauungsschrifttum den Rang der Weltliteratur.

Das geistliche Schrifttum des späten Mittelalters ist auf weite Strecken unbekannt. Es ruht noch großenteils in den Handschriften. Es ist vorläufig nicht möglich, das gehaltlich und sprachlich Bedeutende vom weniger Wertvollen verläßlich zu scheiden. Unsere Darstellung ist daher notwendigerweise unvollständig und muß weitgehend auf Wertungen verzichten. Wir versuchen im folgenden eine Ordnung und Charakterisierung nach den theologischen und erlebnistypischen Richtungen, indem behandelt werden: a) die deutschsprachige *Scholastik und Mystik* (der Franziskaner, Dominikaner, aber auch Benediktiner, Zisterzienser, Kartäuser, Augustiner-Eremiten und Augustiner-Chorherren und eventuell Laien); b) die *Leidenstheologie*, ausgehend von BERNHARD VON CLAIRVAUX, modifiziert und verbreitet durch die Franziskaner- und Dominikaner-Orden; c) die *Devotio moderna*, begründet von GEERT GROOTE, literarisch zur Wirkung gebracht durch THOMAS VON KEMPEN; d) die *Gebet- und Andachtsbücher* unter Einwirkung der verschiedenen theologischen Richtungen; e) die *Bibelübersetzungen* ins Deutsche *und* die *Bibeldichtung*. Einer Anzahl der von diesen Richtungen gebräuchlichen Gattungen, wie Schriftauslegung, Predigt, Traktat, Erbauungsbücher, Bibelübersetzungen, bedienten sich später die Reformatoren.

a) Aus Scholastik und Mystik. Literatur der einzelnen Orden

Neben der Mystik schuf auch die Scholastik seit dem 13. Jh. ein deutsches religiöses Schrifttum, teils durch Übersetzung, teils durch Originalarbeiten.

Scholastik ist ‹Lehre› (‹sacra doctrina›). *Mystik* ist ‹Erfahrung› (‹cognitio Dei experimentalis›). Scholastik will Erkenntnis vermitteln. Mystik ist affektivisch und will als Zeugnis wie als Predigt die Umkehr und Wiedergeburt des menschlichen Herzens bewirken. Das Gebrauchs- und Wissenschaftsschrifttum der spätscholastischen Philosophie und Theologie ist lateinisch abgefaßt und trägt europäischen Charakter. Wollte man theologische oder überhaupt wissenschaftliche, besonders naturkundliche Kenntnisse lateinunkundigen Kreisen zugänglich machen, mußte man sich der deutschen Sprache bedienen und Übertragungen anfertigen. Es ist selbstverständlich, daß die Lehren der drei Schulsysteme des Thomismus, des Scotismus und des Nominalismus in der gesamten Literatur des ausgehenden Mittelalters geistigen und religiösen Niederschlag gefunden haben. Autoren, die dem Dominikanerorden angehörten, waren meist Thomisten; Franziskaner folgten großenteils den Lehren des DUNS SCOTUS, aber auch OCKHAM; Augustiner-Eremiten, Weltgeistliche und

Universitätslehrer huldigten meist einem mehr oder minder gemäßigten Nominalismus. Allen gemeinsam war die Hinneigung zur Leidenstheologie. Die Scholastik wird begleitet von neuplatonischen und mystischen Nebenströmungen. Die letzteren sind vorwiegend praktisch gerichtet. Aus der arabischen Geisteswelt stammte letztlich der lateinische Averroismus. Die stärksten Kräfte des Neuen konzentrierten sich im Schaffen MEISTER ECKEHARTS (ca. 1260–1328). Sein Werk gewann Geltung für das gesamte Abendland. Die Wirkung seiner Schüler JOHANNES TAULER (um 1300–1361) und HEINRICH SEUSE (1295–1366) blieb auf die deutsche Frömmigkeitsgeschichte beschränkt, ist aber für diese von außerordentlicher Bedeutung.

Es gab Epigonen der Mystik: RULMANN MERSWIN und seinen Kreis, den ENGELBERGER PREDIGER, HEINRICH VON NÖRDLINGEN u. a. In ihnen leben Lehre und Sprache der mystischen Meister weiter, verwandelt, z. T. auch verflacht. Die franziskanische Strömung äußert sich vor allem in einer Rezeption BONAVENTURAS, die gegen Ende des 14. Jhs. einsetzt und bis um 1500 dauert. Die Linie der eckehartischen Tradition wird fortgeführt von der ‹Deutschen Theologie› und wird philosophisch vertieft von NIKOLAUS VON CUES. Neben diesen Hauptströmungen und Persönlichkeiten steht eine große Anzahl von Theologen, Predigern, Seelenführern mystischen Einschlages und der Mystik zugehörigen Frauen. Von den Mystikern des 14. und 15. Jhs. geht eine starke, wenn auch häufig unterirdisch fließende Strömung zu den Spiritualisten der Reformationszeit. Aber auch im Katholizismus der zweiten Hälfte des 16. Jhs. treten mystische Inseln in Erscheinung, die spätmittelalterliches Gut wieder aufnehmen und verbreiten.

Im großen und ganzen wird man im ausgehenden Mittelalter auf religiösem Gebiet drei *Popularisierungsvorgänge* feststellen können. Im ersten erfolgte noch im 14. Jh. die Popularisierung der spekulativen Theologie. Wesentlich daran beteiligt waren die Mystik und ihr nahestehende Persönlichkeiten. Im zweiten kam es in der 2. Hälfte des 15. und im beginnenden 16. Jh. zur Popularisierung der Moraltheologie, d. h. der kirchlichen Sittenlehren. Dieser zweite Vorgang erfolgte in Erfüllung der Reformforderungen des 15. Jhs. nach Belehrung der breiten Volksschichten. Dieses moraltheologische, durch den Buchdruck in weite Kreise verbreitete Schrifttum bildet die Grundebene und Hauptmasse der deutschen Literatur um 1500. Ein dritter Popularisierungsvorgang begann im 14. Jh. mit der Verdeutschung der Bibel; er wird mit Ausbruch und Durchführung der Reformation einem Höhepunkt zugeführt und gab jedem des Lesens kundigen Laien die Heilige Schrift in die Hände.

Die nationale Aneignung der *Kirchenväter und -lehrer* gab die Bausteine zu einer deutschen Theologie und formte theologisches Denken in deutschen Begriffen. Die Eindeutschung erfolgte in drei oder vier Etappen.

Nach einer ersten in althochdeutscher Zeit begann die Verdeutschung im 11. Jh. in deutschen Predigten. Die Übersetzungen augustinischer und pseudoaugustinischer Schriften und der Homilien und Dialoge GREGORS D. GR. entstehen erst im 14. Jahrhundert. Ebenfalls in der Spätzeit wurden von den Theologen des 12. und 13. Jhs. Schriften ANSELMS VON CANTERBURY, BERNHARDS VON CLAIRVAUX, HUGOS und RICHARDS VON ST. VICTOR, BONAVENTURAS u. a. übersetzt. Die Übertragungen dienen jetzt der Vertiefung des religiösen Lebens und der Erbauung von Klosterleuten und Laien. Aus Mystik, Spätscholastik und Nominalismus erwuchs eine neue Kultbewegung des HL. AUGUSTINUS. Die Übertragungen seiner echten und unechten Schriften setzen im 14. Jh. ein und reichen bis ins 16. Jh. Beliebt waren die pseudoaugustinischen ‹Ascetica›: das ‹Manuale›, die ‹Meditationes›. ‹De scala paradisi› verdeutschte der Benediktiner THOMAS FINCK; bekannt ist die Übertragung der ‹Soliloquien› durch JOHANN VON NEUMARKT. Von GREGOR D. GR. werden in der Spätzeit die Homilien in seelsorglich-erbaulicher Absicht umgeformt zu Lesebüchern in deutscher Sprache. Übersetzt werden im 14./15. Jh. die ‹Dialogi›, d. s. vier Bücher mit Biographien und Legenden (ein Druck 1473) und die Hohelied-Paraphrase; SIMON VON RUCKERSBURG (Riegersburg in der Steiermark) übertrug Ende des 15. Jhs. für REIMPRECHT VON WALLSEE die ‹Moralia in Job›. Bischof CYPRIANS ‹De duodecim abusibus›.wurde ungelenk durch JAKOB WEIGELIN, Amtmann in Meßkirch, übersetzt (gedr. 1492). Von des BASILIUS ‹De laude vitae solitariae› existieren eine bairische und eine ripuarische Fassung. Einige Schriften des AMBROSIUS verdeutschte für Jungfrauen und Witwen HEINRICH DISSEN (1415–1484), Kartäuser in Köln. Der Augsburger Geistliche JOHANNES PINICIANUS verdeutschte um 1500 für die Herzogin KUNIGUNDE VON BAYERN den Traktat ‹De reparatione lapsi› des JOHANNES CHRYSOSTOMUS.

Zu der Aneignung der Kirchen-Väter kam die der Kirchen-Lehrer, der ‹Meister›, der *Scholastiker*. Die Handschriften des 14. und 15. Jhs. enthalten eine Fülle von Scholastiker-Übertragungen und -Bearbeitungen und bekunden eine Rezeption größten Umfanges. Von den Kirchen-Lehrern den größten Einfluß nahm BERNHARD VON CLAIRVAUX. Seine Schriften üben auch noch auf das Spätmittelalter eine fast magische Wirkung aus. Seine Vermenschlichung der Theologie, seine Christus- und Kreuzesmystik fand bei weitesten Kreisen Zugang. BERNHARD ist nicht zufällig der Führer DANTES im Empyreum. Die seit dem 13. Jh. einsetzenden Übertragungen, Bearbeitungen, Auszüge seiner Schriften sind unübersehbar. Nach BERNHARD bestimmten mit die deutsche geistliche Prosa des Mittelalters ANSELM VON CANTERBURY, der Theoretiker der Reformbewegung von Cluny, und HUGO und RICHARD VON ST. VICTOR, die Theologen und Mystiker. ANSELMS ‹Meditatio de humanitate Christi› war ein beliebtes Andachtsbuch. Das pseudoanselmische ‹Gespräch zwischen Anselmus und Maria über Christi Leiden› wurde bereits im 13. Jh. in bairische Verse gebracht; von einer hochdeutschen Prosa sind 20 Handschriften bekannt (gedr. 1490). Außerdem wurden zahlreiche deutsche Fassungen der ‹Admonitio moriendi› und der unechten Schrift ‹De mensuratione crucis› angefertigt. Rezipiert wurde auch das dogmatische Werk ANSELMS. Von den Viktorinern hat RICHARDS Hohelied-Auslegung eine deutsche Überlieferung. Wichtig ist das Buch von den ‹Siben strassen, die in got wisent›, eine Kompilation des RUDOLF VON BIBERACH (14. Jh.), in der die Viktoriner ausgiebig zu Wort kommen. Sie ist nach KURT RUH bereits «die Summe einer mystischen Theologie in deutscher Sprache». Die Popularisierung von *thomistischem Gedankengut* beginnt mit einer teilweisen Verdeutschung der ‹Summa theologica› des THOMAS VON AQUIN im ersten Drittel des 14. Jhs. Gegen Ende des 14. Jhs. veranlaßte der Deutsche Orden eine Übersetzung der ‹Catena aurea›, d. i. die Auslegung der Evangelien mit Hilfe von Stellen aus Kirchenvätern, in diesem Falle des Aquinaten. Die Breitenwirkung der deutschen Scholastik illustriert die in der ersten Hälfte des 14. Jhs. erfolgte Übersetzung des ‹Compendium theologicae vertitatis› des HUGO RIPELIN von Straßburg, des spätmittelalterlichen Dogmatik-Handbuches zum Gebrauch der Laien.

Einen besonderen Erfolg erreichte IRMHART ÖSER, Pfarrer in Straßgang bei Graz, der um 1340 den ‹Brief des Rabbiners Samuel über die Wahrheit Christi als des echten Messias› aus dem Lateinischen des ALPHONSUS BONIHOMINIS ins Deutsche übertrug. Von der Arbeit sind über 40 Handschriften in allen deutschen Mundarten und Drucke von 1475 bis 1600 bekannt.

Auch der weithin vom *Augustinismus* beeinflußte katalanische Theologe, Reformer und Dichter RAYMUNDUS LULLUS († 1316), Verfasser der ‹Ars generalis› oder ‹Ars magna› – d. i. eines Systems von Grundbegriffen, auf denen mit Hilfe der Kombinatorik die einzelnen Wissenschaften synthetisch abgeleitet werden – und zahlreicher anderer Schriften, fand im 15. Jh. verschiedentlich Übersetzer ins Deutsche.

Auch Werke der *Spätscholastiker* wurden eingedeutscht. Bereits im 14. Jh. wurde in Melk das ‹Malogranatum› des Abtes GALLUS VON KÖNIGSAAL teilweise ins Deutsche übersetzt. Später folgten komplette Übertragungen. Ebenso wurde im 14./15. Jh. das ‹Cordiale sive de quattuor novissimis› des GERHARD VAN VLIEDERHOVEN, Prokurator der Deutschherren in Utrecht, übersetzt. Besonderer Vorliebe erfreuten sich die Schriften des JOHANNES GERSON. Von ihnen wurden im 15./16. Jh. für deutsche Leser zurechtgemacht: Das ‹Monotessaron› (1420; mittelniederdeutsche Fassung 1513), der Traktat ‹De peccatis›, das ‹Opus tripartitum de praeceptis decalogi, de confessione et de arte moriendi›, der Traktat ‹De examinatione conscientiae›, die Büchlein ‹De instructione cordis›, ‹De proba-

tione spirituum›; GEILER VON KAISERSBERG übertrug GERSONS ‹Unterweisung der Menschen im Gottesdienst› (1492).

Eine besondere Sache ist es um die im Geiste der Scholastik und Mystik
geschaffene *Literatur der einzelnen religiösen Orden.* Diese besonderen
Lebensstände innerhalb der kirchlichen Gemeinschaft bildeten nämlich ein
von ihren Frömmigkeitstypen, ihrer theologischen Ausrichtung und ihren
Sonderzielen her bestimmtes geistliches Schrifttum aus.

Beim Anteil des *Franzsikaner-Ordens* und seiner theologischen Tradition liegt das Schwergewicht auf den fortwirkenden aszetisch-mystischen
Traditionen des 13. Jhs. Die Geschichte des deutschsprachigen franziskanischen Schrifttums umfaßt eine Hagiographie, die Rezeption der spezifisch franziskanischen Lehrer, die deutsch schreibenden und deutsch pre-
digenden Franziskaner, die Übersetzungen lateinischer Schriften deutscher
Franziskaner und vier große, auch literarisch tätige Franziskaner-Mysti-
ker.

Das Bild des FRANZ VON ASSISI wurde geprägt durch die beiden ‹Viten›
und den ‹Tractatus de miraculis› des THOMAS VON CELANO, die ‹Legenda maior› und ‹Legenda minor› BONAVENTURAS, das ‹Speculum perfectionis› LEOS VON ASSISI und durch die ‹Actus beati Francisci et soci-
orum eius›, wonach die ‹Fioretti› geschaffen wurden. Die deutschsprachigen Gestaltungen dieser Legende bilden die Mitte des franziskanischen
Schrifttums in deutscher Sprache.

Im Sinne der schon im 13. Jh. im deutschen Schrifttum entfalteten
reichen franziskanischen Predigt- und Traktatenliteratur (BERTHOLD VON
REGENSBURG, † 1272, DAVID VON AUGSBURG, † 1272) wirkten später
MARQUARD VON LINDAU, OTTO VON PASSAU u. a. Die ‹Zehn Gebote›
MARQUARDS und ‹Die Vierundzwanzig Alten› OTTOS waren wie SEUSES
‹Büchlein der ewigen Weisheit› und HEINRICHS VON ST. GALLEN *Passions-
traktat* Erfolgswerke des Zeitalters, die bis zur Reformation noch eifrig
gelesen wurden. Auch die eigentliche Wirkung BONAVENTURAS und DA-
VIDS VON AUGSBURG erfolgte in Deutschland erst im 15. Jh. Die No-
vizentraktate DAVIDS (‹De exterioris et interioris hominis compositione›)
wurden in deutscher Sprache im ganzen deutschen Sprachgebiet verbreitet und bestimmten z. B. den ‹Granatapfel› des GALLUS VON KÖNIGSAAL.
Der franziskanische ‹Stimulus amoris›, die ‹Meditationes vitae Christi›,
BONAVENTURAS ‹Vitis mystica› und ‹Lignum vitae› sowie der pseudoanselmische ‹Dialogus› prägen die Christus- und Passionsmystik des Zeitalters. Die *Bonaventura-Übertragungen* setzen in der zweiten Hälfte des
14. Jhs. ein und führen gegen Ende des Jahrhunderts zu einer BONAVEN-
TURA-Renaissance. Ein Hauptvermittler war JOHANNES GERSON. Abge-
schlossenes oder künstlerische Leistung kamen dabei nicht zustande.
Häufig sind es Bearbeitungen. Von BONAVENTURAS ‹Soliloquium› wurden

14 von einander unabhängige Übertragungen und Bearbeitungen in 39 Handschriften und 11 Drucken festgestellt. Aus dem ‹Itinerarium mentis ad Deum› übertrug HEINRICH SEUSE Kapitel 5 und 6 ins Deutsche und fügte sie in Kapitel 54 seines ‹Exemplar›, d. i. der von ihm selbst zusammengestellten Musterausgabe seiner Hauptschriften, ein. Von ‹De triplici via› sind sechs Verdeutschungen in neun Handschriften und ein Druck bekannt. Vom ‹Lignum vitae› entstanden eine niederländische Übertragung (1386) und eine oberdeutsche Übertragung und Auslegung, von ‹De perfectione vitae ad sorores› und ‹Vitis mystica› niederländische Übertragungen. Angeregt durch SIDONIA, die Gemahlin Herzogs ALBRECHT VON SACHSEN, übersetzte ein Dominikaner das pseudobonaventurische ‹Speculum disciplinae›, den ‹Zuchtspiegel›, ins Deutsche (gedr. 1510). Unter den Ordensschriften steht die Legende des Stifters mit sechs Verdeutschungen in 57 Handschriften und zwei Drucken an erster Stelle. Als Schwerpunkte der Verdeutschung lassen sich der niederländische und vorerst der alemannische Sprachraum erkennen. Die zeitliche Spannweite reicht von ca. 1370 bis zum Ausbruch der Reformation; der Großteil gehört der zweiten Hälfte des 15. Jhs. und der Zeit um 1500 an.

Von den franziskanischen Theologen des 14. Jhs. verdient NIKOLAUS VON LYRA († 1349) Hervorhebung. Seine ‹Postillae perpetuae› waren das exegetische Handbuch des späten Mittelalters; die Psalmenübersetzung verdeutschte HEINRICH VON MÜGELN. Ein Beispiel für den Abstieg von den spekulativ-mystischen Schriften zum moralischen Erbauungsbuch bezeichnet OTTO VON PASSAU mit seinem deutschen Prosawerk ‹Die Vierundzwanzig Alten oder Der goldene Thron der minnenden Seele› (1386; über 100 erhaltene Handschriften und 8 Frühdrucke).

Zweck war, dem Leserkreis durch den Mund der 24 Ältesten der Apokalypse fromme Ermahnungen zu erteilen und die Wege zu weisen, auf denen man einer der neun Wohnungen im Himmel teilhaftig werden könne. In 24 Reden, je einem der Alten in den Mund gelegt, werden 24 bestimmte Themen wie innere Umkehr, Buße, Gottes- und Nächstenliebe etc. abgehandelt. Das Ganze ist eine Sentenzensammlung aus einhundertvier aufgezählten Schriftstellern, durch Zwischentexte verbunden. Die Hauptverbreitung erfolgte 1400 bis 1480, besonders in oberdeutschen Laienkreisen und Nonnenklöstern.

Eine Auslegung des JOHANNES-Prologs unternahm der Minorit MARQUARD VON LINDAU († 1392), dessen mystische Schriften noch LUTHER kannte. Sein Traktat ‹De decem praeceptis›, lateinisch und deutsch, erlebte Drucke Venedig 1483, Straßburg 1516 und 1520 mit zehn Holzschnitten von HANS BALDUNG GRIEN. MARQUARD bildet eine Brücke von der Mystik zum Frühhumanismus. Die Leidensgeschichte Christi in deutscher Sprache beschrieb der Schwabe JOHANNES VON ZUZENHAUSEN und widmete sie dem Erzbischof GERLACH VON MAINZ (1346–1371). Ein vorbildliches deutsches ‹Quadragesimale›, d. s. Predigten für die Fastenzeit,

verfaßte vor 1440 JOHANNES GRITSCH in Basel. Das sehr beliebt gewesene
Werk (26 Drucke vor 1500) ist durchsetzt von einer Fülle von Fabeln,
Anspielungen und Erzählungen; OVIDS ‹Metamorphosen› werden geistlich ausgedeutet. In Diensten Herzog WILHELMS VON ÖSTERREICH stand
JOHANN BISCHOF. Von ihm sind deutsche Predigten handschriftlich (1444)
überliefert. Geschult in Oxford, wirkte in Erfurt MATTHIAS DÖRING
(† 1469) als Professor und Prediger. Begeistert für Reformen trat er auf
dem Konzil zu Basel als Gegner des Primates hervor. Von TRITHEMIUS
als Volksredner gerühmt wurde JOHANN VON WERDEN († 1437). Von
ihm stammt eine vielbenützte Stoffsammlung für Prediger, ‹Dormi secure›,
eine Kompilation von Sonn- und Feiertagspredigten, meist vom Typ der
scholastischen Spruchpredigt. Eine lateinische Predigtanleitung ‹Ars prae-
dicandi› verfaßte CHRISTIAN BERGSLEBEN († 1500). In Österreich und
Wien betätigte sich als Prediger THEOBALD VON GEISLINGEN. Als Prediger und Beichtvater des Klarissenklosters in Nürnberg wirkte HEINRICH
VIGILIS († 1499) von Weißenburg. Man kennt von ihm zwei Predigtsammlungen ‹Von den sieben Graden der vollkommenen Liebe, in den
die Gespons Christi wandeln soll› (1489) und ‹Über das Kreuz Christi›,
d. s. zwölf Predigten über BONAVENTURAS ‹Lignum vitae›; einen Traktat
‹Von geistlicher Einkehr und Auskehr›; Predigten über die Evangelischen
Räte und die Sonntagsevangelien (1493); eine Predigt über das Hohelied.
Ebenfalls im Nürnberger Klarissenkloster tätig war STEPHAN FRIDOLIN
(um 1430–1498) aus Württemberg. Seine homiletische Schriftstellerei umfaßt geistliche Unterweisung für die Klarissen, Erklärungen von Hymnen
und Psalmen (alles handschriftlich). Von den Drucken steht an erster
Stelle das große Erbauungsbuch über Leben und Leiden Christi, ‹Der
Schatzbehalter oder Schrein der wahren Reichtümer des Heils und der
ewigen Seeligkeit› (Nürnberg 1491) mit 95 blattgroßen Holzschnitten
aus der Schule MICHAEL WOHLGEMUTS. Dem 15. Jh. gehören ebenfalls
an: KONRAD BÖMLIN († 1449), Provinzial der Straßburger Ordensprovinz, mit mehreren deutschen Predigten, und JOHANNES ALPHART († 1492),
der in einer Predigt die ‹Via mystica›, die ein Mensch gehen soll, in neun
Gesängen schildert. In den Niederlanden wirkten JOHANNES BRUGMANN
(† 1473), der Biograph der Leidensmystikerin LIDWINA VON SCHIEDAM
(1380–1433), und HEINRICH HERP. Im niedersächsischen Raum entfalteten ihre Tätigkeit HEINRICH VON XANTEN mit seinen ‹Collacien› (gedr.
nach 1500) und DIETRICH KOLDE (ca. 1435–1515) aus Münster, erst Augustiner-Eremit, dann Franziskaner, Bußprediger, asketischer Schriftsteller und Dichter geistlicher Lieder. Von seinen Schriften ist die bedeutendste
‹Der Kerstenen spegel› (vor 1477), ‹Christenspiegel›, ein übersichtlich und
klar angelegtes Gebet-, Erbauungs- und Unterrichtsbuch, das die drei
Lehren vermitteln will: wie man glauben, leben und sterben soll (47 Ausgaben vor 1500). Auch Predigten, Traktate, Gebete, Gedichte und geist-

liche Lieder sind von ihm bekannt, unter den letzteren bemerkenswert das Lied in Dialogform ‹Och edel siele wilt mercken›. Durch seine Freundschaft mit TRITHEMIUS, RUDOLF VON LANGEN und ERASMUS VON ROTTERDAM stand KOLDE auch in Verbindung zu humanistisch orientierten Persönlichkeiten. Einer der letzten Vertreter der mittelalterlichen Minoritenpredigt mit weiter Wirkung war HEINRICH KASTNER († 1530), der in Heidelberg, Ingolstadt, Nürnberg, Freiburg i. Br. tätig war; er verdient mit seinen Ingolstädter ‹Sermones de sanctis et aliis variis› (1448–1501) wegen des vielen kulturgeschichtlichen Materials Erwähnung. Ebenfalls schon in die Reformation hinein ragt JOHANNES PAULI, dessen Predigten reich sind an Predigtmärlein.

Von den im 2. oder 3. Orden des HL. FRANZ literarisch tätigen Frauen seien nur die namhaftesten angeführt. ELISABETH BONA (1386–1420) von Reuthe in Württemberg, Klausnerin, stigmatisierte Mystikerin, deren Vita ‹Von einer säligen junckfrawen genannt Elspethn› (1421) ihr Beichtvater KONRAD KÜGELIN verfaßte. MAGDALENE VON FREIBURG (auch VON KENTZINGEN), eig. BEUTLER (1409–1458), reformeifrige Klarissin, die eine ‹Vita› und ‹Visionen› als pseudomystische Erscheinung ansehen lassen. URSULA HAIDER (1413–1498) aus Leutkirch in Schwaben, Äbtissin zu Valdunen in Vorarlberg, später Villingen, deren verlorene, nur inhaltlich (in der Chronik des Bickenklosters) bekannte Aufzeichnungen über ihr Leben, Wirken und mystische Begnadung Einflüsse von SEUSE und eine blühende Phantasie vermuten lassen.

Tieferen Einblick in das süddeutsche Klosterleben, insbesondere die vielen Freundschaftsverhältnisse, die nach dem Vorbild der großen Mystiker zwischen Ordensbrüdern und -schwestern gepflegt wurden, gewähren die kultur- und geistesgeschichtlich sowie zeitpsychologisch außergewöhnlich aufschlußreichen sog. *Söflinger Briefe und Lieder* (‹Amores Soeflingenses›) aus dem Klarissenkloster Söflingen bei Ulm a. D. Es handelt sich um Briefe aus den Jahren 1467 bis 1484 von Laien, von auswärtigen Klosterfrauen, von Geistlichen an Söflinger Nonnen, sowie um Briefe dieser Frauen selbst. Das Kloster, dessen Insassen meist Angehörige des oberschwäbischen und stadtulmischen Adels waren, wurde 1484/ 88 der Reform der Observanten zugeführt. Bei der Räumung fanden sich u. a. auch ‹Etlich in die Welt gehörige Lieder und vielerlei Schriften und Briefe›. Erhalten davon sind 53 deutsche Schreiben und 7 Liebeslieder, die von weltlichen Freunden und Verwandten der Nonnen stammten. Brief Nr. 10 ist wörtlich aus dem 1478 erschienenen ‹Translationen› des NIKLAS VON WYLE aus der Novelle ‹Euriolus und Lucretia› abgeschrieben. Die anderen Briefe handeln «vom Verkehr der Menschen untereinander in Liebe und Freundschaft, Eifersucht und Zwietracht, von ihrem Denken und Fühlen, ihrer Haltung gegenüber dem Tod, der Freunde dahinrafft und sie selbst bedroht. Sie sprechen von ihrem Wirtschaften und Arbeiten, ihrem Geldleihen und Schuldenmachen, den Geschenken und Waren, die sie tauschen» (MILLER).

Gelehrten und gebildeten Männern wie JODOCUS WIND und KONRAD VON BONDORF fehlt schon die geistig seelische Einheit und es gebricht ihnen daher an eigentlicher Tiefe. Sie sehen in dem neuen politischen und wirtschaftlichen Denken etwas Fremdes und Gefährliches und wissen sich dessen nicht zu erwehren. Sie empfinden sich von allen Seiten bedroht, im eigenen Orden, in der Welt, im Leben durch die Pestepidemie und suchen Anschluß bei Gleichgestimmten. Der Gefühlsüberschwang aller dieser meist älteren Menschen entlädt sich in den Formen liebesbriefartiger Niederschriften. Die Geschichte der Mystik kennt in ihrer Blütezeit Seelenfreundschaften zwischen Nonne und Seelenführer auf hoher Ebene. Später wuchsen sich solche geistlichen Ehen auf unterer Stufe aus. Das Konstanzer Konzil sollte dagegen einschreiten. In der Reformationszeit hat der ehemalige Ulmer Franziskaner EBERLIN VON GÜNZBURG diese Freundschaftsverhältnisse angeprangert.

Der von dem Spanier DOMINIKUS 1216 gestiftete, auf Armut und Studium beruhende *Prediger-Orden* verband «beschauliches, durch liturgisches und privates Gebet sowie durch Pflege kirchlicher Wissenschaft genährtes Innenleben mit dem tätigen, apostolischen Leben als Nachfolge Christi derart, daß das beschauliche wesentlich auf das tätige hingeordnet ist». Die dominikanische Predigt wollte aktuell sein und die aus den individuellen Lebensbedingungen sich ergebenden sittlichen Fehler und Forderungen behandeln.

Aus der Scholastik der Dominikaner haben besonders die aszetischen Schriften des ALBERTUS MAGNUS gewirkt. Seine Traktate über Messe und Eucharistie wurden um 1320 vom MÖNCH VON HEILSBRONN mittelhochdeutsch verarbeitet. Die Beliebtheit des (unechten) Büchleins ‹Paradisus animae› in deutscher Bearbeitung ist durch zahlreiche Handschriften bezeugt. Noch verbreiteter war die albertinisches Gedankengut vermittelnde Bearbeitung der ‹Summa confessorum› des JOHANNES (RUMSIK) VON FREIBURG, verdeutscht durch BRUDER BERTHOLD.

In der dominikanischen Mystik hatte MEISTER ECKEHART in seinem ‹Buch der göttlichen Tröstung› (ca. 1300) für Königin AGNES VON UNGARN die erste Trostschrift in deutscher Sprache geschaffen. Seine deutschen Predigten, Traktate und Sprüche wurden beliebte Erbauungsschriften der spätmittelalterlichen Frömmigkeitsbewegungen. HEINRICH SEUSE schrieb mit dem ‹Büchlein der ewigen Weisheit› eines der wichtigsten Erbauungsbücher der Mystik. Nicht spekulativer Theologe, sondern Seelsorger, dem es auf die sittliche Wesenserneuerung ankam, war JOHANNES TAULER. Seine Predigten zogen wegen ihrer praktischen Gesinnungsethik und Verinnerlichung viele Laien an. Von den Dominikanern durch Predigten und deutsche Schriften gefördert, bildeten im 14. Jh. religiös-mystische Welt- und Ordensleute am Ober- und Niederrhein die Kreise der GOTTESFREUNDE. Zu Mittelpunkten solcher Zirkel wurden

Nonnen wie Christine Ebner und Margarete Ebner († 1351) und Adelheid Langmann († 1375 im Kloster Engeltal bei Nürnberg). Vermutlich von einem Dominikaner noch im 14. Jh. verfaßt und im 15. durch zahlreiche Handschriften und Drucke verbreitet wurde der ‹Große Seelentrost›, dem bald ein ‹Kleiner Seelentrost› folgte. Der Autor hatte hohe Absichten: er wollte ein unterhaltsames Erbauungsbuch schaffen, das die weltlichen Lesestoffe wie Ritterromane und Volksepen, deren Lektüre als sündhaft hingestellt wird, aus der Gunst der Leser verdrängt. Hauptinhalt ist eine Erläuterung der Zehn Gebote in Form eines Dialoges zwischen einem Geistlichen und einem Jüngling. Als Beispiele für die vorgetragenen Lehren werden viele Erzählungen und Legenden beigebracht.

Inhaltlich in die Nähe von Meister Ingolds ‹Goldenem Spiel› gehört der Erbauungstraktat ‹Christus und die sieben Laden›, der speziell für das literarische Publikum der Gottesfreunde gedacht war.

Den Kern bildet eine Auslegung von Luk. 14,33: «Also kann auch keiner von euch, der nicht allem entsagt, was er besitzt, mein Jünger sein». Als Einkleidung wird das Bild von Christus als Kaufmann (Matth. 13,45 ff.) gewählt. Ein reicher Handelsherr hört eine Predigt über das zitierte Thema, entsagt der Welt und zieht sich in die Einsamkeit des Waldes zurück. Doch vom Teufel verleitet, will er in die Welt zurückkehren, um wieder Geld und Gut zu gewinnen. Auf dem Wege zur Stadt begegnet ihm Christus, verkleidet als Kaufmann, der auf seinem Wagen sieben Laden voll wunderbarer Schätze mit sich führt. Er bietet sie dem Handelsherrn zum Kauf an, wobei jede Lade und jeder Kaufpreis mystisch ausgedeutet werden. Aber diese Kostbarkeiten können nicht für Geldeswert, sondern nur durch eine reine Gesinnung von den Auserwählten Gottes erworben werden. Reumütig kehrt der Handelsherr wieder in die Waldeinsamkeit zurück.

Das Exempel existiert in einer längeren und einer kürzeren Fassung. Die Überlieferung besteht heute noch aus 26 Handschriften, einem Wiegendruck (Basel 1491) und 8 Drucken des 16. Jhs.

Eine Mittlerstellung in der elsässischen Erbauungsliteratur zwischen Meister Ingolds ‹Goldenem Spiel›, ‹Christus und die sieben Laden› und Geiler von Kaisersberg nahm Johannes Kreutzer (um 1400–1468) mit seinen Predigten, geistlichen Liedern und exegetischen Auslegungen ein. An die Gattung der Specula führt heran Markus von Weida (ca. 1450–1516), der in Leipzig als Prediger und Volksschriftsteller wirkte. Sein ‹Spigell des ehlichen ordens›, dem Kurfürsten Friedrich dem Weisen von Sachsen gewidmet, betont den göttlichen Charakter der Ehe, behandelt die Ursachen, welche die Ehe ehrwürdig machen und ist überhaupt ein Anwalt und Förderer der Ehe. Die beiden letzten Kapitel befassen sich mit der Kinderzucht. An weiteren Schriften dieses Dominikaner-Seelsorgers seien genannt: ‹Eine Nutzliche Lere vnd vnderweysunge . . . und Sonderlich außlegunge des heylgen Vater vnßers› (Leipzig 1502, Straßburg 1516, 1520) und ‹Der Spiegel hochloblicher Bruderschaft des Rosenkrantz Marie› (Leipzig 1515). Außerdem war er Herausgeber zweier aus dem Lateinischen übersetzter mystischer Erbauungsschriften: ‹Das Buch geistlicher Gnaden der hll. Mechthild und Gertrud› (Leipzig 1503) und ‹Das Buch der Botschaft der hl. Gertrud› (Leipzig 1505).

An die Brautmystik, die Passionsbetrachtungen SEUSES und die ‹Nachfolge Christi› knüpfte an GERHARD COMITIS von Straßburg, Prediger im Kolmarer Dominikanerinnenkloster Unterlinden und in Nürnberg. Ähnliches gilt für JOHANNES MÜLBERG (1350–1414) aus Basel, der in Prag studiert hatte und gegen Beginen und Begarden kämpfte. Oder JOHANNES MÜNTZINGER († 1417), den Verfasser einer Auslegung des Vaterunsers. EBERHARD MARDACH († vor 1428), Prior im Dominikanerkloster zu Nürnberg, verfaßte 1421/22 eine für Klosterleute bestimmte deutsche Erbauungsschrift über die Andacht. Beliebter Volksprediger des Spätmittelalters war der in Nürnberg tätige JOHANNES HEROLT (1380/90 bis 1468). Seine Predigtsammlungen waren weit verbreitet, so die Adventpredigten ‹Der rosengart›. Die Rostocker Brüder vom gemeinsamen Leben brachten 1476 die erste gedruckte Predigtsammlung HEROLTS heraus.

Von in der Wissenschaft tätigen Ordensmitgliedern verfaßte der Professor an der Universität Wien FRANZ VON RETZ (1343–1427) ein typologisches ‹Defensorium inviolatae virginitatis beatae Mariae› mit Bildern von außergewöhnlichen Vorkommnissen in Geschichte, Sage und Natur; dazu kamen erläuternde lateinische und später auch deutsche Verse. Der Hebräist PETER NIGRI, SCHWARZ (ca. 1435–1485) aus Kaaden a. d. Eger, war Autor des philosophiegeschichtlich bedeutsamen ‹Clipeus Thomistarum› (Venedig 1481), einer Verteidigung des Thomismus. Bereits unter humanistischem Einfluß stand die durch JAKOB VON LILIENSTEIN verfaßte systematische Summe mit mystisch-asketischem Einschlag ‹De divina sapientia› (1504/05). Das Werk ist in fünf Büchern (Eulogien) eingeteilt und behandelt die objektiven Kundgebungen der göttlichen Weisheit, die subjektive Erkenntnis dieser Weisheit im Wirken in der Engel- und Menschenwelt, ihr Verhältnis zu den drei göttlichen und den vier Kardinaltugenden.

Seit dem 13. Jh. waren die an die Dominikaner eng angeschlossenen deutschen *Dominikanerinnenklöster* Brennpunkte der Mystik. Von den insgesamt 157 Klöstern im Jahre 1358 waren 74 deutsche. Im Kloster Unterlinden in Kolmar lebten DOROTHEA VON KIPPENHEIM († 1425), Verdeutscherin lateinischer Predigten und Heiligenlegenden, und MARGARETE VON KENTZINGEN, eig. BEUTLER († 1428, Mutter der Klarissin MAGDALENE VON FREIBURG), von der eine ‹Vita› existiert.

Zwar nicht von einem Dominikaner verfaßt wurde, aber in engen Beziehungen zu MEISTER ECKEHART und TAULER steht der sog. ‹Franckforter› oder die ‹Theologia deutsch›, ein aszetisch-mystischer Traktat aus dem Umkreis der GOTTESFREUNDE. Bis 1937 bzw. 1959 kannte man nur die Bronnbacher Handschrift vom Jahre 1497. Inzwischen ist es MAX PAHNKE und KURT RUH gelungen, weitere Handschriften mit kürzerem und ursprünglicherem Text aufzufinden. Parallelen dieser Handschriften lagen den von LUTHER veranstalteten Ausgaben 1516 (Kap. 7–26) und 1518 (Gesamtausgabe, bis 1734 rund 50mal nachgedruckt) zugrunde. Aus sprachlichen, handschriftlichen und inhaltlichen Merkmalen datiert man derzeit die Urschrift um 1430, und RUDOLF HAUBST vermutet den Heidelberger Theologieprofessor JOHANNES VON FRANKFURT, eig. JOHANNES LAGENATOR (um 1380–1440), als Verfasser. GEORG BARINGS Bibliographie (1516–1961) zeigt die weltweite Verbreitung dieser Schrift: 190 Ausgaben in elf verschiedenen Sprachen bis ins Chinesische und Japanische.

Nach dem Titel der LUTHER-Drucke soll dargetan werden, «was der alte und der neue Mensch sei ... und wie Adam in uns sterben und Christus erstehen soll». Gemäß der Vorrede der Handschrift von 1497 liegt der Schwerpunkt darauf, woran man die wahren und rechten Gottesfreunde von den unrechten, falschen und freien Geistern (d. i. den häretischen Begarden) unterscheiden könne. Aus dem Gefühl heraus, daß der Mensch aus eigenem nichts vermag, wird die Allwirksamkeit Gottes gegen alle Selbstheit und Anmaßung stark betont. Wer nach Christi Vorbild Gott zugehören will, muß gänzlich von sich selbst und allen Kreaturen «abgeschieden sein». Im ersten Teil soll daher der Weg zu einem vollkommenen Leben und zu Gott durch Entäußerung von der Ichheit gezeigt werden. Doch der «Übersprung» des inneren Menschen in die Vollkommenheit ist nur für Augenblicke möglich. In Wirklichkeit besteht der Tag des Frommen in einem beständigen Schwanken zwischen Hölle und Himmel. Im zweiten Teil wird das Thema Freiheit und Gehorsam erörtert: die Neigung des Menschen zum Bösen, aber auch die edle Freiheit des aus Gott kommenden und in Gott eingehenden Willens. Wie Christus soll sich auch der Christenmensch in Demut und Gehorsam unter Gesetz und Ordnung stellen. Das falsche Licht der Vernunft kann zur Selbstvergottung führen, der Gehorsam und die Nachfolge Christi aber führen zur wahren Freiheit, Seligkeit und Vereinigung mit Gott.

Der Aufschwung der großen Bettelorden hatte dem ältesten der noch bestehenden Orden, dem der *Benediktiner,* in vielen seiner Klöster einen Rückgang gebracht. Die notwendige Folge war eine Ordensreform im 13. und 14. Jh. Der Zeitlage entsprechend, schlossen sich im 15. Jh. gewisse Klosterreformgruppen auf territorialer Grundlage zusammen: St. Justina zu Padua, Melk, Kastl, Bursfeld etc. Die Melker Reform von 1418, der sich die *Zisterzienser* anschlossen, wirkte sich über Österreich und Süddeutschland aus. Ihr folgte 1433 die Abtei Bursfeld, westlich von Göttingen. Von ihr angeregt, verbanden sich 1446 mehrere nahestehende Reformklöster zur Bursfelder Kongregation. Sie verbreitete sich· rasch über Nord- und Westdeutschland. In Melk machten der Abt NIKOLAUS SEYRINGER (1418–1425) und sein Prior PETRUS VON ROSENHEIM ihr Stift zur Pflanzstätte auch des Frühhumanismus für Österreich und Bayern.

Nach ihnen wirkte JOHANN SCHLITTPACHER seit 1457 für die Vereinigung der Melker, Kastler und Bursfelder Observanz. Bemerkenswert ist sein Briefwechsel mit VINZENZ VON AGGSBACH. Ebenfalls im 15. Jh. in Melk tätig war JOHANNES VON SPEYER, Prediger und Übersetzer GREGORS D. GR., BONAVENTURAS und GERSONS. Als von NIKOLAUS VON CUES bei seiner Ordensreform bestellter Visitator für Österreich wirkte MARTIN VON LEIBITZ (ca. 1400–1464) in der Zips, seit 1446 Abt des Schottenstiftes in Wien. Sein literarisches Schaffen besteht aus den theologischasketischen Schriften ‹Trialogus de militia christiana› (1446/57), ‹Sermo de visitatione monasteriorum (1451/52), ‹Trialogus de gratitudine beneficiorum dei› (1460/64), ‹Ceremonialia› (1460/64), ‹Quotlibetarum› (1464) und dem merkwürdigen ‹Senatorium seu dialogus historicus› (1464). In diesen literarischen Werken, zu denen noch ein reger Briefwechsel mit JOHANN SCHLITTPACHER kommt, wollte MARTIN VON LEIBITZ vor allem Bildungsinstrumente für den Ordensnachwuchs im Sinne der Reformbestrebungen schaffen.

Im ‹Greisengespräch› schildert er in Form einer Unterredung zwischen Greis und Jüngling in den ersten drei Kapiteln sein Leben von der Kindheit bis zum erwachsenen Mann mit Erlebtem, Gesehenem und Gehörtem, verwertet zu erbaulichen Zwecken; im 4. Kapitel berichtet er von seinen Visitationsreisen 1451/52 und schildert kurz die besuchten Klöster; im 5., 6. und 7. Kapitel gibt er eine Geschichte des Wiener Schottenstiftes und des österreichischen Herrscherhauses bis 1460 und handelt von den Adeligen des Benediktinerordens Österreichs und der angrenzenden Länder.

Als Scholastiker, von der Mystik berührt, erscheint WOLFGANG KYDRER († 1487) aus Salzburg, zuletzt Benediktiner in Tegernsee. Er bearbeitete in den 70er Jahren des ALVARIUS PELAGIUS Werk ‹De planctu ecclesiae› u. d. T. ‹Von klösterlichen tugenden und lastern› (1477) und des JOHANNES DE TURRECREMATA ‹De nuptiis spiritualibus› u. d. T. ‹Von geistlicher hochzeit›, später die vielgelesenen ‹Meditationes de passione Christi› des SILVESTER VON REBDORF.

Der durch den HL. BRUNO von Köln 1084 gegründete *Kartäuserorden* wollte Eremiten- und Zönobitentum verbinden. Die Wirksamkeit des Ordens nach außen äußerte sich in der deutschsprachigen religiösen Dichtung wie dem ‹Marienleben› des BRUDERS PHILIPP (vgl. S. 93 f.) und auf dem Gebiete der aszetisch-mystischen Literatur. In der Hauptsache noch dem 14. Jh. gehört an HEINRICH EGHER VON KALKAR (1328 bis 1408), 1368–73 Prior in Monnikhuizen, wo er GEERT GROOTE bekehrte, Prior in Arnheim, Roermond, Köln und Straßburg. Sein Schriftwerk besteht aus erbaulich-mystischen Schriften, Schriften für den Orden, Werken wissenschaftlichen Charakters und Briefen: ein weitverbreitetes ‹Exercitatorium monachale› oder ‹Speculum peccatorum› enthält die Grundsätze monastischer Lebensweise, aus der Sicht der Devotio moderna; die ‹Scala spiritualis exercitii› ist aufs Jenseits gerichtet und doch nicht weltabgewandt; ein ‹Psalterium Beatae Mariae› (gedr. Köln 1541) fand noch im 16. Jh. Benützer; ‹Sermones capitulares› enthalten rhetorisch bedeutsame, mystisch durchsetzte Kapitelreden für die Feste des Kirchenjahres. Von anderen Schriften seien genannt: ‹Loquagium de rhetorica›, ‹Cantuagium de musica›, ‹Contemplativa metrica›. Nach ALBERTUS MAGNUS und HEINRICH VON GENT einer der Hauptvertreter der deutschen Theologie und Mystik im Spätmittelalter war DIONYSIUS DER KARTÄUSER (1402 bis 1471) aus Ryckel in Belgisch-Limburg. Wahrscheinlich bei den Fraterherren in Deventer gebildet und dort Mitschüler des NIKOLAUS KREBS aus Kues, erhielt er seine höhere Bildung an der Universität Köln; trat 1423 in die Kartause Roermond; begleitete 1451/52 den CUSANER auf seinen Visitationsreisen in Nord- und Mitteldeutschland; leitete 1466–69 die Kartause zu Herzogenbusch und lebte hernach wieder in Roermond. Als ein kontemplativer Mensch, der sich aus einem unermüdlichen Schrift- und Väterstudium größte Gelehrsamkeit erwarb, entfaltete er eine vielseitige literarische Fruchtbarkeit. Seine Werke umfassen die ganze damalige Theologie. An wesentlichen seien genannt: Kommentare zu allen Büchern der Bibel mit starker Betonung des mystischen Schriftsinns, zu DIONYSIUS AREOPAGITA, zu den Sentenzen des PETRUS LOMBARDUS, zu den theologischen Schriften der BOETHIUS, CASSIAN und JOHANNES CLIMACUS, Reformschriften, ein Dialogion, Predigten, eine Dichtung ‹De laudibus superlaudabilis Dei› (ca. 12000 Verse), Hymnen, Passionslieder u. a. Die Schrift ‹De venustate mundi et pulchritudine Dei› gilt als die bedeutendste Abhandlung der ästhetischen Philosophie, die sich aus dem Mittelalter erhalten hat. Insgesamt bot DIONYSIUS im Gegensatz zur Via moderna eine Synthese der theologisch-philosophischen Arbeit der Via antiqua des 13. Jhs. Durch seine Schriften wurde DIONYSIUS bald weltberühmt. In der mystischen Theologie steht er in einer Reihe mit HUGO und RICHARD VON ST. VICTOR, BONAVENTURA, GERSON.

In der Kartause Marienzelle zu Nürnberg lebte 1432–1450 ERHART GROSS († um 1450). Von ihm stammt eine freie Bearbeitung der Renaissance-Novelle ‹Grisardis› (1432) in deutscher und lateinischer (nicht erhalten) Sprache. GROSS verwendet dabei die unter dem Namen ‹Griseldis› bekannte Erzählung von der aus Niedrigkeit erhöhten Frau, welche die Erprobung ihrer Treue und Tugend durch den Gatten demütig und gehorsam besteht, um an solchem Beispiel die Vorbildlichkeit des Verhaltens vor Augen zu führen. Der gut nacherzählten Novelle geht voran eine ausführliche Erörterung über die Zweckmäßigkeit des Ehestandes. Die Bearbeitung erfreute sich großer Beliebtheit und steht in einer der Sammelhandschriften neben dem ‹Renner› des HUGO VON TRIMBERG und dem ‹Ackermann› des JOHANNES VON TEPL. Von der Mystik des THOMAS

VON KEMPEN berührt zeigt sich GROSS in seinem ‹Nonnenwerk› (1432). Eine verkürzte Übertragung des gleichnamigen Werkes von GERHARD VON VLIEDERHOVEN stellt das ‹Cordial› (1436) dar. Sonst ist GROSS vorwiegend Erbauungsschriftsteller für bürgerliche Kreise, wie in den ‹43 Gesprächen› (1439/40) über die Erlösungstat Christi von der Menschwerdung bis zu seinem Leiden, das Weltende und den Antichrist, besonders aber in seinem Hauptwerk ‹Laiendoctrinal› (1443; vier Drucke vor 1500). In dieser Übertragung des mittelniederdeutschen ‹Die dietsche doctrinal› des JEAN DE CLERK gibt GROSS eine Zusammenfassung des für Laien wichtigen theologischen Wissensgutes und seiner Lehren. Das ‹Witwenbuch› (1446) behandelt in 77 Gesprächen mit der Nürnberger Witwe MARGARETE MENDEL die christliche Heilslehre mit dem Zwecke der Besserung des Menschen. Der ‹Geographische Traktat› (1436) enthält im Anschluß an eine Erdgeschichte zu seinem größten Teil eine Beschreibung des hl. Landes. Die seit etwa 1439/40 sichtbare Fundierung durch die scholastische Theologie verbindet GROSS mit NIKOLAUS VON CUES, der um dieselbe Zeit die ersten umfassenden Darstellungen seines Denkgebäudes abfaßte.

Anhänger der kirchlichen Reform und der Konzilspartei, Gegner der Päpste, die das Konzil verhindern wollen, war VINZENZ VON AGGSBACH (in Nieder-Österreich), ein Mystiker der Praxis, bei dem die Mystik die Scholastik ersetzen soll. VINZENZ war erst Anhänger GERSONS, wurde aber dann dessen Gegner und schrieb eine Abhandlung gegen GERSON: dieser verstoße gegen den wichtigsten Grundsatz der praktischen Mystik, daß man sich zu Gott ohne Erkenntnis erheben müsse. Diese Schrift wurde NIKOLAUS VON CUES bekannt und führte zu einer prinzipiellen Auseinandersetzung, die ihren Niederschlag in einem Brief des CUSANERS vom 14. September 1453 und dessen Schrift ‹Über das Sehen Gottes oder Über das Bild› (1453) gefunden hat. Als Universitätslehrer, Mönchsbildner und geistlicher Schriftsteller wirkte NIKOLAUS KEMPF (1397–1497) aus Straßburg. Er ist Verfasser von Traktaten über Noviziats- und Mönchserziehung, lateinischen und deutschen Traktaten über die mystische Gottesliebe, Erklärungen zum Hohenlied: ‹Expositiones mysticae in Cantica Canticorum›; ‹De ostensione regni Dei›; ‹Tractatus de mystica theologia›; ‹Alphabetum divini amoris› (12 Ausgaben vor 1500), verdeutscht von HANS MICHELL. KEMPF gelangte in diesen Abhandlungen gelegentlich zu Ergebnissen, die später LUTHER in Konflikt mit der Kirchenlehre brachten. Der Kartäuser BRUDER ULRICH übersetzte das ‹Speculum animae› des HEINRICH VON LANGENSTEIN ins Deutsche, HEINRICH HALLER, um 1470 Kartäuser in Schnals (Südtirol), die ‹Expositio Pater noster› des JAKOB VON JÜTERBOGK. Vorwiegend Übersetzer, bemüht um die Vermittlung geistlicher Prosaschriften kirchlicher Lehrer, namhafter BONAVENTURA-Übersetzer war LUDWIG MOSER († 1510) in Basel. Seine Übertragungen wurden zusammengefaßt in dem Druck ‹Speculum Mariae› (Basel 1506). Er enthält: AUGUSTINUS ‹Von dieser Welt uppikeit›, BERN-HARD ‹Von der menschlichen hartseligkeit›, AUGUSTINUS ‹Von den dryen wonungen›, BONAVENTURA ‹Des lebens brunn›, AUGUSTINUS ‹Manuale› u. a. Bereits vorher wurden an Übersetzungen MOSERS gedruckt: ‹Der guldin Spiegel des Sunders› von DIONYSIUS DEM KARTÄUSER (Basel 1497; Augsburg 1497); WILHELM ZEWERS ‹Migrale› (Köln 1503) u. a. Auch als Kirchenlied-Verdeutscher war MOSER tätig und benützte dabei den Apparat der mystischen Metaphorik.

Von seiner Verbindung zur Devotio moderna, seinem Verkehr mit TRITHEMIUS u. a. zeugen die über fünfzig Titel umfassende geistlich-literarische Tätigkeit des Kölner Kartäusers WERNER ROLEVINCK, darunter ein ‹Fasciculus temporum› (Köln 1470), eine Weltchronik, ein zur Lokalgeschichtsschreibung gehöriges inhaltsreiches Buch ‹De laude antiquae Saxoniae›, Biblizistisches, Predigten u. a.

Auch im Orden der *Augustiner-Eremiten* bildeten sich während des abendländischen Schismas Reform-Kongregationen, darunter eine sächsische (1422–1493). Der Orden wirkte in die Geistesgeschichte des Spätmittelalters philosophisch-theologisch durch Persönlichkeiten wie: AEGI-DIUS VON ROM, den Begründer der Augustinerschule; JORDAN VON SACH-SEN oder VON QUEDLINBURG († angebl. 1380, zu Wien), Autor umfassender Predigtwerke wie ‹Opus postillarum et sermonum . . . de tempore› (1365; gedr. Straßburg 1483) [mit den sehr beliebten ‹Articuli LXV super passione Domini›], ‹Sermones de Sanctis› (Straßburg 1484 u. ö.) und von ‹Vitae Fratrum› (1357), d. s. Brüder-Viten; den ‹Doctor authenticus› GRE-GOR VON RIMINI († 1358 zu Wien), dessen geistige Nachwirkung noch bei LUTHER sichtbar ist; den Ordensgeneral THOMAS VON STRASSBURG († 1357 zu Wien), einen Wegbereiter der empirisch-experimentellen und der philologischen Methode, bemüht um eine Synthese des thomistischen Aristotelismus mit dem Augustinismus. Seine ‹Lectura super IV libros Sententiarum› wurde Straßburg 1490 u. ö. gedruckt. In der Morallehre tätig erscheint JOHANNES VON VITPECH (Vippach bei Erfurt). Er verfaßte für seine Landesherrin KATHARINA VON MEISSEN († 1397) eine deutsche Abhandlung ›Catharina divina›. Sie behandelt in drei Büchern: 1. die Tugenden in uns; 2. die Wirtschaftsführung im Haus; 3. das Regiment der Städte und Reiche. JOHANNES VON RINSTETTEN (Reichstett bei Straßburg), 1384–1399 Prior in Straßburg, zeichnete die Lebensgeschichte ‹Vom sel. Bruder Heinrich›, einem Gottesfreund, (1396) auf. LUTHER zu seinem Zuhörer in Erfurt hatte bereits JOHANN VON PALZ († 1511). Von seinen Schriften sind bemerkenswert: ‹Die hymelisch Funtgrub› (1490, 6. Aufl. 1521), lat. ‹Coelifodina› (Erfurt 1502 u. ö.) mit ausführlicher Behandlung der Ablaßlehre.

Von Kurfürst FRIEDRICH DEM WEISEN 1502 zum Aufbau der Universität nach Wittenberg geholt wurde JOHANN VON STAUPITZ (um 1469 bis 1524). Er versah dort bis 1512 die Bibelprofessur und wirkte von 1503 bis 1520 als Generalvikar der deutschen Augustinerobservanten-Kongregation. Seine Predigten und Erbauungsschriften zeigen einen dem Thomismus nahestehenden, der deutschen Mystik verwandten Biblizisten von christozentrischer Frömmigkeit. Als deutsche Hauptschrift gilt die ‹Von der Liebe Gottes› (Leipzig 1518). Zwischen seinen Vivitationsreisen widmete sich STAUPITZ der Seelsorge von humanistisch gesinnten Patrizierkreisen in München, Nürnberg (wo es eine *Sodalitas Staupitziana* gab) etc.

In der Literaturgeschichte stammt aus dem Bereich des Ordens der Augustinismus bei JOHANN VON NEUMARKT, die Übersetzertätigkeit des NIKOLAUS VON ASTAU und LEOPOLD STAINREUTER in Wien. Als LUTHER sich 1505 entschloß, Mönch zu werden, trat er in das strenge Kloster der Augustiner-Eremiten in Erfurt ein und erfuhr in diesem Orden entscheidende Ausformungen der Persönlichkeit. STAUPITZ war als Vorgesetzter und durch seine Lehre von Einfluß auf den jungen LUTHER, besonders dessen Buß- und Prädestinationsprobleme.

Von den Augustiner-Eremiten zu unterscheiden sind die *Augustiner-Chorherren*, d. s. Angehörige von Kollegiat- und Domkapiteln, die sich durch die Annahme der Augustinerregel und Ablegung der Gelübde zu gemeinsamen Leben verbanden. Als es im Laufe des 14. Jhs. zu Reformen kam, wurden die Bildung von Kongregationen, eifriges Studium und gemeinsames Eigentum gefordert. ERASMUS VON ROTTERDAM war Augustiner-Chorherr. Einfluß des DIONYSIUS AREOPAGITA und deutliche Nachwirkung RICHARDS VON ST. VICTOR, aber auch Anregungen MEISTER ECKEHARTS zeigen sich bei dem Augustiner Regularkanoniker JAN VAN RUYSBROECK (1293–1381) und dessen weitverbreiteten Werken: ‹Das Buch vom geistlichen Tabernakel›, ‹Der Spiegel des ewigen Heils› (1359), ‹Die sieben Stufen der Liebe› usw. In seiner Erstlingsschrift ‹Das Reich der Liebhaber Gottes› bekämpfte er den quietistischen Mystizismus der Schwärmerin BLOMMAERDINE († 1335) und ihrer Anhänger. Sein asketisch-mystisches System, eine Verbindung von Trinitätsmystik und Christusmystik, enthält am vollständigsten ‹Die Zierde der geistlichen Hochzeit› (1349/50). RUYSBROECK stand in Kontakt mit TAULER und GEERT GROOTE, der für seine Windesheimer Chorherren und die Fraterherren vieles vom Geiste des ‹Doctor exstaticus› übernahm. RUYSBROECK gilt als der größte flämische Mystiker.

Als Gewissensrat Herzog ALBRECHTS III. VON BAYERN fungierte JOHANNES VON INDERSDORF, J. ROTTHUT oder J. PRUNNER (ca. 1400–1470), leitender Kloster-Reformator Bayerns im Sinne des Baseler Konzils, seit

1442 Propst des Augustiner-Chorherrenklosters Indersdorf bei München.
Er ist Verfasser einer ‹Geistlichen Materi› (1437), ‹Geistlicher Betrachtungen› (1438) und eines ‹Modus contemplandi et utilitatis dominicae passionis›, einer Art Fürsten- und Adelsspiegel. Die in gepflegter Prosa abgefaßten und mystischer Gesinnung nahestehenden ‹Geistlichen Betrachtungen› sind vierzehn vor Herzog ALBRECHT gehaltene Tischreden, für jeden Tag der Woche, eine zu Mittag und eine zu Abend. Von den Augustiner-Chorfrauen bearbeitete ANNA EBIN, EYBIN (1485) in Pillenreuth bei Nürnberg den mystischen pseudoeckehartischen Traktat ‹Schwester Katrei› deutsch in zwei Fassungen.

Zur Mystik gehören die Schriften des GOTTESFREUNDES VOM OBERLAND, d. i. eines Menschen, dessen Wirken und Streben auf Gott gerichtet ist, aus der Schweiz. Von den Predigten seines Beichtvaters TAULER ergriffen, hatte in Straßburg der reiche Kaufherr und Wechsler RULMANN MERSWIN (1307–1382) das Johanniterkloster ‹Zum grünen Wörth› gestiftet und darin als vornehmer Pfründner seine letzten Lebensjahre verbracht. In seinem Nachlaß fanden sich nicht nur sechs von ihm selber verfaßte, unter der Nachwirkung SEUSES stehende Traktate, wie das ‹Buch von den neun Felsen› (1352) und das autobiographische Buch ‹Von den vier Jahren›, sondern auch sechzehn Traktate und erbauliche Erzählungen eines angeblichen GOTTESFREUNDES AUS DEM OBERLAND. Unter ihnen befanden sich: das ‹Buch von den zwein Mannen›, das ‹Buch von den fünf Mannen›, das ‹Meisterbuch› und eine Reihe von Briefen des GOTTESFREUNDES an verschiedene Brüder des Johanniterhauses. Das Schriftenkonvolut diente offenbar einem reformatorischen Zweck und wollte durch die geheimnisvolle Gestalt des GOTTESFREUNDES das Kloster in Ordnung und Zucht halten und mit mystischem Geist erfüllen. Das bisher verschollene ‹Leben Jeṣu› von RULMANN MERSWIN ist in einer im Besitz von GERHARD EIS befindlichen Handschrift aufgetaucht. Man weiß heute, daß wir in der Person des GOTTESFREUNDES keine geschichtliche Gestalt vor uns haben, sondern eine Legenden-Dichtung. Die Person ist entweder von MERSWIN oder wahrscheinlich von seinem Sekretär NIKOLAUS VON LÖWEN erfunden. Das Schrifttum des GOTTESFREUNDES ist eine Mystifikation. Gleichwohl hat es auf seine Zeit einen starken Eindruck gemacht. Man sieht an ihm, wie sehr auch Laien der gehobenen Stände von der mystischen Bewegung erfaßt wurden.

Aus dem Straßburger Johanniterkloster ging auch der anonyme Traktat ‹Schürebrand› (um 1400) hervor, das Schreiben eines Johanniterbruders an zwei junge Klarissinnen über die Erfordernisse des geistlichen Lebens.

Aus Beginenkreisen stammen zwei Versdichtungen. ‹Christus und die minnende Seele› (2. H. 15. Jh., 2112 V.) gehört zu einer Reihe poetischer Darstellungen des geistlichen Lebens unter dem Bilde der Minne, die vom

Hohenlied der Bibel und dem Minnedienst des Mittelalters den Weg in die Mystik fanden. Der Inhalt schildert in Dialogform die Forderungen Christi an die minnende Seele und deren Gefühlsäußerungen gegenüber dem göttlichen Bräutigam. Immer wieder erscheinen Formulierungen aus des ‹Teufels Netz› (vgl. S. 302 ff.). Die Dichtung zeigt enge Verwandtschaft mit dem Gedicht ‹Die minnende Seele› (Druck ‹Von der ynnigen selen›, Erfurt vor 1500), den Gedichten ‹Kreuztragende Minne› und ‹Der Minne Spiegel›. Von der verwandten Gruppe ist auch eine Fassung in Bildversen auf einem Einblattdruck vorhanden. Der alte Stamm hatte 20 Bilder mit 80 Versen, die einen mit Bildversen versehenen Bilderbogen von 20 Szenen in 5 Reihen bildeten. Verfaßt wurde das Produkt bereits um die Mitte des 14. Jhs. von einer Frau, wahrscheinlich für eines der Beginenklöster am Bodensee. Gezeigt werden sollte der Weg der Seele über Kasteiung des Leibes, Buße, Meditationsübungen und Visionen zur Unio mystica. Im 15. Jh. in Holland abgefaßt wurde die vielgelesene Dichtung ‹Das Beginchen von Paris›. Sie ist in vier Handschriften und verschiedenen Drukken, darunter besonders ‹Baghijnken van Parijs› (Delft ca. 1490) und in mittelfränkischer Übertragung (Köln ca. 1505) überliefert. Eine niederdeutsche Übertragung ist in einer Handschrift der Hamburger Stadtbibliothek (Anf. 16. Jh.) erhalten. In Strophen abgefaßt, gehört die Erzählung nach Ton und Richtung zur geistlichen Liederdichtung und atmet den Geist der innigen, nur aus dem Gemüt erwachsenden Gottversenkung, wie sie die Beginen pflegten.

Um nur im Göttlichen zu wohnen und allein Jesus zu lieben, verzichtet ein reiches Mädchen in Paris auf alle Herrlichkeit der Welt und wird Begine. Bald erfüllt die Jesusminne dermaßen ihr Herz, daß sie alle obliegenden Arbeiten, ja selbst den Kirchgang verweigert und ihr ganzes Sein ins Göttliche erhebt. So vermag sie sieben Jahre ohne Speise und Trank zu leben, bis Jesus sie heimholt in das Himmelreich. Die lyrisch gefärbten Strophen sind überwiegend Zwiesprache mit Christus aus dem Geiste inniger, dem Gemüt erwachsener Gottversenkung, die Christi Leiden und Fühlen hingebungsvoll miterlebt.

Die in Wort und Bild beliebte Vorstellung vom ‹Verschlossenen Garten› des Hohenliedes liegt auch dem oberfränkischen oder ostmitteldeutschen Traktat ‹Der lüstliche Wurzgarten› (Anf. 15. Jh.) zugrunde. Der Gang durch den Garten wird dem Leben Jesu und dem Weg der Seele zu Gott gleichgesetzt. Eine Fülle von Blumen, Kräutern, Bäumen und Vögeln wird religiös-allegorisch gedeutet. Ein Betrachtungsbuch ‹Der Seelen-Wurzgarten› wurde Ulm 1483 gedruckt.

Dem *Laienstande* gehörte an DOROTHEA VON MONTAU in Preußen (1347–1394), verheiratet mit einem Danziger Schwertfeger, zuletzt Rekluse. Der pomesanische Domdechant JOHANNES VON MARIENWERDER redigierte die Mitteilungen über ihr inneres Leben in mehreren lateinischen und deutschen Schriften, in zwei Viten und dem ‹Septililium›. Ein deutscher Auszug der ‹Vita› wurde zu Marienburg 1492 gedruckt. In einen Kreis frommer Laien führt DOROTHEA VON HOF (geb. 1458), die in Einsiedeln lebte. Von ihr geschrieben und zusammengestellt ist ‹Das Buch der göttlichen Liebe und eine Summe der Tugenden› (1483). Die 53 Abschnitte enthalten Kirchenlehrer-Aussprüche, Auszüge aus SEUSE, den pseudoeckehartischen Traktat von der ‹Schwester Katrei›, das Gespräch ‹Christus und die minnende Seele› u. a. Das ‹Leben› der stigmatisierten Klausnerin ELISABETH ACHLER (1386–1420) von Reute bei Waldsee in Württemberg beschrieb KONRAD KÜGELIN. Von JUSTINA BLARERIN aus Schwaben stammt eine deutsche Übersetzung der Viten der Begründer der Brüderschaft vom gemeinsamen Leben (GEERT GROOTE, FLORENS RADEWIJNS, JOHANNES GRONDE, JOHANNES BRINCKERINCK, LUBERTUS BERNER, HEINRICH BRUYNE, GERHARD ZERBOLD VAN ZUTPHEN, ARNOLD SCHÖN, HANS KESSEL), vollendet 1498.

Eine besondere Sache ist es mit den Schriften der HL. BIRGITTA VON SCHWEDEN (1303–1373), der Stifterin des Birgitten- oder Erlöserordens Überliefert sind: ‹Revelationes› (erst 7, dann 8 Bücher); ‹Revelationes extravagantes› (1 Buch); ‹Sermo Angelicus›, eine Sammlung von Klosterlesungen; vier Gebete. Die ‹Offenbarungen› wurden von Birgitta in Rom in schwedischer Sprache geschrieben oder diktiert. Ihre Seelenführer PETRUS VON ALVASTRA, MATTHIAS VON LINKÖPING u. a. übersetzten sie ins Lateinische. PETRUS VON ALVASTRA und PETRUS VON SKÄNNINGE verfaßten zur ersten Sammlung ihres Werkes 1373 auch die erste ‹Vita›. Die in den Offenbarungen zutage tretende, mit der deutschen verwandte Mystik ist ideenreich und mit ihren eindringlichen Warnungen an Herrscher und Päpste voll Handlungskraft. Der erste niederdeutsche (vielleicht unvollständige) Druck der ‹Offenbarungen› kam vor 1478 zustande, der einer niederdeutschen Bearbeitung um 1485. Die erste erhaltene Druckausgabe des lateinischen Textes erschien Lübeck 1492 (zwei Auflagen Florenz 1478/ 79 sind verschollen). Schließlich erschienen Lübeck 1496 ‹Sunte Birgitten Openbaring›, eine Kürzung des lateinischen Druckes von 1492, hinzugefügt aber umfangreiches biographisches Material. Die ‹Offenbarungen› wurden schon im 15. Jh. in fast alle europäische Volkssprachen übersetzt. Das Werk erregte auch die Aufmerksamkeit Kaiser MAXIMILIANS I. Er übersandte durch den kaiserlichen Sekretär FLORIAN WALDAUFF ein Exemplar der Lübecker Gesamtausgabe von 1492 dem Verleger ANTON KOBERGER in Nürnberg mit der Aufforderung, das Buch «mitsamt den figuren darinne begriffen am ersten auf Latein und nachmals Teutsch» drukken zu lassen. KOBERGER ließ die Lübecker Holzschnitte in DÜRERS Werkstatt umzeichnen und durch die Wappen des Kaisers und WALDAUFFS ergänzen. Seine lateinische Ausgabe der ‹Revelationes› erschien Nürnberg 1500 (2. Aufl. 1517); ihr folgte 1502 die deutsche Ausgabe mit den gleichen Holzschnitten. Aus diesen beiden Drucken fanden die ‹Offenbarungen› über Auftraggeber und Maler als literarische Quellen einiger Bildinhalte ihren Niederschlag im Werke GRÜNEWALDS, besonders im Isenheimer Altar und in der Stuppacher Mutter Gottes.

b) Aus der Leidenstheologie. Consolatorien. Passionshistorie

Die Akzentverlagerung von der Theologia gloriae, d. h. der Ruhmes- und Verdiensttheologie der Benediktiner, Augustiner-Chorherren und Zisterzienser, zur Theologia crucis, d. i. zur *Demuts- und Leidenstheologie* der Franziskaner und Dominikaner hatte das Bild der Maiestas Domini abgelöst durch das Andachtsbild des Schmerzensmannes. Die Wandlung begann bei BERNHARD VON CLAIRVAUX. FRANZ VON ASSISI setzte die Lehre BERNHARDS fort. Ähnliche Ideale wie FRANZ vertrat DOMINIKUS. FRA ANGELICO hat ihn dargestellt, wie er kniend das Kreuz mit dem Gekreuzigten umklammert und die Gottesgelehrten und Heiligen des Mittelalters um die Kreuzestheologie versammelt. Auch für BONAVENTURA war der sicherste Weg zur Unio mystica die Betrachtung und Verehrung des Leidens Christi. Seine Christusfrömmigkeit und Passionsmystik wurden im 14./15. Jh. bedeutsam für die deutsche *Passionspredigt, Passionsmeditation, Passionshistorie* und die in dichterische Formen gestaltete Passionsdarstellung: *Passionslied, Passionsspiel, Marienklage.* Unermüdlich werden in Dichtung und bildender Kunst neben dem Leiden Christi die Schmerzen Marias in der Klage unter dem Kreuz, das Bild der Mutter mit dem Leichnam des Sohnes auf den Knien wiederholt.

In der aus dem 14. Jh. stammenden Verserzählung vom *Waldbruder* ist das Grundthema die Macht der Versenkung in die Leidensgeschichte Christi. Dem Einsiedler, der um ein Zeichen Gottes fleht, erscheint Christus in der Gestalt eines leidenden, nackten, aus allen Wunden blutenden Menschen.

Die teils erzählende, teils ausdeutende *Passionsliteratur* war das ‹Grundgefäß›, in das sich im Spätmittelalter fast alle fromme Betrachtung über das Leiden und Sterben des Herrn ergoß. Aber die gesamte vorreformatorische Geistesentwicklung ist nicht zu trennen vom Leidensproblem überhaupt. In der Lehre der ‹Zwölf Meister› (14./15. Jh.) herrscht nicht mehr der siegreiche Grundton der Osterliturgie vor, sondern alles wird nur noch auf das Kreuz bezogen. Als die Zwölfe von Paris fragen, welches Ding auf Erden Gott am meisten gefiele und zugleich den Menschen am nützlichsten wäre, erhalten sie zur Antwort: das Leiden. In der zweiten Hälfte des Mittelalters wird das Schrifttum über Leiden, Trost im Leiden, Kunst zu leiden bzw. zu sterben, über Heilmittel gegen Leiden usw. zur bestimmenden Gattung. Hierher gehört die Literatur der *Trostbücher oder Consolatorien.* Schon die klassische Antike und die frühchristliche Literatur kennen die Gattung der Trostschriften in Form von Briefen, Gedichten, Traktaten. In der Folgezeit findet man neben vielen Trostbriefen der großen Seelenführer zahlreiche Trostbücher philosophisch-theologischen oder religiös-erbaulichen Charakters. Zu der ersteren gehört die oft kommentierte und nachgeahmte Schrift ‹De consolatione philosophiae› des BOETHIUS, später Schriften von JOHANN VON DAMBACH (‹Consolatio theologiae›), PETRARCA, GERSON. Beispiele für religiös-erbauliche Consolatorien finden sich bei ISIDOR VON SEVILLA, GERSON, NIDER u. a. Die spätmittelalterlichen Trostbücher sind vielfach nur halbwissenschaftliche Erzeugnisse, aber ein umso volkstümlicheres Schrifttum von weiter Verbreitung und tiefer Wirkung. Die Verfasser sind meist Theologen oder Mönche. Christi Leiden wird von ihnen in all seinen Einzelheiten erörtert und dargestellt, um den Leser, Betrachter oder Zuschauer zu einer Compassio zu bringen. Ihre eindrucksvollste Veranschaulichung in der bildenden Kunst erlangte die Gattung in GRÜNEWALDS Altar (um 1513) für das Antoniterkloster Isenheim, aufgefaßt und empfunden als eine «erschütternde und beseligende Leidens- und Trostsymphonie». Die Leidensmystik, die aus den Theorien der Consolatorien kommt, drängt den Menschen auf die Bahn der geistigen und geistlichen Selbsthilfe und entfernt ihn aus der Sphäre der objektiven Heilsvermittlung. Von dieser Leidenstheologie führt eine Linie zu LUTHERS Theologia crucis.

Wie die zunächst von BERNHARD VON CLAIRVAUX begründete, dann von den Bettelorden modifizierte und verbreitete passionstheologische Frömmigkeitsrichtung das Denken und Fühlen weiter Volkskreise erfaßte, zeigen Leidensgeschichten Christi in Prosa, teils in lateinischer, teils in deutscher Sprache. Eines der Ausgangswerke waren die ‹Meditationes vitae Christi› (1263/1325). Sie galten als Werk BONAVENTURAS, werden aber heute dem Franziskaner JOHANNES DE CAULIBUS zugeschrieben. Gegenstand der über ganz Europa verbreiteten Schrift ist das gesamte Leben Christi mit volkstümlicher und lebensnaher Zeichnung der Christusgestalt. Das Hauptgewicht legt der Verfasser auf die Passionsbetrachtungen. Von ähnlicher Bedeutung und Fortwirkung war der ‹Dialogus beatae Mariae et Anselmi de passione Domini›, der das Vorbild für die ‹Vita beatae virginis Mariae et Salvatoris rhythmica› bot und über diese für die deutschen ‹Marienleben›. Der ‹Stimulus amoris› enthält im ersten Teil Passionsbetrachtungen im Sinne der franziskanischen Christusmystik mit glühender Verehrung der Wunden des Heilandes und Streben nach völliger Imitatio Christi. Weitere Traktate befassen sich mit der Ausdeutung und Verbildlichung der Leidensgeschichte und allegorischer Einkleidung des Leidens Christi. Bemerkenswert ist der BEDA zugeschriebene und schon im 14. Jh. verdeutschte Traktat ‹De meditatione passionis Christi per septem diei horas libellus›, wegen seiner Neigung zur Grausamkeit in der Darstellung. Seit dem letzten Viertel des 14. Jhs. in verschiedenen Redaktionen überliefert ist eine Passionshistorie ‹Christi Leiden, in einer Vision geschaut›, von unerhörtem Realismus mit einer brutalen Häufung von Leidensenthüllungen.

In der Tradition BERNHARDS VON CLAIRVAUX und abhängig von den
‹Meditationes vitae Christi› stand LUDOLF VON SACHSEN († 1378 in Straßburg), erst Dominikaner, seit 1340 Kartäuser in Königshofen und Koblenz. Sein Hauptwerk, die ‹Vita Jesu Christi redemptoris nostri ex me-
dullis evangelicis et approbatis ab ecclesia doctoribus sedule collecta› besteht aus 181 Kapiteln, von den 92 auf den ersten, 89 auf den zweiten
Teil entfallen. Außer den ‹Meditationes vitae Christi› benutzte LUDOLF
Schriften BONAVENTURAS, SEUSES ‹Horologium sapientiae›, die ‹Historia
scholastica› des PETRUS COMESTOR, die ‹Legenda aurea› des JACOBUS DE
VORAGINE, das ‹Speculum humanae salvationis› u. a., so daß das Werk
ein großes Sammelbecken aszetischen Schrifttums darstellt. Gegenstand
sind das Leben Christi und die Passion. Das Passionsgeschehen ist im
Anschluß an die kanonischen Horen gegliedert, so daß zuerst ein bestimmter Abschnitt aus dem Leben oder Leiden Christi erzählt, dann
darüber reflektiert wird. Erzählung und Betrachtung sind durchflochten
mit zahlreichen Zitaten aus Kirchenvätern und Kirchenschriftstellern, vor
allem AUGUSTINUS, BERNHARD, THOMAS, HUGO VON ST. VICTOR. Die
einzelnen Ereignisse und Aussprüche Jesu werden genauestens ausgelegt
und ausgedeutet. Die gefühlsnahe Sprache und anschauliche Darstellungsweise haben dem Buch weite Verbreitung beschieden. CARL RICHSTAET-
TER nennt auf Grund eingehender Prüfung der spätmittelalterlichen Bi-
bliotheksbestände LUDOLFS ‹Vita Jesu Christi› neben den ‹Meditationes›,
dem ‹Weisheitsbüchlein› SEUSES und der ‹Nachfolge Christi› das bekannteste und einflußreichste Werk der spätmittelalterlichen Erbauungsliteratur, das über ganz Europa verbreitet war. Es wurde 1470 (unter Weg-
lassung aller gelehrten Abschnitte) ins Deutsche übersetzt, Ende des 15.
Jhs. auch ins Spanische und wurde in dieser Form ein wichtiger Faktor in
der Bekehrungsgeschichte des IGNATIUS VON LOYOLA und eine Hauptquelle für dessen ‹Exerzitienbuch›. Abgesehen von den Übersetzungen,
auch ins Italienische und Französische, sind aus der Zeit von 1470 bis
1522 einundvierzig Druckausgaben des Textes bekannt. In Nürnberg
erschien die ‹Vita› 1478 bei ANTON KOBERGER in einer Prachtausgabe,
die vierzigmal aufgelegt worden sein soll. Ein Psalmen-Kommentar LU-
DOLFS wurde von JAKOB WIMPFELING (Speyer 1491) herausgegeben.

Eine Verbindung von «kontemplativ-erbaulichem Erzählstoff aus dem
Umkreis der Franziskaner-Mystik» mit «theologischen Fragestellungen
und dialektischer Form» ist die ‹Passio Christi›, genauer: der ‹Extendit
manum›-Passionstraktat des HEINRICH VON ST. GALLEN (um 1345/50 bis
nach 1397). Die aus einer lateinischen Vorlage übersetzte weitverbreitete
Passio (rd. 130 Handschriften und einige Frühdrucke) schildert die Vorgänge vom Freitag vor Palmarum bis zur Auferstehung. Dabei spielt die
Auslegung eine große Rolle. Ähnlich wie bei LUDOLF VON SACHSEN wird
das historische Geschehen in zeitlicher Abfolge behandelt. Der Verfasser

gibt zuerst ein Stück Passionserzählung, stellt dann die Beziehung zu den alttestamentlichen Figuren her und bringt in Verbindung mit Väter- und Scholastikerzitaten die Auslegung der Stelle. Die leidenschaftliche Christus- und Passionsmystik BERNHARDS VON CLAIRVAUX, FRANZ VON ASSISIS, BONAVENTURAS und der deutschen Mystiker hat sich auf dem Wege ihrer Popularisierung mit der Scholastik vereinigt. Alle Werke der Leidenstheologie erscheinen neben den mystischen Elementen selbstverständlich durchsetzt von scholastischem Gedankengut realistischer, nominalistischer, augustinischer Richtung. Bezeichnend sind auch die Mittel, mit denen die spätmittelalterliche Passionsliteratur arbeitet: krasser Realismus, Roheit und Grausamkeit in der Schilderung der Mißhandlungen und Leiden Christi; daneben Szenen voll tiefsten Empfindens, überschwenglich im Streben, Mitleid und Schmerz zu wecken. Eine außerordentlich realistische Schilderung der Kreuzigung Christi enthält z. B. die Passionsrede des Augsburger Geistlichen JAKOB HELFER.

Der spätmittelalterliche Passionstraktat lebte über die Anfänge des Humanismus bis unmittelbar in die Zeit vor Ausbruch der Reformation. Ein Beispiel dafür ist ULRICH PINDERS ‹Speculum Passionis› (Nürnberg 1507). Mit diesem Passionsspiegel, dessen Text aus dem Neuen Testament und den Schriften der Kirchenlehrer zusammengestellt und mit zahlreichen Holzschnitten von HANS BALDUNG GRIEN, HANS SCHÄUFELEIN, HANS VON KULMBACH illustriert ist, schuf PINDER einen neuen Typus des Erbauungsbuches, in dem die Bilder dem Text zumindest gleichwertig sind.

Eine Passionsgeschichte in deutschen Strophen für Kaiser MAXIMILIAN I. verfaßte dessen Hofkaplan WOLFGANG VON MAN: ‹Das leiden Jesu Christi vnnsers erlösers› (Augsburg 1515, mit 29 Holzschnitten von HANS BURGKMAIR, HANS SCHÄUFELEIN und JÖRG BREU). Hauptquelle ist LUDOLF VON SACHSEN. Am Ende der Passion steht eine Übersetzung des ‹Stabat mater›.

c) Die Devotio moderna. Thomas von Kempen

Wie für die Ritterrenaissance des ausgehenden Mittelalters Burgund mit seiner Spätblüte der Ritterkultur ein anregender Hauptfaktor wurde, so auch für eine bestimmte der Mystik zugehörige Richtung. In merkwürdigem Gegensatz zur Lebensfreude des Hofes und der Handelsherren steht die Tatsache, daß dem religiösen Leben jener Zeit die *Mystiker*, Geistliche und Laiengemeinschaften, Gepräge und Stempel aufdrückten: JAN VAN RUYSBROECK, GEERT GROOTE, die *Devotio moderna*, THOMAS VON KEMPEN.

Gegen Ende des 14. Jhs. setzte im holländisch-flämischen Bereich eine religiöse Erneuerungsbewegung ein, deren Ziel im Unterschied zu der nach Gemeinschaft und objektiver Bindung trachtenden Haltung des Mittelalters persönliche innerliche Frömmigkeit war; eine Spätform der

Mystik, die ein ‹einfaches Christentum› (‹simplicitas Christianismi›) darleben wollte. Gründer war der Mystiker und Bußprediger GEERT (GERHARD) GROOTE (1340–1384), ein Schüler RUYSBROECKS. Diese *neue Frömmigkeit* oder *Devotio moderna* ist wesentlich bedingt durch die franziskanische Strömung in der Mystik; auch ist sie in vielen Fällen schon mit dem deutschen Humanismus verbunden. Von BONAVENTURAS ‹Soliloquium› und ‹De triplici via› führt der Weg über die Devotio moderna zum ‹Exerzitienbuch› des IGNATIUS VON LOYOLA und seiner Kunst systematischer Seelenführung. GROOTE bildete in Deventer einen Kreis von Gleichgesinnten, dem FLORENS RADEWIJNS, GERHARD ZERBOLT VON ZUTPHEN u. a. angehörten. Der Kreis blieb lange Zeit Mittelpunkt der Bewegung. Getragen wurde die Bewegung von den Brüdern und Schwestern vom gemeinsamen Leben und von der Windesheimer Kongregation. Eine Zentrale der Brüder vom gemeinsamen Leben war Münster. Von hier aus erfolgten die Neugründungen in Köln, Wesel, Osnabrück und Herford.

Die *Windesheimer Kongregation,* benannt nach dem Augustiner-Chorherrenstift Windesheim bei Zwolle, wurde 1387 durch Schüler GROOTES als strenge Ausprägung der Devotio moderna und als deren vornehmster Träger gegründet. Das Kloster schloß sich unter dem zweiten Prior JOHANN (JAN) VOS VAN HEUSDEN (1391–1424) mit drei anderen holländischen Klöstern zu dieser Kongregatoin zusammen. Diese wuchs durch den Anschluß weiterer Klöster und verbreitete sich in den Niederlanden, in Norddeutschland bis nach Pommern (Jasenitz bei Stettin) und den Rhein hinauf bis in die Schweiz (Zürichberg). Sie legte großes Gewicht auf ein musterhaftes Klosterleben und die Pflege der kirchlichen Wissenschaften und des religiösen Buchgewerbes (z. B. Vulgata-Revision um 1400). Um 1485 standen nahezu dreihundert Klöster unter dem geistigen Einfluß von Windesheim. Ebenfalls von den Augustiner-Chorherren ging aus die *Raudnitzer Reform,* die zuerst Böhmen und Mähren erfaßte. Die Kanoniker lebten neben den geistlichen Übungen der Wissenschaft und tätiger Nächstenliebe. Die Reform wurde in das von Wittingau besetzte Stift Dürnstein a. d. Donau übernommen und ging von da aus nach St. Dorothea in Wien über. NIKOLAUS VON CUES verpflichtete 1451 alle Chorherrenklöster im Salzburger Erzbistum zur Annahme der Raudnitzer Regel.

Die Devotio moderna legte vor allem Wert auf eine tief erfaßte Christusfrömmigkeit mit entsprechender Schriftauslegung und ebensolcher Betrachtung. Da auf praktisch-religiöse Ziele ausgerichtet, standen ihre Anhänger der spekulativen Scholastik zurückhaltend gegenüber. Das Ziel der Windesheimer war die Selbstheiligung, ihre Haupttätigkeit die Jugend-Mission. Die Klöster der Windesheimer lagen meist auf dem Lande, die Häuser der Fraterherren in Städten. Die Devotio moderna verbreitete sich von den Niederlanden in die Länder Westeuropas, nach Frankreich, Italien und Spanien und förderte nachhaltig das große Zeitanliegen der religiösen Reformen.

Aus dieser Devotio moderna hervor ging THOMAS HEMERKEN (MALLEOLUS) VON KEMPEN (1379/80–1471), ein überaus einflußreicher, bis heute

fortwirkender aszetisch-mystischer Schriftsteller. Er studierte seit 1392 zu
Deventer, sein geistlicher Leiter war FLORENS RADEWIJNS, lebte seit 1399
im Stift Agnetenberg, das durch die Windesheimer Kongregation reformiert worden war, wurde aber erst 1406 nach vielen inneren und äußeren
Leiden eingekleidet und 1414 zum Priester geweiht. Wir wissen, daß er
mit der Klosterpredigt betraut war und sich als fleißiger Handschriften-
Kopist und Schriftsteller betätigte. Sein Schriftwerk umfaßt aszetische,
mystische, homiletische, biographische und poetische Erzeugnisse: ‹Orationes et meditationes de vita Christi› (1425), Anleitungen zum innerlichen
Leben (‹Soliloquium animae›; ‹Hortulus rosarum›; ‹Vallis liliorum›; ‹De
disciplina claustralium›; ‹Hospitale pauperum›; ‹Libellus spiritualis exercitii›), Briefe, Biographien von Persönlichkeiten aus den Anfängen der
Devotio moderna (GROOTE, RADEWIJNS, GERHARD VON ZUTPHEN, BRINK-
KERINCK, SCHONHOVEN u. a.) mit aszetischer Zwecksetzung, höhere Mystik
aus eigenem Erleben (‹De elevatione mentis ad deum›), Dichtungen (44
Hymnen, die er wahrscheinlich z. T. mit Melodien versah). THOMAS VON
KEMPEN ist aber höchstwahrscheinlich auch der Verfasser der ‹Imitatio
Christi›, jenes Erbauungsbuches, das nächst der Bibel am meisten ge-
druckt und in alle Kultursprachen übersetzt wurde.

Der Titel ist der Überschrift des ersten Kapitels ‹De imitatione Christi et
contemptu omnium vanitatum mundi› entnommen. Die ‹Nachfolge Christi› umfaßt vier Bücher: 1. Ermahnungen, heilsam zu einem geistlichen Leben; 2. Ermahnungen, die zum inneren Leben anleiten; 3. Vom inneren Troste; 4. Er-
munterung zur Kommunion. Die vier Bücher hängen nur lose zusammen und
waren ursprünglich selbständige, um 1420 verfaßte Traktate. Das vierte Buch
stand vor dem dritten. Leitidee des Ganzen ist die biblische-christliche, durch
BERNHARD VON CLAIRVAUX, FRANZ VON ASSISI, die deutschen Mystiker und
die Devotio moderna neubelebte Lehre der Nachfolge Christi durch Verachtung
der Welt, Buße, Selbstzucht, ungeteilte Hingabe an Christus, durch häufigen
Abendmahlsempfang. In dieser Schrift fand die praktische verinnerlichte Frömmigkeit des Spätmittelalters ihre reinste Ausprägung. Zunächst für Klosterleute
bestimmt, gewann sie bald auch unter den Laien größte Beliebtheit. Die Darlegungen werden in knapper, spruchartiger Form und in einer allgemein verständlichen, zu Herzen gehenden Sprache gegeben. In den beiden ersten Büchern
überwiegt die Meditation, im dritten und vierten der Dialog zwischen Dominus
und Servus oder Discipulus. Großes Gewicht wird gelegt auf die Simplicitas
animi. Doch die Docta ignorantia hat hier noch lange nicht die Problematik wie
beim CUSANER. Dazu waren die Horizonte der Devoten nicht weit genug, besser
gesagt, wollten es gar nicht sein. Die ‹Nachfolge Christi› wurde zu einer der
populärsten und verbreitetsten aszetisch-erbaulichen Schriften und war auch in
evangelischen Kreisen, besonders bei den Pietisten, hoch geschätzt. Vom lateinischen Original gibt es über dreihundert Handschriften und mehr als zweitausend
Drucke. Schon im 15. Jh. wurde es ins Deutsche (1434) und in die anderen
europäischen Kultursprachen übersetzt.

Von Schriftstellern, die aus der Devotio moderna hervorgingen, seien
genannt: GERLACH PETERSZ (1378–1411) aus Deventer, Schüler des FLO-

RENS RADEWIJNS und von diesem zum Eintritt in Windesheim bewogen. PETERSZ galt als Meister der Devotio moderna, als *alter Thomas a Kempis* und einer der bedeutendsten geistlichen Schriftsteller der Niederlande. Aus gelegentlichen Aufzeichnungen frommer Eingebungen entstand sein ‹Soliloquium› (gedr. Köln 1616, deutsch von GERHARD TERSTEEGEN, Essen 4. Aufl. 1845), eine Art Tagebuchblätter seines geistlichen Lebens, die der Laienbruder JOHANN SCHUTKEN gesammelt und geordnet hatte. Aszetische Aufzeichnungen und fromme Lebensregeln enthält das ‹Breviloquium› (1403). Ähnlichen Inhalt haben die ‹Briefe an seine Schwester› LUBBE PETERSZ, in niederländischer Sprache.

Das Vertrauen des NIKOLAUS VON CUES genoß JOHANNES BUSCH (1399 bis nach 1479) aus Zwolle. Er trat 1417 in das Kloster Windesheim ein und war später in verschiedenen Stiften und Klöstern als Reformator tätig. Von seinen Schriften sind erwähnenswert der ‹Liber de reformatione monasteriorum diversorum ordinum›, eine anekdotische Beschreibung seiner Erlebnisse und zugleich eine klösterliche Sittengeschichte Niedersachsens, und das ‹Chronikon Windeshemense› (1459; 2. Fassung 1464). Das Geschichtswerk besteht aus drei Teilen: 1. ‹Liber de viris illustribus›, d. s. Lebensbilder der ersten Windesheimer; 2. ‹Epistola de vita et passione domini nostri Jhesu Christi et aliis devotis exerciciis, secundum que fratres et layci in Windesem se solent exercere›; 3. ‹Liber de origine modernae devotionis›. Ferner sind von ihm Predigten, Briefe und Soliloquien erhalten.

Mystik und Humanismus verbindet bereits JOHANNES VEGHE (1431/32–1504) aus Münster, zu Köln und Münster gebildet, seit 1451 Fraterherr, Rektor des Rostockschen Fraterhauses, 1475/81 Rektor des Schwesternhauses zu Niesink. Seine Predigten und Ansprachen in volkstümlicher Sprache wurden von den Schwestern in münsterischem Niederdeutsch nachgeschrieben. Niederdeutsch sind auch seine aszetischen Traktate im Geiste der Devotio moderna: ‹Gheystlike Jagd› (um 1470), ‹Marientroest› (um 1481), ‹Wyngaerden der sele›, ‹Lectulus noster floridus›. Auch geistliche Lieder stammen von ihm. VEGHE ist der bedeutendste Vertreter der Predigtliteratur in niederdeutscher Sprache. Er vereinigt in seiner religiös-geistigen Haltung christlichen Humanismus und Mystik, ist sozusagen auch schon ein ‹devoter Humanist›.

Geistlicher Schriftsteller, Hymnendichter und letzter Repräsentant der Windesheimer Devotio moderna war JOHANNES MAUBURNUS (JAN MOMBAER) (1460–1501) aus Brüssel, seit ca. 1480 im Stift Agnetenberg, später in Frankreich. Seine geistlichen Schriften sind von mittelalterlichem Lehrgut erfüllt. So auch sein mächtiges planmäßiges Betrachtungswerk ‹Rosetum exercitiorum spiritualium et sacrorum meditationum› (1494; erweitert Paris 1510). Die Darlegungen sind untermischt mit innigen, andachtsgeschichtlich bedeutsamen Liedern in Sequenzen- und Hymnenform.

22*

Eine Zwischenstellung zwischen Devotio moderna und Franziskanerorden nahm HEINRICH HERP († 1478) aus Brabant ein, um 1455 Fraterherr, Rektor in Delft und Gouda, 1450 Franziskaner in Rom, 1470 Pro-
vinzialvikar in Köln, 1473 Guardian in Mecheln. Als Mystiker der Devotio moderna verfaßte HERP mehrere, zumeist erst nach seinem Tode
gedruckte und in verschiedene Sprachen übersetzte mystische Werke:
‹Speculum aureum decem praeceptorum Dei› (Mainz 1474 u. ö.); ‹Sermones de tempore et de sanctis› (1480 u. ö.); ‹Miroir de la perfection›
(für eine Oberin in Mecheln). Sein Hauptwerk ist die ‹Theologia mystica›,
eine vom Kartäuser DIETRICH LOHER (Köln 1538) veröffentlichte Sammlung von drei Schriften: ‹Soliloquium divini amoris›; ‹Directorium contemplativorum›, d. i. eine Übersetzung des ‹Spieghel der volcomenhait›;
‹Eden seu Paradisus contemplativorum›. Die dritte, IGNATIUS VON LOYOLA
gewidmete Auflage (Köln 1556) wurde indiziert; sie erschien verbessert
Rom 1586 u. ö. Der kulturgeschichtlich bedeutsame ‹Spieghel der volcomenhait› (niederländische Drucke 1488–1499; hochdeutsch Mainz o. J.)
enthält die Summe der zeitgenössischen Aszese und Mystik im Geiste
von HUGO VON BALMA und JAN VAN RUYSBROECK.

Die Brüder vom gemeinsamen Leben errichteten an ihren Niederlassungen oft eigene Schulen und entwickelten eine von ihrem Geiste getragene Erziehungs- und Lehrtätigkeit. Ihre Schulen haben Persönlichkeiten wie den CUSANER, ERASMUS, LUTHER u. v. a. mitgeprägt.

Um ein volles Bild der geistig-seelischen Zustände in diesem niederländischen Gebiete zu bekommen, wird man gut tun, neben der Devotio
moderna und neben den scholastischen Humanisten auch das Schaffen
eines HIERONYMUS BOSCH (um 1450–1516) heranzuziehen. Hier sprechen
die Lehr-Bilder der Kunst deutlicher als das Lehr-Schrifttum. In keinem
Literaturwerk treten die Mischung von Realismus und Vision, Tragik
und Satire und auch die metareligiösen Unterströmungen der Vorrefor-
mationszeit derart augenscheinlich zutage wie in seinen Bildern. Die allegorischen Darstellungen ‹Garten der Lüste›, ‹Triumph des Todes› wim-
meln von minutiös gemalten Figuren. Daneben stehen religiöse Bildwerke, wie ‹Jüngstes Gericht›, ‹Johannes auf Patmos› u. a. Eine schrankenlose Phantasie waltet mit kaum deutbaren Vorstellungen; scharf
realistische Sicht ist mit Groteskem und Satirischem verbunden; die Landschaft wird zu Stimmungszwecken genützt. BOSCH strebte mit den dämo-
nisch-phantastischen Spuk- und Teufelsgestalten moralische Wirkungen an.

d) Gebet- und Andachtsbücher

Unter Einwirkung der verschiedenen theologischen Richtungen kamen in
den beiden spätmittelalterlichen Jahrhunderten auch neue *Gebet- und*

Andachtsbücher mit größerer Abwechslung und geändertem Inhalt in Gebrauch: Horen- und Stundenbücher, Sterbebücher, Postillen, Specula, Viten, Revelationen etc. Sie sind literar- und kunsthistorisch bemerkenswert; öfters waren namhafte Künstler an der Illustrierung tätig. Häufig sind es Übersetzungen lateinischer Vorlagen. Die Bedürfnisse der Frauenklöster bilden dabei zunächst den wichtigsten Beweggrund. Gereimte Übertragungen kirchlicher Hymnen oder freiverfaßte gereimte Gebete und Lieder sind nicht selten.

Durch die weite Verbreitung der ‹Livres d'heures› mit Bilderfolgen in Frankreich wurden gegen Ende des 15. Jhs. auch deutsche Verleger zur Herausgabe von *Andachtsbüchern im Taschenformat* angeregt. Sie erschienen unter den Titeln ‹Hortulus animae›, ‹Salus animae›, ‹Seelengärtlein›, ‹Seelen-Wurtzgärtlein› im letzten Jahrzehnt des 15. Jhs. vor allem am Oberrhein, dann auch in anderen Gebieten, nicht selten hervorragend illustriert. Ein solches Erbauungsbuch war etwa das einem Dominikaner BERTHOLD(US) zugeschriebene ‹Horologium devotionis circa vitam Christi› (gedr. Köln 1488), erst in deutscher Sprache verfaßt, dann ins Lateinische übertragen. Unter dem Titel ‹Das andechtig zytglögglin des lebens und lidens Christi, nach den 24 stunden ausgeteilt. Icon horologii› erschien es reich bebildert Basel 1492. Es wurde oftmals aufgelegt und bearbeitet.

Für eine *Postille* des Baseler Verlegers NIKOLAUS KESSLER hatte der junge DÜRER 1492 kleine Holzschnitte gerissen; 1503 tat er das gleiche für das Werk ‹Salus animae› des Nürnberger Druckers HÖLZEL und für ein anderes Andachtsbuch. Seit 1511 gab der Nürnberger Verleger ANTON KOBERGER D. Ä. einen ‹Hortulus› heraus, den er in Lyon bei JOHANN KLEIN drucken ließ und der mit Holzschnitten oberrheinischen Ursprunges geschmückt war. Um 1514 entschlossen sich KOBERGERS Erben, diese Illustrationen durch moderne Bilder zu ersetzen und vergaben den Auftrag an die DÜRER-Schüler HANS SPRINGINKLEE und ERHARD SCHÖN. Ein interessantes Andachtsbuch ist auch die ‹Via felicitatis› (Augsburg, JOHANN MILLER 1513), anmutig illustriert von HANS SCHÄUFELEIN. Religiöse Volksschriften, die dem Empfinden hoher und niederer Schichten Ausdruck gaben, waren: neben STEPHAN FRIDOLINS ‹Schatzbehalter› ‹Das Buch Granatapfel› (1510, 1511, 1516) GEILERS VON KAISERSBERG, Predigten ULRICH KRAFTS (Straßburg 1517) und JOHANN VON LEONRODTS ‹Himmel- und Höllenwagen› (Augsburg 1517 und 1518; Drucke auch noch 1576 und 1628) mit Holzschnitten von HANS SCHÄUFELEIN. Wegen des Zusammenwirkens von Wort und Bild erwähnenswert ist das ‹Versbüchlein von der christlichen Glaubens- und Heilslehre› (Wittenberg 1512), mit acht Holzschnitten von LUKAS CRANACH D. Ä.

Gefördert durch die großen Volksseuchen des 14. Jhs. wurden die *Sterbebücher,* ‹Ars moriendi›, ‹Wissen um das Sterben›, ‹Vorbereitung

auf das Sterben›, ‹Kunst des Sterbens›. Als Verfasser sind JOHANNES GER-
SON, NIKOLAUS VON DINKELSPÜHL, THOMAS PEUNTNER, GEILER VON
KAISERSBERG namhaft. Die häufig dabeistehenden Bilderfolgen, vielfach
Holzschnitte, stellen den Kampf der Engel und Teufel um die mensch-
liche Seele dar. Die Sterbebüchlein fanden bereits große Verbreitung in
Blockbüchern oder Holztafeldrucken. Die bekanntesten sind: die ‹Ars
moriendi› des MEISTERS LUDWIG VON ULM (1460), die ‹Ars moriendi›
GEILERS VON KAISERSBERG. Vorher hatte schon der als Chronist und
Geschichtsschreiber bekannte DIETRICH ENGELHUS in der niederdeut-
schen Mundart seiner Heimat eine ‹Ars moriendi› und eine katechismus-
artige ‹Laienregel› verfaßt.

Seit 1400 entstanden die *Beichtbüchlein*, d. s. Anleitungen für das Volk
zum Empfange des Bußsakramentes mit meist auch einem ‹Beichtspiegel›
zur Erleichterung der Gewissenserforschung. Die erst handschriftlichen,
dann gedruckt verbreiteten Unterweisungen teilen sich in lateinische, deutsche und gemischte (lateinisch und deutsch); die Mehrzahl ist in deutscher
Sprache abgefaßt. An den Beichtbüchlein (zwischen 1450 und 1520 etwa
50 verschiedene Druckausgaben) ersieht man, an welchen Tugend-, Sün-
den- und Lasterreihen und an welchen Geboten die Menschen der Epoche
ihr Tun und Lassen und ihren moralischen Zustand überprüften. Ein
frühes Beispiel einer Beichtschrift für einen Fürsten verfaßte HEINRICH
VON LANGENSTEIN für Herzog ALBRECHT IV. VON ÖSTERREICH.

Von *Gebetbüchern* namhafter Persönlichkeiten erhalten sind z. B. Ge-
betbücher Kaiser MAXIMILIANS I. Das ‹Ältere Gebetbuch› MAXIMILIANS
(Cod. Vind. 1907) wurde um 1486 in Flandern für den persönlichen Gebrauch des Prinzen geschrieben und mit Miniaturen geschmückt. Die
Texte dienten teilweise als Vorlage für das gedruckte ‹Gebetbuch Maximilians› (Augsburg 1514) mit Randschmuck von DÜRER, ALTDORFER,
CRANACH. Für das Gebetbuch der CHARITAS PIRCKHEIMER wurde anscheinend aus der großen Anzahl der von den Schwestern des Nürnberger
Klarissenklosters gebrauchten Gebete eine Reihe besonders beliebter ausgewählt und zu einem Büchlein vereinigt.

e) Bibelübersetzung und Bibeldichtung

Eine der für die spät- und nachantike Kultur Europas bedeutsamsten
Fakten war die Übersetzung des Alten Testamentes aus dem Hebräischen
in die Sprach-, Begriffs- und Vorstellungswelt des späten Griechentums.
Während der drei letzten vorchristlichen Jahrhunderte entstanden, war
sie zunächst für das hellenistische Diaspora-Judentum bestimmt, bei dem
die Kenntnis des Hebräischen immer mehr verlorenging. Diese sog.
Septuaginta, enthaltend die hebräische Bibel und die Apokryphen, wurde

hernach auch von den Christen als ihre Bibel akzeptiert und durch die neutestamentlichen Schriften zur *Heiligen Schrift des Alten und Neuen Testamentes* erweitert. Nach der griechischen Fassung und nach hebräischen Texten schuf der neben AUGUSTINUS gelehrteste römische Kirchenlehrer HIERONYMUS an der Wende des 4./5. Jhs. eine lateinische Redaktion der gesamten Bibel, die in der weströmischen Kirche das ganze Mittelalter hindurch authentische *Vulgata*. An die griechisch-lateinischen Übertragungen schlossen sich, literarhistorisch gesehen, die Übersetzungen in die verschiedenen Nationalsprachen. Dem Bischof WULFILA diente für seine Übersetzung ins Gotische der in Konstantinopel gebräuchliche griechische Text. Die mittelalterlichen deutschen Bibelübersetzungen be ruhen ausschließlich auf der Vulgata. Für den mittelalterlichen Christen enthielt die Bibel die Offenbarung Gottes an das Menschengeschlecht, die Geschichte des göttlichen Heilsplanes und die Richtlinien für die Lebensführung. Bei jedem Gottesdienst wurden Bibeltexte gelesen und gesungen.

Zugleich mit der Missionierung der Germanen begann die *Übersetzung* einzelner Teile der hl. Schrift in die Sprache der Neubekehrten. Interessiert war man zunächst an der Übersetzung des *Neuen Testamentes*. Seine Verdeutschungen beginnen mit KARL D. GR. und gehen durch das ganze Mittelalter. Sie waren zunächst für lateinunkundige Kloster- und Ordensleute bestimmt und drangen nur wenig über die Klöster und Ordenshäuser hinaus. Das änderte sich aber, als im 13. Jh. häretische Sekten Bibelverdeutschungen betrieben und die Orden der Dominikaner und Franziskaner in die Seelsorge eingriffen. Seit dieser Zeit gab es Verbote gegen das Bibellesen in der Volkssprache. Im 14. Jh. wird daher die deutsche Bibel von verschiedenen Übersetzern verteidigt. Einer von ihnen (HEINRICH VON MÜGELN?) erklärt vor der Übersetzung des Psalters: «Nu sind wenig leüt latein gelert. Da von ist [not], ob got wil vns heil geben, das man avs der latein zw deütsch pring vnd halt in ander czungen, das die layen da mit ze andacht pracht werden. Swer das irret vnd widerredet, der tut wider got vnd vindet sein lon dar vmb.» Der Augustiner-Eremit GOTTSCHALK HOLLEN († 1481) begründet die Lektüre der hl. Schrift in der Volkssprache u. a. mit der Bibelübersetzung des WULFILA. Die von Häretikerkreisen, etwa den Waldensern und Katharern, seit dem 13. Jh. angeregten Verdeutschungen sind in den Verfolgungen beinahe zur Gänze untergegangen. Die bekannten Übertragungen kamen alle aus rechtgläubigen Kreisen. In Kölner Dominikanerkreisen entstand um 1250 für Laien eine deutsche Bearbeitung der *Evangeliensynopse* des AMMONIUS ALEXANDRINUS, die in der ganzen deutschen Ordensprovinz benützt wurde. Ein halbes Jahrhundert später schuf man in Mitteldeutschland, in der Diözese Magdeburg, eine Verdeutschung der vier Evangelien. Als die dominikanische Evangelien-Harmonie bei ihrer Verbreitung nach Osten auf diese Übersetzung stieß, übernahm die letztere aus der Evangeliensynopse verschiedene Verbesserungen. Die korrigierte Redaktion liegt vor im Evangelienbuch, das sich um 1343 der Klausner MATTHIAS VON BEHEIM zu Halle anfertigen ließ. Die Neubearbeitung wurde bis an die Nord- und Ostsee, bis Schwaben und Österreich verbreitet. Außer ihr kamen in Mitteldeutschland auch noch andere Verdeutschungen zustande, die teils vollständig, teils in Bruchstücken erhalten sind. Eine Sonderstellung nahm der Deutsche Ritterorden ein. Er benötigte eine deutsche Bibel zur Tischlektüre. Zunächst beauftragten die Hoch- meister und Gebietiger geeignete Priesterbrüder, alttestamentliche Stoffe, die sich ins Ritterliche deuten ließen, in Epenform zu fassen (vgl. Bd. III/1, 486 ff.). Im späteren 14. Jh. ging man von der Bibeldichtung zur Prosa über und fertigte richtige Verdeutschungen biblischer Bücher an: So ein unbekannter Priesterbruder nach 1350 vermutlich in Königsberg eine Übersetzung der Apostelgeschichte. Er denkt an ein ritterliches Publikum und bemühte sich um stilistischen Schmuck. JÖRG STULER löste 1479 die ältere Reimübersetzung der ‹Judith› und ‹Hester› in Prosa auf.

Aus dem 14. Jh. sind auch westmitteldeutsche, schwäbische, bairisch- österreichische Übersetzungen des Neuen Testamentes und der Evange- lien-Harmonien bekannt. WILHELM WALTHER hatte in seinem Werk ‹Die deutsche Bibelübersetzung des Mittelalters› (1889–92) vierzig Über- setzungszweige angenommen. Mit dieser Zahl kommt man aber heute nicht mehr aus, denn seither sind viele neue Handschriften aufgetaucht. Auch müssen über das Theologische hinaus geistesgeschichtliche, literar- historische und sprachliche Gesichtspunkte angewendet werden. Außer den Evangelien übertrug man auch die Apostelgeschichte, die Apostel- briefe und die JOHANNES-Apokalypse. Der Wiener Minorit JOHANN BI- SCHOF übertrug um 1400 für REIMPRECHT VON WALLSEE die Evangelien mit Auslegung ins Deutsche. Der schlesische Pfarrer GEORG KRECKWITZ († 1422) verfaßte eine deutsche Evangelienharmonie und übersetzte die Apokalypse. Der schwäbische Notar in Hall NIKOLAUS STRAUB, ein Laie, verdeutschte selbständig die vier Evangelien mit der Vorrede des HIERO- NYMUS. Der Prachtdruck eines deutschen Neuen Testaments duch HER- MANN NITZSCHEWITZ erschien 1489. Eine von WALTHER gerühmte Über- setzung der Evangelien und der Apostelgeschichte (1504), geschrieben von GERTRUD VON BÜREN, hat sich als eine Überarbeitung des KOBERGER Drucktextes herausgestellt. Das Evangelium Nicodemi verdeutschten neuerdings im 14. Jh. ein Bayer und ein Alemanne. Das 15. Jh. kennt mehrere Versionen und Frühdrucke. Überaus häufig sind Verdeutschungen des Anfangs des Johannes-Evangeliums, dem besondere magische Kräfte zugeschrieben wurden. Eine dieser Übersetzungen stammt aus Katharer- Kreisen und biegt den echten Wortlaut des JOHANNES nach der Lehre der Sekte um.

Vom Alten Testament erfuhren am frühesten die *Psalmen* eine Übersetzung. Der deutsche Psalter war ein vielgeschriebenes und -gedrucktes Buch des Spätmittelalters. Für die anderen Schriften beginnt, abgesehen von dem verlorenen Buch Job durch NOTKER DEN DEUTSCHEN, die Verdeutschung erst im 14. Jh. Seit dieser Zeit gibt es eine Menge von *Auswahlübersetzungen des Alten Testamentes*. Eine selbständige und glossierte Verdeutschung von Genesis, Exodus, Tobias, Daniel, Susanna hat man HEINRICH VON MÜGELN zugeschrieben. Um 1350 übersetzte im Auftrage des Deutschordensmarschalls SIEGFRIED VON DAHENFELD der Minoritenkustos CLAUS CRANC die großen und kleinen Propheten in deutsche Prosa. Die in der Spätgotik beliebten didaktischen Sprüche Salomonis verdeutschte im 14. Jh. ein Benediktiner in Melk. Er hatte in bayrischen, fränkischen, alemannischen und niederdeutschen Gebieten zahlreiche Nachfolger. Aus lehrhaften Gründen wurden auch das Buch Tobias und das Buch Jesus Sirach sowie die Weisheit Salomonis übertragen. Beliebt waren auch die alttestamentlichen *Apokryphen*. Weniger die beiden Makkabäerbücher, wohl aber die Geschichten von Judith, Esther, Susanna und Daniel. Von dem für die Mystik so bedeutsamen *Hohenlied* setzen ebenfalls seit dem 14. Jh. selbständige Übertragungen ein. Eingedeutscht wurde seit dem 14. Jh. in verschiedenen Prosafassungen auch die *Apokalypse* und zwar in allen deutschen Landschaften. Eine der frühesten Übertragungen stammt aus Deutschordenskreisen. Der älteste Bericht über eine vollständige Bibelübersetzung steht bei LEOPOLD STAINREUTER in seiner ‹Österreichischen Landeschronik›. Demnach besaß Königin AGNES VON UNGARN (1281–1364) im Klarissenkloster Königsfelden im Aargau eine deutsche Bibel. Auf eine andere sehr alte Übertragung einer vollständigen Bibel scheinen zwei in der Gymnasialbibliothek zu Holzminden entdeckte Pergamentstreifen aus dem 13. Jh. hinzuweisen. Bei den Minoriten in Krumau in Böhmen wurde 1380 die Abschrift einer älteren, vermutlich in Niederschlesien entstandenen Übersetzung alttestamentlicher Schriften hergestellt. Im 15. Jh. fertigte in Regensburg GEORG ROGER gewerbsmäßig deutsche Handschriften des Alten Testamentes an und vertrieb sie. Auf ein um die Mitte des 14. Jhs. entstandenes Original der Gesamtbibel gehen der Codex Teplensis (um 1400) und eine Handschrift in der Gymnasialbibliothek in Freiberg i. S. zurück. Eine vollständige deutsche Bibelübersetzung in fünf Bänden wird in Heidelberg verwahrt, die Propheten darin verdeutschte Propst KONRAD VON NIERENBERG. Weiters haben wir Nachrichten über den Besitz ganzer deutscher Bibeln bei einzelnen adeligen Persönlichkeiten und in Klöstern. Berühmt wegen ihrer Illustrationen ist die Wenzelsbibel in Wien (Ende 14. Jh.), für König WENZEL hergestellt. Sie umfaßt die Bücher des Alten Testaments bis Ezechiel. Insgesamt sind über 60 deutsche Bibelhandschriften bekannt. Sie gehören rund 13 verschiedenen Übersetzungen an.

Zu den Bibelübersetzungen gehören die deutschen *Plenarien* oder *Perikopenbücher* mit Abschnitten aus der hl. Schrift, die im Laufe des Kirchenjahres beim Gottesdienst verlesen wurden. Es gibt davon ungezählte Handschriften und Drucke (z. B. Perikopen-Handschriften: 30 in München, 20 in Wien; Perikopen-Drucke vor 1522: 57 oberdeutsche, 21 niederdeutsche, 32 niederländische). Sie haben für die Volksfrömmigkeit und kirchliche Erziehung große Bedeutung. Eine Verbindung aus biblischer Verdeutschung und geschichtlicher Verarbeitung bilden die *Historienbibeln*. Sie erfuhren in der Spätgotik häufig eine Aufschwellung durch Hinzunehmen neuen weltlichen Stoffes.

Obgleich viele Bibel-Handschriften verlorengingen, war ihre Zahl doch verhältnismäßig gering und ihre Verbreitung nicht sehr weit. Das wurde erst anders, als sich der Buchdruck ihrer annahm. Zuerst brachte 1466 der Verleger JOHANN MENTEL in Straßburg eine hochdeutsche Übersetzung des vollständigen Bibeltextes in den Handel. Sie geht auf eine in Nürnberg entstandene Verdeutschung des 14. Jhs. zurück und wurde bis 1490 in Straßburg, Nürnberg und Augsburg elfmal und noch je einmal 1507 und 1518 in Augsburg gedruckt. Diese stark veraltete, oft mangelhafte Übersetzung erscheint in der Ausgabe von ca. 1475 bei GÜNTER ZAINER (Augsburg) und 1483 bei ANTON KOBERGER (Nürnberg) einer Revision im Hinblick auf den zeitgemäßen Laut- und Formenstand unterzogen. ZAINER versichert, sein Druck sei «nach rechter gemeinen teutsch» gehalten und empfiehlt 1476 in der Verlagsanzeige: «Das bůch der teutschen Bibel mit figuren mit größtem fleiß corrigiert vnd gerecht gemacht. Also daz alle frembde teutsch vnnd vnuerstentliche wort, so in den erstgedruckten klainen bybeln gewesen gantz aufgethan und nach dem latein gesetzt vnd gemacht sind.» ZAINERS Verbesserungen machte sich A. KOBERGER zunutze, dessen Bibel von 1483 vor der LUTHERS zu den beliebtesten zählte. Die Ausgabe bei ZAINER hat demnach zahlreiche Fehler ihrer Vorgänger verbessert, im Wortschatz Veraltetes ausgeschieden, in der Syntax Härten beseitigt und wurde für die folgenden Drucke vorbildlich. Niederdeutsche Bibelübersetzungen erschienen 1478 bei HEINRICH QUENTELL in Köln, 1494 in Lübeck und 1522 in Halberstadt; nur das Alte Testament ohne die Psamen: Delft 1477. Bis 1522 sind überdies 32 Teildrucke, meist Psalter, und über 200 Handschriften mit Übersetzungen aus allen Gegenden Deutschlands bekannt. An Einzeldrucken sind bemerkenswert fünf Psalterien, ein deutscher Hiob, und die Teile der Apokalypse an der Offenbarung des JOHANNES von DÜRER (1498). Alle bekannten vierzehn hochdeutschen und fünf niederdeutschen Gesamt-Bibeldrucke enthalten im wesentlichen den gleichen Text, angepaßt jedoch den jeweiligen Sprachbewegungen: dieser Text war eine eng am Latein der Vulgata haftende Wortübersetzung in ungelenkem, oft schwer verständlichem Sprachstil. Ferner leben im ausgehenden Mittelalter weiter in Handschriften und Drucken die Sonderformen der mittelalterlichen Bibel, d. h. die Historienbibeln und die für die bildende Kunst bedeutsamen Bibliae pauperum oder *Armenbibeln* (viele Handschriften; Holzschnittdruck Bamberg 1462).

3. *Die Artesliteratur*

Im ganzen Mittelalter waren die Grenzen zwischen dichterischer und fachlicher Literatur fließend. Die zum Schrifttum der Spätzeit gehörige Fachliteratur ist in lateinischer und deutscher Sprache abgefaßt und geistlichen und weltlichen Inhaltes. Soweit sie sich im Bereich des Religiösen zeigt und für unsere Darstellung in Betracht kommt, wird sie in den Abschnitten über Scholastik und Mystik, Erbauungsliteratur und Übersetzungsschrifttum behandelt. Hier soll ein Überblick über die *profane Artesliteratur* im engeren Sinn gegeben werden, bis zu jener Zeit, da die Artes den Charakter exakter Wissenschaften erlangten. Wir legen bei der Darstellung die Akzente auch weniger auf das reine Zweckschrifttum, sondern auf Werke, die literarische oder geistesgeschichtliche Ansprüche erheben.

In der mittelalterlichen Wissenschaftslehre hatten den ersten Platz die *Septem artes liberales.* Diesen *freien Künsten* nachgeordnet waren die *Septem artes mechanicae,* d. h. die *Eigenkünste* oder handwerklichen Künste. Zu den beiden traten noch die *Artes magicae, die verbotenen Künste.* Die Elementarfächer waren und die Grundlagen boten die Artes liberales. Aber sie waren nur die allgemeinbildenden Lehrfächer. Um eine höhere Bildung zu besitzen oder ein besonderes Amt ausüben zu können, bedurfte es noch eine Menge anderer ‹Wissenschaften› und Fertigkeiten, die meist den beiden anderen Artesgruppen entnommen wurden. Bildliche Darstellungen der Artes sind in der Malerei und Graphik der Gotik und Renaissance nicht selten. Eine der letzteren Stilrichtung zugehörige befindet sich auf dem Holzschnitt HANS BURGKMAIRS ‹Der kaiserliche Adler mit den Emblemen des Collegium Poetarum et Mathematicorum› (1506).

Den Germanisten interessiert in erster Linie die *deutschsprachi*ge Artesliteratur, wie ihr im Forschungsbetrieb GERHARD EIS den gebührenden Platz verschafft hat. Die Gründe dafür liegen weniger im Ästhetischen als im Geistigen, Methodischen und Sprachlichen. Viele Autoren legten Wert auf Klarheit und Genauigkeit der Aussage und schufen damit die Voraussetzungen für eine weltliche Wissenschaft und eine deutsche Wissenschaftssprache. WOLFGANG STAMMLER war durchaus im Recht, wenn er in den mittelhochdeutschen und frühneuhochdeutschen Prosadenkmälern eine unentbehrliche Grundlage sah für eine Geschichte der deutschen

Syntax. Das Fachschrifttum bereichert wesentlich den deutschen Wortschatz, der für die ältere Zeit meist allzu einseitig aus den Dichtungen bezogen wurde. Der Wert der deutschen Artesliteratur liegt nicht im Formalen und in der Kunst der Darstellung, sondern in der Mächtigkeit der *inhaltlichen Wirkung*. Die Erzeugnisse und Bearbeitungen waren in Handschriften und Drucken viel weiter verbreitet als die Dichtungen. Einzelnes lebte bis ins 18. und 19. Jh. Die Literaturgattung hat außer für die Wortforschung auch für die Kulturgeschichte, die Volkskunde, die Interpretation von Dichtungen erhebliche Bedeutung.

Der deutschen Fachliteratur liegt häufig eine lateinische voraus, vieles ist Übersetzung oder Bearbeitung, einzelnes aber auch selbständiges Werk. Die deutsche Artesliteratur des ausgehenden Mittelalters verwendet Großformen und Kleinliteratur und ist meist in Prosa abgefaßt, aber auch Versdenkmäler kommen vor. Die *Quellbereiche,* aus denen sie schöpfte, lagen, abgesehen von Resten aus dem Altgermanischen, hauptsächlich auf drei Gebieten: in der Antike, deren Tradition die Klöster pflegten; in der auf der griechisch-römischen Kultur Süditaliens aufbauenden Schule von Salerno; bei den Arabern, die über Spanien wirkten, wo bis 1492 ein Maurenstaat existierte. Die Klöster übernahmen die Lehrbücher und Autoren für den Schulbetrieb und die Bildung; von der salernitanischen Literatur stammen Arzneibücher und Gesundheitslehre; von den Arabern Medizinisches, Alchimie, Astrologie. Vermittler im Laufe des Mittelalters waren Italien, Spanien, Frankreich, England. Zu den fremden Übernahmen trat mehr und mehr Eigenes und Neues.

a) Älteres Gebrauchs- und Wissenschaftsschrifttum

An älterer lehrhafter Fachliteratur leben im 14. und bis in das 16. Jh. weiter der als mittelalterliche Summa gedachte *Lucidarius* und sein Gegenstück das *Buch Sidrach*. Um 1300 war in Kreisen des Deutschen Ritterordens ein als Weltlehre angelegter Prosatraktat entstanden, den man als *Mainauer Naturlehre* bezeichnet.

Der Ende des 12. Jhs. geschaffene *Lucidarius* hat die Form des Lehrgespräches. Das Werk unterrichtet in Natur- und Weltkunde und stellt ein Kompendium religiösen und allgemeinen Wissens dar. Ein Schüler fragt den Meister und wird belehrt. Der Auftrag zur Abfassung ging von HEINRICH DEM LÖWEN aus und fiel in die Jahre 1190/95. Der Auftraggeber verlangte die Abfassung «ane rimen». Die Urfassung durch zwei Kapläne HEINRICHS in Braunschweig erfuhr zahlreiche Überarbeitungen und starke Veränderungen inhaltlicher Art. Der *Lucidarius* machte seinen Weg durch vier Jahrhunderte deutscher Bildungs- und Geistesgeschichte. Bis in die beginnende Druckzeit blieb er unverändert, dann wurden Veränderungen vorgenommen. Der Druck Straßburg bei CAMMERLANDER ca. 1535 bringt eine protestantische Überarbeitung der theologischen Partien und Ergänzungen zur Weltbeschreibung. Weitere Veränderungen erfolgten im weiteren Verlauf des 16. Jhs. Seit 1655 erschien der *Lucidarius* unter dem Titel ‹Kleine Cosmographia›. Die ‹Cosmographia› wurde zuletzt 1806 gedruckt. Man kennt über 60 Handschriften und über 85 Drucke (39 zwischen 1479 und 1518). Ein altfranzösisches Gegenstück zum *Lucidarius* bildete das *Buch Sidrach*. Es war 1243 in Süditalien auf Veranlassung Kaiser FRIEDRICHS II. entstanden. Die Form ist sehr einfach: König Boctus fragt, der weise Sidrach antwortet. Die Fragen betreffen Geistliches und Weltliches «van dem anbeghynne der werlt wente to deme ende der werlt» und boten viele Möglichkeiten der Erweiterung, Kürzung, Umstellung. Die Schrift wurde ins Italienische, Provenzalische, Englische und Niederländische übersetzt. Auf die letztere Fassung gehen zwei mittelniederdeutsche und eine ripuarische Fassung zurück. Bekannt sind sieben mittelniederländische Handschriften und vier Drucke.

Woraus viele Menschen vom 13. Jh. bis ins Barockzeitalter trotz der Fortschritte gerade in den Naturwissenschaften ihre naturwissenschaftlichen Kenntnisse bezogen, ersieht man an einem anderen Beispiel. Im 13. Jh. hatte der aus England stammende Minorit BARTHOLOMAEUS ANGLICUS, erst Lehrer der Theologie an der Minoritenschule in Paris, seit 1231 Lektor am Minoritenstudium in Magdeburg, eine Enzyklopädie der Naturwissenschaften ‹De proprietatibus rerum› verfaßt. Sie schöpfte aus den «authentischen Büchern der Heiligen und der Philosophen» und geht aus von Gott und den Gestirnen und reicht bis zu den Kräutern, Steinen und den menschlichen Sinnen. Das Werk wurde bis 1500 über zwanzigmal und noch 1601 gedruckt. Die Neigung des Mittelalters, alle Dinge der Natur symbolisch zu sehen und zu interpretieren, führte dazu, daß noch gegen Ende des 13. Jhs. ‹Propietates rerum moralisatae› und um die Mitte des 14. Jhs. ‹Moralitates super proprietatibus rerum› verfaßt wurden.

Die *Mainauer Naturlehre* behandelt in zusammenhängender Rede und mit Zeichnungen erläutert: die Elemente, das Firmament, die Erde und ihre Bewegung, die drei Erdteile, die Zeitrechnung und Gegenstände des Quadriviums und der Eigenkünste.

Dazu kam um die Mitte des 14. Jhs. die verbreitetste deutsche Enzyklopädie, das auf dem ‹Liber de natura rerum› des Dominikaners THOMAS VON CHANTIMPRÉ fußende ‹Buch der Natur› (1349/50) des KONRAD VON MEGENBERG (1309–1374). Es enthält eine systematische Darstellung der Naturgeschichte in acht Büchern: 1. Der Mensch und seine Natur; 2. der Himmel und die Planeten; 3. die Tiere; 4. die Bäume; 5. die Kräuter; 6. die Edelsteine; 7. die Metalle; 8. die wunderbaren Brunnen. KONRAD ordnet die Mannigfaltigkeit der Natur vom moraltheologischen Standort aus und befriedigt zugleich die Neugier nach dem Kuriosen und Merkwürdigen. Er verbindet Belehrung, Erbauung und Unterhaltung. Die gute Mischung von hochmittelalterlichem Sinn für das Typische und spätmittelalterlichem Sinn für das Greifbar-Besondere, anders ausgedrückt: von universalem ‹Realismus› und Indiviuellem zugewandten ‹Nominalismus›, verschufen dem Buch nachhaltige Wirkung: von 1475 an sind im 15. Jh. 16 Drucke nachweisbar, alle in Folio und mit Holzschnitten; unter dem Namen des ALBERTUS MAGNUS wurde ein Auszug des Werkes zum Volksbuch. KONRAD VON MEGENBERG unternahm es als erster, umfangreichere wissenschaftliche Werke deutschen Lesern in Übersetzungen zugänglich zu machen.

Ins Deutsche übersetzt wurde als Ganzes das ‹Elucidarium› des HONORIUS AUGUSTODUNENSIS. Es liegen davon zwei Fassungen aus dem 15. Jh. vor. Nur in je einer Handschrift erhalten sind PETER KÖNIGSCHLAHERS Neubearbeitung (1472) des ‹Liber de natura rerum› des THOMAS VON CHANTIMPRÉ und MICHEAL BAUMANNS ‹Buch von der natur und eygenschaft der dingk› (1478 im Kloster Bronnbach verfaßt).

b) Artes liberales, Artes mechanicae, Artes magicae; neue naturwissenschaftliche Erkenntnisse und Erfindungen. Der Buchdruck. Einblattdrucke und Flugschriften

Die Literatur der *Septem artes liberales* umfaßt die Fächer des Triviums und Quadriviums. Zum *Trivium* gehören Grammatik, Rhetorik, Dialektik, seit ISIDOR VON SEVILLA auch die Geschichtsschreibung; zum *Quadrivium* Arithmetik, Musik, Geometrie, Astronomie bzw. Astrologie. Leider fehlen uns aus dem Trivium Fachschriften der Poetik und Rhetorik für die deutschsprachige Kunstliteratur. Sie wurden entweder überhaupt nicht niedergeschrieben oder sie sind verloren.

In die Zeit um 1350 fallen die ersten Versuche, *antike Versmaße* im Deutschen nachzubilden. Da man aber die lateinischen Vorbilder nach dem Wortakzent der Prosa anstatt mit ihrem Versakzent las und dann nach den Grundsätzen der deutschen Betonung entsprechende Verse fertigte, bekam man wohl dem deutschen Akzent ‹genügende Verse, aber keine Nachbildungen antiker Metren. Die Bemühungen führten nicht zum Ziel. Es mangelte die genauere Kenntnis des klassischen Latein und Griechischen, insbesondere ihrer Akzentverhältnisse, des Wesens antiken Versbaues, und es fehlte das Wissen um die Eigenart der deutschen Sprache. Diese Dinge bahnte erst der Humanismus an. Er bringt auch ein umfangreiches Schrifttum zur Poetik und Rhetorik.

Für die Rhetorik der Kunstprosa gewährt einigen Einblick in die Arbeitsweise JOHANNS VON TEPL dessen lateinischer Widmungsbrief zum ‹Ackermann›. Aber wie und von wem ist der MÖNCH VON SALZBURG oder HUGO VON MONTFORT in Wien in der Dichtkunst unterwiesen worden, wie hat sich OSWALD VON WOLKENSTEIN das Technische und

Gesetzliche seiner Kunstübung erworben? Offenbar doch durch mündliches Verfahren. Zur dreifachen Schulwissenschaft gehören die *Wörterbücher*. Es gab in der spätmittelalterlichen glossographischen Literatur einsprachig lateinische Wörterbücher und lateinisch-deutsche Vokabulare. Von den zweiund mehrsprachigen seien genannt: 1. das deutsch-lateinische und lateinisch-deutsche Wörterbuch in FRITSCHE CLOSENERS ‹Vocabularium› (vor 1384) und dessen Bearbeitung durch JAKOB TWINGER VON KÖNIGSHOFEN; 2. der ‹Vocabularius quadriidiomaticus› des DIETRICH ENGELHUS, ein noch vor 1400 zusammengestelltes vierteiliges Vokabular, lateinisch-lateinisch mit deutschen Glossen, griechisch-lateinisch, hebräisch-lateinisch, deutsch-lateinisch; 3. ein *Stralsunder Wörterbuch*; 4. der aus rheinischem Gebiet stammende ‹Vocabularius qui intitulatus Theuthonista vulgariter dicendo der Duytschlender› (gedr. Köln 1477) des GERT VAN DER SCHÜREN, mit einem deutsch-lateinischen und lateinisch-deutschen Glossar; 5. der 1482 in Nürnberg bei CONRAD ZENINGER gedruckte ‹Vocabularius teutonicolatinus›. Schulzwecken sollte vermutlich die von DIETRICH ENGELHUS verfaßte alphabetische Enzyklopädie ‹Promptuarium› dienen.

Den zur Erlernung der lateinischen *Grammatik* benützten *Donat* übersetzte JOHANNES SELD um 1430 ins Deutsche, das zur Einübung der *Syntax* benützte ‹Doctrinale› des ALEXANDER DE VILLA DEI kommentierte deutsch 1496 WILHELM VON WERT. Daneben entstanden neue Lehrbücher für *Poetik und Rhetorik* mit Regeln für die Gliederung und Gestaltung eines Stoffes, für logischen Aufbau und Vortrag, Verwendung der Motive, Anbringung des Gedanklichen, für den Gebrauch von Wortfiguren, Satzfiguren und Tropen. Als elementare Lehrschrift für die Rhetorik benützte man die aus der Spätantike herstammende ‹Rhetorica ad Herennium›. Das Hauptwerk auf diesem Gebiet, des M. FABIUS QUINTILIANUS ‹Institutionis oratoriae libri XII›, war lange Zeit nur fragmentarisch bekannt; erst der französische Humanist und Theologe NICOLAS DE CLEMANGES († 1437) scheint einen vollständigen Text vor sich gehabt zu haben. Im 14. Jahrhundert war in der Praxis die Rhetorik mit der Notariats-(Kanzlei-)Lehre, die schöne *Stilistik* mit der Jurisprudenz vielfach verbunden. Im Verlaufe des 15. Jhs. kam es wieder zu einer Verselbständigung der Rhetorik als Stilkunde gegenüber dem Brief (modus, ars epistolandi). Von der antiken Rhetorik sind vor allem zwei Doktrinen für die Literatur bedeutsam geworden: die Lehre von den Topoi (loci communes), Topik genannt, und die Lehre von den Redefiguren (schemata), welche die Form der Rede und ihre ästhetische Erscheinung betreffen. Aus der Rhetorik entwickelte sich die Stilistik, die wirkungsvolle Anwendung der sprachlichen Schmuckformen. Neben die Wirkungslehre des Gesprochenen trat die des Geschriebenen. Die Fachausdrücke der Rhetorik werden sowohl in den Lehrbüchern der Redekunst als auch in den Stillehren verwendet.

Rhetorik und Stilistik waren für den Prediger, für den Diplomaten, für den Juristen im höheren Kanzleidienst von großer Wichtigkeit. Alle mußten sie darin ausgebildet werden und ihre Anwendung beherrschen. Zu den rhetorisch-stilistischen Lehrschriften gehörten die *Formelbücher* in den kaiserlichen, fürstlichen und städtischen Kanzleien. Als ‹ars dictandi› und ‹ars epistolandi› wurde die Rhetorik von den Briefmeistern, die Eingaben an Behörden und Briefe gegen Entgelt abfaßten, gepflegt und gelehrt. Eine erste deutsche Rhetorik verfaßte als Bearbeitung einer lateinischen der Benediktiner FRIEDRICH VON NÜRNBERG (1450/60). FRIEDRICHS Übersetzung und Bearbeitung ist weiteren Kreisen nützlich gewesen. Wahrscheinlich gebrauchte sie auch NIKLAS VON WYLE in seinem Eßlinger Schulbetrieb. Der Jurist HEINRICH GESSLER aus Freiburg i. Br. ließ 1493 ein ‹Formulare und tütsch Rethorica› in Druck erscheinen, FRIEDRICH RIEDRER einen ‹Spiegel der waren rhetoric› (Straßburg 1493). Einen besonderen Zweig der Rhetorik bildete die ‹ars memorativa› oder Gedächtniskunst. Abhandlungen dazu stammen von JOHANNES HARTLIEB (1430), BERNHARD HIRSCHFELDER in Nördlingen u. a.

Unter *Dialektik*, eigentl. ‹Unterredungskunst›, versteht man im philosophischen Sinne die Logik oder die Methode, Probleme durch dialogisches Denken und begriffliche Erörterungen zu lösen. PLATON wollte durch sorgfältige Begriffsbildung das wahre Sein, die Ideen, erkennen. ARISTOTELES löste die Dialektik aus den ontologischen Bezügen und machte sie zu einer bloß ‹versuchenden› Methode. Seine Logik mit ihrer Dialektik oder Topik bestimmt sehr stark die Form der scholastischen Philosophie. Nach stoischer Tradition schließlich hat es die Dialektik nicht mit Sachen, sondern mit den Worten, Definitionen, Einteilungen und Schlüssen zu tun und nimmt durch das Mittelalter und die Renaissance als eine der freien Künste den Bereich der *Logik* ein. Für Dialektik als die Kunst des Definierens, Beweisens und Widerlegens übersetzte PETER VON KASTL ‹De consolatione philosophiae› des BOETHIUS (Straßburg 1500).

Vom *Quadrivium* liegt für die Arithmetik der ganze ‹Computus› (zur Berechnung des Ostertermins) deutsch in Handschriften des 15. Jhs. vor. Aus dieser Zeit stammen auch verschiedene mathematische Traktate. Das bedeutendste Werk ist vermutlich der ‹Algorismus Ratisbonensis› (um 1450) von FRIEDRICH GERHART. Er behandelt, aufbauend auf NIKOLAUS VON CUES, BRADWARDINE und NIKOLAUS ORESME, das einfache Rechnen, die Algebra und die Geometrie. Für Kaufleute bestimmt waren die ersten gedruckten *Rechenbücher*. In der Musik lehrte SEBASTIAN VIRDUNGS ‹Musica getutscht› (Basel 1511), wie man «alles Gesang auß den Noten in die Tabulaturen diser benanten dryer Instrumenten, der Orgeln, der Lauten vnd der Flöten, transferieren» soll. Ein *Orgelbuch* verfaßte 1512 ARNOLD SCHLICK in Heidelberg. Der Komponist ADAM

VON FULDA (ca. 1440–1506?) behandelt in seinem musiktheoretischen Buch ‹De musica› (1490) in vier Teilen Ästhetik, Tonartenlehre, Mensuraltheorie, Intervalle und Proportionen. Drei Meisterlieder, gedruckt Köln um 1510 (im *Liederbuch* des ARNT VON AICH), zeigen ADAM dem gehobenen Meistergesang nahe. Kapellmeister des letzten jagellonischen Königs von Ungarn war THOMAS STOLTZER (ca. 1450–1526) aus Schweidnitz. Seine Werke, Motetten und deutsche geistliche und weltliche Lieder, sind in Sammeldrucken (bes. 1536/44) und in Manuskripten erhalten. An der Hofmusikkapelle in Wien wirken zur Zeit des Humanimus HEINRICH ISAAC, PAUL HOFHAIMER und LUDWIG SENFL.

In der Geometrie wurde um 1400 für den Hochmeister KONRAD VON JUNGINGEN die ‹Geometria Culmensis› lateinisch und deutsch abgefaßt, zum Zwecke einer genauen Abgrenzung der Felder im Ordensstaat. Eine ‹Feldmeßkunst› verfaßte 1522 der vielseitige JAKOB KÖBEL aus Heidelberg. Sie wurde wiederholt aufgelegt und sogar 1616 wieder gedruckt. Den Bedürfnissen der Steinmetze und Plattner diente die ‹Geometria deutsch› (gedr. Ende 15. Jh.). Das Volumen von Fässern zu bestimmen, halfen die ‹Visierbücher›. ‹Von der Kunst Perspectiva›, eine deutsche Ausgabe von ‹De artificali perspectiva› des JEAN PELERIN, GEN. VIATOR, gab 1509 JÖRG GLOCKENDON heraus, eine ‹Unterweisung der Messung› 1525 ALBRECHT DÜRER. Für die *Astronomie und Physik* lieferte durch Übersetzung der ‹Sphaera mundi› des JOHANNES DE SACRO BOSCO eine zusammenfassende Darstellung KONRAD VON MEGENBERG in seiner ‹Deutschen Sphära›. Sie wurde noch 1516, lediglich sprachlich überarbeitet, durch KONRAD HEINFOGEL zum Druck gebracht.

Der Elementargedanke eines Zusammenhanges des irdischen Geschehens mit dem astralen liegt der *Astrologie* als Sternglaube und Sterndeutung zugrunde. Da man die Erde als Mittelpunkt der Welt und den Menschen als Mikrokosmos ansah, glaubte man auch das menschliche Schicksal von der Stunde der Empfängnis bis zum Tode mit den Vorgängen am Himmel durch geheimnisvolle Fäden verbunden. Diese Konnexion zu erkennen und zu deuten, ist Aufgabe und Sinn der Astrologie. Die mittelalterliche Naturforschung nimmt sie als Wissenschaft, wenn auch als eine gefährliche Lehre. Die kirchliche Scholastik warnt zwar vor ihr, läßt sie aber ebenfalls eindringen in die religiöse Symbolik. Ein Schüler des THOMAS VON AQUIN, ARNOLD VON FREIBURG, übertrug in der ersten Hälfte des 14. Jhs. die ‹Isagoge in astrorum judicia› des ALCABITIUS nach der lateinischen Übersetzung des PETRUS HISPANUS ins Deutsche.

Ein besonderer Förderer der Astronomie und Astrologie war Kaiser FRIEDRICH III. Hoher Gunst erfreute sich bei ihm der Astrologe JOHANN LICHTENBERGER. Seine ‹Pronosticatio› erschien 1488 in lateinischer Sprache, seine ‹Practica› 1499. Beide Werke wurden oft aufgelegt, auch in deutschen Übersetzungen. Zu der von STEPHAN ROTH übersetzten und

1527 in Wittenberg erschienenen deutschen Ausgabe schrieb LUTHER eine Vorrede. Einen deutschen ‹Kalender› veröffentlichte REGIOMONTAN. Den ersten ewigwährenden Kalender schuf 1373 der Wiener WURM-PRECHT. Seit dem 14. Jh. schwoll die astrologische Literatur ungeheuer an: man übersetzte die bekanntesten ausländischen Schriften, ALBUMASAR, ALCABITIUS u. a.; es entstanden Horoskope, Praktiken, Prognostikationen. Diese Vorhersagen in Form von Einblattdrucken oder Heften betreffen das Gebiet der Politik, Meteorologie, Epidemiologie etc. und bilden eine sehr breite Literaturgattung des Spätmittelalters. Für Ackerbürger und Bauern bestimmtes wetterkundliches Schrifttum, das Wetter- und Himmelserscheinungen ansagte und astrologisch deutete, erzielte als ‹Wetterbüchlein› und ‹Bauernpraktik› bis ins 17. Jh. große Auflagen und fand im Ausland Nachahmung. Das erste Wetterbüchlein scheint LEONHART REYMANS ‹Von warer Erkantnus des Wetters› gewesen zu sein (1505; bis 1539 rd. 17 Auflagen). Eine ‹Bauernpraktik› mit Wettervorhersagen und gereimten Bauernregeln aus dem Ende des 15. Jhs., gedruckt 1508, erlebte im 16. Jh. allein vierzig deutsche Ausgaben.

Als Schulbuch für Kinder schrieb KONRAD DANGKROTZHEIM († 1444) in Hagenau 1435 das ‹Heilige Namenbuch› (556 V.). Gemeint ist eine Auswahl der Heiligennamen des Kalenders. Um den trockenen Stoff etwas aufzulockern, flocht der als Schulmeister tätige Verfasser Wetter- und Gesundheitsregeln ein.

Zu den *Septem artes mechanicae* gehören: opificium (Handwerk), armatura (Kriegswesen), navigatio (Seefahrt mit Erdkunde und Handel), agricultura (Landbau und Hauswirtschaft), venatio (Jagd, Wald und Tiere), medicina (Heilkunde), theatrica (Hofkunst mit den verschiedenen Arten von Sport und Spiel). Nachdem im ‹Weißkunig› der junge Prinz sich in kurzer Zeit «die siben freyen künst» angeeignet hat, wird er, z. T. in Vorbereitung auf sein zukünftiges Herrscheramt, z. T. in Hinblick auf eine höhere Bildung und Lebensform, unterwiesen auch: in der Heilkunde, im Kanzleiwesen, in den europäischen Sprachen, im Malen, im Stein- und Holzbau, in Musik und Saitenspiel, im Küchenwesen, in den Hofkünsten, im Münzwesen, Bergbau, Jagdwesen, Rüstungs- und Kriegswesen. Die meisten Kenntnisse und Fertigkeiten sind den *Artes mechanicae* entnommen. Die *Eigenkünste* wurden im 15. Jh. von SIGISMUND GOSSEMBROT (um 1480) und MARTIN VON LEIBITZ (um 1470) systematisch behandelt. Von den Handwerken haben die *ars textrina* und die *artes fabriles* eine Fachliteratur, die Weber, Färber, Schneider, Kürschner etc. Seit dem 14. Jh. kommen Handschriften vor, die Gegenstände aus den Gebieten der 6., 5., 4. Kunst der Eigenkünste behandeln. Sie enthalten meist ein *Regimen sanitatis*, ein *Roßarzneibuch* und ein *Pelzbuch* und bilden eine Frühstufe der Hausväterliteratur.

Durch die Berührung arabischer und christlicher Geisteskultur im 12./ 13. Jh. war im Abendland auch die *Alchimie* bekannt geworden. Philosophische Wesensprobleme über Körper und Geist, Stoff und Kraft wurden mit praktischen Zwecken und Zielen, wie Verwandlung unedler Metalle in edle u. dgl., verknüpft. Naturforscher wie ROGER BACON, ALBERT DER GROSSE, RAYMUNDUS LULLUS u. a. standen im Dienste der Alchimie. Zur alchimistischen Literatur gehören die ‹Fragen über den Stein der Weisen›, der Traktat ‹Vom Silber und vom Golde›, das ‹Buch der heiligen Dreifaltigkeit› des FRATER ALMANNUS und die ‹Alchymey teuczsch› (um 1426) als Arbeitsbuch einer Gesellschaft, das ‹Püechel genant splendor solis oder sonnen glanntz›. In alchimistischen Texten wird häufig die sog. ‹verdeckte Rede›, ‹dunkle oder figürliche Rede› oder ‹Arkansprache› verwendet, d. h. die Darstellung eines Sachverhaltes oder einer Arbeitsweise ist nur dem Eingeweihten verständlich. Die Autoren benützen dazu außer Geheimschriften oder Geheimwörtern auch Symbole, Metaphern, bedienen sich fingierter Personen, mythologisierender Einkleidungen etc. Dieser eigene alchimistische Stil verfügt sowohl über eine virtuose Phantastik der Umschreibung als auch Schärfe begrifflicher Unterscheidung. Als Beispiel einer Alchimisten-Handschrift, in der man sich einer (von WILHELM WATTENBACH entzifferten) Geheimschrift bediente, sei der Heidelberger Cod. Pal. germ. 597 angeführt, der 1426 in der Grafschaft Hals bei Passau angefertigt wurde. Ein Beispiel dafür, wie man die geheime Kunst mit den Mitteln epischer und dramatischer Symbolisierung in verdeckter Rede darstellte, ist die Schrift ‹Der Prophetin Marien, Moysis Schwester, Practica in der Kunst Alchimey›. Großes Ansehen als Alchimist genoß im 15. Jh. JOHANN VON TETSCHEN.

Den *Bergbau* behandelt das ‹Bergbüchlein› (gedr. um 1500) des Freiberger Stadtarztes ULRICH RÜLEIN VON CALW.

Träger der baukünstlerischen Leistungen blieb auch im ausgehenden Mittelalter der Sakralbau. In seiner Gruppe entstanden die großen Werke der spätgotischen Dombauten und der plastischen Bildkunst. Die Pflegestätten des technischen Wissens, der Methoden, Proportionsgrundsätze etc., kurzum der Theorie um diese Schöpfungen, waren die *Bauhütten* bzw. die aus dem Steinmetzberuf hervorgegangenen Baumeister, Parliere und Gesellen. Die Mitglieder bewahrten jedoch ihre Kenntnisse als Handwerksgeheimnis und von den *Bauhüttenbüchern* ist nur sehr wenig erhalten. So etwa von VILLARD DE HONNECOURT der ‹Livre de portraiture› (um 1240), ein zur Hälfte überliefertes Bauhüttenbuch der Hochgotik. In Deutschland gingen die technischen Überlieferungen größtenteils verloren, und die Theorie mußte nachträglich von Forschern aus Plänen und Bauten erschlossen werden. Als einmaliger Schatz gelten die rund dreihundert noch erhaltenen Risse der gotischen Bauhütte von St. Stephan in Wien, einer der vier Haupthütten des Mittelalters. Sie zeigen den Einfluß über das ganze Donaugebiet bis weit nach dem Südosten und Wechselbeziehungen zu den großen Dombauten in Straßburg, Ulm und Regensburg. Schriftliche Lehrbücher der Architektur sind, ausgenommen VITRUV-Handschriften, in Deutschland erst aus der Zeit um 1480 erhalten. Hierher gehören MATTHÄUS RORITZERS ‹Puechlen von der fialen gerechtikait› (Regensburg 1486), HANS SCHMUTTERMAYERS ‹Fialenbüchlein› [1486], HANS HÖSCH VON GMÜND mit einer ‹Geometria deutsch› (o. J.), LORENZ LACHER mit einer ‹Unterweisung› (Nürnberg 1516). Spätere literarische Fixierungen sind die ‹Steinmetzbücher›. Fachaufzeichnungen der amtlich bestellten Stadtbaumeister enthalten die Nürnberger *Baumeisterbücher* des 15. und 16. Jhs. Für die ältere Zeit sind zu nennen die Niederschriften des HANS GRASER (1441/52), des LUTZ STEINLINGER und des ENDRES TUCHER (1464/75), dessen großes Nürnberger Baumeisterbuch bis ins 17. Jh. Bedeutung hatte.

Auch die *Seefahrt,* die *Erdkunde* und der *Handel* haben ihre Fachliteratur. Das mittelniederdeutsche ‹Seebuch› (14./15. Jh.) enthält Segelanweisungen und Hafenbeschreibungen. Ergänzungen dazu brachten einzelne Beschreibungen von Seereisen mit Erfahrungen und praktischen Ratschlägen. So schrieb etwa JOHANN BASSENHEIMER, der 1398 Palästina besucht hatte, 1426 einen *Pilgerführer* für Reisende. Die Berichte über die spanisch-portugiesischen Entdeckungen in Afrika, Südasien und Amerika wurden meist sehr bald ins Deutsche übersetzt. Beschreibungen durch Kaufleute, Pilger, Kriegsgefangene etc. sowie HARTMANN SCHEDELS ‹Weltchronik› vermehrten die Kenntnisse über die Erde und ihre Länder. Fachaufzeichnungen städtischer Handelshäuser enthalten die ‹Handlungsbücher› und die *Ein- und Ausgabenbücher.* Bald entwickelten sich auch ‹Drucksachen›, um ein modernes Wort zu gebrauchen, die Reklameplakate, Lotteriezettel, sprachliche Reiseführer, Warenverzeichnisse etc. Beachtung verdienen Schriften über das kaufmännische Berufsethos wie CHRISTOPH KUPPNERS ‹Ein schones Buchlein› über ‹rechte und unrechte kaufmannschaft und hendel› (Leipzig 1508). In die Wirtschafts- und Finanzverwaltung gewährten Einsicht z. B. die *Wirtschaftsbücher* des Deutschen Ritterordens.

Für den *Landbau* entstand um 1350 im ‹Pelzbuch› des GOTTFRIED VON FRANKEN ein Hauptwerk der deutschen Agricultura-Literatur. Es behandelt die Baumpflege und Obstverwertung, den Weinbau und die Kellerwirtschaft. Eine Verdeutschung der ‹Ruralia commoda› des PETRUS VON CRESCENTIIS, ‹Von dem Nutz der Dinge, die in Ackern gebaut werden›, fand durch Handschriften und Frühdrucke (z. B. Speyer um 1492) Verbreitung. Es behandelt in zwölf Büchern die Fragen der Landwirtschaft. Geradezu ein Volksbuch wurde die deutsche Bearbeitung der BERNHARD VON CLAIRVAUX zugeschriebenen ‹Lehre vom Haushaben›, auch ‹Haussorge› genannt. Sie behandelt die charakterlichen Eigenschaften des

Hausvaters und gibt Klugheitsregeln zur erfolgreichen Führung eines Hofes. Eine systematische Darstellung aller landwirtschaftlichen Sparten enthält das sog. *Engelmannbuch* (um 1520) von NIKOLAUS ENGELMANN, Wirtschaftsschreiber, Küchen- und Kellermeister des Erzbischofs von Mainz.

Die deutsche Fachliteratur zum *Kriegswesen* setzte ein mit der unter dem Eindruck der Niederlage bei Sempach 1386 entstandenen Schrift ‹Ein sunder ler der streitt› (1394/95) des Wiener Professors für Kirchenrecht JOHANN SEFFNER. Er schöpfte dabei aus den Kirchenvätern und aus VEGETIUS. Der Taktik des Wagenburgkrieges, wie sie die Hussiten übten, waren die ‹Wagenburgordnungen› (1431 u. ö.) gewidmet. Für kleine Unternehmungen entstand Mitte des 15. Jhs. eine ‹Taktik der Fehde›. Das Kriegsbuch des ROBERTO VALTURIO ‹De re militari› erschien Verona 1472 mit vielen wertvollen Illustrationen. Mehr als diese Unterweisungen ragen in der militärwissenschaftlichen Literatur hervor Ikonographien, welche «Streitwagen, Belagerungsgeräte, hydrotechnische Maschinen, Steigzeuge, Schleudern, Feuerwaffen, Werkzeuge» (EIS) etc. in Wort und Bild vorführen. Manche der Bildwerke enthalten Porträts ihrer Verfasser als Zeichen des neuen Persönlichkeitsgefühles. Begründer dieser Literaturgattung war der fränkische Edelmann KONRAD KYESER. Sein ‹Bellifortis› (1405) ist das Vorbild für die späteren Autoren AUGUSTIN VON DACHSBERG, ALBRECHT VON LANNENBERG, PHILIPP MÖNCH, LUDWIG VON EYB, MARTIN LÖFFELHOLZ, MARTIN MERZ u. a. Von diesen Ikonographien zu unterscheiden sind die ‹Büchsenmeisterbücher› oder ‹Streitbücher› und die ‹Feuerwerksbücher›, weiters, als eine Besonderheit der maximilianischen Zeit, auch die Kanonen-Darstellungen. Die ‹Große burgundische Ordonnanz› übersetzte 1473 ALEXANDER HELMSCHMID aus dem Französischen ins Deutsche. Ein *Kriegstagebuch* mit Illustrationen, das früheste der deutschen Literatur, stammt vom sächsischen Brückenbaumeister PAUL DOLNSTEIN, der 1491 bei der Belagerung von Montfort und 1502 von Elfsberg in Südschweden als Landsknecht kämpfte. Das Hauptwerk der Literatur über *Befestigungsbauten* schuf schließlich ALBRECHT DÜRER. Alle Kenntnisse, die für den Besitzer eines ‹Hauses›, d. h. einer Burg, von Bedeutung waren, faßt zusammen das *Mittelalterliche Hausbuch* (um 1480; Schloß Wolfegg). Das wegen seiner technischen und lebensvollen zeitgenössischen Federzeichnungen künstlerisch überaus wertvolle Werk übernimmt einen Teil des ‹Feuerwerksbuches› und bringt Ausführungen über Büchsenmeisterei, Pulver-, Geschütz- und Kriegswesen. Der Verfasser ist unbekannt, die Illustrationen werden HEINRICH MANN von Augsburg oder ERHARD REWICH zugewiesen.

Eine technische Sammelhandschrift legte 1524 der Geschützgießer und Modelleur am Innsbrucker Grabmal Kaiser MAXIMILIANS I. CHRISTOPH SESSELSCHREIBER an. Sein *Guß- und Büchsenmeisterbüchlein* behandelt den Glockenguß, Geschützguß, die Rohrkonstruktion der Geschützarten, die Richtinstrumente, Schöpfwerke, Springbrunnen etc.

Dem Haushalt dienten die *Kochbücher*, deren ältestes bekanntes das Würzburger ‹Bůch von gůter spîse› zu sein scheint, und die *Getränke-büchlein*. Medizinische Absichten verfolgten die Traktate über den Branntwein und die Lehrschriften über die ‹Gebrannten Wässer›, d. h. alkoholische Extrakte aus Heilkräutern. Seit 1442 aktiv bei anatomischen Demonstrationen beteiligte sich an der Wiener Universität der Mediziner MICHAEL PUFF († 1473) aus Schrick in Nieder-Österreich. Sein Buch ‹Von manigerley außgeprannten Wassern› (Augsburg 1477), das den arznei-lichen Gebrauch von rund achtzig destillierten Pflanzenwässern einschließ-lich des gebrannten Weines lehrt, gehört zu den wirkungsmächtigsten Fachschriften des ausgehenden Mittelalters: gegen zwanzig Drucke bis 1500 und weiter gedruckt bis in den Beginn des 17. Jhs.

Die fünfte der Artes mechanicae wird einmal nemus (Wald), das an-dere Mal venatio (Jagd) benannt. Die Hauptgebiete der Tierliteratur sind *Jagd und Tierheilkunde.* In der Jagdliteratur liegt die ‹Lehre von den Zeichen des Hirsches› vor. Die älteste Fassung wurde von HUGO WITTEN-WILLER bearbeitet (1409/15). Für die Fischerei entstand um 1500 im Klo-ster Tegernsee ein ‹Fisch- und Angelbüchlein›. Der Jagd mit Beizvögeln ist eine ‹Habichtslehre› (14. Jh.) gewidmet. In Nachfolge von ALBERTUS MAGNUS verfaßte HEINRICH MÜNSINGER für den Heidelberger Kurfür-sten das Buch ‹Von Falken, Pferden und Hunden› (1440/50) mit Aus-führungen auch über die Krankheiten der jeweiligen Tiere. Der frühe Buchdruck machte das ‹Roßarzneibüchlein› des in der Umgebung Kaiser FRIEDRICHS II. tätigen Meister ALBRANT wieder bekannt. Es stand bis ins 19. Jh. im Gebrauch, zuletzt bei einfachen Hufschmieden. Auch die hippiatrischen Werke des JORDANUS RUFFUS (13. Jh.) und LAURENTIUS RUSIUS (14. Jh.) wurden im 15. Jh. ins Deutsche übersetzt. Neuentdeckte Tiere, wie Rhinozeros, Auerochse, Krokodil etc., werden sogleich in Bild und Wort bekanntgegeben, wie das etwa DÜRER in seinem Rhinozeros-Blatt getan hat. Die Zoologie als Wissenschaft begründete erst im 16. Jh. KONRAD GESNER durch seine Tierbücher. Zur Nemus-Literatur gehören die *Waldordnungen*, die im Spätmittelalter erlassen wurden.

In der *Heilkunde* leben die alten *Arzneibücher, Kräuterbücher, Stein-bücher, Regimina sanitatis* weiter. Im 14. Jh. kamen dazu das gereimte ‹Regimen› HEINRICHS VON LAUFENBERG und die Prosa-Arzneibücher des MEISTERS BARTHOLOMAEUS (ORTOLF VON BAYERLAND) und ARNOLD DO-NELDEY, etwas später die ‹Dudesche Arstedie› und das ‹Utrechter Arznei-buch›, eine deutsche Bearbeitung der ‹Regel der Gesundheit› des ARNALD VON VILLANOVA, ferner die ‹Margarita medicinae› des JOHANN TOLLAT VON VOCHENBERG u. a. Das erste gedruckte Kräuterbuch in deutscher Sprache verfaßte wahrscheinlich BERNHARD VON BREIDENBACH: ‹Gart der Gesuntheit› (Mainz 1485 u. ö.). Den größten Teil der bemerkenswerten Illustrationen schuf Erhard Rewich. Die mittelalterliche Diätetik faßte nochmals zusammen die ‹Groß-Schützener Gesundheitslehre› (um 1525). Das Auftreten der Pest 1348 u. ö. brachte eine Menge Pestschriften hervor. Zur Geriatrie gehört der ‹Vetularius› des Siegmund Albich, Leibarztes der Kaiser Wenzel und Sigismund. Verschiedenen Fächern diente Ulrich Ellenbog (ca. 1430–1499) aus Feldkirch in Voralberg, Leibarzt des Bischofs und Domkapitels in Augsburg, Stadtarzt in Memmingen, Leibarzt Herzogs Siegmund von Tirol. Seine lateinischen und deutschen Schriften betreffen Balneologie, Pharmazie, Gewerbehygiene, Diätetik des Seewesens etc. Von den deutschsprachigen Fachschriften sind bekannt: ein Schriftchen zur Vermeidung und Beseitigung von Kohlendunst-, Säure- und Metalldampf-Schädigungen (1473), eine Pestschrift ‹Ordnung wider die giftigen anrůr der pestilenzlichen prechen› (1482) und ein ‹Consilium de Ptisi› (1480) für eine lungenleidende Äbtissin. Von den ‹Secreta secretorum›, d. s. Lehren in Form von Briefen des Aristoteles an Alexander d. Gr., liegt eine Versbearbeitung aus dem 14. Jh. vor: ‹Aristotilis Heimlichkeit›. Ein Augsburger Druck 1532 enthält eine aus dem 15. Jh. stammende Bearbeitung des Mathematikers Johann Lorchner von Spalt. Für Herzog Albrechts III. Sohn Siegmund von Bayern übersetzte Johannes Hartlieb die ‹Secreta mulierum› (um 1465), vorgeblich von Albertus Magnus verfaßt, mit Erläuterungen der salernitanischen Ärztin Trottula. Das gynäkologische Werk handelt von Konzeption, Lage, Leben und Ernährung der Frucht, Geburt des Kindes, Frauenkrankheiten etc. Als Kaiser Friedrich III. von der Übersetzung der ‹Secreta› hörte, verlangte er eine Abschrift der Bearbeitung. Sie ist in der Berliner Handschrift Germ. 928 erhalten. Der Frauenheilkunde diente ferner der Apotheker und Arzt Eucharius Röslin mit seinem illustrierten ‹Der Swangern frawen vnd Hebammen Rosegarten› (1513). Übersetzt in alle Kultursprachen, wurde es einer der größten Bucherfolge der Zeit. Für die ‹Kinderheilkunde› wirkte Bartholomäus Metlinger in Augsburg mit einem Handbüchlein 1474. Von einem praktischen Wundarzt stammt die ‹Cirurgia› Peters von Ulm, der als einer der besten Meister in der ersten Hälfte des 15. Jhs. galt. Groß ist auch die Zahl der ‹Aderlaßbüchlein› etc. Neben den gelehrten Medizinern und Chirurgen gab es die handwerklichen Bader und Schermeister. Auch sie treten im ausgehenden Mittelalter schriftstellerisch hervor.

Die Gruppe der ‹Theatrica› oder der *Hofkünste* umfaßt die Literatur der ritterlichen Wettkämpfe, gesellschaftlichen Veranstaltungen und Unterhaltungen. In Betracht kommen vorzugsweise Sport und Spiel. *Turnierbücher* sind erhalten von Ludwig von Eyb, Marx Würsung, Georg Rüxner. Pferderennen, wie sie in den oberdeutschen Städten abgehalten wurden, beschreiben eine Münchener ‹Ordnung des Rennens› (1448), eine

Nördlinger ‹Scharlachordnung› (1462) u. a. Das Fachschrifttum der
Fechter und Ringer erzeugte bebilderte *Fechtbücher,* wie die des JO-
HANNES LICHTENAUER (1389, die Erklärungen in ‹verdeckten Worten›
abgefaßt) und seiner Schüler oder das des Schwaben HANS THALHOFER,
aus dessen Schule die Fechtbücher des HANS LEBKÜCHNER (1482) und
ANDREAS PAUERNFEINDT (1516) hervorgingen. THALHOFERS ‹Fechtbuch›
hat sich in drei Redaktionen, 1443, 1459, 1467 erhalten; für die Illustrationen stand der Meister einem Zeichner Modell. Die *Ringkunst* stellte
1443 der konvertierte Jude OTT, Ringer der Herzoge von Österreich,
ebenfalls in absichtlich dunkler Sprache dar.

Die *Artes magicae* bilden sowohl die von der Kirche verbotene Magie
und Mantik als auch die von den Behörden verfolgten Praktiken der
Gauner und die Betrügereien der Handwerker und Handelsleute. Die
Kosmosophie (d. h. die gedanklichen Bemühungen um Erforschung des
Weltganzen durch innere Anschauung) des Mittelalters und der frühen
Neuzeit umfaßte auch die spekulativen Geheimwissenschaften der Magie,
Mantik und Astrologie. Diese drei, auf dem Glauben eines geheimnis-
vollen Zusammenhanges des Kosmos, der Möglichkeit einer ‹magischen›
Wirkung und einer ‹magischen› Erkenntnis basierenden Künste hatten
im Laufe der Zeit auch eine eigene Systematik und Technik entwickelt.
Texte dieser aus antiken und orientalischen Quellen gespeisten *verbotenen Künste* fanden im ausgehenden Mittelalter in großer Zahl den Weg in
die Handschriften. Ihre Urheber jedoch blieben in den meisten Fällen
anonym oder verbargen sich unter den Namen unantastbarer Autoritäten.
Im Rahmen des im Gang befindlichen Eindeutschungs- und Popularisie-
rungsprozesses wurde diese Literatur im 15. Jh. für adelige und patrizische Kreise in beträchtlichem Umfang ins Deutsche übersetzt. Der frucht-
barste Autor auf diesem Gebiet, der sowohl persönlich bekannt ist als
auch sich der deutschen Sprache bedient, war der Epiker und Übersetzer
JOHANNES HARTLIEB (vgl. S. 59 ff.). Wir besitzen von ihm insgesamt fünf
derartige Traktate.

Die erste Schrift, ein ‹Mondwahrsagebuch›, entstand 1433/35 während seiner
Studienzeit in Wien, wo die Astrologie eifrig gepflegt wurde. HARTLIEB übersetzte es aus einem unbekannten lateinischen ‹Buch der heiligen Drei Könige›
für das österreichische Ritterehepaar HANS und KATHARINA KUCHLER. Der
Traktat macht die Deutung des menschlichen Schicksals vom Weg des Mondes
durch die 28 Mondstationen (mansiones) bzw. deren Sterngruppen abhängig.
Aber HARTLIEB bietet statt der astrologischen eine onomatomantische Methode
und will es ermöglichen, aus dem Vornamen der Person die ihr eigene Mond-
station zu bestimmen.
Wesentlich komplizierter ist HARTLIEBS ‹Namenmantik› (1440; 12 Handschriften). Die vermutlich für ein Mitglied des Münchener Hofes nach lateinischen Vorlagen angefertigte ‹Onomatomantia› besteht aus zwei Traktaten, die
beide die Kunst lehren wollen, aus dem Vornamen die Zukunft des Menschen

vorauszusagen, also etwa die Namen der Partner eines gerichtlichen Zwei-
kampfes mit der Kalenderstellung des Kampftages in Übereinstimmung zu bringen oder aus den Namen von Eheleuten die Lebensaussichten zu errechnen.
Die ideengeschichtlichen Grundlagen dieser Divinationsmethode bilden die Vorstellung von der Wesens- und Schicksalsgleichheit von Name und Namensträger,
die orientalisch-griechische Zahlen- und Buchstabensymbolik, die ägytisch-helle-
nistische Astrologie.

Anscheinend ebenfalls noch in Wien war HARTLIEBS umfangreiche ‹Geomantie› (3 Handschriften) entstanden. Man versteht darunter die Erd- und
Sandwahrsagerei; die Punktierkunst, vermöge deren man verborgene Dinge
durch Punkte in Erde, Sand etc. zu erforschen sucht. Das Lehrbuch ist nach lateinischen Quellen gearbeitet. Die arabische ‹Sandwissenschaft›, die astrologische
Tierkreis- und Ortelehre, die Lehre von den Elementen, die Planetentheorie
sind miteinbezogen und verarbeitet. Die Geomantie wurde im Mittelalter zu
Cordoba als eigene Wissenschaft gelehrt. Von den Arabern kam sie zu den
christlichen Königen und Fürsten. HARTLIEB schuf das Buch offenbar für einen
adeligen Auftraggeber.

Der Chiromantie wandte sich HARTLIEB zu mit dem ‹Bůch von der hannd›
(1448; 1473 als Blockbuch gedruckt), gewidmet ANNA VON BRAUNSCHWEIG, der
Gemahlin Herzog ALBRECHTS III. VON BAYERN-MÜNCHEN. Die nach lateinischen
Vorbildern gearbeitete Schrift gilt als das deutschsprachige Hauptwerk der
chiromantischen Literatur der Zeit. Es besteht nur aus kurzem Text, aber aus
zahlreichen Abbildungen von Händen und Aufzeichnungen dessen, was aus den
Händen zu lesen ist. In der Hauptsache sind es zwei Kategorien von Deutungen:
solche, die sich auf leibliche Beschaffenheit, Charakter und Intelligenz beziehen,
und andere, die sich mit Liebe, Ehe, Kindern, Vermögenslage, Lebensereignissen,
Krankheiten, Lebensdauer, Todesart befassen.

Die Gesinnungswandlung, die sich um 1451 in HARTLIEBS Leben kund-
tat, zeichnet sich auch in seiner Stellung zu den Geheimwissenschaften
ab. Er verfaßte 1455/56 für Markgraf JOHANN VON BRANDENBURG-KULM-
BACH, den bekannten Alchimisten, das ‹Půch aller verpoten kunst, vnge-
laubens vnd der zaubrey› (3 Handschriften). Diese offenbar größtenteils
selbständige Arbeit behandelt hauptsächlich die Künste der Mantik, vermittelt aber auch einen Überblick über die Magie.

Aus dem Gesamtgebiet – HARTLIEB behauptet, 83 von der Kirche verbotene
Künste nennen zu können – werden folgende sieben Künste herausgegriffen:
Nekromantie, Geomantie, Hydromantie, Aeromantie, Pyromantie, Chiromantie,
Spatulamantie. Bei der Toten- und Dämonenbeschwörung behandelt er auch die
Hexenbräuche und gibt eine Aufzählung der Zauberbücher: das ‹Sigillum
Salomonis›, die ‹Clavicula Salomonis›, das ‹Buch Jerarchia›, das ‹Buch Kira-
nis›, den ‹Liber Rasielis›, den ‹Liber consecratus›, den ‹Piccatrix›, das ‹Buch der
heiligen Drei Könige›, ferner Werke, die dem THABIT, PTOLEMAEUS, LUIPOLDUS
DE AUSTRIA, ARNALD DE VILLANOVA, ALBERTUS MAGNUS und THOMAS VON
AQUIN zugeschrieben werden. Bei der Weissagung durch die Erde erörtert er die
Losbräuche.

Das Werk ist aber nicht nur eine systematische Darstellung der verbotenen Künste, sondern eine Streitschrift gegen diese Geheimwissenschaften. HARTLIEB lehnt darin aus religiösen und moralischen Gründen,

gestützt auf einen massiven Teufelsglauben, alle Divination und Magie ab und damit auch seine eigenen bisherigen mantischen Schriften. Er betrachtet sie alle als ein Werk des Teufels. Man befindet sich hier auf dem dunklen Boden, aus dem sich der Hexenglaube und die Teufelsliteratur nährten. HARTLIEB wollte den Markgrafen JOHANN vor der Gefahr, die ihm durch seine Befassung mit den verbotenen Künsten drohe, warnen. Die literarische Absage HARTLIEBS war nicht zur Veröffentlichung bestimmt gewesen. Die Pflege und Ausübung der verbotenen Künste wurde davon kaum betroffen. Im ‹Weißkunig› wird berichtet, MAXIMILIAN sei auch in der ‹Kunst des Sternsehens› und in der ‹Schwarzkunst› unterwiesen worden, habe aber für die letztere die Folgerung gezogen, daß sie wider Gott und eitel sei. Lehrer des Prinzen in der Astrologie dürfte JOHANN LICHTENBERGER gewesen sein. Von dem bei HARTLIEB als bestes Werk der Nekromantie genannten ‹Piccatrix›, d. i. einem arabischen Handbuch hellenistischer Magie, besaß der Kaiser später zwei Exemplare.

Über die *Chiromantie* oder Deutung der Handlinien verfaßte der Hofastrologe des Erzbischofs ALBRECHT VON BRANDENBURG-MAINZ und Freund MATTHIAS GRÜNEWALDS JOHANNES ROSENBACH (VOM HAYN DE INDAGINE) (um 1446–1537) ein Werk ‹Introductiones apotelesmaticae›, Einführungen in die Nativitätsstellerei (lat. Straßburg 1522, deutsch 1523), in dem er aus den Sternen, den Handlinien, den Gesichtszügen und Schädelformen den Charakter und das Schicksal der Menschen deutet. Ein Bildnis des Verfassers von HANS BALDUNG GRIEN, erklärende Holzschnitte mit Händen und Kopftypen von HANS WECHTLIN sind beigegeben. Eine Manuskript gebliebene Arbeit ROSENBACHS behandelt die Horoskope verschiedener Fürsten. Zwei handschriftliche Tagebücher enthalten wertvolle historische Eintragungen.

Auf biblische Oneiromanten wie Daniel und Josef beruft sich meist die umfangreiche Literatur über die Traumdeutung. Mit Namen bekannte deutsche Verfasser sind HANS LOBENZWEY VON RIEDLING und BRUDER HARTUNG. Von ihnen stammt ein ‹Traumbuch› in deutscher Prosa bzw. ein Auszug aus dem ‹Traktat von Schlaf und Traum›.

Der Zukunftsdeutung dienten die *Würfelbücher,* d. s. Losbücher mit Orakelsprüchen. KONRAD MULITOR legte als Kanzlist des Grafen ULRICH VON OETTINGEN (1450/73) eine Sammlung von deutschen *Losbüchern* an. Dabei zeigt sich eine besondere Vorliebe für das Glücksrad.

Die Schriften über die *Bettler, Landstörzer und Gauner* und deren Methoden setzen in der ersten Hälfte des 15. Jhs. ein. Das älteste derartige Schriftstück scheint die ‹Sterzerordnung› (1443) des Wiener Sterzermeisters HANS WEYDENBERGER zu sein. Um dieselbe Zeit verfaßte in Basel JOHANNES ZWINGER die ‹Betrügnisse der Giler› und fügte ein Glossar des Rotwelschen bei. Ein Unbekannter gab 1490 in Köln den ‹Boiffen Orden› heraus, in dem die verschiedenen Arten der Bettler samt deren

Deck- und Übernamen angegeben sind. Von ZWINGER ging aus der ‹Liber Vagatorum› (gedr. 1510, als ‹Rotwelsche Grammatik› bis ins 18. Jh. auf dem Büchermarkt) des Pforzheimer Spitalverwalters MATTHIAS HÜTLIN. Er behandelt die «narungen» der Bettler und Vagabunden, die «notabilia» ihrer Tricks und ihre Fachsprache. Ausgaben von 1528 und 1531 versah LUTHER mit Vorreden; PAMPHILUS GENGENBACH und KUNZ HAS (‹Der valschen Betler Teuscherei›) bearbeiteten das Buch in Versen.

Der Pflege der drei Artes verdankt das ausgehende Mittelalter eine Reihe *neuer naturwissenschaftlicher Erkenntnisse und Erfindungen.* Aus der lateinsprachigen Wissenschaftsliteratur von besonderer Bedeutung war die Gewinnung neuer physikalischer und chemischer Erkenntnisse sowie die beginnende Ausbildung experimenteller Methoden. Sie schufen die Voraussetzungen und Grundlagen für folgenreiche Erfindungen und Entdeckungen. Diese wiederum bestimmten wesentlich die Umgestaltung der geistigen, politischen und wirtschaftlichen Struktur Europas vom 14. bis ins 16. Jh. Die Spätscholastik nominalistischer Richtung betrieb neben Logik und Metaphysik mit Vorliebe das Studium der Naturwissenschaften, der Mathematik, Physik, Astronomie und gelangte so zu einer ganzen Reihe neuer Erkenntnisse. Man übertrug die physikalischen Einsichten auf die Technik. Die Alchimie näherte sich der modernen Chemie.

Mitten in der Spätscholastik liegen die Anfänge der späteren *Erd- und Himmelsmechanik.* Bahnbrechend war JOHANNES BURIDAN (geb. Ende des 13. oder Anfang des 14. Jhs., † bald nach 1358), einer der angesehensten Professoren der Pariser Universität und einer der einflußreichsten Anhänger OCKHAMS. Er hielt die aristotelische Physik für irrig und wandte sich der zuerst von JOHANNES PHILOPONUS ausgesprochenen, dann von ALPETRAGIUS, OLIVI, OCKHAM u. a. angenommenen Hypothese des Impetus zu und machte sie zur Grundlage seiner Dynamik. Diese Impetus-Theorie schließt das Trägheitsgesetz und den physikalischen Kraftbegriff in sich. BURIDAN wandte die Hypothese nicht allein auf die irdischen Bewegungen an, sondern auch auf die kosmischen und gelangte so zu einer Himmelsmechanik. Mit der Impetus-Theorie BURIDANS und seiner Schule erfolgte eine Abkehr von der aristotelischen Dynamik und Astronomie. Sie ist der Beginn eines neuen Weges der Naturerforschung, lange vor KOPERNIKUS und GALILEI. BURIDANS Physik bestimmte zwei Jahrhunderte lang das Denken der Pariser Nominalistenschule. Französische und vor allem deutsche Schüler, wie MARSILIUS VON INGHEN, NIKOLAUS ORESME, ALBERT VON SACHSEN, bauten sie weiter aus. Nachklänge lassen sich in Krakau bis 1488 verfolgen, wo sie möglicherweise KOPERNIKUS kennenlernte. Durch die Schriften ALBERTS VON SACHSEN gewann diese Physik Einfluß auf LEONARDO DA VINCI. Im 16. Jh. fand sie Verbreitung bei den italienischen Physikern und bei DOMINICUS SOTO. Schließlich übernahm das Erbe GALILEI.

NIKOLAUS ORESME († 1382) opponierte im Sinne der Impetus-Theorie BURIDANS gegen die aristotelische Auffassung von der Ruhe der Erde und der täglichen Bewegung des Himmels. Er war ferner einer der Wegbereiter der analytischen Geometrie und konstituierte das Fallgesetz.

In der Logik OCKHAM und in der Physik BURIDAN folgte ALBERT VON SACH-
SEN, A. DE RIEMESTORP (ca. 1316–1390), Professor in Paris, 1362/65 wahrscheinlich am päpstlichen Hof zu Avignon, Gründungs-Rektor der Universität in
Wien, seit 1366 Bischof von Halberstadt. Er verfaßte zahlreiche logische, naturwissenschaftliche, mathematische Schriften und Kommentare, in denen er u. a.
auch die aristotelische Ethik und Ökonomik erläuterte. In der Logik vertrat
er einen ausgesprochenen Ockhamismus. Von den mathematischen Schriften
sind der ‹Tractatus de proportionibus› und die ‹Demonstrationes de quadratura
circuli› erwähnenswert. ALBERTS Hypothesen über das Zentrum der Schwere,
das er im Mittelpunkt der Erde annahm, wurden für die Entwicklung der
modernen Mechanik wichtig; ähnlich seine Untersuchungen über die Fallgesetze;
er half mit, die Vorarbeiten für die Gravitationslehre des 17. Jhs. zu leisten.
Wegen seiner Ansichten über die Willensfreiheit geriet er 1372 in den Verdacht
deterministischer Ketzerei. Seine Schriften wurden Ende des 15. und im 16. Jh.
besonders in Italien häufig gedruckt. Noch LEONARDO und wahrscheinlich auch
KOPERNIKUS haben seine ‹Quaestiones in libros de caelo et mundo› (gedr.
Pavia 1481, Venedig 1492, 1497, 1520) studiert und daraus wertvolle Anregungen empfangen.

Als früheste Erfindung gilt (um 1300) die Verbesserung des *Kompasses,* wahrscheinlich durch einen Italiener FLAVIO GIOJA in Amalfi. Die Einrichtung des
Kompasses mit seiner Windrose ermöglichte dessen Verwertung für die Schiff-
fahrt und die Entdeckungsreisen um Afrika, nach Asien und nach Amerika. Die
menschliche Herrschaft über die Natur war wesentlich erweitert und, nach einem
Wort HERDERS, «den Europäern die Welt gegeben». KOLUMBUS entdeckte auf
seiner ersten Reise 1492 die magnetische Deklination; GEORG HARTMANN in
Nürnberg konstatierte 1543 die Inklination.

Als Instrumente zur Zeitrechnung hatte man zunächst im 13. und 14. Jh.
Uhren mit Hängegewichten. Als man statt der Hängegewichte spiralförmige
Federn verwendete, konnte man Ende des 15. Jhs. kleinere Uhren konstruieren:
die Spiralfeder, die sich langsam entrollte, wirkte auf das gehemmte Rad ge-
nauso wie ein Hängegewicht. Da das Prinzip ‹Gewicht, Rad und Hemmung›
auch für andere Zwecke anwendbar war, wurde die mechanische Uhr zur
Grundlage vieler Mechanismen.

Dem frühen 14. Jh. gehört der Gebrauch von *Glaslinsen* zur Verbesserung des
Gesichtssinnes an. Um 1500 war das Augenglas, der Augenspiegel, die Brille,
bei Gelehrten und Künstlern im Bedarfsfalle allgemein üblich. Von der Brille
und Lupe führt der Weg zu den Tele- und Mikroskopen.

Um die Mitte des 14. Jhs. wurde in Nürnberg ein mechanisches Verfahren des
Drahtzuges erfunden, das die Muskel- und Wasserkraft ersetzte. Dazu kam um
1400 die Erfindung des *Eisengusses,* die den Übergang von handwerksmäßiger
Herstellung des Roheisens zum fabrikmäßigen Hochofenbetrieb darstellt.

Gegen die Mitte des 14. Jhs. gelang einem Deutschen die Herstellung des
Schießpulvers. Die Folge davon war eine Veränderung des gesamten Kriegs-
wesens von Speer, Bogen, Helm, Harnisch und Rüstung auf Handfeuerwaffen
(gegen 1400 Lunten-, nach 1500 Radschloß) und Geschütze, von der Tapferkeit
des einzelnen auf Massenheere, auf eine neuartige Strategie und Fortifikation.

Für die Literaturgeschichte folgenreich wurden die *Verwendung des Pa-
piers* und die *Erfindung des Buchdruckes.* Die im zweiten nachchristlichen
Jahrhundert in China erfundene Papierherstellung war im 12. Jh. über
die Araber nach Europa gelangt. Im 14. und 15. Jh. ist hier Italien der

führende Papierproduzent, 1390 wurde in Nürnberg die erste deutsche Papiermühle errichtet. An Stelle des teueren Pergaments setzte sich als Schreibstoff das viel billigere Papier durch. Seine Produktion und Verwendung kommt dem vermehrten Bedürfnis nach Schreiben und Lesen entgegen und erlaubt weiteren Kreisen, auch bürgerlichen Laien, den Besitz von Büchern.

Die Erfindung des Buchdruckes ist im Wesen eine handwerkliche Angelegenheit: Stempelschneider, Formschneider und die ersten Typendrucker waren Handwerker, eventuell Kunsthandwerker, keine Humanisten. Die Erfindung vollzog sich über verschiedene Stufen. Indem man das vom Stempel, den Siegeln, Münzen und dem Zeugdruck her bekannte Hochdruckverfahren auf das Papier anwendete, entstand um 1400 die erste graphische Drucktechnik, der *Holzschnitt*. Darunter versteht man das Schneiden einer Zeichnung aus einer Holzplatte, so daß sie erhaben auf dieser stehen bleibt und auf Papier abgedruckt werden kann. Als Ursprungsland des Holzschnittes kommen neben Deutschland Frankreich und die Niederlande in Betracht. Prinzipiell vom Holzschnitt unterschieden ist das Tiefdruckverfahren des *Kupferstiches*. Die Zeichnung wird mit Hilfe des Grabstichels in eine Kupferplatte gegraben, die dann eingefärbt und auf Papier abgedruckt wird. Der früheste deutsche Kupferstecher war der um 1440 in Südwestdeutschland tätige ‹Spielkartenmeister›, so benannt nach einer Reihe in Kupfer gestochener Spielkarten. MARTIN SCHONGAUER war der erste für den Kupferstich tätige Maler. ALBRECHT DÜRER gab dem Kupferstich die technische Vollendung. Sowohl Holzschnitt wie Kupferstich stellten sich illustrierend in den Dienst der Literatur.

Der Holzschnitt tritt zuerst in Form des *Einblattholzschnittes* in Erscheinung, wenig später werden ganze Bilderfolgen und schriftliche Texte in dieser Technik gedruckt. Schließlich bildet der Hochdruck auch die Grundlage des *Buchdruckes,* der bereits mit beweglichen und in Metall gegossenen Lettern arbeitet. Der aus der spätmittelalterlichen Vorstellungswelt herausgewachsene Einblattholzschnitt gestaltete zunächst ausschließlich die bekannten religiösen Themen aus der Heilsgeschichte und den Heiligenleben. Vermutlich diente er Zwecken der Andacht in einer neuen spezifischen Weise. Die leichte Möglichkeit der Vervielfältigung brachte ihn unter eine breitere Bevölkerungsschicht. In Buchform gefaßte Folgen von Bilddrucken mit kurzen Begleittexten, wo immer eine ganze Seite von einer Holztafel abgezogen wurde, nennt man *Blockbücher.* Man unterscheidet dabei chiroxylographische, bei denen der Text handschriftlich nachgetragen wurde, und xylographische, bei denen Bild und Schrift in Holz geschnitten sind. Die Blockbücher entstanden zumeist in Deutschland und in den Niederlanden 1430–1450 und später; zu Anfang des 16. Jhs. wurden sie durch Holzschnittbücher mit typographisch hergestelltem

Text verdrängt. Bekannt sind insgesamt 33 Blockbuchwerke in über 100 verschiedenen Ausgaben. Dem Inhalt nach sind es volkstümliche Erbauungsschriften und Lehrbücher. Als bedeutsame Blockbücher gelten: der ‹Antichristus de quindecim signa›, die Apokalypse, eine ‹Ars moriendi›, eine ‹Biblia pauperum›, das ‹Canticum canticorum›, eine ‹Chiromantia›, ‹Mirabilia Romae›, ein ‹Planetenbuch›, ein ‹Speculum humanae salvationis›, ein Totentanz.

Da der Holzschnitt wie der Buchdruck ein Hochdruckverfahren war, fand der Holzschnitt leicht Eingang als *Illustration* in die gedruckten Bücher. Das geschah seit etwa 1460 und zwar zuerst in Deutschland. Man konnte den Stock mühelos dem Satz einfügen und Text und Illustration leicht in formale Harmonie bringen. Entscheidend war, daß sich bildende Künstler wie DÜRERS Lehrer MICHAEL WOHLGEMUT in Nürnberg in den Dienst der Sache stellten. In DÜRERS ‹Die heimlich offenbarung Johannis› oder ‹Apocalipsis Cum Figuris› von 1496/98, nach Bedarf mit dem entsprechenden deutschen oder lateinischen Text auf den Rückseiten, erscheint der Holzschnitt in Deutschland zum erstenmal als Träger des Gefühls- und Gedankenstromes eines großen Künstlers.

Die Anwendung des Holzschnittverfahrens zur Herstellung von Blockbüchern ging dem Buchdruck unmittelbar voran. Um 1440 tat JOHANNES GUTENBERG (etwa 1395–1468) aus Mainz in Europa den Schritt zur Erfindung des Typendruckes. Der Xylographie war es nur möglich gewesen, neben den Bildern Worte und Sätze in Holztafeln zu schneiden, und dieser Tafeldruck erlaubte nur wenige Abzüge. Der Fortschritt erfolgte in drei Etappen: Herstellung einzelner beweglicher Lettern aus haltbarem Metall; Typenguß; Anwendung der Druckerpresse. Die Erfindung des Buchdruckes hat nicht nur auf die Literatur, sondern auf die ganze Kulturgeschichte nachhaltigen Einfluß ausgeübt.

GUTENBERGS Erfindung wurde ausgewertet von JOHANN FUST und PETER SCHÖFFER. Von Mainz zogen die ‹Gesellen und Knechte› in die Welt und verbreiteten die neue Erfindung. Nach Mainz werden Straßburg, Magdeburg, Bamberg, Köln und Augsburg die nächsten Druckorte. Um 1500 sind es in Deutschland bereits über sechzig.

Die ersten Erzeugnisse des Buchdruckes waren sowohl Groß- als auch Kleinformen. Die Großformen betrafen lateinische und deutsche Bibeln (GUTENBERGS 42zeilige Bibel 1450/55) sowie Bibliae pauperum, Missale, Psalterien, Schul- und Wörterbücher, wie den *Donat,* das *Catholicon* und Vokabularien, Literaturwerke wie das deutsche *Sibyllenbuch,* BONERS ‹Edelstein›, die ‹Ackermann›-Dichtung (1460), JACOBUS VON THERAMO (‹Consolatio seu Lis Christi et Belial›), Klassikerschriften wie von SENECA, CICERO (‹De officiis› 1465, der erste Druck, in dem sich auch griechische Typen finden), Kirchenväterschriften wie von AUGUSTINUS, THOMAS VON AQUIN u.a.m. Die Kleinformen betrafen Kalender, Bullen, Ablaßbriefe,

vor allem aber eine Menge Flugblätter, Flugschriften und Büchlein. Inhaltlich sind die ersten deutschen Bücher aus den Offizinen PFISTERS in
Bamberg und MENTELS in Straßburg nicht Erzeugnisse des 15. sondern
noch des 14. Jahrhunderts.

Die Erfindung der Buchdruckerkunst wurde 'nicht überall freundlich aufgenommen. Für die Humanisten und Mäzene Italiens z. B. besaß ein schön geschriebenes, mit Miniaturen geschmücktes, einmaliges Manuskript größeren
Reiz und Wert als ein mechanisch in größerer Anzahl hergestelltes Buch. Erst
allmählich erkannte man in Kultureuropa, welche Möglichkeiten GUTENBERGS
Erfindung für die Verbreitung der Bildung in sich barg und dann wandelte sich
die Abneigung in Bewunderung und Lob. ERASMUS VON ROTTERDAM schließlich preist in der Vorrede zur Ausgabe der ‹Tusculanen› CICEROS 1523 das
Buchdruckerhandwerk als die hervorragendste der Künste: «Denn was gibt es
Herrlicheres als mit den beredtesten und heiligsten Männern sprechen zu können, sooft es einem gefällt; den Geist dieser Männer, die doch vor vielen Jahren
einst lebten, ihre Sitten und Gedanken, ihre Studien und Taten so direkt vor
Augen zu haben, als hätte man viele Jahre mit ihnen zusammengelebt?» Zunächst mußte noch Jahrzehnte hindurch persönliche Tradition das Verfahren
des Buchdruckes von Stadt zu Stadt, von Land zu Land tragen. Fast überall
erscheinen Deutsche als Begründer dieses Gewerbes, das in den 60er Jahren des
15. Jhs. in Italien (1470 wird in Venedig die ‹Divina commedia› gedruckt) und
der Schweiz, im nächsten Jahrzehnt in Frankreich (1470 beruft die Sorbonne
drei deutsche Drucker nach Paris), den Niederlanden, in England, Spanien, Ungarn, Böhmen, schließlich in Schweden, Portugal, Dänemark, Polen, Rußland
(1564), in Amerika (1539), Ostindien (1557), Afrika (1583) Fuß faßte. Immer
mehr wurden durch den Buchdruck die Handschriften, die Jahrtausende hindurch Bewahrerinnen und Verbreiterinnen der Wissenschaft und Literatur waren, durch gedruckte Bücher, von Jahr zu Jahr billiger und besser ausgestattet,
in den Hintergrund gedrängt und abgelöst. Ausstattung durch Bilder, Karten,
Figuren, Zeichnungen wurden den graphischen Künstlern übertragen.

Mit dem Buchdruck gewann die handwerksmäßige Buchherstellung
rasch breiten Raum. Ein *Verlagswesen* wurde aufgebaut. Das Buchge-
werbe, Druck und Handel, schloß mit Humanismus und Reformation ein
enges Bündnis, ja in einzelnen Fällen wie REGIOMONTAN, ALDUS MANU-
TIUS, AMERBACH u. a. eine Personalunion. Es ist erstaunlich, wie rasch der
Buchdruck vervollkommnet wurde und wie leistungsfähig schon in der
Frühzeit einzelne Offizinen waren. Aus der Druckerei des ALDUS MANU-
TIUS D. Ä. (1450–1515) in Venedig, der 1489 eine Offizin gründete und
mit schönen und praktischen Typen arbeitete, gingen beinah alle be-
kannten antiken Autoren in tadellosen Ausgaben hervor, darunter 28
Griechen überhaupt zum erstenmal.

Die vor 1500 gedruckten Bücher nennt man *Inkunabeln,* d. s. Wiegendrucke. Sie werden in eigenen Katalogen verzeichnet. Ein sehr großer
Teil ist in Latein, dem alten und neuen, gehalten; die Volkssprachen kommen erst allmählich zur Geltung. Zu den ersten Büchern, die GUTENBERG
druckte, gehört eine lateinische Grammatik, deren Herstellung schon den

Holztafeldruck beschäftigt hatte. In den 70er Jahren des 15. Jhs. wurde zum erstenmal mit Musiknotentypen, 1475 mit hebräischen, 1476 mit griechischen, 1505 mit arabischen Lettern gedruckt. Seit dem zunehmenden Buchdruck schwillt die Literatur in bisher nicht dagewesenem Maß an und wird immer breiter.

Für die Entfaltung eines Verlagswesens hatten vor Erfindung der Druckkunst gewerbsmäßige Buchhersteller und Buchhändler vorgearbeitet. Die klösterlichen Skriptorien waren allmählich abgelöst worden durch weltliche Bücherschreiber (Schreibmeister) und Händler. In ihren Schreibstuben wurde umfangreiche Kopierarbeit geleistet: 70 Prozent aller erhaltenen deutschen Handschriften stammen aus dem 15. Jh. Ein gutes Beispiel für einen Handschriften-Fabrikanten und Handschriften-Händler gibt DIEPOLD LAUBER (nachweisbar 1427/68) in Hagenau ab. Man kennt aus seiner Manufaktur bis jetzt 38 Handschriften, 16 Zeichner und 5 Schreiber. Die Texte sind alle deutsch: Bibeln, Erbauungsschriften, Heiligenleben, höfische und spätere Epik, Naturgeschichten, Rechtsbücher etc.

In den Handschriften herrschte im späten Mittelalter durchaus die gotische Schrift mit ihren Erscheinungsformen der Textura und der Bastarda. Von den für uns schwer lesbaren Bastardformen nahm im 14./15. Jh. die flüchtige Kursive immer mehr überhand. Aus ihr entstand die Schreibschrift unserer Zeit. Vom Bereich der Textura wurde die Form der Missalschrift die Vorlage für GUTENBERGS Druckschrift. Die Humanisten griffen auf die karolingische Minuskel zurück und bildeten eine Rotunda aus. Sie ist die Grundlage für die heutige sog. Antiqua. Fraktur- und Antiqua-Alphabete konstruierte auf geometrischem Wege ALBRECHT DÜRER in seiner ‹Unterweisung der Messung› (1525).

Von den Kleinformen der Frühzeit des Buchdruckes verdienen die *Einblattdrucke und Flugschriften* noch einige gesonderte Ergänzungen. Im letzten Viertel des 15. Jhs. setzte im Buchdruck und Verlagswesen eine Vertriebsliteratur der kleinen Formen ein. Es waren zunächst *mit Holzschnitten illustrierte Einblattdrucke:* Heiligendarstellungen mit Text, Kalender, Prognostiken, Berichte über Naturereignisse, Kriegstaten, rätselhafte Himmelserscheinungen, Lieder und Sprüche, Lehrhaftes, Religiöses, Veröffentlichungen von Behörden und dgl. Selten wurden die Namen der Verfasser genannt. Der erste, der sich dieser Form des Flugblattes, subsumiert unter die Idee eines ‹Narrenschiffes›, bediente, war SEBASTIAN BRANT.

Zum gedruckten Flugblatt gesellte sich bald die mehrblätterige *Flugschrift.* Man versteht darunter Druckschriften von nur wenigen Blättern und Bogen, worin auf leicht verständliche Weise aktuelle politische, religiöse, soziale oder sonstige Tagesfragen behandelt werden, um die Leser mit der Sache vertraut zu machen und sie für oder gegen eine Angelegenheit zu gewinnen. Der Form nach konnte dies in Vers oder Prosa geschehen, in Spruch oder Lied, in Gesprächsform oder dramatisiert, als Streitschrift oder Satire. Die Erzeugnisse waren meist illustriert, um den

Inhalt zu veranschaulichen; wurde nur ein Holzschnitt beigegeben, so stellte er den Höhepunkt des Themas dar. Die Herausgeber der Flugschriften verwandten anfangs auf die äußere Form und Ausstattung (Papier, Druck, Bildschmuck) größte Sorgfalt. Bildende Künstler wie DÜRER und CRANACH waren als Mitarbeiter und Herausgeber tätig.

Durch die Flugschrift gewann das gedruckte Wort eine der gesprochenen Rede des Predigers und Volksredners ebenbürtige und bald überlegene Eindruckskraft. Ihr Inhalt griff von Berichterstattung und Belehrung rasch über auf die Behandlung der Nöte und Probleme der Zeit, die Gebrechen des kirchlichen und weltlichen Lebenszustandes, die politischen Zeitfragen, wirtschaftliche und soziologische Dinge, auf alles, was das Volk in den Städten und auf dem Lande interessierte, wie Untaten, Unglücksfälle, wunderbare Erscheinungen und Begebenheiten, Prophezeiungen, Krankheiten und deren Heilung, Feierlichkeiten, Feste, Sitte, Schule, Mode u. dgl. Politisch-religiös-soziale Flugblätter von starker Wirkung waren etwa: ‹Die Reformation Kaiser Sigismundi› (ca. 1438; gedr. 1476, 1497), ‹Teutscher Nation Notdurft› oder ‹Reformation Kaiser Friedrichs III.› (in der mit sozialen Hoffnungen auch die alten Prophetien joachimitischer Herkunft wieder auflebten), die ‹Weissagungen› des Astrologen JOHANN LICHTENBERGER (seit 1488 lat. und deutsch), der ‹Oberrheinische Revolutionär› (Anf. 16. Jh.), PERTHOLD PIRSTINGERS ‹Onus ecclesiae› (1519) u. a. Gern entnehmen die Flugschriftenverfasser auch der kirchlich-theologischen Sphäre ihr Thema. Sie benützen z. B. die Leidensgeschichte Christi, indem sie an dessen Stelle eine bestimmte historische Persönlichkeit einsetzen, um für sie das Mitgefühl der Leser zu wecken; oder sie geben der Passion eine ironische Form, indem sie an Stelle von Christus einen Bösewicht auftreten lassen. Beliebt für Flugschriften waren auch ironische Gebete, Psalmen, Litaneien, das Vaterunser-Motiv, politische Zehn Gebote, ein politischer Katechismus u. dgl. Ein anderes Gebiet, aus dem die Flugschriftenautoren gerne ihre Einkleidung nahmen, war das der Medizin. Sie schlossen dabei z. T. an volkstümliche Vorstellungen wie Narrenschneiden, Narrenschinden, der Narren Brunnen besehen u. dgl. an. Aber auch aus dem Rechtsleben und Kriegswesen schöpfte man Formen der Einkleidung. Wenn die auftretenden Personen als Helden der Vergangenheit eingeführt wurden, erhielt die dialogisierte Darstellung leicht dramatische Bewegtheit. Häufig wählte man auch die Form der Einkleidung in fingierte Briefe. Der Bestand an Flugschriften war außerordentlich umfangreich und mannigfaltig. Vieles mag verloren sein. Das Erhaltene, das gleichwohl nach Tausenden zählt, harrt noch der bibliographischen Gesamterfassung und der Analyse. Die Flugschriften wurden meist als Quellenmaterial der historischen Wissenschaften, Politik, Literatur, Kunst, Kultur betrachtet und ausgewertet. Die Gesetze ihrer inneren Form und ihres Stiles sind nicht hinreichend untersucht. Ihr literarischer und dichterischer Wert schwankt naturgemäß nach Begabung und Kunstfertigkeit des Verfassers. Die Mehrzahl der Flugschriften erschien anonym oder pseudonym.

c) Rechtsliteratur. Satansprozesse

Einen besonderen Zweig der weltlichen Fachliteratur bilden die *Rechtsdenkmäler*. Zu ihnen gehören die am weitesten verbreiteten deutschen Bücher der Epoche: seit dem 13. Jh. der ‹Sachsenspiegel› (um 1235) EIKES VON REPGOWE, der *Deutschenspiegel* und das *Kaiserliche Land- und Lehensrecht* (um 1275), das seit dem 17. Jh. *Schwabenspiegel* genannt wird. Ihnen folgten der ‹Würzburger Landfrieden› (1278) RUDOLFS I., der *Frankenspiegel* (1330) und Kaiser LUDWIGS ‹Bayerisches Landrecht› (1346). An die frühen Hauptwerke schloß sich eine eifrige Glossierungstätigkeit und eine Vielzahl anderer Rechtsbücher besonders auch im Osten an, Landrechte und Stadtrechte, dörfliche Weistümer, Bergrechte, Kriegsrechte, Seerechte. Neben den deutschen Rechtsbüchern dringt aber bereits deutlich das römische Recht vorwärts, zunächst als Ehe- und Erbrecht, dann durch Vermittlung von in Italien geschulten Juristen; der Humanismus des 15. Jhs. führte die Rezeption des Zivilrechtes durch. Zwischen den dichterischen und den rechtlichen Denkmälern bestehen vielfältige Verbindungen wie die Arbeiten HANS FEHRS zeigen.

Volkstümlicher Dämonenglaube, mosaische und römische Gesetzgebung wirkten zusammen in den gerichtlichen Strafverfahren gegen Hexen und Zauberer, wie sie seit dem 14. Jh. üblich wurden. Die Aufnahme der römischen Rechtslehre und Rechtspraxis (strenge Strafe gegen Zauberer und Tortur) in das kirchliche wie weltliche Recht förderten die Bewegung. Mit dem 15. Jh. begannen die systematischen Aufspürungen und Massenverfolgungen der *Hexen*. Sie ziehen von den Alpen durch die Schweiz nach Ober-, Süd- und Niederdeutschland. Unter den zahllosen Traktaten und Schriften zum Thema ist das Hauptwerk der ‹Hexenhammer›, ‹Malleus maleficarum› (Straßburg 1487; 29 Aufl. bis 1669), verfaßt von dem Dominikaner JAKOB SPRENGER († 1495), Professor in Köln, seit 1481 Generalinquisitor, und HEINRICH INSTITORIS. Die beiden stellten die einzelnen Punkte des alten Hexenglaubens kasuistisch zusammen und lieferten dem Strafrichter das authentische Gesetzbuch, nach dem er urteilen konnte.

Von den drei Teilen des Werkes erörtern die beiden ersten die Probleme der Existenz, Natur und Wirkung der Hexen und informieren über wirksame Abwehrmaßnahmen gegen die Hexengefahr, der dritte Teil stellt den eigentlichen Kriminalkodex dar, der die Anweisungen für den geistlichen und weltlichen Richter bei Führung der Hexenprozesse gibt; die Hexe wird außerhalb des gemeinen Rechtes gestellt.

Das deutschsprachige am weitesten verbreitete Rechtsbuch, ein Handbuch für die Kriminalpraxis, wurde ULRICH TENGLERS ‹Laienspiegel› (Augsburg 1509). Von TENGLER in späteren Lebensjahren verfaßt, ist er «das erfolgreichste und zählebigste Werk der deutschen populären Rechtsliteratur, die im 15. und 16. Jh. den Vorgang der Rezeption des römischen Rechts begleitete und für eine breitere Leserschaft erläuterte und erleichterte» (HANNEMANN). TENGLER stand im Grundsätzlichen nicht mehr auf seiten des hergebrachten volkstümlichen Rechts, sondern bereits auf seiten des römischen Rechts. Der aus einem Nebeneinander von Prosa- und Verspartien bestehende ‹Laienspiegel› knüpft an WILHELM DURANTIS ‹Speculum judiciale› (1271) an und umfaßt drei Teile: die Rechtspersonen, den Zivilprozeß und den Strafprozeß. Eine wesentlich vermehrte Fassung des Werkes, ‹Der neu Layenspiegel›, erschien Augsburg 1511 u. ö. mit fünf blattgroßen Holzschnitten von HANS SCHÄUFELEIN. Eine persönliche Note erhält der ‹Laienspiegel› durch die literarischen Beigaben am Schluß des 2. und 3. Teiles, besonders des ‹Neuen Layenspiegel›. Da finden sich der ‹Satansprozeß› (Processus Satanae) und die ‹Addition›, eine zu den mittelalterlichen Weltgerichtsspielen gehörige dramatische Darstellung des Jüngsten Gerichtes. Für die zeitgenössische Wertung des ‹Laienspiegel› sind bezeichnend SEBASTIAN BRANTS Vergleich der juristischen Entdeckerleistung TENGLERS mit den Fahrten des KOLUMBUS und für die muttersprachlichen Bemühungen TENGLERS der Hinweis JAKOB LOCHERS auf DANTE. Das in vielen Nachdrucken verbreitete Werk erfuhr naturgemäß unter dem Einfluß der Reformation Eingriffe in seinen literarischen Teil. Durch TENGLER angeregt, gab SEBASTIAN BRANT 1516 den älteren ‹Klagspiegel› (Mitte 15. Jh.) heraus. Einen späten Nachklang fanden die beiden Rechtsbücher in dem in Reimprosa abgefaßten ‹Gerichtlichen Prozeß› (1597) des GEORG AM WALD.

Vermutlich in Anlehnung an antike Vorbilder brachte das Mittelalter eine Literaturgattung hervor, die mit dem Rechtswesen eng verbunden ist. Dazu gehören: 1. Schriftwerke theologisch-philosophischen Inhaltes, die in Prozeßform gekleidet sind; 2. prozessuale Lehrbücher in Gestalt eines erdichteten Rechtsstreites zwischen allegorisch-personifizierten Begriffen und Einrichtungen. Die bekanntesten Zeugnisse dieser Literaturgattung sind die sog. *Satansprozesse.*

Darin führt der Teufel als Kläger ein gerichtliches Streitverfahren gegen die Menschheit. Aus den verschiedenen Fassungen schließt man auf eine nicht erhaltene geistliche Dichtung. Im Hauptwerk des älteren Typus dieses Schrifttums, dem ‹Prozessus Sathanae›, erscheint Satan oder Mascaron und erhebt Klage gegen das Menschengeschlecht. Der Satan (procurator infernalis) will zuerst Maria, die für das rechtsungehorsame Menschengeschlecht als Advocata auftritt, ausschließen. Christus aber läßt sie zu. Der Satan erhebt eine Spolienklage, indem er behauptet, die Erlösung habe ihm den Besitz der Menschheit

24*

gewaltsam entrissen. Maria beweist, die Hölle habe das Menschengeschlecht von Gott nur in Gewahrsam gehabt und demzufolge haben dem Besitz der Hölle der Rechtstitel und der gute Glaube gefehlt. Die Klage wird abgewiesen. Der Teufel jedoch fordert die Menschheit mit dem Hinweis, daß auch die abgefallenen Engel verurteilt worden seien. Daraufhin wird der Satan endgültig abgewiesen.

Eine Bearbeitung des ‹Prozessus Sathanae› stammt von dem italienischen Postglossator BARTOLUS DE SASSOFERRATO (1314–1357). Den zweiten Typus dieser Literaturgattung stellt der ‹Liber Belial seu processus Luciferi contra Christum› (1382) des Kanonisten JACOBUS PALADINI DE THERAMO (1349–1417) dar. Das Werk ist eine scholastische Argumentation für die Überwindung der teuflischen Gewalt durch Christus.

Der Verfasser gibt einleitend eine Schilderung der Heilsgeschichte. Dann meldet er, daß die Hölle gegen Christus klagen wolle, weil er ihr die Menschheit entrissen habe. Als Prokurator der Hölle tritt Belial (der Böse, der Verderber) vor Gott hin und bittet um Gewährung des Prozesses gegen seinen Prokurator Moses. Belial übergibt dem Gericht die Klageschrift. Wie beim römisch-kanonischen Verfahren wechseln Positionen und Responsionen. Im Endurteil entscheidet Salomon gegen Belial. Dieser legt Berufung ein. Gott beauftragt als Appellationsrichter den ägyptischen Joseph. Mittlerweile schließen die Parteien einen Vergleich: der Streit solle unter Josephs Leitung durch die vier Schiedsrichter Kaiser Augustus, den Propheten Jeremias, Aristoteles und den Propheten Isaias geschlichtet werden. Im Schiedsspruch wird Belial abgewiesen. Am Jüngsten Tage aber sollen die Gerechten von den Ungerechten geschieden und diese der Hölle überantwortet werden.

Die Anlage des ‹Belial› hat Ähnlichkeiten mit jener der ‹Ackermann›-Dichtung. Das ‹Belial›-Buch besitzt mehr dramatische Dynamik, während der ‹Ackermann› literarisch wesentlich tiefer greift. Das später von der römischen Kirche indizierte ‹Belial›-Buch wurde frühzeitig ins Deutsche übersetzt und gedruckt u. a. Augsburg 1472, 1482, 1487 usw. Bekannte Verdeutscher waren NIKLAS VON WYLE und ALBRECHT VON EYB. Eine Umformung des deutschen ‹Belial› stellt JAKOB AYRERS ‹Der historische Processus juris zwischen Lucifer und Christus› (1597) dar.

SECHSTES KAPITEL

SPÄTMITTELALTERLICHE ANSÄTZE ZU NEUFORMUNGEN. ERSTE BERÜHRUNG MIT DEM RENAISSANCE-HUMANISMUS ITALIENS. GROSSE DICHTUNG. HÖHE DES THEOLOGISCH-PHILOSOPHISCHEN SCHRIFTTUMS

Das dem 19. Jh. eigene Interesse für Geschichte und geschichtliche Vorgänge, insbesondere die Hinneigung zu *Renaissance und Humanismus*, haben die wissenschaftliche Forschung bald dazu veranlaßt, nach den *Wurzeln und Anfängen der Bewegung* nicht nur im Ursprungsland Italien, sondern auch nördlich der Alpen zu suchen. Geistesgeschichtlich orientierte Forscher erkannten dabei, daß die Renaissance in ihren Ursprüngen ideell eng mit den Reformideen der Epoche verbunden ist und daß beide aus derselben Wurzel stammten. Zur Erhellung und Darlegung der Vorgänge hat namentlich KONRAD BURDACH seine Arbeitskraft eingesetzt, ein großes Unternehmen ‹Vom Mittelalter zur Reformation› (1912 ff.) ins Leben gerufen und zu dessen Durchführung eine große Anzahl Mitarbeiter gewonnen. BURDACH und seine Helfer glaubten, das Neue sei im religiösen Boden verwurzelt und erstmalig am Hofe der Luxemburger in Prag und in Böhmen in Erscheinung getreten: bei dem Kanzler JOHANN VON NEUMARKT, der Berührung mit dem italienischen Frühhumanismus in PETRARCA und COLA DI RIENZO, und als erstem großen poetischen Produkt im ‹Ackermann aus Böhmen›; in der luxemburgischen Kanzlei, den Übersetzungsarbeiten JOHANNS VON NEUMARKT etc. lägen auch die Anfänge für die Ausbildung der neuhochdeutschen Gemeinsprache. BURDACHS und seiner Gefolgsleute Ansichten waren lange Zeit die vorherrschende Meinung, obgleich weniger enthusiastische Betrachter zur Vorsicht mahnten und die Anfänge eines deutschen Humanismus erst um vieles später erkennen wollten. Der Ausbruch des ersten Weltkrieges und dessen Begleiterscheinungen und Folgen behinderten eine rasche Ausführung des Forschungsunternehmens und ließen es schließlich Torso bleiben.

Die Fragen bei dem gesamten Renaissance-Reformation-Humanismus-Komplex in Deutschland werden immer wieder zu lauten haben: Wie und wo werden die Symptome des neuen Geistes und die Neuformungen im 14. Jh. sichtbar, welcher Art sind sie, wie vieles entstand aus eigenen Ansätzen, was stammt aus fremden, vorzüglich italienischen Anregungen, wie wirkt das Neue weiter?

Im Folgenden soll nun aus kultureuropäischer Sicht gezeigt werden, daß in Deutschland *die Ansätze des Neuen* zuerst sichtbar werden bei der letzten großen Auseinandersetzung zwischen Kaisertum und Papsttum, im 14. Jahrhundert. In sie wirkt der spätscholastische *Nominalismus,* hauptsächlich getragen von dem Italiener MARSILIUS VON PADUA und dem Engländer WILHELM VON OCKHAM, mit seiner z. T. neue Ansätze bergenden Geisteswelt entscheidend ein, indem sich die beiden in Paris tätigen Männer dem Kaiser mit Reformideen und -Schriften zur Verfügung stellen und nach *München* übersiedeln.

Der Übergang der Kaiserwürde nach dem Tode LUDWIGS IV. VON BAYERN machte etwa zwei Generationen *Prag* und Böhmen zu einer Pflegestätte eines beachtlichen deutschen Übersetzungsschrifttums und zum Entstehungsland der ‹Ackermann›-Dichtung. Diese ist jedoch mehr eine ragende Spätleistung deutscher spätmittelalterlicher Stilkunst der Rhetorik als ein Werk des Humanismus. Die Berührungen des italienischen Humanismus mit dem Prager Hof waren flüchtiger Art. Entscheidend war später die Wirksamkeit des ENEA SILVIO an der kaiserlichen Kanzlei in Wien und Wiener Neustadt.

Der Übergang der Kaiserwürde von den Luxemburgern auf die Habsburger 1438 machte den Hof in *Wien* und die dortige Universität zu einem dritten Wirkungszentrum. Die seit 1383 reorganisierte Hochschule verfügte über eine Anzahl hervorragender Gelehrter, von denen die namhaftesten vorher in Paris gewirkt hatten und Anhänger eines gemäßigten Nominalismus waren. Seiner Pflege der mathematischen Fächer des Quadriviums ist es zu verdanken, daß Wien in der Ausbildung der mathematisch-naturwissenschaftlichen Richtung des Humanismus führend wurde.

Die letzte Zusammenfassung spätmittelalterlicher Geistesarbeit, gespeist aus dem intensiven Studium MEISTER ECKEHARTS, den mathematischen Disziplinen, der Scholastik aller drei Denkrichtungen, aber auch schon die Fundamente für die großen Systeme der Renaissance gab schließlich der aus dem deutschen Westen kommende NIKOLAUS VON CUES.

Nach dieser Meinung sind die Ansätze zu der neuen Geistigkeit und den Neuformungen verbunden mit den staats- und kirchenpolitischen Vorgängen und der auf sie einwirkenden spätscholastischen Geistesbewegung des Nominalismus, geortet in ihren jeweiligen Wirkungszentren in München, Prag und Wien. Verkörpert wird der neue Geist erstmalig am CUSANER, an dem sichtbar wird, daß nicht nur der Süden auf den Norden, sondern auch Deutschland auf Italien geistig maßgeblich eingewirkt hat.

1. Die Auseinandersetzung zwischen Kaisertum und Papsttum.
Die politische und geistesgeschichtliche Situation in der ersten
Hälfte des 14. Jahrhunderts

a) Der Hof Ludwigs IV. von Bayern

Die Voraussetzungen für die Reformideen des 15. Jhs., wesentliche Bedingungen der humanistisch-renaissancemäßigen Bewegung und der deutschen Reformation des 16. Jhs. erstanden bereits im 14. Jh. am Hofe LUDWIGS IV. VON BAYERN. Anlässe waren: 1. Der Kampf des deutschen Königs um die Rechte des Reiches gegen die übersteigerten Ansprüche seiner unter französischem Einfluß stehenden päpstlichen Gegner. 2. Theologisch-philosophische Neulehren und Auseinandersetzungen innerhalb der mittelalterlichen Kirche, wobei die führenden Köpfe aus Italien, Frankreich und England mit ihrer neuen oder der Kirchenlehre widerstehenden Geistigkeit an den Hof LUDWIGS kamen und dem König ihr Wissen und Können samt ihrer Ideenwelt zur Verfügung stellten.

Die Geschehnisse am Kaiserhofe LUDWIGS IV. VON BAYERN und in *München* selbst sind demnach ein Kernfaktor in der Umbildung des Bisherigen. Der König geriet in Streit mit dem päpstlichen Absolutismus. Es entspann sich der letzte große Kampf des Mittelalters zwischen *Papsttum und Kaisertum* und zugleich der erste einer neuen Zeit, weil den mit höchster Leidenschaft geführten Auseinandersetzungen der Machthaber eine geistige und literarische Bewegung zur Seite trat, in der jene reformatorischen und revolutionären Gedanken zum ersten Male Ausdruck fanden, deren Verwirklichung in den folgenden Jahrhunderten die großen kirchlichen und staatlichen Umwälzungen hervorrief. Um den König sammelte sich eine Schar gelehrter Bundesgenossen, die in Wort und Schrift mit nachdrucksvoller Kühnheit seine Sache führten. Doch diese Männer fungierten nicht nur als Gehilfen der weltlichen Macht, sondern erhoben ihren *geistigen Kampf* auch zu einer selbständigen Bedeutung. Fast alle waren sie mit dabei um die Neugestaltung der Religiosität und der weltlichen Ordnung bemüht. Für LUDWIG und auf deutschem Boden entstanden zukunftweisende staatstheoretische Schriften; von München aus erfolgte ein großer Teil der Auswirkungen des erneuerten Nominalismus und eine nachhaltige Berührung Deutschlands mit der Gedankenwelt und Religiosität des Joachimismus.

Nach dem Tode HEINRICHS VII. 1313 erhob bei der folgenden Königswahl eine habsburgische Partei FRIEDRICH DEN SCHÖNEN VON ÖSTERREICH (1289 bis 1330), die luxemburgische dessen Vetter LUDWIG VON BAYERN (1282–1347) zum König. Acht Jahre dauerte der Kampf der Gegenkönige, bis LUDWIG in der für zwei Menschenalter größten Schlacht auf deutschem Boden 1322 bei Mühldorf seinen Mitbewerber überwinden konnte. Nachdem Papst JOHANN XXII. schon die kurfürstliche Wahl des deutschen Königs von der päpstlichen Zustimmung abhängig machen wollte, kam es, als LUDWIG 1323 auch in Italien eingriff, zum *offenen Konflikt zwischen Kirche und Reich*. In seinem Verlauf ereignen sich geistesgeschichtlich außerordentlich bedeutsame Dinge.

LUDWIG DER BAYER war eine stark religiös bestimmte Persönlichkeit, erfüllt von Angst um das Heil seiner Seele. Diese Besorgnisse brachten den im Grunde seines Wesens standhaften und unbeugsamen Mann in die Nähe mystisch bestimmter Kreise. Abgesehen von der traditionellen Freundschaft zwischen den bayrischen Herzogen und den Minoriten war LUDWIG in seiner Frömmigkeit besonders der franziskanischen Richtung zugetan. Tiefe subjektive Religiosität und Widerspruch gegen den kurialen Absolutismus bewirkten die Tragik seines Lebens. LUDWIGS Bestreben ging dahin, in Italien wieder eine kaiserliche Herrschaft aufzurichten. Der Papst war gegen die kaiserliche Waltung in Italien. Auf der Seite des Königs standen die Ghibellinen und FRIEDRICH VON SIZILIEN. Der Papst drohte mit dem Kirchenbann. Der König erhob dagegen Protest und drang auf Einberufung eines allgemeinen Konzils. LUDWIG wurde 1324 exkommuniziert und für abgesetzt erklärt. Dagegen bezeichnete er in der Appellation von Sachsenhausen (23. Mai 1324) den Papst als Mann des Blutvergießens, Freund der Ungerechtigkeit und Zerstörer des Reiches und verlangte die Einberufung eines Konzils zur Aburteilung JOHANNS als eines Ketzers. Das päpstliche Interdikt, das in allen von LUDWIG festgehaltenen Gebieten jede Art von öffentlichen Gottesdienst verbot, beantwortete der Kaiser mit dem Befehl, den Gottesdienst wieder aufzunehmen. In LUDWIGS staats- und kirchenpolitische Theorie flossen zwei Gedankenwelten zusammen: die Tradition der älteren imperialen deutschen Rechtsanschauung verband sich mit den philosophisch-theologischen Lehrsystemen des damaligen Antikurialismus.

Der erste Gegenspieler des Kaisers, Papst JOHANN XXII. (1316–1334), vorher Kanzler KARLS II. und ROBERTS VON ANJOU, war durchdrungen von der Idee der päpstlichen Universalherrschaft; er beanspruchte nicht nur die Approbation der Königswahl, sondern auch das Reichsvikariat in Italien. Weniger Theologe, doch begabt mit einem Verwaltungs- und Finanztalent, bemüht es sich dauernd um den Ausbau der kirchlichen Hierarchie. In DANTES ‹Göttlicher Komödie› ist er Münzensammler und Kirchenverderber. Als Antimystiker verurteilte er 1326 die Schriften des Führers der Franziskaner-Spiritualen in der Provence JOHANNES PETRUS OLIVI (1248/49–1298) und des bedeutendsten Vertreters der deutschen spekulativen Mystik MEISTER ECKEHART, versteifte sich dabei aber selbst auf eine häretische Meinung über die Visio beatifica. Nach jüngstem katholischem Urteil war der Kampf dieses Papstes gegen LUDWIG VON BAYERN für die Kirche folgenschwerer als jener der Staufer mit dem Papsttum: er verschlechterte in Deutschland nicht nur die religiöse Lage, sondern in ihm warfen Konziliarismus, abendländisches Schisma und Reformation bereits ihre Schatten voraus. In den Auseinandersetzungen innerhalb des Franziskanerordens verurteilte der Papst die Spiritualen und erklärte im Armutsstreit 1325 die Auffassung, Christus und die Apostel seien eigentumsfeindlich gewesen, als häretisch und wies die Inquisition an, die Verfechter dieser Lehre vor Gericht zu stellen. Die Betroffenen, Gemäßigte wie Spiritualen, setzten sich zur Wehr, identifizierten den Papst mit dem Antichrist und suchten Schutz und Verständnis bei LUDWIG VON BAYERN.

Als ein abgesandter Minorit LUDWIG die Aufforderung der Ghibellinen überbrachte, nach Italien zu ziehen, dort die deutsche Herrschaft aufzurichten und sich die Kaiserkrone zu holen, entschloß sich der König 1327 zum Römerzug. In seiner Begleitung befanden sich die Staatstheoretiker MARSILIUS VON PADUA und JOHANNES VON JANDUN sowie HEINRICH VON THALHEIM. In Mailand empfing LUDWIG aus den Händen exkommunizierter Bischöfe die Krone der Langobarden und ließ sich in Rom durch den Führer der demokratischen Partei, den Baron SCIARRA COLONNA, als den Vertreter des römischen Volkes am 17. Januar 1328 in der Peterskirche die Kaiserkrone aufsetzen. In seiner Eigenschaft als Kaiser eröffnete LUDWIG gegen JOHANN XXII. den «Prozeß wegen Vernachlässigung seines Bistums, Habsucht, Blutvergießen, Zerstörung der Kirche und Empörung gegen das Reich». In einer Volksversammlung auf dem Kapitol wurde der Papst für abgesetzt erklärt und der Minoritenmönch PETRUS VON CORBARA zum Papst NIKOLAUS V. gewählt. Als auf der Rückkehr nach Deutschland LUDWIG 1328 ein halbes Jahr in Pisa verweilte, stießen die aus Avignon entflohenen Häupter des Minoritenordens zu ihm: MICHAEL VON CESENA, der Prokurator BONAGRATIA VON BERGAMO, der Philosoph und Theologe WILHELM VON OCKHAM und FRANZ VON MARCHIA (ASCOLI), und folgten dem Kaiser nach München. MARSILIUS lebte 16 Jahre in der Nähe LUDWIGS, MICHAEL VON CESENA 14, BONAGRATIA 12, OCKHAM rund 20, FRANZ VON MARCHIA über 15 Jahre.

b) Marsilius von Padua und Wilhelm von Ockham

Den Ereignissen in Deutschland vorausgegangen war 1301/03 der Kampf zwischen PHILIPP DEM SCHÖNEN und BONIFAZ VIII. Ohne den französischen Streit hätte der deutsche kaum eine so starke literarische Bewegung mit sich führen können. In Paris verfaßte 1324 für LUDWIG der Staatsphilosoph und Professor an der Universität MARSILIUS VON PADUA (1275/80, † München 1342/43) anscheinend gemeinsam mit JOHANNES VON JANDUN als Denkschrift den ‹Defensor pacis›. Nach Aufdeckung seiner Urheberschaft floh er 1326 nach München; 1327 bannte der Papst beide Verfasser als Häretiker.

Der ‹Defensor pacis› gilt als das bedeutendste und einflußreichste politische Schriftwerk dieser Zeit. MARSILIUS entwickelte darin eine umfassende Rechts- und Staatslehre. Der erste Teil vertritt in schärfster Form die Volkssouveränität und unterscheidet zwischen gesetzgebender Gewalt, die dem Volke zustehe, und vollziehender, ausgeübt durch eine vom Volk gewählte Regierung. Im zweiten Teil werden diese demokratischen Anschauungen auf die Kirche übertragen. Einzige Glaubensquelle ist die hl. Schrift; die Tradition wird verworfen. Auch in der Kirche soll alle Gesetzgebung vom Volke ausgehen, d. h. einem aus Geistlichen und Laien gewählten Konzil. Die hierarchische Ordnung und das Papsttum seien nicht göttlichen Willens; zwischen Klerikern und Laien gäbe es keinen prinzipiellen Unterschied. Das Priestertum habe keinerlei Zwangsgewalt, sondern nur Seelsorge, Predigt des Wortes Gottes und Spendung der Sakramente zur Aufgabe.

Auf Wunsch des Königs verfaßte MARSILIUS in München einen verkürzten ‹Defensor pacis› und den ‹Tractatus de translatione imperii›, womit ebenfalls der Anspruch des Papstes auf die Suprematie bekämpft wird. Diese für die damalige Zeit überaus revolutionären Gedanken gründen in einer selbständigen Verwertung der Staatsphilosophie des ARISTOTELES und im lateinischen Averroismus. Sie machen den Verfasser zu einem Vorgänger der Reformation. Die Schrift fand besondere Beachtung in der Zeit des großen Schismas, der Reformkonzilien und der Reformation LUTHERS.

Im ‹Defensor pacis› werden die Wurzeln der päpstlichen Machtstellung angegriffen. Der Verfasser versucht, die Kirche zu einer Staatseinrichtung zu machen; die Überwachung und Leitung werden in weitem Umfang dem Aufgabenkreis des weltlichen Herrschers zugewiesen; dieser stellt nur das Exekutivorgan der Volksgesamtheit dar. Die Schrift übte auf den König stärksten Eindruck und wurde eines der wichtigsten Nachschlagewerke der kaiserlichen Kanzlei. MARSILIUS inspirierte weitgehend die Kaiserkrönung LUDWIGS in Rom und die Wahl des Gegenpapstes, zu dessen Vikar MARSILIUS ernannt wurde.

Die Zeitgenossen empfanden die Abfassung des ‹Defensor pacis› bald als ein bedeutsames Ereignis. Seine weite Verbreitung und beifällige Aufnahme bekundet der Straßburger Chronist FRITSCHE CLOSENER mit den Sätzen: «In den ziten wart daz buch gemaht, daz do heißet ‹Defensor pacis›. Daz bewiset mit redelichen sprüchen der heiligen geschrift, daz ein bobest under eime keiser sol sin und daz er kein weltlich herschaft sol han. Es bewiset ouch des bobestes und der cardinal grit (Gierigkeit, Habgier, Geiz) und ire hofart und ire simonie, die sü gewonlich tribent und sich des beschonent mit falschen glosen.»

Wie MARSILIUS VON PADUA hatte auch dessen Freund JOHANNES VON JANDUN († 1328) seit Beginn des 14. Jahrhunderts als Professor in Paris gewirkt. Auch er floh nach seiner Ächtung an den Hof LUDWIGS VON BAYERN, der ihn 1328 zum Bischof von Ferrara ernannte. JOHANNES VON JANDUN war nach MARTIN GRABMANN «der bedeutendste Verfechter des lateinischen Averroismus» der Zeit.

Seit dem 12. Jh. gab es im Franziskanerorden eine Gruppe von Brüdern, die besonders eifrig für strenge Regelbeobachtung, Armut und Demut eintrat, die Spiritualen und Fraticellen. Aus dem Ringen um eine

Reform des Gesamtordens entstanden, hatten sie sich bald den Lehren des JOACHIM VON FIORE geöffnet, mit seiner allegorisch-typologischen Schriftauslegung, mündend in die Prophezeiung eines bald kommenden Zeitalters des hl. Geistes, das eine gründliche Umgestaltung der verderbten Kirche bringen werde. Das Haupt der Franziskaner-Spiritualen Toskanas und ihr einflußreichster Publizist war UBERTINO VON CASALE (1259– nach 1329), der Verfasser des ‹Arbor vitae crucifixae Jesu Christi› (1305; gedr. Venedig 1485), eines Erbauungsbuches von prophetischer Haltung, das in Anlehnung an die Schriften BONAVENTURAS, JOACHIMS VON FIORE und des JOHANNES PETRUS OLIVI eine Fülle apokalyptischer Vorhersagen kommender Schrecken und einstiger Errettung der Christenheit enthält. UBERTINO wurde im Armutstreit von Papst KLEMENS V. nach Avignon berufen, um die Spiritualen zu verteidigen. Vermutlich wegen eines gegen ihn gerichteten Prozesses entfloh er 1324/25. Über seine Verbindung mit LUDWIG DEM BAYERN divergieren die Meinungen.

In Deutschland war das Spiritualentum nur gering vertreten. Deutlich faßbar ist es aber an zwei Persönlichkeiten: HEINRICH VON THALHEIM († nach 1338), dem Minoritenprovinzial von Oberdeutschland, und FRANZ VON LAUBER aus dem Minoritenkonvent in Speyer. Der erstere war eine Zeitlang LUDWIGS Kanzler, der andere als Propagandist für den Kaiser tätig.

Die gemäßigtere und weitaus größere Gruppe im Minoritenorden bildeten die Michaeliten, benannt nach MICHAEL VON CESENA († 1342 in München), der als einer der klügsten Männer seiner Zeit galt. Er war seit 1316 Generalminister. Obwohl Gegner der Spiritualen, stellte er sich im Armutstreit gegen den Papst; 1327 aus Italien nach Avignon berufen, wurde er nach seiner Flucht zum Kaiser gebannt. In München setzte er den literarischen Kampf gegen den Papst fort und betrieb seit 1331 die Einberufung einer allgemeinen Kirchenversammlung. Der Jurist BONAGRATIA VON BERGAMO († 1340), ebenfalls Gegner der Spiritualen, hatte 1322 einen Traktat über die Armut Christi verfaßt; in München schrieb er mehrere Proteste gegen JOHANN XXII. in der Frage der Visio beatifica. Beide Ordensleute starben unausgesöhnt mit der damaligen Kirchenleitung.

Die für die Folgezeit bedeutsamste Gestalt sollte WILHELM VON OCKHAM werden, der Erneuerer des Nominalismus, ein Mann von großem und leidenschaftlichem Eigenleben, der 1324 durch JOHN LUTERELL bei Papst JOHANN XXII. als Häretiker angeklagt wurde. «O imperator, defende me gladio, et ego defendam te verbo» soll er gesagt haben, als er dem Kaiser in Pisa seine Dienste anbot. Als der Kaiser diese annahm, entstanden an kirchenpolitischen Schriften eine ‹Epistola ad Fratres Minores› (1334) und das ‹Compendium errorum Johannes papae XXII› (1334/38); gegen die Ansichten des Papstes über die Visio beatifica der

‹Tractatus de dogmatibus Johannis XXII› (ca. 1333) und ‹Contra Johannem XXII› (ca. 1335). Als kirchenpolitische Hauptwerke gelten der ‹Dialogus super dignitate papali et regia› (1338/42; gedr. 1491), die ‹Octo quaestiones super potestate et dignitate papali› (um 1342) und der ‹Dialogus inter magistrum et discipulum de imperatorum et pontificum potestate› (um 1347; gedr. 1495). Gegen den neugewählten Luxemburger KARL IV. ist die Protestschrift ‹De electione Caroli IV› gerichtet. OCKHAMS Werke waren in zahllosen Handschriften verbreitet und wurden noch Ende des 15. Jhs. gedruckt.

Als Kirchenpolitiker wollte OCKHAM Kirche und Welt radikal voneinander scheiden. Die Kirche soll ein geistiges Reich der Kinder Gottes sein, ohne Zwangsgewalt, der Klerus arm und von allem Zeitlichen abgeschieden. Das Papsttum ist eine rein geistige Oberhoheit; eine Oberhoheit über Freie, nicht über Knechte; auch der Vollmacht des Papstes zur Leitung der Gläubigen sind Grenzen gesetzt; über dem Papst steht das Konzil. OCKHAM vollzog innerhalb des abendländischen Denkens als erster entschieden und konsequent eine längst vorbereitete, von religiösen Impulsen getragene Revolution: er rückte die Bedeutung des konkret Gegebenen in das Zentrum des philosophischen Denkens; nicht im Allgemeinen, sondern im Individuellen erblickte man nunmehr den eigentlichen Gegenstand der Erkenntnis. Alle Wissenschaft soll von den existierenden individuellen Dingen ausgehen. Dementsprechend wurde die Erfahrung nicht nur Ausgangspunkt, sondern die Grundlage der Erkenntnis. An Stelle der traditionellen Wesensmetaphysik kommt die Möglichkeit der Realwissenschaften. Zu Unrecht hat man in OCKHAM lange nur einen kritischen, destruktiven Geist gesehen. Neben MARSILIUS VON PADUA war OCKHAM der zweite große wissenschaftliche Beirat Kaiser LUDWIGS. Der Einfluß der physikalischen Anschauungen OCKHAMS reicht bis zu GALILEI. OCKHAMS Erkenntnistheorie befruchtete noch LOCKE, BERKELEY und HUME. Von seiner Theologie zehrten Freunde und Feinde; LUTHERS Rechtfertigungslehre hat ihr viel zu verdanken.

MARSILIUS VON PADUA und OCKHAM gegenüber standen auf päpstlicher Seite AUGUSTINUS TRIUMPHUS (1243–1328), ein Augustiner-Eremit, der Verfasser der ‹Summa de potestate ecclesiastica› (1320) und ALVARO PELAYO († 1349), ein Minorit, der in seiner Schrift ‹De planctu Ecclesiae› gegen den ‹Defensor pacis› die päpstliche Oberhoheit auch in weltlichen Dingen entschieden verteidigte. In Deutschland vertrat die päpstliche Richtung KONRAD VON MEGENBERG im ‹Planctus ecclesiae in Germaniam› (1337), der ‹Oeconomia› (1353/54), den ‹Lacrimae ecclesiae› u. a. Er stellte vielfach in satirischer Weise die Franziskanerspiritualen am Hofe LUDWIGS, insbesondere OCKHAM, ja die Bettelorden überhaupt als ein Hauptübel der Zeit hin. Aber die Ideen der Anhänger LUDWIGS besaßen die größere revolutionäre Kraft und eine weitere Fortwirkung.

Der Streit zwischen Papst und König erregte seit Beginn aufs stärkste die Gemüter der Zeitgenossen und fand auch im deutschen Schrifttum seinen Niederschlag. Der erste deutsche Dichter, der sich gleich anfangs dazu äußerte, war der damals in Mainz lebende nominalistisch eingestellte HEINRICH FRAUENLOB: in Spruch Nr. 341 wird LUDWIG ausdrücklich angeredet und zur Wahrung der königlichen Rechte gegen die Machtansprüche der Kurie aufgefordert. LUDWIG bekam starken Anhang bei dem von ihm geförderten städtischen Bürgertum; auf seiner Seite standen viele Domkapitel, außer den Minoriten die Augustiner-Eremiten und die beiden Ritterorden, verschiedene der Mystik zuneigende Persönlichkeiten. Für die Gefühlslage seiner Anhänger sind bezeichnend die Sympathien der Dominikanerinnen CHRISTINE und MARGARETE EBNER; auch JOHANNES TAULER und GISELHER VON STRATHEIM sprachen sich für den Kaiser aus; ebenso stand der aus dem Umkreis der eckehartschen Spekulation kommende Minoritenprediger HARTUNG VON ERFURT (tätig zwischen 1320 und 1340), ein Vertreter des strengen Armutsideals, politisch auf Seiten LUDWIGS DES BAYERN. Noch zu Lebzeiten LUDWIGS verteidigte LUPOLD VON BEBENBURG (ca. 1297–1363), Domherr, später Bischof von Bamberg, mit weit verbreiteten Schriften die Rechte des Reiches gegen das Papsttum. Er wies in dem staatsrechtlichen ‹Tractatus de iuribus regni et imperii Romanorum› (1338/39; gedruckt Basel 1508 u. ö.) die Ansprüche des Papstes auf maßgebenden Einfluß bei der Königswahl zurück, begründete die Idee des Majoritätsprinzips und erkannte den prinzipiellen Unterschied zwischen dem engeren Reichsgebiet und dem Weltreich. Die Grundgedanken des Tractatus in poetisch-allegorischer Form popularisiert das lateinische ‹Ritmaticum querulosum et lamentosum dictamen de modernis cursibus et defectibus regni ac imperii Romanorum› (1340/41).

Bei einem Spaziergang sieht der Dichter in einer Einöde eine wunderschöne Frau auf einem Throne sitzen, eine dreifache Krone auf dem Haupt. Sie gibt sich dem Dichter als das Hl. Römische Reich zu erkennen. Durch sie habe Gott lange Zeit die Welt beherrscht, erst von Rom, dann von Konstantinopel, später von Deutschland aus. Als sich die Augen der Dame mit Tränen füllen, fragt sie der Dichter nach der Ursache ihres Kummers. Er liegt im Verfall des Adels, dem Verrat einiger Fürsten, der Selbstsucht der Deutschen. Der Dichter möge die deutschen Fürsten und Adeligen an ihre Pflichten, besonders an die Reichstreue und Bedachtnahme auf das gemeinsame Wohl, erinnern. Dauere aber die Verstocktheit an, so werde sich das Hl. Römische Reich zu einem anderen Volke begeben. Die Frau segnet den Dichter und entläßt ihn. Er geht hin und verkündet das Gehörte öffentlich und unaufhörlich.

Der Spaziergang und die Begegnung entsprechen durchaus dem Stil der Minneallegorien. Frau Minne oder Frau Stæte sind allerdings zum personifizierten Hl. Römischen Reich geworden. Der Ostheimer Pfarrer OTTO BALDEMANN aus Karlstadt übersetzte 1341 das ‹Ritmaticum› in deutsche

Reimpaare. Auf BALDEMANNS Version beruht LUPOLD HORNBURGS Gedicht ‹Des Ryches clage›. Humanisten und Vorreformatoren griffen LUPOLD VON BEBENBURGS Schriften wieder auf. Mehr denn je werden die Kanzleien wichtige Energiequellen geistiger Strömungen. Wie andere frühere und spätere Kanzleien war auch die LUDWIGS VON BAYERN das literarische Zentrum seines Hofes. Im Zusammenhang mit der Verwendung der Volkssprache in den Urkunden auf provenzalischem und französischem Gebiet und unter Einwirkung von DANTES Schrift ‹De eloquentia vulgari› (vor 1305), in der zum ersten Mal der Begriff einer nationalen Literatur- und Kunstsprache aufgestellt erschien, erfolgte unter LUDWIG in der königlichen Kanzlei der definitive Übergang vom Lateinischen zur Landessprache in allen deutschen und weltlichen Angelegenheiten. LUDWIG war der erste deutsche Herrscher, von dem deutsche Urkunden in großer Menge ausgingen. Wie in der religiösen Prosa, sei es Mystikertext, Übersetzung oder Originalrede, das geistliche Leben sowohl sprachlichen Ausdruck als auch sachliche Fassung fand, so versuchte man in der *deutschen Kanzleiprosa* das Leben in Verwaltung und Umgang ähnlich zu fassen und zu formen. Die Anfänge liegen auch hier am Hofe LUDWIGS VON BAYERN in München. Auf ihrem weiteren Weg über die kaiserlichen Kanzleien in Prag und Wien und die fürstlichen Kanzleien wirkt die Kanzleisprache maßgeblich mit an der Ausbildung einer *gemeindeutschen Schriftsprache*. Als Kanzler amteten in München u. a. HERMANN HUMMELE VON LICHTENBERG (1325) und HEINRICH VON THALHEIM, als Pronotar MEISTER ULRICH VON AUGSBURG († 1346). Beachtlichen Anteil am Ausbau des Kanzleiwesens hatte der Registrator und Notar BERTHOLD VON TUTTLINGEN. Er griff auch zugunsten des Kaisers in die Auseinandersetzung mit JOHANN XXII. mittels einer Briefdichtung ein, d. h. er versuchte, in der Form eines fingierten Briefwechsels zwischen Kaiser, Papst und Römern die am kaiserlichen Hof herrschende Auffassung der staatsrechtlichen Probleme zu popularisieren (1329/34).

Einen ‹Schreiber›, d. i. Kanzleibeamter des Kaisers, nennt sich auch der schwäbische Verfasser einer Art *Ehrenrede* auf den lebenden Kaiser. Die gegen Ende der Regierungszeit verfaßte größere allegorische Dichtung *Ludwig der Baier* bekundet Neigung zum Herkömmlichen und der Bildhaftmachung von Gedanklichem und sollte offenbar dem kaiserlichen Ansehen in der Öffentlichkeit zu Hilfe kommen.

Der Inhalt der nur in Bruchstücken erhaltenen Dichtung von etwa 2200 Versen ist kurz folgender: Der Dichter ist ausgezogen, um ein Mittel gegen die Zeitnöte, den Zwiespalt zwischen Kaiser und Papst, zu finden. Er sucht zuerst Frau Venus auf der Feste Solialt auf. Sie verweist ihn an Frau Ehre. Diese veranstaltet eben ein pfingstliches Hoffest. Der Dichter erbittet für den Kaiser ein Schwert. Kaiser Ludwig und seine Gemahlin (Margaretha von Holland) werden von Ehre, Venus, Maße, Keuschheit usw. hoch gepriesen und die Nöte der Zeit geschildert. Frau Ehre übergibt dem Dichter das gewünschte Schwert gegen die Widersacher Ludwigs.

Eine Hohnrede auf die mißglückte Unternehmung LUDWIGS gegen Feldkirch verspottete die großsprecherische Art des Kaisers, der keine Taten folgen.

Wie das bei Menschen einer Übergangszeit zu sein pflegt, stehen bei LUDWIG Altes und Neues nebeneinander. In Italien empfand er an den damals modernen Kunstwerken solches Wohlgefallen, daß er aus Pisa eine neuartige Madonnenstatue nach Oberbayern bringen ließ, wo sie noch heute in Ettal erhalten ist. Er kannte DANTES ‹Monarchia› und ließ sich häufig aus dem ‹Defensor pacis› vorlesen. Auf ein Gelübde hin, an der Stelle, an der er auf der Rückkehr aus Italien den Boden seines Stammlandes wieder betreten würde, ein Kloster zu errichten, gründete er 1330 ‹Unser Frauen Ettal›. Die Stiftung sollte aber nicht nur für zwanzig Benediktinermönche bestimmt sein, sondern auch für dreizehn zum Kriegsdienst nicht mehr taugliche Ritter und deren Ehefrauen. Wie für den Kirchenbau der Tempel des Grals, scheint für die zweite Einrichtung dem Kaiser die Tafelrunde der Gralsritter als Muster vorgeschwebt zu haben. Zusammenfassend wird man sagen können: Ist man der Meinung, daß ein neuer Geist die Renaissance gemacht hat, wird man den Vorgängen in München größere Beachtung zuwenden müssen als denen in Prag. Allerdings: der neue Geist hat noch nicht die neue Form, er bedient sich zumeist noch der älteren Ausdrucksmittel. Entscheidend war hier das Staatspolitische, Religiös-Philosophische, nicht das Literarische.

Bereits 1330 starb FRIEDRICH DER SCHÖNE. Damit erlosch das Doppelkönigtum. Nach dem Tode Papst JOHANNS XXII. am 4. Dezember 1334 wurde abermals ein französischer Kardinal als BENEDIKT XII. († 1342) zum Papste gewählt. Die deutschen Kurfürsten erklären 1338 zu Rense, der von ihnen rechtmäßig zum römischen König Gewählte bedürfe keiner päpstlichen Bestätigung. Die von LUDWIG immer wieder unternommenen Versuche einer Aussöhnung mit der Kurie führten weder unter BENEDIKT XII. noch unter KLEMENS VI. (1342–1352), dessen Werk die Erhebung seines Schülers KARLS IV. war, zu einem Erfolg. Kaiser LUDWIG betrieb eine unstete Politik. Zwar bewahrte er ständig die Reichsrechte, doch seine Hausmachtpolitik brachte die Reichsfürsten gegen ihn auf. LUDWIG erwarb 1323 die Mark Brandenburg, 1342 Tirol, 1346 Holland für sein Haus. Als er seinen ältesten Sohn LUDWIG 1342 mit der Erbin Tirols MARGARETE MAULTASCH vermählte und deren erste Ehe mit dem zweiten Sohne JOHANNS VON BÖHMEN für nichtig erklärte – MARSILIUS VON PADUA hatte in der Denkschrift ‹De jure Imperatoris in causis matrimonialibus› das kaiserliche Recht der Ehescheidung anerkannt (es war somit die erste Zivilehe der Zeit, nominalistisch bedingt) – betrieben die Luxemburger im Verein mit Papst KLEMENS VI. seinen Sturz. KARL IV. wurde zu LUDWIGS Gegenkönig gewählt. Unmittelbar vor dem Entscheidungskampf starb der Kaiser am 11. Oktober 1347. Die Königswürde ging wieder auf die Luxemburger über. Die neue Residenzstadt wurde *Prag*.

2. Der Übergang der Kaiserwürde auf die Luxemburger in Böhmen

Trotz der Unmöglichkeit, mit der offiziellen Kirche zu einem Frieden zu gelangen, verstärkte Kaiser LUDWIG die Macht seines Hauses. Dieser Machtzuwachs weckte die Gegnerschaft und den Neid besonders der *Luxemburger*, geführt vom Markgrafen KARL VON MÄHREN. Er war für die Partei ihres Hauses und für Papst KLEMENS VI. der geeignete Gegenkönig. Die Wahl erfolgte 1346 und wurde vom Papst sogleich bestätigt. In der Streitschrift ‹Über die Wahl Karls IV.› verspottete ihn OCKHAM als Pfaffenkönig und Botengänger des Papstes. Die Aussichten KARLS standen nicht gut. Doch mit großem Geschick bewirkte er seine Anerkennung im Reich. KARLS IV. Verzicht auf das Unternehmen, Königtum und Kaisertum im alten Sinne wiederherzustellen, eröffnet einen neuen Abschnitt der deutschen Geschichte. KARL plante, im Osten durch Vereinigung von Ungarn und Polen mit Böhmen, Mähren und Brandenburg eine neue luxemburgische Großmacht zu schaffen.

a) Hof und Kanzlei in Prag. Johann von Neumarkt. Petrarca und Cola di Rienzo. Das Neue als Form: Stilkunst und Rhetorik. Anhänger der Neuansätze und Reformideen

KARL IV. (1316–1378), Sohn JOHANNS VON LUXEMBURG und ELISABETHS, einer Schwester des letzten Přemislidenkönigs, wurde am französischen Königshof erzogen und überragte an Verstand und Bildung die meisten Fürsten seiner Zeit. Einer seiner Lehrer war PETER VON ROSSIÈRES, der spätere Papst KLEMENS VI. Ohne militärische Ambitionen stellt er den in Deutschland bisher unbekannten Typus des ‹Kabinettsregenten› dar, der Verwaltung, Wirtschaft, Diplomatie persönlich leitet und Sinn hat für Kunst und Wissenschaft. Schon 1348 stiftete er die Prager Universität. Dauernd beschäftigte er Maler und Bildhauer; in seinem Auftrag entstanden die ersten Kunstbauten der Stadt. KARL beherrschte fünf Sprachen und verfaßte eine *autobiographische Schilderung* seiner Erlebnisse bis 1346 sowie eine *Wenzelslegende*; außerdem versuchte er sich in der neuen literarischen Gattung der ‹Moralitates›; 1369 erließ er ein Verbot aller deutschen Bibeln und Traktate. Ein *Fürstenspiegel* wurde ihm zu Unrecht zugeschrieben. In seinem Sinn für Ordnung ließ er in der ‹Majestas Carolina› für Böhmen das geltende Recht aufzeichnen und beseitigte durch das Reichsgesetz der ‹Goldenen Bulle› die Unsicherheiten im Recht der Königswahl. In seiner Reichskanzlei forderte er den Gebrauch der deutschen Sprache.

Wie zu Frankreich bestanden auch zwischen Böhmen und England nahe politische, geistige und literarische Beziehungen, seit 1382 ANNA VON

LUXEMBURG, die Tochter KARLS IV., mit dem jungen RICHARD II. VON
ENGLAND vermählt wurde. Viele deutsche und tschechische Studenten
studierten seitdem in Oxford. WYCLIFS System wurde die theologische
Grundlage für JOHANN HUS (ca. 1369–1415). Aus der reformatorischen
Ideenwelt WYCLIFS erwuchs in Böhmen die religiöse, nationale und so-
ziale Revolution des Hussitismus.

Seit den Regierungsjahren König JOHANNS (1310–1346) lebte am Prager Hof der Dichter HEINRICH VON MÜGELN. Hernach weilte er am Hofe
LUDWIGS I. VON UNGARN, darauf wieder in Prag, wo er sich bei KARL IV.
wohlgesinnter Gunst erfreute. Er verfaßte dem Kaiser zu Ehren zwei Loblieder und um 1355 sein Hauptwerk ‹Der meide kranz› (rd. 2600 V.).
Diese im ersten Teil durch GUILLAUMES DE MACHAUT ‹Jugement dou roy
de Behaigne› angeregte allegorisch-didaktische Dichtung ist zum Preis
KARLS IV. und seiner Freigebigkeit gedichtet. Der ‹Anticlaudianus› des
ALANUS AB INSULIS und die davon abhängige Dichtung ‹Von Gottes Zukunft› des HEINRICH VON NEUSTADT dienten dem Dichter als Quellen.

‹Meid› ist hier die Jungfrau Maria. Das erste Buch handelt von den zwölf
Artes. Der Reihe nach treten die Wissenschaften vor den Kaiser und jede erklärt ihm ihre Kunst und deren Vorzüge: Philosophie, Grammatik, Logik, Rhetorik, Arithmetik, Geometrie, Musik, Astronomie, Physik, Alchimie, Metaphysik, Theologie. Der Herrscher soll urteilen, welche die Ehre haben solle, in
der Krone der Mutter Gottes zu stehen. Der Kaiser beruft zur Entscheidung
über den Wettstreit seine Räte. Als diese verzichten, befragt er den «meister dises
buches von Mögelin Heinrich». Als auch dieser ablehnt, erteilt er selbst den
Preis der Theologie. Reich beschenkt sendet er die Meide in das Land der
«Natur», welche die von ihm Auserwählte krönen solle. Als sie im Haus der
Natur eintrifft, ruft diese die zwölf Tugenden herbei, die auf einem von der
Vernunft angetriebenen Wagen herbeifahren. In ihrer Gegenwart krönt die Natur die Theologie. Damit schließt der erste Teil, und die Wissenschaftslehre
geht über in eine Tugendlehre. Die Natur disputiert mit den Tugenden und
will beweisen, daß diese «ir wesen uß ir han». Die Tugenden aber beweisen,
daß sie edler seien als die Natur. Die Theologie soll entscheiden, welcher von
den Tugenden die Würde gebühre. Die Theologie befragt jede um ihr Wesen
und ihr Wirken: die Weisheit, die Gerechtigkeit, die Stärke, die Mäßigkeit, die
Milde, die Demut, die Wahrheit, die Barmherzigkeit, den Frieden, die Liebe,
die Hoffnung, den Glauben. Schließlich urteilt die Theologie, daß jede Tugend
nicht von der Natur, sondern von Gott komme. Und die Natur verkündet ihre
Wirksamkeit als Grund der Dinge, der Erde, der Himmelszirkel, der Sterne.
Der Dichter entscheidet: Die Natur ist von Gott geschaffen, sie soll nicht der
Tugend gleichen, Gott selbst ist die Tugend.

Die literarisch maßgebliche Persönlichkeit am Hofe KARLS IV. aber
wurde JOHANN VON NEUMARKT (etwa 1310–1380) aus einer deutschen
Bürgerfamilie in Hohenmaut im östlichen Böhmen.

Nach entbehrungsreicher Jugend war er in den geistlichen Stand getreten
und stieg vom Pfarrer in Neumarkt bei Breslau (1344) zum Notar der königlichen Kanzlei (1347), Bischof von Leitomischl (1352), Kanzler in der Reichs-

kanzlei (1352) und Bischof von Olmütz (1364) auf. Neben dem Bischofsamt galt seine Haupttätigkeit den Kanzleigeschäften des königlichen Hofes und des Reiches und Übersetzungen aus dem Lateinischen ins Deutsche. Wie sein kaiserlicher Herr war JOHANN VON NEUMARKT Gönner und Förderer der Augustiner-Chorherren und -Eremiten und ihrer urspünglich von Pavia ausgehenden Bestrebungen nach Erneuerung des religiösen Lebens bei gleichzeitiger Pflege humanistischer Gelehrsamkeit. In der von ihm gestifteten Augustinerkirche in Leitomischl liegt er begraben.

Der Kanzler war zwar ein Mann ohne besondere schöpferische Begabung, wohl aber von starker Empfänglichkeit für geistige Entwicklungsvorgänge, ein Formtalent und ein vorzüglicher Menschenbildner. Diese Eigenschaften befähigten ihn zum Begründer und Leiter der Kanzleireform, zum fruchtbaren Anreger und Kulturvermittler. Er und seine Schüler wurden mit die Wegbereiter eines neuen sprachlich-literarischen, religiös-gelehrten und künstlerischen Zeitalters im deutschen Geistesleben. JOHANN VON NEUMARKT begann in Prag seine literarische und sprachlich-stilistische Tätigkeit mit der Neuordnung der kaiserlichen Kanzlei. Die dabei verwendeten Urkunden- und Briefentwürfe wurden in der sog. ‹Summa cancellariae Caroli IV.› zusammengefaßt, um den Beamten als Vorlage und Muster bei ihren Arbeiten zu dienen. Eine ähnliche Beispielsammlung legte er später auch für sein Olmützer Bistum in der ‹Cancellaria officii Olumucensis› an. Mit diesen Formelbüchern versuchte der Kanzler und Bischof, das Verwaltungs- und Verkehrsleben in neue Formen zu fassen und eine feste und einheitliche Grundlage für den Schriftverkehr der Kanzleien zu schaffen. Da namentlich die kaiserliche Kanzlei einen ausgedehnten Schriftverkehr pflegte und diese Formulare häufig abgeschrieben und nachgeahmt wurden, ergab sich allmählich ein einheitlicher, vom Humanismus berührter Kanzleistil. In ihren deutschen Teilen aber halfen die Formulare, eine ‹allgemeine deutsche Sprache›, die neuhochdeutsche Schriftsprache, vorzubereiten.

Neben den Formelbüchern besteht die eigene literarische Tätigkeit JOHANNS VON NEUMARKT aus zahlreichen Urkunden und Briefen in lateinischer, deutscher, tschechischer, französischer und italienischer Sprache. Für seinen persönlichen Gebrauch ließ er einen ‹Liber viaticus›, ein Reisebrevier (um 1365 beendet), einen ‹Liber pontificalis›, d. i. ein liturgisches Buch für die bischöflichen Amtsverrichtungen, und für sein Olmützer Bischofsamt ein ‹Missale›, ein Meßbuch, herstellen, alle reich mit Initialen und prachtvollen Miniaturen ausgeschmückt. Als Hofkanzler kam JOHANN VON NEUMARKT in Berührung mit zwei Persönlichkeiten der Frührenaissance Italiens, dem Politiker COLA DI RIENZO und dem Humanisten FRANCESCO PETRARCA. Der Kanzler weilte 1354/55 und 1368/69 mit dem Kaiser in Italien. Er hatte die Korrespondenz mit dem Avignoneser Papsthof zu führen und mußte PETRARCAS Briefe und RIENZOS Denkschriften in Empfang nehmen. An allen drei sah er die neue

Stilkunst der Italiener. In der Folge veranlaßte er die Reform der Hofkanzlei und die Anlage von neuen Formelbüchern.

In den letzten Lebensjahren LUDWIGS VON BAYERN hatte in Rom der
Notar der städtischen Kammer COLA DI RIENZO (1313–1354) durch
Beredsamkeit und Hoffnung auf eine politische und religiöse Erneuerung
Italiens auf das Volk einzuwirken versucht.

Nach Brechung der römischen Adelsherrschaft wurde RIENZO am 20. Mai
1347 zum Tribunen gewählt. Sein Erlaß über die Souveränität des römischen
Volkes (1. August 1347) gilt als seine bedeutsamste politische Kundgebung. Sogleich nach seiner Wahl suchte er Verbindung mit dem Münchener Hof. Joachi-
mitische Ideen, Gedanken PETRARCAS, altrömische Erinnerungen wirkten in
seiner Geisteswelt ziemlich ungeordnet durcheinander. RIENZO erstrebte: für
Rom wieder eine universale Funktion, die Einheit Italiens, eine Wiedergeburt
der Menschheit, für die Römer und Italiener das Recht der Kaiserwahl. Schon
Ende 1347 verlor er die Gunst des römischen Volkes und erregte das Mißtrauen des Papstes. Er mußte die Stadt verlassen und floh in die Abruzzen zu
den spiritualistischen Fraticellen. Zwei Jahre später reiste er zu KARL IV. nach
Prag, um den Kaiser für seine Ideen zu gewinnen. Dieser ließ ihn in Haft setzen
und an Avignon ausliefern. Am 8. Oktober 1354 wurde er in Rom ermordet.

RIENZO richtete während seiner Gefangenschaft in Böhmen Sommer
1350 bis Sommer 1352 an KARL IV., JOHANN VON NEUMARKT und den
Erzbischof von Prag ERNST VON PARDUBITZ umfängliche Schreiben, in
denen er in leidenschaftlich bewegter, kunstvoller Sprache seine religiöse
und politische Gedankenwelt darlegte. Weder der Kaiser noch sein Kanzler noch der Erzbischof zeigten sich aufnahmewillig. Der Kaiser ließ ihm
antworten: die angeführten joachimitischen Prophezeiungen seien trügerisch; die Voraussagen über den Papst und die Lehre von der Wiederkunft des hl. Geistes schriftwidrig; nur Gott sei Richter über den Papst;
RIENZO möge sich von den Irrlehren abwenden. JOHANN VON NEUMARKT
mahnte kurz, sich den Wünschen des Kaisers zu fügen. Der Erzbischof
warf ihm Überheblichkeit vor und tadelte die Wertschätzung der Prophezeiungen.

Neben COLA DI RIENZO versuchte FRANCESCO PETRARCA, der Schöpfer
der humanistischen Bildungsgrundlage, KARL IV. durch Sendschreiben
und mündliche Unterredungen für seine Anschauungen zu gewinnen:
Romfahrt, Befreiung Italiens, Wiederherstellung des römischen Imperiums. PETRARCA war zweimal in Deutschland. Die erste Reise fiel noch
unter die Regierung LUDWIGS VON BAYERN und ging 1333 von Avignon
nach Paris, durch die Niederlande und an den Niederrhein (Lüttich,
Aachen, Köln). Die zweite war eine Gesandtschaftsreise 1356 über Basel
nach Prag. Außerdem erfolgten Zusammentreffen PETRARCAS mit KARL
IV. auf italienischem Boden, 1354/55 in Mantua und Mailand, 1368 in
Udine und Padua. Konsequenzen davon sind beim Kaiser kaum zu bemerken. Er sah PETRARCA noch unter mittelalterlichen Aspekten, nicht

mit humanistischen. Wohl aber trat JOHANN VON NEUMARKT zu PE-
TRARCA in freundschaftliche Beziehungen. Ihr Briefwechsel bekundet
zweifellos eine Fühlungnahme des Kanzlers mit dem italienischen Humanismus. Der briefliche Verkehr begann 1352/53. JOHANN stand PETRARCA
mit Bewunderung gegenüber. Sein Stil und seine Redekunst imponierten
ihm. Der Kanzler bittet: um Übersendung des Werkes ‹De viris illustribus›, die ‹Remedia utriusque fortunae› 1362 nach Prag mitzubringen, um
Übersendung eines Kommentars zu den Eklogen.

Das eigene literarische Wirken JOHANNS VON NEUMARKT gehört in der
Hauptsache zum *religiösen Übersetzungs- und Erbauungsschrifttum* der
Zeit. Bei ihren Italienfahrten hatten KARL IV. und sein Kanzler den reli-
giös literarischen Geschmack der Renaissance näher kennengelernt. Auf
Grund einer 1355 aus Italien heimgebrachten Handschrift übersetzte der
Kanzler nach der Rückkehr in seiner Leitomischler Zeit für den Kaiser
den pseudoaugustinischen ‹Liber soliloquiorum animae ad deum› (1353),
‹Buch der Liebkosung›. Es sind Selbstgespräche der sündigen Seele mit
Gott, die der AUGUSTINUS-Kult des späten Mittelalters und die an seiner
Sprachgewalt und Seelenglut entzündete Rhetorik hervorgebracht hatten.
Da JOHANN VON NEUMARKT den neuen Stil auch auf seine Übersetzungen
anwandte, ergab das ‹Buch der Liebkosung› mit seiner ausgezeichneten
Beherrschung der Sprache und mystischen Wärme eine wesentliche Quelle
für den Stil des deutschsprachigen Schrifttums der nächsten Generation.
In dem Buch begegnet zum erstenmal das Bewußtsein, daß auch die deut-
sche Prosa eine erstrebenswerte Kunstform sein kann.

Ebenfalls in Italien, und zwar 1368, kam JOHANN VON NEUMARKT in
den Besitz der lateinischen Handschrift eines Werkes, das sich aus *drei
Briefen über den heiligen Hieronymus* zusammensetzt, die angeblich von
EUSEBIUS CREMONENSIS, AUGUSTINUS und CYRILLUS HIEROSOLYMITANUS
stammen. Der erste erzählt vom Leben des hl. Hieronymus, von den
Belehrungen an seine Mönche, der Einsetzung des Eusebius als Nachfolger und den Wundern nach dem Tode; der zweite vergleicht Hieronymus mit Johannes dem Täufer, dem er an Würde und Heiligkeit gleich-
komme; der dritte berichtet eine Anzahl von abenteuerlichen und seltsamen Wundergeschichten. Das Werk, das wenige Jahrzehnte vorher
vermutlich aus Dominikanerkreisen in Südfrankreich oder Norditalien
hervorgegangen war, erschien JOHANN VON NEUMARKT im religiösen Gehalt wie im sprachlichen Stil vorbildlich. Er stellte daher in der Heimat
eine besondere Fassung des Textes her und schenkte sie seinem kaiserlichen Gönner.

Durch seine literarische Bildung und Tätigkeit scheint JOHANN VON
NEUMARKT schon sehr früh sich auch die Wertschätzung der weiblichen
Mitglieder des luxemburgischen Fürstenhauses erworben zu haben. Er
übersetzte zwischen 1371 und 1375 seine Textredaktion des *Hieronymus-*

Lebens in freier Weise aus dem Lateinischen ins Deutsche und widmete das Erbauungsbuch der Markgräfin ELISABETH VON MÄHREN. Für diese seine besondere Gönnerin und die Frauen der Prager Hofgesellschaft stellte er ein *höfisches Gebetbuch* in der Art der ‹Livres d'heures› zusammen. Er verfaßte und bearbeitete dafür die deutschen ‹Tagzeiten vom Leiden Christi› und vom ‹Mitleiden Marias›, sowie Dreifaltigkeitsgebete, Gebete zu Schutzheiligen, Buß- und Abendmahlsgebete u.a.m. Damit schuf der alternde Mann am Prager Hof eine deutsche Gebetsliteratur, die neben älterem Gut in der Hauptsache aus freien Übersetzungen bestand und in neuem religiösem Geiste mit den Stilmitteln und der Sprache des *Hieronymus-Lebens* kirchliche Gebete in Laiengebete umformte. Außer den genannten Schriftwerken und Gebeten verdeutschte der Kanzler auch noch die erweiterte Redaktion des Mystikertraktates von JAKOBUS VON MAILAND ‹Stimulus amoris› (1375/80), ‹Stachel der Liebe›.

Mit diesen deutschsprachigen Übersetzungen der (wie S. 314 ff. gezeigt wurde) nicht gerade bedeutendsten Schriften der Kirchenväter- und Erbauungsliteratur hatte JOHANN VON NEUMARKT beträchtlichen Erfolg: Man verbreitete die Schriften und Gebete durch ein Jahrhundert in Hof- und Klosterkreisen in einer großen Anzahl von Handschriften. Der deutsche *Hieronymus* verteilt sich auf ein Gebiet von Danzig bis Wien und Kolmar. Noch 1484 wurde ein niederdeutscher Druck hergestellt. Die Gebete drangen aus den Adelskreisen in die Frauenklöster und volkstümlichen Orden und von da in das Bürgertum. Bei der Wiedergabe ins Deutsche bemühte sich JOHANN VON NEUMARKT um eine zwar höfisch gehobene, aber warme und deutliche Sprache, um Klarheit der Gedanken und Lebensnähe des Ausdruckes. Er ist bestrebt, nicht bloß zu übersetzen, sondern gute deutsche Prosa zu schreiben; er gebraucht in mitunter kunstbewußt abgewogenen Satzgefügen Auflösungen, er umschreibt, erklärt und fügt ein. Das Vorbild des Lateinischen für Satzbau und Ausdruck zu überwinden, ist ihm freilich nicht gelungen. Der Kult des HL. HIERONYMUS, den JOHANN VON NEUMARKT eingeführt hat, verbreitete sich weiter, bis ihn ALBRECHT DÜRER in seinem Kupferstich ‹Hieronymus im Gehäus› (1514) völlig eindeutschte und ihm die letzte Gestaltung gab.

Das Neue an JOHANN VON NEUMARKT ist am deutlichsten in den lateinischen Handbüchern für die Kanzleien zu bemerken. Darin zeigt sich eine gewisse Schulung am Stil PETRARCAS und COLA DI RIENZOS. Die für den Kaiser und die Hofgesellschaft bestimmten Übersetzungen gehören inhaltlich dem Bereiche der spätmittelalterlichen Mystik und Scholastik, vorwiegend augustinischer und franziskanischer Prägung an. JOHANN VON NEUMARKT verfügt darin über große Sprachkraft und erweist sich als Hauptvertreter eines neuen Übertragungsstiles, seine geistige Gesamterscheinung und Fortwirkung jedoch reichen nicht an MARSILIUS VON PADUA und OCKHAM und deren Reformbestrebungen heran.

In der kaiserlichen Kanzlei hatten zahlreiche Beamte ihre rechtswissenschaftliche und rhetorisch-stilistische Schulung erhalten und waren dann als Richter, Notare und Anwälte nach allen Gegenden in die Kanzleien und Stadtschreibereien des Landes gegangen.

Unter den Amtsgenossen und Schülern JOHANNS VON NEUMARKT sind als in seinem Sinne kulturgestaltend hervorzuheben: der Registrator der Reichskanzlei WILHELM KORTELANGEN, der Notar und spätere Bischof von Dorpat DIETRICH DAMERAU, MILITSCH VON KREMSIER, der spätere Bischof von Meißen und Erzbischof von Prag JOHANN VON JENZENSTEIN, NIKOLAUS VON RIESENBURG, DIETMAR VON MECKEBACH, seit 1351 Kanzler des Herzogtums Breslau, JOHANNES VON GELNHAUSEN in der Wetterau, der in die Olmützer Kanzlei JOHANNS übertrat und dort eine Formularsammlung ‹Collectarius perpetuarum formarum› zusammenstellte, ferner WENZEL VON IGLAU, Stadtschreiber in Brünn u.a.m. Aufs engste verbunden mit der kulturellen Bewegung, die JOHANN VON NEUMARKT in Gang brachte, ist auch der größte unter ihnen, JOHANNES VON TEPL, der Dichter des ‹Ackermann›.

Vom *Prager Kulturkreis* am Hof und der Universität KARLS IV. scheinen zwei Bewegungen auszugehen: das breitere Durchdringen der deutschen Sprache an Stelle des Lateinischen und eine freiere, von Laien getragene Frömmigkeit, die das religiöse Leben erneuern und beseelen will. Religiöse und politische Reformgedanken stehen bereits in Einklang mit Anfängen einer humanistischen Formung der Kultur. Diese Ereignisse in Böhmen haben aber erstens doch einen stark inselhaften Charakter gehabt, zweitens wurden ihre Ansätze und Auswirkungen sehr bald durch die hussitischen Wirren und deren Begleiterscheinungen tödlich bedroht. Man hat früher die Ereignisse am Hof der Luxemburger und in Böhmen für die Hochblüte eines deutschen Frühhumanismus gehalten. Es war eine erste schwache Welle der Berührung mit dem italienischen Frühhumanismus, bestenfalls eine Art kurzdauernder spätmittelalterlicher Vorhumanismus. Zum binnendeutschen Humanismus des 15. Jhs. führen von Böhmen nur wenige und sehr schmale Wege.

Als *Anhänger der Neuansätze und Reformideen* führte eine Reihe von Persönlichkeiten, die kürzer oder länger mit dem Prager Hof oder der Universität in Verbindung stand, sowohl die Reformbestrebungen eines MARSILIUS VON PADUA und WILHELM VON OCKHAM, den Nominalismus und die Leidenstheologie als auch die volkssprachlichen Bestrebungen JOHANNS VON NEUMARKT weiter.

Noch Schüler ECKEHARTS, Freund VENTURIOS VON BERGAMO und TAULERS war der Dominikaner JOHANNES VON DAMBACH (1288–1372), ein Elsässer, der in Deutschland, Frankreich und Italien studiert hatte, 1347 als Professor am Prager Generalstudium lehrte und 1348 als Abgesandter KARLS IV. in Sachen des Interdiktes nach Avignon reiste. Er gehörte philosophisch der nominalistischen Richtung an, war als Ethiker rauh und stoisch, persönlich jedoch gütig und fromm. Von seinen Schriften ‹De sensibilibus deliciis paradisi›, ‹De culpa et gratia›, ‹De consolatione theologiae›, war die letztere ungemein weit verbreitet. Geschichtlich bemerkenswert ist der Traktat ‹Exhortatio ad Carolum IV›, in dem die Intervention des Kaisers angerufen wird, damit nicht Unverstand das gesamte kirchentreue Volk noch wegtreibe.

Ebenfalls dem Dominikaner-Orden gehörte an KONRAD VON HALBERSTADT D. J., 1351/54 Provinzial der sächsischen Provinz. Einige seiner theologischen Traktate sind KARL IV. gewidmet. Von den theologischen Schriften seien genannt: ‹Trilogium continens theologiam et historias sive cronicas diversas›; ‹De trinitate›; ‹Figurae historiae Christi›. Von den historisch-politischen Traktaten sind bemerkenswert: ‹De origine regnorum et de regno Romanorum›; ‹Chronographia summorum pontificum et imperatorum Romanorum›, in der die Weltgeschichte in vier Teile und acht Epochen eingeteilt wird. Vermutlich von einem älteren Träger des gleichen Namens stammt die in den ersten Jahrzehnten des 14. Jhs. entstandene, der Schwankliteratur zugehörige ‹Mensa philosophica›. Sie wurde Lübeck 1476 gedruckt und dann in etwa dreißig Ausgaben verbreitet.

Von KARL IV. aus Wien 1363 nach Prag berufen wurde KONRAD VON WALDHAUSEN (um 1326–1369), Augustiner-Chorherr, einer der bedeutendsten Kanzelredner seiner Zeit. Von seinen deutschen Predigten scheint nichts erhalten. Auf ihnen beruhende lateinische Predigten (73) sind gesammelt in der ‹Postilla studentium sanctae Pragensis universitatis›. In der Einleitung gibt er eine kleine Predigttheorie. Die Predigten selbst schließen sich eng an den Text der Sonntagsevangelien an und bringen allegorisch-moralische Ausdeutungen nach Kirchenlehrern; das Ethische steht gegenüber dem Dogmatischen im Vordergrund. Die ‹Postilla› wurde handschriftlich bis ins 16. Jh. in Böhmen und Mähren, Schlesien, Österreich, Tirol und der Schweiz verbreitet. Aus einem Streit mit den Dominikanern und Augustiner-Eremiten erfloß die ‹Apologia› (1364).

Nach Gehalt, Zweckbestimmung und Form den Werken, die JOHANN VON NEUMARKT für seine Übersetzungen wählte, steht nahe die Übertragung des ‹Soliloquium› von BONAVENTURA durch den (sonst nicht näher bekannten) Prager SUBNOTAR ULRICH. Die Übersetzung (Handschrift Prag, Metropolitankapitel) wurde im Umkreis der kaiserlichen Kanzlei 1387 geschaffen.

Sprachlich ebenfalls in den Kreis um JOHANN VON NEUMARKT weist das Hauptwerk des Magisters der Prager Artistenfakultät (dort 1371 bis 1397 nachweisbar) HEINRICH VON ST. GALLEN, die ‹Passio Christi›, eine Übersetzung nach dem Lateinischen in deutsche Prosa. Von weiteren Werken HEINRICHS seien genannt: Deutsche Predigten über die acht Seligkeiten;

eine Auslegung des ‹Magnificat›, ein Traktat über die ‹Hindernisse für einen geistlich vollkommenen Menschen›. Von Prag ihren Ausgang nahm auch eine im 14. Jh. vermutlich als Plenar angelegte, in zahlreichen Handschriften verbreitete Bibelübersetzung ‹Evangelien der guten Meister›. Satzbau und Stilmittel, Neuartigkeit des Wortschatzes und Selbständigkeit gegenüber der lateinischen Vorlage weisen sie dem Prager Übersetzerkreis zu.

Nahe an JOHANN VON NEUMARKT und seinen Kreis rückte auch der in Prag wirkende Prediger MARTIN VON AMBERG (in der Oberpfalz) mit seinem ‹Gewissensspiegel› (1381/82), gewidmet JOHANN VON SCHARFEN-ECK, Rat König LUDWIGS I. VON UNGARN. Das in Prosa für Laien geschriebene, aus der gängigen geistlichen Literatur seiner Zeit geschöpfte Werk handelt im Rahmen eines Beichtspiegels vom Glauben, den Zehn Geboten, den Tugenden und Lastern, der Feiertagsheiligung usw., enthält aber auch viele volkskundlich wertvolle Bemerkungen über Teufelsbanner, Traumdeuter, Wurzelgräber, die Percht, Gebete zu Sonne, Mond und Sternen u.a.m. In den Handschriften tritt der ‹Gewissensspiegel› wiederholt in Verbindung mit Gebeten JOHANNS VON NEUMARKT auf. Gegen Schluß sind ganze Stücke aus dem *Leben des Hieronymus* entlehnt. Der ‹Gewissensspiegel› war eine Quelle für HANS VINTLERS ‹Pluemen der Tugent›.

Prag mit Heidelberg verband schließlich MATTHÄUS VON KRAKAU (1335/40–1410), Sohn eines deutschen Stadtschreibers in Krakau. Er studierte zuerst in Prag, war dort Prediger und 1387 Professor der Theologie, ging 1395 als Professor der Theologie nach Heidelberg, erscheint als geheimer Rat, Beichtvater und Diplomat des Kurfürsten RUPRECHT II. VON DER PFALZ und wurde 1405 Bischof von Worms. MATTHÄUS betätigte sich im Dienste einer maßvollen Kirchenreform und griff literarisch in die Angelegenheiten des Schismas ein. Er ging dabei wohl etwas gemäßigter, aber doch im wesentlichen in den Bahnen der von MARSILIUS VON PADUA und WILHELM VON OCKHAM bestimmten Richtung. Das in vielen Handschriften verbreitete literarische Werk des MATTHÄUS VON KRAKAU besteht aus zahlreichen Reden und Ansprachen, den ‹Revelationes beate Birgitte de Swecia de passione Christi› (1385), einem ‹Confessionale›, einem ‹Rationale divinorum operum libri VII› (d. i. ein Zwiegespräch zwischen Vater und Sohn über den Ursprung des Bösen, die Prädestination und Gottes Vaterwillen), einem ‹Liber de consolatione theologiae›, dem ‹Dialogus rationis et conscientiae de communione, sive de celebratione missae› (1388, gedr. 1457/58 von GUTENBERG, 1466 in Köln, 1494 in Memmingen, 1497 in Paris usw.; Übersetzung ins Deutsche: ‹Buch des kampfkriges der vernunfft und des gewissen›), dem weitverbreiteten Sterbebüchlein ‹De arte moriendi› (gedr. 1470 u. ö.); mutig und wirkungsreich war schließlich auch die Schrift ‹De squaloribus curiae Romanae›

(1403) gegen die Mißstände an der Kurie und für die Überordnung des Konzils über den Papst.

Eine reiche literarische Tätigkeit enfaltete auch NIKOLAUS VON JAUER, N. GROSS (ca. 1355–1435), 1397 Rektor der Prager Universität, dann ebenfalls in Heidelberg, dessen Universität er auf den Konzilien zu Konstanz und Basel vertrat. In einem ‹Tractatus de superstitionibus› (1405) setzte er sich polemisch mit dem Aberglauben auseinander. Andere Werke, wie ‹De mendicantibus›, ‹De haereticis›, behandeln Zeitfragen.

Nach Studien an der Artistenfakultät in Prag (1388) Mönch des später mit Melk und Bursfeld in der Reform wetteifernden Benediktinerklosters Kastl bei Neumarkt in der Oberpfalz wurde JOHANNES VON KASTL. Seine Schriften ‹De adhaerendo Deo› (um 1400; auch ins Deutsche übersetzt) und ‹De lumine increato› schöpfen aus Kirchenvätern, thomistischer Scholastik und deutscher Mystik.

Gering im deutschen religiösen Schrifttum war der Widerhall hussitischer Lehren. Als einer der wenigen entfaltete ULRICH GRÜNSLEDER, aus Vohenstrauß in der Oberpfalz (verbrannt 1421), Geistlicher in Regensburg, für die Ideen des HUS eine lebhafte Propaganda. Er übertrug für seine Zwecke zwei hussitische Traktate ins Deutsche und verbreitete sie unter den Laien. GÜNTHER VON MOSBACH, ein bayrischer Geistlicher, hingegen verfaßte ein Gedicht ‹Die pehemisch irrung› (gedr. Nürnberg 1483).

b) Dichtung: ‹Der Ackermann› des Johannes von Tepl

Inhaltlich mit der lateinischen und deutschen moralisch-asketischen Unterweisungs- und Erbauungsliteratur, wie sie in der zweiten Hälfte des 14. Jhs. ausgebildet war, formal mit der neuen deutschen Prosa, der Sprache der Mystik, dem Sprachstil, den JOHANN VON NEUMARKT bei seiner Kanzleireform angebahnt, mit dem ‹geblümten› Deutsch HEINRICHS VON MÜGELN verbunden ist ‹Der Ackermann› des Saazer Notars und Schulrektors JOHANNES VON TEPL. Der literarische Ort dieser meisterhaften deutschen Prosadichtung liegt im Bereich der mittelalterlichen lateinischen und deutschen Streitgespräche. Voraussetzungen sind die Literaturgattung des Dialogs und das Disputationswesen der scholastischen Generalstudien und der Universitäten.

Unter Dialog, d. h. Unterredung, Zwiegespräch, versteht man eine literarische Kunstform der antiken Philosophie zur Darstellung von Problemen mittels der Dialektik. Durch Rede und Gegenrede wird die Darstellung anschaulich gemacht und belebt. Das antike Schrifttum und das spätantike Schulwesen übermittelten die Dialogform dem Mittelalter, indem Scholastik und Mystik sie weiterbildeten und mannigfach verwendeten.

Vom spätantiken Schulwesen übernahm die Frühscholastik für ihre Schulen auch die gelehrte Disputation. Das Disputationswesen war ein

Hauptelement des höheren Bildungs- und Hochschulwesens das ganze Mittelalter hindurch. In der mittellateinischen Poesie ist der Disput, die *altercatio*, ein vielbenütztes Mittel lebendiger dichterischer Darstellung. In der deutschen Spruchdichtung erscheint seit dem 13. Jh. die Disputation als beliebte Stilform (vgl. Bd. III/1, 457 f.).

Die ‹Ackermann›-Dichtung steht ferner in einer bestimmten geistigen und latein-deutschsprachigen *Tradition*, die in der römischen Antike beginnt und bis ins 14. Jh. führt. Knapp vier Jahrzehnte vor ihrem Erscheinen war in England WILLIAM LANGLANDS (geb. um 1332) ‹Vision von Peter dem Pflüger› (1362, 1377, 1394, jedesmal erweitert) entstanden. Der Verfasser läßt in der auf dem eschatologischen Gedankengut der Zeit fußenden Traum-Dichtung als eine Hauptgestalt den fleißigen und gutmütigen Bauern Piers auftreten, identifiziert ihn mit dem Menschensohn, dem Apostel Petrus und dem Papst, und lehrt schließlich, ungeachtet der kirchlichen und allgemeinen Verderbtheit ein schlichtes, tätiges Christentum anzustreben.

In dem um die Wende des 6. und 7. Jh. entstandenen Auszug ‹De remediis fortuitorum›, ‹Von den Heilmitteln gegen die Zufälligkeiten› aus einem sonst verlorenen Werk des römischen Philosophen SENECA ist Kap. 16 ein Streitgespräch zwischen einem Witwer, der den Tod seiner Frau beklagt, und einem Gegner, der ihm widerspricht. Dieses Streitgespräch wurde im Mittelalter vielfach übernommen und die Sprecher dabei benannt: bei HILBERT VON LE MANS Timor und Securitas, bei WALTHER BURLEY Sensus und Ratio, bei PETRARCA Dolor und Ratio.

Oft abgeschrieben, übersetzt und bearbeitet wurde der ‹Dialogus Mortis cum Homine›, in dem Tod und Mensch einander gegenüber treten. Nach dem Vorbild dieses Dialoges entstand das nordniedersächsische Gedicht ‹Leben und Tod› mit 21 vierzeiligen Strophen, die abwechselnd dem Leben und dem Tod zugeteilt sind. Dieses nach Gehalt und Art den Totentanzgedichten nahestehende Gebilde ist ein Memento mori für den in Weltlust Befangenen, voll Furchtbarkeit und Unerbittlichkeit; der Mensch voll Angst, der Tod in überlegener Gemessenheit. Auch ein hochdeutsches Gedicht schließt sich dem Dialog an. Das niederdeutsche Gedicht ist der lateinischen Vorlage und ihrer hochdeutschen Vorlage weit überlegen.

In der Kolmarer Meistersingerhandschrift ist unter dem Namen des REGENBOGEN eine Spruchreihe überliefert, die den Gedanken des Memento mori in ein *Gespräch des Dichters mit dem Tode* kleidet. Der Dichter bittet den ihm erscheinenden Tod um Schonung. Der Tod gewährt Aufschub, bis er seine Boten sendet: graues Haar und grauen Bart und die Beschwerden des Alters. Sie kommen schnell. Von neuem erscheint der Tod. Ein Streit hebt an, der Todeskampf. Die Rüstung des Dichters sind schlechte Leintücher. Der Priester erteilt ihm die Letzte Ölung. Der Tod schlägt dem Dichter Beine, Arme, Haupt und Augen und zuletzt das Herz entzwei. Aber damit ist der schwerste Streit noch nicht ausgefochten, der Streit zwischen Himmel und Hölle um die Seele. Die Spruchreihe schließt mit einem eindringlichen Gebet an Maria um Hilfe und an Gott um Gnade.

Dialogliteratur, Streitgespräch und Prozeßdichtung boten ein besonders ergiebiges Anwendungsfeld für die *Rhetorik*. Mit dem Übergang von der lateinischen Kanzleisprache auf die deutsche, dem Aufkommen einer höheren deutschsprachigen Predigt-, Traktaten- und Übersetzungsprosa ergab sich die Notwendigkeit einer Rhetorik und Stilistik der spätmittelhochdeutschen und frühneuhochdeutschen Kunstprosa. Für beide Unterrichtungen, die geistlichen wie die politisch-juridischen, schöpfte man aus der antiken und mittelalterlich-lateinischen Tradition.

Der *Verfasser* der ‹Ackermann›-Dichtung, des bedeutendsten Denkmals spätmittelalterlicher deutscher Kunstprosa und der Vorblüte des beginnenden Humanismus, war lange Zeit umstritten bzw. unbekannt. Der erste, der eine kritische Ausgabe der Dichtung versuchte, JOHANN KNIESCHEK 1877, vermutete als Autor den Saazer Notar und Schulrektor JOHANNES DE TEPLA, JOHANNES VON SAAZ. KONRAD BURDACH und ALOIS BERNT, die eine Neuausgabe veranstalteten, lehnten diese Vermutung ab und verwiesen auf Kap. 3 der Dichtung: «Ich bins genant ein ackerman, von vogelwat ist mein pflug» und wollten einen JOHANNES PFLUG VON RABENSTEIN als Dichter ausfindig machen. Heute weiß man, daß die Wendung ‹Die Feder ist mein Pflug› ein mittelalterlicher Schreibersspruch ist, der öfter Verwendung fand und keinen Hinweis auf den Verfasser darstellt. Andere Forscher, schließlich auch BERNT, versuchten mit Hilfe von Indizienbeweisen dann noch darzulegen, daß KNIESCHEK recht hatte, und JOHANNES VON TEPL der Dichter gewesen sei. Da glückte 1933 einem Mitglied des Österreichischen Instituts für Geschichtsforschung, KONRAD JOSEF HEILIG, bei Handschriftenbeschreibungen für die Universitäts-Bibliothek Freiburg i. Br. in Cod. Frib. 163 der Fund einer Abschrift des Geleitbriefes zu der Dichtung. Darin stand der Name des Dichters: JOHANNES DE TEPLA; er schickt das Büchlein dem Prager Bürger PETRUS ROTHERS (ROTHIRSCH). Damit war der lange Streit entschieden und die Möglichkeit gegeben, eine Biographie des Dichters aufzubauen.

JOHANNES VON TEPL wurde um 1342 oder 1350 geboren, d. i. um die Zeit des großen Sterbens oder bald danach. Er besuchte von etwa 1350 bis 1360 oder etwa 1358 bis 1368 die Klosterschule in Tepl, studierte in Prag oder an einer italienischen oder französischen Hochschule (Bologna, Padua, Paris), erwarb den Grad eines Magister artium und war in der Prager Kanzlei tätig. Der Name des Dichters wechselt: JOHANNES (DE) TEPLA, JOHANNES HENSLINI DE SITBOR, JOHANNES DE SITBOR, JOHANNES VON SAAZ. Sein Vater HENSLINUS war zuletzt Pfarrer im Dorfe Schüttwa (Šitboř) in den Vorbergen des nördlichen Böhmerwaldes im Bezirk Bischofteinitz und ist dort 1375 gestorben. Vermutlich ist er nach dem Tode seiner Frau in den geistlichen Stand eingetreten. JOHANNES hatte einen Bruder und einen Vetter LEONARDUS, Erzpriester in St. Marein bei Wolfsberg in Kärnten. Von 1378 bis 1411 war JOHANNES VON TEPL *notarius civitatis* und daneben (1383) *rector scholarum* in Saaz. Am 1. August 1400 starb seine Frau MARGARETHA. Im Jahre 1411 verließ er Saaz und übersiedelte als Protonotar nach Prag-Neustadt. Er hatte mehrere Kinder und war in zweiter Ehe mit einer Frau KLARA verheiratet; 1413 erkrankte der Dichter und starb 1414 (jedenfalls vor dem 24. September 1415). Auch ein Bild des Dichters ist erhalten. Er stiftete 1404 zu dem in der St. Niklaskirche zu Eger

1401 errichteten Hieronymus-Altar ein St. Hieronymus-Offizium (Prag, Nat. Mus. XII A 18). Die Vorderseite des ersten Blattes enthält ein Votivbild, auf dem am rechten Bildrand der Donator als Beter dargestellt ist: ein Mann von etwa fünfzig Jahren mit schwarzem Haar und Bart in einem langen hochgeschlossenen dunklen Mantel.

Von JOHANNES VON TEPL sind erhalten oder gehen unmittelbar oder mittelbar auf ihn zurück: Das Streitgespräch ‹Der Ackermann›; zehn deutsche Verse im St. Hieronymus-Offizium; vier Formelbücher, von denen sich zwei in der Universitätsbibliothek zu Breslau befanden, das dritte das Museum zu Saaz besaß, das vierte der Cod. Frib. 163 zu Freiburg i. Br. enthält. In Prag legte er 1411 einen neuen Band des Stadtbuches, den ‹Liber contractuum› an. Unter seine Briefmuster schrieb er die Verse:

Si honorificis adhaerere
et abundantia vis vigere,
Tunc rhetoricam bene discas
et assidue ad hanc tendas.

Zu der der Forschung geglückten Erschließung der literarisch-ideellen Tradition der ‹Ackermann›-Dichtung und der Entdeckung des Widmungsbriefes kam in jüngster Zeit der Fund eines aus dem Besitz JOHANNS VON TEPL stammenden oder zumindest zeitweilig in seinen Händen gewesenen Sammelbandes in der Metropolitankapitel-Bibliothek zu Prag (O. LXX), der geradezu eine Materialiensammlung enthält, die der Dichter zusammentrug, oder genauer gesagt von einem ULRICUS (vielleicht dem Subnotar und BONAVENTURA-Übersetzer gleichen Namens) kaufte oder entlieh, als er seinen ‹Ackermann› zu schreiben vorhatte.

Der in der zweiten Hälfte des 14. Jhs. von mehreren Händen geschriebene Codex enthält folgende sieben Teile: 1. Die früher SENECA zugeschriebene Abhandlung ‹De quattuor virtutibus cardinalibus›; 2. RICHARD VON ST. VICTOR, ‹De caritate›; 3. BERNHARD VON CLAIRVAUX, ‹De contemptu mundi› (maior); 4. ‹Tractatus de crudelitate mortis›; 5. BONAVENTURA, ‹Speculum seu Itinerarius›; 6. AUGUSTINUS, ‹De honestate mulierum›; 7. einen lateinischen Totentanz.

Das wichtigste Stück ist der ‹Tractatus de crudelitate mortis›, ein 26 Strophen umfassendes mittellateinisches· poetisches Streitgespräch zwischen einem Ankläger und dem Tod. Dieser *Traktat von der Grausamkeit des Todes* ist das unmittelbare Vorbild JOHANNS VON TEPL für die Gestaltung der ‹Ackermann›-Dichtung. Aber auch die übrigen Stücke des Sammelbandes aus den Bereichen der Stoa, AUGUSTINUS, der Früh- und Hochscholastik, der Mystik und der Totentänze wirkten mehr oder minder anregend und bestimmend bei der Abfassung der Dichtung.

JOHANNES VON TEPL hat sich selbst über den ‹Ackermann› in dem Begleitschreiben geäußert, mit dem er eine Abschrift der Dichtung an seinen Freund PETER ROTHIRSCH in Prag schickte. Die nach allen Regeln

der Rhetorik gestaltete Dichtung wurzelt wohl zugleich auch in einem
Erleben des Verfassers. Mit dem bereits genannten Schreiberspruch bezeichnet der Verfasser sich als Mann der Feder und weist auf seinen Beruf als *notarius* und *rector scholarum* in der Stadt Saaz in Böhmen. Der
poetische Vorwurf stellt den Ackermann, den Tod und Gott in e i n Geschehen. Die Dichtung erwuchs aus dem Schmerz um den Verlust der
Frau. Der Boden, in dem das Werk gedieh, war die Rhetorik. Als Entstehungszeit ist das Jahr 1401 anzunehmen. Der literarische Ort des
‹Ackermann› liegt vor allem im Bereich jener Streitgespräche, in denen
Leben und Tod einander gegenübertreten wie im erwähnten ‹Dialogus
Mortis cum Homine›, oder der Schrift ‹Von den Heilmitteln gegen die
Zufälligkeiten›, besonders aber dem ‹Tractatus de crudelitate mortis›. Auch
auf französischem Boden gibt es Dichtungen, die vollkommen die Situation im ‹Ackermann› treffen. Der ‹Ackermann› ist also ein europäi-
sches Thema mit den Zügen des heimisch-deutschen Streitgespräches.
Durch Johannes von Tepl wird der Dialog zu neuer Fassung geformt.
Es ist nicht mehr Frage und Antwort zwischen Lehrer und Schüler, Seelen=
führer und Klosterfrau, sondern wie bei einer gelehrten Disputation und
einem regelrechten Prozeßverfahren gibt es Thema, Vorsitz, Rede, Gegenrede, Entscheidung bzw. Richter, Kläger, Beklagten, Richtspruch.

Das Streitgespräch umfaßt 33 Kapitel und ein Schlußgebet. Das Schlußgebet
enthält ein Akrostichon: *Johannes MA*. Es ist nicht Zufall, daß die Dichtung
gerade 33 Kapitel ausmacht. Das ist ganz bewußte Zahlenkomposition. Für die
christlichen Schriftsteller war die Zahl 33 durch die Lebensjahre Christi ge-
heiligt. Augustins Schrift ‹Contra Faustum manichaeum› hatte 33 Bücher,
Cassiodors ‹Institutiones› 33 Kapitel, Gottfried von Viterbos ‹Pantheon›
33 particulae; der Pseudo-Turpin hat 33 Kapitel. Die Ekloge des Endelechius
(386) über das Kindersterben hat 33 Strophen, ebenso je ein Gedicht Walah-
frids und des Archipoeta. Dantes Brief an Can Grande hat 33 Abschnitte,
und in der ‹Divina Commedia› führen 1 + 33 + 33 + 33 = 100 Gesänge durch
die drei Reiche Himmel, Hölle, Fegefeuer.

‹Der Ackermann› behandelt in der Form des Prozeßwesens als Hauptthema
die Klage des Ackermanns bei Gott gegen den Tod, der ihm die Frau geraubt
hat. In dramatischer Verlebendigung stehen Ackermann und Tod persönlich
vor dem Richterstuhl Gottes, des Herrn aller Schöpfung, einander gegenüber
und führen in künstlerisch vollendeter Prosarede abwechselnd das Wort. Nach
dem juristischen Ansatz Klage und Reinigungsbeweis fließt die Prozeßform in
die literarische Gestalt des Streitgesprächs. Die Anklage des Witwers stützt sich
auf die Tatsache des Mordes und des Raubes. Der Ackermann erhebt seine
Klage mit dem ‹Gerüfte›, behandelt den Tod als Geächteten, verlangt, daß er
durch ‹Gottes Kraft› hingerichtet werde (Kap. 5 und 15) und verflucht den Tod.
Der Tod lehnt diese Art der Klage ab und wehrt sich gegen die Behandlung
als Geächteter, verlangt zu wissen, wer der Kläger sei und welche Untat er ihm
vorwerfe. Der Ackermann nennt seinen Namen, Beruf und Herkunft und bezeichnet die Missetat; wiederum verflucht der Ackermann den Tod. Der Tod
erwidert, der Ackermann sei ein böswilliger Kläger (Kap. 6) und bietet den
Beweis an, daß sein Tun in der Welt ein rechtmäßiges Tun sei. Der Tod wird
vom Richter nicht als Geächteter behandelt und zum Reinigungsbeweis zu-

gelassen. Die weiteren Kapitel bilden einen dramatischen Dialog zwischen Kläger und Beklagtem, indem u. a. der Ackermann jede Genugtuung ablehnt und von Gott Rache fordert, zuletzt sogar droht (Kap. 21), sich diese selber zu verschaffen. Ausbrüchen der heftigsten, leidenschaftlichsten Erregung, all den Anklagen und Verwünschungen gegenüber verteidigt der Tod mit starken Gegengründen und überlegter Dialektik sein Recht auf das Leben. Für Kap. 24 schöpfte der Dichter hauptsächlich aus BERNHARDS VON CLAIRVAUX ‹De contemptu mundi› und zwar aus dem 2. Kapitel. Der Tod ist schließlich seiner Sache so sicher, daß er bereit ist, sich dem Urteil Gottes zu unterwerfen. Gott urteilt (Kap. 33) gegen den Kläger: dem Tod gehört das Leben, der Erde der Leib, Gott die Seele. Der Ackermann fügt sich dem Richterspruch des Herrn.

Anlage und Aufbau lassen eine sehr überlegte Art der Gestaltung erkennen. Der Prozeß spielt von juristischen in religiös-metaphysische Bereiche hinüber. Der Dichter, der zwischen den beiden Streitenden mitteninne steht, gestaltet das Problem, indem er es dialektisch in eine Beweisführung des Ackermanns und eine Gegenrede des Todes zerlegt und nach dem Urteil Gottes den Witwer ein abschließendes Gebet für die verstorbene Frau sprechen läßt.

Im Geleitschreiben an PETER ROTHIRSCH, jenem *Widmungsbrief*, mit dem der Dichter das eben vollendete Werk dem Freund in Prag übersendet, der jüngst Neuerscheinungen vom Acker der rhetorischen Ergötzlichkeit (*ex agro rhetoricalis iocunditatis*) begehrte, stellt er es als ein aus deutschem Sprachstoff zusammengeflochtenes Gebilde (*ex Teutunico liguagio consertum aggregamen*) hin. In der Dichtung wird ein Angriff gegen das unvermeidliche Schicksal des Todes (*invectio contra fatum mortis inevitabile*) vorgeführt. Dabei kommt alles Wesentliche der Rhetorik zum Ausdruck (*in qua rhetoricae essentialia exprimuntur*): ein weitläufiger Stoff (*materia*) wird kurz, ein kurzer umständlich behandelt; bei den Dingen (*res*) wird, gelegentlich sogar an einem und demselben, Lob und Tadel angebracht; die Erfindung (*invenitur*; rhet. term. *inventio*) ist vollendet und der Periodenbau hinhaltend; Doppelsinn und Sinngleichheit schreiten rasch vorwärts (*cum aequivocatione synonymatio illic currunt*); Satzglieder, Abschnitt, Periode (*cola, comma, periodus*) treiben in neuartigen Figuren das Spiel; Scherz und Ernst sind am gleichen Ort angebracht; Metapher, Arrenga, Ironia sind benützt; Wort- und Satzfiguren und Tropen (*verbales et sententionales colores cum figuris*) tun ihre Schuldigkeit. Aber auch das gesamte rhetorische Beiwerk (*rhetoricae accidentia*), soweit das in deutscher Sprache möglich ist, wuchert hier.

JOHANNES VON TEPL gebraucht demnach alle ihm zur Verfügung stehenden Kunstmittel und Regeln der Rhetorik und Stilistik bis in den Aufbau und die Klangbewegung der Sätze zur Gestaltung seines Stoffes im gesamten und im einzelnen: die Repetitio, die Anaphora, die Epiphora, die Epanaphora; dazu neben einfacher Wortwiederholung und der Wortwiederholung mit Emphase die Eponodos sowie Wiederholung bei der Aequivocatio oder Traductio; es wechseln Anfangstellung, Mittelstellung und Endstellung des Verbums; es sind die verschiedenen Formen des Zeugmas verwendet. Die einzelnen Kapitel werden häufig durch eine Sentenz eingeleitet, alle Mittel der Steigerung sind benützt, dialektische Logik und reichlich Metaphern. Der Dichter hat in seiner Stadtschule offenbar die Fächer des Triviums mit besonderer Hingabe gepflegt. Aber nicht nur im einzelnen herrscht ein bestimmter Stilwille, sondern auch in der Gesamtanlage ist die Dichtung ein einheitliches und geschlossenes Kunstwerk. Das Neue war, daß er die Stilmittel in so weitgehender und genialer Weise auf die deutsche Prosa übertrug.

Trotz seiner Stilkunst und trotz folgerichtig durchgeführter Komposition hat das Streitgespräch etwas Erregendes an sich, eine von Spannung erfüllte Unruhe treibt die Auseinandersetzung vorwärts. Man hat daran auch noch einen Rest von höfisch-fröhlichem Mittelalter und die Atmosphäre einer von Platonismus angefärbten Denkwelt der Spätscholastik festgestellt. Scharf treten die pessimistischen Thesen des Todes hervor, denen Gott die ‹Wahrheit› zuspricht.

JOHANNES VON TEPL verband selbst die ‹Ackermann›-Dichtung mit den literarischen Bestrebungen seiner Zeit, aber ebenso mit JOHANN VON NEUMARKT, der sich sowohl um guten lateinischen Stil als auch um die Pflege der Volkssprache bemühte. Aus JOHANNS VON NEUMARKT Übersetzung des ‹Buches der Liebkosung› verwendet er das 34. ,Kapitel für sein Schlußgebet. Ferner ist der Dichter dem deutschen Meistergesang, REGENBOGEN, FRAUENLOB, besonders HEINRICH VON MÜGELN, dem deutschen Fastnachtspiel u. a. verpflichtet. Die ‹Ackermann›-Dichtung reflektiert zwei verschiedene literarisch-stilistische Sphären, eine mittelalterliche und eine neue, eine deutsche und eine lateinsprachige. Sie schöpft aus der mittellateinischen Literatur, dem deutschen Gesellschaftslied und aus dem Meisterlied, der Marienlyrik, der Spruchdichtung und dem Rechtswesen. Die dichterische Substanz des Dialoges stammt aus der Literatur der Zeit: der Apparat der Bilder, Vergleiche, Aufzählungen und Beispiele, das meiste der gnomisch-didaktischen Elemente. Das Gegebene aber wurde vom Dichter nicht einfach übernommen, sondern nach einem ganz bestimmten Stilwillen behandelt und verwendet, der nach großem Wortreichtum strebt. Es ist der Kunststil der ‹geblümten Rede›. Mit «Wahl und Freiheit» hat JOHANNES VON TEPL genützt, was ihm die Kanzleisprache und Kunstdichtung des 13. und 14. Jhs. darboten. Die Grundsubstanz an Ausdrucksmitteln wurde in eine Form gegossen, die im Bau der Perioden und Konstruktionen auf weite Strecken der lateinischen Syntax nachgebildet ist und sich sowohl als eigenkräftige Weiterentwicklung mittelalterlicher Rhetorik und Poetik zeigt, als auch auf den beginnenden Humanismus weist.

Der Ackermann wurde durch ein persönliches Todeserlebnis in der Selbstsicherheit getroffen; sein Glaube an die Harmonie der Schöpfung ist erschüttert. Im Verlaufe der Auseinandersetzung mit dem Tod gelangt er zur Einsicht in die Wesensbedingungen und -bestimmungen des Menschen; er ergibt sich in den Willen Gottes. Die Lösung ist mittelalterlich. Die ideelle Einstellung der Dichtung zeigt deutlich ockhamistisch-nominalistische Wesenszüge: in der Rede des Menschen und der Gegenrede des Todes die «Zweiung der Zeit in Spiritualismus und Naturalismus», in den kritischen und skeptischen Elementen, der Dialektik, dem voluntaristischen Gottesbegriff (der Tod nicht Strafwirkung oder Folge der Erbsünde, sondern freie Setzung Gottes), in der verstandesklaren Empirie des Todes, in der Lösung durch den Machtspruch Gottes, in der Seelenlehre (Leib, sinnliche Seele, Geistseele) u. a.

Gleichwohl strebt ‹Der Ackermann› aber auch aus dem Mittelalter heraus. Das zeigt sich in der von einer neuen Latinität herkommenden Helle, Durchsichtigkeit und Ausgewogenheit der Form. Die bisherige weltliche Prosa war im allgemeinen ungepflegter, der meistersingerische Stil dunkler und verschnörkelter. Doch das Neue kommt nicht allein aus der Form, sondern man spürt es auch vom Geiste her. Der Dichter beruft sich auf die Römer als pädagogische Lehrmeister und spricht von einem Bild des Todes, das in Rom an die Wand gemalt war. Die Auffassung des Todes hat etwas von ihrem früheren Glauben verloren; die Frauenschelte (Kap. 28) ist im Sinne von Augustins ‹Über die Ehrbarkeit der Frauen› gemildert und stilistisch gehoben; in Kap. 25 scheint sich eine neue ästhetische Haltung zum menschlichen Körper anzubahnen.

Als Johannes von Tepl den ‹Ackermann› schrieb, wurde Wenzel der Kaiserwürde für verlustig erklärt und Johann Hus zum Priester geweiht. Das Werk entstand an einer Zeitwende. Weder die politischen Erschütterungen noch die hussitischen Kämpfe haben den ‹Ackermann› wesentlich beeinflußt oder zeigen ihr Kommen an. Betroffen aber wurde die Nachwirkung des Werkes. Um 1409 schuf ein Tscheche, Ludvik von Königgrätz, durch Übersetzung und Bearbeitung ein tschechisches Gegenstück: ‹Tkadlec› (‹Der Weber›), in dem er den Ackermann durch einen Weber, den Tod durch das Unglück ersetzte und die Klage um den Verlust der Frau zu einer Auseinandersetzung um die treulose Geliebte Adliczka umbildete. Daß Johannes von Tepl auch den ‹Tkadlec› verfaßte, hält Krogmann für unwahrscheinlich. In die deutsche mittelbare Überlieferung gehören: Hans Folz in zwei Liedern und einem Fastnachtspiel; das schon S. 271 erwähnte Münchener ‹Büchel von dem aygen gericht des sterbenden menschen› (1510); Geiler von Kaisersberg mit dem ‹Buch granatapfel› und ‹Predigen teutsch›; Jörg Wickram mit ‹Der Irr Reitend Bilger› (Straßburg 1556). ‹Der Ackermann› wurde im 15. und 16. Jh. immer wieder abgeschrieben und gedruckt und erfuhr lange Zeit hohe Wertschätzung. Noch heute sind 16 Handschriften und 17 verschiedene Drucke erhalten. Viele Handschriften sind verloren. Keine Handschrift und kein Druck entstammen dem böhmischen Raum; vermutlich infolge der politischen Erschütterungen und religiösen Kämpfe. Der größte Teil der Überlieferung ist oberdeutsch. Trotz großer Verbreitung ist das Werk gattungsgeschichtlich anscheinend nur wenig wirksam geworden.

c) Die Auswirkungen der Geschehnisse in München und Prag

Fragt man nun, was die Physiognomie des 14., 15. und 16. Jahrhunderts mehr bestimmte, die Berührungen des italienischen Frühhumanismus mit dem Prager Hof der Luxemburger oder die vorangehenden Geschehnisse unter LUDWIG IV. und Wandlungen des Denkens innerhalb der Spätscholastik, so kann man um die Antwort kaum verlegen sein. In Prag gab es nicht annähernd Auseinandersetzungen und eine Geistigkeit wie in München, die religiösen und politischen Reform- und Renaissance-Ideen RIENZOS und PETRARCAS wurden abgelehnt, wohl aber erfolgte eine Überwirkung der neuen humanistischen Stilistik und Rhetorik auf die kaiserliche Kanzlei. Die Ansätze und Zukunftkräfte um LUDWIG IV. waren viel umfassender, tiefergreifend, in die folgenden Jahrunderte hineindauernd, und ausgedehnt auf die Staatslehre, Philosophie, die Naturwissenschaft, die Literatur, ja das gesamte Geistes- und Kulturleben. Das Vorgehen des Kaisers in Italien, die Krönung in Rom etc. sind ungleich gewichtiger als das Gebaren RIENZOS. In der Umgebung Kaiser LUDWIGS begann bereits wesentlich früher ein geistiger Reform- und Renaissance-Vorgang mit dem Willen nach Erneuerung der politischen und kirchlichen Ordnung, der Welt und der Menschheit. An ihm sind Italiener, Deutsche, Franzosen und Engländer geistig, literarisch und faktisch beteiligt. Durch LUDWIGS und seiner Publizisten Kampf gegen den päpstlichen Absolutismus erhielt das Reformverlangen mächtige Impulse. Durch dieses Ringen und den beginnenden Nationalismus wurde der vorhin im Kirchlich-Religiösen sicher geleitete Einzelmensch zu eigener praktischer Stellungnahme genötigt. Während des Konfliktes LUDWIGS mit den Päpsten spaltete sich die Christenheit in zwei Lager nach fast den gleichen geographischen Grenzen, die später das nachreformatorische Europa aufwies.

Die staatstheoretischen Schriften des MARSILIUS VON PADUA und OCKHAMS bereiteten für die kirchenpolitischen Kämpfe des Spätmittelalters die Waffen und kamen während des großen Schismas und der konziliaren Erregung zu breiter Auswirkung. Aus MARSILIUS VON PADUA und OCKHAM entlehnte KONRAD VON GELNHAUSEN (um 1320–1390) die Leitgedanken für die Vorschläge zur Beilegung des abendländischen Schismas an KARL VI. VON FRANKREICH. In GREGOR HEIMBURG (vgl. S. 478 f.), dem neben NIKOLAUS VON CUES bedeutendsten Geist ihrer Generation, leben die Bestrebungen der Hauptberater LUDWIGS mit verstärktem Radikalismus wieder auf. Sogleich nach Ausbruch der Reformation wurde der ‹Defensor pacis›, Basel 1522, im Jahr von LUTHERS deutscher Bibel, erstmals gedruckt. Das Geleitwort dazu stammte von dem Spiritualisten und Taufgesinnten JOHANN DENCK. Ein Holzschnitt zeigt Kaiser LUDWIG vor Rom. Spätere Nachdrucke des ‹Friedensschirmbuches› erschienen Frankfurt am Main 1592 u. a. Ins Deutsche übersetzt wurde es 1544. Auf

der Höhe seiner Widersetzung gegen das Papsttum ließ 1538 König HEIN-
RICH VIII. VON ENGLAND den ‹Defensor pacis› auf Staatskosten in die
Volkssprache übertragen und verbreiten.

In der Philosophiegeschichte ist es längst bekannt, daß der durch JO-
HANNES VON JANDUN repräsentierte Averroismus trotz kirchlicher Verurteilung und Bekämpfung bis ins 17. Jahrhundert bei nicht wenigen Persönlichkeiten ungeschwächt fortdauerte. Da der Averroismus speziell an
der Universität Padua (durch Professoren wie PIETRO D'ABANO, NICO-
LETTO VERNIAS, AUGUSTINUS NIPHUS, ALEXANDER ACHELLINI, PETRUS
POMPONATIUS u. a.) seine Pflege fand, wurden zahllose deutsche Studenten dort mit seinen Doktrinen bekannt; die wichtigsten AVERROES-Aus-
gaben erschienen 1472 und 1552/53 ebenfalls in Padua.

Für die Literaturgeschichte sind aus diesen Erkenntnissen noch nicht die
nötigen Konsequenzen gezogen. In der bürgerlichen Spruchdichtung sind Spuren (Ablehnung) bei HEINRICH DEM TEICHNER zu beobachten. Als JOHANN ECK
in seinem ‹Chrysopassus› (1514) die Frage, ob die Himmelskörper beseelt seien,
verneinte und darob mit dem Arzte PAUL RITIUS in einen heftigen Streit verwickelt wurde (der noch in den ‹Eckius dedolatus› hineinspielt), darf man bei
RITIUS Averroismus vermuten. Wenn CROTUS RUBEANUS, der Verfasser des
ersten Teiles der ‹Epistolae obscurorum virorum›, 1516/20 in Italien den wegen
seiner averroistischen Doktrinen befehdeten POMPONATIUS, der 1518 die Schrift
‹De immortalitate animae› hatte erscheinen lassen, verteidigte, so wird man auf
Hinneigung zu dessen Lehren schließen dürfen. Als die Inquisition 1592 GIOR-
DANO BRUNO den Prozeß machte und besonders belastend für ihn die Lehre
von der Unendlichkeit des Universums und der Mehrheit der Welten war, berief er sich auf die von der Kirche zwar offiziell verurteilte, tatsächlich aber ge-
duldete Lehre des Averroismus von der doppelten Wahrheit.

In hohem Maße der Situation der Zeit entsprach die *Philosophie* OCK-
HAMS. Außer im Minoritenorden fand er unter den Professoren aus dem
Weltklerus namentlich an den deutschen Universitäten vielerlei Anhän-
ger. PETER VON AILLY (1350–1420) und dessen Schüler JOHANNES GERSON
spielten auf dem Konzil zu Konstanz eine große Rolle. GREGOR VON
RIMINI († 1358 zu Wien) verband den Augustinismus mit nominalisti-
schen Elementen. Von der Sorbonne, dieser besonderen Pflegestätte des
Ockhamismus, kamen ALBERT VON SACHSEN (vgl. S. 364), erster Rektor
und Organisator der 1365 gegründeten Universität zu Wien, MARSILIUS
VON INGHEN († 1396), der erste Rektor der Universität Heidelberg, HEIN-
RICH VON LANGENSTEIN, Reorganisator der Wiener Hochschule, und sein
Mitarbeiter HEINRICH VON OYTA, um nur einige zu nennen. Viele Impulse
mögen an den Universitäten versandet sein. Gleichwohl hörte noch LU-
THER an der Universität Erfurt den Aristotelismus in der Färbung OCK-
HAMS vortragen und bekannte von sich: ‹Ego sum Occamicae factionis›.

OCKHAMS Anschauung von der Singularität alles Gegebenen ermöglicht die Methode einer auf Erfahrung aufbauenden und kausal forschen-
den Naturkunde. Aus dem *Ockhamismus* kamen daher die Wegbereiter

der modernen Naturwissenschaft, die das Weltbild der Renaissance bestimmten. OCKHAMS Schule schuf die Grundlage der modernen Mechanik
und Astronomie; sie war, wie man in jedem philosophischen Wörterbuch nachlesen kann, der Ausgangsort der modernen Dynamik (Trägheitsgesetz, Kraftbegriff, Fallgesetz), der Himmelsmechanik, des Koper-
nikanismus und der Koordinatengeometrie. Im Ockhamismus und Nominalismus hat die mathematisch-naturwissenschaftliche Richtung des
deutschen Humanismus ihre Ursprünge. Die Synthese von ockhamisti-
schem Empirismus und humanistischem Studium antiker Schriftwerke der
Mathematik und Naturwissenschaft stellt JOHANNES REGIOMONTAN dar.
Die kritische und skeptische Richtung des Nominalismus, der nur das
Einzelding als real gelten ließ, das Allgemeine hingegen als bloßen Begriff des denkenden Geistes ansah, kam dem Gefühlsuntergrund der um
1300 in den höheren Kulturbereich eindringenden, bisher aliterarischen
Kräften des mittleren und kleineren Bürgertums mit ihrer dinglichen
Erlebnisweise offenbar sehr entgegen. Die Auswirkungen der Lehre OCK-
HAMS und des von ihm erneuerten Nominalismus in der Literatur liegen
infolge der mangelnden Erforschung des 14. und 15. Jhs. noch großen-
teils im Dunkeln. Doch besteht kaum ein Zweifel, daß etwa die neue
Gegenstand- und Weltfreude, die neue Auffassung und Deutung der
Wirklichkeit, Dingnähe und Geschehnislust, die große Skepsis gegen die
Zulänglichkeit der Erscheinungen, Erkenntnisse und Willensmöglichkei-
ten auf wissenschaftlichem Gebiet ihre Auswirkungen, Entsprechung und
Widerspiegelung auch in der Dichtung und im Schrifttum haben, etwa
in den *Neithartianen,* bei OSWALD VON WOLKENSTEIN, im ‹Ring› des
WITTENWILER, in den *Kahlenberger-Schwänken,* in den Fastnachtspielen,
in der Moralsatire ‹Des Teufels Netz› etc. Die philosophisch-theologische
Problematik zwischen Thomismus, Scotismus und Nominalismus hatte
gewiß auch Ausstrahlungen im Lehrschrifttum, in popularisierender Form
in der höheren und niederen volkssprachigen Gebrauchsliteratur, etwa
in LANGENSTEINS ‹Erchantus der sund›, in den geistlichen Spielen, in den
Marienklagen etc. Vielleicht lassen sich vom Averroismus und extremen
Nominalismus her Dinge erklären wie die Polarität von derber Roheit
und geistigem Raffinement, der Respektverlust vor sakralen Objekten,
Sakrament-Parodierungen oder moralfreie, widerspruchsvolle Doktrinen
u. dgl.

Die kulturelle und literarische Blüte in Böhmen wurde bald nach dem
Tode KARLS IV. entscheidend bestimmt durch religiöse innerpolitische
Vorgänge, die zur Verdrängung des Deutschtums führten. Noch zu seinen
Lebzeiten war es KARL IV. gelungen, die Kurfürsten zur Wahl seines
älteren Sohnes WENZEL († 1419) zum römischen König zu bewegen; sein
jüngerer Sohn SIGISMUND erlangte die Krone von Ungarn. WENZEL erbte

auch Böhmen. Unter seiner Herrschaft kam es im Lande zu großen religiösen und sozialpolitischen Ereignissen: dem Einstrom der Lehren des englischen Reformators WYCLIF, zur Ausbildung des Hussitismus, zum Aufstand gegen Kirche und Reich und gegen die Herrschaft des Deutschtums. Die Auseinandersetzungen erstreckten sich auch auf die Universität Prag und führten dazu, daß 1409 die deutschen Professoren und Studenten die Stadt verließen und großenteils nach Leipzig zogen und dort den Grundstock einer neuen Hochschule bildeten.

Als WENZEL 1399 als deutscher König von den Kurfürsten abgesetzt wurde, fiel die Wahl auf den Wittelsbacher RUPRECHT VON DER PFALZ (1400–1410). WENZEL hatte sich in der 1378 aufgebrochenen Spaltung der Kirche weder für den Papst in Avignon noch für den in Rom klar entschieden. RUPRECHT stand auf seiten der römischen Kirchenpolitik, kam jedoch gegen das vornehmlich von Frankreich beherrschte Konzil von Pisa (1409) nicht zum Ziel. Erst dem 1410 zum deutschen König gewählten SIGISMUND glückte auf dem Konzil in Konstanz (1414–1418) die Beilegung des Schismas. Mit SIGISMUND, dessen Bemühungen, die Hussiten in Böhmen niederzuwerfen, vergeblich waren, erlosch 1437 das luxemburgische Herrscherhaus und Böhmen kam an die Habsburger.

3. Der Übergang der Kaiserwürde auf die Habsburger in Österreich

Der habsburgische Länderbesitz bestand im ausgehenden Mittelalter aus Ober- und Niederösterreich, der Steiermark nebst Kärnten und Krain (seit 1335), den schwäbischen Erblanden, auch Vorderösterreich genannt, nebst Tirol (seit 1363). Die schwäbisch-elsässischen Lande gingen im Laufe des 14. und 15. Jhs. verloren.

Zur Zeit LUDWIGS IV. VON BAYERN und KARLS IV. VON BÖHMEN lebten oder regierten in Wien die Söhne ALBRECHTS I., die Herzoge LEOPOLD I. († 1326), FRIEDRICH DER SCHÖNE († 1330), OTTO DER FRÖHLICHE († 1339) und ALBRECHT II. († 1358). Der tatkräftige Herzog LEOPOLD führte den Kampf gegen den Aufstand in den habsburgischen Erblanden in der Schweiz und fungierte als Haupt der österreichischen Partei im Kampf gegen LUDWIG DEN BAYERN. In Nachahmung der Templeisen LUDWIGS VON BAYERN in Ettal gründete OTTO zur Erneuerung des Gralsrittertums ebenfalls eine ‹Societas Templois›. Die Gründungsurkunde ist vom 9. Juni 1337 datiert. Auch das Mitgliederverzeichnis dieser Rittergesellschaft, die halb gesellschaftlichen, halb religiösen, vielleicht auch politischen Charakter hatte, ist in Cod. Vind. 3321 erhalten. Den Sitz hatte die Vereinigung in der St. Georgskapelle in der Augustinerkirche neben der Hofburg. An den Hof Herzog OTTOS werden der PFARRER VOM KAHLENBERG und der Ritter NEITHART FUCHS versetzt.

Herzog ALBRECHT II. DER WEISE hatte aus seiner Ehe mit JOHANNA VON PFIRT zu Söhnen RUDOLF IV., ALBRECHT III. und LEOPOLD III. Nach dem Tode RUDOLFS 1365 folgten ihm seine Brüder ALBRECHT und LEOPOLD. Sie schlossen 1379 einen Teilungsvertrag: die albertinische Linie erhielt Nieder- und Ober-Österreich, die leopoldinische Linie Steiermark, Kärnten, Krain und Tirol. LEOPOLD III. (verm. mit VIRIDIS VISCONTI, gef. 1386 bei Sempach) gewann überdies 1382 Triest und setzte sich in Vorarlberg und Schwaben fest. Im Gegensatz zum ganzen Reich schloß er sich in der Kirchenspaltung dem französischen Papst in Avignon an. Aus der albertinischen Linie fielen an ALBRECHT V. durch seine Ehe mit der Erbtochter Kaiser SIGISMUNDS 1438 Böhmen und Ungarn (zunächst bis 1457). Als Kaiser SIGISMUND 1437 verstorben war, wählten die Kurfürsten 1438 ALBRECHT zum deutschen König. Nach seinem baldigen Tod 1439 ging die Kaiserwürde auf FRIEDRICH III. (1440–1493) aus der leopoldinischen Linie über.

a) Hof und Kanzlei in Österreich. Die Universität Wien; Heinrich von Langenstein

Die Zeit von 1350 bis 1400 zeigt die prunkvolle Entfaltung des Hofes und Adels sowie die Stiftung und den Ausbau der Universität. An literarischen Persönlichkeiten lebten in Wien Spruch- und Wappendichter wie HEINRICH DER TEICHNER und PETER SUCHENWIRT. Ihnen folgte der vielseitige HEINRICH VON MÜGELN. Nach Errichtung der Universität wirkt diese mit Theologen wie HEINRICH VON LANGENSTEIN, NIKOLAUS VON DINKELSPÜHL u. a. auf die Literatur ein. Gelehrte, Chronisten, Übersetzer und Prediger wie STAINREUTER und PEUNTNER, NIDER u. a. prägen ihre Physiognomie. Nach dem Aussterben der Luxemburger übersiedelten von Prag die Reichskanzlei und die luxemburgische Kanzlei mit ihrem gesamten Personal- und Sachapparat nach Wien.

Seit den Anregungen durch LANGENSTEIN pflegte man hier mit besonderem Eifer und Erfolg die mathematischen und astronomischen Studien. Das Bezeichnende für die *Wiener Universität* im ersten Jahrhundert ihres Bestehens ist, daß sie das geistige und wissenschaftliche Angesicht nicht allein Österreichs, sondern auch von Schwaben und Bayern mitbestimmte. Die geistige Ausstrahlung Wiens und die Reformbewegung im Benediktinerorden führten eine mächtige Literaturbewegung herbei.

Den Bestrebungen der Luxemburger in Böhmen und Mähren wollten die Habsburger in ihren Ländern nicht nachstehen. RUDOLF IV. war seit 1353 mit KATHARINA, der Tochter KARLS IV. vermählt. Auf dem Fürstentag zu Brünn 1364 schlossen die beiden Herrscherhäuser eine Erbverbrüderung. Im folgenden Jahr 1365 stiftete RUDOLF IV. im Ausbau seiner zielbewußten Kirchen-, Wirtschafts- und Kulturpolitik in Wien eine Universität. Die durch Verschwägerung, Nachfolgevertrag und Gleichrichtung der Politik bedingte ständige Fühlungnahme der Höfe wurde durch ELISABETH VON MÄHREN und JOHANN VON NEUMARKT und seine Schüler kulturell vertieft und vervollkommnet. Der Kanzler selbst schenkte Herzog ALBRECHT III. eine illuminierte Abschrift des *Hieronymus*. JOHANN VON GELNHAUSEN widmete ihm eine Handschrift seines *Formelbuches*.

Ende der Fünfzigerjahre war HEINRICH VON MÜGELN, dieser trotz stärkerer mittelalterlicher Bindung zweite große Exponent des deutsch-böhmischen Schrifttums unter KARL IV., nach Wien übersiedelt. Hier verfaßte er seine ‹Ungarnchronik›, eine Darstellung der ungarischen Geschichte von der Sintflut bis zum Jahr 1333. Sie ist in zwei Fassungen ausgeführt worden: als deutsche Prosachronik, die die Übersetzung aus einer lateinischen Ungarnchronik ist (1358/59), und in Meistersingerstrophen als lateinische Reimchronik (1358/60). Die Prosachronik ist RUDOLF IV. gewidmet, die Reimchronik König LUDWIG VON UNGARN. In der Umgebung von Wien oder in der Stadt selbst hat HEINRICH VON MÜGELN sein in Böhmen begonnenes *Bibelwerk* weiter, vielleicht zu Ende geführt. Im Kampf um dieses deutsche Bibelwerk hatte der Dichter anscheinend Prag verlassen müssen. Zu dem großen deutschen glossierten Werk gehören aller Wahrscheinlichkeit nach die sogenannte *Schlierbacher Bibel*, die bairisch-österreichische *Bearbeitung des Hiob* und eine in der Komposition selbständige *Evangelienharmonie*, deren Glossen HEINRICH aus verschiedenen Schriften zusammensetzte. Anderthalb Jahrhunderte vor der Reformation vertrat er bereits öffentlich die Meinung: wer dem deutschen Volk die ‹Schrift› in der Muttersprache vorenthalte, der sündige wider den hl. Geist. Mit dem Bibelwerk in Verbindung stand HEINRICHS Prosa-Übersetzung des *Psalmenkommentars* des NIKOLAUS VON LYRA. Die Übersetzung der ursprünglich als Anekdoten für den Rhetor bestimmten ‹Factorum et dictorum memorabilium libri novem› des VALERIUS MAXIMUS in freier Weise (1369), gewidmet HERTNIT VON PETTAU (gedr. 1489), weist auf Humanismus und Renaissance.

Mehr noch als der Hof wurde die *Universität* zum Sammelplatz des geistigen und kulturellen Lebens. Von ihr aus geleitet, zeigt in den Donauländern die Spätscholastik Triebkräfte, die im Zusammenwirken eine ähnliche Entwicklung verhießen wie in Böhmen. Der frühe Tod RUDOLFS IV. hemmte zunächst die rasche Entfaltung der Hochschule, der Umschwung fiel erst in das Jahr 1383. Im Streit der Meinungen des großen Schismas wurde in Paris eine Reihe bedeutender Professoren, die Anhänger Papst URBANS VI. waren, gezwungen, die Sorbonne zu verlassen. Sogleich zeigte König WENZEL VON BÖHMEN die Absicht, sie nach Prag zu ziehen und damit einen Teil der Pariser Universität in seine Hauptstadt zu verpflanzen. Das Gelingen dieses Planes hätte die ohnehin schon drückende Konkurrenz der Prager Schwesteranstalt ins Übermächtige verstärkt, und Wien wäre für lange Zeit in den Hintergrund gedrängt worden. In diesem kritischen Augenblick griff der Kanzler ALBRECHTS III. BERTHOLD VON WEHINGEN ein und ihm gelang das Meisterstück, die Träger deutscher Gelehrsamkeit von ihren Lehrstühlen an der Seine an dem ungleich verlockenderen Prag vorbei in die Donaustadt zu führen. Damit waren HEINRICH VON LANGENSTEIN, HEINRICH VON OYTA und die anderen für Wien gewonnen, und die Wiener Hochschule wurde fortan nicht bloß das geistige und literarische Zentrum Österreichs, sondern eines großen Teils von Mitteleuropa.

Der Reorganisator der Universität Wien HEINRICH (HEYNBUCH) VON LANGENSTEIN in Hessen (1323–1397), Theologe und Naturbetrachter, Kirchen- und Staatspolitiker, verfaßte für den Sohn Herzogs ALBRECHTS III., den späteren ALBRECHT IV., nach einem lateinischen Werk ‹De confessione› eine freie Wiedergabe ins Deutsche: ‹Erchantnus der sund›, eine Art Fürstenspiegel über Sünde und Sündenbekenntnis, der allmählich in einer überaus großen Zahl von Handschriften in weite Volkskreise drang. Auch eine andere Übertragung LANGENSTEINS ‹Von Bewegung der Sel und innigen anrüren und eingeysten› (‹De discretione spirituum›), seine praktischen theologischen Schriften, die juridischen Abhandlungen und Predigten waren bei Geistlichen und Laien beliebt. LANGENSTEIN und HEINRICH VON OYTA waren die geistigen Führer der Hochschule. Beide waren gemäßigte Nominalisten. Sie erwählten auch ST. AUGUSTINUS zu ihrem Theologen und bahnten dadurch eine Rückkehr zu seinen Gedanken an. Durch LANGENSTEIN fand HUGO VON ST. VICTOR (11. Jh.), der Erklärer AUGUSTINS, weite Verbreitung. Es war eine Anbahnung des Wiedererwachens AUGUSTINS durch die Spätscholastik, der vielen Menschen der Renaissance ein Künder des Persönlichen und Erlebnismäßigen werden sollte. Als LANGENSTEIN an König WENZEL schrieb, er möge das Schisma beenden, benutzte er bedeutende Stücke aus PETRARCAS Schrift ‹De vita solitaria› (1356).

Während in München die religiöse Ausrichtung und Geisteshaltung der Minoriten für den Hof bestimmend waren, sind es in Wien neben der Universität die Augustiner-Eremiten, die auf die Herzoge und die Hofgesellschaft religiös-literarisch starken Einfluß nehmen. FRIEDRICH DER SCHÖNE hatte 1327 dem Orden neben der Hofburg Kloster und Kirche gestiftet. In der Folgezeit bildet der Konvent sowohl ein theologisch-geistiges als auch literarisches Zentrum besonders für das Übersetzungsschrifttum und die Chronistik.

Ähnlich wie in Böhmen bildete sich auch in Wien eine *religiöse Übersetzungsliteratur* heraus. Unabhängig von JOHANN VON NEUMARKT hatte zu gleicher Zeit wie dieser ein Mitglied einer österreichischen Kartause (vermutlich Mauerbach bei Wien) das *Briefwerk über den heiligen Hieronymus* als Erbauungslektüre für nicht lateinkundige Leser verdeutscht.

Mag diese Wiedergabe in ihrer sprachlichen Form auch an die JOHANNS VON NEUMARKT nicht heranreichen, so beweist sie doch die Vorliebe für die religiöse Lieblingsliteratur der Renaissance und läßt selbsttätige Zusammenhänge mit Italien erkennen.

Nunmehr wird die Übersetzungsliteratur in der Hauptsache bestritten, außer durch LANGENSTEIN, von NIKOLAUS VON DINKELSPÜHL, LEOPOLD STAINREUTER, THOMAS PEUNTNER, NIKOLAUS KEMPF, NIKOLAUS VON ASTAU (vgl. S. 105) u. a. Sie trägt einen mehr oder minder starken mystischen Zug an sich und war zunächst bestimmt für die Herzoge ALBRECHT III. (1365–1395), ALBRECHT IV. (1395–1404), ALBRECHT V. (1404–1439), den Hof und dessen Umgebung, drang aber bald nicht bloß in die Nachbargebiete, sondern einzelnes sogar in den niederdeutschen Sprachraum vor. LANGENSTEINS Schüler STAINREUTER, LANGENSTEIN und die Seinen, insbesondere FRANZ VON RETZ und JOHANN VON GMUNDEN, gründen bei aller Verbundenheit mit dem Geist und den Formen des Mittelalters ihre wissenschaftlichen Arbeiten bereits auf Beobachtung, Erfahrung und Kritik und bekunden eine zunehmende Aufgeschlossenheit für die Antike.

In der auf ALBRECHT III. folgenden Periode scheinen zunächst die Arbeiten des ULRICH VON POTTENSTEIN eine besondere Stellung einzunehmen. Vielleicht adeliger Herkunft, besaß er von ca. 1390 bis ca. 1404 die Pfarre Pottenstein, dann die Pfarre Mödling, war 1398 Hofkaplan Herzog ALBRECHTS IV. und von dessen Mutter BEATRIX, Kanonikus bei St. Stephan in Wien, seit 1406 Dechant und Pfarrer in Enns; 1421 wird er als verstorben erwähnt. Von ULRICH VON POTTENSTEIN stammt die erste umfängliche deutsche *Auslegung wichtigster gottesdienstlicher Texte* und die erste deutsche *Prosa-Fabel-Sammlung*. Er verfaßte von 1390 bis um 1406 eine Auslegung des Vaterunsers, des Englischen Grußes, des Apostolischen Glaubensbekenntnisses, des Magnificat sowie der Zehn Gebote, und zwar auf Bitten REIMPRECHTS II. VON WALLSEE († 1422), und weil er selbst der Meinung war, es wäre löblich und besser, die Menschen lesen sein religiöses Erbauungswerk als «in den püchern der alten sagmaer oder in dem Tytrell oder in Dietrichs von Pern vnd der andern rekchen streytpüchern, die nicht anders denn eytle ding leren vnd sagen». Zur bequemeren Benützung versah er das mehrere Codizes füllende Riesenwerk mit Gesamtregister und Inhaltstafeln zu den einzelnen Büchern. Neben den biblischen und kirchlichen Quellen wird auch eine ganze Reihe antiker Autoren herangezogen. Bemerkenswert erscheint, daß er sich mit den Waldensern auseinandersetzt, pflichtvergessene Prälaten tadelt und scheltend sich gegen entartete Reiche wendet. Viele von den Reichen und Edelleuten seien voller Unadel; denn «si sind offenbar Wuchrer, Hayer (Beschützer) der Checzer, der Rauber Aufnemer, der Pfaffen, Wittiben und Waysen, der Pürger und der Paurn Schintär, Schaber und Reisser, ungerecht Richter, flüchtig auf dem Velde». Die Gedankenführung ist schulmäßig erörternd und übersichtlich, die Sprache lehrhaft, predigtartig breit und volkstümlich.

Die auf den Kirchenversammlungen zu Konstanz und Basel geplanten Reformen, die aus dem südwestlichen Deutschland kommende Mystik und der Verkehr mit Italien bestellen in weitem Umfang den Boden für die Aufnahme des Neuen. Von den Wiener Universitätslehrern hatte der Schwabe Nikolaus von Dinkelspühl († 1433) am Konzil in Konstanz führend teilgenommen und war als Redner vor Papst und Kaiser aufgetreten. Seine Schriften betreffen Dogmatik und Exegese, Homiletik, Asketik und Moral, Gutachten, Briefe, Reden. Bemerkenswert ist die ‹Quaestio, utrum sit licitum sacros libros in vulgari editos seu de latino in vulgari translatos legere vel habere›. Gedruckt wurde die ‹Postille cum sermonibus› (Straßburg 1496). Ein Schüler des Nikolaus von Dinkelspühl war der Straßburger Nikolaus Kempf (vgl. S. 327). Er verfaßte als Professor an der Wiener Universität einen ‹Dialogus de recto studiorum fine et ordine›, ‹Über das rechte Ziel und die Anlage des Universitätsstudiums›, eine Art Studienführer. Auf dem Konzil in Basel stand der Wiener Professor Thomas Ebendorfer (1388–1464) aus Haselbach in Nieder-Österreich, ein eifriger Vorkämpfer der Reformpartei, neben Nikolaus von Cues. Der aus einer Bauernfamilie stammende Ebendorfer war «einer der fruchtbarsten Autoren der Weltliteratur». Seine mehr als 150 großenteils sehr umfangreichen theologischen, philosophischen, historischen und naturwissenschaftlichen Schriften sind z. T. in Vorlesungs-, Predigt- und Gutachtenform abgefaßt. Als theologisches Hauptwerk gilt der sechsbändige *Kommentar zu Isaias 1–16*. Die Predigten wurden abschriftlich in ganz Süddeutschland verbreitet. Über seine Tätigkeit für das Baseler Konzil gibt ein ‹Diarium› Aufschluß. Zur Historiographie gehören eine ‹Chronica regum Romanorum› und die ‹Chronica Austriae›. Während Ebendorfer noch die Geisteshaltung der Spätscholastik repräsentiert, suchte sein Zeitgenosse und Gegenspieler Enea Silvio in Österreich den Ideen und Formen des italienischen Humanismus Eingang zu verschaffen.

Dasselbe Problem, um das es Johannes von Tepl bei der sprachlichen Formgebung des ‹Ackermann› ging, erscheint auch bei Übersetzern am Wiener Hof. Sie verfügen über zwei kontrastierende Stilarten, eine herkömmliche, schlichte und eine dem Latein nachgebildete rhetorisch beflissene Richtung. Chronist und Übersetzer war Leopold Stainreuter († um 1400), Augustiner-Eremit in Wien. In dieser Ordensniederlassung neben der Hofburg wurde nicht nur der Augustinismus gepflegt, sondern Männer wie Gregor von Rimini hatten auch den Übergang zum Nominalismus eingeleitet. Stainreuter, in Paris ausgebildet, wirkte im Orden als ‹Lesmaister› d. h. Professor an der philosophisch-theologischen Hauslehranstalt. Zuletzt fungierte er als Hofkaplan Herzog

ALBRECHTS III. In Frankreich war unter König KARL V. († 1380) eine zunehmende Neigung zur Übertragung antiker, biblischer und neuerer Texte in die Volkssprache in Übung gekommen. In diesem Sinne begann auch STAINREUTER zunächst als Übersetzer ins Deutsche. Die Auswahl der Texte nahm er im Hinblick auf die Bedürfnisse einer gehobenen Laienschaft vor. Beide Werke sind umfangreich. Die ‹Historia ecclesiastica tripartita› des CASSIODOR-EPIPHANIUS war im Spätmittelalter wegen ihres stellenweise kuriosen Inhaltes beliebt. Das ‹Rationale divinorum officiorum› des WILHELM DURANTI († Ende 13. Jh.) bot eine eingehende Zusammenfassung des liturgischen Wissensgutes. Während STAINREUTER in seiner Übersetzung der ‹Historia tripartita› die schlichte und einfache Sprache gebraucht, verwendet er im ‹Rationale› die dem Latein nachgeahmte Stilart. Vom letzteren Werk wurde für Herzog ALBRECHT III. eine besonders kostbare Prachthandschrift hergestellt. Nach Abschluß dieser Übersetzungsarbeiten 1384/85 begann STAINREUTER sein historiographisches Hauptwerk auszuarbeiten, die ‹Chronik von den 95 Herrschaften›, besser ‹Österreichische Landeschronik›. Das Werk ist in fünf Bücher eingeteilt. Seine Hauptquelle war JANS ENIKELS ‹Fürstenbuch›. Weiter schöpfte er aus den ‹Flores temporum›, der ‹Steirischen Reimchronik›, der ‹Königsfelder Chronik›, der Maximilianslegende und verwertete Nachrichten aus dem Kreise der 1364 verstorbenen Königinwitwe AGNES. Die in der Chronik erzählte fabelhafte, schon zu Zeiten RUDOLFS IV. ausgeführte Urgeschichte Österreichs wurde auf Wunsch des Hofes hineingearbeitet. Sie stellt ein Politikum dar und steht in Parallele zu ähnlichen Urgeschichten anderer Länder oder Dynastien in Böhmen, Polen, Ungarn. STAINREUTERS ‹Landeschronik› war weit verbreitet und bis in die Zeit des Humanismus in beinahe biblischer Geltung.

Nach STAINREUTER als die zweite große Übersetzerpersönlichkeit im Bereiche des Wiener Hofes wirkte der Prediger und Mystiker THOMAS PEUNTNER (1360/80–1439) aus Guntramsdorf in Nieder-Österreich. PEUNTNER verdankte seine Ausbildung der Wiener Universität. Besonderen Einfluß gewann auf ihn NIKOLAUS VON DINKELSPÜHL. Dessen Schriften bildeten auch z. T. die Grundlage für PEUNTNERS literarisches Schaffen. PEUNTNER war Domprediger bei St. Stephan und seit 1428 Burgpfarrer am herzoglichen Hof, 1433 als Nachfolger seines Lehrers Seelsorger Herzog ALBRECHTS V. und dessen Gemahlin ELISABETH. PEUNTNERS Hauptwerk ist das ‹Büchlein von der Liebhabung Gottes› (1431 ff.), von dem drei Fassungen, mehr als 30 Handschriften, 5 Wiegendrucke (1477 ff.), Ausgaben bis ins 17. Jh., darunter einige niederdeutsche (z. B. Lübeck 1497) erhalten sind. Die Quelle boten drei Predigten des NIKOLAUS VON DINKELSPÜHL: ‹De dilectione dei et proximi›. Einige Partien daraus übersetzte PEUNTNER wörtlich, sonst ging er ziemlich selbständig vor. Den Inhalt bildet die Frage: ‹Warum und auf welche Weise der

Mensch Gott lieben soll?› Die Antwort erweist einen ungemein hochent-
wickelten Gottesbegriff. Im 6. Kapitel wird die Stelle Röm. I, 20 (‹Das
Unsichtbare an Gott ist seit Erschaffung der Welt in den erschaffenen
Dingen kennbar und sichtbar, nämlich seine ewige Kraft und Gottheit›)
vorausgenommen, die bald nachher NIKOLAUS VON CUES bzw. sein Mitunterredner BERNHARD VON KRAIBURG zum Ausgangspunkt seines Gespräches ‹Über das Seinkönnen› wählte. Das ‹Büchlein von der Liebhabung Gottes› war eines der beliebtesten Erbauungsbücher vor Ausbruch der Reformation. Es zählt neben dem Schwankbuch vom *Kahlenberger* zu den wenigen Werken, die aus dem deutschen Südosten bis in
den niederdeutschen Raum vordrangen. Wir haben von PEUTNER an
weiteren Schriften: eine ‹Kunst von dem heilsamen Sterben›, Übersetzung
einer ‹Ars moriendi›, die auf dem lateinischen Sterbebüchlein des JOHAN-
NES GERSON beruht, ferner eine Reihe kleinerer Schriften in deutscher
Sprache und zahlreiche Predigten. PEUNTNERS Arbeit bestand im Umarbeiten und Übersetzen lateinischer Vorlagen. Die Anregungen gingen
zumeist vom Herzog und seiner Gemahlin aus, bestimmt waren die Schriften für Laien und die niedere Geistlichkeit. Alle zeigen sie eine milde Gesinnung, tiefe Gläubigkeit, schlichte schöne Sprache.

Schüler des selber noch von HEINRICH VON LANGENSTEIN geschulten
FRANZ VON RETZ in Wien war JOHANNES NIDER (um 1380–1438) aus
Isny in Schwaben, Professor in Wien, Prior in Nürnberg, reformfreudiger
Teilnehmer der Kirchenversammlungen in Konstanz und Basel, Unter-
händler mit den Hussiten. NIDER war einer der verbreitetsten Autoren
des 15. Jhs. Sein Hauptwerk ist der ‹Formicarius›, ‹Das Ameisenbuch›.
Das kulturgeschichtlich interessante Werk entstand zur Zeit des Baseler
Konzils und gibt ein Sittengemälde des frühen 15. Jhs.

Vorbild war das ‹Bonum universale de apibus› (1263) des THOMAS VON
CHANTIMPRÉ, ein Werk der Erbauungsliteratur, in dem Leben und Tätigkeit
der Bienen als Muster des christlichen Lebens, besonders des Klosterlebens, vorgeführt werden. NIDER setzt den Bienen die Ameisen gegenüber und gibt in
Form von Gesprächen zwischen einem Theologen und einem Piger (Trägen)
ebenfalls ein didaktisches Erbauungsbuch und zugleich eine Apologie des christlichen Lebens; das Ganze, den fünf Eigenschaften der Ameisen entsprechend,
in fünf Bücher eingeteilt, jedes zu zwölf Kapiteln. Diese sind nach streng scholastischer Methode gegliedert in Eigenschaft, moralische Lehre, Schriftbeweis,
Beispiele. Bei den letzteren bot sich die Möglichkeit, zahlreiche Anekdoten,
Wunder- und Zaubergeschichten, sowie Erzählungen aus dem eigenen Leben
einzufügen. Die Verbreitung des ‹Formicarius› bekunden viele Handschriften,
sechs Drucke (zwei vor 1500, der dritte Straßburg 1515 von JAKOB WIMPFELING
besorgt) und die Aufnahme des fünften Buches in den ‹Malleus maleficarum›.

An sonstigen Schriften NIDERS fallen ins Gewicht: ‹Praeceptorium di-
vinae legis› (1411), ein Moralwerk für Laien im Anschluß an den Dekalog
(viele Handschriften und 17 Drucke vor 1500); ‹Tractatus de contractibus

mercatorum›, ‹Über die Verträge der Kaufleute› (acht Drucke vor 1500),
eine moraltheologische Abhandlung über das kaufmännische Leben;
‹Consolatorium timoratae conscientiae›, ‹Trostbüchlein eines ängstlichen
Gewissens› (zahlreiche Handschriften, sieben Drucke vor 1500); ‹De le-
pra morali›, ‹Der moralische Aussatz›; ‹Manuale confessorum›, ‹Handbuch
für Beichtväter›; ‹Dispositorium moriendi›, ‹Vorbereitung auf den Tod›;
‹De reformatione religiosorum›, ‹Über die Reformierung der Ordensleute›
(gedr. Paris 1512). Dazu kamen zahlreiche Predigten (acht Ausg. bis 1481).
Fraglich ist die Verfasserschaft für das ‹Alphabetum divini amoris› oder
‹De elevatione mentis in deum›. In deutscher Sprache wird NIDER zugewiesen das Werk ‹Die vierundzwanzig guldin Harfen› (Augsburg 1472;
neun Ausg. vor 1500), eine freie Bearbeitung der ‹Collationes patrum›
des CASSIAN. Das Buch ist eine Anleitung zum asketischen Leben nach
Predigten vor Nürnberger Bürgern 1428. Es hält sich im Dogmatischen
an die großen Lehrer des Dominikaner-Ordens, kommt aber trotz Di-
stanzierung vom Semipelagianismus den Ansichten CASSIANS sehr nahe,
der im Gegensatz zu AUGUSTINUS den Anfang der guten Werke und die
Vorbereitung auf die Gnade vom Menschen allein ausgehen läßt.

Die als Ergebnis der Konzilien einsetzende allgemein abendländische
Reform der religiösen Orden läßt im Lauf der Jahrzehnte auch in einzelnen österreichischen Klöstern, vornehmlich der Benediktiner- und Au-
gustiner-Mönche und -Chorherren, die ersten Anzeichen der neuen Gei-
steskraft des Zusammenwirkens einer vertieften Frömmigkeit mit humanistischer Gelehrsamkeit sichtbar werden. Von 1451 an vereinigen sich
alle diese Bemühungen einer religiösen, geistigen und politischen Wiedergeburt um die Gestalt des NIKOLAUS VON CUES, der oftmals in Wien
weilte und hier Freunde und Schüler hatte.

Als das luxemburgische Herrscherhaus mit dem Tode Kaiser SIGISMUNDS
1437 im Mannesstamm erlosch, und die deutsche Kaiserkrone wieder auf
die Habsburger überging, wurde bald darauf auch das gesamte von KARL
IV. und JOHANN VON NEUMARKT geschaffene *Kanzleiwesen* von Prag nach
Wien übertragen. Die Richtungsverlagerung des Kulturstromes wird deutlich an der Tatsache, daß der Nachfolger und Schwiegersohn Kaiser SIGIS-
MUNDS, ALBRECHT II. VON ÖSTERREICH, nunmehr König von Böhmen
und Ungarn und deutscher König, die Bibliothek der Luxemburger, 110
lateinische und deutsche Handschriften (neben der hl. Schrift römisches
und kanonisches Recht, ‹schwarze Kunst› und ‹natürliche Dinge›, darunter einiges von POGGIO und TERENZ) erbte und nach Wien bringen
ließ. Entsprechend seinem Länderbesitz war der luxemburgisch-albertini-
sche Zweig der Habsburger zunächst mehr auf das östliche Mitteleuropa eingestellt. Das änderte sich nach ALBRECHTS Tode (1439), indem die Kaiserkrone auf FRIEDRICH III. aus der leopoldinischen, im

deutschen Süden heimischen Linie kam. Obwohl FRIEDRICH III. selbst
nur geringe Anteilnahme am Geistesleben (mit Ausnahme der Astronomie und Mathematik) bewies, begann unter seiner Regierung eine neue
Epoche geistiger Lebensäußerungen, und zwar in verstärkter Wechselwirkung mit Italien. Die Überleitung der luxemburgisch-böhmischen
Kanzleitradition nach Österreich führte hauptsächlich der oberste Kanzler
der kaiserlichen Kanzlei KASPAR SCHLICK (vor 1400–1449) durch. Er war
nach gründlicher Ausbildung in Italien 1415 in die Dienste der Luxemburger getreten, hatte die Heirat der Erbtochter Kaiser SIGISMUNDS mit
ALBRECHT II. gefördert und übersiedelte nunmehr 1440 mit der Prager
Kanzlei nach Wien, wobei die Kontinuität des Personals im ganzen gewahrt blieb. SCHLICK stand an der Spitze der Kanzlei dreier einander folgender Herrscher als ein vielerfahrener und beredter Staatsmann und
warmer Verehrer der Wissenschaft.

Über Wien und den habsburgischen Hof ging bald darauf die nach den
Kontakten PETRARCAS und COLA DI RIENZOS mit Prag zweite und nachhaltige Welle der Berührung mit dem italienischen Humanismus, indem
ENEA SILVIO nach Österreich übersiedelte und von der kaiserlichen Kanzlei aus durch lange Zeit wirken konnte.

4. *Nikolaus von Cues: Synthese der Gegensätze; das neue Weltbild*

Aus dem westlichen Kultur- und Lebensbereich des Gebietes Mosel-Trier
kam diejenige Gestalt des Spätmittelalters, die so ziemlich alle Geistes-
strömungen der Epoche zusammenfaßte, NIKOLAUS VON CUES. Der CU-
SANER war eine stark rezeptive Natur mit synkretistischen Fähigkeiten,
Theologe, Jurist und Diplomat, Geschichts- und Naturforscher, Denker
und ein Mensch des tätigen Lebens und Wirkens. Er kannte die gesamte
mittelalterliche Überlieferung und alle Lehrmeinungen der Zeit: Scholastik und Mystik, Devotio moderna, Reformverlangen und italienischen
Humanismus; er beherrschte das Lateinische, Griechische und Hebräische.
Ohne einer bestimmten Schulrichtung anzuhängen, neigte er sichtlich zum
Nominalismus, zu ECKEHART und zum Platonismus; seine scholastischen
Studien machten ihn nicht skeptisch und spitzfindig, sondern er nützte sie
zur Erneuerung und zum Weiterbau; der Humanismus und die griechischen Studien leiteten ihn nicht zu EPIKUR und zum Paganismus wie LO-
RENZO VALLA, sondern zu PLATON, und führten ihn nicht wie PLETHON
und BESSARION vom Christentum weg, sondern zu dessen tieferer Erfassung; Nominalismus und Humanismus öffneten ihm die Wege zum
modern-naturwissenschaftlichen Denken. Der CUSANER entstammte dem
rheinischen Bürgertum, fand innerhalb der Kirche den Weg zum Konzil
nach Basel, verhandelte als Gesandter mit den Griechen in Konstantinopel

und den Hussiten in Böhmen, reiste als Reformer des Kirchen- und Klosterlebens durch Deutschland und versuchte, die Macht des Kaisertums gegen die Landesfürsten zu stärken.

In geistesgeschichtlicher Hinsicht ist der CUSANER die markanteste Erscheinung der in Umbildung begriffenen Welt des späten Mittelalters. Seine Persönlichkeit, seine Denkrichtung und die Absichten seines Wirkens wurzeln noch im Glauben und in der Wissenschaft des Mittelalters. Er besitzt in seinem Werk noch die Gemeinsamkeit der philosophisch-theologischen Grundprobleme, gleichwohl hat seine weltbildgestaltende Kraft in der Philosophie, Theologie und den Naturwissenschaften neuen wissenschaftlichen Denkformen Bahn gebrochen. Sein Gedankengebäude gibt den letzten eigenwüchsig gefügten Bau spätmittelalterlicher Denkarbeit, aber auch schon die Grundlegung für die großen Systeme der anbrechenden Renaissance.

Als Sohn des Schiffers HENNE CHRYPFFS (KREBS) und der KATHARINA, geb. RÖMER, 1401 zu Kues an der Mosel geboren, erhielt er seine erste Bildung in Deventer bei den Brüdern vom gemeinsamen Leben, die ihn in den Geist der Scholastik und Mystik einführten und die Liebe zu den Handschriften und Büchern weckten. Er studierte 1416/17 an der Universität Heidelberg, wo er den gemäßigten Nominalismus, und 1417/23 in Padua, wo er den Humanismus kennenlernte und 1424 den Doktorgrad des kanonischen Rechtes erwarb. Scholastik, Mystik und Antike, diese drei Grundelemente seiner Bildung, drängten fortan nach einem geistigen Ausgleich. Nach Deutschland zurückgekehrt, wandte er sich 1425 an die Universität Köln, um seine Studien mit der Theologie abzuschließen. Er kannte schließlich die gesamte mittelalterliche Überlieferung und nutzte sie auf seine Weise. Als er im Sommer 1426 die Bekanntschaft des päpstlichen Legaten Kardinal GIORDANO ORSINI machte, bestellte ihn dieser zu seinem Sekretär. Der junge NIKOLAUS VON CUES und der Hersfelder Benediktiner HEINRICH VON GREBENSTEIN begannen 1426 im Dienste POGGIOS, ORSINIS, NICCOLO NICCOLIS u. a. die Erschließung der alten Fuldaer Bibliothek und ihrer Handschriftenschätze für die humanistische Forschung. Dabei entdeckte der CUSANER u. a. die Annalen I–VI und die ‹Germania› des TACITUS. Auch die von ihm wiedergefundenen zwölf neuen Komödien des PLAUTUS dürften Fuldaer Besitz gewesen sein. Als Anwalt des Grafen MANDERSCHEID reiste er 1432 zum Konzil nach Basel, um dessen Ansprüche auf das Erzbistum Trier zu vertreten. Auf der Kirchenversammlung war er zunächst 1434/35 Verteidiger der Suprematie des Konzils über den Papst, änderte aber allmählich (1436) seine Haltung und wurde zum treuen Lehensmann im Kampf gegen die konziliare Oberhoheit. Eine Gesandtschaftsreise 1437/38 nach Konstantinopel brachte ihm reichen wissenschaftlichen und philosophischen Gewinn und weitere Annäherungen an die griechische Kultur. In wechselvollem kirchenpolitischem Wirken und lebendigem Anteil am geistigen Streben des gesamten Abendlandes stieg er vom Legaten Papst EUGENS IV. zum Kardinal (1448) und Bischof von Brixen (1450). Als päpstlicher Legat bereiste er 1451/52 Deutschland, Österreich und die Niederlande, um die Übelstände und Mißbräuche in den Klöstern, beim Weltklerus und im religiösen Leben des Volkes zu beheben. Sein Wirken in der Diözese Brixen war durch schwere Konflikte, besonders mit dem Landesherrn SIEGMUND VON TIROL, dem GREGOR HEIMBURG als Berater zur Seite stand, belastet. Die letzten Lebensjahre verbrachte er in Rom. Zu Todi in Umbrien ist er 1464 gestorben. Das Stifterporträt auf dem Kreuzigungsbild in der Kapelle des Nikolaus-Hospitals in Berncastel-Kues und das Grabmal in der Kirche S. Pietro in Vincoli in Rom überliefern die menschliche Erscheinung seiner Persönlichkeit, wie sie deutsche und italienische Zeitgenossen sahen.

Der CUSANER brachte das mittelalterliche Denken dahin, daß es gegen sich selbst kritisch wurde. Das erste größere Werk in seinem Lehrgebäude war die kirchen- und staatspolitische Schrift ‹De concordantia catholica›, ‹Die allgemeine Eintracht› (1433/34). Aus dem Willen nach Erneuerung entwickelte NIKOLAUS VON CUES ein eindrucksvolles abendländisches Reformprogramm, das von den scholastischen Leitideen seines Denkens und Schaffens getragen ist: *coincidentia oppositorum,* d. h. bei ihm Überwindung und Ausgleich der vorhandenen Gegensätze.

Die Einheit des Christentums soll wiederhergestellt, Kirche und Reich, ohne sie zu schädigen, reformiert und ein Einklang zwischen beiden geschaffen werden. Er verlangt für die Kirche Provinzial-, Reichs- und allgemeine Konzilien, strenge Trennung des Geistlichen vom Weltlichen, Einschreiten gegen Kaufbarkeit kirchlicher Ämter und gegen wilde Ehen. Für das Reich, das unter der Rechtsunsicherheit, der wachsenden Selbständigkeit der Landesfürsten, dem großen Güterbesitz der Geistlichen schwer litt, fordert er jährliche Rechtstage, kaiserliche Gerichte im ganzen Land, Ordnung der Zölle und des Heerwesens. Mit solchen Forderungen und Vorschlägen wollte der CUSANER dem Baseler Konzil die eigentlichen Ideen geben. Bei stark persönlicher Färbung zeigt die Schrift im Stil platonisch-dialogische Form nach antikem Muster.

Weitere kirchenpolitische Ansichten sind niedergelegt in dem Gutachten ‹Pro auctoritate conciliorum generalium super pontificem› (1434), dem Brief über die Neutralität Deutschlands im Konflikt zwischen Papst und Konzil (1440), den Reden auf den Reichstagen zu Mainz (1441) und Frankfurt (1442) und in der Schrift an RODRIGO SANCHEZ DE AREVALO (1442). Aus dem Bestreben um die Einheit und Verständigung mit der christlichen Welt verhandelte der CUSANER mit den Hussiten (sechs Sendschreiben an die Hussiten 1443) und verfaßte 1453 unter dem Eindruck der Eroberung Konstantinopels die Schrift ‹De pace seu concordia fidei›, ‹Über den Frieden oder die Einigung im Glauben›. In seiner Abhandlung ‹De cribratione Alkorani›, ‹Sichtung des Koran› (1461) bemühte er sich um die religiöse Einigung mit den Mohammedanern, ja 1463 sogar um die allgemeine Einigung in wissenschaftlichen Fragen. In die letzte Lebenszeit gehört der Entwurf einer Generalreform der Kirche für Papst PIUS II. Das Streben nach Einigung widersprechender Anschauungen erscheint als ein Grundzug seines Charakters und Wesens. Klarer als irgendein anderer seiner Zeitgenossen hat NIKOLAUS VON CUES den Zusammenhang zwischen der Kirchenreform und der Wiedererweckung des antiken Schrifttums erkannt. Sein Forschersinn griff zurück auf die Gründe und Quellen der alten Kirche, bezweifelt die Echtheit der Isidorischen Dekretalen und der Konstantinischen Schenkung. In der Vorrede zur ‹Concordantia catholica> betont er, viele Quellenschriften, die durch die lange Vernachlässigung verlorengegangen waren, in den Bibliotheken der Klöster nur mit schwerster Mühe gesammelt zu haben; alles, was herangezogen wurde, stamme aus den ursprünglichen alten Quellen und nicht aus irgendeiner verkürzten Sammlung. Sein Gedankengut kleidete der CUSANER in die Begriffswelt und Sprache der Spätscholastik, hob sie dabei aber auf die Höhe einmaliger Formulierungen. Es ging ihm nicht um die Wiederbelebung der klassisch-renaissancemäßigen Rhetorik und Stilistik, sondern um die Erkenntnislehre und Wissenschaft der Alten.

Die *theologisch-philosophische Denkarbeit* des CUSANERS ist in keiner abgerundeten Summa, sondern in einer großen Anzahl einzelner Schriften niedergelegt, die zu verschiedenen Zeiten entstanden sind. Den ersten Entwurf seines Systems brachten die Arbeiten <De docta ignorantia> und <De coniecturis> (1439/40).

Das erste Buch dieser <Wissenschaft des Nichtwissens> handelt über Gott, das zweite über das Universum, das dritte über Christus als Mittler zwischen Gott und den Menschen; die <Mutmaßungen> ergänzen die <Docta ignorantia> im Hinblick auf die endlichen Dinge und den Menschen. Beide Werke zusammen enthalten das System der <Wissenschaft des Nichtwissens>. Im 11. und 12. Kapitel des zweiten Buches der <Docta ignorantia> stehen die kosmologischen Theorien des CUSANERS, die These von der Bewegung des Erdglobus und von der mathematischen Unendlichkeit des Weltalls, das weder Peripherie noch Zentrum besitzt.

Den Vorwurf der Ketzerei und des Pantheismus in der Art ECKEHARTS und der Begarden, den der Heidelberger Professor JOHANN WENCK gegen <De docta ignorantia> in einer Schrift <De ignota litteratura> erhoben hatte, beantwortete der CUSANER in einer <Apologia doctae ignorantiae> (1449). Eine Ausführung der <Wissenschaft des Nichtwissens> geben die Laiengespräche <De sapientia dialogi duo>, <De mente> und <De staticis experimentis> (<Über die Weisheit>, <Über den Geist>, <Über Versuche mit der Waage>). Sie ergänzen das Ideal der Laienfrömmigkeit der Devotio moderna durch das neue Wunschbild des Laienwissens und wurden unter dem Obertitel <De Idiota>, <Der Laie> (1450) zusammengefaßt (s. u.). Den Mittelpunkt des cusanischen Denkens bildet seine *Gotteslehre*. Gott läßt sich nicht ohne Arbeit und ringendes Bemühen finden. Die ersten darauf bezüglichen Schriften sind <De deo abscondito>, <De quaerendo deum>, <De filiatione dei> und <De dato patris luminum> (<Vom verborgenen Gott>, <Vom Gottsuchen>, <Von der Gotteskindschaft>, <Von der Gabe des Vaters der Lichter>, alle 1445/46) und z. T. das Gespräch <De genesi>, <Von der Weltwerdung> (1447). Am Abschluß der Legationsreise steht die <Coniectura de ultimis diebus>, <Mutmaßung über die letzten Tage> (1452). Zu Beginn der Brixener Wirksamkeit entstand das Büchlein <De visione dei sive de icona>, <Vom Sehen Gottes oder Über das Bild> (1453), hervorgegangen aus einer Auseinandersetzung mit dem Kartäuser VINZENZ VON AGGSBACH über das Wesen der Mystik, gegen Ende das Gespräch ‹De beryllo›, ‹Von der Brille› (1458). In die Spätzeit gehören die Schriften ‹Tu quis es?›, ‹Wer bist du?› (1459) über das Prinzip der Dinge, ‹De possest›, ‹Über das Seinkönnen› (1460), ‹De non aliud›, ‹Vom Nichtanderen› (1462), ‹De ludo globi›, ‹Vom Globusspiel› (1464), ‹Compendium›, ‹Kurz und nütze› (1463), ‹De venatione sapientiae›, ‹Von der Jagd nach der Weisheit› (1463), ‹De apice theoriae›, ‹Über die Krone der Erkenntnis› (1464) und vermutlich auch die noch unveröffentlichte ‹Elucidatio epistolae ad Collocenses›.

Neben dieser umfangreichen philosophisch-theologischen Denkarbeit ging eine eifrige *Predigttätigkeit* einher. Man pflegt dabei drei Zeitabschnitte zu unterscheiden, einen ersten von 1431 bis 1449 mit fünfundsechzig (meist Fest-)Predigten in Koblenz und Mainz, Trier, Augsburg; den zweiten mit rund fünfzig Predigten auf der Legationsreise 1451/52; den dritten mit rund einhundertsechzig Predigten, die der CUSANER als Bischof und Seelsorger 1452/58 in Brixen, Wilten, Innsbruck, Neustift, Bruneck etc. hielt; dazu kommen noch vier Predigten, die er 1459 als Visitator an den Klerus von Rom richtete. Leider sind diese Predigten aber beinahe sämtlich nur in lateinisch geschriebenen Entwürfen erhalten. Von den deutschsprachigen Ausführungen sind zwei Predigten über das Vaterunser bekannt geworden, die eine aus Augsburg, 1440, die andere aus Wien 1451. Was heute daran am stärksten berührt, ist «das gänzliche Ineinander von Denken und Glauben, von Philosophie und Christentum», sowie die außergewöhnliche Beherrschung der deutschen philosophischtheologischen Prosa, die er wohl großenteils seiner intensiven Beschäftigung mit MEISTER ECKEHART verdankte.

In seinem Bestreben nach möglichster Universalität des Geistes beschäftigte sich NIKOLAUS VON CUES bereits während seiner Paduaner Studienzeit mit Problemen der Mathematik, Astronomie und der Naturwissenschaften. Dem Konzil zu Basel legte er einen ‹Tractatus de reparatione calendarii› (1436), ‹Zur Reform des Kalenders› vor; später bemühte er sich um die Verbesserung der Alphonsinischen Tafeln. Darauf folgen die Schriften ‹De transmutationibus geometricis›, ‹De arithmeticis complementis› (beide 1450 und seinem Paduaner Freund PAOLO DEL POZZO TOSCANELLI gewidmet), ‹De quadratura circuli› (1450), ‹De mathematicis complementis› (1453) und ‹De mathematica perfectione› (1458). Als Astronom bereitete er die Überwindung des antik-mittelalterlichen Weltbildes durch KOPERNIKUS vor. Als Physiker interessierten ihn Statik, Dynamik und Probleme der experimentellen Physik. Die Abhandlung ‹Über Versuche mit der Waage› enthält eine Fülle von Anregungen. Auch als Geograph hat er sich betätigt. Von ihm stammt eine der ersten Karten Mitteleuropas. Die in Orvieto verfaßte Schrift ‹De figura mundi› (1463/

64) ist verschollen. Der CUSANER sammelte weiters eine reichhaltige Bibliothek, die er testamentarisch seiner Stiftung des Hospitals zu Cues vermachte, und unterhielt einen ausgedehnten Briefwechsel, der bisher nur zu einem Teil veröffentlicht ist. Als Ergebnis aller seiner Bemühungen erhoffte sich der CUSANER eine Reform von Kirche und Staat und eine Wiedergeburt der christlichen Philosophie.

Den Hauptinhalt dieser umfangreichen philosophisch-theologischen und naturwissenschaftlichen Denkarbeit des Cusaners bildet seine *Erkenntnislehre*. Und zwar behandelt er darin drei große Fragenkomplexe: 1. Das Verhältnis von Gott und Welt; 2. den Begriff der Welt als das All und die einheitliche Ganzheit des ‹Weltalls›; 3. die Bestimmung des Menschen, insonderheit die Bedeutung der menschlichen Vernunft.

Zum ersten Bereich wird zunächst ausgeführt, daß zwischen Endlichem und Unendlichem keine Proportion bestehe. Wie unser Dasein ist auch unser Denken endlich. Dieses ist ein Vergleichen des Vergleichbaren, ein Denken der ‹Comparatio›. Wenn es Gott erreichen sollte, müßte es superlativisch werden. Gott ist der Ewig-Selbige, alles außer ihm ist wandelbar. Er ist das Einzig-Eine, alles andere gehört zum Bereiche des Vielen. Um das Verhältnis zwischen Göttlichem und Weltlichem denkbar zu machen, nimmt der CUSANER den einen unendlichen Gott zum Maßstab für alles Weltliche, wofern es meßbar ist. Zur Verdeutlichung wird ein Beispiel aus der Mathematik genommen: der endliche Kreis und das endliche Vieleck bleiben zueinander gegensätzlich, fallen aber im Unendlichen zusammen. Alles Weltliche bleibt verschieden. Nur Gottes Einsheit kann man mit einer ‹Coincidentia oppositorum›, dem ‹Zusammenfall der Gegensätze›, vergleichen. Weil es der Absolutheit entbehrt, ist unser Wissen letzten Endes ‹docta ignorantia›. Mit Hilfe der ‹belehrten Unwissenheit› kann man PLATONS Begriffe Teilhabe und Maß, Zeichen und Symbol mit christlicher Gesinnung erfüllen. Damit steht der CUSANER geistig in der platonischen Überlieferung, wie sie das Mittelalter aus den Schriften des PROKLUS kannte. Hiezu kam die deutsche Mystik, vor allem MEISTER ECKEHARTS. Der platonische Dualismus zwischen Ideen und Erscheinungen wird ins Christliche umgebildet: Gott allein ist der Inbegriff des Absoluten, neben ihm existiert keine selbständige Ideenwelt.

Was den zweiten Fragepunkt angeht, so ist die Welt sowohl das ‹Ganze›, welches alles (außer Gott) umfaßt, als auch ein bestimmtes, lebendiges Wesen. Das Weltall ist wie alles Einzelne in der Welt ein individuelles Geschöpf, bringt aber alle Besonderungen zur Koinzidenz, ist das unendliche Ganze alles Endlichen und Abbild des Ur-Einen. Alles Endliche steht dem Göttlich-Absoluten als gestuft, gegliedert und geordnet nach Arten und Gattungen gegenüber. Inbegriff der Ordnung und Stufung ist das Weltall. Wie in jedem Organismus die Ganzheit über das Einzelne herrscht, so ist auch das Weltall in jedem Einzelgeschöpf gegenwärtig. Wie jede Zahl der Zahlenreihe an der Eins teilhat, so jedes einzelne Geschöpf an seiner besonderen Stelle und in verschiedener Weise an dem einen Unendlich-Göttlichen. Das Universum ist Abbild und Gleichnis der absoluten Unendlichkeit Gottes, ist aber nur die Unendlichkeit des ‹Grenzenlosen›, nicht die des Allmächtigen. Teilhabe des Menschen am All-Einen ist nur möglich, wenn der Mensch das von Gott als sein ‹Abbild› geschaffene ‹Vorbild› erkennt und dieser Ganzheit nachstrebt. Der Lehrer und Wegweiser dazu ist Christus. Die Welt wäre nicht der ‹Kosmos›, wenn sie nicht den ‹Logos› in sich schlösse. Reiner Logos ist reine Humanitas. Alle Stufung des Menschlichen gipfelt in der Idee der reinen Menschheit. Was die griechische Philosophie im Begriff dachte, ist historisch in Christus zur Tatsache geworden. Er verkörpert die Idee der Humanität als Gleichheit mit Gott. Christus hat das Leben mit dem Tod, extremste Erhöhung und Erniedrigung, Gottesnähe und Gottesverlassenheit zur Koinzidenz gebracht. In ihm sind der ganze Weltsinn und die ganze Menschlichkeit beschlossen. Daher ist er der Lehrer aller Teilhabe an Gott. Im weiteren wird durch den Christusbegriff aus dem Weltbegriff das Problem der Geschichte und der Kultur entwickelt. Der Sinn der Geschichte liegt darin beschlossen, wie aus dem Komplizit-Einen in der Natur das Explizit-Viele wird. Im Kulturleben dürfen Vielheit und Mannigfaltigkeit nicht verachtet werden. Im Individuellen und Eigentümlichen liegt die besondere Art der Teilhabe am All-Einen. In aller Kultur ist das Einfaltend-Eine nicht nur Ursprung der Vielheit, sondern auch Ziel. Im religiösen Leben müsse das persönliche Bekenntnis respektiert werden. Auch der Gottesglaube kann nur auf individuelle Weise vertreten werden. Die christliche Kirche solle sich mit allen anderen Konfessionen, die sich zu e i n e m Gott bekennen, zusammenschließen. Bei diesen Fragestellungen des CUSANERS nach dem ‹Ganzen› der Welt, nach dem ‹Gipfel› der Welt und nach dem ‹Ziel› der Welt sind Gedankengänge aus PLATONS ‹Timaios›, dem JOHANNES-Evangelium und aus AUGUSTINS Geschichtsbetrachtung rezipiert, weitergebildet und zur Synthese zu bringen versucht.

Den dritten Fragebereich hat der CUSANER in der Trilogie ‹De Idiota› erörtert, ähnlich wie PLATON manchmal Dialoge zu einer Dreiheit zusammenfaßte. Die Unterhaltungen geben Aufschluß über die Stellung ihres Verfassers zu den drei Grundrichtungen der mittelalterlichen Philosophie, zur Mystik, Dialektik, Scholastik. ‹De sapientia› läßt das erkennende Ich nicht im Absoluten untertauchen wie die Mystiker, sondern im Hinblick auf das Absolute ein wahrhaftes Ich werden. In ‹De mente› erhält die Wissenschaft der Denkformen eine neue Grundlage und einen neuen Grundriß, indem an Stelle der Dialektik des Verstandes (*ratio*) eine solche der Vernunft (*intelligentia*) begründet wird. Mit dieser ‹Vernunft› ist nicht Urteilen, Schließen, Zählen, Messen gemeint, sondern das Verstehen von Ideen. Die Vernunft solle das Eine, Höchste, Unbedingte nicht nur glauben, sondern auch denken. Nur dadurch kann sie zur Einheit mit sich selbst, zur Einigkeit des erkennenden Bewußtseins gelangen und die Eintracht in der Welt, in Kirche und Staat stiften. Als die drei Ideen des Unbedingten werden ‹Einheit, Gleichheit und Verknüpfung beider› angesehen. Wenn Gott trinitarisch denkt, entsteht Welt, wenn es der Mensch tut, Begriffswelt. Der dritte Dialog ‹De staticis experimentis› enthält die physikalischen und medizinischen Entdeckungen und Experimente des CUSANERS. Die Grundfunktion der *mens* ist *mensura*, d. h. messen, wägen, zählen. Der Waage und dem Zählen kommen für die Heilkunde größte Bedeutung zu; die Einsichten der experimentellen Methode sind für die Meereskunde und Astronomie, den Glockenguß, die Geschützherstellung, Botanik, Musik verwendbar. An die Stelle der spekulativen Erfahrung des Mittelalters ist die auf Mathematik gegründete Mechanik getreten.

NIKOLAUS VON CUES war ein Mensch nicht des Bruches, sondern des Überganges, der unermüdlich für seine Reformideen tätig war. Er wollte das Alte in Leben und Lehre reformieren, aber er erstrebte keinen revolutionären Durchbruch zu Neuem; er ist Verteidiger, nicht Angreifer. Mit den Waffen des Humanismus kämpfte er für die Kultur des Mittelalters.

Er wollte zum systematischen Ursprung der Wissenschaft überhaupt vordringen. Sein literarisches Werk zeigt größte Weite und Aufgeschlossenheit. Darin erreichte die geistige Bewegung, die von PLATON ausging, im Neuplatonismus bei DIONYSIUS AREOPAGITA und AUGUSTINUS auf das Christentum übergegriffen und im Mittelalter bei SCOTUS ERIUGENA, der Schule von Chartres und MEISTER ECKEHART einen christlichen Platonismus hervorgebracht hatte, ihren Abschluß. In ihr leuchtete der einheitliche Geist des abendländischen Mittelalters vor dem Zerfall der Geisteseinheit in seiner ganzen Größe und Vielgestaltigkeit zum letzten Mal auf. Der CUSANER schuf aus Platonismus und Christentum *ein neues Weltbild*, wobei er sich das ganze Weltgeschehen als Entfaltung aus dem einen einzigen göttlichen Urprinzip dachte und die große Unendlichkeit des Universums ebenso wie die kleine des Individuums lehrte. Scholastik, Mystik, Antike und moderne Naturwissenschaft drängen in ihm dauernd nach einem geistigen Ausgleich. Als secundus deus setzt der Mensch Wahrheit und Wirklichkeit: neben die Schöpfung Gottes treten die begrifflichwissenschaftliche und die technisch-künstlerische Welt als selbständige Erschaffungen des Menschen. Von Anfang bis zum Ende seines Lebens hat dieser letzte bedeutende Denker des ausgehenden Mittelalters um die Erkenntnis Gottes und der Welt gerungen und wurde zum großen Anreger in der Wissenschaft wie in der Philosophie. Seine geistige Schöpferkraft nahm der Renaissance-Philosophie das meiste vorweg, was an Neuem ihr zugeschrieben wird: «Das Bewußtsein der individuellen Ichheit, die Wiedergeburt des Geistes, die unendliche Allheit des Endlichen». Noch gegen Ende des 16. Jhs. widmete ihm GIORDANO BRUNO in seiner Wittenberger Abschiedsrede die Sätze: «Wer war dem Cusanus vergleichbar, der, je größer er ist, umso weniger zugänglich ist? Hätte nicht die Priesterkutte hie und da sein Genie verhüllt, ich würde anerkennen, daß er dem Pythagoras nicht gleich, sondern daß er ein Größerer war». Der CUSANER gab durch seinen Unendlichkeitsbegriff der Kosmologie neuen Inhalt und wurde Wegbereiter des KOPERNIKUS; er wies der rationellen Medizin und Mechanik die Pfade und erkannte sofort die eminente Bedeutung der eben erfundenen Kunst des Buchdruckes. Seine Fortwirkung zeigt sich bei den Florentiner Neuplatonikern, bei KONRAD CELTIS, JOHANNES REUCHLIN, bei JAKOB FABER STAPULENSIS, bei KEPLER und PARACELSUS ebenso wie bei LEONARDO DA VINCI.

Die Schlußphase der mittelalterlichen Auseinandersetzungen zwischen Papsttum und Kaisertum unter LUDWIG IV. barg einerseits weittragende politische und religiöse Reformgedanken für die Zukunft, zum anderen fand der Hauptvertreter der für die Folgezeit so bedeutsamen Geistesrichtung des Nominalismus WILHELM VON OCKHAM in München eine wirksame Ansatzstelle für Deutschland.

In diese in Bewegung geratene Kulturwelt fallen die ersten Kontakte der in Italien mit PETRARCA und COLA DI RIENZO emporgekommenen Ideenbereiche des Humanismus und der Renaissance mit Reichskanzlei und Kaiserhof der Luxemburger in Prag. Sie blieben vorerst ohne nachhaltigere Wirkungen.

Bald danach entsteht in Böhmen eine teilweise im Sinne des Augustinismus orientierte neue Übersetzungsliteratur und eines der wenigen poetischen Werke, die einem Rangvergleich mit den Schöpfungen der spätgotischen Bau- und Bildkunst standhalten, die ‹Ackermann›-Dichtung.

Sowohl die Luxemburger als auch die Habsburger gründen nach dem Vorbild von Paris in Prag und Wien Universitäten. An ihnen und den anderen Hohen Schulen in Deutschland und Österreich wird ein neuer Faktor für die Literatur geschaffen. Sie stellen viele der Autoren des religiösen Gebrauchs- und weltlichen Fachschrifttums.

Während es in Prag und Böhmen nur zu ersten Berührungen mit dem Renaissance-Humanismus kam, geht in Wien und Österreich die Tätigkeit des ENEA SILVIO PICCOLOMINI in der Kanzlei der habsburgischen Kaiser über bloße Kontakte hinaus. Die lange Dauer seines Aufenthaltes und seine Propaganda für den Humanismus lassen die neue Bildungsbewegung und die neuen literarischen Formen in Wien festeren Fuß fassen als in Prag. Der auch noch durch andere Faktoren geförderte Einbruch des Humanismus in die spätgotische Geistes- und Kulturwelt wird zusehends breiter. Dabei schwelte die nur zurückgedrängte kirchliche und religiöse Problematik unter der Decke weiter.

Wohl strebten einzelne große Gestalten wie der CUSANER nach einer Synthese von Altem und Neuem, vermochten aber nur partielle und zeitlich beschränkte Erfolge zu erzielen. Umstürzend für die Literatur wurde die um die Jahrhundertmitte erfolgte Erfindung des Buchdruckes. In der zweiten Hälfte des 15. Jhs. wuchs der Humanismus weiter an im Schul- und Bildungswesen, in den Städten, in einzelnen repräsentativen Persönlichkeiten und bezog z. T. eine Kampfposition gegen die Spätscholastik. Die letzten fünfzig Jahre vor Ausbruch der Kirchenkämpfe hat man ein Neben-, In- und Gegeneinander von Spätgotik, Spätscholastik, Humanismus und Reformbestrebungen vor sich.

ZWEITER ABSCHNITT

HUMANISMUS UND RENAISSANCE

VORAUSSETZUNGEN. BEGRIFFSBESTIMMUNG.
ENTFALTUNG IN ITALIEN.
DIE DEUTSCHE AUSBILDUNG

1. Die allgemeinen geschichtlichen und kulturellen Voraussetzungen

Die allgemeinen geschichtlichen und kulturellen Voraussetzungen des *Humanismus*, der *Renaissance* und der *Reformation* sucht man in der zunehmenden Erschütterung der geistlichen und weltlichen Herrschaft, der Kirche wie des Adels, und der damit verbundenen Lebenswerte; und zwar im gesamten damaligen Europa. Das für unsere Zusammenhänge Wesentliche darüber glauben wir bereits im vorangehenden Abschnitt verschiedentlich gesagt zu haben. Die Vorgänge hier im einzelnen breiter auszuführen, überschritte den Rahmen einer Literaturgeschichte. Das Vorgeschehen und viele Begleiterscheinungen der europäischen Renaissancebewegung sind Angelegenheiten der politischen Geschichte, der für das Mittelalter und die frühe Neuzeit zuständigen Kultur-, Sozial- und Wirtschaftshistorie, der Philosophie-, Religions- und Kirchengeschichtsschreibung. Nur ergänzend zu dem schon Ausgeführten soll auf die für das Folgende belangreichsten Fakten und Motive hingewiesen werden.

Die *Kultur des klassischen Altertums* mit ihrem Können und Wissen hatte durch den Zusammenbruch des Weströmischen Reiches im 5. Jh. n. Chr. zwar schwere Einbußen erlitten, sie wurde aber aus dem weiteren Werdegang Europas nicht völlig ausgeschaltet. Einen beträchtlichen Teil des antiken Erbes in Philosophie und Literatur hatte früh schon *die Kirche* übernommen und ihn durch ihre griechischen und lateinischen Kirchenväter für ihre Zwecke umgebildet; die römische Kirche hielt auch weiterhin in Liturgie, Theologie und Verwaltung an der lateinischen Sprache fest; das gleiche taten die neuen christlich-germanischen Staaten in Diplomatie und Rechtswesen. Außerdem überdauerte das Oströmische Reich die Zerstörung seines Bruderstaates um fast tausend Jahre, bis es 1453 den Türken erlag. In Byzanz erhielt sich die griechische Sprache in Urkunden und Büchern, Amt und Verkehr, wenn auch verändert, bis zur Einnahme.

Was das europäische Früh- und Hochmittelalter unter *Bildung* verstand, konnte nur in lateinischen Werken niedergelegt und daraus wieder bezogen werden. Außerdem blieben nicht wenige heidnische Autoren, Philosophen wie Dichter, deren Gedankenwelt und Stil man bewunderte, nützte und nachahmte, dauernd lebendig: ARISTOTELES, BOETHIUS, TERENZ, OVID, VERGIL. Im 10. und 11. Jh. werden griechische Autoren durch arabische Übersetzungen vermittelt. Lebendig blieben im Mittelalter auch viele Begebenheiten und Gestalten der griechischen und römischen Mythe und Geschichte. Solch geistige, literarische, moralische, ästhetische Elemente der Bildung des klassischen Altertums lebten verschiedentlich durch das Mittelalter bis zu ihrer großen Wiederbelebung.

Der Gegensatz von Humanismus und Renaissance zum Mittelalter war nicht so scharf, wie noch JAKOB BURCKHARDT annahm. Es gab auch im Mittelalter Versuche einer Erneuerung des klassischen Altertums und ihrer selbst bewußte Persönlichkeiten. Das Befassen mit der antiken Literatur und Geisteswelt hatte nie vollständig aufgehört. Ein Versuch, die Kultur durch Verbindung mit der Antike zu beleben, erfolgte unter KARL D. GR., ein weiterer unter den Ottonen. In beiden Fällen jedoch wurde man sich des Gegensatzes zwischen der eigenen Lebensanschauung und der antiken Welt nicht bewußt. Ein dritter, auf französischem Boden um 1050 unternommener Versuch der Wiederanknüpfung setzte seine Renaissance in Gegensatz zu der aszetischen cluniazensischen Richtung und brachte sowohl eine neue Wertung der Antike als auch ein geändertes Verhältnis des Menschen zur Außenwelt. Die Bewegung wuchs im 12. Jh. zu beachtlicher Stärke an. Dieser *hochmittelalterliche Humanismus* hatte seine höchste Blüte in Frankreich und England. Er war getragen von Persönlichkeiten wie ABAELARD, ALANUS AB INSULIS, GAUTIER DE CHÂTILLON, JOHANNES VON SALESBURY u. a. und brachte Dichtungen hervor wie die z. T. auf deutschem Boden gedichteten *Carmina burana*.

Nach Ansätzen im 13. entstand zu Beginn des 14. Jhs. *in Italien* eine viel breitere und nachhaltigere humanistische Bewegung und geriet mitten in den Auflösungsprozeß der Einheit von christlichem und persönlichem Leben. In Italien führte der Kampf zwischen Papsttum und Kaisertum und der Zusammenbruch der Macht des staufischen Herrscherhauses (1250/68) zur *Auflösung der alten Ordnungen* und zu dem Wunsch nach *Reformen*; in Italien war auch am ehesten die Möglichkeit zur Anknüpfung an die altrömischen Traditionen gegeben. Zum Politischen kamen Veränderungen und Wandlungen im religiös-theologischen und geistigen Bereich auch in Frankreich und Deutschland. Von entscheidender Bedeutung für Deutschland waren zuletzt die (in Abschnitt I, Kap. VI dargelegten) Geschehnisse um LUDWIG IV. VON BAYERN während seiner Auseinandersetzung mit dem Papsttum.

Der italienische Humanismus, der sich im ersten Drittel des 15. Jhs. zur italienischen Renaissance erweiterte, wurde in seiner Doppelheit bald zu einem Umbruch und Aufbruch ganz Kultureuropas in religiöser, geistiger und politischer Hinsicht. In seinem Verlauf lösten sich viele Menschen mehr oder minder aus den Bindungen von Kirche, Staat und Standesgemeinschaft und traten in einen Zustand, der nach antiken Vorbildern die *menschliche Individualität* in das Zentrum stellte. Strömungen innerhalb

der Spätscholastik trugen dazu bei, dem Menschen und seinem eigenen
Gewissen in ihre Rechte zu verhelfen, bis der Grundsatz des PROTAGORAS
wieder Geltung erhielt: Das Maß aller Dinge ist der Mensch. Auf die
Entdeckung des Menschen und das neue Lebensgefühl folgten die Entdeckung der Natur und ein neues Weltbild. In geistigen Belangen wollte
dieser Humanismus des 14./15. Jhs. den Dingen auf den Quellgrund gehen. Seine Parolen lauteten: ‹Ad fontes› und ‹Rerum cognoscere causas›.
Humanismus und Renaissance haben Außerordentliches für die Ausbildung der Literatur und Kunst, der Philologie, der Naturwissenschaft und
der Wissenschaft von der Geschichte geleistet. Die Rückwendung zur Antike und der Vergangenheit der Völker lehrt sie die Eigenart und das innere
Leben von Sprache und Kultur erkennen. Mit dem Individuum Homo
brach auch das nationale Bewußtsein der Völker auf, vorerst in Italien,
dann in Frankreich und Deutschland. In religiöser Hinsicht verlangten die
Humanisten eine Erneuerung des ursprünglichen Christentums. Die Ausbildung und das Wesen von Humanismus und Renaissance in Deutschland sind ohne Wissen um ihren Begriffsinhalt sowie ohne Kenntnis ihrer
Entfaltung in Italien nicht verständlich.

2. *Begriffsbestimmung und Wortgeschichte von Humanismus und Renaissance*

Humanismus und Renaissance sind Wechselbegriffe und stehen in enger
Korrelation. *Renaissance* ist der umfassendere Begriff: er bezeichnet nicht
bloß die Zielsetzung, sondern auch das ganze Zeitalter. Will man die neue
Lebensanschauung und den künstlerischen Gesamtgehalt der Epoche be-
tonen, so pflegt man den Ausdruck Renaissance zu verwenden; für die
wissenschaftlich-geistige Seite der Bewegung gebraucht man die Bezeichnung *Humanismus*. Renaissance ist ein kulturgeschichtlicher, Humanismus ein literatur- und geistesgeschichtlicher Terminus. Im kulturgeschichtlichen Ablauf pflegt im allgemeinen die literarische Richtung der
künstlerischen vorauszugehen, denn jene schafft für diese erst die notwendigen Voraussetzungen und Daseinsbedingungen. Auch in unserem Fall
ist der Humanismus das Primäre. Sein wesentlicher Inhalt ist Begeisterung
und Liebe zur Kultur und Literatur des klassischen Altertums, die in
idealisierter Form als höhere Lebens- und Kunstideale betrachtet werden
und zwar in teilweisem Gegensatz zum späten Mittelalter, seiner Formen-
sprache, seinen Einrichtungen und Autoritäten. Die Humanisten stellen
das antike Kultur- und Menschenbild als Wunsch- und Zielvorstellung
heraus und suchen es in ihrer Mehrzahl mit christlichen Idealen zu verbinden. In Italien vertrat als einer der ersten FRANCESCO PETRARCA bewußt die neuen Bildungsziele. Auf dem wissenschaftlich-geistigen Boden

des italienschen Humanismus erwuchsen die neue Lebenshaltung und die Kunst der Renaissance. Um 1420/30 wurden die neuen Kräfte gegenüber dem Mittelalter übergewichtig. Seither durchdringen *Humanismus und Renaissance* einander häufig so enge und weitgehend, daß sie nicht immer streng voneinander geschieden werden können. Für das Verständnis ihrer Entstehung und des Inhaltes soll zunächst ihre *Wortgeschichte, Herleitung und Grundbedeutung* dargelegt werden.

Das Wort ‹humanitas› kommt zuerst bei Varro, dem Rhetor ad Herennium und bei Cicero vor und ist ein spezifisches Wort der Bildungswissenschaft. Cicero spricht von «studia humanitatis et literarum». Der Begriff ‹humanitas› findet sich in der ursprünglichen Bedeutung ‹menschliche Natur›, meist aber in der übertragenen Bedeutung ‹Humanität› mit drei Hauptzweigen: ‹Zivilisation› gegenüber Barbarei, ‹Bildung› und, entsprechend dem griechischen Philanthropia, ‹Humanität› in diesem besonderen Sinne. Beachtenswert ist vor allem die Stelle bei Aulus Gellius, ‹Noctes Atticae› XIII, 17,1:

«Qui verba Latina fecerunt quique his probe usi sunt, ‹humanitatem› non id esse voluerunt, quod volgus existimat quodque a Graecis Philantropia dicitur et significat dexteritatem quandam benivolentiamque erga omnis homines promiscam, sed ‹humanitatem› appellaverunt id propemodum, quod Graeci Paideian vocant, nos ‹eruditionem institutionemque in bonas artis› dicimus. Quas qui sinceriter percupiunt adpetuntque, hi sunt vel maxime humanissimi. Huius enim scientia cura et disciplina ex universis animantibus uni homini data est idcircoque ‹humanitas› appellata est.»

In Italien wandten den Ausdruck ‹humanitas› = *Bildung* zuerst Coluccio Salutati, Leonardo Bruni und Poggio Bracciolini an. Seitdem sind die Ausdrücke ‹studia humanitatis›, ‹vir humanissimus› etc. im Sprachgebrauch der italienischen Vertreter der neuen Bildungsrichtung üblich.

In *Deutschland* erscheint, soweit man sieht, die Bezeichnung ‹humanitas› = *klassische Bildung* zuerst bei dem Wanderlehrer des Humanismus Peter Luder. Er zeigt sich mit der neuen Bedeutung von ‹humanitas› in seiner 1456 in der Universität Heidelberg erfolgten Ankündigung seiner Vorlesung vertraut. Dort hieß es:

«D. Frydericus, princeps Reni gloriosissimus, R. J. vicarius, ... latinam linguam iam pene in barbariem versam atque perlapsam restaurare suo in gymnasio cupiens studia humanitatis, id est poetarum, oratorum ac hystoriographorum libros publice legi, instituit ac decreto suo sanccivit ... Quando quidem si quis latino eloquio operam dando se clariorem efficere volet, libros studiorum humanitatis comparando ... ea audire studia non contempnat etc.»

In der bald darauf erfolgten akademischen Antrittsrede verwendet Luder den Ausdruck ‹studia humanitatis› als stehende Wendung und zwar nicht zur Gesamtbezeichnung der weltlichen Wissenschaften im

Gegensatz zu den ‹studia divina›, sondern er stellt die ‹studia humanitatis› den alten weltlichen Universitätswissenschaften gegenüber und versteht unter ihnen ausdrücklich die Beschäftigung mit den antiken Dichtern, Rednern und Geschichtsschreibern. Auch in seinen Briefen verwendet LU-DER den Ausdruck ‹studia humanitatis› andauernd. Nach LUDER erscheint das Schlagwort für die römisch-griechischen Literaturstudien im Kreise der süddeutschen Frühhumanisten, die SIGISMUND GOSSEMBROT um sich scharte, und bei Übergangsgestalten wie JOHANN PIRCKHEIMER. Beim GOSSEMBROT-Kreise finden sich im Briefwechsel der Jahre 1456 bis 1471 neben ‹studia humanitatis› auch die Ausdrücke und Anreden ‹artes humanitatis›, ‹tua humanitas›, ‹vir humanissime›. Die Bezeichnung ‹ars (artes) humanitatis› wurde im weiteren vor allem in Universitätskreisen für die neuen Altertumsstudien üblich.

Nach dem von CICERO geprägten, von PETRARCA oft zitierten und definierten Begriff ‹humanitas› bezeichnete man seit etwa 1500 in Italien die Anhänger der neuen Bildungsrichtung als ‹umanisti›. Der Name bedeutet die Abkehr von der metaphysischen Denkweise des Spätmittelalters und die Hinwendung zur Freude an allem Menschlichen. In Deutschland begegnen die Worte ‹Humanist›, ‹humanistisch›, ‹Humanismus› im späten 18. Jh. bei NICOLAI, HERDER u. a. Als Kennwort für die literarische Bewegung des 14. bis 16. Jhs. wurde ‹Humanismus› zuerst von KARL HAGEN, ‹Deutschlands literarische und religiöse Verhältnisse im Reformationszeitalter› (1841) angewendet.

Was wir Humanismus im engeren und eigentlichen Sinne nennen, ist der *Renaissance-Humanismus*. Als sein Manifest gilt die Vorrede LORENZO VALLAS zu seiner Schrift ‹De elegantiis linguae latinae› (1444). Nicht Anfängern, sondern den bereits Kundigen sollten die Feinheiten des Ausdruckes an Hand von Redensarten, Satzfügungen, stilistischen Regeln und Beispielen dargelegt werden. Im Vorwort spricht VALLA nicht nur vom Blühen der römischen Sprache und von der Wiederherstellung alter Wissenschaften, sondern auch von der Auferweckung und dem Neuaufleben derjenigen Künste, die den Artes liberales am nächsten stehen, nämlich der Malerkunst, der Bildhauerkunst, der Baukunst, so daß nun auch eine Blüte von guten und literarisch wohlgebildeten Künstlern gedeiht. Der ebenfalls für die gelehrten Studien, besonders die Kenntnis der griechischen Philosophie und Geschichtsschreibung tätige LEONARDO BRUNI sagte, das Studium der alten Autoren nenne man deshalb ‹humanitatis studia›, weil es den Menschen vollende und ausschmücke.

Der Renaissance-Humanismus Italiens unterscheidet sich von den mittelalterlichen humanistischen Strömungen durch den *neuen Geist,* der von ihm ausgeht, und durch die weithin reichende Macht seiner *Wirkung.* Erst in diesem eigentlichen Humanismus tritt ein Programm neuer Anschauung und Gestaltung des Lebens auf; erscheinen neu erwacht der

Sinn und das Gefühl für die Persönlichkeit der antiken Autoren und für die aufgeschlossene Individualität ihres Stiles.

Nach dem Empfinden der Humanisten hatte man selbst zwar der Antike den wahren Glauben mit der Heilslehre Christi voraus, in allem anderen, in der Wissenschaft, Staatskunst, Technik, bildenden Kunst und in den weltlichen Tugenden, hielt man die Alten für weit überlegen. Da der stärkste Quell der antiken Kultur aus der *antiken Literatur* floß, mußte man trachten, möglichst viel von ihr zu lernen. Als man sah, daß die bekannten Texte nur einen Teil des ehemals Vorhandenen ausmachten, begann eine Jagd auf alte Handschriften. Enthusiasten und Beauftragte durchsuchten die Bibliotheken der Klöster im Süden und Norden nach alten Pergamenten; man bemühte sich, aus dem christlichen und islamischen Orient so viel wie möglich zu bekommen. Die gefundenen Manuskripte und Abschriften wurden miteinander verglichen, und man bemühte sich, in philologischer Tätigkeit den richtigen Text herzustellen. Zu gleicher Zeit setzte die archäologische Tätigkeit ein: Ausgrabungen förderten bisher unbekannte antike Kunstwerke zutage.

Wie andere Kulturbewegungen, wird auch der Humanismus von bestimmten *Grundanschauungen* getragen. Sein Programm forderte Studium der Alten, Sympathie für ihre Lebensäußerungen und Nachstreben im Formalen und Geistigen. Das erste Streben galt der Sprache, dem Stil, der Eloquenz, Rhetorik, Epistolographie; allmählich drang man zum Kern der antiken Weltanschauung vor. Vermöge der schon anfänglichen ästhetischen Interessen konnte in der Hochrenaissance die Schönheit zum absoluten Ideal erhoben und das Ästhetisch-Erfreuliche zum Maß des menschlichen Lebens werden.

Die Humanisten bildeten seit dem 15. Jh. in der europäischen Gesellschaftsordnung ein neues Element. Wissen und theoretische Einsicht werden durch sie auch Sache der Laienschaft. Es bildete sich eine aus Geistlichen und Weltlichen gemischte Klasse von humanistisch Gebildeten. Sie stellten einen Teil der maßgeblichen Autoren und gaben neues literarisches Publikum ab.

Auch das Problem der *Renaissance* ist nicht zu trennen von der Wachstumsgeschichte des Ausdruckes, der sie bezeichnet. Die Ideenkette *Wiederbelebung, Wiederherstellung, Wiedergeburt, Erneuerung* hat ihre Ursprünge im Wiedergeburtsbegriff des Neuen Testamentes der Bibel, der seinerseits zurückgeht auf Erneuerungsvorstellungen in Psalmen und bei Propheten. Im lateinischen Neuen Testament der Vulgata stehen dafür die Ausdrücke *renasci, regeneratio, nova vita, renovari, renovatio, reformari.* Sie beziehen sich auf sakramentale, eschatologische und ethische Vorstellungen. Antike Erneuerungsvorstellungen tauchen auf bei VERGIL u. a. Das Verbum *renasci* erscheint in einem verwandten Sinn bei RUTILIUS NAMATIANUS (417). Die Wiedergeburtsausdrücke des Neuen Testamentes bekommen Ende des 12. Jhs. einen anderen Inhalt, als der Mystiker und Apokalyptiker JOACHIM VON FIORE sie übertrug auf die Erwartung einer wirklich bevorstehenden Veränderung der christlichen Welt. Die joachimitischen Ideen wurden durch die Spiritualen und die franziskanische Predigt und Mystik in weiteste Kreise verbreitet. *Renovatio, reformatio* ist eine geistige Parole des 13. Jhs. So nimmt sie DANTE auf und verleiht ihr in der ‹Vita nova› und ‹Divina Commedia› Ausdruck.

Bei DANTE begegnet die christliche Wiedergeburtsidee der antiken Erneuerungsvorstellung in VERGILS vierter Ekloge:

Magnus ab integro saeclorum nascitur ordo.
Iam redit et virgo, redeunt Saturnia regna;
Iam nova progenies caelo dimittitur alto.

Was die alte christliche Theologie als eine Prophetie der Geburt Christi gedeutet hatte, bezieht DANTE auf die politische und ästhetische Erneuerung seiner Zeit. Bei DANTE und PETRARCA wird zum Symbol der nach Erneuerung und Befreiung sich sehnenden Welt die trauernde Roma und zwar in dreifacher Hinsicht: Rom als Haupt Italiens, als Zentrum der Kirche, als Schauplatz antiker Tugend und Bildung. Bald danach versuchte COLA DI RIENZO, dieses Traumbild des antiken Rom in politische Tat umzusetzen.

BONAVENTURA, DANTE, MARSILIUS VON PADUA, COLA DI RIENZO vermittelten und vertraten die Gedanken der religiösen, ethischen und politischen Wiedergeburt. Mit diesem Begriff der Renaissance berührt sich seit dem großen Schisma und dem Reformverlangen des ausgehenden 14. und 15. Jhs. der Begriff der *Reformation*. Der Renaissance-Humanismus und die Reformation haben ursprünglich gemeinsam eine Heilserwartung und ein geistiges Erneuerungsverlangen. Beide Erscheinungen sind nicht die Folge dieser Ideen, sondern des Ergebnis der gesamten, sehr komplizierten geistigen, ökonomischen und politischen Kulturentwicklung des Mittelalters.

Einerseits vom spätmittelalterlichen Nominalismus, andererseits von der Bildungsrichtung des Humanismus kamen die Schöpfer des naturwissenschaftlichen Renaissancebegriffes. Im Widmungsschreiben zu seinen ‹Tabulae ac problemata primi mobilis› (um 1465) an König MATTHIAS CORVINUS von Ungarn fragt JOHANNES REGIOMONTAN, ob man die Werke der Alten zu Führern im Leben nehmen solle oder die eigene Erfahrung. Er meint, man solle beides verbinden. Denn die Erfahrung allein reiche nicht aus, und die anderen allein führen zu einem Leben mit Toten. Freilich, über uns Menschen stehen die ehernen Gesetze der Natur, «causarum omnium legitima et indissolubilis cathena», oder Gottes Ratschluß. REGIOMONTAN fühlt, daß eine große Veränderung die Welt durchziehe. Die Studien werden auf eine neue Grundlage gestellt. Die Aufgabe,

die er sich dabei erwählt habe, sei die Wissenschaft, welche auf den ewig
gleichen Bewegungen des Himmels beruhe. Die Errungenschaften der
Alten wurden auch hier im Laufe der Zeit verderbt. Zu ihrer Reinigung
möchte er beitragen. Er habe die Schriften der Alten durchforscht und nach
ihrem Beispiel den gestirnten Himmel. Viel mehr bleibe noch zu tun
übrig, um ins Mark der Wahrheit vorzudringen.

Ein spezifisch *deutscher Renaissance-Begriff* erscheint im Schriftwerk
ALBRECHT DÜRERS. Die Stelle blieb bis in die neuere Zeit (1889) ungedruckt. DÜRER gebraucht für Renaissance das Wort ‹Wiedererwachsung›.
In einem Entwurf zur Vorrede der ‹Lehre von menschlicher Proportion›
aus der Zeit etwas vor 1523 schreibt DÜRER:

> Erst seit 150 Jahren habe man wieder begonnen, «die Menschen zu messen»,
> leider hätten die, welche damit anfingen, noch nichts darüber veröffentlicht.
> «Vnd dorum pit ich dy selben grossen meister (= die großen lebenden Italiener)
> vnderteniglich, so doch for der jtzigen widererwaxsung jn tawssen joren nix
> erfunden ist, das vns zw kumen seÿ dordurch solche kunst gar erloschen ist,
> sy wöllen jr gab, dy sy van gott entpfangen haben, vns mit teillen.»

Das Wort ‹Wiedererwachsung› sucht man vergeblich in den Wörterbüchern; nur die Niederwaldwirtschaft kennt die Worte ‹Wiederwachs›
und ‹Wiederwuchs›. Im Lateinischen entspricht ihm wohl ‹recrescentia›.
Der Zusammenhang, in dem der Begriff steht, läßt keinen Zweifel darüber, daß DÜRER mit ‹Wiedererwachsung› die Renaissancebewegung
meinte. Wiedererwachsen kann nur etwas im Keim oder in der Wurzel
lebendig Gebliebenes. Und das stimmt tatsächlich für die griechisch-
römische Antike, die seit ihrem Aufkommen und ihrem Dasein trotz
aller Zurückdrängung und Überschichtung in Wirklichkeit niemals tot gewesen ist. Da DÜRERS Vorrede erst Ende des 19. Jhs. publiziert wurde
und auch dann noch meist unbeachtet blieb, konnte diese vertiefte und
richtiggehende Auffassung keinen Einfluß auf den Renaissancebegriff des
16. bis 19. Jhs. nehmen.

Der erste, der die Wiedergeburt, besonders die der Kunst, als ein historisches Faktum ansah und als kunsthistorischen Begriff verwendete, war
GIORGIO VASARI (1511–1574), der Verfasser der Künstlerbiographien
‹Le vite d'piu eccelenti Pittori, Scultori e Architettori› (2 Bde., gedr. 1550;
in 2. erw. Aufl. 3 Bde. 1568).

Nach einem bestimmten, aus der Geschichte der antiken Malerei abstrahier-
ten Begriff künstlerischer Entwicklung wollte VASARI die Geschichte der italienischen Kunst erzählen, von ihrer ‹Wiedergeburt› bis in das Jahrhundert, in
dem er lebte. Beschreiben wollte er, «das Leben, die Werke, die Kunstfertigkeit
und die Wechselfälle all derjenigen, welche die Künste, die schon erloschen
waren, als erste wieder auferweckt und dann allgemach zum Wachsen und
Blühen gebracht und sie auf diejenige Höhe von Schönheit und Majestät geführt haben, auf der sie sich heute befinden». VASARIS Übersicht über die Weltgeschichte der Kunst unterscheidet «ihre Vervollkommnung (in der Blütezeit

des griechisch-römischen Altertums), ihren Verfall (seit KONSTANTIN und SIL-
VESTER) und ihre Restauration, oder richtiger gesagt, ihre Wiedergeburt». Um
die Wende des 13. zum 14. Jh. sei durch zwei große Florentiner Maler, CIMABUE
und GIOTTO, die byzantinische Manier gänzlich ausgelöscht und daraus eine
neue geboren worden. GIOTTO erreichte seinen Vorrang, indem er die Natur
nachahmte und die Möglichkeiten zeigte, lebende Personen zu zeichnen, was
mehr als zweihundert Jahre hindurch nicht geschehen sei.

DÜRERS und VASARIS metaphorische Darlegungen beziehen sich auf
die künstlerische und kulturelle Sphäre. Dazwischen tauchte neuerdings
der politische Renaissancebegriff auf. NICCOLO MACHIAVELLI gebrauchte
das Bild der Wiedergeburt für die Stadt Rom und die nur kurze Zeit
dauernde Umwälzung des RIENZO. Er schrieb in der 1520–1525 verfaßten, 1532 gedruckten ‹Istorie fiorentine› über die Revolution des COLA DI
RIENZO:

«In diesen Zeiten erfolgte zu Rom eine denkwürdige Begebenheit, daß ein
gewisser Niccolo di Lorenzo, Kanzler auf dem Kapitol, die Senatoren aus Rom
verjagte und sich unter dem Titel eines Tribunen zum Haupt des römischen
Staates machte und diesen in die antike Form zurückführte mit einem so mächtigen Eindruck von Gerechtigkeit und Tugend, daß nicht nur die benachbarten
Orte, sondern ganz Italien Gesandte an ihn schickten, dergestalt, daß die alten
Provinzen (die übrigen europäischen Länder), als sie sahen, daß Rom wieder-
geboren sei, mit den Köpfen auffuhren und einige durch Furcht bestimmt,
andere aus Hoffnung, ihm Ehre erwiesen.»

Diesen spiritualistisch-religiösen, künstlerischen, politischen und wissenschaftlichen Renaissancebegriff, wie er im Joachimismus, in den Reformforderungen, bei REGIOMONTAN, DÜRER, VASARI und MACHIAVELLI
auftritt, hat die Aufklärung des 18. Jhs. zu einem historischen Begriff gewandelt. Dieses historische Renaissancebild wirkte weiter auf den Libe-
ralismus des 19. Jahrhunderts. Das französische Wort *renaissance* ist erst
seit dem 18. Jh. zunächst als kunstgeschichtlicher, dann als allgemein kulturgeschichtlicher Begriff bei VOLTAIRE, BARTHÉLEMY, SISMONDI, AUGUST
WILHELM SCHLEGEL gebräuchlich. Ins Deutsche übernommen wurde der
Ausdruck *Renaissance* vor 1840 zunächst nur im Sinn einer Periode der
Kunst. JAKOB BURCKHARDT erst gab im ‹Cicerone› (1855) dem Begriff
Renaissance den später geltenden Sinn einer Synthese antik-humanistischer Ideen mit Tendenzen des Christentums und der Nationen Kultureuropas.

Das Wesen der Renaissance, ihr zeitlicher Beginn, ihr Verhältnis zum Christentum und zur Kirche, ihre Auswirkung sind noch immer nicht restlos geklärt.
Vom 19. Jh. bis zur Gegenwart hat man eine ganze Reihe Auffassungen entwickelt: von JULES MICHELET (1855) wurde Renaissance als «renovation des
études de l'antiquité», umfassend die Entdeckung der Natur und des Menschen, gebraucht; nach GEORG VOIGT (1859) ist die Renaissance Wiederbelebung des klassischen Altertums und erneuertes Heidentum; JAKOB BURCKHARDT
(1860) meinte, mit der Kultur der Renaissance in Italien habe sich neben der

Kirche ein «neues geistiges Medium» der gebildeten Europäer entfaltet, und das Neue sei die Entdeckung der Welt und des Menschen im Sinne der eigengesetzlich sich auswirkenden Persönlichkeit; HENRY THODE (1885) ließ die Renaissance schon im 13. Jh. einsetzen und verstand sie als wesentlich religiöse Bewegung; nach HEINRICH WÖLFFLIN (1899) prägte sie einen klassischen Kunststil der geschlossenen Form und der harmonischen Verhältnisse aus; KONRAD BURDACH (1910) deutete die Renaissance als geistige und politische ‹Wiedergeburt› mit stark religiöser Färbung; WILHELM DILTHEY (1914) sah in ihr die Wegbereiterin von NEWTON, DESCARTES, HUGO GROTIUS und die Vorstufe eines natürlichen Systems in Recht und Staat, Kunst, Moral und Theologie; HERMANN HEFELE (1929) meinte, die Grundlage der Renaissance im staatlichen, sozialen und geistigen Wesen der Polis sehen zu können; WALLACE K. FERGUSON (1948) betrachtete sie als Übergangszeit zwischen Mittelalter und Neuzeit. Jede dieser Auffassungen trifft Wesentliches, keine von ihnen aber umschließt den vollen Umfang des Begriffes. Angesichts dieser Sachlage tut man wahrscheinlich am besten wenn man JOHAN HUIZINGA folgt und den Begriff der Renaissance im konventionellen Sinne gebraucht, «zur Bezeichnung jener Blüte europäischer Geisteskultur, die kurz nach 1500 kulminiert hat, deren Ausgangspunkt und Zentrum in Italien liegt und die aufgenommen und weitergebildet wird von Frankreich, Spanien, den ober- und niederdeutschen Ländern und England».

Humanismus und Renaissance umfassen nicht die Gesamtheit der Kultur des ausgehenden 15. und beginnenden 16. Jhs., sondern sind nur zwei ihrer Teilaspekte. Die Begriffe bezeichnen lediglich eine Seite des reichen Kulturprozesses der Epoche und sind auch nicht beschränkt auf Wissenschaft, Literatur und Kunst. Die Wiedererweckung des Altertums, die Wiedergeburt der antiken Studien, ist nicht die Ursache und nicht das Wesen der Renaissance, wohl aber ein vitales Element in der Entfaltung. Entscheidend war die enge Verbindung mit dem neben ihr vorhandenen italienischen Volksgeist. Zu einem solchen Konnex kam es auch in Frankreich, selten aber in Deutschland. Hier existieren das mittelalterliche Volksleben und die spätmittelalterliche Kultur neben und unter dem Renaissance-Humanismus in reicher Mannigfaltigkeit fort. Auch die großen Denkformen des Mittelalters leben im 15. und 16. Jh. weiter. Und die symbolisch-sakramentale Denkweise fragt nicht zuerst nach dem natürlichen kausalen Zusammenhang der Dinge, sondern nach ihrer Bedeutung im göttlichen Weltplan. Gleichwohl haben Renaissance und Humanismus entscheidend Neues angebahnt und bewirkt: die Wiederaufnahme der antiken Kultur, die Ausrichtung der Naturwissenschaften auf Wahrnehmen, Erfahrung, Analyse, Sammeln; das Bewußtwerden der Schönheit der Landschaft; in der Literatur kommt es zu psychologischen Darstellungen; es entsteht die Biographie, man beobachtet den Volkscharakter und die ethnographischen Verschiedenheiten; es entfaltet sich ein neues Schönheitsideal.

Humanismus und Renaissance sind in ihrer Gesamtstruktur kein einheitlicher Komplex, sondern umschließen sehr verschiedene, z. T. ambivalente und divergierende Gesinnungen und Richtungen: Rationalismus

und neue Weltlichkeit, Reformchristentum und Neigung zu spekulativer
Metaphysik, Mythologie, Allegorie und Symbolik, Pflege der Poetik, Rhetorik und Stilistik ebenso wie der Mathematik und der empirischen Naturwissenschaften.

3. Die Entfaltung von Humanismus und Renaissance, vorzugsweise in Italien

Wenn das Wiedererwachsen der Antike sich zunächst *in Italien* vollzog,
so hat das besondere Gründe: die Italiener betrachteten sich weitgehend
als Nachfahren der alten Römer; ihre Umgangssprache ist ein Abkömm-
ling des Lateins; im ganzen Lande waren noch viele Denkmäler des Altertums in Bauwesen, Bildkunst und Inschriften sichtbar vorhanden; in Rom
residierte das Oberhaupt der Kirche; zahlreiche alte Bildungszentren entfalteten eine eifrige Kulturtätigkeit und boten Ansatzmöglichkeiten für
Absichten, die Kultur des Zeitalters umzugestalten. Auch die Verbindung
Italiens mit dem *Oströmischen Reich* war niemals ganz unterbrochen. Je
ärger dessen Bedrohung wurde, umso mehr wandte sich der byzantinische
Staat um Hilfe an das Abendland, vorab an die Instanzen der römischen
Kurie. Auf den Kirchenversammlungen erschienen Abgesandte Ostroms,
und man versuchte, das religiöse Schisma zu beheben. Die beiden Haupt-
erben des Altertums nahmen im 15. Jh. aufs neue Kontakt miteinander,
und Europa empfing abermals die griechische Sprache und damit die Literatur und Gelehrsamkeit. Durch die Byzantiner in Italien und anderen
Ländern kam die schon früher begonnene Renaissance in vollen Fluß.
Der Rezeptionsvorgang wird von der römischen auf die hellenozentrische
und bald darauf teilweise auch auf die orientalische Sphäre ausgedehnt.
In Italien sind die neulateinische Poesie und die Renaissancekunst am
frühesten in Europa gereift. Mit der Renaissancedichtung fällt zusammen
eine Hochblüte der nationalen Literatur. DANTE, PETRARCA, BOCCACCIO
haben in ihren Schriftwerken nicht nur das klassische Latein verwendet
und dieses empfohlen, sondern auch das Volgare, die Volkssprache, praktisch und theoretisch in Aufnahme gebracht. Das gleiche taten Gelehrte
und Dichter wie BEMBO, SANNAZARO, POLIZIAN u. a., die ihre an der neulateinischen Dichtung gewonnene Formkunst auch der Landessprache zuteil werden ließen.

Bei der *italienischen Renaissance* als kulturgeschichtlichen Begriff für
die Zeit von etwa 1350 bis Anfang des 16. Jhs. unterscheidet man drei
Hauptströmungen: den rhetorisch-literarischen Humanismus PETRARCAS
(als Vermittler eines neuen Bildungsideals), den Platonismus der Florentiner Akademie des MARSILIUS FICINUS und PICOS DELLA MIRANDOLA,
und den Aristotelismus der Universität Padua. Alle drei zusammen haben
vom 14. bis zum 16. Jh. mit das europäische Geistesleben umgebildet.

a) In der Geistesgeschichte, im Bildungswesen, im Religiösen, in der Staatslehre

Die drei großen italienischen Dichter des späten Mittelalters DANTE, PETRARCA, BOCCACCIO sind auch als die Wegbereiter und ersten Vertreter des Humanismus anzusehen. Schon DANTE (1265–1321) war die Sehnsucht nach der Wiedererweckung altrömischer Größe und Schönheit nicht fremd. Immer wieder erinnerte er seine Landsleute an das alte Imperium Romanum, stellte die große Vergangenheit seinen Zeitgenossen als Muster vor Augen, ließ die alte Zeit in die mittlere herüberfließen und wählte den heidnisch-römischen Dichter VERGIL zum Führer durch die Unterwelt und zum Vorbild für eine christliche Dichtung; und konnte es auch nicht übers Herz bringen, die Staatsmänner, Dichter und Philosophen des Altertums in das Inferno zu versetzen, sondern vereinte sie auf einer Insel der Seligen. Auf DANTES ‹Neues Leben›, die Geschichte seiner Liebe zu Beatrice, geht die Tradition psychologisch-historischer Ergründung der eigenen Person zurück.

Das Programm des älteren Humanismus in die Tat aber setzte FRANCESCO PETRARCA (1304–1374) um. Man hat ihn den ‹ersten modernen Menschen› genannt, weil er seine Individualität in ihrer Einmaligkeit bewußt erlebt habe. Auf dieser Grundlage gewann er ein persönliches Verhältnis zu den antiken Autoren, vorab zu CICERO, und erfaßte sie in ihrer Sprache und Wesenheit. PETRARCA war begeistert für das klassische Latein und die Eleganz und Schönheit der antiken Eloquenz. Er kritisierte das Latein der Scholastik und des Mittelalters als barbarisch. Gleichwohl bestand für ihn kein Gegensatz zwischen Antike und Christentum, sondern er bekennt sich zu einer Synthese von antiker *sapientia* und christlicher *pietas* in der undogmatischen *literata devotio*, d. i. gebildeten Frömmigkeit eines christlichen Humanismus. Dieser soll sich nicht um die Erforschung der Natur, sondern um die sittliche Bildung des Menschen bemühen. PETRARCA glaubte, daß der Mensch mit Hilfe der Erkenntnis der Tugend, d. h. des Wissens um die Gesetze der Moral, und durch Beherrschung der Leidenschaften zu einer *tranquillitas animi* (Ruhe des Gemütes) gelangen könne. Er selbst litt sehr unter einer Art Weltschmerz, den er *accidia* nennt, und fand nur selten in der *vita solitaria* (Einsamkeit) seine innere Ruhe. Wie sein Leben durchzieht auch sein literarisches Werk (ca. 40 Bücher) ein ständiges Streben nach Selbsterkenntnis. In einem berühmten Brief an DIONISIO DA BORGO SAN SEPOLCRO (24 April 1335), worin er die Besteigung des Mont Ventoux berichtet, schildert er, wie er unter dem Einfluß der Bekenntnisse AUGUSTINS zu dieser Selbstschau kam. Bei PETRARCA haben wir bereits wichtige Formen und Gattungen der späteren Humanistenliteratur ausgebildet: den Brief (‹Epistolae Familiares›, ‹Seniles›, ‹Sine Nomine›), die moralisch-philosophische

Abhandlung (‹Secretum meum›, ‹De vita solitaria›, ‹De sui ipsius et mul-
torum ignorantia›), die Beispielsammlung (‹Rerum memorandarum libri
IV›, ‹De remediis utriusque fortunae›), die Biographie (‹De viris illustribus›), das Epos (‹Africa›), die italienische Liebesdichtung (‹Can-
zoniere›).

Seit 1350 mit PETRARCA eng befreundet war GIOVANNI BOCCACCIO
(1313–1375), ebenfalls aus der Toskana. Er diente den neuen Ideen haupt-
sächlich durch Handbücher und Nachschlagewerke sowie durch seine griechischen Studien. In seiner Nähe wurden auch schon Zweifel laut, ob das
Studium der heidnischen Antike mit dem christlichen Ethos vereinbar sei.
BOCCACCIOS poetisches Jugendwerk besteht aus Sonetten und epischen
Gebilden: ‹Filocolo›, ‹Ameto›, ‹Teseide›, ‹Filostrato›, ‹Fiametta›. Für die
Ausbildung der Lebensdarstellung und Werkerklärung bedeutsam wurden seine ‹Biographie Dantes› (1354/55) und der ‹Kommentar zu Dantes
Göttlicher Komödie› (1373). In ‹De genealogia Deorum gentilium› (1359)
erzählen die ersten 13 Bücher die Kriegs- und Liebesgeschichten heidni-
scher Götter und versuchen, die Mythen teils physikalisch-astronomisch,
teils allegorisch zu erklären, die zwei letzteren enthalten eine Verteidigung
der Poesie und des Werkes selbst. Der biographischen Gattung nähern
sich die Schriften ‹De claris mulieribus› und ‹De casibus virorum illustrium›. Zur bukolischen Dichtung gehören die ‹Eklogen›. Zum Werk der
Weltliteratur geworden ist das ‹Decamerone› (1348/58) mit seinen hundert Geschichten, an zehn Tagen von zehn jungen Leuten erzählt.

Unter den Zeitgenossen und Nachfolgern PETRARCAS und BOCCACCIOS ragte
zunächst COLUCCIO SALUTATI (1330–1406) hervor, seit 1375 Staatskanzler der
Republik Florenz, der in Briefen und Staatsaktenstücken das mittelalterliche
Latein durch die klassische Sprache CICEROS ersetzte. Als PETRARCAS Schüler
wirkte in Florenz LUIGI MARSIGLIO (1342–1394) und versammelte dort eine
Gesellschaft gleichdenkender Gelehrter zu einer Art Akademie. An den italienischen Universitäten fand der Humanismus erst allmählich Eingang. Dafür wirkten umso eifriger humanistische Wanderlehrer auf die Jugend. Dabei gab es
humanistische Geschäftsreisende und solide Philologen und Erzieher. Im Bildungsprogramm VIKTOR RAMBALDINIS VON FELTRE (1378–1446), der sich in
Padua und Venedig ein Höchstmaß der neuen Bildung erworben hatte, nahmen
die antiken Sprachen, Dialektik und Rhetorik den ersten Platz ein. Ein anderer
großer Lehrer und Pädagoge, GUARINO VON VERONA (1370–1460), wirkte ab
1410 in Florenz, Venedig, Verona, Bologna, Ferrara. Von ihm stammen die
beliebte ‹Ars diphthongandi› (gedr. 1474 u. ö.), ‹De differentia veri amici et
adulatoris›, Schulgrammatiken, Gedichte und viele Gelegenheitsreden; er übersetzte PLUTARCHS Schrift über Kindererziehung und STRABOS ‹Geographika› ins
Lateinische. Sein Sohn BATTISTA GUARINI (1435–1513) verfaßte die vielbenutzte
Didaktik ‹De ordine docendi ac studendi› und lieferte Übersetzungen des DE-
MOSTHENES, CHRYSOSTOMUS, GREGOR VON NAZIANZ u. a. ins Lateinische.

Zunächst war Florenz der Hauptsitz der klassischen Studien und der um
1420/30 auf ihrer Basis einsetzenden künstlerischen Renaissance. Unter SIX-
TUS IV. und seinen Nachfolgern wurde das päpstliche Rom das Zentrum des
neuen Lebensstiles und die Stadt, in der die bedeutendsten Bildwerke geschaf-

fen wurden. Dem Kreise, den COSIMO MEDICI (1389–1464) in Florenz um sich vereinte, gehören an: NICCOLO NICCOLI (1364–1437), Handschriften- und Altertümer-Sammler, GIANNOZZO MANETTI (1393–1459), Redner von großer Kraft und Gewandtheit, AMBROGIO TRAVERSARI (1386–1439), Kenner des Griechischen und Sammler griechischer Handschriften, FRANCESCO POGGIO und schließlich MARSILIUS FICINUS. In Rom und Florenz wirkte LEONARDO BRUNI (1369 bis 1444), Verfasser von beispielhaften Briefen, Reden, Geschichtswerken, philosophischen Abhandlungen und Übersetzungen. Der Nachfolger BRUNIS als Staatskanzler von Florenz wurde CARLO MARSUPPINI, ARETINO (1399–1453). Zu seinem Kreise gehörten u. a. GIOVANNI AURISPA und MAFFEO VEGIO. Zwei aus dem Florentiner Kreise hervorgegangene Persönlichkeiten haben Rom dem Humanismus eröffnet: TOMMASO PARENTUCELLI, zuletzt Papst NIKOLAUS V. (1447–1455), und ENEA SILVIO PICCOLOMINI, nachmals PIUS II. Der Bereich der altrömischen Literatur wurde ganz wesentlich erweitert durch den Handschriftenentdecker, Archäologen, Fazetien-Dichter und Übersetzer POGGIO BRACCIO-LINI (1380–1459), lange Zeit Sekretär an der päpstlichen Kanzlei, 1453/59 florentinischer Staatskanzler. Er kam 1414 mit Papst JOHANN XXIII. zum Konzil nach Konstanz, weilte 1418–22 in England bei Bischof HEINRICH VON WIN-CHESTER und entdeckte in Deutschland, Frankreich und Italien zahlreiche Handschriften antiker Autoren: QUINTILIAN (ein vollständiges Exemplar der ‹Institutio oratoria›), LUCREZ, SILIUS ITALICUS, AMMIANUS MARCELLINUS etc. POGGIOS eigene Schriften und Dichtungen (‹Facetien›, ‹De varietate fortunae›, ‹De felicitate principum›, ‹De miseria humanae conditionis›, ‹De nobilitate›) bekunden bereits ein zwiespältiges Lebensgefühl, den Einbruch libertinistischer Anschauungen in das christliche Lebensgefühl und dessen Durchsetzung mit stoizistischem Gedankengut. Zur Geschichtsschreibung und Memoirenliteratur gehören die ‹Historia Florentina› und die Abhandlung ‹Über die Verdammung und Todesstrafe des Ketzers Hieronymus von Prag› (1416). Der Rezeption der griechischen Literatur dienten Übersetzungen einzelner Stücke von LUKIAN, DIODO-RUS SICULUS, XENOPHON. Erst als Gesandtschaftssekretär in Konstantinopel (1420/27), dann in Florenz, Mailand und Rom lebte FRANCESCO FILELFO (1398 bis 1481). Sein häufig zum Muster genommenes Schriftwerk erstreckte sich auf Briefe, Reden, Gedichte, Erziehungstraktate, Briefformulare, Fabeln, historisch-biographische Schriften, eine griechische Grammatik, viele Übersetzungen aus dem Griechischen ins Lateinische, philosophische Untersuchungen; eine ‹Sforziade› verherrlicht FRANCESCO SFORZA.

Die zunehmend eifrige Beschäftigung mit der heidnischen Antike führte dazu, daß allmählich den antiken Autoren ebenso autoritative Geltung zugestanden wurde wie der Bibel und den Kirchenvätern; es gab Humanisten, die den christlichen Wortschatz und Vorstellungsbereich durch klassisch-heidnische Ausdrücke und Bilder ersetzten. Ein solcher Synkretismus und dauernde philologische und philosophische kritische Tätigkeit führten daher in manchen Fällen zur bewußten Opposition gegen kirchliche Dogmen, die Ethik des Christentums und gegen kirchliche Institutionen. Den wesentlichen Schritt dazu tat LORENZO VALLA (1407–1457), der die christliche Haltung fast völlig preisgab, obwohl er Geistlicher war. VALLA wirkte anregend für die philologisch-historische Kritik und die biblische Textgestaltung, für die Symbolforschung und Verfeinerung des lateinischen Stiles. Von seinen Schriften erreichten tiefgehende Wirkungen: ‹De voluptate›, in der zweiten Bearbeitung ‹De vero bono› betitelt (1431, gemildert 1433), ‹Vom Vergnügen›, ‹Vom wahren Gut›; ‹De˙libero ar-bitrio›; ‹Quaestiones dialecticae›, mit scharfen Ausfällen gegen die Scholastik; ‹De professione religiosorum›, mit grundsätzlicher Verwerfung des Mönchtums; die Declamatio ‹De falso credita et ementita Constantini donatione› (1440), wo die sog. Konstantinische Schenkung als Fälschung erwiesen wird, mit heftigsten Angriffen auf die weltliche Herrschaft der Päpste und die hierarchische Ordnung; die ‹Collatio Novi Testamenti› (1444; Paris 1505); die Übersetzung der ‹Ilias› aus dem Griechischen ins Lateinische. VALLAS humanistisches Hauptwerk, ‹Elegantiarum latinae linguae libri VI› (1444; gedr. Rom 1471, bis 1536 in 59 Auflagen), sammelte den Sprachschatz aus den antiken Autoren für die Ausbildung des klassischen Stiles. Die ‹Anmerkungen zum Neuen Testament› weisen die Mangelhaftigkeit der Vulgata gegenüber dem griechischen Text nach und begannen, die Überlieferung der Bibel wie Texte profaner Autoren zu behandeln. Ein Schüler VALLAS war POMPONIUS LAETUS (1428–1497), der Stifter und das Haupt der Römischen Akademie für Archäologie. Eine ähnlich freie Akademie gründete in Rom der Kurialjurist JOHANNES CORYCIUS, GORITZ (ca. 1455–1527) aus Luxemburg. Er verwendete seinen Reichtum zur Förderung römischer und deutscher Gelehrter, Dichter und Künstler. Die ihm in den ersten zwei Jahrzehnten des 16. Jhs. von italienischen und deutschen Humanisten gewidmeten Dichtungen gab BLOSIUS PALLADIUS (Rom 1524) heraus. Die Renaissance begründete eine neue Ethik der Liebe und der Freundschaft. Auf ihrer Ebene bildeten sich die Kreise gleichgerichteter Akademien und Sodalitäten.

Die italienischen Humanisten hatten ihre Blicke zunächst auf das römische Altertum gerichtet. Bald aber wurde auch das Studium der *altgriechischen* Sprache, Literatur, Philosophie und Wissenschaft angebahnt und in die Wiedererweckung des Altertums miteinbezogen. Das war von höchster Wichtigkeit, denn nicht die Römer, sondern die Griechen waren die eigentlichen Schöpfer der antiken klassischen Gesamtkultur. Viele griechische Gelehrte und Theologen kamen nach Italien, sowohl infolge der Bedrohung Konstantinopels und seiner Eroberung durch die Türken als auch zu dem der Union der römischen und griechischen Kirche gewidmeten Konzil von Ferrara-Florenz (1438 bis 1442). Die geistesgeschichtlichen Ergebnisse waren dabei die Translation der *platonischen und neuplatonischen Schriften* und das Wiederaufleben des *originalen* ARISTOTELES. Im Platonismus fanden ein Enthusiasmus ohnegleichen, das Schönheitsbedürfnis der Zeit, das Verlangen, die Welt als universelle Harmonie zu erfassen, und der Glaube an eine Offenbarung Gottes in allen Religionen und in der Philosophie einen tief und lange wirkenden Ausdruck. Das Zentrum der Bewegung war die *Platonische Akademie in Florenz*, ein Kreis von Dichtern, Künstlern und Denkern, der sich um LORENZO MEDICI (1448–1492) vereinigte.

Von den Griechen, die in Italien wirkten, wurden vor allem drei Persönlichkeiten bedeutsam. MANUEL CHRYSOLORAS (ca. 1350–1415) aus Konstantinopel, der seit 1396 in Italien als erster öffentlicher Lehrer des Griechischen tätig war. Er lieferte eine Übersetzung von PLATONS ‹Republik› ins Lateinische. GEORGIOS GEMISTOS PLETHON (ca. 1355– ca. 1451), ebenfalls aus Konstantinopel, seit 1438 in Italien, der weniger Interesse am Christentum denn an einer Weltanschauung zeigte, die über den Bekenntnissen und Religionen steht. Sein Platonismus ist von magischen Elementen modifiziert, d. h. er bewunderte PLOTIN, die Pythagoreer, ZOROASTER. Und schließlich PLETHONS Schüler, der eifrige Förderer der Kirchenunion BASILIUS BESSARION (1395 oder 1403–1472). Dieser Kardinal versammelte in Rom in seinem Haus einen gelehrten Kreis von Griechen, Italienern und Deutschen, Humanisten, Philosophen und Theologen zu einer Akademie und legte eine wertvolle Bibliothek an. Gesandtschaftsreisen führten ihn öfter nach dem Norden. BESSARION verfaßte philosophische, theologische, aszetische, historische und rhetorische Schriften. Geistesgeschichtlich bedeutsam ist sein gegen den Aristoteliker GEORG VON TRAPEZUNT gerichtetes philosophisches Hauptwerk ‹In calumniatorem Platonis›, ‹Gegen den Verleumder Platons›. BESSARION übersetzte überdies die Metaphysik des ARISTOTELES ins Lateinische. Die Seele der für das Welt- und Menschenbild der Renaissance von besonderer Bedeutung gewordenen Academia Platonica in Florenz bildete MARSILIUS FICINUS (1433–1499), Priester und Professor an der Universität, Erzieher des späteren Papstes LEO X. Überzeugt, daß platonische Philosophie und Christentum keine Gegensätze bilden, wollte er dessen Lehren gegen den weit verbreiteten Averroismus verteidigen und Plotinismus und Christentum, Aristotelismus und Platonismus zur Übereinstimmung bringen; scholastische Metaphysik und Mystik wurden dabei mit älterem Lehrgut verbunden. Der Verwirklichung der Ziele dienten die Hauptwerke ‹Theologia Platonica› (1469/74), ‹De christiana religione› (1474), ‹De vita triplici› (1489), sowie zahlreiche Übersetzungen ins Lateinische: Schriften PLATONS und PLOTINS, des PORPHYRIUS, JAMBLICHUS, PSEUDO-DIONYSIUS, HERMES TRISMEGISTUS, der Goldenen Worte des PYTHAGORAS u. a. Für FICINUS führt von der Gotteslehre der Heiden und ihren ‹vates› ZOROASTER, ORPHEUS, HERMES etc. eine folgerichtige Linie über PLATON und PLOTIN zu DIONYSIUS AREOPAGITA als den Gipfel der platonischen Lehre und die ‹Säule der christlichen Theologie›.

Den Neuplatonismus im Geiste seines Lehrers FICINUS führte weiter der frühverstorbene GIOVANNI PICO DELLA MIRANDOLA (1463–1494), eines der größten Talente des ganzen Zeitalters. Er begab sich 1487 von Florenz nach Rom und wollte in einer großen Disputation mit den Gelehrten Europas neunhundert Thesen aus allen Gebieten des menschlichen Wissens verteidigen. Einer von Papst INNOZENZ VIII. eingesetzten Kommission schienen jedoch mehrere der aufgestellten Sätze als häretisch und die Disputation mußte unterbleiben. Als einleitenden Festvortrag hatte PICO die Rede ‹De hominis dignitate›, ‹Über die Würde des Menschen› verfaßt. In ihr formulierte er die neue Auffassung von der Würde, Größe und Aufgabe des Menschen und gab einen Überblick über die Hauptgegenstände der Disputations-Thesen. In seinen Werken ‹Heptaplus›, ‹De ente et uno›, ‹Adversus Astrologos›, ‹Apologia› (gegen den Vorwurf der Häresie) versuchte PICO eine Synthese von Neuplatonismus und Christentum, betonte jedoch die Willensfreiheit des Menschen, sowie nachdrücklich dessen Persönlichkeit und Würde. Der junge Philosoph und Synkretist zog nicht nur den Aristotelismus, Platonismus und die Scholastik, sondern auch die islamische und jüdische Philosophie heran, vor allem die Kabbala und die darin enthaltene jüdische Geheimlehre. Der Neuplatonismus des FICINUS und PICOS DELLA MIRANDOLA erstrebte die Ablösung der aristotelisch-thomistischen Scholastik, indem er aus der Synthese von PLATO und PAULUS eine ‹Restitutio Christianismi› als Aufgabe postulierte.

Dem Zurückgreifen auf PLATON parallel ging ein Rückgriff auf ARISTOTELES. Diese Aristoteliker wollten zweierlei: 1. dem Platonismus gegenüber die peripathetische Physik und Weltansicht verteidigen; 2. anstelle des scholastisch-kirchlichen ARISTOTELES die Originallehre des Denkers zur Geltung bringen. Bei dem letzteren Unternehmen stützten sie sich auf die Interpretation des AVERROES. Den Streit KLATO oder ARISTOTELES auf italienischem Boden trug der Grieche GEORGIOS TRAPEZUNTIOS (1396–1484) aus. Seit ungefähr 1430 im Lande, verfaßte er eine ‹Comparatio Platonis et Aristotelis› (1464) und übersetzte und kommentierte mehrere aristotelische Schriften. Weniger vom theologischen als vom philosophischen Standpunkt aus trat THEODORUS GAZA (gegen 1400 – um 1473) für ARISTOTELES ein. Er übersetzte u. a. die ‹Problemata der Mechanik› und die ‹Tiergeschichte› des ARISTOTELES und die Schrift des

THEOPHRAST über die Pflanzen ins Lateinische. Von den Humanisten vermittelten durch Vorlesungen und Übersetzungen den originalen ARISTOTELES: JOHANNES ARGYROPOLUS († 1486), ANGELUS POLITIANUS und HERMOLAUS BARBARUS (1454–1493). Den Hauptrückhalt und die wissenschaftliche Pflege fand dieser Renaissance-Aristotelismus in Oberitalien, wo sich in Padua seit dem 14 Jh. die Überlieferung des *averroistischen Aristotelismus* erhielt und im ausgehenden 15. und beginnenden 16. Jh. weitergebildet wurde. In Padua gab es vom 14. bis gegen die Mitte des 17. Jhs. Averroisten, die zahllose italienische und deutsche Studenten mit ihren Doktrinen bekannt machten. An Vertretern der Lehren seien genannt: NICOLETTO VERNIAS, der 1471–1499 einen Lehrstuhl innehatte, AUGUSTINUS NIPHUS (1473–1546), der bemüht war, den Averroismus mit der Kirchenlehre in Einklang zu bringen, ALEXANDER ACHILLINI († ca. 1508), sowohl Professor der Philosophie als auch der Medizin, MAFEUS ANTONIUS ZIMARA († 1532) und PETRUS POMPONATIUS (1462–1525), der Verfasser der Schrift ‹De immortalitate animae› (Venedig 1518), die eine Reihe Gegenschriften und Verteidigungen im Gefolge hatte. Die wichtigsten Ausgaben des AVERROES erschienen ebenfalls Padua 1472 und 1552/53.

Renaissance und Humanismus brachten ein geändertes *Verhältnis zur Religion*. Durch die umfängliche Berührung mit der heidnischen Antike kamen Zielsetzungen auf, die nicht ausgesprochen christlich religiös waren. Der Neuplatonismus, das neue charakteristische Element im religiösen Leben der Renaissance, nahm die Geheimlehren des Orients mit auf, die Orakel der Sibyllen und ZOROASTERS, die Kabbala, die Hermetica. Eine Hauptlehre war: der Mensch stehe im Zentrum einer großen Seinskette; er besitze die Freiheit, abzusteigen zum Tier oder aufzusteigen bis zur Vereinigung mit Gott. Der Synkretismus der Neuplatoniker machte das Christentum zu einer der vielen Weltreligionen. Außer PLATON in einem Alt- und Neuplatonismus kam PYTHAGORAS in der pantheistischen Naturphilosophie und in der Zahlenmystik zu neuen Ehren. Andere Denker bekannten sich zur Glückseligkeitslehre EPIKURS. Auch der Eklektizismus, der aus verschiedenen Systemen einzelne Thesen auswählt und aus ihnen ein neues System aufzubauen versucht, hatte Anhänger.

Die spätmittelalterliche Erwartung einer Erneuerung der Welt mit der Renaissance-Hoffnung auf eine Reform des Staates und der Kirche verband HIERONYMUS SAVONAROLA (1452–1498). Als Mitglied des Dominikanerordens theologisch dem Thomismus zugehörig, wirkte er in Florenz und anderen norditalienischen Städten als freimütiger Bußprediger gegen die Eitelkeiten und den Leichtsinn der Renaissance und für die christliche Erneuerung Italiens. Seit 1482 fühlte er sich durch göttliche Offenbarung berufen, eine apokalyptische Züchtigung Italiens und die darauffolgende Erneuerung der Kirche zu verkünden. Auf Wunsch PICOS DELLA MIRANDOLA durch LORENZO MEDICI 1490 nach Florenz zurückberufen, prophezeite er den Siegeszug KARLS VIII. VON FRANKREICH durch Italien 1494 und den Sturz der Medici. Nach Vertreibung des Geschlechtes beeinflußte er die restaurierte Stadtverfassung im theokratischen Sinn, rief Christus zum König von Florenz aus und versuchte, das private und öffentliche Leben nach dem Evangelium auszurichten. Der Häresie und falscher Prophetie beschuldigt, wurde er aber zuletzt durch Papst ALEXANDER VI. gebannt, gefangengesetzt und hingerichtet. Buchausgaben seiner im Kerker verfaßten ‹Meditationen› über den 50. und 30. Psalm erschienen bald darauf in Italien und Deutschland, Übersetzungen ins Deutsche Nürnberg 1499/1500 und Augsburg 1501.

Das avignonesische Papsttum hatte eine einseitige Politisierung mit sich gebracht und ein kirchliches Finanzsystem eingerichtet, das weithin Anstoß er-

regte. Die Zerstörung des kirchlich-päpstlichen Führungsanspruches machte
rasche Fortschritte. Die neue Lebensauffassung und der neue Lebensstil fanden
Eingang in das Papsttum und die obersten Kirchenstellen. Im Bestreben, die
Menschen und Dinge nach den Grundsätzen der *ratio* zu lenken, vergaß man
nicht selten auf die religiöse Ethik.

Für die *Staatslehre* hatte PETRARCA in der Epistel ‹De re publica optime
administranda› (1373) an FRANCESCO DA CARRARA ein ethisches Regentenideal
gezeichnet, bei dem das Verhältnis des Fürsten zu seinen Untertanen auf Liebe,
Achtung und Tugend beruht. ERASMUS entwarf seinen Fürstenspiegel in der
‹Institutio principis christiani› (1516). Nahezu gleichzeitig entstanden die Staats-
schriften des NICCOLO MACHIAVELLI und des THOMAS MORUS. MACHIAVELLI
betrachtete gemäß seiner Auffassung des Menschen den Staat als politischen
Körper und eine Art von mechanischem System, das aus der Erkenntnis der
Naturkräfte und den Mitteln ihrer Beherrschung geordnet und notfalls wieder-
hergestellt werden könne. MORUS entwarf in seiner ‹Utopia› (1516) nach dem
Vorbild PLATONS ein ideales Staatswesen.

Die neue *Naturerkenntnis* ist sowohl den Denkern des Spätmittelalters als
auch der Renaissance verpflichtet. Viele Humanisten verbanden philologische
Studien mit naturwissenschaftlichen Arbeiten. Daß dieses Bündnis von Philologie und der mathematisch-naturwissenschaftlichen Forschung in der Renaissance zumeist von Deutschen verkörpert wurde, hängt damit zusammen, daß
es in Deutschland auf dem Gebiete der Naturwissenschaften zu einer Synthese
von spätmittelalterlicher Naturphilosophie und Renaissancegeist kommen
konnte.

b) In der Dichtung, Rhetorik, Geschichtsschreibung, in der bildenden Kunst, in der Artes- und Fachliteratur

Als absolute Muster galten den Humanisten die klassischen, besonders
die römischen Dichter. Sie wurden zunächst nachgeahmt. Wie im Briefwechsel und in der Beredsamkeit bevorzugte man vor der Nationalsprache
das Latein. Die antike Sprache war dichterisch völlig durchgebildet. Es
entstand im 15. und 16. Jh. in Italien und dann in Kultureuropa eine
reichverzweigte, wenig selbständige, lehr- und lernbare und faktisch auch
gelehrte und erlernte Dichtkunst: *die neulateinische Dichtung.* Sie behandelt in erlerntem Versbau alle möglichen Stoffe nach antiken Vorbildern. PETRARCA und BOCCACCIO hatten große Materialsammlungen an
Beispielen aus Sage und Geschichte, Bildern, Gleichnissen und mythologischen Gestalten zusammengetragen. Für jedes dichterische Vorhaben,
für jede Stimmung stand dem neulateinischen Dichter bei HORAZ, LUCAN,
OVID, TIBULL, PROPERZ, CATULL, MARTIAL ein Muster zur Verfügung.
Das Streben oder Vermögen, eigene Gefühle und Gedanken auszudrücken, ist selten, kommt aber bei wirklichen dichterischen Begabungen
vor. Wie das mittelalterliche in lateinischer Sprache abgefaßte Wissenschaftsschrifttum war auch die neulateinische Literatur eine Weltliteratur,
weil sie alle Gebildeten Europas ohne weiteres verstanden. Der Lehrdichtung, wie sie bei LUCREZ und VERGIL vorliegt, kamen pädagogische

Bestrebungen der Humanisten entgegen. Auch die Hexameter-Epik VER-
GILS oder LUCANS wurde seit PETRARCAS ‹Africa› nachgeahmt. Es wurde
das Schäfer- oder Fischeridyll erneuert und mit der Landlust und Natur-
freude der Renaissance erfüllt. Für das Drama bildeten TERENZ, PLAUTUS,
SENECA die Leitsterne, doch kamen speziell in dieser Gattung bei Deutschen und Niederländern beachtlichere Leistungen zustande. In die Nähe
des Dramas gehört der zwischen poetischer und wissenschaftlicher Diskussion stehende Dialog nach PLATONS oder LUKIANS Vorbildern. Auch
Humanismus und Renaissance benützen zur Veranschaulichung ihres
Sinngehaltes die Allegorie. Ihr großes Magazin dafür wurde die antike
Mythologie. Alles in allem: ein großer Reichtum an Gattungen, Stoffen
und Formen.

Wie in der Geistesgeschichte näherte sich die italienische Renaissance auch
in der Literatur früher als in der Bildkunst ihrem Höhepunkt. In der *Epik*
hatten PETRARCA, BOCCACCIO, ENEA SILVIO u. a. schon frühzeitig teils neulateinische, teils volkssprachige Novellen und Romane in neuem Geist und Stil
geschaffen. Von den Epikern der Hochrenaissance nahm LUIGI PULCI (1432 bis
1484), ein Freund LORENZO MEDICIS, aus der französischen Karlssage die Abenteuer Orlandos (Rolands) zur Grundlage seines Epos ‹Morgante› (1482 f.). Für
den Hof von Ferrara dichtete der Graf MATTEO BOJARDO (1434–1494) das Rit-
terepos ‹Orlando innamorato› (1487/95), ‹Der verliebte Roland› und schöpfte
dabei ebenfalls aus der Geschichte und Sage um die großen Kriege zwischen
Franken und Sarazenen. Das Epos fand nach dem Tode BOJARDOS seinen Fortsetzer in LUDOVICO ARIOSTO (1474–1533). Er trat zunächst mit Übersetzungen
aus PLAUTUS hervor und verfaßte dann eigene Komödien. Das Hauptwerk
‹L'Orlando furioso› (1516/21; erweitert 1532), ‹Der rasende Roland› verknüpft
die karolingische Rolandsage mit den Erzählungen des Artuskreises, wobei eine
Menge antiker Elemente aufgenommen wurde.

Ähnlich wie in Florenz eine Academia Platonica und in Rom eine Academia
Archaeologica, bildete sich in Neapel seit 1471 eine Academia Pontaniana, benannt nach ihrem Leiter GIOVANNI PONTANO (1426–1503), Verfasser lateinischer Dichtungen, historischer und moralphilosophischer Abhandlungen. Mitglied dieser Akademie war JACOPO SANNAZARO (1456–1530). Von seinen in
lateinischer Sprache abgefaßten Werken seien genannt: das vom Geiste VERGILS
und des Christentums erfüllte Epos ‹De partu Virginis› (1526), Elegien, Epigramme und ‹Eclogae piscatoriae›; von den im Volgare geschriebenen: ‹Rime›
(1530), Fest- und Lustspiele und die allegorisch-autobiographische Hirtendichtung ‹Arcadia› (1489/1504; gedr. 1502 und 1504).

Von den konservativen Zeitgenossen neben VERGIL gestellt wurde der Karmelit BAPTISTA MANTUANUS (1447–1516), Vertreter eines kirchlichen Humanismus. Seine zahlreichen lateinischen Dichtungen (ca. 55 000 Verse) umfassen
Eclogae, Bucolica, De sacris diebus, Parthenicae (zu Ehren der hl. Maria). Von
seinen Schriften bekämpft ‹De patientia› die Astrologie, beklagen die ‹Libri tres
de calamitatibus temporum› gewisse Zeiterscheinungen, richtet sich ‹Contra
poetas impudice loquentes› gegen laszive Poeten. Mehrere Gesamtausgaben
von 1497 bis 1516 sorgten für weiteste Verbreitung in Europa.

Bei dem Dominikaner-Humanisten FRANCESCO COLONNA (1433–1527) taucht
im Bilderschmuck zu dessen Roman ‹Hypnerotomachia Poliphili› (1467; gedr.
Venedig 1499) erstmals eine Renaissance-Bilderschrift auf, wie sie die ‹Hiero-

glyphica› des HORAPOLLO (2. Jh. n. Chr.) überliefern. Sie fand das Interesse Kaiser MAXIMILIANS, kommt über PIRCKHEIMER und DÜRER nach Deutschland und bildet später ein wesentliches Element der Emblematik.

Weniger von Literaten als von vornehmen Persönlichkeiten, bildenden Künstlern und Frauen, gepflegt wurde die *Lyrik*. Sie setzt bei PETRARCA und BOCCACCIO ein und wird von den Humanisten des 15. und 16. Jhs. in lateinischer Sprache und im Volgare gepflegt. Bestimmende Gestalten und Zentren waren GIOVANNI PONTANO, JACOPO SANNAZARO und die Akademie in Neapel, Persönlichkeiten wie MARCUS ANTONIUS SABELLICUS, BAPTISTA MANTUANUS, Ferrara mit den beiden GUARINI und den beiden STROZZI. In Florenz und Rom entstanden schließlich während der Blütezeit die weltliterarischen Schöpfungen der Gattung. Meist Florentiner Festen entstammten die ‹Lieder› LORENZO MEDICIS mit ihrer «geistreichen Darstellung geselliger Laune und heiterer Lebensleichtigkeit» (GOETHE). Späteren Generationen als Stilmuster galt PIETRO BEMBO (1470–1547), der erst am Hofe in Ferrara, in Urbino, seit 1512 in Rom, seit 1521 in Padua lebte und als Kardinal starb. Seine neuplatonischen Dialoge ‹Asolani› (1505), entstanden am Hofe der Königin von Cypern CATERINA CORNARO in Asolo bei Treviso, über die irdische und himmlische Liebe, die ‹Prose della volgar lingua› (1525), seine ‹Rime› (1530) mit an PETRARCA gemahnenden Stimmungen gehören zu den bedeutendsten Leistungen der italienischen Literatur. An Dichterinnen traten hervor: VERONICA GAMBARA († 1550), GASPARA STAMPA († 1554), LAURA TERRACINA († 1570), besonders aber VITTORIA COLONNA (1492–1547), die Gattin PESCARAS und Altersfreundin MICHELANGELOS, die in ihren Gedichten (1538) christliche und platonische Ideen verband. Den Höhepunkt aller Lyrik der Zeit bildete MICHELANGELO mit seinen ‹Sonetten› voll Gefühlstiefe, Ausdruckskraft und Lebensweisheit. Auch von BRUNELLESCHI, LEONARDO, RAFFAEL, CELLINI stammen lyrische Dichtungen.

Im italienischen *Drama* gehen zunächst eine neulateinische und eine volkssprachliche Entwicklung ziemlich parallel. An Gattungen des Humanistendramas bildeten sich seit dem 14. Jh. heraus: 1. kleinere Spiele, wie dramatische Eklogen, allegorische Festspiele, mythologische Szenen; 2. Neuschöpfungen der Renaissancekomödie im Anschluß an die römischen und griechischen Lustspiele. Bei den kleineren Spielen wird die bereits von PETRARCA und BOCCACCIO angewendete Form der Ekloge mit ihrer pastoralen Einkleidung dramatisch belebt; neben dialogisierten Idyllen mit Bauernszenen stehen aristokratische Kunstformen. Die allegorischen Festspiele sind großenteils Lob- und Komplementierdramen. Man erfüllt die spätmittelalterliche allegorische Gattung mit der Gedanken- und Bilderwelt der Renaissance. Von Dichtern neulateinischer Komödien seien genannt: für die Frühzeit LEONARDO BRUNI, ANTONIO BARZIZZA, LEONE BATTISTA ALBERTI, UGOLINO DE PISANIS; für Rom CARLO VERARDI mit der ‹Historia Baetica› und dem ‹Ferdinandus Servatus›, GALLUS AEGIDIUS mit seinen plautinischen Nachahmungen; für Florenz: PIERO DOMIZIO mit geistlichen Stücken; für Venedig: THOMAS MEDIUS. Der erfolgreichste Nachahmer der Antike war schließlich HARMONIUS MARSUS. Ihm folgte BARTHOLOMAEUS ZAMBERTUS. Eine tiefergreifende Entwicklung des neulateinischen Dramas in Italien wurde durch das komische und pastorale Drama und die Renaissancetragödie in der italienischen Volkssprache verhindert. ANGELO POLIZIANO (1454–1494), Günstling LORENZO MEDICIS, wurde zum Verfasser des ältesten in einer modernen Sprache abgefaßten Renaissancedramas, des ‹Orfeo›, dem Stammstück auch aller Opern. Das neulateinische Drama in die Volkssprache führte hinüber GIOVANNI GIORGIO TRISSINO (1478–1550) mit seiner ‹Sofonisba› (1515). Auf TRISSINO folgten GIOVANNI RUCELLAI und ARE-

TINO. Dem Volksleben weit näher als das ernste Drama stand die italienische Komödie. In der Lustspieldichtung versuchten sich auch ARIOST, MACHIAVELLI, ARETINO. In der Sodalität des POMPONIUS LAETUS in Rom bemühte man sich um die Wiederbelebung der Bühne des Altertums und versuchte, antike Dramen nach antiker Art aufzuführen. Als erste sind unter der Regierung von Papst SIXTUS IV. (1471–1484) Aufführungen von Stücken des PLAUTUS nachweisbar: des ‹Epidicus› und der ‹Asinaria›. Vermutlich spielte man auch TERENZ. Höhepunkt solcher Darbietungen war die ‹Poenulus›-Aufführung 1513. Schon Ende des 15. Jhs. wurden an italienischen Höfen die klassischen Komödien durch Jünglinge vornehmer Familien dargestellt.

Die italienische *Kunstprosa* wurde gepflegt von MACHIAVELLI, GUICCIARDINI, CASTIGLIONE, BEMBO, SANNAZARO. In der Novelle standen nahezu alle Verfasser im Banne BOCCACCIOS: AQUOLO FIRENZUOLA (1493 – vor 1548), MATTEO BANDELLO (1485– nach 1561). Noch mehr Meister der geistig angeregten Geselligkeit als es im Quattrocento ENEA SILVIO war, ist in der Hochrenaissance der lombardische Graf BALDASSARE CASTIGLIONE (1478–1529), Schriftsteller und Diplomat im Dienste der Höfe von Urbino und Mantua. Er zeichnete in seinem Buch vom ‹Cortegiano› (1528), ‹Höfling, Weltmann› in lebendigen und sprachschönen Dialogen das Bild des idealen Hofmannes und darüber hinaus das Menschenideal der Renaissance. Spätmittelalterlich-ritterliche Vorstellungen, das Bildungsgut des Humanismus, neuplatonische Gedankengänge umreißen die Gestalt des uomo universale als einen allseitig gebildeten, harmonischen Menschen, dessen wesentliche Eigenschaft die Grazie ist. Vertreter einer späteren Renaissancegeneration, zügellos in Leben und Schaffen, jedoch Meister vollendeter literarischer Formen und eines gewandten italienischen Prosastiles war der Satiriker PIETRO ARETINO (1492–1556), von JAKOB BURCKHARDT «der größte Lästerer der neueren Zeit» genannt. Er lebte unter der Protektion LEOS X. und CLEMENS VII. bis 1527 in Rom, stand dann im Solde der Fürsten (besonders KARLS V. und FRANZ' I. VON FRANKREICH), die seine Feder brauchten und fürchteten. Seine ‹Ragionamenti› (1535–1538), (‹Kurtisanen-›)‹Gespräche› sind eine Skandalchronik Roms und verspotten in bis dahin unerhörter Weise das weibliche Ordensleben. Daneben entstanden Erbauungsschriften wie ‹Die sieben Bußpsalmen› (1534), ‹Drei Bücher von der Menschheit Christi› (1535), ‹Leben der Jungfrau Maria› (1540). Auch Komödien und eine Tragödie hat ARETINO verfaßt. Seine Briefe wurden in sechs Bänden (1537–1557) gesammelt.

Der Humanismus bewirkte in Italien auch eine neue Geschichtsbetrachtung und schuf eine kritische *Geschichtsschreibung*. Gemäß der ARISTOTELES-Interpretation ist der Historiker zur stilistischen Eleganz verpflichtet. Die Geschichtsforschung und Geschichtsschreibung erhielten einen zentralen Platz. Die Kritik an den Autoritäten und der Spekulation der Scholastik führte zur Suche nach den Ursprüngen und Quellen. Sie und das historische Bestreben bewirkten die Erarbeitung und Wertschätzung der ursprünglichen Texte. Der quellenkritische Nachweis der Unechtheit der Konstantinischen Schenkung trug wesentlich zur Zerstörung des kirchlich-päpstlichen Führungsanspruches bei. Es kam zu einer Autonomie der weltlichen Geschichte. Diese weltliche Geschichtswissenschaft hat viel gelernt von den antiken Historikern wie SUETON, LIVIUS, POLYBIUS, TACITUS u. a. Die Chronisten des Mittelalters werden abgelöst von den Geschichtsschreibern der Frührenaissance. Für Italien wurden repräsentativ die Werke von BRUNI, BIONDO, PLATINA, MACHIAVELLI, GUICCIARDINI. LEONARDO BRUNIS ‹Historiarum Florentini populi libri XII› (1440; gedr. 1485) reichen bis

1404, die Zeitgeschichte (‹Libellus de temporibus suis›) reicht von 1378 bis 1440. Meist in Florenz und Rom als Sekretär der Päpste lebte FLAVIO BIONDO (1388 bis 1463). Seine Hauptwerke ‹Historiarum Romani imperii decades› (gedr. 1483), ‹Roma instaurata› (1447; gedr. um 1472), eine Topographie des alten Rom, ‹Roma triumphans› (ca. 1460; gedr. um 1472), ein Handbuch der römischen Altertümer, ‹Italia illustrata› (1459; gedr. um 1472), eine historisch-geographische Schilderung des Landes mit dem Versuch, das antike Italien im modernen wiederzufinden, haben auch auf Deutschland gewirkt. Eine Schrift ‹De Romana locutione epistolae› über die Entstehung des Vulgärlateins richtet sich gegen BRUNI, POGGIO u. a. Das Leben Jesu und die Geschichte der Päpste zum Vorwurf nahm der von PIUS II. geförderte spätere Bibliothekar des Vatikans BARTOLOMMEO PLATINA (1421–1481). Sein ‹Liber de vita Christi et pontificum› (gedr. Venedig 1479) ist eine flüssig geschriebene, aber parteiische Papstgeschichte bis 1474. Der Mitbegründer der Staatswissenschaft NICCOLO MACHIAVELLI (1469–1527) verfaßte nach seiner Entlassung aus dem florentinischen Staatsdienst zwischen 1512 und 1519 das bekannte Buch vom Fürsten ‹Il Principe› (Rom 1532) und die ‹Discorsio par la prima decade di Tito Livio› (Florenz 1531). Ihnen folgte ‹Dell'arte della guerra› (7 Bücher, 1521). Die in diesen Schriften entwickelten Grundgedanken werden vor Augen geführt in den acht Büchern der Geschichte seiner Vaterstadt ‹Istorie fiorentine› (Florenz 1532). MACHIAVELLI vertrat als Staatstheoretiker die Autonomie der Politik gegenüber der Moral und ging weniger von allgemeingültigen Ideen aus als vom lebendigen Menschen mit seinen Instinkten und Leidenschaften. Während MACHIAVELLI eher Demokrat war, repräsentiert FRANCESCO GUICCIARDINI (1483–1540) die oligarchische Oberschicht von Florenz. Seine ‹Geschichte Italiens› seit 1494 enthält scharf gesehene politische Analysen und objektive Urteile. Sein Bild des Menschen ist vorwiegend pessimistisch, die Politik erscheint ihm als Betätigungsfeld des Ehrgeizes, der Macht und der Fortuna. Das Formale ist sekundär.

Für Frankreich zeigt sich die neue Geschichtsschreibung bei PHILIPPE DE COMMINES (ca. 1447–1511). Er gab in seinen ‹Memoires› (gedr. 1524) über die Jahre 1464–1498 ein frühes Beispiel moderner politischer Geschichtsschreibung.

Das Interesse der Italiener für die antiken Historiographen, die neue Geschichtsbetrachtung und die modernen Planungen und Versuche bilden eine wesentliche Voraussetzung für die Erforschung der deutschen Vergangenheit.

Mit der Renaissance erwachte auch das Bewußtsein von der Eigenständigkeit der *bildenden Kunst.* Die Baumeister, Bildhauer und Maler nahmen für sie den gleichen Rang in Anspruch, wie er den Artes liberales in der Vorstellungswelt des Mittelalters eigentümlich war. Ähnlich wie die Humanisten auf die Autorität und das formale Vorbild klassischer Autoren, griffen auch die bildenden Künstler auf die Vorbilder in der Antike zurück. Renaissance als Kunststil in der Bau- und Bildkunst setzte deutlich erst um 1420 in Florenz ein. BRUNELLESCHI, DONATELLO und MASACCIO schufen dort die Grundlagen für die Früh- und Hochrenaissance. Die Künstler empfanden in der antiken Kunst die Gesetze der Harmonie und die Prinzipien einer Naturwiedergabe, die auf genauer Beobachtung beruhten und die man durch systematisches Studium der antiken Denkmäler zu ergründen versuchte. In der Baukunst der Renaissance erfolgte eine Wiederbelebung des antiken Formenschatzes und Formenapparates.

Im Zuge der Wiederentdeckung antiker Literaturwerke gelang es, um 1415 in Monte Cassino VITRUVS ‹De architectura libri X› wiederaufzufinden. VITRUVIUS POLLIO, Architekt zur Zeit des Kaisers AUGUSTUS, behandelte darin neben den Grundlagen der Baukunst auch die Baumaterialien, sowie die Proportionen des Menschen und die einzelnen Gebäudetypen, Tempel, Bäder, Privathäuser, daneben auch Maschinen und mechanische Werke. Noch sind für die karolingische Zeit bei EINHART VITRUV-Studien bezeugt. Um 1200 versank das Werk, bis es nach mehr als zwei Jahrhunderten wiederentdeckt wurde. Die Schrift (Editio princeps 1486, erste illustrierte Ausgabe Venedig 1511) übte auf die Architektur der Folgezeit großen Einfluß aus. Zum Idealtypus der Architektur wurde der an den einfachen geometrischen Grundformen orientierte Zentralbau.

Der Renaissance-Künstler zieht für seine Praxis vor allem Elemente der Mathematik und der darstellenden Geometrie heran. Im zweiten Jahrzehnt des 15. Jhs. erfolgte zu Florenz wahrscheinlich durch BRUNELLESCHI die Entdeckung der mathematischen Konstruktion der Perspektive. In der Zentralperspektive glaubte man, ein Verfahren gefunden zu haben, womit man eine objektiv richtige Wiedergabe des natürlichen, von einem bestimmten Betrachter gesehenen Raumes durchführen könne. Bei der Darstellung des Menschenbildes, die im Mittelalter im allgemeinen typisierend war, ging man über zum Modellstudium. Mit der neuen perspektivischen Raumvorstellung wurde systematisch die natürliche Statik und die Ponderation des menschlichen Körpers sowie die Mechanik seiner Bewegungen erfaßt. Zur selben Zeit erwachte ein erhöhtes Interesse an der menschlichen Physiognomie und Gebärde. Künstler der Frührenaissance griffen dafür auf die ‹Pathosformeln› der antiken Kunst zurück, Männer aber wie LEONARDO und DÜRER suchten das Problem durch intensives Naturstudium, genauer gesagt, durch eine Verbindung von Geometrie und Naturstudium zu lösen. Diese Bemühungen bildeten die Voraussetzungen für das Aufblühen der Porträtkunst, d. h. der Darstellung der individuell geprägten Einzelperson. Allgemein setzte sich in Malerei und Plastik die Ansicht durch, das Kunstwerk habe ein Abbild der Wirklichkeit zu sein. Haupttheoretiker des Quattrocento war LEONE BATTISTA ALBERTI. Nach ihm ist Schönheit zu verstehen als Harmonie aller Teile, die mit konstruktiven Mitteln erreicht werden könne. Es bedeutete eine arge Gefährdung der religiösen Kunst, als die Renaissance forderte, die Kunst solle sich ganz auf den Bereich der innerweltlichen Realität beschränken. Viele Themen der christlichen Kunst hatten Glaubenslehren und Metaphysisches zum Gegenstand. In der Folge brachte die Renaissance eine starke Verweltlichung der Kunst mit sich. Neben der Theorie ALBERTIS wirkte seit der Mitte des 15. Jhs. in Oberitalien als bedeutendster Maler ANDREA MANTEGNA (1431–1506). Kein anderer Bildkünstler stand damals der römisch-griechischen Antike so nahe wie er. Seine Werke sind erfüllt von Ernst und Strenge, die Komposition ist großzügig und ruhig, der Raum mit Hilfe der Perspektive bis ins einzelne entwickelt, das Gegenständliche und Körperliche klar herausgearbeitet; er erhob den Kupferstich von der Kleinepik zu großen Kompositionen. MANTEGNAS Wirkung auf ALBRECHT DÜRER ist bekannt. In der Hochrenaissance beobachtete LEONARDO DA VINCI die Fülle der Wirklichkeit in universaler Breite und faßte sie zu einer neuen geistig-künstlerischen Einheit zusammen. RAFFAEL bemühte sich dann um das ideale Menschenbild, das die Harmonie von körperlicher und geistiger Vollkommenheit veranschauliche. MICHELANGELO betonte den heroischen Zug seiner Gestalten und brachte durch körperliche Dynamik geistige Energie zum Ausdruck.

Humanismus und Renaissance in Italien brachten naturgemäß auch eine in ihrem Geiste abgefaßte *Artes- oder Fachliteratur* hervor. Soweit sie die drei formal-sprachlichen Künste des Triviums betrifft, wurde sie in ihren wichtigsten Werken schon genannt. Bei den vier mathematischen Wissenschaften des Quadriviums sind an Gattungen hervorzuheben: eine Kunstliteratur mit Lehrbüchern der Malerei, Schriften zur Zivil- und Militärarchitektur, zur Perspektive u. ä., Astronomie und Astrologie. Von den Eigenkünsten insbesondere Werke zur Anatomie und Medizin, zu Seefahrt und Erdkunde.

Vom Aufblühen der Mathematik und dem Studium der Alten her empfing die Kunst-Literatur, insbesondere für die Perspektive, Proportionslehre, Lehre von Licht und Schatten, Baukunst und Ästhetik, neue Impulse. Die erste Erläuterung der Grundbegriffe der Perspektive gab ALBERTI. In der Proportionslehre ging man von antiken Anregungen bei VITRUV über zu Modellabmessungen von Mann, Frau und Kind und suchte, mit Hilfe geometrischer und arithmetischer Methoden, die menschliche Gestalt in idealer Schönheit darzustellen.

Der Kunsttheoretiker und Architekt LEONE BATTISTA ALBERTI (1404–1472) schrieb über Malerei, Bauwesen, Perspektive, Proportionslehre: ‹De pictura libri III› (1435; auch italienisch), ‹De re aedificatoria libri X› (1451 f.), ‹De statua› (1464?) u. a. An das Wissen des Mittelalters knüpfte an, aber in die Fragen Mathematik und bildende Kunst und in die Physik griff am weitesten aus LEONARDO DA VINCI (1452–1519), Maler, Techniker etc., dessen kunsttheoretisches Hauptwerk ‹Trattato della pittura› unvollendet blieb. Er wandte sich mit zunehmenden Jahren immer stärker den Wissenschaften sowie technischen Erfindungen und Projekten zu. Wie in der Physik waren in der Algebra die Italiener führend (erster Druck eines Buches algebraischen Inhaltes 1487). Kunsttheorie und Dichtung verband der Neapolitaner POMPONIUS GAURICUS (um 1482 – um 1530), Verfasser der Schrift ‹De sculptura› (1504), ‹Die Bildhauerkunst› und einer Gedichtsammlung (1526) mit Elegien, Eklogen, Silven und Epigrammen. Ein neues Maß des Künstlertums repräsentierte MICHELANGELO BUONAROTTI (1475–1564), Bildhauer, Maler, Architekt und Dichter (Sonette und Madrigale). Er hat die Geisteskämpfe seiner Zeit mitgelitten und überlebte die von ihm zur Höhe geführte Renaissance. Als Künstler behandelte er fast nur die Menschengestalt und erreichte dabei die Grenzen dessen, was im Bereiche des Christlichen darüber ausdrückbar ist. Einer der großen Dichter Italiens, spricht er von Liebe, Tod, Kunst und dem Ringen um den Sinn des Lebens. In seiner Frühzeit war er in die Ideenwelt der Platonischen Akademie eingeführt worden, später erkannte er das Ungenügen des Platonismus.

Von den Naturwissenschaften haben Physik, Mathematik und Astronomie, Geographie und Medizin wesentlich zur Gewinnung und Ausgestaltung eines neuen Welt- und Menschenbildes und einer neuen Grundstimmung beigetragen.

c) Das neue Bild der Welt und des Menschen. Das neue Lebensgefühl

Im Mittelalter hatte der Mensch einen festen Ort in der Welt. Die Welt war ein endliches, in sich geschlossenes Ganzes, in dem die Hierarchie der Werte der Hierarchie des Seins entsprach. Die irdische Sphäre galt dem Verfall und Wandel ausgesetzt, der Himmelsraum war der vollkommenen, unwandelbaren Gottheit vorbehalten. Im Verlauf des 15. und 16. Jhs. verlor der Mensch seinen Ort in der Welt, und es entstand ein anderer *Weltbegriff*, es kommt zu einem Wandel in der Auffassung von

Raum und Zeit. Vorbereitet durch eine Gruppe spätscholastischer Nominalisten, die sich dem Studium der Naturwissenschaft, der Physik, Mathematik und Astronomie zugewandt hatten, vollzog, wie Abschnitt I, Kap.
VI gezeigt wurde, der Cusaner die Entdeckung der Unendlichkeit. Für ihn
ist die Welt eine Entfaltung Gottes. Dieser ist das absolute Sein und Können, ist Zentrum und Umkreis der Welt. Der Cusaner erkennt das Weltbild abhängig vom Standpunkt des Beobachters; eine objektiv gültige Repräsentation des Weltbildes gibt es nicht. Wenn Gott eine Sphäre ist, deren
Mittelpunkt überall und deren Peripherie nirgend ist, gibt es auch keine
hierarchische Struktur des Universums, und die Erde ist ebenso Himmelskörper wie die Sonne und die Planeten.

Aus praktischen Gründen kam es zur Verwertung und zum Studium der
Physik für den Schiffbau, das Befestigungs- und Kriegswesen, zu denen man
Wissen um die Statik, Ballistik, Architektur brauchte. Mit dem Aufschwung
der Mathematik, Astronomie, Naturerkenntnis und den Erfindungen hängen
die Fortschritte in der *Geographie und Erdkunde* zusammen. Der Mensch
nimmt immer mehr von der Welt Besitz und er beginnt, diese Welt darzustellen
in der Kunst und in der Wissenschaft. Man gewinnt Interesse an der Landschaft
als solcher; es bildet sich ein Naturgefühl heraus. Die Bereiche der Natur, die
dem Menschen etwas zu sagen haben, werden immer zahlreicher. Mineralogi-
sche und botanische Interessen locken auf die Berge, handelspolitische in ferne
Länder. Bis zum 14. Jh. hatte das mittelalterliche Europa seine Kenntnis der
Erdoberfläche nur wenig erweitert. Der Gebrauch des Kompasses und die Anwendung der Mathematik durch Peuerbach und Regiomontan auf die Astronomie leiten ein förmliches *Entdeckungszeitalter* ein: 1497–99 wagte Vasco
da Gama die Fahrt ums Kap nach Ostindien; in den folgenden Jahrzehnten
wurden Süd- und Ostasien, China und Japan erreicht; fünf Jahre vor da Gamas
Ausfahrt hatte der Genuese Christoph Kolumbus (1446–1506) in spanischen
Diensten eine neue Welt entdeckt; Pedro Alvarez Cabral fand 1500 Bra-
silien; es wurde die Inselwelt des Stillen Ozeans erschlossen und 1519/22 zum
ersten Mal der Erdball umsegelt. Hernando Cortez eroberte 1519/21 Mexiko,
Francisco Pizarro 1532 Peru. Der Florentiner Amerigo Vespucci gab nach
mehreren Fahrten nach Südamerika Karten der neuentdeckten Länder heraus.
Um 1550 waren die West- und Ostküste Amerikas größtenteils bekannt und
Amerika dem Vorstellungsgebiete des Europäers eingegliedert. Die Entdeckungen haben eine große politische, wirtschaftliche Bedeutung und brachten wesentliche Bereicherung des Wissens von der Welt. Die Erde war als zweifellos
kugelförmiger Erdkörper erfahren; man sah sie auf allen Teilen der Oberfläche
denselben Naturgesetzen unterworfen. Man lernte eine fremdartige Fauna und
Flora sowie bisher unbekannte Menschenrassen kennen. Es war die Ausbreitung
des Christentums und der europäischen Kultur über die ganze Erde ermöglicht.
Handel und Gewerbe konnten die überseeischen Erzeugnisse verwerten. Die
Ausbeutung der Gold- und Silbergruben in Südamerika hatte ein Sinken des
Geldwertes zur Folge. Die europäischen Seemächte kamen in den Besitz von
Kolonien. Aus den übervölkerten Teilen Europas erfolgten Auswanderungen
nach Amerika.

Die *Malerei* des 15. Jhs. zeigt meist eine zusammengesetzte Natur. Ein entscheidender Fortschritt vollzog sich gegen 1500, als Dürer (nach ihm auch
Altdorfer, Wolf Huber etc.) in seinen Landschaftsaquarellen zum erstenmal

reine Landschaftsdarstellung ohne Menschen gab. Die Naturwahrheit etwa von
DÜRERS ‹Weidenmühle› (1496/97) muß für die Zeitgenossen, die so etwas in
Bildern noch nie gesehen hatten, geradezu atemberaubend gewesen sein (WINK-
LER). Aus dieser Funktion DÜRERS innerhalb der Landschaftsmalerei versteht
man auch, daß in der deutschen Sprache die Bezeichnungen ‹Landschaft› und
‹Landschaftsmaler› zuerst bei DÜRER nachweisbar sind. Weitere Fortschritte er-
reichte man durch Beobachtung der atmosphärischen Erscheinungen und der
Beleuchtungsunterschiede; man strebt nach Reichtum der landschaftlichen An-
sichten, man bemüht sich, Mensch und Natur zusammenzustimmen. PIETER
BRUEGEL D. Ä. machte (um 1560) als erster die jahreszeitliche Verschiedenheit
der Natur anschaulich.

Wie das neue Bild der Welt wurde auch *das neue Bild des Menschen* in
seinen Grundzügen zuerst in Deutschland von NIKOLAUS VON CUES verkündet. Er sah den Menschen zwischen Welt und Gott gestellt. «Der
Mensch ist Gott, zwar nicht absolut, weil er Mensch ist; er ist der menschliche Gott». Der Mensch ist Mittler zwischen beiden Sphären. Es liegt an
ihm, die Wirklichkeit universal zu erfassen und sich zu Gott hin zu bilden.
Aus dieser mystischen Aufgabe der ‹Hinbildung› zu Gott erwächst dem
Menschen die persönliche ‹Bildung›. Durch diese ‹Hinbildung› und ‹Bildung›, nicht durch Stand oder Geschlecht, durch das Streben nach Erkenntnis der Wahrheit, nicht durch ihren Besitz, kann sich jeder Mensch
auszeichnen, hat er seinen sozialen Rang. Eine Generation nach dem
CUSANER umriß in Italien PICO DELLA MIRANDOLA in der Rede ‹Über die
Würde des Menschen› das ideale neue Menschenbild der Renaissance.
Nach seinen NIKOLAUS VON CUES, GIANOZZO MANETTI und FICINO ver-
pflichteten Anschauungen hat der Mensch als Mikrokosmos das Recht,
sich innerhalb der Schranken seiner Natur allseitig zu entwickeln, bis er
in seiner vollendeten Ausbildung das Göttliche in der Form des Menschlichen darstellt.

Genährt von der naturwissenschaftlichen Seite des Humanismus und dem
Kunststreben der Renaissance, griff das Interesse am Menschen vom geistig-
seelischen Bereich über auf den anthropologisch-natürlichen. Theorie und Praxis
der mittelalterlichen *Medizin* kannten die griechisch-römische Fachliteratur
meist nur in entstellter und fragmentarischer Form. Der Humanismus bemühte
sich, die klassischen Überlieferungen (HIPPOKRATES, GALENUS etc.) in ursprüng-
licher Klarheit wiederherzustellen. Dazu kamen eigene Beobachtung und Erfahrung; auch chemische Erscheinungen wurden herangezogen. Am anatomischen Bau des menschlichen Körpers ist außer dem Mediziner auch der bildende
Künstler interessiert. In der griechischen Plastik war eines der wichtigsten Themen die nackte männliche Gestalt. Aber der antike Bildhauer gewann seine
anatomischen Kenntnisse nur von außen (Anschauen oder Abtasten eines lebenden Modells). Das Hauptthema des mittelalterlichen Künstlers war nicht der
nackte, sondern der bekleidete Mensch. Die italienische Renaissance nahm das
antike Thema des anatomisch durchgebildeten nackten Menschen wieder auf.
Die Künstler konnten ihre anatomischen Kenntnisse nur von der medizinischen
Wissenschaft beziehen. Zu Anfang des 14. Jhs. wagte man sich in Italien an
die systematische Sektion von Leichen; es entstanden anatomische Lehrbücher

(erstes von Mondino de Luzzi in Bologna 1316; neu gedr. Venedig 1478), zu deren Illustrierung man Künstler heranzog. Bei Antonio Pollajuolo (der um 1480 auch anatomische Zeichnungen lieferte) werden in den Bronzefiguren die Wechselbeziehungen zwischen Bildkunst und Medizin sichtbar. Etwas später fertigte Leonardo da Vinci anatomische Zeichnungen an, die sowohl tiefstes wissenschaftliches Eindringen in den Gegenstand als auch höchstes künstlerisches Können zeigen. Ein richtiges Bild seiner selbst erhielt der Mensch aber erst durch das Werk des Andreas Vesalius ‹De humani corporis fabrica›. Um dieselbe Zeit lenkte Paracelsus die Erkenntnis der Krankheiten durch Verwertung der Alchimie, d. h. der wissenschaftlichen Chemie, in neue Bahnen. Mediziner und Apotheker wurden zur Erforschung der Tier- und Pflanzenwelt angeregt.

Mit dem neuen Bild der Welt und des Menschen hängt eine Reihe für das *Lebensgefühl der Renaissance* wichtiger Begriffe und Probleme zusammen. Bedeutsam wurden zunächst die Begriffe *Originalität und Genie*. Individualität, Persönlichkeit und deren Ausbildung sind von Gott gewollt, stammen aus ihm und führen zu ihm hin. Daher ist nicht mehr die mittelalterliche Imitatio oder Neufassung überkommener Vorstellungen höchster Wert, sondern die Originalität. Für die Renaissance ist *der schöpferische Mensch* der Inbegriff der Spontaneität und Energie; ist der menschliche Höchstwert eine Autonomie, die sich ergab, weil die überindividuellen Bindungen zerfielen. Doch bei aller Hochschätzung der Individualität weiß man um deren Vergänglichkeit, ihr Aufblühen und ihr Vergehen, und man gelangte zu einer tieferen Erkenntnis der Vergänglichkeit; Melancholie, Angst vor dem Tod, Furcht vor dem Alter bedrücken auch den Menschen der Renaissance. Die seelische und geistige Haltung dazu aber ändert sich: Weil man um die Vergänglichkeit weiß, betont man umso mehr den Willen zum Leben und die Kraft und Schönheit der Jugend. Die Renaissance entdeckt die positive Seite der Affekte. Der Genuß der Schönheiten der Welt, der sinnlichen wie der geistigen, der Genuß des Augenblicks werden zur Kunst erhoben.

Ein Stück spätantiker Religiosität zu neuem Leben erweckt die *Fortuna-Allegorik* der Renaissance und der Humanisten mit ihren Glücks- und Unglücks-Vorstellungen und Spekulationen. Man will unbedingt der Wechselhaftigkeit des Schicksals Herr werden und nimmt die neben Kronos dargestellte Glücksgöttin auf dem drehenden Rade zum Symbol. Ein weiterer wichtiger Renaissancebegriff ist die *Virtus*, ital. virtù, d. h. nicht nur Tugend, sondern ‹geistig ausgeprägte Willenskraft›. Sie bestimmt nach Machiavellis Meinung den typischen Renaissance-Menschen und verschafft ihm Macht und Gewinn. Die Macht soll die Vergänglichkeit überwinden durch die Erinnerung an große Taten, durch ihre Verewigung in Geschichtsschreibung, Literatur und Kunst, Ruhm zu Lebzeiten und Nachruhm nach dem Tode. Hierher gehören die Dichterkrönungen, die Adelsverleihungen, Grabdenkmäler, die großen Reiterstandbilder, Fürsten- und Patrizierporträts. Der Künstler wird zum Mittler der Unsterblichkeit; mit Hilfe der Kunst soll die Vergänglichkeit des Individuums überwunden werden.

Durch all das erhält das neue Bild des Menschen folgerichtig eine vitale oder geistig-heroische Monumentalität, die sich bewußt an der Antike schulte. Verbunden mit diesem Wissensstreben um den Menschen ist das Suchen nach den körperlichen Proportionen wie den geistig-seelischen Wesensgesetzen bei ALBERTI, LEONARDO, DÜRER, ERASMUS, TH. MORUS. Die Renaissance lockerte sich von den Morallehren des Mittelalters, doch zu einer neuen eigenen Ethik des Individualismus ist sie nicht vorgestoßen. Es blieb bei Ansätzen, basierend auf der Philosophie der Stoa, CICEROS, SENECAS, wie: Gelassenheit gegen Fortuna, Anpassung an das Unvermeidliche.

Christliche Endzeitgedanken und humanistische Utopia-Theorien verbinden sich in der Vorstellung vom ‹Aureum saeculum› oder *Goldenen Zeitalter*. Staats-, Gesellschafts- und Kirchenkritik, Heilslehre, Gerechtigkeitsforderung und Gemeinschaftsideal verdichten sich zur Lehre von einer neuen Welt, einem neuen Menschen und einer neuen Menschlichkeit.

4. Humanismus und Renaissance in Deutschland

a) Ausbildung, Ablauf, Zusammenhänge

Im ersten Abschnitt, Kap. VI wurde gezeigt, inwieweit in Deutschland im 14. Jh. Ansätze zu Neuformungen auftauchen: während der Auseinandersetzung zwischen Kaisertum und Papsttum unter LUDWIG IV. VON BAYERN, an den Höfen und Hohen Schulen in Prag und Wien, wie die ersten Kontakte mit dem italienischen Humanismus verliefen, was die Denkarbeit des CUSANERS zu Humanismus und Renaissance beigetragen hat. Als Ergebnisse wird man gelten lassen können, daß sich auch innerhalb des deutschen Spätmittelalters ein *Kulturwandel* anbahnte und dieser zunächst auf staatspolitischem und geistigem Gebiet sichtbar wird. Die deutschen Neuströmungen wurden z. T. vom italienischen Humanismus angeregt, das deutsche Renaissancedenken erwuchs aber auch aus heimischen Ansätzen und Gegebenheiten. Eine Renaissancekultur, Renaissancekunst, Renaissancedichtung vom Range jener wie in Italien wurde in Deutschland nicht ausgebildet. Die mittelalterliche Komponente war im Norden stärker als im Süden. Die Hauptleistungen liegen auf geistigem, besonders naturwissenschaftlichem Gebiet. In der Dichtung blieb das meiste im Humanismus und dem Neulateinertum stecken. Wohl aber weisen einzelne Persönlichkeiten wie WILLIBALD PIRCKHEIMER, DÜRER, HOLBEIN u. a. renaissancemäßige Wesenszüge auf. Die literarhistorische Darstellung ist genötigt, die *Renaissance* zusammen mit dem *Humanismus* zu sehen und zu behandeln.

Die Mehrzahl der Deutschen stand dem Renaissance-Humanismus in Italien anfangs mit Staunen und Bewunderung gegenüber. Nur vereinzelt zeigen sich eigenständige Persönlichkeiten und erst allmählich regte sich eine kritische Beurteilung. Die Folge dieser Haltung war, daß die gemeingängige deutsche Renaissance-Auffassung einige Zeit etwas naive Charakterzüge an sich hat.

Die *Neubildung in Deutschland* vollzog sich auch langsamer und ist weniger umfangreich und tief als die in Italien. Das hat seine Ursachen in dem Umstand, daß es hier zwar auch zu Kämpfen der Dynastien und Stände kam, daß es aber keine so totale Krise gab wie in Süd- und Westeuropa. Auch besaßen hier die geistlichen Fürstentümer eine bedeutendere Stellung. Deswegen vermochten sich in Deutschland die mittelalterlichen Vorstellungen und Lebensformen länger zu behaupten als anderswo. Eine Ausnahme bildet Burgund (weil es in den Hundertjährigen Krieg verwickelt war). Die Wende zeigte sich in Deutschland Mitte des 15. Jahrhunderts.

Der deutsche Humanismus richtete sich vielfach nach dem italienischen, muß aber als selbständige Erscheinung betrachtet werden. Er ist viel weiter als der italienische, nicht bloß eine poetisch-rhetorisch-literarische Angelegenheit, sondern auch eine mathematisch-naturwissenschaftliche. Nur der deutsche Humanismus hat einen CUSANER, einen REGIOMONTAN, einen KOPERNIKUS.

Nach den Symptomen einer mit politischen und religiösen Reformideen erfüllten Geistigkeit am Hofe LUDWIGS DES BAYERN in *München* hatte gegen Ende des 14. Jhs. eine erste schwache Welle des italienischen Frühhumanismus mit PETRARCA und COLA DI RIENZO den Hof und die Kanzlei der Luxemburger in *Prag* berührt. Diese frühe Anbewegung blieb aber vorerst ohne besondere Nachwirkung. Im ersten Drittel des 15. Jhs. strömte sodann eine zweite tiefere und kräftig weiter wirkende humanistische Welle über *Wien* und Österreich. Ihre Impulse wurden nicht mehr unterbrochen und hatten eine dauernde Nachwirkung im Gefolge. Die Anregungen verdichteten sich im Laufe der Vierzigerjahre hauptsächlich in zwei Kreisen: der Wiener Hofkanzlei und Nürnberg. Hier wirkte ENEA SILVIO, dort sammelte 1445 der Ostfranke GREGOR HEIMBURG, ein Schüler LORENZO VALLAS und in Padua zum Dr. jur. utr. promoviert, einen Kreis humanistisch gesinnter Freunde um sich. Die Hauptanregungen und Überwirkungen von Italien erfolgten bereits vor der Blütezeit des italienischen Humanismus und zwar von Persönlichkeiten, die im Süden nicht immer die maßgeblichen waren, wie ENEA SILVIO u. a., italienischen Wanderpoeten, deutschen Studenten an italienischen Universitäten. Diese wirkten nach ihrer Rückkehr in die Heimat in städtischen und fürstlichen Kanzleien und an den Hochschulen im Sinne der neuen Bildung. Anregend wurde gewiß auch der Umstand, daß die beiden Reformkonzilien von Konstanz und Basel im deutschen Kulturgebiet abgehalten wurden und viele Deutsche mit italienischen Humanisten in Berührung brachten. Nicht außer acht gelassen werden sollen ferner die ebenfalls schon vorhandenen eigenen, aus dem Spätmittelalter kommenden deutschen Weiterentwicklungen. Beide spätscholastischen Richtungen, sowohl die Via antiqua mit den Realisten, die sich auf Thomas von Aquin und Duns Scotus stützte, als auch die Via moderna mit den Nominalisten, die sich auf Ockham beriefen, haben Renaissance und Humanismus nicht nur abgelehnt und teilweise bekämpft, sondern auch teilweise vorbereitet. Die meisten Reformer und Humanisten waren zunächst entweder realistisch oder nominalistisch vorgebildet worden. Es gab unter den Realisten viele Gönner der neuen Bewegung. Es ist Tatsache, daß ohne den Nominalismus die mathematisch-naturwissenschaftliche Richtung des deutschen Humanismus kaum denkbar ist. Andererseits nahmen in der zweiten Hälfte des 15. Jhs. viele Humanisten gegen die Modernen Stellung. Georg Ellinger hat auch zu Recht vermutet, daß in Deutschland und in den Niederlanden vor dem zweiten Einströmen des italienischen Humanismus, d. i. vor 1450, eine allgemeine stärkere Berücksichtigung der römischen Schriftsteller stattgefunden hat, die sich durch Zitate in Abhandlungen und Predigten kundgibt. Das würde auch erklären, warum sich in Deutschland die Rezeption des Humanismus so verhältnismäßig rasch vollzog. Dem Humanismus kam eben eine aus der mittelalterlichen und spätmittelalterlichen Entwicklung resultierende Disposition entgegen. Auf beiden Grundlagen also, der heimischen und der fremden, bildete sich seit der Mitte des 15. Jhs. ein *deutscher Frühhumanismus* heraus. Er zeigt den Einfluß Italiens in Form und Inhalt, ist im wesentlichen rezeptiv, arbeitet mit Beispielsammlungen, bringt aber auch Anfänge einer selbständigen Tätigkeit: Versuche in der Geschichtsschreibung und Übersetzungen ins Deutsche.

An diesen Frühhumanismus schloß sich um 1480 ein *älterer*, auch noch stark spätscholastisch gefärbter *Humanismus*. Dieser ältere Humanismus und die weitere Entfaltung sind schon mannigfaltiger und ausgedehnter. Sie vollzieht sich an verschiedenen Orten, ist getragen von humanistischen Juristen wie Gregor Heimburg und Gelehrten wie Felix Hemmerlin, Georg von Peuerbach, Johannes Regiomontan; neben der Poetik und Rhetorik wird die Mathematik gepflegt. Außer am Hofe Kaiser Friedrichs III. in Wien wirken am Oberrhein bahnbrechend Sebastian Brant, Jakob Wimpfeling und seine Anhänger. Bei ihnen zeigt sich eine deutliche religiöse und pädagogische Tendenz und nationale Einstellung; es erfolgen die ersten Kontakte mit der Florentiner Akademie. Eigene Ansätze spätmittelalterlicher Strömungen zum Humanismus machen sich am Niederrhein geltend: die Brüder vom gemeinsamen Leben, Pädagogen wie Alexander Hegius und Johannes Murmellius. Den Höhepunkt des älteren Humanismus verkörpert der Friese RUDOLF AGRICOLA. Der deutsche Humanismus formulierte zunächst seine grundsätzlichen Lebens- und Erkenntnisziele nicht im schroffen Gegensatz zur Spätscholastik, erst im zweiten Jahrzehnt des 16. Jhs. treten die Differenzen offen zu- tage: der Humanismus wurde richtig aggressiv. Gleichwohl hat sich der deutsche Humanismus aus der Verwurzelung im Boden der christlich- mittelalterlichen Bildung nicht gelöst. Es blieb die Abhängigkeit von fest- stehenden Autoritäten, und die Philosophie stand weiterhin unter der Herrschaft der Theologie, die das Geistesleben prägte.

Der Humanismus italienischer Prägung drang zuerst in die Artisten- fakultäten der Hochschulen. Dort wurde die römische Literatur als Ver- mittlerin von Redekunst und praktischer Lebensphilosophie gefördert. Die religiöse Richtung des Humanismus geriet zunehmend unter die Ein- wirkungen der Florentiner neuplatonischen Akademie und verlangte eine Begründung der Theologie aus den Quellen. Im älteren Humanismus blieben Einwirkungen noch begrenzt. Später waren es außer CELTIS im wesentlichen drei Kreise, die mit dem Neuplatonismus sympathisierten: JOHANNES REUCHLIN und sein Freund MARTIN BRENNINGER; MUTIAN und seine Schüler; ERASMUS, den JOHN COLET mit diesen Ideen vertraut machte. Bemerkenswert ist auch die Nachwirkung des FICINUS auf Per- sönlichkeiten wie DÜRER und PARACELSUS. Der im älteren Humanismus bei BRANT und WIMPFELING vorhandene nationale Zug wird verstärkt und systematisch ausgebaut. An Stelle der weltflüchtigen Stimmungen in früherer Zeit treten ein erhöhtes Lebensgefühl und ein zukunftsfroher Optimismus.

Die *Blütezeit des Humanismus* seit rund 1500 hat als ihre Hauptorte und Hauptvertreter: Heidelberg, Basel, Straßburg, Schlettstadt, Köln, Er- furt, Wien, Ingolstadt, Augsburg, Nürnberg, Tübingen, Leipzig; KONRAD CELTIS, JOHANNES REUCHLIN, KONRAD MUTIAN, WILLIBALD PIRCKHEI- MER, KONRAD PEUTINGER, JOHANNES CUSPINIAN, ULRICH VON HUTTEN u. a., vor allem aber die europäische Gestalt des ERASMUS VON ROTTERDAM. ERASMUS entfaltete eine ausgedehnte philologische und pädagogische Tätigkeit und verband sie mit dem allgemeinen und religiösen Reform- gedanken. Eine Art Gegenpol zu ERASMUS ist ULRICH VON HUTTEN: scharf antirömisch eingestellt, *doctor ac miles,* Humanist und Ritter. Er steigerte den Freiheits- und Wahrheitsdrang, vor allem aber das National- gefühl bis zur Siedehitze und verbündete den Humanismus mit der Re- formation. Wir stehen unmittelbar vor Ausbruch der Kirchenkämpfe. Die schon von LOCHER, BEBEL, ERASMUS gepflegte satirische Literatur er- reichte in den ‹Epistolae obscurorum virorum›, den ‹Dunkelmännerbrie- fen›, ihren künstlerischen Höhepunkt, einem der wenigen Werke der deutschen Literatur, die weltliterarische Geltung und Verbreitung erlang- ten. Immer wird man sich vor Augen halten müssen, daß sich die gesamte

Tätigkeit der Humanisten bis zum Ausbruch der Reformation im Raum des ausgehenden Mittelalters abspielt.

Die zunehmende praktische Auseinandersetzung zwischen Spätscholastik und Humanismus vollzog sich hauptsächlich an den *Universitäten*. Anfangs ein Nebeneinander, später eine Hochschulreform, zuletzt die Vorherrschaft des Humanismus. Bevor aber noch die deutsche humanistische Bewegung zur vollen Reife gelangte, mußte sie in Auseinandersetzung treten mit der Reformation LUTHERS. Den Höhepunkt bildet der Streit zwischen LUTHER und ERASMUS um die Freiheit des menschlichen Willens.

Selbstverständlich gab es im deutschen Humanismus verschiedene *Richtungen und Gruppen*, vor allem aber zahlreiche ausgeprägte *Persönlichkeiten*. Die Grundgedanken von Renaissance und Humanismus wurden nicht von allen Anhängern in gleicher Weise vertreten. Es erfolgten die mannigfachsten Umbildungen und Umbiegungen durch die einzelnen Vertreter, deren erwachte Individualität sich häufig in voller Stärke auswirkte. Auch der Humanismus vermochte sich zunächst den allgemeinen Eigenschaften der Zeit um 1400 nicht zu entziehen. Auch er hat Weltflüchtige und Asketen, freilich nicht mehr ausschließlich aus religiösen Motiven. Seine nachhaltigste Entdeckung war vielleicht weniger die des Ich, sondern die der Vita privata mit geistesaristokratischem Empfinden. PETRARCA pflegte das Studium um seiner selbst wegen und aus Flucht vor dem unerfreulichen Alltag der Gegenwart. Die Antikisierung der privaten und öffentlichen Daseinsumstände ist häufig nur Maske und Mode. Die Gemeinde der Humanisten war eigentlich klein. Aber ihr gehörten viele der Besten an. Diese haben die Kulturwelt für Jahrhunderte erobert.

In Deutschland hat der Humanismus vor allem eine besondere *akademisch-pädagogische Form*. Als seine Errungenschaften vor der Reformation betrachtet man mit Recht die Aufschließung des inneren Menschen für die geistigen Güter, eine große Stoff- und Wissensbereicherung, Vorurteilslosigkeit gegenüber Heidnischem, die Wiederentdeckung der Schönheit des Menschen und der Natur, den neuen Sinn für den Wert der geprägten Form. Dazu kam die Auswirkung wissenschaftlicher und literarischer Geselligkeit in den Sodalitäten und Kreisen, die erste Ahnung einer freien Wissenschaft und zeitweiligen Toleranz in religiösen Fragen, vor allem aber auch die Überzeugung, daß Kultur eine Lebensmacht sei. Als geistige Bewegung und Erregung wirkte der Humanismus sowohl in die höheren Stände wie in das großstädtische Bürgertum und versah es mit neuen Bildungselementen. Die dauernden Berührungen mit der Antike brachten immer wieder Ermutigungen des Individuums. Den heutigen Betrachter interessieren am deutschen Humanismus vor allem: das Herauswachsen des Neuen aus der Welt des späten Mittelalters; die Veränderungen der spätmittelalterlichen Seele durch die Antike und die neuen Bildungselemente; die literarische, philosophische und wissenschaftliche Tätigkeit und Leistung der Humanisten.

Der *Umfang des deutschen Renaissancebegriffes* erstreckt sich auf die Dichtung, die Philosophie, die spätantiken Kirchenväter, die Artesliteratur, das Fachschrifttum und die Wissenschaft. Aus dieser Tatsache ergibt sich, daß eine Darstellung des Humanismus· in Deutschland über das rein Dichterische hinausgreifen und häufig auch dieses von der neuen Geisteshaltung bestimmte Schrifttum, soweit es von Rang ist, miteinbeziehen muß. Der deutsche Humanismus hält in den poetisch-literarischen Leistungen einen Vergleich mit dem italienischen, französischen, englischen, niederländischen kaum aus. Er war dazu von vornherein zu stark auf die Bereicherung des Wissens eingestellt und großenteils eine Bildungsbewegung, eng verbunden mit der Schule. Er hat aber Bedeutendes geleistet auf dem Gebiete der Philologie und in den mathematisch-naturwissenschaftlichen Fächern. Auch ist der deutsche Humanismus infolge der ausbrechenden Glaubenskämpfe nicht zur vollen Ausreifung gelangt. Er hat aber dennoch auf drei Gebieten das deutsche Geistes- und Kulturleben maßgeblich befruchtet: der Wissenschaft, der Literatur, der Kunst. Auch für das deutsche Kulturgebiet wurde der Humanismus zu einer Quelle neuer Bildung und eines neugearteten Literaturgeistes; er brachte eine neue Welt- und Kunstanschauung, ein neues Erziehungsideal, einen veränderten Lebensstil.

Die Literatur des deutschen Humanismus pflegt enge Wechselbeziehungen zu den *bildenden Künsten*. Dichter und Gelehrte ziehen in weitem Umfang die Buchillustration des Holzschnittes und Kupferstiches in ihre Dienste und wirken oft eng zusammen mit den Zeichnern, Graphikern und Malern. Auch im Norden gewinnt das Porträt durch Handzeichnung, Kupferstich und Malerei immer größere Persönlichkeitstreue. Wie man für die menschliche Proportion nach einer idealen Norm und nach allgemeingültigen Regeln sucht, so auch für die harmonischen Maßverhältnisse in der Baukunst. Beides sah man in enger Analogie.

b) Literatur und Dichtung des deutschen Renaissance-Humanismus

Der italienische und deutsche Humanismus hat eine Reihe grundlegender *Gedankengänge und Prinzipien* ausgebildet, auf denen sich die humanistische Literatur und Dichtung aufbaute: die starke Betonung der didaktisch-pädagogisch-moralischen Seite, das Verlangen und die Sehnsucht nach Erkenntnis der Dinge, einen Freiheits- und Wahrheitsdrang, eine sinnenfreudige Erotik, ein universales und nationales Element, die Überzeugung vom Nachruhm des Dichters, die Neubelebung und Reform des Religiösen. Ebenso kam in die Dichtung des Humanismus ein viel stärkerer individueller Zug und ein erhöhtes Lebensgefühl hinein, als dies bisher der Fall war. Die humanistischen Poeten zeigen durchwegs den Drang, unmittelbar und mitunter rücksichtslos sich selbst zu geben, und das Gefühl für Eigenart und Besonderheit. Die Persönlichkeit tritt mit bewußtem Empfinden in den Vordergrund. Es zeigt sich ein weitgehender Wandel in der Weltanschauung. Wissenschafts- und Dichtungspflege sind häufig in ein und derselben Person vereinigt; es besteht eine enge Verbindung zwischen Gelehrtentum und poetischer Betätigung; in der lateinsprachigen Kunstdichtung fließen häufig Poesie und Wissenschaft ineinander.

Schon das Mittelalter hatte neben der deutschsprachigen Literatur eine von Deutschen verfaßte, nicht selten die deutschsprachigen Denkmäler an . Qualität übertreffende mittellateinische Dichtung: den ‹Ruodlieb›, den ‹Ludus de Antichristo›. Das späte Mittelalter hat in Deutschland keine so gewichtigen lateinischen Dichtungen hervorgebracht wie die frühere Zeit, wohl aber ist der größte Teil der theologisch-philosophischen und wissenschaftlichen Literatur in der *lateinischen Traditionssprache* abgefaßt: viele Schriften ECKEHARTS, das Werk des CUSANERS u. a. Die lateinische Traditionssprache war zwar nirgends mehr als Muttersprache erlernt worden, hatte aber gleichwohl Anteil an den Gesetzlichkeiten der Entwicklung lebender Sprachen. Sie diente zur Aufzeichnung und Weitergabe des Wissens und war als internationales Verständigungsmittel, als Sprache der Wissenschaft, sowie als Kanzlei- und Schulsprache von höchster Bedeutung. In das 15. und 16. Jh. fällt, durch den Humanismus veranlaßt, nun das Ende dieser in ganz Kultur00europa lebendigen und verständlichen lateinischen Traditionssprache. Führende Literatursprache wird das Lateinische im Hinblick auf seine klassische Gestalt und Reinheit. Vorbilder sind die lateinischen und italienischen, später auch die griechischen Autoren. Die im Anschluß an die Bestrebungen des Humanismus zur Ausbildung gelangende umfangreiche *neulateinische Literatur* benützt für das Aussprechen der Gedanken und Empfindungen die vom antiken Latein her erprobten Sprachmittel und literarischen Gattungen. Wer die Sprache beherrscht, den Kanon kennt und um den von der antiken Tradition festgelegten Kreis von Themen, Motiven, Bildern, sprachlichen Figuren weiß, kann dichterische Gebilde hervorbringen. Die Humanisten halten es für durchaus zulässig, Stellen und Partien aus römischen Schriftstellern in die eigenen Produkte herüberzunehmen. Die neulateinische Dichtung geht (z. T. auch verbunden) mit der frühneuhochdeutschen Literatur parallel. Sie ist Gelehrtendichtung, die von Gelehrten und Schulmännern ausgeübt und nur von Lateinkundigen verstanden wird. Die neulateinischen Dichter bekannten sich folgerichtig auch zu einer von der Antike beherrschten Kunsttheorie und pflegten neue literarische Formen: den humanistischen Traktat, die kunstvolle Rede, einen neuen Briefstil, die Renaissance-Novelle, eine neue Epik, neue Lyrik, ein neues Drama. Humanismus und Renaissance bewirken eine neue Stellung und Wertung des *Dichters*. Sie befreien ihn von der Unterordnung unter die Theologen und geben ihm seinen alten Rang im Kulturgefüge und seine alte Würde zurück. Nicht selten werden sie mit starkem Selbstbewußtsein zur Schau getragen. Da der deutsche Humanismus auf weite Strecken *Bildungsbewegung* war, brachte er daher auch eine umfangreiche Literatur hervor, auf der die Bildungsgrundlagen der Zeit beruhen: Schulbücher, kanonisierte Lehrbücher, Wörterbücher, Ausgaben und Bearbeitungen antiker oder mittelalterlicher Werke, Übersetzungen. Der Humanismus hat ferner seine umfängliche poetische Theorie, was in der mittelalterlichen Epoche nicht der Fall war, in besonderen Lehrbüchern niedergelegt. Da Poesie und Rhetorik als Kunst der Rede zusammenfielen, kommt es, daß auch humanistische Gelehrte ohne echte Anlage zum Dichten Verse verfertigen.

In allen von Humanisten geleiteten höheren Schulen und der von ihnen beherrschten Poetik und Rhetorik an den Artistenfakultäten der Universitäten gehörte das Anfertigen von lateinischen Gedichten in verschiedenartigen Metren zu den üblichen Aufgaben. Schon GOEDEKE hat darauf aufmerksam gemacht, daß es dabei weniger auf den poetischen Gehalt ankam, sondern auf die nach den Dichtern und Schriftstellern des römischen Altertums ausgerichtete korrekte Sprache, sowie die Beherrschung des Versbaues und der Formen. Die Folge solcher Schularbeiten war, daß sich nicht selten in diesen Fertigkeiten Gewandte für richtige Dichter hielten. Ferner verleiteten solche linguistische und metrische Übungen zum Künstlichen und Gekünstelten. Die humanistische und neulateinische Dichtung besteht daher großenteils aus einer *Art literarischen Kunsthandwerkes* und nur zum geringeren Teil aus freien Schöpfungen wirklicher Dichter, wie KONRAD CELTIS, EOBAN HESSE, EURICIUS CORDUS, GEORG SABINUS, PETRUS LOTICHIUS und JOHANNES NICOLAI SECUNDUS. Gleichwohl liegt das Verdienst aller der vielen Humanistenpoeten und Neulateiner darin, daß sie die alten Formen vom Epigramm bis zum heroischen Gedicht mit modernem Inhalt ausfüllten. Im Gefolge der Reformation bearbeitet ein großer Teil der neulateinischen Dichter biblische Stoffe.

Da die *Literatur des deutschen Renaissance-Humanismus* seiner Struktur entsprechend über die Grenzen des Dichterischen weit hinausgreift, umschließt sie in ihren überlieferten Beständen sehr viel Didaktik, Historiographie und Topographie, Biographisches und Selbstzeugnisse, eine ausgedehnte Briefliteratur, Programmschriften, Kunstlehre und Kunstliteratur, ein ausgedehntes Fach- und Gebrauchsschrifttum; Satire und Kampfschrifttum greifen um sich. Vieles von dieser Literatur ist in seiner Geisteshaltung noch stark der Spätscholastik verpflichtet und benützt spätmittelalterliche Formen, anderes ist formal und inhaltlich über Gebühr abhängig von den antiken oder italienischen Vorbildern. Neben eigenen Produkten steht eine umfängliche *Übersetzungsliteratur* aus dem

Lateinischen und Italienischen ins Deutsche, aus dem Griechischen ins Lateinische, aus dem Griechischen ins Deutsche.

Wie die Renaissance-Literatur Italiens ist in ihrer Gesamtheit auch die des deutschen Renaissance-Humanismus zweisprachig: *neulateinisch und frühneuhochdeutsch.* Gleich in den Anfängen steht neben lateinsprachigen Erzeugnissen eine deutsche Erzählprosa in Gestalt von Übersetzungen; auch im spätscholastischen Humanismus, etwa bei SEBASTIAN BRANT, findet das Deutsche Anwendung, HUTTEN und AVENTIN schreiben wieder Deutsch, die Kunstliteratur ist in deutscher Sprache abgefaßt u.a.m. Im allgemeinen aber herrscht das Lateinische vor und es kommt zur Ausbildung einer bis weit ins Barock hinein währenden deutschen Literatur in neulateinischer Sprache.

Ein Zugang zu dieser gemeineuropäischen neulateinischen Literatur vom Standpunkt des ästhetischen Genusses ist heute kaum mehr möglich. Man wird der neulateinischen Lyrik etwa nicht gerecht, wenn man in erster Linie subjektive Offenbarungen des Innenlebens sucht. Man kann die neulateinische Literatur aber in ihrer historischen Bedeutung erfassen. Diese liegt in ihrer breiten und langdauernden Existenz und durch diese bedingt in ihrer *Vermittlerrolle* zu den volkssprachigen Literaturen. Durch den neulateinischen Strang werden altes Gut, traditionelle dichterische Werke, sprachliche Bildung und Formung an die europäischen Nationalliteraturen weitergegeben; vermittelt werden sowohl Stoffe, Motive usw. als auch die literarischen Formen.

Wie ein umsichtiger Zeitgenosse knapp vor Ausbruch der Reformation die Dichtung des Humanismus beurteilte, ersieht man aus der Äußerung eines Schweizers, der an der Wiener Universität Poetik und Rhetorik lehrte. JOACHIM VON WATT sagt in ‹De poetica et carminis ratione› (1512/13), Kap. 7 bzw. 8, über die humanistische Kunstdichtung: Tragiker und Komiker lesen wir heute in privatem Kreise, aber ein Theater gibt es nicht, höchstens Spiele, die der Jugend zur Übung in der lateinischen Sprache dienen. Dagegen blüht die Lyrik. In dieser Aussage eines zeitgenössischen Betrachters sind mit den Tragikern und Komikern wohl die antiken Autoren gemeint, mit den Spielen das neue humanistische Drama, mit dem Blühen der Lyrik die Pflege dieser Gattung durch CELTIS und dessen Schüler und Nachfahren.

ERSTES KAPITEL

ANFÄNGE, AUSBREITUNG UND BLÜTE DES HUMANISMUS IN DEUTSCHLAND

Der Unterricht an den höheren Schulen und Artistenfakultäten der Universitäten wurde im Spätmittelalter von den sieben allgemeinbildenden Lehrfächern getragen. Lange Zeit scheinen diese Disziplinen in ziemlich ausgewogener Weise gepflegt und betrieben worden zu sein. Dann aber legte man, z. T. ideell, z. T. persönlich bedingt, in der Wissenschaftssystematik und Unterrichtspraxis an dem einen Ort mehr Gewicht auf die sprachbezogenen Unterrichtszweige des Triviums (Grammatik, Rhetorik, Dialektik), räumte andernorts den durch den Numerus verbundenen Fächern des Quadriviums (Arithmetik, Geometrie, Astronomie, Musik) die zentrale Stellung ein. Das geschah insbesondere, als der Humanismus für beide Fächergruppen bisher wieder vergessene oder unbekannte antike Schriftwerke der Theorie und Praxis erschloß und zur Diskussion stellte. Mithin bildeten sich im Frühhumanismus vor allem in Deutschland zwei Richtungen heraus: eine, die sich mehr auf das *Sprachlich-Stilistische* konzentrierte, und eine andere, die *Mathematik und Naturforschung* ins Zentrum ihrer Bestrebungen rückte. Der letzteren kam zugute, daß sie bereits durch den Nominalismus der Spätscholastik weitgehend vorbereitet war. Selbstverständlich bewirkte die im humanistischen Geiste geführte Pflege der Fächer des Triviums in der Hauptsache lateinsprachige Literaturprodukte. Auch gab es universale Erscheinungen, die beide Richtungen in einer Person verkörpern. KONRAD CELTIS versuchte, in Wien mit Unterstützung des Kaisers die beiden Tendenzen in einem *Collegium poetarum et mathematicorum* zu gemeinsamer Arbeit und Lehrtätigkeit zu verbinden.

Der im 15. Jh. aufwachsende Humanismus verblieb noch längere Zeit im Gehege mittelalterlicher Denkformen. Man spricht mit Recht zunächst von einem spätscholastischen Humanismus und will damit sagen, daß es in Deutschland vorerst zu keinem Bruch mit dem mittelalterlichen Denken kam, sondern Altes und Neues lange Zeit nebeneinander lebten, oft in ein und derselben Persönlichkeit.

Nach solchen Anfängen und Frühstadien breitete sich der Humanismus in Deutschland rasch aus. Die Erfindung des Buchdruckes um 1450 verhalf ihm in kurzer Zeit zu großer Wirkung. Die Anhänger des Humanismus gelangten zu Einfluß und Ansehen in den Kanzleien, vorab der kaiserlichen und Reichskanzlei, und den weltlichen und geistlichen Höfen, in der städtischen Verwaltung, im Rechtsleben, in der Wissenschaft. Ein Kulturoptimismus ergriff die Gemeinde der Gleichgesinnten. Die päd-agogischen und moralphilosophischen Wesenszüge des deutschen Humanis-mus führen bei Persönlichkeiten wie WIMPFELING u. a. zur Ausbildung einer Art humanistischer Lebenslehre.

Nachdem schon in der spätscho-lastischen Phase eine Gestalt wie RUDOLF AGRICOLA aufgestanden war, tritt in der Blütezeit, soweit man in Deutschland von einer solchen spre-chen kann, eine ganze Reihe von Repräsentanten der Geisteshaltung in den Vordergrund: der Dichter und Organisator KONRAD CELTIS, der Philologe REUCHLIN, der Menschenbildner MUTIAN, der kunstverstän-dige WILLIBALD PIRCKHEIMER, der zu europäischer Geltung gelangende ERASMUS.

Fragt man nach den bedeutendsten *Manifestationen der humanisti-schen Bildungsprogramme* in Deutschland, so wird man für die Frühzeit verweisen müssen auf: die Reden des ENEA SILVIO an der Wiener Uni-versität und sein literarisches Wirken hauptsächlich von der kaiserlichen Kanzlei aus; PETER LUDERS Antrittsreden in Heidelberg 1456 u. a. O.; REGIOMONTANS Widmung der ‹Tabulae ac problemata primi mobilis› an MATTHIAS CORVINUS; RUDOLF AGRICOLAS Rede zum Lob der Philoso-phie und Schrift von der Gestaltung des Studiums. Für die Blütezeit kom-men in Betracht: die Ingolstädter Antrittsrede 1492 des KONRAD CELTIS; die Gründung der Sodalitäten durch CELTIS in Heidelberg 1495 u. a. O.; JAKOB LOCHERS ‹Oratio de studio humanarum› (1496); die Schulschriften HEINRICH BEBELS; der *Pfefferkorn-Reuchlinsche Streit* mit den ‹Epi-stolae clarorum› und ‹obscurorum virorum› mit der Tendenz, zu zeigen, wie akademische Lehrer und Theologen nicht sein sollten; HERMANN VON DEM BUSCHE mit dem ‹Vallum humanitatis› (1518); die Manifestation durch einzelne Persönlichkeiten.

1. Die beiden Richtungen im deutschen Humanismus

Im Mittelalter war man überzeugt, daß gemäß der Bibel (Die Weisheit Salomos 11,21) der Weltschöpfer alles geordnet habe mit Maß, Zahl und Gewicht. Daneben wußte man aus ARISTOTELES von den mathematisch-philosophischen Spekulationen der Pythagoräer, wonach die Prinzipien des Mathematischen (die Zahlen) auch die Prinzipien des Seienden sind, und die Zahlenverhältnisse (Proportionen) die Abbilder der Harmonie der Welt selbst. Vom erneuten PLATON-Studium erfuhr man, daß dieser Denker in seinen Altersschriften die mathematischen Wissenschaften mit Einschluß der Astronomie an die Spitze der Bildungsmittel gestellt hatte. «Ohne Kenntnis der Geometrie trete hier niemand ein» soll über der

Schule PLATONS gestanden haben. All das und die vom Ockhamismus geförderte Pflege der Naturwissenschaften gab seit der Spätscholastik der mathematischen Wissenschaftsgruppe erhöhte Bedeutung. Es ist daher verständlich, daß gerade der auch aus heimischen Wurzeln genährte und vor allem philosophisch ausgerichtete Teil des deutschen Humanismus den so aufgefaßten mathematischen Wissenschaften seine besondere Pflege zuwandte.

Vor allen anderen erwuchs in Wien eine *mathematisch-naturwissenschaftliche Richtung* des Frühhumanismus. Der erste bedeutende Vertreter dieser Fächer, JOHANN VON GMUNDEN, war noch ein Mann der Spätscholastik. Ihm folgten die Frühhumanisten GEORG VON PEUERBACH und JOHANNES REGIOMONTAN. Der letztere hatte enge Beziehungen zu Italien und wählte später Nürnberg zum Wirkungsort. Beide pflegen sowohl philologisches Textstudium der antiken Autoren als auch empirische Tatsachenforschung und sind poetisch-literarisch tätig. Für die Humaniora ist ihre Wirkensstätte die Universität. Von der mathematisch-naturwissenschaftlichen Richtung aus erfolgt die Verwertung des Mathematik für Erfindungen und Entdeckungen sowie für künstlerische Zwecke.

Von Italien her angeregt erscheint die *literarisch-stilistische Richtung* des Frühhumanismus. Die ersten Vertreter und Propagandisten waren Italiener im Norden, vornehmlich ENEA SILVIO, der unmittelbar in die deutschen Verhältnisse eingriff. Dann kamen Wanderhumanisten, die in Italien die neue Bildung kennengelernt hatten. Deutsche und Italiener, wie PETER LUDER oder PUBLICIUS RUFUS, zogen durch das Land und frequentierten Hochschulen und Höfe. An im neuen Geiste betriebenen Disziplinen treten Stilistik, Rhetorik, Epistolographie in den Vordergrund, aus Italien werden die Formen der Novelle, des Traktates übernommen und übersetzt. Ein erster Kreis um ENEA SILVIO bildete sich in der Kanzlei Kaiser FRIEDRICHS III. in Wien und Wiener Neustadt: TRÖSTER, HINDERBACH u. a. Den Anhängern ENEAS traten auch selbständige Persönlichkeiten gegenüber: GREGOR HEIMBURG, JOHANN VON ROTH, FELIX HEMMERLIN.

Der deutsche Frühhumanismus hat in der literarisch-stilistischen Richtung hauptsächlich rezeptiven Charakter. Von den italienischen Humanisten haben eingewirkt: PETRARCA, ENEA SILVIO, POGGIO; ferner LEONARDO BRUNI, GASPARINO BARZIZZA, FILELFO, GUARINO, VALLA. Hauptanreger waren PETRARCA und ENEA SILVIO. Auf PETRARCA geht zurück die eigentümliche weltabgewandte Stimmung etwa im Kreise GOSSEMBROTS. Die deutschen Frühhumanisten entlehnen aber auch aus klassischen Schriftstellern. Namentlich in ihren Briefen wurden die Vorbilder vielfach wörtlich benützt.

Der neue Geist verbreitete sich seit etwa 1450 mit zunehmender Schnelligkeit und war um 1470 schon kräftig erstarkt. Abgesehen von Wien,

bildete in Nürnberg GREGOR HEIMBURG ein Zentrum, in Franken AL-
BRECHT VON EYB, auf der Plassenburg Markgraf JOHANN DER ALCHIMIST.
In Augsburg scharte SIGISMUND GOSSEMBROT einen Kreis um sich, in
Schwaben NIKLAS VON WYLE. Geistliche und weltliche Fürsten förderten
die Bewegung, so der Pfalzgraf FRIEDRICH DER SIEGREICHE, der Augs-
burger Bischof PETER VON SCHAUMBERG u. a.

a) Die mathematisch-naturwissenschaftliche Richtung. Georg von Peuer-bach. Johannes Regiomontan

Die mathematisch-naturwissenschaftliche Richtung des Humanismus entstand weitgehend aus spätscholastisch-nominalistischen Ansätzen. Die
Pariser Ockhamistenschule des 14. Jhs. pflegte neben der ockhamschen
Logik mit besonderer Vorliebe das Studium der Naturwissenschaft, der
Physik und Astronomie, wozu OCKHAM zahlreiche Anregungen gegeben
hatte. Die Pariser Ockhamistenschule gilt als der Ausgangsort der späteren Mechanik und Himmelskunde. Sie vertrat schon lange vor KOPER-
NIKUS und GALILEI die Grundgedanken, die man diesen beiden Männern
beilegt. Die führenden Geister dieser naturwissenschaftlich ausgerichteten
Tradition waren die Franzosen JOHANNES BURIDAN, NIKOLAUS ORESME,
der Deutsche ALBERT VON SACHSEN und der aus Münster i. W. stammende Jude THEMO JUDAEI.

Herzog RUDOLF IV. DER STIFTER hatte aus Paris zur Organisation der
1365 gegründeten Universität Wien ALBERT VON SACHSEN berufen. Später betätigte sich als Naturforscher, Astronom und Nationalökonom
HEINRICH VON LANGENSTEIN. Er war ursprünglich betonter Nominalist
und sehr stark kritizistisch eingestellt, getreuer Schüler des NIKOLAUS
ORESME. Hauptsächlich aus der Pariser Zeit (1360–1382) stammen seine
naturwissenschaftlichen und astronomischen Schriften. PETRUS RAMUS
sagte von LANGENSTEIN, er habe die mathematischen Wissenschaften von
Paris nach Wien gebracht, von wo sie sich über ganz Deutschland verbreiteten. Das mag etwas zu viel gesagt sein. Richtig aber ist, daß LAN-
GENSTEIN wesentlich dazu beitrug, Wien zu einem Hauptort mathema-
tisch-astronomischer Studien zu machen und daß von ihm eine Linie hinüber weist in den Frühhumanismus. Wahrscheinlich nicht mehr unmittelbarer Schüler, wohl aber Fortsetzer der Tradition LANGENSTEINS war
JOHANN VON GMUNDEN († 1442), der Begründer der Wiener astronomischen Schule.

Diese von HEINRICH VON LANGENSTEIN und JOHANN VON GMUNDEN
begonnene astronomisch-mathematische Schule führte weiter GEORG VON
PEUERBACH, eigentlich GEORG AUNPEKH aus Peuerbach in Ober-Österreich (1421–1461). ENEA SILVIO und seinen Jüngern nicht gerade fern,
tiefer jedoch der Wiener Spätscholastik und auch NIKOLAUS VON CUES

verpflichtet, repräsentiert PEUERBACH bereits die gewichtigste Persönlichkeit des *Wiener Frühhumanismus.*

Er begann im Herbst 1454 an der Artistenfakultät der Universität Vorlesungen über lateinische Klassiker zu halten. Die ehrenvolle Erwähnung im Dialog TRÖSTERS, die Rolle im Gesprächsbüchlein WILHELMS VON SAVONA ‹An mortui sint lugendi an non› (1453) und vor allem das Zusammenarbeiten mit dem Griechen BASILIUS BESSARION bei seinem Aufenthalt in Wien lassen das hohe Maß seines geistigen Ansehens in humanistischen Kreisen erkennen. Unter Verzicht auf geistliche Weihen und den dadurch möglichen Erwerb kirchlicher Pfründen rang er sich aus Lebensnot und Schulden mit Hilfe seiner Freunde zum Amt eines Hofastronomen des Königs LADISLAUS, später auch Kaiser FRIEDRICHS III., empor, welch letzterer als Anhänger der Astrologie und Pfleger des Instrumentenbaues ein besonderer Förderer der Astronomie war. Sehr früh schloß sich ihm REGIOMONTAN an. Seit Herbst 1460 arbeitete PEUERBACH auf Anregung und mit Hilfe Kardinal BESSARIONS, der 1460/61 in Wien weilte, an einem erläuternden Auszug des ‹Almagest›, da starb der hochbegabte Mann eines jähen Todes. Sein Epitaph bei St. Stephan trug die Verse:

Extinctum dulces quid me defletis amici?
Fata vocant: Lachesis sic sua fila trahit.
Destituit terras animus, coelumque revisit,
Quae semper coluit, liber et astra petivit.

«Beklagt nicht, geliebte Freunde, den Toten. Das Schicksal ruft. Lachesis spinnt ihren Faden zu Ende. Frei ist die Seele von der Erde in den Himmel zu den Sternen zurückgekehrt, die sie immer gesucht.»

PEUERBACHS literarisches Lebenswerk besteht aus humanistisch-poetischen und astronomisch-mathematischen Schriften. Das philologisch-dichterische Schaffen umfaßt eine Disputation, eine kleine Ansprache, Gedichte, Briefe und die Widmungen seiner Werke; eine Rede an der Universität Padua wäre aus einer Erwähnung REGIOMONTANS zu erschließen. Die 1458 in Wien abgehaltene Disputation ‹De arte oratoria sive poetica› gestaltete er in gewählter Sprache und klarem Aufbau teils zu einer Vorlesung über antike Literaturgeschichte, teils zu einer Prunkrede als Lobpreis und Verteidigung der schönen Künste.

Sie erging sich über das Problem: «Ob der ars oratoria sive poetica Fabeln und Vergleiche zukämen; anzunehmen aus dem Gebrauch der Dichter, abzuweisen insoferne als Fabeln und Vergleiche zur Natur- und Moralphilosophie gehörten, die Redekunst aber scientia sermocinalis, d. h. eine sprachlich-logische Wissenschaft sei». Das Streitgespräch fand unter dem Vorsitz KONRAD SÄLDNERS statt. Im ersten mehr vorlesungsartigen Teil seiner Rede definiert PEUERBACH im Anschluß an QUINTILIAN die Ars oratoria und gibt eine literaturgeschichtliche Übersicht über ihre Vertreter und Gattungen; im zweiten behandelt er in der Weise einer Prunkrede die Bedeutung der Dichter, Redner und Geschichtsschreiber; im dritten erst wird die eingangs gestellte Frage beantwortet. In wohlgepflegter Sprache, gefügter Gliederung und an Hand von Beispielen und Belegen bot PEUERBACH seine literarhistorischen, ästhetischen und methodischen Anschauungen dar und bemühte sich, von der griechisch-römischen Antike ein möglichst umfassend geschautes Bild zu entwerfen.

Die zweite erhaltene Rede PEUERBACHS war als kurze Ansprache vor einer Vorlesung über das vierte Buch des HERENNIUS 1457/58 an seine Zuhörer gerichtet. Eine der burgundischen Kanzlei nahestehende Briefkunst eines gewissen HANERON hat PEUERBACH wohl nicht zum Verfasser, war ihm und seiner Umgebung aber bekannt und wurde von ihnen verwendet. Die Gedichte, im ganzen elf, sind alle an Freunde gerichtet (Distichen, Hexameter). Es ist Erlebnisdichtung aus seelischer Ergriffenheit und getragen vielfach von schwärmerischem Freundschaftskultus. Der Briefwechsel erweist PEUERBACH überdies befreundet mit JOHANN NIHIL und JOHANN MENDEL. Auch den Kreisen JOHANN TRÖSTERS und WILHELMS VON SAVONA stand PEUERBACH nahe. Die Hauptwerke von PEUERBACHS astronomisch-mathematischen Schriften sind: Die ‹Theoricae novae planetarum› (Vorlesung 1454; hrsg. von REGIOMONTAN Nürnberg 1472, bis 1653 noch 56 Auflagen), die ‹Tabulae eclipsium› (1460) und die ‹Epitoma in Almagestum Ptolemaei› (von REGIOMONTAN 1462 zu Ende geführt). Daneben verfaßte er eine Anzahl kleinerer astronomischer und arithmetischer Abhandlungen. Als Gelehrter kommt PEUERBACH von der Wiener Spätscholastik, zeigt aber in höherem Maß als etwa JOHANN VON GMUNDEN Kritik, Beobachtung und den Mut zu neuen Theorien. Im Text seiner wissenschaftlichen Werke verwendet er die einfache scholastische Gebrauchssprache, in den Widmungen bedient er sich des humanistischen Lateins.

Was PEUERBACH mit seiner Vereinigung von Mathematik und Humanismus begonnen, das setzte fort und vollendete sein Schüler und Freund JOHANNES MÜLLER (1436–1476) aus Königsberg (REGIOMONTANUS) in Franken. Auch er gelangte von der Philologie und Editionstätigkeit an antiken mathematischen Autoren zur Mathematik und zwar hauptsächlich zur ebenen und sphärischen Trigonometrie sowie zu Gleichungen höheren Grades.

Von der Universität Leipzig ging er 1450 PEUERBACHS wegen nach Wien. Bald nach dem Tode seines Lehrers verließ er 1461 die Stadt und folgte allein dem von Kardinal BESSARION an beide ergangenen Ruf nach Italien. In Italien hat er in Verbindung mit namhaften Himmelsforschern des Landes gewirkt; 1467 nahm er eine Einladung an den Hof des Königs MATTHIAS CORVINUS nach Ungarn an; 1471 verlegte er seinen Wohnsitz nach Nürnberg, wo ihm BERNHARD WALTHER eine Sternwarte, eine mechanische Werkstätte für astronomische Instrumente und eine Druckerei einrichtete; in Rom, wohin ihn 1475 SIXTUS IV. zur Kalenderreform berufen hatte, ist er in jungen Jahren gestorben.

Ab 1458 hielt REGIOMONTAN an der Wiener Universität mathematische und philologische Vorlesungen, brachte PEUERBACHS ‹Epitoma Almagesti› des PTOLEMAEUS zum Abschluß und gab sie, sowie die ‹Tabulae eclipsium› und die ‹Theoricae novae planetarum› (1472/73) zuerst in Druck. Mit der ‹Epitoma Almagesti› war ein astronomisches Handbuch geschaf-

fen, das noch KOPERNIKUS und GALILEI studierten. Eine Fortsetzung der
‹Epitoma› bildeten die heute verschollenen ‹Problemata Almagesti› in
13 Büchern.

Gleich NIKOLAUS VON CUES, mit dem er durch PEUERBACH in geistige
Gemeinschaft und wissenschaftliche Auseinandersetzung gebracht wurde,
weiß REGIOMONTAN, daß in allen Lebensbereichen ein großes innerliches
Neuwerden im Gange sei, und daß die Wissenschaften auf eine neue
Grundlage gestellt werden müssen. Ein Geist moderner Forschung, der
antike Schrifttumskunde, Mathematik und Naturwissenschaft mit eigener
Empirie vereinigt, wird in der aus der Zeit um 1465 stammenden Widmung der ‹Tabulae primi mobilis› an den König von Ungarn sichtbar. In
dieser Widmung ist etwas enthalten, was vorher noch nicht ausgesprochen worden war: erstens die Forderung, das Studium der antiken Autoren zu verbinden mit eigener empirischer Forschungsarbeit; zweitens
den neuen Geist, in dem die Forschung betrieben wird, das Streben, vorzudringen zum Kern der Wahrheit, um zu einer Gesamtschau des Universums zu kommen. REGIOMONTAN wirkte sowohl als Philologe wie als
empirischer Forscher. Er plante die Herausgabe der Schriften zahlreicher
alter griechischer Mathematiker und wollte durch ihre Übersetzung das
Abendland mit dem babylonisch-ägyptischen Kulturkreis bekannt machen. Um das Verständnis des Handbuches der Sternkunde des PTOLE-
MAEUS zu erleichtern, besorgte er einen Auszug aus dem ‹Almagest› (1462,
gedr. 1496). Gegen GEORG VON TRAPEZUNT richtete er ‹Die Verteidigung
Theors› (ungedruckt). Als er 1464 in Padua Vorlesungen über die Sternkunde des Arabers ALFRAGANUS hielt, leitete er seine Ausführungen mit
einem großen Überblick über die Entwicklung der Mathematik, Astronomie, Physik und Musik ein. Die Rede wurde 1537 von JOHANN SCHÖ-
NER veröffentlicht. Wie REGIOMONTANS Briefwechsel zeigt, stand er mit
bedeutenden Gelehrten der Zeit, wie GIOVANNI BIANCHINI, LEONE BATTI-
STA ALBERTI, JAKOB VON SPEYER, CHRISTIAN RODER u. a., in Verbindung.

Aus REGIOMONTANS Druckerei in Nürnberg gingen in einer ungefähr drei
Jahre währenden Arbeitszeit neun Drucke hervor, neben PEUERBACHS ‹Theoricae novae planetarum› das ‹Astronomicon› des MARCUS MANILIUS, von REGIO-
MONTAN ein lateinischer und ein deutscher Kalender, REGIOMONTANS ‹Ephemerides›, die Schrift BASILIUS D. GR. ‹An die Jünglinge, wie sie aus der heidnischen Literatur Nutzen schöpfen können› mit den Erläuterungen von LEONAR-
DUS ARETINUS, REGIOMONTANS oft gedruckte Streitschrift ‹Disputationes contra
Cremonensia in planetarum theoricas deliramenta›, d. i. ein Dialog zwischen
einem Wiener Johannes und einem Krakauer gegen die Planetenlehre des
GHERARDO DA SABBIONETA u. a. Den ‹Theoricae› ist ein umfangreiches Verlagsprogramm beigedruckt, aus dem man ersehen kann, wozu sich die deutsche
humanistische Philologie und Naturwissenschaft bereits für fähig hielt. Die
Anzeige spricht von neunundzwanzig Werken anderer Verfasser, Übersetzungen, Bearbeitungen und kritischen Auszügen und zweiundzwanzig eigenen

Werken, ferner von Kartensammlungen, Beschreibungen und Anweisungen zum Gebrauch von Geräten.

REGIOMONTANS eigene ‹Ephemerides› wurden 1474 als Blockbuch, 1475 u. ö. in Typendruck veröffentlicht (1481–1500 elf Auflagen). Sie umfassen 896 Seiten mit über 300 000 Zahlen und geben für jeden Tag der Jahre 1475 bis 1506 links den wahren Ort von Sonne und Mond und der Planeten Saturn, Jupiter, Mars, Venus, Merkur und des Mondknotens, rechts die Stellungen der Sonne zum Monde mit Angaben der Voll- und Neumonde, die Stellungen des Mondes zu den anderen Planeten und der fünf Planeten unter sich. REGIOMONTANS Ephemeriden und das von ihm verbesserte Astrolabium (ein Hilfsgerät, auf dem die vornehmsten Kreise der Himmelskugel in einer ebenen Fläche dargestellt sind) ermöglichten die Ausnützung der Beobachtungen und Berechnungen für die Schiffahrt, der im 16. Jh. auch schon die Taschenuhr zur Verfügung stand. Der Seefahrer vermochte mitten auf dem Meere seinen jeweiligen Ort auf der Erdoberfläche zu bestimmen und sodann mit Hilfe des Kompasses sein Fahrzeug richtig zu steuern. Die Arbeiten der Astronomen, vornehmlich REGIOMONTANS, bildeten die Voraussetzung für die Entdeckungsreisen und die damit verbundenen Erweiterungen des Weltbildes. Das Exemplar der Jahrbücher (1482–88) mit den Erklärungen des BARTHOLO-MÄUS MARIENSÜSS (1481), das KOLUMBUS bei seinen Entdeckungsfahrten zu Längenbestimmungen benützte und mit Anmerkungen versah, ist in der Dombibliothek zu Sevilla erhalten. Die ‹Ephemerides› wurden vorbildlich für die nächsten drei Jahrhunderte; Fortsetzungen veröffentlichten u. a. JOHANN STÖFFLER und JAKOB PFLAUM.

Zu den Aufgaben der spätmittelalterlichen Astronomen gehörte auch die Erstellung von Horoskopen, d. i. jemandes Schicksal aus dem Gestirnstande seiner Geburtsstunde vorhersagen. In Ungarn stellte REGIOMONTAN im Auftrag des Erzbischofs JOHANN VITEZ die ‹Tabulae directionum› (1467) fertig, ein Werk mit allen Tafeln zur leichteren Berechnung eines Horoskopes. Der Kommentar dazu wurde ins Deutsche, Englische und Französische übersetzt. Erwähnenswerte Nativitätsstellungen REGIOMONTANS sind seine Deutungen der Schicksale der ELEONORE VON PORTUGAL, des jungen MAXIMILIANS I., des L. B. ALBERTI u. a. Auf Anregung des Königs MATTHIAS CORVINUS entstanden als zweites großes Tafelwerk die ‹Tabulae primi mobilis›, Tafeln zur Berechnung der «obersten und raschesten Bewegung des Sternhimmels» mit Erklärungen, die eine Einführung in die sphärische Astronomie enthalten. In Nürnberg schuf REGIOMONTAN schließlich das große astronomische Werk ‹De cometae magnitudine longitudineque ac de loco eius vero problemata XVI›, das die Erkenntnis der Kometen als Himmelskörper wesentlich gefördert hat. Sein unvollendetes Werk über die ‹Dreieckslehre› wurde 1533 durch JO-HANN SCHÖNER publiziert. REGIOMONTAN war ein eifriger Sammler von

Handschriften, Büchern und Instrumenten. Die zuletzt nach Nürnberg gebrachte umfangreiche Bibliothek wurde dort eine Quelle fortdauernder Anregung und Belehrung. Aus ihr schöpfte die ganze folgende Generation der Nürnberger Mathematiker und Geographen ebenso wie AL-BRECHT DÜRER.

Die mathematisch-naturwissenschaftliche Richtung des deutschen Humanismus erkannte den theoretischen und praktischen Wert der *Mathematik* für das Denken und alle exakte Forschung und gestand ihr eine zentrale Stellung zu: die von allem Zufälligen abstrahierende, unwiderleglichste, klarste und durchsichtigste Disziplin. PEUERBACH, REGIOMONTAN u.v.a. beschäftigen sich philologisch mit den antiken Mathematikern und Astronomen, deren Texte sie erfassen, von Entstellungen reinigen, kommentieren, herausgeben und mit eigenen exakten Forschungen verbinden. PEUERBACH und REGIOMONTAN schufen durch die Anwendung der Mathematik auf Astronomie und Geographie die Grundlagen der *Vermessungslehre*. Sie ermöglichten damit Längen- und Breitenbestimmungen und lieferten so den Portugiesen und Spaniern die entscheidenden Hilfsmittel für die Entdeckung und Besitznahme Afrikas, Amerikas und Asiens. Mathematisches Wissen wird ferner für *künstlerische Zwecke* ausgewertet. DÜRER wandte die mathematische Lehre auf graphische Darstellung des Körperlichen in der Ebene an (darstellende Geometrie oder Projektionslehre) und behandelte dabei Konstruktions- und Perspektivfragen.

Als man in der zweiten Hälfte des 14. Jhs. in der Malerei daranging, den Tiefenraum zu gestalten und Interesse auch an der Erfassung von nur anschaulichen Dingen gewann, ergaben sich die Voraussetzungen für eine *Landschaftsmalerei* und graphische Landschaftsdarstellung. Bereits zu Anfang des 15. Jhs. ist in niederländisch-burgundischen Miniaturen eine Landschaftsmalerei da, die den Naturausschnitt als Ganzes gesehen gibt und auch den Menschen in ein richtiges Verhältnis dazu zu setzen bemüht ist.

b) Die literarisch-stilistische Richtung. Enea Silvio am Kaiserhof. Die ersten Vertreter und Propagatoren

Im Gegensatz zur weitgehenden Selbständigkeit auf mathematisch-naturwissenschaftlichem Gebiet ist die Tätigkeit der deutschen Frühhumanisten der *literarisch-stilistischen Richtung* überwiegend eine aufnehmende. Selbständiges zeigt sich seltener. Sowohl in spätscholastischen wie in frühhumanistischen Kreisen herrschte reges Interesse für *Rhetorik und Stilistik*. Das Mittelalter verfügte über eine reiche Literatur der Kunst des Briefes (Ars epistolandi) bzw. des Urkundendiktates (Ars dictandi). Die Lehrbücher darüber gingen auf die Antike zurück, wurden aber im Laufe der Zeit verändert. Sie wurden von den Notariatslehrern Italiens bis zur Vollendung ausgebildet. Was die antike Rhetorik an stilistischen Partien enthielt, verschmolz man mit den alten juridischen Formelsammlungen unter dem Namen der Rhetorik. Als eine der Septem Artes war die Rhetorik Bestandteil des mittelalterlichen Schul- und Universitätsunterrichtes. In der Epistolographie entstanden vollständige Lehrbücher der Briefkunst und bloße Mustersammlungen, Formelbücher, mit oder ohne Erörterungen über Form und Inhalt. Die im 14. Jh. von der Stilistik des Briefes mit der Jurisprudenz eingegangene Verbindung löste sich wieder gegen Ende des Jahrhunderts, und der Brief wurde wieder eine literarische Gattung. Der Humanismus war sehr bald an der Aufstellung einer *humanistischen Stillehre* interessiert, die den Weg zur Eloquentia, d. i. der Beherrschung der klassischen Eleganz des Ausdrucks, weisen sollte. Seit CICERO erhob die Rhetorik den Anspruch, Trägerin einer universalen Bildungsidee zu sein. Aus ihr schöpften der Dichter, der Musiker, der Maler, der Arkitekt die Anschauung vom Wesen ihrer Kunst. Die *humanistische Rhetorik* bezog ihren Grundbestand an Normen: 1) aus den Werken CICEROS und der ‹Institutio oratoria› QUINTILIANS; 2) direkt oder indirekt von den Griechen APHTONIUS, ARISTOTELES, DIONYSIUS HALICAR-NASSENSIS und HERMOGENES; 3) aus den Schriften AUGUSTINS, MARTIA-NUS CAPELLAS und ISIDORS. Im Verlaufe des 15. Jhs. kamen zu den antiken rhetorischen Werken die Schriften zeitgenössischer Italiener, wie GASPARINUS BARZIZIUS (‹De compositione›), AUGUSTINUS DATUS (‹Elegantiolae›) u. a. Der rhetorische Unterricht umfaßte die Komposition einer Rede, die Abfassung eines Briefes, die Poetik. Die Handbücher der Rhetorik halten sich an die traditionelle Einteilung ihres Stoffes in Inventio (Auffindung des Stoffes und der Argumente), Dispositio (Anordnung des Gefundenen), Elocutio (Stillehre), Memoria (Auswendiglernen), Actio (Vortrag) und berücksichtigen die drei Arten der Beredsamkeit: Genus iudiciale (Gerichtsrede), Genus deliberativum (Beratungsrede), Genus demonstrativum (Lob- und Prunkrede).

Eine Untergattung der Rhetorik bilden die *Epistolographien*. Wie die Deklamation oder die Predigt gehorcht auch der Brief den rhetorischen Gesetzen. Nur fehlen in den Briefstellern die Kapitel über die Memoria und die Actio. Dafür finden sich Gruß- und Anredeformeln und besondere Vorschriften über den Beginn und Schluß eines Briefes. Viele Reden und Predigten wurden nicht wirklich gehalten, sondern nur schriftlich fixiert und als literarische Gattung betrachtet. Ebenso sind sehr viele Briefe weniger als Übermittler privater Botschaften zu verstehen, sondern als literarische Produkte. Die kunstvoll ausgebildete Rede und der gut stilisierte Brief sind wichtige Gattungen der Literatur des Humanismus.

Als drittes hatte innerhalb des Rhetorik-Unterrichtes die *Poetik* ihren Platz. Sie betrifft die ‹gebundene Rede›, d. h. die metrifizierte und ge-

reimte Dichtung, Gedicht, Elegie, Drama. Die meisten Theoretiker übertragen die Kategorien der Rhetorik ohne besondere Einschränkungen auf
die Poetik, d. h. diese entnimmt ihre Vorschriften für den Inhalt, den Stil
und die Argumentation eines Gedichtes aus der Rhetorik. Zu einer Spe-
zialgattung wird die Poetik nur durch die einläßliche Behandlung von
Metrum und Reim. Eingehend werden ferner die verschiedenen Dichtungsgattungen und ihre Merkmale erörtert. Der Einleitungsteil versucht
eine Apologetik des Dichters und seiner Kunst.

In den Lehr- und Handbüchern der Rhetorik, Epistolographie und
Poetik werden die Lehrsätze mit Beispielen aus klassischen, mittelalterlichen und humanistischen Autoren illustriert.

Auf dem Konzil in Basel war als Sekretär des Bischofs von Fermo auch
der junge ENEA SILVIO PICCOLOMINI (1405–1464) aus Corsignano bei
Siena aufgetaucht; kein großer Dichter, kein tiefgründiger Denker, wohl
aber ein glänzender Stilist und Redner, der sich für die Renaissancebildung des Humanismus leidenschaftlich begeisterte.

Während seines Aufenthaltes in Basel, der mit Unterbrechungen von 1432 bis
1442 währte, zog ENEA einen Kreis von jungen Deutschen und Italienern um
sich, die sein Latein, seine Redekunst und seine Dichtungen bewunderten. Als
Reisebegleiter vornehmer Herren sah er viele Länder. Auf dem Reichstag in
Frankfurt krönte ihn Kaiser FRIEDRICH III. zum Dichter und nahm ihn 1443
als Sekretär für die lateinische Ausfertigung im neuen Stil in die Reichskanzlei.
ENEAS Stellung war zunächst untergeordnet und den übrigen Beamten miß-
fällig. Erst das ernstzunehmende Vertrauensverhältnis zu dem Kanzler KASPAR
SCHLICK ermöglichte seinen Aufstieg. Ohne selbst Humanist zu sein, erkannte
SCHLICK den Wert der neuen sprachlichen Ausdrucksmittel für die Kanzlei.
Hervorstechende Klugheit und die Politik des Kaisers für Papst EUGEN IV. trugen den in der Diplomatie und in privaten Geschäften verwendbaren und
liebenswürdigen ENEA immer höher: 1447 wurde er Bischof von Trient, 1449
von Siena, 1452 Nuntius in Wien, 1456 Kardinal, 1458 Papst, als der er den
Namen PIUS II. annahm. Reich mit Pfründen der deutschen Kirche begabt, hat
er sich dreiundzwanzig Jahre in Deutschland aufgehalten, elf davon an der
kaiserlichen Kanzlei.

Ohne innere kulturelle Sendung, hauptsächlich seiner Laufbahn wegen
in Wien und Wiener Neustadt, glaubte ENEA SILVIO sich zum Vermittler
der neuen literarisch-rhetorischen Werte Italiens für den Norden berufen
und entfaltete eine überaus rührige und weitverzweigte Werbetätigkeit in
Reden und Schriften, in persönlichem Umgang, durch die Novelle, durch
briefförmige Abhandlungen und Geschichtswerke. Er suchte beim Kaiser,
beim Adel, der Kirche, der Universität wie bei seinen Amtsgenossen, in
Österreich, in Deutschland, in Böhmen, Ungarn und in Polen die humanistische Bildungsrichtung und Lebensauffassung zu verbreiten. Wie PE-
TRARCA den Italienern als Lehrer einer neuen Denkweise erschien, so trat
ENEA den Deutschen gegenüber mit dem neuen Wissen, Bildungs- und

Lebensgefühl, einer fremden Eleganz des Stiles und Diktion des Satzes und Wortes. Er brachte die Erzählkunst POGGIOS, die geschichtlichen und biographischen Darstellungsmittel eines BRUNI, BIONDO und ihrer Schüler, sowie die von FILELFO ausgebildete Kunst der Rede und des Briefes.

Nach seinen Ausführungen in einem Brief an GALEAZZO VON ARCO (1443) und der Abhandlung ‹Über Lesen und Bildung› (1443) an SIEGMUND VON TIROL sah ENEA den Inhalt des Humanismus von den ‹studia humanitatis› umschlossen und wollte das mittelalterlich-scholastische Wissenschaftssystem durch neue, auf dem Studium der Antike, auf Wirklichkeitssinn und Umgang mit Gebildeten gegründete weltliche Bildungsideale ersetzen. Bei natürlichem Ingenium bewirke das Studium der Alten Durchbildung des Geistes und innnere Selbständigkeit, man erlange die Fähigkeit zu eigenem Urteil und Erfahrung für alle Lebensverhältnisse: Krieg und Staatsverwaltung, Landbau und Leitung einer Familie, einen folgerichtig zusammenhängenden Wissenschaftsbereich ebenso wie für das sittliche Unterscheidungsvermögen.

ENEAS kühner und ungehemmter Humanismus bediente sich vor allem der Kunst des Wortes, der Wohlredenheit, die in ständig wachsender Mächtigkeit und in ihren Regeln und Kunstgriffen lehr- und lernbar, die erste der Wissenschaften geworden war. In geschickter Ausnutzung der in Wien bereits vorhandenen humanistischen Ansätze und Aufnahmsneigung sprach ENEA in *zwei Reden an der Universität* – die eine 1445 in in Anwesenheit des Kaisers und zahlreicher Adeliger, die andere ist undatierbar – über Philosophie und Dichtkunst, Rechtswissenschaft und die allgemeinbildenden Lehrfächer und entwarf so die Grundzüge eines neuen Lebensideals.

Weisheit, führte er aus, mache gut und glücklich, Wissenschaft nur wissend ohne Regung des Herzens. Dichter könne es nie viele geben, Poesie sei eine göttliche Gabe. Leider werde sie gegenwärtig gering geachtet. Dichtkunst sei nützlich, weil sie bilde; sie sei für die Allgemeinheit notwendig, weil sie auf das sittliche Gefühl regelnd einwirke. Jede einzelne der allgemeinbildenden Kunstlehren verleihe Vergnügen und Ehre, die Wohlredenheit lehre, Dichter und Geschichtsschreiber zu verstehen. Reden und Briefe, Philosophie, Geschichte werden in das Dichterische miteinbezogen, Poesie aufgefaßt als ästhetisch-philosophisch-historische Zentralwissenschaft, die Wesensmerkmale des Dichters bewußt umschrieben und hervorgekehrt als «geistreich und fröhlich, klug und schmiegsam, elegant und gepflegt, sinnlichen und geistigen Genüssen zugetan».

Entsprechend dem Werdegang ENEA SILVIOS, stehen unter den Schriften der Wiener Zeit zuerst kirchliche und politische Tendenzschriften. Ihnen folgen wissenschaftliche Traktate. Diesen die vulgär-philosophischen und die Schriften erotischen Inhaltes. Im ‹Pentalogus de rebus ecclesiae et imperii› (1443), einem Fünfgespräch über Kirchen- und Reichspolitik zwischen dem Kaiser, SILVESTER VON CHIEMSEE, NIKODEMUS VON FREI-

SING, KASPAR SCHLICK und ENEA, will dieser FRIEDRICH III. zeigen, wie er zu kirchlicher Einheit und einem starken Reiche gelangen könne. An das Gespräch reihen sich in rascher Folge die Traktate über ‹Das Glück› (1444) und über ‹Die Natur der Pferde› (1444), sowie eine Liebesnovelle ‹Euryalus und Lucretia› (1444).

ENEA verdichtet in der Novelle neu das Tristan-Isolde-Verhältnis. Vergleicht man die seit 1484 erscheinende, nach EILHART VON OBERGE geschaffene deutsche Tristan-Prosa mit der Renaissancenovelle, so hat man dort eine ungegliederte anreihende Prosa-Auflösung eines vorhöfischen Versepos vor sich, hier eine überlegt gebaute, auf- und niederschwingende moderne Novellenkunst. Mit verständnisvoller Feinheit wird die Entwicklung der Liebe zwischen dem kaiserlichen Kanzler SCHLICK und LUCRETIA, einer vornehmen Sieneserin, von der ersten Neigung bis zum Höhepunkt der Leidenschaft geschildert, Liebe dargestellt als siegreiche Naturmacht in der Freude des Genusses und im Leid der Trennung. Doch über die lebensmäßige Ausformung dieser Begebenheit hinaus zeichnet ENEA das Bild eines von Leidenschaften erschütterten Menschen vor dem Gradnetz der Moral; entfaltet das Bild in Gestik, Zwiegespräch und Monolog; umreißt es im Zusammenspiel der verschiedenen Einzelgestalten durch Kontrast und Steigerung. Die im Zusammenwirken der Kräfte bewegte Handlung ist so geführt, daß die entstehende ausgewogene Form ein gefälliges Licht ausstrahlt, in dem Eros nicht als abstrakte Allegorie, sondern als gesetzhafte Gestalt erscheint. Das war das Neue für den deutschen Leser. Alt sind die Dualität und der Voluntarismus im Bildgrund, nicht jedermann sympathisch die tiefe Menschenverachtung und die Unmöglichkeit einer Du-Ich-Zuordnung vom Geistigen her. Die Liebesnovelle wurde 1462 von NIKLAS VON WYLE ins Deutsche übersetzt und bis in die zweite Hälfte des 16. Jhs. in Einzeldrucken verbreitet. Was die Leser außer dem Stofflichen anzog, waren die ausgewogene Form, die rationale Klarheit und die rhetorisch-stilistischen Vorzüge.

Während des Nürnberger Reichstages entwarf ENEA eine Dirnenkomödie ‹Chrysis› (1444) im Stil des TERENZ und begann die Schriften ‹De viris illustribus› und ‹De curialium miseriis›, ‹Von den Großen›, die ihm auf seinem Wege begegnet waren, und ‹Über das elende Leben der Hofleute›, ein Buch von der Sehnsucht nach Ruhe, Freiheit und Schuldlosigkeit. Ein zweiter ‹Traktat über Fürstenerziehung› (1450) war für den frühreifen LADISLAUS VON UNGARN bestimmt und will durch das Studium der Alten und der humanistischen Lehrfächer, durch körperliche Übungen und religiöse Erziehung den zukünftigen Herrscher zu einem tüchtigen und gebildeten Manne machen. Die Abhandlung über ‹Heroen und Veteranen› hat ENEA dem Neffen SCHLICKS, ULRICH SONNENBERGER, gewidmet. Zu den Reden, Traktaten, Dialogen, Novellen und Briefen kommen zahlreiche historisch-geographsiche Werke: ‹Commentarii de gestis concilii Basiliensis›, die ‹Cosmographia seu rerum ubique gestarum historia locorumque descriptio›, ‹Germania›, genauer: ‹De situ, ritu, moribus et conditione Germaniae descriptio› (bekannt seit 1458; gedr. 1496), worin Deutschland als Kultureinheit gesehen wird, die ‹Historia Bohemica› (gedr. 1475), die ‹Historia Friderici III. Imperatoris›, besser: ‹Historia

Australis› u. a.; die zuerst in Briefform gegebene Schilderung Wiens stellt eines der frühesten Städteporträts dar, die der Humanismus literarisch gezeichnet hat. Selbstbiographie sind die ‹Commentarii rerum memorabilium›. Die durch ENEA vollzogene Vereinigung der stofflich und formal neuartigen humanistischen Geschichtsschreibung mit der Geographie ist für die spätere nationale Historiographie in Deutschland von anregender Wirkung geworden.

Seine frühesten Bewunderer und Nachahmer fand ENEA SILVIO unter den Beamten der beiden Kanzleien, der österreichischen und der Reichskanzlei. Sie bildeten einen kleinen Verkehrskreis von Freunden, die sämtlich der neuen Bildung und Formverehrung zugetan waren: LUDWIG SCHEYTER, WENZEL BUCHAU, JOHANN LAUTERBACH, WOLFGANG FORCHTENAUER, MICHAEL PFULLENDORF, PROKOP VON RABENSTEIN, JOHANN VON ROTH, JOHANN TRÖSTER, JOHANN HINDERBACH, JOHANN VON EICH u. a.

Der erste aus· diesem Wien-Wiener Neustädter Einflußfeld, der ein Werk in Geist, Sprache, Stil und Komposition dieses Humanismus zu schreiben unternahm, war JOHANN TRÖSTER aus Amberg in Bayern, Geistlicher, Schreiber in der Reichskanzlei, neben KASPAR WENDEL Erzieher des LADISLAUS POSTHUMUS. TRÖSTER ist der erste eigentliche Schüler ENEAS, sein frühester Nachahmer in Deutschland. TRÖSTERS Hauptwerk, der Dialog ‹De remedio amoris›, ‹Das Heilmittel gegen die Liebe› (1454) spielt am Kaiserhof.

Die Dichtung wird an Stelle des Prologes durch einen Brief des Verfassers an WOLFGANG FORCHTENAUER eingeleitet. Darauf beklagt in einem Selbstgespräch der von der Liebe gepeinigte Philostratus-FORCHTENAUER redselig seinen Zustand und fleht zu den Göttern um Hilfe. Dabei wird der gesamte, eben von einer Beratung bei FRIEDRICH III. kommende Wiener Humanistenkreis vorgestellt: ENEA, SONNENBERGER, HINDERBACH, RIEDERER, HARTUNG, BERNHARD VON KRAIBURG, RABENSTEIN, NIHIL und PEUERBACH. Philostratus bittet Eudion Noricus=TRÖSTER, den Schüler des kaiserlichen Leibarztes Castelbarco, um Hilfe in seiner Liebesnot. Eudion verspricht sie, verlangt jedoch feste Vorsätze und Gebete zur hl. Jungfrau. Ursachen der Liebe sind seiner Meinung nach: Müßiggang, Briefe, Liebeszeichen usw. Amor, der unbändigste und unglückseligste der Himmlischen, ist aus Gegensätzen gemischt, die den ganzen Menschen ergreifen. Genesung vermag nur die eigene Willenskraft herbeizuführen. Erklärlicherweise werden stets vortreffliche Menschen von der Liebe erfaßt. Aber als Geistlicher, der zur Ehelosigkeit verpflichtet und jetzt ohne festen Wohnsitz ist, vermag Philostratus keine rechtmäßige Liebe zu pflegen. Ähnlich dem berühmten ‹Initium amoris est principium doloris› in ENEAS ‹Euryalus und Lucretia› geht das Zwiegespräch zu Ende.

Der Stoff des Dialoges ist humanistisch, Anlage und Gestaltung sind durchwegs neu. Aber noch geistlich-mittelalterlich wird gegen die Liebe angekämpft. Wohl sind vielerlei mythologische Elemente eingeflochten, die Regeln des zeitgemäßen Stiles und eine reinere lateinische Sprache angewendet, aber Gemütserschütterung ist wenig zu spüren, es erfolgt keine innere Umwandlung des Menschen durch das Neue.

Tröster charakterisiert in seinem Dialog einen kaiserlichen Sekretär als den «süßesten Sänger, mit orphischer Leier begabt». Mit diesem Musiker ist Johann Hinderbach (1418–1481) aus Rauschenberg in Hessen gemeint, ein Verwandter Heinrichs von Langenstein, Diplomat und Geschichtsschreiber. Er war 1434 studienhalber nach Wien gekommen. Ein Aufenthalt in Italien machte ihn mit der Bildung und Lebensauffassung des Südens näher bekannt. Nach seiner Rückkehr schloß er Freundschaft mit Enea Silvio, wurde kaiserlicher Sekretär, Rat und Vertrauter der Herrscherfamilie. Da Hinderbach Enea Silvio bei seinen historischen Arbeiten durch Übersetzung der deutschen Quellen unterstützt hatte, sah der Kaiser in ihm nach dem Scheiden des Italieners den geeigneten Fortführer der von diesem begonnenen ‹Historia Friderici›. Größere Wichtigkeit für den Humanismus erwarb sich Hinderbach durch seine Einflußnahme auf die Erziehung und Ausbildung der Prinzen Ladislaus und Maximilian, des späteren Kaisers. Das sonstige literarische Schaffen Hinderbachs äußerte sich hauptsächlich in der Glossierung historischer, theologischer und humanistischer Werke, sowie einer weitgehenden Förderung des Handschriftenwesens und des eben erfundenen Buchdruckes. Unschätzbar für die Geschichte der kunstvollen mehrstimmigen Musik des 15. Jhs. sind die im Auftrag Hinderbachs von den Schreibern Puntschucher und Wiser angelegten *Trienter Musikhandschriften*, d. s. sechs bzw. sieben größtenteils von Johann Wiser geschriebene Chorbücher mit über 1800 polyphonen geistlichen und weltlichen Kompositionen (Messen, Motetten, weltlichen Gesängen und Instrumentalstücken) der damaligen deutschen, italienischen, burgundischen, niederländischen und englischen Tondichter. Sie enthalten wohl das Repertoire der damaligen Wiener Hofmusikkapelle.

Enea Silvio und diese Kanzleihumanisten bewegten sich in Wiener Neustadt, der Residenz Kaiser Friedrichs III., in einer durchaus spätmittelalterlichen Kulturwelt, deren Höhengrad dem späten Betrachter augenscheinlich wird, wenn er sich gleichzeitige oder noch spätere Werke der Bildkunst, etwa die in der dortigen Domkirche befindlichen Apostel-Figuren Lorenz Luchspergers († 1501) vergegenwärtigt: durch Lebensgefühl und Pathos gewaltigste Manifestationen der deutschen Spätgotik.

Neben dem Hof in Wien und Wiener Neustadt zeigen sich zu Beginn des 15. Jhs. auch an der *Universität Wien* Ansätze des Neuen, zumal die Hochschule im wesentlichen nominalistisch ausgerichtet war.

Seit ungefähr 1435 wirkte als Professor des kanonischen Rechtes Johann von Eich († 1464) an der Wiener Universität, nachdem er vorher allem Anschein nach schon einige Zeit als Magister unterrichtet hatte. Das

Konzil zu Basel, wo er als Gesandter ALBRECHTS VI. weilte, brachte ihn mit ENEA SILVIO zusammen. Die Bekanntschaft führte in Wien, wo JO-HANN auch an der kaiserlichen Kanzlei zu tun hatte, zu einer Freundschaft, die ihm neben mehreren Briefen ENEAS die Widmung der Abhandlung ‹Über das Elend der Hofleute› eintrug. Vom Wiener Lehramt wurde er 1445 zum Bischof von Eichstätt erhoben.

Einige Jahre nach dem Auftreten JOHANNS VON EICH erschien BERN-HARD VON KRAIBURG (1410/20–1477), eigentlich KRAMER, aus Kraiburg am Inn, als Professor des Kirchenrechtes (1442) in Wien, später Propst von Friesach, 1450 Kanzler des Erzbischofs von Salzburg, 1467 Bischof von Chiemsee. Schon während seiner Lehrtätigkeit an der Artistenfakultät in Wien stellte er eine ‹Rhetorik› zusammen. Ähnlich wie TRÖSTER ver-zierte er seine Briefe mit Humanistenwendungen, Humanistenrhetorik und antiken Götternamen. Dies gab dem sonst reformfreundlichen Melker Benediktiner JOHANN SCHLITTPACHER Anlaß, an BERNHARD ein Schreiben über die Sündhaftigkeit des neuen Stiles zu richten. BERNHARD erwiderte auf diesen Angriff und brachte eine Auseinandersetzung in Gang, wie wir sie zwischen SIGISMUND GOSSEMBROT und KONRAD SÄLDNER, HERMANN SCHEDEL und JOHANN VON REGENSBURG kennen. Von seinen in die For-men der Rede und des Briefes gekleideten Schriften sind zu nennen: eine Begrüßungsrede auf der Provinzialsynode von Salzburg 1451 an NIKO-LAUS VON CUES, eine ‹Deploratio miseriarum sui saeculi› (1453) aus Anlaß der Eroberung Konstantinopels, sechs Predigten; wie PETRARCA freund-schaftliche Briefe an CICERO, SENECA, AUGUSTINUS u. a. schrieb, so legte BERNHARD dem HL. RUPERT die Sorge um die Aufrechterhaltung der welt-lichen Gerechtsame seiner Kirche ans Herz. Als Verwalter des Bistums Brixen lebte BERNHARD 1460 in der Umgebung des NIKOLAUS VON CUES. In dessen Tetralog ‹De possest› wird er als Fragesteller und Hauptmit-unterredner eingeführt. BERNHARD war auch einer der großen Bücher-sammler der Zeit. Seine teilweise noch erhaltene Bibliothek legt Zeugnis ab von der Weite seiner geistigen Interessen.

Zu Beginn der zweiten Hälfte des 15. Jhs. setzt in Wien eine Vorblüte des Humanismus ein und dauert bis ungefähr 1482. Seit 1451 werden an der Universität humanistische Vorlesungen gehalten. Zwei humanisti-sche Kreise treten in Erscheinung. Der eine besteht aus PHILIPP MAUTTER, PAUL SCHWICKER, JOHANN MENDEL, GEORG VON PEUERBACH, GEORG MAIR und PAUL HEBENKRIEG, der andere aus dem Italiener WILHELM VON SAVONA, JOHANN SYMLER, einem gewissen OSWALD, JOHANN SCHWARZ und WOLFGANG WINTHAGER. Die bedeutendsten Gestalten des Wiener Frühhumanismus sind GEORG VON PEUERBACH und REGIOMONTAN. Nach des ersteren Tod und des zweiten Weggang folgt zunächst ein Stillstand, aber bald darauf beginnen BRICCIUS PREPOST aus Cilli und BERNHARD PERGER aus Stainz in Steiermark mit humanistischen Vorlesungen. PER-

GERS Leistung besteht darin, daß er lange vor WIMPFELING sich von der mittelalterlichen grammatischen Überlieferung des ALEXANDER GALLUS freimachte und eine lateinische Grammatik auf rein humanistischer Grundlage verfaßte: ‹Grammatica nova› (zuerst Padua 1482), der die Rudimenta des NIKOLAUS PEROTUS zugrunde liegen, die aber PERGER selbständig umarbeitete, wobei er statt der italienischen Erklärungen und Beispiele deutsche einschob. Von PERGER ist ferner erwähnenswert seine Trauerrede auf den Tod Kaiser FRIEDRICHS III. ‹Obitus et exequiae› (gedr. Wien 1494), auch deutsch unter dem Titel ‹Kayszer Friedrichs begencknus›. Bereits vor PERGER hatte um 1470 der Mediziner ULRICH EBERHARDI aus Klosterneuburg einen ‹Modus latinitatis›, ein Handbuch für guten lateinischen Stil, verfaßt.

Ansätze zu neuer Denkweise und neuem Formwillen, Form der Sprache als Grundlage neuer Bildung (ENEA SILVIO) zeigt in der Schweiz FELIX HEMMERLIN (1388–um 1460). Seine geistige Haltung ist aber noch vielfach mittelalterlich-traditionell, ja extrem adelsfreundlich. Er stammte aus einer Züricher Patrizierfamilie, hatte in Erfurt und Bologna studiert und bewunderte das Griechische. Als Teilnehmer am Konstanzer Konzil trat er für kirchliche Reformen ein. HEMMERLIN war Sammler von Büchern (Bibliothek von wenigstens 500 Bänden), Gemälden und Kunstgegenständen. Von ihm sind mindestens 39 lateinische Schriften nachweisbar. Er verfaßte Reformschriften und persönliche wie politische Traktate: er schrieb gegen die Mendikanten (‹Contra validos mendicantes›, 1438), die Anachoreten und Begarden, gegen die Besetzung des Bistums Brixen mit NIKOLAUS VON CUES, zugunsten der Wetterprozessionen, über die Beschwörung schädlicher Tiere, über Offenbarungen durch Besessene u. a. m. Seine Schrift ‹De nobilitate et rusticitate dialogus› (1444/50), Herzog ALBRECHT VI. gewidmet, ist ein Zwiegespräch in 34 Kapiteln zwischen Nobilis und Rusticus über Adel und Bauerntum. Als Vorlage diente eine lateinische Schrift des BONACURSIUS DE MONTEMAGNA D. J. HEMMERLIN befürwortet die schrankenlose Erhebung des Adels, verherrlicht den Geistes- und Seelenadel im Geburtsadel und bezieht haßerfüllt Stellung gegen die Bauern. Die Schrift wurde Anlaß zu seiner Verfolgung und Verurteilung zu lebenslanger Haft. In einem ‹Registrum querele› aus dieser Zeit führt sein Schutzengel darüber Klage vor Gott. Die Hauptschrift über die von ihm erlittenen Verfolgungen ist das ‹Passionale›, drei Klagelieder gegen seine Vaterstadt. Deutsch von HEMMERLIN sind ein ihm zugeschriebenes dunkles historisches Volkslied und die lateinisch-deutsche Mischpoesie des zweiten Klageliedes. Über die Torheiten der Welt handelt die Schrift ‹Doctoratus in stultitia›. Sie wurde in deutsche Verse übertragen und als Blockbuch gedruckt. Eine nur handschriftlich überlieferte Abhandlung ‹De balneis› diente JOHANNES HARTLIEB als Vorlage zu seinem ‹Bäderbuch›. HEMMERLINS Nachwirkung zeigt sich bei NIKLAS VON WYLE, der ‹Contra

validos mendicantes› als neunte Translation verdeutschte, und bei SEBA-
STIAN BRANT, der 1497 eine Sammlung der Schriften herausgab.

In sozusagen latenter Fortwirkung der Kämpfe zwischen LUDWIG DEM
BAYERN und dem Papsttum und aus den konziliaren Auseinandersetzungen der ersten Hälfte des 15. Jhs. traten einige Persönlichkeiten auf, die
teilweise inspiriert sind noch von MARSILIUS VON PADUA, die Schüler von
LORENZO VALLA waren, im Gegensatz standen zum autoritären Papsttum, zu ENEA SILVIO, zum CUSANER und eifrig den Reformideen anhingen.
Hieher gehören der Mainzer Kanzler MARTIN MAYR mit seinem rom-
feindlichen Schreiben an den schon Kardinal gewordenen ENEA SILVIO
(1457) und die kirchenpolitischen Streitschriften des GREGOR HEIMBURG.
Etwas später kamen patriotische Polemiker dazu. JAKOB WIMPFELING
z. B. gab seine im Auftrag Kaiser MAXIMILIANS 1511 verfaßten ‹Grava-
mina Germanicae nationis› auszugsweise 1513 in Druck, später die daraus
hervorgegangenen 58 deutschen Tiraden.

Der nächst dem CUSANER bedeutendste Geist dieser Generation war
GREGOR HEIMBURG (geb. Anf. 15. Jh., † 1472) aus Schweinfurt, Jurist
und Staatsmann. Mehr Humanist als der·CUSANER, vor allem in der
Rhetorik (Schüler LORENZO VALLAS), geistig aber inspiriert noch von
MARSILIUS VON PADUA. Trat auf dem Konzil in Basel in Verbindung mit
NIKOLAUS VON CUES und ENEA SILVIO, blieb jedoch Anhänger der kon-
ziliaren Theorie und wurde zum leidenschaftlichen Kämpfer gegen das
Papsttum. ENEA SILVIO hat ihn in der ‹Geschichte Kaiser Friedrichs III.›
mit dem scharfen Blick des Gegners gezeichnet: «Gregor war eine schöne
Gestalt, von hohem Wuchse, mit einem heiteren Antlitze, leuchtenden
Augen und kahlem Kopfe; doch wußte er weder seine Zunge noch seine
Bewegungen zu mäßigen, dabei war er eigensinnig und fremdem Zu-
spruch durchaus unzugänglich, ein Mann, der seinen eigenen Sitten
und Gutdünken nach lebte, in jeder Beziehung die vollste Ungebun-
denheit an den Tag legend» (ILGEN). HEIMBURG stand mit Unterbrechungen 1435–61 als Stadtschreiber in Diensten der Stadt Nürnberg; arbeitete 1454 für König LADISLAUS VON POLEN, später für ALBRECHT VON
ÖSTERREICH und besonders für SIEGMUND VON TIROL im Streit mit NIKO-
LAUS VON CUES. In der letzten Angelegenheit schrieb er die ‹Oratio invectiva … in Card. Nic. de Cusa› (1461). HEIMBURG war der schärfste
Vertreter der Opposition in Deutschland gegen die päpstliche Kurie. Auf
den 1460 gegen ihn ausgesprochenen Kirchenbann antwortete er mit dem
‹Tractatus super excommunicatione Pii papae II.› und mit der Appellation
an ein allgemeines Konzil. Später unterstützte er König GEORG PODIEBRAD
von Böhmen und verfaßte dessen Apologie (1467). Nichtsdestoweniger
schloß er kurz vor seinem Tode Frieden mit der Kirche. HEIMBURGS
Schriftwerk ist weniger deutsche Literatur oder Dichtung, sondern an
VALLA geschulte lateinische Rhetorik eines Deutschen im Kampf gegen

das autoritäre Papsttum (gegen Pius II., gegen den Cusaner). Von seinen zahlreichen Schriften wurden manche ins Deutsche übertragen und als Flugschriften verbreitet; bedeutsam ist auch sein Briefwechsel mit Johann von Roth 1454. Heimburg stellt darin, abgestoßen von einem aus Italien übernommenen hohlen Redeprunk, die Poesie zurück hinter die Jurisprudenz.

Johann von Roth (1426–1506) aus Wemding (Bayr.-Schwaben), ebenfalls Schüler des Lorenzo Valla in Rom und Jurist, stand zunächst im staatlichen Dienst bei König Ladislaus Posthumus und Kaiser Friedrich III. Als Bischof von Lavant, seit 1482 von Breslau, versuchte er das kirchliche Leben zu reformieren, veranlaßte die Neuausgabe der liturgischen Bücher und förderte Kunst und Wissenschaft, sowie die Ausbreitung deutscher Sprache und Sitte.

c) Wanderhumanisten. Peter Luder

Die neue Bildung verbreiteten und die neue Seele zum Ausdruck brachten in der Frühzeit des Humanismus auch *Vagantenpoeten und Wanderhumanisten,* die von Hochschule zu Hochschule, Fürstenhof zu Fürstenhof, Stadt zu Stadt zogen und dort ihre Lehr- und Kanzleidienste für kürzere oder längere Zeit anboten. Diese Wanderlehrer der neuen Richtung, Italiener und in Italien geschulte Deutsche, haben vieles zur Propaganda und Verbreitung des Humanismus beigetragen. Sie huldigten meist einer sorglosen Lebensauffassung und waren oft ungebundene Persönlichkeiten, aber Menschen voll Lebens- und Erlebens-, Wander- und Freiheitstrieb: eine erste Generation der Poetae, die sich im Studium antiker Autoren einem neuen Lebensgefühl hingaben. Später haben Gestalten wie Konrad Celtis und Ulrich von Hutten vieles vom Wesen solcher Wanderhumanisten an sich.

Von den frühen Wanderhumanisten in Deutschland noch am ehesten faßbar und in seinem Wirken literarhistorisch zu umreißen ist Peter Luder (um 1410–nach 1474) aus Kislau im pfälzischen Kraichgau, ein Vagant beweglichen Lebens und Geistes.

Dieser begabte Sohn armer, doch rechtschaffener Eltern wurde offenbar infolge seiner ungewöhnlichen Anlagen schon früh in der Grammatik unterwiesen. Mit dieser Grundlage begann er Wintersemester 1430/31 in Heidelberg zu studieren, hörte Logik und Dialektik, zog dann lange in Italien, Mazedonien und Griechenland umher, betrieb in Verona humanistische und um 1444 in Padua medizinische Studien; erlangte 1445 in Venedig, damals im Hofgefolge des Dogen Francesco Foscari, die Würde eines kaiserlichen Notars. Während dieser Lehrzeit in Italien, wo Guarino von Verona sein Lehrer war, knüpfte Luder augenscheinlich auch die Verbindungen zu zahlreichen Deutschen, die an italienischen Universitäten studierten: Valentin Ebner, Sigismund Gossembrot u. a.

Aus Italien kehrte LUDER als Apostel des Altertums und Lehrer der Humanitas nach Deutschland zurück. Neben anderen Handschriften brachte er die ‹Comoedia Cauteriaria› des ANTONIO BARZIZZA mit sich und propagierte sie in der Heimat. Als erste Wirkungsstätte bot sich ihm die Universität *Heidelberg*, wohin ihn Kurfürst FRIEDRICH I. als Lehrer des humanistischen Latein und Ausleger klassischer Autoren berief und wahrscheinlich auch als Sekretär im Kanzleidienst verwendete. Im Juli 1456 kündigte LUDER Vorlesungen über VALERIUS MAXIMUS und die satirischen Episteln des HORAZ an und eröffnete mit einer programmatischen *Antrittsrede* seine Lehrtätigkeit: sie ist nach italienischen Stilmustern geformt, feiert die Humanitätsstudien und rühmt nach LEONARDO BRUNI und PETRARCA die Geschichte als Quell moralischer Erbauung und vielseitig ergötzender Belehrung. In Heidelberg standen mit LUDER in freundschaftlichem Verkehr oder wirkten als seine Gönner: STEPHAN HOEST, JODOKUS AICHMANN, PETRUS DE WIMPINA, JOHANNES WENCK, der Kanzler MATTHIAS RAMUNG, der Hofjurist JOHANN WILDENHERTZ u. a.; erst fleißiger Schüler, dann vertrautester Freund aber wurde MATTHIAS VON KEMNAT, der Kaplan und Chronist des Pfalzgrafen. LUDERS eigenes historiographisches Können zeigt die ‹Lobrede auf Kurfürst Friedrich und das wittelsbachische Haus› (1458). Sie beweist Kenntnis des Charakters seines Beschützers und rechnet geschickt mit dessen politischem Ehrgeiz. Bald jedoch scheint es zu Reibungen zwischen LUDER und verschiedenen Gegnern gekommen zu sein. Vermutlich hatten sein lockerer Lebenswandel und seine Schulden Anstoß erregt. Nichtsdestoweniger setzte er seine Lehrtätigkeit bis 1460 fort. Erst Pest und Krieg vertrieben ihn vorübergehend nach *Ulm*. Luders Lehrtätigkeit in Heidelberg hatte allem Anschein nach in erster Linie im Lateinunterricht in einer Art Privatburse für Söhne aus vornehmen Häusern bestanden. Daneben gingen Vorlesungen an der Universität über HORAZ, VALERIUS MAXIMUS, TERENZ, SENECA und verschiedene Schriften CICEROS, insbesondere über Rhetorik, und schließlich über OVIDS ‹Liebeskunst›.

Von Ulm kehrte LUDER im Spätjahr 1460 oder Anfang 1461 nach Heidelberg zurück und ließ 1461 seine Schüler in einer öffentlichen Deklamation Gedichte auf den Sieg des Pfalzgrafen FRIEDRICH über DIETHER VON MAINZ und LUDWIG VON BAYERN-VELDENZ bei Pfeddersheim (4. Juli 1460) vortragen. Da jedoch die Universität unter den Folgen des Krieges zu leiden hatte, wandte er sich 1461 nach Erfurt. Auch hier fand er in JOHANN VON ALLENBLUMEN und RUDOLF UTLOE VON SUTHWOLD einflußreiche Gönner. Seine Wirksamkeit eröffnete er ebenfalls mit einem öffentlichen Redeakt vor der versammelten Universität, hielt jedoch nur kurze Zeit Vorlesungen über VERGIL, OVID, TERENZ u. a. Noch im Wintersemester 1461/62 begab LUDER sich von Erfurt nach *Leipzig*. Hier sammelte sich ein Kreis um ihn, dem u. a. HARTMANN SCHEDEL und HEINRICH STERCKER von Mellerstadt angehörten. Von Leipzig reiste er nochmals nach Italien, um das Studium der Medizin wieder aufzunehmen, das er 1464 in Padua mit dem Doktorat abschloß. Noch im Sommer desselben Jahres taucht er an der Universität *Basel* als *poeta et medicinae doctor* auf und blieb bis in den Spätsommer 1468. Er hatte vom Rat den Auftrag, in der Poetik zu lesen. Daneben war er als Stadtarzt beschäftigt und begegnet als solcher oft bei Aussatzexpertisen. Als Mitglied der medizinischen Fakultät redigierte er mit HEINRICH WÖLFFLIN zusammen ihre Statuten.

Die Verwendbarkeit als Notar im Kanzleidienst und sein medizinisches Doktorat ermöglichten es LUDER, nach seiner Wirksamkeit in Basel als Diplomat und Arzt in die Dienste des der neuen Bildung zugetanen Herzogs SIEGMUND VON TIROL zu treten. Als der Herzog 1469 König LUDWIG XI. VON FRANKREICH

aufsuchte, hielt LUDER die Begrüßungsrede. Im folgenden Jahr reiste er als
Geschäftsträger SIEGMUNDS an den Hof in Burgund, um Klagen über die Eidgenossen vorzubringen und burgundische Hilfe anzurufen, und erscheint an
der *Wiener Universität* immatrikuliert, wo er bis 1472 humanistische Vorlesungen über verschiedene Schriften CICEROS und über den ‹Modus epistolandi›
hielt. In einem späteren Brief an ALBRECHT VON BONSTETTEN sagt er, daß er
sich studienhalber nach Pavia begeben habe. Damit verlieren sich die Spuren
dieses vielbewegten Lebens.

Das literarische Schaffen LUDERS, soweit es noch erfaßbar ist, besteht
aus Reden, Gedichten, Briefen und Abhandlungen: einer Lobrede auf
einen vornehmen Kanonisten in Padua aus rheinländischem Geschlecht;
der öffentlichen Antrittsrede an der Universität Heidelberg, ins Deutsche
übersetzt am Beginn des zweiten Buches der Chronik des MATTHIAS VON
KEMNAT; der Rede, gehalten bei den Augustinern in Heidelberg 1457;
der großen Lobrede auf den Pfalzgrafen FRIEDRICH I.; der Erfurter Antrittsrede (die Heidelberger überarbeitet); einem Brief vom 2. Mai 1458
an HANS ERNST ‹De vita curalium sacerdotum›; der ‹Elegia Petri Luder ad
Pamphilam amicam singularem›, 28. November 1460 dem Pfalzgrafen
übersandt; poetischen und rhetorischen Beiträgen zur Chronik seines
Freundes und Zechbruders MATTHIAS VON KEMNAT; einer ‹Ars metrificandi›, einer ‹Ars persuadendi›, d. h. kurzen Anweisungen zur Anfertigung rhetorischer Schulaufsätze, und einer nach CICEROS Reden gear-
beiteten, in Padua geschriebenen Rhetorik (gedr. 1498). LUDER hat gelegentlich von sich selbst eine wenig günstige Beschreibung gegeben:

> Niger sum fateor, sum parvus corpore toto
> Candida sunt nostra si petes ingenia.
>
> (Elegia Pamphila)

LUDERS lateinische Prosa und seine Handhabung der Poetik sind mangelhaft, seine Redekunst ist von italienischen Vorlagen abhängig, nur die
Briefe zeigen eine ungewöhnliche und individuelle Lebendigkeit, nichtsdestoweniger wirkte er als Vorbote des kommenden Humanismus. Die
Bewegung, die er im Süden kennengelernt hatte, vertrat er friedlich und
ohne Schärfe. Abfällige oder angriffslustige Urteile über die Spätscholastik und ihre Fachsprache sind bei ihm nicht zu finden. Mit den beiden
großen Heidelberger Reden brachte er die Geschichte als Teil der Rhetorik auf die deutschen Hochschulen. Überall, wohin er kam, weckte er das
Interesse an der neumodischen Literatur. Seine sorglose Lebensauffassung,
seine indifferente Haltung gegenüber dem Religiösen und der allzu kühne
Anspruch, Verwalter der Unsterblichkeit zu sein, lassen freilich auch die
Einbrüche in das Moralsystem des Spätmittelalters erkennen.

Früher Verkündiger des Humanismus in Deutschland war auch SA-
MUEL KAROCH aus Lichtenberg in Franken. Er hatte den Humanismus in
Italien kennengelernt und erschien 1466, 1469/70 in Leipzig; 1472 wird er

Mitglied der Artistenfakultät in Ingolstadt genannt; 1476 weilt er in Heidelberg. KAROCH ist Verfasser rhythmischer Dichtungen und Erzählungen in Prosa; auch eine sogenannte Barbarolexis, d. i. eine aus Deutsch und Latein gemischte Dichtung, stammt von ihm. In den ‹Epistolae obscurorum› sagt ein alter Magister, SAMUEL sei zu seiner Zeit der einzige Poet gewesen und von ihm stamme das schöne Lied:

> Disce, bone clerice, virgines amare,
> Quia sciunt dulcia oscula praestare,
> Iuventutem floridam tuam conservare.

2. Der spätscholastische Humanismus

Im deutschen Frühhumanismus begegnet man noch oft kirchlich-traditioneller Gesinnung. Sie ist häufig verbunden mit Reformbestrebungen. Diese halten sich lange Zeit im Rahmen der bestehenden Kirche und sind ohne eigentliche Opposition. Man schuf sich vorerst innerhalb der *spätscholastischen Wissenschaft und Kultur* einen besonderen Lebensraum, ohne viel polemische Auseinandersetzung, ohne daß die mittelalterliche Weltanschauung und Gesellschaftsordnung feindselig angegriffen waren: Studium der Antike, Studium und Herübernahme der italienischen Renaissance-Literatur und -Philosophie. Das Ziel, das diesen Humanisten vorschwebte, war eine z. T. neu fundierte persönliche Bildung und Gesittung und eine neue geistige Aristokratie. Der kirchliche Glaubensbereich wird kaum je verlassen; weltflüchtige Stimmungen sind nicht selten.

Eine wichtige Überleitung von der Scholasitk zum Humanismus bildete die *Literatur der Specula*. Sie ging aus von dem vielgelesenen ‹Policraticus› des JOHANNES VON SALISBURY († 1180) und einem BEDA zugeschriebenen Repertorium und hat die humanistische Bewegung vor allem in die Klöster geleitet. Man kann an dieser Spiegel-Literatur unschwer beobachten, wie der ideale Wettstreit zwischen den kirchlichen Autoritäten und den Klassikern in den Zitaten dieser moralischen Handbücher mehr und mehr zugunsten der Klassiker ausschlägt. Geradezu eine Fundgrube allgemeiner Gedanken für die deutschen Humanisten wurde das ‹Speculum vitae humanae› (Rom 1468) des spanischen Juristen, Kirchenfürsten und Diplomaten RODRIGO SANCHEZ DE AREVALO (1404–1470). AREVALO war Anhänger EUGENS IV., Gegner des Baseler Konzils und befreundet mit BARTOLOMMEO PLATINA und BESSARION. AREVALOS ‹Speculum› gab JOHANNES BOTZHEIM 1513 neu heraus mit empfehlenden Gedichten von ihm, SEBASTIAN BRANT, WIMPFELING, PHILESIUS, BEATUS RHENANUS u. a.

In diesem *spätscholastischen Humanismus* treten literarhistorisch zunächst *Übergangsgestalten* in Erscheinung: Angehörige der Familie PIRCK-

HEIMER in Nürnberg, HEYNLIN VON STEIN in Basel, SIGISMUND GOSSEM-
BROT in Augsburg, GEILER VON KAISERBERG in Straßburg. Die erste
selbständige, im neuen Geist gebildete Persönlichkeit repräsentiert RU-
DOLF AGRICOLA.

a) Übergangsgestalten

Im weltlichen Bereich kann man in Deutschland an keinem anderen Beispiel die *Rezeption des Humanismus* von Generation zu Generation besser
verfolgen als an der in Nürnberg ansässigen bayrisch-fränkischen FAMILIE
DER PIRCKHEIMER. Die Aneignung der neuen Bildung vollzog sich zunächst hauptsächlich über das Studium des römischen Rechtes an italienischen Universitäten.

Zunächst erscheinen FRANZ PIRCKHEIMER D. J. (gest. 1462) und sein
Bruder THOMAS 1438 an der Universität Pavia, nachdem sie bereits in
Deutschland einen gewissen humanistischen Unterricht genossen hatten.
FRANZ taucht dann nochmals 1457/60 in Padua auf und stand aller Wahr-
scheinlichkeit einem Kreis nahe, den WILHELM VON REICHENAU, JOHANN
VON ROTH, ULRICH GOSSEMBROT u. a. bildeten. Dieser FRANZ PIRCKHEI-
MER wurde, noch im Süden, bereits von der neuen griechischen Hochflut
erfaßt, die sich seit dem Fall Konstantinopels nach Italien bewegte, und
betrieb griechische Studien. An ihm sieht man auch den leichten Übergang
von der Jurisprudenz zur Antike: ein jeder, der mit hellem Geist an die
Interpretation der alten Rechtsquellen herantrat, wurde von selbst zu
den Rechtsaltertümern und mit ihnen zu den Geschichtsschreibern und
Dichtern geführt.

In noch weiteren und freieren Kreisen bewegte sich THOMAS PIRCK-
HEIMER (gest. 1473), Jurist und Kirchenpolitiker.

Er studierte zunächst an der Universität Leipzig. HERMANN SCHEDEL und
LORENZ BLUMENAU waren seine Studiengenossen. Von Leipzig zog er um 1440
nach Italien, wo er in Bologna, Perugia, vermutlich auch in Pavia und Padua
juridischen Studien oblag; in Perugia erwarb er den Doktorgrad. THOMAS
PIRCKHEIMER gehörte zu jenen Geistern, die als wandernde Juristen und Sach-
walter um die Mitte des 15. Jhs. an den Höfen und in den Reichsstädten als
Anwälte und Gutachter, Berater und diplomatische Agenten tätig waren. PIRCK-
HEIMER pflegte vor allem Beziehungen zum Münchener Hof Herzog ALBRECHTS
III.; später trat er auch NIKOLAUS VON CUES und ENEA SILVIO nahe. Auch er
ging wie so viele Zeitgenossen von der Jurisprudenz aus. Auf italienischen
Universitäten ergriff ihn der Hauch der neuen Richtung und er wurde Humanist.

THOMAS brachte eine Riesensammlung von Briefen, Reden und Invektiven italienischer Humanisten (PETRARCA, GUARINO, BECCADELLI,
POGGIO, ARETINO usw.), aber auch klassischer Autoren (CICERO, PLU-
TARCH, LUKIAN) zusammen (Cod. Ardl. 138), welche die Mustersammlung ALBRECHTS VON EYB an Ende der ‹Margarita poetica› bei weitem

überragt. Rein humanistische Themen sind dabei selten. Dem Diplomaten kam es hauptsächlich auf Rhetorik und Epistolographie an. An ihren
erprobten Mustern wollte er seine eigenen Reden und Berichte gliedern.
THOMAS PIRCKHEIMER bemühte sich, die aus praktischen Gründen notwendigen Studien der Rechte durch die edlern der Humaniora zu ergänzen und zu vertiefen. Er gehört in den deutschen Frühhumanismus und
ist häufig mit GREGOR HEIMBURG, MARTIN MAYR, LEUBING TRÖSTER,
HINDERBACH und ROTH, BLUMENAU, ALBRECHT VON EYB, GOSSEMBROT
und HERMANN SCHEDEL freundlich oder feindlich zusammengestoßen.
Auch der Bruder von FRANZ und THOMAS, HANS PIRCKHEIMER (ca. 1415
bis 1492), gehört in diesen deutschen Frühhumanismus.

Er zog 1447/48 nach dem Tode seiner Gattin nach Perugia, bald danach nach
Bologna, wo er mit ALBRECHT VON EYB, LORENZ SCHALLER und JOHANNES
HELLER von LAMOLA in die humanistischen Wissenschaften eingeführt wurde.
Von Bologna begab er sich nach Padua, wo er seine juridischen und humani-
stischen Studien durch mehrere Jahre fortsetzte. Nach der Rückkehr in die
Heimat diente er seiner Vaterstadt als Jurist und Diplomat. Auf dem Kongreß
zu Mantua huldigte er mit zahlreichen anderen deutschen Humanisten dem
neuen Papst und alten Meister.

Ähnlich wie von THOMAS haben wir auch von HANS PIRCKHEIMER eine
große handschriftliche Sammlung humanistischer Traktate, Musterreden
und Briefe (Cod. Ardl. 70) von GUARINO, POGGIO, FILELFO, BECCADELLI,
BRUNI, ARETINO, TRAVERSARI u. a., im ganzen 218 Stück, die er seit 1448
im Kreise LAMOLAS anlegte, erhalten. Kaum einer der großen italienischen
Humanisten ist vergessen. Doch nicht nur in Italien betrieb er humanistische Studien, sondern auch nach der Rückkehr in Nürnberg. Das beweist
eine zweite Sammlung, die an die ‹Margarita poetica› EYBS erinnernde
gewaltige Kompilation Cod. Ardl. 262, die er 1462 abschloß. Dieser
‹Liber de practica sive morali scientia, capitibus trecenis octo, ex scriptoribus plurimis compilatus› berücksichtigt neben Logik und Ethik auch
Eloquenz und Rhetorik.

Die zur Spiegelliteratur gehörige Sammlung ist ein Zeugnis, wie der Übergang von der Spätscholastik zum Humanismus sich vollzog. Die Disposition
ist noch ganz scholastisch, aber die Fragestellung und die Autoritäten, welche
die Antworten geben, sind bereits humanistisch. Dem im Grunde seines Herzens
der Scholastik zugetanenen Kompilator drängen sich neue Probleme auf; er
fragt die Alten um Rat, und indem er ihre Aussprüche zusammenstellt, wird
er fortgerissen von der Weisheit und Kraft der Antike. Es kam ihm im Verlauf
der Durchführung nicht mehr darauf an, eine Gesamtauffassung zu bieten,
sondern aus den antiken Schriftstellern Belegstellen für das einzelne zu bringen:
uber Nutzen und Annehmlichkeit der Freundschaft; die Vorzüge der Jugend
und des Greisenalters; über die Liebe; über Nachruhm und Todesverachtung;
über das Glück; über den Wert von Bildung, Kunst und Wissenschaft; über
nützliche und schädliche Freiheit u. a. m. Das alles und vieles andere wird mit
einem großen Aufwand von klassischen Zitaten abgehandelt. Und zwar von
den christlichen Dichtern des 3. bis 6. Jhs., den letzten Erneuerern der klassischen

Literatur, vor allem aber aus den Autoren der klassischen Periode: PLAUTUS, TERENZ und SENECA, den großen Satirikern der Kaiserzeit PETRONIUS, PERSIUS, JUVENAL und MARTIAL, von AULUS CELSUS, STATIUS und VALERIUS MAXIMUS. Das Hauptgewicht fällt auf die goldene Zeit der römischen Literatur: CATULL, TIBULL, PROPERZ und HORAZ, VERGIL und OVID; von den Historikern SALLUST. Geradezu ‹ausgeschlachtet› ist CICERO.

HANS PIRCKHEIMER hat sich weiter einen VERGIL (Cod. Ardl. 82) eigenhändig abgeschrieben und durch einen Kommentar, der das Fünffache des Textes ausmacht, zu einem ganzen Handbuch der Altertumswissenschaft gemacht. Eine Fülle historischer, geographischer und topographischer Erläuterungen wird überboten durch das auf das Mythologische konzentrierte Interesse. Durch diese beiden Arbeiten gehört HANS PIRCKHEIMER in die vorderste Reihe der deutschen Frühhumanisten.

Die gleiche Methode des VERGIL-Studiums wandte HANS PIRCKHEIMER auf die Erziehung seines Sohnes JOHANN PIRCKHEIMER (ca. 1440 bis 1501) an: Auch dieser mußte als Jüngling von 15 bis 17 Jahren 1455/57 den ganzen VERGIL abschreiben und mit schulischem Fleiß durcharbeiten.

Als Zwanzigjähriger zog JOHANN, der Familientradition folgend, nach Italien, um sich den Rechtsstudien zu widmen; zu Padua erlangte er 1465 den Doktorgrad beider Rechte. In Italien gehörte er neben HARTMANN SCHEDEL einem Kreis Nürnberger Studenten an, der unter dem Einfluß PETER LUDERS stand und aus dem eine kleine zeitgenössische Komödie hervorging. Nach seiner Rückkehr in die Heimat fand der junge Rechtsgelehrte zunächst einen Wirkungskreis am Hofe des Bischofs von Eichstätt, WILHELM II. VON REICHENAU; später diente er auch ALBRECHT IV. VON BAYERN und SIEGMUND VON TIROL, um sich aber schließlich (1488) für dauernd in seine Vaterstadt zurückzuwenden.

In Nürnberg vervollständigte JOHANN die von seinen Vorfahren angelegte Bibliothek in umfassender Weise und widmete sich rechtswissenschaftlichen Studien. Neben dieser juristischen Hauptarbeit blieb er aber auch dem von Kindheit an aufgenommenen Humanismus treu. Außer für die Dichter verwendete er besonders auf das Studium der Historiker viel Zeit und Mühe. Als einer der ersten war er bereits des Griechischen kundig. Bezeichnend für ihn ist, daß er sich besonders zu MARSILIUS FICINUS und der Ideenwelt der Florentiner Neuplatoniker hingezogen fühlte. Wie HEYNLIN und GOSSEMBROT überkam ihn am Abend seines Lebens die Sorge um das Schicksal der Seele. Als alter Mann nahm er 1497 die priesterlichen Weihen und zog sich 1501 in den Heilsbezirk des Nürnberger Franziskanerklosters zurück.

Aus dieser geistigen Familien-Atmosphäre und einem langen Studienaufenthalt in Italien stammt die Persönlichkeit WILLIBALD PIRCKHEIMERS, eines der Hauptrepräsentanten humanistischer Geisteshaltung in Deutschland (vgl. S. 542 ff.). Auch er brach nicht mit der kirchlich-mittelalterlichen Bildung, sondern bekämpfte nur die Auswüchse der Spätscholastik und wurde zuletzt ausgeprägter christlicher Moralist. Gleichwohl ergriff er den

Geist der Antike und des Humanismus tiefer als je ein Deutscher vor ihm. Der Vater gab dem Sohne, als dieser 1488 nach Italien übersiedelte, neben moralischen und pädagogischen Verhaltungsmaßregeln auch den Rat: «Audias lectiones in studiis humanitatis. Item, ubi private leguntur et fit contributio. Discas carmina facere.»

Als Reformer und Klosterleute sind Übergangsgestalten PETRUS VON RO-SENHEIM, JOHANN SCHLITTPACHER und BERNHARD VON WAGING. Sie erhielten ihre höhere Ausbildung zunächst an der Universität Wien. Der erstere kam in Italien und auf den Konzilien zu Konstanz und Basel mit dem Humanismus in Berührung, die beiden letzteren betätigten sich später als Mitarbeiter des CUSANERS. Alle drei sind sie frühe Hauptvertreter des süddeutschen Klosterhumanismus benediktinischer Richtung.

PETRUS WIECHS VON ROSENHEIM (ca. 1380–1433) wirkte 1418–1423 als Prior in Melk, wo 1418/19 auch JOHANNES GERSON weilte, war später in Bayern tätig. Er gilt als der Begründer der biblischen Mnemonik (Gedächtnis- oder Erinnerungskunst) in Deutschland. Von seinem Schriftwerk fand eine versifizierte Predigtsumme über die hl. Schrift ‹Roseum memoriale divinorum eloquiorum› (o. O. 1470 u. ö.; viele Drucke) weite Verbreitung. Predigten, Traktate, Gelegenheitsgedichte, wie ein ‹Opus sermonum de tempore› (1430), ein ‹Computus› (1432), ein Vadomori ‹Carmen de morte› (1424) sind handschriftlich erhalten.

JOHANN SCHLITTPACHER (1403–1482) aus Schongau in Schwaben, waltete ab 1434 als Magister der Scholaren in Melk und fungierte unter dem Kardinallegaten NIKOLAUS VON CUES als Reformvisitator vieler Benediktinerklöster. Seine ausgedehnte reformerische und literarische Tätigkeit, die in zahlreichen theologischen Werken, Briefen, geistlichen Dichtungen etc. ihren Niederschlag fand, ebnete trotz seiner Kontroverse mit BERN-HARD VON KRAIBURG der Wissenschaftspflege aus Wien und dem von PETRUS VON ROSENHEIM aus Italien mitgebrachten Humanismus den Eingang in die Klöster des Melker Reformbereichs.

BERNHARD VON WAGING (um 1400–1472), Benediktiner in Tegernsee, wechselte mit NIKOLAUS VON CUES Briefe über Mystik und Klosterreform und verteidigte dessen ‹Docta ignoratia› in seinem ‹Defensorium› und ‹Laudatorium›. Die Erneuerung des Klerus fördern sollte das für den Bischof JOHANN VON EICH verfaßte ‹Speculum pastorum›.

Im Inhalt der Weltanschauung noch von der Scholastik genährt, in der äußeren Form bereits vom Humanismus bestimmt war JOHANN HEYNLIN VON STEIN (ca. 1430–1496). Als gemäßigter Realist möchte er die Gegensätze zwischen ALBERTUS MAGNUS, THOMAS VON AQUIN und ARISTOTE-LES synkretistisch ausgleichen. Nach einem ersten Aufenthalt in Paris, wo er in der Absicht, das scholastische Latein durch eine nach klassischen Mustern gereinigte Sprache zu ersetzen, seine ‹Einführung in die lateini-

sche Sprache› und die ‹Abhandlung über die Interpunktion› schrieb, kam
er 1464 mit mehreren Gesinnungsfreunden nach Basel und wirkte mit am
Aufbau der Universität. Neben seiner Lehrtätigkeit als Professor an der
artistischen Fakultät verfaßte er einen ‹Traktat über die Kunst, den lästi-
gen Beweisführungen der Sophisten zu begegnen›. Drei Jahre später ging
er neuerdings nach Paris und richtete dort 1469 mit WILHELM FICHET
und ERHARD WINDSBERGER ein Druckerpresse ein; 1474 kehrte er nach
Basel zurück und brachte Schüler mit: REUCHLIN, JOHANN WESSEL GANS-
FORT, ERHARD WINDSBERGER und JOHANN AMERBACH. Nun aber wollte
HEYNLIN nicht mehr als Universitätslehrer tätig sein, sondern strebte eine
höhere geistig-religiöse Wirksamkeit an. Abgesehen von seiner Mitarbeit
an der Gründung und Einrichtung der Universität Tübingen, steht er bis
1487 im öffentlichen Predigtamt. Im August desselben Jahres trat er in
die Baseler Kartause von St. Margaretental ein, von Sorge um das Heil
seiner Seele ergriffen und in der Überzeugung, daß in kurzer Zeit über die
Menschheit eine Katastrophe hereinbrechen werde. Trotzdem blieb er
neben der Arbeit für die Buchdrucker auch im Kloster schriftstellerisch
tätig. Sein ‹Traktat über die Messe› (1492) hat bis zur Reformation 44
Auflagen erlebt. Und unverdrossen arbeitete er an einer Wiedergeburt der
Kirche von innen heraus und möchte die alten Formen mit neuem Gehalt
erfüllen. Um die Reinheit des christlichen und des weltlichen Altertums
heraufzuführen, griff er zurück zu den Quellen der christlichen Lehre.

Seine für den Baseler Humanismus richtunggebende Wirkung entfaltete
HEYNLIN in der gemeinsamen Tätigkeit mit dem Buchdrucker JOHANN
AMERBACH († 1513), der seit ca. 1475 in der Stadt eine Druckerei besaß und den HEYNLIN als Herausgeber, Berater und Mithelfer in der Auswahl der Verlagswerke unterstützte. Im Jahre 1479 erschien sein Druck
der Bibel, der zum erstenmal einen nach griechischen und hebräischen
Quellen verbesserten Text der hl. Schrift bot.

> Fontibus ex Graecis, Hebraeorum quoque libris
> Emendata satis et decorata simul
> Biblia sum praesens. Superos ego testor et astra,
> Est impressa nec in orbe mihi similis.
> Singula quoque loca cum concordantiis exstant,
> Orthographia simul quam bene impressa manet –

heißt es am Schluß des Neuen Testaments. – Sind auch bei den wohl geringen Kenntnissen HEYNLINS im Griechischen und Hebräischen die
Textbesserungen nicht gerade bedeutend, so ist doch anzuerkennen, daß
er den Text der Vulgata durch Zurückgreifen auf die Quellen verbessert,
und den Gedanken zuerst gefaßt hat, den später REUCHLIN und ERASMUS
in die Tat umsetzten. Nach der Bibel erschienen unter HEYNLINS Mitwirkung 1489 verschiedene Schriften von AUGUSTINUS, 1493 die erste Ge-

samtausgabe der Werke des AMBROSIUS in drei Foliobänden, mit einem inhaltsreichen Brief HEYNLINS an AMERBACH als Vorrede. Darauf folgten: CASSIODORS Erklärung zum Psalter (1491), von TRITHEMIUS ‹De scriptoribus ecclesiasticis› (1494), die logischen Schriften des ARISTOTELES und PORPHYRIUS mit HEYNLINS Kommentaren und eigenen ‹Logischen Abhandlungen›. Durch die Personen HEYNLINS bekam das Schaffen AMERBACHS, der seine Druckerei in den Dienst einer Regeneratio von Christentum und Theologie stellte und als «Impressor sanctissimus» arbeitete, ihre echten Wesenszüge. Das kirchlich Religiöse überwiegt; an zweiter Stelle steht das Humanistische. Der «große Meister Hans», der den Gelehrten gegenüber niemals Geschäftsmann, sondern stets Druckerherr war, zählte HEYNLIN, REUCHLIN, SEBASTIAN BRANT, KONRAD LEONTORIUS, AUGUSTIN DODO, JOHANNES CONO, KONRAD PELLIKAN, MATTHÄUS ADRIANUS, BEATUS RHENANUS zu Mitarbeitern. Und als in Basel neben der alten Generation der Buchdrucker um 1500 eine neue heranwuchs, NIKOLAUS KESSLER, JAKOB WOLF, MICHAEL FURTER, schuf der alte AMERBACH weiter. «Du bist wie Deukalions Söhne aus Stein geschaffen, ich als Sohn Adams aus Lehm» – schreibt ihm noch am 6. April 1511 der bereits kränkelnde REUCHLIN aus Stuttgart.

Scholastischer Humanismus zeigt sich deutlich auch an PETER SCHOTT (1458–1490). Er stammte aus alter Straßburger Bürgerfamilie, kehrte 1481 von Italien zurück und wirkte in der elsässischen Heimat für die Neubelebung der klassischen Studien. Sein religiös bestimmter Humanismus zieht diese völlig in den Dienst der Theologie. Sie ist ihm die einzig wahre Wissenschaft mit dem Endzweck der Erkenntnis Gottes. Dieser Überzeugung folgend, widmete er sich in Straßburg dem eifrigsten Theologiestudium und nahm 1481 die Priesterweihe. SCHOTTS Briefe und Gedichte, metrische und grammatische Studien, theologische und juridische Gutachten hat WIMPFELING gesammelt und mit einem schönen Lebensbild des Verfassers unter dem Titel ‹Lucubratiunculae ornatissimae› 1498 herausgegeben. Ihnen folgte 1500 ein Abriß der Metrik ‹De mensuris syllabarum›, der sich großer Beliebtheit erfreute.

In Augsburg wandte sich SIGISMUND GOSSEMBROT (1417–1493) nach Studien in Wien 1433/36 dem Kaufmannsberuf zu, war Mitglied des Stadtrates und eine Zeitlang Bürgermeister. Um 1450 gründete er einen Augsburger Humanistenkreis, zu dem SIGISMUND MEISTERLIN, HERMANN SCHEDEL, VALENTIN EBER und PETER VON SCHAUMBERG gehörten. Familientradition und die Freundschaft seines Sohnes ULRICH mit GEILER VON KAISERSBERG und PETER SCHOTT machten ihn zum Verbindungsmann mit Straßburg. Sein Briefwechsel mit KONRAD SÄLDNER in Wien erweist ihn als eine der hervorragendsten Persönlichkeiten des deutschen Frühhumanismus, dessen Bildungsgrundlage zwar noch scholastisch ist, der aber als begeisterter Anhänger und Vorkämpfer der neuen Bildung mit ihrer Rhetorik und eleganten Stilistik sowie als Bücher- und Handschriften-Sammler auftritt. Von seinen literarischen Arbeiten sind außer Briefen nur einige Dichtungen erhalten, die ihn als eine durchaus rezeptive Natur darstellen. Ein deutsches Antwortgedicht auf das ihm von dem Chronisten ERHART TÜSCH gewidmete ‹Meisterlied› scheint verloren. Noch in der Blüte des Mannesalters zog sich GOSSEMBROT 1461 in die Stille des Johanniterklosters ‹Zum grünen Wörth› zu Straßburg zurück.

Vorwiegend nominalistisch bestimmter Spätscholastiker, der die Lehren seines Lehrers HEYNLIN VON STEIN fortsetzte und für eine Reform im Sinne der mittelalterlichen Autorität eintrat, dabei Hauptvertreter einer Moralallegorik war JOHANN GEILER VON KAISERSBERG (1445–1510) aus Schaffhausen.

Er lehrte in Freiburg i. Br. als Professor an der Artistenfakultät, nahm 1470 die Priesterweihe, übersiedelte nach Basel, erwarb dort 1475 das Doktorat der Theologie; zurückberufen an die Universität Freiburg, ging er bald darauf nach Frankreich in die Umgebung HEYNLINS. Sein Schüler PETER SCHOTT gewann GEILER zum Prediger in Straßburg, wo er von 1478 an wirkte. Daneben entfaltete er eine eifrige geistige Tätigkeit und vermittelte in der Absicht, die Schulbildung zu heben, die Berufung SEBASTIAN BRANTS, WIMPFELINGS und HIERONYMUS GEBWILERS an die Domschule. Von seinen Freunden ist GABRIEL BIEL zu nennen.

GEILER war einer der eindrucksvollsten Kanzelredner der Zeit, der alle Kunstmittel der Rhetorik beherrschte und bei dem neue Gattungen in der Predigtgestaltung auftauchen. Man nahm außer dem Bibelzitat auch Sätze aus der Liturgie und Legende zum Thema, wählte als Leitmotiv ein freies Thema, behandelte zeitgenössische Anliegen, setzte ein Sprichwort an den Anfang, benützte Allegorien etc. GEILERS Predigten waren im wesentlichen für ein stadtbürgerliches Publikum bestimmt. Er trat darin gegen die herrschenden Mißstände in der Kirche auf; setzte als Prediger in Frauenklöstern mystische Traditionen fort; wirkte bei Klostervisitationen im Elsaß mit. GEILER war noch ein Prediger im spätmittelalterlichen Sinn, der die Menschen zu einfacher Gläubigkeit und alter Sitteneinfalt zurückführen wollte. Er bediente sich dabei eines derben Realismus, wirklichkeitsnaher Bilder und Sittenschilderungen, arbeitet mit effektvollen Mitteln. GEILER, der über das gesamte geistliche und weltliche Wissen des ausgehenden Mittelalters verfügte, besaß eine glänzende Erzählergabe, die er mit Gleichnissen, Allegorien, Geschichten, Sprichwörtern und volkstümlichen Redewendungen förderte; dichterisch gestaltende Phantasie ging ihm wohl ab.

Neben den Minneallegorien gab es auch eine geistliche Moralallegorik und figurative Exegese. Charakteristisch für den nominalistisch bestimmten GEILER sind Serienpredigten, die von Literaturwerken oder allgemein interessierenden Ereignissen ausgingen. Er predigte über NIDERS ‹Formicarius›, BRANTS ‹Narrenschiff› und hielt Predigtreihen über den ‹Has im

Pfeffer› (der Hase ist das vierzehnfache Abbild eines braven Kloster-
menschen), ‹Die geistliche Spinnerin›, ‹Die Passion des Lebkuchens›; 17
Predigten schlossen an einen Löwen auf dem Jahrmarkt an (der Löwe ist
das Sinnbild eines Gottesfürchtigen, eines Weltmannes, Christi, des Teufels). Die dabei vorgetragenen Hauptlehren sind: strenge Beachtung der
göttlichen Gebote und nicht nach dem Treiben des Nächsten schielen.
Die Erkenntnisfrage tritt hinter den moralischen Besserungswillen zurück.
Fast alle Predigten sind erfüllt von willkürlicher Moralallegorik. Obgleich
GEILER im wesentlichen dem Mittelalter angehört, zeigen sich bei ihm
die pädagogischen Ideale der neuen Geistesrichtung, indem er antike und
humanistische Autoren zitiert. Mit WIMPFELING hatte er eine Kontroverse
über die Vereinbarkeit von Antike und Christentum.

Unter GEILERS Namen sind viele Drucke erschienen. Das wenigste
wurde von ihm selbst revidiert. GEILERS für den mündlichen Vortrag gedachten lateinischen Predigtskizzen und Konzepte sowie Nachschriften
von Zuhörern waren das Material für die Herausgabe seiner Schriften
durch GEILERS Neffen PETER WICKGRAM, JOHANNES PAULI u. a. An
Drucken seien u. a. genannt: ‹Sterbebüchlein› (o. O. u. J., 1480); eine
Ausgabe der Schriften JOHANN GERSONS (Straßburg 1488/89); ‹Der Bil-
ger› (1494 u. ö.); ‹Der Trostspiegel› (Basel 1503 u. ö.); ‹Passio Christi›
(Straßburg 1506 u. ö.; deutsche Ausgabe 1506 u. ö.); ‹Predigen teutsch›
(Augsburg 1508); ‹Fragmenta passionis› (Straßburg 1508); ‹Der Seelen
Paradies› (Straßburg 1510; Nachschrift von SUSANNE HÖRWART und UR-
SULA STIGEL); ‹Das Buch Granatapfel› (Augsburg 1510 u. ö.), zusammen-
gestückt aus dem ‹Exodus› des MARQUARD VON LINDAU und einer älteren
Verdeutschung des ‹Malogranatum› des Zisterziensers GALLUS JUN. in
Königsaal bei Prag; ‹Navicula sive speculum fatuorum› (o. O. m. J., ca.
1510 u. ö.); ‹Navicula poenitentiae› (Augsburg 1511 u. ö.; deutsche Aus-
gabe 1514 u. ö.); ‹Das Buch arbore humana› (Straßburg 1520); ‹Die
Emeis› (Straßburg 1516); ‹Die Brösamlin› (Straßburg 1517); ‹Das Alpha-
beth in XXIII Predigen› (Straßburg 1517); ‹Der dreyer Marien Salbung›
(Straßburg 1520).

b) Rudolf Agricola

Viel tiefer als die meisten der genannten Übergangsgestalten in die italienische Entfaltung des Humanismus drang ein und viel länger als sie in
der südlichen Renaissance-Umwelt lebte RUDOLF AGRICOLA (1443/44 bis
1485). Der Humanismus in Pavia, die Beherrschung bereits des Griechischen und Hebräischen und auch die glanzvolle Renaissance unter den
mächtigen Este in Ferrara vermochten jedoch nicht, ihn entscheidend aus
seiner Devotio moderna und Spätscholastik niederländisch-deutsch-fran-
zösischer Artung zu lösen oder von seinen pädagogischen Betätigungen

wegzuziehen. Die in Italien aufgenommene Renaissancebildung hat seine niederdeutsche Natur wohl durchdrungen, aber auch geläutert, so daß Altes und Neues zu einer Synthese gelangen konnten. ERASMUS nennt ihn in einem Brief an REUCHLIN zusammen mit den großen Italienern POLI-TIAN, dem Grafen VON MIRANDOLA, HERMOLAO BARBARO.

Der Humanist und Philosoph RUDOLF AGRICOLA, d. i. ROLEF HUYSMAN war der Sohn des Klerikers HEINRICH HUUSMAN, Inhabers der Pfarre Baflo bei Groningen, der damals noch nicht die höheren Weihen genommen hatte, und eines Mädchens mit Namen ZYCHA. Noch bevor das Kind geboren war, wurde der Vater zum Abt (Superior) des Benediktinerinnenklosters Zelwaer erwählt, dem er 36 Jahre vorstand. Den ersten Unterricht genoß AGRICOLA in der Martinschule in Groningen. Hernach studierte er 1456/58 an der Universität Erfurt neben RUDOLF VON LANGEN Rhetorik und Dialektik, erschien 1462 an der Universität Köln, dann längere Zeit in Löwen, wo er scholastische Philosophie im Sinne der aristotelisch-thomistisch-scotistischen Via antiqua, weiters Mathematik, die klassischen Sprachen, dazu Musik und Französisch betrieb. Nachdem AGRICOLA das Studium der Artium liberalium im Norden beendet hatte, zog er zur Vollendung seiner wissenschaftlichen Bildung 1468 nach Italien und verweilte mit Unterbrechungen im Winter 1470/71 und um 1474 mehrere Jahre im Süden, erst in Pavia, dann ab Herbst 1475 in Ferrara. An der Universität Pavia widmete er sich zunächst den Rechtswissenschaften, bald aber wieder den lateinisch-griechischen Studien und befreundete sich mit JOHANN VON DALBERG. In Ferrara war er als Musiker und hervorragender Orgelspieler am Hofe Herzog ERCOLES tätig und betrieb Griechisch bei BATTISTA GUARINI und LUDOVICO CARBONE und verkehrte mit den Dichtern STROZZI. Überdies wirkte er selbst als Lehrer an der Universität. Aus Italien kehrte AGRICOLA Sommer 1479 nach Deutschland zurück und lebte als freier Gelehrter. Von Jugend an der Devotio moderna im Sinne der von GEERT GROOTE begonnenen und dann besonders von THOMAS VON KEMPEN fortgesetzten Reform mit der Bemühung um eine bessere Bildung zugetan, verkehrte er mit RUDOLF VON LANGEN u. a. im Kloster Adwerd, wo Abt HEINRICH VON REES die Freunde des christlichen Humanismus in den Niederlanden um sich und seine Bibliothek scharte. Vor allem aber wurde WESSEL GANSFORT auf AGRICOLAS religiöse Anschauungen und seine ernste und ehrliche Frömmigkeit von bestimmender Einwirkung. Zur Schlichtung eines Rechtshandels sandte ihn 1481 seine Heimatstadt an den Hof MAXI-MILIANS I. nach Brüssel, wo er ein halbes Jahr verblieb. Alle Anträge des Kanzlers von Burgund und des Erzherzogs selbst, zunächst bei Hof die Stelle eines Sekretärs, dann mit der Zeit die Erziehung der heranwachsenden Kinder MAXI-MILIANS I. zu übernehmen, lehnte er ab. Schließlich meinte er, in Antwerpen den Ort gefunden zu haben, um als Leiter der lateinischen Stadtschule wirken zu können, aber ehe noch sein Freund JAKOB BARBIRIANUS die Stellung für ihn erlangt hatte, kam ein in der ehrenvollsten Form gehaltener Antrag des Kurfürsten PHILIPP II. VON DER PFALZ. Als ehemaliger Studiengefährte des Kanzlers VON DALBERG und der beiden Brüder VON PLENINGEN wurde AGRICOLA nach Heidelberg berufen, wo er vom Frühjahr 1484 bis 1485 wirkte. Ohne amtliche Bindung an ein Lehramt lebte er als Freund und Hausgenosse DALBERGS, hielt jedoch an der Universität Vorlesungen und zwar zunächst über die Briefe des JÜNGEREN PLINIUS. Auf Wunsch des Pfalzgrafen reiste er mit DALBERG 1485 nach Rom, um den neugewählten Papst INNOZENZ VIII. zu beglückwünschen, erkrankte jedoch auf der Rückfahrt in Trient und starb in Heidelberg.

AGRICOLAS literarisches Werk besteht aus einer philosophisch-rhetori-
schen Lehrschrift, aus Begrüßungsansprachen und Gelegenheitsreden,
Briefen, einer kurzen PETRARCA-Biographie, einigen lateinischen Gedichten, einem verlorenen Abriß einer Weltchronik mit Zugrundelegung der
Geschichtsschreiber des Altertums, geordnet nach den vier Monarchien,
Erklärungen zu des BOETHIUS ‹De consolatione philosophiae› und zu
einigen ‹Declamationes› SENECAS D. Ä. Seine Kenntnis des Griechischen
benützte er, um Schriften griechischer Autoren für nur des Lateinischen
Kundige in diese Sprache zu übersetzen. Aus dem Französischen ins Lateinische übertrug er den Brief des ARNOLD DE LALAING an PAUL BAENST
über die Zusammenkunft Kaiser FRIEDRICHS III. mit KARL DEM KÜHNEN
VON BURGUND in Trier 1473. Auch eine neue Übersetzung der Psalmen
nach dem hebräischen Text hat er schließlich versucht. Dieses schmale
Gesamtwerk zeigt aber Ansätze eines neuen geistigen Lebens, wie sie kein
anderer deutscher und niederländischer Humanist der Zeit aufweist. Die
‹Vita Petrarcae› (1473/74), ein kunstvoll gefügter, wohlklingender Festvortrag, ist ANTON SCROVEGNI gewidmet und entstand wohl in Pavia, im
Zusammenhang mit dem ersten Zentenar des Todesjahres des von AGRI-
COLA als Vorbild verehrten Dichters. Zu AGRICOLAS Hauptleistung füh-
ren die Rede ‹In laudem philosophiae et reliquarum artium› und die in
Form eines Briefes abgefaßte Schrift ‹De formando studio›.

Die Ansprache ‹Zum Preise der Philosophie und der übrigen Wissenschaften›
wurde 1476 bei Eröffnung des akademischen Studienjahres in Ferrara vor dem
Hof und der Universität gehalten. Sie war ein Glanzstück humanistischer Rhetorik und pries voll tiefster Überzeugung vom inneren Zusammenhang des Göttlichen und Menschlichen die Kraft des menschlichen Geistes, der Irdisches und
Himmlisches durchdringe. Die Schrift ‹Von der Gestaltung des Studiums› (Heidelberg 1484) sollte JAKOB BARBIRIANUS in Antwerpen eine Anleitung zur Fortsetzung seiner Studien geben. Unter Philosophie wird Moral und Physik, also auch
das Gesamtgebiet der Naturwissenschaften verstanden. Der Philosophie sich zuwenden, heißt, danach streben, über alles richtig zu denken, und was man denkt,
richtig auszudrücken. Das bei den antiken Schriftstellern Gelesene soll man in
möglichst gleichwertigen Ausdrücken in die Muttersprache übertragen und ebenso alles, was man in lateinischer Sprache schreiben will, zuerst in der Muttersprache entwerfen. Nicht Eloquenz oder Beredsamkeit ist das Nächste und
Höchste, sondern die Erkenntnis der Sache und Klarheit der Rede. Als Bildungs-
ziel steht der vielseitig tätige, bedeutende und tugendhafte Mensch vor Augen.

Mit dieser frühen Zusammenfassung der pädagogischen Lehren des
deutschen Humanismus war für das Universitätsstudium ein Reformprogramm aufgestellt, das in der Folgezeit die Geisteswissenschaften und
Naturwissenschaften, die Wissenschaftsgliederung und Unterrichtslehre
bestimmen sollte.

Die Reformation und Neugestaltung des gesamten Wissenschaftsbetrie-
bes versuchte AGRICOLA in seiner philosophischen Hauptschrift ‹De inventione dialectica› (1479; Löwen 1515, Straßburg 1522, Köln 1527, Paris

1538, Köln 1552, 1557, 1570). Drei Bücher über die Weise der Alten, zu denken und zu schließen; in Italien begonnen, in Deutschland beendet.

Sie behandeln die Kunst, einen jeden Gegenstand von allen vierundzwanzig Seiten (loci), von denen er untersucht werden kann, zu betrachten und darzustellen. «Ich schwöre auf keines Meisters Worte», sagt er. «Und so bin ich jeweils dem Autor gefolgt, der mir entsprochen hat, und wo mir niemand entsprochen hat, bin ich an seiner Stelle der Vernunft gefolgt».

Unter Loslösung vom alten spätscholastischen Gedankengut wird ein neues, der natürlichen Ordnung der Dinge angemessenes System von Gesichtspunkten der wissenschaftlichen Erörterung geschaffen, und die Dialektik im Anschluß an die Lehrschriften CICE-ROS, QUINTILIANS, des THEMISTIUS und BOETHIUS neu aufzubauen versucht. Das erste Buch erörtert die Topoi, das zweite handelt ‹De locorum usu›, das dritte über ‹movere, delectare, de collocatione›. Das Ergebnis war freilich kein neues Wissenschaftssystem, sondern mehr eine Kunstlehre der wissenschaftlich-philosophischen Gesprächsführung. AGRICOLA stand dem Gegenstand seiner Denkarbeit, der antiken Überlieferung, mit großer, aber ehrfürchtiger Freiheit gegenüber und gelangte so zu einer großartigen Vorstellung vom Zusammenhang der geschaffenen Welt. Er ist überzeugt, daß in der belebten wie in der unbelebten Welt ein sinnvoller Aufstieg wahrnehmbar sei. Diese Welt zu erkennen, hilft die Kategorie des Zweckes. «Die Welt ist Tätigkeit, Energie, Nützlichkeit. Gott hat sie eingerichtet, wie ein guter Hausvater sein Haus, jedes Ding hat seine gewisse Verrichtung». Das höchste Gut liegt in der Vollendung der Art. Sinnvoll steigt in ihr die Ordnung der Zwecke auf. Und diesem Kosmos der natürlichen Welt entspricht ein ebenso sinnvoller Aufstieg der menschlichen Erkenntnis. Das Werk schließt mit einem Hymnus voll Hoffnungsfreude auf die «gewaltige, unermeßliche, unglaubliche» Macht des menschlichen Geistes, dem kaum eine andere Schranke gesetzt ist als in dem menschlichen Willen – sieben Jahre bevor der junge PICO DELLA MIRANDOLA denselben Gedanken formte in seiner ‹Rede über die Würde des Menschen›.

Die Begrüßungsansprachen an die neugewählten Rektoren in Pavia galten am 1. Juli 1471 MATHIAS RICHILUS, am 1. Juli 1473 PAUL DE BAENST, am 1. Juli 1474 JOHANN VON DALBERG. Auf einer Wormser Synode im Sommer 1484 sprach AGRICOLA über die Würde des Priesterstandes. Eine seiner schönsten Reden, ‹De nativitate Christi›, hielt er am Weihnachtstag 1484 vor der Heidelberger Universität. Die letzte Rede, für DALBERG verfaßt, war die Gratulationsrede an INNOZENZ VIII. (gedr. Rom 1485).

AGRICOLAS Übersetzungsarbeiten aus dem Griechischen begannen schon während des Aufenthaltes in Italien: PLATONS ‹Axiochus, De contemnenda morte›, Pavia 1473 (gedr. ca. 1480 u. ö.), gewidmet RUDOLF VON LANGEN, ISOCRATES ‹Ad Demonicum›, Ferrara 1478, für seinen Bruder JOHANNES; in Ferrara übersetzte er ferner von ISOCRATES ‹De regno› und die ‹Praeexercitamenta› des APHTONIUS und des PRISCIAN VON CÄSAREA. In Dillingen, wohin AGRICOLA auf Wunsch des Bischofs von Augsburg JOHANN VON WERDENBERG gegangen war, übersetzte er 1479 LUKIANS Schrift ‹Über das Mißtrauen, welches man den Angebern gegenüber hegen müsse› (‹De non credendis delationibus›); LUKIANS ‹Micyllus sive Gallus› entstand Sommer 1484 und ist DIETRICH VON PLENINGEN gewidmet.

AGRICOLAS Gedichte sind an bestimmte Personen gerichtet oder behandeln Religiöses. Das längste, auch selbständig gedruckte, ist der HL. ANNA gewidmet, andere dem HL. JODOCUS, dem HL. ANTONIUS und der HL. KATHARINA; von den zahlreichen Epigrammen scheint das meiste verloren. In den Briefen tritt AGRICOLA als geistvoller Selbstbeobachter entgegen, äußert Weltschmerz im Sinne PETRARCAS und zeigt Selbstkritik, ja Selbstironie.

Schon äußerlich war der Friese AGRICOLA eine würdevolle und vornehme Erscheinung, im gesamten ein allseitig gebildeter, in sich gefestigter, das Leben bejahender Mensch, der die harmonische Entwicklung aller in Körper und Geist ruhenden Fähigkeiten anstrebte. Nicht nur durch Schriften und Unterweisung, sondern auch durch seine ganze Persönlichkeit und sein Wesen verkörperte er als einer der ersten Deutschen das Bildungsideal des *Uomo universale.* Mit vollendeter Beredsamkeit verband er eine gleich große Gelehrsamkeit, beherrschte die ‹drei heiligen Sprachen›, Hoch- und Niederdeutsch, Französisch und Italienisch, war ein guter Kenner der Klassiker und gewandter Stilist, dazu Musiker, Virtuose und Komponist, Zeichner und Maler, der um die Perspektive wußte und von den Proportionen des menschlichen Körpers etwas verstand. Diese Vielseitigkeit – Gelehrter, Dichter, Maler, Musiker – rückt seine Gestalt in die Nähe der Vierseelenmänner Italiens. Die Literatur der Alten studierte er hauptsächlich der Sachkenntnisse, der großen Gedanken und der Geistesbildung wegen. Dem ernsthaften, systematisch denkenden Manne mit starken religiösen Bedürfnissen, dem die persönliche Unabhängigkeit höchstes Gut bedeutet, bildete das Studium der antiken Autoren eine Vorstufe zur Beschäftigung mit den *sacrae litterae.* Was er von PETRARCAS Lebensabend sagte, gilt auch für seinen eigenen: «Sacrarum literarum in senectu studiosus fuit». AGRICOLA hat von seinem Heidelberger Kreis aus und über die Schulen der Brüder vom gemeinsamen Leben auf die Entwicklung zahlreicher deutscher Humanisten, wie die des KONRAD CELTIS, des ALEXANDER HEGIUS, ERASMUS u. a., maßgebenden geistigen Einfluß geübt. Die bedeutsamste Fortwirkung jedoch fand er bei PHILIPP MELANCHTHON gleich nach Ausbruch der Reformation. Von AGRICOLAS ‹De inventione dialectica› führt ein weithin tragender Bogen zu MELANCH-THONS ‹Dialektik› (1520), der insbesondere im Abschnitt über die Grundbegriffe (‹De locorum usu›) an AGRICOLAS Ausführungen anknüpfte und dessen Methode in den Reformhumanismus des 16. Jhs. überleitete.

3. Humanistische Lebenslehre

Bis in das zweite Drittel des 15. Jhs. waren *Schulunterricht und didaktisches Schrifttum* durchaus elementar und religiös ausgerichtet. Gegen die Jahrhundertwende zu wird unter der Einwirkung des Humanismus die Unterweisung zunehmend profaner und gelehrter. Von den Schulen gelangten einzelne, wie die zu Schlettstadt, Deventer und Münster, wegen ihrer ausgezeichneten Lehrer zu hoher Blüte. Viele der besten Talente kamen aus diesen mehr und mehr im Geiste des Humanismus geleiteten Anstalten. Die in Schlettstadt verglich man gern scherzhaft mit dem Trojanischen Pferd: wie dort die griechischen Helden zur Eroberung der Stadt, so wurden hier die gerüsteten Humanisten zum literarischen Kampf entlassen.

Die Scholastik hatte die pädagogisch-didaktischen Gesichtspunkte in die Theologie eingeschlossen. Mit dem Niedergang der Scholastik und dem Aufkommen des Humanismus stellt der von Erkenntnisdrang erfüllte, neue weltliche Gelehrtenstand neben die *studia divinitatis* die *studia humanitatis*. Gemäß den Lehrmeinungen der griechisch-römischen Philosophie erlangt der Mensch nicht mehr durch die Geburt, sondern durch Ausbildung der Anlagen und Unterweisung Tüchtigkeit. Entscheidend sind das Können und die Leistung. Bildung und Erziehung werden durch Unterrichtung gewonnen. Die höheren und mittleren Lehranstalten und die Schulmeister spielen in Deutschland eine größere Rolle als in Italien. Das deutsche frühhumanistische Schrifttum ist weitgehend auf *Erziehung und Verhaltenslehre* eingestellt. Der deutsche Humanismus hat eine große Anzahl Erziehungsschriften, Bildungsprogramme u. dgl. hervorgebracht. Die Didaktik und Lebenslehre erstrecken sich: auf Jugenderziehung und -unterrichtung an den Lateinschulen und Artistenfakultäten der Universitäten; auf die Gewinnung einer neuen, an der Antike orientierten Bildung und Lebenskunde, ohne daß dabei die christlichen Glaubens- und Moralgrundsätze aufgegeben werden.

Neuer humanistischer Geist und mittelalterlich-volkstümliche Haltung schließen einander nicht aus. *Didaktik und Lebenslehre* sind mehr oder minder eng mit *Reformideen* verbunden. Anstatt einer internationalen Haltung wird der nationale Charakter betont, zunächst wird die Muttersprache in Vers und Prosa kultiviert.

a) Jakob Wimpfeling

Noch ganz in der kirchlichen Moral des ausgehenden Mittelalters befangen und eigentlich noch kein richtiger Humanist war der geradezu als ‹Lehrer Deutschlands› bezeichnete JAKOB WIMPFELING (1450–1528). Er befürchtete von der Beschäftigung mit den heidnischen Poeten, ausgenommen VERGIL, sittliche Gefahren, war aber erfüllt von Reformwünschen für Schule, Kirche und Reich. Er benützte den Dialog, ‹Stylpho›, um das päpstliche Pfründen- und Kurtisanenwesen und die Unbildung des Klerus zu geißeln, wirkte aber sonst nicht durch Dichtwerke, sondern durch pädagogische Handbücher, patriotische Schriften, Verdeutschungen antiker Klassiker und Gründung literarischer Vereinigungen.

Das Leben des Theologen, Pädagogen und Historikers JAKOB WIMPFELING begann in Schlettstadt, wo er zunächst die unter LUDWIG DRINGENBERGS Leitung stehende Stadtschule besuchte. Nach dem Tode des Vaters bezog er die Universitäten Freiburg, Erfurt, Heidelberg; wandte sich erst dem Kirchenrecht, dann unter dem Einfluß STEPHAN HOESTS und PALLAS SPANGELS der spätscholastischen Theologie zu. In Heidelberg kam WIMPFELING mit dem dortigen Humanismus und später mit der *Sodalitas Rhenana* in Berührung. Bald vereinigten sich bei ihm kirchlich-ethische, konziliare und mystische Reformideen mit dem Bestreben um eine bessere Latinität.

WIMPFELINGS Schrifttum ist sehr umfangreich und mannigfach, sowie eng mit dem Leben verbunden. Während des ersten Freiburger Aufenthaltes entstanden lateinische Liebesgedichte, in Heidelberg lateinische Gedichte auf den Tod PETER HAGENBACHS (1474) und auf die Schlacht bei Murten (1476), Lobgedichte auf die Pfalzgrafen und auf den Kanzler JOHANN VON DALBERG. Universitäts- und Synodalansprachen zu Heidelberg, Worms und Speyer, ein Lehrbuch über Metrik, ‹De arte metrificandi› (Straßburg 1505), sowie die aus akademischen Scherzdisputationen entstandene ‹Schelmenzunft› und das ‹Leichtschiff› hängen mit seinem Lehramt zusammen. Für die Lizentiatenpromotion 1480 dichtete er den ‹Stylpho› (o. O. u. J. [1494]), eine lateinische Schulkomödie im neuen Stil.

Als angesehener Universitätslehrer, der spätscholastische und kirchliche Reformideen mit sprachlich-pädagogischen Bestrebungen verband, verließ WIMPFELING 1483 Heidelberg, lebte 1483 bis 1498 in Speyer und wirkte eine Zeitlang als Domprediger. Dort entstanden die Marien-Dichtungen ‹De conceptu et triplici candore Mariae virginis› (1492) und ‹De nuntio angelico› (1494), ferner die ‹Laudes ecclesiae Spirenses› (1486). Als Wortführer der öffentlichen Meinung stellte er in Prosa und Versen ROBERT GAGUIN wegen der Übergriffe und Beleidigungen, die KARL VIII. VON FRANKREICH Kaiser MAXIMILIAN I. zugefügt hatte, zur Rede. Um seine Schüler in gutes Latein einzuführen, besorgte er nach LORENZO VALLA einen Grundriß der Stilistik· ‹Elegantiarum medulla› (1493) Die bedeutendste Frucht dieser Jahre aber ist der ‹Isidoneus germanicus› (Straßburg 1496), ein Wegweiser für die deutsche Jugend, der WIMPFELINGS neue Ansichten über Erziehung und Unterricht darlegt. «Die Ehre der deutschen Nation fordert eine gute Bildung, und die Ehre des jungen Deutschen fordert den moralischen Charakter» – sagt er einmal. Mit

BRANT veröffentlichte er LUPOLD VON BEBENBURGS ‹Germanorum veterum principum zelus et fervor in christianam religionem deique ministros›.

Nach vierzehn Jahren Aufenthalt in Speyer erhielt WIMPFELING 1498 eine Berufung als Professor für Rhetorik und Poetik nach Heidelberg. Im selben Jahr besorgte er die Herausgabe der von PETER SCHOTT hinterlassenen Briefe und Gedichte. Seine Lehrtätigkeit begann er mit der Erklärung der Briefe des HL. HIERONYMUS und der Gedichte des PRUDENTIUS. Zur Rechtfertigung seiner philologisch-moralischen Tätigkeit sprach er am 13. August 1499 ‹Pro concordia dialecticorum et oratorum›. Dann arbeitete er als Gelegenheitsredner und Publizist. Dem ältesten Sohn des Kurfürsten widmete er die ‹Agatharchia› (Straßburg 1498), einen Fürstenspiegel, übersetzte die Abhandlung des PHILIPPUS BEROALDUS ‹Über das Leben und Treiben dreier ungeratener Söhne› (gedr. 1513) und wahrscheinlich auch CICEROS ‹Cato›. Literargeschichtlichen Inhalt haben die ‹Castigationes locorum in canticis ecclesiasticis ... depravatorum› (1500, gedr. 1513). Die Vorteile wissenschaftlicher Bildung und humanistischer Schulung für Fürsten und Machthaber behandeln die ‹Philippica› (1498). In diese Zeit fällt auch die Abfassung seines pädagogischen Reformwerkes ‹Adolescentia› (Straßburg 1500), das die didaktischen Forderungen des ‹Wegweisers› nach der ethischen Seite ergänzt.

Im Sommer 1501 trat WIMPFELING von seinem Heidelberger Lehramt zurück und übersiedelte nach Straßburg, wo er gemeinsam mit GEILER und BRANT für Kirche und Schule wirkte, umgeben von einer lernbegierigen Schülerschar. Diese erste Straßburger Tätigkeit war hauptsächlich historischer und patriotischer Art. Gegen die in Straßburg wiederauflebenden franzosenfreundlichen Strömungen richtete er die Flugschrift ‹Germania› oder ‹Teutschland zu Ere der Statt Strassburg und des Rinstroms› (Straßburg 1501) und widmete sie dem Stadtrat. Im ersten Teil sollte das Deutschtum des Elsaß seit CAESAR und die deutsche Abstammung aller deutschen Kaiser seit KARL D. GR. nachgewiesen werden; ein zweiter Teil gab der Stadt Anweisungen, wie sie ihr Gemeinwesen hochbringe und die Bildung ihrer Bürger einrichte. Über diese ‹Germania›-Schrift kam es zum Kampf mit THOMAS MURNER, der dagegen eine ‹Germania nova› (1502) losließ. WIMPFELING erwiderte mit einer ‹Declaratio ad mitigandum adversarium› (1502) und gab die von ihm in den Grundideen angeregte und durch Zusätze vermehrte ‹Epitome rerum Germanicarum› SEBASTIAN MURRHOS (1505) heraus (vgl. S. 665). Neben diesen größeren Arbeiten schrieb WIMPFELING eine Menge kleinerer Abhandlungen und Geleitworte und besorgte Ausgaben wie des JODOCUS BADIUS ‹Stultiferae naviculae› (1502), mit BRANT den ‹Hortulus animae› (1503), ein Gedicht des HRABANUS MAURUS, die Eklogen des BAPTISTA MANTUANUS u. a.; in Basel 1503 verfaßte er die Synodalstatuten und die ‹Epistola de inepta ... verborum revolutione›.

Vom Spätsommer 1504 an beschäftigte sich WIMPFELING in Freiburg mit der Erziehung junger Studenten. Für seinen Lieblingsschüler JAKOB STURM schrieb er das Buch ‹De integritate› (Straßburg 1505). Wegen verschiedener darin enthaltener Behauptungen und Angriffe wurde er in Streitigkeiten verwickelt, die eine Anzahl von Schriften und Gegenschriften nach sich zogen, so ein Gedicht an Papst JULIUS II., die Verteidigungsschrift ‹De vita et miraculis J. Gerson› (1506) und die ‹Apologia de re publica christiana› (1504/06) gegen Advokaten und Pfründenjäger. Neue Fehden entstanden mit den Schwaben, den Schweizern und mit JAKOB LOCHER. Dieser lehrte seit 1503 in Freiburg Poetik und Rhetorik und war mit GEORG ZINGEL über die Stellung der Theologie zur Poesie und den humanistischen Wissenschaften in Streit geraten. WIMPFELING mischte sich für ZINGEL und den Vorrang der scholastischen Theologie vor allen Wissenschaften und Künsten in den Kampf und veröffentlichte zuletzt das scharfe ‹Contra turpem libellum Philomusi defensio theologiae scholasticae et neotericorum› (1510). Mit den ‹Neoterici› sind die Nominalisten gemeint.

Seit 1505 lebte WIMPFELING für drei Jahre bei MARTIN STURM in Straßburg. Auf GEILERS Anregung verfaßte er die ‹Geschichte der Straßburger Bischöfe› (1507), in der sich kulturgeschichtlich interessante Notizen über die Buchdruckerkunst, das Brauchtum im Straßburger Dom am Pfingst- und Kirchweihfest u. dgl. finden. Das Jahr 1507 brachte auch das Büchlein ‹De arte impressoria›.

Die Jahre zwischen 1508 bis 1513 wechselte WIMPFELING seinen Aufenthalt zwischen Freiburg, Heidelberg und Straßburg, wo er eine literarische Gesellschaft um sich vereinigte. Herbst 1510 begann durch Vermittlung seines Neffen, des kaiserlichen Sekretärs JAKOB SPIEGEL, eine ganz neue Arbeit. Ihr voran gingen die Ausgabe LUPOLD VON BEBENBURGS ‹De jure regni et imperii Romanorum›, gemeinsam mit BRANT (1508), und Passionspredigten des eben verstorbenen GEILER, ferner Übersetzungen einer Predigt des HL. CHRYSOSTOMUS, eines Sendbriefes von GIOVANNI PICO DELLA MIRANDOLA an seinen Vetter u. a.; seinen verewigten Freund GEILER ehrte er durch Abfassung einer Biographie (1510). Kaiser MAXIMILIAN I. wollte WIMPFELINGS Beihilfe zu einer kirchenpolitischen Aktion gegen Rom und veranlaßte ein Gutachten über die französische Pragmatische Sanktion (gedr. 1520). In Straßburg erschienen das ‹Soliloquium ad divum Augustinum› (1509/11) und die Einführung zum ‹Lob der Narrheit› des ERASMUS (1511). Während WIMPFELING ein reformiertes Nonnenkloster im Schwarzwald leitete, entstand seine späte Erziehungs- und Unterrichtsschrift ‹Diatriba de proba puerorum institutione› (1514), ein Handbuch für Lehrer an Elementarschulen. Zu gleicher Zeit rechtfertigte er sich in der ‹Expurgatio contra detractores› (1512/14), einer Art Selbstdarstellung seines Lebens, gegen ehrenrührige Angriffe.

Seine letzten Lebensjahre verbrachte WIMPFELING zumeist in Schlettstadt. Aus einem Schwarzwaldkloster schrieb er seine ‹Responsa et replicae› gegen ENEA SILVIO (1515) und bekämpfte dessen Zurückweisung von
MAYRS ‹Beschwerden der deutschen Nation›. Von Straßburg datierte er
seine Mainzer Bistumsgeschichte. Sonst brachte er in dieser Periode fast nur
noch Theologisches hervor: Widmungsbriefe, Einführungsepisteln wie
zum ‹Formicarius› des JOHANN NIDER (1517), eine ‹Oratio vulgi ad deum›
(1517), die bezeichnend ist für die allgemeine Stimmung am Vorabend
der Bauernkriege, einen Nachruf auf MAXIMILIAN I., einen Geleitbrief zu
den ‹Fasten› des BAPTISTA MANTUANUS (1520) u. a. Auch in Schlettstadt
sammelte er eine Gruppe Gleichgesinnter um sich, der PAUL VOLZ, PAUL
PHRYGIO, JOHANN SAPIDUS, LAZARUS SCHÜRER, BEATUS RHENANUS und
MARTIN BUCER angehörten, bis die Kämpfe der Reformation die Geister schieden. Auch in der Spätzeit bekundete WIMPFELING eine recht-
schaffene, überlieferungstreue und warmherzig deutsche Haltung. Dazu
stimmt sein soziales Empfinden für die Nöte des armen und gedrückten
Landvolkes und sein Eintreten für die alten Volksrechte. Bei Ausbruch
der Glaubenskämpfe stand er zunächst unter denen, die meinten, vermitteln zu können, und geriet in den Verdacht, das Pasquill der ‹Litaneia
pro Germania› verfaßt zu haben. Als die Reformatoren und ihre Anhänger gegen die Zeremonien und die Marienverehrung der alten Kirche los-
gingen, trennte er sich von ihnen. Vereinsamt ist er in seiner Heimatstadt
gestorben.

b) Johann Adelphus Muling. Matthias Ringmann Philesius

Von WIMPFELING und dessen Kreis mit pädagogischen und Reform-Ideen
erfüllt wurde JOHANN ADELPHUS MULING († nach 5. August 1522) aus
Straßburg, seit 1505 Physikus der Stadt, Dichter, Bearbeiter und Übersetzer. In WIMPFELINGS Sinne «zur Besserung des Lebens und zur Ver-
mehrung der Gelehrsamkeit» wollte ADELPHUS beitragen durch seine
‹Margarita facetiarum› (1508). Die gegen GEILERS Willen erfolgte Aufnahme von dessen witzigen Aussprüchen unter die Schwänke und die sich
daraus ergebende Verstimmung hielt ADELPHUS nicht ab, auch ‹Doktor
Kaiserspergs Passion … in stückes weiß eins süßen Lebkůchen› (1513;
3 Ausgaben) und GEILERS ‹Paternoster› (1515) zu übersetzen. In einem
Bildwerk, ‹Das ist der Passion In form eins gerichtshandels› (Straßburg
1514), versuchte er, die Leidensgeschichte Christi in juristische Formen zu
kleiden. Den Einfluß SEBASTIAN BRANTS zeigt des ADELPHUS ‹Narrenschiff des Bundschuhs› (1514; drei Ausgaben). Gleich zu Anfang seiner
Übersetzertätigkeit steht die Übertragung der beiden ersten Bücher ‹De
vita triplici› (‹Über die Verlängerung des Lebens›) von MARSILIUS FICINUS
(beigefügt dem ‹Destillierbuch› des HIERONYMUS BRUNSCHWIG 1505, selb-

ständig Straßburg 1521), einer Diätetik des zur Melancholie prädestinierten saturninischen, d. h. geistig hochbegabten und schöpferischen Menschen.

Entsprechend der dreifältigen Ursache des Lebens wird dreierlei Therapie angegeben: eine auf den Vorschriften der arabischen und salernitanischen Medizin beruhende Gesundheitslehre, dann meist aus Pflanzenstoffen bereitete Medikamente mitsamt verschiedenen einzuatmenden Gerüchen, und die astrale Magie der Talismane mit ihrem Einfluß auf die Gestirne. Für FICINUS bestand zwischen den natürlichen und den magischen Kräften kein Unterschied; er sieht die irdische Welt mit der himmlischen durch einen dauernden Strom pneumatischer Kräfte verbunden. Bei all dem aber ist für den Menschen das beste, sich mit voller Seele dem Willen des Gestirns zu übergeben. – Durch diese Übersetzung ist die florentinisch-neuplatonische Melancholie- und Saturnauffassung, wie sie in DÜRERS Stich ‹Melancholia I› bildlich so tiefsinnig gestaltet ist, in Deutschland weiteren Kreisen bekannt geworden.

Auf ‹Das Buch des Lebens› ließ ADELPHUS Übertragungen des ‹Vaterunsers› von LUDWIG BIGUS, weiters VERGILS ‹Bucolica›, MARTIN WALDSEEMÜLLERS ‹Globus mundi› (1509) und des ERASMUS ‹Handbüchlein des christlichen Streiters› (1520) folgen. An eine Ausgabe der ‹Mörin› des HERMANN VON SACHSENHEIM schloß er eine eigene Dichtung ‹Von der Ehe›. Dem dialogisch-dramatischen Gebiet gehört sein ‹Ludus novus› (1516) an. Seine Vorliebe für deutsche Geschichte beweisen die ‹Türkische Chronik› (1513) und der ‹Barbarossa› (1520), beides Übersetzungen bzw. Umarbeitungen von Quellenwerken. Sein Verständnis für die Hymnologie bezeugen die ‹Hymni de tempore et de sanctis› (1513).

In das Elsaß gehört auch MATTHIAS RINGMANN PHILESIUS (1482–1511), nach seinem Geburtsort (vermutlich Reichsfeld) im Wasgau VOGESIGENA genannt. Er trat 1503 zu Straßburg in die Druckerei des JOHANN PRÜSS ein und betätigte sich später in verschiedenen elsässischen Offizinen, z. B. in St. Dié, wo der Domherr WALTER LUD einen Humanistenkreis um sich versammelte. Nach kurzer Abwesenheit als Lehrer an der Münsterschule in Kolmar kam er Ende 1504 abermals nach Straßburg und eröffnete eine Schule. Dieser Tätigkeit als Pädagoge verdanken die ‹Hemistichia poetarum sententiosiora pro pueris› (1505), die ‹Grammatica figurata› und ein ‹Speculum Donati› (1509?) ihre Entstehung. Auch RINGMANN sucht durch Ausgabe und Übersetzung die antike Literatur weiteren Kreisen zugänglich zu machen. Sein ‹Julius der erst Römisch Keiser von seinen kriegen› (Straßburg 1507 u. ö.), eine CAESAR-Übersetzung, ist die erste Übertragung des für die Geschichte des Germanentums so wichtigen Autors. Sie enthielt: die sieben Bücher des Gallischen Krieges, die drei Bücher des Bürgerkrieges, die nicht von CAESAR stammenden Fortsetzungen der Denkwürdigkeiten (das 8. Buch des Gallischen Krieges, den Alexandrinischen, Afrikanischen und Spanischen Krieg) und die Lebensbeschreibung CAESARS von PLUTARCH. Die kleine Elegie ‹Carmen de Vogeso› (beigegeben einer Ausgabe von KÖCHLINS ‹De imperii a Graecis ad Germanos translatione›, 1506), in der die Liebe zu seiner lothringischen Heimat anschaulichen Ausdruck gefunden hat, wird dem Namen RINGMANNS über die Jahrhunderte ein Andenken bewahren.

4. Verbreitung und Blütezeit

Im Verlauf seiner raschen Ausbreitung drang das neue Geistesleben in die gelehrten und kulturtragenden Schichten des Südostens (Schweiz, Vorderösterreich, Österreich), in den deutschen Westen, an den Mittel- und Niederrhein, nach Schwaben, Franken, Bayern, nach Mittel-, Nord- und Ostdeutschland. Zentren wurden einzelne Fürstenhöfe, die Universitäten, reiche Handelsstädte. Die Bewegung sickert in die Lateinschulen der Städte, in die Dom- und Kollegiatkapitel, in die Klöster. Städtische Patrizier erwarben sich humanistische Bildung, beförderten sie durch eigene Arbeiten oder betätigten sich als Mäzene. Der Humanismus in Deutschland stand mit dem im übrigen Europa in vielfachen Verbindungen. Die humanistische Welt, die um 1500 von Italien über˙Wien, Ofen, Krakau, in die Schweiz, Frankreich, die Niederlande bis England, Portugal und Spanien reichte, bildete eine europäische Einheit. Die gemeinsame lateinische Sprache, die Beweglichkeit ihrer Vertreter, der Buchhandel, ein eifriger Briefwechsel hielten die Verbindungen aufrecht.

Bezeichnend für den *älteren deutschen Humanismus* ist ein nationaler patriotischer Zug. Antrieb war der Wetteifer mit den Italienern u. a. Die Vaterlandsliebe zeigt sich im Stolz auf die deutsche Vergangenheit und führte zur Beschäftigung mit der älteren Geschichte und Geographie Deutschlands. Der neu erwachte Patriotismus übte Kritik an den Schäden des Reiches und verlangte Reformen. Auch behielt der Humanismus in Deutschland einen viel stärkeren religiösen Charakter, als er in Italien hatte. Der deutsche Humanismus bezog sehr bald den Kampf gegen die religiösen Mißbräuche mit ein in sein Programm. Man stellte die Philologie in den Dienst der Religion. Es kommt zu einer Erschließung der biblischen Urkunden und der Kirchenväter mit textkritischen Ausgaben.

Die *Blütezeit des deutschen Humanismus* setzt um 1480 ein und dauert bis in die Kirchenkämpfe gegen 1535. In ideeller Hinsicht ist eine zunehmende Abkehr von der mittelalterlich-scholastischen Weltanschauung zu beobachten. Kirchenlehre, Überlieferung und kirchliches Leben erfahren immer heftiger werdende Kritik, ein drängendes Reformverlangen gegenüber den Mißständen macht sich geltend. Die Pflege der individuellen Religiosität findet zahlreiche Anhänger. Gegenüber den dogmatischen Lehren werden die moralischen Werte des Christentums betont. Man begegnet nicht selten der Lehre von der allgemeinen Offenbarung, die außerhalb der Bibel auch Persönlichkeiten wie PYTHAGORAS, PLATON, SOKRATES zuteil wurde. In immer mehr zunehmender Intensität wird eine Reform des gesamten Bildungswesens angestrebt. Die besten Geister sind erfüllt vom Verlangen nach freier wissenschaftlicher Forschung. Das Griechische gewinnt an Geltung. Es erfolgt eine bisher nicht dagewesene Blüte der Naturwissenschaften; Geographie und Geschichtswissenschaft finden erfolgreiche Pfleger.

Es wäre aber ein Irrtum zu glauben, die *deutschen Universitäten* seien gegen 1500 geistig bereits völlig vom Humanismus beherrscht gewesen. Gewiß lehrten an den Artistenfakultäten, welche die Vorbereitung für die drei anderen zu geben hatten, fast überall schon einige oder sogar mehrere humanistisch ausgerichtete Magister, die Vorlesungen über antike Autoren hielten und ein dem Klassischen angenähertes Latein propagierten. Die geistig dominierenden theologischen Fakultäten jedoch waren bis zum Ausbruch der Reformation spätscholastisch eingestellt, und nicht viel anders war es bei den juridischen und medizinischen Fakultäten. Das Eindringen des Humanismus in die höheren und mittleren Schulen, in die fürstlichen und städtischen Kanzleien, das städtische Patriziat, in den Welt- und Ordensklerus und die literarischen und pädagogischen Auswirkungen im einzelnen darzulegen, überschritte den Rahmen dieser Literaturgeschichte. Die Darstellung muß sich auf eine *Überschau des Renaissance-Humanismus* als didaktische und literarische Bildungsbewegung an den Höfen, in den Städten und an den Universitäten des deutschen Sprach- und Kulturraumes beschränken. Wohl aber sollen die Hauptträger und Repräsentanten der neuen Geisteshaltung und Literaturpflege während der Blütezeit eine einläßliche Charakterisierung erfahren.

a) Der Südosten: Die Schweiz, Österreich, Vorderösterreich

In der *Schweiz* und im angrenzenden *Deutschland* wurden vor allem die Städte Konstanz und Basel frühe Sammelplätze von Humanisten. In *Konstanz* tagte von 1414 bis 1418 das 16. allgemeine Konzil. Seine Hauptaufgaben waren die Bekämpfung der Häresie, Beseitigung des Schismas und Reform der Kirche. Die Kirchenversammlung wurde ein buntgemischter, das geistige Leben der Zeit widerspiegelnder Kongreß des ganzen Abendlandes. Zahlreiche Anhänger der neuen humanistischen Bildung hielten sich längere Zeit in der Stadt auf. Auch für *Basel* brachte die von 1431 bis 1449 in der Stadt tagende Kirchenversammlung starke Antriebe. Das Konzil wurde von vielen Italienern und Abgesandten des Oströmischen Reiches besucht; ENEA SILVIO vereinigte zwischen 1432 und 1442 einen Kreis aus humanistisch interessierten Deutschen und Italienern um sich. Die Eroberung Konstantinopels 1453 durch die Türken drängte die flüchtigen Gelehrten und Geistlichen vereinzelt auch in die Städte der Schweiz. Der inzwischen Papst gewordene ENEA SILVIO ermöglichte in Basel 1459 die Errichtung einer Universität. Der Artistenfakultät war von Anfang an eine im Sinne des Humanismus führende Stellung zugedacht. Schon 1464 berief man PETRUS ANTONIUS DE VINARIIS als Lehrer für Poetik. Ihm folgten Wanderapostel wie PETER LUDER, JOHANNES MATTHIAS VON GENGENBACH und der Florentiner JACOBUS PUBLICIUS. Daneben hielt durch einige Zeit auch REUCHLIN Vorlesungen über antike Schriftsteller. Nach GENGENBACHS Tode (1486) übernahm JAKOB CARPENTARIUS dessen Lehrstelle. Er wurde 1492 von DIEBOLD WESTHOFER abgelöst. Vier Jahre später bekam SEBASTIAN BRANT einen Lehrauftrag für Poesie. Die philologische Einstellung des jungen Humanismus bot die Möglichkeit für eine fruchtbare Verbindung mit der Kunst des Buchdruckes. *Humanisten und Druckerherren* schufen in gemeinsamer Arbeit Ausgaben der Bibel, der Kirchenväter, der Rechtsbücher, der antiken und Renaissance-Klassiker. Die Zusammenarbeit zeigt sich an JOHANN HEYNLIN und JOHANN AMERBACH, SEBASTIAN BRANT, JOHANNES CONO, PETRI, KONRAD LEONTORIUS u. a. Nach dem Eintritt HEYNLINS wurde die Kartause besonders unter dem Prior ZSCHEKKENBÜRLIN ein Hort des christlichen Humanismus. In seinem Sinne wirkte auch HEYNLINS Schüler JOHANN ULRICH SURGANT, Pfarrer bei St. Theodor. Spätscholastik und Frühhumanismus sind verbunden in HEINRICH WÖLFFLIN und THOMAS WYTTENBACH (1472–1526). Während dieser in Basel als Sententiarius lehrte, waren LEO JUD und ZWINGLI seine Schüler. Zusammen mit WIMPFELING suchte 1503 der Bischof von Basel CHRISTOPH VON UTENHEIM († 1527), die Geistlichen seiner Diözese zu reformieren. Nach dem Tode der ersten Generation der Drucker und Gelehrten tauchen neue Gestalten auf: JOHANNES FROBEN, URS GRAF, OSWALD BÄR, BEATUS RHENANUS, GLAREAN, CAPITO, OEKOLAMPADIUS, PARACELSUS u. a. Als 1513 FROBEN mit AMERBACH fusionierte, wurde in Basel die damals größte Verlagsanstalt Mitteleuropas geschaffen. Durch den Kreis um AMERBACH und FROBEN wurde 1515 ERASMUS nach Basel gezogen und blieb in seinem Gehen und Wiederkommen Haupt und Führer der Gelehrten. Zum Kreis um ERASMUS gehörten GLAREAN, CAPITO, KASPAR HEDIO, LEO JUD, OSWALD MYCONIUS, KASPAR MEGANDER, ZWINGLI. Eine andere bindende Kraft der neuen Generation in Basel wurde BEATUS RHENANUS, der von 1511 an ebenfalls mit den großen Offizinen in Verbindung stand. Im Frühjahr 1514 erschien HEINRICH LORITI GLAREANUS und blieb zunächst bis 1517; 1522 kam er zurück und blieb bis 1529. Dem Basel der Gelehrten und Buchdrucker im Dienste der Wissenschaft und Bildung trat das Basel der Kunst zur Seite. Schon 1493 war der junge DÜRER hier als Buchillustrator tätig; 1514/15 kam HANS HOLBEIN D. J. und arbeitete für die Druckereien. Zu Beginn der Reformationsbewegung stand die große Mehrheit der Universität Basel auf Seite der alten Kirche. Als die Bürgerschaft 1529 eine durchgreifende Änderung der kirchlichen und staatlichen Verhältnisse erzwang, verließen die meisten Professoren die Stadt; nur OEKOLAMPA- DIUS und PELLIKAN hielten den Lehrbetrieb einigermaßen aufrecht. Erst 1532 wurde die hohe Schule als reformierte Lehranstalt wieder eröffnet. Als Dozenten der ersten Zeit wirkten PHRYGIO, MYCONIUS, KARLSTADT, SIMON GRYNÄUS u. a.

Nach einer Blüte der Spätscholastik, die getragen war von der Univer- sität und einzelnen Orden im Lande, und nach einer deutschen Dichtung und Geschichtsschreibung für den Hof, den Adel und das Bürgertum, kam es in *Österreich* bereits sehr früh auch zu einem Aufkeimen des Hu- manismus. Hauptperson war ENEA SILVIO PICCOLOMINI, Pflegestätten bildeten der Hof und die Kanzleien. Erst etwas später machen sich An- fänge an der Universität in *Wien* bemerkbar. Frühe Lehrer der neuen Bildung waren PAUL VON BAMBERG, PAUL VON STOCKERAU, JOHANN MANDL; WILHELM VON SAVONA bildete einen Kreis, zu dem JOHANN SCHWARZ und WOLFGANG WINTHAGER gehörten. Mit PEUERBACH und REGIOMONTAN erreichte der Wiener Frühhumanismus einen Höhepunkt. Obgleich in den 6oer bis 8oer Jahren infolge der politischen Verhältnisse ein gewisser Stillstand eintrat, hatte die neue Geistesrichtung doch be- reits solche Wurzeln geschlagen, daß es bald zu einem Wiederanstieg kam. An der Universität wirkten 1460/80 länger oder kürzer BRICCIUS PRE- POST, BERNHARD PERGER, ULRICH EBERHARDI. Die Träger des Hofhuma- nismus waren Lehrer des jungen MAXIMILIAN und Beamte der kaiser- lichen und habsburgischen Kanzlei, wie JOHANN FUCHSMAGEN, JOHANN KRACHENBERGER, BLASIUS HÖLZEL, MATTHAEUS LANG, JOHANN WALD- NER u. a. Wie überall in Deutschland, so erschienen auch an der Wiener Hochschule fahrende Humanisten: 1470–1472 PETER LUDER, 1487 der elegante CINTIO DI SAN SEPOLCRO; nicht um Vorlesungen zu halten, son- dern um die Verhältnisse kennenzulernen, wanderte Spätsommer 1492 KONRAD CELTIS die Donau herab und fand unter den Dozenten, beson- ders bei JOHANN BENEDIKT TICHTEL, BARTHOLOMÄUS STEBER, JOHANN BURGER Anschluß und unter den Studenten Verehrer. Nach dem Ende der Ungarnherrschaft versuchte PERGER, seit 1492 Superintendent der Universität, eine Reform. Seine Bemühungen hatten aber nur geringen Erfolg. Den auf Befehl Kaiser FRIEDRICHS III. als Poet und Orator ein- gesetzten PAULUS AMALTHEUS setzte 1493 die Fakultät wieder ab. MAXI- MILIAN I. berief 1493 HIERONYMUS BALBUS, der mit seinen ‹Epigrammen› die moderne italienische Liebesdichtung brachte. Neben BALBUS wirkten länger oder kürzer die Oberitaliener FRANCISCUS NIGER, QUINCTIUS AEMI- LIANUS CIMBRIACUS, PETRUS und FRANCISCUS BONOMUS. Die Reform der Universität in den 9oer Jahren führte schließlich 1497 zur Berufung des

KONRAD CELTIS und zur Heranbildung eines großen Schülerkreises: JO-
HANNES CUSPINIANUS, JOACHIM VON WATT u. a. Eine zweite bedeutende
Mathematikerschule mit JOHANNES STABIUS, ANDREAS STIBORIUS, GEORG
TANNSTETTER, COLLIMITIUS und STEPHAN ROSINUS repräsentierte die
andere Richtung der humanistischen Disziplinen. Aus Schlesien kam KAS-
PAR URSINUS VELIUS.

Von Wien aus wurde *Ungarn* dem Humanismus gewonnen. Hauptför-
derer war MATTHIAS CORVINUS (1440–1490), seit 1458 König von Ungarn. Er hatte zeitweilig Ungarn, Böhmen, Mähren, Schlesien und Österreich in seinem Besitz. CORVINUS zog zahlreiche Gelehrte, besonders aus
Italien, an seinen Hof, gründete die Universität Preßburg und verfügte das
Anlegen der berühmten ‹Bibliotheca Corviniana›.

Ein wichtiges Einfallsgebiet des Humanismus nach Norden bildete
Tirol. Dort regierte zu Innsbruck seit 1458 Herzog SIEGMUND (1427 bis
1496), vermählt mit ELEONORE VON SCHOTTLAND. In seinen Diensten
standen Anhänger des Neuen und Vertreter des Alten: GREGOR HEIM-
BURG, LORENZ BLUMENAU, HERMANN VON SACHSENHEIM, ANTON PFORR
und JAKOB PÜTERICH VON REICHERTSHAUSEN. Von 1450 bis 1464 verwaltete NIKOLAUS VON CUES das Bistum Brixen und versuchte, mit seinen
Reformen durchgreifend zu wirken. In Tirol entstand ein großer Teil
seiner späteren Schriften. Ein zweiter, wenn auch kleinerer Hof befand
sich in Lienz, wo PAOLA GONZAGA († um 1496) aus Mantua, die Gemahlin des Grafen LEONHARD VON GÖRZ, schöngeistige Studien pflegte. Aus
der kaiserlichen Kanzlei stammte JOHANN HINDERBACH, seit 1465 Bischof
von Trient, der dort 1476 eine Druckerei anlegte. In *Kärnten und Salzburg* förderten Kunst und Wissenschaft im Sinne der Renaissance RUDOLF
VON BRESLAU, Bischof von Lavant, und MATTHAEUS LANG (1468–1540) aus
Augsburg, 1505–1522 Fürstbischof von Gurk, 1519 Erzbischof von Salzburg.

Zu *Vorderösterreich* gehörte damals noch *Freiburg im Breisgau.* Die
durch Erzherzog ALBRECHT VI. gegründete und 1460 eröffnete Universität gewann gleich zu Beginn durch humanistisch gesinnte Professoren wie
GLAREAN, LOCHER, GREGOR REISCH u. a., durch Theologen wie GEILER
VON KAISERBERG, THOMAS MURNER, ECK, FABER, LORICHIUS u. a., durch
Juristen wie ZASIUS u. a. großes wissenschaftliches Ansehen. Seit 1514
wirkte als Professor für Poetik in Freiburg PHILIPP ENGELBRECHT († 1528)
aus Engen im Badischen, Humanist und Dichter, eine eifrige, bewegliche
Natur wie CELTIS, LOCHER, HUTTEN. Von seinen Dichtungen und Schriften sind bekannt: ein Epithalamium für JOHANN VON SACHSEN und MAR-
GARETE von ANHALT (1514); die Stadtbeschreibung ‹Friburgica› (1515);
ein ‹Carmen paraeneticum› (1517) an Pfalzgraf PHILIPP; eine ‹Vita divi
Lamberti› (1519) in Versen mit vielen Wundergeschichten; ein Kommentar zu den Satiren des PERSIUS (gedr. 1578). ENGELBRECHT war befreundet
mit HUTTEN, THOMAS BLAURER, ERASMUS, SPALATIN, BEATUS RHENANUS,

HUMMELBERGER, SPIEGEL, WATT. Er war ein Gegner der Dunkelmänner und Parteigänger LUTHERS. Bei der Glaubenserneuerung blieb die Stadt Freiburg samt Hochschule nach verschiedenen Kämpfen katholisch. Für das Münster schufen Kunstwerke u. a.: HANS BALDUNG GRIEN das berühmte Hochaltarbild (1512/16), HANS WEYDITZ das Schnitzwerk des Dreikönigsaltares (1505), HANS HOLBEIN D. J. die Tafel der Universitätskapelle (1521).

b) Der Westen: Straßburg, Schlettstadt, Mittel- und Niederrhein

In enger Verbundenheit mit Basel vollzog sich die Aufnahme der neuen Bildung in *Straßburg*. Bis zur Abwehr der burgundischen Erdrückungsgefahr in den Kriegen 1474/75 war jedoch von frischem geistigem Leben noch wenig zu spüren. Erst gegen Ende des Jahrhunderts brachte das Zusammentreffen dreier großer Persönlichkeiten einen blühenden Aufschwung. Von PETER SCHOTT D. Ä. wurde JOHANN GEILER VON KAISERSBERG nach Straßburg gezogen. GEILER betrieb die Berufung SEBASTIAN BRANTS. Seit Sommer 1501 wirkte JAKOB WIMPFELING in der Stadt. An WIMPFELINGS philologisch-moralisch gerichtetem Humanismus fällt das den Elsässern eigene starke nationale Bewußtsein auf. Beides schließt, wie er, GEILER und JOHANN ADELPHUS MULING zeigen, auch nicht einen spätmystischen Wesenszug aus. Dieser tritt besonders deutlich an PETER SCHOTT hervor. Innerhalb der Anschauungen WIMPFELINGS stehen auch HIERONYMUS GEBWILER, THOMAS VOGLER und MATTHIAS RINGMANN PHILESIUS mit ihren verschiedenen Dichtungen. Seit 1515 wirkte in Straßburg der aus Pforzheim stammende NIKOLAUS GERBELIUS (1485–1560) mit einer umfangreichen Editions- und Verlagstätigkeit. Zum Straßburger Humanismus gehört auch noch der Benediktiner OTTMAR LUSCINIUS-NACHTIGALL (1487–1537), Philologe, Mathematiker und Naturforscher, seit 1514 wieder in seiner Heimatstadt, wo er eine umfangreiche pädagogische und schriftstellerische Tätigkeit entfaltete. Sein Dialog ‹Grunnius Sophista sive Pelagus humanae miseriae› (1522) enthält eine Apologie der humanistischen Studien. Die ‹Ioci ac sales mire festivi› (1524) sind eine für Gelehrte bestimmte Anekdotensammlung. Seine Übersetzung des Psalters gilt als eine der besten Übertragungen neben LUTHER. Schon 1521 brachen in Straßburg die Kräfte der Reformation durch und schufen Ansätze für die Gründung einer Universität; 1523/24 begannen BUCER, CAPITO und HEDIO biblische Vorlesungen zu halten, die sich rasch um die Fächer einer Artisten-Fakultät erweiterten; 1539/41 versah CALVIN eine vierte theologische Professur. Von 1537 an wirkte JOHANNES STURM (1507–1589) als Professor der Eloquenz und wurde 1538 zum Rektor eines Gymnasiums ernannt. Seine Anstalt wurde aber erst 1566 zur Akademie erhoben.

In *Schlettstadt* war um 1440 unter Zusammenwirken von Pfarrgeist-lichkeit und Stadtrat die alte Schreib- und Leseschule in eine städtische Lateinschule umgewandelt und eine Pfarr- und wohl zugleich Schulbiblio-thek eingerichtet worden. Als erster Leiter der Stadtschule fungierte 1441 LUDWIG DRINGENBERG († 1477), der seine Ausbildung in Deventer und an der Universität Heidelberg erhalten hatte. Auf DRINGENBERG folgten bis 1501 CRATO HOFMANN VON UDENHEIM († 1501), diesem HIERONYMUS GEBWILER (ca. 1473–1545), Humanist und Geschichtsschreiber, Verfasser einer ‹Libertas Germaniae› (1519) und einer ‹Panegyris Carolina› (1520). Unter GEBWILERS Leitung erreichte die Schule ihre höchste Blüte und eine weite geistesgeschichtliche Wirkung.

In *Mainz* waren die kulturellen Zentren die 1476 gegründete Universi-tät und der erzbischöfliche Hof unter BERTHOLD VON HENNEBERG (1484 bis 1504). BERTHOLD errichtete 1501 an der Universität eine Professur für Rhetorik und Ethik und besetzte sie mit JOHANNES RHAGIUS AESTICAM-PIANUS. Unter den Kanonikern war DIETRICH GRESEMUND D. J. (1475 bis 1512) dem Neuen zugetan. Seine TRITHEMIUS gewidmeten ‹Lucubraciun-culae bonarum septem artium liberalium› (1494 u. ö.) stehen im Gefolge der Ingolstädter Antrittsrede des KONRAD CELTIS. Seit 1514 residierte als Kirchenfürst ALBRECHT I. VON BRANDENBURG (1490–1545; seit 1518 Kardinal), ein vom Humanismus beeinflußter Mann, der EITELWOLF VON STEIN zu seinem Hofmarschall ernannte. ALBRECHT, der Erzbischof der Reformationszeit, in seiner Lebensführung ein Renaissancemensch, för-derte Kunst und Wissenschaft, erteilte Aufträge an DÜRER, GRÜNEWALD, BACKOFFEN, CRANACH, beschützte REUCHLIN, bewunderte ERASMUS, zog ULRICH VON HUTTEN an seinen Hof und hatte CROTUS RUBEANUS zum Rat.

Die 1386 gestiftete Universität, der kurpfälzische Hof und die Klöster der Umgebung wurden die Sammelplätze des Humanismus in *Heidelberg*. Die Hochschule stand dem Humanismus und der Renaissance zuerst mit Mißtrauen und Abneigung gegenüber. Kurfürst FRIEDRICH I. gewährte 1452 der Artistenfakultät Lehr- und Lernfreiheit. Bald danach kamen die ersten Zugvögel der neuen Bildung und erhielten Einlaß und Duldung. Die Reihe beginnt mit PETER LUDER. Gleichzeitig mit LUDER war auch sein Freund und Seelenverwandter MATTHIAS WIDMANN VON KEMNAT, der spätere Chronist und Biograph FRIEDRICHS, eingetroffen. Etwas später erschien SAMUEL KAROCH VON LICHTENBERG. Auf FRIEDRICH I. DEN SIEGREICHEN († 1476), folgte sein Neffe Pfalzgraf PHILIPP (1448–1508), eine stille und vornehme Persönlichkeit, die dem Humanismus in Heidel-berg ein neues Ansehen gab. Hauptsitz wurde das Schloß. An Stelle der Wanderpoeten und besoldeten Chronisten traten Männer wie WIMPFE-LING, RUDOLF AGRICOLA, TRITHEMIUS, REUCHLIN, CELTIS, HERMANN VON DEM BUSCHE u. a. Die Seele des reichen Geisteslebens aber wurde

JOHANN VON DALBERG (1455–1503), Bischof von Worms und Kanzler des Herzogs, nach Herkunft, Weltanschauung und Lebensführung von Adel, wie PEUTINGER und PIRCKHEIMER ein leidenschaftlicher Büchersammler. In Italien, besonders Ferrara, hatte er seine literarische und künstlerische Bildung zu vervollkommnen gesucht. Kein Gelehrter, eher Kirchenfürst und Weltmann, Mäzen im italienischen Sinne, war er der geistige und politische Berater seines Herrn. Edelmann wie DALBERG war auch der mit ihm und AGRICOLA eng befreundete DIETRICH VON PLENINGEN (ca. 1450–1520), seit 1482 als Rat und Gesandter in den Diensten des Kurfürsten. Seine Beschäftigung mit der Antike fand ihren hauptsächlichsten Niederschlag in Übersetzungen. DALBERG stand nahe der als Professor der Rechte an der Universität und zugleich im Staatsdienst beschäftigte JOHANNES VIGILIUS. Durch den im Spätherbst 1495 von Ingolstadt der Pest wegen nach Heidelberg geflüchteten CELTIS kam es zur Gründung der *Sodalitas Rhenana*. DALBERG übernahm das Prinzipat, ihm zur Seite stand VIGILIUS. Aus einer schönen Ode des CELTIS an DALBERG geht hervor, daß die Sodalität allmählich ganz Deutschland umfassen sollte. Ebenfalls innerhalb der kirchlichen, mittelalterlich mystischen Denkweise stand ADAM WERNER VON THEMAR (ca. 1460–1537), Erzieher der Söhne des Kurfürsten und Professor der Rechtswissenschaften an der Universität. Aus seinen zahlreichen Schriften und Übersetzungen seien hier nur die aus der ersten Lebenshälfte stammenden Marienlieder genannt. Die akademische Scherzrede fand in JODOKUS GALLUS († 1517) mit dem ‹Monopolium et societas vulgo des liechtschiffs› ihren Pfleger. Auch die pfälzischen Klöster blieben dem Eindringen des Humanismus nicht verschlossen: St. Jakob in Heidelberg und dessen Mutterkloster Schönau, Maulbronn, dem KONRAD LEONTORIUS angehörte, Allerheiligen bei Oberkirch, aus dem anscheinend JAKOB DRACONTIUS, Dichter, Rhetor, Historiker, Kosmograph und Astronom, stammte.

Mit dem plötzlichen Tod DALBERGS und dem Hinscheiden des Kurfürsten PHILIPP 1508 verlor der Heidelberger Humanistenkreis seinen Mittelpunkt am Hofe. Noch unter PHILIPP waren DIONYSIUS REUCHLIN, Bruder des berühmten JOHANNES, als erster Lehrer des Griechischen und JOHANNES WESSEL GANSFORT berufen worden. Kurfürst LUDWIG V. nahm infolge des sinkenden Ansehens der Universität eine Reform der Studien in Angriff, an der JAKOB SPIEGEL, JOHANNES STURM und WIMPFELING beratend mitwirkten. HERMANN VON DEM BUSCHE übernahm die Lehrkanzel für lateinische Sprache. Auf REUCHLIN folgte SIMON GRYNÄUS, berühmt durch die Entdeckung der Bücher 41–45 des LIVIUS. Mit ihnen zusammen lehrte kurze Zeit (1525–27) in Heidelberg auch der große Kosmograph SEBASTIAN MÜNSTER. Doch alle Maßnahmen und Lehrer konnten nicht mehr viel ändern. Die Reformation war in vollem Gang, und die religiösen Fragen beschäftigen mehr als alles andere die Nation.

Zahlreicher als in den alemannischen und mitteldeutschen Städten sammelten sich in *Köln* von Westfalen, den Niederlanden und England her die geistigen Einflüsse und Bewegungskräfte. Seit 1389 besaß die Stadt eine Universität, die bereits während der scholastischen Periode glänzende Namen aufwies. Bei dieser stark verwurzelten Stellung der Scholastik war es für den Humanismus nicht leicht, in das Gefüge der Universität einzudringen. Und trotzdem ist Köln nicht in dem Umfang der Sammelplatz der Dunkelmänner gewesen, wie es die ‹Epistolae obscurorum virorum› darstellen. Bereits 1471 lebte in Köln ein humanistischer Wanderapostel, WILHELM SURIGONUS, 1484/85 als Poet und Orientalist FLAVIUS WILHELMUS RAIMUNDUS MITHRIDATES († 1525). Dieser zum Christentum übergetretene spanische Jude und spätere Kardinal ließ die ‹Dicta septem sapientium Graeciae› drucken und übertrug die ‹Aurea verba Pythagorae› in lateinische Hexameter. Seine nur handschriftlich erhaltenen Werke sind religiösen, scholastisch-philosophischen, kabbalistischen, astronomischen und astrologischen Inhalts. Wie in Basel, Nürnberg oder Leipzig war auch in Köln der Buchhandel ein eifriger Mithelfer bei der Rezeption des Humanismus. Noch im 15. Jh. druckten ULRICH ZELL, KONRAD HOMBERG und PETER QUENTEL die wichtigsten römischen Klassiker. Unter den ersten deutschen Humanisten erschienen 1482 der schon in seiner Jugend als Wunderkind bekannte JAKOB CANTER aus Groningen und 1491 sein Bruder ANDREAS CANTER, der sich um die Reform des lateinischen Sprachunterrichtes bemühte und den wegen seiner dichterischen Talente der Rat zum Stadtpoeten ernannte. Im selben Jahr 1491 ließ sich auch JOHANNES CAESARIUS (ca. 1468–1550) aus Jülich in die Matrikel einschreiben, der sich dann in Paris und Italien weiterbildete und erst ca. 1510 nach Köln zurückkehrte, wo er private Vorlesungen über griechische Sprache hielt und diesen Studien Eingang verschaffte. HERMANN VON NEUENAR, PETRUS MOSELLANUS, HEINRICH BULLINGER, GLAREANUS u. a. waren seine Schüler. Von ihm stammen mehrere mathematische Schriften, eine Dialektik, eine Rhetorik, Ausgaben des HORAZ, des BOETHIUS und PLINIUS. Unter den Theologen, die sich durch Gelehrsamkeit und Wissenschaft verdient machten, nennt PIRCKHEIMER in seiner ‹Defensio Reuchlini› auch den Kölner Humanisten JOHANNES POTKEN († ca. 1524), Propst bei St. Georg. Sein einzigartiges Verdienst besteht in der Einführung der bisher unbekannten äthiopischen Sprache in die Literatur durch die 1513 in Rom erschienene Übersetzung der Psalmen und des Hohenliedes ins Äthiopische. Schon 1495 bis gegen 1500 fällt der erste Aufenthalt HERMANNS VON DEM BUSCHE in Köln. Ein zweiter folgte 1507, ein dritter 1517. In Köln wirkte 1507 bis 1542 der theologische Humanist ORTWIN GRATIUS, REUCHLINS Gegner im Hebräismus-Streit. Ein Freund der humanistischen Studien in Köln war auch der Dominikaner JAKOB VON GOUDA, Professor der Musik und Dichtkunst, Verfasser einer Verslehre und deut-

scher Dichtungen. Sein ‹Aerarium aureum poetarum› (1501) gibt eine
Anleitung zur Einführung der Jugend in das Verständnis der Dichter. Vorübergehend wirkten in Köln ferner AESTICAMPIANUS und PETRUS VON
RAVENNA. Größer und länger dauernd war die Tätigkeit ARNOLDS VON
WESEL († 1534), der AULUS GELLIUS, MACROBIUS und DIOMEDES (1523)
herausgab und zahlreiche griechische Epigramme und theologische Schriften verfaßte. Der letzte große Wegbereiter und Pfleger des Kölner Humanismus erstand in dem Grafen HERMANN VON NEUENAR (1492–1530). Als
er 1510 aus Italien zurückkehrte, machte er sein Haus in Köln zur gast-
freien Stätte der Humanisten. Seine Neigungen galten neben den klassisch-
humanistischen Studien auch der Theologie, Medizin, den Naturwissenschaften und der Geschichte. Er hatte einzelne Psalmen, die Passion Christi
und das Gebet des Königs Hiskia ins Lateinische übersetzt, ein Büchlein
‹De febri sudatoria› (1529) verfaßt, eine medizinische Schrift des OCTA-
VIANUS HORATIANUS erläutert und botanische Studien betrieben. Auf seine
Anregung begann man in Köln mit der Sammlung römischer Altertümer;
1512 gab er EINHARDS ‹Vita Karoli magni› und die ‹Annales regum Francorum Pipini, Karoli, Ludovici 741–788› mit einer eigenen ‹Brevis narratio
de origine et sedibus priscorum Francorum› heraus, die sich durch patriotische Gesinnung und gesunden kritischen Sinn auszeichnet. Selbstverständlich waren in Köln auch verschiedene andere Humanisten kurze Zeit
z. T. als Studenten oder vortragende Magister tätig: GLAREANUS, RICHARD
SBRULIUS, GEORG SIMLER, JAKOB SOBIUS, KONRAD HELVETIUS, MURMEL-
LIUS, RICHARD CROCUS, COCHLAEUS u. v. a.

Religiös ausgerichtet sind die Dichtungen des *Aachener* Bürgermeisters
JODOCUS BEISSEL († 1514). Seine ‹Rosaceatria coronamenta in honorem
Annae, Mariae et Jesu versu elegiaco› erschienen Antwerpen 1495/96.

Der Devotio moderna lagen tiefere humanistische Neigungen zumeist
fern, wohl aber brachte ihr Bemühen um die moralische Läuterung der
Einzelpersönlichkeit eine Annäherung an die antike stoische Philosophie
mit sich. Auf diese Weise fanden zahlreiche ihrer Schüler leichter den
Weg zum Humanismus. Die berühmte Lehranstalt zu *Deventer* war von
den Fraterherren unabhängig, wurde aber in ihrem Geiste geleitet. Sie
blühte besonders unter ALEXANDER HEGIUS (ca. 1431–1498) aus Heck
bei Ahaus. Er war bei den Brüdern vom gemeinsamen Leben in Zwolle
erzogen worden und wirkte später als Rektor der Schulen in Wesel,
Emmerich und seit 1483 in Deventer. HEGIUS führte seine Schüler zu den
römischen Klassikern und bereits auch zum Griechischen. Sein Grundsatz
war: «Alle Gelehrsamkeit ist verderblich, wenn sie mit Verlust der Frömmigkeit erworben wird». Damit postulierte er das Schulideal der *sapiens
et eloquens pietas*. Aus seiner Schule beim Stift zum hl. Lebuin in Deventer gingen u. a. hervor: ERASMUS VON ROTTERDAM, HERMANN VON DEM
BUSCHE, ORTWIN GRATIUS, JOHANNES MURMELLIUS, KONRAD MUTIAN,

BARTHOLOMÄUS ZEHENDER von Köln und JOHANN BUTZBACH, der das Lebensbild seines Lehrers abfaßte. HEGIUS begründete mit seinem Freunde RICHARD PAFFRAET die Deventersche Buchpresse, die besonders antike Klassikerausgaben druckte. Im Verein mit dem Fraterherrn SYNTHEN gab er die Grammatik des ALEXANDER DE VILLA DEI neu kommentiert heraus und gestaltete Methode und Inhalt des Unterrichtes im neuen Geiste um. Überdies verfaßte HEGIUS Gedichte und philosophische Abhandlungen. Die Gedichte veröffentlichte sein Schüler JACOBUS FABRI (Deventer 1503).

JOHANNES MURMELLIUS (1480–1517) aus Roermond, Dichter und nach dem Vorbild seines Lehrers HEGIUS ein tüchtiger Schulmann, wurde durch RUDOLF VON LANGEN nach *Münster* berufen, dessen Domschule er reformierte; 1513 war er Rektor in Alkmaar, zuletzt lehrte er in Deventer. MURMELLIUS nahm eine Zwischenstellung zwischen dem älteren Humanismus und der Blütezeit ein. Seine Schriften dienten hauptsächlich der Empfehlung der humanistischen Studien und der Erziehung. Den Gegnern des Humanismus antwortet er in einem ‹Scoparius› (Köln 1518), d. i. ‹Auskehrer›, einer Sammlung von Zeugnissen für die klassische Bildung. Didaktisch wirksam waren vor allem seine Schulbücher ‹Pappa puerorum› (Deventer 1514 u. ö.) und ‹Tabulae in artis componendorum versuum rudimenta› (1515), ferner eine Auswahl aus TIBULL, PROPERZ und OVID. Amtsgenosse des MURMELLIUS in Münster war der Odendichter JAKOB MONTANUS (ca. 1460–ca. 1534). Der namhafteste Anhänger des MURMELLIUS in Münster, RUDOLF VON LANGEN (1438/39–1519), Freund des HEGIUS und RUDOLF AGRICOLAS, kam aus dem älteren Schulhumanismus der Fraterherren, bildete sich sodann in Erfurt und Italien und förderte im Sinne des neuen Geistes die Domschule in Münster zu einer neben Deventer richtunggebenden Lehranstalt. Seine Begeisterung galt dem Schönen, der Würde und der Frömmigkeit. Für seine Gedichte war Vorbild PRUDENTIUS, den er über die SAPPHO und über HORAZ stellte.

Mit HEGIUS, LANGEN und MURMELLIUS in persönlicher Verbindung stand BARTHOLOMÄUS ZEHENDER von Köln (ca. 1465–um 1516), zuletzt Rektor in Minden. Von ihm sind ein episch-dialogischer ‹Mythologischer Brief› (1489) voll launiger Einfälle, eine Gedichtsammlung ‹Silvia carminum› (1491 und später) und Elegien, ‹Die sieben Schmerzen der Jungfrau Maria› (1518), bekannt.

Als erste protestanische Universität wurde 1527 *Marburg* gegründet. Stifter war Landgraf PHILIPP DER GROSSMÜTIGE VON HESSEN. Erst 1541 folgte die kaiserliche Bestätigung. Bei der Berufung der Professoren war der Landgraf auf eine ‹gesamtprotestantische› Weite bedacht. Es kamen u. a. der ehemalige französische Franziskaner LAMBERT VON AVIGNON († 1530), Verfasser weitverbreiteter biblisch-exegetischer und dogmatischer Werke, der das humanistische wie reformatorische Anliegen in eigenständiger Ausprägung vertrat. LAMBERT brachte schottische und englische

Gesinnungsfreunde (P. HAMILTON, W. TYNDALE, J. FRITH) nach Marburg. Die Wittenberger Tradition setzte JOHANNES DRACONITES fort. An den weltlichen Fakultäten war der Humanismus bestimmend: EURICIUS COR-DUS wirkte an der medizinischen Fakultät; an der philosophischen waren HERMANN VON DEM BUSCHE, EOBANUS HESSUS und der Gräzist JOHANNES LONICER (1527–1569) tätig.

c) Schwaben, Franken, Bayern

In den *schwäbischen und fränkischen Gebieten* zeigen sich an verschiedenen Orten Ansätze der neuen Bildung. In Rottenburg am Neckar hielt die Pfalzgräfin MECHTHILD Hof. Ihr Sohn, Graf, später Herzog von Württemberg, EBERHARD V. IM BART ließ Übersetzungen ins Deutsche anfertigen. Einen Mittelpunkt für den schwäbischen Humanismus bildete in Ravensburg der gelehrte MICHAEL HUMMELBERGER (1487–1527). Bei der Gründung der *Tübinger Hochschule* 1477 durch Graf EBERHARD diente Basel zum Vorbild. Aus Paris und Basel holten sich der Stifter und sein Berater JOHANNES NAUKLERUS-VERGENHANS die ersten namhaften Lehrer, darunter JOHANN HEYNLIN VON STEIN und KONRAD VESSLER. Zwei namhafte Juristen kamen aus Konstanz: 1486 HIERONYMUS VON CROA-RIA und 1490 MARTIN PRENNINGER († 1501), ausgezeichnet durch eine in Italien erworbene modern-humanistische Bildung. An der theologischen Fakultät lehrten GABRIEL BIEL († 1495), einer der letzten Systematiker des Mittelalters, der sich eingehend auch mit nationalökonomischen Problemen befaßte, KONRAD SUMMENHART († 1502), schon leise vom Humanismus angehaucht, einer der ersten Hebraisten, und der Ockhamist WEN-DELIN STEINBACH († 1519), ebenfalls nicht mehr frei von humanistischen Einflüssen. Wie überall erschienen auch in Tübingen Wanderpoeten: SAMUEL KAROCH VON LICHTENBERG, MICHAEL LINDELBACH aus Ochsenfurt, von dessen Lehrweise der Versuch einer Grammatik des Lateinischen nach klassischen Mustern (1486) ein Bild gibt. Von 1510 an wirkte in Tübingen der Gräzist GEORG SIMLER. In Italien und in Heidelberg besonders unter WIMPFELING geschult, kam 1513 JOHANNES OEKOLAMPA-DIUS für ein Jahr nach Tübingen. Vor ihm war 1512 PHILIPP MELANCH-THON erschienen, wurde bereits 1514 Magister und wirkte als solcher lehrend und lernend an einer Burse. Erst 1521 übernahm der alte, vom Schicksal hart mitgenommene JOHANNES REUCHLIN in Tübingen eine Professur. Er und der Astronom und Geograph JOHANN STÖFFLER zogen eine so große Zahl von Studenten an, wie sie Tübingen nie zuvor gesehen hatte. Mit der Rückkehr Herzog ULRICHS 1534 begann die Durchführung der Reformation. Sie litt zunächst unter dem Gegensatz des lutherischen und des Schweizer Elementes, bis JOHANN BRENZ endgültig den lutherischen Charakter durchsetzte.

Aus eigenwüchsigen Ansätzen wie aus fremden Zuströmen von Westen und Süden entwickelte das alemannische *Augsburg* seine Renaissancekultur. Durch ausgedehnte Handelsbeziehungen war die Stadt reich und prächtig geworden. Bald nach der Mitte des 15. Jhs. begann sich um SIGISMUND GOSSEMBROT und den Bischof PETER VON SCHAUMBERG (1388 bis 1469) ein frühhumanistischer Kreis zu bilden. Die dominierende Gestalt der Blütezeit ist KONRAD PEUTINGER. Neben dem reichen Patrizier pflegte die neuen Wissenschaften und wirkte durch Anregungen der Domherr BERNHARD ADELMANN VON ADELMANNSFELDEN (ca. 1457–1523). Er hatte einen Bruder KONRAD (1462–1547), dem ebenfalls eine Pfründe als Domherr ein seinen Neigungen gewidmetes Leben ermöglichte. BERNHARD ADELMANN hatte sich in Italien, besonders Ferrara, mit glühender Begeisterung für die neue Bildung und Wissenschaft entflammt. Die klassischen Studien sind ihm nicht Selbstzweck, sondern dienen nur der Vorbereitung für die innere Erhebung des Geistes. ADELMANN, der mit dem Schlettstädter und Nürnberger Humanismus in Verbindung stand, trat im *Reuchlinschen Streit* kräftig ein für seinen ehemaligen Lehrer und Freund. Als begeisterter Anhänger des ERASMUS erhoffte er sich von dessen Schriften eine Reform der Theologie und stellte sich gleich zu Beginn der reformatorischen Vorkämpfe auf die Seite LUTHERS, blieb aber im Verband der alten Kirche. Als Antwort auf eine Herausforderung ECKS gab er die durch seinen Freund OEKOLAMPADIUS verfaßte Schrift ‹Canonici indocti Lutherani› (1519; deutsch 1520) in Druck. Nicht nur in Bildung und Wissenschaft äußerte sich in Augsburg der neue Geist, auch die Architektur und bildenden Künste erwachten zu neuem Leben. Die von JAKOB FUGGER 1512 errichtete Begräbniskapelle bei St. Anna ist eines der ältesten und kostbarsten Denkmäler deutscher Renaissancekunst. Wie in Nürnberg DÜRER, so sind in Augsburg HANS HOLBEIN D. Ä. und HANS BURGKMAIR im Dienste des Kaisers, der FUGGER, des CELTIS, PEUTINGERS u. a. tätig.

In *Bamberg* hatte seit 1339 als Domherr, seit 1353 als Bischof des alten Hochstiftes der Rechtsgelehrte LUPOLD VON BEBENBURG gelebt. Unter Bischof GEORG III. SCHENK VON LIMBURG (1505–1522) schuf TILMAN RIEMENSCHNEIDER das Grabmal des hl. Kaiserpaares HEINRICH und KUNIGUNDE. In Bamberg seinen Wohnsitz nahm 1505 als Kanonikus zu St. Stephan LORENZ BEHEIM (1457–1521), einst in Rom Haushofmeister des Kardinals RODRIGO BORGIA und, als dieser 1492 Papst ALEXANDER VI. geworden war, Familiaris und Festungsingenieur an dessen Hof. BEHEIM war ein eifriger Sammler römischer Inschriften, Astrologe, Mediziner und Alchimist und befreundet mit WILLIBALD PIRCKHEIMER und DÜRER. BEHEIMS Kopien der Inschriften eines verschollenen Freskenzyklus des BERNARDINO BETTI, GEN. PINTURICCHIO zur Verherrlichung des Pontifikates ALEXANDERS VI. bewahrten eine Vorstellung von diesem wegen seiner vielen Porträts einzigartigen Kunstwerk der italienischen Renaissance.

Als Gründe, die Herzog LUDWIG VON BAYERN bewogen, die Universität *Ingolstadt* ins Leben zu rufen, hat der rechtsgelehrte Rat DR. MARTIN MAYR bei der feierlichen Einweihung am 26. Juni 1472 angegeben: die Erkenntnis vom Wert der Wissenschaften und Bildung als Zugang zu einem guten und glücklichen Leben, ihre Macht, den Menschen zu Gottähnlichkeit zu erheben, ihn einzuführen in die Geheimnisse der Welt, ihn zu fördern im Aufstieg des tätigen Lebens. – Als die ersten Ahnherren des Humanismus erscheinen der merkwürdige JOHANN TOLHOPF († 1503), Mathematiker, Kosmograph und Dichter, enger Freund des CELTIS, ferner für kurze Zeit der Mediziner HERMANN SCHEDEL und der Poet SAMUEL KAROCH VON LICHTENBERG. Auffallenderweise wurde schon 1473 in Ingolstadt das Hebräische gelehrt, und zwar von dem Dominikaner PETRUS SCHWARZ-NIGRI. Offiziell anerkannt und eingeführt wurde der Humanismus durch ERHARD WINDSBERGER († nach 1504), 1476 Professor der Medizin und 1477 im Nebenamt auch erster Poet. WINDSBERGERS Nachfolger in der Lehrstelle *in arte humanitatis* war 1484 JOHANN RIEDNER aus Ludersheim, *artium ac iuris pontificii doctor,* Orator und Poet, Freund des PETER SCHOTT und des BOHUSLAUS LOBKOWITZ, mit denen er in Bologna studiert hatte. Von ihm hat sich eine ‹Ratio conficiendarum epistolarum› erhalten. Ende des Jahres 1491 kam KONRAD CELTIS nach Ingolstadt und wurde im Mai 1492 für ein halbes Jahr zum außerordentlichen Professor und nach einer Zwischentätigkeit in Regensburg an Stelle RIEDNERS 1493 zum Ordinarius bestellt. GEORG ZINGEL und HIERONYMUS VON CROARIA, vor allem aber der Theologe und Mathematiker ANDREAS STIBORIUS standen ihm freundschaftlich nahe; sein Lieblingsschüler wurde der Philosoph, Mathematiker und geniale Erfinder JOHANN STABIUS. Man sieht, wie nach Wien gerade in Ingolstadt die beiden wissenschaftlichen Hauptrichtungen des deutschen Humanismus zueinander in Wechselwirkung treten. Als CELTIS im Herbst 1497 nach Wien übersiedelte, war sein Nachfolger im Lehramt JAKOB LOCHER aus Ehingen (1471–1528). Mit ihm begann die zweite humanistische Glanzzeit der Universität Ingolstadt. Bald versammelte er in seinen Vorlesungen über antike Poesie und Rhetorik, klassische und patristische Autoren einen großen Kreis von Schülern und entfaltete weite Wirkung. Im Widmungsbrief zum ‹Iudicium Paridis› (1502) erwähnt LOCHER eine *Sodalitas Philomusea* und nennt als deren Schutzherrn GEORG VON SINTZENHOFEN, Dr. iur. can. und Kanonikus zu Regensburg. LOCHERS insgesamt etwa vierzig Schriften verteilen sich auf Lehrbücher für den akademischen Unterricht und Klassikerausgaben, je zwei theologisch-kirchengeschichtliche Abhandlungen und Reden, sowie auf die eigene dichterische Produktion. An der Spitze seiner Schriften steht die Bearbeitung und Übersetzung des ‹Narrenschiffes› von SEBASTIAN BRANT. Auf LOCHER folgte 1503 SEBASTIAN SPRENZ. Die von CELTIS geschaffene Tradition auf den Gipfel führte sein Schüler und Freund JOHANNES AVENTINUS, der große Geschichtsschreiber Bayerns.

Für die Renaissance in *München* war zunächst Hauptausdruck die Musik. LUDWIG SENFL aus Zürich ging 1523 als Kapellmeister der Hofkapelle nach München. Er kam von Wien, wo er zuerst als Sänger der Hofkapelle MAXIMILIANS I. und seit 1517 als Nachfolger seines Lehrers HEINRICH ISAAC als Kammerkomponist gewirkt hatte. In *Freising* bildete sich um den Domherrn SIGISMUND SCHEUFLER (1475–1522), der den PTOLEMAEUS übersetzte und eine Weltkarte dazu zeichnete, ein kleiner humanistisch interessierter Kreis. In *Ulm* entstand die erste Volks- und Völkerkunde eines deutschen Gelehrten durch JOHANNES BOEMUS. Als Kantor wirkte dort der Hebraist JOHANNES BEHAIM. Deutsche Eigenentwicklung und Rezeption des italienischen Humanismus zeigt die Gestalt des JOSEPH GRÜNPECK (1473? – bald nach 1532) aus Burghausen in Bayern. Er wirkte als Lateinlehrer in Ingolstadt und Augsburg, ist kurze Zeit Sekretär und Kaplan Kaiser MAXIMILIANS, führt von 1503 bis 1518 ein humanistisches Wanderleben über die süddeutschen Städte und die Schweiz, bis er als kaiserlicher Präbendar in Steyr in Ober-Österreich seinen Lebensabend verbringen konnte. GRÜNPECKS Schrifttum erstreckt sich auf humanistische Themen, wie einen Kommentar zu ‹De elegantiis linguae latinae› des LORENZO VALLA (1495), zwei Komödien, sehr viel Historiographisches, sehr viel Astrologisches.

Früher schon als Augsburg zeigte das damals sprachlich noch nordbairische *Nürnberg* Ansätze der neuen Bildung. Zu einer sichtbaren Auswirkung scheint diese erst gekommen zu sein, als GREGOR HEIMBURG 1444 sich zum zweitenmal der Stadt verpflichtete und eine Gruppe dem Humanismus zugetaner Männer um sich sammelte, darunter HEINRICH LEUBING aus Nordhausen, 1441/42 in Wiener Neustadt im kaiserlichen Kanzleidienst und mit ENEA SILVIO bekannt, nun Pfarrer bei St. Sebald, und der Jurist und Politiker MARTIN MAYR aus Heidelberg, von dem eine Begrüßungsansprache für CAPISTRANO, zwei philosophische Traktate und Reste eines Briefwechsels mit HEIMBURG erhalten sind. Seit 1447 wirkte in Nürnberg als Stadtschreiber NIKLAS VON WYLE. In seinem Gefolge übersetzte der Stadthauptmann WILHELM VON HIRNKOFEN einen Traktat ENEA SILVIOS und widmete ihn den Nürnberger Stadtschreibern. Nach 1450 scheint die erste humanistische Bewegung abgeflaut zu sein. Doch 1471 kam REGIOMONTAN nach Nürnberg und 1478 als Prediger bei St. Sebald SIGISMUND MEISTERLIN. Seit Anfang der 70er Jahre arbeiteten auch die Buchdrucker FRIEDRICH KREUSNER, JOHANN SENSENSCHMIDT und der berühmteste von allen, ANTON KOBERGER, in der Stadt. Mit den aus praktischen Gründen unentbehrlichen Vertretern der neuen Richtung des Zivilrechtes erfuhr der Humanismus eine beträchtliche Verstärkung: JOHANN LÖFFELHOLTZ (1448–1509) wurde 1476 städtischer Konsulent,

LORENZ SCHALLER 1478 städtischer Beirat, GEORG PFINTZING wurde heimgerufen. Von Augsburg kehrte 1467 HERMANN SCHEDEL († 1485) als städtischer Arzt nach Nürnberg zurück. Nach dessen Tode übernahm sein Neffe HARTMANN SCHEDEL die Stelle. Eben in dem Jahr 1491, als sich MEISTERLINS Spuren verlieren, kehrte KONRAD CELTIS in die Stadt ein und plötzlich wird ein Kreis hervorragender Persönlichkeiten sichtbar, die alle der neuen Bildung zugewandt sind und schon 1491 die Errichtung einer ‹Poetenschule› mit humanistischem Unterrichtsplan fordern. Erst 1496 wurde dem Verlangen stattgegeben. HEINRICH GRIENINGER war ihr erster Rektor. Unter den Freunden standen CELTIS nahe SEBALD SCHREYER (1446–1520), der hochverdiente Anreger und Förderer künstlerischer wie literarischer Pläne und Werke; der Jurist und Stadtrat JOHANN LÖFFEL-HOLTZ, der in jüngster Zeit erst voll gewürdigte Geograph und Arzt HIE-RONYMUS MÜNZER, sowie der aus Friesland stammende DIETRICH ULSEN, ebenfalls Arzt, daneben Orator, Dichter und fruchtbarer Schriftsteller. Um PIRCKHEIMER und die anderen scharen sich verschiedene größere und kleinere Geister, unter ihnen der Jurist und Diplomat CHRISTOPH SCHEURL (1481–1542), seit 1502 Rechtskonsulent der Stadt, Verfasser zahlreicher Schriften zur Tagesgeschichte. Seit 1496 lebte der Mathematiker JOHAN-NES WERNER († 1522) in der Stadt. Von PIRCKHEIMER begünstigt war auch JOHANNES COCHLAEUS, seit 1510 Leiter der Poetenschule. Nachdem er in Italien den theologischen Doktorgrad erworben hatte, ging er als Inhaber verschiedener Pfründen in die kirchliche Diplomatie über. Zwei große Bibliotheken, die REGIOMONTANS in Verwahrung BERNHARD WAL-THERS und die der Familie PIRCKHEIMER, boten vielen Gelehrten Arbeits- und Publikationsmaterial.

Im Benediktinerkloster Formbach bei Passau waltete seit 1501 ANGE-LUS RUMPLER (um 1460–1513) als Abt. Einst Schüler des CELTIS, betätigte er sich als Dichter und Gelehrter, ein hervorragender Vertreter des bayri-schen Klosterhumanismus.

Aus der Benediktinerabtei Ottobeuren gingen die Briefe und Werke des NIKOLAUS ELLENBOG (1481–1543) hervor. Er war Verehrer REUCH-LINS und mit ERASMUS befreundet, trug eine reiche Bibliothek zusammen und stand in ausgedehntem humanistischem Briefwechsel mit hervor-ragenden Männern. Bei Ausbruch der Glaubenskämpfe schloß er sich an ECK an und verteidigte in Streitschriften die katholischen Grundlehren.

Im alten Reichsbistum Eichstätt versuchte der aus dem Wiener Früh-humanismus gekommene Fürstbischof JOHANN VON EICH eine Reform des kirchlichen Lebens. Bei den Kämpfen dabei erinnert er an NIKOLAUS VON CUES, dem er auch sonst geistig nahestand. Von seiner literarischen Tätigkeit sind anscheinend nur Reden und Briefe erhalten. In einem zur Abhandlung ausgewachsenen Schreiben (1458) an BERNHARD VON WA-GING kritisiert der Bischof dessen ‹Speculum pastorum›, in dem dieser die mönchische Einsamkeit über alles empfiehlt, und wendet sich mit heftigen Worten gegen die tatenlose Weltentfremdung. Mitten in die Welt müsse man sich stellen und sie zu bessern versuchen. Die mittelalterliche Anschauung BERNHARDS und der durch den Humanismus freier gewordene Sinn des Bischofs befinden sich in Gegensatz. Für die Durchführung seines Lebenswerkes hatte sich JOHANN VON EICH in seiner Residenz einen Kreis von ernsthaften Gefährten versammelt: ULRICH PFEFFEL, JOHANN FLOCK, JOHANN VON LANDSBERG, WILHELM VON REICHENAU; bei den Reformbestrebungen war der Domdechant JOHANN VON HELDBURG seine Stütze. Menschlich näher stand dem Bischof sein Kanzler JOHANN MENDEL aus Amberg († 1484), der ebenfalls an der Wiener Hochschule gelehrt und als einer der ersten Vorlesungen über klassische Autoren gehalten hatte. JOHANN VON EICH folgte in der Bischofswürde WILHELM VON REICHENAU (1464–1486), der erste Kanzler der Universität Ingolstadt und Vorstand der süddeutschen Bauhütten, diesem der gelehrte GABRIEL VON EYB (1496–1535).

d) Thüringen, Sachsen, Norddeutschland

Am Hauptort Thüringens, *Erfurt,* blieb an der 1392 gegründeten Hochschule die Richtung des Nominalismus bis zum Abschluß des Zeitalters vorherrschend. Humanistische Regungen zeigen sich daher zuerst in Verbindung mit mathematischen Studien und bleiben damit in ständiger Berührung. So um 1450 an dem von REGIOMONTAN geschätzten CHRISTIAN RUEDER († 1478). Wie an den anderen Universitäten erschienen auch in Erfurt fahrende Poeten: Wintersemester 1460/61 PETER LUDER, der seine Heidelberger Antrittsrede wiederholte und unter großem Zulauf Vorlesungen abhielt; Wintersemester 1466/67 der Italiener JACOBUS PUBLICIUS; Sommersemester 1482 JOHANN RIEDNER; etwa 1483 SAMUEL KAROCH VON LICHTENBERG. Wie hernach in Ingolstadt, so wurde auch in Erfurt RIEDNERS Nachfolger der Fahrende KONRAD CELTIS. MUTIAN war damals sein Schüler. Die frühhumanistische Dichtung und Geschichtsschreibung vertreten TILMAN RASCHE, HEINRICH BOGER und HEINRICH FISCHER, dessen poetischer ‹Catalogus Platonicus de concordia divi Moisis et divini Platonis› den Stoff von FICINUS entnahm und PLATO wieder in seine Rechte einsetzen wollte. Vermittler zwischen Scholastik und Humanismus war MATERNUS PISTORIUS aus Ingweiler, seit 1494 Professor an der Artistenfakultät. Ziemlich unvermittelt folgte in Erfurt der Übergang vom Frühhumanismus zur Blütezeit. NIKOLAUS MARSCHALK (um 1460 bis 1525), der sich seit Wintersemester 1491/92 als besonderer Pfleger des Griechischen betätigte, leitete sie ein. Er schuf für die *studia humanitatis* durch eine Reihe von Lehrbüchern und Anthologien die erforderlichen Grundlagen. In rascher Folge erschienen 1501 das umfassende Reform-

werk ‹Orthographia›, eine Art vergleichende Grammatik, das Lateinische
und Griechische umfassend, die ‹Grammatica exegetica›, in deren Widmung an Peter Eberbach er die neuen Studien verteidigt und sein humanistisches Programm aufstellt, und 1502 das große illustrierte Prachtwerk
‹Enchiridion poetarum clarissimorum› in vier Büchern, eine Sammlung
griechischer und lateinischer Dichter, die erste systematische Einführung
in die griechische Dichtung in Deutschland. Als Marschalk 1502 von
Erfurt nach Wittenberg übersiedelte, wurde Führer der Humanisten Maternus Pistorius (ca. 1470–1534), Professor der scholastischen Theologie, der in Privatvorlesungen die Humaniora pflegte. Nach Erfurt gehören aber auch die neben Erasmus und Reuchlin bedeutendsten Erscheinungen des deutschen Renaissancehumanismus, Konrad Mutianus
Rufus und Crotus Rubeanus. Die in Erfurt allmählich nachkommende
junge Generation wird vor allem durch Jakob Micyllus aus Straßburg
verkörpert, einen ebenso großen Gelehrten wie guten Pädagogen, und
Joachim Camerarius, einen Polyhistor und Philologen hohen
Ranges.

Als infolge der hussitischen Wirren in Böhmen zahlreiche deutsche Professoren und Studenten Prag verließen, kam es 1409 zur Gründung der
Universität *Leipzig*. Bald nach Erfindung des Buchdruckes wurde die Stadt
einer der Hauptmittelpunkte der neuen Kunst und des Buchhandels. Um
1455 waren Hartmann Schedel und Heinrich Stercker Sammelpunkt
eines von der neuen Bildung angehauchten Studentenkreises. Als erster
Zugvogel erschien 1461/62 Peter Luder, ihm folgten Samuel Karoch
von Lichtenberg und Jacobus Publicius; 1474 wurde aus Ingolstadt
auf ein Jahr Johann Tolhopf berufen. Zu gleicher Zeit kamen zwei
Franken: 1470 Martin Polich aus Mellerstadt und Ivo Wittich aus
Hammelburg. Ein Schüler Polichs wurde der Theologe Konrad Koch
aus Buchen, gen. Wimpina. Das Sommersemester 1486 brachte von Erfurt her Konrad Celtis, der hier für seine Vorlesungen die ‹Ars versificandi› in Druck erscheinen ließ. Daneben lehrte Celtis auch die Anfangsgründe des Griechischen und ging Februar 1487 daran, die Tragödien Senecas zu interpretieren und herauszugeben. Schon ein Jahrzehnt
früher hatte in Leipzig Paul Schneevogel-Niavis mit Editionen platonischer, lukianischer und moderner italienischer Schriften, sowie eigener
lateinischer Gesprächsnovellen gewirkt. Um die Zeit der Wirksamkeit des
Celtis und Niavis in Leipzig 1487/88 begann auch Johannes Honorius aus Ellenbogen mit seinen Veröffentlichungen, die ihn als bedeutendsten Philologen des Leipziger Frühhumanismus zeigen: Martial (1488),
die ‹Vita divi Antonii› des Mapheus Vegius, die Epoden des Horaz
(1492), die Poetik des Antonius Mancinellus mit einem an Matthäus
Lupinus Calidomius gerichteten Anhang eigener Gedichte, Ciceros
‹De senectute› (1494) u. a. An Stelle des Honorius tritt nach einigen

Jahren der nicht minder eifrig tätige Neuplatoniker JAKOB BARINUS aus Leipzig. Neben ihm erscheinen der aus Italien zurückgekehrte FRIEDRICH KITSCHER, JACOBUS ILLUMINATORIS, JOHANNES LANDSBERGER und der eben genannte MATTHÄUS LUPINUS CALIDOMIUS. Im Säkularjahr 1500 kam als erster besoldeter Lehrer für Poetik und Rhetorik HERMANN VON DEM BUSCHE von Rostock über Greifswald nach Leipzig und scharte eine neue Generation von Schülern um sich. Sein Nachfolger wurde der letzte Vertreter des streitbaren Humanismus in Leipzig, JOHANNES RHAGIUS AESTICAMPIANUS (1457–1520). Seiner Neigung für christlich-moralische Autoren entsprechend, begann er seine Vorlesungstätigkeit 1508 über ausgewählte Briefe des HL. HIERONYMUS, für welchen Zweck er die Textedition ‹Septem divi Hieronymi epistolae› (1508) veranstaltete. In der Vorrede entwickelte er sein Programm: Erklärung eines Kirchenvaters unter humanistischen Gesichtspunkten; dabei trat er gegen die Scholastik ebenso auf wie gegen die einseitigen Humanisten. Ein Konflikt mit der Universität führte 1511 zu seinem Weggang. Unaufhaltsam aber schritt trotzdem der Humanismus weiter. Die Namen RICHARD CROKE, PETRUS MOSELLANUS, ANDREAS BONER, HEINRICH STROMER, VEIT WERLER bezeichnen seinen Werdegang der Reformation entgegen.

Für den Fortgang der Bewegung von besonderer Wichtigkeit war *Schlesien*. Es stand z. T. unter der Einwirkung der Universität *Krakau*. Die Hochschule gewann im 15. Jh. erhebliche geistige Ausstrahlungskraft, besonders von den mathematisch-astronomischen Fächern her. JOHANNES SCHELLING (JOHANNES VON GLOGAU), seit 1468 Magister und Professor, galt als einer der bedeutendsten Gelehrten seiner Zeit. In Krakau studierten oder lehrten: THOMAS MURNER, KONRAD CELTIS, AESTICAMPIANUS, GEORG VON LIEGNITZ, KOPERNIKUS. ERASMUS VON ROTTERDAM und MELANCHTHON wollte man nach Krakau berufen. An den schlesischen Piastenhöfen entstanden kleine Musensitze; die Bischofsresidenzen, Stifte und Kanzleien wurden in zunehmendem Maß mit humanistisch gebildeten Persönlichkeiten besetzt. In Breslau wirkte als Stadtschreiber LAURENTIUS CORVINUS.

In *Mähren* wurde, vorbereitet durch JOHANN VON NEUMARKT, die Bischofsstadt Olmütz zu einem Hauptort der neuen Bildung. Der aus Ungarn stammende Bischof STANISLAUS THURZO (1497–1540) war ihr besonderer Gönner. Von ihm gefördert, bildete sich im Geiste des KONRAD CELTIS eine *Sodalitas Maiorhoviana* oder *Marcomannica*, der GREGOR NITSCH, MARTINUS SINAPINUS u. a. angehörten. Als hervorragendster Humanist Mährens gilt der aus Olmütz stammende AUGUSTINUS MORAVUS, KÄSENBROT VON WSCHERD (1467–1513). Er hatte mit Unterstützung JOHANN VON ROTHS in Padua studiert und wurde als Beamter der königlichen Kanzlei in Ofen 1497 von CELTIS für die *Sodalitas litteraria Danubiana* gewonnen. MORAVUS besaß reiche Sammlungen und eine vielgerühmte Bibliothek.

Als die sächsischen Länder 1485 geteilt wurden und Leipzig der albertinischen Linie verblieb, gründete Kurfürst FRIEDRICH DER WEISE 1502
in seinem ernestinischen Gebiet eine Universität in *Wittenberg.* Die grund-
legende Artistenfakultät stand von vornherein für die neue humanistische
Bildungs- und Geisteswelt offen. Die Gewinnung des Hebraisten JOHANN
BÖSCHENSTEIN und 1518 PHILIPP MELANCHTHONS trug wesentlich zum
Aufstieg der Hochschule bei. MELANCHTHON sprach in seiner Antrittsvor-
lesung über die Reform des akademischen Studiums. Die Pflege der drei
alten Sprachen, die Einbeziehung der praktischen Erfahrung, die Beachtung der deutschen Geschichte kennzeichnen die Geisteshaltung der jungen Universität, die als Hauptort der kirchlichen Reformbewegung bald
alle anderen deutschen Hochschulen zahlenmäßig übertreffen sollte.

In den Ausschreibungen bei der Gründung der letzten mittelalterlichen
Universität 1506 zu *Frankfurt a. d. Oder* betonte der unter dem Einfluß
des TRITHEMIUS stehende Kurfürst JOACHIM I. VON BRANDENBURG, die
Hochschule solle eine Pflegestätte des Humanismus sein. Erster Rektor
war zwar noch der Scholastiker KONRAD WIMPINA, doch wirkten an der
Artistenfakultät die Humanisten PUBLIUS VIGILANTIUS, JOHANNES RHA-
GIUS AESTICAMPIANUS, später JODOKUS WILLICHIUS.

Als einer der frühen Humanisten *Norddeutschlands* galt der Bischof
von Schwerin, GOTTFRIED LANGE († 1458). In Hamburg wurde schon
1408 an der Domschule nach dem Muster von Prag eine Lektur begründet. Ihr Gipfel wurde der Dekan ALBERT KRANTZ († 1517), ein Gelehrter,
Geschichtsschreiber und Theologe, der auf der Höhe der humanistischen
Bildung stand. Der Bürgermeister HINRICH MURMESTER († 1481) errichtete eine öffentliche Bibliothek und hinterließ ihr seine eigene Bücherei.
Der zur kirchlichen Neuordnung berufene JOHANNES BUGENHAGEN sah
für die Domschule in seiner Kirchenordnung 1529 sieben Lektorate vor;
leider wurde der Plan, der einer kleinen Universität gleichkam, nicht
effektuiert. Erzbischof CHRISTOPH VON BRAUNSCHWEIG († 1558) führte
die Reformation durch.

Als eines der vier Bistümer des Deutschordensstaates Preußen war 1243
das Bistum *Kulm* gegründet worden. Dort wirkte 1430–1438 der Stadtschreiber KONRAD BITSCHIN (geb. um 1400), ein ungemein belesener
Mann, Verfasser von Amtsbüchern und des Supplements zur Dusburg-
schen Chronik von Preußen. Sein Hauptwerk sind die neun Bücher ‹De
vita conjugali›, in denen BITSCHIN die Gedanken über eine christliche
Ehe zu einer Staats- und Gesellschaftslehre erweiterte.

Auch in *Braunschweig* und *Hildesheim* sammelten sich humanistisch
angeregte Geister. In *Ostpreußen* bildete sich in Riesenburg ein Kreis um
Bischof HIOB VON DOBENECK (reg. 1501–1512). In Ermland pflegten die
Bischöfe JOHANNES DANTISCUS (1485–1548) und STANISLAUS HOSIUS (1504
bis 1579) einen christlichen Humanismus. In Frauenburg lebte und schuf

NIKOLAUS KOPERNIKUS. In *Königsberg* gründete Herzog ALBRECHT VON BRANDENBURG-ANSBACH (1490–1568), der letzte Hochmeister des Ritterordens, der den südlichen Teil des Ordensstaates in einen weltlich-protestantischen Staat umwandelte, 1544 eine Universität. GEORG SABINUS war ihr erster Rektor. Die Statuten wurden 1546 nach dem Vorbilde Wittenbergs erlassen.

Auf Anregung des Bürgermeisters HEINRICH RUBENOW 1456 gegründet wurde die Universität *Greifswald*. Sie nahm Aufschwung, als dort 1498/99 der Jurist PETRUS VON RAVENNA das römische Recht lehrte. Langsam fand der Humanismus Eingang. HERMANN VON DEM BUSCHE interpretierte 1502/04 römische Klassiker; 1509 erschien ULRICH VON HUTTEN. Von 1514 an wirkte JOHANNES HADELIUS in Greifswald. Die reformatorischen Auseinandersetzungen brachten einen nahezu völligen Verfall; 1539 wurde die Universität nach dem Vorbild Wittenbergs als lutherische Hochschule wieder aufgerichtet.

Als erste Bildungsstätte des hansischen Ostseeraumes wurde die Universität *Rostock* 1419 gegründet. Die Dozenten kamen aus Erfurt und Leipzig. Um 1500 fanden die neuen geistigen und religiösen Strömungen Eingang; 1475 hatten die Brüder vom gemeinsamen Leben eine Druckerei gegründet. Wegbahner des Humanismus waren KONRAD CELTIS, ALBERT KRANTZ, HERMANN VON DEM BUSCHE (1503/07), ULRICH VON HUTTEN (1510/12), NIKOLAUS MARSCHALK (1510/25), JOHANNES HADELIUS (1515). Der Reformation leistete die Hochschule Widerstand. MELANCHTHONS Schüler DAVID CHYTRÄUS (1531–1600) gab der Hochschule seit 1550 das lutherische Gepräge.

5. Die Repräsentanten der humanistischen Geisteshaltung

Individualitäten und ausgeprägte Persönlichkeiten gab es auch im Mittelalter. In der Renaissance jedoch entstand eine neue Selbstwertung und Selbstnormierung des Menschen. Man erkannte die Einzigartigkeit der Einzelpersönlichkeit und erhob diese mitunter zum Programm. Nach Ansicht der Renaissancedenker sind die Individualität und ihre Bildung von Gott gewollt. Man weiß um die Verschiedenheit und Veränderlichkeit der *Individualität,* ihr Erwachsen und ihre Vergänglichkeit. Nicht mehr der Imitatio, sondern der Originalität kommt höchster Wert zu. Aus dem Zerfall überindividueller Bindungen ergab sich eine zunehmende *Autonomie der Persönlichkeit.* Beim CUSANER trat der Autonomie-Gedanke noch in theonomer Bindung auf, ebenso bei PICO DELLA MIRANDOLA. Lösungen der Autonomie von der Theonomie kamen praktisch vereinzelt in Italien vor, in Deutschland kaum. Die reformatorische Position beruht wieder auf dem Gedanken der absoluten Theonomie. Die geistesgeschichtliche Lösung vollzog erst DESCARTES.

Die im folgenden Abschnitt behandelten Persönlichkeiten haben sich den Gehalt der Schriftdenkmäler des Altertums bereits in weitem Umfang angeeignet und zum Prinzip bewußter Lebensgestaltung erhoben, um damit das eigene Selbst zu erweitern und zu erhöhen. Sie sind für die Hebung der versunkenen Welt der Antike tätig und treten für ihre Literatur, Kunst, Geisteswissenschaft und Naturwissenschaft in Lehre und Schrift ein. Es sind Männer, die sich bereits mehr oder weniger gelöst haben von den Bindungen der Spätscholastik, ihren Autoritäten und Traditionen und sich einsetzen für die Rechte des Individuums und seiner Freiheit, der Sinne und der Natur, die bereits mitten im Zeitalter der Entdeckung und Eroberung der Wirklichkeit stehen. Diese *Repräsentanten des deutschen Humanismus* wurden Wegbereiter verschiedener Wissenschaften und entscheidender Ereignisse der Zukunft: der Dichter CELTIS für eine hochstehende neulateinische Dichtung, für die germanische Altertums-, Volks- und Landeskunde, REUCHLIN für die Rezeption der Gedankenwelt des Neuplatonismus, für die Orientalistik und einen vorurteilslosen Betrieb der Wissenschaft, PIRCKHEIMER für das Verständnis der Kunst, für die Erschließung griechischer Literaturwerke und für die Geographie, MUTIANUS RUFUS für die Vereinigung christlicher Theologie und antiker Philosophie, ERASMUS für die philologische Kritik und für die Kirchenreform.

Während für das Mittelalter infolge mangelnder Materialüberlieferung die wissenschaftliche Darstellung führender Persönlichkeiten oft große Schwierigkeiten bereitet und häufig nur aus einem fragmentarischen und ungesicherten Werk erfolgen kann, verfügt man jetzt über reichliche *Dokumente und Materialien,* mit deren Hilfe detaillierte Lebensbilder und Werkcharakteristiken abgefaßt werden können: Urkunden, gesicherten Werkumfang, Autographen, verschiedene Fassungen, Briefwechsel, Selbstzeugnisse, Kritiken, Porträts etc. Die Repräsentanten des deutschen Humanismus pflegen Didaktik, Drama, Lyrik und Epik.

a) Der deutsche Erzhumanist Konrad Celtis. Die Errichtung des Collegium poetarum et mathematicorum

Erster bedeutender neulateinischer Dichter deutscher Herkunft, planvoller Organisator und Theoretiker war KONRAD CELTIS (1459–1508). Er vertrat als akademischer Lehrer Poetik, Rhetorik und Philosophie und brachte in die deutsche Literatur: eine Verslehre und Poetik, ein universales Bildungsprogramm, originelle und dichterisch hochwertige Leistungen in der Lyrik und im Drama, Ausgaben von lateinischen Klassikern und mittellateinischen deutschen Dichtungen, den Plan einer ‹Germania illustrata›; er propagierte den Zusammenschluß gleichgesinnter Männer zu *Sodalitäten* und organisierte die Verbindung der literarisch-stilistischen mit den mathematisch-naturwissenschaftlichen Disziplinen. Sein Begriff von Dichtkunst umfaßt Poetisches im engeren Sinn, Weltanschauliches, Religiöses, Historiographie, Kulturgeographie und Sternkunde. Er mischt Altes und Neues, gießt deutsches spätmittelalterliches Wesen in humanistische Formen. Er verehrt ALBERTUS MAGNUS, den CUSANER und empfindet mit den Florentiner Neuplatonikern; CICERO, OVID und HORAZ sind seine sprachlichen und dichterischen Vorbilder, denen er nacheifert; Kaiser MAXIMILIAN I. ist sein Gönner und Mäzen.

Wie viele deutsche Humanisten war CELTIS bäuerlicher Abkunft: der Sohn des Weinbauern JOHANN BICKEL zu Wipfeld in Franken. CELTIS begann, nachdem er von einem Bruder, der Geistlicher war, den ersten Unterricht erhalten hatte, 1478 seine Studien an der nach der Via antiqua ausgerichteten Universität Köln und brachte es dort Ende 1479 zum Baccalaureus der Artes. In einer Ode an WILHELM MOMMERLOCH gibt CELTIS über diese Studien in Köln Auskunft. Demnach hat er Logik, Dialektik, die physischen Schriften des ALBERTUS MAGNUS und des THOMAS VON AQUIN kennengelernt. Die bessere lateinische Grammatik und die verfeinerte Rhetorik habe niemand vorgetragen. Geometrie, Arithmetik, Astronomie und Astrologie waren unbekannt, VERGILS und CICEROS Schriften wurden verlacht und gemieden. Eine darauf folgende fünfjährige Wanderzeit vermittelte ihm die erste Kenntnis des deutschen Landes und Volkes. Ende 1484 taucht er in dem nominalistisch orientierten Heidelberg auf und vollendete dort im Oktober 1485 mit der Würde eines Magisters seine artistischen Studien. RUDOLF AGRICOLA war sein Lehrer und hat ihn in den Humanismus eingeführt, in das Griechische und Hebräische, und hat vermutlich auch die Liebe zur Musik geweckt. Um diese Zeit dürfte CELTIS mit den Schriften des NIKOLAUS VON CUES und seiner Verbindung von Humanismus und mathematisch-naturwissenschaftlicher Weltbetrachtung vertraut geworden sein. CELTIS ahnte und erkannte an seiner Persönlichkeit den ausgeprägten Individualismus, die neue Naturauffassung und den unerschütterlichen Optimismus. Von Heidelberg aus ging CELTIS Ende 1485 oder Anfang 1486 abermals auf Wanderschaft. Lernend und lehrend ist er Sommersemester 1486 in Erfurt, hernach in Rostock und schließlich in Leipzig, wo er Wintersemester 1486/87 Vorlesungen über Poetik und über die Tragödien SENECAS abhält. Auf Fürsprache des Kurfürsten FRIEDRICH III. VON SACHSEN wurde er am 18. April 1487 von Kaiser FRIEDRICH III. auf der Burg in Nürnberg als erster Deutscher zum *Poeta laureatus* gekrönt. Nach der Dichterkrönung begab sich CELTIS (zwischen 1487 und 1489) zur weiteren humanistischen Ausbildung nach Italien. Die Reise liegt so ziemlich im dunkeln. In der ‹Vita› wird nur berichtet, daß er in Venedig den COCCIUS SABELLICUS, in Padua den CALPHURNIUS und den berühmten Graecisten CAMERS hörte, daß er in Ferrara den Unterricht des QUARINUS genoß, in Florenz bei MARSILIUS FICINUS verkehrte und in Rom ein Schüler des POMPONIUS LAETUS gewesen sei. Nachhaltigen Eindruck machten auf CELTIS besonders die beiden letztgenannten Platoniker. Bei LAETUS sah CELTIS die Idee der Vereinigung gleichgesinnter und gleichstrebender Männer in Form einer Akademie auf platonischer Weltanschauungsgrundlage verwirklicht und die Wiederbelebung der Bühne des Altertums durch die Aufführung antiker Komödien. Über Ungarn nach Deutschland heimgekehrt, empfand er das Bedürfnis, seine Studien nach der mathematisch-naturwissenschaftlichen Seite zu ergänzen und ging von Ostern 1489 bis Sommer 1491 an die Universität Krakau und wurde Schüler des Astronomen ALBERT BLAR von Brudzewo. Als Magister las CELTIS in Krakau im Sommersemester 1490 über den Aristotelischen ‹Parvulus philo-

sophiae›, trug die Poetik vor und lehrte die Anfangsgründe des Griechischen.
Nach zweijährigem Aufenthalt reiste er über Breslau und Prag nach Nürnberg
und Ende 1491 nach Ingolstadt, wo er zunächst ein halbes Jahr als außerordentlicher Professor an der Universität wirkte. Da ein Versuch, in Wien festen Fuß
zu fassen, mißlang, übernahm er für den Winter 1492/93 das Rektorat der Domschule in Regensburg. Zu Ostern 1494 kehrte er jedoch als ordentlicher Professor
in studio humanitatis nach Ingolstadt zurück. Infolge der Pest weilte er vom
Sommer 1495 bis Anfang 1496 in Heidelberg, betätigte sich als Lehrer der
Söhne des Pfalzgrafen PHILIPP und verwirklichte den Plan der *Sodalitas litteraria
Rhenana*. Vorläufige Mitglieder waren: REUCHLIN, WIMPFELING, TRITHEMIUS,
KONRAD LEONTORIUS, JOHANNES VIGILIUS, JODOKUS GALLUS u. a. Endlich,
am 7. März 1497, berief ihn Kaiser MAXIMILIAN I. als Professor der Beredsamkeit
und Dichtkunst nach Wien, wo er im Herbst eintraf und mit Unterstützung des
Kaisers und zahlreicher Freunde seine dichterischen und organisatorischen Pläne,
soweit es ihm seine beschränkte Lebenszeit gestattete, verwirklichen konnte.

Ein ‹Tractatus de praeceptis rhetoris›, den CELTIS in seiner ‹Ars versificandi› (Cij) erwähnt, ist anscheinend nicht mehr erhalten. Die während
seiner Lehrtätigkeit in Leipzig gedruckte ‹Ars versificandi et carminum›,
FRIEDRICH III. VON SACHSEN gewidmet, ist eine Verslehre und Poetik.
CELTIS zeigt sich darin noch sehr abhängig vom ‹Doctrinale› des ALEX-
ANDER DE VILLA DEI und der mittelalterlichen reimfreudigen Dichtweise.
Die Behandlung von sittlich gewagten Themen wird mit dem Hinweis
auf den «Nutzen des abschreckenden Beispiels» gerechtfertigt. Der ebenfalls in Verbindung mit der Leipziger Vorlesungstätigkeit stehende Plan,
sämtliche neun bzw. zehn Tragödien SENECAS herauszugeben, blieb mit
dem zweiten Drama stecken. Erschienen sind: ‹Lucii Annaei Senecae Cor-
dubensis Hercules furens et Coena Thyestis› (1487), dem Herzog MAGNUS
VON ANHALT gewidmet. Ein Kommentar war ausgearbeitet worden und
dessen Drucklegung noch in späteren Jahren in Aussicht genommen. Die
aus Anlaß der Dichterkrönung in Nürnberg zustandegekommenen Brief-
stücke und Gedichte enthält das ‹Proseuticum ad Fridericum III. pro
laurea Apollinari› (1487).

Ende des Jahres 1491 kam CELTIS über Nürnberg nach Ingolstadt.
Mit seinem Eintritt beginnt die erste humanistische Glanzperiode dieser
Universität. Bald nach seiner Ankunft plante er nach italienischem Vorbild die Stiftung einer *Academia Platonica*, die sich aus gelehrten und
sittenreinen Männern zusammensetzen sollte. Inzwischen kündigte er
Vorlesungen an und ließ seine Ausgabe der Redekunst CICEROS erscheinen, im Anhang eine Unterweisung im Briefschreiben, eine Mnemotechnik
und einige während seines Aufenthaltes in Polen entstandene Gedichte.
Mai 1492 wurde ihm die Bestellung als außerordentlicher Dozent auf ein
halbes Jahr gewährt. CELTIS dankte dem Herzog durch die Rezitation
der ‹Panegyris ad duces Bavariae et Philippi Palatini Rheni›. In der noch
erhaltenen Einladung zu seinen Vorlesungen legte er Reformgedanken
vor, die dann MELANCHTHON 1523 mit der Einführung der Deklamatio-

nen in Wittenberg verwirklichte. Den Wiederbeginn der Vorlesungen nach den großen Ferien 1492 nahm CELTIS zum Anlaß, in einer großen, für die Geschichte des deutschen Humanismus bedeutsamen Antrittsrede über den Nutzen und die Notwendigkeit der von ihm vertretenen Fächer Poetik, Rhetorik und Philosophie sein enzyklopädisches Bildungsprogramm weiter zu entwickeln: ‹Oratio in gymnasio Ingelstadio publice recitata una cum Panegyri ad duces Bavariae› (Augsburg 1492).

CELTIS spricht zunächst über die von ihm zu lehrenden Fächer, Poetik, Rhetorik und Philosophie. Das humanistische Traumbild vom blühenden Gemeinwesen des alten Germanien mit seiner Sittenreinheit und hellenistischen Bildung wird gleich im ersten Satz beschworen. Er will sodann die Seelen seiner jungen Zuhörer aneifern zur Tüchtigkeit und Pflege der schönen Wissenschaften, will zu einem guten und glücklichen Leben, zu Bildung, Weisheit, Ruhm und Unsterblichkeit hinführen. Die Philosophen, Dichter und Rhetoren der Alten haben in ihren Werken die Geschichte des menschlichen Geistes und den Ablauf aller Dinge dargestellt, sie allein bieten Ansporn und Richtlinie für unser sittliches Handeln und führen letzten Endes zur Betrachtung der Natur wie des Schöpfers des Himmels und der Erde. Besonders die jungen deutschen Adeligen mahnt er zum Studium der antiken Klassiker, zur *vera animi nobilitas* und erhebt die Forderung einer deutschen Historiographie. Der alte römische Adel habe einst nach der Übernahme der Herrschaft über die Griechen sich auch deren Philosophie und Beredsamkeit angeeignet. Die Deutschen müssen nach der Übertragung des Imperiums von den Italienern dasselbe tun. Der wahre Adel ist ein Adel der Seele und besteht nicht in Halten von zahlreichen Hunden und Pferden oder in Besitz zahlreicher geistlicher Pfründen, sondern in der Bildung des Charakters. Es ist eine Schande, die griechische und römische Geschichte nicht zu kennen, noch schmachvoller aber ist es, von der Geographie, Himmelskunde, Reichs- und Stammesgeschichte Deutschlands nichts zu wissen. Es ist betrübend, daß sich trotz so vieler ruhmvoll geführter Kriege in Deutschland noch kein Geschichtsschreiber gefunden hat, der diese Heldentaten der Ewigkeit überliefert und den Verleumdern deutscher Tüchtigkeit entgegentritt. Den jungen Juristen stellt CELTIS die Notwendigkeit der Aneignung einer Allgemeinbildung vor Augen; beklagt mit bitteren Worten die inneren Streitigkeiten in Deutschland und verlangt eine Reform des Universitätsunterrichtes im Sinne des humanistisch-enzyklopädischen Bildungsideals mit Kenntnis des klassischen Latein, Griechischen, dem Unterricht in Poetik, Grammatik, der Lektüre der Rhetoriker und Historiographen, der Geographie und Astronomie, dem Studium der wahren Philosophie. Zum Schluß ruft er seine gesamte Zuhörerschaft nochmals auf, sich der Bildung zuzuwenden, die nur durch Philosophie und Rhetorik gewonnen werden kann. In der Erkenntnis des Wertes der Bildung für Volk und Staat, Religion und Ethik haben sich Griechen und Römer mit Eifer und Opfer diesen Dingen gewidmet und die Vertreter dieser Wissenschaften mit höchsten Ehren ausgezeichnet. In ihrer genialen Kunst, Staaten zu regieren, haben die Alten zur Verbindung von Philosophie und Eloquenz öffentliche Schauspiele eingerichtet, bei denen die Zuschauer zur Tüchtigkeit, Gottesfurcht, Mäßigkeit, Tapferkeit und Ausdauer angeeifert und zu den Pflichten gegen Staat und Gesellschaft erzogen wurden.

In Verbindung mit seiner darauffolgenden akademischen Lehrtätigkeit veranstaltete CELTIS die ‹Epitome in utramque Ciceronis Rhetoricam cum arte memorativa nova et modo epistolandi utilissimo› (Ingolstadt 1492),

MAXIMILIAN I. gewidmet. CELTIS und seine Freunde ANDREAS STIBORIUS und JOHANN STABIUS bewirkten, daß die beiden wissenschaftlichen Hauptrichtungen des deutschen Humanismus, die literarisch-sprachlich-philosophische und die exakt-mathematisch-astronomische zueinander in Wechselwirkung traten.

Während CELTIS 1492/93 in Regensburg die Domschule leitete, durchsuchte er die in der Stadt und Umgebung befindlichen alten Klosterbibliotheken und entdeckte die (einzige noch erhaltene) Handschrift mit den Werken der ROSWITHA VON GANDERSHEIM. Seit 1493 arbeitete CELTIS an einer Stadtbeschreibung Nürnbergs. Nachdem er die in Verlust geratene Handschrift aus den Konzepten wiederhergestellt hatte, übergab er sie 1495 dem Rat: ‹De origine, situ, moribus et institutis Norimbergae› (1495 und 1502); übersetzt 1495 von GEORG ALT ‹Von Ursprung, Gelegenheit, Sitten und Anschicklichkeiten der Stat Nüremberg›. Die ‹Norimberga› ist in Inhalt und Form ein Meisterstück humanistischer Städtebeschreibung. Den aufnahmsfreudigen Augen des CELTIS ist es gelungen, die von ihm so geliebte Stadt wie ein Fremder zu sehen und mit größter Anschaulichkeit darzustellen: Tracht und Gehaben der Bewohner, Anlage der Stadt und Bau der Häuser, Volkscharakter und Stadtverfassung.

Bis etwa 1491, in die Zeit des Nürnberger Aufenthaltes kann man den Plan der ‹Germania illustrata› verfolgen. Organisch wollte CELTIS aus der Vergangenheit die Gegenwart entwickeln. Gegen Ende des Jahres 1493 verpflichtete ihn SEBALD SCHREYER in Nürnberg zur Verbesserung und Ergänzung der Schedelschen ‹Weltchronik›. Dazu kam der ebenfalls von SCHREYER unterstützte ‹Archetypus liberalium artium› des PETER DANHAUSER. Sommer 1496 erfuhr dieser Plan eine Modifikation: das Werk soll erweitert werden und ‹Archetypus triumphantis Romae› heißen. Die ‹Roma triumphans› des FLAVIO BIONDO war als Vorbild in den Gesichtskreis des Unternehmens getreten und sollte durch ein der ‹Italia illustrata› desselben Verfassers paralleles Werk, eine ‹Germania illustrata› ergänzt werden, wie die Widmung der ‹Norimberga› beweist, in der diese Stadtbeschreibung als ein «praeludium quoddam Germaniae illustratae, quae in manibus est» bezeichnet wird. Zur landschaftlichen Illustration war anscheinend auch DÜRER gewonnen. Freunde und Schüler liefern beschreibende Beiträge: AUGUSTINUS MORAVUS sendet 1498 die ‹Silesia› an CELTIS zurück, PETRUS TRITONIUS war beauftragt, das Etschtal zu beschreiben u. dgl. Mit der Übersiedlung des CELTIS nach Wien brachte er auch die ‹Germania illustrata› mit an den Hof und in den Ideenbereich des Kaisers MAXIMILIAN, der sie seinen anderen großen wissenschaftlichen und literarischen Unternehmungen einverleibte. Im Jahre 1502 erschien das zweite Vorspiel der ‹Germania illustrata›, die ‹Quattuor libri Amorum›. Nach der Widmung sollte die ‹Germania illustrata› aus vier Büchern bestehen und Deutschland nach den vier Himmelsrichtungen schildern und beschreiben, «Sitten und Bräuche, Sprache und Religion, Gemütsart und Schlag der deutschen Stämme»; das Kulturgeographische soll durch die Geschichte ergänzt werden. Wie bei BIONDO die Regionen des AUGUSTUS, könnten in Deutschland die sieben Erzbistümer den Rahmen abgeben. Städtebeschreibungen dürfen ebenfalls nicht fehlen. Die im Säkularjahr 1500 als Probe veröffentlichte ‹Germania generalis› behandelt die Erschaffung der Welt, die Lage Deutschlands, seine Gestirne, die vier Hauptströme, die drei Hauptgebirge und die Beschaffenheit des Landes. – Von Wien kehrte nach dem Tode des CELTIS der ‹Germania›-Plan zurück an seinen Ausgangsort nach Nürnberg, und zwar in den Kreis WILLIBALD PIRCKHEIMERS, wo FRANCISCUS IRENICUS seine ‹Germaniae exegesis› verfaßte. Im gewissen Sinne einen Abschluß gaben dem Plan AVENTIN im ‹Zeitbuch über ganz Teutschland› und SEBASTIAN MÜNSTER in seiner ‹Kosmographie›.

Nach verschiedenen Widerständen war im März 1497 das kaiserliche Berufungsschreiben an CELTIS auf die erste selbständige ordentliche Lehrstelle für Rhetorik und Poetik an der Wiener Universität ergangen. Die erste große Tat des im Herbst 1497 übersiedelten Professors war die Errichtung der bis Ofen reichenden *Sodalitas litteraria Danubiana* nach den Ingolstädter Plänen und in Erweiterung der Heidelberger Gründung. Der Wiener Stiftung folgte die in Augsburg, der Zusammenschluß des Kreises in Nürnberg, die *Sodalitas Marcomannica* in Olmütz u.a.m. Da die 1499 unter der Führung JOHANN FUCHSMAGENS neuerlich unternommenen Reformversuche an der Universität die Scholastik nicht entscheidend zurückdrängen konnten, errichtete CELTIS neben der Artistenfakultät ein selbständiges Institut, das *Collegium poetarum et mathematicorum,* das über die Italiener hinausgehend, Philosophie, Poesie, Beredsamkeit und die durch die Spätscholastik nominalistischer Richtung in Deutschland so vorzüglich entfalteten Realfächer vereinigen sollte. Durch die Aufführung des ‹Ludus Dianae› (1501) in Linz kam CELTIS mit Kaiser MAXIMILIAN I. in Berührung, der ihn dann für viele seiner großen wissenschaftlichen und literarischen Pläne heranzog und allen Ideen des fränkischen Bauernsohnes ein mitschaffendes Verständnis entgegenbrachte. Herbst 1501 erlangte CELTIS vom Kaiser in Bozen die Gründungsurkunde des Poetenkollegiums und damit auch das Recht der Dichterkrönung. Proben der Schüler in der Poetik sind mitsamt der ‹Rhapsodia› (1505), einem Festspiel zu Ehren Kaiser MAXIMILIANS, gedruckt worden. Besondere Pflege widmete CELTIS der Musik. Die ‹Melopoiae› (1507) seines Schülers PETRUS TRITONIUS ist ihr zu verdanken.

Neben seiner Lehr- und Organisationstätigkeit war CELTIS als Dichter – sowohl dem Umfang nach wie der Qualität des Geschaffenen – in erster Linie Lyriker, in Elegien, Oden und Epigrammen das poetische Ingenium der humanistischen Blütezeit (vgl. Kap. III, 3a).

An den Dichtungen des CELTIS merkt man auf den ersten Blick ein
Nebeneinander von Poesie und Philosophie.

Auf .dem Holzschnitt vor den ‹Amores› ist daher auch die Philosophie als
Königin aller Wissenschaften abgebildet. Der breite Streifen, der ihr Gewand
in der Mitte teilt, zeigt die Stufenleiter der Septem artes liberales, und zwar
aufsteigend vom Niederen zum Höheren, wie es FICINO und der Neuplatonismus lehrten. Auf ihrer höchsten Stufe geht die Philosophie über in die Theologie.
Die Weltschöpfung schildert CELTIS im Anschluß an den Mythus vom Demo-
gorgon. Er ist der Ahnherr der Götter, der die Welt aus dem Chaos gestaltete.
Die Kraft dieser Gestaltung ist der Eros. Durch ihn entsteht das Kunstwerk
des Universums; er ist das kosmische Prinzip. Die Welt ist bis ins Kleinste
herab belebt, und alles in Wechselwirkung miteinander verbunden. Kräuter,
Steine und Erde ziehen ihre Kraft aus den Gestirnen. «Jedes Ding», sagt er in
einem Gedicht, «hat seinen besonderen Strahl, alles Belebte aber übertrifft durch
seine Strahlen der menschliche Geist, der den himmlischen Göttern am nächsten
steht».

Für die Vorlesungen in Wien edierte CELTIS: ‹Lucii Apulei Epitome de
mundo seu cosmographia› (Wien 1497), seinen Freunden FUCHSMAGEN
und KRACHENBERGER gewidmet; ‹Oeconomia, id est de his, quae requi-
runtur ad honestam supellectilem philosophi patris familias› (Wien 1499/
1500), Epigramme und Gedichte auf die Dinge des täglichen Gebrauchs;
‹Propositiones Nicolai Cusae de li non aliud›, enthaltend die wichtigsten
Sätze der Gotteslehre dieses Denkers, und als Anhang ‹C. Celtis Carmen
saeculare› (Wien 1500); ‹Septenaria sodalitas litteraria Germaniae. Minora
carmina Ausonii. Epistola S. Hieronymi de legendis et audiendis poetis›
(Wien 1500); C. TACITUS, ‹De origine et situ Germanorum› mit dem Anhang ‹Germania generalis› von CELTIS (Wien 1500). CELTIS interpretierte
als erster die ‹Germania› des TACITUS an einer deutschen Universität. An
anderen Ausgaben ließ er während seiner Wiener Zeit erscheinen: die
‹Opera Hrosvithae nuper a Conrado Celte inventa› (Nürnberg 1501), gewidmet Kurfürst FRIEDRICH III. VON SACHSEN; die Ausgabe der ‹Melopoiae› des PETRUS TRITONIUS (1507); die Ausgabe des von CELTIS entdeckten ‹Ligurinus› des GUNTHER VON PAIRIS durch die Sodalitas litteraria Augustana (1507).

Neu für Wien und Deutschland war die Aufführung von antiken Komödien, die CELTIS Wintersemester 1502/03 mit den Schülern des Poetenkollegiums in der Aula der Universität zur Darstellung brachte. Um dieselbe Zeit unternahm auch er selbst mit dem ‹Ludus Dianae›, der ‹Rhapsodia› und einem dritten Ludus bahnbrechende Versuche auf dem Gebiete
des humanistischen Festspieles. Die mit Chören und Tänzen ausgestatte-
ten Dramen dienten der Verherrlichung Kaiser MAXIMILIANS I. und sind
Hofpoesie (vgl. S. 643ff.). Winter 1503/04 hielt CELTIS als erster in
Deutschland Vorlesungen über HOMER im Urtext.

In einem ‹Encomion› zur Ausgabe der ‹Oden› des CELTIS 1513 hat
JOACHIM VON WATT das Bild seines Lehrers festgehalten:

Er konnte den Glanz der Heimat für Jahrhunderte bewahren; er lebte auch, gelehrtes Wien, zu deinem Ruhm, wo er mit beredtem Munde lehrte: was die Gestirne vermöchten, was Gott ist und was die Welt in der Angel bewegt. Ich erinnere mich, wie er mit schweren Fäusten auf das Pult trommelte und mich als Jüngling oft vor sein Angesicht rief. Dorther strahlte seine Würde wie der Glanz des Phöbus und in den Gedichten war die Macht der Wahrheit und die Macht des Verborgenen; sei es, daß eine Fabel die Wahrheit kund tat oder eine schwierigere Erzählung das richtige Licht erforderte, war er ein kundiger Interpret und ein wahrhafter Meister der Rede und mischte lateinischen Weisen attische Wörter bei. (F. Steinbock)

Als Celtis das Herannahen des Endes empfand, ließ er durch Hans Burgkmair das Sterbebild zeichnen und auf den Holzschnitt ein selbstverfaßtes Epitaph als Todesanzeige setzen. Seinem Wunsche entsprechend, wurde er in Wien bei St. Stephan begraben. Cuspinian hielt die Leichenrede. Die Freunde stifteten ihm an der Ostseite des Domes einen noch heute sichtbaren Grabstein. Dürer stellte Celtis zu einem Ehren-‹Gedächtnis› und zur Dokumentation ihrer Freundschaft in voller Gestalt mit offenbar lebensgewohnter Gebärde neben seine eigene Person in die Mitte des für Kurfürst Friedrich den Weisen von Sachsen und seine Wittenberger Schloßkirche bestimmten Tafelbildes ‹Marter der Zehntausend› (1508): eines Bildwerkes voll grausigen Geschehens und Vernichtens, inmitten einer heiteren, sich ständig erneuernden und damit tröstenden Natur.

Aus dem Nachlaß herausgegeben wurden ‹Vier Bücher Epigramme› (Berlin 1881) und der ‹Briefwechsel› (München 1934). Verschollen sind der Text eines dritten Ludus und die ‹Germania illustrata›, soweit sie 1508 gediehen war. Eine ‹Theodericeis›, ein Epos auf den Gotenkönig, das zugleich eine Geschichte Deutschlands enthalten hätte, ist Plan geblieben. Das gleiche gilt für die in der Widmung der ‹Amores› erwähnte ‹Maximilianeis›. Im Testament des Celtis erscheint das berühmte Kartenwerk der sog. *Tabula Peutingeriana,* das er – vermutet man – in einem rheinischen Kloster (oder in der Bibliothek Regiomontans in Nürnberg) aufgefunden hatte.

Mit Celtis war die stärkste dichterische Begabung des deutschen Humanismus dahingegangen; er hat ferner bahnbrechend gewirkt für die Aufhellung des deutschen Altertums, für die Entdeckung des Volkstums, für die Landschaft- und Stammeskunde, für die Wiederanknüpfung unserer Geschichte an die des Germanentums, für die kulturpolitische und sittliche Gleichstellung und Gleichwertung der eigenen Kultur mit der Antike.

Weltanschauung, Geisteshaltung und Stellung des Celtis innerhalb der deutschen humanistischen Bewegung sind nicht leicht zu umreißen. Celtis nahm zunächst an der Universität Köln noch das Wissen einer spätscholastischen, nach der Via antiqua ausgerichteten Artistenfakultät in sich auf. Er stand dem zeitlebens nicht undankbar gegenüber, und ALBERTUS MAGNUS blieb für ihn dauernd einer der großen Philosophen, den er als Vertreter des deutschen Geistes neben ARISTOTELES, PLATON und PYTHAGORAS stellte. In Heidelberg wurde CELTIS noch während seiner artistischen Studien durch RUDOLF AGRICOLA mit dem Humanismus, mit dem Werk des NIKOLAUS VON CUES, dem Neuplatonismus und dem Griechischen bekannt und vertraut gemacht. Er stand also nicht in schroffem Gegensatz zur Scholastik als großer Denkleistung, wohl aber zu einzelnen Spätscholastikern in der Art der Dunkelmänner. Was er anstrebte, war viel eher eine Synthese zwischen brauchbarem Alten und dem Neuen. Er suchte in den deutschen Kloster- und Kirchenbibliotheken nach alten Literaturwerken und bemühte sich in Italien, die dort bereits voll erblühte Renaissance, ihre Literatur, ihre Geistigkeit, ihre Planungen kennenzulernen. Von tiefer persönlicher gemüthafter Religiosität ist bei ihm nicht viel zu spüren. Er stand dem Leben aufnehmend und genußfroh gegenüber. Christentum, Neuplatonismus und römisch-griechische Antike waren ihm keine Gegensätzlichkeiten. Die bildende Kunst zog er gern für seine Vorhaben heran. CELITS betonte schon sehr früh den Wert einer grundlegenden Allgemeinbildung für das Studium an den höheren Fakultäten, besonders aber für die Juristen. Er faßte den Begriff des *poeta* sehr weit, der Dichter soll auch Historiograph und Kosmograph sein. Die literarisch-philosophische Ausbildung ergänzte er nach der mathematisch-naturwissenschaftlichen Seite hin. Er war ein guter Lehrer, der auf Schüler anziehend und anregend wirkte und wollte eine ganz Deutschland überziehende Organisation des Humanismus schaffen. Im Dichterischen war er nicht bloß Versemacher, sondern wirklicher Dichter, erfüllt von Empfindungen und Ideen, und befähigt, diesen adäquaten Ausdruck zu geben. Hätte er in deutscher Sprache geschrieben, wäre er noch heute für weitere Kreise einer der Großen.

Der enzyklopädische Zug im Bildungsprogramm des KONRAD CELTIS und die im deutschen Humanismus vorhandenen beiden Richtungen literarisch-stilistischer und mathematisch-naturwissenschaftlicher Art waren es auch, die ihn veranlaßten, in Wien 1501 mit Hilfe Kaiser MAXIMILIANS I. ein *Collegium poetarum et mathematicorum* ins Leben zu rufen. Das Institut sollte zwei Abteilungen haben, zwei Lehrstühle für die Dichtkunst und Rhetorik, zwei für die mathematisch-astronomischen Fächer. Vorsteher sollte der Lehrer der Poetik sein. Dieser hätte das Recht, Studierende der Poetik und Rhetorik durch den Lorbeer zu graduieren. Dicht- und Redekunst lehrten CELTIS selbst und VINCENTIUS LONGINUS († 1503), die mathematischen Fächer ANDREAS STIBORIUS, das spätere Haupt der zweiten Wiener Mathematikerschule, und STEPHAN ROSINUS, der in Krakau seine mathematische Ausbildung erhalten hatte. Als zwei-

ter Mathematiker war zunächst JOHANNES STABIUS ausersehen gewesen.
Er lehrte auch einige Zeit neben STIBORIUS, schloß sich aber 1503 ganz
dem königlichen Hofe an und wurde Astronom, Astrologe und Hofhistoriograph MAXIMILIANS. Bald nach der Errichtung des *Collegiums*
scheinen seine Mathematiker mit der Anfertigung von Sternkarten befaßt gewesen zu sein. Eine von DÜRER auf Pergament in zwei Blättern
gezeichnete Sternkarte trägt die Insignien des Institutes und ist 1503
datiert. Sie beruht auf der Sternkarte REGIOMONTANS (Position 1424), zu
der nun SEBASTIAN SPRENZ und KONRAD HEINFOGEL die astronomischen
Daten lieferten. Den Auftrag nach Nürnberg vermittelte CELTIS oder
STABIUS. Auf dieser Zeichnung von 1503 beruhen die Holzschnitt-Stern-
karten DÜRERS von 1515.

Über die erste Organisation hinaus sollte das *Collegium* anscheinend
allmählich eine Enzyklopädie aller artistischen Disziplinen erreichen, der
Artes liberales und der Artes mechanicae. Freilich blieb das Ganze mehr
schöner Plan als praktische Durchführung. Wir wissen von dieser Erweiterung durch einen Ludus des CELTIS und des *Collegiums,* der 1506
vor Kaiser MAXIMILIAN aufgeführt wurde. Der Ludus ist zwar verloren,
aber über seinen Inhalt gibt ein Holzschnitt Aufschluß, den nach den Angaben des CELTIS HANS BURGKMAIR gezeichnet hat. Danach war. der
Ludus eine Allegorie auf die unter dem Schutz des Kaisers im *Collegium*
gepflegten Disziplinen in Verbindung mit dem Paris-Urteil (vgl. S. 645),
das vorher schon in Italien CANTALYCIUS und in Deutschland LOCHER
bearbeitet hatten. Bei CELTIS erchienen nun sowohl die ‹Divina Fabrica›
wie die ‹Humana Inventa› und die ‹Septem Artes liberales›, Gottes schaffende Hand (Licht; Sternhimmel mit den Stellae fixae; der Ordo Planetarum; Erde und Meer; Weltkarte; Erschaffung der Eva; Gottvater als
Herrscher), die ‹Septem Artes mechanicae› und die ‹Artes liberales› mit
Trivium und Quadrivium. Die Erweiterung auf die Eigenkünste hängt
möglicherweise mit den Bücherprojekten MAXIMILIANS zusammen, an
denen CELTIS beteiligt war.

b) Johannes Reuchlin

Ähnlich wie CELTIS kam auch JOHANNES REUCHLIN (1455–1522), geboren zu Pforzheim, aus dem späten Mittelalter, neigte aber ebenfalls
bald zum Humanismus und vollzog eine Annäherung an die Philosophie
des NIKOLAUS VON CUES und des Neuplatonismus. Wie der Erzhumanist
stand REUCHLIN im Leben nicht mehr als Theologe von Stand und Studium, nicht beschaulich und betrachtend, sondern als Laie, allerdings
auch nicht ruhelos und beruflos, sondern als ein Mann, der weiß, was
er will, und sich den Beruf des Juristen und Staatsmannes wählte und
zeitlebens ausübte.

Als REUCHLIN 15 Jahre alt war, sandte ihn der Vater an die Universität Freiburg i. Br. Doch schon 1473 ging er als Begleiter des zum geistlichen Stand bestimmten dritten Sohnes des Markgrafen KARL nach Paris und setzte dort seine Studien fort. REUCHLIN hörte Rhetorik bei WILHELM TARDIVUS und ROBERT GAGUIN, dem Lehrer auch des ERASMUS und frühen Anhänger des Neuplatonismus. Ferner lernte REUCHLIN in Paris RUDOLF AGRICOLA kennen und schloß sich an seinen Lehrer JOHANN HEYNLIN an, der seit längerer Zeit an der Sorbonne wirkte. Mit AGRICOLA begann REUCHLIN neben den Fakultätsfächern das Studium des Griechischen. Als HEYNLIN 1474 nach Basel zurückkehrte, gingen mit ihm eine Anzahl Freunde und Schüler, darunter REUCHLIN und WESSEL GANSFORT. Dieser, wie AGRICOLA Gräzist und Hebräist, scheint ebenfalls nicht ohne Einfluß auf REUCHLIN gewesen zu sein. In Basel erlangte REUCHLIN 1475 die Grade der Artistenfakultät und setzte seine griechischen Studien bei ANDRONIKUS KONTOBLACAS fort. Als Magister artium konnte er eine erste akademische Lehrtätigkeit entfalten. Wahrscheinlich schon um diese Zeit dürfte REUCHLIN auch mit den Schriften des CUSANERS bekannt geworden sein.

In Basel begann REUCHLIN seine erste literarische Tätigkeit. HEYNLINS Schüler JOHANN AMERBACH, der inzwischen eine Buchdruckerei eingerichtet hatte, beauftragte ihn, ein lateinisches Wörterbuch abzufassen, und REUCHLIN stellte den ‹Vocabularius breviloquus› (Basel 1475; 25. Aufl. 1504) zusammen. Das anonym erschienene Buch ist größtenteils Kompilation.

Der Stoff wurde in drei Teile gegliedert, Nomen, Verbum, Adverbium; dabei sind die Wörter alphabetisch geordnet. Dieser ‹Vocabularius› unterscheidet sich von den mittelalterlichen Wörterbüchern dadurch, daß er bereits als Wortschatz für die klassischen Autoren und die Werke des römischen Rechtes gedacht war und den Grundsatz des Zurückgehens auf die unverfälschten Quellen des Altertums propagierte. Das Buch gehört zu den meistbenützten Nachschlagewerken jener Jahrzehnte.

Aus Basel wandte sich REUCHLIN abermals nach Frankreich, hielt sich ein zweites Mal in Paris auf, setzte das Griechischstudium bei GEORG HERMONYMUS fort und begann seit 1478 an der Universität zu Orleans mit dem Studium des römischen Rechtes; 1479 oder 1480 zog er nach Poitiers. An beiden Hochschulen war er neben seinen juristischen Berufsstudien auch an den artistischen Fakultäten als Lehrer in den alten Sprachen tätig. Mit dieser Lehrtätigkeit in Zusammenhang steht seine ‹Micropaedia› (Orleans 1478), eine griechische Grammatik, wohl die erste ihrer Art, die ein Deutscher zum Druck brachte.

Nachdem REUCHLIN 1481 in Poitiers Lizentiat des römischen oder kaiserlichen Rechtes geworden war, kam er 1481 nach Tübingen. Der Theologe KONRAD SUMMENHART und der Jurist JOHANNES NAUKLERUS empfahlen ihn an den Grafen EBERHARD. Und Graf EBERHARD V. IM BART zog REUCHLIN als Geheimschreiber und Orator in seine Dienste nach Stuttgart und nahm ihn 1482 neben NAUKLERUS, GABRIEL BIEL und PETER JAKOBI als Begleiter mit nach Italien. Diese Reise nach dem Süden sollte REUCHLINS ganzes weiteres Leben entscheidend bestimmen.

Nach der Rückkehr aus Italien beschloß REUCHLIN in Tübingen 1484 mit dem juridischen Doktorgrad seine legistische Ausbildung und fungierte in Stuttgart, das seit 1483 gräfliche Residenz war, als vielbeschäftigter Anwalt beider Rechte. Graf EBERHARD ernannte REUCHLIN zum geheimen Rat, überdies wurde er Beisitzer am Hofgericht. Als Begleiter des jungen Grafen LUDWIG, eines Sohnes des Grafen EBERHARD, reiste REUCHLIN 1490 ein zweites Mal nach Italien, nunmehr für beinahe ein ganzes Jahr. In Rom festigte er die bereits in Deutschland eingegangene Verbindung mit HERMOLAUS BARBARUS, lernte JAKOB QUESTENBERG kennen und trieb Griechisch bei DEMETRIUS CHALKONDYLAS, dem Herausgeber des HOMER. Entscheidender aber war ein anderes: im Süden trat er abermals und jetzt in nähere Verbindung mit dem Florentiner Neuplatonismus, der in MARSILIUS FICINUS und GIOVANNI PICO DELLA MIRANDOLA seine anerkannten geistigen Führer hatte. REUCHLIN wurde auf ein Gedanken- und Studiengebiet gelenkt, das ihm bisher verschlossen war: die jüdische Geheimlehre und das Hebräische. Nach der zweiten Berührung mit den Florentinern wurde für REUCHLIN die ‹heilige Sprache› eine Hauptangelegenheit seiner geistigen Bestrebungen. Bei diesen hebräischen Studien gelang es ihm, Einsicht zu nehmen in die wichtigsten Werke jüdischer Mystik: das ‹Buch Jezîra› (‹Buch der Schöpfung›), das nach Art einer metaphysischen Kosmologie die Entstehung der Welt darlegt, wie sie durch göttlichen Willen auf den 32 ‹Weisheitswegen›, d. i. den 22 Buchstaben und den 10 Zahlen, entstanden ist; das ‹Buch Sohar› (‹Buch des Glanzes›), den Kanon der Kabbalisten, mit der Lehre: Sprachverständnis ist Weltverständnis; das ‹Buch Bahir› (‹Lucidarius›, ‹Buch des Lichtes›), das die Wiederholungen und Auslegungen der vorher genannten darstellt. Außer diesen mystischen Werken wurden später für REUCHLIN die ‹Porta lucis›, der ‹Hortus nucis› und die ‹Porta iustitiae› des spanischen Kabbalisten JOSEPH GEKATILA (geb. 1248) bedeutsam. Diesen hebräischen Studien voraus – oder ihnen parallel – gingen Studien zum Platonismus und Neuplatonismus: PLATONS, PLOTINS und des DIONYSIUS AREOPAGITA.

Im unmittelbaren Gefolge nun dieser Studien und sprachphilosophischen Spekulationen steht REUCHLINS erste große philosophische Schrift ‹De verbo mirifico› (Basel 1494), ‹Vom wundertätigen Wort›. Das Werk ist in Form einer Unterredung gehalten, wie NIKOLAUS VON CUES seine philosophisch-theologischen Schriften abgefaßt hatte, und besteht aus drei Büchern. Das erste handelt von den Aufgaben und Grenzen der Philosophie, das zweite trägt die jüdische Geheimlehre der Kabbala vor, das dritte setzt auseinander, welcher Nutzen daraus für das Christentum gezogen werden könne. Alles in Gesprächsform zwischen drei Personen, die zufällig in Pforzheim zusammentreffen: Sidonius, einem Phönizier, ehemals Epikureer, nun Eklektiker; Baruchias, einem gelehrten Juden; und Capnion, einem christlichen Weisen, d. h. REUCHLIN selbst. Im Widmungsbrief sagt REUCHLIN: Das Interesse an der Betrachtung mystischer, geheimnisvoller Dinge schwinde immer mehr, zu großem Teil deswegen, weil die Zeitgenossen die Quellen, aus denen man jene Kenntnis schöpfen könnte, nicht mehr verstehen.

Die Unterredung setzt ein mit einem Bericht des Sidonius über die Gründung Pforzheims. Er preist die umliegende Landschaft, die zur Ausbildung geistiger Fähigkeiten förderlich erscheine. Nach dem Entschluß, sein Leben dem Studium der Naturwissenschaften zu widmen, habe er eine Reise nach Indien unternommen. Doch die seltsamen Erzählungen, die man über das Land verbreite, haben sich nicht alle bewahrheitet. Darauf antwortet Baruchias und spricht über die Naturlehre der alten Philosophen. Der weiseste war Moses, weise durch den Geist Gottes. Dieser Geist geht von Generation zu Generation und befähigt, in die Geheimnisse der Natur einzudringen. Dem widerspricht Sidonius und verweist auf die sinnliche Wahrnehmung, die ebenfalls urteilsfähig mache. Capnion vermittelt und teilt der sinnlichen und der geistigen Sphäre ihre besonderen Fähigkeiten zu. Das Band zwischen Gott und Mensch ist der Glaube, Gott die Liebe, der Mensch die Hoffnung. Die Gottheit ist unendlich, der Mensch endlich, die Verbindung geschieht durch ein wunderbares Wort. Und feierlich beginnt REUCHLIN die Belehrung. Vorerst aber müssen die Mitunterredner einen Gott als Schöpfer anerkennen, dem die anderen Mächte untergeordnet sind. Inzwischen ist der Tag schon vorgerückt. REUCHLIN verschiebt die Enthüllung des Wortes auf den folgenden Morgen. – Im zweiten Buch wünscht Sidonius dringend, das wunderbare Wort zu erfahren. Capnion preist zuerst den Schöpfer der Welt und Herrn des Alls. Baruchias weist auf das Alter der hebräischen Sprache und die reine und hohe Lehre, die in ihr besonders von Moses verkündet wurde. Höher als Moses steht natürlich sein Gott. Schon dessen Name ist heilig und geweiht. Und nun kommt Capnion zur Hauptsache. Es gibt verschiedene Namen Gottes. Hieronymus erwähnt 19, Dionysius Areopagita 45, andere 72. Den einen ‹ehieh› (das ewige Sein) bezeichnet Platon to on; den zweiten ‹hu› (das Unveränderliche) geben die Griechen mit tauton wieder, der dritte ‹esch› (Feuer) gleicht dem Äther in den Hymnen des Orpheus. Der vorzüglichste Gottesname aber ist das wundertätige oder heilbringende Wort ‹Jhvh›. Es sind dies die vier Konsonanten des Namens Jehovah, das unaussprechliche Tetragrammaton, der den Menschen durch die Gottheit anvertraute heilige Name. Dieses der Tetraktys des Pythagoras ähnliche Wort verbindet den endlichen Menschen mit dem unendlichen Gott. Jeder der vier Buchstaben erinnert an eines der vier Elemente und an die vier geometrischen Hauptbestandteile und hat einen geheimnisvollen Inhalt: das Jod, der Gestalt nach ein Punkt, dem Zahlwert nach gleich zehn, bedeutet Anfang und Ende aller Dinge; das He, als Zahlzeichen fünf, bedeutet die Vereinigung Gottes (Dreieinigkeit) und der Natur (Zweiheit nach Plato und Pythagoras); das Waw, dem Zahlwert gleich sechs, ist das Produkt der Einheit, Zweiheit und Dreiheit; das He, dem zweiten gleich, bedeutet die Seele als Medium zwischen Himmel und Erde, so wie die Fünf die Mitte zwischen der Einheit und der heiligen Zehnzahl darstellt. – Die Aufgabe des dritten Buches, in dem REUCHLIN allein spricht, ist es, das Produkt der vereinigten jüdischen und heidnischen Philosophie auch mit den Dogmen des Christentums in Einklang zu bringen. Gott ist die Urquelle aller Dinge, Logos, Vernunft und Wort zugleich, Schöpfer der ganzen Welt, eine unbedingte Einheit. Das Wort ist der Sohn Gottes. Außer vom Sohn, dem lebendigen Abbild des Vaters und Inkarnation des Wortes, wird Gott von niemandem erkannt. Die geheimnisvolle Verbindung der beiden läßt sich von der Genesis an in der hebräischen Sprache nachweisen. Und was vom Namen des Vaters gesagt wurde, gilt in erhöhtem Maße auch von dem des Sohnes. Er ist ewig und wird erhaben durch die Doppelnatur des Gott-Menschen. Sein rechter Name ist nicht Christus, sondern wie ihn der Engel vor Maria genannt habe, Jhsvh. Dies ist das zweite *verbum mirificum,* nun ein aussprechbares Fünfbuchstabenwort, das schon in den ältesten Zeiten und in den verschiedenen Ländern Wunder gewirkt habe, in Gefahren beschützt und Verderben aufgehalten. Das Symbol dieses Namens ist das Kreuz. Dieses Pentagrammaton, dieser Name und die durch seinen Träger begründete Lehre des Christentums repräsentieren den Höhepunkt und Abschluß der philosophischen Sinndeutung der Menschheit.

«Der Mensch ist dazu in diese Welt gekommen, daß er Gott suche», sagt NIKOLAUS VON CUES in der Schrift ‹De quaerendo Deum›. Und REUCHLINS Buch ‹Vom wundertätigen Wort› ist die Arbeit eines Gottsuchers. Spekulation über den Gottesnamen verbindet sich mit Buchstabenmystik und Zahlensymbolik gemäß der jüdischen Geheimlehre und der pythagoreischen Zahlenphilosophie, die sich ebenfalls die Harmonie der Welt nach festen Maßen geordnet vorstellte. Wichtiger jedoch als der geheimnisvolle Buchstabenkult und die Zahlenmystik sind die Einblicke, die man in REUCHLINS Erkenntnislehre, Weltbild, Anthropologie und Gottesbegriff erhält. Man sieht die Veränderungen seiner mittelalterlichen Seele durch die Antike und die neuen Bildungselemente. Der Sprachforscher glaubt sich auf dem Weg zu den Uroffenbarungen des Altertums, die er in den Lehren des PYTHAGORAS und der Kabbala vor sich sieht. Das Ziel beider Lehrsysteme, des griechischen wie des jüdischen, ist ihm die Erhebung des Menschengeistes zu Gott, das Gottschauen und die Erlangung der himmlischen Glückseligkeit.

REUCHLIN hat die Schrift ‹Vom wundertätigen Wort› dem Kanzler und Bischof JOHANN VON DALBERG zugeeignet. KONRAD CELTIS hat das Erscheinen in einer sapphischen Ode gefeiert. AGRIPPA VON NETTESHEIM hielt 1509 in Dôle in Burgund über das Buch Vorlesungen. Was man herauslas, war die wunderbare Versöhnung der Gegensätze des Guten und Bösen. Daß dieser Ausgleich in der Person Christi erfolgt, war die einzig mögliche Lösung für die Zeit des ausgehenden Mittelalters. Sie ist durchaus im Geiste des CUSANERS gehalten. Und dieser, nicht wie man bisher gemeint hat, PICO DELLA MIRANDOLA, ist REUCHLINS geistiger Vater.

Von REUCHLINS hebräischen Studien ergaben sich von selber Fragen, die das Judenproblem seiner Zeit betrafen. Als eine erste Stellungnahme dazu ist seine ‹Tütsch Missive, warumb die Juden so lang im Ellend sind› (Pforzheim 1505) anzusehen. Sie begründet das tragische Schicksal des jüdischen Volkes mit der Sünde, den Messias nicht anerkannt, sondern getötet zu haben. Die Juden seien Gegner des Christentums. Aber sie sind andererseits auch die Empfänger und Hüter der biblischen Offenbarung. REUCHLIN will sie nicht verdammen, sondern durch Belehrung und Gebete bekehren.

Als Graf EBERHARD V. (seit 1495 Herzog) von Württemberg 1496 kinderlos starb, folgte ihm sein zuchtloser Vetter EBERHARD VI. (II.). REUCHLIN fiel in Ungnade und war gezwungen, den Herzog und dessen Günstling, dem ehemaligen Augustinermönch KONRAD HOLZINGER, den EBERHARD d. Ä. unter Mitwirkung REUCHLINS hatte einkerkern lassen, außer Landes zu gehen. Er wandte sich nach Heidelberg und fand dort sowohl am Hof der pfälzischen Kurfürsten wie in der von KONRAD CELTIS gegründeten *Sodalitas litteraria*

Rhenana freundliche Aufnahme. REUCHLIN trat in einen Kreis, dem JOHANN VON DALBERG, JOHANNES VIGILIUS, JODOKUS GALLUS, PALLAS SPANGEL, ADAM WERNER VON THEMAR, HEINRICH VON BÜNAU, DIETRICH VON PLENINGEN, JAKOB WIMPFELING, JAKOB DRACONTIUS, KONRAD LEONTORIUS u. a. angehörten. Die Bibliothek DALBERGS, die einst RUDOLF AGRICOLA geleitet, leitete nun REUCHLIN.

In die Jahre 1496 und 1497 fallen REUCHLINS zwei dramatische Dichtungen ‹Sergius› und ‹Henno› (vgl. S. 638ff.). Mit den lyrischen Chorliedern in diesen beiden Komödien im Zusammenhang stehen REUCHLINS Gedichte. Von einem bei Zeitgenossen erwähnten Buch ‹Epigramme› ist bisher nichts wieder aufgefunden worden. Tatsächlich erhalten hat sich nur wenig (17 Gedichte). Das meiste davon gehört der ersten Lebenshälfte an. Bemerkenswert sind ein gemeinsam mit dem kaiserlichen Sekretär JOHANN KRACHENBERGER wohl in Linz 1492 verfaßtes Gedicht an KONRAD CELTIS, das dieser dem 4. Buch seiner ‹Amores› voranstellte, und eine ‹Grabschrift für Kaiser Friedrich III.› Andere sind Dedikationsgedichte. Bei einigen fällt die humoristische Grundstimmung auf.

Fast alle Heidelberger Humanisten haben in andere Sprachen übersetzt. Die Anregungen, die einige Jahrzehnte vorher die Herzogin MECHTHILD in Rottenburg gegeben hatte, wurden hier weitergeführt. Dazu kamen Wünsche DALBERGS, der an Übertragungen aus dem Griechischen ins Lateinische interessiert war. Auch REUCHLIN hat übertragen, vorher, nun und später. Nicht alle diese Arbeiten sind überliefert. Nach TRITHEMIUS soll REUCHLIN bereits 1491 ein Stück aus HOMERS ‹Ilias›, das den Kampf des Paris und Menelaus schildert, in deutsche Verse übersetzt haben. Es wäre dies die älteste deutsche HOMER-Übersetzung. Ähnlich sind verschollen: die «aliquos libellos ex Homero», von denen HEINRICH SPIESS berichtet, ‹Nestorius hereticus›, die ‹Confessio› CYPRIANS VON ANTIOCHIA, LUKIANS ‹Totengespräch› und ‹Dialog über die Versammlung der Götter›, und die dem Bischof EPIPHANIUS zugeschriebenen Erzählungen ‹De vita et morte prophetarum›. Alle aus dem Griechischen ins Lateinische. Nur in Handschriften haben sich erhalten: die vermutlich noch in REUCHLINS Baseler Zeit gehörige Übertragung von XENOPHONS ‹Apologia pro Socrate›, von der REUCHLIN für Vorlesungszwecke 1520 eine Ausgabe des griechischen Textes veranstaltete; die ‹Oratio de laudibus S. Mariae› des Bischofs PROKLUS von Konstantinopel für JAKOB LOUBER, Prior der Kartause in Klein-Basel (1488, gedr. 1529); und schließlich die Rede des MAXIMUS TYRIUS ‹Si deus fecit bona, unde veniant mala› an HEYNLIN VON STEIN (gedr. 1529).

Für Unterrichtszwecke verfaßte REUCHLIN bereits in Paris 1477/78 eine kleine Schrift ‹De quattuor graecae linguae differentiis› und später für DALBERG ‹Colloquia graeca› (1489), eine Sammlung leichter und einfacher griechischer Gespräche mit lateinischer Übersetzung. An Übertragungen aus dem Griechischen ins Lateinische wurden zu REUCHLINS Lebzeiten noch veröffentlicht: der ihm von LUDWIG GEIGER zugeschriebene ‹Froschmäusekrieg›; HIPPOKRATES ‹De praeparatione hominis› (Tübingen 1512), eine ‹Vita Constantini Magni› (1496; gedr. 1513), ATHANASIUS ‹In librum Psalmorum› (Tübingen 1515), ATHANASIUS ‹De variis quaestionibus› (Hagenau 1519) mit Vorrede an den Erzbischof ALBRECHT VON MAINZ. Aus dem Hebräischen ins Lateinische übersetzte REUCHLIN ‹Die silberne Schale› (um 1276), ein Hochzeitsgedicht des JOSEPH BEN CHANAN ESOBI an seinen Sohn Rabbi JOSEPH HYSSOPAEUS. In für ungelehrte Fürsten bestimmten Übersetzungen bediente REUCHLIN sich der deutschen Sprache. Für den Grafen EBERHARD IM BART übertrug er die erste Olynthische und die beiden ersten Philippischen Reden des DEMOSTHENES und das 12. Lukianische ‹Totengespräch› (1495) und 1501 für den Pfalzgrafen PHILIPP als Trostbuch beim Tode seiner Frau MARGARETHA CICEROS ‹Tusculanen›.

Im Dezember 1497 wurde REUCHLIN für ein Jahr zum Erziehungsleiter der Söhne des Kurfürsten PHILIPP und zum fürstlichen Rat in politischen Fragen und diplomatischen Missionen berufen. In der letzteren Eigenschaft reiste er 1498 das dritte Mal nach Italien. REUCHLIN hatte Erfolg. Die für den Kurfürsten verfaßte ‹Oratio› an Papst ALEXANDER VI. erschien zu Venedig am 1. September 1498 bei ALDUS MANUTIUS im Druck.

Nach dem Regentenwechsel von Herzog EBERHARD VI. auf ULRICH VON WÜRTTEMBERG bestellte das Regiment REUCHLIN zum herzoglichen Rat und er konnte wieder in württembergische Dienste treten; von 1502 bis 1513 war er Richter des Schwäbischen Bundes. Daneben versah er in Stuttgart seine Praxis als Rechtsanwalt und entfaltete eine vielseitige gelehrte Tätigkeit, insbesondere auf dem Gebiet der hebräischen Sprachwissenschaft.

Die Kenntnis der hebräischen Sprache war auch während des Mittelalters in der abendländischen Christenheit nie völlig erloschen. Der Theologe HEINRICH VON LANGENSTEIN verfaßte eine Schrift ‹De idiomate hebraico› (1388), deren erster Teil philologisch ist, deren zweiter ‹von den Mysterien des hebräischen Alphabets› handelt. Auf dem Konzil zu Basel war 1434 abermals betont worden, daß zu der Predigt an·und gegen die Juden auch die Kenntnis der Sprache der Juden notwendig sei. In der darauf folgenden Zeit waren in Deutschland STEPHAN BODEKER († 1459), Bischof von Brandenburg, und der Dominikaner PETRUS NIGRI († ca. 1483) beachtenswerte Kenner und Pfleger des Hebräischen.

Aus theologisch-philologischen Motiven war REUCHLIN an das Hebräische herangegangen. Und er wurde jetzt geradezu sein wissenschaftlicher Erneuerer und, nach KONRAD PELLIKANS Erstlingsversuch ‹De modo legendi et intelligendi Hebraeum› (1501/04), der Begründer der modernen Hebräistik und Orientalistik in Deutschland. Mit Hilfe seiner Lehrer und unter weitgehender Benutzung der hebräischen Quellenschriften, vor allem der Arbeiten des spanisch-provenzalischen Juden DAVID KIMCHI (ca. 1160–ca. 1235), verfaßte REUCHLIN außer kleineren Elementarbüchern und Ausgaben als hebräistische Hauptwerke die ‹Rudimenta linguae hebraicae› (Pforzheim 1506), ‹Hebraische Anfangsgründe›, und eine Schrift über die Akzente und die Orthographie im Hebräischen, ‹De accentibus et orthographia linguae hebraicae› (Hagenau 1518), gewidmet dem Kardinal und späteren Papst HADRIAN VI.

Die ‹Anfangsgründe› boten ein vollständiges Lehrbuch des Hebräischen. Sie waren gedacht als Einführung in diese Sprache und als Schlüssel für die in Italien gedruckten hebräischen Bibelausgaben. Die ersten zwei Bücher enthalten ein Wörterbuch; das dritte und ein kleiner Teil des ersten Buches eine wissenschaftliche Darstellung der hebräischen Grammatik mit Beifügung zahlreicher biblischer Belegstellen und Lesestücke. Bei einer großen Anzahl von Zitaten aus dem Alten Testament wird der hebräische Text kritisch mit der Vulgata verglichen. Durch die ‹Rudimenta› hat REUCHLIN ein breites Studium der hebräischen Sprache und Literatur in Deutschland ermöglicht und ein philologisches Verständnis des Urtextes der Bibel und ·eine Schriftkritik angebahnt, die in den reformatorischen Auseinandersetzungen größte Bedeutung erlangten. – Die ‹Regeln über Orthographie, Prosodie und Akzente› handeln in drei Büchern über die Aussprache in gewöhnlicher Rede und über den rhetorischen und musikalischen Akzent.

Als Ergänzung und zur Nutzanwendung der in den ‹Rudimenta› enthaltenen Regeln und zur Aneignung des Wortschatzes gab REUCHLIN die sieben Bußpsalmen im hebräischen Text mit lateinischer Übersetzung heraus (Tübingen 1512). In der Handschrift blieb die Übersetzung und Erklärung von Psalm 110 bis 114.

REUCHLINS Veröffentlichungen und sein Ruhm waren Anlaß, daß zahlreiche junge Leute kamen und um private Unterweisung im Griechischen und Hebräischen baten: sein Neffe PHILIPP MELANCHTHON, CHRISTOPH SCHILLING, JOHANNES OEKOLAMPADIUS, JOHANNES CELLARIUS, BARTHOLOMÄUS CAESAR, KONRAD PELLIKAN u. a. Als allgemein anerkannter Hebräist wurde REUCHLIN 1509 in den *Pfefferkorn-Reuchlinschen Streit* über die hebräische Literatur (vgl. S. 709ff.) verwickelt.

Nachdem der Hebraismusstreit moralisch zu seinen Gunsten entschieden war, ließ REUCHLIN sein zweites philosophisch-philologisches Hauptwerk in Druck erscheinen, ‹De arte cabbalistica libri tres› (Hagenau 1517), ‹Drei Bücher von der kabbalistischen Kunst›. Er hat es Papst LEO X. zugeeignet. Auch dieses Werk hat REUCHLIN in der cusanischen Gesprächsform abgefaßt. Auch hier treffen drei Personen zufällig zusammen. Diesmal in Frankfurt. Der Jude Simon, der Mohammedaner Marranus und der Grieche Philolaus. Im ersten und dritten Buch führt hauptsächlich der Jude das Wort, indem er die Lehren der Kabbala erörtert und preist, im mittleren setzt der Grieche die Lehren des PYTHAGORAS auseinander und sucht deren Identität mit der Kabbala zu erweisen. Der Mohammedaner stellt meist nur Fragen. Das Werk bildet den Ausbau und Abschluß der in der Schrift ‹Vom wundertätigen Wort› entwickelten Gedankengänge.

Zunächst charakterisiert der Jude Simon das Studium der Kabbala als die Fähigkeit, Gott zu begreifen. Die Lehre tritt zum erstenmal auf, als Gott im Protoevangelium dem Adam durch den Engel einen Sühner verkünden ließ. Ihre Wissenschaft wurde in ununterbrochener Reihenfolge über Moses, Esra etc. vererbt. Es ist darüber eine reiche Literatur erhalten. Talmudisten wie Kabbalisten nehmen eine sinnliche und eine geistige Welt an. Die einen beschränken ihre Betrachtung auf die Sinnenwelt, die anderen erheben sich zum Schauen der geistigen. Beide glauben an den Messias. Die Talmudisten fassen sein Werk als Befreiung im körperlichen und politischen Sinn auf, die Kabbalisten glauben, der Messias sei der Erlöser von der Erbsünde und seine Tat geschehe durch die vier heiligen Buchstaben des Gottesnamens. Er schaffe zwischen der unteren und der rein göttlichen eine Art dritte, messianische Welt. – Mit dieser Weltanschauung erhebe der Kabbalist sich zum Himmlischen. Durch die Engel lerne er den Namen Gottes erkennen und Wunder wirken. – Im folgenden Buch werden die einzelnen Lehren Simons, der durch den eingetretenen Sabbat verhindert ist, an der Unterredung teilzunehmen, kurz wiederholt. Mit Belegstellen aus griechischen Philosophen wird nachgewiesen, daß die beiden Denksysteme identisch sind, wobei der Kabbala die Priorität zukomme. Beide, Kabbalisten wie Pythagoreer, nehmen zwei Welten an und glauben an einen Messias. Aus der pythagoreischen Philosophie ergeben sich folgende Erkenntnisse: der Glaube ist ein Erzeugnis göttlicher Offenbarung; alle Wesen sind Ausflüsse aus Gottes Geist; der Messias ist der Erlöser der Menschheit; das Heil besteht im beständigen Beharren in Gott. Die pythagoreische Philosophie besitzt wie die Kabbala ein Geheimwissen über die Zahlen. Die Engel und die Seelen der Verstorbenen führen in einem himmlischen Jerusalem ein glückseliges Leben. Unter ihnen stehen die Seelen der Menschen, die noch in den Körpern leben. Die Pflichten des Menschen ergeben sich aus seinem Leben in der Gemeinschaft: Verehrung Gottes, Achtung vor sich selbst, Liebe zu den Mitmenschen. – Im dritten Buch erklärt Simon das Wesen des kabbalistischen Sabbat als eine Ruhe der Seele im ewigen Streben nach dem Göttlichen und Reinen. Zur vollen Weisheit können sich nur bevorzugte Geister erheben. Aber auch den übrigen sind die meisten der 50 Tore der Erkenntnis geöffnet. Die höchste Pforte ist Gott, das unaussprechliche Tetragrammaton. Sie ist einzig vom Messias erkannt worden. Dieser ist selbst das Licht Gottes und Licht der Völker, der Logos, der jedem Menschen leuchtet; darum erkennt er Gott und Gott wird durch ihn erkannt. Der Weg zur Wahrheit führt auf 32 Pfaden in die Tiefe. Die Zahl der 22 Buchstaben zusammen mit der der Tore bildet die der 72 Engel. Ihre Namen setzen den heiligen Gottesnamen zusammen. Von der Engellehre geht Simon über zur Betrachtung der kabbalistischen Kunst. Ihr Wesen besteht darin, aus den Worten einen tieferen als den gewöhnlichen Sinn zu entnehmen. Und zwar ist dies auf dreierlei Weise möglich: durch Gimatria, d. h. Umstellung der Buchstaben innerhalb eines Wortes, durch Notarikon, d. h. Auseinanderzerrung der Buchstaben eines Wortes, so daß jeder das Anfangsglied eines neuen abgibt; durch Temurah, d. h. Vertauschung der Buchstaben derart, daß für den ersten des Alphabets der letzte, für den zweiten der vorletzte usw. gesetzt wird. Aus diesen drei Methoden ergeben sich wunderbare Aufschlüsse über die Gottheit: 1. Gott ist der Eine, Unbegreifliche, Unerfaßbare, der Seiende. Das Tetragrammaton bleibt heilig, auch wenn es in seine einzelnen Bestandteile zerlegt werde. 2. An einer Tabelle der Buchstaben mit ihrem Zahlenwert wird ihre besondere Bedeutung erörtert. 3. Es gibt 22 Arten, wie ein Buchstabe umgetauscht werden kann. Aus den 242 Kombinationen erhält man außer dem 72 Buchstaben umfassenden Gottes-

namen einen von 42, eine Zahl, die aus dem Tetragrammaton hergeleitet werden kann. Es ist ein heiliger, Wunder bewirkender Name. Dieselbe Kraft, die
früher nur dem Tetragrammaton innewohnte, ist später auf den Namen Jhsvh
und das Zeichen des Kreuzes übergegangen. Mit einem Hymnus auf die Kabbala schließt das Werk.

Auch in der Schrift ‹Von der kabbalistischen Kunst› ist die Cusanische
Grundlage von REUCHLINS Denken, Gotteslehre und Weltanschauung
nicht zu verkennen. Viel stärker aber als in den Ausführungen über das
‹Wundertätige Wort› zeigen sich hier die Nachwirkungen des Florentiner
Neuplatonismus. Dazu kamen eigene, hauptsächlich aus den hebräischen
Sprach- und Literaturstudien und aus der Beschäftigung mit der griechischen Philosophie gewonnene Einsichten. Sie ermöglichen den im einzelnen
durchgeführten Vergleich Kabbala – pythagoreische Philosophie – Lehre
des Christentums. Aus eigener angeborener Neigung und dem Glauben
an das Walten magischer Kräfte kommt REUCHLIN zur Verquickung des
sprachphilosophischen Buchstabenkultes mit der pythagoreischen Zahlensymbolik. Angeregt von FICINUS und PICO will er darlegen, daß sich
die Offenbarung Gottes auch in der Kabbala nachweisen lasse, daß diese
eine Ergänzung der hl. Schrift enthalte, ja manchmal sogar von höherer
Art. Über die Juden hinaus findet er die göttliche Offenbarung auch im
Mythos und in der Philosophie der Griechen. Für REUCHLIN ist wie für
den CUSANER Gott nicht als Weltseele oder als bloße Ursache der Dinge
bestimmbar, sondern als das über allen Gegensätzen liegende Seiende, das
zugleich Nichtseiendes ist, und in dessen Erkenntnis die Widersprüche, in
denen die Vernunft sich bewegt, zusammenfallen.

Die Aufnahme der philosophischen Hauptwerke REUCHLINS war naturgemäß verschieden. Der im Hebraismusstreit zum Gegner gewordene
JAKOB VON HOCHSTRATEN veröffentlichte eine ‹Destructio Cabbalah›
(Köln 1519), ‹Zerstörung der Kabbala›. Der rational eingestellte ERASMUS,
der REUCHLIN als Philologen und Vorkämpfer des Humanismus hoch-
schätzte, meinte dazu, weder der Talmud noch die Kabbala hätten ihn
jemals angelächelt. Für LUTHER war das Wort der biblischen Schrift maßgebend; für Kabbala, Talmud und die Philosophie des PYTHAGORAS war
bei ihm kein Platz. Weitherziger empfand MELANCHTHON. Er entdeckte in
den kabbalistischen Schriften neben viel Phantastik auch viele gute Aussprüche. Begeistert waren die Spiritualisten, Schwarmgeister und die Theo-
sophen: KARLSTADT, PARACELSUS, besonders aber HEINRICH CORNELIUS
AGRIPPA VON NETTESHEIM, dessen Jugendschrift ‹De occulta philosophia›
maßgebliche Einwirkungen REUCHLINS aufweist. Später schloß sich der
Engländer EVERARD DIGBEY (ca. 1550–1592) in seinem kabbalistischen
Neuplatonismus aufs engste REUCHLIN an.

Die wenigen Lebensjahre, die REUCHLIN nach dem Erscheinen des zweiten
philosophischen Hauptwerkes noch beschieden waren, sind umdüstert von Ein-

samkeit, Krieg und Not. Seine zweite Frau war gestorben. Nach ihrem Tode hatte er sich 1516 als Tertiar in den Augustiner-Eremitenorden aufnehmen lassen. Durch die Kriege war er um einen Teil seines Vermögens gekommen. Der Konflikt des Herzogs mit dem Schwäbischen Bund verleidete ihm das Leben in Stuttgart, wo er vierzig Jahre gelebt hatte. Er zog daher Ende 1519 nach Ingolstadt und bewarb sich um eine Professur an der Universität. «Fugi pestem, fugi gladium, utinam effugerim famem», schrieb er am 21. Dezember 1519 an WILLIBALD PIRCKHEIMER nach Nürnberg; das «dimidium animae», den größten Teil seiner Seele, die Bibliothek, habe er zu Hause lassen müssen. Am 29. Februar 1520 erhielt er sein Bestellungsdekret als Professor für Griechisch und Hebräisch. Noch immer übte der große Name auf die Jugend stärkste Anziehungskraft aus. Im Mai berichtet er an PIRCKHEIMER, er trage vor mehr als dreihundert Schülern vor. Der Pest wegen ging er im Sommer 1521 zurück nach Württemberg und übernahm in Tübingen eine Professur für griechische und hebräische Sprache. Vor seinem Tode, wohl im letzten Lebensjahr, soll REUCHLIN die Priesterweihe genommen haben und so inmitten der begonnenen Reformation Geistlicher der alten Kirche geworden sein. Aber schon am 30. Juni 1522 setzte der Tod in Stuttgart seinem Leben ein Ende.

REUCHLIN galt seiner Zeit als großer Philologe, als Idealgestalt eines wissenschaftlichen Forschers und Gelehrten, der die philologisch-literarische und die religiös-philosophische Wesensseite des europäischen Humanismus vereinigte.

REUCHLINS Bedeutung für den europäischen Humanismus erstreckt sich hauptsächlich auf drei Gebiete. Er war als Kenner und Lehrer des Griechischen maßgeblich an der Rezeption der griechischen Literatur und Kulturwelt beteiligt. Als neulateinischer Dichter beherrschte er die Formen des frühhumanistischen Dramas und der Lyrik. Er hat den europäischen Renaissancevorgang über die hellenozentrische Sphäre erweitert, indem er die hebräischen und kabbalistischen Studien aufgriff und zu einer vorläufigen Vollendung brachte. REUCHLINS zwei philosophische Hauptwerke mit ihrem Streben nach Erkenntnis des Göttlichen sind in hohem Maß für den Wertbegriff und die Bildungswirkung der europäischen *humanitas* bedeutsam. In den philologischen Arbeiten hat REUCHLIN eine neue Wissenschaft und unentbehrliche Grundlage späterer geistiger Entwicklungen geschaffen.

REUCHLIN war bei aller Vielseitigkeit und Gelehrsamkeit eine tiefreligiöse, mystisch gerichtete, konservative Natur. Die mittelalterliche Kirche mit ihrer Glaubens- und Morallehre blieb für ihn eine feste Gegebenheit, ohne daß er dabei blind gewesen wäre gegen Mißstände. Durch sein ganzes Leben und Denken geht ein tragischer Zug. Der kritische Philologe und scharfsinnige Jurist verirrte sich bei seinem Gottsuchen in die Labyrinthe einer mystizistischen Sprach- und Zahlenphilosophie, der stille Gelehrte und Freund des Ausgleichs wurde in die schweren Händel des Streites um die Judenbücher verwickelt.

c) Willibald Pirckheimer

WILLIBALD PIRCKHEIMER, der letzte männliche Sproß einer im deutschen Spätmittelalter an Tradition, Begabung und Leistung einmaligen Familie, ist ohne eine auf drei langlebige Generationen aufbauende geistig-kulturelle Überlieferung nicht verständlich. Der Großvater und der Vater WILLIBALDS stehen bereits mitten im deutschen Frühhumanismus und im politischen Leben ihrer Zeit. Um ein anschauliches und zutreffendes Wesensbild WILLIBALD PIRCKHEIMERS (1470–1530) zu zeichnen, ist es nötig, sämtliche Gebiete seiner Studien und seiner Betätigung zu berücksichtigen, das praktische Wirken wie das Schrifttum. Das erstere zeigt die persönlichen Wesenszüge, das andere die geistige Physiognomie. Der weitaus größere Teil der geistigen und literarischen Betätigung PIRCKHEIMERS lag auf dem Gebiete der Philologie, genauer gesagt, der Übersetzer- und Editionstätigkeit philosophischer, ethischer, patristischer, humanistisch-literarischer und astronomisch-geographischer Werke besonders der Griechen. Die eigenen Schriften betrafen Moralsatire, Geschichte, Autobiographie, reformatorische Kontroverse. Grundlage seiner Studien und Arbeiten bildete die ererbte und von ihm selbst großzügig ausgebaute Pirckheimersche Familienbibliothek. Ihre Restbestände werden heute im Britischen Museum verwahrt.

WILLIBALD PIRCKHEIMER wurde in Eichstätt, wo der Vater am Hofe des Bischofs WILHELM II. VON REICHENAU als Jurist tätig war, geboren und erhielt vom Vater den ersten Unterricht. Auf den vielen Gesandtschaftsreisen des Vaters lernte er außer Bayern schon früh Tirol, die Schweiz, die Niederlande und wahrscheinlich auch Italien kennen. Im Alter von 16 Jahren kam er zur rittermäßigen Ausbildung zurück an den Hof des Bischofs von Eichstätt. Im weitern wünschte der Vater die Berufschulung seines Sohnes in den Rechtswissenschaften bei gleichzeitiger Pflege auch der humanistischen Fächer und schickte ihn 1488 unter Umgehung der deutschen Universitäten direkt nach Italien, erst nach Padua, dann 1491 nach Pavia. In Padua stand der junge PIRCKHEIMER in einer Einflußsphäre, die von der Spätscholastik, von neuerer Religionsphilosophie und dem Humanismus umschlossen wurde. Dabei kam er vermutlich auch mit dem averroistischen Aristotelismus in Berührung. Stärker angesprochen aber wurde PIRCKHEIMER von der Philosophie PLATONS und dem Florentiner Neuplatonismus des MARSILIUS FICINUS. Großes Interesse brachte PIRCKHEIMER schon damals den Naturwissenschaften entgegen: der Astronomie, der Mathematik, der Geographie, der Medizin. Mit besonderem Eifer und Erfolg aber betrieb er griechische Studien. Sein Lehrer darin war der hochgebildete LAURENTIUS CAMERS († 1503/05). Lateinische Grammatik, Rhetorik und die klassische römische Literatur studierte er bei JOHANNES CALPHURNIUS. Reibereien mit den Universitätsbehörden und das Drängen des Vaters, von den humanistischen und philosophischen Fächern mehr auf die praktischen Rechtswissenschaften überzugehen, waren Anlaß, daß WILLIBALD in der zweiten Hälfte 1491 Padua verließ und für vier Jahre nach Pavia übersiedelte. Pavia war die Universität der Mailänder Herzöge, zu deren Hof DR. JOHANN PIRCKHEIMER seit langem gute Verbindungen unterhielt. Schon bei Gesandtschaftsreisen hatte er den Sohn in die dortige Gesellschaft eingeführt. In Pavia betrieb PIRCKHEIMER in erster Linie die Rechtsstudien, daneben doch wieder Griechisch. Entscheidender aber als diese Studien wurde in Pavia-Mailand für ihn das gesellschaftliche und kulturelle Leben. Es ist nachgewiesen, daß der junge PIRCKHEIMER am Hofe der Sforza zwei fürstliche Freunde besaß: GALEAZZO VISCONTI, den Führer der Mailänder Ghibellinen, und besonders GIOVANNI GALEAZZO DI SAN SEVERINO, den Liebling und Schwiegersohn des Herzogs und Gönner LEONARDO DA VINCIS.

Sowohl in PIRCKHEIMERS Paduaner wie in der Paveser Zeit entstand eine Anzahl lateinischer Gedichte. Während der Studienjahre in Italien wurde er auf die Bedeutung der antiken Inschriften hingewiesen und legte eine Sammlung davon an. In das letzte Jahr des Aufenthaltes in Italien 1494/95 fiel als wichtiges Ereignis für sein späteres Leben vermutlich auch der Ausbau seiner Freundschaft mit ALBRECHT DÜRER. PIRCKHEIMERS fast siebenjähriger Studienaufenthalt im Süden hat naturgemäß seine spätere wissenschaftliche, religiöse und weltanschauliche Einstellung sowie seine persönliche Haltung und Lebensform in hohem Maße mitbestimmt; die weitgehenden Kenntnisse, die er sich im Griechischen erwarb, bilden die Voraussetzung für den größten Teil seiner späteren Übersetzertätigkeit und Editionsarbeit.

Noch im Sommer 1495 hatte WILLIBALD PIRCKHEIMER die Absicht, seine Studien in Pavia mit dem Doktorgrad beider Rechte abzuschließen und sodann in die Dienste Kaiser MAXIMILIANS zu treten. Da berief ihn der Vater zurück in die Heimat, riet dem Sohn von der diplomatischen Laufbahn ab und meinte, er solle sich in Nürnberg verheiraten und Ratsherr werden. Der Ehe mit CRESCENTIA RIETER im Herbst 1495 entsprossen fünf Töchter und ein Sohn, bei dessen Geburt Mutter und Kind starben. Die auf seine Verheiratung folgenden Jahre in Nürnberg widmete PIRCKHEIMER der Verwaltung des väterlichen Besitzes und war seiner Vaterstadt als Ratsherr, Kriegsmann und Diplomat, im Rechtswesen, in der Schulpflege, in Verlags- und Bibliotheksangelegenheiten nützlich. Bereits im Oktober 1496 wurde der junge PIRCKHEIMER in den Regierenden Rat gewählt und gehörte dieser Körperschaft mit Unterbrechungen bis zum Jahre 1523 an. Seine juridischen Kenntnisse und rhetorischen Fähigkeiten kamen ihm dabei zugute. Als die Stadt Nürnberg 1499 im Krieg zwischen MAXIMILIAN I. bzw. dem Deutschen Reich und den Schweizer Eidgenossen dem Kaiser Gefolgschaft leisten mußte, bestellte der Rat PIRCKHEIMER auf Grund seiner ritterlich-soldatischen Ausbildung und Erfahrung zum Hauptmann des Nürnberger Kontingentes. Er selbst hat diesen Feldzug gegen Ende des Lebens beschrieben. PIRCKHEIMER lebte in Nürnberg als Ausnahmeerscheinung nach eigenen Gesetzen des Geistes und Daseins. Es gab daher zwischen dem Mann, seiner Umgebung und der Stadt nicht wenige Spannungen und nicht wenige Konflikte.

Neben und inmitten dieser mannigfachen äußeren Betätigungen PIRCKHEIMERS und der verschiedenen Spannungen lebten und wirkten in ihm aber ganz andere Interessen wissenschaftlicher, humanistisch-philologischer und metaphysischer Art. Das Doppelgesicht seines Wesens mit Lebensfreude und öffentlicher Betätigung auf der einen Seite und pilosophisch-literarischer Arbeit auf der anderen erklärt vieles von den Spannungen, die über diesem Leben liegen. Ähnlich wie Goethe in seiner Stellung zur Welt zwischen einem Alltagsleben mit seinen täglichen Verpflichtungen und einem tieferen Wirkungsbereich alles Seienden unterschied, schuf sich auch Pirckheimer neben seinem bewegten äußeren Dasein und seinen Obliegenheiten eine zweite Lebenssphäre und Umgebung: durch den Ausbau der vererbten Familienbibliothek, durch Gastfreundschaft, durch ausgedehnten Briefwechsel und als Mäzen der Kunst.

Benedictus Chelidonius rühmt in Versen am Schluß von Dürers ‹Kleiner Holzschnittpassion› (1511) Pirckheimers Pflege und Vertrautheit mit allen Wissenschaften: sein vom Schicksal begünstigtes Haus als deren durch große Gelehrte ausgezeichnete Heimstätte; die lateinischen, griechischen, hebräischen und sogar assyrischen Bücher der Bibliothek; die besondere Liebe des Hausherrn zum Griechischen. Und in einem Brief an Johannes Cochlaeus fügt Chelidonius 1512 zu seiner Bewunderung für den in vielen Wissenschaften bewanderten Pirckheimer noch hinzu: Seine ganze Familie, ja selbst die unmündigen Töchter, verstünden sich auf Musik und Latein, gerade als wären sie nur dazu geboren. Kaiser Maximilian I. schätzte Pirckheimer als «gelertisten Doctor, der im Reich ist».

Sein täglicher und selbstverständlicher Umgang war Dürer. Wie Pirckheimer mit dem Bildschaffen und den theoretischen Bemühungen Dürers, war dieser in dem drei Jahrzehnte währenden Umgang sowohl mit der Lebens- und Weltanschauung wie mit den wissenschaftlich-literarischen Arbeiten seines Freundes aufs engste vertraut. Eine Sonderstellung unter den Freunden nahm Lorenz Beheim ein, einst in der Umgebung Papst Alexanders VI., seit 1503/04 Kanonikus in Bamberg, dauernd beschäftigt mit Natur- und Geisteswissenschaften.

Der größte Teil von Pirckheimers literarischer Tätigkeit betraf *Übersetzungen* aus dem Griechischen ins Lateinische oder aus beiden Sprachen ins Deutsche sowie deren Ausgabe und Erläuterung. Das war damals einflußreich, weil der Prozentsatz der Gebildeten, die bereits Griechisch verstanden, erst sehr gering war, durch eine Übertragung ins Lateinische aber der griechische Text allen Lateinkundigen zugänglich gemacht wurde. Pirckheimer verfügte über alle Erfordernisse für einen guten Übersetzer: sprachliches Können, Einfühlungsgabe, sicheres Stil- und Formgefühl. Sein Interessenbereich erstreckte sich von der Komödie und Satire über die Geschichte, Morallehre und Philosophie bis zu den Kirchenvätern und den Naturwissenschaften und griff über in die Symbolwelt vermeintlich religiös-philosophischer Geheimlehren Ägyptens. Die Übersetzungen und Editionen wurden verhältnismäßig kurze Zeit nach ihrem Erscheinen durch die zunehmende Kenntnis des Griechischen überflüssig oder durch bessere Ausgaben ersetzt, ihre geistige Wirkung aber war zu ihrer Zeit gar nicht gering und einige von ihnen haben einen ehrenvollen Platz innerhalb der Geschichte der Rezeption der griechischen Literatur- und Geisteswelt. Als Hauptleistung betrachteten Zeitgenossen wie Erasmus von Rotter-

DAM die Ausgabe der ‹Anleitung zur Erdbeschreibung› des PTOLEMAEUS und die Übersetzung der Reden des GREGOR VON NAZIANZ.

Wir wissen, daß PIRCKHEIMER schon um 1501 an der Übertragung der Komödien des ARISTOPHANES ins Lateinische interessiert war. Bald darnach begann er mit der Übertragung von platonischem und pseudoplatonischem Schrifttum. Bei HANS PIRCKHEIMER, dem Großvater WILLIBALDS, zeigten sich die moralphilosophischen Interessen in der Anlage eines enzyklopädischen spätscholastisch-frühhumanistischen ‹Buches vom angewandten oder sittlichen Wissen›. Bei WILLIBALD PIRCKHEIMER sind die gleichen ethischen Interessen bereits verlagert auf die griechische Antike des Platonismus und die frühchristliche hellenistische Väterliteratur und äußern sich in einer breiten Übersetzungs- und Editionstätigkeit. Eine 1521 erschienene Sammelausgabe platonischer Dialoge enthält die Übersetzungen von: ‹Axiochus›, ‹Ein Gespräch vom Tode›, ‹Eryxias› oder ‹Der Reichtum›, ‹De justo›, ‹Über das Gerechte›, ‹Num virtus doceri possit›, ‹Ob die Tugend gelehrt werden kann›, ‹Demodocus› oder ‹Der öffentliche und der besondere Verkehr›, ‹Sisyphus› oder ‹Die Ratspflege›, ‹Clitophon› oder ‹Der gerechtfertigte Tadel›, ‹Definitiones›, ‹Begriffsbestimmungen›. Der Widmungsbrief an BERNHARD ADELMANN offenbart eine Wesensseite PIRCKHEIMERS, die nirgend sonst so anschaulich in Erscheinung tritt: ein tiefes, der Idylle zuneigendes Naturempfinden. Zieht man von der im Widmungsbrief gegebenen Schilderung seines Lebens auf dem Landgut Neunhof das ab, was auf Stilisierung nach antik-humanistischer Idyllik gehen mag, so bleibt noch immer genug übrig, um PIRCKHEIMER auch natur- und volksverbundene Eigenschaften zuzuerkennen.

Ein drittes um 1503 sichtbar werdendes Interessengebiet betraf das Schrifttum LUKIANS. Dieser Rhetor, Satiriker und Spaßmacher kämpfte gegen Aberglauben, Schwindelei, Überheblichkeit, Scheinheiligkeit, unfruchtbare Moraltheorie und dergleichen. Seine epikureischen und skeptischen Neigungen mögen PIRCKHEIMER angesprochen haben. Veröffentlicht wurden Übersetzungen der Dialoge ‹De ratione conscribendae historiae› (1515), ‹Wie man Geschichte schreiben müsse›, ‹Piscator seu reviviscentes› (1517), ‹Der Fischer oder die wiederauferstandenen Philosophen›, ‹Fugitivi› (1520), ‹Die entlaufenen Sklaven›, ‹Rhetorum praeceptor› (1520), ‹Die Rednerschule›, ‹Navis seu vota› (1522), ‹Das Schiff oder die Wünsche›. Ebenfalls um 1503 hatte PIRCKHEIMER die dem ISOKRATES zugeschriebene Rede ‹Was zu tun oder zu lassen› an Demonicus aus dem Griechischen ins Lateinische übersetzt, um 1506 XENOPHONS ‹Hellenica›, ‹Griechische Geschichte›. Ein anderer Autor, den PIRCKHEIMER weiteren Kreisen der Lateinkundigen zugänglich machte, war der platonische Theologe und Ethiker PLUTARCH und zwar hauptsächlich dessen moralische Schriften: ‹De his qui tarde a numine corripiuntur› (1513), ‹Über den Verzug der göttlichen Strafen›, ‹De vitande usura› (1515; nach PIRCKHEIMER verdeutscht von JOHANN RASCH 1590), ‹Über die Vermeidung des Wuchers›, ‹De ira compescenda› (1522), ‹Über die Bezähmung des Zorns›, ‹De garrulitate› (1523), ‹Über die Geschwätzigkeit›, ‹De curiositate› (1523), ‹Über den Vorwitz›.

Auf Wunsch Kaiser MAXIMILIANS I. übersetzte PIRCKHEIMER 1514 die in griechischer Sprache überlieferten ‹Hieroglyphica› des Ägypters HORAPOLLO ins Lateinische. Gleichzeitig erhielt DÜRER den Auftrag, die Wiedergabe zu illustrieren. Das Interesse an dem neben richtigen viele phantastische Erklärungen von ägyptischen Schriftzeichen enthaltenden Werk kam PIRCKHEIMER von der Academia Platonica in Florenz, der JOHANN wie WILLIBALD PIRCKHEIMER ideell nahe verbunden waren. Dort hatte im Anschluß an die ‹Hypnerotomachia› des FRANCESCO COLONNA und die ‹Hieroglyphica› des PIERIO VALERIANO MARSILIUS FICINUS die sogenannten änigmatischen Hieroglyphen zum Ausbau seiner mystischen Philosophie verwendet und GIOVANNI PICO DELLA MIRANDOLA darin einen Ausgangspunkt für seine theosophischen Spekulationen gefunden. Mit der Übersetzung und Illustration wurden PIRCKHEIMER und DÜRER die Vermittler einer neuen Symbolik nach Deutschland, die der Kaiser in seine großen Holzschnittwerke ‹Ehrenpforte› und ‹Triumphwagen› aufnehmen ließ.

Einen beträchtlichen Teil der philologischen Tätigkeit wandte PIRCKHEIMER ferner an die Übersetzung und Ausgabe griechischer Kirchenväter. Er übersetzte die Sentenzsammlung des NILUS D. Ä. († ca. 430) 1518 ins Lateinische. Aus einer dem Nachlaß des JOHANNES TRITHEMIUS († 1516) entstammenden Handschrift besorgte er die Erst-Ausgabe von Werken des CLAUDIUS GORDIANUS FULGENTIUS und JOHANNES MAXENTIUS (Hagenau 1520). Der Schwerpunkt aber lag bereits auf dem griechischen Kirchenlehrer und Dichter des 4. Jhs. GREGOR D. J. VON NAZIANZ. PIRCKHEIMER interessierte am Werk dieses Meisters der freien wie der gebundenen Rede sowohl das Formale als auch das Inhaltliche. GREGOR, mit seinem Freunde BASILIUS Schöpfer der griechischen ‹Philokalie›, war der Vollender einer Theologie, die klassische Bildung und christliche Offenbarung zur Synthese bringt, und beherrschte wie kein zweiter Sprecher seiner Zeit die Regeln und Kunstmittel der hellenistischen Rhetorik im Sinne eines «gemäßigten Asianismus». PIRCKHEIMER veröffentlichte zunächst sechs Reden: ‹D. Gregorii Nanzanzeni theologi orationes sex› (Nürnberg 1521). Es sind dies Predigten auf Weihnachten, Epiphanie, Ostern und Pfingsten, sowie eine Tauf- und eine Kirchweihansprache.

Wiewohl PIRCKHEIMER als Humanist den größten Teil seiner Schriften lateinisch abfaßte und die griechischen Literaturwerke zumeist ins Lateinische übertrug, verteidigte er doch die Ebenbürtigkeit des Deutschen mit dem Lateinischen und verfocht die Ansicht, das Deutsche sei hinlänglich geeignet, das klassische Idiom wiederzugeben. Ein Sammelband

im Britischen Museum enthält folgende (leider nicht, wie geplant, zur
Gänze 1517, sondern erst 1606 veröffentlichte) Übersetzungen ins Deut-
sche: ‹Die sittlichen Sprüche› des NILUS, JOHANNES VON DAMASCUS ‹Wie
man die bösen Zuneigungen des Herzens überwinden möge›, ISOCRATES
‹Unterweisung an Demonicus›, ISOCRATES ‹Unterweisung an Niokles›,
PLUTARCH ‹Wie einer von seinen Feinden Nutzbarkeit erlangen möge›,
SALLUSTS ‹Vorrede über das Buch Catilinae›, ‹Die fünf Tugenden, so
Gott in die Menschheit geußt›. Eine Sonderstellung nimmt die im ‹Theatrum virtutis et honoris oder Tugend Büchlein› (1606) veröffentlichte
gereimte ‹Heilsame Ermahnung des Kindleins Jesu an die Sünder› ein,
die auf einer Vorlage des ERASMUS beruht. Ein Teil der deutschen Über-
setzungen wurde gewiß durch PIRCKHEIMERS geistliche Schwestern und
Töchter veranlaßt.

Den Widmungsbrief an LORENZ BEHEIM zu der Übersetzung von
LUKIANS ‹Piscator› benützte PIRCKHEIMER, um auf seine Art in den *Pfefferkorn-Reuchlinschen Streit* einzugreifen. Er entwarf dabei auch das
Idealbild eines modernen Theologen: dieser soll frei sein von allen Lastern
und reich an Tugenden; er muß die drei heiligen Sprachen verstehen, die
richtige Dialektik und Rhetorik treiben, die aristotelische, vor allem aber
die platonische Natur- und Religionsphilosophie studieren, das kanonische und das zivile Recht kennen. Das Studium der großen scholastischen
Theologen wird gebilligt, doch die Grundlage aller theologischen Studien
muß die hl. Schrift bilden. Das Ansehen, das PIRCKHEIMER zur Zeit dieser
Stellungnahme bei der jüngeren Generation genoß, zeigt der vertrauens-
volle Brief ULRICH VON HUTTENS vom 25. Oktober 1518, worin er PIRCK-
HEIMER mit Leidenschaft und Wärme sein Inneres offenbart.

Bei Ausbruch der Reformation stand PIRCKHEIMER zunächst auf seiten
der Lutheraner. Aus seinem Hause ging aller Wahrscheinlichkeit nach die
satirische Komödie ‹Eckius dedolatus› hervor. Die Folge davon war, daß
er gleich zu Beginn des Kirchenkampfes in die religiösen Auseinandersetzungen miteinbezogen wurde, sein Name auf die Exkommunikations-
Bullen gesetzt wurde, und er sich erst unter demütigenden Bedingungen
und Verzögerungen wieder losmachen konnte.

VON PIRCKHEIMERS LUKIAN-Studien, insonderheit dem kleinen tragikomischen Drama ‹Tragopodagra›, führt die literarische Linie zu seiner
einzigen größeren selbständigen Dichtung, der ‹Apologia seu Podagrae
Laus› (Nürnberg 1522), ‹Verteidigung oder Lob der Fußgicht›. Persönliche Krankheitserlebnisse hatten ihn veranlaßt, seit 1512/13 eine Art
Tagebuch über die Anfälle an Fuß- und Handgicht und die dagegen angewandten Mittel zu führen, und schließlich besaß er heitere Weisheit
genug, seinem Leiden eine satirische Seite abzugewinnen.

Die Dame Podagra wird bei PIRCKHEIMER von den vielen, die ihrer schmerzhaften Herrschaft unterworfen sind, vor einen Gerichtshof gestellt, vor dem

sie sich in einer kunstmäßigen Verteidigungsrede sehr geschickt rechtfertigt. Alles, was man ihr zur Last lege, haben sich die Ankläger durch eigene Schuld zugezogen. Niemals suche sie freiwillig jemanden auf, sondern nur, wenn sie ein Schlemmer und Schwelger rufe. Werde einmal ein anscheinend Unschuldiger geplagt, dann liegt die Schuld bei den Eltern und Vorfahren. Im übrigen ist das Podagra nicht so schlimm: Der Podagrist wird von den Freunden besucht, aufgeheitert und mit Neuigkeiten versorgt; in Gesellschaft, auf Reisen, vor Königen und Fürsten nimmt man Rücksicht auf ihn; bei Gastmählern wird er besonders verpflegt. Es gibt keine Gefahren der Jagd, der Schiffahrt oder des Krieges. Es wird der häusliche Fleiß gefördert, man arbeitet und faßt Liebe zu den Wissenschaften, Podagra hält von Üppigkeit und Unzucht ab und macht aus lasterhaften fromme und gottesfürchtige Menschen, was diesen nur zum ewigen Heile gereichen kann.

Die Apologie hat zum großen Teil die Form einer ‹Declamatio›, d. h. eines nach den Regeln der Rhetorik gehaltenen Kunstvortrages, wie sie PIRCKHEIMER öfter besonders aus dem Griechischen übersetzt hatte und selbst glänzend beherrschte. Dies und der reiche Gehalt an Humor und Selbstironie reihen sie in die Nachfolge des ‹Encomion Moriae›, ‹Lob der Torheit› von ERASMUS.

Aber so sehr PIRCKHEIMER in den letzten Jahren bereits die religiösen Angelegenheiten und theologischen Schriftwerke beschäftigten, sie waren nur der eine Teil seiner geistigen Hauptbestrebungen. Der andere lag auf astronomisch-mathematisch-geographischer Ebene. Unter Heranziehung von Materialien aus den Bibliotheken REGIOMONTAN-WALTHERS in Nürnberg machte PIRCKHEIMER zu einer Hauptaufgabe der letzten Jahre seines Lebens die Übertragung und Kommentierung der ‹Geographie› des CLAUDIUS PTOLEMAEUS (ca. 85–160 n. Chr.). Diese ‹Anleitung zur Erdbeschreibung› gibt in Tabellenform die Lage von über 8000 Orten nach Längen- und Breitengraden an und behandelt die Elemente der Kartographie. Das Werk wurde in der Renaissance die Grundlage aller wissenschaftlichen Geographie; von 1475 bis 1600 sind 42 verschiedene Ausgaben nachgewiesen. Als Ergebnis der Arbeiten PIRCKHEIMERS erschien schließlich: ‹Claudii Ptolomaei geographicae enarrationes libri octo›, 2 Bde. (Straßburg 1525), Großfolio, mit 50 Karten, darunter die Spezialkarte Amerikas und DÜRERS Holzschnitt ‹Die Armillarsphäre›. Die ‹Erdkunde› des PTOLEMAEUS ist PIRCKHEIMERS bedeutendste Editionsleistung.

Im Widmungsbrief an den Bischof von Brixen SEBASTIAN SPRENZ sagt er: Eine Vergleichung der vorhandenen lateinischen Übersetzungen mit dem Urtext habe eine Unvollkommenheit der ersteren in zweifacher Hinsicht ergeben. In die bisherigen Übersetzungen sei kaum ein Schatten von der Feinheit und Gelehrsamkeit des PTOLEMAEUS übergegangen. Er, PIRCKHEIMER, sei überzeugt, daß seine Übersetzung klarer sei und dem Sinne des PTOLEMAEUS näher komme, da er meist der Autorität REGIOMONTANS gefolgt sei, dessen Anmerkungen er seinen eigenen Forschungsresultaten angehängt haben. Trotz sehr großer Schwierigkeiten glaube er, alles so hergestellt zu haben, daß die Einzelheiten ebenso zum griechischen Urtext wie zu den mathematischen Berechnungen passen.

Aber bei allem philologisch-geographischen Vorgehen war PIRCKHEI-
MER mit der Ausgabe nicht zufrieden. Sie enthielt zahlreiche Druckver-
sehen und der Verleger hatte sich die Zeichnung neuer Karten erspart.
PIRCKHEIMER beabsichtigte daher, in Kürze eine neue Ausgabe mit griechischem und lateinischem Text und neuen Karten folgen zu lassen.
Von seinen Arbeiten zu PTOLEMAEUS, vornehmlich der Kartographie
und den Tabellen, kam PIRCKHEIMER zur Ausarbeitung seiner ‹Germaniae ex variis scriptoribus perbrevis explicatio› (Nürnberg 1530), ‹Kurze
Darstellung Deutschlands nach verschiedenen Autoren›.

Darin wird der Versuch gemacht, die Lage der bei den antiken Schriftstellern
erwähnten Orte, Berge und Flüsse Deutschlands festzustellen und nachzuweisen,
welche gegenwärtigen geographischen Benennungen den antiken entsprechen.
Einbezogen in diese systematisch-kritischen Untersuchungen wurden alle Gebiete, in denen einmal Germanen und besonders Deutsche seßhaft waren. Das
erste Kapitel handelt über Länder und Ortschaften, das zweite erörtert die
Gebirge und Wälder, das dritte die Flußnamen.

Mit PIRCKHEIMERS Arbeiten am PTOLEMAEUS im allgemeinen und
seinem Interesse für Ägypten hängen zusammen die im Nachlaß erhaltenen ‹Chorographia› und ‹Geographia historialis Aegypti›, ‹Landes- und
Erdkunde des alten Ägypten›. In Verbindung damit standen vermutlich
DÜRERS (verschollene) 48 Sternbilder der Sphaera barbarica, verteilt auf
zwei Himmelskarten.

Wie der Vater JOHANN PIRCKHEIMER zuletzt an der Antike irre wurde,
so der Sohn an der Reformation. Die Rückwendung zum Alten wird
sichtbar an der Verteidigung des Ordenswesens, insbesondere der Rechte
des Klarissinnenklosters in Nürnberg, dem WILLIBALDS Schwester CHARI-
TAS PIRCKHEIMER als Äbtissin vorstand, dem Abendmahlstreit mit JO-
HANNES OEKOLAMPADIUS und durch das Eingreifen in den Streit über die
zweite Ehe der Geistlichen. Gegen OEKOLAMPAD richtete PIRCKHEIMER
1526/27 drei an Heftigkeit immer zunehmendere Streitschriften, die aber
eine gründliche theologische Schulung bekunden. In der ersten Schrift
denkt er in der Frage der Wesensverwandlung mit LUTHER, in der zweiten
und dritten folgt er wieder der Eucharistielehre des späten Mittelalters.
Als der Prediger bei St. Sebald DOMINIKUS SCHLEUPNER sich 1527 ein
zweitesmal verheiratete, verfaßte PIRCKHEIMER ‹28 Propositiones contra
bigamiam episcoporum›, ‹28 Sätze gegen die Zweitehe der Bischöfe› und
setzte sie anonym handschriftlich in Umlauf. Auf eine auch LUTHER vor-
gelegte Abschrift erwiderte dieser mit 139 Gegenthesen. Bei deren Drucklegung 1528 wurden PIRCKHEIMERS ‹Propositiones› mitveröffentlicht.
Während PIRCKHEIMER mitten im erbittersten Kirchenkampfe stand, verfügte er noch über so viel innere Ruhe, um 1527 die Erstedition des griechischen Textes und die Übersetzung ins Lateinische der ‹Characteres
ethici› des THEOPHRAST VON ERESO (372–287 v. Chr.) zu veröffentlichen.

Diese ‹Ethikoi Charakteres›, deren erste fünfzehn (von 30) Kapitel PIRCK-
HEIMERS Ausgabe enthält, bieten eine Darstellung tadelnswerter und zumeist
komischer Charaktere (Verleumdung, Schmeichelei, Geschwätzigkeit, Grobheit
u. dgl.) nach ihrem Verhalten im Leben und sind hervorgegangen aus dem
aristotelisch-peripathetischen Interesse für das ethisch Charakteristische.

PIRCKHEIMER dedizierte das Werk seinem Freund ALBRECHT DÜRER, der
vom Bildwerk wie von der Kunstlehre her an derartigen Schilderungen besonderes Interesse nahm. Das Werk ist aber nicht nur wegen seiner geistigen Eigenart, sondern auch aus Gründen der stilistischen Darstellungsweise bemerkenswert. THEOPHRAST zeichnet in heiterer Weise mit verkürzten, aber ausdrucks-
kräftigen Strichen jeweils ein Charakterporträt, das vom Gesamtbild faktisch
nur wenige Linien, eigentlich nur Strichfragmente bringt, diese aber derart
geschickt gewählt, daß alle nicht tatsächlich realisierten Umrisse und Details
aus den gegebenen unwillkürlich erschlossen werden. Dabei ist es nicht nötig,
daß die ausgeführten Linienfragmente zentrale Charaktereigenschaften abzeich-
nen, sondern es genügen periphere Einzelheiten, sofern in ihnen Charakteristik
eingefangen ist, aus der sich die Gesamtstruktur ergibt.

Als DÜRER 1528 starb, wurde PIRCKHEIMER aus dem schmerzhaften
Erlebnis dieses Verlustes zum wirklichen Dichter: Er schuf in der ‹Elegie
auf den Heimgang Dürers› eine ergreifende Totenklage, wie die Literatur
der Zeit keine zweite kennt und wie sie auch in der Weltliteratur nur ganz
selten vorkommt: «Der du mir so viele Jahre in engster Freundschaft
verbunden warst, du bester Teil meiner Seele ...».

Der Edition des THEOPHRAST folgten zurückgreifend auf ältere Arbeiten
und Interessen drei weitere Veröffentlichungen aus den 45 hinterlassenen
Reden GREGORS VON NAZIANZ: 1528 die zwei ‹Schmähreden› auf Kaiser
JULIAN DEN APOSTATEN; 1529 die Rede über das Bischofsamt, und schließlich 1531 die umfänglichen ‹Orationes XXX›, ‹30 Reden und Predigten›,
darunter Panegyriken, Trauerreden, wissenschaftlich-theologische Reden,
Reden, die GREGOR selbst zum Gegenstand haben u. a., vieles von PIRCK-
HEIMER nicht ohne aktuelle Sinndeutung empfunden und das Ganze dem
antireformatorischen Herzog GEORG VON SACHSEN gewidmet. Von dem
z. T. auf GREGOR VON NAZIANZ fußenden Dogmatiker und Mystiker der
griechischen Kirche im 6./7. Jh. MAXIMUS CONFESSOR übertrug PIRCK-
HEIMER den Dialog ‹De incarnatione verbi› (1530), ‹Über die Fleischwerdung des Wortes›. Nach PIRCKHEIMERS Tod wurden von seinen Übersetzungen herausgegeben: XENOPHON ‹Grecarum rerum libri septem›
(1532), ‹Sieben Bücher griechischer Geschichte›. Unveröffentlicht blieben:
ARISTOPHANES ‹Plutus› oder ‹Der Reichtum›; DEMOSTHENES ‹Olynthiacus
sermo I›, ‹Erste Olyntische Rede›; LUKIAN ‹De luctu›, ‹Von der Trauer um
die Verstorbenen›; THUKYDIDES ‹Historiarum liber I›, ‹Geschichte des
Peloponnesischen Krieges Buch I›; ARISTOTELES ‹Historia animalium I et
II›, ‹Tiergeschichte Buch I und II›; PSEUDO-GALENUS ‹Philosophorum historia›, ‹Geschichte der Philosophen›; PROKLUS ‹Sphaera mundi›, ‹Himmelsge-
wölbe›. Zumindest begonnen hat PIRCKHEIMER die Übersetzung von

LUKIANS ‹Charidemus› oder ‹Über die Schönheit›. Gegen Ende seines Lebens (1526/30) ging PIRCKHEIMER auch an die literarische Darstellung seiner Erlebnisse im *Schweizerkrieg 1499* und an die Abfassung einer *Autobiographie*.

PIRCKHEIMER stand der Welt offener und unmittelbarer gegenüber als ERASMUS. Ihm fehlte auch nicht das Rauhe und Heftige seiner Zeit. Während PIRCKHEIMERS Vorfahren den Schwerpunkt ihrer Existenz noch im Berufsleben hatten, überwog bei ihm die geistig-wissenschaftliche Arbeit seine Betätigung als Ratsherr und Diplomat. Er pflegte in einer Person beide Richtungen der deutschen humanistisch-renaissancemäßigen Bewegung: die literarisch-rhetorisch-stilistische und die mathematisch-naturwissenschaftliche. Er war einer der vielfältigsten Übersetzer aus dem Griechischen ins Lateinische. Mit CELTIS, REUCHLIN, ERASMUS und PEUTINGER übertrug er den Wiedererweckungsprozeß von der römischen Literatur auf das griechische Kulturgebiet und half, die Ausdehnung der Rezeption über die hellenozentrische Sphäre anzubahnen. Gemäß den enzyklopädischen Interessen erweiterte sich der Umfang seiner Bemühungen von der Literatur, Mathematik und den Naturwissenschaften auf Philosophie, Theologie, Geschichte. Neben den für gelehrte Kreise bestimmten Übertragungen aus dem Griechischen ins Lateinische steht eine beachtliche Anzahl Übersetzungen ins Deutsche, gedacht für Klosterleute und fromme Laien gehobener Stände. Die autobiographischen Schriften werden ergänzt durch einen zeit- und kulturgeschichtlich höchst bedeutsamen Briefwechsel. PIRCKHEIMER war hochgebildet und genug urteilsfähig, um die Werte der Reformation in ihrer Bedeutung zu erkennen, aber auch hinlänglich kritisch, um das Neue großenteils wieder abzulehnen. Bis zuletzt übte er scharfe Kritik an beiden Seiten. Immer aber waren dabei das Wohlergehen des Vaterlandes und die Befriedung in den Fragen des Glaubens die Hauptanliegen dieses außerordentlichen Mannes.

Im letzten Lebensjahrzehnt hatte PIRCKHEIMER den Gipfel seines geistigen Schaffens erreicht. Alle Eigenschaften waren voll entwickelt und die Besonderheit der Erscheinung ausgeprägt. Diese Einmaligkeit des Menschentums im Zeitpunkt der Geschlossenheit und eigentlich schon Überreife hat DÜRER 1524 in dem bekannten Kupferstichporträt darzustellen versucht.

Es war vom Auftraggeber wie vom Zeichner für die Öffentlichkeit bestimmt und ist aus dem Willen nach Gedächtnis und Verewigung für die Nachwelt angefertigt. Das gedrungene Haupt gehört einer großen mächtigen Gestalt an. Die Augen stehen bedeutungsvoll und dominierend im ganzen Gesicht. Der schon resignierende, aber beredte Mund läßt alle Geister des Dargestellten lebendig erscheinen; ein schalkhaftes Mienenspiel ist unschwer aus den Mundwinkeln abzulesen. In der Gesamtheit ein monumentales Charakterbild und ein bedeutendes Antlitz voll Kraft und Energie, Besonderheit und Würde. Der

Dargestellte ließ den Vers ‹Vivitur ingenio, caetera mortis erunt› daruntersetzen: ‹Weiter lebt man durch den (schöpferischen) Geist, die übrigen Dinge werden des Todes sein›.

d) Konrad Mutianus Rufus

Die italienische Renaissancekultur hatte Menschen-, Gelehrten- und Erziehertypen hervorgebracht, die theoretische, bildungsmäßige und pädagogische Werte als die alleinigen Inhalte ihres Lebens in das Zentrum ihrer Existenz stellten. Geltung in der Welt, Wirkung ins Weite des tätigen Lebens wurden von ihnen für minder wichtig erachtet. NICCOLO NICCOLI (1364–1437) lebte in Florenz nur seinen gelehrten und literarischen Neigungen. Er verzichtete auf literarischen Ruhm; ihm genügte es, «für sich zu forschen und andere in belebtem Wechselgespräch zu belehren». Er sammelte leidenschaftlich Handschriften und Altertümer. Jede profane Störung wurde seinem Hause fern gehalten. Immer hatte er zehn bis zwölf junge Leute um sich und bildete mit ihnen eine Art freier Universität. Die Hochschätzung des Alten verband er mit scharfer Kritik am Neuen. Auch VITTORINO DA FELTRE (1378–1446), der Fürst der Erzieher, hatte nie Amt und Würden begehrt. Er eröffnete zuerst in Padua eine im modernen Geist geführte Erziehungsanstalt und darauf in Mantua die *Casa giocosa,* ein Haus des Frohsinns und Heiligtum guter Sitten. Ständig hatte er einen großen Freundes- und Schülerkreis um sich, der die Schätze seiner berühmten Bibliothek benützen durfte. Sein Bildungssystem bestand aus dem Studium der antiken Sprachen und Klassiker, der Dialektik und Rhetorik, der platonischen und aristotelischen Philosophie. Auch er hatte zum Bücherschreiben keine Zeit.

Weiter ausgebildet erscheint dieser neue Menschentypus in Deutschland bei KONRAD MUTIANUS RUFUS (1471–1526) aus Homburg. Er war ein Mensch, den die Idee der Vervollkommnung des Menschen durch Einsicht des Wahren gänzlich beherrschte.

Bei ALEXANDER HEGIUS in Deventer im Geiste der Devotio moderna vorgebildet, kam er 1486 nach Erfurt, ging ca. 1495 bis 1502 nach Italien, um Rechtswissenschaften und die Humaniora zu studieren. In die Heimat zurückgekehrt, diente er eine Zeitlang am hessischen Hofe, wo sein Bruder Kanzler war, doch das Hof- und Geschäftsleben sagte ihm nicht zu. Ein anderer Bruder, erzbischöflich mainzischer Beamter in Erfurt, verschaffte ihm, nachdem er 1503 Augustinerchorherr geworden war, ein Kanonikat in Gotha. Hier lebte er in wissenschaftlicher Muße seinen Neigungen und Studien, inmitten einer Bibliothek antiker und humanistischer Autoren. Die genannten Italiener waren von einer allseitig blühenden Kultur umgeben, bewegten sich im Kreis einer selbstbewußten Bürgerschaft oder eines Hofes und verloren daher niemals die Fühlung mit dem Leben. MUTIAN saß unverstanden von stumpfen Kollegen in Gotha und ist weitaus theoretischer und wissenschaftlich radikaler. Von 1505 an war sein Haus mit Bibliothek hinter der Domkirche der Sammelpunkt des *Erfurter Humanismus:* MUTIANS Freund, der Zisterzienser HEINRICH URBAN, der Dichter EOBANUS HESSUS, der Schüler MARSCHALKS PETER EBERBACH, HERBORD

VON DER MARTHEN, JOACHIM CAMERARIUS, CROTUS RUBEANUS, der Epigrammatiker EURICIUS CORDUS, ULRICH VON HUTTEN, JUSTUS JONAS, GEORG SPALA-
TIN gingen ein und aus. Über der Eingangstür stand die Inschrift: ‹Beata tranquillitas›, ‹Selig die Ruhe›. Hatte man die Schwelle überschritten, so lud eine
zweite, an einen Kartäuserspruch gemahnende Inschrift ein: ‹Bonis cuncta
pateant› (‹Den Guten stehe das Übrige zu Diensten›). Mit der Ruhe oder Stille
war vermutlich eine psychisch-geistige Verfassung gemeint, wie sie dem Ba-
silianermönch und Klostergründer NILUS D. J. († 1005) vorschwebte, wenn er
sagte: Die Tranquillitas (Hesychia) ist die Mutter aller Tugenden.

Trotz allen Wissens und aller Überlegenheit seiner Einsichten war
MUTIAN der Schriftstellerei abgeneigt. Genuß und Aufnahme der antiken
Dichter und Denker und persönliche Einwirkung standen dieser eigen-
artigen Persönlichkeit höher als eigene literarische Leistungen. Er hatte
eine Abneigung gegen die Öffentlichkeit und war überzeugt, das Beste des
Wissens tauge nicht für die Menge. Daher wollte er nicht wie REUCHLIN
und ERASMUS durch gedruckte Schriften auf das Publikum wirken, sondern durch mündliche und briefliche Belehrung eines ausgewählten engeren Kreises von Schülern und Freunden. Er fand es bedeutsam, daß auch
SOKRATES und Christus nichts Schriftliches hinterlassen haben. «In der
Briefliteratur seiner Zeit sind die Briefe Eoban Hesses vielleicht die herz-
lichsten, die des Erasmus die gelehrtesten und zierlichsten, die des Mutian
aber die geistreichsten», sagt mit Recht DAVID F. STRAUSS. Manchmal
teilt er den Freunden ein Epigramm oder ein kleines Gedicht mit, aber
er ist ungehalten, wenn es einer zum Druck gibt. Aus diesem stilistisch
ebenso vollendeten wie inhaltstiefen Briefwechsel tritt die weite pädagogische und denkerisch philosophische Wirkung wie die Tragik seiner
Persönlichkeit entgegen.

MUTIAN sah seinen eigentlichen Beruf in der *Erziehung und Ausbildung
junger Menschen*. Er wirkte auf seine Freunde und Schüler sowohl wissenschaftlich als auch sittlich. Als er einmal scherzweise den Plan einer
Universität in seinem Sinne entwarf, verlangte er an Lehrkräften: einen
Sophisten, zwei Mathematiker, drei Theologen, vier Juristen, fünf Mediziner, sechs Rhetoriker, sieben Hebräisten, acht Gräzisten, neun Latinisten
und zehn ‹rechtsinnige Philosophen› als Spitzen und Häupter des gesamten geistigen Lebens. Er warnte vor jeder bloß äußerlichen Nachahmung
der Antike und verlangte eine innere Aneignung des klassischen Altertums; das Denken stand ihm höher als das Wissen. Nicht bloß Kritik,
Philologie, nicht bloßes Wissen wollte er seinen jungen Freunden ein-
pflanzen, sondern auch sittliche Weisheit und moralische Zucht, Gerechtigkeit, Mäßigkeit, Geduld, Eintracht, Wahrheit, einmütige Freundschaft.
Bei ihm erhält der Humanitas-Begriff den Inhalt edler Menschlichkeit.
Die Pflege der sittlichen Tugenden führt zu geistiger Unabhängigkeit.

In religiös-philosophischer Hinsicht suchte MUTIAN auf Grundlagen
des Florentiner Neuplatonismus und seiner Weiterentwicklung eine Syn-

these von christlicher Theologie und antiker Philosophie. Seiner Meinung nach offenbart sich die Gottheit in allen Religionen: Gott habe seine Lehre nicht allein den Juden, sondern allen Völkern geoffenbart. Dementsprechend begann für ihn das Christentum nicht erst mit der Fleischwerdung Christi, sondern ist so alt wie die Welt; denn der wirkliche Christus, der wahre Sohn Gottes, ist die göttliche Weisheit, welche ebenso den Juden wie den Griechen, Römern und Germanen zuteil ward. «Der wahre Christus ist nicht ein Mensch, sondern Geist und Seele, die sich nicht schauen, nicht mit den Händen fassen und nicht begreifen läßt.» Seine Lehre zusammenfassend, sagt er: «Das Wort Gottes, welches die Seele erleuchtet, hat zwei Kapitel, daß du Gott liebst und die Menschen wie dich selbst.» Das ist das natürliche Gesetz, das der höchste Lehrer in unsere Herzen gegossen hat. Neben das Alte und Neue Testament stellt MUTIAN die griechische und römische Mythologie als verschiedene Vorstellungen und Namen der einen Gottheit. Ihm kommt es weniger auf Dogmen und Kultus an als auf sichtbares Leben und auf Rechtschaffenheit: «nulla verior religio, nulla lex sanctior, quamque docet juste ac legitime vivere». War MUTIANS Bildungsideal aristokratisch, so ist es auch das religiöse. Solche geschichtstheologische Gedanken, die im Florentiner Neuplatonismus und bei deutschen religiösen Denkern des 15./16. Jhs. auftauchen, sind nichts Neues, sondern treten bereits auf unter den Männern, die sich als erste mit dem Christentum und griechischem Geiste auseinandersetzen mußten, den griechischen und lateinischen Kirchenvätern: bei JUSTINUS DEM MÄRTYRER im 2. Jh., ORIGENES, BASILIUS und GREGOR VON NAZIANZ, bei AUGUSTINUS im 4. Jh., u. a. Der Neuplatoniker MUTIAN ist der großzügigen Ansicht, daß Christus, der aus dem Vater geborene Logos, seit der Weltschöpfung über die ganze Erde verbreitete Keime religiöser und sittlicher Wahrheit ausgestreut habe, die auf mannigfache Weise Wurzel faßten und wirkten.

MUTIAN kritisierte scharf die kirchlichen Zustände seiner Zeit. Als der *Reuchlinsche Streit* ausbrach, standen er und die Seinen lebhaft auf seiten des Angegriffenen. Aus seinem Kreise gingen die beiden Hauptverfasser der ‹Epistolae obscurorum virorum› hervor, CROTUS RUBEANUS und ULRICH VON HUTTEN. Als MUTIAN 1515 in Gotha LUTHER predigen hörte, war er von ihm eingenommen, später sprach er sich gegen die reformatorische Bewegung aus. Er bewunderte HUTTENS Talent, aber dessen Feuer und Reizbarkeit waren dem Liebhaber der Stille und Ruhe unheimlich.

Besser, als es fremde Worte vermögen, führt ein eigener Brief MUTIANS vom 27. April 1525 an seinen protestantischen Landesherrn, den Kurfürsten FRIEDRICH DEN WEISEN, die Tragödie vor Augen, in die dieser hochgeistige Mensch durch die Reformation und die Bauernkriege geraten war:

«Mein großmächtiger Fürst und Herr! Betrübt ist meine Seele bis zum Tode. So gewaltsam, so schrecklich, so grausam verheert das rohe Landvolk, ohne Sitte, Gesetz und Religion, die heiligen Tempel unseres Gottes. Wir sind die Schafe Deiner Weiden. In Deiner löblichen Herrschaft bitten wir für die Ehre und Würde Deines Namens den Allmächtigen Tag und Nacht. Ein jammervolles Schauspiel gewähren die umherirrenden Nonnen und Priester, die nicht freiwillig, sondern aus Furcht, von den Tempelschändern gesteinigt zu werden, ihre heiligen Wohnsitze verlassen. Ich Elender, Unglückseliger, schon alternd und mit grauem Haupte, sehe mich genötigt zu betteln. Unter den großmütigsten und löblichsten Fürsten muß ich, bei dem äußersten Mangel an allem Notwendigen, vor Bekümmernis sterben ... Alter und Leibesschwachheit gestatten mir nicht zu wandern. In Deinem Gotha, gütigster Vater, wo ich harmlos zweiundzwanzig Jahre lang gelebt, niemanden gekränkt, gedient habe, wem ich konnte, möchte ich altern ... Aber des Lebens Notdurft wird mir gebrechen. Die geistlichen Einkünfte sind aufgehoben. Wovon soll ich Armer leben? ... Laß mich Brot haben und etwas Weniges an Geld für Zukost. Ich bin, ich gestehe es, in nicht unbedeutende Schulden geraten. Denn ganze vier Jahre ist mir von Gerstungen kein Zins gekommen, keine Frucht geliefert worden: mein Brot muß ich vom Bäcker, meinen Wein von der Stadt kaufen, und freilich ein sorgfältiger Hauswirt bin ich nicht, wie ja solche Achtlosigkeit den Gelehrten eigen ist».

Ein knappes Jahr später ging sein Leben zu Ende. Von niemandem wurde sein Tod inniger betrauert als von seinem begabtesten Schüler CROTUS RUBEANUS. Er schrieb an CAMERARIUS: «Mutians Tod ist mir nach dem meiner Eltern der bitterste gewesen. Keines Menschen Freundschaft war mir jemals teurer, mit keinem stimmte meine Gemütsart mehr überein.»

e) Erasmus von Rotterdam

Das Schriftwerk des ERASMUS VON ROTTERDAM umfaßt Theologisches, Philologisches, Produkte des ästhetisch-literarischen Humanismus und einen ausgedehnten Briefwechsel. Die Hauptsache in dieser Lebensarbeit blieb die *Theologie*: seine Ausgaben der Kirchenväter, seine Edition des griechischen Neuen Testamentes mit dessen Kommentierung und Paraphrasierung, seine praktisch-theologischen Traktate und Schriften, die Auseinandersetzung mit LUTHER. Eine einseitige Betrachtung der ästhetisch-literarischen Erzeugnisse ergäbe ein unvollständiges und unrichtiges Bild seiner Persönlichkeit. Als Theologe schöpft ERASMUS sowohl aus der zu seiner Studienzeit noch lebendigen mittelalterlichen Tradition, speziell des THOMAS VON AQUIN, als auch aus den von ihm wiedererweckten Kirchenvätern, insbesondere ORIGENES.

Das Denken des ERASMUS verband mystische mit individualistisch-verstandesmäßigen Elementen und *erstrebte eine Synthese von Antike und Christentum*. In ihm ging der Humanismus von der Wiederbelebung der Antike über zur Erneuerung des Christentums. Der Schwerpunkt lag nicht mehr im klassischen, sondern im christlichen Altertum, d. h. bei den Kir-

chenvätern und im Neuen Testament. Mit seinem Übergang von AUGU-
STINUS zu ORIGENES übertrug er die Tendenzen eines vom lateinischen
Humanismus zum griechischen Altertum fortschreitenden Humanismus
auf die Theologie.

ERASMUS bekämpfte, was ihm am spätmittelalterlichen System als
schlecht erschien, mit den Mitteln historisch-philosophischer Kritik und
der Satire. Er konzipierte eine *philosophia Christi* und wollte sie norm-
gebend in die Mitte von Kirche und Welt stellen. Diese *res publica
christiana* soll humanistisch geformt werden. ERASMUS glaubte an die
Unveränderlichkeit des Naturgesetzes; durch die Erbsünde war die Natur
nur verderbt worden, Christus brachte die Wiederherstellung der gut geschaffenen Natur. Das erasmische Menschenbild ist weniger durch den
paulinischen Gegensatz von Sünde und Gnade bestimmt als am Aufstieg
der Neuplatoniker von der Materie zum Geist orientiert. Die Heilsgeschichte betrachtet er als eine großangelegte Erziehung des Menschengeschlechtes.

ERASMUS VON ROTTERDAM (1466/69–1536), der gefeiertste Humanist seines
Zeitalters, ging aus der Schule der Brüder vom gemeinsamen Leben hervor.
Sohn des Kanzlisten und späteren Priesters ROTGER GERARD und der verwit-
weten Tochter MARGARETE († 1483) eines Arztes namens PETER aus Zeven-
bergen, besuchte ERASMUS mit seinem älteren Bruder PETER zunächst die Schule
in Gouda, dann 1475 die des Kapitels von St. Lebuinus in Deventer, wo er mit
Unterbrechung, während welcher er Chorknabe am Dom zu Utrecht war, bis
1484 blieb. Einige von den Lehrern in Deventer, so JOHANNES SYNTHEN, waren Brüder vom gemeinsamen Leben; gegen Ende des Aufenthaltes übernahm
ALEXANDER HEGIUS die Leitung der Schule. Nach dem raschen Tod der Eltern
wurden die beiden Jünglinge anstatt auf eine Universität von den Vormündern
in die Schule der Brüderschaft des gemeinsamen Lebens nach Herzogenbusch
geschickt. Mit dieser Erziehung und Ausbildung im Kreise der Devotio moderna trat ERASMUS in das Kloster der regulierten Augustinerkanoniker zu
Steyn, genannt Emaus, bei Gouda ein, legte wahrscheinlich 1488 die Gelübde
ab und wurde 1492 zum Priester geweiht. Hauptzüge in den Bestrebungen der
Fraterherren wie ihre irenisch-konservative Haltung, ihr Bemühen um ein einfaches, biblisches Christentum der Tat, ihr pädagogischer Eifer blieben dauernd
auch wichtige Motive im Leben des ERASMUS. Schon in Deventer und erst
recht im Kloster Steyn ging seine leidenschaftliche Liebe zu den Wissenschaften
teils auf die klassischen Schriftsteller des Altertums, teils auf die Kirchenväter,
besonders den ihm wesensverwandten HIERONYMUS. Als Nebentrieb ist bemerkenswert, daß ERASMUS in der Klosterzeit auch die Malkunst erlernte und
mindestens ein Tafelbild malte, darstellend eine Kreuzigungsgruppe mit Maria
und Johannes. Ein Jahr nach seiner Priesterweihe verließ ERASMUS den bur-
gundisch niederländischen Heimatboden, wurde Sekretär des Bischofs von
Cambrai, HEINRICH VON BERGEN, bezog jedoch Spätsommer 1495 die Universität Paris, um Studien in der spätscholastischen Theologie und Philosophie
zu betreiben und selbst Vorlesungen zu halten. Daneben lernte er Griechisch
und die Anfänge des Hebräischen und gewann englische Freunde. Mit einem
von ihnen, dem jungen Lord WILLIAM BLOUNT MOUNTJOY, reiste er 1499 nach
England und hielt sich bis Anfang 1500 dort auf. Im Verkehr mit JOHN COLET

und THOMAS MORUS wurde er mit einer neuen humanistischen Theologie vertraut und erfuhr den Einfluß der Ideen des Florentiner Neuplatonismus. Dies bewirkte bei ERASMUS den Übergang von der literarisch-ästhetischen zur religiösen Geisteshaltung und enthob ihn der Gefahr, in der literarischen Kultur einen Selbstzweck zu sehen.

Seine weitere Bildung und Reife, den Aufstieg zu europäischer Geltung und Wirkung vollzog ERASMUS an verschiedenen Orten der damaligen Kulturländer. Spätsommer 1501 ging er nach Löwen, Ende 1504 weilte er in Paris und entwickelte sich immer mehr zum Schrifttheologen mit scharfer Wendung gegen die Scholastik. Herbst 1505 begab er sich neuerdings nach England, schloß Bekanntschaft mit JOHN FISHER und reiste schließlich als Begleiter der Söhne des italienischen Arztes HEINRICHS VIII. 1506 nach Italien. Ende 1508 vertauschte er seine Stellung mit der bei ALEXANDER STEWART, einem Sohn König JAKOBS IV. VON SCHOTTLAND. Der drei Jahre während Aufenthalt im Süden führte ihn nach Turin, wo er den theologischen Doktorgrad erwarb, nach Pavia, Bologna, Florenz, Venedig zu ALDUS MANUTIUS, Padua, Ferrara, Siena, Frühjahr 1509 nach Rom und Neapel und hob ihn auf die Höhe seiner geistigen Bildung. Vorsommer 1509 zog es ihn das dritte Mal nach dem vertrauten England, das ihm hauptsächlich in MOUNTJOY und MORUS echte Mäzene und den Umgang mit Gelehrten bot, die ihn verstanden und förderten, und er blieb, erst in Cambridge, dann in London, bis 1514. In diesen für seine Lebensanschauung besonders reichen Jahren legte er den Grund zu seinen Arbeiten über das Neue Testament und die Herausgabe des HIERONYMUS. Aus England begab sich der Unstete 1514 über Mainz, Schlettstadt und Straßburg nach Basel, trat in den oberrheinischen Humanistenkreis ein und nahm Anteil am *Reuchlinschen Streit*. Eine Rückberufung nach Steyn lehnte er ab. Frühjahr 1516 weilte er in den Niederlanden. Ein Jahr später das letzte Mal in England. Seit dem Weggang aus dem Kloster war er beinahe dauernd unterwegs. Von 1517 bis 1521 lebte er als Hofrat des Erzherzogs und späteren Kaisers KARL V. in den Niederlanden, hauptsächlich in Löwen, als der angesehenste Gelehrte der Christenheit, Meister der lateinischen Eloquenz und Wegbereiter einer neuen Geistesbildung und Frömmigkeit.

Im Herbst 1521 verließ ERASMUS abermals die Niederlande, um sich nach Basel zu begeben, wo er inmitten der Druckerherren und Gelehrten die Jahre 1521–1529 geradezu eine zweite Heimat fand. Nach dem Glück des Emporsteigens und der schier unbeschränkten Geltung in der Welt des europäischen Geistes kamen jetzt von vielen Seiten Angriffe, Mißtrauen und Widerspruch. Neue Probleme mannigfacher Art häuften sich vor ihm auf. Kämpfe und trübe Stimmungen erfüllten die letzten Lebensjahre. Nichtsdestoweniger entwickelte er gerade in den Baseler Jahren eine überaus reiche schriftstellerische Tätigkeit. Um seine Unabhängigkeit zu wahren, zog er sich 1529, als die Reformation in Basel durchgeführt war, nach Freiburg i. Br. zurück. Die meisten seiner Freunde waren tot: MORUS und FISHER eben für ihre Treue zur alten Kirche enthauptet; WARHAM und MOUNTJOY schon früher gestorben; PETER GILLES, FROBEN und PIRCKHEIMER dahingegangen. Auch er selber, der einst so werk- und reisefreudige Mann, war müde und ersehnte das Ende. Papst PAUL III. verlangte noch seine Mitarbeit am bevorstehenden Konzil, da starb ERASMUS an Typhus am 12. Juli 1536, nicht ohne die Tragik der höheren Menschen in besonderem Maße erfahren zu haben. Seine menschliche Erscheinung wurde von dreien der größten Maler der Zeit dargestellt, von QUENTIN MASSYS, ALBRECHT DÜRER und HANS HOLBEIN d. J. Zwei anonyme Meister haben das Antlitz des Toten festgehalten.

In ERASMUS gewann die humanistische Bewegung eine Gestalt, die nicht nur gelehrte Liebe zu den Werken der Alten oder ästhetische Steigerung des literarischen Ausdruckes und Stiles oder wissenschaftliche Kritik bedeutete. In Erweiterung und Vertiefung der humanistischen Gehalte und Ideale führte er den Kampf um die Wiederbelebung der Antike, um die Reinigung der literarischen Formen und um die Ausrottung des Aberglaubens vom Boden einer abgerundeten sittlich-religiösen Gesamtansicht aus mit dem Willen zur Durchdringung des täglichen Lebens und der menschlichen Gesittung. Die frühesten Briefe und Schriften setzen am Ende der Achtzigerjahre ein. Die Frühschriften erweisen ERASMUS in erster Linie als Theologen. Noch in Steyn verfaßte er eine ‹Epistola de contemptu mundi› (um 1488, gedr. 1522), ‹Über die Verachtung der Welt›, eine Lobschrift auf das Mönchsleben. Der Titel stellt den Verfasser in eine Tradition, die von BERNHARD VON CLAIRVAUX über PETRARCA bis zu THOMAS VON KEMPEN reichte. Auch das erste umfangreiche Werk, seine humanistische Kampf- und Programmschrift, die ‹Antibarbari› (1489/90, gedr. 1520; die Druckausgabe ist JOHANNES SAPIDUS, Rektor der Lateinschule in Schlettstadt, zugeeignet), ‹Die Bekämpfer der Barbarei›, wurden noch in Steyn begonnen, dann wiederholt überarbeitet. Es geht im wesentlichen um die Frage, ob und inwieweit die antike Bildung und Philosophie vom Christentum herangezogen werden dürfe. In Paris erschien schließlich 1496 ein Bändchen lateinischer Gedichte, HEKTOR BOYS, einem Schotten, gewidmet, im Druck. Die Mehrzahl der Schriften, an denen er in seiner Pariser Zeit arbeitete, wurde erst viel später veröffentlicht und dabei manches überarbeitet, geändert und erweitert. Für seine Pariser Schüler CHRISTIAN und HEINRICH NORTHOFF verfaßte er das Handbüchlein gebildeter Unterhaltung ‹Familiarium Colloquiorum Formulae›. Es ist der Grundstock der berühmten ‹Colloquia›, die seit 1518 immer wieder vermehrt in Druck gegeben wurden. Für MOUNTJOY entstand das ‹Encomion matrimonii› (gedr. 1517), ‹Lob der Ehe›, für ROBERT FISHER der erste Entwurf ‹De conscribendis epistolis› (gedr. 1522), eine Abhandlung ‹Über die Kunst des Briefschreibens›, und wahrscheinlich auch die Paraphrase zu VALLAS ‹Elegantiae latini sermonis›, ein ‹Traktat über reines Latein›. Ein solches Hilfsbuch, zunächst für COLETS Schule in England, war ferner die kurze Abhandlung ‹De duplici copia verborum› (gedr. 1512), ‹Über die Fülle der Ausdrücke›. Sie bildet den Keim der umfangreicheren Unterrichtsschrift ‹De ratione studii› (gedr. Paris 1512), eine Anleitung zum Studium der lateinischen und griechischen Grammatik. Aus dem Verkehr mit COLET entstand ferner die ‹Disputatiuncula de tedio, pavore, tristitia Jesu› (1499/1500), ‹Kleine Disputation über die Angst, die Furcht und die Traurigkeit Jesu›.

Nach der Rückkehr aus England stellte ERASMUS in Paris als Frucht vielseitiger Studien die ‹Adagiorum Collectanea› (gedr. Paris 1500), eine

Sammlung von ungefähr 800 klassischen Sprichwörtern und Redensarten, zusammen, geschöpft aus den lateinischen Schriftstellern des Altertums und sprachlich und historisch erläutert zum Nutzen derjenigen, die einen eleganten lateinischen Stil erstreben. Die ‹Adagia› haben nicht nur den Namen ihres Verfassers zuerst groß gemacht, sondern auch den Geist des Altertums einem viel weiteren Kreis, als es der ältere Humanismus vermocht hatte, vermittelt. ERASMUS hat damit dem modernen Aphorismus die Bahn gebrochen. Spätere Auflagen (zu des ERASMUS Lebzeiten erschienen 60) wurden stark vermehrt (bis auf 3260 Zitate) und auf das Griechische ausgedehnt. In der gleichen Art lagen später eine Sammlung von Gleichnissen ‹Parabolae› (1514) und das Mosaik der ‹Apophtegmata› (1531), geistreiche Anekdoten und treffende Worte oder weise Taten aus dem Altertum. Das erste Werk ganz eigenen erasmischen Geistes, in dem die Synthese des Erbes der Devotio moderna mit dem Geist des Humanismus hervortrat, ist das ‹Enchiridion militis christiani› (Antwerpen 1502), ‹Handbüchlein (Handschwert) des christlichen Streiters›, sein großes Lebensprogramm in Gestalt einer *Philosophia Christi.* Der Titel knüpft an den Topos der *Militia spiritualis,* ‹Geistlicher Kriegsdienst›, an.

Wie OTTO SCHOTTENLOHER nachwies, war die Persönlichkeit, für die ERASMUS auf Bitten der Frau das ‹Enchiridion› schrieb und dem er es widmete, JOHANN POPPENRUYTER in Mecheln, Geschützmeister des Erzherzogs von Österreich. Der Form nach ist das ‹Enchiridion› eine Anleitung für einen ungelehrten Kriegsmann, wie er zu einem Christi würdigen Geist komme, gedankenreich und geistvoll vorgetragen. Dabei entwickelt ERASMUS zum ersten Male auch sein umfassendes theologisches System und Programm: zurück zur hl. Schrift, Restauration der Theologie. Zur ersten Übertragung ins Deutsche (bei ADAM PETRI in Basel) lieferte URS GRAF den Bildschmuck. In ideeller Verbindung mit dem ‹Enchiridion› steht DÜRERS Kupferstich ‹Ritter, Tod und Teufel›, in dem die geistliche Allegorie vom christlichen Ritter ihre höchste künstlerische Vollendung erreicht.

Die Theologie des ERASMUS hat exegetischen Charakter und ist eine Schrifttheologie. Als ihr zentrales Hauptthema gilt die Hinwendung Gottes zum Menschen und die Rückführung des Menschen zu Gott. Mit PAULUS sieht ERASMUS das Evangelium im Wort vom Kreuz konzentriert. Die Schrifttheologie ist Einheit und Zentrum der Ganzheit seines Denkens und Wollens. Von der Universalität ihres inneren Systems aus erfolgen die Aussagen des ERASMUS zu den Fragenbereichen der Anthropologie, Ethik, Pädagogik, Staatsauffassung etc.

Als erste Frucht seiner griechischen Studien und profane Vorübung für die Arbeit am Neuen Testament und den Kirchenvätern veröffentlichte ERASMUS eine Übersetzung aus dem Griechischen ins Lateinische, drei Reden des griechischen Sophisten und Rhetors LIBANIUS (1503). Während seines zweiten Aufenthaltes in England übertrug er die ‹Hekuba› und die ‹Iphigenie in Aulis› von EURIPIDES ins Lateinische und begann seine umfangreichen LUKIAN-Übertragungen (gedr. 1506, 1511, 1514, 1515). Übersetzungen kleinerer Schriften PLUTARCHS erschienen in Basel 1514. Wie PIRCKHEIMER u. a. hat ERASMUS damit den Wiedererweckungsprozeß von der römischen Literatur auf das griechische Kulturgebiet auszudehnen geholfen. Als er 1506 zu Pferd mit der englischen Reisegesellschaft über die Alpenpässe nach Italien ritt, entstand das bedeutendste Gedicht, das er geschrieben hat, das *Carmen alpestre* ‹De senectutis incomodis›, ‹Über die Nachteile des Greisenalters›. Er empfand das nahende Alter und überschaut gelassen sein bisheriges Leben. Der Form nach eine Declamatio, wie sie ERASMUS aus seinen Übersetzungen des LIBANIUS kannte, dem Geiste nach von LUKIAN inspiriert, ist das ‹Moriae Encomion› (Paris 1509), ‹Lob der Narrheit›, als literarisches Kunstwerk ein Meisterstück von Humor und Ironie, THOMAS MORUS gewidmet.

Die Gedanken und Empfindungen werden der Stultitia selbst (der Gegenspielerin der Minerva) in den Mund gelegt, die in einer Lobrede vor dem Publikum ihre eigene Macht und Nützlichkeit preist. Mit der künstlerischen Kraft eines freien und tiefsinnig-ironischen Geistes wird die Welt als Bühne der allgemeinen Torheit dargestellt, «die Torheit als das unentbehrliche Element, das Leben und Gesellschaft ermöglicht». Torheit ist Lebensweisheit, Resignation, Toleranz. Mangel an Torheit macht ungeschickt für das Leben, in dem die Menschen wie in einem Theaterstück agieren. Die Triebkraft hiefür ist Philautia (Eigenliebe), die Schwester der Stultitia. Torheit, verkleidet als Hochmut, Eitelkeit und Ruhmsucht, ist die Springfeder für alles, was die Welt für hoch und groß schätzt. Die Staaten, die Religionen, das Rechtswesen bestehen durch Torheit. Es gibt in der Welt mehr Affekt als Vernunft. Der Weise, bewußt seiner Unzulänglichkeit, ist gehemmt im Handeln, der Tor geht frisch auf die Sache los. Selbstgefälligkeit ist notwendig. Ein Doktrinär und vollkommen Weiser taugt nicht zur Obrigkeit. Mensch sein, heißt irren, sich täuschen, unwissend sein. Nun kommt die Satire auf alle geistigen Berufe: Die Wissenschaft ist eine Plage; im goldenen Zeitalter gab es keine Wissenschaften, wohl aber Natur und Instinkt; Bildung ist im Grunde genommen ein Übel; die Schulmeister, Dichter, Juristen, Philosophen, Theologen wären die geplagtesten unter den Menschen, wenn die Stultitia ihr berufliches Ungemach nicht mit einer Art süßen Wahnsinns linderte. In der ganzen Declamatio klingen zwei Themen durcheinander: «das (Hauptthema) von der heilsamen Torheit, die die wahre Weisheit ist, und das von der eingebildeten Weisheit, die lauter Torheit ist». Die höchste Torheit ist Ekstase; das wahre Glück liegt im Außersich-sein, d. h. in der himmlischen Seligkeit.

Das ‹Lob der Narrheit› ist das geistreichste der Werke des ERASMUS, voll unerschöpflicher Gedankenfülle, Heiterkeit und kühner Satire. Die bis in unsere Tage dauernde Wirkung beruht größtenteils auf dem komischen Gegensatz zwischen der klassischen Großheit der Latinität und der holländischen Komik der Haltung. HOLBEIN hat ein Exemplar mit köstlichen Randzeichnungen versehen. Als Pendant zum ‹Lob der Narrheit› könnte man den Traktat ‹Lingua› (1525), ‹Über den Gebrauch und Mißbrauch der Zunge› betrachten. Die Satire ‹Julius exclusus de coelo› (1513) wird neuerdings FAUSTUS ANDRELINUS zugeschrieben.

Die erste Aufgabe, die ERASMUS sich gestellt hatte, war, das Sprach- und Literaturstudium wieder zu erwecken. Erst die Sprachkenntnis ermöglicht es, zu den Quellen vorzudringen und das Urbild in seiner Reinheit zu erkennen. Als zweite Forderung ergab sich ihm, die Menschheit zu den Quellen der hl. Schrift und zu den alten Kirchenlehrern zurückzuführen. Zu den Quellen zu streben und sie zu zeigen aber heißt, Textkritik betreiben und die Werke des heidnischen und christlichen Altertums herausgeben. Von *Textausgaben klassischer Autoren* erschienen: SENECA (1515), SUETON (1519), CICEROS ‹Officia› (1520), die ‹Tusculanen› (1523), PLINIUS ‹Historia mundi› (1525), ‹Galeni exhortatio ad bonas artes› (1526), ‹Disticha Catonis› (1526), PTOLEMAEUS (1530), LIVIUS (1531), ARISTOTELES (1531), DEMOSTHENES (1532), TERENZ (1532), JOSEPHUS (1534). Die während des dritten Aufenthaltes in England vorbereitete große Edition seines Lieblingsautors HIERONYMUS war 1516 in neun Teilen herausgekommen. Noch im selben Jahr 1516 folgte zu Basel das für die Geistesgeschichte des Abendlandes so wichtig gewordene ‹Novum Instrumentum› (bei der Auflage 1518 wurde ‹Instrumentum› in ‹Testamentum› abgeändert), Papst LEO X. gewidmet, das den bereinigten griechischen Text des Neuen Testamentes mit einem philologischen Kommentar und mit einer gegenüber der Vulgata selbständigen lateinischen Übersetzung umfaßte. Als Einleitung gelten die ‹Paraclesis ad lectorem› und der ‹Methodus›, erweitert ‹Ratio seu Methodus compendio perveniendi ad veram theologiam›.

War ERASMUS schon vorher Zentrum und Maßstab der klassischen Gelehrsamkeit und des literarischen Geschmackes, so wurde er durch die Herausgabe des HIERONYMUS und das Neue Testament nun der Mittelpunkt des wissenschaftlichen Studiums der Theologie. Seine Entwicklung, die über den Verkehr mit COLET, die Herausgabe von L. VALLAS ‹Annotationes› zum Neuen Testament (Paris 1505) und zum ‹Enchiridion› führte, ist vollendet. Mit der Edition des Neuen Testamentes durch ERASMUS und der für den spanischen Kardinal XIMENES von einer ganzen Gelehrtengruppe besorgten Ausgabe (1517; gedruckt 1522) begann die Anwendung der humanistischen Philologie auf die Bibel und die frühchristliche Literatur. ERASMUS ermöglichte LUTHER den Rückgriff auf den Urtext und eine Kritik an der bisherigen lateinischen Übersetzung. Nicht minder bedeutsam für die Verbreitung und Wirkung des Bibelwortes waren die ‹Paraphrasen›, die er von 1517 an zu den apostolischen Briefen, dann zu den Evangelien herausgab.

Dem HIERONYMUS und dem Neuen Testament ließ der Werkfreudige die *Textausgaben zahlreicher lateinischer und griechischer Kirchenväter* folgen: CYPRIAN (1520), ARNOBIUS (1522), HILARIUS (1522), IRENAEUS

(1526), AMBROSIUS (1527), AUGUSTINUS (1528/29), BASILIUS (1529), EPI-
PHANIUS (1529), ORIGENES, CHRYSOSTOMUS (1530), alle sehr umfangreich,
mit erstaunlichem Konzentrationsvermögen und ausgezeichnetem Ge-
dächnis schnell gearbeitet. Außer dem theologischen Inhalt fesselte ihn an
diesem frühchristlichen Schrifttum sein Nachglanz antiker Formen und
seine Fülle spätantiker Bildung.

Diese Textausgaben und Erläuterungen klassischer, biblischer und patristischer Werke begleitete eine umfassende schriftstellerische Wirksamkeit. Das Jahr 1515 brachte den ‹Libellus de octo orationis partium con-
structione›, 1516 die Ausgabe der Grammatik des THEODOR GAZA; mit
seinem Amt als Kronrat in Brüssel hängt die ‹Institutio principis christiani› (Löwen 1516) zusammen, ‹Unterweisung eines christlichen Fürsten›, ein Fürstenspiegel für den jungen Erzherzog KARL (V.). Der Traktat entwickelt eine plutarchisch-humanistische Staatslehre und möchte die
Herrscher über die Vorteile eines dauernden europäischen Friedens auf-
klären. Zwei Jahre später folgten die Herausgabe der ‹Scriptores Historiae Augustae› und das ‹Encomion artis medicinae›, ‹Lob der Heilkunst›,
1521 die ‹Progymnasmata›. Seit 1515 hatte ERASMUS auch die Herausgabe seines dichten und weiten Briefwechsels selbst in die Hand genommen. Ständig hat ERASMUS auch für den Frieden gewirkt, in jüngeren
Jahren mit der ‹Oratio de pace et discordia›, später in Briefen, und als
zwischen KARL V. und König FRANZ VON FRANKREICH ein Krieg drohte,
mit der ‹Querela pacis› (1517), ‹Klage des Friedens›. Von allen seinen
Werken jedoch sind in der Weltliteratur neben der ‹Moria› einzig die
‹Colloquia› wirklich am Leben geblieben. Sie waren das lebendigste Erzeugnis seines Geistes. Die ‹Unterhaltungen› erhielten 1523/26 in Basel
ihre definitive Form.

ERASMUS liebte das Dialogisieren im persönlichen Verkehr und in Briefen. Das geistvolle Gespräch war ihm eine Lebensbedingung. Die ‹Colloquia› waren um 1500 nur für seine Schüler bestimmte Modelle vertraulicher lateinischer Konversation gewesen. AUGUSTIN CAMINADE hatte sie
zuerst gesammelt und handschriftlich verbreitet, LAMBERT HOLONIUS ver-
kaufte eine Abschrift an JOHANNES FROBEN in Basel, wo sie 1518 von
BEATUS RHENANUS ohne Wissen des ERASMUS herausgegeben wurden.
Dieser, darüber verstimmt, besorgte 1519 in Löwen selbst eine verbesserte
Ausgabe. Sie enthielt neben Höflichkeitsformeln und kleinen Konver-
sationen als einzigen Dialog den Kern des späteren ‹Convivium profa-
num›. Gleichwohl erlebte das geistreiche und witzige Buch bis 1522 etwa
25 Ausgaben in ganz Europa. Zwischen 1523 und 1526 fügte nun ERAS-
MUS zwanzig neue ‹Vorbilder der Stillehre› bei und änderte den Titel in
‹Familiarium Colloquiorum Opus›.

Das Werk ist eine in gewandtem Latein abgefaßte Sammlung von vertrauten
Gesprächen wie: Der Abt und die gebildete Frau, Die unnatürliche Ehe, Der

Schiffbruch, Von Gasthäusern, Charon, Ein Evangeliumsträger, Das Wallfahren, Der Frauensenat, Zwei Tote, Die Apotheose des Reuchlin u. a., jedes ein formales Meisterstück seiner Gattung, ungezwungen, lebendig, häufig dramatisch belebt wie ein Einakter. Das gesamte Leben und Treiben im vorreformatorischen Deutschland ist hier gestaltet: Schule und Haus, das Wirtshaus, das Kloster, der pedantische Schulmeister, der wüste Landsknecht, der überhebliche Arzt, die zänkische und die kluge Ehefrau, der geldgierige und der heuchlerische Kleriker.

Die ‹Colloquien› sind in der Form weniger satirisch als die ‹Moria›, inhaltlich aber bergen sie viele direkte und besondere Satire. ERASMUS griff darin auch seine Gegner an: LEE, VINCENT DIRKS, NOËL BEDA u. a. Hinter der Negation besteht ihr positiver Gehalt in den alten moralischen Forderungen ihres Verfassers an die Welt und Menschheit: «gereinigtes christliches Zusammenleben in guten Sitten, warmem Glauben, in Einfachheit und Mäßigung, Wohlwollen, Verträglichkeit und Frieden». Freilich finden sich im einzelnen darin auch sehr gewagte Dinge. Kaiser KARL V. erklärte die Verwendung des Buches im Unterricht für ein todeswürdiges Verbrechen und LUTHER wollte noch auf dem Totenbett seinen Söhnen die Lektüre verbieten. Als literarisches Kunstwerk gehören die ‹Gespräche› in die Umgebung von RABELAIS, ARIOST, MONTAIGNE, CERVANTES, BEN JONSON. Bis 1550 waren die ‹Colloquia› das meistgekaufte Buch nach der Bibel.

Die Schriften der letzten Lebensjahre betrafen zunächst Religiöses und Literarisches, z. T. werden darin auch die moraldogmatischen Fragen des ‹Enchiridion› und der ‹Colloquia› weiter erörtert. Gegen das Alte richtete er ‹De interdicto esu carnium› (1522), ‹Über das Verbot des Fleischessens›. ‹Exomologesis› (1524) und ‹Modus confitendi› (1525) behandeln den Wert der Beichte und die Art zu beichten. Die ‹Institutio christiani matrimonii› (1526), für die Königin von England, spricht über die christliche Ehe. ‹De vidua christiana› (1529), für MARIA VON UNGARN, über die christliche Witwe. Von den vielen Polemiken, in die ERASMUS auch die letzten Lebensjahre verwickelt war, ragen die mit ULRICH VON HUTTEN (vgl. HUTTENS ‹Expostulatio cum Erasmo› 1523 und des ERASMUS ‹Spongia› 1523) und LUTHER hervor. Obwohl er es immer zu vermeiden gesucht hatte, wurde er schließlich doch bewogen, für seine humanistische Freiheitsidee gegen LUTHER zu schreiben, der seit der Zeit des Ablaßstreites in seinen Schriften die Existenz eines freien Willens im Menschen für sein ewiges Heil geleugnet hatte. ERASMUS verfaßte sein Gespräch ‹De libero arbitrio diatribe› (Basel 1524), ‹Untersuchung über den freien Willen› ohne jeden persönlichen Angriff auf den Reformator. LUTHER antwortete mit einer Gegenschrift ‹De servo arbitrio› (1525), ‹Über den gebundenen Willen›.

ERASMUS traute sich in seiner Abhandlung nicht zu, das Geheimnis der sittlichen Entscheidungsfreiheit zu ergründen und mit der Allwissenheit und Allmacht Gottes in Übereinstimmung zu bringen. Sein freier Wille hing am Prinzip der auf Würde, Wert und Selbständigkeit des Menschen bedachten *humanitas*. Als Humanist lehnte er LUTHERS Lehren von der Prädestination und Determination ab. ERASMUS verteidigte die Rechte der Wissenschaft und Vernunft und sah in der Willensfunktion eine göttliche Gabe, die der Mensch selbst gebrauche. Er brachte als einer der ersten seiner Zeit das Problem der Theodizee, d. i. der Rechtfertigung der göttlichen Vorsehung wegen des Übels in der Welt, in Verbindung mit der verschiedenartigen Verteilung der Geistes- und Körpergaben. LUTHER bemühte sich um Göttliches und Religiöses, entschleiert seine Gotteslehre: die Allwirksamkeit des sich verbergenden Gottes, der sein Herz in Christus dem Glauben offenbart, die Allgewalt Gottes, die alles Leben, Gutes und Böses umfaßt; und erörtert seine Meinung über das Problem der Prädestination: das Heil des Menschen ist zur Gänze Bestimmung und Wirken Gottes. LUTHERS Auffassung der Vorherbestimmung als Voraussetzung für die Bedingungslosigkeit der Rechtfertigung mußte die völlige Entwertung des freien Willens im Heilsgeschehen nach sich ziehen. Der Traktat wurde später eines der großen Quellenwerke evangelischer Glaubenslehre. Daraus schöpfte CALVIN für seine Lehren der Prädestination, Gnade und Verdammnis.

Noch einmal ergriff ERASMUS im ‹Hyperaspistes› I und II (Basel 1526 und 1527; deutsch von EMSER), ‹Schutzschild› gegen LUTHER das Wort. Die Gegensätze zwischen Renaissance und Reformation waren um eine tiefe Kluft vermehrt. Es brachte ihm neue Feinde, als er sich im ‹Ciceronianus› (1527), ‹Über die beste Art des Redens› gegen das literarische Heidentum und den übertriebenen Klassizismus einzelner Humanisten wandte. Auch Gelegenheitsschriften pädagogischer, moralischer oder politisch-theologischer Art flossen weiter aus seiner Feder: ‹De recta Latini Graecique sermonis pronunciatione› (1528), ‹Über die richtige Aussprache des Lateins und des Griechischen› (mit bemerkenswerter Charakteristik der Kunstleistung und der theoretischen Werke DÜRERS), ‹Declamatio de pueris liberaliter instituendis› (1529), seine Erziehungs- und Unterrichtslehre, ‹De civilitate morum puerilium›, eine Art Komplementierbuch, ‹De sarcienda ecclesiae unitate› (1533), ‹Von der Gewinnung der kirchlichen Einheit›, ‹De praeparatione ad mortem›, ‹Über die Vorbereitung auf den Tod› und schließlich das große und umfangreiche Werk ‹Ecclesiastes sive contionator Evangelicus› (1535), ‹Ecclesiastes oder der evangelische Prediger›. Auf das ‹Enchiridion› des christlichen Soldaten und die ‹Institutio› des christlichen Fürsten folgte die rechte Unterweisung des christlichen Redners. Die letzte Schrift endlich, ‹De puritate ecclesiae› (1536), ‹Über die Reinheit der christlichen Kirche›, eine Erklärung des Psalms 14, schrieb ERASMUS für CHRISTOPH ESCHENFELDER, Zollbeamter in Boppard am Rhein, einen einfachen, aber der Bildung aufgeschlossenen Menschen. Von der über ganz Kultureuropa ausgedehnten *Korrespondenz* des ERASMUS sind heute noch mehr als zweitausend Briefe erhalten. Im gesamten war damit ein Lebenswerk vollendet, dessen monumentale Ausmaße auch gegenwärtig noch überwältigend erscheinen. ERASMUS war siebzig Jahre alt, als er in Basel starb. Die reformatorische Stadtverwaltung ließ den Anwalt der alten Kirche ehrenvoll im protestantischen Münster beisetzen. Gestalt und Werk des ERASMUS wurden in der Geschichte des Humanismus, der Renaissance und Reformation je nach der verschiedenen Auffassung des Christentums verschieden gedeutet und sind tatsächlich auch verschieden deutbar. Überempfindlich im Körperlichen wie im Seelischen, war er als Mensch von allgemeiner Milde des Herzens, voll Humor, Scherz und Witz und nicht ohne Schwermut, unbedingt Idealist und zugleich gemäßigt, reformfreundlich und in der Entscheidung doch für das Bestehende und die Tradition. In seiner geistigen Entwicklung sieht man keine harten inneren Kämpfe, keinen Bruch, keine Krisis, sondern nur bereichernde Fortbildung und Umformung. Von Jugend auf waren ihm eine wunderbare Leichtigkeit im Auffassen und Darstellen und ein sicheres Gedächtnis eigentümlich. Seine Geisteswelt offenbart sich philologisch-kritisch und philosophisch-theologisch-ethisch. Sie blieb von Italien weitgehend unabhängig, fest im Norden verwurzelt und selbständig. Die Welt, die aus dem Werke des ERASMUS entgegentritt, ist nicht das volle 16. Jahrhundert. Ihr fehlen das Unmittelbare, das Derbe und Heftige, die dem Zeitalter anhaften. Er stand der Welt zurückgezogener gegenüber als LUTHER, DÜRER, PIRCKHEIMER.

ERASMUS verfügte über kein einheitliches Lebensfundament mehr, wie es das Mittelalter besaß. Ihm mangelte schon der Sinn für den großartigen Bau der mittelalterlichen christlichen Kultur, seiner hierarchischen Konstruktion und Symmetrie. Nichtsdestoweniger hegte er eine ernste, wenn auch kritische Liebe zur alten Kirche. An Stelle der von der Kirche umspannten Welt des Mittelalters sah er die Welt der Antike durchleuchtet vom christlichen Glauben. Er erstrebte die Wiedergeburt der *bonae litterae,* und seine Gedankenwelt versuchte, die Philosophie der Stoa und die Klassizität eines CICERO, HORAZ und PLUTARCH mit dem biblischen Christentum zu vereinigen. In der lateinisch-literarischen Erudition erblickte er die Grundlage aller wahren Bildung. Als Mittel und Weg zu der *renovatio* und *reformatio* des Christentums, die er für notwendig hielt, betrachtete er die mit einer neuen Lebenserfahrung, Bildung und Wissenschaft aus dem Neuen Testament und den Werken einer von PLATO bis AUGUSTIN reichenden Antike geschöpfte Philosophie Christi. Er liebte es, in seiner allegorischen Auslegung die Bibel in höhere geistige Wahrheiten zu transponieren. Er verkündete den Glauben an Erziehung, Emporbildung und Vervollkommnung und verlangte Menschenwürde, er forderte Natürlichkeit, Klarheit, Vernunft und Frieden auf Erden. Ihm schwebte das Ideal eines Lebens von edler Harmonie und glücklicher Weisheit vor Augen. Seine Losung lautete: ‹Zurück zu den reinen Quellen!›. Um der Menschheit den Weg zu den Quellen zu ebnen, sie zu reinigen, wiederherzustellen und allgemein bekannt zu machen und die

Wiederverknüpfung zwischen antiker Bildung und christlichem Glauben zu bewirken, entfaltete er eine umfangreiche schriftstellerische Tätigkeit und nahm die Riesenarbeit seiner zahlreichen Editionen klassischer und patristischer Werke auf sich.

Erasmus ist zeit seines Lebens vielen Gleichstrebenden ein wahrhaft guter Freund gewesen: Mountjoy, More, Fisher, Ammonius, Budaeus, Peter Gilles u.v.a. In späteren Jahren geriet er häufig in Kontroversen und bittere Polemiken mit Lefèvre d'Etaples, mit Jakob Latomus, Briard und Lee, mit Egomondan, mit Stunica und Noël Beda, mit Hutten, mit Luther u. a. Weil sein Geist weder die Abgründe des Glaubens noch die harten Notwendigkeiten des menschlichen Zusammenlebens begriff, wurde er in den reformatorischen Auseinandersetzungen das Opfer eines großen Mißverständnisses. Er vermochte weder Luthers Glauben und Reformation noch den Widerstand der katholischen Orthodoxie in ihren letzten Tiefen zu begreifen. Immer jedoch wollte er den Frieden bewahren und selbst die Mitte einhalten.

Erasmus beherrschte alle Formen der Darstellung, Poesie, Prosa, Dialog, Satire, Lehrschrift, Abhandlung, und schrieb ein klassisches Latein ohne jede Pedanterie der Nachahmung. Sein Vortrag war modisch preziös und lichtvoll zugleich, jeder Gedanke, jeder Satz und Vers ein Muster formaler Vollendung. Meisterhaft verstand er es dabei, durch Doppeldeutigkeit oder ein Wortspiel die eigene Meinung zu verhüllen. In allen tieferen Fragen des menschlichen Geistes war er von deren ewiger Unergründlichkeit überzeugt. Weil in seiner Kritik und Satire sich die negativen Argumentationen durchschlagender erwiesen als die positiven, wirkte er auflösend. Sein mächtiger Einfluß im 16. Jh. erstreckte sich auf Gegenreformation wie auf Protestantismus, auf die Verteidigung und Erneuerung der katholischen Kirche wie den Aufbau der evangelischen Kirchen. Aus seinem Geist gingen die oft wiederholten, wenngleich vergeblichen Bestrebungen hervor, in dem großen kirchlichen Konflikt doch noch zu einem Kompromiß zu gelangen. Durchgedrungen auf beiden Seiten ist Erasmus, indem er die Theologen zu den Quellen zurückgeführt hat: dem Luthertum die wissenschaftliche Erneuerung des Bibeltextes vorbereitete, dem Katholizismus das große Vätererbe der christlichen Antike übermittelte. Sein Lebenswerk mit der Wirkung und Anregung nach tausend Seiten hat der damaligen Kulturwelt viele Wege geöffnet zum Altertum sowie zum Christentum. Wie Petrarca in Italien seinerzeit der erste, war Erasmus der letzte Repräsentant des europäischen Humanismus.

Der literarhistorische Standort des Erasmus liegt kulturgeographisch gesehen im holländisch-deutsch-englischen Humanismus. Geistig betrachtet, stieg seine Persönlichkeit zu europäischer Geltung auf und wirkte in der Philologie und Bibelwissenschaft, mit einer christlichen Frömmigkeitslehre, durch satirische Schriften und Reformforderungen. Das Resultat war die Ausbildung einer eigenen *humanitas Erasmiana*.

In den aufgezeigten Anfängen, der Ausbreitung und dem Aufblühen des deutschen Humanismus bilden sich die verschiedenen Gattungen der Literatur heraus, zögernd, natürlich gebunden an Begabungen, verschieden in den Resultaten. *Die Überschau* ließ erkennen, daß man gerade die ausgeprägtesten und führenden Persönlichkeiten nicht gattungsmäßig festlegen konnte. RUDOLF AGRICOLA, WIMPFELING, REUCHLIN, ERASMUS gehören zweifellos an zentrale Stellen der Darstellung, es ist aber unmöglich, sie unter Epik, Lyrik, Drama voll und wesenhaft zu erfassen. Die *Schwerpunkte der humanistischen Bewegung* liegen häufig mehr auf kulturellen Bestrebungen, Lebenslehre, Philosophie, Bildungs- und Wissenschaftspflege als auf dem Bedürfnis nach dichterischen Aussagen und Gestaltungen. Die Aufnahme und Interpretation der wiederentdeckten antiken Autoren und die Erweiterung der eigenen Wissenschaftsansätze, etwa in der Mathematik und Astronomie, beschäftigten in erster Linie die Geister. Die Erzähldichtung, die lyrische Aussprache, die dramatischen Gestaltungsvorhaben des Humanismus können überdies nicht, wie es in der deutschsprachigen Literatur des ausgehenden Mittelalters der Fall war, eine vorhandene eigene Tradition fortbilden oder abschließen, sondern sind überall Neubeginn, dazu auch noch meist in einer fremden Sprache. Die Anknüpfung muß in den Vorbildern entweder über ein Jahrtausend zurückgreifen auf die Antike oder sie im italienischen Humanismus suchen.

ZWEITES KAPITEL

DIE EPISCHE DICHTUNG IN PROSA UND VERS

Die deutschsprachige Literatur des ausgehenden Mittelalters besaß eine noch im Ritterstand wurzelnde *Versepik*: Heldendichtung, höfischen Abenteuer- und Liebesroman, novellistisches Geschichtenschrifttum. Dazu kam eine umfängliche geistliche Dichtung: Epos, Legendare, Einzellegenden, Jenseitsvisionen. Auch die Schwankdichtung, Schwankepos und Schwanksammlungen, benützt die Versform. Die Veränderungen der sozialen Zustände, französische Vorbilder u. a. m. bewirken ein sinkendes Interesse an rhythmischer Dichtung und bringen in zunehmendem Maße eine *deutsche Erzählprosa* bürgerlicher Art hervor. Gleichzeitig erschließt der aufkommende und an Breite gewinnende Humanismus neue in Vers und Prosa abgefaßte antike und italienische Vorbilder. Doch alles zusammen ist nicht imstande, ein deutsches humanistisches Kunstepos hohen Ranges hervorzubringen.

Von der römisch-griechischen Epik war VERGIL dem ganzen Mittelalter bekannt. Man liest ihn nun freilich mit anderen Augen. THOMAS MURNER übersetzt die ‹Aeneis› ins Deutsche und fügte seiner Arbeit das von MAPHEUS VEGIUS stammende 13. Buch bei. Die im 15. Jh. zunehmende Kenntnis des Griechischen ermöglichte zunächst in Italien die Rezeption HOMERS. Sie erfolgte über das Lateinische. Doch schon 1488 besorgte DEMETRIUS CHALKONDYLAS eine griechische Editio princeps der ‹Opera›. Nach seiner Ausgabe interpretierte KONRAD CELTIS 1503/04 in Wien zum erstenmal an einer deutschen Universität in seinen Vorlesungen den HOMER. Von anderer Epik der Antike wurden u. a. gedruckt: LUCANS ‹Pharsalia› (Brescia 1486), MUSAEUS ‹Opusculum de Herone et Leandro› (griech. u. lat., Venedig um 1494), APOLLONIUS RHODIUS ‹Argonautica› (Florenz 1496).

In Italien waren durch PETRARCA, ENEA SILVIO und BOCCACCIO eine *Renaissancenovelle* und ein *Renaissanceroman* mit neuem Wirklichkeitserleben und von der Antike genährtem Formempfinden ausgebildet worden; POGGIO vermochte die kleine witzige Erzählung in der scharfgeschliffenen Form der *Fazetie* in die Weltliteratur einzuführen. Man hatte auch dem antiken Roman wie LUKIANS ‹Goldenem Esel› oder der griechisch-byzantinischen Liebes- und Abenteuererzählung von ‹Apollonius von Tyrus› erhöhtes Interesse entgegengebracht. Gleiches gilt für die dem Mittelalter nicht fremde Geschichte von ALEXANDER DEM GROSSEN und die Fabeln des ÄSOP. Seit der Mitte des 15. Jh. sind nun in Süddeutschland einige Frühhumanisten bestrebt, diese epischen Produkte der Antike und der italienischen Renaissance einzudeutschen; der Stadtschreiber NIKLAS VON WYLE, der Arzt HEINRICH STEINHÖWEL, der Nürnberger Patrizier HEINRICH SCHLÜSSELFELDER, der Jurist ALBRECHT VON EYB u. a. Der Hofkaplan der Pfalzgräfin MECHTHILD, ANTONIUS VON PFORR, gibt dem ‹Buch der Beispiele der alten Weisen› die deutsche frühhumanistische Gestalt.

In diesen *Übersetzungen* lateinischer und italienischer Prosaepik, Traktaten- und Fabelliteratur ins Deutsche steht Humanistisches neben mittelalterlich Belehrendem und Unterhaltsamem. Die Übersetzer bemühen sich dabei in Fortführung der Bestrebungen am Prager und Wiener Hof um eine akademische Kunstprosa. Im weiteren ziehen Reformhumanisten wie SEBASTIAN BRANT und THOMAS MURNER die Epik in die Dienste der *Moralsatire* belehrender Art. Sie bedienen sich ebenfalls der deutschen Sprache, verwenden aber noch die Versformen des ausgehenden Mittelalters. Die Absicht ihrer didaktisch-satirischen Versepik geht auf die Befreiung des einzelnen und ganzer Stände von ihren Narreteien, Torheiten, Lastern und auf die moralische Besserung der Menschen. Nur vereinzelt erscheinen im deutschen Humanismus Ansätze zu einer *lateinsprachigen Gesprächsnovelle* bei SCHNEEVOGEL-NIAVIS. Als kleine Gattung kommt durch AUGUSTIN TÜNGER und HEINRICH BEBEL die dem Schwank verwandte Fazetie nach Deutschland und erreicht hier eigenständige Geltung. BEBEL faßt schließlich auch die große allegorische Moralsatire in lateinische Sprache.

Das Nebeneinander und die vielfache Verflochtenheit der *renatae litterae* mit dem christlich-religiös bestimmten Spätmittelalter bringen es mit sich, daß auch von den Humanisten eine halb- oder vollepische *geistliche Dichtung*, Heiligen-Vita, -Legende, Passionshistorie etc. gepflegt werden: im spätscholastischen Humanismus und in der Frühzeit der Bewegung von RUDOLF AGRICOLA, ALBRECHT VON BONSTETTEN, SEBASTIAN BRANT, JAKOB WIMPFELING und HIERONYMUS GEBWILER; in der Blütezeit von CELTIS, BENEDICTUS CHELIDONIUS, JOHANNES STABIUS, JOHANNES CUSPINIAN u. a. Aber nur bei wenigen Humanisten bilden die geistliche Dichtung und Epik Schwerpunkte des Schaffens; sie sind meist nur Randprodukte.

Nach der humanistischen Poetik soll der *poeta* gleichzeitig auch *historiographus* sein. Nichtsdestoweniger gewinnt die humanistische *Geschichtsschreibung* zusehends den Charakter einer exakten Wissenschaft. Wir erwähnen hier daher nur die Geschichtsdichtung im engeren Sinn. Die Historiographie wird in Kap. V unter Fach- und Wissenschaftsschrifttum behandelt.

1. Übersetzungen aus dem Lateinischen und Italienischen. Akademische Kunstprosa. Niklas von Wyle, Heinrich Steinhöwel, Heinrich Schlüsselfelder, Albrecht von Eyb

Der deutsche Frühhumanismus bringt neben der lateinisch-akademischen bald auch eine deutschsprachig-volkstümliche Gelehrtenliteratur hervor, die erst aus dem Lateinischen und Italienischen übersetzt, dann mittelalterliche volkstümliche Formen aufsaugt, umbildet und für neue Zwecke verwendet. Der Weg wird markiert durch GROSS, WYLE, EYB, STEINHÖWEL, SEBASTIAN BRANT. Zunächst sind die Frühhumanisten bestrebt, die neue italienische Renaissancenovelle und den Renaissanceroman PETRARCAS, ENEA SILVIOS, BOCCACCIOS etc. einzubürgern. Was den deutschen Übersetzern gelang, war zunächst die *Eindeutschung der Stoffe*, noch nicht der fein kultivierten Form oder der Gesinnung. Dabei versucht insbesondere NIKLAS VON WYLE, den Sprachgebrauch der heimischen Entwicklung mit Hilfe der Regeln der römischen Rhetorik zu einer *deutschen Kunstprosa* zu heben.

Entsprechend der noch halb mittelalterlichen Geisteshaltung dieser Frühhumanisten, beschränkt sich ihre Übersetzungstätigkeit nicht auf Renaissancedichtungen, sondern bezieht Antikes, Didaktisches und Mittelalterliches mit ein: LUKIAN, ÄSOP, PLAUTUS; Rhetorik, Stilistik, Epistolographie; ‹Alexander›, ‹Apollonius›, BERNHARD VON CLAIRVAUX, Spiegelliteratur; einzelnes aus dem deutschen Frühhumanismus (HEMMERLIN).

Diese frühhumanistischen stadtbürgerlich-geistlich-gelehrten Eindeutschungsbestrebungen ordnen sich (man sieht das an den Dedikationen) vielfach zu den Höfen der Pfalzgräfin MECHTHILD in Rottenburg und der Herzogin ELEONORE in Innsbruck, wo man es verstand, die rückschauende Ritterromantik mit Zukunftweisendem zu verbinden.

Die *Übersetzungsliteratur des Frühhumanismus* steht zeitlich innerhalb des Übersetzungsschrifttums des ausgehenden Mittelalters, d. h. also neben der S. 72ff. behandelten Epik in Vers und Prosa.

Die Übertragungen italienischer Renaissancenovellen beginnen mit dem Nürnberger Erbauungsschriftsteller ERHART GROSS (vgl. S. 326f.), der Deutschland schon im Jahre 1432 mit PETRARCAS ‹Grisardis› bekannt machte. Er bearbeitete die Erzählung nicht nur in deutscher, sondern auch in lateinischer Sprache. GROSS war kein Übersetzer im modernen Sinn, sondern gab eine freie Nacherzählung, bei der er die tugendhafte Novelle zu einem deutschen Gebilde umgestaltete.

Prosa-Epik, die unter dem Einfluß antiken Lateins als bewußt gewollte Kunstrede niedergeschrieben wird, erscheint erst einige Zeit später. Bereits frühhumanistischer und ein viel umfassenderer Übersetzer als GROSS war NIKLAS VON WYLE († 1478) aus der Habsburger-Stadt Bremgarten im Aargau.

Sein Werdegang führte über die vorzügliche heimatliche Stadtschule an italienische Hochschulen. Während seiner Lehrtätigkeit in Zürich kam er in Berührung mit dem Kirchenpolitiker FELIX HEMMERLIN. Nachdem er Stadtschreiber in Radolfzell gewesen war, begab er sich 1447 in gleicher Eigenschaft nach Nürnberg in den Humanistenkreis GREGOR HEIMBURGS. Noch im selben Jahr übersiedelte er nach Eßlingen, wo er die folgenden zweiundzwanzig Jahre das Stadtschreiberamt versah, eine Privatschule leitete und als Geschäftsträger verschiedenen deutschen Fürsten gute Dienste leistete. Um 1460 trat WYLE in geschäftliche und literarische Verbindungen mit der als Förderin höfischer Epik bereits erwähnten Pfalzgräfin MECHTHILD, der Enkelin König RUPRECHTS VON DER PFALZ. MECHTHILD, ihr Sohn EBERHARD, der mit einer italienischen Prinzessin aus dem Hause Gonzaga vermählt war, und ihre Schwägerin MARGARETE VON SAVOYEN wurden WYLES Gönner. Als Kanzler der Markgräfin KATHARINA VON BADEN, der Schwester Kaiser FRIEDRICHS III., kam er 1463 etliche Monate an den kaiserlichen Hof in Wiener Neustadt. Als Gesandter ging er an italienische Fürstenhöfe.

Aus geistigem Anschlußbedürfnis und Verlangen nach Wirkungsmöglichkeit knüpfte WYLE während der Tätigkeit in Eßlingen nach allen Seiten hin Beziehungen an; entscheidend aber wurde seine Bekanntschaft mit ENEA SILVIO, durch den er auf ein bestimmtes Quellgebiet für sein Schaffen und auf eine am römisch-antiken Schrifttum gepflegte Sprachform hingelenkt wurde: Vermittlung der neuen italienischen Renaissanceliteratur an Deutschland und Ausbildung eines bestimmten Übersetzungsdeutsch. Aus didaktisch-pädagogischen Gründen, damit seine Eßlinger Schüler durch Vergleiche der deutschen mit den lateinischen Texten sprachlich geübt würden, hatte WYLE mit Übersetzungen aus dem Lateinischen ins Deutsche begonnen. Nun kamen zum Schulzweck auch literarische Absichten, und er wollte die humanistische Stoffwelt, die neuen Anregungen und Gefühlsinhalte deutschen Lesern, besonders den ihm bekannten adeligen Kreisen, in einer bestimmten sprachlich-stilistischen Form erschließen. Seit 1461 war WYLE mit seinen ‹Translationen› oder ‹Teutschungen› beschäftigt und hat damit in eifriger Arbeit der deutschen Literatur allmählich eine Auswahl der besten und beliebtesten Schöpfungen des damaligen Humanismus in Italien vermittelt.

1. Von ENEA SILVIO die bekannte Novelle ‹Euriolus und Lucretia› (1462), der Pfalzgräfin MECHTHILD, in der Heidelberger Handschrift KATHARINA VON BADEN, gewidmet. 2. Von BOCCACCIO die Novelle ‹Guiskard und Sigismunda› (‹Decamerone› IV, 1) nach einer lateinischen Übersetzung des LEONARDO BRUNI, dem Markgrafen KARL I. VON BADEN zugeeignet. 3. ENEA SILVIOS ‹Lehrbrief gegen die Liebe› an den Tiroler NIKOLAUS VON WARTEMBURG (1461), mit der Widmung an Pfalzgräfin MECHTHILD. 4. Die Trostschrift POGGIOS an COSIMO VON MEDICI ‹Über die Veränderlichkeit des Glückes› (1461), für KARL VON BADEN. 5. Ebenfalls von POGGIO das Gespräch ‹Ob der Gast oder der Wirt zu danken habe› (1462), für den Württembergischen Kanzler JOHANN FÜNFER. 6. Von POGGIO die

Abhandlung ‹Ob ein älterer Mann heiraten solle› (1463), seinem Vetter HEIN-
RICH EFINGER in Zürich gewidmet. Dem 7., 8. und 9. Stück der ‹Teutschungen›
liegen mittelalterliche Vorlagen zugrunde: a) nach BRUNIS Fassung die Geschichte
von ALEXANDER D. GR. und der Auslieferung der vierundzwanzig ältesten Rats-
herren, für den Kämmerer der Pfalzgräfin, JÖRG RAT; b) BERNHARDS VON CLAIR-
VAUX Brief über die Tugenden des Hausvaters; c) FELIX HEMMERLINS Traktat
‹Von den Lollharden und Beghinen› (1464), für MARGARETE VON SAVOYEN.
Ihnen folgen 10. ENEA SILVIOS Lehrbrief an Herzog SIEGMUND VON TIROL über
die humanistische Bildung, KARL VON BADEN gewidmet. 11. POGGIOS Brief über
die Verbrennung des HIERONYMUS VON PRAG in Konstanz (etwa 1470), für
EBERHARD VON WÜRTTEMBERG. 12. ENEAS Brief an PROKOP VON RABENSTEIN
über den ‹Traum von der Fortuna› (1468), MECHTHILD gewidmet. 13. LUKIANS
‹Goldener Esel› nach dem Lateinischen des POGGIO, dem Grafen EBERHARD gewidmet. 14. Erörtert nach HEMMERLINS Traktat ‹De nobilitate› die Frage, ‹Ob der
Adel der Geburt oder der Adel des Geistes wertvoller ist› (1470), ebenfalls für
den Grafen EBERHARD. 15. Nach PETRARCAS Gespräch ‹Von den Heilmitteln
wider Glück und Unglück› zwei Trostreden für einen unschuldig Verfolgten
und einen Mann, dem die Frau gestorben ist (1469), an die Pfalzgräfin MECHT-
HILD gerichtet. 17. Eine Staatsrede POGGIOS vor dem Kardinalskollegium anläßlich der Wahl des Papstes NIKOLAUS V. (1478), Abt JOHANN VON SALMANNS-
WEILER gewidmet. 16. und 18. sollen eigene Arbeiten sein. Das erstere Stück,
‹Das Lob der Frauen› (1474), für URSULA VON ABSPERG, ist zur Hälfte eine
wörtliche Übersetzung einer Rede der NICOLOSIA SANUDA. Das letztere (1478),
HANS HARST in Ulm zugeeignet, bringt WYLES wichtige rhetorisch-stilistische
und epistolographische Anweisungen. Sie waren für seine ehemaligen Schüler
in der Fremde bestimmt.

WYLE ließ diese achtzehn ‹Teutschungen› von 1461 bis 1478 einzeln
in Druck erscheinen. Erst 1478 faßte er sie als ‹Translatzen›, ‹Translationen› oder ‹Teutschungen› in einer geschlossenen Gesamtausgabe zusammen. Mit zwei leidenschaftlich bewegenden Herzensgeschichten setzte die
Sammlung ein, mit einer wissenschaftlich-lehrhaften Abhandlung wird sie
geschlossen. Aus der griechisch-römischen Welt stammt einzig LUKIANS
‹Goldener Esel›, vieles ist aus dem Mittelalter entnommen, die Haupt-
stücke sind von ENEA SILVIO und der italienischen Renaissanceliteratur.
In allen Kunstzweigen der Prosa, in Novelle, Brief, Streitgespräch und
politischer Prunkrede, sind Seelenleben und Weltanschauung, Lebensführung und Sittenlehre des modernen Menschen sinnvoll dargestellt.

WYLES Methode und Übersetzungsstil, die er in zähem Streben bis zur
Manier ausgestaltete, beruhten daher in der direkten Übertragung der
lateinischen Grammatik und Rhetorik auf die deutsche Sprache. Sein Be-
griff der Übersetzertreue ist streng umrissen. Er war kein besonders guter
Kenner des Lateinischen, besaß aber ein sicheres Gefühl für stilistische
Feinheiten und stellte als erster Humanist systematische Regeln des Über-
setzens ins Deutsche auf. In der Zueignung der Liebesnovelle von ‹Eurio-
lus und Lucretia› an die Pfalzgräfin MECHTHILD erhält der Leser genauen
Aufschluß über seine Interpunktion, deren Kenntnis zum Verständnis von
WYLES Übersetzungstechnik, ihren Zielen und Grenzen unumgänglich ist.

Die übrige literarische Tätigkeit WYLES ist rasch besprochen. Ihm zuzuschreiben ist die anonym erschienene Übersetzung der beiden Reden des kaiserlichen Brautwerbers JAKOB MOTZ 1451 in Lissabon vor ELEONORE VON PORTUGAL. Auf dem Kongreß von Mantua 1459 hielt er vor seinem einstigen Lehrmeister ENEA SILVIO, nunmehr Papst PIUS II., neben HEIMBURG und JOHANN VON EICH, BESSARION und FILELFO eine Rede im Geist und Stil der neuen Bewegung. Mit seiner Amtstätigkeit in Stuttgart, seiner Beschäftigung mit Eheangelegenheiten, hängt wohl die Verdeutschung des ‹Arbor consanguinitatis›, ‹Baum der syppschaft› (Augsburg 1474) des JOHANNES ANDREAE zusammen. Auf Bitten seines Schwagers GEORG EHINGER in Ulm begann WYLE mit der Verdeutschung der ‹Colores rhetoricales› des CICERO, ohne sie aber zu vollenden. Die Pläne einer BOE-THIUS-Übersetzung, einer Veröffentlichung über das Notariat und einer Ausgabe der lateinischen Originale seiner ‹Translationen› sind nicht verwirklicht worden. WYLE sammelte auch alle erreichbaren Briefe ENEA SILVIOS und ließ sie 1464 (?) in Straßburg drucken. Die meist schönen und prunkhaften Briefe wurden wegen ihrer weiten Verbreitung als Muster für den klassisch-lateinischen Briefstil des Humanismus von größtem Einfluß. Ausgehend vom Kanzlei- und Schulhumanismus, gelangte WYLE über das Formerlebnis des Lateinischen zu den neuen Stoffen und wurde Wegbereiter und Mitschöpfer der neuen deutschen Kunstprosa. Bei tiefer mittelalterlich-scholastischer Frömmigkeit galt seine Liebe den lateinischen Klassikern und der verwandten Renaissanceliteratur.

WYLE war ein Lehrer von besonderer Güte des Wesens, weil er das außerhalb seines Könnens liegende Bessere neidlos anerkannte. Im Widmungsschreiben zu seiner Verdeutschung der ‹Colores rhetoricales› wies er auf einen in der Reichsstadt Ulm lebenden «hochgelehrten Man, der in dieser Kunst der Rhetorik an allen subtiliteten mich wyt übertrifft». Das ist niemand anderer als der zweite große Vertreter des schwäbischen Frühhumanismus HEINRICH STEINHÖWEL (1412–1482) aus Weil an der Würm in Württemberg, der als Übersetzer versuchte, die organisch gewachsene heimische Prosa mit der neuen akademischen Kunstprosa zu verbinden.

STEINHÖWEL entstammt einer alten ratsfähigen Eßlinger Familie, besuchte zunächst mit anderen Landsleuten mehrere Jahre die Universitäten Wien, Padua und Heidelberg, war 1443 Arzt in Eßlingen und von 1450 bis zu seinem Tode Arzt in Ulm, hochangesehen als Mediziner und Politiker. In Italien trat die klassische und neuitalienische Literatur in seinen Gesichtskreis. Aus dem Süden hatte er Handschriften der dort modernen Literaturwerke in die deutsche Heimat gebracht.

STEINHÖWELS literarische Tätigkeit, die ebenfalls größtenteils aus Übersetzungen besteht, setzte mit der Verdeutschung des Romans vom König ‹Apollonius von Tyrus› (1461; gedr. Augsburg 1471) aus dem Lateinischen ein. Nur verborgen im Akrostichon der gereimten Vorrede nennt

STEINHÖWEL seinen Namen und die Jahreszahl. Als Quelle gibt er im Text GOTTFRIED VON VITERBO an, steht aber tatsächlich der Fassung in den *Gesta Romanorum* näher. Die Verse des Originals sind rhythmisch nachgebildet, zum Teil in der kunstreichen Strophenform des MÖNCHS VON SALZBURG. Durch STEINHÖWELS Übersetzung dieser griechisch-byzantinischen Liebes- und Abenteuererzählung steht der spätantike Roman neben den ritterlich gefärbten Bearbeitungen des *Alexanderromans* durch JOHANNES HARTLIEB und des *Trojanerkrieges* durch HANS MAIR (beide gedr. 1472). Dem ‹Apollonius›-Roman folgten die Übersetzung der ‹Griseldis›-Novelle nach der lateinischen Bearbeitung PETRARCAS (vor 1464, erster Druck 1471, verbessert 1473) und eine Verdeutschung der ‹Historia Hierosolymitana› des ROBERTUS MONACHUS, einer Geschichte des ersten Kreuzzuges, verfaßt zwischen 1112 und 1118 von dem Benediktiner ROBERT in Reims. Ein ‹Regimen in der Pestilenz› (1446) war zunächst für junge Ärzte bestimmt und gibt unter Hinweis auf die berühmten Meister der griechisch-arabischen Heilkunde kurzgefaßte Verhaltungsmaßregeln in Pestzeiten. ‹Ein tütsche Cronica von anfang der welt vncz vff keiser fridrich (III.)› (Ulm 1473; von JAKOB KÖBEL 1531 bis auf KARL V. fortgesetzt) ist ein Auszug aus den ‹Flores temporum› des Minoritenmönches MARTINUS.

Der Erfolg des ‹Apollonius› und der ‹Griseldis›, die vor dem Druck in zahlreichen Abschriften verbreitet wurden, ermunterte STEINHÖWEL zur Übersetzung weiterer erzählender Stoffe. Und zwar wählte er das in Süddeutschland unter den Humanisten hochgeschätzte Buch BOCCACCIOS ‹De claris mulieribus›, ‹Von den sinnrychen erluchten Wyben› (Ulm 1473, mit Holzschnitten). STEINHÖWEL widmete die Verdeutschung dieses Sammelwerkes über die Unbeständigkeit des weiblichen Schicksales der Gemahlin Herzog SIEGMUNDS, ELEONORE VON ÖSTERREICH. In der Übersetzung hat STEINHÖWEL mancherlei gekürzt und einige Lebensbeschreibungen fortgelassen, den Text vereinfacht und dem Verständnisvermögen seiner Leser angepaßt. Aller Wahrscheinlichkeit nach ist eine um dieselbe Zeit bei ZEINER in Ulm gedruckte Wiedergabe der Novelle ‹Guiskardo und Sigismunda› (‹Decamerone› IV), nach dem Lateinischen des ARETINO, ebenfalls STEINHÖWEL zuzuschreiben. Die Übersetzung des ‹Speculum vitae humanae› (1468), ‹Der spiegel menschlichs lebens› des RODRIGO SANCHEZ DE AREVALO (Augsburg 1475), Herzog SIEGMUND VON TIROL gewidmet, mit Holzschnitten versehen, führt die verschiedenen Stände, Lebenslagen und Berufsklassen des menschlichen Lebens vor mit ihren Annehmlichkeiten und Plagen.

Den größten Erfolg errang STEINHÖWEL mit der Verdeutschung der vom Mittelalter wie vom Humanismus gleich geliebten ‹Fabeln des Äsop› (zwischen 1476 und 1480 gedruckt, bis 1730 neu aufgelegt), ebenfalls für Herzog SIEGMUND. Sie ist der Ausgangspunkt einer bis in die Gegenwart reichenden Verbreitung und Übersetzung in zahlreiche europäische Sprachen. STEINHÖWEL hat seinen ‹Äsopus› aus verschiedenen Werken zusammengestellt. Den Grundstock bilden die Fabeln des *Romulus* mit der Versifizierung des ‹Anonymus Neveleti›, die den ersten drei Büchern beigefügt sind. Um diesen Kern gruppieren sich als Einleitung die romanhafte Lebensgeschichte ÄSOPS von PLANUDES in der lateinsichen Wiedergabe des RIMICUS und anhangsweise eine Reihe sogenannter Extravaganten, sowie eine Auswahl aus den Fabeln und Schwänken des RIMICUS, AVIAN, PETRUS ALFONSI und POGGIO. STEINHÖWEL teilt zuerst den lateinischen Prosatext jeder Fabel mit, dann dessen Übersetzung ins Deutsche und zuletzt den lateinischen Distichentext.

Am Werk STEINHÖWELS wird der Übergangscharakter dieses Frühhumanismus besonders deutlich. Mittelalterliche Kirchlichkeit, scholastische Betrachtungsweise, Neigung zur Allegorie verbinden sich mit modern humanistischen Zügen, wie Stolz auf die weltliche Wissenschaft der Heilkunde, neue Einschätzung der Frau und bei aller deutschen Gesinnung ein gewisses Weltbürgertum. STEINHÖWEL war in der Wahl seiner Stoffe altmodischer als WYLE; er griff zu mittelalterlich-deutschen Themen ebenso gern wie zu humanistischen, zugleich beweist er auch einen scharfen Blick für das Wirksame. Die Entwicklung seines Geschmackes vollzog sich von novellistischen Stoffen zu alther überlieferten Belehrungsbüchern und mit zunehmendem Alter von diesen zu didaktischer Prosa. Der gedankliche Inhalt steht ihm vor der Formwiedergabe. Indem er nicht Wort aus Wort, Satz in Satz, sondern Sinn aus Sinn verdeutschte, ist seine Richtung in der späteren deutschen Übersetzungsliteratur siegreich geworden. Bei STEINHÖWEL ist ein fortschreitendes Entwicklungsstreben in der Beherrschung der sprachlichen Mittel festzustellen. Er gelangte zu leichterer Erfassung des lateinischen Satzes, zu immer ungezwungenerer Wiedergabe. Seine Übersetzung ist fast überall verständlich und richtig. Der Hauptwert der letzten Übertragungen, ‹Spiegel› und ‹Äsop›, beruht in der Fülle des angewandten Wortschatzes. STEINHÖWEL ist, mit WYLE verglichen, der Sprachmächtigere, der mit deutschen Vorstellungsbildern arbeitet, sprichwörtliche Redensarten verwendet, der den deutschen Vers zu handhaben versteht und stets auf Allgemeinverständlichkeit bedacht ist.

HEINRICH STEINHÖWEL hielt man lange Zeit auch für den Übersetzer von BOCCACCIOS Erzählungen der ‹zehn Tage› ‹Decamerone›. Die Arbeit wurde in neuerer Zeit von GEORG BAESECKE mit großer Wahrscheinlichkeit dem Nürnberger Patrizier HEINRICH SCHLÜSSELFELDER zugewiesen. Die Übertragung erschien unter dem Pseudonym ARIGO (= HEINRICH) Ulm 1472 oder 1473. SCHLÜSSELFELDER übersetzte außer dem ‹Decamerone› vermutlich auch noch die ‹Fiori di virtù› (‹Tugendblumen›) des TOMMASO GOZZADINI. Die BOCCACCIO-Übertragung war die erste Verdeutschung eines in italienischer Sprache abgefaßten sinnlich-weltfrohen

Dichtwerkes der neuen Gesellschaftskultur in Italien. Mit Wyle und Steinhöwel verglichen, ist die Übersetzung fehlerhafter und ungelenker im Stil und hat in ihrer ersten Ausgabe wenig Anklang gefunden. Erst eine 1535 erschienene, sprachlich überarbeitete Neuauflage machte das Buch zur bedeutsamen Stoffquelle für Hans Sachs und viele andere. Der Novelle und dem römischen Lustspiel galten die Übersetzungen Albrechts von Eyb (1420–1475).

Aus altem fränkischen Adelsgeschlecht, das sich bis ins 11. Jh. zurückverfolgen läßt, wurde Albrecht von Eyb auf Schloß Sommersdorf bei Ansbach geboren. Seine Bildungswege führen von der Stadtschule zu Rothenburg 1436 an die Universität Erfurt, 1444 als Inhaber einer Eichstätter Domherrenpfründe nach Pavia und später nach Bologna, um dort höhere juridische und humanistische Studien zu betreiben. In Italien lernte Eyb die Humanisten Gasparino Barzizza, Manuel Chrysoloras, Maffeo Vegio, Lorenzo Valla und Francesco Filelfo kennen; Balthasar Rasinus war sein Rechtslehrer. Johann Pirckheimer, Willibalds Vater, war in Bologna sein Schulfreund. Inzwischen wurde Eyb auch Domherr zu Bamberg, kehrte 1451 nach Deutschland zurück und lebte in Bamberg.

Dort verfaßte er seine ersten humanistischen Erzeugnisse: Nach dem Vorbild von Eneas ‹Euryalus und Lucretia› einen ‹Tractatus de speciositate Barbarae puellulae› (1452), anscheinend aus der Leidenschaft für eine hübsche Bambergerin entstanden; eine ‹Appellatio mulierum Bambergensium› (1452), geistreich und frivol italienischen Mustern nachgeahmt, hat Leonardo Brunis ‹Oratio Heliogabali› zur Quelle; der humanistischen Prunkrede gehören eine ‹Abendmahlspredigt› und ein ‹Lobspruch auf die Stadt Bamberg› (beide 1452) an.

Bei einem zweiten Aufenthalt in Italien (1452/1459), der ihm mit dem juridischen Doktorgrad die abschließende Schulung für sein späteres Wirken als Rechtsbeistand und Staatsmann geben sollte, erwarb Eyb zahlreiche Handschriften. Auf ihrer Grundlage entstand 1459 unmittelbar nach seiner Rückkehr ein umfassendes Hilfsbuch der humanistischen Rhetorik, die ‹Margarita poetica› (vgl. S. 656f.).

Schon in Italien, wo die humanistisch-renaissancemäßige Eheliteratur mit des Franciscus Barbarus ‹De re uxoria› zur Hochzeitsfeier des Lorenzo Medici einsetzte, hatte Eyb Gelegenheitsschriften über Hochzeit und Ehe gesammelt und dann nach Deutschland mitgebracht. Von Konrad Bitschins Schrift ‹De vita coniugali› wird Eyb kaum Kenntnis gehabt haben. Er selbst begann zunächst mit drei kleineren Abhandlungen über die Frauen: ‹Clarissimarum feminarum laudatio›, ‹Invectiva in lenam› und, von Poggio angeregt, ‹An viro sapienti uxor sit ducenda›. Obwohl es nicht durchaus selbständige Schriften sind, muß man sie doch wohl als Vorstudien zu seinem Hauptwerk über dieses Thema ansehen, dem ‹Ehebüchlein›, genauer: ‹Ob einem mann sey zu nemen ein eelich weib oder nit› (Nürnberg 1472; bis 1541 mindestens 14 weitere Auflagen), der Stadt Nürnberg gewidmet, wo neuerdings ERHART GROSS mit seiner ‹Griseldis›-Übertragung Interesse für das Eheproblem geweckt hatte. Die Neuheit des Inhalts und die Volkstümlichkeit der Darstellung sicherten dem Werk weite Verbreitung.

Ausgehend von der Abhandlung ‹An viro sapienti uxor sit ducenda›, erörtert EYB die Vorzüge und Nachteile, die eine Reihe menschlicher Eigenschaften für das Eheleben mit sich bringen, und fügt einen Abschnitt bei, in dem die Ehe aus der ganzen Weltordnung begründet werden soll. Das zweite Kapitel behandelt die eheliche Liebe und bringt Beispiele vorbildlicher Eheleute, predigt Keuschheit und Mäßigkeit, spricht über die Kindererziehung und ihren Wert, die Bedeutung der Zungenfertigkeit für die Ehe. Zur Veranschaulichung hat er unter der Überschrift ‹Das man frawen vnd iunckfrawen zu rechter zeit menner geben soll› die Novelle von ‹Guiscardus und Sigismunda›, unter dem Leitsatz ‹Wie sich ein fraw halten solle in abwesen irs manns› die ‹Griseldis›-Novelle in der Übersetzung des ERHART GROSS und die ‹Albanus›-Legende (‹Das kein sunder verzwyfelen solle›) eingelegt. Diese Geschichten mit ihrer schönen Sinnlichkeit, die vielen Lesern die Lektüre des Ehebüchleins schmackhaft machten, zeigen, daß EYB kein asketischer Eiferer ist, sondern eine milde, vom Geiste des Humanismus ausgeglichene Sittlichkeit vertritt. Ohne Polemik bespricht er die Ehe, nicht als Geistlicher, sondern rein menschlich. Göttliches Gebot, natürliches Verlangen und menschliche Satzung lassen die Ehe als berechtigte Einrichtung erkennen, auf der das Familien- und Staatsleben begründet ist.

EYBS letztes Werk, ‹Der Spiegel der Sitten› (1474, gedr. Augsburg 1511; 4. Aufl. 1550), erstrebt einen Ausgleich der mittelalterlichen Lebensgestaltung mit dem Humanismus. Aufgebaut auf Belegstellen aus den Kirchenvätern mit dem Apparat des mittelalterlichen Gedankenausdruckes, handeln die einzelnen Abschnitte über die Tugenden und Laster, die Kunst zu sterben, über Tod und Gericht und geben den verschiedenen Ständen Sittenlehren. Der zweite Teil enthält die Übertragungen dreier Komödien, der ‹Bacchides› und ‹Menaechmi› des PLAUTUS und der ‹Philogenia› des UGOLINO PISANI. EYB machte daraus eine Art von ‹Dialogerzählungen›. Sie wurden (ohne den ‹Sittenspiegel›) bis 1550 gedruckt.

Auch EYB bemühte sich in den beiden Novellen wie in den Dialogerzählungen, den Sprachgebrauch der heimischen Entwicklung und die Sprache der neuen Redekunst zu einer Synthese zu bringen. Die PLAUTUS-Übersetzungen sollen nach EYBS Absicht den Leser über «die posen, verkerten sitten der menschen» unterrichten und verfolgen demnach eine didaktische Tendenz. Wie die drei Novellen für die Theorie des ‹Ehebüchleins›, so sollen in gleicher Weise die Dramenübertragungen eine belletristische Nutzanwendung der Theorie des ‹Sittenspiegels› sein. Nur mußte EYB hier eingreifendere Änderungen in der fremden Kunstform vornehmen als bei den Novellen. Er begnügte sich aber damit, den Lesern eine theoretische Auseinandersetzung über die Komödie zu geben und ihnen dann eine Art Prosa-Erzählung mit direkt angeführtem Dialog der handelnden Personen vorzusetzen. Das antike Kostüm gab EYB auf und transponierte das Ganze in deutsche Verhältnisse. Er arbeitete mit einer reichen Fülle deutscher Vorstellungen und deutschen Sprachausdruckes, so daß er eine große Lebendigkeit der Darstellung erreichte. Diese Prosaform EYBS ahmte ein Ungenannter bei der Bearbeitung der Ehekomödie MATERNUS STEYNDORFFERS (1540) nach. HANS SACHS brachte 1548 die Prosa der ‹Menaechmen› in deutsche Verse. MARTIN GLASER verwandelte 1552 EYBS ‹Philogenia›-Übertragung in ein fünfaktiges Fastnachtspiel. Was die Entfaltung der deutschen Prosa EYB zu verdanken hat, lassen die Schriften JOHANNS VON SCHWARZENBERG und HUTTENS erkennen.

Ein Anonymus übersetzte BOCCACCIOS Liebesroman ‹Filocolo› (1338/41) aus dem Italienischen als ‹Florio und Biancafiora› (Metz 1499 u. 1500) ins Deutsche. Dieses Frühwerk BOCCACCIOS war die Bearbeitung einer aus französischen Quellen entlehnten Geschichte von *Floire und Blanche-flur*, welche in der deutschen Literatur schon in frühhöfischer Zeit im Trierer ‹Floyris› (vgl. Bd. II, 31 f.), in hochhöfischer Zeit in KONRAD FLECKS ‹Floire›-Roman (vgl. Bd. II, 173 ff.) und Ende des 13. Jhs. in zwei niederdeutschen Gedichten (vgl. Bd. III/1, 127 f.) begegnete. Der Frühhumanismus bringt den Stoff in der Bearbeitung BOCCACCIOS neuerdings nach Deutschland und läßt ihn hier im Verlauf des 16. Jhs. zum Volksbuch werden.

In dem noch deutlich mittelalterlichen Roman BOCCACCIOS behauptet sich treue, von Kindheit auf gepflegte Liebe – Florio ist der Sohn des Königs Felix von Spanien, Biancafiora die Tochter eines römischen Ehepaares – gegen alle Behinderungen durch den König. Bevor Florio die Universität bezieht, erhält er von Biancafiora einen Ring, vermöge dessen er jederzeit ihr Schicksal erfahren kann. Die Angriffe auf das Mädchen werden zunichte gemacht. Nach einem Totschlag flieht Florio nach Italien. In seiner Abwesenheit verkauft der Vater Biancafiora an Seeräuber. Nach zahllosen Abenteuern findet Florio die Geliebte in Alexandria. Bei dem Befreiungsversuch werden beide ergriffen und zum Tode verurteilt. Die Götter greifen ein: vermählt kehrt das Paar zurück in die Heimat und übernimmt nach dem Tod von Florios Vater das spanische Königreich.

Der Nürnberger PETER WERNHER übersetzte aus der Novellensammlung ‹Le porretane› (Bologna 1483) des BOCCACCIO-Nachahmers SABADDINO DEGLI ARIENTI die Erzählung von ‹Phyloconio und Eugenia› (Nürnberg 1515). Sie hat die Trennung und Wiedervereinigung zweier Liebender zum Thema.

Vieles von den Übersetzungsarbeiten ist wohl verschollen. So z. B. die Übertragungen des Grafen JOHANNES WERNER VON ZIMMERN († 1495).

Weder Schüler WYLES noch STEINHÖWELS, sondern eine durchaus selbständige literarische Persönlichkeit war LUDWIG HOHENWANG (ca. 1440 bis um 1506) aus Elchingen bei Ulm, Buchdrucker und Übersetzer, der ‹De re militari›, ‹Über die Kriegskunst› des FLAVIUS VEGETIUS RENATUS getreu in Form und Inhalt verdeutschte. Das Übersetzungswerk umfaßt vier Bücher und als fünftes eines Ikonographie aus dem italienischen Kriegsbuche des ROBERTO VALTURIO (gedr. 1472). Bemerkenswert sind HOHENWANGS deutsche Erklärungen der römischen kriegswissenschaftlichen Ausdrücke.

Mit Übersetzungen und Verdeutschungen antiker und moderner humanistischer Schriftwerke befaßte sich im weiteren besonders eifrig der Heidelberger und der Tübinger Kreis. Nachdem bereits RUDOLF AGRICOLA grundsätzlich für Übersetzungen antiker Schriftwerke ins Deutsche eingetreten war, übertrug in Heidelberg der Prinzenerzieher ADAM WERNER VON THEMAR die Hirtengedichte des VERGIL, eine Satire des HORAZ, XENOPHON und die von CELTIS wiederaufgefundene Komödie ‹Abraham› der ROSWITHA VON GANDERSHEIM ins Deutsche. Auf Wunsch Pfalzgraf PHILIPPS DES AUFRICHTIGEN (reg. seit 1476) verdeutschte DIETRICH VON PLENINGEN PLINIUS, SALLUST, SENECA, LUKIAN. Gedruckt wurden: ‹Gay Pliny des andern lobsagung› (1515), ‹Salustii von des Catilinen vnd auch des Jugurthen kriegen›, ‹Ain kurtzer außzuge vom Seneca, wie man die kinder auftziehen soll›, ›Von Klaffern. Zway puechlein: das ein Lucianus vnd das ander Poggius› (alle 1515), ‹Antwort auff zwo fragen› (1516). Handschriftlich erhalten sind eine Verdeutschung von SENECAS ‹Consolatio ad Marciam›, sowie zehn andere Werke SENECAS. Obwohl der Plan zu diesen Übersetzungen noch in seine Heidelberger Zeit gehört, scheinen sie alle entstanden oder abgeschlossen worden zu sein, als PLENINGEN bereits in bayrischen Diensten tätig war. Auch JAKOB WIMPFELING in Speyer versuchte sich in Übertragungen antiker Klassiker, um den Ungelehrten humanistische Bildung zu vermitteln. Mit WIMPFELING in Verbindung stand der CAESAR-Übersetzer MATTHIAS RINGMANN PHILESIUS (vgl. S. 500f.).

In Tübingen förderte die Übersetzungstätigkeit EBERHARD V. IM BART. Er ließ sich die Bücher des Alten Testamentes, lateinische und griechische Schriftsteller, auch FLAVIUS JOSEPHUS und AUGUSTINUS ins Deutsche übersetzen. KONRAD SUMMENHART übersetzte für EBERHARD die Sprüche Salomonis und Schriften AUGUSTINS, der Leibarzt BARTHOLOMÄUS SCHERRENMÜLLER die ‹Chirurgie› PETERS VON ARGELLATA (nach dem Druck 1480), ANTON VON PFORR nach der Fassung des JOHANNES VON CAPUA (1263/78; gedr. als ‹Directorium vitae humanae› 1480) die aus Indien stammende Fabelsammlung ‹Beispiele der alten Weisen›. Das zum deutschen Volksbuch gewordene Werk besteht aus Erzählungen, Fabeln und Sentenzen und hat Gesprächsform. HEINRICH ÖSTERREICHER († 1505), Abt des Prämonstratenserklosters Schussenried, übertrug EUKLID, OVID, SALLUST, LIVIUS, COLUMELLA. Seine Übertragung der zwölf Bücher ‹De re rustica› des letzteren gilt als «die erste systematische Darstellung der verschiedenen Zweige der Landwirtschaft in deutscher Sprache».

2. Didaktisch-satirische Versepik in deutscher Sprache:
Sebastian Brant, Thomas Murner

Das Mittelalter kannte von HEINRICH VON MELK über HUGO VON TRIM-
BERG bis zu HEINRICH WITTENWILER u. a. die gereimte Moralsatire:
Rügelied, Ständesatire etc., auch Tierdichtung. Im 13. Jh. hatte ferner
der STRICKER kleine Erzählungen als Lehrstücke in gereimten Versen
zugerichtet. Von ihm führt eine deutliche Linie zu dem im 14. Jh. in Wien
oder Umgebung tätigen HEINRICH DEM TEICHNER und seine moralischen
Betrachtungen. Neben dem TEICHNER trug ebenfalls in Österreich PETER
SUCHENWIRT außer seinen Ehrenreden auch lehrhafte Stücke und Zeitgedichte in Reimversen vor. Wenig später als SUCHENWIRT hatte in Thüringen der Patrizier JOHANNES ROTHE jungen Edelleuten einen ‹Ritterspiegel› vor Augen gehalten, als sie sich beklagten, daß ein armer Bauernsohn hochkomme, ein Edelmann dagegen herunter. Zu dieser heimisch
mittelalterlichen Linie kam die vom Reformgeist des 15. Jhs. erfüllte humanistische Komponente. Aus der Vereinigung der beiden folgen gegen
Ende des Jhs. im deutschen Westen *die didaktisch-satirischen Versreden*
erst des SEBASTIAN BRANT und dann des THOMAS MURNER. Beide sind
beseelt vom Reformwillen ihrer Epoche und benützen die Narrheit als
Sammelbegriff für die verschiedenen Laster, Maßlosigkeiten und Fehler.
Die Sittenlehre des ausgehenden 15. und 16. Jhs. versucht bereits einen
Ausgleich zwischen der älteren spätscholastisch-asketischen oder ritterlichen und der neuen humanistischen Art der Lebensgestaltung und Verhaltensweise.

Der Jurist BRANT und der Franziskaner-Seelsorger MURNER, von denen
der eine dem Frühhumanismus zugehört, der andere ebenfalls vom Humanismus nicht unberührt war, schrieben im Sinne einer allgemeinen
moralischen Besserung und Haltung der verschiedenen Berufe und Stände.
Beide benutzten die zu epischen Großformen vereinigte didaktische Vers-
rede für ihre Zwecke und zogen entsprechende Holzschnitte zur Illustrierung der Werke heran.

Die Städte am Oberrhein boten einen guten Nährboden für die Ausbildung eines bürgerlich-volkstümlichen Renaissance-Humanismus. Ein Gelehrter neuen Stiles, verbunden aber auch mit der heimischen Tradition
in der Sprachpflege war SEBASTIAN BRANT (1457–1521). Er stammte aus
dem städtischen Bürgertum Straßburgs und stieg über das Studium der
Rechtswissenschaften und das akademische Lehramt auf zum obersten
Beamten seiner Vaterstadt. BRANT betätigte sich literarisch als Herausgeber lateinischer Autoren und deutscher Schriftwerke, verfaßte lateinische und deutsche Gedichte weltlichen wie religiösen Inhaltes, ein Drama
und wurde zum Autor einer der erfolgreichsten großen, nach bestimm-

ten Gesetzen der Rhetorik geformten satirischen Lehrdichtungen seiner Epoche.

SEBASTIAN BRANT war der Sohn des DIEBOLT BRANT, des Wirtes zum Goldenen Löwen, und seiner Gattin BARBARA, geb. PICKER. Auch BRANT verdankte seine Bildungsgrundlagen noch der Spätscholastik, kam aber bald mit dem Humanismus PETRARCAS in Berührung. Er bezog 1475 die neugegründete Universität Basel, wo er HEYNLIN VON STEIN nahetrat. Nach Absolvierung der Artistenfakultät studierte er Rechtswissenschaften und erlangte 1489 den Doktorgrad; 1485 hatte er sich mit ELISABETH BÜRGIS, der Tochter eines Baseler Messerschmieds, verheiratet. Schon Jahre vor seiner Promotion war er Dozent des römischen und kanonischen Rechtes, daneben Mitarbeiter verschiedener Baseler Verlage. Außer juristischen Publikationen betreute er eine PETRARCA-Ausgabe und besorgte einen Nachdruck der beiden neulateinischen Dramen des CARLO VERARDI (Basel 1494). Die von ihm besorgten Veröffentlichungen versah er mit poetischen wie prosaischen Einführungen, verfaßte Dedikationen und Gelegenheitsgedichte, alles zunächst lateinisch. Wenig später aber wandte er sich der deutschen Dichtung und Übersetzung zu. Erst 1496 bekam er eine besoldete Professur. Nach dem Anschluß Basels an die Eidgenossenschaft 1499 und der Loslösung der Schweiz vom Deutschen Reich, ging BRANT 1500 als Rechtsanwalt zurück nach Straßburg, wurde dort 1503 Stadtschreiber und vertrat bis an sein Lebensende umsichtig die Interessen der Heimatstadt.

BRANTS literarische Tätigkeit ist vielschichtig. Nach der Bearbeitung und Herausgabe fremder Werke begann er von etwa 1490 an seine Tätigkeit als selbständiger Verfasser. Inhaltlich kann man seine Schriften in vier Gruppen einteilen: 1. juristische, 2. religiöse, 3. politisch-historische, 4. moralisch-lehrhafte.

BRANTS juristische Schriften begannen mit ‹Expositiones sive declarationes omnium titulorum iuris tam civilis quam canonici› (1490), Resultate und Zusammenfassung seiner Vorlesungen. Es folgten weitere Veröffentlichungen aus dem Gebiete des Kirchenrechtes. Bemerkenswerter sind die Ausgaben von zwei deutschen Rechtsbüchern, d. s. volkstümliche Sammlungen aus dem römischen Recht. BRANT bearbeitete ULRICH TENGLERS ‹Laienspiegel› und schrieb dazu eine deutsche Vorrede (1509). Als Seitenstück ließ er 1516 ‹Den richterlichen Clagspiegel› eines unbekannten Autors folgen und versah ihn mit zwei poetischen Vorreden.

In den religiösen Schriften herrscht ebenfalls die didaktische Absicht vor. Die meisten dieser Gedichte sind lateinisch. Im Makulistenstreit stand er auf seiten der Verteidiger der Jungfräulichkeit Mariens. Seine Verse hiefür lehnen sich eng an FRANZ VON RETZ (‹Defensorium immaculatae virginitatis beatae Mariae›) an. In Flugblattform erhalten ist eine Zusammenstellung von Einsiedlerleben: ‹In divi Onophrii laudem›. Dem Anwalt der Armen, dem Juristen IVO, galt der ‹Hymnus de sancto Ivone›. Verdeutschungen fertigte BRANT von den Sequenzen ‹Verbum bonum› und ‹Ave praeclara›. Die Mariengedichte erschienen als ‹Carmina in laudem gloriosae Mariae› (um 1494). In dem für liturgische Zwecke bestimmten ‹Rosarium› (1480) faßte er in sapphischen Strophen die bedeutsamsten Ereignisse aus dem Leben der hl. Maria zusammen.

Die lateinsprachigen der politischen und historischen Gedichte sind zumeist in den ‹Varia carmina› gesammelt; die deutschen und einzelne lateinische erschienen in Flugblattform.

Politische Hauptthemen waren: Reorganisation der Reichsverfassung, Eintreten für die deutsche Kaiseridee, MAXIMILIANS Kämpfe gegen die Franzosen und Italiener, Kreuzzug gegen die Türken. Allgemein interessante Ereignisse: Fall eines Meteors, Naturkatastrophen, Seuchen, Mißgeburten, ungewöhnliche Gestirnskonstellationen. Beispiele: ‹Der Donnerstein von Ensisheim› (1492); ‹Die Schlacht bei Salin› (1493); ‹Congratulatio confoederationis Alexandri Papae VI. et Maximilianis› (1495); ‹Das Kind von Worms› (1495); ‹De inundatione Tybridis› (1495); ‹Die wunderbare Sau zu Landser› (1496); ‹Die zwiefältige Gans und Sau zu Gugenheim› (1496); ‹De pestilentiali scorra› (1496); ‹Pacis in Germanicum Martem nenia› (1499); ‹Von der Vereinigung der Könige und Anschlag an die Türken› (1502); ‹Wunderliche Zusammenfügung der obersten Planeten› (1504). Von den lateinischen Gedichten ragen hervor die auf PETRARCA, HEYNLIN VON STEIN und auf die Erfindung der Buchdruckerkunst. Manchmal ließ BRANT eine deutsche und eine lateinische Fassung gleichzeitig erscheinen.

Von besonderem Interesse ist BRANTS ‹Fuchshatz› (1497), lateinisch als ‹Alopekiomachia›. Sie weist bereits auf das ‹Narrenschiff› und eine enge Beziehung zwischen Wort und Bild. Die Füchse, vor denen BRANT den Kaiser warnt, sind Verkörperungen von List, Tücke und Widerwärtigkeit. Eine Reihe weiterer lateinischer und deutscher Gedichte wendet sich an Zeitgenossen. Bemerkenswert ist eine kleine Würdigung der ROSWITHA VON GANDERSHEIM.

Zum gefeierten Dichter der Zeit machte BRANT eine moralisch-lehrhaft-satirische Dichtung: ‹Das Narrenschiff› (Basel 1494 bei JOHANN BERGMANN VON OLPE, mit Holzschnitten). Das Mittelalter liebte die Ständesatire. Vor BRANT gab es volkstümlich-satirische Narrenbilderbogen. Der gelehrte Jurist wandte die Ständesatire zu einer Verspottung menschlicher Untugenden und vereinigte die Bilderbogen zu einem moralischen Gedichtbuch. Dahinter steht die Meinung, Sünde und Untugend haben ihre Ursachen nur in Unwissenheit und Narretei, die man durch Belehrung und Unterweisung beheben könne. Der Narr ist nicht nur lächerlich, sondern zu tadeln und zu bemitleiden. Er ist ein moralisch unzulänglicher Mensch. Trotz aller Warnungen beharrt er in seiner Narretei und schließt sich freiwillig der Reise nach Narragonien an, einer lustigen Reise mit traurigem Ziel. Das Motiv des Schiffes ist alt. Wir kennen Heiligenschiffe und eine Art von Narrenschiffen. In die religiöse Literatur führte das Motiv HUGO VON ST. VICTOR ein (‹De archa Noe morali et mystica›). Im Fastnachtsbrauch wurden im Frühling die Dämonen des Winters ebenfalls auf ein (mit Rädern versehenes) Schiff versammelt und weggeschafft. Erfüllt von ernstem Reformwillen, wendet sich BRANT in mehr als hundert flugblattartigen Reimreden gegen die Gebrechen und Torheiten seiner Umwelt.

BRANT nennt in der Vorrede zu seinem ‹Narrenschift› das Werk einen ‹Narrenspiegel›, in dem jeder Tor sich erkennen kann und in dem man der ‹Welt ganzen Lauf› finde. Demnach ziehen auf der Ebene der Narrheit an dem Leser und Bildbetrachter vorüber: der Gelehrte als Büchernarr, die Mode- und Venus- und Jagdnarren, die Fastnachtsnarren; die Verächter der hl. Schrift und ihrer Sittenlehre, die Gotteslästerer, Gottesverächter, die Entheiliger des Feiertags; die Geizigen, Wucherer und Betrüger, die Prasser und Schlemmer, Buhler und Ehebrecher, Tänzer und nächtlichen Hofierer, die Zornmütigen und Eigensinnigen, Schönredner und Schmeichler, Verleumder und Leichtgläubigen, die Selbstgefälligen und Streitsüchtigen, Grobianer und Undankbaren, Neider und Hasser, Spieler, Erbschleicher, Glücksritter, Eltern, die ihren Kindern ein schlechtes Beispiel geben, unehrbietige Kinder, Menschen, die sich in der Kirche und bei Tische ungehörig benehmen, schlechte Räte, Ärzte und Geistliche, Sterndeuter, böse Weiber, Reiter, Schreiber, Bettler etc. Alles aus dem Leben der Zeit. Die Ausdehnung des Begriffes des Narrentums auf Laster und Sünden, Verfehlungen und menschliche Schwächen führt jedoch zu einem Mangel an ethischer Differenzierung. Auch im Künstlerischen wird die Allegorie ‹Narrenschiff› nicht konsequent durchgeführt. Dies vermutlich deswegen, weil BRANT das Bild von einem Schiff der ‹Untergehenden› erst im Verlauf der Arbeit gestalthafter vor Augen trat. Zwischen den Reimreden und am Schluß wird von BRANT als Gegensatz zur Narrheit die Weisheit als das Höchste auf Erden angepriesen: ein weiser Mann überlegt und tut immer das Vernünftige.

Als Quellen benutzte BRANT, abgesehen von seinen eigenen Beobachtungen, die Bibel, besonders das Alte Testament und hier wieder die Sprüche Salomons, antike Autoren, besonders die Kommentatoren VERGILS, das kanonische Recht, Sprichwörter, Zitate, Sentenzen. Die große Wirkung des ‹Narrenschiffes› beruht: 1. darauf, daß die satirischen Sittenlehren in volkstümlicher deutscher Sprache und leicht einprägsamen Versen geboten wurden; 2. daß der dahinter stehende Besserungsoptimismus dem bürgerlichen Zeitgeist entsprach; 3. auf der Verbindung von Wort und vorzüglicher Holzschnittillustration. Der größte Teil der Vorzeichnungen zu den Holzschnitten stammt vom jungen DÜRER, der 1493 in Basel als Illustrator tätig war und offenbar nach Anweisungen BRANTS die Zeichnungen entwarf.

Der ungewöhnliche Erfolg des ‹Narrenschiffes› ist aber nicht allein vom Inhalt und der Gedankenwelt, sondern auch aus den angewandten Formgesetzen der Rhetorik zu erklären. Erst neuere formaltheoretische Betrachtungsweise hat erkannt, daß hinter der parataktischen, epigrammatischen Außenseite der Texte ein strenger Formwille steht, der das unverbunden Geäußerte in den Zusammenhang übergreifender Gedankengänge setzt und so eine Harmonie zwischen Gehalt, Wirkung und Ausdrucksform erzeugt. Wie BRANT in der Vorrede sagt, wollte er sich mit dem ‹Narrenschiff› sowohl an die Gebildeten als auch an die einfachen Leute wenden, denn die innere Reformation solle die Gesamtheit des Volkes erfassen. Eine Analyse des Werkes ergab, daß BRANT zwei be-

stimmte rhetorische Strukturen als Darstellungsformen wählte. Gedankliche Formen, wie die vom Autor der ‹Rhetorica ad Herennium› bekannte
Expolitio (d. i. eine Figur mit affektischem Ausdruckswert, die einen Gedanken nach verschiedenen Seiten wendet, um ihn dem Hörer einzu-
prägen) oder die Ratiocinatio (eine Form des Beweises), sollten bei gebildeten, rhetorisch geschulten Lesern Verständnis finden. Die einfachen
Menschen und die Ungebildeten spricht er mit Erzählungen, sprichwört-
lich gerundeten Reden und bildlichen Formulierungen an. Hinter beiden
Strukturen steht ein konsequenter Gedankengang.

Durch BRANT erlangte das Narrenmotiv größte Volkstümlichkeit. Zwi-
schen 1494 und 1509 erschienen fünf Originaldrucke des ‹Narrenschiffes›.
Ihnen folgte eine Fülle von Neuauflagen und Nachdrucken, Bearbeitungen und Übersetzungen. Ein auszugsweises Plagiat von HANS HÖRBUR-
GER (Augsburg 1531) wurde die Grundlage von JAKOB CAMMERLANDERS
‹Kleinem Narrenschiff› (1540). ‹Der Narren Spiegel› (1545) ist eine Mischung der Originalausgabe mit der gleichzeitigen Bearbeitung. HERMANN
GÜLFFERICH bearbeitete es 1553 im protestantischen Sinne. GEILER VON
KAISERSBERG legte 1498 seinen Predigten im Straßburger Münster einzelne Abschnitte des ‹Narrenschiffes› zugrunde und verfaßte als religiös-
moralisches Gegenstück dazu das ‹Schiff der Buße›. Eine Zusammenstellung mit den darauf bezüglichen Predigten GEILERS ließ NIKOLAUS
HÖNIGER 1574 erscheinen. Die Drucke des ‹Narrenschiffes› lassen sich
bis 1629 verfolgen. Das Werk wurde eine Art illustriertes Volksbuch, das
spätmittelalterlich-frühhumanistische Ideen verbreitete. Die Ständesatire
und Zeitklage darin sind mittelalterlich, der Optimismus zu der Belehrung, die bessert, weist ins Neue. Von Übersetzungen seien genannt:
1. Die von BRANTS Lieblingsschüler JAKOB LOCHER, der 1487 nach Basel
gekommen war, ins Lateinische: ‹Stultifera navis› (1497); sie gab die
Grundlage für die Übertragung in nahezu alle europäischen Sprachen;
2. die von JODOCUS BADIUS ins Lateinische (1515); 3. die von HANS VAN
GHETELEN ins Niederdeutsche (1519). Mit BRANTS Satire hatte ein Werk
der deutschen Literatur von geringem poetischem Gehalt zum erstenmal
wieder in die Weltliteratur Eingang gefunden. Im Deutschen zeigt sich
die Nachwirkung im ganzen 16. Jh., besonders aber bei HANS SACHS,
DEDEKIND u. a.

Ein ähnliches Zusammenwirken von Wort und Bild wie im ‹Narrenschiff› wollten BRANT und LOCHER in einer deutschen TERENZ-Ausgabe
herbeiführen. Von ihr sind 1499 in Basel jedoch nur sechs Stücke erschienen. Bemerkenswert sind ferner eine Übersetzung der Sittensprüche,
die unter dem Namen ‹Cato› gehen, der ‹Liber Faceti› (1496 u. ö.), die
Erneuerung der ‹Bescheidenheit› des FREIDANK (1508), ein ‹Laienspiegel›
(1512), und die ‹Freiheitstafel›, eine moralische Ausdeutung der Wand-
bilder der Straßburger Ratsstube.

Verbindung mittelalterlicher Moralität und humanistischer Allegorie war auch dem von SEBASTIAN BRANT zur Aufführung gebrachten ‹Spiel von Herkules am Scheidewege› zu eigen, das als verloren galt, bis es HANS-GERT ROLOFF glückte, das Drama in einem späteren Straßburger Druck (1554) zu entdecken (vgl. S. 647). Im Grunde genommen steht BRANT am Ende des Mittelalters. Er ist Zusammenfassung und Abschluß. In Antwerpen 1520 wurde BRANT von DÜRER mit dem Silberstift gezeichnet: es ist ein kritischer, herrischer alter Mann von bereits spitzer Magerkeit, in dessen «Antlitz sich Kritik, Witz und Ironie ein listiges Stelldichein geben».

Als deutscher Gelegenheitsdichter folgte SEBASTIAN BRANT der Schwabe ULRICH TENGLER (ca. 1440 – nach 1511), Stadtschreiber und Landvogt, der außer zu BRANT auch zu JAKOB LOCHER Beziehungen hatte. Von BRANTS ‹Narrenschiff› und der ‹Stultifera navis› LOCHERS scheint auch die Linie zu führen zur ‹Histori Herculis› (1515) des Nürnbergers PANGRATZ BERNHAUPT GEN. SCHWENTER (1481–1555). Das erst in jüngster Zeit edierte, vom Verfasser als literarische Parallele dem ‹Sebaldusgrab› der Brüder VISCHER an die Seite gedachte Werk, ist wohl als eine Reihe allegorischer Schaubilder aufzufassen, wie man das ‹Narrenschiff› als «eine Folge von redenden Bildern» angesehen hat.

Die literarischen Bestrebungen GEILERS und BRANTS wurden im Elsaß fortgesetzt durch THOMAS MURNER (1475–1537). Auf den Narren-Sammler und -Verschiffer folgte der Narren-Beschwörer, d. h. der Narren-Exorzist. MURNER war Franziskaner-Ordensmann, Seelsorger, Prediger, akademischer Lehrer, Moralist und Satiriker. Er hat mit BRANT gemeinsam den ernsten Reformwillen, doch der Mönch sah mit schärferen Sinnen in die Welt als der Jurist und war mit stärkeren Spannungen geladen. Als Mensch der Übergangszeit steht er gleichsam zwischen zwei Generationen, fühlte sich aber doch veranlaßt, in die Reformationskämpfe einzugreifen. Sein Weg führt gattungsmäßig von der Reimchronik über die Moralsatire zum satirischen Epos.

THOMAS MURNER, geboren zu Oberehnheim, war der Sohn des MATTHÄUS MURNER, Sachwalters und Redners des Großen Rates in Straßburg. Er war ein lebensnaher Mensch, naturverbunden, erfüllt von Tätigkeitsdrang, vielseitig (er absolvierte drei Fakultäten), ein rastlos Suchender, unruhig, wendig, dauernd auf Wanderschaft, in Universitäten und beim einfachen Volk zu Hause, in naher Wechselwirkung von Leben und Leistung. Die Grundlagen seines geistigen Organismus sowie seinen späteren Lebens- und Wirkungskreis bestimmten erst Volkstum und Elternhaus, dann der Orden des HL. FRANZISKUS. Sein Lebensziel wurde Reinigung und Erhaltung des Glaubens. Er beherrschte dabei die Technik des geistigen Kampfes der Spätscholastik wie des Humanismus. Ein entscheidendes Erlebnis in der Jugend war eine Erkrankung des reiferen Knaben: eine Kinderlähmung, als deren Folge er zeitlebens hinkte. Als Ursache galt nach der Vorstellung der Zeit ein Hexenzauber; die Heilung sei durch einen

Gegenzauber bewirkt worden. Die Krankheit wirkte sich auf das Leben und den Charakter MURNERS aus; vorhandene Anlagen wurden geweckt und schärfer entwickelt. Der junge MURNER besuchte die Klosterschule der Minoritenkonventualen, trat 1490 in den Orden und wurde 1494 zum Priester geweiht. Zu weiteren Studien schickten ihn seine Oberen an die Universität Freiburg i. Br., wo er den Magistergrad erlangte. Darauf widmete er sich dem Studium der Theologie in Köln, Paris, Rostock und wieder Freiburg i. Br.

MURNER hielt zu den überkommenen Traditionen. Ein Abgehen von ihnen würde ins Chaos führen. Zugleich aber empfand er den Widerspruch zwischen Ideal und Wirklichkeit im Gesamtleben seiner Zeit. Bewahrungs- und Verbesserungswillen, sowie das Gefühl der Verpflichtung zur Anklage *ex officio* veranlaßten seine didaktisch-satirischen Versreden. MURNERS umfängliches und rasches Produzieren resultiert aus seiner stets wachen Beobachtungsgabe und einem besonderen Ausdrucksvermögen. Er beherrschte so ziemlich den gesamten Bestand an bildhaften Redensarten und sprichwörtlichen Prägungen aller Schichten und Stufen des Volkes. Dazu kamen eigene Einfälle und die Gabe der Umsetzung ins Bild. Das literarische Ergebnis aller Bestrebungen und Teilkräfte sind volkssprachige Gebilde in Reimversen, aber sorgloser Stilmischung. In seinem Leben lassen sich von Beginn seiner schriftstellerischen Tätigkeit an drei Perioden unterscheiden. Jede dauert etwa ein Jahrzehnt: 1. Von seinen Schriften gegen die Astrologen (1498) bis zum JETZER-Handel (1508); 2. 1509 bis 1519; 3. 1520 bis zur Flucht aus Luzern und dem Abschluß seiner publizistischen Tätigkeit.

Als die ersten drei Schriften veröffentlichte MURNER eine ‹Practica› (1498), die ‹Invectiva contra Astrologos› (1499) und den ‹Tractatus perutilis de phitonico contractu› (1499). Die ‹Praktik› gehört zum Kalenderschrifttum der Zeit und enthält ein Jahreshoroskop für 1498. Die ‹Invektive› ist eine Flugschrift aus Anlaß des Schweizerkrieges. Der ‹Traktat› geht von MURNERS Krankheitserlebnis aus und schließt daran Erläuterungen und Erklärungsversuche, alles in Form einer Unterredung zwischen KASPAR VON MÖRSPERG, dessen Sohn HANS WERNER und MURNER selbst.

Das Studienjahr 1499/1500 verbrachte MURNER an der Universität Krakau, erteilte dort Unterricht in der Logik, erwarb das Bakkalaureat der Theologie und vervollständigte seine Ausbildung in den Naturwissenschaften. Hernach weilte er je ein Semester in Prag und Wien. Dann lebte er wieder in Straßburg als Lehrer der Philosophie und Kanzelredner.

In Straßburg geriet er in einen Konflikt mit Jakob WIMPFELING. MURNER hatte behauptet, die Lilien im Straßburger Stadtwappen seien ein Beweis dafür, daß die Stadt früher unter französischer Herrschaft gestanden hätte. Gegen diese Behauptung richtete WIMPFELING seine ‹Germania› (1501) und ergänzte sie durch eine ‹Declaratio›. MURNER erwiderte in einer ‹Germania nova› (1502). Anhänger WIMPFELINGS griffen in Schmähschriften (‹Defensio› und ‹Versiculi›) MURNER an. Dieser verfaßte einen Gegenangriff: ‹Honestorum poematum condigna laudatio, Impudicorum vero miranda castigatio› (September 1503).

In Wien wurde MURNER 1505 von Kaiser MAXIMILIAN I. zum Dichter gekrönt; gleichzeitig erscheint er als Kommissär der österreichischen Minoritenprovinz. In Freiburg erwarb er 1506 den theologischen Doktorgrad.

Als Versuch, den Logikunterricht lebendig zu machen, ist MURNERS ‹Chartiludium Logicae› anzusehen (Krakau 1507, Straßburg 1509 u. ö.; noch im 17. Jh. wurde die Schrift in Brüssel und Paris neu gedruckt). In Freiburg geriet MURNER auch in eine neuerliche Auseinandersetzung mit dem Humanismus. Auf dem Hintergrund des Streites zwischen WIMPFELING und JAKOB LOCHER schrieb MURNER eine ‹Reformatio poetarum› (Straßburg 1509). Die Schrift ging aus einer in Freiburg gehaltenen Vorlesung MURNERS hervor, deren Gegenstand eine nach AUGUSTINS ‹Doctrina christiana› eingerichtete Rhetorik war. MURNER verfocht darin einen christlichen Humanismus; die weltliche Poesie ist ihm nur wertvoll als Vorbild für sprachliche Übungen oder als Quellenbereich für moralische Beispiele; nicht die künstlerisch-formale Seite, nicht der Glaube an Schönheit und Kunst berührten MURNER, sondern das humanistische Bildungsstreben, der Glaube an einen sittlichen Aufstieg mit Hilfe der antiken Werte.

Vermutlich wegen Entgleisungen in seiner Predigttätigkeit in Freiburg wurde MURNER als Lesemeister nach Bern versetzt. Dort, wo zwischen Franziskanern und Dominikanern Gegensätze bestanden, geriet MURNER in den sogenannten JETZER-Handel oder JETZER-Prozeß 1508/09. HANS JETZER aus Zurzach, Dominikaner-Laienbruder in Bern, klagte vier Berner Dominikanerpatres, den Prior JOHANNES VATTER, den Subprior FRANZ ÜLTSCHI, den Lesemeister DR. STEPHAN BOLTZHURST und den Schaffner HEINRICH STEINEGG, sie hätten ihn dazu mißbraucht, die Unhaltbarkeit der franziskanischen Lehre von der Unbefleckten Empfängnis Mariens zu erweisen, sie seien mit dem Teufel im Bunde und hätten Unzucht getrieben. Der Skandalprozeß, wie solche als Vorboten revolutionärer Ereignisse öfter auftreten, erregte größtes Aufsehen. Das Urteil hatte die Verbannung JETZERS und die Verbrennung der vier Beschuldigten zur Folge.

MURNER, der die letzte Phase des JETZER-Prozesses miterlebt hatte, behandelte die ganze Angelegenheit für gelehrte Leser in der Schrift ‹De quattuor Heresiarchis› (1509), für das Volk in der deutschen Reimchronik ‹Von den fier Ketzeren› (1509, mit Holzschnitten von URS GRAF). MURNERS Standpunkt war: JETZER ist ein fragwürdiger Geselle, aber Gerichtsverfahren und Urteil entsprechen dem Willen Gottes und seien gerecht.

Von Bern wurde MURNER als Guardian nach Speyer gesandt. Von 1511–1513 wirkte er in Frankfurt a. M. als Lesemeister. Seit Juli 1513 waltete er als Guardian in Straßburg.

Damals entstanden aus seiner Predigttätigkeit lateinische Niederschriften der Grundlinien seiner Predigten und seine ersten satirischen Werke: lateinische Konzepte für eine freie deutsche Predigt. MURNER gestaltete gleichsam die eigene Predigt zur Moralsatire. Man kann drei Formen unterscheiden: das lateinische Predigtgerippe, die deutsch gesprochene ausgestaltete Predigt, die breit angelegte Moralsatire. In Straßburg trat MURNER in Zeitklagen und Moralsatiren das Erbe BRANTS an. Zunächst in einer ‹Narrenbeschwörung› (Straßburg 1512) und der ‹Schelmenzunft› (Frankfurt bei BEAT MURNER 1512). Beide behandeln den gleichen Stoff und verwandte Motive. Die Hauptanregung kam vom ‹Narrenschiff› BRANTS. Von ihm stammt die Einrichtung, die Beziehung zwischen Text und Bild. Die Holzschnitte wurden großenteils übernommen (nur 17 neu angefertigt), aber in einem neuen Sinn gedeutet. Für die ‹Schelmenzunft› ließ MURNER neue Illustrationen anfertigen.

In der ‹Narrenbeschwörung› fungiert der Dichter als Exorzist und geht den Narren wie dem Teufel als austreibender Beschwörer an den Leib. Wie im Fastnachtspiel fährt der Teufel aus dem Munde der Besessenen. Man sieht: MURNER ist volkstümlicher als BRANT, gegenwartsbezogener; hat mehr Weltkenntnis, Humor, ist realistischer. Kaiser und Papst werden zur Fahrt im Narrenschiff eingeladen.

Die ‹Schelmenzunft› ist eine Verstärkung der ‹Narrenbeschwörung› und ebenfalls eine Zeitklage. Der Schelm ist ärger als der Narr. Jeder Schelm wird auf einem Blatt mit vierzig Versen charakterisiert. Die ‹Narrenbeschwörung› behandelte allgemeine Themen, die ‹Schelmenzunft› hebt besondere Charaktereigenschaften hervor. Der Schelm enthüllt mit eigenen Worten sein Wesen, der Zunftmeister antwortet darauf. Dadurch ergeben sich Ansätze zu dramatischer Spannung: die ‹Schelmenzunft› ist kürzer und straffer. Die ‹Narrenbeschwörung› will die Leser bessern, die ‹Schelmenzunft› beschreibt ihre Mitglieder und warnt vor ihnen. MURNER kritisiert die Rechtspflege, den Schwindelgeist der Kaufleute, das Nichtstun der Krieger und Schmarotzer, das fahrende Volk. In das letzte Kapitel stellt MURNER das Gleichnis vom verlorenen Sohn, dem vergeben wird. Die ‹Schelmenzunft› wurde bis 1516 fünfmal gedruckt; die Ausgabe 1512/13 hat MURNER erweitert.

Als Prediger, Beichtvater, Gelehrter und Lehrer war MURNER viel umhergekommen und hatte dadurch Berührung mit einer Fülle kräftigen Lebens und saftigen Daseins. Ein solcher Mann kennt die Welt und die Menschen. Eine Moralsatire in diesem Sinn ist ‹Ein andechtig geistliche Badenfahrt› (Straßburg 1514). Sie sollte Gelehrten als Grundlage für Predigten, Ungelehrten zur Erbauung dienen.

MURNER stellt sich selbst als Patienten dar, der von Gott, dem Bader, behandelt wird. Der Vorgang des Bades ist auf 25 Kapitel verteilt. Es beginnt mit der Einladung ins Bad, Schöpfen und Wärmen des Wassers, dem Kleiderablegen, bringt den eigentlichen Badevorgang, das Ankleiden, Heimgehen und Wohlleben. Das alles wird allegorisch auf die Umwandlung des Menschen durch die Gnade Gottes ausgedeutet und auf die reinigende Wirkung des Bußsakramentes bezogen. Acht angefügte Kapitel handeln von den natürlichen und den Maienbädern. Zuletzt steht ein Dankgebet an Gott für die Wiederherstellung der leiblichen und seelischen Gesundheit. Randbemerkungen, lateinische Bibelzitate, Stellen aus Kirchenvätern und Rechtsquellen, scholastischen und antiken Autoren rücken das Werk an das allgemeine Erbauungs- und Behelfsschrifttum für Prediger heran.

Ebenfalls Moralsatire war ‹Die Mühle von Schwindelsheim und Gredt Müllerin Jahrzeit› (Straßburg 1515, anonym erschienen). Gemeint ist eine Mühle zu Schwindratzheim bei Brumat. Das Hauptmotiv ist die Darstellung der von der Liebe besessenen Frauen.

Der Dichter steckt sich in die Maske des Müllers und läutet eine zahlreiche Gesellschaft von Schwindlern zusammen, um mit ihnen das Jahrgedächtnis seiner (†) buhlerischen Ehefrau zu begehen. Dieser Müller schlägt liederlichen Frauen und Männern den Sack um die Ohren.

In Freiburg hatte MURNER 1508/09 eine Lehrtätigkeit als VERGIL-Interpret entfaltet. Als Frucht ist seine VERGIL-Übersetzung anzusehen: ‹Vergilii Maronis dryzehen Aeneadische Bücher von Trojanischer Zerstörung vnd Vffgang des Römischen Reichs› (Straßburg 1515; 1543 u. ö.). Das 13. Buch stammt von MAPHEUS VEGIUS. Das Werk ist Kaiser MAXIMILIAN I. gewidmet. Es ist die beste Übersetzungsleistung und Eindeutschung der ‹Aeneis› in die damalige deutsche bürgerliche Welt. MURNER war nach ALBRECHT VON HALBERSTADT der erste, der eine größere lateinische Versdichtung in deutsche Reimpaare übertrug und keine bloße Paraphrase der Vorlage gab.

Ende 1515 ging MURNER nach Trier und hielt dort eine Vorlesung über JUSTINIANS ‹Institutiones› (später von ihm verdeutscht) nach seiner Kartenspielmethode; 1518 zog er nach Basel und erwarb 1519 das juridische Doktorat. Im selben Jahr übersetzte er HUTTENS Schrift ‹Guaiacum› und ließ seine letzte große Moralsatire ‹Die Gäuchmatt› (Basel 1519) erscheinen. Seine Absicht war: die Bloßstellung weibischer Männer.

Kulturgeschichtlich gesehen, ist die Dichtung ein Beispiel für den abgesunkenen Minnedienst. Gäuchmatt ist eine (bekannte Baseler) Wiese, auf der sich die liebenden Paare versammeln. Die Formen des mittelalterlichen Minnedienstes werden ins Volksmäßige übertragen, die Minnegebote des ANDREAS CAPELLANUS parodistisch ausgelegt. Minneallegorie und Minnegericht leben hier fort. Es ist die Tradition HADAMARS VON LABER, HERMANNS VON SACHSENHEIM, WITTENWILERS. MURNER läßt auf seinen Befehl bei Sulzmatt im Oberelsaß alle Gäuche zusammenkommen. MURNER selbst ist Kanzler ihres Reiches. Er verliest im Auftrage der Frau Venus die zweiundzwanzig Artikel, auf die alle Gäuche vereidigt werden. An Beispielen wird gezeigt, wie sich die Beachtung der Artikel auswirkt. Es setzt Exempla, Anekdoten, Schnurren; Dirnen lehren die sieben *artes liberales*. Am schwersten ist es, einen Gauch zur Selbsterkenntnis zu führen. In der Gerichtsverhandlung wird der Zunftmeister Gauch einer Gäuchin gegenübergestellt. Der zweite Teil zeigt die Überbietung der zweiundzwanzig Artikel durch den adeligsten Gauch auf Erden. MURNER und dieser Über-Gauch wechseln in der Erzählung von Ruhmestaten ab. Die ‹Gäuchmatt› ist in der Form viel geschlossener als die ‹Narrenbeschwörung› und ‹Schelmenzunft›. Der Zweck des Werkes war, die Sünden zu beschreiben und vor ihnen zu warnen. MURNER benützt die Scherzrede zur Besserung der Menschen.

Der dritte und letzte Gang von MURNERS Lebenskampf war der Kampf gegen LUTHER und die Reformation. Er setzt im Herbst 1520 ein und bringt in zwei Jahren sieben Streitschriften.

Von 1520 an lebte MURNER erst in Straßburg, dann in Oberehnheim, von wo er nach Luzern flüchten mußte. Aber auch Luzern mußte er verlassen; 1530 weilte er wieder in Straßburg; im selben Jahre kehrte er in seinen Geburtsort zurück und wirkte dort bis 1536 als Seelsorger.

In dieser Zeit übertrug MURNER die ‹Enneaden› (‹Weltgeschichte›) des ANTONIUS COCCIUS SABELLICUS ins Deutsche (nur teilweise und handschriftlich erhalten); die Bilder dazu zeichnete er selbst.

FISCHART nannte MURNER «des heiligen römischen Reiches obersten Dreckrüttler». Das trifft nicht sein wahres Wesen. Was Derbes in seinen Werken steckt, geht zumeist auf das Konto der Zeit. MURNER begann als deutscher Dichter mit einer Reimchronik, die über ein Zeitgeschehen berichtet. Ihr folgten Zeitklagen und Moralsatiren in deutschen Reimversen, die zunächst an BRANTS ‹Narrenschiff› anschließen. Beides bezeugt eingehende Kenntnis der Gegenstände. Ein Hauptmotiv ermöglicht es, alltägliche Handlungen allegorisch auszudeuten. Er ist dabei nachdrücklich und breit, er wiederholt, um das Richtige einzuschärfen. Gegensatzpaare erhöhen die Eindringlichkeit, begünstigen das Groteske und die grelle Beleuchtung. Er gibt sich zornig, erbittert, ironisch, spöttisch. MURNER ist innerlich ergriffener, leidenschaftlicher als der trockene und lehrhafte BRANT. BRANT verhielt sich distanziert, MURNER versetzte sich selber in den Mittelpunkt seiner Werke: als Narrenbeschwörer, Zunftmeister, Kranker, Müller, Gauchkanzler. Streitsucht, Übereifer, Spottlust, Bosheit wird man bei ihm finden. Aber er stellte seine aufklärende, belehrende schriftstellerische Tätigkeit in den Dienst des Volkes und beabsichtigte damit eine moralisch-christliche Erneuerung im Sinne des alten Glaubens. Vielleicht war er problemloser als manch andere Zeitgenossen.

THOMAS MURNER hatte zwei Brüder, die ebenfalls in das Literaturleben eingriffen. BEATUS MURNER (1488/92 – vor 1526) war Buchdrucker in Frankfurt a. M. Von ihm sind 1511/12 neun Drucke bekannt, darunter nur ein einziger, die ‹Schiffart von dissem ellenden Jamertal›, nicht von THOMAS MURNER. Der andere Bruder JOHANNES MURNER war erst Anwalt, stand aber dann im Dienste des Herzogs ANTON VON LOTHRINGEN und des Herzogs RUPRECHT VON VELDENZ. Unter seinem Namen geht eine mit Holzschnitten illustrierte Schrift ‹Von eelichs Standts Nutz und Beschwerden›.

Ein junges Paar, ein Greis, ein Weiser und ein Mann in mittleren Jahren erörtern die Vorzüge und Nachteile früherer oder späterer Verheiratung. Das Resultat ist: die in mittleren Jahren geschlossene Ehe ist die beste.

In der Form der prozessualischen Allegorie, wie sie KONRAD VON WÜRZBURG und HERMANN VON SACHSENHEIM pflegten, in den Gedankengängen mit GEILER, BRANT und MURNER verbunden ist die ‹Welschgattung› (Straßburg 1513) eines unbekannten, vermutlich elsässischen Verfassers. Den Hauptinhalt der Dichtung bildet ein Prognostikon auf das Jahr 1513. Der Dichter wird auf einem Spaziergang von einem wilden Mann gefesselt und in einen Gerichtssaal gebracht. Dort sitzen zwölf Greise und legen ihm verschiedene Fragen vor. Er bekommt Bescheid über die allgemeinen, geistigen, religiösen und kulturellen Zustände im Deutschen Reich und wird vor den Italienern gewarnt. Der Verfasser steht auf seiten des Hauses Österreich und MAXIMILIANS I. Ein Bote aus Italien verkündet die neuesten politischen Nachrichten. Vers 3020 zeigt den Grundgedanken: «Ich warn euch als der getreuw Eckart». Die Dichtung wurde von HANS BALDUNG GRIEN illustriert.

3. Die lateinsprachige Epik in Deutschland

a) Gesprächsnovelle: Paul Schneevogel-Niavis

Die von der italienischen Renaissance der Weltliteratur bescherte Prosanovelle fand wohl in Frankreich, nicht aber in Deutschland wetteifernde Nachahmer. Hier fehlte einmal die Möglichkeit, an bereits Bestehendes anzuknüpfen, zum andern gab es keine großen Dichter, die sie autonom hätten schaffen können. Was zustande kam, sind nur Ansätze und steht im Gefolge antiker Literaturwerke. Nach dem Vorbilde von LUKIANS ‹Totengesprächen› wagte sich PAUL SCHNEEVOGEL-NIAVIS (ca. 1460 – ca. 1514) an kleine *Gesprächsnovellen*.

PAUL SCHNEEVOGEL aus Eger hatte in Ingolstadt und Leipzig studiert und zuletzt die Magisterwürde erlangt. Später wirkte er kurze Zeit als Schulmeister in Halle und Chemnitz; 1488 ist er wieder in Leipzig *docendo et scribendo* tätig; von 1490 bis 1497 erscheint er als Stadtschreiber von Zittau. Für sein wissenschaftliches und literarisches Schaffen waren die Jahre in Leipzig und Chemnitz die fruchtbarsten.

SCHNEEVOGELS Editionen lassen alle eine bestimmte geistige Einstellung erkennen. Eröffnet wird die Reihe durch den ‹Liber de philosophia Platonis›, dem PLATONS Briefe, LUKIANS ‹Charon›, das ‹Zehnte Totengespräch›, CICEROS ‹Erste Catilinarische Rede›, die Rede ‹Pro Marcello›, der Dialog ‹Philalethes› des MAFFEO VEGIO und die Reden ‹De vera nobilitate magis a virtute quam divitiis orta› des FILIPPO DE BONACCORSI folgen. Seine rhetorisch-pädagogischen Schriften betreffen in Dialogform abgefaßte lateinische Übungsbücher und eine Anleitung zum Briefschreiben. Hervorzuheben ist das in die Umwelt und Sprachform der Scholaren Einblick gewährende Schulgespräch ‹Dialogus parvulis scholaribus ad idioma latinum perutilissimum› (1489). Ein Musterbeispiel für eine feier-

liche Rede gab er in seiner ‹Declamatio de conceptione intemeratae virginis
Mariae›.

In unserem Zusammenhang ist SCHNEEVOGEL als Verfasser zweier lateinischer Gesprächsnovellen bedeutsam, der ‹Historia occisorum in Culm›
und des ‹Iudicium Iovis in valle amoenitatis habitum› (ca. 1495). Die
‹Historia› hat eine zeitgenössische Mordtat in SCHNEEVOGELS engster
Heimat zum Thema und ist eine «kleine hübsche Räubergeschichte». Im
‹Gericht Jupiters› hingegen wird die lebendige Ablaufreihe von JOHANNES
VON TEPL, dem Dichter des ‹Ackermann›, sichtbar und SCHNEEVOGEL
erweist sich als Hüter und Fortsetzer der literarischen Bewegung in Böhmen unter KARL IV. SCHNEEVOGELS Hauptthema ist die Anlage der Berg-
werke auf dem Schneeberg.

Die Erzählung wird eingekleidet in die Vision eines Eremiten aus dem Böh-
merwald, der ein Streitgespräch zwischen der Mutter Erde und dem Menschen
schaut. Verwundeten Leibes, in zerrissenen Kleidern, bleich im Gesicht und
tränenden Auges nimmt die Erde, gefolgt von Merkur, Bacchus, Ceres, Nais,
Minerva, Pluto, Charon und den Faunen auf der einen Seite Aufstellung. Auf der
anderen stehen der Mensch und seine Penaten. Im Namen der Erde und der anwesenden Götter erhebt Merkur vor Kaiser KARL IV. als Vertreter Jupiters die
Anklage. Wie früher in anderen Ländern, so habe der Mensch nunmehr auch in
Meißen, auf dem Schneeberge, Wolfs- und Mühlberg durch Anlage von Berg-
werken die Mutter Erde auf das schwerste und tiefste verwundet und die Herr-
schaftsrechte der anwesenden Götter verletzt. Nach einer Reihe von Wechsel-
reden beschließt KARL IV., um nicht der Parteinahme geziehen zu werden, selbst
kein Urteil zu fällen, sondern dies der Fortuna zu übertragen.

Bei JOHANNES VON TEPL war der Menschenadam als Ackermann erschienen, hier tritt er als Bergknappe auf. Um 1400 gilt es, den Menschen
mit seinem Lebenswillen und Schönheitsdrang zu verteidigen gegen die
rohe Naturgewalt, hundert Jahre später tritt die bedrängte Naturgewalt
als Klägerin auf gegen den Menschen, weil er es wagt, in die Tiefen der
Schöpfung einzudringen.

*b) Fazetie, allegorische Satire, Sprichwort: Augustin Tünger, Heinrich
Bebel, Johann Adelphus Muling*

Mit der Renaissancenovelle begann von Italien auch die *Fazetie*, d. i. die
auf ein pointiertes Bonmot auslaufende ‹Scherzrede oder kleine heitere
Erzählung› einen schnellen Siegeszug nach Frankreich und Deutschland.
Hier streute HEINRICH STEINHÖWEL als erster in seinen ‹Äsop› (um 1475)
ein halbes Dutzend übersetzte Fazetien POGGIOS ein. Ein Jahrzehnt später
stellte AUGUSTIN TÜNGER (geb. 1455) für seinen Landesherrn Graf EBER-
HARD IM BART ‹Facetiae Latinae et Germanicae› (1486) zusammen. Die
Sammlung umfaßt 54 kleine Geschichten, lateinisch und deutsch, allerlei
Anekdoten und wirkliche Geschehnisse. Als Schauplatz werden meist Orte

der Bodenseegegend angegeben und die handelnden Personen mit Namen genannt. Jeder Geschichte ist eine Moral angehängt. Das Werk gelangte zur Zeit seiner Entstehung nicht zum Druck. Schon vor dem Renaissance-‹Facetus› gab es in Deutschland seit dem 12. Jh. eine andere ‹Facetus›-Art, die Regeln für Anstand und gute Sitte aufstellte und sich selbst als Ergänzung des ‹Cato› bezeichnet. Dieses Lehrgedicht ‹Facetus› wurde im 14./15. Jh. öfters verdeutscht, auch durch SEBASTIAN BRANT. Bei ihm kreuzen sich alter und neuer ‹Facetus› insofern, als er in seiner Sammlung von 150 Anekdoten ein Viertel dem ‹Liber facetiarum› POGGIOS wörtlich entlehnt. Erst HEINRICH BEBEL (1472–1518) aber tut den entscheidenden Schritt, indem er dem deutschen Stoff die Kunstform des *facete dictum* POGGIOS gibt und so zum Hauptvertreter der Fazetie in Deutschland wurde.

HEINRICH BEBEL war der Sohn eines Bauern aus dem Gut Bewinden in der Nähe der Reichsherrschaft Justingen. Nach mehrjährigen Wanderungen, die ihn 1492 nach Krakau, wo er bei LAURENTIUS CORVINUS naturwissenschaftliche Vorlesungen besuchte, und 1494 nach Basel führten, wo SEBASTIAN BRANT sein Lehrer war, wurde er nach Tübingen auf die Lehrstelle für Dichtkunst und Beredsamkeit berufen, die er 1496/97 antrat und bis zu seinem Tode verwaltete.

Auch BEBEL hoffte von einer Reform der Studien, besonders der Sprache, Grammatik und Metrik, eine Erneuerung der gesamten Geistesbildung. Mit seiner Lehrtätigkeit hängen zusammen die Ausgabe der ‹Kosmographie› des LAURENTIUS CORVINUS (Basel 1496), gewidmet HARTMANN VON EPTINGEN, und akademische Reden, wie ‹De necessitate linguae latinae›, ein weitläufiges Lehrbuch mit einer Briefkunst, einer Abteilung ‹De abusione linguae latinae›, mit Abhandlungen über Orthographie, Etymologie und einem Verzeichnis ‹Optimarum dictionum›. Aus ihnen ersieht man BEBELS Bildungsprogramm. Als spätere Ergänzung dieser Schulschriften kam 1506 seine Poetik ‹Ars versificandi› (vgl. S. 659). BEBEL ist allezeit ein guter Patriot, stolz auf sein Volk und Deutschland. Das nationale Selbstgefühl tritt insbesondere in den historisch-patriotischen und ethnographischen Studien und Schriften hervor: in der ‹Oratio de laudibus atque amplitudine Germaniae› (1501 u. ö.), gehalten in Innsbruck bei seiner Dichterkrönung vor MAXIMILIAN I., in der er die Bedeutsamkeit der ‹Germania› des TACITUS darlegte; in der Schrift ‹Quod Germani sunt indigenae›; in der Streitschrift über die Kaiserwürde (1508) u. a. In allen diesen Äußerungen spürt man den lebendigen Pulsschlag der Zeit.

Für Unterrichtszwecke bestimmt war ursprünglich auch BEBELS lateinische Bearbeitung deutscher Sprichwörter, die ‹Proverbia Germanica collecta atque in Latinum traducta› (1508 u. ö.), gewidmet dem württembergischen Kanzler GREGOR LAMPARTER, ein unschätzbares Denkmal deutscher Volkskunde. Inhaltlich setzen die ‹Proverbia› die Linie der niederländischen ‹Proverbia communia sive seriosa› vom Ende des 15. Jhs.

fort, einer Sammlung von etwa 800 Sprichwörtern mit lateinischer Inter-
linearübersetzung in Versen. Dazu kamen Sprichwörter und Redensarten
von ausgesprochen schwäbischem Ursprung. BEBEL trug seine rund 600
Sprichwörter in doppelter Absicht zusammen: um zu zeigen, daß auch
solche volkstümliche Spruchrede in klassisches Latein umgeprägt werden
könne; um auch die Gebildeten mit der im Sprichwort niedergelegten
praktischen Lebenserfahrung und Weltweisheit bekannt und vertraut zu
machen. Die Sammlung ist, wenngleich in lateinische Form gebracht, eine
wichtige Quelle für das volksläufige Sprichwort der Übergangsepoche.

Die ‹Proverbia› leiten zu BEBELS eigentlich dichterischer Leistung über,
die bereits in Krakau begann und in der nahezu alle Gattungen vertreten
sind: die Komödie (vgl. S. 635), das satirische Epos, Gelegenheitsgedichte,
Epigramme, Oden, Elegien, Hymnen, Eklogen (vgl. S. 607f.), Schwank. BE-
BELS erste Sammlung der Gedichte erschien Reutlingen 1496. Ein Hexameterdialog ‹Contra vituperatores studiorum humanitatis› (1495) preist die
Notwendigkeit und den Nutzen der humanistischen Studien. Gegen die
Scholastik und das schlechte Latein ließ er 1501 vor der versammelten
Universität seine Komödie ‹Vom besten Studium der Studenten› auf-
führen. Eine große allegorische Satire in Hexametern auf die Sittenver-
derbnis der Zeit und mit deutlicher Spitze gegen den Klerus ist BEBELS
‹Triumphus Veneris› (1509), ‹Triumph der Liebe›. Wie in BRANTS ‹Nar-
renschiff› und in des ERASMUS ‹Encomion Moriae› die Narrheit und die
Torheit als die Mächte erscheinen, denen alle Menschen ohne Unter-
schied des Alters und Standes untertan sind, so geißelt hier BEBEL in sechs
Büchern das Narrentum der Venus-Toren.

Da Venus sich beklagt, daß ihr Reich auf Erden zu Ende geht, werden alle
ihre Anhänger vorgeführt, zuerst die Tiere, dann die Menschen aller Stände.
Von diesen in vorderster Reihe die Geistlichkeit, vom Papst bis zu den einfachen
Mönchen und Nonnen; sodann die Laienschaft, vom König bis hinunter zu
den Landsknechten; zuletzt die Frauen. Alle zeigen sich als willige Gefolgsleute
der Venus, wollen ihr dienen und drängen sich um die ersten Plätze in ihrem
Gefolge. Dieser ist aber von Anfang an den Bettelmönchen zuerkannt und jedes
Bemühen, ihn diesen zu entreißen, vergeblich. Als die Virtus versucht, ihre
Schar gegen das Heer der Venus zu rüsten, vermag die Tugend nur eine kleine
Anzahl Getreuer um sich zu versammeln, die beim ersten Zusammenstoß zer-
streut werden. Die Unterlegene flieht zum Allmächtigen. Dieser will die Menschen vernichten, läßt sich aber dann doch bewegen, Christus auf die Erde zu
senden. BEBELS Freund JOHANNES ALTENSTEIG schrieb zu der Dichtung einen
ausführlichen Kommentar.

BEBEL lagen weniger große Formen als kleine drollige, witzige Geschichten und Anekdoten, Scherzreden und Schwänke, wie sie vor allem
POGGIO in Italien gepflegt hatte. Bei STEINHÖWEL, TÜNGER und BRANT
begegnen sie mit moralischer Tendenz im volkstümlichen Prosaschwank
und ohne besonderen Erfolg. Erst BEBEL gelang der große Wurf. Von
BEBELS ‹Libri facetiarum›, gewidmet PETER JAKOBI aus Arlon, Propst

von Backnang, sind 1508 die ersten zwei erschienen, 1512 wurden sie vermehrt um ein drittes, die Auflage von 1514 bringt noch mancherlei Zusätze und Ergänzungen. Das Unterhaltungsbuch ist zuletzt dem Abt von Zwiefalten gewidmet und war zur Badelektüre bestimmt. Formal wichtig geworden sind für BEBEL auch die auf Witz und Wortspiel eingestellten quodlibetarischen Disputationen an den Universitäten. Von POGGIO nimmt BEBEL nur die äußere Form. Den Stoff holt er eigenschöpferisch aus Deutschland. Er kleidet das derb volkstümliche Schwankgut in das klassische Gewand der modernen Lateinprosa. Altes literarisches Schwankgut aus der Predigtliteratur, der ‹Mensa philosophica›, aus altdeutschen Dichtern, BOCCACCIO, POGGIO u. a., mündlich Überliefertes, Erlebtes, Gehörtes und Erfundenes stehen nebeneinander. Niemals wird er gehässig, immer ist er launig und humorvoll; in Angriffen gegen den Klerus und kirchliche Einrichtungen kündigt sich die Reformation an. Hervor tritt, was dem Volksleben des eigenen schwäbischen Stammes entnommen ist. Für die Wirkung in damaliger Zeit haben die vielen persönlichen und örtlichen Anspielungen beigetragen. Mit großem Geschick wird die Erzählung in Handlung und Erlebnis umgesetzt. Noch zu BEBELS Lebzeiten wurden die ‹Facetien› fünfmal aufgelegt, die Nachdrucke dauern bis 1750. Aufgenommen in französische, italienische, niederländische Sammlungen, wurden sie zu einem Werk der Weltliteratur. Die weitere üppige deutsche Schwankliteratur schöpft aus ihm.

BEBELS Wesenszüge sind Sinn für das volkstümlich Deutsche und Sinn für das Leben der Natur. Er liebt die behagliche Beschaulichkeit mehr als Streit und Unrast. Besonders gut gelingen ihm daher auch kleine lyrische Gedichte, wie etwa das auf die Nachtigall oder auf den Zaunkönig. Als eines der schönsten gilt die 1502 entstandene ‹Elegie› mit der Schilderung seines Landlebens auf dem Dorfe. Alles ist anmutig, lebensfroh, mit leiser Selbstironie humorvoll dargestellt.

Gedacht als Vervollständigung von BEBELS 1509 erst in zwei Büchern vorhandenen Fazetien veröffentlichte JOHANN ADELPHUS MULING seine ‹Margarita facetiarum›. Der größte Teil der Schwänke richtet sich mit wenig Humor, aber desto schärferer Satire gegen die sittliche Verwahrlosung und mangelhafte Bildung der Geistlichkeit. Manches geht gegen Rom; auch Adel und Ärztestand werden gelegentlich nicht geschont. Eine leidenschaftliche Klage und Anklage und ein tiefer Ernst sind aus vielen Gedichten herauszuhören.

c) *Religiöse und historische Epik*

Die Form der *Versepik* lebt in der lateinischen Dichtung der Humanisten durch das antike Vorbild: VERGIL, OVID, ENNIUS, LUCAN, LUCREZ, etc., später HOMER. Italienische Muster waren zunächst nur vereinzelt vor-

handen, so etwa PETRARCAS ‹Africa›. Diese kamen erst mit JACOPO
SANNAZARO (‹De partu Virginis› 1526), MARCO GIROLAMO VIDA (‹Chri-
stias› 1535), BAPTISTA MANTUANUS (‹De sacris diebus›, ‹Parthenice› 1497),
den die Zeitgenossen VERGIL an die Seite stellten, u. a. Von den italienischen Humanisten, die in Deutschland wirkten, besang PRIAMUS CAPOTIUS
aus Lilybäum in seiner ‹Fridericeis› (1488) die Kämpfe FRIEDRICHS MIT
DER GEBISSENEN WANGE gegen ADOLF VON NASSAU. Später dichteten
RICHARD SBRULIUS aus Cividale ein Passionsepos ‹Theocharis› (1514)
und RICHARD BARTHOLINUS aus Perugia eine ‹Austrias› (1516).

Im deutschen Humanismus bringt erst die lateinsprachige Kunstdichtung des späteren Humanismus eigenständige Leistungen: in der religiösen Epik, in der historischen Epik, in der Kurzgeschichte. Es sind Versepen und Prosagebilde. Weniger ausgebildet ist vorläufig das biographische, das allegorische, das komische, das didaktische und das balladen-
hafte Epos.

Ein von HEINRICH LORITI GLAREANUS um 1510 begonnenes großes
Heldengedicht, das den Sieg der Schweizer bei Näfels besingen sollte, blieb
unvollendet.

Das religiöse Epos begann mit kleineren legendarischen Dichtungen:
KONRAD CELTIS dichtet eine ‹Vita Sebaldi› (Basel 1495), JAKOB LOCHER
ein ‹Heroicum carmen de S. Katherina› (1496); BENEDICTUS CHELIDONIUS
verfaßt die Gedichtzyklen zu DÜRERS ‹Marienleben› und den beiden
‹Passionshistorien›. Ihnen folgte MATTHIAS FUNCK († nach 1533), Pfarrer
in Haynau, mit einer ‹Divae Hedwigis vita› (1511), ‹Genesis Mariana›
(1513), ‹Die Geburt der Jungfrau Maria› und einem ‹Triumphus Christianus› (1514): Abstieg Christi in die Hölle, Widerstand der Geister des
Orkus, Befreiung der alttestamentlichen Frommen, des rechten Schächers
und der Unschuldigen Kinder; alle ziehen mit dem Sieger Christus nach
dem Himmel. Am Übergang vom Humanismus zur neuzeitlichen Dichtung wurden der HL. ANNA mehrere Epen gewidmet. Später erzählt JO-
HANNES FERRARIUS (EISENMANN) MONTANUS († 1558) aus Amelburg in
Hessen ausführlich die Geschichte der HL. ELISABETH: ‹Carmen heroicum
de vita divae Elisabethae› (1518), wobei er die Handlung nach Hessen
hineinrückt. DIETRICH GRESEMUND D. J. faßte die nach einer Legende
von 1383 erfolgte Schändung eines Kruzifixus und deren Folgen in lateinische Hexameter: ‹Carmen de historia violatae crucis› (etwa 1505;
gedr. 1512, 1514).

Das geschichtliche Epos behandelt Vergangenheit, Zeitgeschichte und
mythologische Themen. Von STEPHAN TAURINUS (STIERÖCHSL) haben
wir ein Epos ‹Stauromachia› (1519), das die Geschichte des Bauernkrieges
von 1514 erzählt; von BENEDICTUS CHELIDONIUS eine anscheinend nicht
zum Druck gelangte Hexameter-Dichtung über den Wiener Kongreß vom
Jahre 1515 ‹De conuentu diui Caesaris Maximiliani regumque Hungariae,

Boemiae et Poloniae ... Viennae in Pannonia habito. Libri duo›, gewidmet dem kaiserlichen Sekretär und Rat JAKOB BANISIUS (1467–1532); von dem Schlesier LAURENTIUS CORVINUS ein Epos ‹Bohemia› (1520), das die Leiden der ostdeutschen Grenzgebiete durch die Einfälle der Hussiten schildert. FRANCISCUS FABER (1497–1565), Stadtschreiber in Breslau, beschreibt in seiner ‹Silva Bohemica› (1520) die schlesischen Raubzüge ZISKAS.

Die weitere erzählende Literatur des 16. Jhs. ist weniger lateinsprachig denn *deutsch*. Die Übersetzungen der WYLE, SCHLÜSSELFELDER, PFORR u. d. a. werden teilweise zu Volksbüchern umgearbeitet. Es lebt die Fabel- und Tierdichtung fort, ebenso die schwankhafte Kleinerzählung; die letztere erfährt mehrfach Kodifizierungen. Die Ansätze zu einem eigenständigen deutschen *Prosaroman* treten bei JÖRG WICKRAM und JOHANN FISCHART in den Vordergrund. Daneben werden rezipiert der ‹Amadis›- und weiter der spätgriechische Roman. Unmittelbar bevor die religiösen Auseinandersetzungen für längere Zeit die Literatur beherrschen, erreicht die Satire in der Briefform der ‹Epistolae obscurorum virorum› (wenn man diese zur epischen Dichtung zählen will) eine weltliterarische Leistung. Weiten Erfolg hatte schließlich auch DEDEKINDS ‹Grobianus›. Die lateinischen Epenpläne des KONRAD CELTIS blieben in den Vorhaben stecken. Wohl aber findet die historische Epik in den Kaiserbüchern PEUTINGERS und CUSPINIANS umfängliche Verwirklichungen, doch sie stehen bereits an der Schwelle der wissenschaftlichen Historiographie. Sonst bleibt die spätere neulateinische Epik ohne bedeutende Schöpfungen.

DRITTES KAPITEL

DIE LYRISCHE DICHTUNG

1. Antike Vorbilder. Italienischer Vorausgang.
Verbindungen zwischen Süden und Norden

Der Humanismus bringt vor allem eine umfangreiche *Lyrik* hervor mit neuen Stoffen, Formen und Vorbildern. Gehaltlich betrachtet, treten in Erscheinung: Liebesdichtung, geistliche Poesie, Nationales, Idyllisches, Persönliches, Heischegedichte. Die Thematik betraf vor allem Unsterblichkeit des Dichters, Vergänglichkeit des Daseins, Lobpreis der Gönner, Aufforderung zu kultiviertem Genuß des Lebens, Lob des Weines und des Landlebens, Liebe und Erotik. Außerdem pflegte man eine umfangreiche Gelegenheitsdichtung, wie Glückwünsche, Hochzeits- und Begräbnislieder, Abschiedsgedichte. Die Humanisten ahmen die lyrischen *Gattungen und die Versmaße der Antike* nach, erst der Römer, dann auch der Griechen, entsprechend der Rezeption und Erschließung der antiken Autoren. An Griechen wurden u. a. gedruckt: THEOKRIT ‹Idyllia septem› (Rom um 1480) und ‹Eclogae triginta› (griech. Venedig 1495), die ‹Anthologia Graeca Planudea›, hrsg. von JOHANNES LASCARIS (griech. Florenz 1494). Für die Ode werden die Muster erst HORAZ, dann PINDAR. Hauptvorbilder für die Elegie sind PROPERZ, TIBULL, OVID, CATULL. Die Humanisten dichten nach ihrem Beispiel ‹Amores›. Für den heroischen Brief ist das Vorbild OVID. Der humanistische Hymnus unterscheidet sich von der Ode häufig nur durch den religiösen Inhalt. Der lateinischen Dichtung des Mittelalters war das Epigramm nie ganz verloren gewesen. Der Humanismus bringt es im Abendland nach dem Vorbild CATULLS und MARTIALS wieder in den Vordergrund und erfüllt es häufig mit Zeitgehalt. Geringeren Erfolg hatte die Wiederbelebung der Ekloge und Idylle. Für die lehrhafte und beschreibende Dichtung lieferten PERSIUS und STATIUS die Vorbilder. Aus der Spätantike übernahm man die halbepischen Gattungen des Propempticon oder Begleitgedichtes und des Hodoeporicon oder Reisegedichtes.

An Versmaßen werden verwendet: der Hexameter (besonders in der Gedankenlyrik), das Distichon, Hendekasyllaben und Choliamben, von den Odenmaßen die sapphische Strophe und das alcäische Maß. Sprache und Verskunst können den Charakter der *Nachahmung* nicht verleugnen. Nur wenigen Dichtern gelingt es, das Lateinische aus sich heraus neu zu schaffen und zu handhaben.

In Italien verfaßte noch im 14. Jh. nach dem Vorbild Petrarcas Coluccio Salutati acht Eklogen und ein Lehrgedicht ‹De Fato et Fortuna›. Von den großen Humanisten des 15. Jhs. begann Maffeo Vegio als begeisterter Anhänger der Antike und endete als frommer Augustiner. Von ihm stammt ein Zyklus ‹Rusticalia›, ‹Das Bauernleben›. Francesco Filelfo dichtete Satiren und Epigramme; seine Hauptleistung sind die ‹Oden› (gedr. 1497). Antonio Beccadelli Panormita (1394–1471) erlangte Berühmtheit durch den ‹Hermaphroditus›. In Neapel dominierte literarisch der Politiker und Diplomat Giovanni Pontano. Seine lyrischen Leistungen bestehen aus einer Sammlung ‹Amores›, drei Elegienbüchern ‹Die Eheliche Liebe›, dem Spätwerk ‹Der Po› (‹Eridanus›); auch Religiöses ist ihm nicht fremd, wie seine ‹Göttlichen Lobgesänge› (‹De laudibus divinis›) bekunden. Von ihm existieren ferner Lehrdichtungen und ein Zyklus über die neapolitanische Landschaft.

Von den weltlichen und geistlichen Neulateinern Italiens im 15. und 16. Jh. schuf Marcus Antonius Sabellicus (1436–1506) einen Elegien-Zyklus auf die Geburt der Gottesmutter. Antonius Codrus Urceus (1446–1500) betätigte sich als Epigrammatiker. Francesco Octavio (1447–1490) fand mit seinem Lehrgedicht ‹De coetu poetarum›, ‹Die Zusammenkunft der Dichter›, sowie mit seiner Lyrik in Deutschland viele Leser. Baptista Mantuanus wirkte mit seinen ‹Eklogen› (1485) und den ‹Bucolica› bestimmend auf die gesamte Idyllendichtung und Hirtendichtung des 16. Jhs.: bei den elsässischen Humanisten, bei Hermann von dem Busche u. a.; bei Eoban Hesse, Euricius Cordus, Camerarius, Stigel u. a. Weitere bestimmende Wirkungen gingen aus von Philipp Beroaldus (1453–1505) und Adrian von Corneto, dessen ‹Jagd› und Bericht über den Feldzug Papst Julius II. (1506) im Norden weit verbreitet waren. Die Gedichte, Oden und Sermone des Aurelio Augurelli (um 1454 bis 1537) haben Petrus Lotichius Secundus und Kaspar Brusch eifrig gelesen und noch Valentin Weigel übersetzte das Gedicht ‹Chrysopoeia› ins Deutsche. Ebenso hat der in Italien und Frankreich tätige Faustus Andrelinus (um 1460 bis 1518) als Dichter mit seinem Elegienzyklus ‹Livia› (1485/95) und den ‹Bucolica› (gedr. 1506) in Deutschland großen Eindruck gemacht. Längere Zeit überhaupt im Norden lebte der aus Venedig stammende Hieronymus Balbus (um 1465–1535). Er lehrte erst in Paris, dann 1493–1499 (mit Unterbrechungen) in Wien, 1499 bis 1501 in Prag, lebte 1512 am Hofe in Ungarn und war schließlich Bischof von Gurk. Seine wichtigsten Dichtungen stammen aus der Zeit vor 1501: ein Hodoeporicon, Preisgedichte auf Maximilian I., Epigramme (Wien 1494), Gelegenheitspoesie. In Ferrara übten Vater und Sohn Guarino größten Einfluß auf deutsche Studenten und Hausschüler. Von Rafaele Zovenzoni (1431–1485) veröffentlichte Jakob Locher um 1500 zwei ‹Geistliche Gedichte› und nahm Georg Logus den ‹Passionshymnus› in eine Anthologie auf (1516). Von jungen Jahren bis ins hohe Greisenalter dichtete Titus Vespasianus Strozza (um 1425–1505). Als Hauptwerke gelten das ‹Eroticon›, d. s. sechs Bücher Elegien, das ‹Aeolostichon›, d. s. vier Bücher vermischte Gedichte; auch ‹Sermones› und Epigramme stammen von ihm. Von Ludovicus Pigus Pictorius (1454–1520) verbreitete Beatus Rhenanus in Deutschland die ‹Christlichen Gedichte› durch eine Ausgabe.

Im Verhältnis zwischen dem deutschen und dem italienischen Humanismus fühlten sich *die Italiener* auch in der Dichtkunst überlegen. Loblieder wie das des Philipp Beroaldus d. J. (1495) auf Deutschland, das den Buchdruck erfunden habe, sind selten. Auch der Kreis, den Johann Goritz in seinem Hause in Rom aus italienischen und fremden Dichtern um sich bildete, blieb eine singuläre Erscheinung. Bemerkenswert ist, daß sich in dem Kreise auch mehrere Deutsche befanden: Peter Eberbach, Ulrich von Hutten, Johannes Hadus-

HADELIUS, SEBASTIAN SPRENZ, CHRISTOPHORUS VON SUCHTEN, KASPAR URSI-
NUS VELIUS, GREGORIUS ANGELUS, C. SILVANUS GERMANICUS. Die Poeten waren überzeugt, daß ihre Kunst auf derselben Höhe sich befinde wie die der
großen Maler und Bildhauer.

Ebenfalls den größten Teil seines Lebens in Rom verbrachte FAUSTUS SA-
BAEUS aus Brixen. Er leitete unter drei Päpsten die Vatikanische Bibliothek.
Seine umfangreiche Sammlung von Gedichten erschien erst 1556. SABAEUS cha-
rakterisiert in Epigrammen Gestalten aus der antiken Sage und Geschichte.
Anderes führt in den römischen Dichterkreis der Blütezeit: VIDA, BLOSIUS
PALLADIUS, PAMPHILUS SAXUS, GIOVANNI COTTA, ANGELUS COLOTIUS, SANNA-
ZAR und BENEDICTUS LAMPRIDIUS. Vieles wendet sich um Hilfe an Päpste und
Kardinäle: LEO X., nach dem *Sacco di Roma* an CLEMENS VII., JULIUS III. Auch
die bildende Kunst wird berücksichtigt, z. B. MICHELANGELO, zu dem SABAEUS
sagt: «Wir sind durch das gleiche Streben verbunden; beide bilden wir, ich mit
dem Geiste, du mit der Hand». Nur durch eine Vereinigung entstehe volles
künstlerisches Leben; MICHELANGELO solle den Leib, FAUSTUS SABAEUS wolle
Geist und Worte dazu schaffen.

Die humanistischen *Neulateiner in Italien* pflegten auch die geistliche Poesie
und bildeten wie in der weltlichen Dichtung darin eine Reihe schematischer
Formen aus, welche in Deutschland starken Anklang und auch Nachfolge
fanden. Hierher gehören besonders: die Ekloge in ihrer Übertragung auf das
geistliche Gebiet durch FRANCESCO DA PATRIZZI und ANTONIO GERALDINI; der
auf antike Vorbilder zurückgehende ‹Triumph Christi› durch MACARIUS MU-
CIUS; die Elegien und Oden auf Kirchenfeste; die Hymnen auf Gestalten der
heiligen Geschichte, die Legenden.

Von den zahlreichen italienischen Dichtern, den Lehrern an den Universitäten und von Freunden wurden im 15. Jh. die in Italien studierenden Deutschen zur Abfassung lateinischer Verse angeregt. Dazu kam das eigene zu-
nehmende Studium der Antike. Ebenso warben nach Deutschland gekommene
Italiener durch Lehre und Beispiel für die lateinische Dichtung. Ihr Auftreten
fällt um die Wende des 15. zum 16. Jh. Meist erschienen sie im Gefolge der
Kaiser FRIEDRICH III. und MAXIMILIAN I. Bekannt sind außer ENEA SILVIO:
HELIUS QUINCTIUS AEMILIANUS CIMBRIACUS, dessen Schüler PAULUS AMAL-
THEUS und PETRUS BONOMUS, später RICHARD SBRULIUS und RICHARD BAR-
THOLINUS. Die stärkste anregende Kraft für die Lyrik ging von RICHARD SBRU-
LIUS (geb. ca. 1480) aus, obgleich sein Schaffen nur mittelmäßigen Wert besaß.
In Deutschland jedoch förderte er in Wittenberg und wahrscheinlich auch in
Frankfurt a. d. Oder die humanistische Dichtung. Von seinen Produkten sind
religiöse Lyrik und Gelegenheitsdichtungen zu nennen. Die letzteren galten u. a.
FRIEDRICH DEM WEISEN, MAXIMILIAN I., KARL V., ERASMUS VON ROTTERDAM.
SBRULIUS fand in Deutschland dankbare Schüler und scharfe Widersacher.

Eine *Kunstlyrik* von Bedeutung erwuchs *im deutschen Humanismus* erst
gegen Ende des 15. und im 16. Jahrhundert. Das ist verständlich, denn
lyrische Haltung setzt Eintauchen in ein Stück Welt und Hereinziehen
dieser Welt in das Innere des Menschen voraus. Diese Bedingnisse aber
stellen sich bei einer Bildungsbewegung erst relativ spät ein. Die humanistische Lyrik erreichte in Wien um 1500 in KONRAD CELTIS einen ersten
Höhepunkt. Im deutschen Westen tritt HERMANN VON DEM BUSCHE in
den Vordergrund, in Schwaben HEINRICH BEBEL. Auf CELTIS folgten UL-
RICH VON HUTTEN und KASPAR URSINUS VELIUS. Andere Persönlichkeiten

wie EOBAN HESSE, EURICIUS CORDUS etc. erwachsen zwar ebenfalls noch aus dem vorreformatorischen Humanismus, leben aber auch schon hinüber ins Neulateinertum der reformatorischen Epoche.

2. *Übergangserscheinungen. Johann Beussel. Benedictus Chelidonius. Der ältere Humanismus*

Schon um 1350 tauchen in Deutschland die ersten Versuche humanistisch-neulateinischer Dichtung auf. Sie haben jedoch kaum eine sichtbare Wirkung ausgeübt. Auch im Frühhumanismus etwa seit 1450 kam es noch nicht zu einer zusammenhängenden lyrisch-poetischen Tätigkeit. Im Vordergrunde stand zunächst die humanistische Erzählprosa Italiens. Erst gegen die Jahrhundertwende zu ist der Humanismus auch innerlich so weit rezipiert und ergreift der Wetteifer mit dem Süden weitere Kreise der Gebildeten, daß ein lyrischer Schaffensprozeß einsetzen kann und Leistungen von Rang möglich werden.

Die *Vorläufer und Wegbereiter,* sofern sich Dichterphysiognomien erkennen lassen, zeigen in formaler Hinsicht zumeist einen *Übergangszustand*: Man strebt nach einem neuen Stil, ohne auf die bisherigen heimischen mittellateinischen Gepflogenheiten verzichten zu können. Dieses Schwanken zwischen Altem und Neuem dauert etwa von 1460 bis 1515. Zu den frühesten Einzelerscheinungen gehören die schon unter den Wanderhumanisten (S. 479ff.) behandelten PETER LUDER und SAMUEL KAROCH VON LICHTENBERG. Ernster als der letztere nahm den Humanismus der Pädagoge LUDWIG DRINGENBERG in Schlettstadt, der in einem lateinischen Gedicht Niederlage und Tod KARLS DES KÜHNEN besang. Von GEORG ELLINGER, dem besten Kenner der neulateinischen Literatur, noch nicht gewürdigt werden konnten die Dichtungen des der mathematisch-naturwissenschaftlichen Richtung des Humanismus angehörigen GEORG VON PEUERBACH (vgl. Kap. I, 1 a). Jünger und deutlicher aus Italien genährt sind die Dichtungen HEINRICH BOGERS (1445–1505), die er als Kanonikus in Hamburg sammelte und die 1506 in einem starken Bande erschienen. Übergangscharakter zeigen auch BOGERS Freund HEINRICH FISCHER (um 1455–1527), zuletzt Geistlicher in Hildesheim mit zahlreichen Dichtungen hauptsächlich didaktischer Art, und JOHANNES FABRI (geb. um 1450) in Leipzig, bekannt durch seine rhythmische Sprichwörtersammlung. FABRIS Gedichte sind vorwiegend didaktisch-religiöser Art, doch fehlt auch Lyrisches nicht, wie Elegien auf die neun Musen und die drei Parzen. Nach Leipzig führen auch die beiden Professoren KONRAD WIMPINA (um 1460–1531) und MARTIN POLICH von Mellerstadt († 1513) mit ihren zwischen Altem und Neuem stehenden Dichtungen. Von POLICH ist der ‹Laconismos tumultuarius› (1501) erwähnenswert. In Leipzig studiert hat auch SIGISMUND BUCHWALD (1483 – vor 1510), der zwei Bändchen Gedichte veröffentlichte. Das eine, ‹Extemporalitates› oder ‹Epigramme› (1503), enthält Invektiven und Religiöses.

Im Wesen noch ganz der spätmittelalterlich-scholastischen Welt angehörig, dabei aber eifrig nach humanistischen Formelementen strebte JOHANN BEUSSEL (geb. um 1475) aus Rothenburg o. d. Tauber (TUBERINUS, ROTBURGENSIS). Er las seit 1504 an der Universität Leipzig über Poetik. Schon um 1500 hatte er mit geistlichen und beschreibenden Gedichten begonnen. Später widmete er sich gänzlich der religiösen Gattung. Seine dichterische Begabung ist gering, seine Erscheinung und sein umfangreiches Schaffen jedoch sind charakteristisch für die deutschen Verhältnisse. Als sich der Humanismus vor Ausbruch der Reformation seiner Blüte näherte, faßte BEUSSEL seine zunächst in Einzeldrucken erschienenen Betrachtungen zu den christlichen Festen und seine anderen allmählich entstandenen Dichtungen in einem zyklischen Riesenwerk unter dem Titel ‹Musithias. De caelitibus et sacris historiis, in Musas novem digesta› (Leipzig 1514) zusammen.

Diese ‹Musithias› besteht aus neun Büchern, jedes trägt den Namen einer Muse. In lyrischen und halbepischen Gedichten sollte der gesamte Umkreis des christlichen Glaubens zur Darstellung kommen: Heilsgeschichte, Kirchenfeste, die Gottesmutter, die hl. Anna, Glaubenslehre wie die Trinität u. dgl., die Apostel, die Märtyrer, die Kirchenlehrer, die Ordensstifter Dominicus und Franciscus, und zuletzt die heiligen Jungfrauen; ein umfängliches Gedicht über die Passion Christi ist Kaiser MAXIMILIAN I. gewidmet. An Versmaßen gelangen Distichen, lyrische Maße, besonders aber Hexameter zur Anwendung.

BEUSSEL betont wiederholt: Nicht die falschen heidnischen Götter und die Gestalten der Antike wolle er besingen, sondern die christlichen Heilstatsachen; über dieser guten Absicht möge man manche Unebenheiten im Ausdruck und Verstöße in der Metrik entschuldigen. ELLINGER hat darauf aufmerksam gemacht, daß dieser Kampf gegen das heidnisch klassische Altertum an ähnliche Bestrebungen des jüngeren PICO DELLA MIRANDOLA erinnert und BEUSSEL auch als Vorläufer mancher Versuche späterer Neulateiner angesehen werden kann. Im übrigen stand BEUSSEL mit seiner Haltung nicht vereinzelt. MATTHIAS FUNCK aus Haynau schrieb zu Einzeldrucken der in der ‹Musithias› vereinigten Stücke empfehlende Eingangsverse.

Wie höhnisch auf diese geistige Haltung BEUSSELS und sein Gemisch von mittelalterlicher und humanistischer Latinität und Formenwelt fortschrittliche Humanisten des Erfurter Kreises reagierten, ersieht man aus den ‹Dunkelmännerbriefen›, und zwar dem Schreiben des Magisters Johannes Hipp an ORTWIN GRATIUS (I, 17), wo die Vertreibung des JOHANNES RHAGIUS AESTICAMPIANUS aus Leipzig geschildert wird: das Buch des TUBERINUS ist dreimal so groß als VERGILS sämtliche Werke; er verteidigt die heilige Kirche und tadelt die heidnisch-weltlichen Poeten; die Gedichte sind so gut wie die Gedichte VERGILS; die Artistenfakultät habe

beschlossen, den bis dahin in den Vorlesungen erklärten TERENZ abzu-
schaffen und dafür die ‹Musithias› zu lesen und zu interpretieren. BEUSSEL
war später kaiserlicher Hofkaplan und heftiger Gegner der Reformation.
Die Einwirkung des Humanismus auf die Klöster zeigt der aus Nördlingen stammende KONRAD REITTER, 1509 bis 1540 Abt zu Kaisersheim,
mit seiner Gedichtsammlung ‹Mortilogus› (1508): Der Tod tritt als Frau
auf und wird in volkstümlicher Art seiner Unbarmherzigkeit wegen angeklagt.

Zur religiösen Lyrik gehört auch das lyrische Schaffen des BENEDICTUS
CHELIDONIUS, SCHWALBER († 1521). Seit den 70er Jahren Mönch im re-
formierten Schottenkloster St. Aegidien zu Nürnberg, stand er ALBRECHT
DÜRER und WILLIBALD PIRCKHEIMER nahe; von 1514 an lebte er als Abt
des Schottenstiftes in Wien. Seine in der letzten Nürnberger Zeit entstandene Lyrik zeigt inhaltlich die Zusammenhänge mit der spätmittelalterlichen Mariendichtung und Passionsliteratur, formal die Anschlüsse an
die humanistische Dichtung Italiens. Anlaß zur Entstehung der Dichtungen waren die Bilderzyklen ‹Marienleben›, ‹Kleine› und ‹Große Holzschnittpassion›, die DÜRER 1511 in Buchform herausgab und mit lateinischen Dichtungen versehen haben wollte: ‹Epitome in divae parthenices
Mariae historiam›, ‹Passio Christi›, ‹Passio domini nostri Jesu›. Die Texte
des CHELIDONIUS stehen zumeist auf den Rückseiten der einzelnen Holzschnitte DÜRERS.

Das ‹Marienleben› ist eine Folge von 19 Gedichten von je 12 elegischen
Distichen. Sie behandeln im Anschluß an die spätmittelalterliche Marienleben-
Dichtung die Hauptphasen im Leben der Gottesmutter: Eltern, Geburt, Mutter
Christi, Tod und Aufnahme in den Himmel. Die ‹Passio Christi› oder ‹Kleine
Holzschnittpassion› besteht aus 36 durchschnittlich 20 Verse umfassenden Gedichten in verschiedenen Versmaßen, weiters aus den vier Versen des Titel-
blattes, sowie einem Widmungsgedicht an PIRCKHEIMER. Die ‹Passio› berichtet
in fortlaufender Erzählung Sündenfall, Menschwerdung, Leiden und Verherrlichung Christi. Eine zweite Versifizierung der Leidensgeschichte sind die Texte,
die CHELIDONIUS für die Ausgabe von DÜRERS ‹Großer Holzschnittpassion› beistellte. Die Texte sind in Form einer epischen Erzählung in Hexametern abgefaßt. Als Vorlage dienten die Passionsgedichte der Italiener DOMINICUS
MANCINUS (ausgeh. 15. Jh.), BAPTISTA MANTUANUS, HIERONYMUS PADUANUS
(† 1443) in Verbindung mit dem frühchristlichen ‹Paschale carmen› des SEDU-
LIUS (5. Jh.).

Die Gedichte des CHELIDONIUS können mit den bildlichen Darstellun-
gen DÜRERS nicht konkurrieren, sind jedoch besser als ihr allgemeiner
Ruf. CHELIDONIUS war kein Dichter von Rang, aber man sieht an dem
Nebeneinander doch auch die Ausdrucksmöglichkeiten von bildender
Kunst und Sprachkunst zu Beginn des 16. Jahrhunderts.

Liebesdichtung pflegte BALTHASAR KITTEL, Magister in Leipzig. Wie
tief die Ausläufer dieser Übergangsliteratur in das 16. Jh. hineinreichen,
zeigt HENNING PYRGALLIUS (FEUERHANE) mit seiner antireformatori-

schen Scheltrede für HIERONYMUS EMSER (1523) und einem umfangreichen Gedicht an Herzog GEORG VON SACHSEN (nach 1530).

Diesen Vertretern des Überganges in der Geistesverfassung und im
Sprachgebrauch ähnlich erscheinen noch viele der *älteren Humanisten*.
Auch sie sind streng kirchlich gesinnt und pflegen den Mariendienst und
die Heiligenverehrung; das Altertum zieht sie an, aber es gelingt ihnen
noch nicht, von der Spätscholastik völlig loszukommen. Dieses Schwan-
kende und Zwiespältige zeigt vorab der oberrheinische Humanistenkreis,
der von Basel ausging und im Elsaß sein Zentrum fand. Bei SEBASTIAN
BRANT (vgl. S. 580ff.) zeigen die lateinischen Gedichte eine ganz ähnliche
Sinnesart wie das deutsche ‹Narrenschiff›. Auch BRANTS lateinische Gedichte sind von den beiden Elementen seines Denkens, dem religiösen
und dem patriotisch-nationalen, beherrscht: der ‹Rosenkranz› (1480) und
die ‹Carmina varia› (Basel 1498). Doch ist in seinen Händen die lateinische Sprache ausdrucksfähiger als die deutsche. BRANT an dichterischer
Begabung unterlegen zeigt sich JAKOB WIMPFELING (vgl. S. 495ff.) in seinen lateinischen Versen, die mit elegischer Liebesdichtung beginnen und
sich der patriotischen und Marien-Dichtung zuwenden. HIERONYMUS
GEBWILER sah in der ‹Panegyris Carolina› (1521) mit der Thronbestei-
gung KARLS V. ein goldenes Zeitalter anbrechen und wurde bald darauf
ein Gegner der Reformation. Stärkere Begabung bekundet MATTHIAS
RINGMANN PHILESIUS (vgl. Kap. I, 3 b). Seine Gelegenheitsgedichte lassen
einen liebenswürdigen, fröhlichen, humorvollen und heimatverbundenen
Menschen erkennen. Hinter RINGMANN zurück trat THOMAS VOGLER
(† 1532), doch zieht ein Panegyricus an ERASMUS Interesse auf sich.

Den Elsässern stand nahe ADAM WERNER VON THEMAR, Professor in
Heidelberg und Jurist in Worms, dessen nur handschriftlich überlieferte
Gedichte der ersten Hälfte seines Lebens angehören. Darunter befindet
sich auch eine Ode an die von CELTIS verehrte Polin Hasilina. Mit WER-
NER befreundet war DIETRICH GRESEMUND D. J. Mit WIMPFELING verbunden war ENGELHARD FUNCK, SCINTILLA (ca. 1450–1513) aus Schwabach
in Franken, seit etwa 1480 angesehener Anwalt in Rom, von etwa 1500
an wieder in Deutschland, hier Dechant am Neuen Münster in Würzburg.
Seine beweglichen Arbeiten, Gelegenheitsdichtung, Erotik, Religiöses, Patriotisches, kleiden allgemein humanistisches Gedankengut ein und atmen
Lebensfreude und Sinn für Behaglichkeit. Aus den Gedichten geht hervor,
daß er sich in den vornehmsten Kreisen Roms bewegte. Besonders nahe
stand er dem Kardinal GIOVANNI ANTONIO DI SAN GIORGIO. In Deutschland interessierte sich für FUNCKS Dichtungen WILLIBALD PIRCKHEIMER.

Die westfälischen und niederrheinischen älteren Humanisten sind in
den religiösen Grundanschauungen kaum viel von den Elsässern unterschieden, doch geben sie sich etwas freier und haben eine wirklich bedeutende Erscheinung unter sich. Am Anfang stand RUDOLF VON LANGEN.

Seine Lyrik ist vorwiegend religiös. Der christliche PRUDENTIUS galt ihm mehr als SAPPHO und HORAZ. Bei einem Gedicht mit guten Wünschen für einen nach Rom reisenden Freund findet sich anscheinend zum erstenmal in Deutschland der Gattungsname ‹Propempticon›. Doch fällt es ihm schwer, seine tiefen Gefühle in Worte zu fassen. Am frühesten fand die deutsche Lyrik des 16. Jhs. den zutreffenden Ausdruck für Familienempfindungen. LANGEN wurde überragt von RUDOLF AGRICOLA (vgl. S. 490ff.). Nur zum Teil entsprechen seiner dominierenden Gestalt und Persönlichkeit die dichterischen Werke. Auch bei ihm wog das Religiöse vor, dann kommen Freundschaftsgefühle und humanistisches Gedankengut. In einem Trauergesang auf den Grafen MORITZ VON SPIELBERG kommt der Drang nach Allwissen und die Sehnsucht des Zeitalters nach dem Schauen «aller Wirkenskraft und Samen» zum dichterischen Ausdruck. Auch bei ALEXANDER HEGIUS wird die dichterische Leistung vom Persönlichen überhöht. Seine Gedichte wurden 1503 gesammelt. Er wollte damit vor allem bessern und bekehren. Klassisch Antikes verbindet sich mit Anschauungen der Brüder vom gemeinsamen Leben. Schüler des HEGIUS war JOHANNES MURMELLIUS. Sein lyrisches Schaffen ist in geistlichen Gedichten und in den zwei Sammlungen ‹Eklogen› (Münster 1507) und ‹Vier Bücher moralischer Elegien› (Köln 1508) niedergelegt. Die Elegien behandeln im ersten Buch die unglückliche Anlage der Menschennatur und die daraus resultierenden Leiden, im zweiten Buch die Hoheit und Würde des Menschen; der Inhalt der beiden letzten Bücher ist mit dem Titel ‹Die zwölf Waffen im geistlichen Kampfe› angedeutet. Die Eklogen sind weder Hirtengedichte noch Dialoge, sondern Sermoncharakter tragende Ansprachen und Briefe an Freunde. Von den Freunden des MURMELLIUS feierte JAKOB MONTANUS in seinem ‹Liber odarum spiritualium› (1513) die Geschehnisse der christlichen Feste und das Leben von Aposteln und Heiligen. In den Gedichten des lehrbegabten BARTHOLOMÄUS ZEHENDER aus Köln wird der Friese THEODORICH ULSENIUS besonders gerühmt. Dieser war Mediziner und stand zahlreichen Humanisten wie CELTIS u. a. nahe. Von den Dichtungen ZEHENDERS selbst sind eine ‹Silva carminum› (1491 u. ö.), mit bemerkenswerten Gedichten über einen Weinschwelg, und die Elegien ‹Die sieben Schmerzen der Jungfrau Maria› (1518) erwähnenswert. Schon weit in das 16. Jh. hinein ragt der Luxemburger BARTHOLOMAEUS STEINMETZ, LATOMUS (1485–1570). Sein Trauergedicht auf den Tod Kaiser MAXIMILIANS I. verbindet Bericht und Charakteristik. Im deutschen Osten, in Preußen, wirkte CHRISTOPHORUS VON SUCHTEN (1476/77–1519). Sein ‹Erstes Buch der Epigramme› (1505) enthält außer Sinngedichten auch Lyrisches. Nach dem Osten gehören auch KOPERNIKUS und CORVINUS.

GEORG ELLINGER führt unter den Lyrikern des älteren Humanismus auch NIKOLAUS KOPERNIKUS (1473–1543) als Verfasser eines religiösen

Odenzyklus an. Von polnischer Seite (G. KROKOWSKI) wurde 1926 diese Autorschaft bestritten. Der Zyklus trägt den Titel ‹Septem sidera›, d. i. Siebengestirn. Sein Verfasser war von kindlicher Gläubigkeit und schlichter, tiefer Frömmigkeit erfüllt.

Es sind sieben Oden in asklepiadeischem Versmaß, in denen die Geheimnisse der Kindheit Jesu in ihrem lyrischen Gehalt erfaßt werden: die Hoffnung auf den Messias, die Zeit unmittelbar vor dem Erscheinen, Geburt, Beschneidung und Namengebung, die Weisen aus dem Morgenlande, die Darstellung im Tempel, der zwölfjährige Jesus unter den Schriftgelehrten. Alles ohne Übertreibung, aber mit innerer Bewegung und dramatischer Kraft dargestellt. Der Autor erzählt, indem er das von Christus zu bringende Zeitalter erschaut, daß dann der Hirt tausend dürstende Schafe aus einer Quelle tränken werde. Diese poetische Vorstellung wird ihm zum Symbol für die Persönlichkeit. Gerne bedient sich der Dichter der Anrede: er spricht zu den Völkern, die das Kommen des Messias erwarten, und eröffnet ihnen die Aussicht auf ein goldenes Zeitalter; er fordert die Menschen auf, zu dem Kind in der Krippe zu eilen und sich Rettung und Heil zu sichern; er denkt sich in die Rolle eines Gefährten Simeons hinein; er wandelt die Geschichte des zwölfjährigen Jesus im Tempel zu einem Dialog zwischen den Unschuldigen Kindern und Jesus um.

Ebenfalls geistig noch altkirchlich gebunden erscheint das lyrische Schaffen von LAURENTIUS CORVINUS (ca. 1462–1527) aus Neumarkt in Schlesien. Während seiner Studien in Krakau trat er CELTIS nahe; später war er Lehrer in Schweidnitz, dann in Breslau, wo er auch Notar und Stadtschreiber wurde. Nach Ausbruch der Reformation schloß er sich ihr an und beteiligte sich an der Einführung in Breslau. Die der Poetik ‹Carminum structura› (1496) beigegebenen eigenen Musterbeispiele sind frische, von Liebe zur Natur erfüllte lyrische Ansätze. Die Nachbildung von Motiven der neulateinischen Liebeslyrik Italiens ist unverkennbar. Eine zweite, größere Sammlung der Gedichte (1516) – sie sind einer prosaischen Darstellung, einem Dialog, eingereiht – zeigt CORVINUS als Künder himmlischer Liebe und als Berater und Wegweiser. Dialog und Gedichte stehen in engem Zusammenhang mit der Geisteswelt des Florentiner Neuplatonismus und sind Vorläufer der religiös-pädagogischen Lyrik der späteren Neulateiner. Eine dritte Gedichtsammlung (1521) schließt gedanklich an den zweiten Zyklus an und enthält eine Reihe Hymnen über die Leidesstationen Christi. Zur höfischen Gelegenheitspoesie gehört eine Elegie von 1518 und eine Elegie, die von der Heimreise aus Thorn erzählt (1509). Die letztere erschien in einer Schrift des KOPERNIKUS und versucht, das Wirken des großen Astronomen in seinen Grundzügen festzuhalten.

Nach Böhmen gehört BOHUSLAUS VON LOBKOWITZ UND HASSENSTEIN (1462–1510), in Italien gebildet, mit deutschen Humanisten wie PETER SCHOTT und CELTIS befreundet; als Aristokrat lebte er auf seinen Gütern der Wissenschaft und Dichtkunst. Eine große Orientreise führte ihn nach Palästina, Nordafrika, Griechenland, Kleinasien. Seine Dichtungen befassen sich mit den Zuständen in Böhmen. In einer Satire führt er den böhmischen Adel vor. Der dumpfe Haß der Armen und Unterdrückten gegen die Besitzenden wird betont. Einiges ist an König LADISLAUS gerichtet, anderes wendet sich an St. WENZEL, den Schutzheiligen Böhmens. Im Religiösen schimmern Sympathien für den Hussitismus durch, ansonsten ist er rechtgläubiger Christ und pflegt ein besonders inniges Verhältnis zur Gottesmutter Maria. Unter seine Sünden zählt er auch die Lieblingsneigung, die Beschäftigung mit dem klassischen Altertum. Die Freundschaftsgedichte richten sich an BERNHARD ADELMANN VON ADELMANNSFELDEN, JOHANNES IODOCUS STURNUS, HIERONYMUS BALBUS. Eine Elegie wurde auf dem Wege zu den Ruinen von Troja gedichtet. Ein Gedicht befaßt sich mit dem toten MATTHIAS CORVINUS unter den Geistern der Hölle.

Vom oberrheinischen Zweig des älteren Humanismus ging JAKOB LOCHER (1471–1528) aus. Er war ein Schüler SEBASTIAN BRANTS. Später gewann er durch CELTIS eine freiere Richtung. In Bologna genoß er den Unterricht des älteren BEROALDUS und des CODRUS URCEUS. In Padua hörte er den MARCUS MUSURUS und JOHANNES CALPHURNIUS, in Pavia LAURENTIUS ROSSUS und BAPTISTA PIUS. LOCHERS Lyrik steht daher besonders anfangs in der Einwirkung italienischer Dichter zweiten und dritten Ranges. Noch dem italienischen Aufenthalt gehören LOCHERS Liebesgedichte an, sechs größere ‹Elegien an Panthia› (beigedruckt dem Drama ‹De rege Franciae›). Mehr eigene Züge trägt LOCHERS individuelle Dichtung, wie die sog. ‹Geharnischten Sonette›, eine Reihe erotischer, politischer und polemischer Gedichte. Von den religiösen Produkten wendet sich das ‹Rosarium Celestis Curie› (1499), ‹der Rosenkranz der himmlischen Schar›, in elegischen Gedichten an die Objekte der Andacht. Die vaterländische Lyrik teilt die allgemeine Begeisterung für MAXIMILIAN I., besonders in den in Verbindung mit der Dichterkrönung verfaßten ‹Panegyriken an den König› (1497). Stofflich bemerkenswert ist ein ‹Lob der Armut› und ein Epodion ‹Der Tod Plutos und der übrigen falschen Götter›, in dem dargetan wird, daß mit dem Sturze des Heidentums das goldene Zeitalter angebrochen sei. LOCHER verwendet die klassischen Versmaße, wie das elegische Distichon, die sapphischen Metren und das phalaikische Hendekasyllabon mit Eleganz und Sicherheit.

Die lyrischen Leistungen des Fazetiendichters HEINRICH BEBEL bestehen ebenfalls zuerst aus religiösen Dichtungen: Marienliedern, Umdichtungen von Heiligenlegenden; in einem ‹Liber hymnorum in metra noviter redactorum› (1501), gewidmet dem Bischof von Augsburg FRIEDRICH VON ZOLLERN, bemüht sich BEBEL, die alten Kirchengesänge sprachlich und formal zu reinigen. Dann sind in der Liebesdichtung Dinge bemerkenswert wie eine sapphische ‹Ode an den Morgenstern›, die in der Art eines Tageliedes gehalten ist, oder die Ode ‹Lob des Bacchus›. Innerhalb der patriotischen Gedichte steht MAXIMILIAN I. im Vordergrund: Wie

CELTIS feiert BEBEL den Sieg des Kaisers in der Böhmenschlacht 1504 in einem Preislied und in einer Eklöge. In dieser, in vergilischer Form gedichteten ‹Ecloga triumphalis de victoria Caesaris Maximiliani contra Bohemos› (1504), erzählen die Hirten Lycidas und Faustulus ihren Gefährten vom Sieg des Kaisers. Eine Elegie läßt Germania ihre Kinder ermahnen, die inneren Fehden und Bürgerkriege aufzugeben und die Kräfte für den Kampf gegen die Türken nutzbar zu machen. Auch die württembergischen Verhältnisse lieferten dem Poeten Stoffe. Anziehend ist BEBEL noch heute in persönlichen Bekenntnissen.

Infolge der Pest floh er 1502 aus Tübingen in das heimische Gebirgsdorf. In einer Elegie erzählt er, wie er dort den Bauern aus der Naturgeschichte des PLINIUS Ratschläge über die Bodenbestellung erteilt, ihnen Wetter und Wind voraussagt und die Erscheinungen und Geheimnisse des gestirnten Himmels erklärt; wie er Heilkräuter sammelt, auf die Jagd geht, in einer Spinnstube deutsche Lieder für die Bauernmädchen ersinnt.

BEBEL hat auch das Volkllied ‹Ich stond an einem morgen gar haimlich an aim ort› in lateinische Distichen ‹Tempore quo coniunx Tithonum mane reliquit› übertragen (1507).

3. Die humanistische Lyrik der Blütezeit

Vollständig ausgebildet erscheint die humanistische Richtung in der *Lyrik der Blütezeit des deutschen Humanismus*. Bei WIMPFELING ebenso wie bei HEGIUS und ihrer Umgebung löste sie sich erst allmählich aus ihrer spätmittelalterlichen Umhüllung. Eine scharfe Grenze jedoch zwischen dem älteren Humanismus und der Blütezeit läßt sich nicht ziehen, die beiden Phasen sind noch vielfädig miteinander verbunden.

An Persönlichkeiten, bei denen das lyrische Schaffen das Wesentliche oder wenigstens einen Hauptteil ihres literarischen Werkes ausmacht, sei als erster der aus dem fränkischen Bauerntum stammende Erzhumanist KONRAD CELTIS charakterisriet: seine Erlebnisdichtung zunächst in Form von Elegien, dann als weltliches Kunstlied im Anschluß an HORAZ und die Epigramme. Dem Schülerkreis des CELTIS in Wien mit JOACHIM VON WATT anzuschließen sind der Schweizer HEINRICH LORITI GLAREANUS und der Niedersachse JOHANNES HADEKE. Der deutsche Westen und Italien prägten HERMANN VON DEM BUSCHE. Bei ihm finden sich ebenfalls die elegische Gattung, aber auch religiöse Stimmungen, die sapphische Ode, das lyrische Epigramm, die Invektive in Form des Sinngedichtes, Gelegenheitspoesie. Aus der fränkischen Reichsritterschaft kommt ULRICH VON HUTTEN. Von RHAGIUS AESTICAMPIANUS in der Poetik und Rhetorik geschult, entfaltet sich seine Lyrik von den Klagegedichten gegen die LÖTZE zum politischen Gedicht, der didaktischen Dichtung, den Epigrammen an den Kaiser bis zum berühmten Reiterlied vom Jahre 1521; das Lateinische geht über in die Volkssprache. Im Urteil vieler Zeitgenossen als besonders großes dichterisches Talent angesehen ward der aus Schlesien stammende KASPAR URSINUS VELIUS. Er produziert Gelegenheitspoesie und Preislieder und pflegt den poetischen Brief, das Epigramm und das Zeitgedicht.

a) Das lyrische Werk des Konrad Celtis; sein Schüler- und Freundeskreis. Hermann von dem Busche

Auf seinem Sterbebild, das KONRAD CELTIS 1507/08 nach eigenen Anweisungen von HANS BURGKMAIR in Holzschnitt anfertigen ließ, sind auch die Hauptwerke abgebildet, die ihm «nachfolgen» sollten: zuoberst die ‹Germania illustrata› mit vier Büchern, darunter die ‹Vier Bücher Amores›, ‹Acht Bücher Epigramme›, ‹Vier Bücher Oden›. Die Darstellung Deutschlands ist uns nur im Plan und in Teilen bekannt, die vier Bücher Liebesgedichte hat CELTIS 1502 veröffentlicht, die unvollendeten Oden wurden nach dem Tode des Verfassers von THOMAS RESCH herausgebracht, von den Epigrammen hat fünf Bücher erst die neuere wissenschaftliche Forschung ediert. Die drei letzteren Werke bekunden, daß CELTIS (vgl. S. 522ff.) nicht nur Lehrer der Poetik und Rhetorik, Programmatiker, Organisator und Kulturgeograph war, sondern vor allem lyrischer Dichter.

Die ‹Quattuor libri Amorum secundum quattuor latera Germaniae› (Nürnberg 1502) sind die poetische Frucht der Erlebnisse während der zehnjährigen Wanderzeit des Dichters 1487 bis 1497. CELTIS selbst nennt die vier Bücher Liebeselegien ein ‹Vorspiel› zur ‹Germania illustrata›, d. h. er betrachtet sie als vaterländische Liebesdichtung auf topographischer Grundlage. Die Idee dazu ist wohl angeregt durch die Dichtungen des TITO VESPASIANO STROZZI. Doch was hat CELTIS aus dieser Anregung durch Hinzugabe von Persönlich-Biographischem und ideellen Elementen gemacht! Die ‹Amores› gelten mit Recht als das lyrische Hauptwerk des CELTIS. Die Kaiser MAXIMILIAN gewidmete Ausgabe enthält außer den vier Büchern Liebeslyrik die ‹Norimberga›, die ‹Germania generalis›, das Gedicht auf den HL. SEBALD 1495 und den ‹Ludus Dianae›. Die ‹Amores› sind dem Inhalt nach deutsche biographische Dichtung des späten Mittelalters, formal aber abhängig von antiker und italienischer Lyrik. Aus dem gesellschaftlichen Dasein eines Wanderpoeten besingt CELTIS die Freuden und Leiden einer ‹niederen Minne›. Wir haben vor uns: vier kleine in sich geschlossene Liebesromane, zyklisch verbunden in wohlüberlegtem symbolisch-allegorischem Aufbau.

Das Verständnis hiefür erschließen die beigegebenen Holzschnitte von DÜRER und aus der Schule WOHLGEMUTS. Der erste trägt in der Hauptsache Titel und

Angaben über den Schauplatz: die Städte Krakau, Regensburg, Mainz, Lübeck in ihrer gegenseitigen Lage und ihren Beziehungen zur Tages- und Lebenszeit. Auf dem zweiten überreicht CELTIS dem Kaiser das Buch, der dritte (von DÜRER) stellt die *Philosophie* in ihrer dreifachen Bedeutung gemäß den Anschauungen der Florentiner Neuplatoniker dar. Darunter stehen folgende Verse:

> Die Griechen heißen mich Sophia, die Lateiner Sapientia.
> Die Aegypter und Chaldäer haben mich erfunden, die Griechen
>   aufgezeichnet,
> Die Lateiner übertragen und die Deutschen vermehrt.

Am oberen Bildrand weisen vier Medaillons hin auf die entsprechenden Philosophen: PTOLEMAEUS, PLATON, ein Römerkopf für CICERO und VERGIL, ALBERTUS MAGNUS. Zwei Distichen drücken die allumfassende Macht der Philosophie und zugleich das neue Streben nach freier Erkenntnis um den Zusammenhang der Welt und den Entschluß aus, bis zu den letzten Quellen der Natur vorzudringen. Vier weitere Holzschnitte sind als Titelbilder zu den vier Büchern gedacht und versuchen, den jeweiligen Charakter des Buches zusammenzufassen. Im Mittelpunkt steht immer der Dichter mit einer der vier Geliebten im jeweiligen landschaftlichen Rahmen und in den Beziehungen zu Umwelt und Jahreszeit. An den Rändern sind geographische Entfernungsbestimmungen und ein Novenarium angegeben, das die neunfache Bedeutung der Zahl Vier abhandelt: Jahreszeit, Lebensalter, Tageszeit, Wind, Komplexion, Tierkreiszeichen, Temperament, Element und Farbe. Danach sind die vier Bücher aufgebaut: dem Lauf der Sonne nach geht ihre Reihenfolge von Osten über Mittag und Westen gegen Norden. Über die Darstellung der Wanderfahrten des Dichters durch Deutschland soll auch der Ablauf eines Jahres in der Natur und symbolisch damit der eines Menschenlebens gegeben werden. Vom Frühlingsmorgen im Osten an der Weichsel wandert der Dichter nach dem Süden in die Sommerschwüle und Mittagsstimmung an die Donau, zum herbstlich gelben Abend am Rhein und zu der kalten Winternacht an die Küste des Nordmeeres. Im ersten Buch ist er ein Jüngling, im zweiten ein junger Mann auf der Höhe des Lebens, im dritten hebt das langsame Abklingen der Jugendkraft an, bis er im vierten als Greis sein Leben überschaut und Abschied nimmt. Mit der Darstellung der vier Lebensalter ist eine Darstellung der vier Temperamente und ihrer Herrschaft über das Menschenleben verbunden. Innerhalb der vier Bücher ist die Anordnung meist so, daß eine der ersten Elegien unter Weiterführung des Motivs der Jahreszeit die Reise in das Land der Geliebten schildert und den Kern des Buches die Liebeserlebnisse bilden. Das Schlußgedicht ist immer beschreibend (in den ersten drei Büchern die Weichsel, die Donau, den Rhein, im vierten die Seereise nach der Insel Thule). Die erste Liebe (um 25 Jahre) zur Polin Hasilina steht unter dem Einfluß des sanguinischen Temperamentes, die zweite (um 30) zur Regensburgerin Elsula unter dem cholerischen, die dritte (um 35) zur rheinischen Ursula unter dem phlegmatischen, die vierte (um 40) zur Lübeckerin Barbara ist beherrscht vom melancholischen Temperament.

Mit der in den ‹Amores› gewiß einen sehr großen Raum einnehmenden sinnlich-irdischen Liebe ist der platonische ‹Amor philosophiae› vereinigt, die Liebe als kosmisches Prinzip, die alles beseelende und durchdringende Macht. Daneben und darüber hinaus stehen das Landschaftliche, Reisebilder, Naturerscheinungen, Land und Leute, die höchsten Fragen der Menschheit nach dem Zusammenhang von Gott und Welt und nach der

Entstehung des Lebens. Auf seinen Wanderungen ist für CELTIS Deutschland lebendige Wirklichkeit geworden.

Am Schluß der Widmungsvorrede zu den ‹Amores› an Kaiser MAXIMILIAN I. sagt CELTIS: «Reliquas panegyrici nostri partes in praefationibus librorum Odarum nostrarum et Centepigrammaton brevi accoepturus». Leider vermochte der Dichter seine Vorhaben nicht mehr zum Abschluß zu bringen und dieses Versprechen selber zu erfüllen. Die Bücher der Oden gab sein Schüler und Freund THOMAS RESCH (VELOCIANUS) erst fünf Jahre nach dem Tode des CELTIS heraus. Die Epigramme blieben überhaupt bis zur Ausgabe durch HARTFELDER (1881) in den Handschriften verborgen.

Die unvollendet gebliebenen, posthum erschienenen ‹Libri Odarum quattuor› (Straßburg 1513) sind in Entstehung, Aufbau und Gehalt ähnlich wie die ‹Vier Bücher Amores›. Unmittelbares Vorbild war hier HORAZ. Doch geben sich die Oden als weltliche Kunstlieder hoher Form. Lebensart und Weltbetrachtung treten stärker hervor als in den ‹Amores›. Der landschaftliche Hintergrund der einzelnen Bücher ist aber der gleiche. Ebenso sind den vier Frauengestalten der ‹Amores› in jedem Buch einige Oden gewidmet. Großenteils sind es auch die gleichen Erlebnisse. Nur sind in die Oden die verschiedenartigsten Gedichte eingegangen: Oden an die Freunde, an Götter und Heilige, philosophische Gedichte, Liebesgedichte, politische und zeitgeschichtliche Oden, polemische und satirische Stücke.

Bereits in jungen Jahren war CELTIS sich darüber klar, an einer Wende der Zeiten zu stehen, und ruft unter dem Bild des wiedererwachenden Lebens im Frühling den Kaiser zu einer Erneuerung des Reiches und der Welt auf. In MAXIMILIAN, glaubt er, wird alle Hoffnung sich erfüllen: die Wiedergeburt auf religiös-sittlichem Gebiet, in den Künsten und Wissenschaften, auf nationalem und politischem Gebiet. Das Beispiel früherer Jahrhunderte soll das Volk aufrütteln, damit es sich auf seine von den Vorfahren ererbte Kraft besinne und ein freies starkes Imperium deutscher Nation schaffe.

Von den auf dem Sterbebild dargestellten ‹Acht Büchern Epigramme› hat nach einer Handschrift der Stadtbibliothek in Nürnberg KARL HARTFELDER ‹Fünf Bücher› mit 450 Gedichten herausgegeben und am Schluß Epigramme aus anderen Schriften von CELTIS hinzugefügt. Eine vollständigere Handschrift fand jüngst DIETER WUTTKE in der Landesbibliothek zu Kassel. Sie enthält fünf Bücher zu je einhundert Epigrammen und das Fragment eines sechsten Buches, ist vom Amanuensis des Celtis JOHANNES ROSENBERGER geschrieben und durchsetzt mit Korrekturen und Ergänzungen des CELTIS. Von den kurz vor dem Tode des Dichters genannten acht Büchern Epigramme waren demnach 1500 anscheinend fünf Bücher fertiggestellt und sollten in diesem Umfang 1501/02 ungefähr gleichzeitig mit den ‹Amores› gedruckt werden. Doch dazu kam es nicht. Der Entdecker der Kasseler Handschrift bereitet eine kritische Neuausgabe des Erhaltenen vor. CELTIS wurde zu seiner umfangreichen Epigrammendichtung allem Anschein nach angeregt durch seinen Lehrer RUDOLF AGRICOLA, durch die antike Gattung und italienische Renaissance-Erzeugnisse. Er faßte den Umfang des Begriffes sehr weit und subsumiert ihm: Aufschriften, Distichen, kurze Würdigungen von Geschehnissen, Persönlichkeiten und Taten, Empfindungen, Erotisches, Anekdoten etc.; aber auch die beißende Schärfe oder die witzige Pointe sind vielen Epigrammen nicht fremd. Thematisch enthält das Vorhandene eine Fülle von Beziehungen zu namhaften Zeitgenossen und beleuchtet in anschaulicher Weise Leben, Tun und Wollen des Dichters und seiner Gesinnungsfreunde.

Nach dem Tode des CELTIS bestand der um ihn gescharte *Schüler- und Freundeskreis in Wien* noch ein Zeitlang weiter. Ihm gehörten u. a. an JOHANNES PINICIANUS, Dichter von Oden und Eklogen, und JOACHIM VADIAN, WATT (1484–1551) aus St. Gallen. WATT war seit 1501 Schüler des CELTIS, später dessen Nachfolger, 1518 kehrte er in seine Schweizer Heimat zurück. Seine lyrischen Jugendversuche, gesammelt in den ‹Minusculae poeticae› (Tübingen 1512), ‹Kleine Proben der Dichtkunst›, sind bisher in keinem Exemplar gefunden worden. Die bekannte Lyrik WATTS ist über verschiedene Drucke und Ausgaben verteilt. In der Gedächtnisschrift für ARBOGAST STRUB († 1510) steht neben Eulogien und Epitaphien ein längeres poetisches Streitgespräch WATTS mit dem Tode. Andere Editionen enthalten ein Encomion für KONRAD CELTIS, Gedichte für PAUL HOFHAIMER, eine auf Wunsch JOHANN ECKS verfaßte Grabschrift für GREGOR VON RIMINI, ein Scazon auf die Buchdruckerkunst. Religiösen Charakter trägt ein in Odenform gestalteter Osterhymnus (1511). Preislieder gelten FRIEDRICH III. und MAXIMILIAN. Andere Gedichte betreffen den Wiener Fürstentag 1515. An die spätmittelalterliche heraldische Dichtung gemahnt teilweise die sog. ‹Wappenelegie› WATTS (1515). Die Ekloge ‹Faustus› (Wien 1517) behandelt Wiener Verhältnisse in idyllischer Einkleidung.

Schweizer wie WATT war HEINRICH LORITI GLAREANUS (1488–1563), seit 1512 *Poeta laureatus,* ein Mann von großer Gelehrsamkeit, dabei urwüchsig, impulsiv, eigenwillig und streitsüchtig; HOLBEIN D. J. hat seine Züge im Bild festgehalten. GLAREANUS lehrte 1514–1517 Latein und Griechisch an der Universität Basel und in eigener, für Ausländer errichteter Burse und lebte im Kreise der Buchdrucker FROBEN und PETRI und des ERASMUS. GLAREANS Lyrik liegt hauptsächlich in den ZWINGLI gewidmeten ‹Duo Elegiarum libri› (Basel 1516) vor. Diese zwei Bücher Gelegenheitsgedichte richten sich im ersten Buch an Gönner und Freunde, im zweiten an Schüler. Wirklich lyrisches Empfinden zeigen die Elegie an den

Freund OSWALD MYCONIUS oder die Erzählung, wie ihn als zwölfjährigen Hirtenknaben Apollo und die Musen in ihre Dienste zogen. Die Gedichte des zweiten Buches tragen durchgehend mahnende Züge. Über die noch unedierten Gedichte GLAREANS läßt sich vorläufig nichts Genaueres sagen. Von Basel ging GLAREAN nach Paris, wo er mit JAKOB FABER STAPULENSIS Kontakt hatte, wirkte 1522–1529 wieder in Basel und, nachdem er mit seinen Freunden ZWINGLI, MYCONIUS, OEKOLAMPADIUS u. a. gebrochen, als Altgläubiger bis 1560 in Freiburg i. Br. Aus seiner Wirksamkeit als Erzieher und Lehrer entwickeln sich vielseitige wissenschaftliche Leistungen auf grammatisch-philologischem, musiktheoretischem, mathematischem und geographischem Gebiet.

Nach Studien in Leipzig, Wittenberg und Frankfurt a. d. O. kam über Greifswald, Rostock und Krakau 1515 der Niedersachse JOHANNES HADEKE, HADUS-HADELIUS, nach Wien. Hier wird er zum Dichter gekrönt und ist an der Universität als Lehrer tätig. Von HADUS sind zwei Sammlungen lyrischer Dichtungen bekannt: ‹Extemporales Camoenae› (Rostock 1516?) und ‹Elegiarum liber primus› (Wien 1518). Die meisten Gedichte knüpfen an einzelne Vorgänge, Erlebnisse und das Empfinden eines landfahrenden Lebens an. Unter den Gelegenheitsgedichten der ‹Kamoenen› ist bemerkenswert die Einladung an die studierende Jugend, nach Rostock zu ziehen, wo alle Wissenschaften aufs beste gepflegt werden. In dem Gedicht wird, bei den humanistischen Neulateinern ein singulärer Fall, für die echte Liebesdichtung bereits die Erlebnisgrundlage gefordert. Aus den Elegien gilt die Schilderung seiner Reise von dem pesterfüllten Frankfurt a. d. O. nach Breslau als eine der besten Leistungen humanistisch-neulateinischer Lyrik. Im Kreise des CORYCIUS in Rom verlieren sich die Spuren des begabten Mannes.

Die Lyrik des eigentlichen Vollenders der deutschen humanistischen Geisteswelt ERASMUS VON ROTTERDAM weist in den ersten poetischen Versuchen, so einer Ekloge und einer Ode, noch durchaus auf ALEXANDER HEGIUS zurück. Etwas spätere Oden bemühen sich, Freude an der Natur und religiöses Empfinden zum Ausdruck zu bringen. Eine rund hundert Strophen lange sapphische Ode feiert die Gottesmutter, ein anderes Gedicht behandelt die Wunderzeichen beim Tode Christi. Ein Lied auf die HL. GENOVEFA dankt für die wunderbare Heilung von einem Fieber. Auch bei den im ersten und zweiten Jahrzehnt des 16. Jhs. entstandenen lyrischen Dichtungen sind religiöse und persönliche Themen vorherrschend. Im Gesamtwerk des ERASMUS spielt die Lyrik nur eine untergeordnete Rolle.

Dagegen war in seinen Dichtungen hauptsächlich Lyriker HERMANN VON DEM BUSCHE (1468–1534) aus einem heute erloschenen schaumbergischen Adelsgeschlecht. Sein Verwandter RUDOLF VON LANGEN und ALEXANDER HEGIUS hatten ihm die Vorbildung vermittelt. In Heidelberg RUDOLF AGRICOLA und ein fünfjähriger Aufenthalt in Italien bedeuten die großen Erlebnisse seiner Jugend. Buschens erste Gedichtsammlung ‹Carminum, partim in Italiae urbibus, partim in patria contextorum libri duo› (o. O. u. J. [1491]) entstand z. T. in Italien, z. T. in Deutschland. Es sind meist elegische Stücke, die Religiöses, Patriotisches, Moralisches, Paränetisches enthalten; ein Grundzug ist das Heimatgefühl; des Pomponius Laetus als großen Lehrers wird gedacht. Vieles erinnert an die Denkweise des älteren Humanismus. Unter der Nachwirkung Langens steht auch die zweite Gedichtsammlung ‹Epigrammaton› (o. O. u. J. [1498]). Die religiöse Stimmung überwiegt; auch das Heimatgefühl kommt wieder zum Wort; neu sind beschreibende Elemente wie die große Rheinüberschwemmung und deren Folgen. Ähnlich wie Hegius, Langen und später Locher pflegte auch Busch die liturgische Dichtung. Sein ‹De saluberrimo fructuosissimoque dive virginis Marie psalterio Triplex Hecatostichon› (Leipzig 1503), ‹Dreiteiliges Hecatostichon über den heilsamsten und fruchtbringendsten Psalter der göttlichen Jungfrau Maria› erzählt die Geschichte der Gottesmutter mit besonderer Berücksichtigung der Passion. Dieser Art ‹Rosenkranz› nahe stehen eine Reihe weiterer ‹Epigramme› (Leipzig 1504, 1506 etc.) religiöser und lyrischer Art. Wiederholt wird betont, daß nur der Dichter imstande sei, dem Irdischen Ewigkeitsdauer zu verleihen. Nach seinem ersten Aufenthalt in Köln, 1495 bis gegen 1500, begann Hermann von dem Busche ein paar Jahre ein Wanderleben, bei dem er in Rostock in seinen ersten literarischen Streit verwickelt wurde und eine kleine Sammlung bissiger Spottgedichte ‹Oestrum› (Leipzig 1506) gegen Tilman Heuerling losließ. Der auch noch in den ‹Dunkelmännerbriefen› verulkte Professor hatte versucht, die Studenten von den Vorlesungen und humanistischen Doktrinen Hermanns von dem Busche abzuziehen. Nach kurzem Aufenthalt in Greifswald und Wittenberg verweilte der Dichter 1503/04 in Leipzig, wo er Rechtsstudien betrieb. Ein Gedicht zum Lobe der Stadt und der Universität betont als hohe Aufgabe der Verwaltung und des Regenten, Wissenschaft und Dichtkunst zu ehren. Ein besonderer Brief an den Rektor der Hochschule Martin Polich tritt für das Zusammenleben der Dichtkunst mit der Theologie ein. Während einer kurzen Rast in Wittenberg nahm Hermann von dem Busche Stellung für die römischen Klassiker, und zwar gegen den dort von Richard Sbrulius besonders gepriesenen zeitgenössischen christlichen Dichter Baptista Mantuanus. Ende 1507 gelangte er in Köln vorläufig zur Ruhe. Hier trug er bei der Maifeier 1508 vor der versammelten Universität sein großes Loblied ‹Flora› auf die Stadt Köln nach jonischer Melodie vor. Er dankt darin den Stadtvätern für die Erlaubnis zum Halten der Vorlesungen und verherrlicht das ‹heilige Köln›, das der Jugend alle Schätze Minervas biete, als die Stadt berühmter Theologen, Juristen, Redner, Mediziner, Astronomen, Dichter und Geschichtsschreiber. In einem ‹Sermo in celebri synodo ad clerum dictus› forderte er die Theologen auf zum Studium der heiligen Schrift und warnt sie vor den zwei gegenwärtigen Hauptübeln der Kirche, die geistige Bildung zu verachten und Reichtümer zu sammeln. Im *Pfefferkorn-Reuchlinschen Streit,* der sich bald zu einem Kampf auch um die Berechtigung des Humanismus erweiterte, stand HERMANN VON DEM BUSCHE zunächst auf seiten der Kölner Gruppe. Erst 1514 stellte er sich eindeutig zur Partei der Fortschrittlichen und lieferte neben CROTUS und HUTTEN Beiträge zu den ‹Epistolae obscurorum virorum›. Von Köln übersiedelte BUSCH nach Wesel, 1517 ging er zurück nach Köln. Von den späten Gelegenheitsdichtungen seien Epicedien auf WILHELM VON NEUENAR und JOHANNES MURMELLIUS (1518), sowie das ‹Hypanticon› (1520) zum Einzug des Pfalzgrafen GEORG als Bischof von Speyer genannt. In Köln veröffentlichte er eine Verteidigungsschrift für den Humanismus. Außer den erwähnten literarischen Arbeiten sind von HERMANN VON DEM BUSCHE eine große Anzahl ernster Gedichte erhalten, ferner Geleitepigramme, zahlreiche Ausgaben und Kommentare, Florilegien aus der Bibel, den Kirchenvätern und Klassikern.

b) Ulrich von Hutten

Man hat ein Gedicht HUTTENS als das einzige große deutsche Lied in der weltlichen Literatur zwischen WALTHER VON DER VOGELWEIDE und KLOPSTOCK genannt. Dieses Urteil ist oft nachgesprochen worden. Ob man mit dieser Wertung auch die Schlußfolgerung verbinden darf, HUTTEN als den bedeutendsten Lyriker innerhalb der auf WALTHER folgenden Zeiträume zu bezeichnen, ist eine andere Frage. HUTTEN war in seinem Wesen mehr eine rhetorische Begabung denn lyrischer Dichter. Wie in Kap. VI,3 näher ausgeführt ist, besteht sein literarisches Schaffen aus drei Perioden, von denen nur die erste eine poetische im engeren Sinne genannt werden kann. Das ‹Reiterlied›, dessen Schlichtheit, Echtheit im Klang und klares Gefühl durchaus nicht bestritten werden sollen, steht außerhalb dieser lyrischen Periode und isoliert neben rhetorisch-epistolographischen Produkten und den Dialogen, deren Formen HUTTEN wählte, um auszusprechen, was er zu sagen hatte.

Die Lyrik ULRICH VON HUTTENS setzt mit Jugendversuchen in den Jahren 1506/09 ein. Es sind meist Begleitgedichte zu den Publikationen seiner Lehrer und Freunde; hervor ragen je eine Elegie auf EOBAN HESSE und HERMANN TREBELIUS. Ein Wesenszug der Anfangsarbeiten ist das Wirken durch die Antithese. HUTTENS Persönlichkeit bricht voll durch erst in den zwei Büchern zorniger Elegien gegen die LÖTZE in Greifswald; zum Gegensätzlichen kommt die souveräne Beherrschung aller Kunstmittel der Rhetorik. HUTTEN hatte als Student in Greifswald bei dem Professor des Rechtes HENNING LÖTZ und dessen Vater, dem Bürgermeister WEDEG LÖTZ, Unterkunft, Bekleidung und Unterstützung gefunden.

Als er die Stadt verlassen wollte, ohne dafür Vergütung gegeben zu haben, ließen ihn die Gastgeber pfänden und Kleider und Bücher abnehmen. HUTTEN machte aus dieser Angelegenheit eine große Sache und verfaßte gegen die LÖTZE seine ‹Querelarum libri duo› (Frankfurt a. O. 1510). Jedes der beiden Bücher besteht aus zehn Elegien; vorangeschickt ist eine prosaische Zueignung an sechzehn Professoren der Universität Rostock, die jeder in einem besonderen Tetrastichon gefeiert werden.

HUTTEN klagt den Göttern, insbesondere dem leidenskundigen Christus, sein Unglück und fordert sie zur Rache auf für die verübte Untat, schildert die Freveltat und bittet Bekannte und Freunde um Hilfe; verklagt die LÖTZE bei ihrem Landesherrn; wendet sich an die eigenen Verwandten und gibt Auskunft über seine Abstammung, seine Persönlichkeit und seinen Lebensplan. Das zweite Buch beginnt mit einer Verteidigung seines guten Rufes, den Lossius-LÖTZ bedrohen, wendet sich weiter an Gönner, Bekannte und Freunde um Unterstützung, um in der Schlußelegie den Handel zu einer Angelegenheit des ganzen deutschen Humanismus zu machen, indem er die elegische Muse auf eine Rundreise schickt und in der Sache bei allen prominenten Anhängern der neuen Richtung in Deutschland einsprechen läßt.

HUTTEN verwendet in den LÖTZE-Klagen die Eloquenz als Mittel zweckbestimmten Handelns. Er sieht und erfährt, welche Wirkung das Wort und die Rede, gesprochen und gedruckt, auzuüben vermögen; er zieht alle Register, seine Beleidiger zu schrecken und zu verhöhnen. In Wittenberg bei dem Professor BALTHASAR FACHUS schrieb HUTTEN sein erstes theoretisches Werk, ein Lehrgedicht von der Verskunst ‹De arte versificandi› (1511), gewidmet den Brüdern JOHANN und ALEXANDER OSTEN.

Auf dem Wege nach dem Süden wandte sich HUTTEN nach Wien und kam hier unter den Einfluß des nationalgesinnten Humanismus. Mit dem politischen Gedicht ‹Mahnrede an Kaiser Maximilian, den Krieg gegen Venedig fortzusetzen› (1511) versuchte er eine Annäherung an den Kaiser. Sein politischer Wille war erwacht. Er zeigt sich noch deutlicher im Germanen-Gedicht ‹Warum die Deutschen gegenüber der Frühzeit noch nicht entartet sind› (1511). Eine patriotisch-deutsche Haltung verweist auf die Tüchtigkeit der Nation: die Großtaten der germanischen Vorfahren, die literarischen Künste, die kriegerischen Leistungen, die Erfindungen der Gegenwart; die seit CELTIS aktuelle Klage über das Fehlen einer deutschen Geschichtsschreibung wird wieder erhoben. Aus der ‹Germania› des TACITUS stammen die Kennzeichen für den deutschen Volkscharakter: Reinheit der Sitten und Mannhaftigkeit. Zeitlebens hält HUTTEN die deutsche Frühzeit seiner Gegenwart vor Augen. HUTTENS politischer Wille wird allmählich zu dem brennenden Verlangen, die eigene Person mit den großen politischen und geistigen Kämpfen der Zeit zu verbinden.

Von Wien trieb HUTTEN das Schicksal nach Italien: im Frühling 1512 ist er in Pavia, im Sommer in Bologna; aller Mittel bar, muß er Kriegsdienste nehmen. In dem ‹Buch der Epigramme an Kaiser Maximilian›

(1512/13) folgt HUTTEN dem Gang des Krieges um die Herrschaft über die Apenninenhalbinsel, mit Siegen und Niederlagen, Hoffnung und Furcht, Gewinn und Verlust, Schließung und Lösung von Bündnissen und trachtet, das Walten der Fortuna sowohl auf dem Gebiete des individuellen Lebens als auch ihre Macht im Völkerringen zu ergründen. Gegen Schluß des Büchleins richten sich die Epigramme wider den Papst JULIUS II., dessen kriegerische Tätigkeit, Sitten, Ablaß- und Bullenhandel und die Ausbeutung Deutschlands durch den päpstlichen Hof.

Als der Ritter 1513 nach Deutschland zurückkehrte, suchte er mit einem von EITELWOLF VON STEIN († 1515) angeregten Panegyrikus auf den jungen Erzbischof ALBRECHT VON MAINZ (1514) die Unterstützung des Kirchenfürsten, von dem HUTTEN hoffte, er würde Mainz zu einem Zentrum europäischer Bildung machen.

HUTTENS lyrische Dichtungen steigern sich von der Abwehr persönlich angetaner Schmach zu Gedichten, die in den *Pfefferkorn-Reuchlinschen Streit* eingreifen, und schließlich zum Eintreten für die Ehre und Freiheit Deutschlands und zur Beteiligung an den Kirchenkämpfen. Als entscheidendste Eigenschaften HUTTENS treten darin eine unzerbrechliche Willenskraft und Unrast seiner Natur zu Tage. Die enge Verbindung mit dem persönlichen Leben und der kämpferische Grundzug führen dazu, daß HUTTEN das Nachahmende der Humanistendichtung überwindet. Was er «im eigentlichen Sinn an lyrischer Kraft besaß» (ELLINGER), zeigt der ‹Gruß an Wien›, den er mit dem Mahnruf an Kaiser MAXIMILIAN veröffentlichte. Seine lyrische Dichtung ist überall wesentlich, wo er dem feurigen Drang seiner Seele Ausdruck verleiht, sowie Gehalt und Form in Einklang stehen, wie in dem berühmten Lied «Ich habs gewagt mit sinnen / und trag des noch kain rew...» (o. O. 1521).

c) Kaspar Ursinus Velius

Wenn man Mitlebende der humanistischen Blütezeit nach dem ‹begabtesten Dichter dieses Zeitalters› gefragt hätte, würden die meisten auf KASPAR URSINUS (BERNHARD) VELIUS (1493–1539) aus Schweidnitz in Schlesien gewiesen haben. Er soll bereits im 15. Lebensjahre gute griechische und lateinische Verse angefertigt haben. JOHANN THURZO, Bischof in Breslau, und CUSPINIAN in Wien waren seine Gönner und Förderer, Kaiser MAXIMILIAN I. krönte ihn 1517 zum Dichter. In Krakau, Leipzig und Italien erwarb er sich seine humanistische Bildung. Als Sekretär des Kardinals MATTHAEUS LANG kam er nach Italien. Zweimal (1511/14 und 1522/23) in Rom, nahm er schon beim ersten Aufenthalt enge Fühlung mit den um JOHANN CORYCIUS gescharten Dichtern. In Rom verfaßte URSINUS zwei heroische Gedichte, das eine auf die Schlacht von Guinegate, das andere auf den Sieg SIGISMUNDS I. VON POLEN bei Orsza. Seit 1515 in

Wien, waltete URSINUS als Professor der Rhetorik und zuletzt des römischen Rechtes, als Hofhistoriograph FERDINANDS I. und Erzieher von dessen Kindern. TANNSTETTER, WATT, RUDOLF AGRICOLA waren in Wien seine Freunde. Nachdem GEORG LOGUS ein Buch ‹Epistolae et Epigrammata› (Wien 1517) ediert hatte, faßte URSINUS selbst in Basel 1522 die seit rund einem Jahrzehnt entstandenen poetischen Arbeiten in einer Gesamtausgabe zusammen (‹Fünf Bücher Gedichte›). Diese enthalten Gelegenheitsdichtungen zu Vermählungen, Trauerfällen und zeitgeschichtlichen Ereignissen, alles für das Kaiserhaus, den König von Polen und hohe Gönner; bemerkenswert ist ein Genethliakon (Geburtstagsgedicht) für ERASMUS. Andere Gelegenheitspoesie schildert das frohe Dichterleben in Rom (1512/14), den Umgang mit den Wiener Freunden (1515/16); Klagen über die Unfruchtbarkeit der dichterischen Arbeit bewegen sich im Geleise der italienischen Überlieferung; Heimat-, Vaterlandsliebe und Liebe zum Deutschtum kommen wiederholt zum Ausdruck. Die Epigramme enthalten Liebesgedichte und bezeugen die Neigung zur bildenden Kunst (A. DÜRER, L. CRANACH). Andere Teile der Gesamtausgabe bestehen aus Silven, Episteln, Elegien; Religiöses klingt selten an; ein großes Gedicht in Hexametern verherrlicht die Mutter Gottes. Was URSINUS nach 1522 schuf, zeigt einen Aufstieg im Erfassen und Gestalten. Allerdings trat das Dichterische zurück hinter die Verpflichtung der Ämter, in denen er tätig war. In der von URSINUS selbst besorgten Sammlung seiner Epigramme nebst den ‹Aurea carmina Pythagorae graeca et latina› (Wien 1524) schildert ein poetischer Brief an ERASMUS des URSINUS Rückreise von Basel nach Wien. In Rom zog ihn die Laokoon-Gruppe mächtig an. Als Gegner der Reformation richtete URSINUS 1523 eine Ode an Papst HADRIAN VI., ein späteres Gedicht (1527) gilt ebenfalls den religiösen Neuerungen, insbesondere den Taufgesinnten. Politisches enthalten die Ode auf die Schlacht bei Pavia (1525) und die ‹Klage Österreichs› (1530/32) über die Türkengefahr. Zu den geschichtlichen Interessen des URSINUS und seinem Amt als Hofhistoriograph leiten über die Sammlungen ‹Monosticha regum Italiae etc.› (Wien 1528) und Disticha auf römische Kaiser (Cod. Vind. 9890).

Eng befreundet mit URSINUS VELIUS war der Schlesier GEORG VON LOGAU (1485–1553), nach Studien in Krakau, Wien und Italien seit 1527 Sekretär König FERDINANDS und entschiedener Gegner der Reformation. In der Jugendzeit richtete sich sein Interesse vorzüglich auf Dichtwerke der Antike und italienischer Humanisten, welche das Hirten und Land leben sowie die Jagd zum Gegenstand haben. Als sein lyrisches Hauptwerk gelten die neben Gelegenheitsgedichten und kleineren Sammlungen 1529 zu Wien erschienenen ‹Hendecasyllabi, Elegiae et Epigrammata›. Hauptthemen der beiden ersten Teile sind Freundschaft und Liebe, doch auch die Gönner, wie etwa STANISLAUS THURZO, Bischof von Olmütz,

werden nicht vergessen. In der Liebesdichtung wird besonders eine
‹Lycinna› eifrig besungen. Politische Gedichte preisen KARL V. und FER-
DINAND. Ein individuelles Bekenntnis taucht in der Elegie ‹Über mich
selbst› auf. LOGAU gab auch als erster die Gedichte seines Bologneser
Freundes LUCIUS PETREIUS ZANCHI heraus.

4. Die neulateinische Lyrik des frühen 16. Jahrhunderts.
Der Erfurter Kreis

Noch zu Lebzeiten des KONRAD CELTIS bildete sich zu Anfang des 16. Jhs.
an der Universität Erfurt ein Kreis von Humanisten, der bald zu einem
der wichtigsten Pflegebezirke lyrischer Dichtung werden sollte. Haupt und
geistiger Mentor der Gemeinschaft war KONRAD MUTIANUS RUFUS in
Gotha. Erfüllt von der Ideenwelt neuplatonischer Philosophie, bemühte
er sich unentwegt, teils persönlich, teils schriftlich, seine Jünger in der
Liebe zu den *bonae litterae* zu bestärken und sie menschlich und geistig
zu führen. Als namhafteste lyrische Talente treten EOBANUS HESSUS, EURI-
CIUS CORDUS, PETER EBERBACH, JACOBUS MICYLLUS und JOACHIM CA-
MERARIUS in Erscheinung. EOBAN HESSE bringt als neue Gattungen die
bukolische Dichtung und die ins Christliche gewandte heroische Briefdichtung. EURICIUS CORDUS führt die satirische Epigrammatik auf eine
beachtliche Höhe. In diesem *Erfurter Dichterkreis* vollzieht sich die Loslösung von der rein humanistischen Lyrik und erfolgt der Übergang zur
neulateinischen Gelehrtenpoesie.

a) Eobanus Hessus

Das stärkste lyrische Talent des um MUTIAN 1506 gescharten Erfurter
Dichterkreises war HELIUS EOBANUS HESSUS, KOCH (1488–1540) aus
altem hessischen Bauerngeschlecht in Halgehausen, Dichter und Medizi-
ner. Er und EURICIUS CORDUS sind die älteren Vertreter des Erfurter
Kreises und gehören eher dem Humanismus an als der neulateinischen
Dichtung des späteren 16. Jhs.

Der Aufstieg EOBAN HESSES aus der elterlichen Armut und Abhängigkeit
begann, als ihm der Abt DIETMAR VON HAINA den ersten Unterricht angediehen
ließ. Dieser bot die Grundlage für die weitere Ausbildung in Gemünden in der
Lateinschule des JOHANNES MEBES, in Frankenberg in der Schule des JAKOB
HORLAEUS und seit Ende 1504 an der Universität Erfurt. Dort wurde HESSE
1507 Rektor der Stiftsschule von St. Severi und erlangte Sommer 1509 den Grad
eines *Magister artium*.

Schon bei dem zehnjährigen Knaben regte sich ein Hang zum Versemachen. Seit 1506 trat HESSE als Dichter an die Öffentlichkeit: mit zwei
lateinischen Gelegenheitsgedichten über Universitätsereignisse, einem Gedicht auf Erfurt und die Hochschule, mit einer Prosaschrift ‹De amantium

infelicitate› (1508) und schließlich mit dem ‹Bucolicon› (Erfurt 1509, erweitert Hagenau 1528), einem Zyklus von elf Eklogen. Die unter dem Einfluß VERGILS und des BAPTISTA MANTUANUS stehende Hirtendichtung ist meist nur allegorische Verkleidung des Dichters und seiner Erfurter Freunde, MUTIANUS RUFUS, HERBORD VON DER MARTHEN, GEORG SPALATIN, JUSTUS JONAS, PETER EBERBACH u. a. Namentlich von MUTIAN erhielt HESSE Aufmunterung, Leitung und Klärung seines Talentes. Im Herbst 1509 verließ HESSE Erfurt und übernahm die Stelle eines Sekretärs des Bischofs HIOB VON DOBENECK in Riesenburg. Dort dichtete er zwei Sylven ‹Prussia et Amor› (Leipzig 1514), eine Beschreibung Preußens und eine Warnung vor der Liebe an den Freund THEODOR COLLUCIUS. Über Wunsch des Bischofs bezog HESSE Frühjahr 1513 die Universität Frankfurt a. d. O., um die Rechtswissenschaften zu studieren, ging aber bereits Herbst 1513 nach Leipzig und 1514 zurück nach Erfurt. In Leipzig veröffentlichte er die ‹Heroidarum Christianarum epistolae› (Leipzig 1514; neubearbeitet Hagenau 1532), nach OVIDS ‹Epistulae Heroidum› poetische Briefe, jedoch christlich-biblischer und legendarischer Heldinnen.

Von den vierundzwanzig Briefen der Editio princeps richtet den ersten Emmanuel an die Jungfrau Maria, den letzten EOBAN an die personifizierte Posteritas. Die übrigen sind Briefe heiliger Frauen an ihre himmlischen oder irdischen Geliebten. Die Liebe bzw. Begeisterung für Christus ist das verschieden behandelte Motiv. Dazu tritt die irdische Liebe der Mutter, des Gatten, der Geliebten. Es schreiben u. a.: Maria Magdalena an den auferstandenen Christus, Elisabeth von Thüringen an Ludwig, Helena an Konstantin, Sabina an Alexius, Kunigundis an Heinrich, Monica an Augustinus, Barbara an Origenes, Thais an Paphnutius, Alcione an Georgius, Maria an den Lieblingsjünger Johannes, Ursula an Aethereus, Thekla an Paulus, Paula an Hieronymus, Dorothea an Theophilus.

Aus Bibel, Legende, Mystik, Zeitgeschichte und Liebe hat EOBAN ein klassisches Werk geschaffen. Wie mit dem ‹Bucolicon› führt er auch mit den ‹Heroiden› eine neue Gattung in die deutsche Literatur und brachte die christlich orientierte Dichtung des Frühhumanismus zur höchsten Vollendung. Den ‹Heroiden› steht sachlich EOBANS geistliches Epos ‹Victoria Christi ab inferis› (1517) nahe. Einem vieldiskutierten Thema ist die große Elegie ‹De vera nobilitate (1515) gewidmet.

Mit den heroischen Briefen begann HESSES großer Dichterruhm. Er wurde das Haupt des Erfurter Poetenkreises und erhielt 1517 eine Professur für lateinische Sprache an der Universität. Herbst 1518 begab er sich zu ERASMUS in die Niederlande und beschrieb seine Reise in einem ‹Hodoeporicon› (Erfurt 1519). Im *Pfefferkorn-Reuchlinschen Streit* stand er auf seiten REUCHLINS. In den reformatorischen Auseinandersetzungen schloß er sich LUTHER an. Zeugnis dafür sind EOBANS vier Elegien ‹Zum Lobe und zur Verteidigung des evangelischen Doktors Martin Luther› (1521). ·

Die erste Elegie ist ein Gruß an den gottgesandten Reformator. Die zweite schildert den Einzug in Erfurt (6. April). Die dritte hat LUTHERS berühmte

Predigt am Weißen Sonntag (7. April) in der Augustinerkirche zum Gegenstand.
Die vierte gibt die Empfindungen beim Abschied LUTHERS aus der Stadt (8.
April) wieder.

Drei weitere elegische Dichtungen knüpfen dann an die Ereignisse im
Mai an und enden in einen ‹Sturmruf› an HUTTEN, Bücher und Gedichte
zu lassen und zu den Waffen zu greifen.

Schon in der Frühzeit ist bei EOBAN ein ausgeprägter Zug zur Gelegenheitsdichtung wahrzunehmen. Er war imstande, innerhalb kürzester Zeit
über alles und jedes ein kunstvolles Gedicht zu machen: an Freunde und
Gegner, an Könige und Kaiser, Epithalamien und Epicedien, Gedichte über
religiöse und moralische Dinge, fröhliche und traurige Ereignisse, Tages-
und Zeitgeschehnisse, an ERASMUS und für LUTHER, zum Schutze der
Wissenschaften und zum Lobe der Medizin. Alle zusammen spiegeln sie
die Stimmungen der Gelehrten- und Humanistenkreise wider am Vorabend der Reformation und der ersten zwei Jahrzehnte der religiösen
Auseinandersetzungen. Mit den Epicedien auf welthistorische Persönlichkeiten der Wissenschaft, Kunst und Politik, wie REUCHLIN, HUTTEN,
MUTIAN, DÜRER, PIRCKHEIMER, ERASMUS u. a. ist HESSE für die neulateinische Dichtung vorbildlich geworden. Ein Teil dieser Gelegenheitsdichtungen ist gesammelt in den sechs Büchern ‹Sylvae› (Hagenau
1535, vermehrt um sechs weitere 1539). Materielle Nöte bewogen EOBAN
1523, mit dem Studium der Medizin zu beginnen. Doch 1526 konnte er
als Lehrer der Poetik an das Aegidiengymnasium nach Nürnberg übersiedeln. Der Mathematiker JOHANNES SCHÖNER und JOACHIM CAMERA-
RIUS waren dort seine Kollegen, ALBRECHT DÜRER wurde sein Freund.
In Nürnberg entstanden an Schriften und Dichtungen: eine Anleitung
zum Versemachen (Nürnberg 1526), die ‹Elegie› an JOHANN FRIEDRICH
VON SACHSEN (Nürnberg 1526), das ‹Epicedion› auf DÜRER (Nürnberg
1528), die sieben Gedichte ‹De tumultibus horum temporum Querela›
(Nürnberg 1528), Erläuterungen zu VERGILS ‹Bucolica› und ‹Georgica›
(Hagenau 1529) und vor allem die ‹Norimberga illustrata› (Nürnberg
1532). Während der Tätigkeit in Nürnberg hat DÜRER 1526 EOBANS
Bildnis mit Silberstift gezeichnet.

Im Zuge der Wiederherstellung der Universität in Erfurt wurde HESSE
1533 als Professor zurückgeholt. Doch schon 1536 nahm er einen Ruf
als Professor für Geschichte an die Universität nach Marburg an. Diese
letzte Lebensphase ist charakterisiert durch eine Abnahme der originalen
Produktion und Vorwiegen der Übersetzertätigkeit. Im Jahre vor EOBANS
Tod erschien die Hauptsammlung der Werke: ‹Operum farragines duae›
(Schwäb. Hall 1539, 2. Ausg. 1564).

HESSES Übersetzungen in lateinische Verse gehören teils in das Gebiet
der mnemotechnisch praktischen Formung und leicht faßlichen Gruppierung biblisch-kirchlicher Inhalte, andernteils dienen sie der Rezeption

griechischer Literaturwerke. Die Übertragungen setzen ein mit einzelnen
Psalmen (Nürnberg 1527 u. 1530), der 36 Idyllen des THEOKRIT (Hagenau
1531), des Predigers Salomonis (Nürnberg 1532), Homerischer Stellen
(Nürnberg 1533) und der Dichtung des KOLUTHUS ‹Vom Raube der Helena› (Erfurt 1534). Ihnen folgten das Psalterium (Marburg 1537, insges.
über 50 Aufl.)und die ‹Ilias› (Basel 1540).

Wie bei anderen Humanisten ist auch für EOBAN der familiäre lateinische Brief Träger der neuen Lebensform und des wissenschaftlichen Ge-
dankenaustausches. Die wichtigsten Sammlungen sind: ‹Epistolarum familiarium libri XII›, hrsg. von JOHANNES DRACONITES (Marburg 1543)
und drei Sammlungen des JOACHIM CAMERARIUS (Leipzig 1557, 1561,
1568).

EOBAN faßt auf der einen Seite zum letztenmal das Alte zusammen, auf
der anderen prägt er erstmalig neue und für die weitere neulateinische
Schuldichtung vorbildliche Formen einflußreich aus. Obwohl stets der
Reformation ergeben, hat er seiner durch verschiedene, nicht immer bil-
dungsfreundliche Begleiterscheinungen hervorgerufenen Seelenstimmung
in der ‹Klage über die Unruhe dieser Zeiten› in sieben Gedichten Ausdruck
gegeben, die in die Hoffnung ausklingt, das erschütterte Deutschland
werde vermöge seiner unverbrauchten Kraft wieder genesen.

b) Euricius Cordus

Das zweite große dichterische Talent des Erfurter Kreises war der Arzt,
Dichter und Botaniker EURICIUS CORDUS, HEINRICH (RITZE) SOLDEN
GEN. KORTE (1486–1535) aus Simtshausen in Oberhessen, wie EOBAN
HESSE Sohn eines Bauern.

Der Knabe empfing etwa von seinem 7. bis zum 20. Lebensjahr seine erste
Schulbildung in Frankenberg, wo JAKOB HORLAEUS, und auf der Lateinschule
der Kugelherren in Marburg, wo JOHANNES VON KASSEL sein Lehrer war,
siedelte Herbst 1505–1507 an die Universität Erfurt über. Schon damals war
er mit EOBAN HESSE innig befreundet. Betätigte sich als Beamter und Lehrer
in Hessen und versah wahrscheinlich schon vor 1513 eine Lehrstelle in Kassel,
gab sie jedoch bald wieder auf und bezog neuerdings die Universität Erfurt,
weilte vermutlich 1514 vorübergehend in Leipzig, wurde 1516 in Erfurt *Magister artium,* trat dann abermals als Lehrer auf und wirkte als solcher bis
gegen 1520. Seine Vorlesungen, die er seit seiner Magisterpromotion an der
Universität halten durfte, eröffnete er mit alten und neuen Dichtern, wie PER-
SIUS und den ‹Rusticus› des ANGELUS POLITIANUS; von LUTHER angeregt, las
er später auch über das Neue Testament. Um 1516 scheint er auch ein Rektorat
an der Stiftsschule St. Martin in Erfurt erhalten zu haben. MUTIAN war ihm
ein väterlicher Freund und verschaffte ihm die Unterstützung wohlhabender
Freunde. Um sich und seiner Familie einen einträglicheren Beruf zu schaffen,
zog er mit dem Arzte GEORG STURZ (OPERCUS) über Worms nach Italien, um
in Ferrara Medizin zu studieren. Ende 1521 zurückgekehrt, hielt er sich zunächst
wieder auf Erfurt auf, wirkte 1523–1527 als Stadtarzt in Braunschweig, wurde

1527 als Professor der Medizin an die neugegründete Universität Marburg berufen und schied von da 1534, um zuletzt einem Ruf als Stadtarzt und Lehrer am Gymnasium nach Bremen zu folgen.

Die ersten erhaltenen dichterischen Versuche des CORDUS stammen aus der Zeit um 1509 und sind Gelegenheitsdichtungen an HENNING GOEDE auf dessen neues Haus. Ihnen folgen an größeren Erzeugnissen die ‹Trenodie› auf den Tod des Landgrafen WILHELM II. († 1509), die 16 Epigramme auf die vier zu Bern 1509 verbrannten Dominikaner ‹Quattuor hereticorum ex Predicatorum ordine Berne combustorum apud Inferos ad superstites fratres Querimonia. Cum variis eorundem epitaphiis› (o. O. u. J.) und seine Hirtengedichte ‹Bucolicon ludicrum› (Erfurt 1514, Leipzig 1518). EOBAN hatte ihn zur pastoralen Dichtungsart hingelenkt.

Das ‹Bucolicon› besteht aus zehn Eklogen. Das Hirtengewand wird meist als Maske benützt. Über sein Vorbild EOBAN an Eindrucksfähigkeit hinausgehend, versucht CORDUS, von der Allegorie loszukommen, um dafür mehr Reales, persönliche Schicksale und Zeitgemäßes darzulegen, wobei Polemisches, Religiöses, Soziales, Panegyrik und dgl. hineinkommt.

Frühjahr 1513 war THILEMANN CONRADI (THILONINUS PHILHYMNUS) von Wittenberg abermals nach Erfurt gekommen und begann unter großem Zulauf Vorlesungen abzuhalten. Er hatte schon von 1501 an in Erfurt studiert und dort 1507 als Erstlingswerk ein Gedicht an die Jungfrau Maria veröffentlicht. CORDUS hatte das Produkt in einem anonymen Spottepigramm angegriffen. Von Wittenberg aus, wo er seit 1509 weilte, hatte CONRADI in seiner Deklamation ‹Comoedia Teratologia de latinis sermonis sanie› (Wittenberg 1509) ein Beigedicht gegen CORDUS losgelassen und ihn als *poetellus coniugalis* bezeichnet. Als CONRADI nun neuerdings nach Erfurt kam, nahm CORDUS gemeinsam mit JOHANN FEMEL gegen ihn Stellung, machte ihn in einer scharfen Ekloge als Bramarbas und Plagiator lächerlich und ließ das Gedicht 1514 in seinem ‹Bucolicon› in Druck erscheinen. CONRADI wandte sich nach Wittenberg und antwortete mit seiner ‹Abwehr der Galle›, ‹Choleamynterium in Fellifluum Philymnomastiga Hercinefurdensem. Laes den hunt schlaffen, er beyst dych› (Wittenberg 1515), gerichtet gegen FEMEL und CORDUS. Von letzterem wird gesagt, er sei 1513 als Gynaikokratoumenos, d. h. Weibersklave, nach Erfurt gekommen und wäre ein völliger Ignorant. CORDUS ging gegen den Angreifer mit einer offenen und rücksichtslosen ‹Defensio in maledicum Thilonium Philymnum› (Erfurt 1515) vor. Es ist eine Sammlung von etwa sechzig Epigrammen. EOBAN HESSE schrieb dazu ein Vor- und Nachwort. CORDUS zeigt sich darin bereits auf der Höhe des Epigrammatikers.

Von Erfurt aus unternahm CORDUS Anfang 1515 eine Reise in die Heimat und dichtete darauf das Danklied an die hessischen Quellnymphen ‹Expiatorium Hessiaticorum fontium› für die Rettung aus schwerer Wassergefahr; bemerkenswert in dem Gedicht die Schilderung von Mutians ‹Beata tranquillitas›. In dasselbe Jahr gehört das Hochzeitslied auf die Verheiratung Eobans ‹Epithalamion in nuptiis Heli Eobani Hessi et Thaynae Spateranae› (o. O. u. J.; Erfurt 1515). Als Cordus Winter 1516/ 17 eine schwere Krankheit befiel, richtet er an seine Schüler und seine Söhne die zwei längeren ‹Krankheitsgedichte› ‹Ex Nosematostichis Elegiae duae› (Erfurt o. J.).

Allmählich aber hatte im Schaffen des Cordus das *Epigramm* die Alleinherrschaft gewonnen. Im Streit mit Conradi war das epigrammatische Talent gereift. Und seine Epigrammendichtung, die das hauptsächliche dichterische Schaffen des Mannes ausmacht, wuchs bis auf vierzehn Bücher. «In äußerster Not und unter schreienden Kindern» hat er in Erfurt die zwei ersten Bücher gedichtet: ‹Epigrammatum libri duo› (Erfurt 1517). Ihnen folgten ‹Epigrammatum libri tres› (Erfurt 1520) und ‹Epigrammatum libri IX› (Marburg 1529). Davon wurden die vier letzten erst aus seinem Nachlaß herausgegeben. Diese Epigrammendichtung, die sich in der Hauptsache an Martial anlehnt, ist für die Zeitgeschichte von hoher Bedeutung. Sie erstreckt sich über einen Zeitraum von rund zwanzig Jahren und ist abgesehen von ihrem hohen dichterischen Gehalt eine wertvolle kulturgeschichtliche Quelle, originell, künstlerisch auf der Höhe, scharf, witzig und erfüllt von tiefem sittlichem Ernst. Sie behandelt sowohl das Große wie das Kleine, das Heitere und Traurige und bietet viele lebensvolle Bilder. An den Epigrammen kann man verfolgen, wie Cordus vom Humanismus den Weg zu dauerndem Anschluß an die Reformation gefunden hat. Lessing hat aus ihnen eine ganze Reihe seiner Sinngedichte (im ganzen zwölf) entlehnt, zuweilen frei übersetzt, meist aber umgearbeitet und ihren Wert betont.

In die Braunschweiger Zeit fällt der Bruch mit Erasmus, der Cordus früher als unerreichtes Vorbild für die neuerweckten Studien gegolten hatte. Drei in das Jahr 1519 gehörige Elegien befassen sich mit der Person des Erasmus. Immer eifriger trat Cordus für Luther ein und richtete an den Kaiser und die deutschen Fürsten die in Hexametern abgefaßte umfangreiche Mahnschrift ‹Ad invictissimum Imperatorem Carolum V. aliosque Germaniae proceres, ut veram tandem religionem agnoscant› (Wittenberg 1525, Marburg 1527). In das nächste Jahr fällt der Luthers Gegner kritisierende ‹Antilutheromastix› (Wittenberg 1525).

Die wissenschaftliche Arbeit des Cordus fand ihren Niederschlag in medizinischen und botanischen Schriften. Er war einer der hervorragendsten Dichter, Ärzte und Gelehrten im Zeitalter des Humanismus und der Reformation, eine scharfsichtige herbe Persönlichkeit, unnachgiebig und schroffen Wahrheitssinnes. Begeistert für die neuerweckten Studien der Antike, stand er inmitten aller Strömungen der Zeit und feiert die Führer der literarischen, humanistischen und reformatorischen Bewegung. Neben

EOBAN HESSE ist CORDUS der Hauptvertreter der älteren Generation des *Mutianischen Kreises in Erfurt*. An ERASMUS, den er anfangs hochgeschätzt und verehrt hatte (vgl. ‹Eur. Cordi Palinodia, quod mortuum Erasmum scripserat›. Erfurt 1519), wurde er später irre. Er selbst bezeichnete sich einmal als «aufrichtiges, offenliches, und einfachliches Gemüth, das nye liegen, noch triegen, noch heucheln gelernt». Seine Lyrik ist weicher als die Epigrammendichtung. In einigen Eklogen zeigt er Sinn für die religiösen und sozialen Nöte der Bauern. Die seiner Naturanlage, seinem scharfen Blick entsprechende Dichtungsart war aber das Epigramm. Auf diesem Gebiet liegen seine bedeutendsten poetischen Leistungen. Seine witzige und bissige Satire bekundet zwar seine Begabung als Dichter, sie brachte ihm andererseits aber auch viele Feinde. Mit ihm erreicht die epigrammatische Dichtung der deutschen Neulateiner ihren Höhepunkt.

Über den Kreis WIMPFELINGS in Straßburg, über den Kreis WATTS in Wien und die Gemeinschaft des CORYCIUS in Rom kam PETER EBERBACH, PETREJUS APERBACCHIUS (um 1480–1531) nach Erfurt. Er pflegte noch die rein humanistische Lyrik in ihren leichten Formen und daneben Gelegenheitsdichtung. Ebenfalls dem Erfurter Kreis MUTIANS gehören an JAKOB MOLTZER MICYLLUS und JOACHIM CAMERARIUS. Doch sie sind schon die jüngere Generation. Bei ihnen sind auch die Wesenszüge der neulateinischen Dichtungen im engeren Sinn vollständig ausgebildet. Sie werden daher erst im II. Teil behandelt.

Die *weitere neulateinische Lyrik des 16. Jhs.* wird zumeist schon getragen von einer Generation, in deren Jugendjahren der Ausbruch der Kirchenkämpfe erfolgte. Eine bedeutende Pflegestätte ist *Wittenberg,* wo sich nach Vorklängen bei RICHARDUS SBRULIUS und GEORGIUS SIBUTUS ein Dichterkreis bildet, dem PHILIPP MELANCHTHON, dessen Schwiegersohn GEORGIUS SABINUS, JOHANNES STIGEL, SIMON LEMNIUS u. a. angehören. Diesem älteren Kreis folgt ein jüngerer. Zum Gipfel schließlich der breiten, auch auf die einzelnen Landschaften verteilten neulateinischen lyrischen Dichtung führt um die Mitte des Jahrhunderts PETRUS LOTICHIUS SECUNDUS. Die neulateinische Lyrik war viel weniger als das Drama geeignet, in die Zwecke der Kirchenkämpfe gestellt zu werden und ist daher auch thematisch von dem in Gang gekommenen Umbruch nicht so stark berührt wie das Schauspiel.

DAS DRAMA

1. Die wiedererwachsene römisch-griechische Antike.
Italien und Deutschland

Das deutsche Spätmittelalter besaß in den reich entwickelten *geistlichen* und in den *weltlichen Spielen* zwei weitgehend ausgebildete dramatische Formen: die ersteren wiederholen meist Teile der christlichen Heilsgeschichte; die anderen, meist Fastnachtspiele, führen Aufzüge vor ohne eine vom Wort getragene Handlung. Daneben kennt man in der gelehrten Welt die Gattung des *Dialogs* als Form des Lehrbuches, als Disputation und als satirisch-moralisches Gespräch. In die Welt der spätmittelalterlichen geistlichen und weltlichen Spiele, wie sie S. 236ff. zu charakterisieren versucht wurden, tritt nun seit der Mitte des 15. Jhs. durch den Humanismus ein *Drama* ganz anderer Artung und *in lateinischer Sprache.*

Ausgehend von den neubelebten Komödien des TERENZ und PLAUTUS, waren zunächst die italienischen Humanisten zu eigenen Dramen ähnlicher Art und zu weltlichen Festspielen gelangt. Auf die Aneignung des römischen folgte allmählich auch die Rezeption des griechischen Dramas. Im Verlauf des 15. Jhs. verbreitete und vertiefte sich in Italien wie in Deutschland im Zuge der steigenden humanistischen Interessen mehr und mehr das Studium der *antiken Dramatiker.* Der wichtigste Autor wurde zunächst TERENZ, dessen Komödien man bisher meist als ethisch belehrende Lesedialoge aufgefaßt hatte. Man begann die Klosterbibliotheken des Nordens nach unbekannten und verlorenen Handschriften zu durchforschen. GIOVANNI AURISPA entdeckte 1433 in Mainz den verlorengeglaubten Kommentar des DONATUS zu TERENZ und brachte ihn nach Italien. Inspiriert offenbar von Anschauungen ENEA SILVIOS, vollendete 1453 der Chorherr WOLFGANG WINTHAGER im Stift Klosterneuburg bei Wien eine Abschrift der Komödien des TERENZ mit Einführung, Kommentar und Lebensgeschichte nach PETRARCA. In einem Anhang werden TERENZ und die römischen Klassiker verteidigt; die Morallehren des TERENZ seien mit denen des Christentums nicht unvereinbar. Seit dem zweiten Drittel des 15. Jhs. begann man an den Universitäten Vorlesungen über TERENZ abzuhalten; in Wien schon 1456. Den zahlreichen TERENZ-Vorlesungen folgten zahlreiche TERENZ-Ausgaben, beginnend mit dem ‹Straßburger Terenz› von ca. 1470, und TERENZ-Übersetzungen,

wie die von HANS NEIDHART (1486) und die Grüningersche deutsche
TERENZ-Ausgabe 1499; bis 1600 erschienen 34 TERENZ-Übertragungen.
Seit ENEA SILVIO wiederholt an SENECA erinnerte und ihn zitierte,
wandte man seinen Lesetragödien Ende des 15. Jhs. auch in Deutschland
größeres Interesse zu. PETER LUDER, HARTMANN SCHEDEL, GEORG PFIN-
ZING wurden anscheinend zuerst in Italien auf SENECA hingelenkt. REGIO-
MONTAN fertigte sich selbst eine sorgfältige Abschrift eines SENECA-Codex
an. Bald nach der italienischen Editio princeps, Ferrara um 1484, ließ
KONRAD CELTIS zwei Tragödien in Druck erscheinen und schrieb im
Widmungsbrief an MAGNUS VON ANHALT: Er (CELTIS) trage damit den
Deutschen eine völlig neue Literaturgattung vor, die man ‹Tragödie›
nenne und die den Untergang von Königen und Fürsten darstelle; aus ihr
könne höchster moralischer Nutzen gezogen werden, so daß die ‹zehn›
Tragödien SENECAS den Zehn Geboten Gottes vergleichbar seien. CELTIS
war vermutlich durch seinen Lehrer RUDOLF AGRICOLA auf die Beschäftigung mit der Tragödie hingelenkt worden. Dieser hatte sich als erster
deutscher Humanist eindringlich mit den antiken Tragikern befaßt und
in seiner Rede ‹Über die Philosophie› zu Ferrara (1476) ein sechszeiliges
Zitat aus der ‹Hecuba› des EURIPIDES in lateinischen Senaren eingefügt.
Unter den weiteren Einzelausgaben verdient die Edition von drei Tragödien SENECAS durch JAKOB LOCHER Erwähnung, die er 1520 in Nürnberg zu Vorlesungszwecken in Druck gab. Von SENECA konnte man die
Teilung des Dramas in fünf Akte und das Füllen der Zwischenakte mit
lyrischen Chören lernen.

Die Erweiterung der philologischen Kenntnisse und die freiere Lebensauffassung beseitigten auch die Hindernisse und Bedenken gegen PLAU-
TUS. Die Beschäftigung mit ihm erhielt neue Impulse, als NIKOLAUS VON
CUES zwölf bis dahin unbekannte Komödien des Dichters entdeckte und
sie seinem Gönner, dem Kardinal ORSINI, nach Italien übergab, von wo
aus bald Abschriften zurück nach Deutschland kamen. Die vielseitige
Lebenskenntnis dieses Dramatikers, sein urwüchsiger Witz und seine
kraftvolle schillernde Sprachkunst bestimmten von da ab in hohem Maß
die Entwicklung der lateinischen Lustspieldichtung. Ähnlich wie bei TE-
RENZ folgten den PLAUTUS-Studien die Interpretation, die PLAUTUS-Aus-
gaben und die Übersetzungen. Bis 1600 erschienen sieben PLAUTUS-Übersetzungen.

Bis zu Beginn des 16. Jhs. waren die Tragödien SENECAS für die Mehr-
zahl der Gebildeten die einzigen Denkmäler der tragischen Kunst des
Altertums, die ihnen zugänglich waren und die sie kannten. Das 16. Jh.
bringt dann eine Erweiterung des dramatisch-poetischen Horizontes durch
Kenntnisnahme der originalen *griechischen Dramendichtung* des SOPHO-
KLES und EURIPIDES. Zwar gab es in Italien schon früher griechische
Handschriften, aber nur ganz wenige Männer konnten mit größter Mühe

aus den schwierigen Texten schöpfen. Die Editio princeps der Dramen des SOPHOKLES in griechischer Sprache erschien 1502 bei ALDUS MANU-TIUS in Venedig. Ihr folgte zwei Jahre später 1504 die Druckausgabe sämtlicher Tragödien des EURIPIDES mit Ausnahme der ‹Elektra›. Da die Kenntnis des Griechischen zu dieser Zeit noch mangelhaft und auf eine kleine Anzahl von Gelehrten beschränkt war, übertrug ERASMUS VON ROTTERDAM zwei Tragödien des EURIPIDES, die ‹Hekuba› und die ‹Iphigenie in Aulis›, ins Lateinische (Paris 1506, Venedig 1507). Vor ERAS-MUS und dem Venezianer Humanistenkreis um ALDUS MANUTIUS scheint sich FILELFO eingehender mit der griechischen Tragödie befaßt zu haben. Eine lateinische Übersetzung von ‹Medea›, ‹Hippolytus› und ‹Alkestis› durch FRANÇOIS TISSARD 1507 in Bologna angefertigt, blieb Manuskript.

Neben der Einwirkung der römischen Komiker kam für das Drama der Humanisten ARISTOPHANES vorerst nur wenig in Betracht. Eine Ausnahme bildet der ‹Plutus›. In Italien hatte unter den frühen Humanisten LEONARDO ARETINO BRUNI eine Übersetzung des Stückes ins Lateinische versucht. Erst 1498 veranstaltete der Buchdrucker und Verleger ALDUS MANUTIUS in Venedig eine Editio princeps von neun Komödien des ARI-STOPHANES mit dem ‹Plutus› an der Spitze. Eine Übersetzung des ‹Plutus› in lateinische Trimeter ließ FRANCISCUS PASSIUS in Parma 1501 erscheinen. Ihr folgten 1517 und 1518 Ausgaben von dem Deutschen PETRUS MOSELLANUS und dem Niederländer DIRK MARTENS.

Zum neulateinischen Drama des italienischen Humanismus der Gattung *Festspiel* anläßlich von Vermählungen, Eroberungen, Siegen u. dgl. dichtete JACOPO SANNAZARO 1492 ein Spiel aus Anlaß der Eroberung von Granada. Besonders glanzvolle Festspielaufführungen veranstaltete man am Hofe der Sforza in Mailand. Im Auftrag LUDOVICO MOROS verfaßte BERNARDO BELLINCIONI 1490 ein Spiel zu Ehren ISABELLAS VON NEAPEL, der Gattin GIAN GALEAZZOS. Das Thema war Huldigung der sieben Planeten für die Herzogin; die Inszenierung entwarf LEONARDO DA VINCI. In einem anderen Huldigungsgedicht BELLINCIONIS zu einer feierlichen Doktorpromotion in Pavia in Anwesenheit der herzoglichen Familie traten die Septem artes liberales auf. Für den Hof in Mantua dichtete SERAFINO VON AQUILA 1495 ein allegorisches Drama mit Wollust, Tugend und Fama; die gefeierten Fürstlichkeiten erschienen auf der Bühne. Auch am Papsthof in Rom waren Festspiele in Übung. Bekannt sind eine Aufführung 1502, als LUCREZIA BORGIA nach Ferrara übersiedelte; oder 1512, als Papst JULIUS II. zu Ehren des kaiserlichen Gesandten MATTHAEUS LANG ein Gastmahl gab, wobei ein Spiel aufgeführt wurde, in dem Apollo und die Musen Papst, Kaiser und LANG besangen. Indem man die farbenreichen und prunkvollen Bilder zu abgerundeten Handlungen verband, bekam man *mythologische Spiele*. Die Anregungen bezog man häufig aus OVIDS ‹Metamorphosen›. An Stelle des mittelalterlichen Himmels tritt der Olymp, die Hölle ist mit Furien besetzt, an Stelle der Engel steigt Merkur auf und nieder. Die Spiele wurden an den Höfen bei festlichen Gelegenheiten aufgeführt. ANGELO POLIZIANO verfaßte in Mantua 1471 zu Ehren des Kardinals GONZAGA den ‹Orfeo›. NICCOLO DA CORREGIOS ‹Cefalo› kam 1487 in Ferrara zur Aufführung; eine PIETRO DELLA VIOLA zugeschriebene «Rappresentazione» von ‹Apollo und Daphne› (1486) ebenfalls in Mantua. BALDASSARE TACCONE dichtete zu Ehren LUDOVICO MOROS die «Comedia» ‹Danae› (1496). Auch Stoffe aus der Antike, mittelalterlichen Sage und der Novellenliteratur wurden dramatisiert. Die Bearbeitung eines lukianischen Dialogs unternahm MATTEO BOJARDO im ‹Timone› für Herzog ERCOLE I. VON FERRARA. BERNARDO ACCOLTI behandelte 1494 die 39. Novelle BOCCACCIOS (Geschichte der Giletta) im Stil einer «Rappresentazione». ANTONIO CAMMELLI, GEN. PISTOJA dramatisierte die Novelle von Ghismonda und Guiscardo (‹Decamerone›, IV, 1). Das Stück, ‹Panfila› betitelt, wurde 1499 aufgeführt.

Noch während sich durch Humanismus und Renaissance der dramatische Horizont der Gelehrtenwelt und der Dichter allmählich erweiterte, begann mit PETRARCAS zwei dramatischen Dichtungen ‹Philologia› und ‹Philostratus› die erste Entwicklung der frühhumanistischen *Komödie*. Aber beide Stücke sind verloren. Auf PETRARCA folgte zeitlich PIER PAOLO VERGERIO mit seinem ‹Paulus› (um 1390). Dann ist es auffallend und merkwürdig, daß die drei nächsten bekannten Dichter frühhumanistischer Komödien sämtlich in Beziehung standen zu GASPARINO BARZIZZA, der als Professor in Pavia, Venedig, Ferrara und Padua wirkte und seit 1422 im Dienste der Visconti in Mailand stand. BARZIZZA gilt als Begründer des Ciceronianismus, war Verfasser eines Lehrbuches der Rhetorik und von Kommentaren zu SENECA und TERENZ. Zu GASPARINO BARZIZZA weist erstens LEONARDO BRUNIS ‹Poliscena› (um 1405) Beziehungen auf; weiters waren sein Neffe ANTONIO BARZIZZA, der Verfasser der ‹Comoedia Cauteriaria› (1420/25), und LEONE BATTISTA ALBERTI, der Dichter der Komödie ‹Philodoxeos› (1426), direkt seine Schüler. Ihnen und ihren Werken reihen sich UGOLINO DE PISANIS mit der ‹Philogenia› (um 1435) und ENEA SILVIO, dessen ‹Chrysis› schon diesseits der Alpen entstanden ist. Von allen diesen italienischen Komödiendichtern hatte ANTONIO BARZIZZA (urk. 1390–1460) anscheinend als einziger erkannt, daß die Hauptsache bei einem Drama die Spannung, Spiel und Gegenspiel, Aktion und Retardation ausmachen. Es war nun für die deutsche Entwicklung günstig, daß ein deutscher frühhumanistischer Bahnbrecher gerade die ‹Cauteriaria› während seiner Studien in Italien Anfang der Dreißigerjahre des 15. Jhs. kennenlernte, nach Deutschland brachte und an den verschiedenen Stätten seiner Wirksamkeit in Vorlesungen traktierte.

Noch vor Ausbruch der Kirchenkämpfe treten die Begründer des *neuen italienischen Lustspieles*, ARIOST, BIBBIENA, MACHIAVELLI mit ihren Komödien an die Öffentlichkeit. Zur Fastnacht 1508 wurde am Hofe zu Ferrara ARIOSTS Prosastück ‹Cassaria› aufgeführt; ihm folgten 1509 ‹I Suppositi›, ‹Die Untergeschobenen›. An ARIOST schloß zeitlich BERNARDO BIBBIENAS ‹Calandria› (1513). Der einzige Fall, daß ein Dichter der Renaissance durch ARISTOPHANES zu einer Neuschöpfung angeregt wurde, betrifft NICCOLO MACHIAVELLI. Die ihm wiederholt zugeschriebene ‹Commedia in Versi› stammt zwar von LORENZO DI PIER FILIPPO STROZZI, wohl aber wissen wir von einem einst vorhanden gewesenen Entwurf MACHIAVELLIS, in dem im Stile der aristophanischen Komödien viele von den 1504 in Florenz lebenden Bürgern, geistliche und weltliche Würdenträger unter fingierten Namen verunglimpft wurden. In der neuen Kunstrichtung, die mit ARIOST und BIBBIENA begann, ragt MACHIAVELLIS Lustspiel ‹La Mandragola› (1514/19) hervor. In der Komödie ‹Clizia› bearbeitete er die ‹Casina› des PLAUTUS.

Von frühen italienischen Lustspielen erfreute sich LEONARDO BRUNIS Komödie ‹Poliscena› in Deutschland großer Beliebtheit. Sie wurde im 15. und 16. Jh. in einer großen Anzahl von Handschriften und Drucken verbreitet. Von späteren Dramatikern fanden besonders die Venezianer dankbare Leser und Nachdrucker: THOMAS MEDIUS, HARMONIUS MARSUS, BARTHOLOMAEUS ZAMBERTUS. Die HERMOLAUS BARBARUS gewidmete, zur Lektüre bestimmte Komödie ‹Epirota› (gedr. 1483) des MEDIUS wurde noch 1516 zu Heidelberg mit Kommentar und Empfehlungsversen herausgegeben. Um sich während der Arbeit an seiner EUKLID-Übersetzung zu entspannen, dichtete ZAMBERTUS seine Komödie ‹Dolotechne› (1504; gedr. auch Straßburg 1511). Darin befreit ein Jüngling mit Hilfe seines Sklaven ein Mädchen aus den Händen eines Kupplers.

Die in *Deutschland* bis zum Ausbruch der Kirchenkämpfe geschaffene *dramatische Literatur der Humanisten* schließt in der Hauptsache an die Studien der antiken Dramatiker und das italienische bzw. französische Humanistendrama an. Aber auch die mittelalterlichen Moralitäten und allegorischen Spiele haben noch das ihre dazu beigetragen. An Gattungen erscheinen in der Frühzeit und im älteren Humanismus dialogisierte Gesprächsspiele, Schulkomödien, das allegorische Lob- und Festspiel. Erst die beginnende Blütezeit bringt ausgebildetere Formen im Lustspiel, in der humanistischen Allegorie, im Kaiserspiel und im zeitgeschichtlichen Spiel.

Das deutsche *Humanistendrama der Frühzeit* wird durch *vier Richtungen* charakterisiert: durch Anlehnung der eigenen Produkte an die antiken oder italienischen Vorbilder; durch die Neigung, volkstümliches Schwank- oder Erzählgut dramatisch auszugestalten; durch die Unterordnung des Schauspiels im Dienst einer bestimmten Absicht oder Tendenz. Freilich kommen diese Hauptrichtungen nicht immer in Reinkultur vor, sondern es gibt verschiedene Verbindungen und Überschneidungen. Einigermaßen analog zu diesen Hauptrichtungen zeigen sich auch *dreierlei Einflußsphären*: die Aus- und Nachwirkung der römischen Dramatiker und LUKIANS, der zu den zahlreichen Allegorien und dem Auftreten der antiken Götterwelt anregte; das Herüberwirken der allegorischen Festspiele und mythologischen Szenen aus Italien sowie der älteren italienischen Humanistenkomödie; die Tradition des weltlichen und geistlichen Spieles des Mittelalters. *In formaler Hinsicht* halten sich die Dichter der humanistischen (und neulateinischen) Dramen im allgemeinen an das Schema der antiken, hauptsächlich römischen und italienischen Vorbilder. Die einzelnen Teile der äußeren Komposition sind: das Personenverzeichnis, das Argumentum (‹des Spiels Inhalt›), der Prolog, die Akt- und Szeneneinteilung, die Chöre, der Epilog. Sie bilden das Gerüst der Handlung. Oft enthalten sie auch Anweisungen für die Schauspieler. Die Stücke wurden sowohl aufgeführt als auch in den Schulen gelesen.

Als besonderes Charakteristikum der *Komödie* wird ein soziales Kennzeichen angegeben: die Träger der Handlung sind Personen der unteren oder mittleren Stände. Die *Tragödie* hingegen handelt von Personen hohen Standes. Weiters legte man der Komödie gern eine didaktische und pädagogische Tendenz bei. Im Anschluß an CICERO sollte sie einen Spiegel des menschlichen Wesens abgeben.

Die mittelalterlichen Spiele waren unpersönlich, ihre Dichter in den seltensten Fällen bekannt, die Stoffe religiös oder eng begrenzt. Das Humanistendrama behandelt eine Fülle weltlicher Stoffe und besitzt individuelle Formgebungen; der Buchdruck ermöglichte bald rasche Verbreitung. In den mittelalterlichen Spielen sind Drama und Theater eine Einheit. Nun werden die Dramen auch gedruckt und können unabhängig von einer Aufführung in weiteren Kreisen gelesen werden. Das Drama wird ein Teil der Literatur und wird als Dichtung gewertet. Theatergeschichtlich bedeutsam ist, daß es seit 1500 auch in Deutschland zur Aufführung antiker Dramen kam.

2. Die ersten Versuche in Deutschland. Enea Silvio. Johann Tröster. Donisius

Das erste lateinische Spiel des Renaissance-Humanismus, das nördlich der Alpen gedichtet wurde, stammt von ENEA SILVIO. Als Beamter der kaiserlichen Kanzlei auf dem Reichstag in Nürnberg, verfaßte er dort 1444 seine Komödie ‹Chrysis›. Das Werk eines Italieners, steht sie innerhalb der italienischen Literaturtradition, war aber gewiß auch für ein deutsches Humanistenpublikum bestimmt. Antike und italienische Vorbilder, vor allem TERENZ und der vor kurzem wiederaufgefundene PLAUTUS, haben ENEA vorgeschwebt. Selbsterlebtes, Selbstgeschautes und Zeitgeschichtliches sind hineingearbeitet.

Die Hauptpersonen sind Dyophanes und Theobolus, welche mit Chrysis und Cassina eng befreundet sind. Die Herren, zwei Kleriker, schicken die Mädchen in ein Badehaus, tragen ihnen aber auf, von dort sogleich mit ihnen zusammenzutreffen. Nach langem Warten kommen sie zur Überzeugung, daß die Buhlerinnen zu anderen Liebhabern gegangen sind. Vergeblich suchen die

schließlich doch Erschienenen, ihre erzürnten Freunde zu versöhnen. Nach be-
harrlichem Schmeicheln, Bitten und Klagen darf die Zuhälterin Canthara Friedensverhandlungen anbahnen. Parallel zu diesem Geschehen bzw. damit verwoben gehen Nebenhandlungen des Archimenides mit Antiphila, des Charinus
und Sedulius, beide ebenfalls Liebhaber der Chrysis und Cassina, ferner ist ein
Diener Lybiphanes vorhanden, der seinem Herrn das Maßhalten nahelegt, aber
selbst sich der Gunst von Chrysis' Schwester Pythias erfreut, und ein Koch
Artrax.

Das Stück ist lediglich im damaligen deutschen Freundeskreis Eneas
bekannt geworden und hat keine besondere Nachwirkung gehabt. Erst
in jüngster Zeit wurde es aus der einzigen Handschrift, die sich erhalten
hat, herausgegeben.

Als der erste Schüler und früheste Nachahmer des Enea Silvio, weniger im Hinblick auf die ‹Chrysis›, sondern im allgemeinen, gilt Johann
Tröster. Sein Hauptwerk ist der Dialog ‹De remedio amoris› (1454),
eine halbdramatische Gegenwartsdichtung, die im Humanistenkreis des
Kaiserhofes spielt und die Liebesnöte des Wolfgang Forchtenauer
zum Gegenstand hat. Stoff, Anlage, Form sind neu, die Geisteshaltung
aber ist noch durchaus geistlich mittelalterlich.

In diesen Freundeskreis Eneas gehört vermutlich auch die in der Grazer
Handschrift 1259 überlieferte bisher unedierte ‹Comedia Pamphile› eines
gewissen Donisius, die zuerst Karl Langosch ans Tageslicht gezogen
hat. Langosch hielt das Stück für einen der letzten Ausläufer der *comedia
elegiaca medii aevi*, setzt seine Entstehung in das 13./14. Jh. und erklärt
es frei von humanistischen Einflüssen. Die Widmung an Johann Hinderbach, den Freund und Mitarbeiter Enea Silvios, rückt die ‹Comedia›
aber eher in das zweite Drittel des 15. Jhs. herauf. Wenn ferner nach
Langosch zwar der Schreiber der Grazer Handschrift ein Romane war,
der Dichter hingegen aus deutschem, vielleicht süddeutschem Gebiet
stammte, dann könnte das Stück in den Wien-Wiener Neustädter Kreis
jener Frühhumanisten gehören, die Enea um sich scharte und bei denen
vielfach Altes und Neues noch nebeneinander lag. Das Werk beginnt mit
einer *Epistola loco prologi* und hat ein Argumentum. Den Inhalt der Komödie bildet eine Ehebruchsgeschichte.

Im ersten Teil (V. 33 ff.), der in Form einer Unterredung eine *Summa amandi*
darstellt, wartet die Ehefrau Pamphila schon die siebente Nacht vergeblich auf
ihren Buhlen Polidamas. Die bei ihr weilende Amme Cantara belehrt sie über
die Grundsätze, nach denen eine Frau unter ihren Bewerbern wählen müsse,
und wie sie die Liebe allmählich, aber ständig zum Wachsen bringen könne.
Der zweite Teil eist bringt mit Hilfe des Motivs vom betrogenen Ehemann
Handlung. Pamphila begibt sich zu Polidamas. Hernach fürchtet sie die Bestrafung durch ihren Gemahl. Um sich davor zu schützen, eilt sie noch nächt-
licherweile zum Barbier Pampimerus, um einen Aderlaß vornehmen zu lassen.
Aber trotz dieser List wird sie von ihrem Mann aus dem Haus gewiesen und
kommt abermals zum Barbier, klagt ihm ihr Leid und redet dem Nichtsahnen-
den ein, ihr Mann habe sie wegen des nächtlichen Aderlaßganges verjagt. Der

mitfühlende Pampimerus begibt sich zu dem erzürnten Ehemann und stellt den Frieden zwischen den Eheleuten wieder her. Das Ganze spielt sich in einer einzigen Nacht ab. Form und Inhalt, namentlich die Lehren der *Summa amandi,* sind OVID verpflichtet. Das Thema erinnert z. T. an die Stoffe der Ehebruchsnovellen, wie sie z. B. ADOLPHUS VON WIEN in seinem ‹Doligamus seu fraus mulierum› (1315) in Versform behandelte.

Auf italienischem Boden entstanden, aber von jungen deutschen, dem Humanismus ergebenen Studenten verfaßt wurde das sog. ‹Lustspiel deutscher Studenten in Padua› (1465). Der Kreis, aus dem es stammt, bestand vorwiegend aus Nürnbergern. Zu ihm gehörten JOHANN PIRCKHEIMER, GEORG PFINZING, GEORG TETZEL, KONRAD SCHÜTZ, HARTMANN SCHEDEL, JOHANN LÖFFELHOLZ u. a.

Die dramatisch bewegte Szene entlehnte ihren Stoff dem Leben und Treiben an der Universität Padua. Die Veranlassung aber war persönlicher Natur. Es geht um die Wahl eines von der Universität besoldeten juridischen Lektors, welche als Vorrecht den Studenten überlassen war. Im Vorjahr hatte das Ehrenamt PIRCKHEIMER innegehabt. Jetzt bewarb sich darum ein jüngerer Freund Jacobus. Am Tage der Wahl aber hört er von Umtrieben eines Konkurrenten, des KONRAD SCHÜTZ. Auf PIRCKHEIMERS Rat versucht Jacobus den Gegner gütlich zum Rücktritt zu bewegen. Dies gelingt nicht, die beiden Bewerber trennen sich nach einem immer erregter gewordenen Zwiegespräch. SCHÜTZ, der weder bei den Deutschen noch bei den Italienern viele Freunde besitzt, will die Sorgen bei seiner Geliebten Rosabella vergessen, Jacobus wird durch PIRCKHEIMER im Glauben an den Sieg bestärkt. Als Verfasser ist höchstwahrscheinlich JOHANN PIRCKHEIMER, der Vater WILLIBALDS, anzusehen.

Gleichfalls aus Italien kommt die 1497 in Bologna entstandene und gedruckte Komödie ‹Scornetta› des HERMANN KNUYT VAN SLYTERHOVEN bei Utrecht.

Scornetta ist der Name eines östlich von Bologna gelegenen und dem Blanchinus gehörigen idyllischen Landgutes. Die Hauptperson ist Lolla, eine alte, trunkene und verliebte Magd des Blanchinus. Der Knecht Codrus findet seinen Spaß darin, sie aus dem Schlafe zu wecken und zur Arbeit anzutreiben. Er frotzelt sie mit ihrer Liebe zum Hirten Corydon, aber es gelingt ihm nicht, sich ihrer Geldbörse zu bemächtigen. Als nun unvermutet die Herrin des Hauses erscheint, stellt die Magd ihre Geschäftigkeit ins beste Licht und schwört ihr Liebesverhältnis mit dem Schäfer ab. Als dieser sich einstellt, um die Liebste zu besuchen, sinkt sie erschreckt in Ohnmacht, bis die Herrin lächelnd ihr die Verwirrung wieder benimmt. Das Stück ist in Hexametern abgefaßt.

Viele der dramatischen Frühprodukte des deutschen Humanismus haben noch eine sehr einfache Gestalt und gehören mehr in das Gebiet der Dialogliteratur denn des Dramas. So etwa die ‹Comedia Bile› (vor 1450?) ein Prosadialog, den anscheinend PETER LUDER aus Italien nach Deutschland brachte, oder die ‹Comoedia de lepore› (1498), erhalten in einer Tegernseer Handschrift, ebenfalls ein Prosadialog mit der Geschichte von den Schwaben, die einen Hasen für ein Ungeheuer halten. Aber das sind bestenfalls Mittelgattungen zwischen Gespräch und Drama.

3. Dramatische Dichtung im älteren Humanismus

Was vom spätscholastischen und älteren Humanismus an dramatischen Gebilden geschaffen wurde, ist noch lange nicht Drama im hohen Sinne, sondern häufig nur Gesprächsliteratur, dialogisiertes Bildungsprogramm mit Rechtfertigung und Verteidigung der neuen Studien und Dichtungsart. WIMPFELING, JOHANN KERCKMEISTER, AUGUSTINUS MORAVUS bringen noch eng an die Dialogliteratur anschließende Gesprächsspiele, BEBEL und THILEMANN CONRADI eine Schulkomödie, erst bei GRÜNPECK erscheint, inspiriert von Italien, das allegorische Lob- und Festspiel und zwar herangebracht an die Person Kaiser MAXIMILIANS I.

a) Wimpfeling. Johann Kerckmeister. Heinrich Bebel

Mehr Dialog und weniger Drama als Programm, das die Bedeutung der neuen Studien in das rechte Licht stellen und gegen die Unwissenheit auftreten will, ist der ‹Stylpho› (1480) des JAKOB WIMPFELING. WIMPFELING war in diesem Jahr Dekan der Artistenfakultät in Heidelberg und hielt als solcher am 8. März 1480 bei der Promotion von 16 Lizentiaten einen Festvortrag zur Rechtfertigung der wissenschaftlichen Studien. Dabei sagte er, er wolle durch eine Fabel oder vielmehr Geschichte zeigen, wie gut es für die Graduierten war, sich der Wissenschaft zu widmen. Als diese Fabel oder Geschichte folgt die Aufführung seines ‹Stylpho›, zuerst das übliche Argumentum, das den Inhalt angab, dann ein Prolog, sechs Szenen und eine Conclusio. Nach dieser setzte WIMPFELING seine Ansprache fort.

In dem kleinen Spiel traten nun Stylpho, der eben aus Rom zurückgekehrt ist, und Vincentius, der zu Hause seinen Studien oblag, auf, und beginnen ein Gespräch über den Erwerb von kirchlichen Pfründen. Vincentius vertritt die Ansicht, die Vereinigung mehrerer Pfründen sei nur dann statthaft, wenn eine einzige Pfründe zur Versorgung nicht ausreiche. Stylpho, der in Rom Hausgenosse des Kardinals von Rouen Estouteville, eines bekannten Pfründenjägers, war, hat sich vier päpstliche Anweisungen auf Pfründen verschafft und blickt verächtlich auf die jungen Menschen herab, die durch ernsthafte Studien in der kirchlichen Laufbahn weiterkommen wollen. Sodann begeben sich die beiden zum Pfarrer Lampertus, der Stylpho in seinen Anschauungen bestärkt. Aber der Bischof Assuerus, dem Stylpho seine Anweisungen präsentiert, schickt ihn zum Schulrektor Petrucius, damit er zunächst seine Kenntnisse überprüfe. Stylpho macht bei der Prüfung die ärgsten lateinischen Fehler und kann nicht einmal richtig konjugieren. Das Zeugnis, das er dem Bischof überbringt, erweist ihn eher geeignet, Schweine zu hüten als Menschen. Schließlich bleibt ihm auch nichts anderes übrig, als die Stelle eines Dorfschweinehirten zu übernehmen, die der Schulze seines Heimatortes ihm anbietet. Der *vates* weist zum Schluß auf den wunderbaren Wechsel des Geschickes hin und berichtet, daß der fleißige Vincentius später Bischof wurde.

Gleichfalls die Verherrlichung und Verteidigung der Studien, allerdings bereits den Gegensatz zwischen der mittelalterlichen und der humanisti-

schen Bildung hat die Schulkomödie ‹Codrus› (1485) des JOHANN KERCK-
MEISTER in Münster zum Thema.

Der Gymnasiarch Codrus, der von seinen Schülern verlassen wurde, die
sich der neuen Bildung zuwenden, will in Köln einen akademischen Grad
erwerben, um das verlorene Prestige zu retten. In Köln fällt er Studenten in
die Hände, die ihn verhöhnen und scherzhafterweise zum Baccalaureus promo-
vieren. Die jungen Leute sind Anhänger der neuen Geistesrichtung und gründen
ihre Grammatik nicht mehr auf ALEXANDER DE VILLA DEI, sondern auf das
Studium der antiken Dichter und Redner, das auch für das Verständnis der
Bibel nützlich ist. Zum Schluß wird Codrus unter gemeinen Schimpfreden der
Studenten verprügelt. Den Anfang bildet ein Prolog in Distichen, die den Zweck
des Stückes angeben. Darauf folgt das Argumentum mit der Inhaltsübersicht.

In diese halbdramatische Dialogliteratur zur Rechtfertigung des Humanismus gehört wohl auch der ‹Dialogus in defensionem poetices›
(Venedig 1493) des mit CELTIS befreundeten AUGUSTINUS MORAVUS.
Ferner ein Dialog und eine Komödie HEINRICH BEBELS. Bereits 1495
pries BEBEL in einem Hexameterdialog ‹Contra vituperatores studiorum humanitatis› Notwendigkeit und Vorteile der humanistischen Studien. Sechs Jahre später griff er dasselbe Thema in erweiterter Form
neuerdings in der ‹Comoedia vel potius dialogus de optimo studio
scholasticorum› (1501) auf, die von Studenten vor der versammelten
Tübinger Universität aufgeführt wurde. Den fünf Prosa-Akten geht
eine poetische Anrede *ad spectatores* in Hexametern voraus, worin der
Inhalt des LUDWIG VERGENHANS gewidmeten Stückes angegeben wird:
keine Verlockungen der Venus und keine thyestischen Greuel, sondern
ein braver Bauernjunge, der zu einem guten Lehrer und der neuen Methode kommt, übertrifft an gründlichen und gediegenen Lateinkennt-
nissen alle Professoren und anderen Scholaren der Universität.

Vigilantius, der bisher seine Zeit mit der Grammatik nach ALEXANDER DE
VILLA DEI verloren hat, möchte das Studium an der Universität von neuem beginnen. Dafür lobt ihn der Pfarrer. Der Jüngling erzielt ausgezeichnete Studien-
erfolge. Ein Sophist Lentulus, der mit den üblichen Vorwürfen gegen die Poeten
loszieht, wird durch die Gegengründe des Humanisten widerlegt. Ein anwesen-
der Hofbeamter erzählt, er habe selbst es in Innsbruck erlebt, wie der Bischof
Raymundus von Gurk einen Pfründenbewerber wegen seines schlechten Lateins
zurückwies. Im 5. Akt verspottet Vigilantius zwei streitende Spätscholastiker,
einen Ockhamisten und einen Scotisten, mit dem Hinweis, daß in Paris philosophische Gegner persönlich häufig die besten Freunde seien.

Ein ähnliches Werk wie BEBELS Dialog verfaßte der von Erfurt nach
Wittenberg übersiedelte THILONINUS PHILHYMNUS, d. i. THILEMANN CON-
RADI, in seiner ‹Comoedia Philymni Syasticani alias Gotingeni cui nomen
Teratologia› (Wittenberg 1507), in der sich Latroides, Cyllenius und
Grammatophilus über den lateinischen Stil unterhalten.

b) *Joseph Grünpeck*

Kurz nach einer Italien-Reise verfaßte JOSEPH GRÜNPECK seine zwei Komödien. Sie wurden als ‹Comoedie utilissime› zu Augsburg 1497 oder 1498 gedruckt. Beide Stücke berühren sich gedanklich mit GRÜNPECKS mannigfachen Interessen und zeigen Beeinflussung durch Italien. Dieses letztere von VALLAS ‹Elegantien› und seiner Schrift ‹De voluptate›, vom allegorischen Lob- und Festspiel italienischer Renaissancehöfe. GRÜN-PECK schwebte als Ziel und Zweck der Spiele vor Augen: 1. gutes Latein zu lehren und in Wohlredenheit Anschauungsunterricht zu erteilen; 2. aus seiner Heimat die «Barbarei» zu vertreiben; 3. durch das Lob der Tugend die schlechten Sitten der Zeit zu bessern.

Die erste Komödie wurde von den Schülern GRÜNPECKS im Juli 1497 zur Hochzeit eines Augsburger Bürgers aufgeführt. Im Widmungsbrief an BERNHARD VON WALDKIRCH erklärt der Verfasser, es sei seine Absicht: «huius quoque seculi mores notando, adolescentibus prima oratorum elementa capessentibus profuturum me speram». Im übrigen soll die Komödie ein Bild der verderbten Sitten der Welt am Beispiel der ausgelassenen männlichen und weiblichen Jugend bieten.

Im Prolog, den GRÜNPECK vermutlich selbst sprach, beklagte er sich über die geringe Achtung, die den Poeten zuteil werde. Im Stück selbst, das im wesentlichen Dialog ist, unterhalten sich epikureisch-weltlich gesinnte Mädchen und Jünglinge mit Vertretern einer strengeren stoischen Lebensansicht, einer frommen Jungfrau und einer Matrone. Auf die Ermahnung der einen folgen die sophistischen Entgegnungen der anderen. Ein Mädchen berichtet von der bevorstehenden Hochzeit. Mit einer Einladung zum Tanz endet das Stück. Die Unterredungen sind in Prosa abgefaßt.

Das allegorische Lob- und Festspiel ‹Virtus et Fallacicaptrix›, das GRÜNPECK mit seinen Schülern im November 1497 in Augsburg vor Kaiser MAXIMILIAN I. aufführte, hat die Form einer Gerichtsszene.

Frau Tugend und Frau Weltlust stehen einander vor dem höchst gerechten Kaiser gegenüber. Virtus, von ihrer Feindin überall hin verfolgt, umwanderte ruhelos die Erde (war z. B. bei den Arimaspen, die nur ein Auge mitten auf der Stirn haben, den Sarmaten, die nur jeden dritten Tag Speise zu sich nehmen, bei den Schlangenmenschen in Afrika, den Monostelen in Indien, den Völkern, die keinen Nacken und die Augen auf den Schultern haben usw.), bis sie im Vertrauen zu dem neuen König nach Augsburg kam, und hier dessen Richterspruch gegen Fallacicaptrix, die den ganzen Erdkreis beherrschen wolle, anruft. Nun entwickelt sich vor dem Richterstuhl MAXIMILIANS zwischen den beiden Gegnerinnen ein erbittertes Redegefecht um die Jugend. «Vivite leti, o imberbes adolescentes, fruimini gaudio et voluptate, dum vires etasque sinunt, sequimini puellarum amores», beginnt Fallacicaptrix ihr Werben um die Jünglinge. Die Söhne sollen sich ja nicht durch den Tadel ihrer Väter davon abhalten lassen. Ebensowenig sollen die ‹innuptae puellae› auf die Mahnungen ihrer Mütter hören, denn die Alten haben auch einmal dasselbe getan, was sie jetzt verbieten wollen. Als die Virtus auftritt, ergreifen die Jünglinge wie vor einer Schreckgestalt die Flucht. Nur mit Mühe lassen sie sich beruhigen, bitten aber den König, den

Zwiespalt zwischen den beiden Gegnerinnen zu schlichten. Ein Herold verkündet den Beginn des Prozeßverfahrens. Es folgen die Anklagen und Beschuldigungen. Schließlich drängt Virtus den König zur Entscheidung, indem sie ihn an die vielen Wohltaten erinnert, die sie ihm bisher erwies, besonders an den Trost während des Krieges gegen den wortbrüchigen französischen König, der ihm die Gemahlin geraubt, und die mütterliche Fürsorge, als er von den rebellischen Niederländern gefangengesetzt war. Gerührt und besiegt umarmt der König die Tugend: Sie wird fortan alle seine Schritte lenken. Die betrügerische Weltlust wird feierlich verbannt. Das Spiel ist der erste Fall, in dem die im Fastnachtspiel beliebten Gerichtsszenen auf das Drama des Humanismus herüber wirken. Es trug seinem Verfasser die Dichterkrönung zu Freiburg i. Br. 1498 ein.

Beide Stücke gehören in die Gattung der ‹comoediae vel potius dialogus›. Das erste hat noch manches von der Art eines deutschen Fastnachtspieles an sich, das zweite unterscheidet sich vom ersten durch die gehobene Thematik, mehr Handlung, besseren Aufbau, den Sieg der Moral, den Festspielcharakter.

In die Frühgeschichte des Humanistendramas wird man auch JAKOB CANTER (ca. 1471 – ca. 1539) mit seiner ‹Rosa Rosensis› oder ‹Osculum› aufnehmen müssen. CANTER, ein Friese, befreundet mit CELTIS, verfaßte diese halbdramatische Dichtung 1497/98 in Südböhmen zu Ehren der Herren VON ROSENBERG in Krumau. Den z. T. allegorisch-mythologischen Inhalt bildet, in Verbindung mit dem Motiv von der geküßten Jungfrau, eine Verherrlichung der Familie ROSENBERG, die angeblich von den römischen URSINI und durch diese von den Trojanern und von der Göttin Venus abstammt. Neben den epischen Quellen, vor allem OVID und VERGIL, verrät der Verfasser auch Kenntnisse von PLAUTUS, TERENZ und AISCHYLOS. Die (einzige) Handschrift ist illustriert.

4. Das Drama der Blütezeit

Eine selbständige dramatische Produktion, die ausgebildete Formen hervorbrachte, setzt im deutschen Humanismus mit JOHANNES REUCHLIN ein. Neben und nach REUCHLIN schuf JAKOB LOCHER seine Spiele. Bei ihm kommt bereits eine Vielfalt der Gattungen zum Vorschein: die Posse, das zeitgeschichtliche Drama ebenso wie das allegorisch-mythologische Festspiel. Er sucht Antik-Humanistisches, Volkstümliches und Historisch-Politisches miteinander zu verbinden. Eine besondere Stellung in der Entwicklungsgeschichte des Humanistendramas nimmt KONRAD CELTIS ein. Er war ebenso tüchtig als Anreger wie als Dichter. Schon 1492 beim Antritt seines Lehramtes an der Ingolstädter Universität formulierte er seine Stellung zum Drama:

«Das ist bei den Griechen und Römern in der Verwaltung des Staates eine wahrhaft große und beinah göttliche Sache, daß sie danach strebten, die Weisheit mit der Beredsamkeit zu verbinden. Um dies zu erreichen, veranstalteten sie öffentliche Schauspiele, in denen sie mit feiner Überredungskunst und in freien Erfindungen die Gemüter der Zuschauer zur Tüchtigkeit, Ehrfurcht, Bescheidenheit, Tapferkeit und Duldsamkeit in allen Dingen aneiferten. Sie schreckten die heranwachsende Jugend vor den Lastern zurück und entflammten sie dadurch zur Ruhmbegierde, indem sie das, was sie dem Vaterland, den Freunden, den Gastfreunden und den geliebten Eltern schulden, gleichsam in lebenden Bildern aufnahmen.» Also Verbindung von Philosophie und Rhetorik auch durch das öffentliche Schauspiel und das Theater als ethisch-pädagogische Anstalt für den Staat und die Menschheit. Während seiner Wirksamkeit in Wien geht CELTIS über zu eigener dramatischer Produktion und brachte antike Stücke des TERENZ, PLAUTUS und SENECA durch seine Schüler und Freunde zur Aufführung. Im Gefolge der Paris-Urteil Allegorien LOCHERS und des CELTIS dichtet BENEDICTUS CHELIDONIUS sein humanistisches Festspiel und steht der Straßburger ‹Herkules am Scheidewege›. Alte Streitgespräche, Disputationen und Gerichtsspiele zu Vorfahren hat WATTS ‹Hahnenkampf›. Angeregt von PLAUTUS-Studien schreibt CHRISTOPH HEGENDORFF seine Komödien.

a) Reuchlin

Obgleich ohne eigentliche dichterische Begabung, hat JOHANNES REUCHLIN infolge seines hohen Ansehens durch seine Spiele, namentlich den ‹Henno›, bestimmend auf die weitere Entwicklung des Dramas eingewirkt. In Heidelberg hatte bereits PETER LUDER 1456/60 an der Universität die Komödie der italienischen Frührenaissance, u. a. in Gestalt der ‹Cauteriaria› des ANTONIO BARZIZZA, traktiert und bekanntgemacht. Nach ihm versuchte JAKOB WIMPFELING 1480 mit der Abfassung seines ‹Stylpho› und dessen Aufführung im Artistenkolleg den ersten Schritt zu einem deutschen humanistischen Bühnenspiel. Ihnen folgte während seines erzwungenen Aufenthaltes in der Stadt REUCHLIN mit seinen zwei Dramen. In der ersten Komödie ‹Sergius sive capitis caput› (o. O. u. J. [1496]) beabsichtigte er, unter Hinweis auf verschiedene Unsitten der Zeit, die ihm von seinem Feind HOLZINGER, nun Ratgeber des neuen Herzogs von Württemberg, zugefügten Kränkungen zu rächen. Zugleich aber wollte er mit dem Stück auch die jungen Humanisten im lateinischen Ausdruck üben. Die Moral, die das Drama exemplifizieren sollte, lautet: mit einem hohlen Kopf kann man nichts ausrichten, es ist besser mit Weisheit und Tugend zu handeln, das schlimmste ist der Meineid.

Das in regelmäßigen jambischen Senaren abgefaßte Lustspiel ist in drei Akte eingeteilt. Nach der Inhaltsangabe im Prolog preist in Gesprächen terenzischer Art der Schlemmer Heluo die Genüsse und Vorzüge seiner Lebensweise. Da kommen seine Freunde im Gespräch mit dem Fremden Buttabatta daher, der unter seinem Mantel einen schmutzigen Schädel hervorzieht. Die Freunde raten ihm, den Kopf aufzuputzen und als Reliquie auszugeben. Im zweiten Akt wird nach Humanistenart die Poesie gegen die Anschuldigungen eines Gegners der neuen Bildung verteidigt. Im dritten erscheint Buttabatta mit dem als Heiligenkopf hergerichteten Schädel und preist dessen Wunderkraft: er ist *capitis caput* (so wie HOLZINGER der Beherrscher des jungen Herzogs), der Besitzer sei ein Araber gewesen, habe Sergius geheißen, war Zeit seines Lebens ein Schwätzer und elender Geselle, er war Mönch, wurde aus dem Kloster ausgestoßen, sei Anhänger Mohammeds geworden; zu Macht und Ansehen gelangt, verfolgte er grausam seine ehemaligen Glaubensgenossen. Über diese Eröffnung geraten die Freunde in Angst und Entsetzen und ziehen die Lehre: man solle weder einem leeren Kopf noch einem Apostaten etwas glauben.

Der Stoff des Stückes ist REUCHLINS eigenem Erleben und der Gegenwart entnommen. Dramatisierte humanistische Invektive wird mit der lehrhaft apologetischen Absicht eines humanistischen Schuldramas verbunden. Die Form verrät deutlich das Studium des TERENZ. Das Ganze ist mehr wortspielreiches Gespräch als dramatische Handlung. REUCHLIN bediente sich der Komödie als Moralsatire gegen einen persönlichen Feind, der pamphletartig getroffen werden sollte. Die erste datierte Ausgabe erschien im September 1507 in Pforzheim bei THOMAS ANSHELM, kommentiert von dem dortigen Rektor GEORG SIMLER; eine andere April 1508 ebenfalls in Pforzheim. Vor der ersten Pforzheimer Ausgabe liegen drei noch undatierte Wittenberger Editionen.

Unmittelbar nach dem ‹Sergius› schuf REUCHLIN nach dem Muster des TERENZ und der italienischen Farce eine zweite Komödie: ‹Scenica Progymnasmata: hoc est Ludicra praeexercitamenta› (1497), ‹Schulung durch das Theater›, nach der Hauptfigur auch kurz ‹Henno› genannt. Als Zweck wird angegeben: «praeexercitamenta quibus adolescentes comicae pronunciationis et gestis de se periculum faciant». Das fünfaktige Stück wurde am 31. Januar von jungen Leuten im Hause DALBERGS aufgeführt.

Der Bauer Henno stiehlt seiner Frau Elsa ihre ersparten acht Goldstücke und beauftragt seinen Knecht Dromo, dafür beim Tuchhändler Danista in der Stadt Tuch zu einem neuen Rock zu kaufen. Der Knecht aber behält das Geld, nimmt das Tuch auf Kredit und verkauft es für sich. Inzwischen bemerkt die Bäuerin den Verlust ihrer Ersparnisse und ruft die Nachbarin zu Hilfe, die ihr rät, einen Astrologen zu konsultieren. Der Sterndeuter Alcabicius ist zwar ebenfalls ein Betrüger, gibt aber eine Personsbeschreibung des Diebes, die auf Henno paßt. Bei der Gerichtsverhandlung, zu der es der Tuchhändler bringt, wird Dromo vom Rechtsanwalt Petrucius verteidigt. Der Advokat rät seinem Klienten, den Blödsinnigen zu mimen und alle Fragen mit ‹ble› zu beantworten. Der Knecht befolgt diesen Rat und wird freigesprochen. Aber als der Anwalt sein vereinbartes Honorar verlangt, gibt ihm Dromo dieselbe Antwort. Zum Schluß erhält der Knecht die Tochter seines Dienstherrn zur Frau und die gestohlene Summe als Aussteuer.

Prolog und Chorlieder umrahmen das von REUCHLIN im Geflecht der Handlung geistreich verschlungene Spiel. Der lächelnde Verzicht am Ende erinnert an das ‹Lob der Torheit› des ERASMUS. REUCHLINS Komödie ist richtig nur aus der lebendigen Tradition zu verstehen, in der das antikisierende Lustspiel seit der Tätigkeit PETER LUDERS in Heidelberg stand. Nicht in Frankreich, wie HUGO HOLSTEIN gemeint hat, bei MAÎTRE PATHELIN, sondern südlich der Alpen liegt die geistige Heimat des ‹Henno›-Spieles. HERMANN GRIMM, J. PARMENTIER, ALEXANDER VON WEILEN und zuletzt ERNST BEUTLER haben die Abhängigkeit von Italien mit zwingenden Gründen erwiesen. Das Gerippe der Handlung und die Typen Brighella, Pantalone, Dottore stammen aus den Anfängen der *commedia dell'arte*, der Text ist deutsche Arbeit. Die Beurteiler der Komödie haben eine Diskrepanz zwischen abgelöster sittlicher Forderung, aus der die Komik des Stückes lebt, und diesseitiger Wirklichkeit nicht übersehen. Der sehr geschickte fünfaktige Aufbau REUCHLINS aber wurde für die Formgebung des kommenden Dramas wirksam. Dem ersten Druck (Basel 1498) folgten in terenzischer Weise der Bericht über die Aufführung, das Verzeichnis der Spieler und die Dankrede des VALENTIN HELFANT im Namen der von DALBERG beschenkten Darsteller. Am 15. März 1519 wurde das Stück in Leipzig vor Herzog GEORG VON SACHSEN gespielt. WIMPFELINGS Neffe JAKOB SPIEGEL schrieb zu der Komödie einen Kommentar. Von 1498 bis 1523 erschienen von dem Stück 31 Ausgaben. Die erste deutschsprachige *Bearbeitung* wurde nach 1502 wahrscheinlich in Frankfurt a. M. hergestellt und aufgeführt. Der unbekannte Bearbeiter durchsetzte die Klassizität der Stilform der Vorlage bunt und kräftig mit den Elementen der Mysterienspiele und kontaminierte am Ende das Ganze mit einem Brautlauf im Geschmack der Fastnachtspiele. Zwei weitere Bearbeitungen entstanden in Nürnberg, die eine von HANS SACHS (1531), die andere von JOHANN BETZ (1546); eine dritte stammt von GREGOR WAGNER (1547), Professor in Frankfurt a. d. O., eine vierte von JAKOB KLYBER aus Volkach (1558). Das Luzerner Neujahrsspiel ‹Vom klugen Knecht› (Anf. 16. Jh.) stellt eine Übertragung der Humanistenkomödie ins Bäuerliche dar. Der große Erfolg des Stückes erklärt sich aus dem Schwung und der bühnenmäßig gewandten, spannenden und effektvollen Handlung.

b) Locher

In einer gewissen Verwandtschaft mit der ‹Historia Baetica› des VERARDI verwendet JAKOB LOCHER den Prosadialog zur Behandlung zeitgeschichtlicher Staatsaktionen. Dabei werden die einzelnen Akte mit Chorgesängen abgeschlossen. Zunächst dramatisierte LOCHER in der ‹Historia de rege Franciae› den Kampf KARLS VIII. VON FRANKREICH um Neapel (1494/95). Das Stück wurde 1495 in Freiburg i. Br. verfaßt und in einem Garten der Universität aufgeführt. Mit dieser Darstellung beginnt, theatergeschichtlich gesehen, die *deutsche Humanistenbühne*.

Im ersten Akt treten König KARL und der Herzog von Orleans auf. Der König erzählt von einem Traumgesicht, in dem er zur Eroberung Neapels aufgefordert wurde. Im 2. Akt verhandeln KARL VIII. und Herzog LUDWIG VON MAILAND. Im 3. Akt, einem Monolog, erzählt ein Bote den Übergang der Franzosen über die Alpen und ihren Zug durch Italien. Im 4. Akt fleht der König von Neapel Gott um Rettung an. Der 5. Akt bringt eine Unterredung zwischen den Boten des römischen Königs, der Venezianer und des Herzogs von Mailand. Der erstere will seinen Herrn so rasch wie möglich vom unglücklichen Ausgang benachrichtigen. In einer Reihe undramatischer Dialoge werden die Mächtigen dieser Welt vorgeführt. Am Schluß steht ein Lobgesang auf Kaiser MAXIMILIAN.

Ein zweites Stück LOCHERS hat die Türkengefahr zum Thema, es ist die ‹Tragedia de Thurcis et Suldano› (Straßburg 1497), ebenfalls in Freiburg aufgeführt. Diese in Versen und Prosa abgefaßte ‹Tragödie› ist eine flammende Aufforderung, die deutsche Christenheit und ihre Fürsten mögen endlich unter der Führung Kaiser MAXIMILIANS das Schwert gegen die immer ungestümer vordringenden Türken ergreifen.

Der 1. Akt beginnt mit einem Klagemonolog der Fides, dem sich ein Klagechor in Distichen anschließt. Der 2. Akt bringt den Klagemonolog des Vulgus Christianum. Der 3. Akt eine Unterredung zwischen Papst ALEXANDER VI., Kaiser MAXIMILIAN und einem Legaten. Es wird der Krieg gegen die Türken beschlossen. Im 4. Akt findet nach der Kriegserklärung eine Unterredung zwischen Sultan BAJAZET und dem Sultan von Ägypten statt, der das Heeresaufgebot der Mohammedaner folgt. Im 5. Akt tritt Fama auf und berichtet den Sieg der Christen über die Türken; ein Triumphgesang in sapphischen Strophen beendet das Stück. Der Druck ist mit Holzschnitten illustriert.

Ebenfalls die Türkengefahr behandelt LOCHER im ‹Spectaculum more tragico effigiatum› (1502). Das Stück wurde in Ingolstadt, wo LOCHER inzwischen Professor geworden war, vor der versammelten Universität von elf adeligen Studenten aufgeführt. Aufgefordert vom Erzengel Michael, schließt der Papst ein Bündnis mit dem Kaiser. Aber es bleibt bei dem Bündnis, ohne daß der Sieg verkündet wird. Das Drama ist Herzog GEORG VON BAYERN gewidmet, um auf den Fürsten im Sinne eines Türkenkrieges einzuwirken.

Eine allegorische Gerichtsszene mit Personen aus der antiken Mythologie, aber in der Art der Moralitäten, die den Menschen zwischen das gute und böse Prinzip stellen, bildet das Hauptmotiv von JAKOB LOCHERS ‹Iudicium Paridis de pomo aureo› (Augsburg 1502; Wien 1514/44, Krakau 1522), ‹Urteil des Paris vom goldenen Apfel›. Das in elegischen Distichen abgefaßte Stück wurde im Juni 1502 von Studenten der Ingolstädter Universität aufgeführt. Der Dichter selbst sagt im Widmungsbrief an den Regensburger Kanonikus GEORG VON SINTZENHOFEN, daß er den Stoff dem ‹Mythologicon› des FULGENTIUS verdanke. Im ‹Argumentum totius spectaculi› am Schluß des Augsburger Druckes erklärt er die drei Göttinnen Juno, Pallas und Venus als Personifikationen des tätigen, beschaulichen und genießenden Lebens.

Im ersten Akt treten die Göttinnen und Jupiter auf. Man sieht das Festmahl anläßlich der Hochzeit der Thetis. Eris (Discordia) stört es. Sie ist erzürnt, weil man sie nicht eingeladen hat und wirft den Gästen einen Apfel zu, welcher der Schönsten gebühren solle. Darauf beginnen die drei Göttinnen Juno, Pallas und Venus darum zu streiten. Jupiter weiß keinen anderen Ausweg, als Paris zum Schiedsrichter zu bestimmen. Merkur wird zu ihm gesandt und findet ihn als Hirten unter einem Baume schlafend. Der zweite Akt bringt, nachdem jede Göttin ihre Sache in einer langen Rede verfochten hat, das Urteil des Paris: er entschließt sich für das genießende Leben und gibt den Apfel der Venus. Im dritten Akt trifft Paris mit Helena zusammen und verliebt sich in sie. Helena schwankt, ob sie ihrem Mann die Treue halten oder Paris folgen solle. Da trifft sie Amor mit seinem Pfeil und sie flieht mit Paris. Im vierten Akt klagt Menelaus seinem Bruder Agamemnon die zugefügte Unbill. Dieser verspricht zu helfen. Ein Herold verkündet die Kriegserklärung an die Trojaner. Die Moral davon ist: das genießende Leben führt ins Verderben. Zum Abschluß halten drei Studenten Reden über die drei Lebensformen. Die Beschaulichkeit hat das letzte Wort. Ihr wollen sich die Studenten ergeben. – Nach dem zweiten und dritten Akt fanden Zwischenspiele statt: zuerst führen die aus HORAZ, Sat. I, 7, 20 bekannten Gladiatoren Bithus und Bacchius einen Ringkampf auf, nachdem sie von Venus bekränzt werden; nach dem dritten Akt tanzen Hirten und Bauernmädchen. Motive des volkstümlichen Tanzliedes sind in das humanistische Drama eingefügt.

Nicht TERENZ, sondern der Richtung des PLAUTUS folgte LOCHER in seinem ‹Ludicrum drama Plautino more fictum de sene amtore, filio corrupto et dotata muliere› (1502), ‹Posse nach der Art des Plautus von einer verliebten Alten, einem liederlichen Sohn und einer Frau mit großer Mitgift›, in einem Akt, der die Situation am Schluß der ‹Asinaria› des PLAUTUS fortspinnt.

Der alte Gerontius vergnügt sich in Gegenwart seines Sohnes mit einer Dirne. Da erscheint seine Frau und überhäuft ihn mit Schimpfworten. Die Schmähungen setzt die Frau auch zu Hause fort. Der Alte fühlt sich machtlos. Ein Sklave versöhnt die beiden auf Grund eines Vertrages, der die Frau berechtigt, das Haus und den Mann zu verlassen, wenn sie ihn noch einmal bei einer Untreue ertappe. Der Alte ergibt sich in sein Schicksal.

Weniger Drama als Dialog ist LOCHERS ‹Poemation de Lazaro mendico, divite purpurato et inferno Charonte› (1510), ‹Kleines Gedicht vom armen Lazarus, dem Reichen in Purpur und dem höllischen Charon›, in dem ein alter Klosterbruder Michael durch Lazarus bei Charon vergeblich eine Verlängerung seines Lebens zu bewirken versucht.

‹Die politische Lage nach der Schlacht bei Guinegate› (1513) erörterte LOCHER in einem Drama (Cod. lat. Paris. 11347).

Das Stück ist in Prosa, nur die Chöre sind in Versen abgefaßt. Im ersten Akt besprechen der Papst und ein Legat die Kriegsgerüchte und Vorbereitungen gegen Frankreich. Nur eine göttliche Entscheidung oder ein päpstlicher Befehl kann den Frieden erhalten. Der Legat erhält die nötigen Vollmachten und den Befehl, nach Frankreich und Deutschland abzugehen. Im zweiten Akt verhandelt der Legat mit dem französischen Gesandten, Kaiser MAXIMILIAN, dem König von England und dem Herzog von Mailand. Der Legat hält vor dem Kaiser und den versammelten Kurfürsten eine Rede über den Frieden in Europa und die Notwendigkeit eines Kriegszuges gegen die Türken. Darauf rechtfertigt der Kaiser seinen Krieg gegen Frankreich und erklärt sich bereit, in Friedensverhandlungen einzutreten. Die übrigen Herrscher schließen sich mit einigen Vorbehalten an. Den dritten Akt füllt ein Zwiegespräch zwischen einem schwäbischen Landsknecht und einem Schweizer, die beide über den beschlossenen Frieden traurig sind. Schließlich aber hoffen sie auf den nächsten Krieg gegen die Türken.

Eine ‹Tragicomoedia›, die wahre Geschichte dramatisieren will, nennt der sächsische Edelmann JOHANN VON KITSCHER sein historisches Drama. KITSCHER war Orator Herzog BOGISLAWS X. VON POMMERN und behandelte in der Art VERARDIS die abenteuerliche Fahrt des Herzogs ins Heilige Land im Jahre 1498: ‹Tragicomoedia de iherosolomitana profectione illustrissimi principis Pomerani› (Leipzig 1501 und Stettin 1594).

Auf einen Prolog folgen zehn Szenen in dialogischer Form: die Abreise des Herzogs, die Sorge der zurückgebliebenen Gemahlin; ein Brief bringt Nachricht, die Herzogin eilt in die Kirche zu einem Dankgebet; der Bote gibt einen Bericht über die Pilgerfahrt, besonders über die Kämpfe mit den Korsaren.

c) Celtis und Nachfahren. Chelidonius. Herkules am Scheidewege. Joachim von Watt. Christoph Hegendorff

Der Weg des KONRAD CELTIS zu eigenem dramatischen Schaffen führt nach den Anregungen RUDOLF AGRICOLAS über TERENZ zu PLAUTUS und SENECA und italienischen Vorbildern; auch die spätmittelalterlichen heimischen Neigungen für Allegorie und Aufzug wird man anführen dürfen. Nachdem CETLIS in Ingolstadt die Funktion des Dramas im Rahmen des humanistischen Bildungsprogramms umschrieben hatte, dichtete er ein Jahrzehnt später in Wien allegorisch-mythologische Festspiele, die in erster Linie für Kaiser MAXIMILIAN I. und die Hofkreise bestimmt waren und der Musik, dem Aufzug und Tanz maßgeblichen Anteil gewähren.

Gleich das erste Stück, der ‹Ludus Dianae› war ein Kaiserspiel. Es wurde am 1. März 1501 zur Zeit der Fastnacht im Schloß zu Linz vor dem Kaiser, der Kaiserin BIANCA MARIA SFORZA, den Herzogen MASSIMILIANO und FRANCESCO SFORZA und dem gesamten königlichen Hof von Mitgliedern der *Sodalitas litteraria Danubiana* (PETRUS BONOMUS, JOSEPH GRÜNPECK, CELTIS, DIETRICH ULSEN und VINZENZ LANG) aufgeführt (gedr. 1502 und mit den ‹Amores›). Das Spiel ist nach antiker Art in fünf Akte gegliedert mit einem Prolog (‹praeludium›) voran und hat Chorgesänge mit Noten. Dem mythologisch-allegorischen Ludus fehlt der dialogische Charakter, er bietet im wesentlichen Bilder, in denen mythologische Gestalten deklamieren. Dem Dichter ging es hauptsächlich darum, ein panegyrisches Spiel zu Ehren des Kaisers vorzuführen. Da MAXIMILIAN ein leidenschaftlicher Weidmann war, läßt CELTIS die Jagdgöttin Diana mit buntem mythologischem Gefolge auftreten.

Zunächst führt der Götterbote Merkur (gespielt von GRÜNPECK), den Diana vorausgesandt hat, die Zuschauer in den Gang der Handlung ein. Darauf erscheint im ersten Akt Diana, die Göttin der Jagd und Beherrscherin des Waldes, mit einem Gefolge von Nymphen, Waldkobolden, Faunen und Satyrn. Die Göttin preist den Kaiser als den kühnsten und ausdauerndsten Jäger und übergibt ihm Bogen, Köcher, Spieße, Netz und Hunde als Zeichen ihrer Unterwerfung und seiner Herrschaft über alle Jagdreviere und das gesamte Weidwerk. Darauf folgen Gesang und Tanz der Nymphen, Faunen und Satyrn. Im zweiten Akt erscheint der Aufzug des Waldgottes Silvanus, mit Bacchus, Faunen und Satyrn im Gefolge. Silvanus preist in kunstvollen Versen den Kaiser als Kriegsherrn und fordert ihn zum Kreuzzug gegen die Türken auf. Der Auftritt schließt abermals mit Gesang und Tanz des Bacchus und seiner Schar. Im dritten Akt kommt der gehörnte Bacchus, begleitet vom trunkenen Silen und einer Gruppe Bacchantinnen, und rühmt sich, den Weinstock in das Reich MAXIMILIANS gebracht zu haben. Und als Höhepunkt des Festspieles wirft sich der Dichter VINZENZ LANG, der die Rolle des Bacchus spielte, dem zuschauenden Kaiser zu Füßen und bittet um den Lorbeerkranz. Der Kaiser selbst greift in das Spiel ein und krönt Bacchus=LANG zum *Poeta laureatus.* Darauf huldigt der gesamte Chor in Dankliedern für diese Auszeichnung. Der vierte Akt ist ausgesprochen heiter und lustig. Silen, der ständige Begleiter des Bacchus, kommt auf einem Esel dahergeritten, betrunken, einen zerbeulten Humpen in der Hand. Er stimmt ein Klagelied über seinen Grauschimmel an und bittet den Kaiser um einen Trunk für die Spieler. Unter Pauken und Hörnerklang wird das Begehren erfüllt. Im letzten Akt vereinigen sich alle Mitwirkenden in einem Chor zur Danksagung an den Kaiser und verabschieden sich.

Bei der Beurteilung des Ludus wird man sich vor Augen halten müssen, daß in erster Linie für den Kaiser gespielt wurde, der in jungen Jahren inmitten des burgundischen Kulturkreises gelebt hatte, und daß ferner der Aufführung vornehme italienische Gäste beiwohnten, deren theatralischer Geschmack ebenfalls berücksichtigt werden mußte. Nicht PLAUTUS und TERENZ galten als Vorbilder, sondern ein theatralischer Panegyrikus sollte vorgeführt werden.

Im Herbst des Jahres 1504 beschloß CELTIS, den Sieg Kaiser MAXIMILIANS I. im bayrischen Erbfolgekrieg über böhmische Söldnertruppen durch ein panegyrisches Festspiel ‹Rhapsodia, laudes et victoria de Boemannis› (gedr. Augsburg 1505) zu verherrlichen. Dieser Sieg des Kaisers wurde schon bald nach der Schlacht auch in historischen Volksliedern gefeiert, die als Flugblätter gedruckt und mit Holzschnitten verziert verbreitet wurden. Desgleichen schrieb HEINRICH BEBEL eine ‹Egloga triumphalis de victoria Maximiliani contra Bohemos›. Das Stück des CELTIS wurde in Wien vor einem großen Publikum aufgeführt und diente auch zur Übung der deklamatorischen Klasse des *Collegium poetarum et mathematicorum.* Der Kaiser selbst war nicht anwesend. Schon im Titel ist der episch-deklamatorische Grundgehalt des Festspieles ausgedrückt. Die Söhne des Adels und der höheren Stände sollten sich in der Kunst der Rhetorik, die sie in ihren späteren diplomatischen Berufen brauchten, produzieren.

Ein Paresiphanus und ein Herold, beide noch als *evocator* und *proclamator*, d. h. im Sprachgebrauch der Zeit ‹Vor-› und ‹Einschreier› bezeichnet, eröffnen das Spiel. Auf der Bühne thront Kaiser MAXIMILIAN I., umgeben von den sieben Kurfürsten. Es erscheinen die Schutzgötter der Poeten und Rhetoren Apollo, Merkur und Bacchus. Apollo ruft die neun Musen herbei und fordert sie auf, die Ruhmestaten MAXIMILIANS zu verherrlichen, er selbst wolle sie auf der Lyra begleiten. Der Gesang der Musen nimmt nun den Hauptteil des Festspieles ein. Sie bringen der richtige Rhapsodien, also episch-deklamatorische Heldengesänge zum Vortrag, in denen nach der Verherrlichung des Sieges über die Böhmen ein Preisgesang folgt, über das bisherige Leben des Kaisers von der Herkunft an und endigend mit der Hoffnung, der Kaiser werde schließlich als Besieger der Türken und Beherrscher Europas triumphieren. Auch in dieses Stück ist eine Dichterkrönung eingebaut. SIGISMUND FUCHSMAGEN, der den Merkur gab, erhielt von dem die Rolle des Kaisers agierenden Spieler den Lorbeerkranz. Auf die Krönung folgen Chorgesänge und Tänze des Bacchus, der Musen und Satyrn. Schließlich versichert der maskierte Kaiser die Musenschar seines Schutzes und Merkur entläßt die Zuschauer.

Eine *Allegorie auf die* unter dem Schutz Kaiser MAXIMILIANS *vom Poeten- und Mathematiker-Kollegium in Wien gepflegten Unterrichtszweige in Verbindung mit dem Paris-Urteil* stellte ein leider bis heute nicht wiederaufgefundener Ludus des KONRAD CELTIS dar. Das Stück wurde Anfang Februar 1506 unter großer Beteiligung des Adels und Bürgertums vor dem Kaiser aufgeführt. Man kann das allegorische Festspiel nur aus einem Holzschnitt BURGKMAIRS in der Wiener Albertina, der anscheinend das Vorblatt zu einer Ausgabe des Ludus bilden sollte, einigermaßen rekonstruieren.

Demnach war bei dem Spiel offenbar die mystische Siebenzahl dominierend: An den sieben Schöpfungstagen entstanden die Werke Gottes, aus den Septem Artes mechanicae, Architectura, Coquinaria, Militia venatio, Vestiaria, Mercatura, Agricultura, Metallaria, entspringen die Werke der Menschen. Zwischen der Gottheit und Menschheit stehen die Septem artes liberales und die Musen, d. h. Wissenschaften und Künste; die höchste Weisheit vermittelt die Philosophie. Allen diesen Disziplinen sollen die Schüler des Poetenkollegiums sich hingeben. Die Anfechtungen, die sie dabei erfahren, sind durch das Wesen der drei Göttinnen, über deren Wettstreit Paris urteilen sollte, gleichnishaft versinnbildlicht. Bei CELTIS geht aber nicht Juno oder Venus als Siegerin hervor, sondern Pallas Athene, die Göttin der Weisheit und Besonnenheit, und als Lohn winkt der Lorbeerkranz, der allein ewigen Nachruhm zu verleihen vermag. Bei den Freien Künsten umschloß die Rhetorik auch die Poetik. Sie allein ist mit einem Strahlenkranz umgeben und wurde im Spiel auch besonders gewürdigt.

Ein Schüler des CELTIS, GEORGIUS SIBUTUS aus Tannroda in Thüringen, brachte in Wittenberg vor dem Kurfürsten FRIEDRICH ein Festspiel ‹Silvula in Albiorim illustratam› (Leipzig 1506), ähnlich der ‹Rhapsodia› seines Lehrers, zur Aufführung.

Von Göttern und Göttinnen umgeben, tritt der Dichter in eigener Person auf und trägt ein Lobgedicht auf Wittenberg vor. Die Himmlischen empfehlen ihn dem anwesenden Kurfürsten, weil er den Ruhm Sachsens auf der ganzen Welt verkündigen werde. Der Sänger solle mit dem Fürsten vereinigt sein. Calliopius verkündet die Absicht des Sibutus, ein Lobgedicht auf die bekannte Reliquiensammlung des Kurfürsten zu verfassen.

Durch die Roswitha-Ausgabe des Celtis (1501) angeregt, verfaßte Kilian Reuter (Eques) in Wittenberg eine ‹Comedia gloriose parthenices et martiris Dorothee agoniam passionemque depingens› (Leipzig 1507), ‹Sacrimonialem secutus Rosphitam›, und wohl auch, weil sich die mittelalterlichen Dorotheenspiele in Sachsen einer besonderen Beliebtheit erfreuten. Das fünfaktige Spiel folgt im wesentlichen dem Gang der Legende. Alte und neue Einflüsse, Plautus und Baptista Mantuanus, machen sich bemerkbar.

In die Nachfolge von Jakob Lochers allegorischem Paris-Urteil gehört ein Prosadialog, den Johannes Pinicianus 1510 in Gegenwart Kaiser Maximilians I. aufführen ließ.

In dem Gespräch wurde dargestellt, wie der zehnjährige Enkel des Herrschers, Karl von Burgund, sich in einem Wald verirrt hatte und nun an einem Scheideweg vor der Wahl stand, sich für Virtus oder Voluptas zu entscheiden. Der spätere Karl V. wußte zunächst nicht, was er tun solle. Da erinnerte ihn Virtus an die großen Männer des Altertums, die ihr nachgestrebt hatten. Das wirkt. Karl entscheidet sich für die Virtus als Vorbild.

Verwandt mit dem Stück Pinicians und dem humanistischen Festspiel ist die allegorische ‹Voluptatis cum virtute disceptatio› (Wien 1515), ‹Streit der Wollust und der Tugend› des Wiener Schottenabtes Benedictus Chelidonius, aufgeführt von adeligen Schülern des Stiftes am 10. März 1515 beim Fürstenkongreß in Wien in Gegenwart der Königin Maria von Ungarn, des jungen Erzherzogs Karl von Burgund und des Kardinals Matthaeus Lang. Die musikalischen Beigaben stammten von Jakob Diamond.

Das Stück wird mit einem Prosadialog und einem Argumentum in Jamben eingeleitet. Vor jedem der drei Akte spricht der Herold eine kurze Rede in deutschen Jamben. Das Spiel selbst ist in lateinischen Hexametern abgefaßt. An den Aktschlüssen werden vierstimmige Chöre in sapphischen Strophen gesungen. Die Handlung bildet ein Streit zwischen Venus und Pallas und ihr Prozeß vor dem Erzherzog Karl. Venus stellt sich den Zuschauern als *dea laeta* vor und preist die *sales et gaudia*, die ihr der Satan aus der Unterwelt herbeischafft. Als sie damit den Teufel auf Seelenfang ausschickte, fand er keine Käufer. Auch Cupido, der Sohn der Göttin, vermochte keine Beute zu erjagen. Alle Bestrebungen der Venus werden durch Pallas verhindert. Als diese erscheint und sich ihrer Erfolge rühmt, erinnert sie Venus an ihre Niederlage durch das Paris-Urteil. Die streitenden Frauen wenden sich an den Erzherzog als Schiedsrichter, der die Zeugen vor die Schranken ruft. Venus führt den dicken Merkur. Bevor der allzeit Volle seine Aussage abgibt, verlangt er tüchtig zu trinken. Satan willfährt diesem Wunsch. Epikur entwickelt darauf sein Moralsystem. Dann erscheint Pallas mit ihrem Zeugen Herkules. Dieser ‹Mann der Tugend› will seine Sache anstatt mit einer Rede durch Taten beweisen und besiegt sogleich den Riesen Antäus, den dickleibigen Geryon, die Amazone Hippolyta und Caccus, den Sohn des Vulkan. Dem Zeugenverhör folgt der Schiedspruch mit der Entscheidung für Pallas. Den Siegeslorbeer erhält der erzherzogliche Richter. Venus und ihr lasterhafter Anhang werden verurteilt und der Bestrafung übergeben. Der Teufel beförderte zuerst Venus und Cupido, dann Epikur in die Hölle.

Bei allem Humanistisch-Renaissancemäßigen in Gehalt und Sprache sind die Einwirkungen aus den deutschen weltlichen und geistlichen Dramen unverkennbar. Das Spiel wurde von HANS SACHS in der Komödie ‹Pallas und Venus› (1530) nachgeahmt und von JAKOB FUNKELIN als Zwischenspiel in die Komödie ‹Vom reichen Mann und armen Lazarus› (1551) aufgenommen.

Nach drei Zeugnissen JAKOB WIMPFELINGS wurde 1512 unter SEBASTIAN BRANTS Leitung in Straßburg, anscheinend von Schülern der Domschule, ein Stück aufgeführt, das die Geschichte von ‹Herkules am Scheidewege› zum Hauptthema hatte. Dazu wurde in jüngster Zeit zu Wolfenbüttel ein durch den MELANCHTHON-Schüler JOHANN WINCKEL (RICHART, RICHARDIUS) herausgegebenes, bisher unbekanntes Tugendspiel SEBASTIAN BRANTS aufgefunden: «Tugend Spyl. Ein hübsch, lustig und nutzbarlich Spyl, in welchem wirdt der Welt Eygenschaft klärlich angezeygt, und auch die Historia Susanne, und der Vers im Magnificat ‹Deposuit de sede potentes et exaltavit humiles› introduciert und eingeführt werden» (Straßburg 1554). Das letztere Stück ist ein Zweitagespiel mit 2566 Versen, das nach dem Schema des PRODIKOS und unter Heranziehung des Iudicium-Paridis-Motivs den Stoff als groß angelegte Gerichtsverhandlung, der Herkules als Richter präsidiert, gestaltet.

Mit dem Wiener Kreis in Beziehung stand auch BARTHOLOMÄUS FRANKFURTER, der sich PANNONUS nannte. Von ihm ist eine kurze, nur acht Szenen umfassende Prosakomödie ‹Gryllus› (gedr. Wien 1516/21) erhalten. Die Handlung spielt im klassischen Altertum und lehnt sich mehrfach an Szenen der ‹Captivi› des PLAUTUS an. Es geht um zwei verloren geglaubte Söhne, die zu ihren Vätern zurückkehren. Gryllus ist ein spitzbübischer Parasit, der sich durch Vermittlung guter Nachrichten einschmeicheln will.

Mit alten Streitgesprächen und Gerichtsspielen, im besonderen den rhetorischen Prunkturnieren, die bei der Verleihung des theologischen Doktorgrades üblich waren, und zwar dem Glanzstück, dem sogenannten ‹Hahnenkampf›, in Verbindung steht der ‹Gallus pugnans› (Wien 1514) des JOACHIM VON WATT. Der Verfasser nennt seine wohl kaum zur Aufführung geeignete satirisch-dramatische Tierdichtung im Titel ein ‹mythicum syntagma› und fügt unter dem Titel hinzu: ‹Res tota in disceptatione posita est›, d. h. die ganze Sache ist in einem Redegefecht dargestellt. Beim ‹Hahnenkampf› der Theologen wurde ein und dieselbe Quaestion von zwei Fragestellern auf entgegengesetzte Weise bestimmt und zu zwei einander widersprechenden Lösungen gebracht. Jeder der Fragesteller hat einen Respondenten, dessen Argumentation und Lösung denen des anderen widerspricht. Da die beiden Respondenten Galli von verschiedenen Voraussetzungen ausgehen, ist ihr Gegensatz schlechthin unlösbar. Am Schluß verkündet der erste der beiden Fragesteller als Schiedsrichter den Wahrspruch, gegen den es keine Erwiderung gibt. Zu diesen ‹Hahnenkämpfen› steht WATTS Scherzspiel in nächster Beziehung.

Der Aufbau ist folgender: Philolaus entwickelt in der Vorrede die Quaestio um Unrecht oder Recht des Hahnenkampfes in Anwesenheit der Hähne, Hennen und Kapaune vor Richtern und Zuschauern. Das Thema wird von Philonicus, dem Anwalt der Hennen, und Euthymus, dem Anwalt der Hähne, im entgegengesetzten Sinn verteidigt und mit großer Gelehrsamkeit zwei einander widersprechenden Lösungen zugeführt. Weil die Parteien von verschiedenen Voraussetzungen ausgehen, ist ihr Gegensatz trotz des Versuches, Einvernehmen herzustellen, unlösbar. Nach überaus heftigen Wortgefechten zwischen den Anwälten und dem Nomothetes bestimmt dieser die Kapaune als Schiedsrichter. Ihr Spruch, den der Nomothet verdolmetscht, stellt fest, daß den Hähnen Unrecht geschehen ist, schickt beide Teile nach Hause und befiehlt ihnen Verträglichkeit. Während sie abtreten, macht in einer Schlußrede der Parasit Lichanor die ganze Sache lächerlich und meint, es wäre das beste gewesen, Hennen, Hähne und Kapaune zu Topf und Pfanne zu verurteilen.

WATT hat das Schema eines vielfache dramatische Spannungselemente in sich schließenden theologischen Hahnenkampfes zur Grundlage für sein Gesprächsspiel genommen. Mit dichterischer Freiheit wird diese Form eines theologischen Redegefechtes im veralteten Wissenschaftsbetrieb der Spätscholastik lose mit der verwandten Anlage einer Gerichtsverhandlung verbunden und in satirisch höchst ergötzlicher Weise mit humanistischem Gedankengut aufgefüllt und zum Vortrag gebracht.

Unter dem Einfluß der PLAUTUS-Studien stehen zwei Komödien des CHRISTOPH HEGENDORFF. Die eine, ‹De duobus adolescentibus› (Leipzig 1520), ‹Von zwei Jünglingen›, behandelt in Nachbildung der ‹Menaechmi› sowie mit Verwertung von Motiven der ‹Hecyra› des TERENZ die Geschichte zweier Brüder, die einander äußerlich ganz ähnlich sehen und auch die gleichen Namen tragen, nur ist der eine brav und der andere liederlich.

Der letztere unterhält Beziehungen zu Thays. Als dem Verhältnis ein Kind entsproß, beschließt der liederliche Bruder auf den Rat des Sklaven Syrus, dem Bruder die Schuld zu geben. Dadurch wird der Zorn des alten beschränkten Vaters vom liederlichen auf den braven Sohn gelenkt. Als sich der Mißratene bereit erklärt, Thays zu heiraten, verspricht ihm der Vater eine reiche Mitgift. Auf diese Weise erreicht der Kindsvater mit leichter Mühe seinen Zweck und die Gunst des alten Cheremon, ohne daß dieser den Handel durchschaut.

Das zweite Stück HEGENDORFFS, ‹Comoedia nova de sene amatore› (Leipzig 1521), ‹Vom verliebten Alten›, hat die Liebe eines Alten zur Dirne Arsenophila zum Gegenstand.

Der Sklave Syrus macht den Vermittler. Aber noch während des ersten Zusammentreffens entflieht sie samt den 10 Minen, die ihr der Alte geschenkt hatte. Syrus muß von neuem verhandeln und Arsenophila bewegen, alle anderen Liebhaber zu verabschieden und zu dem Alten zurückzukehren. Am Ende des 4. Aktes steht das deutsche Chorlied «Ich het mir ein feines lieb auserkoren».

d) Aufführungen antiker Stücke

Dem Studium der römisch-griechischen Dramentexte folgen die Versuche der *Wiederbelebung des antiken Theaters*. Die Nachrichten darüber bei VITRUV und in Italien und Südfrankreich vorhandene archäologische Bauten und Überreste regten mit dazu an und erweiterten das Wissen darum.

Zuerst taucht der Gedanke, antike Dramen nach antiker Art aufzuführen, in Rom im Kreise des POMPONIUS LAETUS auf. Die ersten *Aufführungen* im deutschen Sprachgebiet sind für Wien, Erfurt und Breslau nachzuweisen. In Wien soll 1486 der ‹Eunuchus› von TERENZ aufgeführt worden sein; zu gleicher Zeit in Erfurt. In Breslau lud der Rektor der Pfarrschule zu St. Elisabeth LAURENTIUS CORVINUS 1500 und 1502 die Domherren erst zu einer Aufführung des ‹Eunuchus› von TERENZ, dann zu einer Aufführung der ‹Aulularia› des PLAUTUS. In Wien ließ KONRAD CELTIS von seinen Schülern des *Collegium poetarum et mathematicorum* im Wintersemester 1502/03 in der Aula der Universität antike Komödien, und zwar gleichfalls den ‹Eunuchus› und die ‹Aulularia›, darstellen. Die poetischen Einladungen sind in den Epigrammen des CELTIS (IV, 18 und IV, 55) noch erhalten. Der Rektor WILHELM PÜLINGER verzeichnete in den Universitätsakten das eindrucksvolle Ereignis der Wiederbelebung der Bühne des Altertums mit den Worten:

«Erat profecto memoria dignissimus actus, antea non visus a me neque ceteris: Comoediae plures in aula universitatis, me anuente et ut plurimum praesente, per pueros recitatae ac scenico plausu repraesentatae sunt» (Es war in der Tat eine der Erinnerung würdige Aufführung, vorher von mir und den anderen noch nicht gesehen: Mehrere Komödien wurden in der Aula der Universität mit meiner Zustimmung und in Anwesenheit vieler Zuschauer durch Studenten rezitiert und unter Theaterbeifall aufgeführt).

In der von der rheinischen Sodalität verfaßten ‹Vita› des CELTIS wird auch von der Aufführung von Tragödien gesprochen. Man wird dabei an die ‹Phaedra› von SENECA zu denken haben, denn zu dieser ist ein Argumentum erhalten (Epigr. II, 82), das möglicherweise als Prolog gesprochen wurde.

Des weiteren ist noch eine Aufführung der ‹Hecyra› in Rostock für die Zeit zwischen 1500 und 1505 bezeugt. Im zweiten Jahrzehnt des 16. Jhs. wurden die Darstellungen häufiger. Man weiß z. B. von PLAUTUS-Aufführungen des MARTIN DORPIUS in Löwen 1509 oder von Aufführungen der Erfurter Humanisten u. a.

Ein besonderer Liebhaber von Aufführungen humanistischer und antiker Dramen war offenbar MATTHAEUS LANG, erst Bischof von Gurk, nachher Erzbischof von Salzburg und Kardinal. Nach einem Bericht des Florentiners FRANCESCO VETTORI über eine 1507 unternommene Gesandtschaftsreise soll 1507 in Augsburg LANG die Aufführung eines deutschen Prosastückes veranstaltet haben, in dem in zwölf Szenen vorgeführt wurde, wie drei Herren – Pietro, der Spanier Fernando und der Deutsche Ulrico – sich um die Gunst der Kurtisane Costanza bemühen. KASPAR URSINUS VELIUS berichtet in einem Brief vom Jahre 1516, daß am Hofe des Kardinals eine Übersetzung des ‹Eunuchus› von TERENZ ins Deutsche, die der Propst SEBASTIAN SPRENZ (seit 1521 Bischof von Brixen) angefertigt hatte, aufgeführt wurde. Auf Wunsch des Kardinals LANG während eines Aufenthaltes zu Mühldorf in Bayern dichteten KASPAR URSINUS VELIUS und RICHARD BARTHOLINUS eine Charakterkomödie ‹Zeletypus› (1516). Der Text gilt als verloren.

Andere Aufführungen sind für Mainz und Zwickau belegt. Als Kurfürst JOACHIM VON BRANDENBURG 1517 nach Mainz kam, führten die Meistersinger eine ‹Darstellung nach Plautus› vor. In Gegenwart des Herzogs JOHANN VON SACHSEN ließen sie 1518 in Zwickau zur Fastnacht die ‹Comedy Eunuchi aus dem Therencio ordentlich und wohl spielen und agieren›. In zwei Zwischenspielen stritten sieben Weiber um einen Mann und freiten sieben Bauersleute um eine Magd.

Auch Aufführungen griechischer Dramen sind belegt: 1517 ließ in Zwickau der Rektor STEPHAN ROTH seine Schüler eine Stück des ARISTOPHANES in griechischer Sprache aufführen. Eine Aufführung des ‹Pluto› fand 1531 in Zürich statt.

Ähnlich wie auf dem lyrischen Gebiet sich eine neulateinische Poesie entfaltete, so folgt auch den dramatischen Dichtungen der Humanisten bald nach Beginn des 16. Jhs. ein *neulateinisches Drama*. Fast alle seine Pfleger halten sich in der Form an den Aufbau der römischen Komödien: prinzipiell fünf Akte, diese werden in Szenen eingeteilt, häufige Chöre verwendet; fast alle Dramen sind in Versen abgefaßt. Man unterscheidet zwischen *Tragödie* und *Komödie*. Die erstere endet mit dem Tod des Helden, die zweite hat einen guten Ausgang. Eine dritte Gattungsbezeichnung ist *Tragicomoedia* oder *Comitragoedia* für ernstes Spiel mit gutem Ausgang. Bei der Darstellung der neulateinischen Stücke wird (abgesehen von nur zur Deklamation bestimmten dramatischen Dialogen) die mittelalterliche Gemeinschaft von Spielern und Zuschauern aufgehoben und eine neue Bühnenform, die *Terenzbühne*, mit festen Spielorten verwendet. Die Stoffwelt des neulateinischen Dramas erstreckt sich auf

Schwankmotive, Allegorisches, Satire, Religiöses, Mythologisches, Antikes, Zeitgeschichtliches. Die Aufführungen erfolgen an Fürstenhöfen, im Bereich der Universitäten und Lateinschulen. Von neulateinischer Dramatik bezog das deutschsprachige Drama des Reformationszeitalters Vorbilder und Anregungen für den Aufbau, den Stoff und die Personengestaltung.

Die deutschen Humanisten stellten sich, nachdem sie kurze Zeit den Italienern gefolgt waren, und ihre Dichtungen eben ein eigenes Gepräge annahmen, in die Dienste der Kirchenkämpfe und der pädagogischen Bewegung. Dabei entstand gleich anfangs, bald nach der Leipziger Disputation zwischen LUTHER und ECK, ein geniales dramatisches Gebilde, der ‹Eckius dedolatus›, eine Satire, der es gelingt, die Tradition der derben deutschen Fastnachtspiele mit Elementen der ‹Epistolae obscurorum virorum› zu vereinigen. Aber weder das Kampfdrama noch das Bibel- und Schuldrama führten von selbst zur Ausbildung eines neuen deutschen Dramas in lateinischer oder heimischer Sprache. Um ein *Wortdrama als literarische Gattung* zu schaffen, sind drei Voraussetzungen erforderlich: eine Bühne, die den Geschehensraum von der Welt des Alltags trennt; das Wort muß dem mimisch Darstellbaren untergeordnet sein; es muß eine durch die auftretenden Personen bestimmte Handlung durchgespielt werden. Bis diese drei Forderungen einigermaßen erfüllt waren, bedurfte es noch vieler Zeit und Mühe.

FÜNFTES KAPITEL

HUMANISTISCHE ARTESLITERATUR.
FACHSCHRIFTTUM UND WISSENSCHAFT

Der deutsche Humanismus bringt neben der Kunstdichtung in lateinischer Sprache auch eine im humanistischen Geiste abgefaßte *Fachliteratur* in *lateinischer Sprache* hervor. Diese betraf wie die Fachliteratur des ausgehenden Mittelalters im wesentlichen die drei Gruppen der Artes liberales, mechanicae und verbotenen Künste, wobei jedoch das Schwergewicht auf Trivium und Quadrivium sowie evtl. Magie liegt, hingegen von den Eigenkünsten nur Geographie und Medizin eingehend gepflegt werden. Der vielfältigen deutschsprachigen Artesliteratur des ausgehenden Mittelalters stellt der um sich greifende deutsche Humanismus eine breite profane propädeutische Schul- und Bildungs-, sowie Wissenschaftsliteratur in lateinischer und teilweise auch deutscher Sprache an die Seite. Sofern diese Artesliteratur des Humanismus literarische, ideen- und kulturgeschichtliche Bedeutung besitzt, ist sie in eine Darstellung der Literaturgeschichte der Epoche miteinzubeziehen, wenigstens soweit, bis die Artes in den Charakter exakter Wissenschaften übertreten. Vom Standpunkt der Geschichte der einzelnen Fachwissenschaften aus gesehen, ist unsere Darstellung unvollständig.

Die humanistische Artesliteratur ist zu einem Teil Fortsetzung des spätmittelalterlichen, für Gebildete bestimmten lateinsprachigen Fach- und Wissenschaftsschrifttums, zum anderen Rezeption und Verarbeitung der antiken und der zeitgenössischen europäischen Wissenschaften. In vielen Fällen ergaben sich enge Kontakte mit dem Fachschrifttum und der Wissenschaftsliteratur Italiens und Frankreichs.

Von den deutschen Leistungen erweisen sich als in naher Verbindung mit der Literatur- und Geistesgeschichte und als besonders fruchtbar Erzeugnisse aus der Poetik, Geschichtsschreibung, Mathematik, Astronomie, Kunstliteratur. Nach ALBRECHT VON EYB, der mehr eine Anthologie humanistischer Texte bot als eine Theorie der Poetik, wagt in jungen Jahren KONRAD CELTIS den Versuch einer ‹Ars versificandi›. Sein Schüler JOACHIM VON WATT erstreckt die Poetik und Lehre von der Dichtkunst auf die Literaturgeschichte. SIGISMUND MEISTERLIN, HARTMANN SCHEDEL, WIMPFELING, KONRAD PEUTINGER, JOHANNES CUSPINIAN, BEATUS RHENANUS u. a. schaffen eine Historiographie und Topographie von bisher nicht vorhandener Art und Wissenschaftlichkeit. JOHANNES TRITHEMIUS leistet das Seine in einer Lexikographie, die auch heute noch mit

Nutzen zur Hand genommen wird. JOHANNES BUTZBACH zeigt in der autobiographischen Aufzeichnung verheißungsvolle Ansätze. Die dem deutschen Humanismus eigentümliche mathematisch-naturwissenschaftliche Richtung vertritt würdig am Wiener Poeten- und Mathematikerkolleg JOHANNES STABIUS. Die Höfe Wien, München etc. werden zu Zentren der Musikpflege. Von der italienischen Kunstliteratur ALBERTIS, des GAURICUS und LEONARDOS, dem wiederentdeckten EUKLID und VITRUV, sowie dem zunehmenden Wissen um die antike Kunst inspiriert und aufgebaut auf der Mathematik, bringt in Deutschland mit einem Male ALBRECHT DÜRER ein Kunstschrifttum in deutscher Sprache hervor. In den Artes mechanicae sind für die durch die neuen Länderentdeckungen sehr aktuelle Geographie MARTIN BEHAIM und HIERONYMUS MÜNZER erfolgreich tätig. In der Ethnographie erreicht die Hauptschrift des JOHANNES BOEMUS eine über ganz Europa reichende Verbreitung. Aus den Artes magicae schließlich soll die geheimnisumwitterte Gestalt des AGRIPPA VON NETTESHEIM noch mit ein Modell für GOETHES Faust gewesen sein.

1. *Artes liberales*

Während im bisherigen Zeitraum die *Sieben freien Künste* propädeutischer Unterbau der mittelalterlich-theologischen Bildung waren, setzte unter dem Einfluß des Humanismus an den Universitäten die Gleichordnung der Artistenfakultät neben den Fachfakultäten ein. Ebenso wird der Umfang der Begriffe Trivium und Quadrivium in die philosophisch-historischen bzw. mathematisch-naturwissenschaftlichen Disziplinen zusehends erweitert und sie erstrecken sich auf Literaturgeschichte, Geschichtsschreibung, Biographie und Selbstzeugnisse wie auf Kunsttheorie und Kunstliteratur. In den letzteren kommt es bereits zu einer großen Leistung.

Noch Ende des 15. Jhs. taucht der Plan eines umfassenden Lehrwerkes der Freien Künste auf. PETRUS DANHAUSER, Jurist und Astrologe, plante 1494 vertraglich in Nürnberg, mit dem humanistisch gesinnten Bürger SEBALD SCHREYER und mit KONRAD CELTIS, einen ‹Archetypus liberalium artium› auszuarbeiten und herauszugeben. Gedacht war an eine illustrierte Chrestomathie oder Mustersammlung aus Dichtern, Rednern, Geschichtsschreibern etc., eine Art humanistischer Realenzyklopädie der Sieben freien Künste und Hauptwissenschaften des höheren Schulunterrichts in neun Büchern. Zwei Jahre später, 1496, wurde der Plan auf zwanzig Abschnitte erweitert, außerdem sollte ein ‹Apologeticon poetarum›, eine Verteidigungsschrift der Dichter dazukommen. Im Hinblick auf die ‹Roma triumphans› des FLAVIO BIONDO sollte das Werk nun den Titel ‹Archetypus triumphantis Romae› erhalten. Ausgeführt wurde keiner dieser Pläne.

Das auf Anregung des KONRAD CELTIS in Wien neben der Universität errichtete *Collegium poetarum et mathematicorum* sollte auf der Grundlage der wahren Philosophie (als Gesamtbegriff für alle humanen Studien) sowohl die Artes liberales als auch die Artes mechanicae pflegen. Hinsichtlich der Artes magicae hatte der italienische Renaissance-Platonismus eine für die Zukunft bedeutsame Unterscheidung gebracht. Für die von PICO DELLA MIRANDOLA 1487 in Rom geplante große Disputation hatte der junge Philosoph auch 26 eigene Thesen über das Magische aufgestellt, mit der Behauptung, es gäbe zweierlei Magie: eine, die vollständig auf der Wirkung und Macht der Dämonen beruht und als fluchwürdig und widernatürlich gilt; die zweite ist, wenn sie richtig erforscht wird, nichts anderes als die höchste Vollendung der Naturphilosophie. Die erste läßt den Menschen schuldig und hörig werden und gibt ihn bösen Mächten anheim, die andere macht ihn zu ihrem Fürsten und Herrn. In Deutschland entwarf ein System der okkulten Wissenschaften HEINRICH CORNELIUS AGRIPPA VON NETTESHEIM.

Nicht für alle Zweige der Freien Künste, der Eigenkünste und der Artes magicae ist eine gleich gehaltvolle *Fachliteratur* hervorgebracht worden. Viele Schriften zu den Artes liberales und zu den Eigenkünsten waren als Lehrbücher und Leitfäden für den Lehrbetrieb an den Universitäten und Lateinschulen bestimmt. Es gab auch Persönlichkeiten, die auf verschiedenen Gebieten tätig waren. Ein Beispiel dafür ist JOHANNES COCHLAEUS. Von 1510 bis 1515 Rektor der Lateinschule zu St. Lorenz in Nürnberg, veröffentlichte er in Fortführung der Nürnberger aufs Universelle gerichteten Tradition unter PIRCKHEIMERS Inspiration und Beratung Elementarbücher der lateinischen Grammatik, der Figuralmusik, der Geographie und Geschichte mit einem neuen System und einer fortschrittlichen Methode des Unterrichts. Ähnlich wie COCHLAEUS betätigte sich HEINRICH GLAREAN in der Schweiz in unterschiedlichen Artesdisziplinen. Wir befassen uns im folgenden zunächst mit den Werken, die im wesentlichen noch vor den reformatorischen Auseinandersetzungen zustande kamen. Anderes, darunter die großen Leistungen eines PARACELSUS und KOPERNIKUS, muß aus chronologischen Gründen in Teil II behandelt werden.

a) Das Trivium: Grammatik, Dialektik, Rhetorik, Poetik, Literaturgeschichte; Geschichtsschreibung und Topographie; Biographie und Selbstzeugnisse

Bis zum Anfang des 16. Jhs. war das allgemein gebräuchliche Handbuch für die *lateinische Sprache* das 1199 entstandene ‹Doctrinale› des ALEXANDER DE VILLA DEI. Es stellte in zwölf Kapiteln die versifizierten Regeln der Wort-, Satz- und Verslehre zusammen. An lateinischen Wörterbüchern wurde gerne der etymologisch ausgerichtete ‹Hugutio› (13. Jh.) benützt. Der Humanismus versuchte Besseres zu bieten und wollte den Wortschatz der klassischen Latinität verzeichnen. Den Anfang zu *huma-nistischen Wörterbüchern* machte REUCHLIN mit dem ‹Vocabularius bre-viloquus› (1478 bis 1504 etwa 25mal aufgelegt). Auf ihn folgte JOHANN ALTENSTEIG mit einem Vokabular (1508 u. ö.). Er lieferte den Wortschatz zu den Grammatiken des JOHANN HEINRICHMANN und JOHANN BRASSI-CAN, dessen ‹Institutiones Grammaticae› von 1508 bis 1519 nicht weni-ger als 15mal aufgelegt wurden. Spätere humanistische Lexikographen sind ERASMUS ALBERUS und PETRUS DASYPODIUS.

THOMAS MURNER hatte den Versuch gemacht, Kartenspiele als Unter-richtsmittel für die Erlernung der Logik und der Institutionen des römi-schen Rechtes zu verwenden. Diese Methode auf die Erlernung der lateini-schen Grammatik ausdehnen wollte der Leiter des Gymnasiums Vosagiense WALTER LUD in St. Dié. Er entwarf ein entsprechendes Kartenspiel und veranlaßte MATTHIAS RINGMANN PHILESIUS, dazu einen einleitenden Text abzufassen. Zustande kam die ‹Grammatica figurata octo partes oratio-nis, secundum Donati editionem et regulam Remigii ita immaginibus ex-pressae ut pueri iucundo chartarum ludo faciliora grammaticae praeludia discere et exercere queant› (St. Dié 1509).

Der richtige Humanist soll aber nicht nur das klassische Latein be-herrschen, sondern ein *trilinguis,* ein Kenner der drei heiligen Sprachen, also auch des Griechischen und Hebräischen sein. Für die *griechische Sprache* versuchten es zuerst REUCHLIN und CELTIS (handschriftlich) mit einer Grammatik. Die deutschen Buchdrucker hatten bis zur Jahrhundert-wende keine griechischen Lettern. Als erstes in Deutschland erschienenes griechisches Buch gilt die Grammatik des PRISCIANUS, 1501 bei WOLFGANG SCHENK in Erfurt gedruckt. Eine weitere griechische Grammatik sind JO-HANNES OEKOLAMPADS ‹Graeca literaturae fragmenta› (1518 u. ö.). Ein griechisches Wörterverzeichnis findet sich 1518 im Anhang zum ‹Elucida-rius› des HERMANN TORRENTIUS. Namhafter Kenner und Erforscher der *hebräischen Sprache* war der Dominikaner PETER SCHWARZ-NIGRI, tätig in Freiburg i. Br. und in Ofen. Er wollte die Juden zum Christentum be-kehren und verfaßte Schriften wie den ‹Tractatus contra perfidos Judeos de conditione verae Messiae› (1475; deutsch ‹Stern Meschiah› 1477). In der Übersetzung klagte er einmal: «O wie viel ytzund lernen Poetrey und Tichten und wenig lernen die Evangelia». Die handschriftlich erhaltene Erklärung der Psalmen stützt sich auf das ‹Psalterium hebraicum› des HL. HIERONYMUS. Vermutlich Schüler NIGRIS war der Hebräist ERHARDUS (2. Hälfte 15. Jh.), ebenfalls Dominikaner. Doch erst KONRAD PELLIKAN schrieb 1501 für die Erlernung der hebräischen Sprache ein kleines Hilfs-buch. Am besten lernte man die Sprache von Juden oder getauften Juden. Einer der bekanntesten Lehrer war der Arzt MATTHÄUS ADRIANUS, der

Anfang des 16. Jhs. in vielen Städten Deutschlands als Lehrer des Hebräischen tätig war. Zur gleichen Zeit erschienen REUCHLINS ‹Hebräische Anfangsgründe› und sein Werk ‹Über Akzente und Orthographie der hebräischen Sprache›. Gedruckte und ungedruckte Schriften zur hebräischen Sprachlehre verfaßte auch JOHANNES BÖSCHENSTEIN (1472–1540). In der *Logik und Dialektik* bekämpften die Humanisten das Werk des PETRUS HISPANUS (13. Jh.) ‹Summulae logicales›. Die humanistische Hauptleistung auf diesem Gebiet schuf RUDOLF AGRICOLA mit seinem Werk ‹De inventione dialectica› (vgl. S. 492f.).

Für den Humanismus stellen Wort und Sprache wichtigste Kategorien des menschlichen Seins dar. Während der deutschsprachigen Literatur des ausgehenden Mittelalters Lehrschriften zur Dicht- und Stilwissenschaft mangeln, werden *Rhetorik und Poetik* jetzt die vornehmsten Disziplinen und bleiben sie bis gegen die Aufklärungszeit. Es erfolgte die Ausbildung eines umfassenden theoretisch fundierten Systems von *rhetorischen Figuren,* die bei gewissen Gelegenheiten verwendet werden. Sie entstanden aus ursprünglich sprachlichen Bildern und dienen dazu, die Sprachgebung auf eine höhere, wirkungsvollere Ebene zu heben. Solche Figuren sind: in gewissem Sinn die Metapher, der Parallelismus, die Metonymie u. a. Weitere Stilkräfte, die sog. *Topoi* oder *Loci communes,* sind gekennzeichnet durch ihren Inhalt: Formeln der Bescheidenheit, der Anrufung der Musen, des Schlusses, bestimmte Vergleiche.

Bei der *Poetik* als *Theorie* und Lehrbetrieb tritt zu den Lehren des HORAZ (‹Epistula ad Pisones›) und später ARISTOTELES (‹Peri Poietikes›) die Rhetorik des CICERO (‹De oratore›, ‹Orator›) und des QUINTILIAN (‹Institutiones oratoriae›). Das Ergebnis ist eine zunehmende Zahl von lateinischen Humanisten-Poetiken, in denen eine lehr- und lernbare Theorie der Dichtkunst vorgetragen wird. Diese Poetiken halten die Tradition der Dichtungsformen der Antike als Lehre von der *imitatio* fest und wollen zur Technik der Dichtkunst als Sprach- und Redekunst anleiten. Die Begabung dazu wird vorausgesetzt, die innere Ergriffenheit, der *furor poeticus,* zugestanden. In der Hauptsache jedoch ist die humanistische Poetik eine ‹Lehr- und Anweisungspoetik›.

Die Werke haben meist einen historischen Teil über Ursprung, Wesen und Zweck der Poesie, behandeln das Nachahmungsproblem, das Formproblem (Vers oder Prosa), die Unterscheidung von Dichter und Geschichtsschreiber, von Dichter und Versifikator, das Zweckproblem (*prodesse et delectare*). Zu den geisteswissenschaftlichen Fächern der Artes liberales rechnet man die Geschichtsschreibung. Gleichwohl wird aus der spätmittelalterlichen Geschichtsdichtung und Chronistik im Verlauf der Entwicklung mehr und mehr eine exakte Geschichtswissenschaft.

Die Reihe der *Humanistenpoetiken* in Deutschland setzt ein mit ALBRECHT VON EYBS ‹Margarita poetica› (Straßburg 1459; 1472 bis 1503 mehrmals gedruckt), dem Bischof JOHANN VON MÜNSTER gewidmet. EYB wollte mit dieser Arbeit seinem Vaterlande ein großes Lehrbuch der humanistischen Errungenschaften liefern, ein Sammel- und Nachschlagewerk antiker Stil- und Lebenskunst.

Das dreiteilige Werk enthält daher unter besonderer Bevorzugung CICEROS eine Auswahl der schönsten Stellen aus den römischen Prosaikern und Dramatikern, Musterbeispiele antiker Ausdrucksweise und zahlreiche Reden. Der erste Teil bot Stilproben römischer Rhetorik, Dichtkunst und Epistolographie, der zweite eine Auswahl römischer Prosa, der dritte Auszüge aus PETRARCA, TERENZ, PLAUTUS, SENECA und 30 Reden als Musterbeispiele humanistischer Eloquenz.

Die ‹Margarita› war gewiß keine originelle Schöpfung, hat jedoch für die erste Periode des Humanismus eine einflußreiche kulturhistorische Sendung erfüllt: den vorläufig noch bestehenden Mangel an klassischen Texten zu ersetzen durch eine Auswahl des Besten. Erst die zweite Periode des deutschen Humanismus mit ihrer Vereinigung von Philologie und Buchdruck, die den Deutschen die Ausgaben des antiken Schrifttums selbst in die Hand gab und die antike Überlieferung immer tiefer und breiter aufrollte, machte die ‹Margarita› überflüssig und unzureichend. Der ‹Margarita poetica› folgten eine für den Rhetorik-Unterricht bestimmte ‹Ars dicendi› (Köln 1484) und JAKOB WIMPFELINGS ‹Tractatus Prosodiae et artis metricae› (1505).

Die Poetik als wissenschaftliches Sondergebiet beginnt erst mit der ‹Ars versificandi et carminum› des KONRAD CELTIS (Leipzig um 1486; 1494). Diese Poetik des CELTIS war die früheste ihrer Art in Deutschland, die selbständig erschien und eine nachhaltige Wirkung ausübte. Denn das Werk ALBRECHTS VON EYB war mehr eine Auswahl praktischer Übungsstücke aus der antiken Literatur als eine theoretische Kunstlehre, und JAKOB WIMPFELINGS ‹Tractatus› lediglich von einem spekulierenden Verleger der Grammatik BERNHARD PERGERS beigedruckt worden. Sein geringer Einfluß erhellt schon aus der Tatsache, daß er erst 1505 selbständig erscheinen konnte. Die Poetik des CELTIS hingegen erlebte in kurzer Zeit mehrere Auflagen. Für Vorlesungszwecke bestimmt, will sie in erster Linie über Metrik und Prosodie, d. i. Silbenmessung, unterrichten.

Ein ‹Epigramm an den Leser› beruft sich auf RUDOLF AGRICOLA: er habe CELTIS die Dichtkunst gelehrt. Da es aber bei der Dichtkunst mit dem Unterricht allein nicht getan ist, schildert CELTIS in einem darauffolgenden Gedicht an den Kurfürsten FRIEDRICH VON SACHSEN, wie er während der sengenden Sommerhitze der Hundstage im Schatten ruhte: Plötzlich trat Phöbus auf und verheißt dem von der Erscheinung des Gottes Betroffenen die Erkenntnis vom Wesen der Dichtkunst. Eilends, wie er gekommen, ist Apollo enteilt. Während CELTIS dem Entschwundenen noch immer fassungslos nachblickt, zuckt ein Blitzstrahl vom Himmel und das Büchlein liegt zu seinen Füßen. Der erste Teil dieser Poetik ist in Hexametern geschrieben und behandelt die Metrik; der zweite, meist in Prosa, befaßt sich mit der Prosodie und mit allgemeinen Fragen der Dichtkunst. Aufgabe des Dichters sei, «im bildlichen und zierlichen Gewand der Rede und des Liedes, die Sitten, Handlungen, Ereignisse, Örtlichkeiten, Völker, Länder und Flüsse, den Lauf der Gestirne, das Wesen aller Dinge, und was des Menschen Herz bewegt, darzustellen». An die Stelle unfruchtbarer Meinungskämpfe solle die Erforschung der Natur, die Kenntnis der Geschichte, die Pflege der Erdkunde und Astronomie treten. Ein wahres Bild der Dinge kann der Dichter nur geben, wenn seine Darstellung lebendig ist, wenn er die Dinge und Vorgänge wieder aufleben läßt; wenn die Vorgänge und Handlungen nicht gemacht erscheinen, sondern der Dichter sie werden läßt und in künstlerisch reiner Stilisierung wiedergibt. Die für den Dichter notwendigen Erfordernisse sind: rhythmisches Gefühl, eine umgrenzte Vorstellung des darzustellenden Gegenstandes und das Vermögen, die inneren Bilder richtig auszudrücken. CELTIS erörtert bereits die Inhaltserfindung und schreibt also ‹Gehalts›-Poetik. Als Erwerbsweisen des dichterischen Könnens gelten ihm die Stufen *ars, usus, imitatio.* Die Dichtkunst ist für ihn erlernbar. Unter Nachahmung kann man Naturnachahmung und Musternachahmung verstehen.

Gegen Ende des zweiten Teiles umreißt CELTIS auch die neue humanistische Wertung des Dichters. Und zwar wendet er sich abermals an seinen Gönner Herzog FRIEDRICH VON SACHSEN: Bei den Griechen und Römern, so führt er aus, standen, in richtiger Erkenntnis ihrer Bedeutung, die Dichter in hohen Ehren; große Dichter wurden mit den gleichen Gaben ausgezeichnet wie siegreiche Feldherren; man erkannte den wohltätigen Einfluß guter Dichter auf das Gedeihen des Staates; es galt als ‹beinah göttliche Sache›, die *sapientia* mit der *eloquentia* zu vereinen; öffentliche Aufführungen von Komödien und Tragödien dienten dem Staate, weil die Dichter darin aneifern zur *virtus,* abschrecken von den Lastern, und durch lebendige Beispiele der Jugend ihre Pflichten gegenüber Vaterland, Freunden und Eltern vor Augen führen.

CELTIS faßt den Begriff des Dichterischen sehr weit. Er kennt selbstverständlich das ‹Doctrinale› und nützt es. Unschwer ist aus diesen Ausführungen auch die geistige Nachwirkung RUDOLF AGRICOLAS herauszuspüren. Sprache und Metrum sollen im Sinne des Humanismus gereinigt werden. Zur Exemplifizierung werden die Rudimente des Griechischen herangezogen. Der Begriff und Wert des inneren Erlebnisses für den Dichter ist zwar theoretisch formuliert noch nicht ausgesprochen, aber Ansätze dazu sind bereits deutlich erkennbar. In der Auffassung des Studiums der Klassiker zeigt sich Neigung zu geistesgeschichtlicher Betrachtung: Die Kultur haben Dichter und Philosophen begründet, sie allein weisen die Wege zu den wahren Gütern des Lebens, zur *virtus,* zu Bildung und Weisheit, Ruhm und Unsterblichkeit. Neben der ethischen Tendenz für Staat und Menschheit tritt die pädagogische und patriotische Willensrichtung des deutschen Humanismus offensichtlich zutage. Das Bildungsideal des CELTIS gipfelt in der Pflege von Poesie und Philosophie.

Auf CELTIS folgte zeitlich LAURENTIUS CORVINUS. Seine ‹Compendiosa ... diversorum carminum structura› (Köln 1496 u. ö.), ‹Anweisung zum Bau der Gedichte› stellt metrische Regeln auf und erläutert sie durch Musterbeispiele und eigene Versuche. Beispiele gibt auch der ‹Hortulus elegantiarum› (Leipzig 1502; 25. Aufl. bis 1520).

Eine bedeutsame Tätigkeit auf dem Gebiete der akademischen Lehrbücher und Klassikereditionen entfaltete JAKOB LOCHER. Auf die Edition
zweier Reden des CICERO (1494) folgten seine ‹Grammatica nova› und
die ‹Epithoma rhetorices graphicum›. Eine freie Bearbeitung ließ er 1500
dem ‹Poema nutheticon› des PSEUDO-PHOKYLIDES angedeihen. Bei den
weiteren Editionen bevorzugt LOCHER nachaugusteische Schriftsteller:
CLAUDIANUS ‹De raptu Proserpinae› (1518), PLINIUS und drei ausgewählte
Tragödien SENECAS (1520). Der Mythologie und Mythendeutung sollte
die Ausgabe der Hauptschrift des FABIUS PLANCIADES FULGENTIUS (4./5. Jh.)
‹Mythologiarum libri tres› (Augsburg 1521) dienen. Von nachhaltiger
Wirkung auf die Humanistenpoetik war selbstverständlich die erste deut-
sche Herausgabe des HORAZ durch LOCHER: ‹Horatij flacci Venusini
Poete lirici opera› (Straßburg 1498) mit der ‹Ars poetica› (Epistolarum
II, 3 ad Pisones: ‹De arte poetica liber›). Dem folgten später die HORAZ-
Kommentatoren JODOKUS WILLICHIUS mit den ‹Commentaria in artem
poeticam Horatii› (1545) und GEORG FABRICIUS mit seinen sieben Büchern
‹De re poetica› (1574).

Eine Briefkunst stellte HEINRICH BEBEL in den ‹Commentaria epistolarum conficiendarum› (Straßburg 1503 u. ö.) zusammen. Ihr folgte BEBELS
bis 1539 öfter gedruckte Poetik ‹Ars versificandi et carminum condendo-
rum› (1506 u. ö.) in drei Büchern.

Das erste behandelt die Lehre von den Lauten und Silben, das zweite erörtert
die verschiedenen Versmaße und Verssysteme, das dritte bespricht die bei der
Versbildung zu beachtenden sprachlichen Eigentümlichkeiten; ein Anhang ‹Qui
autores sint sequendi› stellt die nachahmenswerten alten lateinischen Dichter
zusammen.

In lateinischen Hexametern abgefaßt ist ULRICH VON HUTTENS ‹De
arte versificandi› (Wittenberg 1511; Leipzig 1518 u. ö.). Das Lehrgedicht
erlebte eine Reihe von Auflagen (etwa in Paris zwischen 1526 und 1541
acht Aufl.), z. T. mit Kommentaren, und wurde Schulbuch.

HUTTEN handelt nach einer Einleitung zuerst von den Buchstaben, dann von
den Silben, den Versfüßen und Versmaßen, besonders Hexameter und Penta-
meter. Die Regeln sollen durch Lesen der Dichter ergänzt werden. Auch braucht
der angehende Dichter das Studium der Philosophie, Naturkunde, Geschichte.
Er muß die Gesetze der Redekunst beherrschen und zwischen poetischer und
rhetorischer Ausdrucksweise unterscheiden können. Abschließend wird von den
poetischen Redefiguren und Zierarten, Allegorie und Ironie gehandelt.

Als dritter Nachfolger in der Lehrstelle des CELTIS für Poetik und Rhetorik in Wien führt JOACHIM VON WATT von 1516 an die Tradition seiner Lehrer CELTIS, CUSPINIAN, CAMERS u. a. weiter. Seit 1509 arbeitete
er an Dichtungen, Abhandlungen, Reden und Ausgaben klassischer Schriftsteller. Seine rhetorischen Leistungen kann man an einer Festrede auf die
HL. URSULA mit Erzählung der Legende (1510), einer Rede am Weihnachts-

tag (1510) und eine Begrüßungsrede an Kaiser MAXIMILIAN (1515) ersehen. Eine versifizierte Familiengeschichte hat er in ‹De insignibus familiae Vadianorum› (1517) zusammengestellt; von seinem ‹Gallus pugnans› ist in anderem Zusammenhang die Rede. Bedeutsam sind die Arbeiten zur Naturgeschichte des PLINIUS; 1515 kam WATTS Ausgabe des Geographen DIONYSIUS AFER heraus. Am Anfang neuen wissenschaftlichen Interesses steht seine aus Vorlesungen hervorgegangene kommentierte Ausgabe des POMPONIUS MELA ‹Drei Bücher von der Lage der Erde› (Wien 1518; 1522) samt seiner Abhandlung über das Studium der *Geographie,* in der er ihren Wert für die Geschichtsforschung, die antike Literaturgeschichte, die Bibel und Naturgeschichte herausarbeitet. Die Geographie war damit als selbständig berechtigte Wissenschaft anerkannt. Aus Vorlesungen, gehalten im Wintersemester 1512/13 an der Wiener Universität, ging WATTS Poetik ‹De poetica et carminis ratione›, ‹Über Poetik und die Wissenschaft der Dichtung› hervor. Das Werk wurde Wien 1518 gedruckt.

Mit humanistisch-renaissancemäßiger Sachlichkeit werden dargestellt: die Grundbegriffe und allgemeine Theorie, die Psychologie des literarischen Schaffens, die verschiedenen Dichtungsgattungen, Stoff- und Sagengeschichte, Rhythmik und Metrik, Stilistik, die literarischen Muster, die Literaturgeschichte; und zwar beginnend mit den antiken Literaturen, übergehend auf die spätlateinische Literatur in Deutschland, die deutsche Volksdichtung des Mittelalters, die geistliche Literatur der Deutschen im 12. Jh. und schließlich das zeitgenössische internationale, besonders italienische und deutsche Schrifttum der Renaissance. WATT erkannte die Bedeutung der ehrwürdigen Kulturstätten St. Gallen, Fulda, Gandersheim u. a. für die altdeutsche Literaturentwicklung und hat warmes Verständnis für die deutsche Dichtung des frühen Mittelalters und für das deutsche Volksepos. Vieles hat er anscheinend aus eigener Anschauung gekannt: die Vorauer ‹Genesis›, ‹Das Leben Jesu› der FRAU AVA, das Vorauer ‹Jüngste Gericht›, die deutschen Heldenepen; gegen Ende steht das schöne Wesensbild seines Lehrers CELTIS.

In der ‹Großen Chronik der Äbte des Klosters St. Gallen› (1529) weist WATT auf NOTKERS Psalmenübersetzung und gibt Vaterunser und Credo als Proben der Handschrift. In einer der Vorlesungen sagte er: «Größe und Ruhm sind gemeinhin nur ein Traum. Aber daß Größe und Ruhm Gestalt annehmen können, daß sie Wirklichkeit werden, ist eine Sache des Geistes, der modelliert und formt und sich um Größe und Ruhm bemüht. Daß wir das tun, sollen uns kommende Generationen zugute halten – mag auch eine Zeit hereinbrechen, in der die Wissenschaft um Brot bettelt. Der Geist, den wir erworben haben, ist unzerstörbar und unersetzlich!»

Die Wiener Universität hat mit WATT den Ruhm, innerhalb eines Versuches, die Entwicklung der Weltliteratur zu umreißen, die *ältesten Vorlesungen über deutsche Literatur* an einer europäischen Universität vernommen zu haben. Aus unbekannten Gründen verließ WATT im selben

Jahr 1518 Wien und ging zurück in seine Schweizer Heimat, wo sein weiteres Leben unter dem Einfluß ZWINGLIS in die Geschichte der Reformation eingehen sollte.

Die mittelalterliche Zeitauffassung gab allem Geschehen in der Welt eine heilsgeschichtliche Deutung. Humanismus und Renaissance bringen die historische Dimension. Das neue Raumgefühl, die Möglichkeit der Umsetzung von Raumverhältnissen auf die Bildfläche regten zur Beschreibung und Darstellung einzelner Gebiete, Ortschaften und Länder an. Es wird eine im neuen Geiste gehaltene *Geschichtsschreibung und Topographie* ausgebildet.

ARISTOTELES war im 9. Kapitel seiner ‹Poetik› eine Unterscheidung von Dichter und Historiker gelungen: der Dichter habe das Allgemeine, Wahrscheinliche oder Notwendige darzustellen, der Geschichtsschreiber das Besondere und Tatsächliche. Nach PETRARCA konnte der Dichter als universaler *poeta eruditus* auch Historiker sein. Beiden gemeinsam ist die Aufgabe der Darstellung und zwar mit Hilfe der Rhetorik und Stilistik. In der Hochrenaissance Italiens leitete man aus der ‹Poetik› des ARISTOTELES einen Regelkanon ab, der den Historiker zu stilistischer Eleganz verpflichtet.

In Humanismus und Renaissance leben anfangs noch die Formen der spätscholastischen Geschichtsbetrachtung und -schreibung fort. Kennzeichnend ist weiterhin die alte Freude am Besonderen. Erst im Verlauf der zweiten Hälfte des 15. Jhs. kam es neben der spätmittelalterlichen Historie in Vers und Prosa zu einer *neuen Geschichtsauffassung und Geschichtsschreibung*. Die von der humanistischen Philologie beförderten Ansätze einer kritischen Geschichtsbetrachtung haben aber im Humanismus selbst zunächst noch zwei Widersacher: die politische Absicht und die rhetorische Forderung. Von Italien aus erweist sich außer der neuen philologisch-historischen Wissenschaftlichkeit als fruchtbar die Wendung zur nationalen Vergangenheit; weitere Ansatzpunkte ergaben die religiösen und juristischen Auseinandersetzungen. In Deutschland verlangte KONRAD CELTIS in seiner Ingolstädter Antrittsrede 1491 programmatisch neben der Ausbildung in Philosophie und Rhetorik auch die Pflege einer nationalen Historiographie. Der Stolz der Humanisten auf die deutsche Vergangenheit führte im älteren Humanismus wie in der Blütezeit zu eingehender Beschäftigung mit der älteren Geschichte und Geographie Deutschlands.

Die Parole ‹Ad fontes!› führte auch zu den Quellen der eigenen nationalen Geschichte, den antiken und den germanischen, den Geschichtsdenkmälern, den Literaturwerken und Sprachdenkmälern. Mit dem Fund der ‹Germania› und der ‹Annales› des TACITUS war der Anstoß gegeben. CELTIS interpretiert die ‹Germania› in Vorlesungen. TRITHEMIUS kennt

bereits den OTFRID. BEATUS RHENANUS besorgt die erste lateinische Gesamtausgabe des TACITUS in Deutschland und versucht in seinen ‹Commentarii› die ‹Germania› zu kommentieren. Dabei unterscheidet er zwischen ‹prisca antiquitas› und ‹media antiquitas›, d. h. er versucht Altertum und Mittelalter voneinander abzugrenzen.

Mit seinen im Laufe des 16. Jhs. neu gewonnenen Anschauungen über
Geschichte und Sprache, Vorzeit und Nation, geschichtliche Quelle und
sprachliches Denkmal wurde der Humanismus für die folgenden Jahrhunderte überaus fruchtbar. Seine universalen Ideen ermöglichten eine
tiefere Einsicht in die mittelalterliche Welt- und Kaisergeschichte. Die nationalen Antriebe strebten nach Erkenntnis der Frühgeschichte des eigenen Volkes. Man setzte neben die antiken Traditionen die neu gefaßten
germanischen. CUSPINIANS ‹Caesares› (1540) bilden einen ersten Höhepunkt solcher neuen Geschichtsbetrachtung.

Die für die Geschichtsschreibung erforderliche Darstellungskunst versucht man von den Geschichtsschreibern des Altertums, von LIVIUS, XE-
NOPHON, THUKYDIDES etc. zu lernen; vor allem der Stil des LIVIUS wurde
bis ins einzelne nachgeahmt. Von den italienischen humanistischen Geschichtsschreibern wirkte auf Deutschland vorerst ENEA SILVIO.

Die deutsche Historiographie ist in jeder der Phasen des Humanismus
erfolgreich vertreten. Im Frühhumanismus mit MEISTERLIN, BLUMENAU
und HARTMANN SCHEDEL. Von den älteren Humanisten sind tätig WIMP-
FELING und TRITHEMIUS. Für die Blütezeit tritt CELTIS mit seinen Plänen
auf, arbeiten GRÜNPECK, ALBERT KRANTZ, AVENTIN, JAKOB MENNEL,
URSINUS VELIUS, PEUTINGER, CUSPINIAN, IRENIKUS, RHENANUS. Im weiteren 16. Jh. JOHANNES STUMPF, GILG TSCHUDI, WOLFGANG LAZIUS, JO-
HANNES SLEIDANUS u. a.

Die humanistische Geschichtsschreibung steht selbstverständlich häufig
auch im Dienste dynastisch-politischer, national-patriotischer oder lokaler
Interessen und Tendenzen: solcher Kaiser FRIEDRICHS III. und MAXIMI-
LIANS I., der Bestrebungen des CELTIS und seiner Gefolgsleute, der Schweiz
und des Elsaß, Bayerns etc.

Mit der Geschichtsschreibung und Geographie verbunden erscheint die
Topographie, d. i. die Orts- und Landesbeschreibung. Wie die Malerei die
Landschaft entdeckt und darstellt, so die humanistische Landeskunde die
Heimat. In der bildenden Kunst treten topographische Ansichten in Form
von Holzschnitten seit dem Ende des 15. Jhs. auf, so in BERNHARD VON
BREIDENBACHS Bericht über eine Pilgerfahrt nach Palästina oder in HART-
MANN SCHEDELS ‹Weltchronik›. Angeregt von ENEA SILVIO und FLAVIO
BIONDO, plante KONRAD CELTIS eine ‹Germania illustrata›, gemeint als
kulturgeographisch-geschichtliche Darstellung Deutschlands (vgl. S. 526f.).
Schon im Humanismus lassen sich in den topographisch-historischen Be-
schreibungen zwei Richtungen unterscheiden. Eine Gruppe der Gattung

legt das Schwergewicht auf das Historische und versucht nachzuweisen, daß auch die Deutschen über eine ehrwürdige geschichtliche Vergangenheit verfügen. Eine zweite und größere Gruppe verlegt ihre Interessen, angeregt durch das Studium des PTOLEMAEUS und des STRABO, stärker auf das Geographische; man unternimmt Erkundungsreisen, betreibt Kartenstudien, benutzt Reisetagebücher und historische Quellen. Zur vollen Auswirkung kommen die topographisch-historischen Beschreibungen aber erst im weiteren Verlauf des 16. Jahrhunderts.

Im 15. Jh. zeigt *die deutsche Geschichtsschreibung* teils spätscholastische, teils schon humanistische Wesenszüge. Noch lebt in Tübingen der um die Gründung der Universität hochverdiente JOHANNES NAUKLERUS (1430 bis 1510), Lehrer, Berater und Freund Herzog EBERHARDS V. Sein Hauptwerk, die ‹Weltchronik› (1504), die letzte des Mittelalters, führt in 63 Generationen von der Erschaffung der Welt zu Christus und in 51 Menschenaltern bis 1501. In ihr findet sich bereits ein neu fundiertes Bild der deutschen Frühzeit: NAUKLERUS zeigt mit Nachdruck die Ursprünge der deutschen Stämme auf und rühmt die ‹prisci mores Germanorum›. Der Frühhumanist SIGISMUND MEISTERLIN († nach 1489), Mönch des Benediktinerklosters St. Ulrich und Afra in Augsburg, verfaßte auf Wunsch SIGISMUND GOSSEMBROTS eine Gründungsgeschichte der Stadt, die ‹Chronographia Augustensium› (1456; von ihm selbst verfaßte deutsche Übersetzung z. T. gedr. 1522) im neuen Stil.

Im ersten Buch widerlegt MEISTERLIN die Fabel von der Gründung Augsburgs durch die flüchtigen Trojaner und stellt im zweiten eine eigene Gründungshypothese auf; das dritte Buch gibt eine Erzählung der Schlacht im Teutoburger Wald, das vierte eine quellenmäßige Stadtgeschichte von KONSTANTIN D. GR. bis zur Gegenwart.

Nach Vollendung der Stadtchronik und einiger anderer kleinerer Schriften verließ MEISTERLIN Augsburg und begann ein Wanderleben, das ihn schließlich 1478 zu seiner zweiten großen historiographischen Leistung nach Nürnberg führte, wo er als Prediger bei St. Sebald tätig war. Zuerst entstand 1483/84 eine (verschollene) Biographie des HL. SEBALD, dann die ‹Chronica Neronpergensium›, die MEISTERLIN auf Wunsch des Rates unter Heranziehung vielfacher Quellen abfaßte, und die in einer zweiten Fassung erhalten ist. Zu gleicher Zeit wurde eine Übersetzung bzw. Umarbeitung abgeschlossen: ‹Cronica der statt Nürenberg geteilt in drei Bücher›, die Perioden von 1100, 200 und 80 Jahren umfassen.

Während der Römerkriege in Deutschland kommt es neben anderen Städtegründungen auch zur Gründung Nürnbergs. Unter Kaiser OTTO I. erlebt es seine erste große Blüte, unter HEINRICH IV. und seinem Sohn erfolgten der Niedergang und die Zerstörung (1105). Erst unter KONRAD III. und seinen Nachfolgern gewinnt die Stadt wieder an Bedeutung, bis der Aufstand der Zünfte gegen das

Regiment der Geschlechter neues Unheil hereinbringt. Aber die Geschlechter siegen, der Rat kehrt zurück, neues Glück und neue Macht sind Nürnberg beschieden.

Frühhumanist, Politiker und Geschichtsschreiber war auch LORENZ BLUMENAU († 1484) aus Danzig, Deutschordensprokurator, zuletzt Kartäuser. BLUMENAU war während seiner Studienzeit in Bologna lebhaft vom Geiste der neuen Bildung berührt worden. Von ihm stammt eine Chronik des Deutschen Ordens: ‹Historia de ordine Theutonicorum cruciferorum› (1457). Die Darstellung des 13. und 14. Jhs. fußt auf älteren Chroniken, die letzte Phase schildert er vornehmlich nach eigenen Erlebnissen. Seit 1459 Sachwalter des Herzogs SIEGMUND VON TIROL in seinem Konflikt gegen Papst PIUS II. und den Kardinal NIKOLAUS VON CUES (1460/63), wurde BLUMENAU gebannt und gefangengesetzt.

Geistig zwischen der ersten und zweiten Phase der Entwicklung steht der 1484 für ständig in seine Heimatstadt Nürnberg als Arzt zurückgekehrte HARTMANN SCHEDEL (1440–1514). Von 1488 an Genannter des Großen Rates, lebte er fortan als Arzt, Polyhistor und Sammler von Handschriften und Drucken. Er hat eine für die Erkenntnis des deutschen Frühhumanismus aufschlußreiche Bibliothek (rd. 670 Drucke und 400 Handschriften) zusammengebracht. Neun Jahre nach seiner Heimkehr ließ SCHEDEL sein Hauptwerk ‹Liber chronicarum›, die ‹Weltchronik› (Nürnberg 1493) drucken. Der Losungsschreiber GEORG ALT hat sie unmittelbar darauf gekürzt ins Deutsche übersetzt (Augsburg 1497).

Das reich illustrierte große Werk ist eine Bearbeitung des ‹Supplementum chronicarum› des JACOBUS VON BERGAMO mit Ergänzungen aus modernen Autoren wie ENEA SILVIO, innerlich noch immer mittelalterlich-scholastischer Geisteshaltung, äußerlich behängt mit humanistischem Beiwerk. Die Darstellung des Weltgeschehens ist eingerahmt von der Erschaffung der Welt und dem Gericht Gottes über seine Schöpfung am Jüngsten Tag; Krankheiten, Hungersnöte, Kuriosa, Monstra u. dgl. werden mit Vorliebe verzeichnet. Kulturgeschichtliches, Geographisches und stoffliche praktische Interessen treten vielfach in den Vordergrund. Einen modernen Zug sollen die Humanistenbiographien hineinbringen. Aber auch sie stammen meist wörtlich aus der Schrift des JACOBUS.

Wie SIGISMUND MEISTERLIN gehörte dem Benediktinerorden an ALBRECHT VON BONSTETTEN (um 1443 – um 1504) aus Uster im Kanton Zürich. Er entstammte einem freiherrlichen Geschlecht, hatte außer in Freiburg i. Br. und Basel auch in Pavia studiert, wurde 1474 Dekan des Klosters Einsiedeln und stand in Briefwechsel mit Deutschen und Italienern: PETER LUDER, NIKLAS VON WYLE, ASCANIO SFORZA, FILELFO u. a. In seinem literarischen Schaffen verbindet BONSTETTEN Geschichtsschreibung und Topographie mit Heiligenvita und Legende. Von ihm stammen: eine Darstellung des Burgunderkrieges (1477), die älteste Beschreibung der Schweiz (1479), eine Geschichte des Stiftes Einsiedeln (1480), eine Geschichte des Hauses Österreich (1491), eine Lebensgeschichte des hl. Bruders NIKOLAUS VON FLÜE (1479), eine St. Idalegende (1481), eine St. Geroldslegende (1484) und eine St. Meinradslegende (Nürnberg 1494). BONSTETTEN übersetzte diese lateinisch abgefaßten Schriften z. T. selbst ins Deutsche.

Als Genealoge, Geschichtsschreiber und Topograph betätigte sich LA-DISLAUS SUNTHEIM (um 1440–1513) aus Ravensburg.

Nach Studien in Wien lebte er als Priester des Bistums Konstanz, dann am Hofe SIEGMUNDS VON TIROL, seit 1496 wieder in Wien, wo ihn MAXIMILIAN I. zum Hofhistoriographen und Hofgenealogen bestellte. Als solcher unternahm er im Dienste des Kaisers weite Reisen, um Archive und Bibliotheken zu durchforschen.

SUNTHEIMS erhaltene Schriften stehen offenbar unter der Leitidee einer großen historisch-politischen Landeskunde Deutschlands, ähnlich dem ‹Germania illustrata›-Plan seines Freundes KONRAD CELTIS. Von den genealogischen Arbeiten seien genannt: ein ‹Stammbaum der Babenberger› (gedr. Basel 1491), Genealogien der Herzoge von Bayern, der Pfalzgrafen bei Rhein, der Markgrafen von Baden, der Grafen von Württemberg, der Markgrafen von Brandenburg, der Welfen. Die topographischen Arbeiten zeigen sich einerseits im Gefolge ENEA SILVIOS, dessen ‹Beschreibung des Landes Österreich› SUNTHEIM ins Deutsche übersetzte, andererseits berühren sie sich mit den bekannten Vorarbeiten für die ‹Germania illustrata› des CELTIS. SUNTHEIM fertigte Landesbeschreibungen des Elsaß, Badens, Württembergs, Vorarlbergs und versuchte Schilderungen der Stadt Ravensburg und des Donautales. Eine Darstellung der oberdeutschen Mundart ‹De lingua vulgari per superiorem Germaniam› ist leider verschollen.

Ein Beispiel für die Lokalgeschichtsschreibung bietet HIERONYMUS GEBWILER aus Kaysersberg im Elsaß, 1501 Leiter der Lateinschule zu Schlettstadt, 1509 der Domschule zu Straßburg. Als gutgebildeter Humanist der älteren Richtung verfaßte er eine ‹Chronik von Schlettstadt›, eine (unvollendete) ‹Chronik von Straßburg›, einen ‹Abriß der Geschichte Hagenaus› (Hagenau 1528) und eine Habsburger-Chronik ‹Austrias› (Handschrift von 1540).

Aus WIMPFELINGS Streit mit THOMAS MURNER um die Zugehörigkeit des linken Rheinufers zu Deutschland oder zu Frankreich ist der erste Versuch einer deutschen Geschichte hervorgegangen, die «nur dieses sein will» (JOACHIMSEN). Anschließend an die Leitsätze seiner ‹Germania›, behandelt JAKOB WIMPFELING (vgl. S. 495ff.) in der von seinem Freunde SEBASTIAN MURRHO begonnenen, von ihm vollendeten ‹Epitome rerum Germanicarum usque ad nostra tempora› (Straßburg 1505) die gesamte Geschichte des deutschen Volkes:

Einteilung und Geschichte der Germanen, Völkerwanderung, die Kaisergeschichte bis auf MAXIMILIAN I. und Kulturgeschichtliches. Im Hauptteil will

WIMPFELING zunächst zeigen, daß die Deutschen jederzeit fremde Ansprüche auf ihr Territorium abgewiesen haben. Mit KARL D. GR. setzt die Geschichte der Kaiser ein. Die nicht selten kritische Überschau schließt mit einer Aufforderung zur Vertreibung der Türken. Im letzten Abschnitt des Werkes werden die kulturellen Leistungen der Deutschen herausgestellt: die Erfindung der Feuerwaffen, des Buchdruckes, die Pflege der bildenden Kunst, besonders DÜRER. WIMPFELINGS die ganze Schrift durchziehende Hauptidee ist: Das deutsche Volk könne sich mit Geschichte und Kulturschöpfungen würdig neben die Antike stellen.

Unter BEBELS Schülern ragte besonders MICHAEL KÖCHLIN, COCCINIUS (1478 – ca. 1512) hervor, der Verfasser der Schrift ‹De imperii a Graecis ad Germanos tralatione› (Straßburg 1506), die den Übergang der Kaiserwürde von den Griechen auf die Deutschen behandelt. Im Dienste VEITS VON FÜRST, Kanzler in der Verwaltung von Modena, wurde er zum Historiker und schrieb seine vier Bücher italienischer Geschichte ‹De rebus gestis in Italia› (1512).

Kultur- und zeitgeschichtlich aufschlußreicher Historiker für die Pontifikate der Päpste INNOZENZ VIII., ALEXANDER VI. und die ersten Jahre JULIUS II. ist JOHANNES BURCHARD (ca. 1450–1506) aus Nieder-Haslach im Elsaß, seit 1467 in Rom, seit 1475 päpstlicher Familiar, 1483 bis 1506 päpstlicher Zeremonienmeister, 1492 bis 1504 im Vorstand der deutschen Nationalkirche S. Maria dell'Anima. BURCHARD nahm wesentlichen Anteil an der Ausgabe des ‹Pontificale› (1485 und 1487) und des ‹Ceremoniale› (1488) der römischen Kirche. Er verfaßte ferner eine Meßordnung (1495). Alle drei Werke sind mit geringen Abweichungen heute noch gültig. Berühmt aber wurde BURCHARD durch sein (zuerst auszugsweise von LEIBNIZ 1696 veröffentlichtes) Tagebuch ‹Diarium› oder ‹Liber Notarum›, in das er 1493 bis 1506 alle für das liturgische Zeremoniell und die höfische Etikette wichtigen Ereignisse eintrug; außerdem alles, was er am päpstlichen Hofe sah und hörte. Dabei verfügte er über scharfe Beobachtungsgabe und ein nüchternes Urteil.

Von WIMPFELING, CELTIS, der Gedankenwelt Kaiser MAXIMILIANS u. a. zu seiner Historiographie, Lexikographie und Sammeltätigkeit angeregt wurde der dem Heidelberger Humanistenkreis zugehörige JOHANNES TRITHEMIUS, eigentl. JOHANNES ZELLER (1462–1516) aus Trittenheim bei Trier, Abt des Benediktinerklosters Sponheim, ein kirchlich gesinnter, frommer, wissensdurstiger und bildungsbeflissener Mann.

TRITHEMIUS war 1480 zu JOHANN VON DALBERG in Beziehungen getreten und hatte WIMPFELING und RUDOLF AGRICOLA zu Lehrern gehabt. Die literarischen Bestrebungen, die kulturgeschichtlichen Interessen und die patriotische Gesinnung machten auf den jungen Winzersohn stärksten Eindruck. CELTIS, REUCHLIN und der französische Arzt LIBANIUS vervollständigten später diese Grundlagen und Anregungen. Nach Abschluß seiner Studien trat TRITHEMIUS Anfang 1482 in das Benediktinerkloster Sponheim und wurde bereits 1483 zum Abte gewählt. Als Freund der Wissenschaften machte er die Klosterbibliothek bald zu einer der großartigsten Deutschlands (um 1505 über 2000 Bände Handschriften und Drucke in elf Sprachen) und stand mit den meisten humanistischen Größen seiner Zeit in Freundschaft oder Briefwechsel. Da diese wissenschaftlichen, besonders aber seine reformierenden Bestrebungen den Abt mit seinen Mönchen in Gegensatz brachten, verließ TRITHEMIUS das Kloster, begab sich für einige Zeit zum Kurfürsten JOACHIM I. VON BRANDENBURG und übernahm schließlich 1506 die Schottenabtei St. Jakob in Würzburg.

Das Lebenswerk des TRITHEMIUS war in hohem Maße der Erneuerung seines Ordens im Sinne der Bursfelder Reform gewidmet. Damit in Verbindung steht ein großer Teil seiner Schriften, zuerst Produkte moralischen und aszetischen Inhaltes, dann Abhandlungen über die Eitelkeit und das Elend des menschlichen Lebens und über die Einrichtung des menschlichen Daseins. Eine zweite Gruppe bilden Schriften reformatorischer Natur. Eine dritte Abteilung machen die großen Lexika aus. Sie sind von 1491 bis 1494 entstanden: ‹Liber de scriptoribus ecclesiasticis› (Mainz 1494 u. ö.), auf Anregung DALBERGS; ‹De origine, progressu et laudibus Ordinis Carmelitarum› (Mainz 1494); ‹Catalogus illustrium virorum Germaniae› (Mainz 1495 u. ö.), mit einem Nachwort WIMPFELINGS; ‹De viris illustribus Ordinis Benedicti› (Köln 1575). Eine Art von Geheimschrift ist die ‹Steganographie› (gedr. mit des AGRIPPA VON NETTESHEIM ‹De occulta Philosophia›, Lyon 1531). In der zweiten Periode seines Lebens in Würzburg verfaßte TRITHEMIUS seine ‹Polygraphiae libri sex› (Basel 1518 u. ö.), ein weiterer Versuch, die Chiffrierkunst auszubilden, und die mystische Chronologie ‹De septem intelligentiis libellus›, beide Werke MAXIMILIAN I. gewidmet. In der ‹Polygraphie› findet man u. a. das erste gedruckte Runenalphabet. Gegen das Zauberwesen wendet sich der ‹Antipalus maleficiorum› (Ingolstadt 1555).

Erneuerte Klostergelehrsamkeit, Magiertum und Spekulativ-Astrologisches fließen zusammen in den historischen Schriften, dem ‹Chronicon successionis Ducum Bavariae et Comitum Palatinorum› (Frankfurt 1544); der Geschichte seiner Abtei Sponheim ‹Chronicon Sponheimense›; der Darstellung der Geschichte des Klosters Hirsau ‹Chronicon Hiersaugiense› (Basel 1559), die sich dann auswuchs zu den großen ‹Annales Hiersaugienes› (St. Gallen 1690), die Welt-, Reichs- und Kirchengeschichte miteinbezogen; an sie schließen sich die ‹Annales de origine Francorum› (Mainz 1515 u. ö.; deutsch von J. SCHENK, Speyer 1522). Zur Gattung der Heiltumsbücher mit Wundergeschichten und Legenden gehören die Schrift ‹De miraculis B. Mariae in Dittelbach› und sein letztes vollendetes Werk ‹Die Wunder der seligsten Jungfrau Maria in der Karmelitenkirche zu Heilbronn am Neckar, genannt Maria in den Nesseln›. Bemerkenswert sind ferner der autobiographische ‹Nepiachus› und die ‹Epistolarum familiarum libri II› (Hagenau 1536; hier im Brief an JOHANNES VIRDUNG vom 20. August 1507 der Bericht über DR. FAUST). In den letzten Jahren seines Lebens trug er sich mit dem Plan, eine ausführliche deutsche Geschichte zu schreiben. Außer diesen genannten Werken hat TRITHEMIUS eine große

Anzahl umfangreicher und kleinerer Schriften verfaßt, die z. T. ungedruckt geblieben sind. Die Persönlichkeit des TRITHEMIUS ruht im Mönchtum der Bursfelder Kongregation. Klosterreform war ihm Bildungsreform. Der Gedanke des SOKRATES, daß der Wissende nicht schlecht handle, stand hinter seiner gesamten Lebensarbeit. An der Antike zog ihn oft weniger der Inhalt an als die literarische Form. Sein scholastischer Humanismus glaubte an die Möglichkeit einer Synthese zwischen Altererbtem und den Neuerungen. Sein Kloster Sponheim war ein gastfreies Absteigquartier für Spätscholastiker wie Humanisten. Weltflüchtige Stimmungen und mystische Neigungen affektiver Art waren ihm vertraut.

Der nach dem Vorbild des HIERONYMUS und des SIGEBERT VON GEMBLOUX gearbeitete ‹Katalog der geistlichen Schriftsteller› enthält 962 Namen von der Zeit der Apostel bis auf TRITHEMIUS selbst, im Gefolge von AUGUSTINUS, JOHANNES GERSON und NIKOLAUS VON LYRA, der italienischen, französischen und deutschen Humanisten. Angeregt von WIMPFELING, erwuchs aus dem kirchlichen Schriftstellerverzeichnis im ‹Catalogus illustrium virorum Germaniae› die Zusammenfassung aller Männer, die sich in Deutschland um die Wissenschaft verdient gemacht haben. Dieses Spezialwerk ist der erste Versuch, den Stoff der Literatur eines Volkes unter eine nationale Idee zu bringen und gleichzeitig *der erste Versuch einer deutschen Literaturgeschichte*. Erfaßt sind selbstverständlich nur die geistlichen Gelehrten des Mittelalters und die Humanisten. Ein wichtiger Artikel ist KARL D. GR. gewidmet, eine der ersten Stellen nimmt der von TRITHEMIUS entdeckte OTFRID ein. Der Mittelpunkt der historischen Auffassungen des TRITHEMIUS war die karolingische Kultur. Ihrem Bereich entstammen seine wichtigsten Entdeckungen, die Briefe des BONIFATIUS und LULL, die Fuldaer Reichsannalen, RICHER, FLODOARD, REGINO, FRECHULF VON LISIEUX und seine Fälschung der *Meginfried.* Dem Bemühen, den genealogischen Wünschen MAXIMILIANS I. entgegenzukommen, entsprang das zweite Produkt seiner Phantasie, *Hunibald,* der angebliche Geschichtsschreiber der Urzeit der Franken. Die noch heute benutzbaren Hauptwerke des TRITHEMIUS mögen mitunter mehr Dichtung und Fabelei als Wahrheit enthalten, gleichwohl bleibt es eine große geistesgeschichtliche Tat, wenn dieser Mann den größten Teil seines Lebens der Erforschung der Vergangenheit und der deutschen Geschichte widmete und zwar außerhalb der Universitäten, deren Lehrbetrieb dergleichen noch nicht kannte.

Zum Kreise der Genealogen Kaiser MAXIMILIANS gehörte JAKOB MENNEL, MANLIUS (ca. 1460–1525 oder 1526) aus Bregenz, 1496 Stadtschreiber in Freiburg i. Br., Professor in Freiburg, Rat des Kaisers. MENNEL begann seine literarische Tätigkeit 1498 mit einer lateinischen ‹Disputatio› über die Erlaubtheit des Schachspiels, einem Auszug aus KONRAD VON

AMMENHAUSEN. Sie wurde von ihm selber ins Deutsche übersetzt und als ‹Schachzabel› 1507 gedruckt. Als Beauftragter MAXIMILIANS sollte er auf Reisen in Deutschland, Italien, Frankreich und den Niederlanden, in Archiven, Bibliotheken, Klöstern, Materialien über die Vorfahren des Kaisers sammeln und bearbeiten. Als Ergebnisse entstanden eine Anzahl mehr oder minder umfangreicher Geschichtswerke. Zunächst legte MENNEL 1507 dem Herrscher den Entwurf einer ‹Chronik des Hauses Österreich und der Grafen von Habsburg› vor und ließ die ‹Habsburgische Reimchronik› erscheinen. Ihr folgte die sechsbändige ‹Fürstliche Chronik, genannt Kaiser Maximilians Geburtsspiegel› (1512–1518; in verkürzter Fassung unter dem Titel ‹Sell- und Heiligenbuch Kaiser Maximilians altfordern› 1522 nochmals herausgegeben). Das während der Arbeit an der Chronik entstandene Tabellenwerk ‹Kaiserart› (1513) war als Erziehungsschrift für den späteren KARL V. bestimmt. Eine Sammlung von Illustrationen zur habsburgischen Familiengeschichte enthält ‹Der Zeiger› (1518). Über die weiblichen Angehörigen der Familie unterrichtet die ‹Chronik der berühmten Frauen des Hauses Habsburg› (1518). Das letzte Werk MENNELS war ‹Ain hüpsche Chronik von heidnischen und christlichen künigen der Teutschen und Welschen› (1523).

Der als Dramatiker bekannte JOSEF GRÜNPECK arbeitete, als er 1507 in Nürnberg lebte, an einer Geschichte Deutschlands von KARL D. GR. bis auf seine Zeit und verfaßte zwischen 1508 und 1515 für Erzherzog KARL die mit kunsthistorisch bedeutsamen Federzeichnungen illustrierte ‹Historia Friderici III. et Maximiliani›, eine Sammlung von merkwürdigen Aussprüchen und Taten der beiden Herrscher.

Als Hofhistoriograph König FERDINANDS I., der als Nachfolger LUDWIGS II. auch über Böhmen und Ungarn herrschte, beschrieb KASPAR URSINUS VELIUS (vgl. Kap. III, 3 c) die Kämpfe FERDINANDS mit der ungarischen Gegenpartei unter der Führung JOHANN ZAPOLYAS und die Kämpfe gegen die immer weiter nach Westen vordringenden Türken. Das Werk ‹De bello Pannonico libri X›, ‹Zehn Bücher über den Pannonischen Krieg›, umfassend die Jahre 1526 bis 1531, wurde aus den Handschriften erst 1762 in Druck gegeben.

Zunächst Staatsmann und Politiker war KONRAD PEUTINGER (1465 bis 1547) in Augsburg, neben PIRCKHEIMER eine der großen Patriziergestalten der Zeit. Als Historiker befaßte er sich wie WIMPFELING mit der Frage des Deutschtums der linksrheinischen Landschaften, mit der Genealogie der Staufer, mit dem Sammeln von Inschriften und Urkunden, mit der Geschichte der Völkerwanderung und der Kaisergeschichte.

Nach einem fünfjährigen Aufenthalt in Italien, wo er in Padua, Bologna und Rom in den Vertretern G. PICO DELLA MIRANDOLA, ERMOLAO BARBARO D. J., MARSILIUS FICINUS und POMPONIUS LAETUS dem italienischen Humanismus begegnete, und nach der Teilnahme am Zug Kaiser FRIEDRICHS III. in die Nieder-

lande trat er in die Dienste seiner Vaterstadt und wurde 1497 zum Stadtschreiber auf Lebenszeit ernannt. Von 1500 beginnt die enge, fast freundschaftliche
Verbindung mit Kaiser MAXIMILIAN I. PEUTINGER war durch seine Vermählung
mit MARGARETHE WELSER (1498) in den Kreis des Augsburger Handelspatrizi-
ates eingetreten und wurde bald zu einem führenden Politiker der oberdeutschen
Reichsstadt, Sachwalter und theoretischen Verfechter des Augsburger Früh-
kapitalismus und Fernhandels. Sein Haus am Domplatz war aber jahrzehnte-
lang auch der Mittelpunkt der literarisch-wissenschaftlichen und künstlerischen
Bestrebungen Augsburgs, der Besitzer das Haupt der in Ausgestaltung der Heidelberger Sodalitätsgründung des CELTIS 1500 geschaffenen *Sodalitas Augustana*.
Sie gab 1507 den von CELTIS entdeckten ‹Ligurinus› heraus.

PEUTINGER hat die bedeutsamste seiner gedruckten Schriften als Tisch-
gespräche seines Kreises erscheinen lassen, die ‹Sermones convivales de
mirandis Germaniae antiquitatibus› (Straßburg 1506). Die ganze Bunt-
heit der humanistischen Interessensphäre tritt daraus entgegen.

Die Gespräche bewegen sich zunächst um die Fragen, ob die Gebeine des
DIONYSIUS AREOPAGITA in Regensburg oder Passau liegen, ob PAULUS der
Apostel verheiratet war, um die Indienfahrten der Portugiesen und die Ent-
deckung Amerikas. Das Hauptthema aber ist die von Straßburg her bekannte
Frage des Deutschtums der linksrheinischen Landschaften. «Was Wimpfeling
nicht übel angefaßt hat, das hat Peutinger an seinen Platz gerückt» – bemerkt
der Freiburger Jurist ULRICH ZASIUS. Verglichen mit WIMPFELING, unterscheidet
PEUTINGER dabei zwischen Besiedlung und Beherrschung des Gebietes.

Von PEUTINGERS wissenschaftlichen Schriften ist verhältnismäßig wenig zum Druck gelangt: eine genealogische Abhandlung über die Staufer
(mit dem ‹Ligurinus›), eine Übersicht über die Geschichte der Völkerwanderung von ALARICH bis zum Vordringen der Langobarden nach Italien (mit der Ausgabe des JORDANES und PAULUS DIACONUS) und ein
Brief über die Verdienste der deutschen Kaiser und Könige um das römische Papsttum. Durch seine ‹Romanae vetustatis fragmenta in Augusta
Vindelicorum et eius dioecesi› (Augsburg 1505) ist er einer der ersten
Inschriftenherausgeber in Deutschland. Druckfertig ausgearbeitet wurde
die wortgeschichtliche ‹Epistola de nomine Augustus› (1510), weit gediehen war die Abhandlung ‹De magistratibus Romanis›, abgeschlossen
die Schrift ‹De supremae imperatoriae maiestatis praeeminentia et potestate› (1531).

PEUTINGERS historisches Hauptwerk ist sein ‹Kaiserbuch›, das zwei
Handschriftengruppen überliefern, deren eine die Lebensbeschreibungen
der Kaiser von CAESAR bis IRENE, deren zweite die der deutschen Herrscher seit KARL D. GR. bietet. Hervorgewachsen ist es aus PEUTINGERS
Inschriften- und Urkundensammlungen, gedanklich steht es der Ideenwelt Kaiser MAXIMILIANS nahe.

Das Werk enthält die Biographien der römischen, byzantinischen und deutschen Kaiser und Könige, sowie die der Gegenkaiser und Gegenkönige, d. h.
aller Männer, die jemals über einen großen Teil des Imperium Romanum ge-
herrscht haben. Auf die Vita eines jeden folgt ein Kapitel über die Frauen und

Kinder; bei den römischen sind Münzen und Inschriften, bei den deutschen Auszüge aus Urkunden der Vita vorangestellt.

PEUTINGER ist der erste Historiker, der die Notwendigkeit *planmäßiger Benutzung der Urkunden* erkennt, die er besonders für die deutsche Geschichte des Mittelalters heranzieht und zu verwerten sucht. Das ‹Kaiserbuch› hat PEUTINGER nicht vollendet, wohl aber wurde unter seiner Leitung das Grabmal des kaiserlichen Freundes mit den aus Sage und Geschichte entnommenen Ahnen begonnen und größtenteils ausgeführt.

PEUTINGERS humanistische Rom-Kritik, sein Festhalten am konziliaristischen Denken ließen ihn zum Beförderer der Anfänge LUTHERS werden. Seine konservative Grundhaltung versuchte aber bald eine Politik des mittleren Weges. Ihr Mißlingen veranlaßte PEUTINGERS Rückzug aus dem öffentlichen Leben, ohne mit einer der beiden Seiten völlig zu brechen.

In Rhetorik und Poetik, als Diplomat, Mediziner, Topograph, Historiker, der wie PEUTINGER besonders Kaisergeschichte betrieb, und in der Landesbeschreibung betätigte sich JOHANNES CUSPINIAN, SPIESSHEIMER (1473–1529) aus Schweinfurt in Franken, in Haltung und Ausdruck eine monumentale Erscheinung, eine im Sinne der Renaissance universale Persönlichkeit. CUSPINIANS erste literarische Arbeit war die KRACHENBERGER gewidmete Ausgabe der Hymnen des PRUDENZ (1494). Ihr folgte 1508 die ‹Descriptio orbis› des RUFUS FESTUS AVIENUS, 1511 eine Ausgabe des FLORUS, 1515 die im Wiener Schottenkloster gefundene Weltchronik ‹Historia de duabus civitatibus› des OTTO VON FREISING. Früh in die Umgebung des Kaisers gezogen, wurde CUSPINIAN zum Staatsmann und aus diesen Aufgaben heraus allmählich die hervorragendste Erscheinung der Hofgeschichtsschreibung MAXIMILIANS. Er hat die Reichenauer Fassung der Chronik CASSIODORS gefunden, ihm verdankt man die ravennischen Konsularfasten, er hat sich für das spätgriechische und byzantinische Schrifttum eifrigst interessiert und seiner Überlieferung in die neuere europäische Historiographie Eingang verschafft. Das erste seiner großen Geschichtswerke, kurz ‹Consules› genannt (1512 fast abgeschlossen), gibt eine ‹Geschichte der römischen Konsuln bis auf Justinian›. Im zweiten Hauptwerk ‹De Caesaribus atque Imperatoribus Romanis› (Straßburg 1540; deutsch von KASPAR HEDIO Straßburg 1541) hat er neben PEUTINGER ein ‹Kaiserbuch› von den Römern, Griechen und Türken bis auf MAXIMILIAN I. geschaffen, das in eine Geschichte der österreichischen Staatspolitik MAXIMILIANS und in die bedeutsamste Offenbarung der politischen Ideenwelt dieses Kaisers ausläuft. – Mit dem Plan der ‹Germania illustrata› des CELTIS steht die von MAXIMILIAN und GEORG HAUSMANNSTETTER angeregte große Landesbeschreibung CUSPINIANS ‹Austria› (1528; gedr. Basel 1553) in Zusammenhang. Wie zahlreiche andere Humanisten stand CUSPINIAN der Reformation anfangs sympathisch gegenüber. Die Wirren des Bauernkrieges und nicht zuletzt auch wohl die Bindungen als Staatsmann zu den Habsburger haben ihn veranlaßt, sich zur alten Kirche zurückzuwenden.

Die von CELTIS geschaffene Tradition der Historiographie auf den Gipfel führte sein Lieblingsschüler und Freund JOHANNES TURMAIR, GEN. AVENTINUS (1477–1534) aus Abensberg in Niederbayern. Als ihn 1508 WILHELM IV. VON BAYERN zum Erzieher seiner Brüder LUDWIG und ERNST bestellte, wurde er zum Vermittler des neuen wissenschaftlichen Geistes für die späteren Fürsten und entscheidend für das geistige Leben Bayerns. Der Beruf als Prinzenerzieher gab Anlaß zur Abfassung einer lateinischen Geschichte der Herzoge Bayerns (1511, ungedruckt), einer lateinischen Grammatik (1512 u. ö.) und eines Lehrbuches der Musik (1516). Unter Mitwirkung seiner Schüler gründete er 1516 nach dem Vorbild des CELTIS eine Sodalitas litteraria Angilostadensis, die bis 1520 bestand. Als AVENTIN nach Beendigung seiner Erziehungstätigkeit von den Herzogen WILHELM und LUDWIG zum ‹Historiographen› berufen wurde, arbeitete er (seit 1517) an dem umfassenden bayrischen Geschichtswerk ‹Annales ducum Boiariae› (1521); 1522 begann er mit deren Verdeutschung und Bearbeitung zur ‹Bairischen Chronik› (1533). Auch jenen großen Traumplan einer ‹Germania illustrata›, der CELTIS sein Leben lang begleitet hatte, übernahm AVENTIN. Aber nur ein erstes Buch ist in lateinischer und deutscher Sprache fertiggestellt. Für neun weitere liegt die Disposition vor. ‹Zeitbuch über ganz Deutschland› wollte er es nennen. Die Ausführung ist durch seinen frühen Tod verhindert worden.

Bei CRATO HOFMANN und HIERONYMUS GEBWILER in Schlettstadt war neben JOHANN SAPIDUS und OSWALD BÄR auch BEATUS RHENANUS (1485 bis 1547) in die Schule gegangen.

Um seine Bildung in den philosophischen, mathematisch-astronomischen und musiktheoretischen Fächern zu erweitern, begab er sich nach Paris, von wo er gegen Ende 1507 zurückkehrte. Sein Mentor während der Pariser Studienzeit war JAKOB FABER STAPULENSIS, der im gereinigten ARISTOTELES die Quelle und den Inbegriff aller menschlichen Weisheit sah und den jungen RHENANUS zu jener christlich-philosophischen Weltanschauung und Lebensgestaltung erzog, die in der aristotelischen Philosophie die christliche Lebensweisheit und Seelenarznei erblickt. Und diesem Ideal ist RHENANUS auch zeit seines Lebens treu geblieben, auch wenn sich später unter dem Einfluß CONOS die innere Stellung zugunsten PLATONS geändert hat, der ihm von ca. 1518 an als der göttlichere, wahrhaft christliche philosophorum koryphaios erschien.

Diese aristotelisch-christliche Gedankenwelt beherrscht auch RHENANS erste Editionstätigkeit von 1508 bis 1511: AVITUS, JUVENCUS, PRUDENZ, SEDULIUS, J. B. MANTUANUS, PICO DELLA MIRANDOLA, SABELLICUS u. a. Nach seiner Heimkehr verbrachte RHENANUS, abgesehen von einzelnen Reisen, sein weiteres Leben in Schlettstadt, Straßburg und Basel, eifrig tätig in den Buchdruckereien. Zu den erwähnten Editionen treten die Biographie GEILERS VON KAISERSBERG (der Ausgabe von BRANTS ‹Narren-

schiff› 1510 vorangestellt), eine Ausgabe des POMPONIUS LAETUS, eine Gesamtausgabe mit Lebensgeschichte des ERASMUS, GREGOR VON NYSSA,
TERTULLIAN, ORIGENES. Seit 1511 ist RHENANUS mit ERASMUS befreundet. Da RHENANUS bei seinen Klassiker-Ausgaben öfter Handschriften benutzte, die im Laufe der Zeit verlorengingen, werden seine Texte von
der Forschung noch heute beachtet: PLINIUS, SENECA, TACITUS (Kommentar zur ‹Germania›, 1519; ‹Annales› 1534), LIVIUS, besonders aber die
Erstausgabe des VELLEIUS PATERCULUS (1520). Den größten Ruhm ern-
tete er durch sein Geschichtswerk ‹Rerum Germanicarum libri tres› (Basel
1531), ‹Drei Bücher deutscher Geschichte›.

Das erste Buch geht von der ‹Germania vetus› aus, beschreibt die Grenzen,
Verfassung und Kriegskunst, schildert das römische Germanien und berichtet
über die germanischen Wanderungen über den Rhein, nach Osten und Süden,
sowie die Wanderungen germanischer Stämme von Norden und Osten nach
Innerdeutschland. Das zweite Buch umfaßt die Geschichte der Franken und
Alemannen, ihren Kampf um die Vormacht in der entscheidenden Schlacht bei
Tolbiacum, die Niederlage der Alemannen, Ausbreitung und Zerfall des Fran-
kenreiches und die Entwicklung zur hohen Kultur des deutschen Mittelalters.
Der zweite Teil des zweiten und das dritte Buch bringen kulturgeschichtliche
Erörterungen, kritische Betrachtungen über Quellenberichte der Ortsbeschreibung des römischen Südwestdeutschland. – Zwei Glanzstücke sind die Stadtbeschreibungen von Basel und Schlettstadt, hochbedeutsam die Ausführungen
über die Sprache der germanischen Stämme. Der Beweis für das Deutschtum
der Franken wird durch das Zitat der Eingangsverse von OTFRIDS Bibeldichtung (aus der Freisinger Handschrift) erbracht, der Beweis für das Deutschtum
der Burgunder und Langobarden mit Ausdrücken langobardischer Gesetze.

Der patriotischen Geschichtsschreibung und Topographie diente in
Heidelberg FRANCISCUS IRENICUS, FRIEDLIEB (1495–1559 oder 1565) mit
seiner ‹Exegesis Germaniae› (Hagenau 1518), ‹Darstellung Deutschlands›
in 12 Büchern, um die von Ausländern den Deutschen gemachten Vorwürfe zu widerlegen.

Die ersten drei Bücher bieten eine Übersicht über das germanische Altertum,
die vier folgenden bringen einen Abriß der deutschen Geschichte während
der ersten Jahrhunderte des Mittelalters, die fünf letzten enthalten eine geographische Beschreibung Deutschlands.

An der Erschließung des LIVIUS maßgeblich beteiligt war NIKOLAUS
FABRI CARBACHIUS (um 1485–1534), Professor der alten Geschichte in
Mainz. Der mit IVO WITTICH, HUTTEN u. a. verbundene Humanist entdeckte in der Bibliothek des Mainzer Domstiftes eine LIVIUS-Handschrift,
die Buch 33 bis 40 teils neu, teils stark abweichender Fassung bot, und
edierte auf dieser Grundlage den sog. ‹Mainzer Livius›: ‹T. Livius Pata-
vinus Historicus, Duobus libris auctus› (Mainz 1519). Ferner brachte
CARBACHIUS 1523 und 1533 gute deutsche Teilübersetzungen des römischen Geschichtsschreibers heraus.

Die Befassung mit der römisch-griechischen Biographie eines NEPOS, SUETON, das Studium der ‹Vitae Parallelae› PLUTARCHS und die Übersetzung seiner Lebensbeschreibungen ins Lateinische, die Rezeption der frühchristlichen Väterliteratur mit Erzeugnissen wie die Moses-Vita des GREGOR VON NYSSA u. a., machten den Humanismus mit den Hauptwerken der antiken und spätantiken *Biographie* bekannt. Impulse für die psychologisch-historische Ergründung der eigenen Person und für die Darlegung dieses Wissens in Form von *Selbstzeugnissen* gaben weiterhin die Bekenntnisse des HL. AUGUSTINUS, dessen Persönlichkeit, Weltanschauung und Theologie auf Renaissance und Reformation große Anziehungskraft ausübten. Dazu kamen die Selbstbetrachtungen (‹Ta eis heauton›) MARC AURELS. Die eigenen Leistungen des Humanismus auf dem Gebiete der Selbstdarstellung und Lebensbeschreibungen anderer setzen in Italien bei DANTE (‹Neues Leben›) und ‹Petrarca› (‹Brief an die Nachwelt›) ein. Ihnen folgten BOCCACCIO u. a. PETRARCA nahm mit seinen unvollendeten ‹De viris illustribus› die klassische Gattung der *Sammelbiographie* in Angriff. BOCCACCIO versuchte sich an ‹Dante› (1360) in der Dichterbiographie und in ‹De claris mulieribus› in der Darstellung von Frauengestalten. Gegen die Mitte des 15. Jhs. fallen die biographischen und autobiographischen Schriften des ENEA SILVIO, insbesondere die ‹Commentarii rerum memorabilium›. VASARI schuf 1550 bereits ein ganzes Kompendium von Künstlerbiographien.

Von deutschen Versuchen auf dem Gebiet der Lebensbeschreibung seien RUDOLF AGRICOLA mit seiner ‹Vita Petrarcae› (1473/74), TRITHEMIUS mit den kurzen Sammelbiographien in seinen Katalogwerken, die Vita des CELTIS von seinen Freunden in der posthumen Ausgabe der ‹Oden› (1513), von BEATUS RHENANUS die Lebensbeschreibung GEILERS VON KAISERSBERG vor dessen ‹Navicula sive speculum fatuorum› (1510) genannt.

In den *autobiographischen Schriften der Humanisten* bestand das Neue darin, daß nun die persönlichen Erlebnisse und Erfahrungen eines im Leben stehenden Gegenwartsmenschen, seine Beobachtungen und Bekenntnisse der Aufzeichnung und Weitergabe für wert befunden werden.

Auch wenn es im Humanismus bereits zur Ausbildung von Lebensbeschreibungen und Autobiographien als selbständige Gattungen kommt, reichen diese literarischen Erzeugnisse bei weitem nicht heran an die Porträts und Selbstdarstellungen in der bildenden Kunst: die Serie der Selbstdarstellungen DÜRERS von der Kindheit bis in die letzten Lebensjahre, seine vielen Porträts anderer Persönlichkeiten in Handzeichnungen, Bildtafeln und Kupferstichen; GRÜNEWALDS Selbstbildnis in einer Kreidezeichnung um 1525; die Porträtkunst HANS HOLBEINS D. J. und sein Selbstbildnis in einer Kreidezeichnung 1543 u. v. a.

In die Nachfolge des JOHANNES TRITHEMIUS gehört der auch für die Ausbildung der Autobiographie bedeutsame JOHANNES BUTZBACH (1478 bis 1526) aus Miltenberg am Main.

Er besuchte zunächst die Lateinschule in Miltenberg, durchwanderte dann als fahrender Schüler unter Führung eines älteren Studenten Süd- und Mitteldeutschland. Nach seiner Trennung von dem Studenten begab er sich nach Böhmen und mußte dort verschiedenen Herren harte Dienste leisten. Um 1494 kehrte er in seine Heimat zurück, lernte in Aschaffenburg das Schneiderhandwerk und übte diesen Beruf in Mainz aus. Dort erwachte in ihm die Neigung zum Klosterleben und er trat 1496 als Laienbruder bei den Benediktinern in Johannisberg ein. Aus dem Verlangen nach Bildung und dem Wunsche, Geistlicher zu werden, bezog der Klosterschneider im Alter von zwanzig Jahren die Schule der Brüder vom gemeinsamen Leben in Deventer, wo ALEXANDER HEGIUS sein Lehrer war. Von Deventer aus folgte er Ende 1500 einer Einladung zum Eintritt in die Benediktinerabtei Maria Laach und wurde wahrscheinlich 1503 zum Priester geweiht und bald darauf Novizenmeister und Prior.

In den ‹Epistolae obscurorum virorum› wird BUTZBACH zu Unrecht als Dunkelmann hingestellt. Seine Persönlichkeit und sein Denken wurzelten im Spätmittelalter. Nicht ohne Berührungen mit der Mystik haben die Laienfrömmigkeit der Brüder vom gemeinsamen Leben und später sein Freund TRITHEMIUS auf ihn eingewirkt. Wie der letztere stellte er seine literarische Tätigkeit in die Dienste der Bursfelder Reformbewegung und eines christlichen Humanismus in der Art WIMPFELINGS. BUTZBACHS literarische Tätigkeit beginnt 1503 mit kleineren Gelegenheitsgedichten. Ihnen folgen Schriften zur Förderung des geistlich-mönchischen Lebens, die Aufzeichnungen der Jugenderlebnisse, historische Werke, besonders zur Kirchen- und Ordensgeschichte, pädagogische und didaktische Abhandlungen und Religiöses und Theologisches. Das ‹Hodoeporicon› (1506), eine für die Kulturgeschichte des Spätmittelalters überaus aufschlußreiche Autobiographie, schildert in ergreifender und spannender Weise BUTZBACHS Jugendzeit und die bewegten und erlebnisreichen Wanderjahre bis zum Eintritt in das Kloster Maria Laach. Das ‹Auctarium de scriptoribus ecclesiasticis› (1509/13) war gedacht als Nachtrag und Ergänzung des gleichnamigen Werkes des TRITHEMIUS. Mit diesem Freund und Vorbild in enger Beziehung stehen die groß angelegte Verteidigungsschrift ‹Macrostroma de laudibus Trithemianis› (1508) und das lexikographische Werk ‹De illustribus seu studiosis doctisque mulieribus› (1509), zunächst für ELISABETH, die Nichte des Laacher Abtes SIMON VON DER LEYEN bestimmt, nach deren unerwartetem Tod der Nonne ALEIDIS auf Rolandswerth gewidmet. Für die Kunstgeschichte bedeutsam ist der ‹Libellus de claris picturae professoribus› (1505), ‹Büchlein über berühmte Maler› für die Nonne GERTRUD VON BÜCHEL auf Rolandswerth.

Das Mitglied der *Sodalitas litteraria Danubiana,* der Mediziner JOHANNES TICHTEL († 1500) in Wien, trug in einen AVICENNA-Druck ein Tagebuch der Jahre 1477 bis 1495 ein: Einnahmen, Familienereignisse, vereinzelt auch Politisches. Reichhaltiger ist das Tagebuch des JOHANNES CUSPINIAN mit Eintragungen über historische Geschehnisse, Familienereignisse, Berufstätigkeit, astronomische Phänomene, Träume, medizinische Beobachtungen. Von DÜRERS Selbstzeugnissen ist andernorts die Rede. Eine objektiv darstellende Autobiographie versuchte WILLIBALD PIRCKHEIMER in seiner ‹Vita›. Humanistische Form hat auch der große Bekenntnisbrief ULRICH VON HUTTENS an PIRCKHEIMER vom 25. Oktober 1518. In Briefform gekleidet, in der er sein Persönlichstes gab, waren ferner die beiden ersten unmittelbaren Selbstzeugnisse des ERASMUS VON ROTTERDAM: die Absage an das Kloster Steyn 1514 und das Schreiben an die apostolische Kanzlei nach Rom 1516; in tiefster Depression und Sorge um seine *memoria* verfaßte er 1524 das ‹Compendium vitae›.

b) Das Quadrivium: Mathematik, Astronomie, Musik; Kunsttheorie und Kunstliteratur: Albrecht Dürer

NIKOLAUS VON CUES betrieb seine *Mathematik* mit Hilfe von Begriffen und Voraussetzungen und gelangte durch rein logische Schlüsse zu Resultaten. Seiner Meinung nach besitzt die Mathematik unter allen Wissenschaften die größte Gewißheit; ihre Gegenstände entspringen allein aus dem menschlichen Verstand, sie verfügt über eine völlig durchsichtige Struktur. Im Humanismus sind es besonders die rational erfaßbaren Mannigfaltigkeiten und Strukturen der Mathematik, denen man sein Interesse mit Erfolg zuwendet: das Wissen um die Zahlen- und Raumgrößen und die Fertigkeit des Rechnens mit solchen Gebilden. Diese angewandte Mathematik beschäftigt sich theoretisch und empirisch mit den meß- und zählbaren Erscheinungen.

Aufbauend auf der mathematisch-naturwissenschaftlichen Richtung eines PEUERBACH und REGIOMONTAN, erreichte das Zeitalter die gewaltigsten Erkenntnisfortschritte auf dem Gebiete der *Astronomie*. Freilich sind exakte Sternkunde und Astrologie noch lange nicht strenge getrennt. Beide sind an die Entwicklung der Mathematik gebunden. Die *Astrologie* im ursprünglichen Wortsinn ist vom Zusammenhang des irdischen Geschehens mit dem himmlischen überzeugt, ist Sternglaube, Sternforschung und Sterndeutung. Sie ist überzeugt, daß der Mensch als Mikrokosmos den gleichen Gesetzen wie der Makrokosmos unterliege und von der Empfängnis bis zum Tode geheimnisvoll mit den Urbildern am Himmel verknüpft sei. Anhänger der Gestirnreligion waren die Alchimisten, Metallurgen und Goldmacher, die sowohl die vier Elemente wie die sieben Metalle den einzelnen Planeten zuordneten. Das Zeitalter des Humanismus und der Renaissance brachte die Astrologie zu voller Blüte. Viele der großen Männer, welche im Dienste der Astronomie als empirische Forscher tätig waren, glaubten, die Schicksale der Menschen und die Geschichte seien durch die Konstellation der Himmelskörper bedingt oder aus ihr erkennbar: JOHANNES REGIOMONTAN, JOHANNES STABIUS, später

GALILEI, KEPLER. Viele bedeutende Kunstwerke sind ohne Wissen um die Astrologie nicht deutbar: DÜRER schuf in dem bekannten Kupferstich ‹Melancholia› eine Darstellung des saturnischen schwerblütigen Menschen. Gegner der Astrologie waren PETRARCA, PICO DELLA MIRANDOLA, LUTHER. Nur langsam tritt das astrologische Interesse an der Himmelskunde zurück.

PICO DELLA MIRANDOLA trat vom Standpunkt einer neuen Naturauffassung in der großen Streitschrift ‹In Astrologiam libri XII› (Bologna 1496) gegen den Sternenglauben auf. Er verteidigte darin die Auffassung, im natürlichen Geschehen (zu dem auch die Vorgänge am Sternenhimmel gehören) erlaubt nur das einen Schluß auf die Zukunft, was diese kausalgesetzlich hervorzubringen vermag. Aus dunklen Qualitäten der Gestirne kommende Einwirkungen gibt es nicht, sondern nur natürliche Kräfte. Auch der Mensch verdankt seinen Charakter, seine Gaben und Fähigkeiten nicht einer besonderen Konstellation der Himmelskörper, sondern dem gottgeschaffenen, natürlichen Zusammenhang der Dinge. – Gegen PICO wandten sich und die Astrologie verteidigten in Deutschland JAKOB SCHONHEINTZ in Würzburg mit einer ‹Apologia astrologiae› (Nürnberg 1502) und EBERHARD SCHLEUSINGER, dessen ‹Assertatio contra calumniatores astrologiae› erst JOHANNES SCHÖNER 1539 edierte.

Von der Entdeckung der zahlenmäßigen Berechenbarkeit der Intervalle durch PYTHAGORAS ging in der Antike die theoretische Auseinandersetzung der *Musik* aus. Sie hat daher ihren Platz unter den mathematischen Wissenschaften des Quadriviums. Teile der griechischen Musiktheorie wurden über lateinische Musikabhandlungen der Spätantike vom Mittelalter, besonders BOETHIUS aufgenommen. Seine beherrschende Stellung währt die ganze Epoche. In der Praxis existierte neben der ständig gepflegten Kirchenmusik eine besondere Musik des Minnesanges.

Von der Mathematik wesentlich bestimmt, aber ohne literarische deutsche Vorstufen, wohl aber von Italien inspiriert, beginnt sich um 1500 bei ALBRECHT DÜRER eine *Kunsttheorie und Kunstliteratur* auszubilden. Die vom Mittelalter ererbte Alchimie, die Arzneilehre, Gewerbe wie Färberei, Glasfabrikation, metallurgische Betriebe erhöhten und vermehrten das Wissen in der *Chemie*.

Das *mathematisch-astronomische Fach- und Wissenschaftsschrifttum* des deutschen Humanismus setzt sich aus zwei Teilen zusammen: a) Editionen antiker und mittelalterlicher Werke; b) eigenen Erzeugnissen und Leistungen. Aus einer von REGIOMONTAN wahrscheinlich 1474 an die ganze damals bekannte Welt, besonders an die Universitäten, versandten *Bücheranzeige* ersieht man ein riesiges Vorhaben. Das Verlagsprogramm umfaßt 45 Punkte, darunter die Veröffentlichung der wichtigsten Werke der Astronomie und Mathematik (MANILIUS, PTOLEMAEUS, EUKLID, PROKLUS, FIRMICUS MATERNUS, ARCHIMEDES, WITELO, HERON, ARISTOTELES, HYGINUS u. a.), Griechisches ins Lateinische übersetzt, aber auch Kom-

mentare, Karten und Tafelwerke, Kalender und Almanache, Verteidi-
gungs- und Streitschriften, Werke von PEUERBACH und eigenes. Der frühe
Tod REGIOMONTANS hat die Ausführung der Pläne durch ihn selbst verhindert, die Ideen aber fortleben lassen. Ihre teilweise Realisierung ist
erst im Laufe des 16. Jhs. erfolgt.

Wir können im Folgenden nur einige Mathematiker und Astronomen,
soweit sie in die Literatur übergreifen oder ihre Werke sich mit ihr über-
schneiden, namentlich anführen.

JOHANNES ENGEL († 1512) aus Aichach in Bayern, Professor der Astronomie in Wien, verfaßte lateinische und deutsche ‹Praktika› für die Jahre
1484–1490. Berühmt wegen seiner Vorhersagen war in Wien der Magister
CHRISTIAN MOLITOR († 1495) aus Klagenfurt. JOSEPH GRÜNPECK gab sie
1496 in einem ‹Prognosticon› heraus. An JOHANN LICHTENBERGERS ‹Pronosticatio› (1488) schließt GRÜNPECK sein ‹Speculum naturalis, coelestis
et propheticae visionis . . .› (Nürnberg 1508; auch deutsch Leipzig 1522,
Augsburg 1522) mit Illustrationen von HANS VON KULMBACH. Das Werk
wurde wegen der darin enthaltenen düsteren Prophezeiungen noch vom
Konzil von Trient indiziert.

In Wien und Nürnberg wirkte HEINRICH SCHREIBER, GRAMMATEUS (ca.
1492–1525/26) aus Erfurt. Er gilt als der erste Deutsche, der Ausführungen über algebraische Probleme in Druck gab. Sein Hauptwerk ist ‹Ayn
new kunstlich Buech . . .› (1518; gedr. Nürnberg 1521). Dem Hebräisten
JOHANNES BÖSCHENSTEIN ist die Abfassung des ersten deutschen Lehrbuches des Ziffernrechnens für Anfänger und Kinder zu verdanken.

Mathematiker, speziell Astronom, und Mediziner war der Freund des
CELTIS und STIBORIUS GEORG TANNSTETTER (1482–1535) aus Rain (COL-
LIMITIUS) in Bayern, seit 1503 Professor der Mathematik in Wien, seit
1510 Leibarzt MAXIMILIANS I. und später FERDINANDS I. Sein teils mathe-
matisch-astronomisches, teils medizinisches Schrifttum besteht: 1. aus
Ausgaben älterer Werke wie PROCLUS DIADOCHUS ‹Sphaera› (1524), AL-
BERTUS MAGNUS ‹De natura locorum› (1514 und 1515), JOHANNES DE
SACRO BOSCO ‹De Sphaera› (1518), PEUERBACH ‹Tabulae eclipsium›
(1514); 2. aus astronomischen Werken unter den Titeln ‹Ephemerides›,
‹Almanach›, ‹Practica›, versehen mit Kalendern. STEPHAN ROSINUS (um
1470–1548), ROSSLIN, RÖSSEL, aus Augsburg, Sollizitator MAXIMILIANS I.
in Rom, lehrte von 1501 bis 1516 in Wien Mathematik und Astronomie
und ist Verfasser von Deklinationstafeln der Fixsterne und eines astronomischen Kalenders.

Vom Collegium poetarum et mathematicorum des KONRAD CELTIS in
Wien her bekannt sind STIBORIUS und STABIUS. Der Philosoph, Theologe,
Astronom, Mathematiker und Hebräist ANDREAS STIBORIUS, STÖBERL
(† 1515) aus Pleiskirchen in Oberbayern, hatte in Ingolstadt und Italien
seine Ausbildung erfahren. Mit CELTIS übersiedelte er 1497 nach Wien,

wo er an der Universität und am Poetenkolleg tätig war. Seine wissenschaftliche Wirkung war sehr bedeutend. Stiborius und Tannstetter
veröffentlichten gemeinsam 1503 den ‹Libellus Linconiensis de physicis
lineis, angulis et figuris› und arbeiteten im Auftrage Kaiser Maximilians
ein vielbeachtetes Gutachten in der von Papst Sixtus IV. angebahnten
Kalenderreform aus (gedr. Wien 1515).

Der Mathematiker, Hofastronom, Kartograph, Hofhistoriograph und
gelehrte Ratgeber Maximilians Johannes Stabius, Stöberer († 1522)
aus Hueb in Ober-Österreich, soll seine erste Ausbildung bei Ludwig
Dringenberg zu Schlettstadt erhalten haben. Sein späterer Lehrer und
Freund Celtis vermittelte ihm an der Universität Ingolstadt eine Professur, die er 1498 bis 1503 versah. Nach der Stiftung des *Collegium poetarum et mathematicorum* berief ihn der Kaiser als Professor für Mathematik nach Wien. Hier krönte ihn Wintersemester 1502/03 Cuspinian
im Auftrag des Kaisers zum Dichter.

Vom weiteren Leben berichtet Cuspinian im ‹Kaiserbuch›, Stabius sei als
Mann von scharfem Verstande und seltener Gelehrsamkeit sechzehn Jahre un-
unterbrochen, auf Feldzügen wie im Frieden, des Kaisers Begleiter gewesen.
Die Charakteristik seines Schülers Georg Tannstetter in der Ausgabe der
‹Tabulae Eclipsium› des Georg von Peuerbach (1514) bezeichnet überdies
Stabius in der Erfindung neuer Instrumente von glücklichstem Talent, an dessen
seltsamen Schöpfungen der Kaiser täglich seine Freude gehabt habe. Außer der
Mathematik und Astronomie hätte Stabius in Prosa und Versen vieles für
die Nachwelt Ergötzliche hervorgebracht. Das Erhaltene entspricht nicht ganz
diesen Aussagen. Der schriftliche Nachlaß ist verschollen.

Das bekannte literarische Werk des Stabius besteht aus mathematisch-
astronomischen Schriften, Ausgaben fremder Werke, eigenen Dichtungen
und der Mitarbeit und Beratung an den literarisch künstlerischen Unternehmungen des Kaisers. Es ist bestimmt durch die wissenschaftlichen Bestrebungen, die Hofämter und die enge Verbindung mit der bildenden
Kunst. Am frühesten setzen die mathematisch-astronomischen Schriften
ein und zwar Vorhersagen, so ein ‹Iudicium Ingolstadiense› (um 1485),
ein lateinisches ‹Prognosticon› für 1498 und Ingolstadt, für 1499, für
1500, eine ‹Practica Teutsch› für 1501 und Ingolstadt, ein ‹Prognosticon›
für 1503/04 mit einem Holzschnitt Dürers. Vor 1503 anzusetzen ist auch
das fliegende Doppelblatt der mit Sebastian Calcidius, Konrad Heinfogel und Andreas Kunhofer besorgten Labyrinthdarstellungen; es
enthält von Stabius ein kurzes Gedicht und einen gelehrten Brief zum
Thema. Der Verbindung mit der bildenden Kunst folgten Publikationen
astronomischer und geographischer Tafeln, und zwar zunächst das ‹Horoscopion universale› und das ‹Horoscopion omni generaliter congruens
climati›, beide 1512 mit Holzschnitten von Springinklee. Dann aber die
Weltkarte (‹Mappa mundi›, 1515; Ausg. 1781) und die zwei großen Sternkarten ‹Imagines coeli Meridionales› und die ‹Imagines coeli Septemtrio-

nales cum duodecim imaginibus Zodiaci› (beide Nürnberg 1515), dem Kardinal MATTHAEUS LANG gewidmet.

STABIUS besorgte die kartographische Anordnung, KONRAD HEINFOGEL gab den Ort der Sterne an, DÜRER schuf die bildliche Ausschmückung. Die Weltkarte ist der erste Versuch der Darstellung einer Erdhälfte mit Hilfe der Perspektive. Die Sternkarten entwarf STABIUS in einer perspektivischen Projektion, bei der «der Pol der Ekliptik das Projektionszentrum bildet». Sie sind eine graphische Reproduktion des Sternkataloges im 8. und 9: Buch des ‹Almagest› von PTOLEMAEUS.

An das berühmte Kartenwerk schlossen sich das ‹Astrolabium Imperatorium› (Nürnberg 1515) und der Holzschnitt ‹Culminatorium fixarum› zur Bestimmung der Nachtstunden, der ebenfalls DÜRER zugeschrieben wird. An Ausgaben fremder Werke besorgte STABIUS: Die ‹Epistolae› des Philosophen CRATES (1501), JOHANN KRACHENBERGER gewidmet; MESSAHALAS ‹De scientia motus orbis› (1504), gewidmet JOHANN FUCHSMAGEN; GEORG VON PEUERBACHS ‹Quadratum geometricum› (1516), gewidmet STEPHAN ROSINUS. An eigenen Dichtungen des STABIUS sind bekannt geworden: der Einblattdruck ‹Precatio ad sanctos Austriae patronos› (1515), mit Holzschnitt von DÜRER; erweiterte Ausgabe 1517), von DÜRER wie von STABIUS offenbar für den Kaiser bestimmt; ein rhythmisches ‹Martyrium S. Colomanni› (1513); die inhaltliche Zusammenstellung und Abfassung der Inschriften der ‹Ehrenpforte› Kaiser MAXIMILIANS I. (1515); die Mitberatung und Mittätigkeit an der Ausarbeitung des ‹Theuerdank›; ein ‹Carmen Saphicum› an MAXIMILIAN I. (1501); ein Stammbaum Kaiser MAXIMILIANS I., der bis auf Noah zurückgeht. Cod. Vind. 9045 enthält ‹Exzerpte ex libris Chronicis› des TRITHEMIUS ‹cum glossa Stabii›.

Für seine Schüler schrieb HEINRICH LORITI GLAREANUS in Paris das Rechenbüchlein ‹De supputandi usu›. Von seinen zahlreichen Ausgaben und Kommentierungen römischer und griechischer Autoren sind ein Kommentar zur ‹Germania› des TACITUS, die Arbeit über die Zeitrechnung des LIVIUS (1531) und Anmerkungen zu LIVIUS (1540) bemerkenswert.

Wie bereits am deutschen Frühhumanismus bei HINDERBACH und später bei RUDOLF AGRICOLA ersichtlich, ließ sich die neue Bildung die Pflege der *Musik* besonders angelegen sein. Um diese Zeit hatte sich das musikalische Zentrum Europas von England und Paris auf das burgundisch-flämisch-holländische Gebiet und die Höfe in Wien, München, Innsbruck, Passau etc. verlagert. Kaiser MAXIMILIAN I. gründete zur Pflege der Polyphonie 1498 in Wien eine Hofmusikkapelle. Ihr Organisator war GEORG VON SLATKONJA (1456–1522; seit 1513 Bischof von Wien). Er zog HEINRICH ISAAC, PAUL HOFHAIMER, LUDWIG SENFL u. a. nach Wien.

HEINRICH ISAAC (ca. 1450–1517) kam aus Flandern und der Kunst der Niederländer. Er ist der bedeutendste deutsche Messenkomponist seiner

Zeit. Die Mehrzahl seiner über zwanzig vier- bis sechsstimmigen Messen sind Bearbeitungen der Choralordinarien; seine ‹Missa Carminum› ist ein polyphones Kunstwerk hohen Ranges. Der dreibändige ‹[Cantus] Choralis Constantinus› (1550/55) enthält eine monumentale Sammlung von *Officium de tempore*-Motetten; die Motette ‹Optime Pastor› für LEO X. wendet sich an den Papst mit der Bitte, gemeinsam mit dem Kaiser «die Herde vor den heidnischen Wölfen zu schützen». Die Prunkhymne ‹Virgo prudentissima› ist Kaiser MAXIMILIAN I. zugeeignet. Die Liedkompositionen benützen deutsche (‹Innsbruck, ich muß dich lassen›; ‹Ich stund an einem Morgen›), französische und italienische Texte.

Schweizer von Geburt war ISAACS Schüler LUDWIG SENFL (ca. 1490 bis 1543). Erst Sängerknabe der Hofkapelle MAXIMILIANS I., dann in Zürich, Konstanz und Augsburg, seit 1517 Nachfolger seines Lehrers als Kammerkomponist in Wien, wirkte er seit 1523 an der Hofkapelle in München. Im Schaffen dieses Hauptmeisters des polyphonen deutschen Liedes der Zeit steht strenge *Cantus firmus*-Arbeit neben affektbetonten Werken. Beim Tode Kaiser MAXIMILIANS schuf er die Trauerode ‹Quis dabit oculis›:

> Wer wird unseren Augen
> Quellen der Tränen geben, wenn wir
> vor dem Angesicht des Herrn weinen?
> Germania, was weinst du?
> Musika, was schweigst du?
> Austria im Trauergewand,
> was verzehrst du dich im Leid?

SENFL vollendete ISAACS ‹Choralis Constantinus›, komponierte zahlreiche Messen, Psalmen und Motetten (‹Da Jesus an dem Kreuze stund›), aber auch weltliche Lieder und Humanisten-Oden. Sein ‹Liber selectarum cantorum› erschien Augsburg 1520. Obgleich mit LUTHER befreundet und der Reformation zugeneigt, verblieb er mit seiner Kunst bei der alten Kirche.

Dem Kreis um KONRAD CELTIS gehörte an PETRUS TRITONIUS († 1523) aus Bozen. Erst Schüler des CELTIS in Ingolstadt, besorgte er danach den Musik- und Metrikunterricht am *Collegium poetarum et mathematicorum* in Wien. Auf Anregung seines Lehrers vertonte er vierstimmig die Oden des HORAZ, die CELTIS zur besseren Illustration der Skandierungsverhältnisse singen ließ. Ebenso stammen vermutlich von TRITONIUS die Noten zu den Chören des ‹Ludus Dianae› (1501). In Wien vollendete er auch sein Hauptwerk, die ‹Melopoiae› (Augsburg 1507).

An der Hofkapelle in Krakau, in Stuttgart, am Salzburger Dom, als Kapellmeister der Hofkapelle FERDINANDS I. tätig war HEINRICH FINCK (um 1445–1527). Er komponierte Messen, Motetten, Lieder. Die siebenteilige Motette ‹O Domine Jesu Christi› hat man ihrer Ausgewogenheit wegen mit DÜRERS ‹Passion› verglichen. Die Ausgabe ‹Schöne auserlesene

Lieder› (Nürnberg 1536) enthält dreißig deutsche Lieder, der ‹Sacrorum Hymnorum Liber I› (Wittenberg 1542) zweiundzwanzig lateinische Hymnen, von FINCK komponiert.

Aus dem Salzburgischen stammte der bedeutendste Organist seiner Zeit PAUL HOFHAIMER (1459–1537), 1480–1490 bei Erzherzog SIEGMUND in Innsbruck, 1490–1519 in der Kantorei MAXIMILIANS I., ab 1524 in Salzburg. Er hinterließ Orgelwerke, Gesellschaftslieder (in OEGLINS ‹Liederbuch›, 1512) und Vertonungen von Humanisten-Oden (‹Harmoniae poeticae Pauli Hofheimeri›, Nürnberg 1539).

Für das höhere Unterrichtswesen bestimmt war das ‹Tetrachordum Musicae› (Nürnberg 1511; 9. Aufl. 1526), ein in Dialogform gehaltenes Musikelementarbuch, verfaßt von JOHANNES COCHLAEUS. In Köln von JOHANNES COCHLAEUS in die Musiktheorie eingeführt wurde HEINRICH LORITI GLAREANUS. Schon seine ‹Isagoge in musicen› (Basel 1516) kritisierte die Mutationslehre und Terminologie des Spätmittelalters und enthielt Ansätze zur Reform der Tonartenlehre. Diese wurde im großen Werk ‹Dodekachordon› (ca. 1519–39; gedr. Basel 1547) durchgeführt. Als Grundlage der Darstellung dient der Gregorianische Choral. Der zweite und Hauptteil enthält GLAREANS Odenkompositionen, der dritte bewahrt eine für die Musikgeschichte des 15. und 16. Jhs. überaus wertvolle Sammlung von Proben und Kompositionen dieser Zeit.

Die italienische Renaissance hatte im Laufe des 14. und 15. Jhs. eine ziemlich umfangreiche *Kunsttheorie und Kunstliteratur* im Gefolge. Bereits die Schule GIOTTOS brachte ein zusammenhängendes Malerbuch hervor, nämlich von CENNINO CENNINI ‹Il libro dell'arte o Trattato della Pittura› (gegen 1400). Auf CENNINI folgte LEONE BATTISTA ALBERTI mit einem umfassenden und systematisch geordneten Lehrbuch in lateinischer und italienischer Fassung. ALBERTI ist die Begründung der modernen Ästhetik und Kunstwissenschaft zu verdanken. Eine Handschrift der lateinischen Version seiner ‹Drei Bücher über die Malerei› erwarb in Italien JOHANNES REGIOMONTAN und brachte sie mit seiner Bibliothek nach Nürnberg. Nach ALBERTI kamen FILARETE, FOPPA und schließlich LEONARDO DA VINCI. In Deutschland fehlte bis gegen 1500 dergleichen so gut wie gänzlich. Die Architekten wurden in den Bauhütten, die Maler und Bildschnitzer in den Werkstätten unterwiesen. Die technischen Erfahrungen, Methoden, Proportionsgrundsätze der Bauhüttengemeinschaften wurden als Hüttengeheimnisse streng gehütet. Die aus der Zeit von 1350 bis 1500 erhaltenen Malerbücher umfassen handwerksmäßige Vorschriften über die Mischung der Farben, die Herstellung des Mal- und Goldgrundes und geben gelegentlich Anleitungen zum Entwurf eines Bildes oder einer Initiale, sind daher mehr Rezeptsammlungen für Malerei und Färberei als systematische Darstellungen einer Kunstlehre. Die

Verbindung von *pictura* und *eloquentia* erscheint in Deutschland zuerst in der Gestalt ALBRECHT DÜRERS.

In Deutschland zeigt sich wie in der Literatur so in der Kunst ein Nebeneinander von Altem und Neuem. In der religiösen Tradition des ausgehenden Mittelalters wurzelt noch der gewaltigste deutsche Malergenius der Epoche MATTHIAS GRÜNEWALD (1455/60 oder 1475/80–1528), vermutlich aus Würzburg. Außer in der Malerei betätigte er sich auch als Ingenieur, besonders in der *ars hydraulica*, der Wasserbewegungslehre. Dieser MATHIS GOTHART-NITHART gilt als der Hauptvertreter einer spätgotischen Ausdruckskunst, deren Grundelemente Triebhaftigkeit, religiöse Aufgewühltheit, Ekstatik und innere Schauungen waren. Er bezog für sein Bildwerk die Thematik aus der Passionstheologie, dem Schrifttum der Consolatorien, der Gefühlsmystik, den Revelationen der HL. BIRGITTA. In bisher nicht gekannten Farben bannt er Christi Erscheinen, Leiden, Sterben und Verherrlichung auf die Fläche und verleiht der Marienverehrung tiefempfundenen Ausdruck. Nicht die Form ist ihm das Primäre, sondern die Farbe, nicht Klarheit und ruhige Ergebung will er, sondern seelische Erschütterung. Lediglich eine Selbstbildzeichnung weist auf das neue Persönlichkeitsgefühl des gewiß von schwerer Problematik erfüllten Mannes. Während wir von DÜRER bereits eine ausführliche Lebensgeschichte zu geben vermögen, liegt GRÜNEWALDS Dasein in halb mythischem Dunkel (sein Geburtsjahr ist unsicher, der Name in fünf oder sechs Varianten überliefert). Er hat auch kein Schriftwerk hinterlassen. Das bringt erst die Berührung mit Italien und der Renaissance. Wie ein Symbol dafür, daß GRÜNEWALD und DÜRER keine Gegensätze, sondern zwei Erscheinungsformen des damaligen deutschen Kulturlebens darstellen, ist die Verbindung der beiden in einem Werke: der Frankfurter Kaufherr JAKOB HELLER ließ zu dem von DÜRER geschaffenen Altar der Himmelfahrt Mariens auf den Standflügeln vier Heilige durch GRÜNEWALD malen.

Hervorgewachsen aus dem Kunsthandwerk, herangereift in der spätmittelalterlichen Kunstübung und Seelenhaltung, ausgereift im Kontakt mit Italien und in der Freundschaft mit WILLIBALD PIRCKHEIMER ist ALBRECHT DÜRER (1471–1528), erst Goldschmied, dann Graphiker, Maler und Kunsttheoretiker. DÜRER war nach einem Wort ROBERT VISCHERS «ein echter Maler und zugleich ein ganzer Dichter, wohl zu Haus in allen Schlachten des menschlichen Gemüts, dessen wundersames Element er in reichen, immer neuen Gestaltungen ausströmte wie ein unerschöpflicher Quell». Abgesehen von diesem poetischen Gehalt seines Bildwerkes gehen parallel zu seinem bildnerischen Kunstschaffen die ganze Lebenszeit theoretische und literarische Arbeiten. Sein Bildwerk besteht aus Zeichnungen, Holzschnitten und Kupferstichen mit religiöser und philosophischer Stoffwahl, einer großen Anzahl durch die Tiefe der Charakteristik einmaliger

Porträts, Tafelbildern wie das ‹Rosenkranzfest›, den ‹Helleraltar› und die ‹Vier Apostel› und Handzeichnungen von bisher unbekannter Vollendung. Das erhaltene Gesamtwerk umfaßt etwa 70 Gemälde, 100 Kupferstiche, 350 Holzschnitte, 900 Handzeichnungen. Von Jugend an ist eine Vorliebe zu bildnerischer *Selbsterfassung* erkennbar, die das ganze Leben hindurch anhielt. Sie reicht vom Selbstbildnis des Kindes (1484) über die Jünglingsbildnisse 1493 und 1498 zum Selbstporträt aus der Zeit der beginnenden Proportionsstudien (1500) mit einer gewissen Ähnlichkeit zu einem Christuskopf, von den Anwesenheiten auf dem ‹Rosenkranzfest› (1506), inmitten der ‹Marter der Zehntausend› (1508) mit dem eben verstorbenen Freunde CELTIS und unter der Vision des ‹Allerheiligenbildes› (1511) bis zur letzten Selbstdarstellung als ‹Schmerzensmann› (1522), schon getroffen von Krankheit und Leiden. Das Schwergewicht von DÜRERS Schaffen lag auf der Handzeichnung und Graphik. Er war der große Maler-Graphiker, der nicht nur einen außergewöhnlichen Formenreichtum besitzt, sondern dem es auch gelang, die Wirkungen von Licht, Atmosphäre und Farben im Kupferstich festzuhalten. Die 1513/14 entstandenen, in ihrer Thematik auch geistesgeschichtlich bedeutsamen Blätter ‹Ritter, Tod und Teufel›, ‹Hieronymus im Gehäus› und ‹Melancholia I› repräsentieren gehaltlich wie formal einen absoluten Höhepunkt der graphischen Kunst. DÜRERS Holzschnitt- und Kupferstichdrucke waren sehr bald nach ihrem Erscheinen über ganz Europa verbreitet. DÜRERS gesamtes Bildwerk steht in enger Verbindung mit der Gedankenwelt und dem Schrifttum der Zeit, dem religiösen und profanen: der Moral-Satire, Leidenstheologie und dem geistlichen Drama, der Apokalyptik und Eschatologie, Legende, dem Marienkult, der Artes- und Fachliteratur der Spätgotik und der Renaissance; den mathematisch-naturwissenschaftlichen Bestrebungen des deutschen Spätmittelalters und der Kunsttheorie Italiens. Neben dem Bildschaffen entstand aber auch ein *Schriftwerk* für sich mit Briefen, Autobiographischem und Theoretischem. Das umfangreiche letztere gehört zu den bedeutsamsten Schriften der frühneuhochdeutschen Wissenschaftsliteratur und der Renaissance-Ästhetik. Für Deutschland war ein solches künstlerisch-literarisches Doppelschaffen etwas Neues.

Literarisch kam DÜRER zunächst in intensive Berührung mit der Theologie und Liturgie, dem Erbauungsschrifttum, der Unterhaltungsliteratur, der Moralsatire, dem Drama des TERENZ, der deutschen Bibel – und zwar als *Buchillustrator*. Während seiner Wanderjahre entstanden in Basel und Straßburg 1492/93 die drei ersten großen Holzschnitte, mit denen er vor die Öffentlichkeit trat: der ‹Hl. Hieronymus› als Titelblatt zu der Ausgabe der Briefe des Kirchenlehrers (Basel 1492); die ‹Kreuzigung als Kanonbild für das Straßburger Missale› (1493); der ‹Kanzler Gerson als Pilger› für eine Gesamtausgabe der Werke des Gelehrten. Weiters fertigte der junge DÜRER nach der Annahme vieler Forscher in Basel vier große Zyklen von Buchillustrationen: sämtliche 45 Holzschnitte für den französischen Ritterroman ‹Der Ritter von Turn› (1493; ‹Von den Exempeln der Gottesfurcht und Ehrbarkeit›), den MARQUART VON STEIN ins Deutsche übersetzt hatte; 75 von den über 100 Holzschnitten zum ‹Narrenschiff› des SEBASTIAN BRANT; 18 kleine Holzschnitte zu einem (nicht erschienenen) Andachtsbuch; gegen 140 Risse auf Holzstöcken zu einer (nicht erschienenen) Ausgabe der Komödien des TERENZ. Buchillustration setzt Vertiefung in die Texte und die Fähigkeit der Umsetzung des Gelesenen in das Bild voraus. Früh schon, um 1494/95, erwachen in ihm (was die Literatur nicht hat) ein neuer Sinn für die Landschaft und ein neues Naturgefühl, bald auch ein neues Verhältnis zum menschlichen Körper. Ein Teil von DÜRERS Landschaftszeichnungen steht wahrscheinlich in Verbindung mit dem Plan der ‹Germania illustrata› des KONRAD CELTIS.

Zwei Reisen nach dem Süden 1494/95 und 1506/07, von denen mindestens die zweite bis nach Rom führte, machten DÜRER mit dem Lande der Renaissance und ihrer Kunst bekannt und brachten ein Italien-Erlebnis vergleichbar dem 280 Jahre späteren GOETHES: «O wy wirt mich noch der sunen friren. Hÿ pin ich ein her, doheim ein schmarotzer etc.», schrieb DÜRER im Herbst 1506 aus Venedig an WILLIBALD PIRCKHEIMER nach Nürnberg. Die Renaissance wurde für ihn ein großes und tiefes Erlebnis. Seine Lebensfreundschaft mit WILLIBALD PIRCKHEIMER hielt ihn dauernd mit ihrer deutschen Artung und Geisteswelt in Verbindung; 1519 begleitete er PIRCKHEIMER und MARTIN TUCHER auf einer Gesandtschaftsreise in die Schweiz; 1520/21 weilte er mit seiner Frau in den Niederlanden, wo er die namhaftesten Persönlichkeiten und Werke der burgundischen und niederländischen Kunst kennenlernte.

Selbständig pflegte DÜRER verschiedene Gattungen: Bilderbücher, Lehrbücher, Autobiographisches (Familienchronik, Gedenkbuch), Dichtungen, Flugblätter mit Versen, den Brief, das Tagebuch. Für die zur Veröffentlichung bestimmten Erzeugnisse zog er ebenfalls den Holzschnitt und Kupferstich sowie den Buchdruck heran. DÜRER bezeichnet einmal als Aufgabe der Kunst: durch Malen mag angezeigt werden das Leiden Christi. Er hat die mittelalterlichen Themen der Leidensgeschichte Christi, des Marienlebens und der Apokalypse in Bilderzyklen umgesetzt und damit stärkere und dauerndere Wirkungen erzielt als alle Verfasser von Schriftwerken dieses Inhaltes. Noch aus dem Geiste der Leidenstheologie des Spätmittelalters und in Kenntnis der geistlichen Spiele hat DÜRER folgerichtig den Passionsstoff in fünf Folgen behandelt: im Holzschnitt-Frühwerk der ‹Großen Passion› (gedr. 1511, mit lateinischen Texten, die BENEDICTUS CHELIDONIUS aus neulateinischen Dichtern Italiens beistellte, auf der Rückseite der Blätter), in der ‹Grünen Passion›, in der ‹Kupferstich Passion›, in der ‹Kleinen Passion› in Holzschnitt (gedr. 1511, mit lateinischen Gedichten des CHELIDONIUS auf der Rückseite der Blätter), in einer späten *Holzschnittfolge,* zu der die Passionszeichnungen aus der Zeit der niederländischen Reise gehören. Jede der fünf Gestaltungen bezeichnet

eine neue Stufe seiner künstlerischen Entwicklung. Aus der eschatologischen Gefühlswelt des ausgehenden 15. Jhs. schuf DÜRER ‹Die heimlich
Offenbarung Johannis› oder ‹Apokalypsis cum figuris› (1498 zwei Ausgaben mit dem der jeweiligen Darstellung entsprechenden lateinischen
und deutschen Bibeltext auf der Rückseite; lateinische Ausgabe 1511).
Gereimte *Dichtungen* DÜRERS enthalten die vier Flugblätter mit Holzschnitten ‹Christus am Kreuz mit Maria und Johannes› (1510), ‹Der
Schulmeister› (1510), ‹Der Tod und der Landsknecht› (1510) und wahrscheinlich auch ‹Die Eule im Kampf mit den Vögeln› (1515); in die Nähe
der Livres d'heures-Gattungen gehören ‹Die sieben Tagzeiten› (1510).
Im Gefolge der beliebten epischen Marien-Bücher und -Leben steht
DÜRERS Holzschnittfolge ‹Marienleben› (gedr. 1511, mit lateinischen
Gedichten des CHELIDONIUS auf der Rückseite). Die Passionen, die ‹Apokalypse›, das ‹Marienleben› waren als geschlossene und gebundene Buchwerke gedacht. Während die biblischen Texte der Offenbarung mit dem
Bilde homogen eine Einheit bilden, fallen die Verse des CHELIDONIUS
gegenüber dem Bildlichen stark ab. Der Zeichner und Graphiker übertrifft
an Ausdruckskönnen weit den Dichter.

Entsprechend der von der Renaissance gebrachten neuen Geltung der mensch-
lichen Persönlichkeit war das *Bildnis* oder die Darstellung eines bestimmten
Menschen durch Malerei, Zeichnung, Graphik zu einer Hauptaufgabe der bil-
denden Kunst geworden. Alle großen deutschen Maler der Zeit, außer GRÜNE-
WALD, haben Bildnisse geschaffen, aber bei DÜRER spielt das Bildnis eine be-
sondere Rolle. Gleich sein erstes erhaltenes Bildwerk ist ein Porträt, das des
Vaters. Später kamen zu Selbstdarstellungen und den Eltern der Bruder, die
Frau, die Freunde wie PIRCKHEIMER und SPENGLER, Kaiser MAXIMILIAN I.,
Nürnberger Persönlichkeiten, Männer des Geistes und der Reform wie SEBASTIAN
BRANT, ERASMUS und MELANCHTHON, der Dichter EOBAN HESSE, Landesfürsten
und Kleriker.

Persönliche Neigungen, die Kunstlehre der Spätgotik, Bauhüttentradi-
tion, die deutsche spätmittelalterliche Mathematik, die Kunsttheorie und
Proportionslehre der Antike und der Italiener (vornehmlich VITRUVS, AL-
BERTIS und später LEONARDOS) veranlassen DÜRER zu theoretischen Studien und zur Planung und Ausarbeitung eines umfassenden ‹Lehrbuches
der Malerei›.

Das zur Artesliteratur gehörige illustrierte Werk sollte drei Hauptabschnitte
haben, jeder Abschnitt in drei Teile gegliedert sein, jeder Teil in sechs Kapitel,
und sollte behandeln: die Auswahl, Erziehung und Ausbildung des Lehrlings, die
Nutzbarkeit, das Wohlgefallen und die Freude des Malens, seine Freizügig-
keit, die Proportionen der Menschen, der Pferde und der Gebäude, Perspektive,
Licht und Schatten, Farbenlehre, die sichtbaren Dinge und ihre Auswahl zum
Malen, die Lebens- und Arbeitsbedingungen des Künstlers sowie das Entgelt,
das er nehmen soll.

Damit wollte DÜRER Deutschland die Theorie jener Malerei geben,
deren Vorbild seine eigene Kunst war. Veröffentlicht aus diesem Plan-

bereich wurden, nachdem 1523 eine ‹Proportionslehre der Menschen› fertiggestellt war (und Handschrift blieb), zuerst eine ‹Unterweisung der Messung› (Nürnberg 1525 und 1538); durch die Türkengefahr veranlaßt ‹Ettliche Unterricht zu Befestigung der Stett, Schloß und Flecken› (Nürnberg 1527); ‹Vier Bücher von menschlicher Proportion› (Nürnberg 1528) mit einem großen ‹Ästhetischen Exkurs› am Ende des dritten Buches. Alle drei Werke wurden von JOACHIM CAMERARIUS (Paris 1532 und 1535) ins Lateinische übersetzt und damit jedem Lateinkundigen in Europa zugänglich gemacht. Eine Gesamtausgabe der drei Werke in deutscher Sprache erschien Amsterdam 1604. ‹Unterweisung der Messung› und ‹Proportionslehre› sind beide PIRCKHEIMER gewidmet, die ‹Befestigungslehre› FERDINAND VON ÖSTERREICH, König von Böhmen und Ungarn. Die in Handschriften verbliebenen umfangreichen Studien und Ausarbeitungen zum Malerbuch wurden erst in neuester Zeit publiziert.

Die ‹Unterweisung der Messung› und die ‹Befestigungslehre› sind mathematisch-technische Werke. Um der Malerei die richtige Grundlage zu geben, arbeitete DÜRER ein Lehrbuch der praktischen Geometrie aus und verband damit und schloß daran Unterrichtungen über Säulenkonstruktionen, Denkmal- und Buchstabengestaltung (Konstruktion der Antiqua- und Frakturalphabete), *Perspektiva artificialis* in den exakten wie den approximativen Verfahren, damit das Buch auch Goldschmieden, Bildhauern, Steinmetzen u. a. nützlich sei. In der ‹Befestigungslehre› gibt DÜRER, ausgehend von den Architekturkapiteln des ‹Lehrbuches der Malerei›, unter Bedachtnahme auf die Entwicklung der neuen Feuerwaffen Anleitungen zum Bau und der fortifikatorischen Sicherung von Basteien, Schlössern, Städten und Pässen; in den Abschnitten über die Errichtung und Befestigung einer Residenzstadt mit Schloß entwirft er den Plan einer Idealstadt samt genauer Bebauungsordnung. DÜRER wollte von der Mathematik aus gesicherte Normen für die Darstellung und die Bilder des Menschen gewinnen, war er doch von der Spätgotik her überzeugt, daß der Weltschöpfer alles geordnet habe nach Maß, Zahl und Gewicht und daß der schöne Mensch das Ebenbild Gottes sei. Alles Meßbare ist ihm Zeichen für den absoluten Maßstab des Idealbildes. Die errechneten und entworfenen Proportionsfiguren sind das Gerüst, das ausgefüllt werden solle durch die schöne Natur. Der sog. ‹Ästhetische Exkurs› enthielt für die Zeit singuläre Aussagen DÜRERS über das Problem und das Wesen des Schönen. Was Schönheit ist, weiß Gott allein. Begabung und Genie beim Künstler sind Gnade: «Gott gybt offt einen zu lernen vnd verstand, etwas gutz zu machen, des gleychen jm zu seinen zeytten keiner gleich erfunden wirdet vnd etwan lang keiner for jm gewest vnd nach jm nit bald einer kumbt.» Immer schöpft er aus der Wirklichkeit: «Dann warhafftig steckt die kunst inn der natur, wer sie herauß kan reyssenn, der hat sie.» Kein Mensch solle meinen, etwas besser machen zu können als der Weltschöpfer. Gegen Gottes Geschöpf ist menschliches Können kraftlos. Daraus folgt «das kein mensch auß eygnen sinnen nymer mer kein schön bildnuß kůn machen, es sey dan sach, das er solchs auß vil abmachen sein gemůt vol gefast. Das ist dann nit mer eygens genant, sunder vberkumen vnd gelernte kunst worden, die sich besambt, erwechst vnnd seins geschlechtz frücht bringt. Darauß widet der versamlet heymlich schatz des hertzen offenbar durch das werck vnnd die newe creatur, die einer in seinem hertzen schöpfft inn der gestalt eins dings.»

Zur Fachliteratur der *Theatrica* oder Hofkünste gehört DÜRERS Fechtbuch (1512). Der Meister sollte, vielleicht im Auftrag Kaiser MAXIMILIANS,
in Verbindung mit PIRCKHEIMER auf Grund bestehender Zeichnungsvor-
lagen und sprachlicher Erklärungen in der Handschrift (dzt. in der Fürstl.
Oettingen-Wallersteinschen Bibliothek in Maihingen) eine Redigierung ins
Moderne vornehmen. Der Astronomie der Zeit diente DÜRER durch seine
Himmelskarten von 1515 und seine *48 Sternbilder der Sphaera barbarica*
(bisher nicht wieder aufgefunden), verteilt auf zwei Himmelskarten, der
vermutlich ältesten europäischen Darstellungen des ägyptischen Sternhimmels. Von 1512 bis 1519 wurde DÜRER auch zur Mitarbeit an den umfangreichen literarischen Planungen und Unternehmungen Kaiser MAXI-
MILIANS I. in Epik, ‹Gemählpoesie› und Übersetzungen herangezogen:
‹Triumphwagen›, ‹Ehrenpforte›, besonders aber für die ‹Hieroglyphica› des
HORAPOLLO, in denen man eine neu entdeckte Bilderschrift vor sich zu
haben glaubte; wie BURGKMAIR, BALDUNG-GRIEN und CRANACH hat
auch DÜRER zum ‹Gebetbuch› des Kaisers Randzeichnungen geliefert und
damit eine letzte große Leistung spätmittelalterlicher Buchmalerei voll-
bracht.

Der von Jugend an bei DÜRER erkennbaren Vorliebe zur bildlichen
Selbstdarstellung entsprechen im Schriftwerk literarische Selbstzeugnisse,
wie familiäre Erinnerungen und die Aufzeichnungen persönlich-mensch-
licher Erlebnisse: eine ‹Familienchronik›, ein (verschollenes) ‹Schreib-
püchle›, das er 1506/07 in Venedig führte, ein (leider nur fragmentarisch
erhaltenes) ‹Gedenkbuch›, eine zur Literatur der Oneiromantie gehörige
‹Aufzeichnung über ein Traumgesicht› (1525), und das umfängliche ‹Tagebuch der Reise in die Niederlande› (1520/21), das mit mindestens zwei
Skizzenbüchern (großenteils verloren) die erste Reise-Beschreibung und
-Aufnahme eines bildenden Künstlers abgab; verschiedene religiöse und
weltliche Dichtungen und ein (nur z. T. erhaltener) Briefwechsel.

DÜRER war wie LEONARDO eines der wenigen schöpferischen Talente
der Zeit, dessen Begabung sowohl ein Bildwerk wie ein Schriftwerk hervorbrachte. Das Gesamtœvre zeigt die Verbindung von Spätgotischem mit
Renaissance und Humanismus und zuletzt auch die Auseinandersetzung
mit den Reformern. Er wußte wohl um die kunsttheoretischen Studien
LEONARDOS und stand 1515 mit RAFFAEL im Austausch von Zeichnungen.
Wie viele andere Zeitgenossen begrüßte auch DÜRER den Ausbruch der
Reformation. Bald jedoch geriet er mit deren bilderfeindlichem Flügel,
welcher aus der Absage LUTHERS an die Bilderverehrung von LUTHER
nicht gewollte Folgerungen zog, in eine harte Auseinandersetzung. Er
empfand die Grundlagen seiner inneren und äußeren Existenz bedroht
und nahm in den Zueignungsbriefen der ‹Unterweisung der Messung›
und der ‹Proportionslehre› sowie mit den Bildern der ‹Vier Apostel› und
deren Unterschriften zur Angelegenheit auf seine Weise Stellung. Seine

bildnerischen Darstellungsmöglichkeiten der menschlichen Persönlichkeit übertraf weit das, was damals mit den Mitteln der Sprache gestaltbar war. DÜRER war eine tief religiöse Persönlichkeit, seine Seinshaltung die eines «gottgeführten Menschen», wenn man ein Wort GOETHES gebrauchen darf. Er hat als Bildkünstler einen neuen, vom Mittelalter verschiedenen Christustyp geschaffen, der dem Urbild des Menschen vor seinem Sündenfall gemäß sein sollte. Dabei glaubte er, die Maßverhältnisse dazu dem eigenen, ins Ideale gebrachten Antlitz entnehmen zu können. An DÜRERS Bildwerk sieht man den Wandel vom leidenden, mitleiderweckenden Christustyp zum körperlich vollkommenen, allen Gesetzen der idealen Proportionalität entsprechenden Menschen. Er ist der erste Landschaftsmaler im modernen Sinn. Erst mit ihm setzte sich in der deutschen Malerei und Graphik die Perspektive durch. Alle Schriften DÜRERS zeigen seine Individualität als Mensch, Theoretiker, Lehrer und Sprachschöpfer. Wie LEONARDO oder GOETHE war er eine Persönlichkeit, die erziehen und bilden wollte und weithin wirkende Kräfte ausstrahlte. DÜRERS literarische Leistung in den theoretischen Schriften besteht u. a. auch darin, daß er komplizierte, bis dahin lediglich durch manuelle Fertigkeit überlieferte und gelernte Verfahren umdachte und in der deutschen Prosa des frühen 16. Jhs. zum Ausdruck brachte. Es ist auffallend, wie früh und rasch DÜRERS in einzelnen Arbeiten angewandte Perspektive im Ausland als beispielhaft beachtet wurden: JEAN PÉLERIN (VIATOR) nahm das Kompositionsschema der ‹Marter der Zehntausend› in die zweite Auflage seiner ‹Perspektive› (1509) auf und kopierte ebendort die ‹Darstellung im Tempel› aus dem ‹Marienleben›.

Ähnlich wie LEONARDO DA VINCI hat sich auch Dürer eingehend mit der Proportion der Pferde beschäftigt. In Abhängigkeit von DÜRERS Studien zu diesem Gegenstand veröffentlichte sein Schüler HANS SEBALD BEHAM (1500–1550) ein Büchlein von der ‹Proportion der Ross› (Nürnberg 1528).

In den Bereich der Kunstliteratur gehört auch GREGOR ANGRER (1481 bis 1548) aus Wien, 1530–1548 Bischof von Wiener Neustadt. Er schrieb als Student in Bologna 1511 einen deutschen Brief an WOLFGANG AICHPLOCH, der zu der Umgebung des Kardinals SANSONI, des Vertrauten von Papst JULIUS II., gehörte. In dem Brief berichtet ANGRER über MICHELANGELOS Kolossalstatue dieses Papstes, die im Dezember 1511 vom Sockel gestürzt und zerstört wurde, und schildert die Zustände in dem von den Gegnern des Papstes beherrschten Bologna.

Humanismus und Renaissance bringen auch eine Wandlung in der Baukunst und Plastik, erst in Italien, dann im Norden. Die *Architekturtheorie* wird zunächst bestimmt durch VITRUVS ‹De architectura›. VITRUV und die Lehren des italienischen Quattrocento bestimmen die deutsche Architekturtheorie des 16. Jhs. In ihr wird die Proportionalität des menschlichen

Körpers maßgebend für die Baukunst. Zur Bestimmung der Säulen und Säulenordnungen wird die Arithmetik herangezogen. An die Stelle der religiös-symbolischen Auffassung tritt eine rationalistisch-antropomorphe Deutung. Im Ganzen ist jedoch das Formgepräge noch lange eine Mischung von spätgotischen und Renaissance-Elementen.

2. Artes mechanicae:
Geographie, Medizin, Botanik

Die *Artes mechanicae* oder Eigenkünste werden im Frühhumanismus von SIGISMUND GOSSEMBROT und MARTIN VON LEIBITZ, in der Blütezeit von KONRAD CELTIS systematisch behandelt. Ein in unseren Zusammenhang einzubeziehendes Schrifttum haben insbesondere die *Topographie, Geographie, Kosmographie, Medizin* und *Botanik* hervorgebracht.

Die Renaissance hat den ‹modernen› Menschen um sich herum und in die Ferne schärfer sehen gelehrt, als es früher geschah. Man nimmt jetzt von der Welt nachhaltiger Besitz als die vorausgegangenen Generationen und bemüht sich, die Welt darzustellen. Das Interesse an der Landschaft, an Ländern und Völkern findet im Schrifttum, in der bildenden Kunst und in der Lebensführung Ausdruck. Von den antiken Autoren konnte man landschaftlich und ethnographisch charakterisieren lernen. Seit der Mitte des 15. Jhs. zeigen sich die Anfänge zu allen Zweigen der Geographie. Erd- und Himmelskunde schaffen durch das Studium der antiken Autoren und durch eigene empirische Forschung mit ein neues Weltbild.

Vom CUSANER wurde die schon in der Antike auftauchende Hypothese, daß sich die Erde um ihre Achse, daß sie sich um die Pole des Himmels drehe, erneuert. Dadurch aber waren die herrschenden ‹geozentrischen› Systeme nicht erschüttert. Im Gegenteil, diese wurden durch erneutes Studium des Astronomen CLAUDIUS PTOLEMAEUS (dessen ‹Almagest› GEORGIOS TRAPEZUNTIOS für Papst NIKOLAUS V. ins Lateinische übersetzt hatte) noch verstärkt. Der CUSANER brachte auch die Verbesserung des alten, mit dem faktischen Sonnenjahr immer mehr disharmonierenden Kalenders in Vorschlag. Zunächst ohne Erfolg. Erst einundeinhalb Jahrhunderte später wurde sie verwirklicht. Der Aufschwung der Trigonometrie und Astronomie führte schließlich zum ‹heliozentrischen› System des KOPERNIKUS.

Humanismus und Renaissance verliehen der *Erdkunde und Kartographie* ein neues Gesicht. Als der Florentiner JACOBUS ANGELUS auf Anregung eines aus Konstantinopel geflohenen Griechen die ‹Geographia› des PTOLOMAEUS ins Lateinische übersetzte, fand dieses geographische Handbuch, das zumeist aus Karten und deren Erklärung besteht, in Gelehrtenkreisen rasche Verbreitung. Mit dem wiederbelebten antiken geographi-

schen Wissen gelangten auch die alten Karten anstelle der mittelalterlichen phantastischen Weltkonstruktionen zur Geltung. Nicht eine Übersetzung des griechischen PTOLEMAEUS ins Deutsche, sondern eine in deutscher Sprache abgefaßte Kosmographie stellt der ‹Deutsche Ptolemaeus›
(Nürnberg um 1490) dar. Als Quellen wurden außer PTOLEMAEUS noch
zahlreiche ältere und neuere Autoren benützt.

Die Verbindung von Studium antiker Autoren und eigener empirischer
Forschung führte dazu, daß den lateinischen und griechischen PTOLO-
MAEUS-Ausgaben immer mehr moderne Erkenntnisse einverleibt und neben den PTOLOMAEUS-Karten auch neue Länderkarten angefertigt wurden. Die zunehmende Ausdehnung der Schiffahrt hatte durch fortgesetzte
Beobachtung der Seefahrer die alten Seekarten zu weitgehender Richtigkeit gebracht. Sie wurden die Grundlage einer wissenschaftlichen Kartographie (erster Druck einer Landkarte durch Holzschnitt 1467). Um aber
ein richtiges Bild der Erdoberfläche zu bekommen, mußte die alte Vorstellung, die Erde sei eine vom Ozean umflossene Scheibe, aufgegeben
werden. Als man die Erde zum erstenmal umsegelt hatte (1519/22), wußte
auch die Allgemeinheit endgültig, daß die Erde Kugelform hat. Das Abbild der Erde konnte nur der Globus sein. Die Kartographen standen vor
der Aufgabe, die Oberfläche einer Kugel auf eine Ebene zu projizieren.
Wie man Seekarten zustande brachte, fertigten die Astronomen Himmelskarten (Sternkarten) an. Beide mit Hilfe des bildenden Künstlers. Zu
dieser mathematischen Geographie kamen eine physikalische Erdbeschreibung und eine Kulturgeographie. Systematische Zusammenfassungen des
Wissens von der Erde versuchen in Deutschland die großen Erdbeschrei-
bungen (Weltbücher, Kosmographien) zu geben, wie sie SEBASTIAN
FRANCK (1534) und SEBASTIAN MÜNSTER (1544) schufen.

Vermutlich von REGIOMONTAN in die Wissenschaften eingeführt wurde
der um die Nautik und Geographie verdiente MARTIN BEHAIM (1459 bis
1506), ein Kaufmann aus Nürnberg, Freund des KOLUMBUS und MAGAL-
HÃES. Der König von Portugal JOHANN II. schickte BEHAIM 1484/85 mit
DIEGO CAO auf eine Entdeckungsreise nach Westindien. Die Fahrt währte
neunzehn Monate und brachte die Entdeckung zahlreicher neuer Küsten.
BEHAIM erhielt vom König den Adel, vermählte sich mit der Tochter des
Statthalters zweier Azoreninseln und ließ sich in Fayal nieder. Von
1490–93 weilte BEHAIM in Nürnberg und schuf dort nach einer verschollenen Weltkarte den ersten Erdglobus (Germanisches National-
museum). Die literarische Bedeutung des Gebildes beruht darauf, daß der
Globus mit über 1100 deutschen Inschriften und mit Miniaturen bedeckt
ist. Die ersteren, z. T. kleine Abhandlungen, berichten von BEHAIMS persönlichen Erlebnissen; noch finden die mittelalterlichen Fabelvorstellungen
von den Menschen mit Hundeköpfen, vom Magnetberg, die Legende
vom Priester Johannes u. a. ihren Niederschlag.

In enger geistiger Verbindung mit HARTMANN SCHEDEL und MARTIN BEHAIM stand der in Leipzig und Pavia ausgebildete Philologe, Mediziner und Geograph HIERONYMUS MÜNZER, MONETARIUS (1437–1508), aus Feldkirch in Vorarlberg, Arzt in Nürnberg. In einem Brief an HARTMANN SCHEDEL vom 15. Juli 1493 beschäftigt er sich mit der für einen Humanisten aktuellen Frage, wie sich der Mensch bei der Nachwelt ein ehrenvolles Angedenken sichern könne, und nennt die Mittel dazu: die Schrift, die Beredsamkeit, die Historie, das Porträt, den Buchdruck. MÜNZER schrieb für SCHEDELS ‹Liber chronicarum› (1493) die erdkundlichen Teile, gab eine Karte Deutschlands bei und beteiligte sich an der Herstellung von BEHAIMS Globus. Im selben Jahr 1493 richtete er im Auftrage Kaiser MAXIMILIANS einen Brief an König JOHANN VON PORTUGAL, in dem er den Herrscher zu einer Entdeckungsfahrt nach dem Westen aufforderte und zur Ausführung des Unternehmens BEHAIM empfahl. Leider nur als Bruchstück erhalten ist MÜNZERS Bericht über seine Reise 1494/95 an die Höfe in Madrid und Lissabon, wo er von den neuen Entdeckungen der Spanier und Portugiesen Kenntnis erhielt.

In der Kartographie Bedeutendes leistete ERHARD ETZLAUB (um 1460 bis 1532) in Nürnberg. Seine ‹Karte des Romwegs› (1492/1501) und seine Landstraßenkarte von Mitteleuropa (1501) sind auf Grund von Messungen von Kompaßwinkeln und empirisch gewonnenen Ortsdistanzen konstruiert.

Einen ausführlichen Bericht über vier Fahrten des AMERIGO VESPUCCI und zwei Karten, durch welche die transatlantischen Entdeckungen kartographisch vor Augen gestellt wurden, lieferte MARTIN WALDSEEMÜLLER (ILACOMUS) in seiner ‹Cosmographiae introductio› (St. Dié 1507).

Eine Beschreibung der Erde versuchte der Straßburger Humanist JOHANN ADELPHUS MULING in ‹Der Welt Kugel. Beschrybung der welt vnd des gantzen Ertreichs hie angezögt vnd vergleicht einer rotunden kuglen› (Straßburg 1509). Als Professor für Astronomie wirkte seit 1507 in Tübingen der wieder zu Ehren gekommene JOHANNES STÖFFLER (1452 bis 1531), Astronom, Mathematiker und Geograph, als dessen Hauptwerk der ‹Almanach nova plurimis annis venturis inservientia› (1499) gilt, und von dem ein Kommentar zu PROKLUS sowie Vorträge über die ersten zwei Bücher der ‹Geographie› des PTOLEMAEUS, die ihm zu einem Handbuch der Länderkunde in physikalischer, ethnographischer und historischer Hinsicht erwuchsen, handschriftlich erhalten sind.

Den geographischen Unterricht an den Lateinschulen auf Anschauung auszurichten, bemühte sich JOHANNES COCHLAEUS (1479–1552). Unter den von ihm herausgegebenen Lehrbüchern ragt eine Ausgabe der ‹Kosmographie› des POMPONIUS MELA (Nürnberg 1512) hervor. Als Beigaben schloß COCHLAEUS zwei eigene Schriften dazu: einen Abriß der mathemathisch-geographischen Grundlehren und eine ‹Brevis Germaniae descriptio›. Diese kurze geographische Beschreibung Deutschlands steht ideell im Gefolge des ‹Germania illustrata›-Planes des KONRAD CELTIS.

Der Stoff wird in acht Kapitel eingeteilt. Die ersten beiden sind der germanisch-deutschen Geschichte bis MAXIMILIAN gewidmet. Das dritte behandelt den Zustand und die Lage Deutschlands in der Gegenwart. Nachdem Nürnberg als der Mittelpunkt Deutschlands beschrieben ist, beginnt mit dem fünften Kapitel die systematische Beschreibung Deutschlands, der südlichen, östlichen, nördlichen und westlichen Gebiete, Historisches und Kulturgeschichtliches gelegentlich miteinbezogen.

Als COCHLAEUS, der in Nürnberg zum PIRCKHEIMER-DÜRER Kreis gehörte, 1515 als Hofmeister dreier Neffen PIRCKHEIMERS sich nach Bologna begeben hatte, trat er dort in nahe Verbindung mit ULRICH VON HUTTEN. Von COCHLAEUS erhielt dieser LORENZO VALLAS ‹Declamatio über die Konstantinische Schenkung› zur Veröffentlichung. COCHLAEUS selbst erweiterte in Italien seine Interessen auf altlangobardische Handschriften, betrieb CASSIODOR-Studien und verfaßte später Schriften über die Goten und THEODERICH D. GR.

Nach dem Vorbild STRABOS versuchte in jungen Jahren HEINRICH GLAREAN eine geographisch-poetische ‹Helvetiae descriptio› (Basel 1515), die M. BARBARINUS LUPUS vertonte. Später wandte er sich von der Landesbeschreibung der Erdkunde zu und wirkte bahnbrechend für die Ausbildung der Geographie als Wissenschaft. Sein bis ins 17. Jh. benutztes Werk ‹De Geographia› (Basel 1526 u. ö.) behandelt im ersten Teil die mathematisch-physikalische Geographie und gibt im zweiten Teil nach PTOLEMAEUS und STRABO eine Beschreibung von Asien, Afrika und Europa.

In der Hauptsache Ethnograph war JOHANNES BOEMUS, BÖHM (um 1485–1535) aus Aub (Kreis Ochsenfurt), von 1508 an Hauskaplan im Deutschordenshaus in Ulm, seit 1522 in Kapfenburg und Rothenburg. BÖHM übersetzte OVIDS ‹Metamorphosen› und zeigt sich in einer kleinen lateinischen Gedichtsammlung ‹Liber heroicus› (1515) als formsicherer Dichter. Sein Hauptwerk aber ist eine Volks- und Völkerkunde, ‹Omnium gentium mores, leges et ritus› (Augsburg 1520; 29 Auflagen bis 1621; 1538/58 10 franz.; 1542/85 10 ital.; 1556 1 span.; 1555 und 1611 2 engl.; 1604 eine deutsche Ausgabe). BOEMUS war möglicherweise angeregt worden durch den 1508 gedruckten ‹Dialogus de diversarum gentium sectis› des Ulmer Patriziersohnes JOHANNES STAMMLER († nach 1525).

Humanismus und Renaissance brachten naturgemäß einen stärkeren Rückgriff auf die antike *Medizin*. Studium, Edition und Kritik antiker Fachwerke gehen mit zunehmender empirischer Forschung Hand in Hand. Zu den Nachwirkungen der Antike und den salernitanischen und arabischen Autoren war im späten Mittelalter französischer Einfluß (Mont-

pellier) getreten. Viele deutsche Mediziner erwarben sich an italienischen
Universitäten ihre Ausbildung und kamen dort mit dem Humanismus
in Berührung. In Italien hatte man Anfang des 14. Jhs. mit der Sektion von
Leichen begonnen. Es entstanden daraufhin anatomische Lehrbücher mit
entsprechenden Illustrationen. Als die Renaissance das antike Thema des
nackten, anatomisch durchgebildeten Menschen wieder aufnahm, und
anatomische Richtigkeit die Grundlage plastischen Gestaltens wurde, ergaben sich enge Beziehungen zwischen medizinischer Wissenschaft und
den bildenden Künsten. Wie die Erd- und Himmelskunde das neue Weltbild, so bestimmt die Anatomie das neue Menschenbild. Einwirkungen
auf die Medizin vom Geistigen her sind bei den Florentiner Neuplatonikern zu beobachten: MARSILIUS FICINUS befaßt sich in ‹De triplici vita›
mit der Geriatrie; vieles andere kommt weiter von der Astrologie, dem
Aberglauben etc. Das Auftreten der Syphilis seit 1494 hatte eine Menge
Schriften über den *Morbus gallicus* im Gefolge. Als Verfasser begegnen
nicht nur Ärzte, sondern auch Patienten wie ULRICH VON HUTTEN. Als
einer der ersten, die in Deutschland über dieses Thema schrieben, gilt der
mit KONRAD CELTIS befreundete THEODORICUS ULSENIUS, 1486 Stadt-
physikus in Nürnberg, 1507 Leibarzt der Herzoge von Mecklenburg. Seine
Hexameterdichtung ‹Vaticinium in epidemicam scabiem quae orbe grassa-
tur passim toto› (Augsburg 1496) betrachtet von der Mythologie und
Astrologie her die Konjunktion des Jupiter und Saturn 1484 als die Ursache
der epidemischen Verbreitung der Syphilis. Neben ULSEN verfaßte JOSEPH
GRÜNPECK zunächst nach Einblicken in das Wesen der Krankheit in
Italien einen ‹Tractatus de pestilenciali scora sive mala de Francos› (Augsburg 1496; auch deutsch) und einige Jahre später das Büchlein ‹De
mentulagra alias morbo gallico Libellus› (Memmingen 1503) mit dem
Versuch einer Heilmethode. Wie die Syphilis-Schrift kleidet ULSEN auch
noch eine allgemeine Therapie in die Form der Dichtung: ‹De pharmacandi conprobata ratione, medicinarum rectificatione symptomatum-
que purgationis hora supervenientium emendatione libri duo› (gedr. im
Anhang zu den Aphorismen des HIPPOCRATES, Nürnberg 1496). Dieses
auch ‹Clinicus pharmacandi› genannte Werk fand weite Verbreitung
und wurde noch von GEORG PICTORIUS in seine ‹Sermones convivales›
(Basel 1559 und 1571) aufgenommen. Eine Lehrschrift über die Berufs-
krankheiten der Bergleute verfaßte WENZEL BAYER († 1537), Arzt in der
Bergstadt St. Joachimsthal. Eine Parodie auf ‹Regimina sanitatis› für Gicht-
kranke ist die Podagra-Literatur.

Der aus Straßburg stammende Mediziner HIERONYMUS BRUNSCHWIG
(vor 1450, † vor 1512) hatte in Bologna, Padua und Paris studiert. Seine
in deutscher und lateinischer Sprache abgefaßten Schriften fanden weite
Verbreitung: ‹Buch der Cirurgia› (Straßburg 1497; 1513, 1534, 1539);
‹Anathomia ossium corporis humani› (2. Aufl. 1513); ‹Liber pestilentialis›

(1500), im Gefolge von Heinrich Steinhöwel; ‹Thesaurus pauperum oder Hausapotheke› (mehrere Ausgaben seit 1537). Brunschwig verfaßte ferner zwei deutsche Destillierbücher. Als Wundarzt praktisch und theoretisch wirkte auch Hans von Gersdorff († 1529). Sein ‹Feldtbuch der Wundartzney› (Straßburg 1517) wurde bis ins Barockzeitalter mehrmals gedruckt.

Ebenfalls als Arzt, aber auch als Astrologe und Geograph betätigte sich Lorenz Fries († 1530/32), nach Studien vermutlich in Wien (das er in einem seiner geographischen Werke beschreibt), seit 1518 in Kolmar, dann in Straßburg und Metz. Das Hauptwerk des mit Brunfels und Paracelsus bekannten Mannes und Anhängers des Arabismus ist der ‹Spiegel der Artzny› (Straßburg 1518 u. ö.; seit 1524 durch Brunfels ‹gebesserte› Ausgaben), eine Gesundheitslehre, die sich nicht an den Arzt, sondern an die Patienten richtet, mit kulturhistorisch beachtenswerten Szenen aus dem Alltagsleben. Ihr folgten Straßburg 1519 der ‹Tractat der Wildbeder Natuer, Wirckung und Eigenschafft› und die ‹Synonyma›, ein vielsprachiges Wörterbuch der Heilmittel u. a. Von den Schriften zur Astronomie richtet sich ‹Ein kurtze Schirmred der Kunst Astrologie› (Straßburg 1520) gegen deren Verräter, besonders Luther. Als Geograph besorgte Fries eine Ausgabe des Ptolemaeus (Straßburg 1522) und eine ‹Uslegung der Cartha Marina› (Straßburg 1527 und 1530).

Die Medizin als Heilkunde erscheint häufig mit *Botanik* und *Chemie* verbunden. In Italien hatte Hermolaus Barbarus d. J. (1454–1493) einen verbesserten Text der ‹Naturgeschichte› des Älteren Plinius herzustellen versucht, eine Übersetzung des griechischen Botanikers Dioskorides veranstaltet und dazu fünf Bücher Erläuterungen geschrieben. In Deutschland hatte der Graf Hermann von Neuenar sich mit Dioskorides befaßt. Doch nicht nur auf Antikes griff man zurück. Joachim von Watt edierte als erster nach einer Handschrift aus der Klosterbibliothek in St. Gallen Walahfrid Strabos († 849) ‹De cultura hortorum› (Wien 1510, Nürnberg 1512), jenes Gedicht über den Reichenauer Klostergarten mit eingehender Beschreibung von dreiundzwanzig Pflanzen und ihrer medizinischen Verwendbarkeit.

Durch eigene Beobachtung Entscheidenes für die *Botanik* leistete der aus der Biographie Huttens bekannte vielseitige Otto Brunfels (ca. 1488–1534).

Neuplatoniker und mit der Reformation verflochten, war er in Schulwesen, der Theologie, Medizin und Pharmazie und der Astrologie tätig. Erst Mönch der Kartausen in Mainz und Straßburg trat er zunächst zu Erasmianern, dann zu Hutten und Johann von Rosenbach (de Indagine) in Beziehungen; Lutheraner mit täuferischem Einschlag, wirkte er als Stadtprediger zu Neuenburg, Lehrer an der Karmelitenschule zu Straßburg und Stadtarzt in Bern.

Auf schulpädagogische Schriften folgten eine Türkenrede, eine Responsio gegen die ‹Spongia› des Erasmus (1523), eine Schrift über den Prozeß

des JOHANNES HUS (lateinisch und deutsch 1524/25). Bahnbrechend aber
wurden die großen Kräuterbücher, mit denen BRUNFELS der Pflanzenkunde
und damit auch der Biologie für ganz Europa den Weg wies: ‹Herbarum
vivae eicones›, 3 Bde. (Straßburg 1530/36) mit 229 Bildern von Pflanzen,
und ‹Contrafayt Kreüterbuch›, 2 Bde. (Straßburg 1532/37). Von den Alten
ausgehend, suchte BRUNFELS mit Hilfe eigener Anschauung eine moderne
Botanik in deutscher Sprache vor Augen zu stellen. Die von HANS WEIDITZ
illustrierten Werke erlebten zahlreiche Auflagen.

Der erste, der Kräuter und Pflanzen eingehend beschrieb, war HIERO-
NYMUS BOCK (1498–1554), Aufseher des herzoglichen Gartens, Prediger
und Arzt des Grafen von Nassau. Sein ‹New Kreuterbuch vom Unter-
scheidt, Würkung und Namen der Kreuter so in Teutschen Landen wachsen› (Straßburg 1539 ohne Abbildungen, 1551 mit Abbildungen, lateinische Übersetzung 1552) legt das Hauptaugenmerk auf Beschreibungen,
zeigt den Zwiespalt der antiken Überlieferung und der Selbstbeobachtung
und bringt eine Einteilung in Kräuter, Sträucher und Bäume.

Dichter und Mediziner war der Epigrammatiker des um MUTIANUS
RUFUS gescharten Erfurter Humanistenkreises EURICIUS CORDUS. Als Arzt
und ärztlicher Schriftsteller veröffentlichte er einen ‹Libellus de Pseudo-
theriaca›, ‹Von der vielfältigen Tugend und wahren Bereitung des edlen
Theriak› (Marburg 1532); ‹De abusu uroscopiae›, lateinisch und deutsch
(1536, lateinisch Frankfurt 1546); lateinische metrische Übersetzungen von
NIKANDERS ‹Theriaca et Alexipharmaca› (Frankfurt 1532); ‹Ain Regiment: wie man sich vor der newen Plage, der Englische Schweiß genannt,
bewaren, vnd so man damit ergryffen wirt, darinn halten soll› (Straßburg
1529); ‹De urinis› (bearb. von J. DRYANDER, Frankfurt 1543, auch
deutsch); und das kritisch-philologisch-naturkundliche, in Hexametern
abgefaßte ‹Botanologicon› (Köln 1534; Paris 1551), das als einer der
ersten Versuche kritischer Bearbeitung der Pflanzenkunde in Deutschland
gilt. Die botanischen Interessen pflegte der Sohn VALERIUS CORDUS weiter
und erlangte den Ruhm eines der bedeutendsten Vertreter dieses Faches.

3. Artes magicae: Agrippa von Nettesheim

Im Drang, «zu erfaren die verporgen Sachen», ließen sich Männer wie
Kaiser MAXIMILIAN I. auch auf die *Kunst der Magie* ein. Dabei streben
sie wohl nach Erlangung naturphilosophisch und -wissenschaftlicher Erkenntnisse, vor der Magie aber, die auf der Macht und Wirkung der
Dämonen und Geister beruht, schrecken sie zurück. Als besonders gelehrter Mann in den *Geheimwissenschaften* galt JOHANNES TRITHEMIUS.
Zum Gesamtkomplex führen Linien vom volkstümlichen Aberglauben,
von der Astrologie, dem Neuplatonismus, der Kabbalistik, der neu entdeckten antiken Geheimlehre etc.

Von REUCHLIN, RAYMUNDUS LULLUS und ERASMUS her, vom Neuplatonismus und der Kabbala kam HEINRICH CORNELIUS AGRIPPA VON NETTESHEIM (1486 Köln, † 1535 Grenoble), Arzt, Jurist, Theologe, Diplomat und kaiserlicher Feldhauptmann. Von TRITHEMIUS in die okkulten Wissenschaften eingeführt, glaubte er, mit Hilfe der Magie und Mathematik sich die Natur unterwerfen zu können. Er predigte Rückkehr zum Urchristentum und bekämpfte die moderne Novellenliteratur der Italiener wie die deutschen Prosaromane des 15. Jhs. In der Jugendschrift ‹De occulta philosophia› (erst handschriftlich verbreitet, dann Köln 1510 gedruckt, in neuer Bearbeitung Paris 1531) entwarf AGRIPPA in vier Büchern sein System des Okkultismus.

Die magische Lehre, die er darin entwickelt, nimmt an: Gott habe die Welt nach dem Vorbild der Ideen seines Geistes aus dem Nichts erschaffen (die Götter der Alten, die Sephiroth der Kabbala, die göttlichen Eigenschaften der neueren sind nur verschiedene Namen und Bezeichnungen, die wie Strahlen von der einen Gottheit ausgehen); das All besteht aus dem Reich der Elemente, der himmlischen Welt der Gestirne und der intelligiblen Welt der Engel; durch die allen Dingen innewohnende Weltseele, den *spiritus mundi* (dem 5., den 4 anderen übergeordneten Element) wirkt jede höhere Welt auf die niederen Welten ein; die Weltseele ist die samenentfaltende Kraft, die alles Leben und alle Veränderung hervorbringt; der Mensch hat seinen Platz inmitten der drei Welten; da er alles in sich hat, vermag er alles zu erkennen.

Auf dieses Kompendium der mittelalterlichen Magie folgte eine Reihe kleinerer Schriften zur mystischen Theologie, darunter die ‹Dehortatio gentilis philosophiae›, in denen sich eine Neigung zeigt, sich auf Bibelgläubigkeit und mystische Deutung der göttlichen Offenbarung zurückzuziehen. Der Ausbruch der Reformation wurde zunächst mit Begeisterung begrüßt. Bald aber machen widrige Umstände seines abenteuerlichen Lebens und innere Zweifel AGRIPPA zum Skeptiker, der jenseits von altem Kirchenglauben und Reformation in einem christlichen Stoizismus Ruhe suchte. Nachwirkungen des Simplizismus (Einfaltslehre), der Brüder vom gemeinsamen Leben, der Gedanke einer Wissenschaft des Nichtwissens, wie sie NIKOLAUS VON CUES neu geprägt hatte und Nachwirkungen des intellektuellen Nihilismus eines WESSEL GANSFORT fanden ihren Niederschlag und ihre Zusammenfassung in AGRIPPAS ‹Declamatio de incertitudine et vanitate scientiarum et artium› (Köln 1527; deutsch von SEBASTIAN FRANCK als Anhang in seiner Übersetzung von des ERASMUS ‹Lob der Torheit›, Ulm 1535). In dieser Satire stellte er alles, was an Kritik des Aristotelismus, der Scholastik, der Astrologie und der Alchimie aufgekommen war, zu einem Kompendium der Skepsis zusammen und verknüpfte dies alles mit scharfer Kritik an den kirchlichen und staatlichen Zuständen. Die Nachwirkung AGRIPPAS in Relativismus und Skeptizismus zeigt sich in Deutschland hauptsächlich bei SEBASTIAN FRANCK, in Italien bei GIORDANO BRUNO.

4. Rechtswissenschaft. Zasius

Zur selben Zeit, in der sich in Deutschland im Geistes- und Literaturleben Ansätze zu Neuformungen bemerkbar machen, setzte auch im
Rechtsleben eine verstärkte Hinwendung zur Antike ein: infolge der Zer-
splitterung, Entartung und technischen Unterlegenheit des deutschen
Rechtes erfolgte die *Rezeption des römischen Rechtes*.

Beim Vordringen des römischen Rechtes unterscheidet man eine theoretische
und eine praktische Rezeption. Die erstere wurde bereits von den mittelalterlichen Glossatoren und Kasuisten besorgt. Die praktische Übernahme begann
unter den luxemburgischen Herrschern von Böhmen aus, wurde besonders von
den süddeutschen Handelsstädten und den fürstlichen Hofgerichten gefördert
und fand durch Kaiser MAXIMILIAN I. einen Höhepunkt. Das römische Recht
entsprach der nun allgemein durchgeführten Geldwirtschaft besser als das der
früheren Naturalwirtschaft angepaßte deutsche Recht. Beschleunigt wurde diese
Rezeption durch die Vielfalt von Reichs-, Länder- und Stadtrechten, die ein
einheitliches Regiment behinderten. Wenn NIKOLAUS VON CUES 1433 als Voraussetzung einer Rechtsnorm allgemein gültige Reichsgesetze forderte, so wollte
er damit diesem Übelstand abhelfen. Grundlage für diese Reichsgesetze sollte
das theoretisch ohnehin so gut wie eingeführte römische Recht sein mit seiner
Einheit und Geschlossenheit, wo im vorhinein alle Möglichkeiten berücksichtigt
schienen. Mit der Durchführung der Rezeption nun traten im Rechtswesen und
in der Verwaltung anstelle der nach den alten Volksrechten, aus Erfahrung
und Überzeugung urteilenden Schöffen römisch gebildete Juristen, anstelle des
mündlichen, öffentlichen Verfahrens trat ein schriftliches und geheimes. Öffentliches und Privatrecht werden getrennt, die Einheit von Recht und Sitte aufgehoben. ‹Recht› wird als eine ideell selbständige Denkform aufgefaßt. Recht und
Gericht wurden aus einer Funktion des öffentlichen Lebens zu einer alles über-
thronenden Instanz, die bedacht war auf monarchische und fiskalische Interessen,
aber auch dem Wirtschaftsleben und den neuen gesellschaftlichen Verhältnissen
angemessener schien als die bisherigen ‹Schwaben-› und ‹Sachsenspiegel›. Überall bildete sich ein Absolutismus aus, der die Fürsten nach und nach zu Terri-
torialherren machte, die ihre Selbständigkeit auch gegen den Kaiser verteidigten.
Den Bürgern und Landleuten freilich blieb das römische Rechtswesen in seinen
Formen, Begriffen und Tendenzen lange Zeit unheimlich und unverständlich.
Die Folge der praktischen Rezeption in Kultureuropa war das Aufkommen des
neuen Juristenstandes.

Mit dem Ewigen Landfrieden 1494 und der Errichtung des Reichs-
kammergerichtes durch Kaiser MAXIMILIAN I. in Frankfurt 1495 gilt die
Rezeption des römischen Rechtes in Deutschland als abgeschlossen. Eine
einheitliche Reichsgesetzgebung allerdings war damit nicht erreicht, denn
die Landesrechte ließen sich nirgends ganz verdrängen und die kirchlichen Fälle mußten nach dem kanonischen Recht oder im Verlauf der Reformation nach neuen Normen geregelt werden. Eine Ausnahme bildete
nur das kriminalistische Gebiet. Für dieses arbeitete der dem Humanismus
nahestehende Freiherr JOHANN VON SCHWARZENBERG (1463–1528),
bambergischer, dann würzburgischer Hofmeister, zuletzt Landhofmeister
in Franken, eine peinliche Halsgerichtsordnung aus, die 1507 im Bistum

Bamberg, 1516 in den fränkisch-hohenzollerischen Ländern eingeführt wurde und, mehrmals umgearbeitet, 1532 als ‹Constitutio criminalis Carolina› zum Reichsgesetz erhoben wurde und dann Jahrhunderte hindurch in Geltung blieb. Das Werk umfaßt Strafrecht und Strafprozeß und zog fremde und einheimische, geschriebene und ungeschriebene Rechte heran.

Als Begründer schließlich der neuzeitlichen, vom Geiste des Humanismus getragenen Rechtswissenschaft schlechthin gilt neben dem Franzosen GUILLAUME BUDÉ, BUDAEUS (1468–1540) in Deutschland ULRICH ZASIUS (1461–1535) aus Konstanz. Nach Studien in Tübingen und Freiburg i. Br. wirkte er in Freiburg seit 1506 als Professor für römisches Recht und war mit WIMPFELING, ERASMUS, PIRCKHEIMER u. a. befreundet. Als Rechtskonsulent der Stadt reformierte er deren Statuten unter Berücksichtigung des römischen Rechtes im ‹Freiburger Neuen Stadtrecht› (1520). ZASIUS führte die Rechtswissenschaft in den Humanismus ein und setzte den Glossatoren die historische Quellenkritik entgegen. Seine zu Lyon 1548 bis 1551 in sechs Bänden erschienenen ‹Opera omnia› enthalten vier Monographien, Reden, ausgewählte Gutachten und Vorlesungen. Nach ZASIUS zu einem Stifter der humanistischen Juristenschule des 16. Jhs. wurde der Italiener ANDREA ALCIATI, der Verfasser auch der ‹Emblemata›.

Die humanistischen Artes, das Fachschrifttum und die Wissenschaftspflege leben auch im Zeitalter der Reformation weiter. Freilich erfahren sie ähnlich wie die anderen Literaturzweige durch die Kirchenkämpfe und religiösen Veränderungen entsprechende Einwirkungen, Förderungen, Umlenkungen, auch Einschränkungen. Gefördert werden zunächst die für die Theologie und Biblizistik wichtigen grammatischen Disziplinen des Griechischen und Hebräischen, ferner Philologie, Exegese und Übersetzungskunst sowie die Rhetorik in deutscher Sprache für den evangelischen Prediger. Das Wesentliche des humanistischen Bildungssystems wird durch MELANCHTHON und seine Mitarbeiter eingebaut in das protestantische höhere Schulwesen. Im Wissenschaftsbetrieb verstärkt sich in den Weltanschauungsfächern die Polemik. Die Geschichtsschreiber ergreifen Partei für oder gegen eine religiöse Machtsphäre. Die Pädagogen beziehen Stellung für oder gegen eine Glaubensrichtung. Zumeist unbeeinflußt bleiben Mathematik und Astronomie. Sie erreichen im Werke des NIKOLAUS KOPERNIKUS ihre Krönung. Das Gleiche gilt für die Medizin. In ihr ersteht die Gestalt des PARACELSUS mit einem sowohl theologischen als auch medikologischen Schriftenbestand. Noch von den Artes magicae des Humanismus her zehrt der Schwarzkünstler DOKTOR FAUST in den geänderten Zeitverhältnissen. Weitgehende Zurückdrängung und Einschränkungen müssen die Bildkunst und Musik infolge der veränderten Kirchenlehre und Liturgie vorläufig auf sich nehmen. Im Rechtswesen fällt in Hinkunft für die evangelischen Gebiete das gesamte kanonische Recht weg.

SECHSTES KAPITEL

ANTIKE UND CHRISTENTUM. KULTURKRITIK. VOM RENAISSANCE-HUMANISMUS ZUR REFORMATION

Die Literatur der griechisch-römischen Antike bot einst die Formen für das christliche Schrifttum, die spätantike Kunst bildete die Grundlage für die Gestaltung der frühchristlichen Kunst, die von griechisch-römischer Philosophie geschaffenen Begriffe und Formen benützten die christlichen Theologen zur geistigen Durchdringung und systematischen Darlegung der christlichen Lehren, das Griechische und Lateinische wurden zur Sprache der christlichen Gotteslehre und der Liturgie. Aus der Verbindung der hellenistisch-römischen *Kultur der Antike mit dem Christentum* und der Gesamtheit der Lebensäußerungen germanisch-romanischer Völker war die christlich-abendländische Kultur des europäischen Mittelalters erwachsen.

Bei den Begegnungen zwischen griechisch-römischem Humanismus und Christentum taucht jedesmal die Frage auf: Ist es nötig, erlaubt und förderlich, daß sich der Mensch mit der heidnischen Antike, deren Philosophie, Literatur und Kunst befaßt und zur Gestaltung seines Lebens benützt, nachdem er durch das Christentum von Gott selbst ein für alle Mal belehrt und begnadet worden ist? Als diese Frage im Frühchristentum bei der ersten Begegnung für den Aufbau einer christlichen Theologie aktuell wurde, gab es bei der Beantwortung zwei Chöre. Der eine größere und siegreiche mit JUSTINUS, ORIGENES, dem Freundespaar BASILIUS und GREGOR VON NAZIANZ u. a. hat die Frage positiv behandelt und sprach sich zugunsten einer Einheit zwischen Christentum und griechischer Antike aus. Die andere Gruppe wandte sich scharf gegen jegliche Mischung oder Synthese. Namentlich TERTULLIAN beantwortete im 2./3. Jh. die Frage scharf ablehnend: «Was hat Athen mit Jerusalem zu tun und was die Akademie mit der Kirche?» Zwei Jahrhunderte später handelte HIERONYMUS ähnlich: «Was hat Horaz mit dem Psalter zu schaffen und was Maro mit dem Evangelium, was Cicero mit dem Apostel?» Und in einem Traumgesicht hörte sich der Kirchenlehrer sogar von Christus getadelt wegen der Liebe, mit der er während seiner Studienzeit das Studium der Alten betrieb: «Ciceronianus es, non Christianus!» Im Hintergrund zu diesen ablehnenden Stellungnahmen stand gewiß auch die Sorge um einen möglichen Rückfall in das Heidentum.

Einer der ersten, die sich, um Theologie zu betreiben, mit der griechischen Geisteswelt auseinandersetzten und dies gut hieß, war JUSTINUS DER MÄRTYRER.

Nachdem er alle Systeme der griechischen Philosophie durchforscht und nur bei PLATON Antwort gefunden hat, sagt er im ‹Dialog mit dem Juden Tryphon›: «Es ist in der Tat die Philosophie ein sehr großes Gut, das auch vor Gott gar viel gilt, zudem sie allein uns führt und mit dem sie allein uns verbindet, und wahrhaft heilig sind die Menschen, die sich der Philosophie hingeben». In den Apologien seines Glaubens, gerichtet an die Kaiser ANTONINUS PIUS und MARC AUREL, prägt er den Satz: «Christus ist der Logos, an dem das gesamte Menschengeschlecht Anteil erhalten hat. Und alle, die einst gemäß diesem Logos lebten, sind Christen, auch wenn sie für gottlos gehalten wurden, wie bei den Griechen Sokrates und Herakleitos».

Noch deutlicher läßt sich an ORIGENES diese allem Hellenischen offene Geisteshaltung eines frühchristlichen Theologen zeigen. GREGORIOS THAUMATURGOS erzählt in der Lobrede auf seinen Lehrer: «Dieser Mann war der erste und der einzige, der mich bewog, mich auch mit der griechischen Philosophie zu befassen ... Er leitete uns an, die Weisheit zu erforschen, indem wir mit all unseren Kräften alle vorhandenen Schriften der alten Philosophen und der Dichter durchgingen, ohne etwas auszuschließen oder zu verwerfen, ausgenommen die Schriften von Gottesleugnern; mit allen übrigen aber sollten wir uns abgeben, und dabei sollten wir nicht nur diese oder jene Gattung oder einen ausgewählten Gegenstand bevorzugen, sondern auf alles sollten wir hören, sei es nun hellenisch oder nicht».

Geradezu ein ‹Preislied› (RAHNER) auf die Notwendigkeit einer klassischen Bildung stimmt GREGOR VON NAZIANZ in der Totenrede auf BASILIUS, den Begründer des griechischen Mönchtums, an. Er wendet sich gegen die Christen, die infolge der Gesetzgebung Kaiser JULIANS (der den alten Götterglauben wieder festigen wollte) jeder humanistischen Geistespflege abhold waren und sagt: «Das, so denke ich, gilt bei allen geistbegabten Menschen als ausgemacht, daß unter den Gütern, die uns zu Gebote stehen, die Bildung (Paideusis) den ersten Platz einnimmt. Ich rede hier nicht von jener höheren Bildung, die uns als Christen allen eigen ist; sondern von der profanen Bildung, die von der großen Menge der Christen aus Unkenntnis als feindselig, trügerisch und Gott entfremdend verabscheut wird. Man darf aber die Bildung nicht verachten, weil einige so von ihr denken. Vielmehr muß man die Leute, die eine solche Haltung einnehmen, für beschränkt und unwissend erachten. Denn sie möchten wohl, daß alle auf dem gleichen Tiefstand stehen wie sie selber, damit so in der allgemeinen Bildungsarmut die ihrige nicht bemerkt werde und sie so der Gefahr entgehen, als Ungebildete gescholten zu werden.»

Das Kirchenväterstudium der Humanisten hat alle diese u. a. Äußerungen aus der Frühzeit des Christentums ausgegraben und apologetisch verwendet.

Das Problem Antike und Christentum betrifft nicht nur das Bildungswesen, die Philosophie, Wissenschaft und Dichtung, sondern berührt auch die *bildende Kunst religiöser Art*. Bei den Juden war es durch göttliches Gesetz verboten, das Heilige im Bilde darzustellen und zu verehren. Der griechisch-römische Mythos mit seinem Glauben an viele Götter hingegen förderte deren Bilddarstellung, pflegte den Bilder-Kult und brachte dem entsprechend eine umfängliche Sakralkunst hervor. Das Christentum folgte hierin nicht den Bilderverboten des Judentums, sondern der Spätantike und schuf mit deren Formen und Techniken eine vom Frühchri-

stentum bis ins 16. Jh. reichende kirchliche und religiöse Kunst mit un-
gezählten Großleistungen. Doch die dogmatischen Auffassungen über den
Gegenstand blieben im Christentum nicht völlig einheitlich. Im 8. Jh. kam
es im Orient zum großen *byzantinischen Bilderstreit* und, nachdem die
Wyclifiten und Hussiten vorgearbeitet hatten, fegte im 16. der *Bilder-
sturm auch über das Abendland.*

1. Außerchristliche Kultur und moderner Humanismus

Als nun die eingangs gestellte Frage der Erlaubtheit des Sichbefassens mit
der antiken Poesie und Philosophie oder überhaupt nichtchristlichem,
außerbiblischem Schrifttum beim Renaissancevorgang im ausgehenden
Mittelalter wieder bedeutsam wurde, fühlten sich abermals zahlreiche
Menschen vor das Problem gestellt und genötigt, sich und anderen Antwort zu geben. Auch jetzt kann man zwei Meinungen verzeichnen. PE-
TRARCA schrieb in einem seiner Briefe:

> «Nur dann darf man die Schulen der Philosophen lieben und ihnen beistim-
> men, wenn sie von der Wahrheit nicht abweichen. Sollte irgendeiner das ver-
> suchen, und wäre es auch Platon oder Aristoteles, Varro oder Cicero, so müßte
> er mit freimütiger Beharrlichkeit verachtet und niedergetreten werden ... Die
> wahre Weisheit Gottes ist Christus.»

Eine und zwei Generationen später gab es in Italien Anhänger der
neuen Bildung, die sich weitaus unbedingter zur antiken Philosophie,
Kunst und Lebensart bekannten und bei denen das Antike das Christliche überwog, ja gelegentlich beinahe abgelöst zu haben schien.

Wo die Frage der Erlaubtheit und Tunlichkeit der Beschäftigung mit
der Antike im ausgehenden Mittelalter verneint wurde, geschah dies nicht,
wie man häufig meint, ausschließlich aus Indolenz und Sturheit, sondern
weil die Verneiner und Warner überzeugt sind, daß sich ihr Glaube wesentlich von jeder noch so tiefen Weisheit unterscheide und der Antike
keinerlei eigenständiger Wert mehr für die Gestaltung des Ewigen im
Menschen beizumessen sei, ja daß die Befassung mit dem Heidnischen
das erstrebte Heil der Seele gefährde. Vereinzelt forderten radikale Geister daher überhaupt die Vernichtung der heidnischen bzw. nichtchristlichen Schriftwerke.

Wie sich das Problem im *Humanismus Italiens* um die Wende des 15.
zum 16. Jh. anläßt und zu lösen versucht wurde, ersieht man am Florentiner Neuplatonismus bei FICINO und G. PICO DELLA MIRANDOLA mit
ihrem Glauben an eine Offenbarung Gottes in allen Religionen und in
der gesamten Philosophie, oder an Erscheinungen wie ADRIAN VON COR-
NETO (1458/59–1521). Dieser kirchliche Diplomat, Humanist, Philosoph
und seit 1503 Kardinal, war einer der glänzendsten Geister des römischen

Literaturkreises. Er weilte seit 1511 bei Kaiser Maximilian I. und ermunterte ihn zu seiner Papstkandidatur. Adrian ist Verfasser des Buches ‹De vera philosophia ex quattuor doctoribus ecclesiae› (Bologna 1507 u. ö.).

Darin fordert er (folgend einer durch Philo von Alexandrien angeregten altchristlichen Theorie) von der heidnischen Philosophie das Wahre an ihr als christlichen Besitz zurück und befehdet den entarteten Scholastizismus. Das heißt: er tritt auf gegen die humanistische und für die kirchliche Weltanschauung, bzw. er faßt die Gedanken von der Überlegenheit der christlichen Lehre über das klassische Altertum und die griechische Philosophie zusammen. – Die in der Schrift ‹Über die wahre Philosophie› entwickelten Gedanken kehren auch in dem Gedicht Adrians ‹Die Jagd› wieder.

Die Gegner der antik-heidnischen Philosophie und Dichtkunst erhielten zu Anfang des 16. Jhs. neuen Auftrieb, als Johannes Franciscus Pico della Mirandola († 1533), der Neffe des großen Pico, unter dem Einfluß Savonarolas versuchte, die Philosophie wieder völlig den religiösen Interessen und der Offenbarung unterzuordnen: aus ihr allein könne die rechte Weisheit geschöpft werden.

Mit der Erweiterung der humanistischen Interessen über die hellenozentrische Sphäre hinaus auf das Hebräische und den Orient wurde bald auch die Frage der Erlaubtheit des Studiums der nichtchristlichen Schriften ausgedehnt auf die ganze nichtbiblische Literatur der Juden.

Eine Literaturgeschichte wird naturgemäß die Auseinandersetzungen im Bildungswesen und in der Dichtung in den Vordergrund rücken. Da nun erscheint in Deutschland die *Frage um die Berechtigung des Humanismus* zuerst in einem Briefwechsel zwischen Konrad Säldner von Rottenacker († 1471), Professor in Wien, und Sigismund Gossembrot, dem Augsburger Patrizier.

Aus ihrer Korrespondenz (1457/58) geht hervor, daß Gossembrot seinen Freund Säldner für den Humanismus zu interessieren sucht. Säldner hingegen, um Gossembrots Seelenheil besorgt, möchte ihn davon abziehen. Gossembrot verteidigt die Dichter und die neue Richtung. Säldner schreibt: Er wolle gern Vergil, Ovid, Juvenal, Statius, Plinius zu den moralischen Autoren rechnen, auch die guten Neuen lasse er gelten, aber nicht alles von ihnen sei gut, noch weniger alles für die Jugend. Auch wo die Poesie nicht schade, nütze sie wohl nichts. Wäre bei den Dichtern die Wahrheit, wozu hätten wir die Offenbarung gebraucht? Sie mit der Bibel zu vergleichen, gehe doch nicht an, zu groß sei der Unterschied zwischen Christus und Belial.

Doch nicht nur den frühen Humanismus mit den älteren Vertretern beschäftigte dieses Problem, sondern auch die heranwachsende junge Generation. Ginge man rein chronologisch vor, müßte man jetzt gleich die ‹Antibarbari› (1489/90) des Erasmus nennen, worin in viel umfassenderer Weise die Frage erörtert wird, ob und inwieweit das Christentum die römisch-griechische Literatur und Philosophie heranziehen dürfe. Aber diese Schrift wurde erst 1520 im Druck veröffentlicht.

Eine etwas spätere Auseinandersetzung über die Erlaubtheit und den Wert der antiken Schriftsteller als die zwischen SÄLDNER und GOSSEMBROT spielte sich in Leipzig ab. Dort verfaßte JOHANNES LANDSBERGER (1460/70–1528/29), angeregt von seinem Lehrer JAKOB BARINUS 1494 den ‹Dialogus recommendationis exprobriationisque poetices›, eine Verteidigung und Rechtfertigung der antiken und humanistischen Literatur. Mit diesem Dialog geistig in Zusammenhang und bald nach ihm erschien des BARINUS eigene einflußreiche Schrift ‹Recognitio in genera vatum et carmina eorundem›. Durchwegs auf neuplatonischen Anschauungen fußend, schreibt er eine Rechtfertigung der antiken Autoren und über den Wert ihres Studiums in ethischer, ästhetischer und philosophischer Hinsicht. Das nämliche Thema behandelt sein rhetorisch-stilistisches Lehrbuch ‹Ars scribendi› (1494).

Es ist auffallend, daß bei BARINUS jede Anlehnung an christliche Ideen oder christliche Schriftsteller fehlt. Er glaubt auf diese Beweismittel verzichten zu können. Anders in der zweiten großen Auseinandersetzung über die Frage nach der Bedeutung der Poesie und Dichter auf Leipziger Boden. Ihr Wortführer war MATTHÄUS LUPINUS CALIDOMIUS. Im Sommersemester 1497 sollte wieder einmal eine der lang unterlassenen ‹Disputatio de quolibet› stattfinden. Unter den mehrfachen Reden sollte LUPINUS, damals Schulmeister in Großenhain, zur Verteidigung der Poesie sprechen. Er tat dies in einer grundlegenden ‹Quaestio de poetis a re publica minime pellendis› (1500), und zwar geteilt in drei *Articuli*.

Der erste gibt die Wesensbestimmung des Dichters als *vates* und *poeta,* als Seher und Priester, der unter dem Einfluß des göttlichen Geistes seine Werke schafft. Der zweite Artikel behandelt die Inspirationen Gottes für die echten und wahren Dichter. Sie haben zu allen Zeiten nur einen Gott in seinen höchsten Eigenschaften verherrlicht. Wie die Orphiker die Dreifaltigkeit Gottes geahnt, so sind jederzeit die Dichter der christlichen Religion am nächsten gestanden. Hierauf werden die griechischen, römischen und neulateinischen Dichter besprochen. Im dritten Artikel wird mit Berufung auf die Kirchenväter bewiesen, wie notwendig die Dichter für den christlichen Staat sind. Leipzig würde ein großer Schaden erwachsen, wenn man die Dichter vertriebe. Auch PLATON schließt nicht alle Dichter vom Staate aus, sondern nur die leichtfertigen, die Religion und Moral zersetzen.

Poetische Vorkämpfer der Dichtkunst in Leipzig waren ferner die nur als Herausgeber bekannten JACOBUS ILLUMINATORIS und GEORG DOTTANIUS. Sie preisen und verteidigen um 1500 die Hoheit der Poesie in zwei Apologien, teils in Form einer Vision, teils lehrhaft polemisch.

In Leipzig kam es nicht nur zu theoretischen Auseinandersetzungen zum Thema Zulässigkeit und Wert der antiken Autoren sowie der Frage nach der Bedeutung der Poesie im Kulturleben, sondern dort erfolgte, wie wir in Kap. III bei JOHANN BEUSSEL (TUBERINUS) und seiner ‹Musithias› gesehen haben, knapp vor Ausbruch der Kirchenkämpfe auch ein umfassender Versuch, an die Stelle der von antiken Stoffen und Gestalten erfüllten Humanistendichtung eine in klassischem Latein abgefaßte lyrisch-epische Poesie zu setzen, die nur christliche Glaubensinhalte zum Gegenstand nimmt.

Wie sehr die *wissenschaftliche Renaissance* allmählich alle gelehrten Fächer erfaßte, sieht man deutlich an dem Streit in Leipzig zwischen den Medizinern MARTIN POLICH und SIMON PISTORIS, in den KONRAD WIMPINA hineingezogen wurde, und der von einer fachwissenschaftlichen Auseinandersetzung zu dem großen Streit zwischen WIMPINA und POLICH 1500 ff. führte über den Vorrang von Theologie und Poesie, über die Bedeutung der Poetik und Poesie und den humanistischen Disziplinen im allgemeinen und im Verhältnis zur Theologie. Eine Reihe von erbitterten Streitschriften wurde gewechselt.

In die Form einer Ekloge kleidete HEINRICH BEBEL seine Verteidigung der antiken Philosophie und Dichtung: ‹Gegen die Tadler der Humanitätsstudien› (1495).

BEBEL-Eulogus (der Wohlredende) kehrt, erfüllt mit hellenischer Weisheit, aus Griechenland zurück in die Heimat, um das Erworbene für Deutschland nutzbar zu machen. Er trifft den hier verbliebenen Hirten Battus, einen Vertreter der Spätscholastik. Es kommt zu einem Gespräch über das Verhältnis des Alten zum Neuen, des Abgelebten und des neu Aufstrebenden.

Geistesgeschichtlich bedeutsam ist die prinzipielle Auseinandersetzung zwischen LOCHER und dem Theologen GEORG ZINGEL über die Frage des Studiums der *heidnischen Dichter und* den *modernen Humanismus.* LOCHER hielt 1498/1503 und 1506/28 in Ingolstadt, dazwischen in Freiburg, Vorlesungen über antike Poesie und Rhetorik und Interpretationen klassischer und teilweise auch patristischer Schriften. Die Lehrveranstaltungen fanden bei den Studierenden Anklang. Der bereits der älteren Generation angehörige Professor der Theologie und ständige Vizekanzler der Universität GEORG ZINGEL, gelehrter Spätscholastiker, ein pflichttreuer, sittenstrenger, hochangesehener Mann, hatte moralische Bedenken gegen die von LOCHER mit Vorliebe traktierten heidnischen Dichter, in denen er «laszive und obszöne Sittenverderber» sah; auch LOCHERS freizügiges Privatleben bot anscheinend ZINGEL Anlaß zur Kritik. Im Verlauf der Auseinandersetzung mußte LOCHER aus Ingolstadt weichen. Er fand in Freiburg i. Br. eine befristete Anstellung als Nachfolger des ULRICH ZASIUS. Mit einer Antrittsrede ‹Oratio de studio humanarum disciplinarum et laude poetarum› führte er sich ein und entwickelte sein Programm. Von Freiburg aus publizierte LOCHER noch 1503 eine ‹Apologia contra poetarum acerrimum hostem Georgium Zingel›: ein Pamphlet voller Wutausbrüche, Injurien und Invektiven. ZINGEL brachte, animiert von JAKOB

WIMPFELING, 1505 eine Beschwerde beim akademischen Senat in Ingolstadt ein, der daraufhin eine offizielle Rechtfertigungsschrift ‹Expurgatio›
für ZINGEL veröffentlichte. LOCHER replizierte noch im selben Jahr in
einer Schrift ‹In anticategoriam›. Auch in Freiburg geriet LOCHER mit
seinen früheren Freunden WIMPFELING und ZASIUS in Händel wegen
seiner freien Anschauungen bezüglich der altklassischen Dichter. Der erbittert geführte Streit wurde auch hier durch den akademischen Senat beendigt. Im Frühjahr 1506 wurde LOCHER in Freiburg seiner Stelle ent-
hoben und erhielt durch Herzog ALBRECHT VON BAYERN wieder einen
Ruf nach Ingolstadt zu der ‹lectur› der ‹poetrey›. Hier veröffentlichte er
die dreiteilige Schrift ‹Vitiosa sterilis Mulae ad Musam roscida lepiditate
praedictam comparatio. Currus theologiae triumphalis. Elogia quattuor
doctorum ecclesiae...› (Nürnberg 1506).

LOCHER hatte sich durch spöttische Äußerungen ZINGELS über die Musen und
über die Dichter, die ZINGEL als unfruchtbare und unnütze ‹Maulesel› bezeichnete, provoziert gefühlt. In seiner Erwiderung begnügte er sich nicht mit einer
Verteidigung und Verherrlichung der Poesie, ihrer großen Leistungen und
segensreichen Wirkungen, sondern legt seine Anschauungen dar über die
wahre und falsche Theologie, d. h. über das Berufsfach seines Gegners. Er wendet sich dabei nicht gegen die gesamte Scholastik, wohl aber gegen den durch
OCKHAM begründeten Nominalismus und den terministischen Scotismus. Ihnen
stellt er die positive, biblisch-patristische Theologie gegenüber, zu der er sich
bekenne. Gleichzeitig verwahrt er sich gegen jede Gemeinschaft und Zusam-
menwerfung mit den skeptisch frivolen und ungläubigen Dichtern und beteuert seine Orthodoxie und theologische Korrektheit. LOCHER verlangt ferner
die Rückkehr zu dem lange vernachlässigten Studium der hl. Schrift und der
frühen Kirchenväter als zu der reinen Quelle theologischer Wissenschaft und
betont dabei, daß diese Kirchenlehrer Freunde der Dichtkunst waren und ihre
Schriften von poetischem Geist durchweht seien, woraus sich ergebe, daß die
wahre Theologie und die Poesie keineswegs unverträglich seien, sondern miteinander verbunden sein müssen. Beides miteinander verbunden ergibt erst ein
harmonisches Ganzes und eine vollkommene und wirklich genießbare Wissenschaft.

LOCHERS Streit mit ZINGEL gehört einerseits in die Geschichte der Auseinandersetzung zwischen spätscholastischem Christentum und römisch-
griechischer Antike, andererseits bildete er eine Art Vorspiel zu dem
Pfefferkorn-Reuchlinschen Konflikt und dessen Folgen. LOCHERS Auftreten gegen ZINGEL und seine Darlegungen wurden von THOMAS MUR-
NER in einer eigenen Schrift 1509, allerdings mit starken Vorbehalten,
gebilligt. Andere, wie GEILER VON KAISERSBERG, JAKOB SPIEGEL, PALLAS
SPANGEL und der jugendliche PHILIPP MELANCHTHON gaben darüber ihren
Unmut kund, und JAKOB WIMPFELING ließ nach mehreren kleineren Publikationen 1510 ein grobes und scheltendes Pamphlet ‹Contra turpem
libellum Philomusi...› erscheinen, in dem er seine und seines Kreises
Anschauungen über den unzüchtigen LOCHER, die Nutzlosigkeit der nichtchristlichen Dichtung und die wahre theologische Wissenschaft festlegte.

LOCHER griff den Streit nicht mehr auf, sondern blieb bei seiner seit vier Jahren so segensreich gewordenen Lehrtätigkeit.

Wie die Humanisten eine nach römisch-griechischen Mustern geschaffene Bildung und Literatur wollten, so die der Renaissance zugeneigten Bildkünstler eine dem griechisch-römischen Altertum verbundene *Malerei und Plastik.* Die Parallelität Antike-Christentum war einem Manne wie ALBRECHT DÜRER wohl bewußt. In einem Entwurf zum ‹Lehrbuch der Malerei› (1512/13) schreibt er einmal: «Dan zw gleicher weis, wÿ sÿ [die antiken Maler und Bildhauer] dy schönsten gestalt eines menschen haben zw gemessen jrem abgot Abblo, so wollen wÿr dy selb mos prawchen zw Crÿsto dem herren, der der schönste aller welt ist. Vnd wÿ sy prawcht haben Fenus als das schönste weib, also woll wir dÿ selb tzirlich gestalt krewschlich [fein, zart] darlegen der aller reinesten jung-frawen Maria, der muter gottes. Vnd aws dem Erculeß woll wir den Somson machen, des geleichen wöll wir mit den andern allen tan». Der Entwurf blieb damals ungedruckt, aber ein Jahrzehnt später stand DÜRER als Apologet An-hängern der Reformation (KARLSTADT, HÄTZER, ZWINGLI) gegenüber, die den antik-christlichen Bilderkult und die religiöse bildliche Kunst aus Gründen der neuen Lehre bekämpften.

Am Vorabend der Reformation und am Ende der Periode des deut-schen Humanismus und daher in vieler Hinsicht schon zu spät veröffent-lichte HERMANN VON DEM BUSCHE seine große Verteidigungs- und Schutz-schrift für die humanistischen Bestrebungen ‹Vallum humanitatis› (Köln 1518), gewidmet dem Grafen HERMANN VON NEUENAR. Der Verfasser gibt darin eine systematische Zusammenfassung der humanistischen Anschau-ungen, indem er am Eingang eines jeden der acht Bücher des Werkes eine bestimmte These aufstellt, historisch belegt und mit logischen Argumen-ten verteidigt.

Damit wollte er in unter dem Einfluß des ERASMUS gemäßigter Form nach-weisen: a) daß die humanistischen Studien weder für die Jugend als solche, besonders aber auch nicht für Jünglinge, die sich der Theologie widmen wollen, schädlich seien, sondern im Gegenteil viel Nützliches für die Ausbildung des Geistes und Gemütes enthalten; b) daß diese ihre Bedeutung seit jeher anerkannt wurde und daher das Studium der Alten weder eine Neueinführung noch ein Verbrechen genannt werden dürfe. Zum Beweis für das letztere nimmt er die Geschichte, die Bibel und die Schriften der Kirchenväter zu Hilfe: Aus der Kir-chengeschichte läßt sich zeigen, in welch hoher Verehrung Dichtung und Rede-kunst bei allen Völkern des Altertums standen und in Italien noch gefeiert werden; aus der Bibel weist er nach, daß die Propheten und Heiligen sich bei allen feierlichen Anlässen der Rede- und Dichtkunst bedienten, um größere Wirkungen zu erzielen; die meisten Kirchenväter empfehlen warm das Studium der Schriftsteller des griechisch-römischen Altertums.

Der Ausbruch der Reformation trieb den abermals auf Wanderschaft begriffenen Mann mit voller Energie auf Seiten LUTHERS. Nach einigen Jahren in Köln berief ihn 1526 der Landgraf PHILIPP VON HESSEN an die neugegründete Universität Marburg. Neben seiner humanistischen Lehr-tätigkeit veröffentlichte HERMANN VON DEM BUSCHE eine Schrift über die

Autorität des Alten und Neuen Testamentes (1529). In Münster schließlich disputierte er 1533 gegen den Führer der Taufgesinnten BERNHARD
ROTHMANN. Aber schon vor der Verteidigungsschrift HERMANNS VON
DEM BUSCHE erreichten die Debatten in Deutschland einen Höhepunkt,
als im *Pfefferkorn-Reuchlinschen Streit* über die Erhaltung der außer-
biblischen jüdischen Schriften die Spätscholastiker der Kölner Universität
und des Dominikanerordens ORTWIN GRATIUS und JAKOB VON HOCH-
STRATEN einerseits und der Humanist JOHANNES REUCHLIN und seine
Anhänger andererseits einander gegenübertraten und ihren Konflikt zu
einer europäischen Kulturangelegenheit und Prinzipienfrage machten.
Abgesehen von der geistesgeschichtlichen Bedeutsamkeit der Auseinandersetzung, liegt die Wertigkeit des Streites in dem Umstand, daß es in seiner
Abfolge in der deutschen Literatur zu einem satirischen Erzeugnis kam,
das bald in die Weltliteratur Eingang fand: zu den ‹Epistolae obscurorum
virorum› oder ‹Dunkelmännerbriefen›.

Im Verlauf des *Pfefferkorn-Reuchlinschen Hebraismus-Streites* und des
Ringens um den Vorrang tritt der sowohl national gesinnte als auch eifrig
für die moralische Kirchenreform tätige Humanist ULRICH VON HUTTEN
in den Vordergrund. Im Kampf gegen die deutschen Dominikaner wollte
er sogleich vom Wort zur Tat übergehen. In literarischen Dialogen und
durch Herausgabe mittelalterlicher Streitschriften erweitert er seine Angriffe gegen die kuriale Herrschaft überhaupt. Seit der Leipziger Disputation ist für ihn LUTHER die stärkste Kraft für eine Befreiung von Rom
und er stellt sich der deutschen Reformation zur Verfügung.

Im Gefolge der ‹Epistolae obscurorum virorum› und in Verbindung
mit den aufflammenden Glaubenskämpfen kommt es zu einer Reihe weiterer lateinischer Satiren, die noch überwiegend vom Geiste des Humanismus getragen sind. Die Humanisten neigen vorerst großenteils zur Reformation oder treten in deren Dienste.

Die *satirische Epik* des spätscholastischen Humanismus bei BRANT und
MURNER ist noch weitgehend mittelalterliche Moralsatire und verfolgt
Besserungsabsichten. Für die Blütezeit gilt eher der Begriffsinhalt des lateinischen Wortes *satira*. Er bezeichnet zunächst ein Gedicht über verschiedene Gegenstände ethischen oder historischen Inhaltes, dann übertragen das «Spottgedicht, in dem Leidenschaften und Vorurteile, Torheiten und Laster der Menschen mit Scherz, Witz oder bitterem Spott
dargestellt und lächerlich gemacht werden». Echte satirische Dichtung
der Humanisten tritt erst bei BEBEL, LOCHER, ERASMUS, HERMANN VON
DEM BUSCHE zutage. Den Gipfel schließlich erzeugte der *Pfefferkorn-
Reuchlinsche Streit* mit den ‹Epistolae obscurorum virorum›. Sie sind der
letzte große Ausläufer der lateinischen Parodie des Mittelalters. An sie
schließen sich einige kleinere Satiren von 1517 bis 1521 und, bereits von
der Leipziger Disputation veranlaßt, der ‹Eckius dedolatus›.

2. Der Pfefferkorn-Reuchlinsche Streit und die
‹Epistolae obscurorum virorum›. Crotus Rubeanus

Besondere Wesenszüge schon des älteren deutschen Humanismus waren ein starker religiöser Sinn, theologische Bestrebungen und Aufgeschlossenheit gegenüber den spätmittelalterlichen Reformideen. RUDOLF AGRICOLA, später REUCHLIN und ERASMUS sind dafür Beispiele. Im Hebräismus-Streit REUCHLINS mit den Kölner Dominikanern standen *konservative Spätscholastik* und *reformfreundlicher Humanismus* einander feindlich gegenüber. Es geht um die Frage: Sollen auch die nichtbiblischen Schriften der Juden, wie Kabbala, Talmud etc. erhalten bleiben und von christlichen Gelehrten studiert werden? Zu dieser ideengeschichtlich ableitbaren Streitfrage kamen selbstverständlich auch die zum großen Konflikt herangereiften Gegensätze der weitgehend steril gewordenen Spätscholastik und dem zur Eroberung der Universitäten ansetzendem Humanismus (vor allem neuplatonischer Richtung), zwischen zelotischer Orthodoxie und aktivem vorurteilslosem Wissenschaftsbetrieb, kam das Eindringen von Laiengelehrten in die Theologie. Im Verlauf des Konfliktes zeichnen sich die Fronten ab. REUCHLIN wehrte sich durch Streitschriften, juridische Prozeßführung und Sammlung von Zustimmungserklärungen seiner Anhänger und Freunde. PIRCKHEIMER verfaßte eine Apologie REUCHLINS, in der er betont, daß die christliche Theologie im Geiste neuer Bildung und der Humanismus sich gut miteinander vertragen können. Der dem Erfurter Kreis um MUTIAN angehörige CROTUS RUBEANUS greift in den Kampf für REUCHLIN mit einer Epistolar-Satire gegen die spätscholastischen Finsterlinge ein. ULRICH VON HUTTEN setzt die Briefsatire vehement und pathetisch fort.

Um 1517 stand in Deutschland *der Humanismus* im Mittelpunkt aller geistigen Interessen. Die meisten Zeitgenossen sahen im Zusammenhang mit ihm auch das Auftreten LUTHERS. Die Humanisten unterstützten seine Sache durch eine ganz Flut pseudonymer und anonymer dialogischer und halbdramatischer Satiren in lateinischer und deutscher Sprache. Erst im Laufe der Zwanzigerjahre vollzog sich die Scheidung zwischen Humanisten und Reformatoren. Der Standort war z. T. auch eine Generationsfrage. Noch lange versuchten einzelne Persönlichkeiten eine Vermittlung auf humanistischer Ebene. ERASMUS veröffentlichte 1523 die Schrift ‹De sarcienda ecclesiae concordia›. MELANCHTHON blieb eigentlich bis zu seinem Tode bereit zur Verständigung. Aber das war nur die eine Seite. Eine andere verkörpern, abgesehen von LUTHER, ULRICH VON HUTTEN und seine Anhänger.

JOHANNES REUCHLIN war stets ein Mann des Friedens, nicht des Streites. Er befand sich bereits in der Mitte des sechsten Jahrzehntes seines Lebens, als er 1509 in einen Konflikt verwickelt wurde, der als der *Pfeffer-*

korn-Reuchlinsche Streit in der Geistesgeschichte des beginnenden 16. Jahrhunderts bedeutsam wurde. Von 1510 bis zum Ausbruch der Reformation stand REUCHLIN im Zentrum dieses ganz Europa erregenden Streites über die hebräische Literatur. Der *Pfefferkorn-Reuchlinsche Streit* entstand, als der 1502 konvertierte Kölner Jude JOHANNES PFEFFERKORN (1469–1522/1523) seine ehemaligen Glaubensgenossen in vier Schriften, ‹Judenspiegel› (Köln 1507), ‹Judenbeicht› (Köln 1508), ‹Osterbuch› (Köln 1509) und ‹Judenfeind› (Köln 1509), des Wuchergeistes und Christenhasses beschuldigte und dabei verlangte, die Juden sollten ihre hebräische Literatur, besonders den Talmud, ausliefern. An der Übertragung dieser vier Veröffentlichungen ins Lateinische (gedr. 1508/09) beteiligte sich ORTWIN GRATIUS, Professor der schönen Wissenschaften zu Köln. PFEFFERKORN verstand es auch, 1509 ein Mandat Kaiser MAXIMILIANS I. zu erwirken, das ihn ermächtigte, Judenbücher, deren Inhalt dem christlichen Glauben und dem jüdischen Gesetz zuwiderlaufe, einzuziehen. Als sich bei der Konfiskation Schwierigkeiten ergaben, legte der Kaiser die Angelegenheit in die Hände des Erzbischofs von Mainz URIEL VON GEMMINGEN und befahl, sachverständige Gelehrte zu befragen, sowie Gutachten der Universitäten Mainz, Köln, Erfurt und Heidelberg einzuholen. Die drei ersteren sprachen sich für PFEFFERKORN aus, Heidelberg erklärte die Sache für noch nicht spruchreif. Von den Sachverständigen traten der Dominikaner und Großinquisitor JAKOB VON HOCHSTRATEN und der einstige Rabbiner und nunmehrige Priester VIKTOR VON CARBEN ebenfalls für PFEFFERKORN ein; der anerkannt beste Kenner der hebräischen Literatur jedoch, JOHANNES REUCHLIN, verfocht in seinem Gutachten die Ansicht, nur Bücher mit offenkundigen Schmähungen solle man einziehen, die übrigen aber den Juden belassen.

Da REUCHLIN in seinem Gutachten auch persönliche Angriffe gegen PFEFFERKORN erhoben hatte und u. a. die Lauterkeit der Motive seiner Konversion in Zweifel zog, antwortete dieser in einem ‹Handspiegel› (Frühjahr 1511), gewidmet ARNOLD VON TUNGERN, Professor in Köln. REUCHLIN erwiderte in einem ‹Augenspiegel› (August 1511) als kenntnisreicher Jurist, allerdings auch mit neuerlichen Schmähungen PFEFFERKORNS und Angriffen gegen die Kölner theologische Fakultät. ‹Augenspiegel› ist das deutsche Wort für Brille. Die 42 Quartblätter umfassende Schrift besteht aus den Urkunden des Kaisers und des Erzbischofs, einer Schilderung des bisherigen Handels, dem Gutachten samt Deklaration der darin enthaltenen Ansichten und der Aufdeckung von 34 Unwahrheiten im ‹Handspiegel›. REUCHLIN bezweckte damit eine Rechtfertigung der hebräischen Literatur gegenüber ungerechtfertigten Angriffen und die Verteidigung seiner persönlichen Ehre. Auf PFEFFERKORNS Veranlassung verbot der Erzbischof von Mainz den Verkauf des ‹Augenspiegels› auf der Frankfurter Herbstmesse, und der Inquisitor HOCHSTRATEN forderte die

Kölner theologische Fakultät auf, das Buch zu überprüfen. Mit der Untersuchung wurden TUNGERN und REUCHLINS Freund KONRAD KOLLIN betraut. Das Urteil fiel milde aus, und REUCHLIN zeigte sich zur Verständigung geneigt. Da aber seine Rechtfertigungsschrift ‹Ain clare verstentnuss in tütsch› (22. März 1512) TUNGERN nicht befriedigte, versuchte dieser in den ‹Articuli sive propositiones de iudaico favore nimis suspecte ex libello theutonico domini Joannis Reuchlin … (cui speculi ocularis titulus inscriptus est) extractae› (1512) eine Anzahl Sätze des ‹Augenspiegels› als ketzerisch zu erweisen. Überdies erreichten die Kölner beim Kaiser ein Verbot der Drucklegung und des Vertriebes des ‹Augenspiegels›, und PFEFFERKORN ließ gegen die Juden und REUCHLIN einen ‹Brandspiegel› (Ende 1512) los. Ermuntert durch seine zahlreichen Freunde, die in den Kölnern auch Feinde ihrer humanistischen Bestrebungen sahen, richtete REUCHLIN nunmehr an den Kaiser eine ‹Defensio contra calumniatores suos Colonienses› (1513), eine rechtskundige Verteidigungsschrift zwar, aber auch durchsetzt mit heftigen Ausfällen gegen PFEFFERKORN, ORTWIN GRATIUS und TUNGERN. Als die Kölner daraufhin sich ebenfalls an den Kaiser wandten, legte MAXIMILIAN I. beiden Parteien Stillschweigen auf und ließ (9. Juli 1513) REUCHLINS ‹Defensio› einziehen. Nebenher riefen die Kölner sowohl ihre eigene theologische Fakultät wie auch die von Mainz, Erfurt und Löwen um ein Gutachten über den ‹Augenspiegel› an. Alle vier verurteilten das Buch, doch Erfurt versuchte dabei den Verfasser zu entschuldigen. Später schloß sich auch die Universität Paris dem Urteil an und verlangte die Verbrennung des Talmud.

Gleich nach dem Urteilsspruch der Kölner Fakultät lud HOCHSTRATEN mit Einwilligung der Universität REUCHLIN vor sein Inquisitionsgericht nach Mainz. Trotz der Unrechtmäßigkeit des Verfahrens nahm REUCHLIN die Ladung an, ließ aber im Verlauf der Verhandlung durch seinen Prokurator an den Papst (LEO X.) appellieren. HOCHSTRATEN lenkte ein und übertrug die richterliche Entscheidung den Kommissaren des Erzbischofs von Mainz. Um einen friedlichen Austrag zu ermöglichen, reiste REUCHLIN persönlich nach Mainz. Am Tage der Ankunft ließ HOCHSTRATEN den ‹Augenspiegel› konfiszieren. Bei der Verhandlung wiederholte REUCHLIN seine Appellation an den Papst. Die Kurie übertrug die Entscheidung dem Bischof von Speyer bzw. Worms. Der erstere, Pfalzgraf GEORG, übernahm die Aufgabe. Obgleich nunmehr auch HOCHSTRATEN an das päpstliche Gericht berufen hatte, fällte man in Speyer am 29. März 1514 einen Urteilsspruch, der den Mainzer Prozeß für ungültig und den gegen den ‹Augenspiegel› erhobenen Beschuldigungen der Ketzerei etc. für unzutreffend erklärte, HOCHSTRATEN und seinen Anhängern Stillschweigen auferlegte und sie verpflichtete, die Kosten des Mainzer wie des Speyerer Prozesses zu tragen. REUCHLIN war also in erster Instanz freigesprochen. Als Folge der Appellation erließ der römische Gerichtshof am 19. Januar 1515 ein Verbot an die Kölner, solange der Streit schwebe, irgendetwas zu dessen Verschärfung oder zur Schmähung des Gerichtes oder zum Nachteil REUCHLINS zu beginnen. Aber statt der Freisprechung REUCHLINS, die nach einer Kommissionssitzung vom 2. Juli 1516 auch von der zweiten Instanz erwartet wurde, erfolgte ein päpstliches ‹Mandatum de supersedendo›, das die Entscheidung bis auf weiteres vertagte.

Inzwischen war aber weder ORTWIN GRATIUS noch PFEFFERKORN untätig gewesen. Der erstere hatte um Ostern 1514 eine Sammelschrift ‹Contra speculum oculare›, enthaltend eine Darstellung des Mainzer Prozesses, die Gutachten der vier Universitäten und die angeblich ketzerischen Artikel des ‹Augenspiegels›, redigiert, durch eigene ‹Praenotamenta› eingeleitet und veröffentlicht; der andere noch vor dem Erscheinen der ‹Acta Doctorum Parrhisiensium› (5. Dezember 1514) in seiner ‹Sturmglock› (1514) das Pariser Urteil in deutscher Übersetzung herausgegeben.

Ermutigt durch den Freispruch des Speyerer Gerichtes und um zu zeigen, welchen Ansehens er sich trotz PFEFFERKORN und der Kölner Theologenpartei in der Welt erfreute, hatte REUCHLIN aus seinem Briefwechsel die Zuschriften angesehener Gesinnungsfreunde ausgewählt, ihnen den Titel ‹Clarorum virorum epistolae, latinae, graecae et hebraicae variis temporibus missae ad Joannem Reuchlin Phorcensem› gegeben und im März 1514 in Tübingen veröffentlicht. REUCHLINS Freunde publizierten (Hagenau 1519) mit seiner Zustimmung eine zweite Sammlung solcher echter Briefe unter dem Titel ‹Illustrium virorum epistolae› mit der Ankündigung am Schluß, daß ein drittes Buch «über die Dinge in Rom» folgen solle. Noch 1514 beschloß REUCHLINS Erfurter Freundeskreis, den Meister in einem großen ‹Triumphus Doctoris Reuchlin› (1. Fassung Juni 1514, gedr. Tübingen 1518), verfaßt vermutlich von ULRICH VON HUTTEN, zu verherrlichen. Als drittes nahm eine Satire ‹Contra Sentimentum Parrhisiense› (1514) den Urteilsspruch der Pariser theologischen Fakultät vom 2. August 1514 und die Verkehrtheiten der Gegner zum Gegenstand ihres Spottes.

Was in diesen beiden letzteren Schriften versucht ist, das wurde in großem Umfang und mit genialer Begabung durchgeführt in einem Gegenstück zu den ‹Briefen berühmter Männer›, den fingierten ‹Epistolae obscurorum virorum ad venerabilem virum Magistrum Ortvinum Gratium› (Hagenau, Oktober 1515). Diese Sammlung von ‹Briefen der Dunkelmänner› an REUCHLINS Gegenpol ORTWIN GRATIUS umfaßte zuerst 41 Briefe. Auf einen Nachdruck folgte nach Jahresfrist eine am Schluß um 7 Briefe vermehrte Ausgabe, und einige Monate später eine zweite ganz neue Sammlung von 62 an denselben ORTWIN GRATIUS gerichteter Briefe: ‹Epistolae obscurorum virorum ad Magistrum Ortvinum Gratium› (Köln, spätestens Frühjahr 1517). Die zwei Teile der ‹Dunkelmännerbriefe› sind der Form nach ein Werk der Epistolographie, dem Inhalt nach *Kulturkritik* an der Spätscholastik.

Durch eine kühne Fiktion wird ORTWIN GRATIUS als die wissenschaftliche Hauptstütze der Kölner Theologenpartei brieflich mit einem weitverzweigten Schüler- und Freundeskreis in Deutschland und Rom in Verbindung gesetzt, der sich in wunderbarer Übereinstimmung mit der Geistesrichtung seines verehrten Meisters befindet. Alle halten sie fest an den vom Mittelalter überkommenen Formen und kämpfen geschlossen gegen die humanistischen Neuerer, bekunden im Hebraismusstreit ihre Treue zu ORTWIN und der kirchlichen Autorität und verfolgen mit Spannung den ganzen Konflikt. In der vordersten Linie der ‹Dunkelmänner› stehen PFEFFERKORN, HOCHSTRATEN und TUNGERN. Der Meister der Zunft aber ist ORTWIN GRATIUS: Er ist unantastbar als Dichter und Schriftsteller, hat die größte Erfahrung in Dingen der Liebe und vermag als unfehlbare Autorität in der Wissenschaft jede Streitfrage zu lösen. Um diese Hauptpersonen bewegen sich eine Anzahl kleinerer Geister, ebenfalls obskur in Wissenschaft und Logik, Feinde des Humanismus, obskur im Leben und Lieben, aber alle saturiert und einem behaglichen Quietismus ergeben. Dieser dunklen *sodalitas* wird eine humanistische gegenübergestellt, deren Angehörige sich hauptsächlich aus Juristen und Poeten zusammensetzen, voran selbstverständlich REUCHLIN.

Die Verfasser der ‹Epistolae obscurorum virorum› brachten drei Hauptelemente der Zeit zu einer Synthese: 1. das spätscholastisch-gelehrte, 2. das antik-modern individualistische, 3. das volkstümlich-derbe. Die ‹Dunkelmännerbriefe› stehen in Zusammenhang mit der gleichzeitigen komischen Literatur, der volkstümlichen wie der gelehrten: den Fastnachtspielen, den scherzhaften Universitätsdisputationen, dem Universitätswitz, dem Narrenkult eines BRANT, MURNER, ERASMUS. Die Verbindung der mimischen Satire mit der Brieform ist vorgebildet etwa bei JAKOB HARTLIEB in der Scherzrede ‹De fide meretricum› (1499/1500). Wie schon der Name besagt, wollte man mit den ‹Epistolae obscurorum virorum› ein satirisches Gegenstück schaffen zu den 1514 erschienenen ‹Epistolae clarorum virorum›. Hier eine gebildete fortschrittlich gesinnte Gemeinschaft, dort eine zurückgebliebene Kaste und Schelmenzunft. Die Brieform ermöglicht ihre intimste geistige und persönliche Wesenszeichnung.

Die Wissenschaft dieser obskuren Universitätslehrer ist rückständig, alle sind sie Scholastiker, konservativ, das Neue wird verschmäht. Ihre wissenschaftliche Methode besteht größtenteils aus Zitieren. Sie sind belesen in der Bibel, in ARISTOTELES, den Scholastikern, in Lehr- und Handbüchern, von Klassikern nur in OVIDS ‹Ars amandi›. Diese Belesenheit wird genützt und gehoben durch die Dialektik oder Logik. Diese kann alles, man braucht gar nichts dabei zu denken, es geht mechanisch. Magister Dollenkopfius vermag den OVID vierfach auszulegen, naturaliter, litteraliter, historialiter, spiritualiter. Die Obscuri sind alle denkfaul. Dies wird gefördert durch ihre Handbücher. Mit dem heiligen Geist und Handbüchern wie dem ‹Brulifer› (d. i. STEPHAN BRULEFER, Verfasser der ‹Formalitates in doctrinam Scoti›, Paris 1490 u. ö.) und dem ‹Clipeus Thomistarum› (d. i. ‹Schild der Thomisten› gegen die Anwürfe im Makulistenstreit) kann man alles machen. Unschätzbar sind die ‹Conbibilationes›, die das Lesen der Quellen HIERONYMUS und AUGUSTINUS überflüssig machen, aber auch anderes. Frömmigkeit ist bei den Obskuren wenig vorhanden, dafür viel Theologie. Alle sind sie stramm orthodox. Am ehrenvollsten ist für sie das Prädikat eines ‹vir zelosus›. Jeder, der nicht glaubt, was sie glauben, ist ein Ketzer und muß verbrannt werden. Man ist eifrig und kirchlich, so lange es nützt. Sollte der Papst die Speyerer Sentenz für REUCHLIN gutheißen, dann ist man ohne weiteres der Ansicht, das Konzil stehe über dem Papst. Die Unwissenheit der Dunkelmänner in humanistischen Belangen ist grundsätzlicher Natur. Sie wollen von den windigen Poeten und der neuen Wissenschaft nichts wissen. «Poetria est cibus diaboli» sagt der HL. HIERONYMUS und der mußte es wissen.

Sie sind für die alte, schwere, solide Wissenschaft. Die Obscuri verstehen vor allem das gute Leben. Unbehindert von der Askese, huldigen sie rückhaltlos den Freuden der Tafel und der Liebe. Ein Hauptträger ist der Magister Conradus de Zwiccavia. Er ist eingehendst charakterisiert, naiv und glücklich, besteht ganz aus Liebe und mag es nicht leiden, wenn die Theologen auf die Weiber schimpfen. Mehr sentimentaler Liebhaber ist Mammotrectus Buntemantellus. Als dritter Liebender betätigt sich ORTWIN GRATIUS. Er hat ein sündiges Verhältnis mit der Frau PFEFFERKORN. Es ist ein sehr figurenreiches Bild, das aus dem I. Teil entgegentritt: Ungereizt sind die Obskuren meist friedliche Leute, auch philiströse Biederkeit fehlt nicht, einzelne sind geradezu menschlich liebenswürdige Herren. Alle sind sie saturiert. Ihre Weltanschauung steht fest, die Wissenschaft hat ihr Ziel erreicht, Gott und die Welt sind erklärt, das Jenseits ist gesichert.

Eine Analyse des Stiles im ersten Teil zeigt noch sehr viel mittelalterlich Klerikal-Scholastisches, Mimesis mit logisch wie sprachlich Charakteristischem. Dazu treten der von der italienischen Renaissance entwickelte Spott und Witz und teilweise auch Elemente antiker Satirendichter. Mit all dem vereinigte sich die derbe Komik der heimischen volkstümlichen Literatur. Den Typus des *vir obscurus* hatte der Hauptverfasser CROTUS RUBEANUS in seiner Gegenwart vor sich, er brauchte ihn nur zur Darstellung zu bringen. In Auflösung des Hauptthemas behandeln die Briefe an Themen: die Verspottung der Scholastik, den Kampf mit den Humanisten, Erotisches, die Verhöhnung obskurer Dichtung, den *Reuchlinschen Streit*, strebsame obskure Jugend wendet sich an ORTWIN GRATIUS, ORTWINS Krankheit, vermischte Nachrichten. Die Grundlage der satirischen Wirkung der ‹Epistolae obscurorum virorum› ist der Stil ihrer Sprache. Ihr Latein ist gemischt aus kirchenlateinischen, gebrauchslateinischen, quodlibetarischen und deutschen Bestandteilen. Der Wortschatz ist ungemein gering. Wenn Vokabeln fehlen, werden unter Berufung auf HORAZ (Ars poet. 52: «fingere nova vocabula») neue gebildet, oft auch nur, indem deutsche Ausdrücke mit lateinischen Endungen versehen werden, d. h. man bedient sich des makkaronischen Lateins. Die Gesetze der lateinischen Flexion und Syntax sind unbekannt, die letztere ist vorwiegend deutsch. Gleichwohl sind die Obskuren stolz auf ihre Dichtungen. Der Sprachstil des CROTUS bewirkt die Anschaulichkeit seiner epischen Darstellung. Voraussetzung ist natürlich die Intensität seines inneren Schauens. Als Kunstmittel werden Ironie, Humor, Naivitäten, Groteskes, Witz verwendet. Die komische Anschauung der Welt durchdringt das Gesamte des Werkes.

Der zweite Teil der ‹Epistolae obscurorum virorum› entstand unter ganz anderen Umständen und hat ein ganz anderes Weltbild als der erste. Im ersten hatte man in grotesker Verzerrung ein buntes Bild des obskuren Lebens vor sich, großenteils hinter der Szene spielte sich der Hebraismus-Streit ab. Im zweiten Teil ist der Reuchlinsche Handel der Hauptgegenstand und das obskure Dasein gibt nur die Staffage ab. Als der Hauptverfasser ULRICH VON HUTTEN 1515 das zweite Mal nach Italien ging, war er bereits voll leidenschaftlicher Anteilnahme an allen großen Angelegenheiten des öffentlichen Lebens. Die Animosität gegen Rom und eine geradezu dämonisch sich steigernde Erregung verbinden sich zu lebhaftester Teilnahme am Reuchlinschen Prozeß, dessen Schauplatz Rom war. Der zweite Teil der ‹Dunkelmännerbriefe› ist kein originales Werk mehr, sondern eine Fortsetzung des ersten. HUTTEN hält sich an die Grundidee und Konzeption des Werkes, aber er besitzt viel weniger poetische Kraft als CROTUS. Er bringt Fortsetzungen, Ausführungen, Weiterdichtungen, Ergänzungen, Umformungen. Er verfügt aber nicht über die Naivität des CROTUS, er ist greller, übertreibt die Motivik und verbreitert die Anlage. CROTUS nahm die Obskuren nicht tragisch, HUTTEN nimmt sie bitter ernst; nicht selten mißversteht er seine Vorlage. CROTUS war Genremaler und Idylliker und arbeitete mit indirekter mimischer Satire, HUTTEN arbeitet mit direkter Satire und tendenziöser Polemik. Er bringt in aus Rom datierten Briefen konsequente Erörterungen über die Lage des *Reuchlinschen Streites,* verhöhnt die Gegner, verherrlicht die Humanisten, besonders ERASMUS, gibt Generalübersichten über Freunde und Feinde. Seine dauernden Wiederholungen derselben Topoi führen statt zu einem Stil zu einer Manier. Unter der aktuellen Tendenz verdorrt die Mimik, an die Stelle mimischer Ironie tritt entrüstetes Pathos. HUTTENS Schilderungen sind kulturhistorisch interessant, aber von geringem ästhetischem Wert. Ihm fehlt die unbedingte komische Anschauung der Welt, er bleibt in äußerlichem Scherz und Possenhaftem stecken. Alles nährt er mit eigenen Erlebnissen, die er den Obskuren unterlegt. Es fehlt an erfinderischer Phantasie und ausgestaltender Darstellungsgabe; er ist Kämpfer und extremer Idealist. Sein Inhalt verlangt eine direkt satirische, ja pamphletische Behandlungsweise. Da er aber die äußere Form aus dem ersten Teil beibehält, erscheint diese nicht mehr organisch, sondern mechanisch hinzugenommen, und das Ergebnis ist ein Mißverhältnis von Form und Inhalt. CROTUS war ruhig sachlicher Künstler und Gestalter, HUTTEN ist politischer Tagesschriftsteller.

Die ‹Dunkelmännerbriefe› sind das große literarische Ergebnis des *Pfefferkorn-Reuchlinschen Streites,* das in kürzester Zeit über die Grenzen Deutschlands zu einem Werk der Weltliteratur geworden ist. Eine Briefsatire mit allen Vorzügen und gewiß auch Schatten dieser Gattung, herausgewachsen aus der Literatur ihrer Zeit. Im Derb-Komischen ihres Wesens waren die volkstümlichen Fastnachtspiele und die weitverzweigte Narrenliteratur, in die ERASMUS ein ästhetisches Element gebracht hatte, ihre Vorfahren. Für das Scholastisch-Gelehrte und Sprachlich-Stilistische entnahmen sie dem spätmittelalterlichen Lehrbetrieb, der scherzhaften Universitätsliteratur und dem Klosterwitz wesentliche Elemente. Ihre Kunst der Charakteristik, Schärfe der Beobachtung und Zeichnung, ihre

Unmittelbarkeit und Anschaulichkeit übertraf jedoch alles, was Mittelalter und Humanismus bisher an satirischer Literatur hervorgebracht hatten. Diese Satire in Briefform ist gleichzeitig der literarische Höhepunkt der humanistischen Epistolographie.

Fast alles in den Briefen dreht sich um REUCHLIN; nur ausnahmsweise wird er in einem Schreiben einmal nicht genannt. Während aber im ersten Teil die Reuchlinsche Frage aus künstlerischen Gründen im Hinter- oder Mittelgrund steht, wird sie im zweiten Teil als eine große Hauptsache behandelt. Die Heerschar seiner Anhänger verteilt sich über ganz Deutschland.

Die Suche nach dem *Verfasser* der anonym erschienenen Satire blieb lange Zeit vergeblich. Wichtige zeitgenössische Zeugnisse sind die ‹Responsio ad Apologiam Joannis Croti Rubeani› (1532) des lutherischen Theologen JUSTUS MENIUS (1499–1558), der Briefwechsel des CROTUS und der Briefwechsel HUTTENS. In neuerer Zeit leiteten die Arbeiten von FRIEDRICH WILHELM KAMPSCHULTE, DAVID FRIEDRICH STRAUSS, EDUARD BÖKING, CARL KRAUSE und LUDWIG GEIGER die Forschung in festere Bahnen, auf denen WALTHER BRECHT und ALOYS BÖMER vorläufig abschließende Resultate erzielten. Nach ihnen gilt auf Grund äußerer Zeugnisse wie der Untersuchungen von Sprache und Stil als feststehend: die Heimat der ‹Epistolae obscurorum virorum› ist der Erfurter Humanistenkreis. Der Verfasser von I ist in der Hauptsache CROTUS RUBEANUS. Er ist der Urheber der Idee, von ihm rühren der Grundstock und die Anordnung des Werkes. Neben CROTUS sind ULRICH VON HUTTEN mit I, 1, HERMANN VON DEM BUSCHE so gut wie sicher mit I, 19, 36, vielleicht auch mit I, 12 und I, 39 beteiligt. Der Appendix zu I und der Hauptbestand von II ist von HUTTEN verfaßt. Nur bei II, 13, 17, 29, 42, 61, 62 ist HUTTENS Autorschaft nicht mit Sicherheit zu erhärten. Bei den vier ersteren kommt HUTTENS Freund JAKOB FUCHS als Verfasser in Frage, bei II, 61 und II, 62 spricht manches für BUSCH. Die von CROTUS verfaßten Teile sind stilistisch einheitlich und beobachten die Gesetze der indirekten oder mimischen Satire. Die HUTTEN zugehörigen Partien sind eine Kopie und verfallen auf Schritt und Tritt in direkte pathetische Satire.

CROTUS war in hohem Maße die Kunst der Beobachtung wie die Gabe der Ironie und des Witzes verliehen. Er kam selbst vom Mönchisch-Scholastischen her und verfügte über den Spott und Witz der italienischen Renaissance. Ein anschauender Mensch mit angeborener dialektischer Begabung, zeichete er in phantasievoller Kleinmalerei eine gemütvolle Idylle und malte das naturechte Bild eines behaglichen Epikureismus. HUTTEN ist Nachahmer und Fortsetzer, der das Aktuelle in polemischer Weise ausnützte; er ist bewegter und gröber, die Mimik schlägt in Polemik, die indirekte in die direkte Satire um. CROTUS stand während der Arbeit noch mitten im Humanismus, HUTTEN befand sich im Übergang vom Humanistischen zum Reformatorischen.

Von den Angegriffenen versuchte zuerst PFEFFERKORN sich zu wehren, indem er das ‹Streydtpüchlyn› (1516) veröffentlichte. Am 5. März 1517 folgte die päpstliche Verdammungsbulle gegen die Briefsammlung. Etwas später wollte ORTWIN GRATIUS mit den ‹Lamentationes obscurorum virorum› (zwei Ausgaben 1518) Gleiches mit Gleichem vergelten, ohne daß er damit Erfolg gehabt hätte.

Durch die ‹Dunkelmännerbriefe› wurde die Auseinandersetzung über die *Pfefferkorn-Reuchlinsche* Angelegenheit, die sich bis dahin im wesentlichen in den Stuben der Gelehrten abgespielt hatte, in die Öffentlichkeit getragen. Die Briefe machten den Streit populär und haben dadurch die Reformation vorbereitet. REUCHLIN war auf einmal zum Schulhaupt und Parteiführer des Humanismus geworden, eine Persönlichkeit von europäischem Namen und Rang. Alte und Junge, Nah- und Fernstehende, Gelehrte und Fürsten haben sich mit ihm solidarisch erklärt. Was sie alle mit Bewunderung erfüllte, war die Lauterkeit und Unbestechlichkeit seines Charakters, die Ehrlichkeit der Forschung, der unbedingte Wahrheitstrieb. REUCHLIN stand auf dem Gipfel seines Ruhmes. Der ‹Triumphus Reuchlini› zeigt auf einem Holzschnitt REUCHLIN als Sieger einziehend in seine Vaterstadt. Vor den weitgeöffneten Toren sind die Bewohner der Stadt zum Empfang des Gefeierten versammelt, geschmückt mit Kränzen und Zweigen. Auf einer Altane musizieren die Spielleute. Auf einem mit Blumen umwundenen Wagen, das Haupt mit Lorbeer und Efeu bekränzt, zieht der Triumphator ein in seine Heimatstadt, von der er einst als unbekannter Scholar seinen Weg genommen hatte in die weite Welt.

Durch die ‹Dunkelmännerbriefe› war der Hebraismusstreit literarisch zu Gunsten REUCHLINS gewendet, nicht aber der kirchenrechtliche Prozeß. Trotz der für REUCHLIN günstigen Stimmung auch am päpstlichen Hof, hatte man sich dort zu einem aufschiebenden Verfahren entschlossen. Schließlich erfolgte am 23. Juni 1520 unter dem Einfluß der lutherischen Sache doch die Verurteilung REUCHLINS: Der ‹Augenspiegel› wurde verboten und REUCHLIN die Tragung sämtlicher Prozeßkosten auferlegt.

Die wichtigsten späteren Satiren, schon in engem Zusammenhang mit der Reformation, waren der ‹Hochstratus ovans› (1520?) von HERMANN VON DEM BUSCHE (?), der ‹Eckius dedolatus› (1520) von FABIUS ZONARIUS-PIRCKHEIMER und die Satirenwerke ‹Dialogi septem› (1520/21), die unter dem Decknamen S. ABYDENUS CORALLUS GERM. erschien.

Viel inniger mit dem Humanismus verbunden, als es sein in den ‹Epistolae obscurorum virorum› durch die Satire notwendig verzerrtes Bild glauben macht, war der Zunftmeister der ‹Dunkelmänner› ORTWIN GRATIUS (1480–1542). Aus altadeligem westfälischem Geschlecht, in Deventer herangebildet und zuletzt noch als Lehrer tätig, schloß er sich in Köln eng an den Juristen PETRUS VON RAVENNA an. Mit ihm trat er im Dezember 1507 auch bei den ‹Orationes quodlibeticae› (Köln 1508) auf und hielt vor der versammelten Universität Reden über die Sieben freien Künste.

Darin zeigt er sich durchwegs als Anhänger des Humanismus, der die Philosophie und die Sieben freien Künste verherrlicht, die Poesie gegen die Behauptung, sie sei entweder gar keine oder eine nutzlose und liederliche Kunst, in Schutz nimmt und die Dichter vom Vorwurf der Lüge, Sittenlosigkeit und des Unglaubens rechtfertigt. ORTWIN bejaht und rechtfertigt ferner die ethische Bedeutung der alten Götter- und Heroensagen und verlangt, daß dem Dichter die gleiche Verehrung zukomme, die dem Philosophen zuteil wird. Wie die Philosophie die Erforscherin der Wahrheit, so sei die Poesie deren treueste Bewahrerin. Gleich seinem einstigen Lehrer ALEXANDER HEGIUS verspottet er die sophistischen Spitzfindigkeiten und Silbenstechereien und bekämpft die veralteten Lehrbehelfe des ausgehenden Mittelalters.

In gleichem Licht zeigt ORTWIN sich auch in der Apologie des PETRUS VON RAVENNA ‹Criticomastix› (beigedruckt dem ‹Alphabetum aureum› 1508). Erwähnenswert sind ferner Gedichte auf den HL. SUIDBERT und auf die Jungfrau Maria. Gegen Ende seines Lebens erschien noch als Anhang einer Predigtsammlung des Wiener Bischofs JOHANNES FABRI ein ‹Triumphus beati Job› (1537) in vier Büchern. Mit einem ‹Fasciculus rerum expetendarum ac fugiendarum› (Köln 1535), einer Sammlung von über sechzig Schriften verschiedener Verfasser zur Kirchenreform, trat er in den Wirren der Reformation nochmals in den Vordergrund. Bis um 1508 blieb ORTWIN begeisterter Anhänger der neuen Studien und bemühte sich verdienstvoll um die Aufnahme des Humanismus in Westfalen. Eine scharfe Auseinandersetzung mit BUSCH über die Frage der Benutzung des *Donat* im Universitätsunterricht 1509 drängte ihn allmählich in ein anderes Lager; und vollends der *Reuchlinsche Streit* und die ‹Epistolae obscurorum virorum› zeichnen ihn als Chorführer entarteter Scholastik und beschränkten Menschen, der gegen die neue Bildung Front macht.

Was aber den Literarhistoriker am meisten interessiert, ist die *Persönlichkeit* des Planers der Satire und Verfassers des ersten Teiles der ‹Dunkelmännerbriefe› und sein anderes vorangehendes und nachfolgendes Schriftwerk. Die Gestalt ist biographisch in den wichtigsten Daten, Lebensphasen und Haltungen sicher erfaßbar. Schwieriger verhält es sich mit dem Entwicklungsgang und den einzelnen Phasen und Krisen dieser einmaligen satirischen Begabung und dem literarischen Schaffen des Mannes.

JOHANNES CROTUS RUBEANUS, d. i. JOHANNES JÄGER (*chrotos* = Schütze), Sohn eines Bauern zu Dornheim (daher RUBEANUS) in Thüringen, wurde um 1480 geboren und starb um 1545 zu Halberstadt. Er bezog 1498 die Universität Erfurt, wurde dort 1500 Baccalaureus, begab sich 1505 der Pest wegen in das Kloster Fulda, wo er ULRICH VON HUTTEN begegnete und mit ihm Freundschaft schloß. Nach einem kurzen Studienaufenthalt in Köln kehrten die beiden zurück nach Erfurt und wandten sich dem Kreis um MUTIANUS RUFUS, EOBANUS HESSUS etc. zu. Während HUTTEN auf Wanderschaft ging, oblag CROTUS weiter seinen Studien und erwarb 1507 den Magistergrad. Ein Preisgedicht auf die Universität Erfurt (1507) und ein ‹Bucolicon› (1509) zeigen sein stilistisches Talent. Darauf übernahm er 1509/10 die Leitung der Klosterschule in Fulda und behielt sie bis etwa 1516. Von Fulda aus griff CROTUS in den *Pfefferkorn-*

Reuchlinschen Streit ein. Dem folgte ein fast dreijähriger Aufenthalt in Italien mit Promotion zum Dr. theol. in Bologna und ein neuerliches Zusammentreffen mit HUTTEN. Nach der Rückkehr in die Heimat wurde er Herbst 1520 zum Rektor der Universität Erfurt gewählt. CROTUS begrüßte zuerst das Auftreten LUTHERS. Als dessen Haltung aber· immer schärfer antirömisch wurde und in Wittenberg Unruhen ausbrachen, begann er 1521, sich von der Reformation zurückzuziehen. Drei Jahre später trat er als Rat in die Dienste des Hochmeisters ALBRECHT D. Ä. VON BRANDENBURG zu Königsberg, verließ 1530 Preußen, lebte einige Zeit in Breslau und Leipzig und wirkte dann bis gegen sein Lebensende als Rat und Kanonikus in Halle im Dienste des Erzbischofs ALBRECHT VON MAINZ. Als Angehöriger des altgläubigen Lagers veröffentlichte er 1531 eine Apologie des Erzbischofs, in der er seinen Herrn gegen die Lutherischen verteidigte und sich entschieden gegen die religiösen Neuerungen aussprach. Die Folgen waren mancherlei Schmähungen von seiten der Anhänger LUTHERS. Eine anonyme – von seinem Fuldaer Schüler JUSTUS MENIUS stammende – Antwort auf die Apologie verriet seine Verfasserschaft der ‹Dunkelmännerbriefe›.

EDUARD BÖCKING und WALTHER BRECHT schrieben aus inhaltlichen und formalen Gründen dem CROTUS eine ganze Reihe in die Nähe der ‹Epistolae obscurorum virorum› gehörigen, anonym und pseudonym erschienenen Satiren zu.

Als eine in Rom erlassene kirchliche Entscheidung gegen das 1514 gegen REUCHLIN gerichtete Gutachten der theologischen Fakultät in Paris fingiert ist der ‹Processus contra sentimentum Parrhisiense› (1514). Der Satire liegt die alte Form des Gerichtsstreites zugrunde. Parteien sind Cutius Gloricianus (vermutlich GLAREAN) und Hackinetus Petitus (GUILLAUME PETIT). Das Gericht entscheidet für Gloricianus. In einer mimisch-satirischen Predigt das Porträt eines echten *Obscurus* zeichnet die ‹Oratio funebris in laudem Johannis Cerdonis› (1518). Die ‹Triaden›, d. s. Sätze in Wortgruppen von je drei Gliedern, versuchen, von Italien aus den deutschen Landsmann in amüsanter und pointierter Weise über die Maßstäbe in Rom aufzuklären. SYLVESTER PRIERIAS und HOCHSTRATEN ironisch gewidmet ist der ‹Tractatulus quidam solemnis de arte et modo inquirendi quoscunque haereticos, secundum consuetudinem Romanae curiae› (1519), d. s. zwölf Regeln, wie man Häretiker verhören solle. Daraus folgt: unrichtig verhört wurden die vier Dominikaner in Bern (vgl. S. 587), richtig verhört wurden HUS und HIERONYMUS VON PRAG. Den gleichen Erfolg hätte man bei REUCHLIN haben können, wenn man seine Artikel nur *ad sanctam ecclesiam*, nicht *ad sanctam scripturam* geprüft hätte. Ebenfalls CROTUS zugewiesen wurden: die in deutscher Sprache abgefaßten ‹Triaden› für HUTTENS Dialog ‹Vadiscus› und die ‹Dialogi septem festivi candidi: Authore S. Abydeno Corallo. Germ.›, die ‹Oratio pro Hutteno et Luthero› und die ‹Oratio de virtute clavium›. Diese Zuschreibungen sind später, besonders von PAUL MERKER, angezweifelt worden, ohne daß es gelungen wäre, gesichertere Resultate zu erzielen. Die ‹Dialogi septem› (1520/21) sind sieben kurze Dialoge: ‹Momus›, ‹Carolus›, ‹Pugna Pietatis et Superstitionis›, ‹Conciliabolum Theologistarum›, ‹Apophthegmata Vadisci et Pasquilli de corrupto statu ecclesiae›, ‹Huttenus captivus›, ‹Huttenus illustris›.

Der ‹Momus› ist ein Gespräch über die politischen und religiösen Zeitverhältnisse; der ‹Carolus› schildert den Besuch des jungen KARL V. in der Unterwelt bei seinem Großvater MAXIMILIAN I.; der dritte Dialog ist ein Streitgespräch zwischen Frömmigkeit und Aberglauben. Das Kabinettstück der Sammlung stellt das ‹Conciliabolum› dar: die dramatisch lebendige Schilderung einer Sitzung der theologischen Fakultät in Köln mit Dekan HOCHSTRATEN und neun Professoren, darunter LEE, ECK, TUNGERN u. a. Die Apophthegmen sind meist Bibelzitate, gedeutet auf die Verfallserschienungen der alten Kirche. Die beiden letzten Gespräche behandeln HUTTENS Verfolgung und Verklärung.

Unter dem gleichen, bisher nicht sicher enträtselten Pseudonym ABYDENUS CORALLUS erschien auch die ‹Oratio ad Carolum Augustum et Germaniae principes pro Ulricho Hutteno et Martino Luthero›, ‹Rede für Hutten und Luther an Kaiser Karl und die deutschen Fürsten›. An dieselbe Adresse gerichtet ist die satirische ‹Oratio Constantii Eubuli Moventini de virtute clavium et bulla condemnationis Leonis decimi contra Martinum Lutherum› (1521) über die Schlüsselgewalt und Verdammungsbulle LEOS X. gegen LUTHER. HUTTEN und LUTHER führen die Sache der deutschen Reform. Sie sollen geschützt werden. – Wie immer es sich mit diesen Zuschreibungen verhält: CROTUS war eine der stärksten satirischen Begabungen der damaligen deutschen Literatur, die in den ‹Epistolae obscurorum virorum› nach BRANTS ‹Narrenschiff› abermals europäische Geltung erreichte.

Durch den *Pfefferkorn-Reuchlinschen Streit* hatten sich in der deutschen Bildungswelt zwei Fronten herausgebildet: *clari viri* und *obcuri viri*, modern gesinnte Humanisten, von Reformideen erfüllt, und Spätscholastiker, die der Antike mit mittelalterlich christlichen Vorbehalten gegenüberstanden. Nicht wenige Humanisten hielten die Anfänge der Reformation für eine Fortsetzung des Hebraismus-Streites. Die im Gefolge der ‹Epistolae obscurorum virorum› entstandenen Satiren, am deutlichsten der ‹Eckius dedolatus›, sehen bei der Leipziger Disputation noch durchaus die genannten Fronten: LUTHER mit seinen Anhängern, ECK und seine Leute. Und ein Humanist wie HUTTEN geht vom Eintreten für REUCHLIN unmittelbar über zum Kampf für LUTHER und die Reformation. Doch das galt nur für kurze Zeit. Die aus der Tiefe der religiösen Zeitlage kommende Reformation erwies sich bald als eine viel dynamischere Bewegung.

3. Ulrich von Hutten;
Humanist und Ritter; Kampf gegen Rom

National gesinnten Humanismus im Sinne des CELTIS, moralische Kirchenreform im Geiste des ERASMUS, antipäpstliche und antirömische

Publizistik verbindet in lateinischer und deutscher Sprache ULRICH VON HUTTEN (1488–1523). Er sank aus mittelalterlich fränkischem Reichsrittertum zum wandernden Studenten, wurde Anhänger der neuen Geistesrichtung und greift bereits leidenschaftlich ein in die reformatorischen Anfangskämpfe. HUTTEN gilt als einer der wortmächtigsten Schriftsteller seiner Zeit. Er beherrscht die polemische Rhetorik, die Mahnrede, die Briefparodie, den Dialog mit Streit- und Kampfschrift, die Formen der lateinischen und deutschen lyrischen Dichtung.

ULRICH VON HUTTEN wurde mit elf Jahren von seinen Eltern in die Benediktiner-Reichsabtei Fulda gebracht, deren Schule er sechs Jahre besuchte, bis er 1505 dem Kloster entwich. Die darauf folgenden Wanderjahre führten ihn an die Universitäten Köln, Erfurt, Frankfurt a. O., Greifswald, Rostock, Wittenberg; Lehranstalten, die noch großenteils einen spätmittelalterlichen Schulbetrieb unterhielten. Folgenreich wurde, daß HUTTEN in Köln und Erfurt mit CROTUS RUBEANUS zusammentraf und Freundschaft schloß und dadurch mit der Humanistengruppe um MUTIANUS RUFUS in Gotha in Verbindung kam. In Frankfurt und Leipzig war HUTTEN Schüler des RHAGIUS AESTICAMPIANUS, der ihn weiter in der Rhetorik ausbildete und tiefer hineinzog in moralphilosophische Bestrebungen. Die während der Wanderzeit entstandenen Gedichte HUTTENS sind Schularbeiten und Übungsstücke nach Vorbildern. Das Ziel seines Bildungsstrebens war: gut und gelehrt zu werden, Ruhm bei der Nachwelt zu erlangen, Heimatrecht im Kreise der Gebildeten zu erwerben.

Im Hinblick auf die *Form* kann man HUTTENS literarische Tätigkeit in drei Perioden teilen: die poetische von den frühen Epigrammen und Elegien 1506/07 bis zum Panegyrikus auf ALBRECHT VON MAINZ (1514) und die Epistel Italias an Kaiser MAXIMILIAN (1516); eine rhetorisch-epistolographische seit dem Rechtshandel gegen ULRICH VON WÜRTTEMBERG (1515); eine, in der er mit Vorliebe die Dialogform benützt, daneben aber auch die Streitrede, den Brief und das deutsche Gedicht nicht verschmäht. HUTTEN blieb zeitlebens erfüllt von einem ständisch ritterlichen Selbstgefühl. Während seines Bildungsganges nahm er Ideen des deutsch-patriotischen und des erasmischen Humanismus auf. Weiterentwickelt hat er vor allem die ersteren. Die Wesenszüge seines Charakters zeigen vorerst die am Ausgang der Vagantenjahre entstandenen ‹Lötze Klagen›. Von ihnen war bereits in einem anderen Zusammenhang (S. 615f.) die Rede. Nach HUTTENS Rückkehr aus Italien 1513 bot der Ehehandel zwischen Herzog ULRICH VON WÜRTTEMBERG und dessen Hofmanne HANS VON HUTTEN, der schließlich ermordet wurde, Anlaß zur Abfassung der vier ‹Reden gegen Herzog Ulrich von Württemberg› (1515/17).

Sie sind inhaltlich gekennzeichnet durch ihre scharfe Anklage gegen einen Territorialfürsten; in ihrer Agitation und meisterhaften Rhetorik entfalten sich ungehemmt der Schwung des Geistes und die Kraft der Empfindung, bis die Untat gesühnt und der Herzog mit Hilfe SICKINGENS aus dem Lande vertrieben ist. Die Steigerung der Agitationsrhetorik gegenüber den ‹Lötze-Klagen› ist beträchtlich.

Einen Blick in HUTTENS menschliche Wesenheit zeigt der ‹Outis. Nemo› (1515, gedr. 1518). Er begann die Schrift bereits in Greifswald. Nach der Rückkehr aus Italien brachte er sie 1515 zum Abschluß. Der üble Empfang im Elternhaus, die Enttäuschung und Entrüstung über den Sohn, der nicht als Doktor, sondern als ‹Nemo›, ‹Niemand› zurückgekehrt war, die Verachtung des Vaters für die humanistischen Spielereien veranlaßten HUTTEN, das ältere Werk zu überarbeiten. Aber auch die Sorge um die Zukunft der neuen Bildung: «O Sitten, o Studien, o ihr Häupter dieser Zeit! Warum streifen wir nicht jene Nacht ab und richten unsere Blicke auf die Wahrheit?» Die Neufassung machte aus der Dichtung einen Gesang auf die menschliche Unzulänglichkeit und die engen Grenzen seines irdischen Lebens. In der Vorrede an CROTUS RUBEANUS zum ‹Nemo› beginnt HUTTEN den Kampf gegen das römische Recht und die römischen Juristen, weil sie das deutsche Recht verdrängen, und gegen die Theologen. Der *Pfefferkorn-Reuchlinsche Streit* veranlaßte HUTTEN, seine literarischen Waffen gegen die späscholastische Wissenschaft zu kehren. ‹Der Triumphus Doctoris Reuchlini› (Hagenau 1519) und HUTTENS Beitrag zu den ‹Epistolae obscurorum virorum›, indem er einen zweiten Teil verfaßt und aus einer scharfen Satire eine bittere Invektive macht, kennzeichnen diese Lebensphase. Der Einfluß des ERASMUS und seiner Ideenwelt macht sich in ihr bemerkbar. Als dieser 1514/15 HUTTEN persönlich kennengelernt hatte, nahm er hinfort an HUTTENS Bestrebungen und literarischem Schaffen Anteil. In den ‹Adnotationes› zum Neuen Testament (1516) stellt er ihn auf eine Stufe neben STURM, MELANCHTHON, die AMERBACH und GLAREAN.

Um seine juridischen Studien abzuschließen, begab sich HUTTEN Ende 1515 ein zweites Mal nach Italien. Der Abschluß war die Bedingung für eine Anstellung am Hofe ALBRECHTS VON MAINZ. Im Sommer 1516 hielt HUTTEN sich in Rom auf und hatte Gelegenheit, das Papsttum in seiner Residenz zu sehen: den Apparat der päpstlichen Weltregierung, die Hofhaltung, die seelsorglichen und kirchenrechtlichen Verwaltungsbehörden. Das Ergebnis waren die ‹Italienischen Epigramme›.

In Rom lernte HUTTEN auch die ‹Annalen› des TACITUS kennen, die 1515 mit einem päpstlichen Privileg, das sie vor Nachdruck schützen sollte, bei BEROALDUS in Rom erschienen. Die schon früher bekannte ‹Germania› und ihre Interpretation durch den deutschen Humanismus hatte ihm den Gedanken eines deutschen Volkstums und das Ideal einer allgemeinen deutschen Sittenreinheit vermittelt, in den ‹Annalen› fand er die Gestalt des ARMINIUS, ein individuelles ethisches Vorbild, das er als Symbol des deutschen Wesens aufrichtet. In ARMINIUS glaubte HUTTEN, das Ideal des politischen Menschen gefunden zu haben: Mut, Tapferkeit, Willenskraft, feste Gesinnung. Sein nachgelassener Dialog ‹Arminius› (1519/20) begründet den ARMINIUS-Kult in Deutschland. HUTTEN führt in dieser Dichtung den innerpolitischen Freiheitsgedanken über in die Idee nationaler Unabhängigkeit nach außen. Deutsche Freiheit ist für ihn Freisein von Rom.

In Italien lernte HUTTEN vom Schrifttum des Humanismus kennen: PETRARCAS Schrift über die Fortuna, ENEA SILVIO, des EGNATIUS ‹De Caesaribus›; durch JOHANNES COCHLAEUS in Bologna die Schrift des LAURENTIUS VALLA über die Konstantinische Schenkung. In Bologna betrieb HUTTEN griechische Studien. Sie eröffneten ihm den Zugang zu LUKIAN, besonders dessen ‹Totengesprächen›. Damit wird der *Dialog* oder das Gespräch die bevorzugte Form seiner literarischen Erzeugnisse

Die Antike kannte und pflegte zwei Formen des Dialoges: den theoretisch-didaktisch gerichteten sog. sokratischen Dialog, wie er bei PLATO und CICERO seine höchste Blüte erreichte, und den satirisch-realistischen Dialog, den LUKIAN und seine Schule pflegten. Die beiden Dialogarten sind nicht immer streng getrennt. Das scholastische Mittelalter übernahm von diesen beiden Formen in der Hauptsache nur die erste auf philosophische Untersuchung und Feststellung einer begrifflichen oder sachlichen Wahrheit hinstrebenden Gattung. Den zweiten Gesprächstypus brachte erst die italienische Renaissance wieder zu Ehren, voll entwickelt etwa bei PANDOLFO COLLENUCCIO (1444–1504) und GIOVANNI PONTANO. In Deutschland erfolgte die Aufnahme sowohl über das italienische Vorbild als auch den spätantiken Archetypus. Zum Teil noch innerhalb der mittelalterlichen Tradition, z. T. geschult an Vorbildern des Altertums haben NIKOLAUS VON CUES und REUCHLIN sich der Gesprächsform für ihre philosophischen und wissenschaftlichen Schriften bedient. Später zeigten BEMBO in den ‹Asolani›, ERASMUS in den ‹Colloquia› und HUTTEN in seinen Dialogen, wie man Gegenstände und Fragen der Zeit in Unterhaltungen und Gesprächen anziehend behandeln könne.

Noch aus der Kampfstimmmung gegen Herzog ULRICH schrieb HUTTEN seinen ersten Dialog ‹Phalarismus› (1517), dem bald eine Reihe anderer Gespräche folgte. Im lukianischen Dialog fand HUTTEN die ihm gemäße Form, um Frage und Antwort seines Fühlens und Denkens auszudrücken. Im ‹Phalarismus› muß der Tyrann (Herzog ULRICH) in die Unterwelt hinabsteigen, um sich bei Phalaris Rat zu holen. In beißender Ironie läßt HUTTEN den Herzog die Ermordung des HANS VON HUTTEN samt den darauffolgenden Geschehnissen erzählen und um weitere Fingerzeige bitten. In Bologna entstanden die zweite und dritte Rede gegen ULRICH und HUTTENS Anteil an den ‹Dunkelmännerbriefen›. Desgleichen die Dichtungen ‹Vom Fischfang› und ‹Marcus›, beide gegen Venedig gerichtet, sowie die poetische Epistel Italiens an Kaiser MAXIMILIAN mit der Aufforderung, nach Italien zu kommen und Ordnung zu schaffen. In Bologna führte HUTTEN 1516/17 seine juridischen Studien notdürftig zu Ende. Heimgekehrt, wurde er am 15. Juli 1517 in Augsburg von Kaiser MAXIMILIAN I. zum Dichter gekrönt. Im Sommer 1517 trat er in den Dienst des Erzbischofs ALBRECHT VON MAINZ. HUTTEN widmete ihm die ihm selbst nützlich gewordene Schrift über das Guajakholz (‹De Guajaci medicina et morbo gallico›, Mainz 1519; deutsch von MURNER).

Während des Augsburger Reichstages 1518 schrieb er den Dialog ‹Aula›, ‹Das Hofleben›. Vorbild waren LUKIANS Dialoge über das Hofleben; aber auch ENEA SILVIOS Schrift über die Leiden der Hofleute hat eingewirkt. Beide Gesprächspartner, Misaulus und Castus, sind Träger huttenscher Erwägungen. Von ihnen führen Linien zum berühmten Brief an PIRCK-HEIMER vom 25. Oktober 1518: ‹Ad Bilibaldum Pirckheymer Epistola vitae suae rationem exponens› (gedr. Augsburg 1518), in dem HUTTEN die große Rechtfertigung seines persönlichen Lebens und Strebens gibt. Die Zuversicht, die sich darin ausdrückt, hat noch den jungen GOETHE in Straßburg erfreut. Das zugrunde liegende Problem hat man mit Vita contemplativa (Tranquillitätsideal) oder Vita activa (tätiges Leben) bezeichnet. HUTTENS ganzes Wesen treibt ihn zum praktischen Handeln; er lehnt die weltflüchtige Tendenz des Humanismus ab und will in der Welt wirken. «O Jahrhundert, o Wissenschaften!» – ruft er aus – «es ist eine Lust zu leben, wenn auch noch nicht in der Stille [einer vita contemplativa]. Die Studien blühen, die Geister regen sich. Barbarei, nimm einen Strick und mach dich auf Verbannung gefaßt» – heißt es in dieser Dokumentation von HUTTENS humanistischem Lebensbewußtsein.

Eines der Hauptthemen des Augsburger Reichstages 1518 war der drohende Türkenkrieg. HUTTEN trat mit einer Mahnrede zum Türkenkrieg an die Öffentlichkeit: ‹Ad Principes Germaniae, ut bellum Turcis invehant› (Augsburg 1518). In Augsburg entstand möglicherweise auch der Dialog ‹Febris prima›, ‹Das erste Fieber› (gedr. Mainz 1519).

Das Thema ist der Gegensatz vom reichen und armen Mann, Nutzen und Nachteil der Krankheit. Den Hintergrund bildet die Reichs- und Kirchenfrage. HUTTEN weist das Fieber vergeblich zum Kardinal CAJETAN, der eben in Deutschland weile, um Geld, angeblich für den Türkenkrieg, auszurichten, zu den Fürsten, Kaufleuten, Mönchen, Domherren und führt es schließlich zu einem jüngst aus Rom eingetroffenen Kurtisan.

HUTTENS Eintreten für REUCHLIN in der Fehde mit den Kölner Dominikanern endete mit einer Enttäuschung, als REUCHLIN LUTHERS Lehre öffentlich verurteilte. Im Sommer 1519 entstand der Dialog ‹Fortuna›.

Im Vordergrund steht das Ideal eines stillen Gelehrten- und Familiendaseins in einer Stadt. Die Welt der Glücksgöttin bleibt für HUTTEN böse. Am Schluß des Dialoges wendet er sich enttäuscht von der Göttin des Zufalls ab, beschließt, in eine Kapelle einzutreten und den Erlöser Christus um *mens sana in corpore sano* zu bitten.

Seit der Leipziger Disputation 27. Juni bis 13. Juli 1519 betrachtete HUTTEN LUTHER als Bundesgenossen. Sein Reformprogramm legte er nieder in den Dialogen ‹Vadiscus sive Trias Romana›, ‹Febris secunda› und ‹Inspicientes› (mit ‹Febris I› und ‹Fortuna›, alle drei gedr. Mainz 1520).

Der ‹Vadiscus oder Die römische Dreifaltigkeit› enthält die Kampfansage gegen Rom, das Manifestum Kampf um die deutsche Freiheit. HUTTEN entlehnte die Form einer Schrift des CROTUS (‹Kampf der Frömmigkeit und des Aberglaubens›) und verbindet die politische Polemik für das Kaisertum mit dem Kampf des Humanismus gegen die Scholastik. – Im ‹Zweiten Fieber› will das Fieber vom Kurtisan wieder zu HUTTEN zurückkehren. Anschaulich wird das Verhältnis des geistlichen Schmarotzers zu seiner Konkubine Elsa geschildert und werden Fragen der Priesterehe und der Reform des Klerus erörtert. In den ‹Inspicientes› schauen Sol und Phaeton vom Sonnenwagen, während ihre Rosse verschnauben, nach erreichter Mittagshöhe auf die Erde. Hier findet in Augsburg gerade der Reichstag 1518 statt. Der Sonnengott gibt dem Sohn Auskunft über das, was zu sehen ist: das ungeheure Trinken, die Prozession mit dem Legaten CAJETAN und die Frage des Türkenkrieges; danach führt HUTTEN ein ganzes Rundgemälde von den Sitten und der Staatsverfassung der Deutschen ein, um nach einer Zänkerei zwischen dem Legaten und Sol den Sonnenwagen wieder weiterfahren zu lassen.

In seinem *Kampf gegen Rom* betätigte HUTTEN sich auch als Herausgeber fremder papst- und romfeindlicher Schriften. Er gab zunächst 1518 LORENZO VALLAS Schrift ‹De donatione Constantini› heraus. Ihr ließ er folgen die aus der letzten Zeit des Baseler Konzils stammende Schrift ‹Concilia, wie man die halten soll› und gemeinsam mit ihr KONRAD ZÄRTLINS ‹Ermahnung› (1521), dann die von ihm in der Bibliothek zu Fulda gefundene, dem WALRAM VON NAUMBURG zugeschriebene Abhandlung ‹De unitate ecclesiae conservanda› (Ende des 11. Jhs.), eine Schutzschrift für Kaiser HEINRICH IV., und 1520 die bei CHRISTOPH ESCHENFELDER in Boppard gefundene Sammlung von Sendschreiben (‹De schismate extinguendo et vera ecclesiastica libertate›) aus der Zeit des großen Schismas (Ende 14. Jh.). In der ‹An alle freien Deutschen› gerichteten Vorrede zur letzten Schrift tritt HUTTEN offen für LUTHER ein.

Ähnlich wie die Minoriten der Schismazeit vertritt er die Forderung der Armut der Kirche. Seine Kritik an der Kirche und am Klerus bleibt aber humanistisch, d. h. ist eine moralische. Die Grundlage der mittelalterlichen Lebensordnung, die auf dem Sakrament gegründete Trennung von Priester- und Laienstand, konnte er damit nicht überwinden. Diese war nur religiös-theologisch zu erschüttern.

‹Hutten und Luther› bedeuten *Humanismus und Reformation*. Wie gegen LUTHER ging man in Rom auch gegen HUTTEN mit Bann und Acht vor. Sein Name stand in der Bulle ‹Decet Romanum Pontificem› vom 2. Januar 1521 neben LUTHER, PIRCKHEIMER und LAZARUS SPENGLER. In den ‹Klagschriften›, die er von der Ebernburg an den Kaiser, an den Kurfürsten von Sachsen und an alle Stände richtete, behandelt er ausführlich die Frage des kirchlichen Prozesses gegen ihn. Einzelheiten aus HUTTENS Publikationen übernahm LUTHER in seine Programmschrift ‹An den christlichen Adel›.

In seinen Bestrebungen, der verarmten Reichsritterschaft ihre politische, wirtschaftliche und soziale Vorrangstellung zurückzugewinnen, hatte HUTTEN in FRANZ VON SICKINGEN (1481–1523) einen Gesinnungsfreund ge-

funden. Dieser empfand sich als Beschützer des Gemeinwohls gegen
Städte und Landesfürsten und als Hüter des alten deutschen Rechtes gegen
das Staat und Wirtschaft immer mehr bestimmende römische Recht. Durch
HUTTEN wurde SICKINGEN für die Ideen des patriotischen Humanismus
und die Sache REUCHLINS sowie für die Reformation gewonnen. An
SICKINGENS Seite hatte HUTTEN sich an der Vertreibung ULRICHS VON
WÜRTTEMBERG beteiligt. Als nun HUTTENS Versuch, 1520 in Brüssel den
Erzherzog FERDINAND für LUTHERS Sache zu gewinnen, mißlang, er durch
päpstlichen Haftbefehl aus Brüssel vertrieben und von Kardinal ALBRECHT
VON MAINZ entlassen wurde, begab er sich zu SICKINGEN auf die Ebern-
burg. Von dieser Burg aus griff er durch lateinische und deutsche Kampf-
schriften in die reformatorische und revolutionäre Bewegung gegen die
Fürsten ein. Es entstanden die ‹Entschuldigung› und die beiden Dialoge
‹Monitor primus› und ‹Monitor secundus›, ‹Warner I und II›. Die letzteren
zeigen HUTTENS Ringen um SICKINGENS Seele und führen die Idee der
deutschen Freiheit grundsätzlich durch, ohne freilich den Gedankenkreis
des Mittelalters zu durchbrechen. Im Dialog ‹Bulla vel Bullicida›, ‹Die
Bulle oder der Bullentöter› kämpft die Bulle des Papstes gegen LUTHER,
HUTTEN und die deutsche Freiheit. Diese drei Dialoge, vermehrt um die
‹Praedones›, erschienen 1521 als ‹Dialogi Huttenici noui, perquam festiui›.
Mit den ‹Praedones›, gegen das Raubwesen in Deutschland (gestuft:
Wegelagerer, Kaufleute, Schreiber und Juristen, Geistliche), möchte HUT-
TEN auf eine Verbindung zwischen Ritterschaft und Städten hinwirken.

Bis gegen Ende 1520 hatte HUTTEN lateinisch geschrieben. Schon 1519
hatte er SICKINGEN das ‹Erste Fieber› deutsch dargeboten (gedr. Leipzig
1519). Um breitere Volkskreise in die Mitwisserschaft zu ziehen, beschloß
er nun, zur deutschen Sprache überzugehen. Sein lateinischer Stil war
rhetorisch übersteigert. Seine deutsche Polemik wird derber und auf-
reizender.

> Latein ich vor geschriben hab,
> das was eim yeden nit bekandt.
> Yetzt schrey ich an das vatterlandt
> Teütsch nation in irer sprach,
> zů bringen dißen dingen rach –

schreibt er in der gereimten ‹Clag vnd vermanung gegen den übermässi-
gen, vnchristlichen gewalt des Bapsts zu Rom vnd der vngeistlichen
geistlichen› (o. O. u. J. 1520). Das Ganze ist ein zorniger Spruch gegen
die Ausbeutung Deutschlands und die Verderbnis der Kirche; die Einwirkung der Ideen LUTHERS macht sich bemerkbar. In der darauf folgenden kurzen ‹Anzoig, wie allwegen sich die Römischen Bischöff oder Bäpst
gegen den teütschen Kayßern gehalten haben› wird das Verhalten der
ersteren von OTTO I. bis auf MAXIMILIAN I. und KARL V. geschildert;

PIUS II., ehemals ENEA SILVIO, wird als der «alleruntreueste unter allen Päpsten, die je gelebt», bezeichnet. Neben diesen ursprünglich deutschen Schriften übersetzte HUTTEN diejenigen von seinen lateinischen, die den Kampf mit Rom betrafen: das ‹Klagschreiben› an die Deutschen aller Stände, die beiden ‹Fieber›, den ‹Vadiscus› und die ‹Inspicientes›. Die vier Gespräche erschienen mit neuen gereimten Vor- und Nachworten als ‹Gespräch büchlin herr Vlrichs von Hutten. Feber das Erst. Feber das Ander. Wadiscus oder die Römische dreyfaltigkeit. Die Anschawenden› (Straßburg 1521).

September 1520 war die an den Mann aus dem Volke gerichtete ‹Klag und Vermahnung› erschienen. Im November folgte die ‹Klage über den lutherischen Brand zu Mainz›, eine Aufforderung, gegen die Verbrennung lutherischer Schriften aufzutreten. Die letzte große deutsche Schrift des Jahres 1520 ‹Entschüldigung Vlrichs von Hutten Wyder etlicher vnwahrhafftiges außgeben von ym, als solt er wider alle geystlicheit vnd priesterschafft sein› wandte sich gegen Verdächtigungen, die man bei SICKINGEN gegen HUTTEN vorgebracht hatte.

Zwischen Herbst 1521 und Herbst 1522 begann HUTTEN seine Prozeßsache und die Kirchenreform als ritterliche Händel auszutragen. An Schriften entstanden die ‹Vermanung an die freien und reichen Stette teutscher Nation› und die ‹Demütige ermanung an ein gemeyne statt Wormbß›. Die Macht der Landesfürsten soll verringert werden, Adel und Städte sollen sich zusammenschließen. Ende 1522 kam es auch zum Streit und zur Auseinandersetzung zwischen HUTTEN und ERASMUS. In Mühlhausen entstand Huttens ‹Expostulatio›, ‹Herausforderung›. ERASMUS wies in einem ‹Schwamm gegen die Anspritzungen Huttens› die Anwürfe zurück. Es ist einmal die Auseinandersetzung des der lutherischen Reformation beistimmenden romantisch-germanischen mit dem weltbürgerlich-aufklärerischen Humanismus, dann aber auch der erneute Zusammenstoß eines aktivistischen mit einem quietistischen Humanisten. Beide erlebten den Gegensatz als einen Unterschied des moralischen Vermögens.

Nach der Niederlage der sickingischen Ritter und SICKINGENS Tod flüchtete HUTTEN in die Schweiz, wo ZWINGLI sich seiner annahm. Er brachte eine (nicht erhaltene) Schrift ‹In tyrannos›, gegen die Fürsten, die SICKINGEN niedergeworfen hatten, fertig. Auf der Insel Ufenau im Züricher See, wo er bei dem heilkundigen Pfarrer JOHANNES KLARER weilte, erlag er um die Wende von August/September 1523 seiner Krankheit.

Als erster hat EOBANUS HESSUS HUTTENS Gedichte gesammelt und als ‹Ulrici Hutteni Equitis Germani Opera poetica› (Frankfurt a. M. 1538) herausgegeben.

HUTTENS Wesensbild schwankt in der Beurteilung und Forschung zwischen völlig negativer Bewertung der Persönlichkeit, des historischen Einflusses und Überschätzung seiner Gestalt sowie seines Schriftwerkes.

Sicher ist, daß er eine Persönlichkeit gewesen ist, die «von allen Qualen und Schmerzen wie auch von den Sehnsüchten und Hoffnungen des Zeitalters bis ins Innerste bewegt» war, daß er die geistigen Bestrebungen mit höchster Eindrucksfähigkeit aufgenommen hat. Aus seiner Zugehörigkeit sowohl zum Ritter- als auch zum Literatenstand resultieren zum großen Teil Stärke und Schwäche seiner Erscheinung, Vollbringen und Versagen seines Lebens; eines Lebens voll äußerer Bedrängnis, stetiger Krankheit, Unruhe und Hast, Täglich-Alltäglichem. Wir haben von ihm kein bedeutendes dichterisches Werk, wohl aber viel Publizistik, Satire, viel Selbstdarstellung.

4. Humanismus und ausgehendes Mittelalter als Wegbereiter der Reformation

Entsprechend den gemeinsamen Wurzeln von Renaissance und Reformbestrebungen, hatte der *Renaissance-Humanismus* einen beträchtlichen Teil der seit dem 14. Jh. aufgekommenen Umgestaltungsideen übernommen und, wenn auch modifiziert, zu eigener Sache gemacht. Daneben wirkten andere dem Humanismus vorausgehende oder ihn begleitende geistige, moralische, kirchliche, politische, ökonomische und gefühlsmäßige Kräfte weiter hin zu einer Umwälzung, wie sie Europa seit dem 5. und 6. Jh. nicht erlebt hatte. Der Irrationalismus eines Scotus, eingedrungene arabische Gedankenwelten, der Skeptizismus der Nominalisten, die Schwächung der Kirche durch das Exil in Avignon und das große Schisma, das Scheitern der Kirchenreform, Übernahme der heidnischen Antike in die Lebenspraxis, die Übersetzung und Lektüre der Bibel, das fortwirkende Erbe der Waldenser und Sekten, Wyclifs und des Hussitismus, das Verlangen nach einer persönlicheren und verinnerlichten Ausübung des Religiösen, das Erstarken des Mittelstandes und des nationalen Empfindens verbanden sich zu einem gewaltigen Strom, der die mittelalterliche Gesellschaftsstruktur einriß, die alten Bedingungen und Maßstäbe zerstörte und alles neu ordnen wollte. Soziale Mißstände des Spätmittelalters hatten die unteren Volksschichten erwachen gemacht. Der *Kampf um den rechten Glauben* wird das Schicksal Deutschlands für die nächsten Jahrhunderte.

Soweit man das an der Literatur ersehen kann, vereinigen sich in Deutschland um 1510 verschiedene Elemente und Komponenten und bewirken den Ausbruch einer zunächst ungehemmten religiös-reformatorischen Bewegung. Vom späten Mittelalter her kamen: die unter Ludwig IV. von Bayern neuerdings virulent gewordenen Differenzen zwischen Kaisertum und Papsttum samt ihren reformistischen Begleiterscheinungen; die

im Ockhamismus enthaltenen Reformtendenzen und kritischen Aspekte
in der Erkenntnislehre und Theologie; die sonst allenthalben, etwa in der
Devotio moderna oder in der Windesheimer Kongregation etc. lebendigen
Erneuerungs- und Reformwünsche; Auswirkungen der geänderten sozialen und wirtschaftlichen Verhältnisse; die Erfindung des Buchdruckes und
die damit verbundene rasche und weite Verbreitungsmöglichkeit der reformatorischen Gedankenwelt. Der seit einem Jahrhundert sich ausbrei-
tende Humanismus brachte mit sich und kultivierte: die nationalpatrioti-
schen Tendenzen GREGOR HEIMBURGS, HUTTENS u. a. mit ihrer scharfen
Kritik an der Kurie und antipäpstlichen Publizistik; den starken religiösen
Sinn des deutschen Humanismus und seine theologischen Bestrebungen;
den Übergang eines Teiles der Humanisten von der Antike zur Erneuerung des Christentums und die moralische Kirchenreform des ERASMUS;
die Opposition gegen die Scholastik; das immer stärkere Hervortreten der
Laien im Geistesleben. Die humanistischen Philologen hatten ferner die
grammatische und lexikalische Erschließung des Griechischen und He-
bräischen bewirkt, d. i. der biblischen Sprachen als Voraussetzung für die
Bibelkritik und Schriftauslegung. Es kamen neue Textrezensionen und
Übersetzungen zustande. Man hatte die Möglichkeit einer philologisch
buchstäblichen Quellenkritik, Exegese und Kommentierung der hl. Schrift.
Durch die im Gefolge des *Reuchlinschen Streites* vollzogene Wendung des
Humanismus gegen eine leere Formal- und Trivialscholastik wurde den
jüngeren neuen Bildungsbeflissenen und den kirchlichen Reformatoren das
Beiseiteschieben der scholastischen Tradition wesentlich erleichtert.

Der Humanismus lieferte LUTHER den größten Teil der Mitarbeiter.
Man kann sich ohne MELANCHTHON und seine zahllosen großen und
kleinen Helfer die Einrichtung und den Ausbau des evangelischen Schul-
wesens und seiner protestanisch-humanistischen Orientierung nur schwer
vorstellen. Indes LUTHER selbst vom Humanismus nur wenig berührt war,
kam ZWINGLI ideell zur Hälfte bereits aus der erasmischen Geistesrichtung. Der im Renaissance-Humanismus lebendige Individualismus förderte das Einzelgängertum, wie es bei Anhängern der Geistkirche in Erscheinung tritt.

Viele Zeitgenossen sahen 1517 das Auftreten LUTHERS zunächst im
Zusammenhang mit dem Humanismus. Antikatholische und katholische
Reform haben sich Wesentliches aus Humanismus und Renaissance angeeignet. Gleichwohl wird die von den Humanisten um 1500 begonnene
Durchgestaltung einer überständischen Bildwelt durch die gegen 1520
einsetzenden religiösen und sozialen Ausbrüche in der Weiterführung jäh
unterbrochen. Mit den reformatorischen Auseinandersetzungen gerät der
deutsche Kultur- und Sprachraum in eine wogende Unruhe. *Humanismus
und Renaissance* waren eine gelehrte exklusive Sache, die *Reformationsbewegung* trägt einen weitgehend populären Charakter.

BIBLIOGRAPHIE

REGISTER

BIBLIOGRAPHIE

Bei den Literaturangaben wurde der Bestimmung des Buches gemäß Vollständigkeit nicht erstrebt. Dies wäre im gegebenen Rahmen schon aus Raumgründen unmöglich. Verzeichnet sind zunächst die gültigen Ausgaben eines jeden Dichters oder Werkes. Aus der Sekundärliteratur konnten nur diejenigen Arbeiten und Abhandlungen aufgenommen werden, welche zu Persönlichkeit und Werk als wichtig angesehen wurden; ausgedehnter sind Forschungsarbeiten der letzten Zeit berücksichtigt. Bei den Textausgaben werden im allgemeinen die Originaleditionen verzeichnet; photomechanische oder reprographische Nachdrucke sind, soweit sie keine wesentlichen Ergänzungen enthalten, nicht gesondert aufgenommen. Bei Persönlichkeiten, die (der Anlage der Literaturgeschichte entsprechend) den Gattungen nach getrennt behandelt werden mußten, stehen die bibliographischen Angaben jeweils bei der ersten ausführlicheren Würdigung. Die Angaben sind überall chronologisch nach den Erscheinungsjahren geordnet. Die verwendeten Abkürzungen halten sich an die in der heutigen germanistischen Wissenschaft üblichen Siglen.

Allgemeine Literatur und Nachschlagewerke. Allgemeine Dt. Biographie. 56 Bde. (1875–1912) [ADB]. – K. Goedeke, Grundriß zur Gesch. der dt. Dichtung, 1,2 (^{2}1884–86). – L. v. Pastor, Gesch. der Päpste seit dem Ausgang des MAs. 16 Bde. (1886–1933). – Realenzyklopädie f. protestantische Theologie u. Kirche. 24 Bde. (^{3}1896–1913). – C. Hege u. C. Neff, Mennonitisches Lexikon (1913 ff.). – G. Ehrismann, Gesch. der dt. Lit. bis zum Ausgang des MAs. 4 Bde. (1918–35; Handb. des dt. Unterrichts an höheren Schulen 6). – Gesamtkatalog der Wiegendrucke (1925 ff.) [GKW]. – F. Ueberweg, Grundriß der Gesch. der Philosophie, Tl. 2 (^{11}1928), 3 (^{12}1924). – P. Merker u. W. Stammler, Reallexikon der dt. Lit.gesch. 4 Bde. (1925–31; ^{2}1955 ff.) [RL]. – R. Seeberg, Lehrbuch der Dogmengesch. 3: Die Dogmengesch. des MAs (^{4}1930). – Lexikon für Theologie u. Kirche. 10 u. 13 Bde. (^{2}1930–38; ^{3}1957–68) [LThuK]. – K. Schottenloher, Bibliographie zur dt. Gesch. im Zeitalter der Glaubensspaltung 1517–1585. 7 Bde. (1933–66). – W. Stammler u. K. Langosch, Die dt. Lit. des MAs. Verfasserlexikon. 5 Bde. (1933–55) [VL]. Dazu: G. Löhr, Über die Heimat einiger dt. Prediger und Mystiker aus dem Dominikanerorden, ZfdA 82 (1948/50), 173 ff.; G. Eis u. G. Keil, Nachträge zum Verfasserlexikon, Studia neophilologica 30 (1958), 232 ff.; 31 (1959), 219 ff.; PBB 83 (W) (1961/62), 167 ff. – O. Schmitt, Reallexikon zur dt. Kunstgesch. (1937 ff.). – F. Blume, Die Musik in Gesch. u. Gegenwart (1949 ff.) [MGG]. – Neue Dt. Biographie (1953 ff.) [NDB]. – W. Stammler, Kleine Schrr. zur Lit.gesch. des MAs (1953). – W. Stammler, Dt. Philologie im Aufriß. 3 Bde. (^{2}1957–62). – Die Religion in Gesch. u. Gegenwart. 7 Bde. (^{3}1957–65) [RGG]. – G. Abraham, Ars nova and the Renaissance 1300 till 1540 (1960). – Short-title catalogue of books printed in the German-speaking countries and German books printed in other countries from 1455 to 1600 now in the British Museum (1962). – K. Langosch, Die dt. Lit. des lat. MAs in ihrer geschichtl. Entwicklung (1964). – R. F. Arnold, Allg. Bücherkunde zur neueren dt. Lit.gesch. Neu bearb. v. H. Jacob (^{4}1966). – H. de Boor u. R. Newald, Gesch. der dt. Lit. von den Anfängen bis zur Gegenwart I (^{7}1966), II (^{8}1969), III/1 (^{3}1967).

Einleitung. Der Zeitraum von 1370 bis 1570

Zeit- und Kulturgeschichte

Allgemeine Literatur. [Die im Einleitungskapitel behandelten Darstellungen und Werke werden in der Bibliographie nicht mehr eigens angeführt.] K. Gerstenberg, Dt. Sondergotik (1913). – G. Manser, Geisteskrise im 14. Jh. (1915). – P. E. Schramm, Kaiser, Rom u. Renovatio. 2 Bde. (1929, ²1957; Studien d. Bibl. Warburg 17). – J. Hashagen, Staat u. Kirche vor der Reformation (1931). – H. Pirenne, A. Renaudet, E. Berry, M. Handelsmann u. L. Halphen, La fin du moyen-age, 1285–1492 (1932). – W. Andreas, Dtld. vor der Reformation (1932, ⁶1959). – B. Schmeidler, Der Übergang vom MA zur Neuzeit (1932). – C. Neumann, Ende des MAs? Legende der Ablösung des MAs durch die Renaissance, DVjs 12 (1934), 124 ff. – O. Brunner, Kaiser u. Reich im Zeitalter der Habsburger u. Luxemburger. In: P. Rassow, Dt. Gesch. (1952), 210 ff. – H. Heimpel, Dtld. im späten MA. In: O. Brandt, A. O. Meyer u. L. Just, Handb. der dt. Gesch. I, 5 (1957), 138 ff. – E. Hassinger, Das Werden des neuzeitlichen Europa 1300–1600 (1959). *Gesamtdarstellungen und Untersuchungen.* G. Bebermeyer, Die dt. Dicht- u. Bildkunst im SpätMA, DVjs 7 (1929), 305 ff. – J. Messerschmidt-Schulz, Zur Darstellung der Landschaft in der dt. Dichtung des ausgehenden MAs (1938; Sprache u. Kultur d. germ. u. rom. Völker, B. Germ. Reihe 28). – F. Ranke, Zum Formwillen u. Lebensgefühl in der dt. Dichtung des späten MAs, DVjs 18 (1940), 307 ff. – H. Kunisch, Spätes MA. In: F. Maurer u. F. Stroh, Dt. Wortgesch. 1 (1943), 2111 ff. – F. Ranke, Vom Kulturverfall u. Wiederaufbau in der dt. Dichtung des MAs. In: F. R., Gott, Welt u. Humanität in der dt. Dichtung des MAs (1952), 77 ff. – H. Rosenfeld, Die Lit. des ausgehenden MAs in soziologischer Sicht, WW 5 (1954/55), 330 ff. – H. Fischer, Neue Forschungen zur dt. Dichtung des SpätMAs (1230–1500), DVjs 31 (1957) 303 ff. – A. Schirokauer (†) u. W. Stammler, Frühneuhochdeutsch, Dt. Philologie im Aufriß 1 (²1957), 855 ff. [vgl. dazu: F. Tschirch, PBB (W) 81 (1959), 246 ff.] – W. Stammler, Schrifttum u. Bildkunst im dt. MA, ebd. 3 (²1962), 613 ff. – H. O. Burger, Annalen der dt. Lit. (²1962–64). – G. Bebermeyer, Lit. u. bildende Kunst, RL 2 (²1965), 82 ff. – G. Reichert, Lit. u. Musik, RL 2 (²1965), 143 ff.

ERSTER ABSCHNITT: DAS AUSGEHENDE MITTELALTER

Begriffsbestimmung. Geistig-kulturelle Wesenszüge

[Vgl. die zu der Einleitung angegebene Lit. u. ergänzend:] P. Keyser, Michael de Leone (✝ 1355) u. seine literar. Sammlung (1966; Veröff. d. Ges. f. fränk. Gesch. Reihe 9, Bd. 21).

I. Kapitel. Die epische Dichtung in Vers und Prosa

Allgemeine Literatur und Sammlungen. [Da in unserem Zusammenhang hauptsächlich das Weiterleben der Dichtungen von Belang ist, sei für die Ausgaben der älteren Werke grundsätzlich verwiesen auf die Bibliographie bei H. de Boor in den Bänden II und III dieser Literaturgeschichte.] F. Bobertag, Gesch. des Romans u. der ihm verwandten Dichtungsgattungen in Dtld. 1 (1876). – Goedeke 1 (²1884), 273 ff. – H. Kindermann, DLE Reihe Volks- u. Schwankbücher (1928 ff.). – Ehrismann II, 2, 2 (1935), 468 ff. – H. Schneider u. W. Mohr, Heldendichtung, RL 1 (²1958), 631 ff. – K. K. Halbach, Epik des MAs, Dt. Philologie im Aufriß (²1960), 397 ff. – M. Curschmann, Spielmannsepik. Wege u. Ergebnisse der Forschung von 1907–1965 (1968) [Forschungsreferat DVjs].

1. Höfische Epik, Heldensage, Spielmannsepik

a) *Die höfische Epik.* – PFALZGRÄFIN MECHTHILD. *Lit.:* E. Martin, Erzherzogin Mahthild, Gemahlin Albrechts VI. v. Österreich, Zs. d. Ges. f. Befördg. d. Gesch.-, Altertums- u. Volkskde. v. Freiburg 2 (1871), 145 ff. – Ph. Strauch, Pfalzgräfin M. in ihren literar. Beziehungen (1883). HERMANN VON SACHSENHEIM. *Ausg.:* Das ‹Traumgesicht›, die Grabschrift, die ‹Grasmetze› u. Lieder im ‹Liederbuch der Klara Hätzlerin›, hrsg. v. C. Haltaus (1840; Photomech. Nachdr. mit Nachw. v. H. Fischer 1966; Dt. Neudrucke, Reihe Texte des MAs), 278 ff. etc.; ‹Spiegel›, ‹Schleier› bei W. Holland u. A. Keller, Meister Altswert (1850; BiblLVSt 21), 129 ff., 203 ff.; ‹Mörin›, ‹Goldener Tempel›, ‹Jesus der Arzt› bei E. Martin, H. v. S. (1878; BiblLVSt 137); ‹Minneturnier› bei K. Matthaei, Mhd. Minnereden 1 (1913; DTM 24), Nr. 10; ‹Blaue Rede›, ‹Traumgesicht›, ‹Unminne›, ‹Grasmetze› bei G. Thiele, Mhd. Minnereden 2 (1938; DTM 41), Nr. 7, 11, 13, 18. [Eine kritische Gesamtausgabe fehlt.] – *Lit.:* E. Schröder, H. v. S. Zur Chronologie u. Überlieferung, Nachrr. v. d. Ges. d. Wiss. z. Göttingen, Philolog.-Hist. Kl. 82 (1931), 196 ff. – W. Brauns, H. v. S. u. seine Schule (Diss. Berlin 1937). – K. Stackmann, VL V (1955), 377 ff. – D. Huschenbett, H. v. S. (1962; Philol. Studien u. Quellen 12). – M. Wis, Zum Schleiertüchlein H.s v. S., Neuphil. Mitt. 66 (1964), 1 ff. ELBELIN VON ESELSBERG. *Ausg.:* A. v. Keller, E. v. E. (1856; Beil. z. Verz. d. Doktoren d. Phil. Fak. d. Univ. Tübingen). – *Lit.:* H. F. Rosenfeld, VL I (1933), 541 ff. JAKOB PÜTERICH VON REICHERTSHAUSEN. *Ausg.:* Th. v. Karajan, Der Ehrenbrief J. P.s v. Reicherzhausen, ZfdA 6 (1848), 31 ff. – F. Behrend u. R. Wolkan, Der Ehrenbrief des P. v. R. (1920). – *Lit.:* F. Behrend, Der Ehrenbrief des P. v. R. (1937; Dt. Studien 2). – G. Eis, VL V (1955), 921 ff. ULRICH FUETRER. *Ausg.:* F. F. Hofstätter, Altdt. Gedichte aus den Zeiten der Tafelrunde. 2 Bde. (1811). – A. Peter, U. F.s Prosaroman v. Lanzelot nach der Donaueschinger Hs. (1885; BiblLVSt 175). – F. Panzer, Merlin u. Seifried de Ardemont. Von Albrecht v. Scharfenberg in der Bearbeitung U. F.s (1902; BiblLVSt 227). – R. Spiller, U. F., Bayerische Chronik (1909; Quellen u. Erört. z. Bayer. u. Dt. Gesch., NF II, 2). – F. Hofmann, Der Meleranz von dem Pleier in der Bearbeitung U. F.s (Diss. Wien 1933, masch.). – F. Weber, U. F. Poytislier, aus dem Buch der Abenteuer (1960; Altdt. Textbibl. 52). – R. Munz, U. F., Persibein. Aus dem Buche der Abenteuer (1964; Altdt. Textbibl. 62). – K. Nyholm, Die Gralepen in U. F.s Bearbeitung (1964; DTM 57). – E. G. Fichtner, U. F., Der Trojanerkrieg (1968). – *Lit.:* K. F. Probst, Die Quellen des Poitislier u. Flordimar in U. F.s Buch der Abenteuer (Diss. Heidelberg, Jb. 1921/22). – A. Carlson, U. F. u. sein Iban (1927). – R. Newald, VL I (1933), 781 ff. – J. Boyd, U. F.s Parzival (1936; Medium Aevum monographs 1). – E. Buchner, Das dt. Bildnis der Spätgotik (1953), 107 f. – H. Rupprich, NDB 5 (1961), 685 f. – H.-G. Maak, U. F.s ‹Gamoreth› u. ‹Tschionachtolander› (Diss. Wien 1963, masch.) – Ders., Die nichthöfischen Stilelemente in U. F.s Abenteuerbuch, Neuphil. Mitt. 68 (1966), 86 ff. – W. Harms, Anagnorisis-Szenen des mal. Romans u. U. F.s ‹Buch der Abenteuer›, ZfdA 95 (1966), 301 ff. – H. Rosenfeld, Der Münchner Maler u. Dichter U. F. (1430–1496) in seiner Zeit u. sein Name

(eig. ‹Furtter›), Oberbayer. Arch. 90 (1968), 128 ff. LADISLAUS SUNTHEIM. *Lit.:*
H. Menhardt, Ein Spruch von den Tafelrundern, PBB (W) 77 (1955), 136 ff.
HANS VON BÜHEL. *Ausg.:* A. Keller, Dyocletianus Leben v. H. v. B. (1841; Bibl.
d. ges. dt. Nationallit. 22). – Th. Merzdorf, Des Büheler's Königstochter v. Frankreich (1867). – *Lit.:* K. Büschgens, H. v. B. (Diss. Bonn 1921). – E. Scheunemann,
Mai u. Beaflor u. H. v. B.s ‹Königstochter v. Frankreich› (1934). – R. Westermann, VL II (1936), 159 ff. – P.-G. Völker, NDB 7 (1966), 624 ff. ‹DER KAMPF
UM TROJA›. *Ausg.:* G. Krogerus, Historie van der vorstorynge der stat Troye
(1951; Soc. scient. Fennica. Comment. human. litt. 17, 2). – *Lit.:* J. Klapper, VL I
(1933), 319 ff. – K. Schneider, Der ‹Trojanische Krieg› im späten MA (1968;
Philolog. Studien u. Quellen 40). ‹ALEXANDER D. GR.›. *Ausg.:* G. Guth, Der
große A. aus der Wernigeroder Hs. (1908; DTM 13). – P. Gerecke, Seifrits A.
aus der Straßburger Hs. (1932; DTM 36). – *Lit.:* E. Neuling, Die dt. Bearbeitung
der ‹Alexandreis› des Quilichinus de Spoleto; PBB 10 (1885), 315 ff. – G. Ehrismann, VL I (1933), 58 f. – J. Kühnhold, Seifrits A. (Diss. Berlin 1939). ‹VON DEN
VIER HAIMONSKINDERN›. *Ausg.:* F. Pfaff, Reinolt v. Montelban (1885; BiblLVSt
174). – F. Pfaff, Das dt. Volksbuch v. den Heymonskindern (1887). – A. Bachmann,
Die H. in dt. Übersetzung des 16. Jhs. (1895; BiblLVSt 206). – *Lit.:* R. Wester-
mann, VL II (1936), 149 ff. JOHANNES HARTLIEB. *Ausg.:* K. Schröder, St.
Brandan. Ein lat. u. drei dt. Texte (1871). – D. Ulm, J. H.s Buch aller verboten
Kunst (1914). – E. Weil, Die Kunst Chiromantie des Dr. H. (1923; Münchener
Drucke) [Faks.-Ausg.]. – R. Benz, Das Buch der Gesch. des großen Alexander
(1924; Die dt. Volksbücher 6). – K. Drescher, J. H.s Übersetzung des Dialogus
Miraculorum des Caesarius v. Heisterbach (1929; DTM 33). – B. Weidemann,
‹Kunst der Gedächtnüß› u. ‹De mansionibus›, zwei frühe Traktate des J. H.
(Diss. F. U. Berlin 1964). – *Lit.:* S. Riezler, Gesch. Bayerns 3 (1896), 867 ff. –
H. Becker, Zur Alexandersage, Festschr. O. Schade (1896), 1 ff. – S. Hirsch, Das
Alexanderbuch J. H.s (1909; Palaestra 82). – H. Poppen, Das Alexanderbuch
J. H.s u. seine Quelle (Diss. Heidelberg 1914). – K. Drescher, J. H. Über sein
Leben u. seine schriftstellerische Tätigkeit, Euphorion 25 (1924), 225 ff., 354 ff.,
569 ff.; 26 (1925), 341 ff., 481 ff. – H. G. Wieczorek, J. H.s Verdeutschung v. des
Andreas Capellanus ‹Liber de reprobatione amoris› (Diss. Breslau 1929). –
R. Newald, K. Sudhoff u. E. A. Geßler, VL II (1936), 195 ff. – H. Fischer, Zu
J. H.s Bäderbuch, PBB (W) 84 (1962), 296 ff. – W. Schmitt, Hans H.s mantische
Schrr. u. seine Beeinflussung durch Nikolaus v. Kues (1962). – Ders., Magie u.
Mantik bei Hans H. (1966; Salzburger Beitrr. z. Paracelsusforschg. 6). – Ders.,
NDB 7 (1966), 722 f. – M. Wierschin, J. H.s ‹Mantische Schriften›, PBB (W) 90
(1968), 57 ff. JOHANN VON SOEST. *Ausg.:* Das Gedicht zur ‹Verteidigung der
unbefleckten Empfängnis Mariens› bei F. H. v. d. Hagen, Dt. Gedichte des MAs 1
(1808), XXIIIa; der Lobspruch auf die Stadt Frankfurt, hrsg. v. J. C. v.
Fichard, Frankfurtisches Arch. f. alte dt. Lit. u. Gesch. 1 (1811), 77 ff.; und von
W. R. Zülch, J. Steinwert v. S. (1920); der Beichtspiegel, hrsg. v. K. v. Bahder,
Germania 33 (1888), 129 ff.; die Selbstbiographie bei Fichard, aaO, 84 ff. –
Lit.: W. R. Zülch, aaO. – W. Wirth, J. v. S. (Diss. Heidelberg 1928). – M. Buch-
ner, VL II (1936), 629 ff.

h) Die Heldensage. – *Ausg.:* F. H. v. d. Hagen, Der Helden Buch I (1811). –
Ders. u. A. Primisser, Dt. Gedichte des MAs (hrsg. v. F. H. v. d. Hagen u. J. G.
Büsching) 2: Der Helden Buch in der Ursprache I (1820). – Dies., Der Helden
Buch in der Ursprache II (1825). – F. H. v. d. Hagen, Heldenbuch. Altdt. Hel-
denlieder aus dem Sagenkreise Dietrichs v. Bern u. der Nibelungen. 2 Bde. (1855).
– Ders., Dt. Heldenbuch. 5 Tle. (1866–71). – A. v. Keller, Das dt. Heldenbuch
nach dem mutmaßlich ältesten Drucke (1867; BiblLVSt 87). – *Lit.:* Goedeke 1

(²1884), 174 ff. – Ehrismann II, 2, 2 (1935), 123 ff. – H. Schneider u. W. Mohr, RL 1 (²1958), 631 ff. ‹DER HÜRNE SEYFRIED›. *Ausg.:* W. Golther, Das Lied vom Hürnen Seyfried. Mit einem Anhange: Das Volksbuch vom gehörnten Siegfried 1726 (²1911; NDL 81/82). – O. Clemen, Das Lied vom hürnen Sewfrid, Nürnberg c. 1530 (1911; Zwickauer Faks. Drucke 6) – K. C. King, Das Lied vom Hürnen S. (1958). – *Lit.:* S. Guttenbrunner, Sigfrids Tod im Hürnen Seyfrid, ZfdPh 76 (1960), 284 ff. – J. L. Flood, Neue Funde zur Überlieferung des Hürnen Seyfrid, ZfdPh 87 (1968), 22 ff. ‹KÖNIG LAURIN›. *Ausg.:* K. Schorbach, Laurin (1904; Seltene Drucke in Nachbildungen 4). – T. Dahlberg, Zum dänischen Lavrin u. ndt. Lorin (1950; Lunder Germ. Forschgn. 21). – *Lit.:* E. Klaaß, VL II (1936), 841 ff. – H. Rosenfeld, ebd. V (1955), 530 ff. ‹DER WUNDERER› (‹Etzels Hofhaltung›). *Ausg.:* F. H. v. d. Hagen u. A. Primisser, Der Helden Buch in der Ursprache II (1825) 55 ff. – A. Keller, Fastnachtspiele 2 (1853; BiblLVSt 29), 547 ff. – Ders., Erzählungen aus altdt. Hss. (1855), 1 ff. – F. H. v. d. Hagen, Heldenbuch II (1855), 529 ff. – K. Schiffmann, Ein Bruchstück des W.s, ZfdA 51 (1909), 416 ff. – G. Zink, Le W.: Fac-simile de l'Edition de 1503. (1949; Bibl. de philologie germanique 14.) – *Lit.:* H. Hempel, Untersuchungen zum W. (Diss. Halle 1914). – W. Krogmann, VL IV (1953), 1094 ff. ‹ECKENLIED›. *Ausg.:* F. H. v. d. Hagen u. A. Primisser, Der Helden Buch in der Ursprache II (1825), 74 ff. – O. Schade, Ecken auszfart (1854) [Straßburger Druck 1559]. – J. Zupitza, Dt. Heldenbuch V (1870), 207 ff. – K. Schorbach, Ecken auszfart, Augsburg 1491 (1897; Seltene Drucke in Nachbildungen 3). – *Lit.:* H. Stein, VL I (1933), 490 ff. ‹SIGENOT›. *Ausg.:* J. Zupitza, Dt. Heldenbuch V (1870), 270 ff. – A. C. Schoener, Der jüngere S. (1928). – *Lit.:* H. Kuhn, VL IV (1953), 209 ff. – J. L. Flood, Unbekannte Bruchstücke zweier Drucke des Jüngeren S., ZfdA 93 (1964), 67 ff. – J. Benzing, Eine unbekannte Ausgabe des ‹S.› vom Ende des 15. Jhs., Gutenberg-Jb. 49 (1964), 132 ff. – J. L. Flood, Studien zur Überlieferung des Jüngeren S., ZfdA 95 (1966), 42 ff. ‹DAS AMBRASER HELDENBUCH›. *Lit.:* Th. Gottlieb, Die Ambraser Hss. (1900), 137. – H. Menhardt, Verz. der altdt. lit. Hss. der Österr. Nat.Bibl. 3 (1961), 1469 ff. – T. Thornton, Die Schreibgewohnheiten H. Rieds im A. H., ZfdPh 81 (1962), 52 ff. ‹DAS DRESDENER HELDENBUCH›. *Ausg.:* F. H. v. d. Hagen u. A. Primisser, Der Helden Buch in der Ursprache II (1825), 1 ff. *Lit.:* R. Newald, VL II (1936), 771 f. ‹LIENHART SCHEUBELS HELDENBUCH›. – *Lit.:* H. Menhardt, Verz. der altdt. lit. Hss. der Österr. Nat.Bibl. 3 (1961), 1426 ff. ‹DAS GEDRUCKTE HELDENBUCH›. *Ausg.:* A. v. Keller, Das dt. Heldenbuch (1867; BiblLVSt 87). – *Lit.:* Goedeke 1 (²1884), 273 ff. ‹ERMENRIKES DOT›. *Ausg.:* F. H. v. d. Hagen, Heldenbuch II (1855), 535 ff. – P. Alpers, Die alten nd. Volkslieder (1924), 36 ff. – *Lit.:* H. Steinger, VL I (1933), 585 f.

c) *Die Spielmannsepik.* – ‹HERZOG ERNST›. *Ausg.:* K. Bartsch, H. E. (1869). – *Lit.:* H.-F. Rosenfeld, VL V (1955), 386 ff. ‹LIED VOM HERZOG ERNST›. *Ausg.:* K. C. King, Das Lied vom H. E. nach den Drucken des 15. u. 16. Jhs. (1959; Texte des späten MAs 11). – *Lit.:* E. Hildebrand, Über die Stellung des Liedes vom H. E. in der mal. Lit.gesch. u. Volkskunde (1937; Volk, Erg.-Reihe 2). ‹ST. OSWALD›. *Ausg.:* G. Baesecke, Der Münchener O. (1907; Germ. Abhh. 28). – Ders., Der Wiener O. (1912; Germ. Bibl. III, 2). – G. Fuchs, Der Wiener O. (1920; Germ. Abhh. 52). – *Lit.:* W. Krogmann, VL V (1955), 817 ff. ‹ORENDEL›. *Ausg.:* H. Steinger, O. (1935; Altdt. Textbibl. 36). – *Lit.:* W. Krogmann, VL V (1955), 791 ff. ‹SALOMON UND MARKOLF›. *Ausg.:* F. Vogt, Die dt. Dichtungen von S. u. M. (1880). – J. J. A. A. Frantzen u. A. Hulshoff, Drei Kölner Schwankbücher aus dem XV. Jh. (1920) [die nrhein.-nfrk. Bearbeitung]. – W. Hartmann, Die dt. Dichtungen von S. u. M. 2 (1934) [das mhd. Spruchgedicht]. – Die Ausgaben des Volksbuches bei P. Heitz u. F. Ritter, Versuch einer Zusammenstellung der dt. Volksbücher (1924), 150 ff. – *Lit.:* H.-F. Rosenfeld, VL IV (1953), 4 ff. ‹DUKUS HORANT›. *Ausg.:* P. F. Ganz, F. Norman u. W. Schwarz, D. H. (1964) [dazu: I. Schröbler, Germanistik 7 (1966), 72 ff.]

2. Romanhafte Prosaerzählungen. Übersetzungen aus dem Lateinischen, Französischen und Niederländischen. Auflösungen mittelhochdeutscher Versepen in Prosa. ‹Fortunatus›

‹LANZELOT›-PROSAROMAN. *Ausg.:* R. Kluge, Lancelot, 1 (1948; DTM 42). – *Lit.:* P. Tilvis, Prosa-Lancelot-Studien 1, 2 (1957; Annales Academiae Scientiarum Fennicae, Ser. B. 110). ‹GERART VAN ROSSILIUN›. *Ausg.:* E. Jacobs (u. E. Steinmeyer), Bruchstücke eines nd. Prosaromans, ZfdA 30 (1886), 76 ff. – E. Bernhardt, Neue Bruchstücke des nd. Girart de Roussillon, ZfdA 45 (1901), 1 ff. – *Lit.:* J. van Dam, VL I (1933), 50 f. BERTHOLD VON HOLLE. *Ausg.:* K. Bartsch, B. v. H. (1858). – Ders., B. v. H., Demantin (1875; BiblLVSt 123). – *Lit.:* A. Leitzmann, VL I (1933), 211 ff. ‹SCHLACHT BEI ALISCHANZ›. *Ausg.:* A. Leitzmann, Die Kitzinger Bruchstücke der Sch. v. A., ZfdPh 48 (1919), 96 ff. – *Lit.:* Ders., VL I (1933), 63 f. ELISABETH VON NASSAU-SAARBRÜCKEN. *Ausg.:* D. Schlegel, Loher u. Maler erneuert (1805). – H. Urtel, Huge Schepel (1905; Veröff. d. Hamburger Stadtbibl. 1). – H. Kindermann, Volksbücher vom sterbenden Rittertum (1928; DLE Reihe Volks- u. Schwankbücher 1), 23 ff. – *Lit.:* W. Liepe, E. v. N.-S. (1920). – P. Heitz u. F. Ritter, Versuch einer Zusammenstellung der dt. Volksbücher (1924), 75 f., 93 f. – Ehrismann II, 2, 2 (1935), 510 ff. – S. Sudhof, VL V (1955), 194 ff. – W. T. Elwert, NDB 4 (1959), 445 f. ELEONORE VON ÖSTERREICH. *Ausg.:* G. Büsching u. F. H. v. d. Hagen, Buch der Liebe (1809), 269 ff. – H. Kindermann, a. a. O. (1928), 115 ff. – K. Schneider, Pontus u. Sidonia in der Verdeutschung eines Ungenannten aus dem 15. Jh. (1961; Texte des späten MAs 14). – *Lit.:* P. Wüst, Die dt. Prosaromane v. Pontus u. Sidonia (Diss. Marburg 1903). – P. Heitz u. F. Ritter, a. a. O. (1924), 140 ff. – L. Mackensen, VL I (1933), 543 ff. – S. Sudhof, NDB 4 (1959), 436 ff. MARQUART VON STEIN. *Ausg.:* O. L. B. Wolff, Volksroman (1849/50), 8. Teil. – *Lit.:* R. Kautsch, Die Holzschnitte zum Ritter von Turn (1903; Studien z. dt. Kunstgesch. 44). – A. Kehrmann, Die dt. Übersetzung der Novelle des Ritters vom Turm (Diss. Marburg 1905). – L. Poulain, ‹Der Ritter vom Turm› v. M. v. St. (Diss. Basel 1906). – R. Newald, VL III (1943), 275 ff. – J. Grigsby, Wanted: An edition of M. vom St.'s ‹Ritter vom Turn›, Arch. f. d. Studium d. neueren Sprachen 199 (1963), 225 ff. ‹CLEOMADES›. *Ausg.:* G. Studer, Bruchstück einer dt. Übersetzung des Ritter-Romans ‹C.› v. Adenas le Roi, Arch. d. Hist. Ver. d. Kant. Bern 4 (1858/60), 99 ff. – *Lit.:* H. Frölicher, Thüring v. Ringoltingens ‹Melusine›, Wilhelm Zielys ‹Olivier u. Artus› u. ‹Orsus› u. das Berner ‹C.›-Fragment mit ihren französ. Quellen verglichen (Diss. Zürich 1889), 52 ff. – J. van Dam, VL I (1933), 384 ff. THÜRING VON RINGOLTINGEN. *Ausg.:* K. Schneider, Th. v. R., Melusine (1958; Texte des späten MAs 9). – H.-G. Roloff, Th. v. R., Melusine. In der Fassung des Buchs der Liebe (1587) (1969, Reclams UB 1484/85). – *Lit.:* Ehrismann II, 2, 2 (1935), 512 f. – W. J. Schröder, VL V (1955), 676 ff. – H.-G. Roloff, Untersuchungen zur Melusinen-Prosa des Th. v. R. (Diss. F. U. Berlin, 1965). NIKOLAUS MEYER. *Lit.:* W. Stammler, VL III (1943), 382. PETER VON STAUFENBERG. *Ausg.:* E. Schröder, Zwei altdt. Rittermären (²1913). – *Lit.:* E. Dinges, P. v. St. (Diss. Münster 1948, masch.). ‹VON DEN VIER KAUFLEUTEN›. *Ausg.:* F. H. v. d. Hagen, Gesamtabenteuer 3 (1850), CIII ff. – *Lit.:* H.-F. Rosenfeld, VL V (1955), 505 f. ‹DER DIEB VON BRÜGGE›. *Ausg.:* G. W. Dasent, De Deif van Brugghe, ZfdA 5 (1845), 385 ff. – *Lit.:* W. Witte, VL I (1933), 413 f. ‹ROBERT DER TEUFEL›. *Ausg.:* K. Bo-

rinski, Eine ältere Bearbeitung von R. le Diable, Germania 37 (1892), 44 ff.
‹PARIS UND VIENNA›. *Ausg.:* A. Mante, P. u. V. Eine nd. Fassung v. J. 1488
(1965; Lunder Germ. Forschgn. 37). ‹GREGORIUS AUF DEM STEIN›. *Lit.:* O.
Schwencke, Gregorius de grote sünder, Nd. Jb. 90 (1967), 63 ff. ‹VALENTIN UND
NAMELOS›. *Ausg.:* W. Seelmann, V. u. N. (1884; Denkmäler, hrsg. v. Ver. f. nd.
Sprachforschg. 4). – *Lit.:* L. Wolff, VL IV (1953), 673 ff. ‹WILHELM VON ÖSTER-
REICH›. *Lit.:* H.-J. Koppitz, Zur Überlieferung der Drucke des Prosaromans ‹W.
v. Ö.›, Gutenberg-Jb. 38 (1964), 53 ff. ‹TRISTAN UND ISALDE›. *Ausg.:* A. Brand-
stetter, Tristrant u. I. Prosaroman. Nach dem ältesten Druck aus Augsburg v. J.
1484 (1966; Altdt. Textbibl. Erg.R. 3). ‹FORTUNATUS›. *Ausg.:* H. Günther, F.
(1915; NDL 240/41). – F. Podleiszek, Anfänge des bürgerl. Prosaromans in Dtld.
(1933; DLE Reihe Volks- u. Schwankbücher 7). – *Übers.:* G. Schneider u. E. Arndt,
F. (1963) – *Lit.:* H. Günther, Zur Herkunft des Volksbuches ‹F.› (Diss. Freiburg
1914). – G. Müller, Das Zeitgerüst des F.-Volksbuchs, Festschr. J. Trier (1954),
198 ff. – W. J. Schröder, VL V (1955), 224 ff. – F. Geißler, Zur Entstehungszeit
des ‹F.›, ZfdPh 81 (1962), 327 ff. – M. Wis, Nochmals zum F.-Volksbuch. Quel-
len- u. Datierungsprobleme, Neuphil. Mitt. 66 (1965), 199 ff.

3. Kleinepik in Vers und Prosa

Gesamtdarstellungen und Untersuchungen. H. Lang, Zur Entwicklung der mhd.
Versnovelle (Diss. München 1955). – L. Röhrich, Erzählungen des späten MAs
u. ihr Weiterleben in Lit. u. Volksdichtung bis zur Gegenwart. 2 Bde. (1962–67).
– H. Fischer, Die dt. Märendichtung des 15. Jhs. (1966; Münchener Texte u.
Unters. 12). – A. Mihm, Überlieferung u. Verbreitung der Märendichtung im
SpätMA (1967; Germ. Bibl. Reihe 3). – H. Fischer, Studien zur dt. Märendich-
tung (1968). – K.-H. Schirmer, Stil- u. Motivuntersuchungen zur mhd. Vers-
novelle (1969; Hermaea NF 26). – R. Leiderer, Eine Reimpaarerzählung aus
dem 15. Jh. (1969; Texte des späten MAs 21). KUNZ KISTENER. *Ausg.:* K. Euling,
Die Jacobsbrüder v. K. K. (1899; Germ. Abhh. 16). – *Lit.:* R. Westermann, VL
II (1936), 804 ff. SCHONDOCH. *Ausg.:* W. Heintz, Sch.s Gedichte (1908; Germ.
Abhh. 30). – *Lit.:* C. Raszek, Der ‹Litauer› u. die ‹Königin v. Frankreich› (Diss.
Breslau 1899). – R. Westermann, VL IV (1953), 95 f. AUGUSTIN. *Lit.:* R. Priebsch,
Dt. Hss. in England 1 (1896), 3, 197 ff. – W. Mitzka, VL I (1933), 147 f. ‹VON
DEN SIEBEN WEISEN MEISTERN›. *Ausg.:* W. L. Holland, Die s. w. M. (1890;
BiblLVSt 56). – A. Hilka, Historia septem sapientum 1, 2 (1912 f.). – *Lit.:*
A. J. Bolermans, Die hystorie van die seven wyse mannen van Romen (1898). –
H. Fischer, Beitrr. zur Lit. der S. w. M. (Diss. Greifswald 1902). – J. Schmitz,
Die ältesten Fassungen des dt. Romans von den s. w. M.n (Diss. Greifswald
1904). – P. Heitz u. F. Ritter, Versuch einer Zusammenstellung der dt. Volks-
bücher (1924), 116 ff. – J. Klapper, VL III (1943), 338. ‹GESTA ROMANORUM›.
Ausg.: A. Keller, G. R., d. i. Der Roemer Tat (1841). – J. G. Gräße, Das älteste
Mährchen- u. Legendenbuch des christl. Mittel-Althers oder die G. R. (1842;
1. u. 2. Hälfte auch 1905). – H. Oesterley, G. R. (1872). – W. Dick, Die G. R.
nach der Innsbrucker Hss. u. vier Münchener Hss. (1890; Erlanger Beitrr. z.
engl. Philologie 7). – *Lit.:* W. Brauns, VL V (1955), 257 ff. ‹SCHWEIZER KLEIN-
EPIK›. *Ausg.:* H. Fischer, Eine Sch. K.sammlung des 15. Jhs. (1965; Altdt. Textbibl. 65). GEORG ZOBEL. *Ausg.:* H. F. Maßmann, Sanct Alexius Leben (1843),
140 ff. – G. Eis, Jörg Z.s ‹Zähmung des Widerspenstigen›, Journal of English
and Germanic Philology 54 (1955), 362 ff. – *Lit.:* K. Langosch, VL IV (1953),
1164 f.

4. Geistliche Dichtung und religiöse Poesie in Vers und Prosa

a) Geistliche Großepik in Versen. – ANDREAS KURZMANN. *Ausg.:* J. Ampferer, Über den Mönch v. Salzburg (Progr. Salzburg 1864), 31 ff. [De quodam moriente]. – A. E. Schönbach, Über die Marienklagen (1874), 71 ff. [Soliloquium Mariae cum Jesu]. – *Lit.:* A. E. Schönbach, Mitt. aus altdt. Hss., Wiener SB, Phil.-hist. Kl. 88 (1877), 807 ff. – L. Gauby, A. K. (41. u. 42. J.ber. der 1. Staatsrealschule in Graz 1913/14). – L. Denecke, VL II (1936), 1000 f. HEINRICH VON LAUFENBERG. *Ausg.:* Ph. Wackernagel, Das dt. Kirchenlied 2 (1867), Nr. 701–798. – *Lit.:* E. R. Müller, H. L. (Diss. Straßburg 1888). – A. Jentsch, ‹Regimen Sanitatis› v. H. v. Loufenberg (Diss. Straßburg 1908). – P. Runge, Der Marienleich H. L.s, Festschr. R. v. Liliencron (1910), 228 ff. – L. Boll, H. Loufenberg, ein Liederdichter des 15. Jhs. (Diss. Köln 1934). – J. Müller-Blattau, H. L., ein oberrheinischer Dichtermusiker des späten MAs, Elsaß-Lothr. Jb. 7 (1938), 143 ff. – L. Denecke, VL III (1943), 27 ff. – K. Hannemann, ebd. V (1955), 599. ‹DIE PILGERFAHRT DES TRÄUMENDEN MÖNCHS›. *Ausg.:* A. Bömer, D. P. d. t. M. (1915; DTM 25) [Berleburger Übersetzung]. – A. Meÿboom, D. P. d. t. M. (1926; Rhein. Beitrr. u. Hülfsbücher 10). – *Lit.:* F. Goetze, Untersuchungen über die ‹P. d. t. M.› [Berleburger Hs.] (Diss. Marburg 1934). – E. Frh. Schenk zu Schweinsberg, Margarete v. Rodemachern, Zs. d. Ver. f. Thür. Gesch. 1941 (Beih. 23), 117 ff. – H. Niewöhner, VL III (1943), 897 ff. – K. Langosch, ebd. V (1955), 913 ff. OSWALD DER SCHREIBER. *Ausg.:* F. Zarncke, Der Priester Johannes, Abhh. d. kgl. Sächs. Ges. d. Wiss. 7 (1879), 830 ff.; 8 (1883), 5 ff. – *Lit.:* A. Witte, VL III (1943), 651 ff.

b) Leben Jesu und Mariae. – KARTÄUSER RUDOLF. *Lit.:* G. Eis, PBB (W) 83 (1961/62), 211. BRUDER PHILIPP. *Ausg.:* H. Rückert, Br. P.s des Carthäusers Marienleben (1853; Bibl. d. ges. dt. Nationallit. I 34). – W. Sommer, Br. P.s des Kartäusers Marienleben (1859) [nhd.]. – F. Bobertag, Erzählende Dichtungen des späteren MAs (1866; DNL 10), 3 ff. – *Lit.:* R. Reißenberger, Zu Br. P. v. Seitz, PBB 41 (1916), 184 ff. – L. Denecke, VL III (1943), 880 ff. – G. Asseburg, Br. P.s Marienleben (Diss. Hamburg 1964). WERNHER DER SCHWEIZER. *Ausg.:* M. Päpke, Das Marienleben des Schweizers W. Zu Ende gef. v. A. Hübner (1920; DTM 27). – *Lit.:* M. Päpke, Das Marienleben des Schweizers W. (1913; Palaestra 81). – L. Denecke, VL IV (1953), 933 f. – K. Ruh, Das ‹Compendium Anticlaudiani› als Quelle des Prosa-Marienlebens ‹Da got der vater schuof Adam und Evam›, ZfdA 98 (1969), 109 ff. – A. Masser, Bibel, Apokryphen u. Legende. Geburt u. Kindheit Jesu in der religiösen Epik des dt. MAs (1969). HERMANN KREMMELING. *Lit.:* W. Stammler, VL II (1943), 942 f. BRUDER HANS. *Ausg.:* R. Minzloff, Br. H.ens Marienlieder aus dem 14. Jh. (1863). – Ph. Wackernagel, Das dt. Kirchenlied 2 (1867), Nr. 1020–25. – M. S. Batts, Br. H.ens Marienlieder (1963; Altdt. Textbibl. 58). – *Lit.:* L. Denecke, VL II (1936), 157 ff.; V (1955), 320. – R. Kienast, Die dt.sprachige Lyrik des MAs, Dt. Philologie im Aufriß 2 (²1960), 124 ff. – M. S. Batts, Studien zu Br. H.ens Marienliedern (1964; Quellen u. Forschgn. NF 14). – U. Montag, NDB 7 (1966), 625.

c) Legende. – *Lit.:* F. Wilhelm, Dt. L.n u. Legendare (1907). – K. Künstle, Ikonographie der christl. Kunst. 2 Bde. (1926–28). – J. Braun, Tracht u. Attribute der Heiligen in der dt. Kunst (1943). – H. Rosenfeld, L. (²1964; Sammlung Metzler 9). – Ders., RL 2 (²1965), 13 ff. ‹LEGENDA AUREA›. *Ausg.:* Th. Graesse, Jacobi de Voragine L. a. (1846; ³1890). ‹MAGNUM LEGENDARIUM AUSTRIACUM›. *Lit.:* G. Eis, VL V (1955), 600 ff. ‹KREUZENSTEINER LEGENDAR›. *Lit.:* W. Jaroschka u. A. Wendehorst, Das K. L., MIÖG 65 (1957), 370. BONINUS MOMBRITIUS.

Ausg.: Fr. A. Brunet, Sanctuarium B. Mombritii. 2 Bde. (1910). – *Lit.:* G. Eis, Die Quelle für das Sanctuarium des Mailänder Humanisten B. M. (1933). ‹PASSIONAL›. *Ausg.:* K. A. Hahn, Das alte P. (1845) [Buch 1 u. 2]. – F. Köpke, Das P. (1852; Bibl. d. ges. dt. Nationallit. 32) [Buch 3]. – H.-G. Richert, Marienlegenden aus dem Alten P. (1965; Altdt. Textbibl. 64). – *Lit.:* E. Tiedemann, P. u. Legenda aurea (1909). – A. Hübner, RL 2 (1926/28), 653 f. – W. Krogmann, VL V (1955), 863 ff. ‹BUCH DER VÄTER›. *Ausg.:* K. Reissenberger, Das Väterbuch (1914; DTM 22). – *Lit.:* G. Eis, VL IV (1953), 677 ff. ‹BUCH DER MÄRTYRER›. *Ausg.:* E. Gierach, Das Märterbuch (1928; DTM 32). – *Lit.:* E. Gierach, VL I (1933), 311 ff. – K. Hannemann, ebd. V (1955), 112. – K. Kunze, Die Hauptquelle des Märterbuches, ZfdPh 88 (1969), 45 ff. HERMANN VON FRITZLAR. *Ausg.:* F. Pfeiffer, Dt. Mystiker des 14. Jhs. 1 (1845), 3 ff. – *Lit.:* E. Krebs, VL II (1936), 415 f. ‹DER HEILIGEN LEBEN› (‹WENZEL-PASSIONAL›). *Ausg.:* S. Rüttger, D. H. L. u. Leiden. 2 Bde. (1913) [Auswahl]. – *Lit.:* M. Höbing, Legendäre Erzählformen des Wenzelpassionals (Diss. Münster 1935). – G. Eis, Kritik der Bezeichnung ‹Wenzelpassional›, ZfdPh 75 (1956), 274 ff. ‹DER MAGET KRONE›. *Ausg.:* J. Zingerle, Der maget krone, Wiener SB, Phil.-hist. Kl. (1864), 489 ff. – *Lit.:* J. van Dam, VL V (1955), 643. ‹FÜNFZEHN ZEICHEN›. *Lit.:* W. W. Heist, The Fifteen Signs before Doomsday (1952). – H. Eggers, VL V (1955), 1139 ff. ‹SIEBENSCHLÄFERLEGENDE›. *Ausg.:* G. v. Karajan, Von den siben slâfaeren (1839). – K. Reissenberger, Das Väterbuch (1914; DTM 22), 550 ff. – *Lit.:* R. Schindler, Die Siebenschläfer, ihre Legende, ihr Kult, ihr Brauchtum, Ostbair. Grenzmarken 5 (1961), 195 ff. CHRISTOPHORUS. *Lit.:* H.-F. Rosenfeld, Der hl. Ch., seine Verehrung u. seine Legende (1937). – Ders., VL V (1955), 133 ff. ULRICH. *Lit.:* A. Hirsch, Die dt. Prosabearbeitungen der Legende vom hl. U. (1915; Münchener Arch. 4). – K. Stackmann, VL IV (1953), 626 ff. AFRA. *Ausg.:* F. Wilhelm, Analecta Germanica (1906), 43 ff. KATHARINA VON ALEXANDRIEN. *Ausg.:* S. Sudhof, Die Legende der hl. K. in Cod. A 4 der Altstädter Kirchenbibl. zu Bielefeld (1959; Texte des späten MAs 10). – *Lit.:* S. Sudhof, Die Legende der Hl. K. v. A. (Diss. Tübingen 1951). – CRESCENTIA. *Lit.:* E. Scheunemann, VL II (1936), 943 ff. – K. Baasch, Die C.legende in der dt. Dichtung des MAs (1968; Germ. Abhh. 20). JOHANN VON HILDESHEIM. *Ausg.:* M. Behland, Die Dreikönigslegende des J. v. H. (1968). – *Lit.:* K. Menne, VL II (1936), 598 ff. BRANDAN. *Ausg.:* C. Schröder, Sanct B. (1871). – E. Bonebakker, Van sente Brandane (1894). – *Lit.:* L. L. Hammerich, VL I (1933), 273 ff. – C. Bayerschmidt u. C. Selmer, An Unpublished Low German Version of the ‹Navigatio Sancti Brandani›, Germanic Review 30 (1955), 83 ff. – T. Dahlberg, Brandaniana (1958; Göteborger Germ. Forschgn. 4). URSULA. *Ausg.:* O. Schade, Geistl. Gedichte vom Niederrhein (1854), 161 ff. [Druck von 1510]. – *Lit.:* S. Sudhof, VL V (1955), 1105 ff. FRANZISKUS. *Ausg.:* D. Brett-Evans, Bonaventuras ‹Legenda St. Francisci› in der Übersetzung der Sibilla v. Bondorf (1960; Texte des späten MAs 12). – *Lit.:* R. Priebsch, VL IV (1953), 192 f. – D. Brett-Evans, Sibilla v. Bondorf – Ein Nachtrag, ZfdPh 86 (1967; Sonderh.), 91 ff. HEDWIG. *Ausg.:* J. Gottschalk, Die große Legende der hl. Frau St. H. 2 Bde. (1963) [Faks. der Originalausg. von K. Baumgarten 1504]. – *Lit.:* J. Klapper, VL II (1936), 234 ff. ELISABETH VON THÜRINGEN. *Ausg.:* W. Stannat, Das Leben der hl. E. in drei mnd. Hss. aus Wolfenbüttel u. Hannover (1959; Nd. Denkmäler 9). ROCHUS. *Lit.:* H. Maschek, VL III (1943), 1081 f. HEINRICH UND KUNIGUNDE. *Lit.:* H.-J. Schröpfer, Untersuchungen zur Verslegende des Ebernand v. Erfurt u. zur Gesch. ihres Stoffes (1969; Göppinger Arbeiten zur Germanistik 8).

d) Jenseitsvisionen. ‹Die Visionen des Ritters Georg aus Ungarn›. – ‹VISIO LAZARI›. *Ausg.:* M. Voigt, Beitrr. zur Gesch. der Visionenlit. im MA 1, 2 (1924;

Palaestra 146), 86 ff. ‹DIE VISIONEN DES RITTERS GEORG AUS UNGARN›. *Ausg.:*
M. Voigt, a. a. O., 121 ff. – L. L. Hammerich, Visiones Georgii (1930; Det Kgl.
Danske Videnskabernes Selskab, Hist.-fil. Medd. 18, 2). – *Lit.:* L. L. Hammerich, Eine Pilgerfahrt des 14. Jhs. nach dem Fegefeuer des hl. Patrizius, ZfdPh 53
(1928), 25 ff.

5. Schwankdichtung

Gesamtdarstellungen. H. Rupp, Schwank u. Sch. in der dt. Lit. des MAs, Der
Deutschunterricht 14 (1962), 29 ff. – K. Hufeland, Die dt. Sch. des SpätMAs
(1966; Basler Studien zur dt. Sprache u. Lit. 32). – E. Straßner, Schwank (1968;
Sammlung Metzler 77).

a) ‹Von Metzen Hochzeit› und der ‹Ring› des Wittenwiler. – *Ausg.:* E. Wießner,
Heinrich W.s ‹Ring› (1931; DLE Reihe Realistik des SpätMAs 3). – Ders., Kom-
mentar zu H. W.s ‹Ring› (1936; DLE Reihe Realistik des SpätMAs Erg.Bd.). –
Ders., Der Hochzeitsschwank ‹Meier Betz u. Metzenhochzeit› (1956; Altdt.
Textbibl. 48). – G. F. Jones, W.s ‹Ring› and the anonymous Scots poem
‹Colkelbie sow›. Transl. i. English (1956; The University of North Carolina
Studies in the Germanic Languages and Literatures 18). – *Lit.:* E. Wießner, Das
Gedicht von der Bauernhochzeit u. H. Wittenwylers ‹Ring›, ZfdA 51 (1908),
245 ff. – J. Nadler, Wittenweiler?, Euphorion 27 (1926), 172 ff. – G. Müller,
Der Ring, Schweiz. Rundschau 27 (1927), 782 ff. – E. Wießner, H. W.: der Dichter
des ‹Ringes›, ZfdA 64 (1927), 145 ff. – M. Keller, Beitrr. zu W.s ‹Ring› (Diss. Zürich
1935). – W. Brauns, H. Wittenweiler, das Gedicht von der Bauernhochzeit u.
Hermann v. Sachsenheim, ZfdA 74 (1936), 57 ff. – W. Friedrich, Die Wurzeln
der Komik in W.s ‹Ring› (Diss. München 1942). – F. Martini, H. W.s ‹Ring›,
DVjs 20 (1942), 200 ff. – E. Wießner, H. W., ZfdA 84 (1952/53), 159 ff. – G. Jung-
bluth, VL IV (1953), 1037 ff. – R. Brinkmann, Zur Deutung von W.s ‹Ring›,
DVjs 30 (1956), 201 ff. – B. Sowinski, Der Sinn des ‹Realismus› in H. W.s ‹Ring›
(Diss. Köln 1960). – U. Gaier, Das Verhältnis von Geistigkeit u. Vitalität in W.s
‹Ring›, DVjs 43 (1969), 204 ff.

b) ‹Neithart Fuchs› und ‹Die Geschichte des Pfarrers vom Kahlenberg›. –
‹NEITHART FUCHS›. *Ausg.:* F. Bobertag, Narrenbuch (1884; DNL 11), 141 ff. –
W. Matthey, Ein Wiegendruck-Fragment des Volksbuches N. F. In: Der Biblio-
phile, Beil. z. ‹Das Antiquariat› 8 (1957), Nr. 2, 51 ff. – *Lit.:* K. Gusinde, Neidhart mit dem Veilchen (1899; Germanist. Abhh. 17). – J. Seemüller, Dt. Poesie
vom Ende des XIII. bis in den Beginn des XVI. Jhs., Gesch. der Stadt Wien,
hrsg. v. Alterthumsvereine III/1 (1907), 25 ff. – R. Brill, Die Schule Neidharts
(1908; Palaestra 37). – S. Singer, Neidhartstudien (1920). – J. F. Rabinowitsch,
Probleme der Neidhartforschung (1928). – E. Schröder, Pf. v. K. u. N. F., ZfdA
(1936), 49 ff. – H. Rupprich, Das Wiener Schrifttum des ausgehenden MAs,
Wiener SB, Phil.-hist. Kl. 228/5 (1954), 81 ff. – E. Wießner, Neidharts Grabmal
am Wiener Stephansdome, Wiener Gesch.bll. 13 (1958), 30 ff. – U. Gaier, Satire.
Studien zu Neidhart, Wittenwiler, Brant u. zur satirischen Schreihart (1967).
E. Simon, Neidhart v. Reuenthal. Gesch. der Forschung u. Bibliographie (1968). –
‹DER PFARRER VOM KAHLENBERG›. *Ausg.:* F. H. v. d. Hagen, Narrenbuch (1811),
269 ff. – W. Mantels, Aus einem niedersächsischen Pfarrherrn v. Kahlenberg,
Nd. Jb. 1 (1875), 66 ff.; 2 (1876), 145 ff. – F. Bobertag, Narrenbuch (1884;
DNL 11), 1 ff. – E. Schröder, Der Parson of Kalenborow u. seine nd. Quelle,
Nd. Jb. 13 (1887), 129 ff. – W. Köppen, Die alten Kalenbergdrucke u. Über-
setzungen, Nd. Jb. 20 (1894), 92 ff. – K. Schorbach, Die Gesch. des Pfaffen vom

K., Heidelberg 1490 (1905; Seltene Drucke in Nachbildungen 5). – V. Dollmayr, Die Gesch. des Pf.s v. K. (1906; NDL 212/14). – *Übers.:* W. Henning, Die Gesch. des Pf. v. K. (1962; Reihe Heyne Paperbacks 7). – *Lit.:* J. Seemüller, Dt. Poesie vom Ende des XIII. bis in den Beginn des XVI. Jhs., Gesch. der Stadt Wien, hrsg. v. Alterthumsvereine III/1 (1907), 18 ff. – R. Müller, Wiens höfisches u. bürgerliches Leben im ausgehenden MA, ebd. III/2 (1907), 670 ff. – Th. Chalupa, Zur .Gesch. des Pf.s v. Kalenberg, Zs. f. österr. Gymnasien 66 (1915), 7 ff. – K. Lechner, ‹Chalwenperg›–‹Kalenberg›–Leopoldsberg. In: Unsere Heimat 30 (1959), 3/4. – H. Maschek, Die Gesch. des Pf.s v. K., ZfdA 73 (1936), 36 ff. – Ders., ebd. 75 (1938), 25. – Ders., VL III (1943), 872 ff. – H. Rupprich, Das Wiener Schrifttum des ausgehenden MAs, Wiener SB, Phil.-hist. Kl. 228/5 (1954), 84 ff. – R. Perger, Philipp Frankfurter. Wiener Gesch.bll. 24 (1969), 455 ff. ‹RITTER BERINGER›. *Ausg.:* K. Schorbach, Die Historien von dem R. B. Straßburg 1495 (1893; Seltene Drucke in Nachbildungen 1).

c) ‹Till Eulenspiegel›. – *Ausg.:* J. M. Lappenberg, Dr. Th. Murners Ulenspiegel (1854) [Abdruck der Ausgabe Straßburg 1519]. – Tyel Ulenspiegel in niedersächsischer Mundart nach dem Druck des Servais Kruffter. Photolithogr. nachgebildet (1865). – H. Knust, Till E. (1884); NDL 55/56) [Abdruck der Ausg. vom Jahre 1515]. – M. Nijhoff, Tyl Uilenspiegel (1898) [Faks. Druck der Ausg. des Druckers M. van Hoochstraten zu Antwerpen]. – E. Schröder, Ein kurtzweilig lesen von Dyl Ulenspiegel (1911) [Faks. Druck der Ausg. Straßburg 1515]. – W. Krogmann, Ulenspiegel (1952; Drucke d. Ver. f. nd. Sprachforsch. 11 /Krit. Textausg.]. – H. Wiemken, Die Volksbücher von T. Ulenspiegel, Hans Clawert u. den Schildbürgern (1962; Sammlung Dieterich 227). – W. Lindow, Ein kurtzweilig Lesen von Dil Ulenspiegel. Nach dem Druck von 1515 (1966; Reclams UB 1687/88/88 a/b). – *Lit.:* E. Schröder, E.s Grabstein, Nd. Jb. 16 (1890), 110. – C. Walther, Zur Gesch. des Volksbuches vom E., Nd. Jb. 19 (1893), 1 ff. – H. Lemcke, Der hochdt. E. (1908). – E. Kadlec, Untersuchungen zum Volksbuch vom Ulenspiegel (1916). – W. Krogmann, Ulenspiegel, Nd. Jb. 58/59 (1932/33), 104 ff. – W. Hilsberg, Der Aufbau des E.-Volksbuches von 1515 (1933). – L. Mackensen, Die Entstehung des Volksbuches vom E., Germ. Rom. Monatsschr. 24 (1936), 241 ff. – W. Krogmann, Zur Überlieferung des Ulenspiegel, Nd. Jb. 67/68 (1941/42), 79 ff. – O. Debus, Till E. in der dt. Volksüberlieferung (1951). – W. Krogmann, VL IV (1952), 555 ff. – G. Cordes, NDB 4 (1959), 685. – G. Steiner, Zur Exegese des Volksbuches von Till E., Acta Litteraria 2 (1960), 251 ff. – K. Bartelink, Het latijnse epitaphium in het nederlandes volksboek van Tijl Uilenspiegel, Neophilologus 43 (1960), 234. – E.-Jahrbuch (1960 ff.).

6. Das literarische Werk Kaiser Maximilians I.

Ausg.: V. v. Kraus, M.s I. vertraulicher Briefwechsel mit Sigm. Prüschenk (1875). – K. Goedeke, Teuerdank (1878; Dt. Dichter des 16. Jhs. 10). – Q. v. Leitner, Freydal, des Kaisers M. I. Turniere u. Mummereien (1880/82). – F. Schestag, Kaiser M.s I. Triumph, Jb. d. kunsthist. Sammlungen 1 (1883), 154 ff. – E. Chmelarz, Die Ehrenpforte des Kaisers M. I., ebd. 4 (1886), 289 ff. – S. Laschitzer, Die Heiligen aus der Sipp-, Mag- u. Schwägerschaft Kaiser M.s I., ebd. 4 (1886), 70 ff.; 5 (1887), 117 ff. – A. Schultz, Der Weißkunig, ebd. 6 (1888; neue Ausg. sep. 1891), 1 ff. – Ders., Fragmente einer lat. Autobiographie Kaiser M.s I., ebd. 6 (1888), 421 ff. – S. Laschitzer, Die Genealogie des Kaisers M. I., ebd. 7 (1888), 1 ff. – Ders., Der Theuerdank, ebd. 8 (1888), 1 ff. – W. Boeheim, Die Zeugbücher des Kaisers M. I., ebd. 13 (1892), 94 ff.; 15 (1894), 295 ff. –

M. Mayr, Das ‹Jagdbuch› Kaiser M.s (1901). – F. Schmid, Eine neue Fassung der maximilianischen Selbstbiographie (Diss. Wien 1950; masch.). – H. Th. Musper in Verb. mit R. Buchner, H. O. Burger u. E. Petermann, Kaiser M.s I. Weißkunig. 2 Bde. (1956). – F. Unterkircher, Das Tiroler Fischereibuch M.s I. (1967). – Kaiser M. I. Theuerdank (1968) [Faks.Ausg. der 1. Aufl. 1517. Beih. mit Beitrr. von H. Engels, E. Geck u. H. Th. Musper]. – H. Unger, Kaiser M.s I. Teuerdank (1968; Die Fundgrube 40). – Lit.: H. Ulmann, Kaiser M. I. 2 Bde. (1884–91). – E. Heyck, Kaiser M. I. (1898; Monographien zur Weltgesch. 5). – Th. Gottlieb, Die Ambraser Hss. Beitrr. zur Gesch. der Wiener Hofbibl. 1: Die Büchersammlung Kaiser M.s I. (1900). – O. Bürger, Beitrr. zur Kenntnis des Teuerdank (1902; Quellen u. Forschgn. 92). – C. Fischnaller, J. Kölderer u. die Ehrenpforte, Zs. d. Ferdinandeums 3. F. 46 (1902), 308 ff. – K. Giehlow, Urkundenexegese zur Ehrenpforte. In: Beitrr. z. Kunstgesch., F. Wickhoff gewidmet (1903), 90 ff. – M. Jansen, Auflösung des Reiches. Neues Kulturleben. Kaiser M. I. (1905). – M. Wackernagel, Die Darstellung u. Idealisierung des höfischen Lebens in den Werken Kaiser M.s (Diss. Berlin 1905). – J. Strobl, Kaiser M.s I. Anteil am Teuerdank (1907). – F. Redl, Kaiser M. I. v. Habsburg in seinen Beziehungen zur Dichtkunst, Wissenschaft u. Kunst, Zs. f. österr. Gymnasien 63 (1912), 693 ff. – J. Strobl, Studien über die literarische Tätigkeit Kaiser M.s I. (1913). – K. Riess, Die Bearbeitung des Teuerdank durch B. Waldis (Diss. Heidelberg 1921). – E. Brenner, Die Nachgesch. des Teuerdank (Diss. Wien 1929, masch.). – G. Misch, Die Stilisierung des eigenen Lebens in dem Ruhmeswerk Kaiser M.s, Nachrr. v. d. Ges. d. Wiss. z. Göttingen 1930, Phil.-hist. Kl., 435 ff. – F. Pesendorfer, Der Weißkunig Kaiser M.s I. (Diss. Wien 1931, masch.). – L. Baldaß, Der Künstlerkreis Kaiser M.s (1932). – J. Meder, Dürer-Katalog (1932), 203 ff. – P. Diederichs, M. als politischer Publizist (1932). – R. Newald u. A. E. Geßler, VLIII (1938), 303 ff. – W. Winkler, Kaiser M. I (1950). – R. Buchner, M. I. Kaiser an der Zeitwende (1959; Persönlichkeit u. Gesch. 14). – H. Fichtenau, Der junge M. 1459–1482 (1959; Österreich Arch.). – Ders., Die Lehrbücher M.s I. u. die Anfänge der Frakturschrift (1961). – H. O. Burger, Der Weißkunig. Die Selbststilisierung des ‹letzten Ritters›. In: ‹Dasein heißt eine Rolle spielen› (1963; Lit. als Kunst) 15 ff.

II. Kapitel. Historie in Vers und Prosa, Vorformen und Beiformen der Selbstzeugnisse. Reisebeschreibungen

1. Deutsche Chroniken und Memoiren. Deutschsprachige geschichtliche Prosa.
Ihre Ausbildung in den politischen Territorien, Landschaften und Städten

Allgemeine Literatur und Sammlungen. Die Chroniken der dt. Städte vom 14. bis ins 16. Jh., hrsg. durch die Hist. Kommission bei der Akad. d. Wiss. München (1862 ff.) [CDS]. – Gesch.schreiber der dt. Vorzeit (²1884 ff.) – O. Lorenz, Dtlds. Gesch.quellen im MA (³1886–87). – Monumenta Germaniae historica, Dt. Chroniken (1892 ff.) – P. Joachimsen, Gesch.auffassung u. Gesch.-schreibung in Dtld. unter dem Einfluß des Humanismus 1 (1910). – M. Jansen u. L. Schmitz-Kallenberg, Historiographie u. Quellen der dt. Gesch. bis 1500 (²1914). – H. Jellinghaus, Gesch. der mnd. Lit., Pauls Grundriß 7 (³1925), 63 ff. – W. Stammler u. K. Langosch, VL I–V (1933–55) [wo fast alle genannten Geschichtsschreiber und Geschichtswerke mehr oder minder behandelt u. die Ausgaben angeführt sind]. – Ehrismann II, 2, 2 (1935), 32 ff. – H. Maschek, Dt. Chroniken (1936; DLE Reihe Realistik des SpätMAs 5). – K. Jacob, Quellenkunde der dt. Gesch. im MA (⁵1949). – E. Stutz, RL 1 (²1958), 212 ff. – J. Menke, Gesch.schreibung u. Politik in dt. Städten des SpätMAs, Jb. d. Kölnischen Gesch. vereins 33 (1958), 1 ff.; 34/35 (1960), 85 ff. – H. Schmidt, Die dt. Städtechroniken als Spiegel des bürgerlichen Selbstverständnisses im SpätMA (1958; Schriftenr. d. hist. Komm. b. d. bayer. Akad. d. Wiss. 3). – H. Grundmann, Gesch.schreibung im MA, Dt. Philologie im Aufriß 3 (²1962), 2221 ff. – F. Ch. Dahlmann u. G. Waitz, Quellenkunde der dt. Gesch. (¹⁰1965 ff.). SCHWEIZ. Ausg.: F. K. Grieshaber, Oberrheinische Chronik (1850). – G. Studer, Die Berner Chronik des Konrad Justinger (1871). – Ders., Die Berner Chronik des Benedikt Tschachtlan nebst den Zusätzen des Diebold Schilling (1877; Quellen z. Schweizer Gesch. 1). – J. Bächtold, Die Stretlinger Chronik (1877; Bibl. älterer Schriftwerke d. dt. Schweiz 1). – Th. v. Liebenau u. W. F. v. Mülinen, Diebold Schillings Berner Chronik von 1424–68 (1892; Arch. d. hist. Ver. d. Kantons Bern 13, H. 3). – G. Tobler, Diebold Schillings Berner Chronik 1468–84, 2 Bde. (1897–1901). – Lit.: R. Feller u. E. Bonjour, Gesch.schreibung der Schweiz vom SpätMA zur Neuzeit. 2 Bde. (1962). ELSASS. Ausg.: C. Hegel, Fritsche Closeners Chronik (1870; CDS 8). – Ders., Chronik des Jakob Twinger v. Königshofen (1870–71; CDS 8, 9). – A. Hofmeister, Chronica Matthiae de Nuwenburg (1924/40; MG Script. NS 4). – G. Grandaur u. L. Weiland, Die Chronik des Matthias v. Neuenburg (³1912; Gesch.schreiber der dt. Vorzeit 84). – Lit.: H. Gerber, F. Closener, NDB 3 (1957), 294 f. ÖSTERREICH. Ausg.: [St. Endlicher,] Aus den Denkwürdigkeiten der Helene Kottannerin 1439/40 (1846). – G. v. Karajan, Kirchmairs Denkwürdigkeiten (1855; Fontes rer. Austriac. I, 1). – G. v. Karajan, Kleinere Quellen zur Gesch. Österreichs (1859), 31 ff. [H. Hierszmanns Bericht]. – J. Seemüller, Die Österreichische Chronik von den 95 Herrschaften (1909; MG DCh 6). – K. Großmann, Jakob Unrest, Österreichische Chronik (1957; MG Script. NS 11). – K. Mollay, Die Denkwürdigkeiten der Helene Kottannerin, Arrabona 7 (1965), 237 ff. – Lit.: K. Uhlirz, Quellen u. Gesch.schreibung, Gesch. d. Stadt Wien, hrsg. v. Alterthumsvereine II, 1 (1898), 35 ff., bes. 73 ff. – L. Groß, Zur Biographie der Helene Kottanner, Monatsbl. d. Ver. f. Gesch. d. Stadt Wien 14 (1925), 65 ff. – L. Kalman, A Visegrádi fellegvár koronakamrája (1925; Napkelet 5), 343 ff. [mit den Plänen der Plintenburg]. – O. Brunner, VL II (1936), 931 ff. – Ders., Quellenkunde zur mal. Gesch. Österreichs (1963; MIÖG Ergbd. 19). BAYERN. Ausg.: G. Leidinger, Chronik u. Stamm der Pfalzgrafen bei Rhein u. Herzoge in Bayern 1501 (1901; Drucke u. Holzschnitte d. XV. u. XVI. Jhs. in getreuer Nachbildung 7). – Ders., Andreas v. Regensburg, Sämtliche Werke (1903; Quellen u. Erört. z. Bair. u. Dt. Gesch. NF 1). – F. Roth, Des Ritters Hans Ebran v. Wildenberg ‹Chronik von den Fürsten aus Baiern› (1905; ebd. 2). – G. Leidinger, Veit Arnpeck, Sämtliche Chroniken (1915; ebd. 3). – W. Engel, Ratschronik der Stadt Würzburg (1951; Quellen u. Forschgn. z. Gesch. d. Bistums u. Hochstifts Würzburg 2). NÜRNBERG. Ausg.: K. Hegel, Ulman Stromer, Püchel von mein geslechet u. von abentewr (1862; CDS 1). – Th. v. Kern u. K. Hegel, Tuchers Memorialbuch (1872–74; CDS 10, 11). – W. Loose, Anton Tuchers Haushaltbuch 1507 bis 1517 (1877; BiblLVSt 134). SCHWABEN. Ausg.: M. R. Buck, Ulrich v. Richental, Chronik des Konstanzer Konzils 1414–1418 (1882; BiblLVSt 158). – F. Frensdorff u. M. Lexer, Chronik des Burkard Zink (1866; CDS 5). – K. A. Barack, Gallus Oheims Chronik v. Reichenau (1866; BiblLVSt 84). – H. Matzke, Ulrich Richental, Chronik des Konstanzer Konzils (1965) [Faks.-Ausg.]. – E. Thurnher, Thomas Lirer, Schwäbische Chronik (1967; Vorarlberger Schrifttum 8). – *Lit.:* ULRICH V. RICHENTAL: F. Herberhold, VL IV (1953), 589 ff. HESSEN. *Ausg.:* A. Wyß, Tilemann Elhen v. Wolfhagen, Limburger Chronik (1883; MG DCh 4,1). WESTFALEN. *Lit.:* DIETRICH VON NIEM: B. Schmeidler, VL I (1933), 428 ff.; K. Hannemann, VL V (1955), 154. DIETRICH VRIE: A. Zumkeller, LThuK 10 (²1965), 36 f. PERSON GOBELINUS: B. Schmeidler, VL III (1943), 846 ff. KÖLN. *Ausg.:* K. Schröder, G. Hagen, Dat boich van der stede Colne (1875; CDS 12). – H. Cardauns, Cronica van der hilliger Stat van Coellen (1876–77; CDS 13, 14). RHEINPFALZ. *Ausg.:* C. Hofmann, Die Chronik des Matthias v. Kemnat (1862 f.; Quellen u. Erört. z. Bair. u. Dt. Gesch. 2, 3). NIEDERSACHSEN. *Ausg.:* C. Cordes, Auswahl aus den Werken von H. Bote (1948; Texte z. dt. Philologie u. Lit.gesch.). – *Lit.:* L. Wolff, VL I (1933), 262 ff. – Ders., VL V (1955), 103 f. THÜRINGEN. *Ausg.:* L. F. Hesse, K. Stolles thüringisch-erfurtische Chronik (1854; BiblLVSt 32). – R. v. Liliencron, Düringische Chronik des Johannes Rothe (1859; Thüring. Gesch.quellen 3). – R. Thiele, K. Stolle, Memoriale. thüringisch-erfurtische chronik. (1900; Gesch.quellen d. Provinz Sachsen 39). – *Lit.:* G. Keil, PBB 83 (W) (1961/62), 214 f. SACHSEN UND MEISSEN. *Ausg.:* K. Janicke, Die Magdeburger Schöppenchronik (1869; CDS 7). MECKLENBURG. ERNST VON KIRCHBERG. *Lit.:* W. Brauns, VL V (1955), 210 ff. HANSESTÄDTE. *Ausg.:* F. Bruns, Die Lübecker Ratschronik (1910; CDS 30). HERMANN KORNER. *Lit.:* S. Sudhof, VL V (1955), 569. DEUTSCHER ORDEN. NIKOLAUS VON JEROSCHIN. *Ausg.:* F. Pfeiffer, N. v. J., Die Deutschordenschronik (1854). – *Lit.:* E. Johansson, Die Deutschordens-Chronik des N. v. J. (1964; Lunder Germ. Forschgn. 36). – E. Strehlke, Di Kronike von Pruzinlant des Nicolaus v. J., Script. rer. Pruss. 1 (1861), 291 ff. – ‹GESCHICHTE WEGEN EINES BUNDES›. *Ausg.:* M. Töppen, Script. rer. Pruss. 4 (1870), 71 ff. – *Lit.:* G. Keil, PBB 83 (W) (1961/62), 181. – ‹ÄLTERE HOCHMEISTERCHRONIK›. *Ausg.:* M. Töppen, Script. rer. Pruss. 3 (1866), 519 ff. – *Lit.:* G. Keil, PBB (W) 83 (1961/62), 188 ff. – DANZIG. *Ausg.:* Th. Hirsch, Die Danziger Chroniken (1870; Script. rer. Pruss. 4). SCHLESIEN. PETER ESCHENLOHER. *Lit.:* W. Dersch, VL I (1933), 588 ff. – MARTIN VON BOLKENHAIN. *Lit.:* W. Dersch, VL III (1943), 280 f.

2. Ansätze zur Lebensbeschreibung und Selbstbiographie.
Reisebeschreibungen

Ausg.: M. Beyer-Fröhlich, Dt. Selbstzeugnisse (1930–43; DLE Reihe Dt. Selbstzeugnisse 1, 4, 5). – *Lit.:* A. Rein, Über die Entwicklung der Selbstbiographie im ausgehenden dt. MA, Arch. f. Kulturgesch. 14 (1917), 193 ff. – G. Misch, Gesch. der Autobiographie. 3 Bde. (1949–62). VITEN. *Lit.:* W. Blank, Die Nonnenviten des 14. Jhs. (Diss. Freiburg i. Br. 1962). CHRISTOPH VON THEIN. *Lit.:* O. Brunner, VL I (1933), 377. LUDWIG VON DIESBACH. *Ausg.:* L. v. D., Herrn zu Landshut u. Diesbach, Chronik u. Selbstbiographie, Schweiz. Gesch.-forscher 8 (1830), 161 ff. BERNHARD UND JOB RORBACH. *Ausg.:* R. Froning, Frankfurter Chroniken u. annalistische Aufzeichnungen des MAs (1884; Quellen z. Frankfurter Gesch. 1). – *Lit.:* O. Ruppersberg, VL III (1943), 1085 ff. NIKOLAUS MUFFEL. *Ausg.:* W. Vogt, N. M.s Beschreibung der Stadt Rom (1876; BiblLVSt 128). – *Lit.:* H. Amburger Stuart, VL III (1943), 437 ff. – K. Hannemann, ebd. V (1955), 694. GEORG VON EHINGEN. *Ausg.:* F. Pfeiffer, Des Schwäbischen Ritters G. v. E. Reisen nach der Ritterschaft (1842; BiblLVSt 1b). – *Lit.:* H. Jänichen, NDB 4 (1959), 343 f. SIGMUND GOTZKIRCHER. *Ausg.:* P. Lehmann, Haushaltsaufzeichnungen u. Hss. eines Münchner Arztes aus dem 15. Jh. In: P. L., Erforschung des MAs 3 (1960), 247 ff. REISEBESCHREIBUNGEN. *Ausg.:* R. Röhricht u. H. Meisner, Dt. Pilgerreisen nach dem Hl. Land, hrsg. u.

erl. (1880). – L. Conrady, Vier rheinische Palästina-Pilgerschriften des 14., 15., 16. Jhs. (1882). – *Lit.:* T. Tobler, Bibliographia Palaestinae geographica (1875). – R. Röhricht, Dt. Pilgerreisen nach dem hl. Lande (1900). – M. Sommerfeld, Die Reisebeschreibungen der dt. Jerusalempilger im ausgehenden MA, DVjs 2 (1924), 816 ff. JOHN MANDEVILLE. *Lit.:* A. Schörner, Die dt. Mandeville-Versionen (1927). – E. J. Morall, Michel Velser, Übersetzer einer dt. Version von Sir J. M.s ‹Reisen›, ZfdPh 81 (1962), 82 ff. OTTO VON DIEMERINGEN. *Lit.:* E. Brodführer, VL III (1943), 677 ff. HANS SCHILTBERGER. *Ausg.:* K. F. Neumann, Reisen des Johannes Sch. (1859). – V. Langmantel, H. Sch.s Reisebuch. (1885; BiblLVSt 172). – *Lit.:* E. Brodführer, VL IV (1953), 69 ff. GEORG VON UNGARN. *Lit.:* B. v. Pukanszky, VL I (1933), 381 ff. MARCO POLO. *Ausg.:* H. v. Tscharner, Der md. M. P. aus der Admonter Hs. (1935; DTM 40). ‹KOLUMBUSBRIEF›. *Ausg.:* K. Häbler, Der dt. K. (1900; Drucke u. Holzschnitte d. XV. u. XVI. Jhs. in getreuer Nachbildung 6). LUKAS REM. *Ausg.:* B. Greiff, Tagebuch des L. R. aus den Jahren 1494–1541 (1861). – *Lit.:* W. Vogt, ADB 28 (1889), 187 ff. – BALTHASAR SPRINGER. *Ausg.:* F. Schulze, B. Sp.s Indienfahrt 1505/06 (1902; Drucke u. Holzschnitte d. XV. u. XVI. Jhs. in getreuer Nachbildung 8). HERMANN KÜNIG VON VACH. *Ausg.:* K. Häbler, Das Wallfahrtsbuch des Hermannus K. v. V. u. die Pilgerreisen der Deutschen nach Santiago de Compostella (1899; Drucke u. Holzschnitte d. XV. u. XVI. Jhs. in getreuer Nachbildung 1). WILHELM VON BOLDENSELE. *Ausg.:* C. L. Grotefend, Zs. d. hist. Ver. f. Niedersachsen 1852, 237 ff. – *Lit.:* G. Schwarz, NDB 2 (1955), 430. BERNHARD VON BREIDENBACH. *Ausg.:* E. Geck, B. v. Breydenbach. Die Reise ins Hl. Land (1961). – *Lit.:* E. Brodführer, VL I (1933), 200 ff. – K. Hannemann, ebd. V (1955), 85. – R. Fuchs, NDB 2 (1955), 571. FELIX FABRI. *Ausg.:* C. D. Haßler, Fr. Felicis Fabri Evagatorium in Terrae Sanctae, Arabiae et Egypti peregrinationem. 3 Bde. (1843–49; BiblLVSt 2, 3, 4). – Descriptio Sueviae, hrsg. v. H. Escher, Quellen z. Schweizer Gesch. 6 (1884). – G. Veesenmeyer, Tractatus de civitate Ulmensi, Mitt. d. histor. Ver. in Ulm, H. 13/16 (1908/09). – H. Roob, Die Pilgerfahrt des Bruders F. Faber ins Hl. Land anno 1483 (1965). – *Lit.:* M. Häußler, F. F. aus Ulm u. seine Stellung zum geistigen Leben seiner Zeit (1914; Beitrr. z. Kulturgesch. d. MAs u. d. Ren. 15). – G. Gieraths, NDB 4 (1959), 726 f.

III. Kapitel. Lyrische Dichtung. Spruchdichtung

Allgemeine Literatur und Sammlungen. L. Uhland, Alte hoch- u. niederdt. Volkslieder. 2 Bde. (1844/45; ³1894). – O. Schade, Dt. Handwerkslieder (1865). – F. M. Böhme, Altdt. Liederbuch (1877). – R. v. Liliencron, Dt. Leben im Volkslied um 1530 (1885; DNL 13). – L. Erk u. F. M. Böhme, Dt. Liederhort. 3 Bde. (1893/94). – K. Bartsch, Die dt. Liederdichter des 12. bis 14. Jhs. (⁴1901). – A. Kopp, Volks- u. Gesellschaftslieder des XV. u. XVI. Jhs. 1: Die Lieder der Heidelberger Hs. Pal. 343 (1905; DTM 5). – L. Nowak, Das dt. Gesellschaftslied in Österreich von 1480–1550 (1930; Denkmäler der Tonkunst in Österreich 72). – F. Kern, Dt. Volkslieder des MAs (1922). – U. Peters, Das Volkslied des bürgerlichen MAs (1924). – P. Alpers, Die alten niederdt. Volkslieder (1924). – Dt. Volkslieder mit ihren Melodien, hrsg. v. Dt. Volksliedarchiv (1935 ff.). – J. Meier, Das dt. Volkslied (1935; DLE Reihe Das dt. Volkslied 1, 2). – H. Arens u. A. Hübner, Frühe dt. Lyrik (1935). – H. Naumann u. G. Weydt, Herbst des Minnesangs (1936; Lit. hist. Bibl. 17). – H. Maschek, Lyrik des späten MAs (1939; DLE Reihe Realistik des SpätMAs 6). – *Lit.:* O. Böckel, Handbuch des dt. Volksliedes (1908). – A. Götze, Das dt. Volkslied (1929). – H. Besseler, Die Musik des MAs

u. der Renaissance (1931; Handb. der Musikwiss.). – Ehrismann II, 2, 2 (1935), 539 ff. – M. Platel, Vom Volkslied zum Gesellschaftslied (1939; Sprache u. Dichtung 64). – W. Stammler, Von der Mystik zum Barock ([2]1950), 245 f. – W. Flemming, Gesellschaftslied, RL 1 ([2]1958), 569 ff. – R. Kienast, Die dt.sprachige Lyrik des MAs, Dt. Philologie im Aufriß 2 ([2]1960), 104 ff. – G. Müller u. G. Reichert, Lied, RL 2 ([2]1965), 42 ff. – F. Neumann, Minnesang, RL 2 ([2]1965), 303 ff. – R. Haller, Gesch. der dt. Lyrik vom Ausgang des MAs bis zu Goethes Tod (1966; Sammlung Dalp 101). – W. Dankert, Das Volkslied im Abendland (1966; Sammlung Dalp 98).

1. Die Ausklänge des Minnesangs und der Dorfpoesie. Oswald von Wolkenstein. Weltliche und geistliche Kunstlyrik

REINHARD VON WESTERBURG. *Lit.:* K. H. Halbach, VL III (1943), 1051 f. JOHANN VON BOPFINGEN. *Lit.:* I. V. Zingerle, Bericht über die Sterzinger Miscellaneen-Hs., Wiener SB, Phil.-hist. Kl. 54 (1866), 293 ff. – O. Zingerle, J. v. B., ein unbe-. kannter Dichter des 14. Jhs., Euphorion 17 (1910), 469 ff. – A. Dörrer, VL II (1936), 585 ff. HEINRICH VON WÜRTTEMBERG. *Ausg.:* W. Holland u. A. Keller, Lieder H.s Grafen v. W. (1849). – *Lit.:* R. Westermann, VL II (1936), 366 ff. DER MÖNCH VON SALZBURG. *Ausg.:* Ph. Wackernagel, Das dt. Kirchenlied 2 (1867), 409–453 (Nr. 547–590) [die geistlichen Lieder]. – F. A. Mayer u. H. Rietsch, Die Mondsee-Wiener Liederhs. u. der M. v. S. (1894, 1896; Acta Germanica III, 4, IV; Separatausg. 1896) [die weltlichen Lieder]. – H. Heger, Die Mondsee-Wiener Liederhs. aus Cod. Vind. 2856 (1969) [Faks.-Ausg.]. – *Lit.:* J. Ampferer, Über den M. v. S. (Progr. Salzburg 1864). – O. Ursprung, Vier Studien zur Gesch. des dt. Liedes: 2. Die Mondsee-Wiener Liederhs. u. Hermann, der M. v. S., Arch. f. Musikwiss. 5 (1923), 11 ff. – R. Bauerreiß, Wer ist der M. v. S.?, Studien u. Mitt. z. Gesch. d. Benediktinerordens 52 (1934), 204 ff. – L. Denecke u. H. Engel, VL II (1936), 418 ff. – J. Schabaßer, Der M. v. S. in seinen geistlichen Liedern (Diss. Wien 1936, masch.). – H. Noack, Der M. v. S. (Diss. Breslau 1941). – L. Denecke, VL V (1955), 372 ff. – F. V. Spechtler, Der M. v. S. Grundlegung einer textkrit. Ausgabe (Diss. Innsbruck 1963, masch.). – N. R. Wolf, Die weltlichen Lieder des M.s v. S. (Diss. Innsbruck 1965, masch. verv.). – F. V. Spechtler, Der M. v. S. u. Oswald v. Wolkenstein in den Hss., DVjs 40 (1966), 80 ff. KONRAD VON QUEINFURT. *Lit.:* L. Denecke, VL II (1936), 907; V (1955), 565. – PETER VON SACHSEN. *Lit.:* W. Stammler, VL III (1943), 855 ff. – L. Denecke, ebd. V (1955), 882. OSWALD VON WOLKENSTEIN. *Ausg.:* B. Weber, Die Gedichte O.s v. W. (1847). – J. Schatz u. O. Koller, O. v. W. Geistliche u. weltliche Lieder. (1902; Denkmäler des Tonkunst in Österreich 18). – J. Schatz, Die Gedichte O.s v. W. ([2]1904). – K. K. Klein unter Mitw. v. W. Weiß u. N. Wolf, Die Lieder O.s v. W. Musikanhang v. W. Salmen (1962; Altdt. Textbibl. 55). – B. Wachinger, O. v. W. Eine Auswahl, übers. u. erl. (1964). – *Lit.:* G. Roethe, Dt. Reden (1923), 108 ff. – W. Marold, Kommentar zu den Liedern O.s v. W. (Diss. Göttingen 1927). – J. Schatz, Sprache u. Wortschatz O.s v. W. (1930; Denkschrr. d. Wiener Akad. d. Wiss., Phil.-hist. Kl. 69,2). – A. Graf v. Wolkenstein-Rodenegg, O. v. W. (1930, Schlern-Schrr. 17). – H. Lowenstein, Wort u. Ton bei O. v. W. (1932; Königsberger Dt. Forschgn. 11). – F. Ranke, Lieder O.s v. W. auf der Wanderung. In: Volkskundliche Gaben. J. Meier z. 70. Geb. dargebracht (1934), 157 ff. – A. Altpeter, Die Stilisierung des Autobiographischen bei O. v. W. u. seinen Zeitgenossen Hugo v. Montfort, Muskatblüt u. Michel Beheim (Diss. Tübingen 1950, masch.). – F. Neumann, VL V (1955), 817 ff. – N. Mayr, Die Reiselieder u. Reisen O.s v. W. (1961; Schlern-Schrr. 215). – J. Wendler, Studien zur Melodiebildung bei O. v. W. (Diss. Saarbrücken 1961). – A. Dejori, Heimatempfinden u. Heimatlieder O.s v. W. (Diss. Innsbruck 1961, masch.). – N. Wolf, Syntaktisches bei O. v. W. (Diss. Innsbruck 1962, masch.). – Ch. Petzsch, Text-u. Melodietypenveränderung bei O. v. W., DVjs 38 (1964), 491 ff. – E. Thurnher, Dichtung in Südtirol (1966), 28 ff. – U. Müller, ‹Dichtung› u. ‹Wahrheit› in den Liedern O.s v. W. (1968; Göppinger Arbeiten z. Germanistik 1). – W. Röll, O. v. W. u. Graf Peter v. Arberg, ZfdA 97 (1968), 219 ff. – H. P. Treichler, Studien zu den Tageliedern O.s v. W. (Diss. Zürich 1968). – U. Müller, O. v. W. Die ‹Heimatlieder› über die Tiroler Streitereien, ZfdPh 87 (1968, Sonderh.), 222 ff. – Ch. Petzsch, Die Bergwaldpastourelle O.s v. W., ebd., 195 ff. HUGO VON MONTFORT. *Ausg.:* K. Bartsch, H. v. M. (1879; BiblLVSt 143). – J. E. Wackernell, H. v. M. (1881; Sammlung älterer tirolischer Dichter 3). – P. Runge, Die Lieder des H. v. M. mit den Melodien des Burk Mangolt (1906). – *Lit.:* H. W. Hagen, VL II (1936), 518 ff. – E. Thurnher, Liebesbriefe aus dem 14. Jh., Jb. d. Vorarlberger Landesmuseumsvereins 1957, 17 ff. – E. Jammers, H. v. M., ein letzter Minnesänger, ebd., 34 ff. – A. Kayser-Petersen, H. v. M., Beitrr. zum Gattungsproblem im MA (Diss. München 1960). – G. Moczygemba, H. v. M. (1967). HANS HESELLOHER. *Lit.:* J. Kibelka, VL V (1955), 407 ff. DER DURST. *Lit.:* E. Hartl, VL I (1933), 464 ff. ‹HELTAUER MARIENLIED›. *Lit.:* K. K. Klein, Lit.gesch. des Deutschtums im Ausland (1939), 26. – B. v. Pukanszky, VL III (1943), 250 f. PETER VON ARBERG. *Ausg.:* K. Bartsch, Meisterlieder der Kolmarer Hs. (1862; BiblLVSt 68), 83, 179 ff., 578 ff. – *Lit.:* L. Denecke, VL III (1943), 849 ff. PETER VON REICHENBACH. *Lit.:* W. Stammler, VL III (1943), 852 ff. SUCHENSINN. *Ausg.:* E. Pflug, S. u. seine Dichtungen (1908). – *Lit.:* E. Liermann, VL IV (1953), 307 ff. DER HARDER. *Ausg.:* T. Brandis, Der H. Texte u. Studien 1. (1964; Quellen u. Forschgn. NF 13 [137]). – *Lit.:* H. Oppenheim, VL II (1936), 183 ff. – T. Brandis, NDB 7 (1966), 664.

2. Volkstümliche Lyrik

Lit.: J. Meier, Kunstlied u. Volkslied in Dtld. (1906). – Ders., Dt. u. niederländ. Volkspoesie, Pauls Grundriß II/1 (²1909), 1178 ff. – Jb. f. Volksliedforschung (1928 ff.). – J. Müller-Blattau, Das dt. Volkslied (1932). – H. J. Moser, Minnesang und Volkslied (1933). – F. Ranke, Zum Begriff ‹Volkslied› im ausgehenden MA, Mitt. d. Schles. Ges. f. Volkskunde 33 (1933), 100 ff. – L. Wolff, Von Form u. Leben der altdt. Volks- u. Gesellschaftslieder, Nd. Zs. f. Volkskunde 12 (1934), 145 ff. – E. Seemann u. W. Wiora, Volkslied, Dt. Philologie im Aufriß 2 (²1957), 349 ff. – J. Müller-Blattau, Dt. Volkslieder (1959).

a) Weltliche Lyrik. Das historisch-politische Lied. – *Ausg.:* R. v. Liliencron, Die hist. Volkslieder der Deutschen vom 13. bis 16. Jh. 4 Bde. nebst Nachtrag (1865–69). – A. Hartmann, Hist. Volkslieder u. Zeitgedichte vom 16. bis 19. Jh. 3 Bde. (1907–13). – *Lit.:* J. Jacobsohn, Der Darstellungsstil der hist. Volkslieder des 14. u. 15. Jhs. (Diss. Berlin 1914). – G. Kieslich, Das ‹Hist. Volkslied› als publizistische Erscheinung (1958; Stud. z. Publizistik 1). LIEBESLIEDER. *Lit.:* E. Seemann u. W. Wiora, Volkslied, Dt. Philologie im Aufriß 2 (²1957), 369 ff. ARBEITSLIEDER. *Lit.:* E. Seemann, RL 1 (²1958), 99 ff. VOLKSBALLADE. *Lit.:* H. Schneider, Ursprung u. Alter der dt. Volksballade, Festschr. Ehrismann (1925), 112 ff. – H. Naumann, RL 3 (1928/29), 476 ff. – W. Kayser, Gesch. d. dt. Ballade (1936). – A. Hruby, Zur Entstehungsgesch. der ältesten dt. Balladen, Orbis Litterarum 7 (1949), 1 ff. – R. Brinkmann, Zur Frage des ‹Zersingens› bei der spätmal. Volksballade, ZfdPh 76 (1957), 337 ff. – M. Wis, Ursprünge der dt.

Tannhäuserlegende, Neuphil. Mitt. 61 (1959), 8 ff. – S. Hirsch, Das Lied ‹Een ridder ende een meysken ionck› u. die Volksballaden ‹Ritter u. Magd›, ‹Die Nonne›, ZfdPh 79 (1960), 155 ff. SCHWEIZ. *Ausg.:* F. Waldmann, Alte histor. Lieder zur Schweizer Gesch. des 13.–16. Jhs. (²1916). – O. v. Greyerz, Histor. Volkslieder der Schweiz (1922). – M. Wehrli, Das Lied von der Entstehung der Eidgenossenschaft. Das Urner Tellenspiel (1952; Quellenwerk zur Entstehung der Schweizerischen Eidgenossenschaft III/2,1). ÖSTERREICH. JAKOB VETTER. *Lit.:* H. Menhardt, VL IV (1953), 692 f. HANS WISPECK. *Lit.:* H. Menhardt, VL IV (1953), 1035 f. HANS PROPST. *Lit.:* H. Menhardt, VL III (1943), 946 f. MATTHIAS KUNIG. *Lit.:* W. Stammler, VL II (1936), 987 f. CHRISTOPH WEILER. *Lit.:* H. Menhardt, VL IV (1953), 888. OSWALD FRAGENSTEINER. *Lit.:* A. Dörrer, VL V (1955), 227 ff. SCHWABEN UND FRANKEN. *Ausg.:* E. v. Seckendorff, Reimchronik Ulrichs v. Württemberg (1863; BiblLVSt 74). – K. Steiff u. G. Mehring, Geschichtl. Lieder u. Sprüche Württembergs (1912). DER SCHENKENBACH. *Lit.:* W. Krogmann, VL IV (1953), 54 f. BAYERN. WILHELM SUNNEBERG. *Lit.:* K. Stackmann, VL IV (1953), 343 ff. JÖRG WIDMANN. *Lit.:* W. Krogmann, VL IV (1953), 945. NÜRNBERG. *Lit.:* Th. Hampe, Volkslied u. Kriegslied im alten N., Mitt. d. Ver. f. Gesch. d. Stadt Nürnberg 23 (1919), 1 ff. HEINZ ÜBERTWERCH. *Lit.:* K. Hannemann, VL IV (1953), 547 ff. HANS KUGLER. *Lit.:* R. Westermann, VL II (1936), 984 f. BRESLAU. JAKOB VON RATINGEN. *Lit.:* P. Bretschneider, VL V (1955), 443 f. BRAUNSCHWEIG UND NIEDERDEUTSCHES GEBIET. KEMPENSEN. *Lit.:* W. Reinecke, VL II (1936), 783 f. KÖNIGSBERG. *Lit.:* K. Bertram, VL II (1936), 867 f. ‹LIED VOM STÖRTEBEKER›. *Lit.:* A. Hübner, VL IV (1953), 284 ff. WESTEN. HANS JUDENSINT. *Lit.:* R. Westermann, VL II (1936), 666 f. MARTIN SCHLEICH. *Lit.:* H.-Fr. Rosenfeld, VL IV (1953), 77 f. TÜRKENLIEDER. *Lit.:* K. Reuschel, RL 3 (1928/29), 392 f. KINDERLIEDER. *Lit.:* E. Seemann, RL 1 (²1958), 817 ff.

b) Geistliches Lied. Kirchenlied. – Allgemeine Literatur und Sammlungen.
W. Bäumker, Das katholische dt. Kirchenlied in seinen Singweisen von den frühesten Zeiten bis gegen Ende des 17. Jhs. 4 Bde. (1833–1911). – Ph. Wackernagel, Bibliographie zur Gesch. des dt. Kirchenliedes im 16. Jh. (1855). – A. H. Hoffmann [von Fallersleben], Gesch. des dt. Kirchenliedes bis auf Luthers Zeit (1861). – Ph. Wackernagel, Das dt. Kirchenlied von der ältesten Zeit bis zu Anfang des 17. Jhs. 4 Bde. (1864–77; Nachdr. 1964). – G. M. Drewes u. C. Blume (u. H. M. Bannister), Analecta hymnica medii aevi. 55 Bde. (1886–1922). – E. Benary, Liedformen der dt. Mystik im 14. und 15. Jh. (Diss. Greifswald 1936). – M. C. Pfleger, Untersuchungen am dt. geistlichen Lied des 13. bis 16. Jhs. (Diss. Berlin 1937). – J. Kothe, Die dt. Osterlieder des MAs. (Diss. Breslau 1939). – W. Schmidt, Ach Zeit, ach Zeit, ach edle Zeit!, ZfdPh 74 (1955), 51 ff. – W. J. Geppert, RL 1 (²1958), 819 ff. – G. Eis, Geistliche Lyrik des späten MAs aus unbekannten Hss., Euphorion 53 (1959), 441 ff. – K. H. Bertau, Sangverslyrik im mhd. Leich (1964; Palaestra 240). – J. Janota, Studien zu Funktion u. Typus des dt. geistlichen Liedes im MA (1968; Münchener Texte u. Unters. 23). LIEDER DER GEISSLER. *Lit.:* A. Hübner, Die dt. Geißlerlieder (1931). – J. Müller-Blattau, MGG 4 (1955), 1620 ff. – A. Hübner-E. Seemann, RL 1 (²1958), 536 ff

3. Liedersammlungen und Liederbücher

Allgemeine Literatur. H. Riemann, Liederbücher, Liederhss., Musiklexikon, Sachteil (1967), 525 f. – DIE STERZINGER HANDSCHRIFT. *Lit.:* I. V. Zingerle, Bericht über die Sterzinger Miscellaneen-Hs., Wiener SB, Phil.-hist. Kl. 54 (1866),

293 ff. LIEDERBÜCHER DER BERLINER STAATSBIBLIOTHEK. *Lit.:* H. Degering, Kurzes Verzeichnis der germ. Hss. der Preuß. Staatsbibl. (1926), 88 f. [mit Aufzählung der Lieder in Hs. 459]. – M. Lang u. J. Müller-Blattau, Zwischen Minnesang u. Volkslied. Die Lieder der Berliner Hs. Germ. Fol. 922 (1941; Studien z. Volksliedforschg., Beih. z. Jb. f. Volksliedforschg. 1). DIE MONDSEE-WIENER LIEDERHANDSCHRIFT. *Ausg.:* H. Heger, D. M.-W. Lhs. aus Cod. Vind. 2856 (1969) [Faks.-Ausg.; mit ausführl. Einleitung u. sämtl. Lit.angaben]. DIE HAAGER LIEDERHANDSCHRIFT. *Ausg.:* E. F. Kossmann, D. H. L. (1940) [Faks.-Ausg.]. – *Lit.:* A. Kalla, Über die H. L. Nr. 721 (1909; Prager dt. Studien 14). DAS LIEDERBUCH DES JAKOB KEBITZ D. J. *Lit.:* H. Fischer, Jacob Käbitz u. sein verkanntes Lb., Euphorion 56 (1962), 191 ff. DIE HANDSCHRIFT ST. BLASIEN 77 DER BADISCHEN LANDESBIBLIOTHEK KARLSRUHE. *Lit.:* H. J. Moser u. F. Quellmalz, Volkslieder des 15. Jhs. aus St. Blasien. In: Volkskundl. Gaben, J. Meier z. 70. Geb. dargebracht (1934), 146 ff. – K. Hannemann, Unverdorben Peter, VL IV (1953), 652 ff. DAS LOCHAMER- ODER LOCHEIMER-LIEDERBUCH. *Ausg.:* F. W. Arnold u. H. Bellermann, Das Locheimer Lb. nebst der Ars Organisandi des Conrad Paumann (1867; Jahrbb. f. Musikalische Wiss. II). – K. Ameln, Das Lochheimer Lb. u. Fundamentum organisandi des Conrad Paumann (1925) [Faks.]. – Ders., Das Lochheimer Lb. Tl. 1: Die mehrstimmigen Sätze (1925). – R. Stegbach, 22 Lieder des Lochamer Lb.es (1928). – W. Salmen, Das Lochamer Lb. ⟨1951⟩. – *Lit.:* W. Gurlitt, Burgundische Chanson- u. Liedkunst des 15. Jhs., Berichte des Musikwiss. Kongresses Basel 1924 (1925), 153 ff. – Ch. Petzsch, Das Lochamer-Lb. (1968; Münchener Texte u. Unters. 19). DAS AUGSBURGER LIEDERBUCH. *Lit.:* J. Bolte, Ein A. Lb. vom Jahre 1454, Alemannia 18 (1890), 97 ff. DAS LIEDERBUCH DER KLARA HÄTZLERIN. *Ausg.:* C. Haltaus, Lb. d. C. H. (1840; Bibl. d. ges. dt. Nationallit. 8; Photomech. Nachdr. mit Nachw. v. H. Fischer, 1966; Dt. Neudrucke Reihe Texte des MAs). – *Lit.:* K. Geuther, Komposition u. Entstehung des Lb.es der K. H. (1899). – E. Gebele, Lebensbilder aus dem Bayer. Schwaben 6 (1958), 26 ff. – Ders., NDB 7 (1966), 455 f. – H. D. Schlosser, Untersuchungen zum sog. lyrischen Teil des Lb.s der K. H. (Diss. Hamburg 1965). EINE SCHWÄBISCHE LIEDERSAMMLUNG DES 15. JHS. *Lit.:* H. Fischer, Eine vergessene schwäbische Liederhs. des 15. Jhs., ZfdA 91 (1961/62), 236 ff. DAS FRANKFURTER ODER FICHARDSCHE LIEDERBUCH. *Ausg.:* J. K. Fichard, Altdt. Lieder u. Gedichte aus der ersten Hälfte des 15. Jhs., Frankfurtisches Arch. f. ält. dt. Gesch. u. Lit. (1815), 196 ff. DAS MÜNCHENER LIEDERBUCH ODER LIEDERBUCH DES HARTMANN SCHEDEL. *Ausg.:* R. Eitner, Das dt. Lied des XV. u. XVI. Jhs. in Wort, Melodie u. mehrstimmigem Tonsatz 2, 1 ff. (1880; Beil. z. d. Monatshh. f. Musikgesch.). – H. Rosenberg, Das Schedelsche Lb. (1933; Bärenreiter-Ausg. 628). – *Lit.:* K. Fromann, D. M. Lb. (H. Schedels), ZfdPh 15 (1883), 104 ff. DAS WIENHÄUSER LIEDERBUCH. *Lit.:* P. Alpers, D. W. Lb., Nd. Jb. 69/70 (1948), 1 ff. DAS GLOGAUER LIEDERBUCH. *Ausg.:* R. Eitner, Das dt. Lied des XV. u. XVI. Jhs. in Wort, Melodie u. mehrstimmigem Tonsatz 2 (1880; Beil. z. d. Monatshh. f. Musikgesch.). – H. Ringmann, D. G. Lb. Ausgewählte Sätze (1927). – *Lit.:* Ders., D. G. Lb., ein stilistischer Beitrag zur Musikgesch. des 15. Jhs. (1928). – W. Salmen, MGG 5 (1956), 299 ff. DAS ROSTOCKER NIEDERDEUTSCHE LIEDERBUCH. *Ausg.:* F. Ranke u. J. Müller-Blattau, D. R. Lb. (1927; Schrr. d. Königsberger Gel. Ges. 4, 5). DAS HOHENFURTER LIEDERBUCH. *Ausg.:* W. Bäumker, Ein dt. geistliches Lb. mit Melodien aus dem 15. Jh. (1895). – *Lit.:* E. Gierach, VL III (1943), 50 ff. DIE DONAUESCHINGER LIEDERHANDSCHRIFT. *Lit.:* P. Runge, Die Sangesweisen der Colmarer Lhs. u. die Lhs. Donaueschingen (1896). – H. Husmann, D. L., MGG 3 (1954), 667 ff. – JOHANNES HAUSER. *Lit.:* H. Menhardt, VL II (1936), 227 f. DAS LIEDERBUCH DES JOHANNES HEER VON GLARUS. *Ausg.:*

A. Geering u. H. Trümpy, D. Lb. d. J. H. v. G. (1967; Schweizerische Musikdenkmäler 5). DIE KLOSTERNEUBURGER LIEDERHANDSCHRIFT. *Ausg.:* B. Rzyttka, Die geistl. Lieder der Klosterneuburger Hs. 1228. Studien zum spätmal. Kirchenlied in Österreich. (Diss. Wien 1952, masch.). SAMMELHANDSCHRIFT DES LUKAS WAGENRIEDER. *Lit.:* R. Eitner, Biographisch-Bibliographisches Quellen-Lexikon 10 (1904), 148. DIE DARFELDER LIEDERHANDSCHRIFT. *Lit.:* A. Hübner, Eine neue niederrheinisch-westfälische Lhs. aus dem 16. Jh., Jb. d. Ver. f. nd. Sprachforschg. 53 (1928), 39 ff. – Ders., Aus der D. L. In: Volkstum u. Heimat. Festschr. K. Wagenfeld (1929), 176 ff. DAS LIEDERBUCH DES ARND VON AICH. *Ausg.:* H. J. Moser u. E. Bernoulli, D. Lb. d. A. v. A. (1930; Bärenreiter-Ausg. 386). – *Lit.:* A. Kopp, A.s v. A. Lb., PBB 42 (1917), 64 ff. – J. Benzing, NDB 1 (1953), 114 f.

4. Lehrhafte Versreden. Minne-Reden und -Allegorien.
Herolds- und Wappendichtung. Peter Suchenwirt

HEINRICH DER TEICHNER. *Ausg.:* H. Niewöhner, Die Gedichte H.s des T.s 3 Bde. (1953–56; DTM 44, 46, 48). – *Lit.:* H. Niewöhner, VL II (1936), 334 ff. – Ders., ebd. V (1955), 350. – Ch.-M. König, Die dogmatischen Aussagen H. des T.s (Diss. Freiburg i. Br. 1967). – E. Lämmert, Reimsprecherkunst im SpätMA. Eine Untersuchung der Teichnerreden (1970). LIENHART PEUGER. *Lit.:* A. Witte, VL III (1943), 862 f. KONRAD BOLLSTATTER. *Lit.:* H. Niewöhner, VL I (1933), 253 f. HEINRICH KAUFRINGER. *Ausg.:* K. Euling, H. K.s Gedichte (1888; BiblLVSt 182). – H. Schmidt-Wartenberg, Inedita des H. K. (1897; Germanic Studies 3). – *Lit.:* K. Euling, Studien über H. K. (1900; Germ. Abhh. 18). – K. Stackmann, VL V (1955), 506 ff. MINNE-REDEN UND ALLEGORIEN. *Ausg.:* K. Matthaei, Mhd. Minnereden 1 (1913; DTM 24). – W. Brauns u. G. Thiele, Mhd. Minnereden 2 (1938; DTM 41). – *Lit.:* H. Niewöhner, VL III (1943), 404 ff. DER ELENDE KNABE. *Ausg.:* K. Matthaei, Mhd. Minnereden 1 (1913; DTM 24), 1 ff. – *Lit.:* H.-Fr. Rosenfeld, VL II (1936), 823 f. – T. Brandis, Mhd., mnd. u. mittelniederländische Minnereden (1968; Münchener Texte u. Unters. 25). EBERHARD VON CERSNE. *Ausg.:* F. X. Wöber, Der Minne regel von E. C. (1861). – F. Bobertag, DNL 11 (o. J. [1886]), 185 ff. – *Lit.:* W. Mitzka, VL I (1933), 486 f. – A. Leitzmann, Studien zu Everhard v. C., PBB (O) 71 (1949), 306 ff. ERHARD WAMESHAFT. *Ausg.:* A. Bach, Eine Minneallegorie E. W.s. In: A. B., Germ.-hist. Studien (1964), 442 ff. – Ders., Erhart Wameßhaffts Hodoeporicon oder Beschreibung der Reise des Grafen Philipp v. Katzenelnbogen nach dem hl. Lande (1433/34), ebd. 393 ff. – *Lit.:* H. Niewöhner, VL IV (1953), 826 ff. – L. Denecke, ebd. V (1955), 1117 f. ‹WARNUNG AN HARTHERZIGE FRAUEN›. *Lit.:* H. Niewöhner, VL IV (1953), 839 ff. ‹DES MINNERS ANKLAGEN›. *Ausg.:* W. Seelmann, D. M. A., Nd. Jb. 8 (1882), 42 ff. HADAMAR VON LABER. *Ausg.:* J. A. Schmeller, H.s v. L. Jagd u. drei andere Minnegedichte seiner Zeit (1850; BiblLVSt 20). – K. Stejskal, H.s v. L. Jagd (1880). – *Lit.:* H. Niewöhner, VL II (1936), 133 ff. – K. Hannemann, ebd. V (1955), 319. ‹MINNEBURG›. *Ausg.:* H. Pyritz, Die M. (1950; DTM 43). – *Lit.:* H. Kreißelmeier, Der Sturm der Minne auf die Burg (1957). ‹DAS KLOSTER DER MINNE›. *Lit.:* H. Niewöhner, VL III (1943), 395 ff. MEISTER ALTSWERT. *Ausg.·* W. Holland u. A. Keller, M. A. (1850; BiblLVSt 21). – *Lit.:* H. Niewöhner, VL I (1933), 69 ff. – H. Rosenfeld, ebd. V (1955), 43. – E. A. McCormick, M.A.'s ‹Kittel›, Germanic Review 35 (1960), 5 ff. ‹DAS WELTLICHE KLÖSTERLEIN›. *Lit.:* K. Matthaei, Das ‹w. K.› u. die dt. Minne-Allegorie (Diss. Marburg 1907). ‹DER NEUEN LIEBE BUCH›. *Ausg.:* H. Hofmann, Ein Nachahmer Hermanns v. Sachsenheim (Diss. Marburg 1893). AUGUSTIN VON HAMERSTETTEN. *Ausg.:* E. Busse, A. v. H. (Diss. Marburg 1902). – *Lit.:* W. Stammler, VL I (1933), 148 f.

HEROLDS- UND WAPPENDICHTUNG. GELRE. *Lit.:* H. Rosenfeld, VL V (1955), 251 f. PETER SUCHENWIRT. *Ausg.:* J. Primisser, P. S.s Gedichte (1827; unveränd. Nachdr. 1961). – C. Haltaus, Liederbuch der Clara Hätzlerin (1840; Bibl. d. ges. dt. Nationallit. 8; Photomech. Nachdr. mit Nachw. v. H. Fischer, 1966; Dt. Neudrucke Reihe Texte des MAs), 203 ff. – G. E. Friess, Fünf unedierte Ehrenreden S.s, Wiener SB, Phil.-hist. Kl. 88 (1878), 99 ff. – F. Bobertag, Erzählende Dichtungen des späteren MAs (o. J. [1886]; DNL 11), 93 ff. – *Lit.:* F. Kratochwil, Über den gegenwärtigen Stand der S.-Hss., Germania 34 (1889), 203 ff., 303 ff., 431 ff. – J. Seemüller, Chronologie der Gedichte S.s, ZfdA 41 (1897), 193 ff. – Ders., Dt. Poesie vom Ende des XIII. bis in den Beginn des XVI. Jhs., Gesch. der Stadt Wien, hrsg. v. Alterthumsvereine III, 1 (1907), 52 ff. – Ehrismann II, 2, 2 (1935), 490 f. – H. Rosenfeld, Nordische Schilddichtung u. mal. Wappendichtung, ZfdPh 61 (1936), 232 ff. – O. Weber, P. S. Studien über sein Wesen u. Werk (1937). – K. Helm, Zu S.s Ehrenreden, PBB 62 (1938), 232 ff. – H.-F. Rosenfeld, VL IV (1951), 310 ff.

5. Bilddichtung. Totentänze

Lit.: W. Stammler, Wort u. Bild (1962). – A. Henkel u. A. Schöne, Emblemata. Handbuch zur Sinnbildkunst des 16. u. 17. Jhs. (1967). DIE TOTENTÄNZE. *Ausg.:* K. J. Schröer, Todtentanzsprüche, Germania 12 (1867), 284 ff. – M. Rieger, Der jüngere Todtentanz, ebd. 19 (1874), 257 ff. – H. Baethcke, Des Dodes Danz. Nach den Lübecker Drucken von 1489 u. 1496 (1876; BiblLVSt 127). – C. Borchling, Ein prosaischer nd. T. des 16. Jhs., Nd. Jb. 28 (1902), 25 ff. – W. Fehse, Der oberdt. vierzeilige T., ZfdPh 40 (1908), 67 ff. – P. Zinsli, Der Berner T. (1953; Berner Heimatbücher 54/55). – H. Rosenfeld, Der mal. T. (1954; Beihh. z. Arch. f. Kulturgesch. 3) [mit Bibliographie u. den Texten. Vgl. dazu: M. O'. C. Walshe, ZfdPh 76 (1957), 231 ff.]. – *Lit.:* W. Seelmann, Die T. des MAs (1892) [mit Katalog]. – W. Fehse, Der Ursprung der T. (1907). – W. Stammler, Die T. des MAs (1922; Einzelschrr. f. Bücher- u. Hss.kunde 4). – E. Breede, Studien zu den lat. u. dt.sprachigen T.texten des 13. bis 16. Jhs. (1931). – St. Kozáky, Gesch. der T. 3 Bde. (1936–45; Bibliotheca Humanitatis hist. 1, 5, 7). – W. Stammler, Der T. Entstehung u. Deutung (1948). – H. Rosenfeld, VL V (1955), 1090 ff. – F. Zoepfl, LThuK 10 (³1965), 277 ff. – St. Cosacchi, Makabertanz. Der T. in Kunst, Poesie u. Brauchtum des MAs (1965).

6. Von der nachklassischen Lyrik zum Meistergesang

DER MEISTERGESANG. *Bibliographie.* A. Taylor a. F. H. Ellis, A bibliographie of Meistergesang (1936; Indiana Univ. Studies 23). – *Selbstdarstellungen.* A. Puschmann, Gründlicher Bericht des dt. M.es, 1571, hrsg. v. R. Jonas (1888; NDL 73); ²1584 abgedr. bei G. Münzer, Das Singebuch des A. Puschmann (1906). – C. Spangenberg, Von der Musica u. den Meistersängern [1598], hrsg. v. A. v. Keller (1861; BiblLVSt 62). – *Lit.:* J. Grimm, Über den altdt. M. (1811). – G. Büsching, Der Meistersinger holdselige Kunst (1812). – J. Görres, Altdt. Volks- u. Meisterlieder (1817). – Goedeke, Grundriß 1 (²1884), 248 ff.; 2 (²1886), 247 ff. – O. Platte, Die Kunstausdrücke der Meistersinger (1888; Straßburger Studien 3). – C. Mey, Der M. in Gesch. u. Kunst (²1901). – H. Ellenbeck, Die Sage vom Ursprung des M.s (Diss. Bonn 1911). – H. Lütcke, Studien zur Philosophie der Meistersänger (1911; Palaestra 107). – R. Weber, Zur Entwicklung u. Bedeutung des M.s im 15. u. 16. Jh. (Diss. Berlin 1921). – W. Stammler, Die Wurzeln des M.s, DVjs 1 (1923), 529 ff. – H. Oppenheim, Das Naturgefühl bei den frühen Meistersängern (Diss. Greifswald 1930). – K. Unold, Zur Soziologie des zünftigen dt. M.s (Diss. Heidelberg 1932). – F. Streinz, Der M. in den Sudetenländern. In: Der Ackermann aus Böhmen 4 (1935), 414 ff. – H. O. Burger, Die Kunstauffassung der frühen Meistersinger (1936). – A. Taylor, The literary history of Meistergesang (1937). – B. Nagel, Der dt. M. (1952) [vgl. dazu: K. Stackmann, Euphorion 48 (1954), 104 ff.]. – M. L. Rosenthal, Zeugnisse zur Begriffsbestimmung des älteren M.s, PBB (O) 79 (1957), 390 ff. – B. Nagel, M. (1962; Sammlung Metzler). – Ders., Meisterlieder u. Singschulzeugnisse (1965; Reclams UB 8977/78). KOLMARER LIEDERHANDSCHRIFT. *Lit.:* H. Husmann, Aufbau u. Entstehung des Cgm 4997 (K. L.), DVjs 34 (1960), 189 ff.

a) Die spruchdichterische Vorphase. – BARTHEL REGENBOGEN. *Lit.:* H. Kaben, Studien zu dem Meistersinger B. R. (Diss. Greifswald 1930). – Ders., VL III (1943), 1013 ff. RUMSLAND VON SACHSEN. *Lit.:* F. Panzer, Meister Rumeslants Leben u. Dichten (Diss. Leipzig 1893). – E. Karg-Gasterstädt, VL III (1943), 1134 ff. MICHEL NACHTIGAL. *Lit.:* H. Oppenheim, VL III (1943), 500. MEFFRID. *Lit.:* H. Oppenheim, VL III (1943), 328 ff. HEINRICH VON MÜGELN. *Ausg.:* M. Kovachich, Sammlung kleiner Stücke, in welchen gleichzeitige Schriftsteller einzelne Abschnitte der ungarischen Gesch. aufgezeichnet haben 1 (1805) [Dt. Ungarnchronik]. – W. Müller, Fabeln u. Meisterlieder von H. v. M. (1847). – W. Wilmanns, Ein lat. Gedicht H.s v. M., ZfdA 14 (1870), 155 ff. – Die Bilderchronik hrsg. v. M. Florian, Fontes Hist. Hungaricae domestici I/2 (1883), 100 ff. – W. Jahr, Der Meide Kranz (Diss. Leipzig 1908). – U. Kube, Vier Meistergesänge von H. v. M. (1932; Germ. Studien 112). – Die lat. Reimchronik bei A. Domanovszky, Sript. rer. Hungar. 2 (1938), 87 ff. – J. Siebert, Meistergesänge astronomischen Inhalts (II), ZfdA 83 (1951/52), 288 ff. – K. Stackmann, Die kleineren Dichtungen H. v. M. 3 Bde. (1959; DTM 50–52). – *Lit.:* K. J. Schröer, Die Dichtungen H.s v. M., nach ihren Hss. besprochen, Wiener SB, Phil.-hist. Kl. 55 (1867), 451 ff. – G. Roethe, H.s v. M. Ungarische Reimchronik, ZfdA 30 (1886), 345 ff. – E. Gierach, VL II (1936), 312 f.; ebd. V (1955), 348 f. – H. Ludwig, H.s v. M. Ungarnchronik (Diss. Berlin 1938). – A. Bergeler, Das dt. Bibelwerk H.s v. M. (1938). – H. Vollmer-Zimmermann, Bibel u. dt. Kultur 8 (1938), 29 ff., 159 ff. – E. Gierach, Ein Vorbild für der Meide Kranz H.s v. M., PBB 67 (1945), 243 ff. – G. Eis, Altdt. Hss. (1949), 92 f. – K. Stackmann, Der Spruchdichter H. v. M. (1958; Probleme der Dichtung 3). – J. Kibelka, Der ware meister. Denkstile u. Bauformen in der Dichtung H.s v. M. (1963; Philol. Studien u. Quellen 13). – F. W. Ratcliffe, Die Psalmenübersetzung H.s v. M., ZfdPh 84 (1965), 46 ff. WIGAND VON MARBURG. *Ausg.:* Th. Hirsch, Script. rer. Pruss. 2 (1863), 429 ff.; 4 (1870), 1 ff. – *Lit.:* W. Ziesemer, Die Lit. des Dt. Ordens in Preußen (1928), 115 ff. – L. Wolff, VL IV (1953), 964 ff. JOHANN HOLLAND. *Lit.:* H. Rosenfeld, VL V (1955), 420 ff. GEORG RIXNER (RÜXNER). *Lit.:* F. Wegele, ADB 30 (1890), 62. HANS SEBALD LAUTENSACK. *Lit.:* W. K. Zülch, U. Thieme u. F. Becker, Allg. Lexikon der bildenden Künstler 22 (1928), 463. HANS SCHNEIDER. *Lit.:* H. Goertz, VL IV (1953), 89 ff. – K. Hannemann, ebd. V (1955), 1040. ERASMUS AMMAN. *Lit.:* H. Menhardt, VL I (1933), 71 f. PETER GRIENINGER. *Lit.:* F. Wilhelm, P. G., ein Hss.schreiber u. Spruchdichter, Münchener Museum 1 (1912), 235 ff. – R. Westermann, VL II (1936), 98. VEIT HÜNDLER. *Lit.:* B. v. Pukanszky, VL II (1936), 541 f. FRÖSCHEL VON LEIDNITZ. *Lit.:* B. Großer, VL I (1933), 773 f. – K. Langosch, ebd. V (1955), 238 f. HANS ROSENPLÜT. *Ausg.:* A. Keller, Fastnachtspiele. 3 Bde. (1853; BiblLVSt 28–30). – *Lit.:* G. Roethe, ADB 29 (1889), 222 ff. – J. Demme, Studien über H. R. (Diss. Münster 1906). – Ehrismann II, 2, 2 (1935), 491 ff., 528 ff. – H. Niewöhner, VL III (1943), 1092 ff. – H. v. Schücking, Vorstudien zu einer krit. Ausgabe der Dichtungen von H. R. (Diss. Havard 1952).

KUNZ HAS. *Lit.:* E. Matthias, Der Nürnberger Meistersinger K. H., Mitt. d. Ver. f. Gesch. d. Stadt Nürnberg 7 (1888), 169 ff.; 8 (1889), 239 ff. – H. Menhardt, VL II (1936), 220 ff. MÜLICH VON˙ PRAG. *Ausg.:* R. Batka, Die Lieder M.s v. P. (1905). – *Lit.:* E. Gierach, VL III (1943), 446 f. LIEBE VON GIENGEN. *Lit.:* J. Kibelka, VL V (1955), 617 f. DER ZWINGER. *Lit.:* G. Jungbluth, VL IV (1953), 1172. DER HÜLZING. *Lit.:* H. Oppenheim, VL II (1936), 535 ff. JÖRG SCHILHER. *Lit.:* W. Krogmann, VL IV (1953), 64 f. MUSKATBLÜT. *Ausg.:* E. v. Groote, Die Lieder M.s (1852). – *Lit.:* A. Puls, Untersuchungen über die Lautlehre der Lieder M.s (Diss. Kiel 1881). – A. Veltmann, Die politischen Gedichte M.s (Diss. Bonn 1902). – Th. Meyer, M.s Marienlieder (Diss. Marburg 1924). – S. Junge, Studien zu Leben u. Mundart des Meistersingers M. (Diss. Greifswald 1932). – Ders., VL III (1943), 460 ff. – M. L. Rosenthal, Stilistische Untersuchungen zu den Liedern M.s (Diss. Berlin 1930). MICHAEL BEIIEIM. *Ausg.:* Th. v. Karajan, M. B.s Buch von den Wienern (1843). – C. Hofmann, Quellen zur Gesch. Friedrichs des Siegreichen 2: M. B. u. Eikart Artzt (1863; Quellen u. Erört. z. Bayr. u. Dt. Gesch. 3, 1. Abt.) – F. Bobertag, Erzählende Dichtungen des späteren MAs (1886; DNL 10), 276 ff. – H. Maschek, Dt. Chroniken (1936; DLE Reihe Realistik des SpätMAs 5), 253 ff. – H. Gille u. I. Spriewald, Die Gedichte des M. B. 1 (1968; DTM 60). – *Lit.:* J. Bleyer, M. B.s Leben u. Werke vom Gesichtspunkt der ungarischen Gesch. (1902) [ungarisch, Abdruck aus Századok]. – A. Kühn, Rhythmik u. Melodik M. B.s (1907). – J. Seemüller, Dt. Poesie vom Ende des XIII. bis in den Beginn des XVI. Jhs., Gesch. der Stadt Wien, hrsg. v. Alterthumsvereine III/1 (1907), 72 ff. – O. C. L. Vangensten, M. B.s Reise til Danmark og Norge i 1450, Scrifter udgivne af Videnskabs-selskabet i Christiania, Hist. fil. Kl. 1908, Nr. 2. – H. Gille, Die historischen u. politischen Gedichte M. B.s (1910; Palaestra 96). – H. Oppenheim, VL I (1933), 185 ff. – H. Rosenfeld, ebd. V (1955), 77 f. – F. Morré, Die politische u. soziale Gedankenwelt des Reimdichters M. B., Arch. f. Kulturgesch. 30 (1940), 4 ff. – H. Rosenfeld, NDB 2 (1955), 6 f. – H. Gille, M. B.s Gedicht ‹Von der Stadt Triest›, ZfdPh 77 (1958), 259 ff.; 78 (1959), 50 ff., 219 ff.; 82 (1963), 90 ff., 420; 84 (1965), 478. – Ch. Petzsch, Text-Form-Korrespondenzen im mal. Strophenlied. Zur Hofweise M. B.s, DVjs 41 (1967), 27 ff. ALBRECHT LESCH. *Lit.:* L. Koester, A. L. Ein Münchner Meistersinger des 15. Jhs. (1937). – H. Oppenheim, VL III (1943), 39 ff. – Ch. Petzsch, Zu A. L., Jörg Schechner u. zur Frage der Münchener Meistersingerschule, ZfdA 94 (1964), 121 ff.

b) Der schulmäßig organisierte Meistergesang. – MAINZ. *Lit.:* F. W. E. Roth, Zur Gesch. der Meistersinger in Mainz u. Nürnberg, Zs. f. dt. Kulturgesch. NF 3 (1896), 260 ff. NÜRNBERG. *Lit.:* Th. Hampe, Die Kultur der Meistersinger in N. (1927). HANS FOLZ. *Ausg.:* A. L. Mayer, Die Meisterlieder des H. F. (1908; DTM 12). – I. Spriewald, H. F. Auswahl. (1960; Studienausgaben z. neuer. dt. Lit. 4). – H. Fischer, H. F. Die Reimpaarsprüche (1961; Münchener Texte u. Unters. 1). – Ders., Der Stein der Weisen, ZfdPh 86 (1967; Sonderh.), 99 ff. – *Lit.:* A. L. Mayer, Quellenstudien zu H. F., ZfdA 50 (1908), 314 ff. – A. Leitzmann, Zu F.ens Meisterliedern, PBB 43 (1918), 266 ff. – H. Oppenheim, VL I (1933), 628 ff. – K. Hannemann, ebd. V (1955), 223. – W. Hofmann, Stilgeschichtliche Untersuchungen zu den Meisterliedern des H. F. (1933). – R. Henss, Studien zu H. F. (1934). – J. Siebert, Meistergesänge astronomischen Inhalts, ZfdA 83 (1951/52), 181 ff. – I. Spriewald, H. F. – Dichter u. Drucker, PBB (O) 83 (1961), 242 ff. – Ch. Petzsch, NDB 5 (1961), 288 f. – Ders., Studien zum Meistergesang des H. F., DVjs 36 (1962), 190 ff. – H. Lomnitzer, Das Verhältnis des Fastnachtsspiels von ‹Kaiser Constantinus› zum Reimpaarspruch

‹Christ und Jude› v. H. F., ZfdA 92 (1963), 277 ff. – H. Fischer, H. F. Altes u.
Neues zur Gesch. seines Lebens u. seiner Schriften, ZfdA 95 (1966), 212 ff. –
H. Heinen, Die rhythmisch-metrische Gestaltung des Knittelverses bei H. F.
(1966; Marburger Beitrr. z. Germanistik 12). – Ch. Petzsch, Zur sog., H. Volz
zugeschriebenen Meistergesangsreform, PBB (W) 88 (1967), 110 ff. LIENHARD
NUNNENBECK. Lit.: Th. Hampe, L. N., Mitt. d. Ver. f. Gesch. d. Stadt Nürnberg
11 (1895), 173 ff. – W. Stammler, VL III (1943), 633 ff. SIXT BECKMESSER. Lit.:
H. Rosenfeld, Der historische Meistersinger S. B. u. der Meistergesang, Euphorion 47 (1953), 27 ff. AUGSBURG. Lit.: A. Greiner, Die A.er Singschule in ihrem
inneren u. äußeren Aufbau (1924). – F. Schnell, Gesch. der Meistersingerschule
zu A. (Diss. Erlangen 1956). – [Für die weiteren genannten Singschulen verzeichnet die Literatur:] B. Nagel, Meistersang (1962; Sammlung Metzler).

*IV. Kapitel. Dramatische Dichtung in deutscher Sprache.
Ausgestaltung, Ausbreitung und Darstellungsformen*

Sammlungen. H. Hoffmann [v. Fallersleben], Fundgruben für Gesch. dt. Sprache
u. Lit. 2 Bde. (1830–37). – F. J. Mone, Altdt. Schauspiele (1841; Bibl. d. ges. dt.
Nationallit. 21). – Ders., Schauspiele des MAs. 2 Bde. (1847). – K. F. Kummer,
Erlauer Spiele (1882). – O. Zingerle, Sterzinger Spiele. Nach Aufzeichnungen
des Vigil Raber. 2 Bde. (1886; Wiener Neudrucke 9, 11). – R. Froning, Das
Drama des MAs. 3 Bde. (1891; DNL 14, 1–3). – C. Young, The Drama of the
Medieval Church. 2 Bde. (1933). – E. Hartl, Das Drama des MAs. 3 Bde. (1937
bis 42; DLE Reihe Drama des MAs 1, 2, 4). – *Gesamtdarstellungen und Unter-
suchungen.* R. Heinzel, Abhh. zum altdt. Drama (1896; Wiener SB, Philos.-hist.
Kl. 134). – W. Creizenach, Gesch. des neueren Dramas 1 (²1911). – M. Herr-
mann, Forschungen zur dt. Theatergesch. des MAs u. der Renaissance (1914). –
H. H. Borcherdt, Das europäische Theater im MA u. in der Renaissance (1935).
– E. Mason-Vest, Prolog, Epilog u. Zwischenrede im dt. Schauspiel des MAs
(Diss. Basel 1949). – U. Gehre, Das Theaterpublikum zwischen MA u. Neuzeit
(Diss. Göttingen 1950). – C. J. Stratman, Bibliography of Medieval Drama
(1954). – H. Kindermann, Theatergesch. Europas 1 (1957), 2 (1959). – W. F.
Michael, Das dt. Drama u. Theater vor der Reformation. Ein Forschungsbericht,
DVjs 31 (1957), 106 ff. – L. Schmidt, Maler-Regisseure des MAs, Maske u.
Kothurn 4 (1958), 55 ff. – E. Hartl u. F. Weber, Das Drama des MAs, Dt. Philo-
logie im Aufriß 2 (²1960), 1949 ff. – L. Schmidt, Das dt. Volksschauspiel (1962).
– W. F. Michael, Frühformen der dt. Bühne (1963; Schrr. d. Ges. f. Theatergesch.
62).

1. Die geistlichen Spiele. Das religiöse Drama in der Volkssprache

Gesamtdarstellungen und Untersuchungen. R. Heinzel, Beschreibung des geistl.
Schauspiels im dt. MA (1898; Beitrr. z. Ästhetik 4). – M. J. Rudwin, Der Teufel
in den geistl. Spielen des MAs u. der Reformationszeit (1915). – K. W. Ch.
Schmidt, Die Darstellung von Christi Höllenfahrt in den dt. u. den ihnen verwandten Spielen des MAs (Diss. Marburg 1915). – M. J. Rudwin, A historical
and bibliographical Survey of the German religious Drama (1924; University
of Pittsburgh Studies in Language and Literature 1). – W. Stammler, Das religiöse Drama im dt. MA (1925). – A. Rhode, Passionsbild u. Passionsbühne
(1926; Schöpfung 10). – J. Kroll, Zur Gesch. des Spieles von Christi Höllenfahrt, Vortrr. d. Bibl. Warburg 1927/28, 257 ff. – L. Wolff, Die Verschmelzung
des Dargestellten mit der Gegenwartswirklichkeit des dt. MAs, DVjs 7 (1929),

267 ff. – A. Bäschlin, Die altdt. Salbenkrämerspiele (Diss. Basel 1929). – R. Gries-
hammer, Sprachgestaltende Kräfte im geistl. Schauspiel des dt. MAs (1930;
Jenaer Germ. Forschgn. 16). – O. Schüttpelz, Der Wettlauf der Apostel u.
die Erscheinungen des Peregrinispiels im geistl. Spiel des MAs (1930; Germ. Abhh.
63). – H. Maschek, Die Christusgestalt im Drama des dt. MAs (Diss. Wien 1931,
masch.). – Ders., Jb. d. Österr. Leo-Ges. 32 (1932), 59 ff. – J. Schwietering, Die
dt. Dichtung des MAs (1932; Handb. d. Lit.wiss.), 36 ff. – A. Brinckmann, Liturgische u. volkstümliche Formen im geistl. Spiel des dt. MAs (1932; Forschgn. z.
dt. Sprache u. Dichtung 3). – J. Kroll, Gott u. Hölle. Der Mythos vom Descen-
suskampf (1932; Studien d. Bibl. Warburg 20). – M. N. Hoffmann, Die Magda-
lenenszenen im geistl. Spiel des dt. MAs (Diss. Münster 1933). – A. Rapp, Studien
über den Zusammenhang des geistl. Theaters mit der bildenden Kunst im ausgehenden MA (Diss. München 1936). – H. Ott, Personengestaltung im geistl.
Drama des MAs (Diss. Bonn 1939). – D. Brett-Evans, Höfisch-ritterliche Elemente
im dt. geistl. Spiel des MAs (Diss. Basel 1952). – Th. Meier, Die Gestalt Marias
im geistl. Schauspiel des dt. MAs (1959; Philol. Studien u. Quellen 4). – W. Werner, Studien zu den Passions- u. Osterspielen des dt. MAs in ihrem Übergang
vom Latein zur Volkssprache (1963; Philol. Studien u. Quellen 18). – R. M.
Kulli, Die Ständesatire in den dt. geistl. Schauspielen des ausgehenden MAs
(1966; Basler Studien z. dt. Sprache u. Lit. 31). – N. Hölzl, Theatergesch. des
östlichen Tirol vom MA bis zur Gegenwart 1 (1966), 2: Sammlung der Spieltexte (1967). – S. Grosse, Zur Ständekritik in den geistl. Spielen des späten
MAs, ZfdPh 86 (1967, Sonderh.), 63 ff. – A. Koschar, Die lautlichen Kennzeichen
der sog. ‹Erlauer Spiele› (Diss. Wien 1967, masch.). – W. L. Boletta, The role of
music in medieval German drama: Easter plays and Passion plays (Diss. Van-
derbilt Univ., Nashville 1967, masch.).

a) *Die Osterspiele.* – *Lit.:* H. Niedner, Die dt. u. französ. O. bis zum 15. Jh.
(1932; Germ. Studien 119). – A. Dörrer, VL V (1955), 801 ff. – H. Walther, Eine
versifizierte lat. Osterfeier der frühen Stufe aus dem SpätMA, ZfdA 89 (1958/59),
288. – H. de Boor, Die Textgesch. der lat. Osterfeiern (1967; Hermea NF 22).
O. VON MURI. *Ausg.:* J. Baechtold, Schweizerische Schauspiele des 16. Jhs. 1
(1890), Anhang 275 ff. – R. Froning, Das Drama des MAs. 1 (1891), 225 ff. –
A. Bachmann, Mhd. Lesebuch (ab der 7. u. 8. Aufl. 1918). – E. Hartl, Das Drama
des MAs 2 (1937), 261 ff. – W. Burkhard, Schriftwerke dt. Sprache 1 (1942),
205 ff. – F. Ranke, Das O. v. M. (1944). RHEINISCHES O. *Ausg.:* H. Rueff, Das
rh. O. der Berliner Hs. Ms. Germ. Fol. 1219 (1925; Abhh. d. Ges. d. Wiss. z.
Göttingen, Philol.-Hist. Kl. NF 18,1). TRIERER O. *Ausg.:* R. Froning, aaO 1,
46 ff. – E. Hartl, aaO 2, 45 ff. WOLFENBÜTTLER O. *Ausg.:* O. Schönemann, Der
Sündenfall u. Marienklage (1855). WIENER O. *Ausg.:* H. Hoffmann [v. Fallers-
leben], Fundgruben f. Gesch. dt. Sprache u. Lit. 2 (1837), 296 ff. – E. Hartl, aaO 2,
59 ff. – *Lit.:* R. Höpfner, Untersuchungen zu dem Innsbrucker, Berliner u. W. O.
(1913; Germ. Abhh. 45). REDENTINER SPIEL VON DER AUFERSTEHUNG CHRISTI.
Ausg.: R. Froning, aaO 1, 107 ff. – C. Schröder, R. Osterspiel (1893; Nd. Denkmäler 5). – W. Krogmann, Das R. Osterspiel (1937; Altdt. Quellen 3). – *Lit.:*
G. Rosenhagen, Das ‹R. Osterspiel› im Zusammenhang mit dem geistl. Schauspiel seiner Zeit, Nd. Jb. 51 (1925), 91 ff. – H. Rosenfeld, Das R. Osterspiel – ein
Lübecker Osterspiel! PBB (O) 74 (1952), 485 ff. – H. Linke, Die Teufelsszenen
des R. Osterspiels, Nd. Jb. 90 (1967), 89 ff. NEUSTIFTER (INNSBRUCKER) O. *Ausg.:*
E. Hartl, aaO 2, 220 ff. – R. Meier, Das I. O. Das O. v. Muri (1962; Reclams
UB 8660/1). – *Lit.:* E. Thurnher, Die N. Spiele von 1391, Jb. d. Südtiroler Kul-
turinst. 1 ‹Die Brennerstraße› (1961), 140 ff. – Ders., Tiroler Drama u. Tiroler

Theater (1968), 10 ff. ERLAUER SPIELE. *Ausg.:* K. F. Kummer, E. Sp. (1882), 31 ff.
OSNABRÜCKER O. *Ausg.:* H. H. Breuer, Beitrr. z. Gesch. u. Kulturgesch. d. Bistums
Osnabrück 1939, 1 ff.

b) Die Passionsspiele. Die Marienklagen. – PASSIONSSPIELE. *Lit.:* A. Dörrer,
VL III (1943), 712 ff. WIENER LUDUS PASCHALIS. *Ausg.:* J. Haupt, Bruchstück
eines Osterspiels aus dem 13. Jh., J. M. Wagners Arch. f. d. Gesch. dt. Sprache 1
(1874), 355 ff. – R. Froning, Das Drama des MAs 2 (1891), 302 ff. – A. Orel, Die
Weisen im W. Passionsspiel aus dem 13. Jh., Mitt. d. Ver. f. Gesch. d. Stadt Wien 6
(1927), 72 ff. – *Lit.:* H. Rupprich, Das Wiener Schrifttum des ausgehenden MAs,
Wiener SB, Phil.-hist. Kl. 228/5 (1954), 107 ff. ST. GALLER SPIEL VOM LEBEN
JESU. *Ausg.:* E. Wolter, Das St. G. Sp. v. L. J. (1912; Germ. Abhh. 41). – E. Hartl,
Das Benediktbeurer Passionsspiel. Das St. G. Passionsspiel (1952; Altdt. Text-
bibl. 41). – *Lit.:* E. Hartl, Untersuchungen zum St. G. Passionsspiel, Festschr.
W. Stammler (1953), 109 ff. (ÄLTERES) FRANKFURTER P. *Ausg.:* R. Froning,
aaO 2, 375 ff. – *Lit.:* J. Petersen, Aufführungen u. Bühnenplan des älteren F.
P.es, ZfdA 59 (1922), 83 ff. – A. Dörrer, VL V (1955), 867 ff. HEIDELBERGER P.
Ausg.: G. Milchsack, H. P. (1880; BiblLVSt 150). – *Lit.:* A. Dörrer, VL V (1955),
869 f. P. VON FRITZLAR. *Ausg.:* K. Brethauer, Bruchstücke eines hessischen Pas-
sionsspiels aus Fritzlar, ZfdA 68 (1931), 17 ff. TIROLER P.E. *Ausg.:* J. E. Wacker-
nell, Altdt. P.e aus T. (1897; Quellen u. Forschgn. z. Gesch., Lit. u. Sprache
Österreichs 1). – A. Dörrer, Bozener Bürgerspiele (1941; BiblLVSt 291). – *Lit.:*
E. Thurnher, T. Drama u. T. Theater (1968), 16 ff. DONAUESCHINGER P. *Ausg.:*
F. J. Mone, Schauspiele des MAs 2 (1847), 154 ff. – E. Hartl, Das Drama des
MAs 4 (1942). – *Lit.:* G. Dinges, Untersuchungen zum D. P. (1910; Germ. Abhh.
35). LUZERNER OSTERSPIEL. *Ausg.:* F. J. Mone, Schauspiele des MAs 2 (1847),
131 ff. – H. Wyß, Das L. O. 3 Bde. (1967; Schrr. d. Schweiz. Geisteswiss. Ges. 7).
– *Lit.:* M. Blakemore Evans, The Passion Play of Lucerne (1943; The modern
language Association of America 14). ALSFELDER P. *Ausg.:* C. W. M. Grein,
A. P. (1874). – R. Froning, aaO 2, 547 ff.; 3, 673 ff. WIENER P.E. JOHANNES ZEL-
LER. WILHELM ROLLINGER. *Lit.:* H. Rupprich, Das Wiener Schrifttum des aus-
gehenden MAs, Wiener SB, Phil.-hist. Kl. 228/5 (1954), 113 ff. – A. Dörrer, VL V
(1955), 1058 ff. DIE MARIENKLAGEN. *Ausg.:* AGGSBACHER MARIENKLAGE. H.
Maschek, Eine dt. M. aus dem 15. Jh., PBB 60 (1936), 325 ff. JÜNGERE NIEDER-
RHEINISCHE M. O. Schade, Geistl. Gedichte (1854), 214 ff. LICHTENTHALER M.
R. Froning, Drama des MAs 1 (1891), 251 ff. BERNER M. B. Hidber u. H. Paul,
Geistl. Stücke aus der Berner Gregoriushs., PBB 3 (1876), 365 ff. ERLAUER M.
K. F. Kummer, E. Spiele (1882), 147 ff. WOLFENBÜTTLER M. O. Schönemann, Der
Sündenfall u. M. (1855), 127 ff. BORDESHOLMER (JASENITZER) M. G. Kühl, Die
B. M., Nd. Jb. 24 (1898), 1 ff. TRIERER M. Ph. Wackernagel, Das dt. Kirchen-
lied 2 (1867), 347 ff. MÜNCHENER M. Ph. Wackernagel, ebd. 2, 371 ff. PRAGER M.
A. E. Schönbach, Über die M.n (1874), 63 ff. MARIENWEERDER M. P. J. Leen-
dertz jun., Het Zutfensch-Groningsche handschrift, Tijdschr. v. ndl. taalkde. 15
(1896), 81 ff., 270 ff. – *Lit.:* A. E. Schönbach, Über die M.n (1874). – G. Weiß,
Die dt. M.n (Diss. Prag 1932, masch.). – W. Lipphardt, Studien zu den M.n,
PBB 58 (1934), 390 ff – G. Seewald, Die M.n im mlat. Schrifttum u. in den germ.
Literaturen des MAs (Diss. Hamburg 1954). – H. Eggers, VL V (1955), 654 ff. [mit
ausführlicher Bibliographie]. – W. Suppan, Über die Totenklagen im dt. Sprachraum, Journal of the International Folk Music Council 15 (1963), 18 ff.

c) Die Weihnachtsspiele. – *Ausg.:* K. J. Schröer, Dt. W. aus Ungarn (1859). –
K. Weinhold, W.-Spiele u. Lieder aus Süddtld. u. Schlesien (1875). – K. F. Kum-

mer, Erlauer Spiele (1882), 1 ff. – R. Froning, Das Drama des MAs 3 (1891),
865 ff. – *Lit.:* W. Köppen, Beitrr. zur Gesch. der dt. W. (1893). – H. Anz, Die lat.
Magierspiele (1905). – H. Heckel, Das dt. W., Dichter u. Bühne (1922). – G. Benk-
ker, Das dt. W. (Diss. Greifswald 1933). St. GALLER SPIEL VON DER KINDHEIT
JESU. *Ausg.:* J. Klapper, Das St. G. Sp. v. d. K. J. (1904; Germ.Abhh. 21). NIE-
DERHESSISCHES W. *Ausg.:* K. W. Piderit, Ein W. aus einer Hs. des 15. Jhs. (1869).
– R. Froning, Drama des MAs 3 (1891), 902 ff. – *Lit.:* R. Jordan, Das hessische
W. u. das Sterzinger W. v. J. 1511 (Progr. Krumau 1902, 1903). – E. Reinhold,
Über Sprache u. Heimat des hessischen W.es (Diss. Marburg 1911). – A. Dörrer,
N. u. Eisacktaler W.-(Kindelwiegen-)Spiel, VL IV (1953), 871 ff.

d) *Leben Jesu-Spiele, Prophetenspiele, Paradiesspiele; Eschatologisches; Spiele,
die das gesamte Heilsgeschehen umfassen; Prozessionsspiele.* – HIMMELGARTENER
SPIEL. *Ausg.:* E. Sievers, Bruchstücke eines mnd. Spieles vom Leben Jesu, ZfdPh
21 (1889), 393 ff. DIE KREUZENSTEINER BRUCHSTÜCKE. *Ausg.:* J. Strobl, Ein
rheinisches Passionsspiel des 14. Jhs. (1909). – *Lit.:* K. Dörr, Die K. Dramen-
bruchstücke (1919; Germ.Abhh. 50). PROPHETENSPIELE. *Lit.:* J. Rudwin, Die
Prophetensprüche u. -zitate im religiösen Drama des dt. MAs (1913). PARADIES-
SPIELE. *Lit.:* A. Dörrer, VL V (1955), 841 ff. ESCHATOLOGISCHES. *Ausg.:* W.
Stammler, Berner Weltgerichtsspiel (1962; Texte des späten MAs 15). – *Lit.:*
K. Reuschel, Die dt. Weltgerichtsspiele des MAs u. der Reformationszeit (1906;
Teutonia 4). – A. Dörrer, VL III (1943), 87 ff. ZEHNJUNGFRAUENSPIELE. *Ausg.:*
O. Beckers, Das Spiel von den z. J. (1905; Germ.Abhh. 24). – K. Schneider, Das
Eisenacher Z.Sp. (1964; Texte des späten MAs 17). – *Lit.:* A. Dörrer, VL IV
(1953), 1130 ff. MAASTRICHTER OSTERSPIEL. *Ausg.:* J. Zacher, Mittelniederländ.
Osterspiel, ZfdA 2 (1842), 302 ff. PROZESSIONSSPIELE. *Lit.:* O. Sengpiel, Die
Bedeutung der Prozessionen für das geistl. Spiel des MAs in Dtld. (Diss. Mar-
burg 1932). – N. C. Brooks, Processional Drama and Dramatic Processions
in Germany in the Late Middle Ages, Journal of English and Germanic Philo-
logy 32 (1933), 141 ff. – W. F. Michael, Die geistl. P. in Dtld. (1947; Hesperia 22).
– H. Rupprich, Die Beschreibung niederländ. P. durch A. Dürer u. H. Köler d. Ä.,
Maske u. Kothurn 1 (1955), 88 ff. FREIBURGER FRONLEICHNAMSSPIELE. *Ausg.:*
E. Martin, F. Passionsspiele des 16. Jhs., Zs. d. Ges. f. Befördg. d. Gesch.-, Alter-
tums- u. Volkskde. v. Freiburg 3 (1874), 1 ff. – *Lit.:* A. Dörrer, VL I (1933),
732 ff. ZERBSTER PROZESSIONSSPIEL. *Ausg.:* W. Reupke, Das Z. P. 1507 (Diss.
Greifswald 1930; Quellen z. dt. Volkskunde 4). EGERER PASSIONSSPIEL. *Ausg.:*
G. Milchsack, E. Fronleichnamsspiel (1881; BiblLVSt 156). – *Lit.:* E. Gierach,
VL I (1933), 730 ff. – A. Dörrer, VL III (1943), 738 ff. KÜNZELSAUER FRONLEICH-
NAMSSPIEL. *Ausg.:* A. Schumann, Das K. F. v. J. 1497 (1926). – P. K. Liebenow,
Das K. F. (1969; Ausgaben dt. Lit. des 15. bis 18. Jhs., Reihe Drama 2). – *Lit.:*
A. Dörrer, VL I (1933), 768 ff. ARNOLD IMMESSEN. *Ausg.:* O. Schönemann, Der
Sündenfall u. Marienklage (1855). – F. Krage, Der Sündenfall (1913; Germ. Bibl.
II, 8). – *Lit.:* L. Wolff, VL II (1936), 545 ff.

e) *Legendendramen und Mirakelspiele; Moralitäten.* – KATHARINA. *Ausg.:*
C. Krollmann, Das mal. Spiel von der Hl. K. in Königsberg (1929; Altpreuß.
Forschgn. V, 1). BARBARA. *Lit.:* P. Seefeld, Studien über die verschiedenen mal.
Fassungen der B.legende (Diss. Greifswald 1909). DOROTHEA. *Ausg.:* H. Hoff-
mann [von Fallersleben], Fundgruben f. Gesch. dt. Sprache u. Lit. 2 (1837), 284 ff.
– H. Schachner, Das D.spiel, ZfdPh 35 (1903), S. 157 ff. – *Lit.:* L. Busse, VL I
(1933), 451. ALEXIUS. *Ausg.:* H. Rueff, Das rheinische Osterspiel, Abhh. d. Ges. d.
Wiss. z. Göttingen, Philol.-Hist. Kl. NF 18, 1 (1925), 62 ff. THEOPHILUS. *Ausg.:*

R. Petsch, ‹T.›, mnd. Drama in drei Fassungen (1908; Germ. Bibl. II, 2). – Ch. Saurau, Das nd. Spiel von Th. (1923; Det Kgl. Danske Videnskabernes Selskab, Hist.-fil. Meddelelser VIII, 3). – *Lit.:* L. Wolff, VL IV (1953), 431 ff. DIETRICH SCHERNBERG. *Ausg.:* H. Tilesius, Apotheosis Johannis VIII. (1565). – J. Ch. Gottsched, Nöthiger Vorrath zur Gesch. der dt. dramat. Dichtkunst 2 (1765), 81 ff. – A. Keller, Fastnachtspiele (1853; BiblLVSt 29), 900 ff. – E. Schröder, D. Sch.s Spiel v. Frau Jutten (1911). SUSANNA. *Lit.:* K. Stackmann, VL IV (1953), 348 f. MARIEKEN VAN NIJMEGEN. *Ausg.:* C. Kruyskamp, Mariken van Nieumeghen (1962; Klassike galerij 66. Rhetoricale teksten 6). – *Lit.:* W. Creizenach, Gesch. des neueren Dramas 1 (²1911), 345 ff. MORALITÄTEN. *Lit.:* W. Stammler, RL 1 (1925/26), 238. – ‹BÜCHEL VON DEM AYGEN GERICHT›. *Ausg.:* J. Bolte, Drei Schauspiele vom sterbenden Menschen (1927; BiblLVSt 269/70), 1 ff. JEDERMANN. *Ausg.:* H. Logeman, Elckerlijk, a fifteenth century dutch morality, and Everyman, a nearly contemporary translation (1892). – A. v. Elslander, Den Spyeghel der Salicheyt van Elckerlijc (1962; Klassike galerij 61). – *Übers.:* H. Wiemken, Vom Sterben des reichen Mannes. Die Dramen von Everyman, Homulus, Hecastus u. dem Kauffmann (1965; Sammlung Dieterich 298). – *Lit.:* K. Goedeke, Every-Man, Homulus u. Hekastus (1865). – W. Brecht, Die Vorläufer von Hofmannsthals ‹J.›, Österr. Rundschau 20 (1924), 27 ff. – H. Lindner, Hugo von Hofmannsthals ‹J.› u. seine Vorgänger (Diss. Leipzig 1928). PAMPHILUS GENGENBACH. *Ausg.:* K. Goedeke, P. G. (1856). – *Lit.:* S. Singer, Die Werke des P. G., ZfdA 45 (1901), 153 ff. – H. König, P. G. als Verfasser der Totenfresser u. der Novella, ZfdPh 37 (1905), 40 ff. – K. Lendi, Der Dichter P. G. (1926; Sprache u. Dichtung 39). – W. Schein, Stilistische Untersuchungen zu den Werken P. G.s (Diss. Jena 1927). – R. Raillard, P. G. u. die Reformation (Diss. Zürich 1936). – H. Grimm, NDB 6 (1964), 187 f.

2. Die weltlichen Spiele

[Zur Untersuchung der allmählichen Entfaltung des deutschen weltlichen Dramas fehlen noch die grundlegenden Quellenwerke, die sowohl die verschiedenen Relikte der vorliterarischen Spiele als auch den Textbestand unseres älteren Dramas samt den dazugehörigen Denkmälern und Zeugnissen in geschlossenen Darlegungen und modernen textkritischen Ausgaben darbieten würden.] *Ausg.:* S. unter b) Die Fastnachtspiele. – *Gesamtdarstellungen und Untersuchungen.* C. Wehrmann, Fastnachtspiele der Patrizier in Lübeck, Jb. d. Ver. f. nd. Sprachforschg. 6 (1880), 1 ff. [mit den Namen der Spieler]. – K. Holl, Gesch. des dt. Lustspiels (1923). – E. K. Chambers, The Medieval Stage (1925). – E. Beutler, Die Comedia Bile, ein antiker Mimus bei den Gauklern des 15. Jhs., Germ. Rom. Monatsschr. 14 (1926), 81 ff. – F. W. Strothann, Die Gerichtsverhandlung als literar. Motiv (1930). – E. H. Fischer, Lübecker Theater u. Theaterleben in frühester Zeit bis zur Mitte des 18. Jhs. (1932; Veröff. d. Ges. Lübecker Theaterfreunde 2). – R. Stumpfl, Kultspiele der Germanen als Ursprung des mal. Dramas (1936). – H. Greuel, Das Ursprungsproblem des weltlichen dt. Dramas (Diss. Köln 1950). – R. Daunicht, W. Kohlschmidt u. W. Mohr, Lustspiel, RL 2 (²1965), 226 ff. – F. Catholy, Das dt. Lustspiel (1969).

a) Frühlingsspiele; Jahreszeiten-Kampf. – Ausg.: S. auch unter b) Die Fastnachtspiele. NEIDHART-SPIELE. Vgl. dazu auch die zu Kap. I, 5b (‹Neithart Fuchs›) angegebene Literatur. *Ausg.:* A. E. Schönbach, Ein altes N., ZfdA 40 (1896), 368 ff. – A. Dörrer, Sterzinger N. aus dem 15. Jh., Der Schlern 25 (1951), 103 ff. – H. Rupprich, Das Wiener Schrifttum des ausgehenden MAs, Wiener

SB, Phil.-hist. Kl. 228/5 (1954), 137 ff. [St. Pauler N.] – *Lit.:* F. Hintner, Beitrr. zur Kritik der dt. N. (Progr. Wels 1904–07) – R. Brill, Die Schule Neidharts (1908; Palaestra 37). – A. Dörrer, N.spiel-Probleme, Carinthia I, 141 (1951), 160 ff. – E. Thurnher, Tiroler Drama u. Tiroler Theater (1968). ‹STREIT ZWISCHEN HERBST UND MAI›. *Ausg.:* T. Tobler, Appenzellischer Sprachschatz (1837), 425 ff. – A. v. Keller, Erzählungen aus altdt. Hss. (1854), 588 ff. – S. Singer, Das Spiel v. M. u. H., Schweizer Arch. f. Volkskunde 23 (1920/21), 112 ff. – S. Singer, Mhd. Lesebuch (1945), 62 ff.

b) Die Fastnachtspiele. – Ausg.: A. Keller, F. aus dem 15. Jh. 4 Bde. (1853–58; BiblLVSt 28, 29, 30, 46). – F. Schnorr v. Carolsfeld, Vier ungedruckte F. des 15. Jhs., Arch. f. Lit.gesch. 3 (1874), 1 ff. – C. Walther, Das F. ‹Henselin› oder ‹Von der Rechtfertigkeit›, Jb. d. Ver. f. nd. Sprachforsch. 3 (1877), 9 ff. – W. Seelmann, Mnd. F. (1884, ²1931; Drucke d. Ver. f. nd. Sprachforschg. 1). – O. Zingerle, Sterzinger Spiele. Nach Aufzeichnungen des Vigil Raber. 2 Bde. (1886; Wiener Neudrucke 9, 11). – G. Binz, Ein Baseler F. aus dem 15. Jh., ZfdPh 32 (1900), 58 ff. – W. Gloth, Das Spiel von den sieben Farben (1902; Teutonia 1). – O. Günther, Ein Bruchstück aus einem unbekannten F. des 15. Jhs., Mitt. d. Schlesischen Ges. f. Volkskunde 26 (1925), 189 ff. – F. Christ-Kutter, Frühe Schweizerspiele (1963; Altdt. Übungstexte 19). – *Lit.:* V. Michels, Studien über die ältesten F. (1896; Quellen u. Forschgn. 77). – A. Kaiser, Die F. v. der Actio de sponsu (1899). – H. Gattermann, Die dt. Frau in den F.en (Diss. Greifswald 1911). – M. J. Rudwin, The Origin of the German Carnival Comedy (1920). – K. Filzek, Metaphorische Bildungen im ältern dt. F. (Diss. Köln 1933). – H. Arch, Die Sterzinger F. Vigil Rabers. 2 Bde. (Diss. Innsbruck 1948, maśch.) – H. de Leeuwe, Die dramatische Komposition des F.s vom Wunderer, Neoph. 33 (1949), 150 ff. – H. G. Sachs, Die dt. F. von den Anfängen bis zu Jakob Ayrer (Diss. Tübingen 1957). – E. Catholy, Das F. des SpätMAs (1961; Hermea NF 8). – D. Wuttke, Die Druckfassung des F.es ‹Von König Salomon u. Markolf›, ZfdA 94 (1965), 141 ff. – Ders., Zum F. des SpätMAs, ZfdPh 84 (1965), 247 ff. – D. Huschenbett, Von dem König Salomon u. Markolf u. einem Narren, ZfdPh 84 (1965), 369 ff. – J. Glier, Personifikationen im dt. F. des SpätMAs, DVjs 39 (1965), 542 ff. – E. Catholy, F. (1966; Sammlung Metzler 56). – W. Lenk, Das Nürnberger F. des 15. Jhs. (1966; Dt. Akad. d. Wiss. z. Berlin, Veröff. d. Inst. f. dt. Sprache u. Lit. 33). HANS ROSENPLÜT. Vgl. S. 754. HANS FOLZ. Vgl. S. 755 f.

c) Das Puppenspiel. – Lit.: Ph. Leibrecht, Zeugnisse u. Nachweise zur Gesch. des P.s in Dtld. (Diss. Freiburg i. Br. 1919). – L. Schmidt, Dämonische Lustigmachergestalten im dt. P. des MAs u. der frühen Neuzeit, Zs. f. Volkskunde 56 (1961), 226 ff. – E. Stadler, Puppentheater, RL 3 (²1968), 289 ff.

V. Kapitel. Didaktische Dichtung. Geistliches und weltliches lehrhaftes Schrifttum

Gesamtdarstellungen. R. Eckart, Die Lehrdichtung, ihr Wesen u. ihre Vertreter (²1909). – G. Ehrismann II, 2, 2 (1935), 305 ff. – W. Richter, RL 2 (²1965), 31 ff. – H. de Boor, Gesch. der dt. Lit. III/1 (³1967), 375 ff. – G. Eis, Vom Werden altdt. Dichtung (1962), 11 ff.

1. Lehrdichtung in Vers und Prosa. Zeitkritik und Satire

a) Fortleben älterer Lehrdichtung und Spruchdichtung. – DIE DEUTSCHEN CATO-

FASSUNGEN. *Lit.:* W. Mitzka, VL I (1933), 370 ff. – L. Denecke u. K. Langosch, VL V (1955), 131 f. – MARTIN VON BRAGA. *Lit.:* J. Martin, LThuK 6 (²1934), 980. – C. Becker, RGG 4 (³1960), 779.

b) Beispieldichtung und Sprichwort. – BEISPIELDICHTUNG. *Lit.:* K. Zwierzina, Verzeichnis der Bîspel-Hss. In: C. v. Kraus, Mhd. Übungsbuch (²1926), 279 ff. – E. Neumann, RL 1 (²1958), 178 f. ULRICH PUTSCH. *Lit.:* J. Klapper, VL III (1943), 949 f. – K. Hannemann, ebd. V (1955), 926. MATTHIAS FARINATOR. *Lit.:* J. Klapper, VL I (1933), 606 ff. – J. Koch, NDB 5 (1961), 26. SPRICHWORT. *Ausg.:* S. Singer, Sprichwörter des MAs. 3 Bde. (1944–47). – H. Walther, Proverbia sententiaeque latinitatis medii aevi (1963 ff.). – *Lit.:* O. E. Moll, Sprichwörter-Bibliographie (1958).

c) Spiegelliteratur. Standes- und Sittenlehre. Schachbücher. – *Lit.:* L. Lieser, Vinzenz v. Beauvais als Kompilator u. Philosoph (1928). – A. Berges, Die Fürstenspiegel des hohen u. späten MAs (1938; Schriften der MGH 2). – L. Zatočil, Cato a Facetus (1952) [Zu den dt. Cato- u. Facetus-Bearbeitungen. Untersuchungen u. Texte]. – T. Ahldén, Nonnenspiegel u. Mönchsvorschriften (1952). JOHANNES ROTHE. *Ausg.:* A. F. Chr. Vilmar, Von der stete ampten und von der fürsten ratgeben (1835). – A. Heinrich, J. R.s Passion (1906). – L. Ahmling, Liber devotae animae, ein neues Werk J. R.s (Diss. Hamburg 1933). – H. Neumann, J. R. Das Lob der Keuschheit (1934; DTM 38). – H. Neumann, J. R. Der Ritterspiegel (1936; Altdt. Textbibl. 38). – *Lit.:* J. Petersen, Das Rittertum in der Darstellung des J. R. (1909). – H. Neumann, VL V (1955), 995 ff. JOHANN VON MORSHEIM. *Ausg.:* K. Goedeke, Spiegel des Regiments, v. J. v. Morszheim (1856; BiblLVSt 37). – *Lit.:* F. Kessler, J. v. M.s Spiegel des Regiments (1921; Germ. Abhh. 53). – J. Klapper, VL II (1936), 613 ff. WERNER ROLEVINCK. *Ausg.:* E. Holzapfel, W. R.s Bauernspiegel. (1959; Freiburger theol. Studien 76). – *Lit.:* W. Neuß, LThuK 8 (²1936), 947 f. ‹SPIEGEL DER LAIEN›. *Ausg.:* P. Katara, Speygel der Leyen, Neuausgabe eines Lübecker Mohnkopfdruckes a. d. J. 1496 (1952; Annales Acad. Scient. Fennicae Ser. B. 77, 2). – *Lit.:* A. Hübner, VL IV (1953), 236 f. ‹SPIEGEL DER SÜNDEN›. *Lit.:* L. Wolff, VL IV (1953), 244 ff. ‹SPIEGELBUCH›. *Lit.:* J. M. Clark, VL IV (1953), 247 f. HANS VINTLER. *Ausg.:* I. V. Zingerle, Die pluemen der tugent des H. V. (1874; Ältere tirolische Dichter 1). – *Lit.:* E. Thurnher, Wort u. Wesen in Südtirol (1947), 138 ff. – A. Dörrer, VL IV (1953), 698 ff.; V (1955), 1112. HERMANN BOTE. *Ausg.:* L. Hänselmann, Dat Schichtbock, (1880; CDS 16). – H. Brandes, Hermen B.s Boek van veleme rade, Nd. Jb. 16 (1890), 1 ff. – G. Cordes, H. B. Der Köker. (1963; Altdt. Textbibl. 60). – *Lit.:* L. Wolff, VL I (1933), 262 ff. – J. Schneider, Die Verfasserfrage der mnd. Spruchdichtung De Koker (Diss. Göttingen 1938). – G. Cordes, NDB 2 (1955), 487. – Ders., H. B. u. sein ‹Köker›, Festschr. L. Wolff (1962), 287 ff. SCHACHBÜCHER. *Ausg.:* F. Vetter, Das Schachzabelbuch Kunrats v. Ammenhausen … Nebst den Sch.n des Jakob v. Cessole u. des Jakob Mennel (1892). – G. F. Schmidt, Das Schachzabelbuch des Jacobus de Cesolis OP. (1961; Texte des späten MAs 13). – *Lit.:* W. Mitzka, VL II (1936), 892 f.; IV (1953), 275 f. MEISTER INGOLD. *Ausg.:* E. Schröder, Das Goldene Spiel v. M. I. (1882; Elsässische Lit.denkmäler 3). – *Lit.:* H. Niewöhner, VL II (1936), 549 ff. – G. Löhr, Über die Heimat einiger dt. Prediger u. Mystiker aus dem Dominikanerorden, ZfdA 82 (1948/50), 178.

d) Satire. ‹Des Teufels Netz›. Josep. – SATIRE. *Lit.:* J. Wiegand, RL 3 (1928/29), 137 ff. – H.-F. Rosenfeld, Die Entwicklung der Ständesatire im MA, ZfdPh 71 (1951/52), 196 ff. ‹MEISTER REUAUSS›. *Lit.:* A. Witte, VL III (1943), 344 f. ‹DES

TEUFELS NETZ›. *Ausg.:* K. A. Barack, D. T. N. (1863; BiblLVSt 70). – *Lit.:* H. Werner, D. T. N. (Diss. Halle 1911). – E. Perjus, VL IV (1953), 402 ff. – G. Friebertshäuser, Untersuchungen zu ‹Des Tüfels Segi› (Diss. Freiburg/Br. 1966). JOSEP. *Lit.:* L. Wolff, VL II (1936), 660 ff.

e) Fabeldichtung und satirisches Tierepos. Äsop. ‹Reinhart Fuchs›. – *Ausg.:* W. Stammler, Alte dt. Tierfabeln (1926). – A. Schirokauer, Texte zur Gesch. der altdt. Tierfabel (1952; Altdt. Übungstexte 13). – *Lit.:* D. Lämke, Mal. Tierfabeln u. ihre Beziehungen zur bildenden Kunst in Dtld. (1937). – C. G. Heise, Fabelwelt des MAs (1938). – H. L. Markschiers, Fabel, RL 1 (²1958), 433 ff. – ÄSOP. *Lit.:* Ehrismann II, 2, 2 (1935), 343 f. ULRICH BONER. *Ausg.:* F. Pfeiffer, Der Edelstein von U. B. (1844). – *Lit.:* W. Mitzka, VL I (1933), 257 ff. GERHARD VON MINDEN. *Ausg.:* W. Seelmann, G. v. M. (1878). – A. Leitzmann, Die Fabeln G.s v. M. in mnd. Sprache (1898). – *Lit:* L. Wolff, VL II (1936), 23 ff.; V (1955), 254. ‹REINHART FUCHS›. *Ausg.:* J. W. Müller, Van den Vos Reinerde. 3 Bde. (1917–44). – A. Schönfelder, Isengrimus. Das flämische Tierepos aus dem Lateinischen verdeutscht (1955; Nd. Studien 3). – A. Leitzmann, K. Voretsch u. W. Steinberg, Reinke de Vos (³1960; Altdt. Textbibl. 8). – *Übers.:* K. Langosch, Reineke Fuchs. Das nd. Epos ‹Reynke de Vos› v. 1498 (1967; Reclams UB 8768/71). – *Lit.:* L. Wolff, VL III (1943), 1052 ff.; V (1955), 975. – W. Foerste, Von Rainaerts Historie zum Reinke de Vos, Münstersche Beitrr. z. nd. Philol. (1960), 105 ff. – W. Krogmann, Die Vorlage des ‹Reynke de Vos›, Nd. Jb. 87 (1964), 29 ff.

2. Religiöse Unterweisungs- und Erbauungsliteratur in Prosa und Vers

a) Aus Scholastik und Mystik. Literatur der einzelnen Orden. – SCHOLASTIK. *Gesamtdarstellungen und Untersuchungen.* M. Grabmann, Die Gesch. der scholastischen Methode. 2 Bde. (1909–11; ²1957). – Ders., Die Philosophie des MAs (1921). – C. Baeumker, Die christl. Philosophie des MAs (³1923). – M. Grabmann, Mal. Geistesleben. 3 Bde. (1926–56). – B. Geyer, Die patristische u. scholastische Philosophie (¹¹1928; F. Ueberwegs Grundriß der Gesch. der Philosophie 2). – H. Heimsoeth, Die sechs großen Themen der abendländ. Metaphysik u. der Ausgang des MAs (²1934). – M. de Wulf, Histoire de la philosophie mediaevale. 3 Bde. (⁶1934–48). – W. Stammler, Dt. Scholastik, ZfdPh 72 (1953), 1 ff. – Ders., Kleine Schrr. zur Lit.gesch. des MAs (1953), 127 ff. – Ders., Mal. Prosa in dt. Sprache, Dt. Philologie im Aufriß 2 (1954), 1299 ff. – E. Gilson, History of Christian Philosophie in the Middle Ages (1955). – K. Berg, Der tugenden bûch. Untersuchungen zu mhd. Prosatexten nach Werken des Thomas v. Aquin. (1964; Münchener Texte u. Unters. 7). – A. J. Hofmann, Ordensliteratur, RL 2 (²1965), 786 ff. – B. Moeller, Frömmigkeit in Dtld. um 1500, Arch. f. Ref.gesch. 56 (1965), 5 ff. – G. Steer, Scholastische Gnadenlehre in mhd. Sprache (1966; Münchener Texte u. Unters. 14). – H. Wolf, Predigt, RL 3 (²1967), 223 ff. MYSTIK. *Gesamtdarstellungen und Untersuchungen.* W. Preger, Gesch. der dt. Mystik im MA. 3 Bde. (1874–93). – H. Brémond, Histoire littéraire du sentiment religieux en France. 11 Bde. (1915–33). – E. Krebs, Grundfragen der christl. Mystik (1921). – M. Grabmann, Wesen u. Grundlagen der kathol. Mystik (1922). – J. Bernhart, Die philosophische Mystik des MAs (1922). – C. Clemen, Die Mystik nach Wesen, Entwicklung u. Bedeutung (1923). – M. Grabmann, Die Kulturwerte der dt. Mystik (1923). – O. Karrer, Textgesch. der Mystik. 3 Bde. (1926). – R. Garrigou-Lagrange, L'amour de Dieu et la croix de Jésus. 2 Bde. (1931). – St. Grünewald, Franziskanische Mystik (1932). – W. Muschg, Die Mystik in der Schweiz (1935). – A. Stolz, Theologie der Mystik (1936). –

764 V. Didaktik. 2.a) Aus Scholastik und Mystik

J. M. Schmits van Waesberghe, Kath. Nederlandse Mystiek (1947). – W. Stammler, Gottsuchende Seelen (1948; Germ. Bücherei 1). – S. Axters, Geschiednis van de vroomheid in de Nederlanden. 3 Bde. (1950–56). – K. Ruh, Altdt. u. altniederländische Mystik (1964; Wege der Forschung 23). – J. Quint, RL 2 (²1965), 544 ff. – F.-W. Wentzlaff-Eggebert, Dt. Mystik zwischen MA u. Neuzeit (³1969). IRMHART ÖSER. Lit.: H. Maschek, VL III (1943), 650 f. JOHANNES GERSON. Ausg.: A. Mante, J. G., Monotessaron. Eine mnd. Fassung vom Jahre 1513 (1952; Lunder Germ. Forschgn. 25). – Lit.: A. Bäumer, LThuK 5 (³1960), 1036 f. LITERATUR DER EINZELNEN ORDEN. FRANZISKANER. Ausg.: U. Kamber, Arbor amoris. Der Minnebaum (1964; Philolog. Studien u. Quellen 20). – K. Ruh, Franziskanisches Schrifttum im dt. MA 1: Texte (1965; Münchener Texte u. Unters. 11). – Lit.: H. Dausend, RL 4 (1931), 39 ff. – K. Ruh, Bonaventura deutsch (1956; Bibliotheca Germanica 7). OTTO VON PASSAU. Lit.: W. Schmidt, Die vierundzwanzig Alten O.s v. P. (1938; Palaestra 212). MARQUARD VON LINDAU. Lit.: J. Klapper, VL III (1943), 268 ff. – A. J. Hofmann, Der Eucharistie-Traktat M.s v. L. (1960; Hermaea NF 7) [dazu: K. Ruh, AfdA 73 (1961/62), 13 ff.]. HEINRICH VIGILIS. Lit.: L. Denecke, VL IV (1953), 695 ff. STEPHAN FRIDOLIN. Ausg.: R. Bellm, St. F., Der Schatzbehalter. 2 Bde. (1962). – Lit.: A. Wrede, VL I (1933), 679 ff. – K. Langosch, ebd. V (1955), 236 f. HEINRICH HERP. Vgl. S. 767. DIETRICH KOLDE. Lit.: S. Glasen, NDB 3 (1957), 307. HEINRICH KASTNER. Lit.: U. Kletzin, VL II (1936), 772 f. ELISABETH BONA. Lit.: E. Krebs, VL III (1943), 207 f. URSULA HAIDER. Lit.: E. Krebs, VL II (1936), 147 f. DIE SÖFLINGER BRIEFE. Ausg.: M. Miller, D. S. B. (1940). DOMINIKANER. Lit.: H. Chr. Scheeben, RL 4 (1931), 17 ff. CHRISTUS UND DIE SIEBEN LADEN. Lit.: W. Schmidt, VL V (1955), 139 f. JOHANNES KREUTZER, Lit.: W. Schmidt, VL V (1955), 570 ff. – Ders., J. K. Ein elsässischer Prediger des 15. Jhs., Festschr. H. de Boor (1966), 150 ff. MARKUS VON WEIDA. Lit.: W. Fischer, VL III (1943), 263 ff. EBERHARD MARDACH. Lit.: W. Stammler, VL III (1943), 229 f. JOHANNES HEROLT. Lit.: W. Stammler, VL II (1936), 42 ff. FRANZ VON RETZ. Lit.: C. M. Häfele, F. v. R. (1918). PETER NIGRI. Lit.: H. Gumbel, VL IV (1953), 130 ff. JAKOB VON LILIENSTEIN. Lit.: M. Grabmann, Der ‹Liber de divina sapientia› des J. v. L. O. P. In: Beitrr. z. Gesch. d. Renaissance u. Reformation. J. Schlecht z. 60. Geburtstag (1917), 124 ff. DOROTHEA VON KIPPENHEIM. Lit.: E. Krebs, VL I (1933), 453. MARGARETHE VON KENTZINGEN. Lit.: E. Krebs, VL III (1943), 230 f. ‹THEOLOGIA DEUTSCH›. Ausg.: W. Uhl, Der Frankforter (1912, ²1926; Kl. Texte f. theol. u. phil. Vorlesgn. u. Übungen 96). – J. Bernhart, Der Frankfurter. Eine dt. Theologie, übertr. u. eingel. (1920). – G. Siedel, Th. d. (1929) [Nachdr. der Ausg. Wittenberg 1518 v. M. Luther]. – K. Riedler, Das Buch vom vollkommenen Leben. Die Th. D. des Frankfurter Deutschherren (1947). – Lit.: E. Schröder, Die Überlieferung des ‹Frankfurters›, Nachrr. d. Ges. d. Wiss. z. Göttingen, Philol.-hist. Kl. NF 2 (1937), II, 49 ff. – R. Haubst, Johannes v. Frankfurt als der mutmaßliche Verfasser von ‹Ein deutsch Theologie›, Scholastik 33 (1958), 375 ff. – B. Moeller, NDB 5 (1961), 350 f. – G. Baring, Bibliographie der Ausgaben der ‹Th. D.› (1516–1961) (1963; Bibliotheca Bibliographica Aureliana 8). – R. Haubst, LThuK 10 (³1965), 61 f. BENEDIKTINER. Lit.: St. Hilpisch, RL 4 (1931), 11 ff. – Ders., LThuK 2 (³1958), 184 ff. – V. Redlich, Tegernsee u. die dt. Geistesgesch. im 15. Jh. (1931). PETRUS VON ROSENHEIM. Vgl. S. 779. JOHANN SCHLITTPACHER. Vgl. S. 779 f. MARTIN VON LEIBITZ. Ausg.: C. Jellouschek, M. de L. Trialogi ascetici (1932). WOLFGANG KYDRER. Lit.: W. Stammler, VL II (1936), 1001 f. KARTÄUSER. Lit.: P. Lehmann, Bücherliebe u. Bücherpflege bei den Karthäusern. In: P. L., Erforschung des MAs 3 (1960), 121 ff. – A. J. Hofmann, RL 2 (²1965), 811 ff. HEINRICH EGHER

VON KALKAR. *Ausg.*: H. Hüschen, Das Cantuagium des H. E. (1952). – *Lit.*: H. B. C. W. Vermeer, Het tractaat ‹Ortus et decursus ordinis Cartusiensis› von H. E. v. K. (Diss. Leiden 1929) [mit Biographie]. – H. Rüthing, Der Kartäuser H. E. v. K. 1328–1408 (1967; Veröff. d. Max-Planck-Inst. f. Gesch. 18). DIONYSIUS DER KARTÄUSER. *Lit.*: E. Krebs, VL I (1933), 436 f. – J. v. Mierlo, ebd. V (1955), 155. ERHART GROSS. *Ausg.*: Ph. Strauch, Die ‹Grisardis› des E. G. (1931). – Das ‹Witwenbuch›, Tl. 1. ed. E. Dienes (1936), Tl. 2 ed. J. Lugossy (1941). – *Lit.*: F. Eichler, Studien über den Nürnberger Kartäuser E. G. (Diss. Greifswald 1934). – Ders., VL II (1936), 102 ff. – P.-G. Volker, NDB 7 (1966), 139. VINZENZ VON AGGSBACH. *Lit.*: E. Vansteenberghe, Un écrit de Vincent d'A. contre Gerson, Festgabe C. Baeumker (1913; Beitrr. z. Gesch. d. Phil. u. Theol. d. MAs, Suppl.-Bd. 1). NIKOLAUS KEMPF. *Lit.*: E. Krebs, VL II (1936), 784 ff. – K. Hannemann, ebd. V (1955), 511. JAKOB VON JÜTERBOGK. *Ausg.*: E. Bauer, Paternoster-Auslegung. Zugeschrieben J. v. J. Verdeutscht v. Heinrich Haller (1966; Lunder Germ. Forschgn. 39). – *Lit.*: H. Neumann, VL II (1936), 568 ff. – L. Meier, Die Werke des Erfurter Kartäusers J. v. J. in ihrer hsl. Überlieferung (1955; Beitrr. z. Gesch. d. Phil. u. Theol. d. MAs 37,5) [mit Bibliographie]. LUDWIG MOSER. *Lit.*: H. Gumbel, VL III (1943), 434 ff. – W.-H. Haeller, Studien zu L. M. (Diss. Freiburg/Schw. 1967). AUGUSTINER-EREMITEN. *Lit.*: W. Hümpfner, LThuK 1 (³1957), 1084 ff. JORDAN VON QUEDLINBURG. *Lit.*: J. Koch, VL II (1936), 658. THOMAS VON STRASSBURG. *Lit.*: H.-F. Rosenfeld, VL IV (1953), 464 f. JOHANNES VON VITPECH. *Lit.*: U. Kletzin, VL II (1936), 646 f. JOHANNES VON RINSTETTEN. *Lit.*: E. Krebs, VL II (1936), 623; V (1955), 469. JOHANN VON PALZ. *Lit.*: W. Krogmann, VL II (1936), 620 ff. JOHANN VON STAUPITZ. *Ausg.*: J. K. F. Knaake, J. Staupitii Opera 1: Dt. Schrr. (1867). – G. Buchwald u. E. Wolf, St.: 34 lat. Predigten über Job (Tübingen 1497/98) (1927; Quellen u. Forschgn. z. Ref.gesch. 8). – *Lit.*: E. Wolf, RGG 6 (³1962), 342 ff. – R. W. Weijenborg, LThuK 9 (³1964), 1026. AUGUSTINER-CHORHERREN. JAN VAN RUYSBROECK. *Ausg.*: L. Surius, J. Rusbrochii opera omnia (1552, zuletzt 1692). – J. David, Werken van J. v. R. 6 Bde. (1858–68). – Werken, ed. R.-Genootschap. 4 Bde. (²1944–48). – *Lit.*: G. Dolezich, Die Mystik J. v. R.s (1926; Breslauer Studien z. histor. Theologie 4). – E. Krebs, VL III (1943), 1156 ff. – L. Reypens, LThuK 9 (³1964), 127 f. – W. Eichler, J. v. Ruusbroecs ‹Brulocht› in oberdt. Überlieferung (1969; Münchener Texte u. Unters. 22). JOHANNES VON INDERSDORF. *Ausg.*: B. Haage, Der Traktat ‹Von dreierlei Wesen des Menschen› (1968). – *Lit.*: U. Kletzin, VL II (1936), 601 ff. ANNA EBIN. *Lit.*: O. Simon, Überlieferung u. Hss.-Verhältnis des Traktates ‹Schwester Katrei› (Diss. Halle 1906). – W. Stammler, VL I (1933), 480 f. RULMANN MERSWIN. *Ausg.*: K. Rieder, Der Gottesfreund vom Oberland (1905). – Ph. Strauch, Schrr. aus der Gottesfreundlit. 3 Hefte (1927–29; Altdt. Textbibl. 22, 23, 27). – G. Eis, Geistl. Lyrik des späten MAs aus unbekannten Hss., Euphorion 53 (1959), 445. – *Lit.*: H. Denifle, Der Gottesfreund im Oberland u. Nikolaus v. Basel (1875). – Ders., Die Dichtungen des Gottesfreundes im Oberland, ZfdA 24 (1880), 200 ff. – Ph. Strauch, Realencykl. f. prot. Theol. 17 (1905), 203 ff. – E. Krebs, VL III (1943), 355 ff. ‹SCHÜREBRAND›. *Ausg.*: Ph. Strauch, Sch. In: Studien z. dt. Philologie. Festgabe z. 47. Versammlung dt. Philologen u. Schulmänner in Halle 1903, 59 ff. – Ders., Zum Traktat Sch., ZfdA 57 (1920), 223 ff. – *Lit.*: E. Krebs, VL IV (1953), 119 f. ‹CHRISTUS UND DIE MINNENDE SEELE›. *Ausg.*: R. Banz, Ch. u. d. m. S. (1908; Germanist. Abhh. 29). – *Lit.*: E. Krebs, VL I (1933), 377 ff. – H. Rosenfeld, ebd. V (1955), 140 ff. ‹DAS BEGINCHEN VON PARIS›. *Lit.*: R. Segebrecht, ‹Von dem B. zu P.›. (Diss. Hamburg 1921, masch.). – L. Wolff, VL I (1933), 183 ff. – W. Niekerken, Vom B. zu P., Nd. Jb. 82 (1960), 99 ff. ‹DER LÜSTLICHE WURZGARTEN›. *Ausg.*:

K. Schmidt, D. l. Würtzgarte (Diss. Greifswald 1932). DOROTHEA VON MONTAU. *Ausg.:* H. Westpfahl, Vita Dorotheae Montoviensis Magistri Johannis Marien-werder (1964; Forschgn. u. Quellen z. Kirchen- u. Kulturgesch. Ostdtlds. 1). – *Lit.:* H. Steinger, VL I (1933), 453 ff. DOROTHEA VON HOF. *Lit.:* W. Stammler, VL I (1933), 452. KONRAD KÜGELIN. *Lit.:* H. Neumann, VL II (1936), 983 f. – O. Baumann, NDB 1 (1953), 33. JUSTINA BLARERIN. *Lit.:* W. Stammler, VL I (1933), 246 f. BIRGITTA VON SCHWEDEN. *Ausg.:* P. v. Alvastra u. P. v. Skänninge, Vita, Script. rerum Sveciarum III, 2 (1876), 185 ff. – L. Hollmann, Den heliga Birgittas reuelaciones extravagantes (1956; Saml. utg. av Svenska Fornskr.-sallsk. II, 5). – U. Montag, Das Werk der hl. B. v. Sch. in oberdt. Überlieferung (1968; Münchener Texte u. Unters. 18). – *Lit.:* S. Sudhof, VL V (1955), 94 ff. – H. Jäger-stad, LThuK (³1958), 486.

b) Aus der Leidenstheologie. Consolatorien. Passionshistorie. – LEIDENSTHEO-LOGIE. *Ausg.:* A. Closs, Weltlohn, Teufelsbeichte, Waldbruder (1934; German. Bibl. II, 37). – K. Jänecke, Der spiegel des lidens cristi. (Diss. Freiburg i. Br. 1963). – R. Klemmt, Eine mhd. Evangeliensynopse der Passion Christi (Diss. Heidelberg 1964). – *Lit.:* A. Kneller, Gesch. der Kreuzwegandacht (1908). – K. Ruh, Zur Theologie des mal. Passionstraktates, Baseler theolog. Zs. 6 (1950), 31 ff. – F. P. Pickering, Das gotische Christusbild, Euphorion 47 (1953), 16 ff. – R. Füglister, Das lebende Kreuz (1964). – E. Roth, Der volkreiche Kalvarienberg in Lit. u. Bildkunst des SpätMAs (²1967; Philolog. Studien u. Quellen 2). CON-SOLATORIEN. *Ausg.:* F. P. Pickering, ‹Christi Leiden in einer Vision geschaut› (1952). – M. Schmitt, Der Große Seelentrost. Ein nd. Erbauungsbuch des 14. Jhs. (1959; Nd. Studien 5). – *Lit.:* G. Reidemeister, Die Überlieferung des Seelen-trostes I (Diss. Halle 1915). – A. Hübner, VL IV (1953), 147 ff. – F. Wulf, LThuK 10 (³1965), 378. PASSIONSHISTORIE. LUDOLF VON SACHSEN. *Lit.:* H. Schmidt u. K. Ruh, VL V (1955), 629 ff. – O. Karrer, LThuK 6 (³1961), 1180. HEINRICH VON ST. GALLEN. *Lit.:* W. Schmidt, VL II (1936), 330 f. – K. Ruh, Der Passionstraktat des H. v. St. G. (1940). – Ders., Studien über H. v. St. G., Zs. f. Schweiz. Kirchen-gesch. 47 (1953), 245 ff. – J. Werlin, H. v. St. G., Stifter-Jb. 6 (1959), 131 ff.

c) Die Devotio moderna. Thomas von Kempen. – *Gesamtdarstellungen und Untersuchungen.* E. Barnikol, Studien zur Gesch. der Brüder vom gemeinsamen Leben (1917). – G. Dolezich, Die Mystik Jan van Ruysbroecks des Wunderbaren (1926; Breslauer Studien z. hist. Theologie 4). – Marie Josepha (G. G. Wilbrink), Das geistl. Lied der Devotio moderna (1930; Disquisitiones Carolinae. Fontes et acta philologica et historica 2). – E. Hoffmann, Die Anfänge der Brüder vom gemeinsamen Leben u. die flämische Mystik, Jb. d. Arbeitsgem. d. Rhein. Gesch. vereine 2 (1936), 106 ff. – R. R. Post, De Moderne Devotie (1940, ²1950). – J. M. E. Dols, Bibliographie der moderne devotie (1941). – M. A. Lücker, Mei-ster Eckhart u. die devotio moderna (1950; Studien u. Texte z. Geistesgesch. d. MAs 1). – B. Windeck, Die Anfänge der Brüder vom gemeinsamen Leben in Dtld. (Diss. Bonn 1951). – M. Ditsche, Zur Herkunft u. Bedeutung des Begriffes Devotio Moderna, Hist. Jb. 79 (1960), 124 ff. – A. Hymna, The Christian Renaissance. A History of the ‹Devotio moderna› (²1965). GEERT GROOTE. *Lit.:* M. Lücker, VL V (1955), 309 ff. THOMAS VON KEMPEN. *Ausg.:* M. J. Pohl, Thomae Hemerken a Kempis Opera omnia. 7 Bde. (1902–22). – F. Kern, Die Nachfolge Christi oder das Buch vom inneren Trost (1947). – *Lit.:* M. Lücker, VL IV (1953), 455 ff.; V (1955), 1089. – R. Stupperich, RGG 6 (³1962), 864. – J. Sudbrack, LThuK 10 (³1965), 144 f. JOHANNES VEGHE. *Ausg.:* H. Rademacher, Lectulus noster floridus (1938). – Ders., Wyngaerden der sele (1940). – *Lit.:*

H. Rademacher, Mystik u. Humanismus der Devotio moderna in den Predigten u. Traktaten des J. V. (1935). – H. Kunisch, J. V. u. die oberdt. Mystik, ZfdA 75 (1938), 141 ff. – K. Schulte-Kemminghausen, VL IV (1953), 682 ff. – F. Wortmann, J. V. u. die ihm zugeschriebenen Traktate, Nd. Studien 6 (1960), 47 ff. HEINRICH HERP. *Ausg.:* L. Verschueren, Spieghel der Volcomenheit. 2 Bde. (1931). – *Lit.:* E. Krebs, VL II (1936), 427 ff. – D. Kalverkamp, Die Vollkommenheitslehre des Franziskaners H. H. (1940). – A. F. Manning, LThuK 5 (³1960), 191 f.

d) Gebet- und Andachtsbücher. – *Ausg.:* A. Mante, Ein nd. Gebetbuch aus der zweiten Hälfte des 14. Jhs. (1960; Lunder Germ. Forschgn. 33). – J. Pfanner, Das Gebetbuch der Caritas Pirckheimer (1961). – F. Unterkircher, Das Gebetbuch des jungen Maximilian (1968) [Faks.-Ausg.]. – *Lit.:* F. X. Haimerl, Mal. Frömmigkeit im Spiegel der Gebetbuchlit. Süddtld.s (1952; Münchener Theolog. Studien I, Hist. Abt. 4). – E. Weidenhiller, Untersuchungen zur dt.sprachigen katechetischen Lit. des späten MAs (1965; Münchener Texte u. Unters. 10). ARS MORIENDI. *Ausg.:* E. Weil, Die A. m. des Meisters Ludwig v. Ulm (1924) [Faks.-Ausg.]. – *Lit.:* F. Falk, Die dt. Sterbebüchlein (1890). – GWK 2 (1926), 2571 ff. – R. Rudolf, A. m. Von der Kunst des heilsamen Lebens u. Sterbens (1957). – F. Dressler, LThuK 1 (³1957), 907 f. BEICHTBÜCHLEIN. *Ausg.:* F. Falk, Drei B. (1907). – *Lit.:* F. Falk, Die Druckkunst im Dienste der Kirche (1879). – B. Kurtscheid, LThuK 2 (²1931), 102 ff.

e) Bibelübersetzung und Bibeldichtung. – *Ausg.:* W. Kurrelmeyer, Die erste dt. Bibel. 10 Bde. (1904–15; BiblLVSt 234, 238, 243, 246, 249, 251, 254, 258, 259, 266). – E. Rooth, Eine westfälische Psalmenübersetzung aus der 1. Hälfte des 14. Jhs. (Diss. Uppsala 1919). – W. Ziesemer, Eine ostdt. Apostelgesch. des 14. Jhs. (1927; Altdt. Textbibl. 24). – G. Eis, Frühnhd. Bibelübersetzungen. Texte von 1400 bis 1600. (1949; Altdt. Texte). – G. Feudel, Das Evangelistar der Berliner Hs. Ms. germ. 4°533. Tl. 1 (1961). – G. Ising, Die nd. Bibelfrühdrucke. 2 Bde. (1961–63; DTM 54, 1,2). – H. Eggers, Zwei Psalter aus dem 14. Jh. (1962; DTM 53). – H. Volz, Vom Spätmhd. zum Frühnhd. Synoptischer Text des Propheten Daniel in sechs dt. Übersetzungen des 14. bis 16. Jhs. (1963). – *Lit.:* W. Walther, Die dt. Bibelübersetzung des MAs I, 1–3 (1889–92). – V. Kehrein, Beitrr. zur Gesch. der dt. Bibelübersetzung vor Luther, Der Katholik 22 (1918), 267 ff. – E. Brodführer, Untersuchungen zur vorlutherischen Bibelübersetzung (1922; Hermaea 14). – P. Pietsch, Ewangely u. Epistel Teutsch. Die gedruckten hochdt. Perikopenbücher (Plenarien) 1473–1523 (1927). – F. Maurer, Studien zur md. Bibelübersetzung vor Luther (1929; Germ. Bibl. II, 26). – GKW 4 (1930), 162 ff. – H. Vollmer, Bibel u. dt. Kultur (1931–39; Veröff. d. dt. Bibel-Archivs 1–9). – K. Helm u. W. Ziesemer, Die Lit. des Dt. Ritterordens (1951; Gießener Beitrr. 94). – E. Brodführer, RL 1 (²1958), 145 ff. – H. Volz, Bibel u. Bibeldruck in Dtld. im 15. u. 16. Jh. (1960; Kl. Drucke d. Gutenberg-Ges. 70). – O. Schwencke, Die Glossierung alttestamentlicher Bücher in der Lübecker Bibel von 1494 (1967). CLAUS CRANC. *Ausg.:* W. Ziesemer, Die Prophetenübersetzung des C. C. (1930; Schrr. d. Königsberger Gel. Ges., Sonderreihe 1). – *Lit.:* E. Valli, Die Übersetzungstechnik des C. C. (1946). – Ders., Zur Verfasserfrage der Königsberger Apostelgesch. (1947; Annales Acad. Scient. Fennicae, Ser. B, 61, 1). – L. Denecke, VL V (1955), 49. – E. Valli, NDB 3 (1957), 400. BIBLIA PAUPERUM. *Lit.:* H. Cornell, B. P. (1925). – Ders., VL I (1933), 228 ff. – H. Zimmermann, RL z. dt. Kunstgesch. 1 (1937), 1072 ff. – E. Neumann, RL 1 (²1958), 152 ff.

3. Die Artesliteratur

Allgemeine Literatur. G. Eis, RL 1 (²1958), 102 ff. – Ders., Mal. Fachprosa der Artes, Dt. Philologie im Aufriß 2 (²1960), 1103 ff. – Ders., Mal. Fachlit. (1962; Sammlung Metzler). – G. Keil, R. Rudolf u. a., Fachlit. des MAs. Festschr. G. Eis (1968). – W. V. Ruttkowski, Die literarischen Gattungen (1968).

a) Älteres Gebrauchs- und Wissenschaftsschrifttum. – Lit.: W. Goetz, Die Enzyklopädien des 13. Jhs., Zs. f. dt. Geistesgesch. 2 (1936), 227 ff. LUCIDARIUS. *Ausg.:* F. Heidlauf, L. aus der Berliner Hs. (1915; DTM 28). – *Lit.:* G. Glogner, Der mhd. L., eine mal. Summa (1937; Forschgn. z. dt. Sprache u. Dichtung 8). – K. Stackmann, VL V (1955), 622 ff. BUCH SIDRACH. *Ausg.:* H. Jellinghaus, Das B. S. (1904; BiblLVSt 235). – *Lit.:* H. Niewöhner, VL I (1933), 317 ff. MAINAUER NATURLEHRE. *Ausg.:* W. Wackernagel, Die M. N. (1845; BiblLVSt 22). – *Lit.:* K. Stackmann, VL V (1955), 430 f. KONRAD VON MEGENBERG. *Ausg.:* F. Pfeiffer, K. v. M. Das Buch der Natur (1861). – *Lit.:* H. Ibach, Leben u. Schriften des K. v. M. (1938; Neue dt. Forschgn. 7). – K. Langosch, VL V (1955), 558 ff.

b) Artes liberales, Artes mechanicae, Artes magicae; neue naturwissenschaftliche Erkenntnisse und Erfindungen. Der Buchdruck. Einblattdrucke und Flugschriften. – ARTES LIBERALES. *Lit.:* J. Koch, A. l. (1959). TRIVIUM. *Lit.:* H. Lausberg, Handbuch der literarischen Rhetorik. 2 Bde. (1960). – Ders., Elemente der literarischen Rhetorik (³1966). – E. Staiger, Grundbegriffe der Poetik (⁸1968). WÖRTERBÜCHER. *Lit.:* G. Powitz, Zu dem Glossar des Straßburger Chronisten Fritsche Closener, ZfdPh 83 (1964), 321 ff. – Ders., Zur Gesch. der Überlieferung des Engelhus-Glossars, Nd. Jb. 86 (1963), 83 ff. – K. Grubmüller, Vocabularius Ex quo. Untersuchungen zu lat.-dt. Vokabularien des SpätMAs (1967; Münchener Texte u. Unters. 17). JOHANNES SELD. *Lit.:* H. Maschek, VL IV (1953), 155. WILHELM VON WERT. *Lit.:* K. Langosch, VL IV (1953), 983 f. FORMELBÜCHER. *Lit.:* P. Joachimsohn, Aus der Vorgesch. der Formulare u. deutsch Rhetorica, ZfdA 37 (1893), 54 ff. FRIEDRICH VON NÜRNBERG. *Lit.:* R. Westermann, VL I (1933), 694 f. HEINRICH GESSLER. *Lit.:* R. Westermann, VL II (1936), 46 f. LOGIK. *Lit.:* C. Prantl, Gesch. der L. im Abendlande. 4 Bde. (1855–70, ³1955). – H. Scholz, Gesch. der L. (²1959). QUADRIVIUM. *Lit.:* S. Günther, Gesch. des mathematischen Unterrichts im dt. MA (1887; MG Paed. 3). – E. Zinner, Verzeichnis der astronomischen Handschriften des dt. Kulturkreises (1925). – F. Boll, Sternglaube u. Sterndeutung. Gesch. u. Wesen der Astrologie (³1926). – L. Olschki, Der geometrische Geist in Lit. u. Kunst, DVjs 8 (1930), 516 ff. – E. Zinner, Gesch. u. Bibliographie der astronomischen Lit. in Dtld. zur Zeit der Renaissance (1941). – H. J. Moser, Lehrbuch der Musikgesch. (1949). – O. Bekker u. J. E. Hofmann, Gesch. der Mathematik (1951). ‹ALGORISMUS RATISBONENSIS›. *Ausg.:* K. Vogel, Die Practica des A. R. (1954). SEBASTIAN VIRDUNG. *Lit.:* R. Eitner, ADB 40 (1896), 11. ADAM VON FULDA. *Lit.:* L. Denecke u. H. Engel, VL I (1933), 9 ff. – L. Denecke, ebd. V (1955), 6. JAKOB KÖBEL. *Lit.:* J. Benzing, J. K. – Drucker u. Schriftsteller zu Oppenheim (1494–1533) (1962). JOHANN LICHTENBERGER. *Lit.:* E. Brodführer, VL III (1943), 46 f. – K. Hannemann, ebd. V (1955), 617. D. Kurze, J. L., Arch. f. Kulturgesch. 38 (1956), 328 ff. – Ders., Prophecy and History, Journal of the Warburg and Courtauld Institute 21 (1958), 63 ff. WURMPRECHT. *Lit.:* H. Maschek, VL IV (1953), 1101. KONRAD VON DANGKROTZHEIM. *Ausg.:* A. W. Strobel, Beitr. zur dt. Lit. u. Literaturgesch. (1827), 105 ff. – *Lit.:* H. Niewöhner, VL I (1933), 401 ff. ARTES MECHANICAE. ALCHIMIE. *Ausg.:* W. Wattenbach, Alchimey teuczsch, Anz. f. Kunde d. dt. Vorzeit 16 (1869), 264 ff. – *Lit.:* E. O. v. Lippmann, Entstehung u.

Ausbreitung der A. 3 Bde. (1919–54). – G. Keil, Alchymey teuczsch, PBB (W) 83 (1961/62), 170 f. JOHANN VON TETSCHEN. *Lit.:* G. Eis, PBB (W) 83 (1961/62), 194 f. BERGBAU. ULRICH RÜLEIN VON CALW. *Lit.:* K. Sudhoff, VL III (1943), 1132 ff. BAUHÜTTEN. *Ausg.:* M. Roriczer, Von der Fialen Gerechtigkeit (1923) [Faks.]. – H. Koepf, Die gotischen Planrisse der Wiener Sammlungen (1969; Studien z. österr. Kunstgesch. 4). – *Lit.:* F. Janner, Die Bauhütte des dt. MAs (1876). – E. Hempel, RL z. dt. Kunstgesch. 2 (1948), 23 ff. – H. Hörmann, LThuK 2 (³1958), 61 f. BAUMEISTERBÜCHER. HANS GRASER. *Lit.:* G. Eis, VL V (1955), 307 f. LUTZ STEINLINGER. *Lit.:* G. Eis, VL V (1955), 1066 f. ENDRES TUCHER. *Ausg.:* M. Lexer u. F. Weech, E. T.s Baumeisterbuch der Stadt Nürnberg (1464–1475) (1862; BiblLVSt 64). – *Lit.:* J. Deutsch, VL IV (1953), 509 ff. SEEFAHRT, ERDKUNDE, HANDEL. *Ausg.:* K. Koppmann, Das Seebuch (1876). CHRISTOPH KUPPNER. *Lit.:* G. Eis, VL V (1955), 581 f. LANDBAU. *Lit.:* S. Sudhof, Die Stellung der Landwirtschaft im mal. System der Künste, Zs. f. Agrargesch. 4 (1956), 128 ff. – GOTTFRIED VON FRANKEN. *Lit.:* G. Eis, G.s Pelzbuch (1944; Südosteurop. Arbeiten 38). NIKOLAUS ENGELMANN. *Lit.:* S. Sudhof, VL V (1955), 204 f. KRIEGSWESEN. *Ausg.:* H. Dihle u. A. Closs, Das Kriegstagebuch eines dt. Landsknechts um die Wende des 15. Jhs., Zs. f. hist. Waffenkunde NF 3 (1929), 1 ff. – W. Hassenstein, Das Feuerwerksbuch von 1420 (1941). – P. Renner, Das Kriegsbuch Herzog Philipps v. Cleve (Diss. Heidelberg 1960). – K. Neubauer, Das Kriegsbuch des Philipp v. Seldeneck vom Ausgang des 15. Jhs. (1964). – *Lit.:* M. Jähns, Gesch. der Kriegswissenschaften vornehmlich in Dtld. 3 Bde. (1889). – Ch. Hagenmeyer, Kriegswissenschaftl. Texte des ausgehenden 15. Jhs., Leuvense Bijdragen 56, 169 ff. JOHANN SEFFNER. *Lit.:* E. A. Geßler, VL IV (1953), 150. KONRAD KYESER. *Lit.:* E. A. Geßler, VL II (1936), 1003 ff. HAUSBUCH. *Lit.:* E. A. Geßler, VL II (1936), 226 f. CHRISTOPH SESSELSCHREIBER. *Lit.:* E. A. Geßler, VL IV (1953), 163 f. HAUSHALT. KOCHBÜCHER. *Ausg.:* H. Hajek, Daz bûch von gûter spîse (1958; Texte des späten MAs 8). MICHAEL PUFF. *Lit.:* K. Sudhoff, VL IV (1953), 104 ff. JAGD UND TIERHEILKUNDE. *Ausg.:* K. Lindner, Quellen u. Studien zur Gesch. der Jagd. 10 Bde. (1954–65). – O. Bederke, Liber de cura equorum. Bearbeitungen v. Albertus Magnus u. Jordanus Ruffus aus dem Dt. Ritterorden (1408) (Diss. Tierärztl. Hochsch. Hannover 1962). – *Lit.:* G. Eis, Die Stellung der Jagd im mal. System der Wissenschaften, Zs. f. Jagdwissenschaft 7 (1961), 25 ff. TEGERNSEER FISCH- UND ANGELBÜCHLEIN. *Lit.:* G. Eis, PBB (W) 83 (1961/62), 217 f. HEINRICH MÜNSINGER. *Lit.:* K. Sudhoff, VL III (1943), 451 ff. MEISTER ALBRANT. *Ausg.:* G. Eis, M. A.s Roßarzneibuch (1960). – *Lit.:* S. Sudhof, VL V (1955), 24 ff. HEILKUNDE. *Ausg.:* G. Eis, Die Groß-Schützener Gesundheitslehre (1943; Südosteurop. Arbeiten 36). – G. Keil, Die ‹Cirurgia› Peters v. Ulm (1961; Forschgn. z. Gesch. d. Stadt Ulm 2). – P. Strauß, Arnald v. Villanova dt. Unter bes. Ber. der ‹Regel der Gesundheit› (Diss. Heidelberg 1965). – *Lit.:* M. Neuburger, Gesch. der Medizin II, 1 (1911). – K. Sudhoff, Aus der Frühgesch. der Syphilis (1912). – G. Eis, VL V (1955), 263 ff. SIEGMUND ALBICH. *Lit.:* S. Sudhof, VL V (1955), 23 f. ULRICH ELLENBOG. *Lit.:* K. Sudhoff, VL I (1933), 556 ff. – K. Hannemann, ebd. V (1955), 200. ‹ARISTOTILIS HEIMLICHKEIT›. *Lit.:* E. Brodführer, VL I (1933), 126 f. JOHANNES HARTLIEB. Vgl. S. 736. EUCHARIUS RÖSLIN. *Lit.:* K. Sudhoff, VL III (1943), 1111 f. HOFKÜNSTE. *Ausg.:* G. Leidinger, Turnierbuch Herzog Wilhelm IV. v. Bayern. 2 Tle. (1912). JOHANNES LICHTENAUER. *Ausg.:* M. Wierschin, Das Fechtbuch J. L.s (1965; Münchener Texte u. Unters. 13). – *Lit.:* E. A. Geßler, VL III (1943), 44 ff. HANS THALHOFER. *Ausg.:* G. Hergsell, Livre d'escrime de Talhofer (code d'Ambras) de l'an 1459 (1901). – *Lit.:* E. A. Geßler, VL IV (1953), 412 ff. ARTES MAGICAE. *Ausg.:* G. Eis, Wahrsagetexte des SpätMAs (1956; Texte des späten

MAs 1). – A. Spamer, Romanusbüchlein (1958; Veröff. d. Inst. f. dt. Volkskunde
17). – W. Schmitt, Ein dt. Traumbüchlein aus dem späten MA, Studia neophilologica 37 (1965), 96 ff. – *Lit.:* A. Warburg, Heidnisch-antike Weissagung in
Wort u. Bild zu Luthers Zeiten, Heidelberger SB, Phil.-hist. Kl. 1920. – H. Ritter, Piccatrix. Ein arabisches Handbuch hellenistischer Magie (1921–22; Vorträge
der Bibl. Warburg 1). – L. Thorndike, A history of magic and experimental
science (1923 ff.). – G. Eis, Von Rede u. Schweigen der Alchimisten, DVjs 25
(1951), 415 ff. – W. E. Peuckert, Pansophie (²1956). – B. Ohse, Die Teufellit.
zwischen Brant u. Luther (Diss. Berlin 1961). – J. Werlin, Das Traumbuch des
Armen Nikolaus v. Prag, Stifter-Jb. 8 (1965), 195 ff. – Ders., Georg Antworters
Belehrung über das Beschwören von Geistern, Neuphil. Mitt. 66 (1966), 210 ff. –
H. Biedermann, Handlexikon der magischen Künste von der Spätantike bis zum
19. Jh. (1968). JOHANNES HARTLIEB. Vgl. S. 736. JOHANNES ROSENBACH. *Lit.:*
W. K. Zülch, VL III (1943), 1089 ff. KONRAD MULITOR. *Lit.:* G. Eis, VL V (1955),
695 ff. LOSBÜCHER. *Lit.:* J. Bolte, G. Wickrams Werke IV (1903; BiblLVSt 230),
276 ff. – H. Rosenfeld, L. vom Ende des 15. Jhs., Arch. f. Gesch. d. Buchwesens 4
(1962), 1117 ff. – Ders., Das Mainzer Kartenlosbuch von 1510 u. die Spielkarten-
tradition, Gutenberg-Jb. (1962), 212 ff. MATTHIAS HÜTLIN. *Ausg.:* F. Kluge, Rot-
welsch (1901), 37 ff. – *Lit.:* W. Stammler, VL II (1936), 545 f. NEUE NATURWIS-
SENSCHAFTLICHE ERKENNTNISSE UND ERFINDUNGEN. *Lit.:* L. Olschki, Gesch. der
neusprachlichen wiss. Lit. 1 (1919). JOHANNES BURIDAN. NIKOLAUS ORESME.
Lit.: B. Geyer, Die patristische u. scholastische Philosophie (¹¹1928; Ueberwegs
Grundriß der Gesch. der Philosophie 2), 595 ff. ALBERT VON SACHSEN. *Lit.:* P.
Duhem, Etudes sur Leonard de Vinci. 3 Bde. (1906–13). – G. Heidingsfelder,
A. v. S. (²1927; Beitrr. z. Gesch. d. Philos. d. MAs XXII, 3/4 . DER BUCHDRUCK.
Lit.: H. Bohatta, Einführung in die Buchkunde (1928). – C. Diesch, Handschriften, RL 1 (²1958), 614 [Schriftformen]. JOHANNES GUTENBERG. *Lit.:* A.
Ruppel, NDB 7 (1966), 339 ff. INKUNABELN. *Verz.:* G. W. Panzer, Annales
typographici. 11 Bde. (1793–1803). – L. Hain, Repertorium bibliographicum.
4 Bde. (1826–38). – K. Burger, Register zu Hains Repertorium (1891; Zentralbl.
f. Bibl.wesen, Beih. 8). – W. A. Copinger, Supplement to Hains Repertorium
bibliographicum. 3 Bde. (1895–98). – K. Burger, Supplement zu Hain u. Panzer
(1908). – Gesamtkatalog der Wiegendrucke (1925 ff.) [GKW]. DIEPOLD LAUBER.
Lit.: J. v. Dam, VL V (1955), 599. EINBLATTDRUCKE. *Ausg.:* P. Heitz, E. des
15. Jhs. 41 Bde. (1899 ff.) – *Lit.:* E. des 15. Jhs. Ein bibliographisches Verzeichnis.
Hrsg. v. d. Komm. f. d. GKW (1914; Sammlung bibliothekswiss. Arbeiten
35/36). – M. Geisberg, Der dt. Einblatt-Holzschnitt in der 1. Hälfte des 16. Jhs.
41 Lfgn. (1923–30). – W. L. Schreiber, Handbuch der Holz- u. Metallschnitte des
15. Jhs. 8 Bde. (1926–30). – G. Bebermeyer, RL 1 (²1958), 320 f. FLUGSCHRIFTEN.
Ausg.: E. Weller, Die ersten dt. Zeitugnen, 1505–1599 (1872; BiblLVSt 111). –
Lit.: K. Schottenloher, Flugblatt u. Zeitung (1922; Bibl. f. Kunst- u. Antiqui-
tätensammler 21). – G. Bebermeyer, RL 1 (²1958), 464 ff.

c) *Rechtsliteratur. Satansprozesse.* – RECHTSLITERATUR. *Gesamtdarstellungen
und Untersuchungen.* R. Stintzing, Gesch. der populären Lit. des röm.-kanon.
Rechts in Dtld. (1867). – Ders., Gesch. der dt. Rechtswissenschaft 1 (1880). –
H. Fehr, Kunst u. Recht II: Recht in der Dichtung; III: Dichtung im Recht (1931
bis 36). – F. Stroh, Handbuch der germ. Philologie (1952), 687 ff. – K. S. Bader,
Dt. Recht, Dt. Philologie im Aufriß 3 (²1962), 1971 ff. – W. Kunkel, Das Wesen
der Rezeption des römischen Rechtes, Heidelberger Jb. 1 (1957), 1 ff. JAKOB
SPRENGER UND HEINRICH INSTITORIS. *Lit.:* F. Merzbacher u. K. Ruh, VL V
(1955), 1062 ff. ULRICH TENGLER. *Lit.:* K. Hannemann, VL IV (1953), 386 ff.;

V (1955), 1078 ff. SATANSPROZESSE. *Lit.:* C. Frh. v. Schwerin, VL I (1933), 190 f. – F. Merzenbacher, ebd. V (1955), 1027 ff. – K. Ohly, Eggestein, Fyner, Knoblochtzer. Zum Problem des dt.sprachigen Belials mit Illustrationen, Gutenberg-Jb. 35 (1960), 78 ff.

VI. Kapitel. Spätmittelalterliche Ansätze zu Neuformungen.
Erste Berührung mit dem Renaissance-Humanismus Italiens. Große Dichtung. Höhe des theologisch-philosophischen Schrifttums

1. Die Auseinandersetzung zwischen Kaisertum und Papsttum. Die politische und geistesgeschichtliche Situation in der ersten Hälfte des 14. Jhs.

a) Der Hof Ludwigs IV. von Bayern. – Gesamtdarstellungen und Untersuchungen. J. F. Böhmer, Die Vita Ludovici verfaßt von einem Minoriten, Fontes rer. Germ. 1 (1843), 148 ff. – S. Riezler, Die literarischen Widersacher der Päpste zur Zeit L. d. Baiers (1874). – C. Müller, Der Kampf L.s d. Baiern mit der römischen Curie. 2 Bde. (1879/80). – R. Moeller, L. d. Baier u. die Kurie im Kampf um das Reich (1914). – O. Bornhak, Staatskirchliche Anschauungen u. Handlungen am Hofe L. d. Bayern (1933; Quellen u. Studien z. Verf.gesch. d. dt. Reiches in MA u. Neuzeit VII, 1). – F. Hofmann, Der Anteil der Minoriten am Kampf L. d. Bayern gegen Johann XXII. unter bes. Ber. des Wilhelm v. Ockham (Diss. Münster 1959). – P. Mikat, LThuK 5 (³1960), 993 f. – G. Pfeiffer, Um die Lösung L.s d. Bayern aus dem Kirchenbann, Zs. f. bayr. Kirchengesch. 32 (1963), 11 ff. – H. Rupprich, Der Hof L.s IV. v. B. u. seine Bedeutung für das Geistesleben des ausgehenden MAs, Maske u. Kothurn 10 (1964), 225 ff.

b) Marsilius von Padua und Wilhelm von Ockham. – MARSILIUS VON PADUA. Ausg.: R. Scholz, Defensor pacis. 2 Bde. (1932–33; MG Fontes iuris). – H. Kusch, Defensor pacis. 2 Bde. (1958) [mit dt. Übersetzung]. – *Lit.:* L. Stieglitz, Die Staatslehre des M. v. P. (1914; Beitrr. z. Kulturgesch. d. MAs u. d. Ren. 19). – R. L. John, Reich u. Kirche im Spiegel des französischen Denkens (1953), 134 ff. – H. Segall, Der ‹Defensor pacis› des M. v. P. (1959). JOHANNES VON JANDUN. *Lit.:* M. Grabmann, LThuK 5 (²1933), 503 f. UBERTINO VON CASALE. *Ausg.:* Ch. T. Davis, Arbor vitae crucifixae Jesu von 1485 (1960) [unveränd. Nachdr. mit Einleitung u. Bibliographie]. WILHELM VON OCKHAM. *Lit.:* J. Koch, LThuK 7 (²1935), 667 ff. – R. Scholz, W. v. O. als politischer Denker u. sein Breviloquium de principatu tyrannico (1944, ²1952; Schrr. der MGH 8). – F. Copleston, A History of Philosophy (²1959), 431 ff. – J. Klein, RGG 4 (³1960), 1556 [mit Bibliographie]. LUPOLD VON BEBENBURG. *Lit.:* W. Brauns, VL V (1955), 634 ff. LUPOLD HORNBURG. *Ausg.:* K. Zwierzina, L. H.s Gedichte, Festschr. des Erzh.-Rainer-Realgymnasiums zu Wien (1914), 129 ff. – *Lit.:* E. Brodführer, VL II (1936), 488 ff. ‹EHRENREDE AUF LUDWIG D. BAIERN.› *Lit.:* A. Witte, VL III (1943), 186 ff.

2. Der Übergang der Kaiserwürde auf die Luxemburger in Böhmen

a) Hof und Kanzlei in Prag. Johann von Neumarkt. Petrarca und Cola di Rienzo. Das Neue als Form: Stilkunst und Rhetorik. Anhänger der Neuansätze und Reformideen. – KARL IV. Ausg.: J. F. Böhmer, Fontes rer. Germ. 1 (1843) [Beschreibung der Jugendjahre]. – K. Wotke, Moralitates Caroli quarti imperatoris, Zs. d. Ver. f. d. Gesch. Mährens u. Schlesiens 1 (1897), 41 ff. – K. Pfisterer u. W. Buls, Vita Caroli IV. Imperatoris Romanorum ab eo ipso conscripta (1950; Editiones Heidelbergenses 16). – A. Blaschka, Kaiser K.s IV. Jugendleben u. St.

Wenzelslegende, übers. u. erl. (1956; Gesch.schreiber der dt. Vorzeit 83). – *Lit.:*
E. Werunsky, Gesch. Kaiser K.s IV. u. seiner Zeit (1880). – E. Winter, Frühhumanismus. Seine Entwicklung in Böhmen u. deren europäische Bedeutung für
die Kirchenreformbestrebungen im 14. Jh. (1964; Beitrr. z. Gesch. d. relig. u. wiss.
Denkens 3). HEINRICH VON MÜGELN. Vgl. S. 754. JOHANN VON NEUMARKT.
Ausg.: F. Tadra, Cancellaria Joh. Noviforensis (1886). – Ders., Summa Cancellaria (Cancellaria Caroli IV). Ein Formelbuch der Kgl. Böhm. Kanzlei aus dem
14. Jh. (1895). – K. Burdach, Vom MA zur Reformation VI: Schrr. J.s v. N. 1.
Tl.: Buch der Liebkosung. Unter Mitw. K. Burdachs hrsg. v. J. Klapper (1930).
2. Tl.: Hieronymus. Hrsg. v. J. Klapper (1932). 4. Tl.: Gebete des Hofkanzlers
u. des Prager Kulturkreises. Hrsg. v. J. Klapper (1935). – Ders., ebd. VIII:
Briefe J.s v. N. Ges., hrsg. u. erl. v. P. Piur (1937). – *Lit.:* M. Dvořak, Die Illumi-
natoren des J. v. N., Jb. d. kunsthist. Sammlungen 22 (1901). – J. Klapper, Sudetendt. Lebensbilder 2 (1930), 61 ff. – Ders., VL II (1936), 615 ff. – L. E. Schmitt,
Die dt. Urkundensprache in der Kanzlei Karls IV. (1936). – J. Klapper, J. v. N.,
Bischof u. Hofkanzler (1964; Erfurter Theol. Studien 17). – H. Thoma, John of
Neumarkt and Heinrich Frauenlob, Festschr. F. Norman (1965), 247 ff. FRAN-
CESCO PETRARCA. *Ausg.:* Opera omnia. 4 Bde. (Basel 1581). – Edicione Nazio-
nale (1926 ff.). – F. Neri u. a., Rime, trionfi e poesie latine (1951). – G. Mar-
tellotti u. a., Prose (1955). – K. Burdach, Vom MA zur Reformation IV: Aus P.s
ältestem dt. Schülerkreise. Unter Mitw. R. Kienasts hrsg. v. K. Burdach (1929). –
Ders., ebd. VII: P.s Briefwechsel mit dt. Zeitgenossen. Unter Mitw. K. Burdachs
hrsg. v. P. Piur (1933). – *Lit.:* P. de Nolhac, Petrarca et l'humanisme (1907). –
P. Piur, P.s ‹Buch ohne Namen› u. die päpstliche Kurie (1925). – H. W. Eppels-
heimer, P. (1926). – K. Heitmann, Fortuna u. Virtus, eine Studie zu P.s Lebensweisheit (1958). – E. H. Wilkins, The Life of Petrarch (1961). COLA DI RIENZO.
Ausg.: K. Burdach, Vom MA zur Reformation II: Briefwechsel des C. d. R.
Hrsg. v. K. Burdach u. P. Piur. 1. Tl.: R. u. die geistige Wandlung seiner Zeit.
1. Hälfte (1913), 2. Hälfte (1928). 2. Tl.: Krit. Darstellung der Quellen zur
Gesch. R.s. Mit einer Abhandlung über die Briefsammlungen Petrarcas (1928).
3. Tl.: Krit. Text, Lesarten u. Anmerkungen (1912). 4. Tl.: Anhang. Urkundliche
Quellen zur Gesch. R.s Oraculum Angelicum Cyrilli u. Kommentar des Pseudo-
joachim (1912). 5. Tl.: Nachlese zu den Texten. Kommentar (1929). – *Lit.:*
P. Piur, C. d. R. (1931). – F. Cusin, Vita di C. d. R. (1943). – K. H. Höfele, R.
(1958). JOHANN VON JENZENSTEIN. *Lit.:* A. Manser, LThuK 5 (²1933), 306. DIET-
MAR VON MECKEBACH. *Lit.:* G. Keil, PBB (W) 83 (1961/62), 178. JOHANNES VON
GELNHAUSEN. *Ausg.:* H. Kaiser, Der ‹Collectarius perpetuarum formarum› des
J. v. G. (1898). – *Lit.:* B. Bretholz, J. v. G., Zs. d. dt. Ver. f. d. Gesch. Mährens u.
‹Schlesiens 7 (1903), 1 ff. – G. Keil, PBB (W) 83 (1961/62), 191 ff. ANHÄNGER DER
NEUANSÄTZE UND REFORMIDEEN. JOHANNES VON DAMBACH. *Lit.:* A. Auer,
J. v. D. u. die Trostbücher vom 11. bis zum 16. Jh. (1928; Beitrr. z. Gesch. d.
Philos. u. Theol. d. MAs 27, 1/2). – J. Koch, VL II (1936), 589 f. KONRAD VON
HALBERSTADT D. J. *Lit.:* G. Frencken, Die älteste Schwanksammlung des MAs
(1927). – H. Schmidt, VL V (1955), 554 f. – G. Gieraths, LThuK 6 (³1961), 464.
KONRAD VON WALDHAUSEN. *Ausg.:* K. Höfler, Gesch.schreiber der hussitischen
Bewegung ?, (1865), 17 ff. [Apologia]. *Lit.:* K. Hilgenreiner, LThuK 6 (²1934),
156 f. – U. Kletzin, VL II (1936), 910 ff. SUBNOTAR ULRICH. *Lit.:* G. Keil, PBB 83
(W) (1961/62), 219. HEINRICH VON ST. GALLEN. Vgl. S. 766. ‹EVANGELIEN DER
GUTEN MEISTER›. *Ausg.:* J. Werlin, Die E. d. g. M. von Prag (1962; A. Stifter
Verein, Veröff. d. Wiss. Abt. 7). MARTIN VON AMBERG. *Ausg.:* St. N. Werbow,
M. v. A., Der Gewissensspiegel (1958; Texte des späten MAs 7). – *Lit.:* J. Klap-
per, VL III (1943), 277 ff. – G. Steer, Der ‹Gewissensspiegel› M.s v. A. u. das

‹Compendium theologicae veritatis› Hugos v. Straßburg, PBB (W) 90 (1968), 285 ff. MATTHÄUS VON KRAKAU. *Lit.:* F. Francke, M. v. K. (Diss. Greifswald 1910). – H. Gumbel, VL III (1943), 294 ff. NIKOLAUS VON JAUER. *Lit.:* A. Franz, Der Magister N. Magni de Jawor (1898). – M. Grabmann, LThuK 5 (²1933), 289 f. JOHANNES VON KASTL. *Ausg.:* W. Oehl, Wie man Gott anhangen soll. In: W. Oe., Dokumente der Religion 2 (1923). – *Lit.:* M. Grabmann, Mal. Geistesleben (1926), 487 ff. – E. Krebs, VL II (1936), 603 ff.; V (1955), 463. ULRICH GRÜNSLEDER. *Lit.:* W. Stammler, VL II (1936), 107 f.

b) Dichtung: ‹Der Ackermann› des Johannes von Tepl. – *Ausg.:* F. H. v. d. Hagen, D. A. aus Böheim. Gespräch zwischen einem Wittwer u. dem Tode (1824). – J. Knieschek, D. A. aus Böhmen. Hrsg. u. mit dem tschechischen Gegenstück Tkadleček verglichen (1877; Bibl. d. mhd. Lit. in Böhmen 2). – K. Burdach, Vom MA zur Reformation III: 1. Tl.: D. A. aus Böhmen. Hrsg. v. A. Bernt u. K. Burdach (1917). 2. Tl.: Der Dichter des ‹A. aus Böhmen› u. seine Zeit. Von K. Burdach. Erste Hälfte (1926). Zweite Hälfte (1932). 3. Tl.: Gesamtregister zum A. (1932). – A. Bernt, Johannes v. Saaz, Der ackermann u. der tod (1919) [Faks.-Ausg. des ersten Druckes]. – Ders., D. A. aus Böhmen des Johannes v. Saaz (1929, ³1965; Anstalt f. Sudetendt. Heimatforschg. 1). – H. Zatschek, Officium S. Hieronymi (1935; Mon. Palaeogr. III, 16). – A. Hübner, D. A. aus Böhmen (1937; ³1965; Altdt. Quellen 1). – L. L. Hammerich, Johannes v. Tepl, D. A. aus Böhmen (1944). – L. L. Hammerich u. G. Jungbluth, Johannes v. Saaz, D. A. aus Böhmen (1951; Det Kgl. Danske Videnskabernes Selskab. Hist.-filol. Meddelelser 23, 4). – M. O'. C. Walshe, Johann v. Tepl, D. A. aus Böhmen (1951; Duckworth's German Texts). – W. Krogmann, Der ackerman (1954; Dt. Klassiker des MAs NF 1) [mit Bibliographie]. – *Übers.:* F. Genzmer, Johannes v. Tepl, D. A. aus Böhmen (1951; Reclams UB 7666). – J. v. Saaz, D. A. aus Böhmen. Hrsg. v. E. Gierach u. übertragen v. E. G. Kolbenheyer (1943). – *Lit.:* K. J. Heilig, Die lat. Widmung des A. aus Böhmen, Mitt. d. österr. Inst. f. Gesch.forschg. 47 (1933), 414 ff. – A. Hübner, Das Deutsche im A. aus Böhmen, Berliner SB, Phil.-hist. Kl. 1935, 323 ff. – Ders., Dt. MA u. italienische Renaissance im A. aus Böhmen. In: Kl. Schrr. z. dt. Philologie (1940), 198 ff. – W. Wostry, Saaz zur Zeit des A.dichters (1951; Schrr. d. Wiss. Abt. d. A. Stifter-Bundes). – R. Brand, Zur Interpretation des A. aus Böhmen (o. J.; Basler Studien z. dt. Sprache u. Lit. 1). – E. Büchtmann, Die ‹A.›-Dichtung. (Diss. Marburg 1959). – F. Tschirch, Kapitelverzahnung u. Kapitelrahmung durch das Wort im ‹A. aus Böhmen›, DVjs 33 (1959), 283 ff. – F. H. Bäuml, Rhetorical devices and structure in the A. aus Böhmen (1960; University of California Publications in Modern Philology 60). – K. Doskočil, K pramenum Ackermanna, Sborník historický 8 (1961), 67 ff. – Ch. Vogt-Hermann, D. A. aus Böhmen u. die jüngere Spruchdichtung (Diss. Hamburg 1962). – A. Blaschka, Ist Johannes de Sitbor Verfasser des Tkadleček?, Zs. f. Slawistik 7 (1962), 124 ff. – W. Krogmann, Neue Funde der A.forschung, DVjs 37 (1963), 254 ff. – G. Hahn, Die Einheit des A. aus Böhmen (1963; Münchener Texte u. Unters. 5). – L. L. Hammerich, Johannes v. Saaz u. der Triumph des Todes im Camposanto von Pisa, Festschr. U. Pretzel (1963), 253 ff. – M. Jaatinen, Der Dichter des A. aus Böhmen, Neuphil. Mitt. 65 (1964), 268 ff. – L. L. Hammerich, Der Dichter des ‹A. aus Böhmen› als lat. Schriftsteller. In: Fides Quaerens Intellectum. Festskrift H. Roos (1964), 43 ff. – A. Blaschka, Zwei Beiträge zum A.problem, Abhh. d. Sächs. Akad. d. Wiss. Leipzig, Phil.-hist. Kl. 57 (1965), Heft 2, 45 ff. – W. Krogmann, Eine ‹A.›-Hs. zwischen Urschrift u. Archetypus, ZfdPh 86 (1967, Sonderh.), 80 ff. – E. Schwarz, D. A. aus Böhmen des Johannes v. Tepl u. seine Zeit (1968; Wege der Forschung 143).

c) Die Auswirkungen der Geschehnisse in München und Prag. – Ausg.: K. Burdach, Vom MA zur Reformation V: Schlesisch-böhmische Briefmuster aus der Wende des 14. Jhs. Unter Mitw. G. Bebermeyers hrsg. v. K. Burdach (1926). – Ders., ebd. IX: Dt. Texte aus schlesischen Kanzleien des 14. u. 15. Jhs. Unter Mitw. K. Burdachs u. P. Piurs, hrsg. v. H. Bindewald. 1. Hälfte (1935). 2. Hälfte (1936).

3. Der Übergang der Kaiserwürde auf die Habsburger in Österreich

a) Hof und Kanzlei in Österreich. Die Universität Wien; Heinrich von Langenstein. – Gesamtdarstellungen und Untersuchungen. H. Hantsch, Die Gesch. Österreichs 1 (⁴1959), 2 (²1953). – E. Zöllner, Gesch. Österreichs (1961). – F. M. Mayer, R. Kaindl u. H. Pirchegger, Gesch. u. Kulturleben Österreichs. 3 Bde. (²1958 ff.). – Gesch. der Stadt Wien, hrsg. vom Alterthumsvereine 6 (8) Bde. (1897–1918). – J. Aschbach, Gesch. der Wiener Universität. 3 Bde. (1865–88). – A. Lhotsky, Die Wiener Artistenfakultät 1365–1497 (1965). – H. Rupprich, Das Wiener Schrifttum des ausgehenden MAs (1954; Wiener SB, Phil.-hist. Kl. 228/5). ALBERT VON SACHSEN. Vgl. S. 770. HEINRICH VON LANGENSTEIN. *Ausg.:* R. Rudolf, H. v. L. ‹Erkantnuzz der sund› (1969; Texte des späten MAs 22). – *Lit.:* K. J. Heilig, Krit. Studien zum Schrifttum der beiden H. v. Hessen, Röm. Quartalschr. 40 (1932), 105 ff. – Ders., LThuK 4 (²1932), 924 f. – J. Koch, VL II (1936), 292 ff. – H. Vollmer, ebd. II (1936), 282 ff. – R. Rudolf, H. v. L.s ‹Erchantnuzz der sund› u. ihre Quellen. In: Fachlit. d. MAs, Festschr. G. Eis (1968), 53 ff. ULRICH VON POTTENSTEIN. *Lit.:* G. Scharf, Proben eines krit. Textes der dt. Cyrillusfabeln des U. v. P., ZfdPh 59 (1935), 147 ff. – Ders., Die hsl. Überlieferung der dt. Cyrillusfabeln des U. v. P. (Diss. Breslau 1935). – F. Ranke, VL III (1943), 918 ff. – K. Hannemann, ebd. V (1955), 917. NIKOLAUS VON DINKELSPÜHL. *Ausg.:* H. Menhardt, N. v. D.s dt. Predigt vom Eigentum im Kloster, ZfdPh 73 (1954), 1 ff., 268 ff.; 74 (1955), 36 ff. – *Lit.:* M. Grabmann, LThuK 7 (²1935), 577 ff. – A. Madre, N. v. D. (Diss. Würzburg 1942). NIKOLAUS KEMPF. Vgl. S. 765. THOMAS EBENDORFER. *Ausg.:* A. Lhotsky, T. E., ‹Chronica Austrie› (1967; MG Script. NS 13). – *Lit.:* A. Wrede, VL I (1933), 465 ff. – A. Lhotsky, T. E. (1957; Schriften der MGH 15). LEOPOLD STAINREUTER. *Lit.:* K. J. Heilig, L. St. von Wien, der Verfasser der österr. Österr. Chronik von den 95 Herrschaften, MIÖG 47 (1933), 225 ff. – H. Maschek, VL IV (1951), 258 ff. THOMAS PEUNTNER. *Ausg.:* R. Rudolf, T. P.s Betrachtungen über das Vaterunser u. das Ave Maria (1953). – Ders., T. P.s Kunst der heilsamen Sterbens (1956; Texte des späten MAs 2). – *Lit.:* H. Maschek, Zentralbl. f. Bibl.wesen 53 (1936), 36 ff. – Ders., VL III (1943), 863 ff. – K. Hannemann, ebd. V (1955), 888. – R. Rudolf, T. P.s Sterbebüchlein, Festschr. W. Stammler (1953), 172 ff. – Ders., T. P., Literaturwiss. Jb. (Görres-Ges.) NF 4 (1963), 1 ff. JOHANNES NIDER. *Lit.:* N. Weinrich, Die dt. Prosa des Dominikaners J. N. in seinen ‹Vierundzwanzig goldenen Harfen› (Diss. Münster 1933). – G. Löhr, LThuK 7 (²1935), 546 f. – J. Klapper, VL III (1943), 560 ff. – K. Hannemann, ebd. V (1955), 720.

4. Nikolaus von Cues: Synthese der Gegensätze; das neue Weltbild

Ausg.: Opuscula varia (um 1488), neu hrsg. von P. Wilpert (1966; Quellen u. Studien z. Gesch. d. Philosophie 5/6). – Opera (1502, 1514 von Faber Stapulensis, 1565). – Opera Omnia (1932 ff.) – *Cusanus-Texte:* I. Predigten. 1. Dies Sanctificatus vom Jahre 1493. Lat. u. dt. v. E. Hoffmann u. R. Klibansky (Heidelberger SB, Phil.-hist. Kl. 1928/29, 3); 2./5. Vier Predigten im Geiste Eckharts. Lat. u.

dt. v. J. Koch (ebd. 1936/37, 2); 6. Die Auslegung des Vaterunsers in vier Predigten. Hrsg. v. J. Koch u. H. Teske (ebd. 1938/39, 4). II. Traktate. 1. De auctoritate presidendi in concilio generali. Lat. u. dt. v. G. Kallen (ebd. 1935/36, 3). – F. A. Scharpff, Des Cardinals N. v. Cusa wichtigste Schrr. in dt. Übersetzung (1862). – *N. v. C., Schrr. in dt. Übersetzung:* E. Bohnenstädt, Der Laie über die Weisheit (Idiota de sapientia) (³1954; Philosophische Bibliothek [PhB] 216); K. Fleischmann, Über den Beryll (De beryllo) (1939; PhB 217); E. Bohnenstädt, Drei Schriften vom verborgenen Gott (De deo abscondito, De querendo deum, De filiatione dei) (³1958; PhB 218); E. Bohnenstädt, Von Gottes Sehen (De visione dei) (²1944; PhB 219); H. Menzel-Rogner, Der Laie über Versuche mit der Waage (Idiota de staticis experimentis) (²1944; PhB 220); P. Neumann u. G. Hölscher, Sichtung des Alkorans (Cribratio Alchorani) Buch I (²1949; PhB 221), Buch II/III v. G. Hölscher (1946; PhB 222); L. Mohler, Über den Frieden im Glauben (De pace fidei) (1943; PhB 223); M. Honecker u. H. Menzel-Rogner, Der Laie über den Geist (Idiota de mente) (1949; PhB 228); E. Bohnenstädt, Vom Können-Sein. Vom Gipfel der Betrachtung (De possest. De apice theoriae) (1947; PhB 229); J. u. J. E. Hofmann, Mathematische Schriften (1952; PhB 231); P. Wilpert, Vom Nichtanderen (De non aliud) (1952; PhB 232); G. v. Bredow, Vom Globusspiel (De ludo globi) (1952; PhB 233); P. Wilpert, Die Jagd nach Weisheit (De venatione sapientiae (1964; PhB 263); P. Wilpert, Die belehrte Unwissenheit (De docta ignorantia) I (1964; PhB 264a). – M. Feigl, Über den Ursprung (De principio) (1949). – H. Rupprich, Gespräch über das Seinkönnen (1963; Reclams UB 8855). – L. Gabriel, N. v. K., Philosophisch-theologische Schriften. Studien- u. Jubiläumsausg., lat.-dt. (1964 ff.). – E. Zellinger, Cusanus-Konkordanz (1960). – *Lit.:* E. Vansteenberghe, Le cardinal N. de Cuse (1921). – E. Cassirer, Individuum u. Kosmos in der Philosophie der Renaissance (1927). – P. Rotta, Il Cardinale Nicolò di Cusa (1928). – L. v. Bertalanffy, N. v. K. (1928). – E. Hoffmann, Die großen Deutschen 1 (1935), 246 ff. – G. Kallen, N. v. C. als politischer Erzieher (1937). – M. Honecker, N. v. C. u. die griechische Sprache (1938; Cusanus-Studien 2). – L. Pralle, Die Wiederentdeckung des Tacitus (1952; Quellen u. Abhh. z. Gesch. d. Abtei u. d. Diözese Fulda 17). – J. Koch, Humanismus, Mystik u. Kunst in der Welt des MAs (1953; Studien u. Texte z. Geistesgesch. d. MAs 3). – M. de Gandillac, N. v. C. (1953). – J. Koch, Die Ars coniecturalis des N. v. K. (1956; Arbeitsgem. f. Forschg. d. Landes Nordrhein-Westf., Geisteswiss., Heft 16). – K. H. Volkmann-Schluck, N. Cusanus. Die Philosophie im Übergang vom MA zur Neuzeit (1957). – Mitteilungen u. Forschungsbeitrr. der Cusanus-Ges. (1961 ff.). – H. Wackerzapp, Der Einfluß Meister Eckharts auf die ersten philos. Schriften des N. v. K. (1440–1450) (1962; Beitrr. z. Gesch. d. Philos. u. Theologie d. MAs 39, 3).

ZWEITER ABSCHNITT: HUMANISMUS UND RENAISSANCE

Voraussetzungen. Begriffsbestimmung. Entfaltung in Italien.
Die deutsche Ausbildung

[Zu den einleitenden Darlegungen dieses zweiten Abschnittes kann das Schrifttum zu Humanismus und Renaissance mit Rücksicht auf den Umfang der vorhandenen Literatur (entgegen der sonstigen Regel) nur zusammenfassend und nicht aufgeteilt auf die Unterabschnitte verzeichnet werden.] *Bibliographie:*

J. E. Engel, Ren., Hum., Reformation (1969; Handb. d. dt. Lit.gesch. II, 4). –
Gesamtdarstellungen und Untersuchungen. H. A. Erhard, Gesch. des Wieder-
aufblühens wiss. Bildung, vornehmlich in Teutschland bis zum Anfange der
Reformation. 3 Bde. (1827–32). – J. Michelet, Histoire de France au seizième
siècle (1855). – G. Voigt, Die Wiederbelebung des classischen Alterthums oder
das erste Jh. des Hum. (1859; ³1893; ⁴1960). – J. Burckhardt, Die Kultur der
Ren. in Italien (1860; 14. Aufl. v. W. Goetz 1925). – E. Gebhart, L'Italie mysti-
que. Histoire de la renaisance religieuse au moyen age (1876). – L. Geiger, Ren.
u. Hum. in Italien u. Dtld. (1882; Allgem. Gesch. i. Einzeldarst. II, 8). – Goedeke
1 (²1884), 405 ff. – A. Gaspary, Gesch. der italienischen Lit. 2 Bde. (1885–88). –
H. Thode, Franz v. Asissi u. die Anfänge der Kunst der Ren. in Italien (1885;
²1904). – K. Borinski, Die Poetik der Ren. u. die Anfänge der lit. Kritik in
Dtld. (1886). – R. Vischer, Über neues Leben (1895). – H. Wölfflin, Die klassische Kunst (1899, ⁶1924). – K. Brandi, Die Ren. in Florenz u. Rom (1900;
⁷1927). – C. Neumann, Byzantinische Kultur u. Ren.-Kultur (1903). – R. F. Arnold, Die Kultur der Ren. (1904; ³1920; Sammlung Göschen 189). – H. Hermelink, Die religiösen Reformbestrebungen des dt. Hum. (1907). – K. Brandi, Das
Werden der Ren. (1908; ²1910). – S. Singer, MA u. Ren. (1910; Sprache u. Dichtung 2). – K. Burdach, Sinn u. Ursprung der Worte Ren. u. Reformation, Berliner SB, Phil.-hist. Kl. 1910, 594 ff. – E. Tröltsch, Die Bedeutung des Protestantismus für die Entstehung der modernen Welt (1911). – A. Philippi, Der Begriff
der Ren. Daten zu seiner Entstehung (1912). – W. Dilthey, Weltanschauung u.
Analyse des Menschen seit Ren. u. Reformation (1914; Ges. Schrr. 2). – W.
Goetz, Ren. u. Antike, Hist. Zs. 113 (1914), 237 ff. – R. Benz, Die Ren., das
Verhängnis der dt. Kultur (1915). – K. Burdach, Dt. Ren. (1916; ²1920). –
R. Wolkan, Über den Ursprung des Hum., Zs. f. d. österr. Gymn. 67 (1916),
241 ff. – E. König, ‹Studia humanitatis› u. verwandte Ausdrücke bei den dt.
Frühhumanisten. In: Beitrr. z. Gesch. d. Ren. u. Reformation, Festgabe J. Schlecht
(1917), 202 ff. – K. Burdach, Reformation, Ren., Hum. (1918; ²1926; ³1963). –
K. Borinski, Die Wiedergeburtsidee in den neueren Zeiten 1: Der Streit um die
Ren. u. die Entstehungsgesch. der histor. Beziehungsbegriffe Ren. u. MA, Mün-
chener SB, Phil.-hist. Kl. 1919. – K. P. Hase, Die dt. Ren. 1: Ihre Begründung
durch den Hum. (1920). – J. Huizinga, Das Problem der Ren., De Gids 1920
(Sonderausg. 1952 u. 1967). – P. Joachimsen, Vom MA zur Reformation,
Hist.Vjs. 20 (1922), 426 ff. – G. Ritter, Die gesch. Bedeutung des dt. Hum., Hist.
Zs. 127 (1923), 393 ff. – F. Engel-Janosi, Soziale Probleme der Ren. (1924). –
H. Baron, Zur Frage des Ursprungs des dt. Hum. u. seiner religiösen Reform-
bestrebungen, Hist.Zs. 132 (1925), 413 ff. – K. Brandi, Mal. Weltanschauung,
Hum. u. nationale Bildung (1925). – W. Jäger, Antike u. Hum. (1925). – G. Ellin-
ger, Humanismus, RL 1 (1925/26), 525 ff. – Ders., Gesch. der neulat. Lit. Dtlds.
im 16. Jh., Bd. I–III/1 (1929–33) [unter Ausschluß des Dramas]. – H. Hefele,
Zum Begriff der Ren., Hist. Jb. 40 (1929), 444 ff. – J. Huizinga, Wege der Kul-
turgesch. (1930), 89 ff. – P. Joachimsen, Der Hum. u. die Entwicklung des dt.
Geistes, DVjs 8 (1930), 419 ff. – A. Warburg, Die Erneuerung der heidnischen
Antike. 2 Bde. (1932). – Bibliography of the Survival of the Classics 2 Bde.
(1934 39). – II. Rüdiger, Wesen u. Wandlung des Hum. (1937). – H. W. Rüs-
sel, Gestalt eines christl. Hum. (1940). – R. Meister, Anz. d. Österr. Akad. d.
Wiss., Phil.-Hist. Kl. 80 (1943), 21 f. – H. Rahner, Abendländ. Hum. u. kathol.
Theologie (1946; Ewiger Hum. 6). – A. Campana, The origin of the word
‹Humanist›, Journal of the Warburg and Courtland Institutes 9 (1946/47). –
E. Garin, Der italienische Hum. Übers. v. G. Zamboni (1947; Überlieferung u.
Auftrag. Reihe: Schrr. 5). – R. Newald, Humanitas, Humanismus, Humanität

(1947). – W. K. Ferguson, The Renaissance in Historial Thought (1948). – J. Sellmair, Humanitas Christiana. Gesch. des christl. Hum. (1949). – G. Toffanin, Storia dell' umanesimo (dal XIII al XVI secolo). 3 Bde. (²1950–52). – J. Trier, Zur Vorgesch. des Ren.-Begriffes, Arch. f. Kulturgesch. 33 (1950), 45 ff. – H. Haydn, The Counter-Renaissance (1950). – R. Newald, Renatae litterae u. reformatio, Hist. Jb. 71 (1952), 137 ff. – Ders., Dt. Lit. im Zeitalter des Hum. Ein Lit.-Bericht. DVjs 27 (1953), 309 ff. – W. Rüegg, Humanismus, Studium Generale u. Studia Humanitatis in Dtld. (1954). – K. O. Conrady, Die Erforschung der neulat. Lit. Probleme u. Aufgaben, Euphorion 49 (1955), 413 ff. – H. Baron, The Crisis of the Early Italien Renaissance (1955). – W. Durant, Die Gesch. der Zivilisation 5: Die Ren. (1955). – J. v. Stackelberg, Humanistische Geisteswissenschaft (1956; Geist des Abendlandes 9). – O. Herding, Probleme des frühen Hum. in Dtld., Arch. f. Kulturgesch. 38 (1956), 344 ff. – R. Meister, Von der Wiedergeburt des klassischen Altertums zur Konstanz des Humanismusproblems, Anz. d. Österr. Akad. d. Wiss., Phil.-Hist. Kl. 92 (1956), 269 ff. – B. Ristow, Hum., RL 1 (²1958), 693 ff. – P. Lehmann, Vom Leben des Lateinischen im MA. In: P. L., Erforschung des MAs 1 (1959), 62 ff. – J. v. Stackelberg, Ren., ‹Wiedergeburt› oder ‹Wiederwuchs›?, Bibliothéque d'Humanisme et Renaissance 22 (1960), 406 ff. – P. O. Kristeller, Catalogus Translationum et Commentariorum 1 (1960). – J. Trier, Wiederwuchs, Arch. f. Kulturgesch. 43 (1961), 177 ff. – Quellen zur Gesch. des Hum. u. der Reformation in Faks.-Ausgaben (1961 ff.). – J. Irmscher, Ren. u. Hum. in Mittel- u. Osteuropa. Eine Sammlung von Materialien 1 (1962). – P. Lehmann, Grundzüge des Hum. dt. Lande zumal im Spiegel dt. Bibliotheken des 15. bis 16. Jhs. In: P. L., Erforschung des MAs 5 (1962), 481 ff. – M. E. Cosenza, Dictionary of Italian Humanists. 6 Bde. (1962). – L. W. Spitz, The Religious Renaissance of the German humanists (1963). – J. Ijsewijn, De studie van de neolatijnse letterkunde: resultaten en opgaven (Brüssel 1963; Handelingen XVII der Koninlijke Zuidnederlandse Maatschappij voor Taal- en Letterkunde en Geschiedenis). – Ders., De studie van de neolatijnse letterkunde: bibliografisch supplement (Brüssel 1965; ebd. XIX). – M. Seidlmayer, Wege u. Wandlungen des Hum. (1965). – P. O. Kristeller, Iter Italicum. 2 Bde. (1965–67). – Bibliographie internationale de l'Humanisme et de la Renaissance 1–3 (1965 ff.). – M. Wehrli, Der Nationalgedanke im dt. u. schweizerischen Hum. In: Nationalismus in Germanistik u. Dichtung (1966), 126 ff. – H. Jantz, German Renaissance Literatur, Modern Language Notes 81 (1966), 398 ff. – A. Truhlář u. C. Hrdina, J. Hejnic u. J. Martinek, Enchiridion renatae poesis Latinae in Bohemia et Moravia cultum (1966 ff.). – L. Bösing, Zur Bedeutung von ‹renasci› in der Antike, Museum Helveticum 25 (1968), 145 ff. – D. Wuttke, Dt. Germanistik u. Ren.-Forschung (1968; Respublica literaria 3). – J. Hösle, Pietro Aretinos Werk (1969).

I. Kapitel. Anfänge, Ausbreitung und Blüte des Humanismus in Deutschland

1. Die beiden Richtungen im deutschen Humanismus

a) Die mathematisch-naturwissenschaftliche Richtung. Georg von Peuerbach. Johannes Regiomontan. – GEORG VON PEUERBACH. *Ausg.:* A. Cerny, Aus dem Briefwechsel G. P.s, Arch. f. österr. Gesch. 72 (1888), 1 ff. – K. Großmann, Eine Ansprache G. v. P.s an seine Hörer, MIÖG 42 (1928), 359 ff. – H. Wallner, G. v. P. (Diss. Wien 1947, masch.). – *Lit.:* A. Goldmann, Familienname, Geburts-

ort u. Geburtsdatum des Astronomen G. v. P., Heimatgaue 4 (1923), 75 ff. –
K. Großmann, Die Frühzeit des Humanismus in Wien bis zu Celtis' Berufung
1497, Jb. d. Ver. f. Landeskde. v. Niederösterreich NF 22 (1929), 235 ff. – A.
Lhotsky u. K. Ferrari d'Occhieppo, Zwei Gutachten G.s v. P. über Kometen (1456
u. 1457), MIÖG 68 (1960), 266 ff. Johannes Regiomontan. Ausg.: M. Curtze,
Der Briefwechsel R.s mit G. Bianchini, Jakob v. Speyer u. Christian Roder,
Abhh. z. Gesch. d. Math. Wiss. I, 2 (1902), 185 ff. – E. Zinner, Der dt. Kalender
des J. R. (1937; Veröff. d. Ges. f. Typenkunde d. 15. Jhs.). – Lit.: H. Petz, Urkundliche Nachrichten über den lit. Nachlaß R.s u. B. Walthers, Mitt. d. Ver. f.
Gesch. d. Stadt Nürnberg 7 (1888), 237 ff. – K. Großmann, aaO (1929), 235 ff. –
E. Zinner, Leben und Wirken des J. Müller v. Königsberg gen. Regiomontanus
(1938; Schrr.reihe z. bayer. Landesgesch. 31). – F. Brunhölzl, VL V (1955),
945 ff.

b) Die literarisch-stilistische Richtung. Enea Silvio am Kaiserhof. Die ersten
Vertreter und Propagatoren. – Enea Silvio Piccolomini. Ausg.: Opera omnia
(Basel 1551, Nachdr. 1965; ebd. 1571; Helmstedt 1699). – Commentarii rerum
memorabilium 1405–63 (Frankfurt 1614), neue Ausg. v. G. Lesca (1893). –
J. D. Mansi, E. S. P., Orationes politicae et ecclesiasticae. 3 Bde. (1755/59). –
A. Kollar, Gesch. Kaiser Friedrichs III. (1761; Analecta Vindobonensia 2), 1 ff.
Übers. v. Th. Ilgen (1940; Gesch.schreiber d. dt. Vorzeit 88). – De viris illustribus (1842; BiblLVSt 1c) [nach Mansi]. – J. Cugnoni, E. S. P., Opera inedita
(1883; Memorie della regia accademia dei lincei 8). – De liberorum educatione,
dt. v. J. Galliker (1889; Bibl. d. kath. Pädagogik 2). – R. Wolkan, Der Briefwech-
sel des Eneas Silvius P. 4 Bde. (1909–18; Fontes rer. Austr. 61, 62, 67, 68) [darin
auch: Euriolus u. Lucretia]. – W. F. Mustard, E. S. P., De curialium miseriis
epistola (1928). – E. S. P., Chrysis (1939). – B. Widmer, E. S. P., Papst Pius II.
Ausgew. Texte aus seinen Schriften (1960). – A. Schmidt, E. S., ‹Germania›, u.
Jakob Wimpfeling ‹Responsa et replicae ad Eneam Silvium› (1962). – Ders.,
E. S. P., ‹Deutschland›. Der Brieftraktat an Martin Mayer u. Jakob Wimpfelings
‹Antworten u. Einwendungen gegen E. S.›. Übers. u. erl. (1962; Gesch.schreiber
d. dt. Vorzeit 104). – A. Lhotsky, Die Wiener Artistenfakultät 1365–1497 (1965),
263 ff. [die Disputation in Wien 1445]. – E. S. P., Briefe u. Dichtungen, übertr.
v. M. Mell u. U. Abel (1966; Die Fundgrube 16). – Lit.: G. Voigt, E. S. de P. u.
sein Zeitalter. 3 Bde. (1856–63). – A. Weiß, Aeneas Sylvius P. als Papst Pius II.
u. sein Einfluß auf die literar. Kultur Dtlds (1897). – A. Meusel, E. S. P. als
Publizist (1905). – L. v. Pastor, Gesch. der Päpste 2 (⁴1904), 1 ff. – Th. Buyken,
E. S. P. Sein Leben u. Werden bis zum Episkopat (1931). – G. Paparelli, E. S. P.
(1950). – H. J. Hallauer, Der Pentalogus des Aeneas Silvius P. (Diss. Köln 1951).
– E. Dupré, E. S. P. umanista (1955). – G. Bürck, Selbstdarstellung u. Personen-
bildnis bei E. S. P. (1956). – J. Clack, The ‹Chrysis› v. Äneas Silvius P. (Diss.. Pittsburgh, 1962). – B. Widmer, E. S. P. in der sittlichen u. politischen Entscheidung
(1963; Baseler Beitrr. z. Gesch.wiss. 88). – L. M. Veit, Pensiero e vita religiosa di
E. S. (1964; Analecta Gregoriana 139). – A. Lhotsky, Aeneas Silvius u. Österreich
(1965; Vortrr. d. Aeneas-Silvius-Stiftung an der Univ. Basel 5). Johann Tröster.
Ausg.: R. Duellius, Miscellanea (1723), 227 ff. [De remedio amoris]. – Lit.:
K. Großmann, Die Frühzeit des Humanismus in Wien bis zu Celtis' Berufung
1497, Jb. d. Ver. f. Landeskde. v. Niederösterreich NF 22 (1929), 210 ff. – H. Rupprich, Die Frühzeit des Humanismus u. der Renaissance in Dtld. (1938; DLE
Reihe Hum. u. Ren. 1), 182 ff. – P. Lehmann, Dr. J. T., ein humanistisch gesinnter Wohltäter bayer. Büchersammlungen. In: P. L., Erforschung des MAs 4
(1961), 336 ff. Johann Hinderbach. Ausg.: A. F. Kollar, Analecta monumen-

torum omnis aevi Vindobonensis 2 (1761), 550 ff. [Fortsetzung von Eneas Gesch. Kaiser Friedrichs III.]. – G. Adler u. O. Koller, Denkmäler der Tonkunst in Österreich (1900 ff.), Bd. 14, 15, 22, 53, 61 [Trienter Musikhss.]. – *Lit.:* V. v. Hofmann-Wellenhof, Leben u. Schriften des Dr. J. H., Zs. d. Ferdinandeums 3. F. 37 (1893), 203 ff. – R. Wolkan, Die Heimat der Trienter Musikhss., Studien z. Musikwiss. 8 (1921), 5 ff. – K. Großmann, aaO (1929), 214 ff. – A. Dörrer, VL II (1936), 459 ff.; V (1955), 419. BERNHARD VON KRAIBURG. *Lit.:* P. Joachimsohn, B. v. K. (Progr. Nürnberg 1901). – P. Ruf, Eine altbayerische Gelehrtenbibliothek, Festschr. E. Stollreither (1950), 219 ff. – A. Bigelmair, NDB 2 (1955), 116. FELIX HEMMERLIN. *Lit.:* B. Reber, F. H. (1856) [mit Auszügen aus den Schriften]. – A. Werminghoff, F. H., Neue Jbb. f. d. klass. Altertumswiss. 13 (1904), 582 ff. – J. Klapper, VL II (1936), 395 ff. – H. Walser, Meister Hemmerli u. seine Zeit (1940). GREGOR HEIMBURG. *Ausg.:* Opera (1608). – G. H., Werke, ed. M. Goldast, Monarchia (1611). – M. Freher-Struve, Germanicarum rerum scriptores II (³1717). – *Lit.:* C. Brockhaus, G. H. (1861). – J. Jäger, Der Streit des Cardinals Nicolaus v. Cues mit dem Herzoge Sigmund v. Österreich. 2 Bde. (1861). – P. Joachimsohn, G. H. (1891). – Ders., Frühhumanismus in Schwaben, Württemberg. Vjhh. NF 5 (1896), 82 ff. – Ders., Zu G. H., Hist. Jb. 17 (1896), 554 ff. – O. E. Schmidt, G. H. (1937). JOHANN VON ROTH. *Lit.:* M. Hermann, Albrecht v. Eyb (1893), 127 ff. – G. Bauch, Analekten zur Biographie des Bischofs J. IV. Roth, Darstellungen u. Quellen z. schles. Gesch. 3 (1907), 19 ff. – J. Schneid, J. IV. v. R., Sammelbl. d. Hist. Ver. Eichstätt 23 (1908), 1 ff. – K. Großmann, aaO (1929), 208. – P. Ruf, Mal. Bibliothekskataloge 3 (1933), 317 ff.

c) Wanderhumanisten. Peter Luder. – PETER LUDER. *Lit.:* W. Wattenbach, P. L., der erste humanistische Wanderprediger, Zs. f. d. Gesch. d. Oberrheins 22 (1868), 33 ff.; Ergänzungen ebd. 24 (1871), 21 ff.; 27 (1875), 95 ff.; 32 (1880), 439 f. [in Bd. 22 ein Verzeichnis der Hss. u. im Anhang der Abdruck zahlreicher Briefe von u. an L., Anschläge, Reden u. Verse]. – G. Schepß, Zu P. L.s Briefwechsel, Zs. f. d. Gesch. d. Oberrheins 38 (1885), 364 ff. – K. Hartfelder, Zur Gelehrtengesch. Heidelbergs am Ende des MAs, ebd. NF 6 (1891), 141 f. – G. Bauch, Gesch. des Leipziger Frühhumanismus (1899), 2 u. ö. – Ders., Die Univ. Erfurt im Zeitalter des Frühhumanismus (1904), 43 ff. – G. Ritter, Aus dem Kreise der Hofpoeten Pfalzgraf Friedrichs I., Zs. f. d. Gesch. d. Oberrheins NF 38 (1923), 109 ff. – E. Beutler, Die Comedia Bile, ein antiker Mimus bei den Gauklern des 15. Jhs., Germ. Rom. Monatsschr. 14 (1926), 81 ff. – Ders., Forschungen u. Texte zur frühhumanistischen Komödie (1927; Mitt. a. d. Hamburger Staats- u. Univ.-Bibl. NF 2). – K. Großmann, Die Frühzeit des Humanismus in Wien bis zu Celtis' Berufung 1497, Jb. d. Ver. f. Landeskde. v. Niederösterreich NF 22 (1929), 267 f. – F. E. Baron, The Beginning of German Humanism: The Life and Work of the Wandering Humanist P. L. (1967; Univ.-Microfilms inc. Ann Arbor, Michigan). SAMUEL KAROCH. *Lit.:* H. Entner, Frühhumanismus u. Schultradition im Leben u. Werk des Wanderpoeten S. K. von Lichtenberg (1968).

2. Der spätscholastische Humanismus

a) Übergangsgestalten. – DIE FAMILIE PIRCKHEIMER. *Lit.:* A. Reimann, Die älteren P., hrsg. v. H. Rupprich (1944). PETRUS VON ROSENHEIM. *Lit.:* F. Thoma, P. v. R. OSB (1962). JOHANN SCHLITTPACHER. *Lit.:* R. Mitlöhner, J. Sch. de Weilheim, Prior v. Melk 1403–1482 (Diss. Wien 1915, hsl.). – F. Sigloch, J. Sch., der bedeutendste Vertreter der Melker Reformbewegung (Diss. Wien 1930,

masch.). – C. Wolff, LThuK 9 (³1964), 419 f. Bernhard von Waging. *Lit.:* St.
Hilpisch, LThuK 2 (³1958), 250. Johann Heynlin von Stein. *Lit.:* M. Hoßfeld,
J. H. vom St., Basler Zs. f. Gesch. u. Altertumskde. 6 (1907), 309 ff.; 7 (1908),
79 ff. – Ders., Der ‹Compendiosus dialogus de arte punctandi› u. sein Verfasser
J. H. aus St., Zbl. f. Bibl.wesen 25 (1908), 161 ff. – R. Newald, VL II (1936),
434 ff. Johann Amerbach. *Ausg.:* A. Hartmann, Die A.-Korrespondenz. 5 Bde.
(1942–58). – *Lit.:* Ders., NDB 1 (1953), 247 f. Peter Schott. *Ausg.:* A. and M. L.
Cowie, The Works of P. Sch. 1 (1963; The University of North Carolina Studies
in the Germanic Languages and Literatures 41) [dazu: O. Herding, Arch. f. Kulturgesch. 46 (1964), 113 ff.]. – *Lit.:* W. Hammer, P. Sch. u. sein Gedicht auf Straßburg (1486), ZfdPh 77 (1958), 361 ff. Sigismund Gossembrot. *Lit.:* W. Wattenbach, S. G. als Vorkämpfer der Humanisten u. seine Gegner, Zs. f. d. Gesch. d.
Oberrheins 25 (1873), 36 ff. – P. Joachimsen, Aus der Bibliothek S. G.s, Zbl. f.
Bibl.wesen 11 (1894), 249 ff. – K. Scheidle, S. G. (Diss. München 1938). –
F. Blendinger, NDB 6 (1964), 648 f. Geiler von Kaisersberg. *Ausg.:* Ph. de
Lorenzi, G. v. K. Ausgew. Schrr. nebst einer Abhandlung über G.s Leben u.
echte Schrr. 4 Bde. (1881–83). – R. Zoozmann, ‹Der Passion› (1906). – F. X.
Zacher, Der Seelen Paradies 1510 (1920). – L. Pfleger, Ein ABC wie man sich
schicken soll zu einem köstlichen seligen Tod (1930) [Faks.]. – L. Pfleger, Von
der artt der Kind, Arch. f. elsäss. Kirchengesch. 15 (1941/42), 129 ff. – *Lit.:* L.
Dacheux, Un reformateur catholique a la fin du XVᵉ siècle, J. G. de K. (1876). –
Ch. Schmidt, Histoire litteraire de l'Alsace 1 (1879), 337 ff. – J. M. B. Clauß, Kritische Übersicht der Schrr. über G. v. K., Hist. Jb. 31 (1910), 485 ff. – E. Roeder
v. Diersburg, Komik u. Humor bei G. v. K. (1921; Germ. Studien 9). – H. Koep-
ke, J. G. v. K. (Diss. Breslau 1927). – F. X. Zacher, G. v. K. (1931; Relig. Quellenschrr. 74). – R. Newald, Probleme u. Gestalten des dt. Humanismus (1963),
326 ff. – D. Wuttke, NDB 6 (1964), 150 f.

b) Rudolf Agricola. – *Ausg.:* Opera omnia ed. Alard. 2 Bde. (Köln 1539). –
K. Hartfelder, Unedierte Briefe von R. A. Festschr. der Badischen Gymnasien
(1886). – G. Ihm, Der Humanist R. A. (1893; Sammlung d. bedeut. pädagog.
Schrr. 15). – L. Bertalot, R. A.s Lobrede auf Petrarca (1928) [auch: La Biblio-
philia 30 (1928), 382 ff.]. – R. A., Rede ‹In laudem philosophiae et reliquarum
artium›. In: H. Rupprich, Humanismus u. Renaissance in den dt. Städten u. an
den Universitäten (1935; DLE Reihe Hum. u. Ren. 2), 164 ff. – *Lit.:* Alte Biogra-
phien: 1) Joh. v. Plenningen, hrsg. v. F. Pfeiffer, Serapeum 10 (1849), 113 ff.; 2)
Aus Cod. Pal. Vind. 9058 hrsg. v. J. B. Kan. In: Erasmiani Gymnasii Programma
(Rotterdam 1894); 3) Ph. Melanchthon, Corp. Ref. 11 (1843), 438. – F. Bezold,
R. A. Festrede. (1884). – P. S. Allen, The letters of R. A., Engl. Hist. Review 21
(1906), 302 ff. – H. E. J. M. v. d. Velden, Rudolphus A. (1911). – P. Joachimsen,
Loci communes, Jb. d. Luther-Ges. 8 (1926), 33 ff. – G. Ritter, Die Heidelberger
Univ. (1936), 467 ff. – Th. E. Mommsen, R. Agricola's Life of Petrarch, Traditio 8
(1952), 367 ff. – M. Seidlmayer, NDB 1 (1953), 103 f. – L. Spitz u. A. Benjamin,
R. A.s Exhortatio ad Clerum Wormatiensem, Arch. f. Ref. gesch. 54 (1963), 1 ff.

3. Humanistische Lebenslehre

a) Jakob Wimpfeling. – *Ausg.:* H. M. Moscherosch, Tutschland Jakob Wimpfflin-
gers (Straßburg 1648). – Ch. Schmidt, Oratio vulgi ad Deum (1880). – K. Hartfelder, Dt. Übersetzungen klassischer Schriftsteller aus dem Heidelberger Humanistenkreis (Progr. Heidelberg 1883/84). – E. Martin, Germania von J. W., übers.
u. erl. (1885). – E. Martin, Wimpfelings Stylpho, Straßburger Studien 3 (1888),

472 ff. – H. Holstein, Ein W.-Codex, Zs. f. vgl. Lit.gesch. NF 2 (1888/89), 213 ff.
– Ders., Zur Biographie J. Ws., ebd. NF 4 (1891), 227 ff. – Ders., Ungedruckte
Gedichte oberrheinischer Humanisten, ebd. NF 4 (1891), 359 ff. – K. Schüdde-
kopf, Eine unbekannte Erzählung W.s, ebd. NF 4 (1891), 342 ff. – H. Holstein,
J. W.s Stylpho in der ursprüngl. Fassung (1892; Lat. Litt.denkmäler d. XV. u.
XVI. Jhs. 6). – J. Freudgen, J. W.s pädagogische Schrr., übers. u. erl. (1892;
Sammlung d. kath. päd. Schrr. 13). – E. Borries, W. u. Murner im Kampf um die
ältere Gesch. des Elsaß (1926) [enthält: Germania, Declaratio, Germania nova,
lat. u. dt.]. – O. Herding, Jacobi Wimpfelingi Opera selecta 1 (1965) [Adoles-
centia]. – *Lit.:* P. v. Wiskowantoff, J. W. (1867). – Ch. Schmidt, Histoire litteraire
de l'Alsace (1879) I, 1 ff.; II, 317 ff. – Goedeke 1 (²1884), 406 ff. – J. Knepper,
J. W. (1902; Erläut. u. Ergänz. z. Janssens Gesch. d. dt. Volkes III/2–4). –
E. Bichel, W. als Historiker (Diss. Marburg 1904). – P. Joachimsen, Gesch.auf-
fassung u. Gesch.schreibung unter dem Einfluß des Humanismus (1910), 64 ff. –
G. Ritter, Die Heidelberger Univ. (1936), 482 ff. – R. Newald, Probleme u. Gestalten des dt. Humanismus (1963), 346 ff. – O. Herding, Der elsässische Humanist J. W. u. seine Erziehungsschrift ‹Adolescentia›, Zs. f. Württ. Landesgesch. 22
(1963), 1 ff.

b) Johann Adelphus Muling. Matthias Ringmann Philesius. – JOHANN
ADELPHUS MULING. *Lit.:* J. Knepper, Ein elsässischer Arzt der Humanistenzeit
als dt. Poet, Jb. f. Gesch., Sprache u. Lit. Elsaß-Lothr. 17 (1901), 17 ff. – Ders.,
Beitrr. zur Würdigung des elsässischen Humanisten A. M. mit bes. Ber. seiner
dt. Übersetzungen u. Gedichte, Alemannia 30 (1903), 143 ff. – K. Vollert, Zur
Gesch. der lat. Fazetiensammlungen (1912), 52 ff. – G. Eis, NDB 1 (1953), 62 f.
MATTHIAS RINGMANN PHILESIUS. *Ausg.:* Fr. R. v. Wieser, Die Grammatica figu-
rata des M. ̓R. (Philesius Vogesigena) in Faks.druck (1905; Drucke u. Holz-
schnitte des XV. u. XVI. Jhs. in getreuer Nachbildung). – *Lit.:* Th. Vulpinus,
M. R., Jb. f. Gesch., Sprache u. Lit. Elsaß-Lothr. 18 (1902), 127 ff. – K. Klement,
Neue Belege für das Lebensbild des Philesius Vogesigena, ebd. 20 (1904), 298 ff.

4. Verbreitung und Blütezeit

a) Der Südosten: Die Schweiz, Österreich, Vorderösterreich. – DIE SCHWEIZ.
Ausg.: A. Hartmann, Basilea Latina (1931). – *Lit.:* E. Vischer, Die Baseler Univ.
seit ihrer Gründung (1911). – R. Wackernagel, Humanismus u. Reformation in
Basel (1924). – H. Türler, Dr. Thomas Wyttenbach, Bieler Jb. 1927, 107 ff. –
E. Büchler, Die Anfänge des Buchdrucks in der Schweiz (1930). – A. Rüegg, Die
beiden Blütezeiten des Basler Humanismus (1959). ÖSTERREICH. *Lit.:* J. Asch-
bach, Gesch. der Wiener Univ. 3 Bde. (1865–89). – R. Horawitz, Zur Gesch. des
Humanismus in den Alpenländern (1886; Wiener SB, Phil.-hist. Kl. 111). –
H. Hammer, Literar. Beziehungen u. musikal. Leben des Hofes Herzog Sieg-
munds in Tirol, Zs. d. Ferdinandeums 43 (1899), 69 ff. – G. Bauch, Die Rezep-
tion des Humanismus in Wien (1903). – K. Schrauf, Die Universität, Gesch. d.
Stadt Wien, hrsg. v. Alterthumsvereine II, 2 (1905), 961 ff. – A. Goldmann, Die
Universität, ebd. VI (1918), 1 ff. – R. Newald, Beitrr. zur Gesch. des Humanis-
mus in Oberösterreich, Jb. d. Oberösterr. Musealvereins 81 (1926), 155 ff. – Ders.,
Der südostdt. Humanismus u. die dt. Prosalit. des 15. Jhs., Lit.wiss. Jb. d.
Görres-Ges. 3 (1928), 28 ff. – K. Großmann, Die Frühzeit des Humanismus in
Wien bis zu Celtis' Berufung 1497, Jb. d. Ver. f. Landeskde. v. Niederösterreich
NF 22 (1929), 150 ff. – H. Kramer, Das Zeitalter des Humanismus in Tirol
(1947; Ewiger Humanismus 13). – A. Lhotsky, Die Wiener Artistenfakultät

1365–1497 (1965). FREIBURG I. BR. *Lit.:* H. Schreiber, Gesch. der Stadt u. Univ. Freiburg. 3 Bde. (1857–60). – PHILIPP ENGELBRECHT. *Lit.:* A. Horawitz, ADB 6 (1877), 134 ff. – J. Neff, Ph. E. (Engentinus) (Progr. Donaueschingen 1896/97, 1897/98, 1898/99).

b) Der Westen: Straßburg, Schlettstadt, Mittel- und Niederrhein. – *Lit.:* Ch. Schmidt, Histoire litteraire de l'Alsace a la fin du XV. et au commencement du XVI. siècle. 2 Bde. (1879). – H. Holstein, Ungedruckte Gedichte oberrheinischer Humanisten, Zs. f. vgl. Lit.gesch. NF 4 (1891), 359 ff. – J. Knepper, Nationaler Gedanke u. Kaiseridee bei den elsässer Humanisten (1899). – Ders., Das Schul- u. Unterrichtswesen im Elsaß von den Anfängen bis gegen 1530 (1905). – J. Lefftz, Die gelehrten u. literarischen Gesellschaften im Elsaß vor 1870 (1931). – H. Gumbel, Humanitas alsatica, Jb. d. Elsaß-Lothr. Wissenschaftl. Ges. 17 (1938), 1 ff. OTHMAR LUSCINIUS-NACHTIGALL. *Lit.:* H. A. Lier, O. Nachtigals ‹Joci ac sales mire festivi›, Arch. f. Lit.gesch. 11 (1882), 1 ff. – K. Hartfelder, Zur Gelehrtengesch. Heidelbergs am Ende des MAs, Zs. f. d. Gesch. d. Oberrheins 5 (1891), 168 ff. – A. Schröder, Beitrr. zum Lebensbilde Dr. O. Nachtgalls, Hist. Jb. 14 (1893), 83 ff. – J. Rest, Neues über Ottmar Nachtgall, Zs. f. d. Gesch. d. Oberrheins 77 (1923), 45 ff. SCHLETTSTADT. *Lit.:* W. Strüver, Die Schule zu Sch. von 1450–1560 (Diss. Leipzig 1880). – J. Geny, Die Reichsstadt Sch. u. ihr Anteil an den sozialpolitischen u. religiösen Bewegungen der Jahre 1490–1536 (1899; Erläut. u. Ergänz. z. Janssens Gesch. d. dt. Volkes 1), 417 ff. HIERONYMUS GEB- WILER. *Ausg.:* K. Stenzel, Die Straßburger Chronik des elsässischen Humanisten H. G. (1926; Schrr. d. wiss. Inst. der Elsaß-Lothringer 10). – *Lit.:* K. Schrems, LThuK 4 (²1932), 329 f. MAINZ. *Lit.:* G. Bauch, Aus der Gesch. des M.er Huma- nismus, Arch. f. hess. Gesch. NF 5 (1907), 3 ff. – L. Just, Die alte Univ. M. von 1477–1798 (1957). DIETRICH GRESEMUND D. J. *Lit.:* H. Grimm, NDB 7 (1966), 48 f. – H.-H. Fleischer, D. G. d. J. (1967; Beitrr. z. Gesch. d. Univ. Mainz 8). HEIDELBERG. *Lit.:* G. Ritter, Aus dem Kreise der Hofpoeten Pfalzgraf Friedrichs I., Zs. f. d. Gesch. d. Oberrheins NF 38 (1923), 109 ff. – Ders., Die Heidelberger Univ. 1 (1936). JOHANN VON DALBERG. *Lit.:* K. Morneweg, J. v. D. (1897). – L. Lenhart, NDB 3 (1957), 488. DIETRICH VON PLENINGEN. *Lit.:* K. Hartfelder, Dt. Übersetzungen klassischer Schriftsteller aus dem Heidelberger Humanistenkreise (Progr. Heidelberg 1884). – W. Vilmar, D. v. Plieningen (Diss. Marburg 1896). – Th. Schott u. S. Riezler, ADB 26 (1888), 297 f.; 53 (1899), 79 ff. – A. Schmidt, Plieningens Seneca-Übersetzungen, ZfdPh 28 (1897), 17 ff. ADAM WERNER VON THEMAR. *Lit.:* K. Hartfelder, ADB 42 (1897), 39 ff. – W. Dersch, Der Heidelber- ger Humanist A. W. v. Th. u. seine Beziehungen zur Hennebergischen Heimat, Neue Beitrr. z. Gesch. d. dt. Altertums 27 (1916), S. V-VIII, 1 ff. – W. Port, Zwei neue Gedichte W.s v. Th., Zs. f. d. Gesch. d. Oberrheins NF 41 (1928), 428 ff. KÖLN. *Lit.:* H. Keussen, Die Matrikel der Univ. Köln. 3 Bde. (1 ²1928; 2, 3 1913 bis 31). – J. Hashagen, Hauptrichtungen des rheinischen Humanismus, Annalen d. hist. Ver. f. d. Niederrhein 106 (1922), 1 ff. – H. Keussen, Die alte Univ. Köln (1934). JOHANNES CAESARIUS. *Lit.:* H. Grimm, NDB 3 (1957), 90 ff. HERMANN VON NEUENAR. *Lit.:* L. Geiger, ADB 23 (1886), 485 f. JODOCUS BEISSEL. *Lit.:* W Kaemmerer NDB 2 (1955), 22. = DEVENTER. ALEXANDER HEGIUS. *Lit.:* J. Lindeboom, Het Bijbelsch Humanisme in Nederland (1913), 71 ff. – A. Bömer, Westfäl. Lebensbilder 3 (1934), 345 ff. MÜNSTER. *Lit.:* D. Reichling, Die Reform der Domschule in M. i. J. 1500 (1900). – A. Bömer, Das lit. Leben in M. bis zur endgültigen Rezeption des Humanismus (1906). JOHANNES MURMELLIUS. *Ausg.:* D. Reichling, J. M., Ausgew. Gedichte. Urtext u. metrische Übersetzung (1881). – J. Freudgen, J. M., Pädagogische Schrr. (1883). – A. Bömer, J. M., Ausgew.

Werke. 5 Tle. (1892–95). – H. Bücker, Das Lobgedicht des J. M. auf die Stadt Münster u. ihren Gelehrtenkreis, Westfäl. Zs. 111 (1961), 51 ff. – *Lit.:* D. Reichling, J. M. (1880). – G. Ellinger, Gesch. der neulat. Lit. Dtlds. im 16. Jh. 1: Italien u. der dt. Humanismus in der neulat. Lyrik (1929), 392 ff. – A. Bömer, Westfäl. Lebensbilder 2 (1931), 396 ff. RUDOLF VON LANGEN. *Lit.:* A. Parmet, R. v. L., Leben u. gesammelte Gedichte (1869). – K. Löffler, Westfäl. Lebensbilder 1 (1930), 344 ff. BARTHOLOMÄUS ZEHENDER. *Lit.:* G. Ellinger, aaO 1 (1929), 397 ff. MARBURG. *Lit.:* H. Hermelink u. S. A. Kaehler, Die Philipps-Univ. zu M. 1527–1927 (1927). – K. Goldammer, M., die Philipps-Univ. u. ihre Stadt (1952).

c) Schwaben, Franken, Bayern. – *Lit.:* Th. Frey, Graf Eberhard im Bart v. Württemberg im geistigen u. kulturellen Leben seiner Zeit (1938). TÜBINGEN. *Lit.:* H. Hermelink, Die Anfänge des Humanismus in T., Württ. Vjhh. NF 15 (1906), 319 ff. – Ders., Die theologische Fakultät in T. vor der Reformation 1477–1534 (1906). – J. Haller, Die Anfänge der Univ. T. 1477–1537. 2 Bde. (1927–29). – G. Bebermeyer, Tübinger Dichterhumanisten (1927). AUGSBURG. *Lit.:* H. A. Lier, Der A.ische Humanistenkreis, Zs. d. Hist. Ver. f. Schwaben 7 (1880), 68 ff. – A. Steiger, Gesch. der Stadt A. (1941). – F. Zoepfl, Der Humanismus am Hofe der Fürstbischöfe v. A., Hist. Jb. 62/69 (1942–49), 671 ff. – BERNHARD ADELMANN VON ADELMANNSFELDEN. *Lit.:* F. X. Thurnhofer, B. A. v. A. (1900; Erläut. u. Ergänz. z. Janssens Gesch. d. dt. Volkes II, 1). BAMBERG. LORENZ BEHEIM. *Lit.:* E. Reicke, Der Bamberger Kanonikus L. B., Pirckheimers Freund, Forschgn. z. Gesch. Bayerns 14 (1906), 1 ff. – Ch. Schaper, L. u. Georg B., Mitt. d. Ver. f. Gesch. d. Stadt Nürnberg 50 (1960), 120 ff. INGOLSTADT. *Lit.:* C. Prantl, Gesch. der Ludwig-Maximilians-Univ. 2 Bde. (1872). – G. Bauch, Die Anfänge des Humanismus in I. (1901). – J. Schlecht, Lob- u. Spottgedichte Ingolstädter Humanisten, Hist. Jb. 41 (1921), 215 ff. JAKOB LOCHER. Vgl. S. 791. MÜNCHEN. LUDWIG SENFL. Vgl. S. 796. HEINRICH ISAAC. Vgl. S. 796. FREISING. SIGISMUND SCHEUFLER. *Lit.:* K. Schottenloher, Der Freisinger Domherr u. Humanist Dr. S. Sch. (1475–1522), Wiss. Festgabe zum 1200jährigen Jubiläum des hl. Korbinian (1924), 376 ff. – R. Birkner, Zur Lebensgesch. des Domherrn u. Humanisten S. Sch. (1474–1522), Frisingia 2 (1925), 55 ff. ULM. *Lit.:* E. Nübling, Die Reichsstadt U. am Ausgang des MAs (1378–1556). 2 Bde. (1904–07). JOSEPH GRÜNPECK. Vgl. S. 793. NÜRNBERG. *Lit.:* B. Hartmann, K. Celtis in N. (1889). – M. Herrmann, Die Rezeption des Humanismus in N. (1898). – G. Bauch, Die N.er Poetenschule 1496–1509, Mitt. d. Ver. f. Gesch. d. Stadt Nürnberg 14 (1900), 1 ff. – L. Bertalot, Humanistisches Studienheft eines N.er Scholaren in Pavia 1460 (1910). WILHELM VON HIRNKOFEN. *Lit.:* P. Joachimsen, Frühhumanismus in Schwaben, Württ. Vjhh. NF 5 (1896), 114 ff. SEBALD SCHREYER. *Lit.:* E. Mummenhoff, ADB 32 (1891), 492 ff. – Th. Hampe, S. Sch. vornehmlich als Kirchenmeister v. St. Sebald, Mitt. d. Ver. f. Gesch. d. Stadt Nürnberg 28 (1928), 155 ff. – L. Grote, Die Vorderstube des S. Sch., Anz. d. German. National-Museums 1954/59, 43 ff. CHRISTOPH SCHEURL. *Lit.:* W. Graf, Doktor Ch. Sch. v. Nürnberg (1930; Beitrr. z. Kulturgesch. d. MAs u. d. Ren. 43). ANGELUS RUMPLER. *Lit.:* J. Oswald, LThuK 9 (³1964), 100. NIKOLAUS ELLENBOG. *Ausg.:* A. Bigelmair u. F. Zoepfl, N. E. Briefwechsel (1938; Corp. Cathol. 19/21). – *Lit.:* A. Bigelmair, Lebensbilder aus dem bayer. Schwaben 5 (1956), 112 ff.

d) Thüringen, Sachsen, Norddeutschland. – ERFURT. *Lit.:* F. W. Kampschulte, Die Universität E. in ihrem Verhältnisse zu dem Humanismus u. der Reformation. 2 Bde. (1858–60) – G. Bauch, Die Univ. E. im Zeitalter des Frühhumanis-

mus (1904). – P. Kalkoff, Humanismus u. Reformation in E. (1926). – H. R. Abe,
Der E.er Humanismus u. seine Zeit (Diss. Jena 1953). NIKOLAUS MARSCHALK.
Lit.: Ch. Hülsen, Die Inschriftensammlung des Erfurter Humanisten N. M., Jbb.
d. Erfurter Akad. NF 38 (1912), 161 ff. MATERNUS PISTORIUS. *Lit.:* R. Hoche,
ADB 26 (1888), 201 f. LEIPZIG. *Lit.:* G. Bauch, Gesch. des L.er Frühhumanismus
(1899). – O. Kirn, Die L.er theologische Fakultät in fünf Jhh. (1909). – R. Haupt,
Studien zur Gesch. der Univ. L. zur Zeit des Frühhumanismus (Diss. Leipzig
1920). JOHANNES RHAGIUS AESTICAMPIANUS. *Lit.:* G. Bauch, Die Vertreibung des
J. R. Ae. aus Leipzig, Arch. f. Lit.gesch. 13 (1885), 1 ff. KRAKAU. *Lit.:* K. Moraws-
ki, Gesch. der Jagiellonischen Univ. 2 Bde. (1900) [poln.]. – G. Bauch, Dt. Scholaren in K. (1901). – H. Barycz, Gesch. der Jagiellonischen Univ. in der Epoche
des Humanismus (1935) [poln.]. MÄHREN. AUGUSTINUS MORAVUS. *Lit.:* K. Wotke, A. M. (A. Käsenbrot v. Wssehrd), Zs. d. Ver. f. Gesch. Mährens u. Schlesiens 2
(1898), 47 ff. WITTENBERG. *Lit.:* G. Bauch, W. u. die Scholastik, Neues Arch. f.
sächs. Gesch. u. Altertumskunde 18 (1897), 285 ff. – W. Friedensburg, Gesch. der
Univ. W. (1917). – Martin-Luther Univ. Halle-W. 3 Bde. (1952). – M. Grossmann,
Humanismus in W. 1486–1517 (1960; Diss. Cambridge/Mass.). FRANKFURT
A. D. O. *Lit.:* G. Bauch, Die Anfänge der Univ. F. u. die Entwicklung des wissen-
schaftl. Lebens an der Hochschule (1506–1540) (1900; Texte u. Forschgn. zur
Gesch. der Erziehung u. des Unterrichts in den Ländern dt. Zunge 3). KULM.
KONRAD BITSCHIN. *Lit.:* A. Methner, Altpreußische Biographie 1 (1941). – K.-E.
Murawski, NDB 2 (1955), 280. KÖNIGSBERG. *Lit.:* P. G. Thielen, Die Kultur am
Hofe Herzog Albrechts von Preußen (1953). GREIFSWALD. *Lit.:* J. G. L. Kose-
garten, Gesch. der Univ. G. 2 Bde. (1856–57). – Festschr. zur 500-Jahrfeier der
Univ. G. 2 Bde. (1956). ROSTOCK. *Lit.:* O. Krabbe, Die Univ. R. im 15. u. 16. Jh.
(1854). – E. Peschke, RGG 5 (^{3}1961), 1191 ff.

5. Die Repräsentanten der humanistischen Geisteshaltung

*a) Der deutsche Erzhumanist Konrad Celtis. Die Errichtung des Collegium poe-
tarum et mathematicorum.* – *Ausg.:* K. Hartfelder, Fünf Bücher Epigramme von
K. Celtes (1881). – A. Werminghoff, C. C. u. sein Buch über Nürnberg (1921). –
H. Rupprich, C. C. Oratio in Gymnasio in Ingolstadio publice recitata. Pane-
gyris ad duces Bavariae. (1932; Bibliotheca scriptorum medii recentisque
aevorum, saec. XV–XVI). – Ders., Der Briefwechsel des K. C. (1934; Veröff. d.
Komm. z. Erforschg. d. Gesch. d. Ref. u. Gegenref., Humanistenbriefe 3). – F.
Pindter, C. C. Quattuor librr Amorum. Germania generalis. (1934; Bibliotheca
scriptorum medii recentisque aevorum, saec. XV–XVI). – Dies., C. C. Libri
Odarum quattuor. Liber Epodon. Carmen saeculare. (1937; ebd.). – Dies.,
C. C. Ludi scaenici. Ludus Dianae. Rhapsodia. (1945; ebd.). – V. Gingerick,
C. C. The Ludus Dianae. Germanic Review 15 (1940), 159 ff. – L. Forster,
Selections from C. C. (1948). – K. Adel, C. C. Opuscula (1966; Bibl. Teubneria-
na). – D. Wuttke, Unbekannte C.-Epigramme zum Lobe Dürers. Zs. f. Kunst-
gesch. 30 (1967), 321 ff. – Ders., C.-Epigramme zu Ehren der Schutzheiligen
Österreichs. arcadia 3 (1968), 195 ff. – *Lit.:* J. Aschbach, Gesch. der Wiener
Univ. 2 (1877), 189 ff. G. Bauch, Gesch. des Leipziger Fruhhumanismus (1899),
16 ff. – Ders., Die Anfänge des Humanismus in Ingolstadt (1901). – Ders., Die
Rezeption des Humanismus in Wien (1903). – Ders., Die Univ. Erfurt im Zeitalter des Frühhumanismus (1904), 67 ff. – F. v. Bezold, K. C., der dt. Erzhumanist, Aus MA u. Renaissance (1918), 82 ff. – G. Ellinger, Gesch. der neulat. Lit.
Dtlds. im 16. Jh. 1: Italien u. der dt. Humanismus in der neulat. Lyrik (1929),
443 ff. – F. Pindter, Die Lyrik des K. C. (Diss. Wien 1930, masch.). – E. Nowot-

ny, Die Weltanschauung des K. C. (Diss. Wien 1938, masch.) – W. Voss, Eine Himmelskarte v. J. 1503 mit dem Wahrzeichen des Wiener Poetenkollegiums als Vorlage A. Dürers, Jb. d. Preuß. Kunstsammlgn. 64 (1943), 89 ff. – E. H. Zeydel, The Reception of Hrotsvitha by the German Humanists after 1493, Journal of English and Germanic Philology 44 (1945), 239 ff. – A. Schütz, Die Dramen des K. C. (Diss. Wien 1948, masch.). – K. L. Preiß, K. C. u. der ital. Humanismus (Diss. Wien 1951, masch.). – L. W. Spitz, C. C. (1957). – H. Rupprich, NDB 3 (1957), 181 ff. – H. Kindermann, K. C. als Spielleiter, Maske u. Kothurn 5 (1959), 33 ff. – D. Wuttke, Zur griech. Grammatik des K. C. In: Silvae. Festschr. E. Zinn (1970), 289 ff.

b) Johannes Reuchlin. – Ausg.: L. Geiger, J. R.s Briefwechsel (1875; BiblLVSt 126). Nachträge: A. Horawitz, Wiener SB, Phil.-hist. Kl. 85 (1877), 117 ff.; L. Geiger, Vjs. f. Kultur u. Litt. d. Renaissance 1 (1886), 116 ff.; Ders., Zs. f. vgl. Lit.gesch. NF 4 (1891), 154 ff.; P. Beck, Diözesan-Archiv v. Schwaben 8 (1891), 43 f.; G. Knod, Zs. f. Kirchengesch. 14 (1894), 118 f.; E. Becker, Quartalbll. d. Hist. Ver. f. d. Großherzogtum Hessen NF 3 (1912), 29 f. – H. Holstein, R.s Gedichte, Zs. f. vgl. Lit.gesch. NF 3 (1890), 128 ff. – K. Preisendanz, Henno, Bauernkomödie. Lat. v. J. R., dt. v. H. Sachs (1922; Die gelb-roten Bücher 11). – B. Grathewohl, Festschr.: Die 400-Jahrfeier des Melanchthon-Gymnasiums zu Nürnberg 1926 [neue Verdeutschung des Henno]. – E. Beutler, Forschgn. u. Texte zur frühhumanistischen Komödie (1927; Mitt. d. Hamburger Staats- u. Univ.Bibl. 2). – J. Benzing, J. R. Augenspiegel 1511. (1961; Quellen z. Gesch. d. Hum. u. d. Ren. in Faks.-Ausgaben 5). – J. R., De verbo mirifico 1494 u. De arte cabbalistica 1517. Faks. Neudruck (1964). – *Lit.:* L. Geiger, J. R., sein Leben u. seine Werke (1871). – J. Parmentier, Le Henno de Reuchlin et la Farce de Maistre Pierre Pathelin (1884). – H. Holstein, J. R.s Komödien (1888) [dazu: A. v. Weilen, AfdA 17 (1891), 43 ff.]. – L. Geiger, ADB 28 (1899), 785 ff. – K. Christ, Die Bibliothek R.s in Pforzheim (1924; Zbl. f. Bibl.wesen, Beih. 52). – R. Kraft, R.s Henno, Beitrr. z. hess. Kirchengesch. 12 (1941), 299 ff. – J. R. 1455 bis 1522. Festgabe seiner Vaterstadt zur 500. Wiederkehr seines Geburtstages (1955); darin auch: H. Rupprich, J. R. u. seine Bedeutung im europäischen Humanismus, 1 ff. – J. Benzing, Bibliographie der Schriften J. R.s im 15. u. 16. Jh. (1955; Bibliotheca Bibliographica 18). – L. W. Spitz, R.s Philosophy: Pythagoras and Cabala for Christ, Arch. f. Ref.gesch. 47 (1956), 1 ff. – M. Brod, J. R. u. sein Kampf (1966).

c) Willibald Pirckheimer. – Ausg.: Theatrum Virtutis et Honoris oder Tugend Büchlein [ed. H. Imhoff] (1606). – B. Pirchheimeri Opera, ed. M. Goldast (1610). – J. Heumann, Documenta literaria (1758). – M. M. Mayer, W. P.s Aufenthalt zu Neunhof (1828). – K. Rück, W. P.s Schweizerkrieg (1895). – K. Giehlow, Die Hieroglyphenkunde des Humanismus u. der Renaissance, Jb. d. kunsthist. Sammlungen 32 (1915), 170 ff. – E. Reicke, W. P.s Briefwechsel 1 (1940), 2 (1956). – H. Rupprich, P.s Elegie auf den Tod Dürers, Anz. d. Österr. Akad. d. Wiss., Phil.-hist. Kl. 1956/9, 136 ff. – *Lit.:* F. Roth, W. P. (1887). – S. Günther, W. P., einer der Wiedererwecker der Geographie in Dtld., Das Bayerland 4 (1893), 569 ff. – E. Reicke, W. P. (1930). – E. Offenbacher, La Bibliothèque de W. P., La Bibliofilia 40 (1938), 241 ff. – C. J. Burckhardt, Gestalten u. Mächte (1941), 4 ff. – H. Rupprich, W. P. Beitrr. zu einer Wesenserfassung, Schweizer Beitrr. z. Allgem. Gesch. 15 (1957), 64 ff. – Ders., Fränkische Lebensbilder 1 (1967), 94 ff.

d) Konrad Mutianus Rufus. – Ausg.: C. Krause, Der Briefwechsel des M. R. (1885; Zs. d. Ver. f. hess. Gesch. u. Landeskunde NF Suppl. 9). – K. Gillert, Der

Briefwechsel des C. M. 2 Tle. (1890; Gesch.quellen d. Prov. Sachsen 18. I). –
K. Krause, Beitrr. zum Texte, zur Chronologie u. zur Erklärung der Mutiani-
schen Briefe, Jbb. d. Kgl. Akad. gemeinnütziger Wiss. z. Erfurt NF 19 (1893), 1 ff. –
Lit.: L. Geiger, ADB 23 (1886), 108 f. – F. Halbauer, M. R. u. seine geistesgesch.
Stellung (1929; Beitrr. z. Kulturgesch. d. MAs u. d. Ren. 38). – L. W. Spitz, The
Conflict of Ideals in M. R., Journal of the Warburg and Courtauld Institutes 16
(1953), 121 ff. – F. W. Krapp, Der Erfurter Mutiankreis u. seine Auswirkungen
(Diss. Köln 1954).

e) Erasmus von Rotterdam. – Ausg.: D. Erasmi Roterodami Omnia Opera.
9 Bde. (Basel 1538–40) [mit Darstellung seines Lebens v. Beatus Rhenanus]. –
J. Clericus, D. Erasmi Roterodami Opera Omnia. 11 Bde. (Leiden 1703–06;
1961/62). – E. Götzinger, E. v. R. Das Lob der Thorheit, aus dem Latein verdeutscht v. S. Frank (1884). – D. Reichling, Ausgew. pädagogische Schrr.
des Desiderius E. (1896; Bibl. d. kath. Pädagogik 8). – P. S. and H. M. Allen and
H. W. Garrod, Opus Epistolarum D. Erasmi Roterodami. 12 Bde. (1906–58). –
H. Trog, Gespräche des E. (1907). – J. v. Walter, De libero arbitrio Diatribe sive
collatio per D. Erasmum Roterodamum (1910, ²1935; Quellenschrr. z. Gesch. d.
Protestantismus 8). – J. C. Schönberger, D. Erasmi Roterodami Dialogus Cicero-
nianus (1919). – E. Major u. A. Hartmann, E. v. R. Das Lob der Thorheit (1929;
⁵1960) [mit den Holbeinischen Randzeichnungen]. – W. K. Ferguson, Erasmi
Opuscula. A Supplement to the Opera Omnia (1933). – H. u. A. Holborn, D.
Erasmus Roterodamus, Ausgew. Werke (1933). – H. Schiel, E. v. R. Vertraute
Gespräche (1947). – C. R. Thompson, Inquisitio De fide (1950; Yale Studies in
Religion 15). – K. v. Raumer, E. v. R. Klage des Friedens. In: K. v. R., Ewiger
Friede (1953), 211 ff. – C. Reedijk, The Poems of Desiderius Erasmus (1956). –
W. Köhler, E. v. R. Briefe. Erw. Neuausg. v. A. Flitner (³1956; Sammlung Diet-
rich 2). – O. Schumacher, E. v. R. Vom freien Willen (²1956). – W. Welzig,
E. v. R. Enchiridion. Handbüchlein eines christlichen Streiters (1961). – Ders.,
E. v. R., Ausgew. Schrr. (1968 ff.). – Oeuvres complètes d'Erasme, hrsg. v. d.
Niederl. Akad. d. Wiss. (1969 ff.). – *Lit.:* R. B. Drumond, E. His Life and Charac-
ter. 2 Bde. (1873). – F. Seebohm, The Oxford Reformers John Colet, E. and
Thomas More (1887; ²1913). – F. v. d. Haeghnen u. R. v. d. Berghe, Bibliotheca
Erasmiana. 10 Bde. (1897–1915). – P. S. Allen, The Age of E. (1914). – P. Mest-
werdt, Die Anfänge des E. Humanismus u. ‹Devotio moderna› (1917; Studien z.
Kultur u. Gesch. d. Reformation 2). – J. P. Pineau, Erasme, sa pensée religieuse
(1924). – I. Pusino, Der Einfluß Picos auf E., Zs. f. Kirchengesch. NF 9 (1928),
75 ff. – A. Hyma, The Youth of Erasme (1930). – R. Pfeiffer, Humanitas Erasmiana (1931; Studien d. Bibl. Warburg 22). – O. Schottenloher, E. im Ringen um
die humanistische Bildungsreform (1933; Reformationsgesch. Studien u. Texte
61). – Gedenkschr. zum 400. Todestage des E. v. R. (1936). – J. Huizinga, Ge-
denkrede, gehalten im Baseler Münster am 24. 10. 1936. In: J. H., Parerga, hrsg.
v. W. Kaegi (1945). – R. Pfeiffer, Die Wandlungen der ‹Antibarbari›, Gedenkschr.
zum 400. Todestage, 50 ff. – Ch. Dolfen, Die Stellung des E. v. R. zur scholastischen Methode (Diss. Münster 1936). – C. Stange, E. u. Julius II. (1937). –
K. A. Meissinger, E. v. R. (²1948; Veröff. d. Inst. f. Reformationsforschg. 1). –
A. Flitner, E. im Urteil seiner Nachwelt (1952). – O. Schottenloher, Johann Poppenruyter u. die Entstehung des Enchiridion militis christiani, Arch. f. Ref.gesch.
45 (1954), 109 ff. – Ders., NDB 4 (1958), 554 ff. – H. Bornkamm, E. u. Luther,
Jb. d. Luther-Ges. 25 (1958), 3 ff. – E. Treu, Die Bildnisse des E. v. R. (1959). –
K. Oelrich, Der späte E. u. die Reformation (1961; Reformationsgeschichtl.
Studien u. Texte 86). – H. Schmitt, Die Satire des E. v. R. u. ihre Ausstrahlung

auf François Rabelais, Alfonso de Valdes u. Cristobal de Villalon (Diss. Frankfurt/M. 1965). – E. W. Kohls, Die Theologie des E. 2 Bde. (1966; Theol. Zs. Sonderbd. 1). – G. Gebhardt, Die Stellung des E. v. R. zur röm. Kirche (1966). – H. Rupprich, E. v. R. Versuch eines Wesensbildes im Rahmen einer Gesch. der dt. Lit. In: Gestalt u. Wirklichkeit. Festgabe F. Weinhandl (1967), 359 ff. – E. v. Koerber, Die Staatstheorie des E. v. R. (1967; Schrr. z. Verfassungsgesch. 4). – W.-P. Eckert, E. v. R. (1967; Zeugnisse d. Buchkunst 4).

II. Kapitel. Die epische Dichtung in Prosa und Vers

1. Übersetzungen aus dem Lateinischen und Italienischen. Akademische Kunstprosa. Niklas von Wyle, Heinrich Steinhöwel, Heinrich Schlüsselfelder, Albrecht von Eyb

NIKLAS VON WYLE. *Ausg.:* A. v. Keller, Nikolaus v. W., Translationen (1861; BiblLVSt 57). – J. Baechtold, Zu Niklaus v. W., Zs. f. vgl. Lit.gesch. NF 1 (1887/88), 348 ff. [eine lat. Rede von 1459]. – R. Wolkan, Neue Briefe von u. an N. v. W., PBB 39 (1914), 524 ff. – *Lit.:* J. Müller, Zur Biographie Niclasens v. W., Anz. f. Kunde d. dt. Vorzeit 1879, 1 ff. – Goedeke 1 (²1884), 361 ff. – H. Nohl, Die Sprache des N. v. W. (Diss. Heidelberg 1887). – P. Joachimsohn, Zu Nicolaus v. W., Zs. f. vgl. Lit.gesch. NF 3 (1890), 405 f. – Ders., Frühhumanismus in Schwaben, Württ. Vjhh. NF 5 (1896), 63 ff. – A. Diehl, Des N. v. W. Abgang von Eßlingen, Württ. Vjhh. NF 19 (1910), 418 ff. – H. Herzog, ADB 55 (1910), 140 ff. – R. Palleske, Untersuchungen über den Stil der ‹Translatzen› des N. v. W. (Progr. Landshut 1910). – B. Strauß, Der Übersetzer N. v. W. (1912). – E. Karstien, Beitrr. zur Einführung des Humanismus in die dt. Lit., Germ. Rom. Monatsschr. 11 (1923), 217 ff. – W. Stammler, Zur Sprachgesch. des 15. u. 16. Jhs. In: Vom Werden des dt. Geistes. Festgabe G. Ehrismann (1925), 171 ff. HEINRICH STEINHÖWEL. *Ausg.:* C. Schröder, H. St., Griseldis, Apollonius v. Tyrus (1872; Mitt. d. dt. Ges. z. Erforschg. vaterländ. Sprache u. Altertümer in Leipzig 5). – H. Oesterley, H. St., Esopus (1873; BiblLVSt 117). – K. Drescher, H. St., Von den sinnrychen erluchten Wyben (1895; BiblLVSt 205). – E. Vouilliéme, St.s Äsop u. Griseldis (1921/22) [Faks. der Drucke Ulm 1477/78 u. 1473/74]. – *Lit.:* Goedeke 1 (²1884), 366 ff. – H. Knust, St.s Äsop, ZfdPh 19 (1887), 197 ff.; 20 (1888), 273 ff. – Ph. Strauch, ADB 35 (1893), 728 ff. – F. Kraft, H. St.s Verdeutschung der Historia Hierosolimitana des Robertus Monachus (1905; Quellen u. Forschgn. 96). – R. Krauß, Das Todesjahr St.s, Euphorion 18 (1911), 24 ff. – W. Borowitz, Die Übersetzungstechnik H. St.s, dargestellt auf Grund seiner Verdeutschung des ‹Speculum humanae vitae› (1914). – P. Sparmberg, Zu St.s 13. extravagante, ZfdPh 46 (1915), 80 ff. – T. O. Achelis, Die Fabeln des Rinucius in St.s Äsop, PBB 42 (1917), 315 ff. – Ders., Die Fabeln Avians in St.s ‹Äsop›, Münchener Museum f. Philol. d. MAs u. d. Ren. 4 (1924), 194 ff. – W. Worringer, Buch u. Leben des hochberühmten Fabeldichters Äsop (1925). – K. Sudhoff, Der Ulmer Stadtarzt u. Schriftsteller H. St. (1926) [mit Faks. des ‹Büchleins der Pestilenz› Ulm 1473]. HEINRICH SCHLÜSSELFELDER. *Ausg.:* A. v. Keller, Das dt. Decameron (1860; BiblLVSt 51) [unter dem Namen Steinhöwels]. – *Lit.:* K. Drescher, Zu Arigos ‹Blumen der Tugend›, Zs. f. vgl. Lit.gesch. NF 13 (1899), 447 ff. – Ders., Arigo, der Übersetzer des ‹Decamerone› u. der ‹Fiore di virtu› (1900) [Heinrich Leubing in Nürnberg]. – G. Baeseke, Arigo, ZfdA 47 (1904), 191 [H. Schlüsselfelder]. – E. Schröder, AfdA 31 (1908), 201 f. [Heinrich Cleyn in Perugia]. – H. Kars, Arigo (Diss. Halle 1932). – W.

Brauns, VL V (1955), 1032 ff. ALBRECHT VON EYB. *Ausg.:* M. Herrmann, A. v. E., Dt. Schrr. 2 Bde. (1890 f.; Schrr. z. germ. Philologie 4, 5). – A. v. E., Ehebüchlein (1966) [Faks. der Ausg. Nürnberg 1472]. – *Lit.:* M. Herrmann, A. v. E. u. die Frühzeit des dt. Humanismus (1893). – G. Gailhofer, A. v. E., Sammelbl. d. hist. Vereins Eichstätt 42 (1927), 28 ff. – J. A. Hiller, A. v. E. a medieval moralist (Diss. Washington 1939). ‹FLORIO UND BIANCAFIORA›. *Ausg.:* E. Zahn, F. u. B. (1924). – *Lit.:* H. Herzog, Die beiden Sagenkreise v. Flore u. Blancheflur, Germania 29 (1884), 137 ff. ‹PHYLOCONIO UND EUGENIA›. *Lit.:* H. Ullmann, Das Volksbuch von P. u. E., Euphorion 14 (1907), 689 ff. LUDWIG HOHENWANG. *Lit.:* H. Weichardt, L. H., ein Übersetzer des 15. Jhs. (Diss. Greifswald 1933). – H. Weichardt u. E. A. Geßler, VL II (1936), 472 ff. – E. Keller, L. H.s ‹Von der Ritterschaft›, Univ. of California Publ. 36, 6 (1952), 173 ff. – H. Grimm, NDB 4 (1959), 705 f. ANTON VON PFORR. *Ausg.:* W. L. Holland, Buch der Beispiele der alten Weisen (1860; BiblLVSt 56). – R. Payer v. Thurn, ‹Das Buch der Weisheit›, gedr. Ulm 1483 (1925) [Faks.]. – F. Geißler, Das Buch der Beispiele der alten Weisen 1 (1964; Dt. Akad. d. Wiss. z. Berlin, Inst. f. Orientforschg., Veröff. 61). – *Lit.:* Goedeke 1 (²1884), 366. – G. Meißner, Beitrr. zum ‹Buch der Beispiele› (Diss. Halle 1922). – H. J. Postratz, Das ‹Buch der Beispiele›, ZfdPh 57 (1932), 313 ff. – J. Klapper, VL I (1933), 93 ff. – L. Denecke, ebd. V (1955), 48. – F. Geißler, A. v. Pf., der Übersetzer des ‹Buches der Beispiele›, Zs. f. württ. Landesgesch. 23 (1964), 141 ff. HEINRICH ÖSTERREICHER. *Ausg.:* K. Löffler, L. J. M. Columella ‹De re rustica› übers. durch H. Ö. 2 Bde. (1914; BiblLVSt 263, 264).

2. Didaktisch-satirische Versepik in deutscher Sprache: Sebastian Brant, Thomas Murner

SEBASTIAN BRANT. *Ausg.:* A. W. Strobel, Das Narrenschiff v. Dr. S. B. nebst dessen Freiheitstafel (1839). – F. Zarncke, S. B.s Narrenschiff (1854). – K. Goedeke, Das Narrenschiff von S. B. (1872). – L. Dacheux, Les Annales de S. B., Fragments des anciennes chroniques d'Alsace 3 (1892), 209 ff.; 4 (1901), 243 ff. – S. B., Das Narrenschiff. Faks. der Erstausg. 1494, hrsg. v. F. Schultz (1913; Jahresgaben d. Ges. f. Elsäss. Lit. 1). – P. Heitz u. F. Schultz, Flugblätter von S. B. (1915). – M. Lemmer, S. B., Das Narrenschiff (1962; Altdt. Textbibl. NF 5). – H. A. Junghans u. H.-J. Mähl, S. B. Das Narrenschiff (1964; Reclams UB 899 bis 900/00a-d) [Übers.]. – D. Wuttke, Die Histori Herculis des Nürnberger Humanisten u. Freundes der Gebrüder Vischer, Pangratz Bernhaubt gen. Schwenter (1964; Beihh. z. Arch. f. Kulturgesch. 7). – H.-G. Roloff, S. B., Tugent Spyl (1968; Ausgaben dt. Lit. des 15. bis 18. Jhs., Reihe Drama 1). – M. Lemmer, S. B., Das Narrenschiff (²1968; NDL NF 5). – *Lit.:* Goedeke 1 (²1884), 383 ff. – GWK 4 (1930), 5019 ff. – P. Claus, Rhythmik u. Metrik in S. B.s Narrenschiff (1911; Quellen u. Forschgn. 112). – M. Wolters, Beziehungen zwischen Holzschnitt u. Text bei S. B. u. Th. Murner (Diss. Straßburg 1917). – H. H. Eberth, Die Sprichwörter in S. B.s Narrenschiff (1933; Deutsches Werden 3). – A. Müller, S. B. als Illustrator, Jb. d. Elsaß-Lothring. Wiss. Ges. 6 (1933), 15 ff. – R. Westermann, VL I (1933), 276 ff. – W. Gerlach, S. B.s Defensorium, ZfdPh 62 (1937), 138 ff. – H. Gumbel, B.s ‹Narrenschiff› u. Freidanks ‹Bescheidenheit›, Schrr. d. Wiss. Inst. d. Elsaß-Lothringer NF 18 (1938), 24 ff. – M. A. Rajewski, S. B. (1944; Catholic University of America Studies in German 20). – F. Winkler, Dürer u. die Illustrationen zum Narrenschiff (1951; Forschgn. z. dt. Kunstgesch. 36). – H. Rosenfeld, NDB 2 (1955), 534 ff. – Ders., VL V (1955), 107 ff. – W. Gilbert, S. B.: Conservative Humanist, Arch. f. Ref.gesch. 46 (1955), 145 ff. – R. Gruenter, Die ‹Narrheit› in S. B.s ‹Narrenschiff›, Neophil. 43 (1959), 207 ff. –

D. Wuttke, Pangratz Bernhaubt gen. Schwenter, Mitt. d. Ver. f. Gesch. d. Stadt Nürnberg 50 (1960), 222 ff. – R. Newald, Probleme u. Gestalten des dt. Humanismus (1963), 368 ff. – B. Könneker, Wesen u. Wandlung der Narrenidee im Zeitalter des Humanismus (1966). – U. Gaier, Rhetorische Form in S. B.s ‹Narrenschiff›, DVjs 40 (1966), 538 ff. – Ders., Studien zu S. B.s ‹Narrenschiff› (1966). – H. Homann, Emblematisches in S. B.s ‹Narrenschiff›?, Modern Language Notes 81 (1966), 463 ff. – E. H. Zeydel, S. B. (1967; Twayne's world authors 13). – D. Wuttke, Zu den Tugendspielen S. B.s, ZfdA 97 (1968), 235 ff. THOMAS MURNER. Ausg.: G. Balke, Th. M. Ausgew. Werke (1890–91; DNL 17, 1, 2). – E. Matthias, Th. M.s Schelmenzunft (1890; NDL 85). – M. Spanier, Th. M.s Narrenbeschwörung (1894; NDL 119/24). – Th. Uhl, Th. M.: Die Gäuchmatt (1896). – F. Schultz u. a., Th. M.s dt. Schrr. mit den Holzschnitten der Erstdrucke. 9 Bde. (1918–31; Krit. Gesamtausgaben elsäss. Schriftsteller des MAs u. der Reformationszeit 1–9). – J. Lefftz, ‹Des jungen Bären Zahnweh›, Arch. f. elsäss. Kirchengesch. 1 (1926), 141 ff. – Ders., M.s Purgatio vulgaris, ebd. 3 (1928), 97 ff. – W. Pfeiffer-Belli, Th. M. Die gottesheilige Messe von Gott allein erstiftet (1928; NDL 257). – P. Scherer, Zwei neue Schrr. M.s, Baseler Zs. f. Gesch. u. Altertumskunde 29 (1930), 145 ff. – W. Pfeiffer-Belli, Th. M. im Schweizer Glaubenskampf (1939; Corp. Cath. 22). – Lit.: Ch. Schmidt, Histoire littéraire d'Alsace 2 (1879), 210 ff. – Th. v. Libenau, Der Franziskaner D. Th. M. (1913; Erläut. u. Ergänz. z. Janssens Gesch. d. dt. Volkes IX, 4, 5). – G. Bebermeyer, M.s Pseudepigraphus (Diss. Göttingen 1913). – J. Lefftz, Die volkstümlichen Stilelemente in M.s Satiren (1915). – E. Schmidt, Zum Verständnisse M.s, Franzisk. Studien 3 (1916), 403 ff. – E. Fuchs, Th. M.s Belesenheit, Bildungsgang u. Wissen, ebd. 9 (1922), 70 ff. – F. Landmann, M. als Prediger, ebd. 14 (1927), 317 ff. – P. Scherrer, Th. M.s Verhältnis zum Humanismus (Diss. München 1929). – M. Sondheim, Die Illustrationen zu Th. M.s Werken (1933). – Ders., Th. M. als Astrolog (1938; Schrr. d. Elsaß-Lothr. Wiss. Ges. Reihe A, 20). – R. Gruenter, Th. M.s satirischer Wortschatz, Euphorion 53 (1959), 24 ff. – R. Newald, Probleme u. Gestalten des dt. Humanismus (1963), 387 ff. ‹WELSCHGATTUNG›. Ausg.: F. Waga, Die W. (1910; Germ. Abhh. 34). – Lit.: R. Newald, VL IV (1953), 892 f.

3. Die lateinsprachige Epik in Deutschland

a) Gesprächsnovelle: Paul Schneevogel-Niavis. – Ausg.: Iudicium Iovis bei H. Rupprich, Humanismus u. Renaissance in den dt. Städten u. an den Universitäten (1935; DLE Reihe Hum. u. Ren. 2), 239 ff. – P. Krenkel, P. Sch. Das Gericht der Götter über den Bergbau, übers. u. bearb. (1953; Freiberger Forschgn. D 3). – Lit.: J. F. Klotsch u. G. J. Grundig, Sammlung vermischter Nachrr. zur Sächsischen Gesch. 1 (1767), 31 ff. – A. Bömer, Die lat. Schülergespräche der Humanisten. 2 Tle. (1897–99; Texte u. Forschgn. z. Gesch. d. Erziehung u. d. Unterr. I, 1, 2). – Ders., Paulus N., Neues Arch. f. sächs. Gesch. 19 (1898), 51 ff. – Ders., Neue Jbb. 16 (1905), 280 ff. – J. Nadler, Lit.gesch. der dt. Stämme u. Landschaften 2 (³1931), 210 ff.

b) Fazetie, allegorische Satire, Sprichwort: Augustin Tünger, Heinrich Bebel, Johann Adelphus Muling. – AUGUSTIN TÜNGER. Ausg.: A. v. Keller, A. T. Facetiae Latinae et Germanicae (1874; BiblLVSt 118). – Lit.: G. Roethe, ADB 39 (1895), 114 f. – K. Vollert, Zur Gesch. der Facetiensammlungen des 15. u. 16. Jhs. (1912; Palaestra 113). HEINRICH BEBEL. Ausg.: W. H. D. Suringar, H. Bebels Proverbia Germanica (1879). – A. Wesselski, H. B.s Schwänke. 2 Bde. (1907). –

K. Amrain, H. B.s Facetien (1907; Quellenschrr. z. Anthropophyteia 2). – G. Bebermeyer, H. B.s Facetien (1931; BiblLVSt 276). – *Lit.:* G. W. Zapf, H. B. nach seinem Leben u. Schrr. (1802). – G. Bebermeyer, Tübinger Dichterhumanisten (1927), 7 ff. – J. Haller, Die Anfänge der Univ. Tübingen 1 (1927), 121 ff.; 2 (1929), 76 ff. – Ders., B. als dt. Dichter, ZfdA 66 (1929), 51 ff. – G. Ellinger, Gesch. der neulat. Lit. Dtlds. im 16. Jh. 1: Italien u. der dt. Humanismus in der neulat. Lyrik (1929), 435 ff. – H. Grimm, NDB 1 (1953), 685 f. JOHANN ADELPHUS MULING. Vgl. S. 781.

   c) Religiöse und historische Epik. – Lit.: G. Ellinger u. B. Ristow, Neulat. Dichtung, RL 2 (²1965), 635 ff.

III. Kapitel. Die lyrische Dichtung

1. Antike Vorbilder. Italienischer Vorausgang. Verbindungen zwischen Süden und Norden

Ausg.: Delitiae poetarum Italorum per Ranuntium Gherum (Janum Gruterum). 2 Bde. (1608). – Delitiae poetarum Gallorum (1609). – Delitiae poetarum Germanorum. 6 Bde. (1612). – Delitiae poetarum Belgicorum. 4 Bde. (1614). – Delitiae poetarum Scotorum. 2 Bde. (1637). – Delitiae poetarum Danorum per Fridericum Rostgaard. 2 Bde. (1693). – P. A. Budik, Leben u. Wirken der vorzüglichsten lat. Dichter des 15.–18. Jhs. 3 Bde. (1827–28) [ausgewählte Stücke mit metrischer Übertragung]. – A. Zingerle, Beitrr. zur Gesch. der Philologie I. De carminibus Latinis saec. XV. et XVI. ineditis (1880). – G. Ellinger, Dt. Lyriker des 16. Jhs. (1893; Lat. Litt.denkmäler des XV. u. XVI. Jhs. 7). – H. C. Schnur, Lat. Gedichte dt. Humanisten. Lat. u. dt. (1967; Reclams UB 8739–45). – *Lit.:* Goedeke 2 (²1886), 87 ff. – G. Ellinger, Gesch. der neulat. Lit. Dtlds. im 16. Jh. 1: Italien u. der dt. Humanismus in der neulat. Lyrik (1929); 2: Die neulat. Lyrik Dtld.s in der ersten Hälfte des 16. Jhs. (1929). JOHANN GORITZ. *Lit.:* H. Grimm, NDB 3 (1957), 372. FAUSTUS SABAEUS. *Lit.:* G. Ellinger, aaO 1, 359 ff.

2. Übergangserscheinungen. Johann Beussel. Benedictus Chelidonius. Der ältere Humanismus

HEINRICH BOGER. *Lit.:* C. Krause, ADB 3 (1876), 39, 794. – H. Reincke, H. B., Ber. d. Ges. f. Bücherfreunde Hamburg 1909/12. – P. Lehmann, Braunschweiger in der Lit. des MAs, Braunschweig. Magazin 1911, 71 ff. – Ders., Neue Beitrr. zur Schul- u. Gelehrtengesch. Braunschweigs im MA., ebd. 1913, 87 ff. JOHANNES FABRI. *Lit.:* J. Franck, ADB 6 (1877), 501 ff. – Goedeke 2 (²1886), 5. KONRAD WIMPINA. *Lit.:* P. Albert, K. Koch W. v. Buchen (1931). MARTIN POLICH. *Lit.:* S. Sudhof, VL V (1955), 915 f. JOHANN BEUSSEL. *Lit.:* E. Nestle, J. Tuberinus v. Rottweil, Bll. f. württ. Kirchengesch. NF 16 (1912), 95. – G. Ellinger, Gesch. der neulat. Lyrik Dtlds. im 16. Jh. 1: Italien u. der dt. Humanismus in der neulat. Lyrik (1929), 365 ff. MATTHIAS FUNCK. *Lit.:* Goedeke 2 (²1886), 89. – G. Bauch, ADB 49 (1904), 213. KONRAD REITTER. *Lit.:* H. Rupprich, Der Briefwechsel des K. Celtis (1934), 580. BENEDICTUS CHELIDONIUS. *Ausg.:* A. Dürer, Die kleine Passion mit dem lat. Text der Urausgabe (1919). – Ders., Epitome in divae … Das Marienleben (1919). – Ders., Die große Passion mit dem lat. Text der Urausgabe (1920). – B. G. Winkler, Die Sonette des B. Ch. zu A. Dürers Marienleben u. ihr Verhältnis zum Marienleben des Kartäusers Philipp (Diss. Wien 1960, masch.). – M. Kisser, Die Gedichte des B. Ch. zu Dürers Kleiner Holzschnittpassion (Diss. Wien 1964, masch.). – *Lit.:* Th. Hillmann, B. Ch. von St. Ägidien zu Nürnberg, Studien u. Mitt. z. Gesch. d. Benediktinerordens 58 (1940), 139 ff. – M. Reiterer, Die Herkulesentscheidung von Prodikos u. ihre frühhumanistische Rezeption in der ‹Voluptatis cum virtute disceptatio› des B. Ch. (Diss. Wien 1955, masch.). – P. Volk, NDB 3 (1957), 195 f. – ENGELHARD FUNCK. *Ausg.:* A. Zingerle, Beitrr. zur Gesch. der Philologie 1 (1880), 49 ff. – H. Holstein, Ungedruckte Gedichte oberrheinischer Humanisten, Zs. f. vgl. Lit.gesch. NF 4 (1891), 446 ff. JOHANNES MURMELLIUS. Vgl. S. 782. NIKOLAUS KOPERNIKUS. Siehe Bd. IV/2. LAURENTIUS CORVINUS. *Lit.:* G. Bauch, L. C., Zs. d. Ver. f. Gesch. u. Altert. Schlesiens 17 (1883), 230 ff.; 32 (1898), 390 f. – R. Newald, NDB 3 (1957), 372. BOHUSLAUS VON LOBKOWITZ UND HASSENSTEIN. *Lit.:* Enchiridion renatae poesis Latinae in Bohemia et Moravia cultae 3 (1969), 170 ff. JAKOB LOCHER. *Ausg.:* K. v. Reinhartstöttner, Plautus. Spätere Bearbeitungen plautinischer Lustspiele (1886), 240 ff. [De sene amatorio]. – L. Geiger, Ein ungedrucktes humanistisches Drama (von J. L.), Zs. f. vgl. Lit.gesch. NF 1 (1888), 72 ff. – G. Bauch, Die Anfänge des Humanismus in Ingolstadt (1901), 71 ff. – F. Boll, Ein verschollenes Gedicht des Humanisten L. (Philomusos) über den großen Brand in Passau 1512, Bll. f. d. Gymnasial-Schulwesen 37 (1901), 3 ff. – F. Boll, Ein unbekanntes Gedicht v. J. Locher an Johann Stabius, ebd. 39 (1903), 67 ff. – J. Reischl, Die Tragedia de Turcis et Suldano des J. L. Philomusus (Diss. Wien 1951, masch.). – M. Lethner, Das ‹Judicium Paridis de pomo aureo› des J. L. Philomusus (Diss. Wien 1951, masch.). – *Lit.:* J. Hehle, Der schwäbische Humanist J. L. Philomusus (Progr. Ehingen 1872–75). – Ders., ADB 19 (1884), 59 ff. – F. Boll, J. L. u. Jakob Ziegler, Bll. f. d. Gymnasial-Schulwesen 37 (1901), 370 ff. – G. Ellinger, Gesch. der neulat. Lit. Dtlds. im 16. Jh. 1: Italien u. der dt. Humanismus in der neulat. Lyrik (1929), 427 ff. – H. Rupprich, Der Briefwechsel des K. Celtis (1934), 342 ff. HEINRICH BEBEL. Vgl. S. 789 f.

3. Die humanistische Lyrik der Blütezeit

a) Das lyrische Werk des Konrad Celtis; sein Schüler- und Freundeskreis. Hermann von dem Busche. – KONRAD CELTIS. Vgl. S. 784 f. JOACHIM VON WATT. Vgl. S. 794 f. HEINRICH LORITI GLAREANUS. Vgl. S. 797. JOHANNES HADUS-HADELIUS. *Lit.:* G. Bauch, J. H., Vjs. f. Kultur u. Lit. d. Ren. 1 (1886), 206 ff. – G. Ellinger, Gesch. der neulat. Lit. Dtlds. im 16. Jh. 1: Italien u. der dt. Humanismus in der neulat. Lyrik (1929), 496 ff. – H. Grimm, NDB 7 (1966), 418 f. ERASMUS VON ROTTERDAM. Vgl. S. 786 f. HERMANN VON DEM BUSCHE. *Ausg.:* H. J. Liessem, De Hermanni Buschii vita et scriptis commentatio historica (1866). – *Lit.:* Goedeke 1 (²1884), 420 ff. – H. J. Liessem, H. v. d. B. (Progr. Köln 1884, 1885, 1886, 1887, 1888, 1889, 1905, 1906, 1907, 1908). – G. Ellinger, aaO 1 (1929), 419 ff. – A. Bömer, Westfäl. Lebensbilder I, 1 (1930), 50 ff. – W. Trusen, NDB 3 (1957), 61 f.

b) Ulrich von Hutten. Vgl. S. 799 f.

c) Kaspar Ursinus Velius. – *Ausg.:* F. Kollar, Casparis Ursini Velii De bello Pannonico libri X (1762). – *Lit.:* G. Bauch, C. U. V., der Hofhistoriograph Ferdinands I. u. Erzieher Maximilians II., Ungarische Revue 17 (1887), 1 ff., 201 ff. [auch: Sonderdruck 1886]; Ergänzungen in Zs. d. Ver. f. Gesch. u. Altert. Schle-

siens 34 (1900), 381 f. – Ders., ADB 39 (1895), 367 ff. – G. Ellinger, Gesch. der
neulat. Lit. Dtlds. im 16. Jh. 1: Italien u. der dt. Humanismus in der neulat.
Lyrik (1929), 484 ff. – H. Heckel, Schlesische Lebensbilder 4 (1931), 12 ff.
Georg von Logau. *Lit.:* Goedeke 2 (²1886), 91. – G. Bauch, Der humanisti-
sche Dichter G. v. L., Jb. d. Schles. Ges. f. vaterl. Cultur 73 (1895/96) IIIa, 5 ff. –
G. Ellinger, aaO 1 (1929), 493 ff.

4. Die neulateinische Lyrik des frühen 16. Jahrhunderts.
Der Erfurter Kreis

a) Eobanus Hessus. – Ausg.: E. H., Epistolarum familiarum libri XII (Marburg
1543). – E. H., Libellus alter epistolas complectens (Leipzig 1557). – E. H., Ter-
tius libellus epistolarum (Leipzig 1561). – J. Neff, H. E. H.: Noriberga illustrata
(1896; Lat. Litt.denkmäler des XV. u. XVI. Jhs. 12). – *Lit.:* J. Draconites, Trost-
predigt über die Leiche Eobani Hessi (Straßburg 1541). – J. Micyllus, Epicedia
in mortem Eobani Hessi etc. (Wittenberg 1542). – J. Camerarius, Narratio de
Helio Eobano Hesso (Nürnberg 1553 u. ö.). – G. Schwertzell, Helius E. H., ein
Lebensbild aus der Reformationszeit (1874). – C. Krause, Helius E. H. Sein
Leben u. seine Werke. 2 Bde. (1879). – L. Geiger, ADB 12 (1880), 316 ff. –
Goedeke 2 (²1886), 91 ff. – C. Krause, Eine neu aufgefundene Schrift des E. H.
(De vera nobilitate libellus, um 1515), Zbl. f. Bibl.wesen 11 (1894), 163 ff. –
H. Hermelink u. S. A. Kähler, Die Philipps-Univ. zu Marburg 1527–1927 (1929),
109, 145 ff. – O. Clemen, Bibliographisches zu Helius E. H., Arch. f. Schreib- u.
Buchwesen 3 (1929/30), 7 ff. – G. Ellinger, Gesch. der neulat. Lit. Dtlds. im
16. Jh. 2: Die neulat. Lyrik Dtlds. in der ersten Hälfte des 16. Jhs. (1929), 3 ff. –
H. Steiger, E. H. u. Albrecht Dürer, Bayerische Bll. f. d. Gymnasial-Schulwesen
66 (1930), 72 ff. – H. Rupprich, NDB 4 (1959), 543 ff. – H. Dörrie, Der heroische
Brief (1968), 369 ff.

b) Euricius Cordus. – Ausg.: E. C., Opera poetica omnia (o. O. u. J. [Frankfurt
1564]). – Delitiae poetarum Germanorum 2 (1612), 638–932. – E. C., Opera
poetica (Bremen 1614; Helmstadt 1616). – C. Krause, Zwei neue Gedichte des
E. C., Zs. f. hess. Gesch. u. Litt. 1891, Nr. 9, 114 ff. – K. Krause, E. C., Epigrammata 1520 (1892; Lat. Litt.denkmäler des XV. u. XVI. Jhs. 5). – *Lit.:* C. Krause,
E. C. (Progr. Hanau 1863). – A. Horawitz, ADB 4 (1876), 476 ff. – F. W. E. Roth,
E. C. u. dessen Botanologicon 1534, Arch. f. Gesch. d. Naturwiss. u. d. Technik 1
(1909), 279 ff. – R. Ischer, E. C. u. der Jetzer-Handel, Neujahrsbl. d. Literar. Ges.
Bern 1917, 77 ff. – A. Schulz, E. C. als botanischer Forscher u. Lehrer (1919;
Abhh. d. Naturforsch. Ges. z. Halle NF 7). – O. Clemen, Des E. C. Epigramme
auf Philipp v. Hessen, Zs. d. Ver. f. hess. Gesch. u. Landeskunde 54 (1924), 224 ff.
– G. Ellinger, Gesch. der neulat. Lit. Dtlds. im 16. Jh. 2: Die neulat. Lyrik Dtlds.
in der ersten Hälfte des 16. Jhs. (1929), 23 ff. – H. Vogel, E. C. in seinen Epigrammen (Diss. Greifswald 1932). – H. Dolezal, NDB 3 (1957), 358 f. Peter
Eberbach. *Lit.:* H. Grimm, NDB 1 (1953), 324.

IV. *Kapitel. Das Drama*

1. Die wiedererwachsene römisch-griechische Antike.
Italien und Deutschland

Gesamtdarstellungen und Untersuchungen. O. Franke, Terenz u. die lat. Schulkomödie in Dtld. (1877). – O. Günther, Plautuserneuerungen in der dt. Lit.

(1886). – P. Bahlmann, Die lat. Dramen von Wimphelings ‹Stylpho› bis zur Mitte des 16. Jhs. (1893). – P. Stachel, Seneca u. das dt. Renaissancedrama (1907). – B. Černik, Die Anfänge des Humanismus im Chorherrenstift Klosterneuburg, Jb. d. Stiftes Klosterneuburg 1 (1908), 59 ff. – W. Creizenach, Gesch. des neueren Dramas 1 (²1911), 2 (²1918), 3 (²1923). – H. W. Mangold, Die ältesten Bühnenverdeutschungen des Terenz (1912). – M. Herrmann, Forschgn. zur Theatergesch. des MAs u. der Renaissance (1914). – H. Fischer, Der Eunuchus des Terenz übers. v. Hans Neidhart 1486 (1915; BiblLVSt 265). – A. Hugh, Einflüsse der Palliata (Plautus u. Terenz) auf das lat. u. dt. Drama des 16. Jhs. (Diss. Heidelberg 1921). – R. Wolkan, Das neulat. Drama, in: R. F. Arnold, Das dt. Drama (1925), 109 ff. – E. Beutler, Forschgn. u. Texte zur frühhumanistischen Komödie (1927; Mitt. a. d. Hamburger Staats- u. Univ.-Bibl. NF 2). – J. Maaßen, Drama u. Theater der Humanistenschulen in Dtld. (1929; Schrr. z. dt. Lit. 13). – E. Bidlingsmaier, Die Terenzübersetzung des Neidhart (Diss. Greifswald 1930). – H. H. Borcherdt, Das europäische Theater im MA u. in der Renaissance (1935). – K. O. Conrady, Zu den dt. Plautusübertragungen, Euphorion 48 (1954), 373 ff. – K. Ziegler, Das dt. Drama der Neuzeit, Dt. Philologie im Aufriß 2 (²1960), 1997 ff. – D. v. Abbé, Drama in Renaissance Germany and Switzerland (1961). – H.-G. Roloff, Neulat. Drama, RL 2 (²1963), 645 ff. – H. Kindermann, Theatergesch. Europas 1 (²1966), 2 (²1969).

2. Die ersten Versuche in Deutschland.
Enea Silvio. Johann Tröster. Donisius

ENEA SILVIO. Vgl. S. 778. JOHANN TRÖSTER. Vgl. S. 778. DONISIUS. *Lit.:* K. Langosch, VL I (1933), 443 ff.; V (1955), 158. ‹LUSTSPIEL DEUTSCHER STUDENTEN IN PADUA›. *Ausg.:* J. Bolte, Zwei Humanistenkomödien aus Italien, Zs. f. vergl. Lit.gesch. NF 1 (1887/88), 77 ff. HERMANN KNUYT VAN SLYTERHOVEN. *Ausg.:* J. Bolte, Zs. f. vergl. Lit.gesch. NF 1 (1887/88), 231 ff. [Scorletta]. – *Lit.:* J. Bolte, ADB 34 (1892), 474. ‹COMEDIA BILE›. *Ausg.:* J. Bolte, Eine Humanistenkomödie, Hermes 21 (1886), 313 ff. – *Lit.:* E. Beutler, Die C. B., ein antiker Mimus bei den Gauklern des 15. Jhs., Germ. Rom. Monatsschr. 14 (1926), 81 ff.

3. Dramatische Dichtung im älteren Humanismus

a) Wimpfeling. Johann Kerckmeister. Heinrich Bebel. – JAKOB WIMPFELING. Vgl. S. 780 f. JOHANN KERCKMEISTER. *Ausg.:* L. Mundt, J. K., Codrus (1969; Ausgaben dt. Lit. d. 15.–18. Jhs., Reihe Drama III). – *Lit.:* W. Schulze, Codrus, Arch. f. Lit.gesch. 11 (1882), 328 ff. AUGUSTINUS MORAVUS. Vgl. S. 784. HEINRICH BEBEL. Vgl. S. 789 f. THILONIUS PHILHYMNUS. *Lit.:* Goedeke 1 (²1884), 435. – J. Bolte, ADB 38 (1894), 43.

b) Joseph Grünpeck. – *Ausg.:* E. Werner, Der Humanist J. G. u. seine ‹Comoediae utilissimae› (Diss. Wien 1949, masch.). – *Lit.:* D. Wuttke, NDB 7 (1966), 202 f. JAKOB CANTER. *Ausg.:* B. Ryba, Jacobus Canter Frisius, Rosa Rosensis (1938; Bibl. script. medii recentisque aevorum, saec. XV–XVI). – *Lit.:* H. Grimm, NDB 3 (1957), 127 f.

4. Das Drama der Blütezeit

a) Reuchlin. Vgl. S. 785.

b) Locher. Vgl. S. 791. JOHANN VON KITSCHER. *Lit.:* Goedeke 1 (²1884), 435

– G. Bauch, Dr. J. v. K., Neues Arch. f. sächs. Gesch. 20 (1899), 286 ff. – W. Bethke, Die dramatische Dichtung Pommerns im 16. u. 17. Jh. (Diss. Berlin 1938).

c) Celtis und Nachfahren. Chelidonius. Herkules am Scheidewege. Joachim von Watt. Christoph Hegendorff. – KONRAD CELTIS. Vgl. S. 784 f. GEORGIUS SIBUTUS. *Lit.:* Goedeke 2 (²1886), 89. – K. Hartfelder, ADB 34 (1892), 140 f. KILIAN REUTER. *Lit.:* Goedeke 1 (²1884), 435. – F. Spengler, K. R. aus Melrichstadt, Forschgn. z. neueren Lit.gesch., Festgabe R. Heinzel (1898), 126 ff. JOHANNES PINICIANUS. *Lit.:* K. Schottenloher, Zentralbl. f. Bibl.wesen 49 (1932), 192 ff. BENEDICTUS CHELIDONIUS. Vgl. S. 790 f. SEBASTIAN BRANT. Vgl. S. 788 f. BARTOLOMÄUS FRANKFURTER. *Ausg.:* ‹Gryllus›: Analecta ad historiam renascentium in Hungaria literarum ed. Abel u. Hegedüs (1903), 21 ff. JOACHIM VON WATT. Vgl. S. 794 f. CHRISTOPH HEGENDORFF. *Ausg.:* ‹Comoedia nova›: J. Ch. Gottsched, Nöthiger Vorrath z. Gesch. d. dt. dramat. Dichtkunst (1757), 172 ff. – *Lit.:* C. Krause u. L. Geiger, ADB 11 (1880), 275; 24 (1887), 750. – Goedeke 1 (²1884), 436. – O. Clemen, Sechs neue Schülergespräche von Ch. Hegendorfer, Zs. f. Gesch. d. Erziehung u. d. Unterrichts 17/19 (1929), 173 ff.

d) Aufführungen antiker Stücke. – *Lit.:* W. Creizenach, Gesch. des neueren Dramas 2 (²1918), 50 f. – H. Kindermann, Theatergeschichte Europas 2 (1959), 239 ff.

V. Kapitel. Humanistische Artesliteratur, Fachschrifttum und Wissenschaft

1. Artes liberales

a) Das Trivium: Grammatik, Dialektik, Rhetorik, Poetik, Literaturgeschichte; Geschichtsschreibung und Topographie; Biographie und Selbstzeugnisse. – *Gesamtdarstellungen und Untersuchungen.* [Vgl. dazu auch die zu I, V, 3 (Die Artesliteratur) angegebene Literatur.] K. Borinski, Die Poetik der Renaissance u. die Anfänge der literar. Kritik in Dtld. (1884; Das Erbe der Alten 9, 10). – Ders., Die Antike in Poetik u. Kunsttheorie. 2 Bde. (1914–24). – S. v. Lempicki, Gesch. der dt. Literaturwiss. bis zum Ende des 18. Jhs. (²1968). – B. Markwardt, Gesch. der dt. Poetik (1937; Pauls Grundriß 13/I). JOACHIM VON WATT. *Ausg.:* E. Götzinger, J. v. Watt (Vadian), Dt. historische Schrr. 3 Bde. (1875–79). – E. Arbenz (u. H. Wartmann), Die Vadianische Briefsammlung der Staatsbibl. St. Gallen. 7 Bde. (1890–1913; Mitt. z. vaterländ. Gesch. 24, 25, 27–30, 30a). – W. Näf u. M. Gabathuler, Walafrid Strabo. Hortulus. Vom Gartenbau. Erstmals veröff. v. J. v. W. (1942). – B. Zimmel, Der ‹Gallus pugnans› des J. v. W. (Diss. Wien 1946, masch.). – H. Biebl, Die Faustusekloge u. die Wappenelegie des J. v. W. (Diss. Wien 1948, masch.). – W. Wieser, Die geistl. Reden des J. v. W. (Diss. Wien 1949, masch.). – M. Gabathuler, J. Vadian. Lateinische Reden (1953; Vadian-Studien 3). – K. Müller u. C. Bonorand, Brevis indicatura symbolorum (1954; Vadian Studien 4). – *Lit.:* H. Menhardt, Altdt. Dichtung in den Wiener Vorlesungen des Vadianus 1512/13, ZfdA 75 (1938), 39 ff. – W. Näf, Vadian u. seine Stadt St. Gallen. 2 Bde. (1944–57). – Ders., Vadian-Studien. Untersuchungen u. Texte (1945 ff.). – J. Nadler, J. v. W., De poetica et carminis ratione, Anz. d. Österr. Akad. d. Wiss., Phil.-hist. Kl. 1949/16, 279 ff. – F. Steinbock, Das lyrische Werk des J. v. W. (Diss. Wien 1950, masch.). – C. Bonorand, J. Vadian u. die Täufer, Schweizer Beitrr. z. Allgem. Gesch. 2 (1953), 43 ff. – Ders.,

Vadians Weg vom Humanismus zur Reformation u. seine Vorträge über die Apostelgesch. (1523) (1962; Vadian-Studien 7). GESCHICHTSSCHREIBUNG UND TOPOGRAPHIE. *Lit.:* P. Joachimsen, Gesch.auffassung u. Gesch.schreibung in Dtld. unter dem Einfluß des Humanismus 1 (1910). – R. Buschmann, Das Bewußtwerden der dt. Gesch. bei den dt. Humanisten (Diss. Göttingen 1930). – G. Strauß, Sixteenth-century Germany. Its topography and topographers (1959). SIGISMUND MEISTERLIN. *Ausg.:* K. Hegel, S. M. Chronik der Reichsstadt Nürnberg (1864; CDS 3). – *Lit.:* R. Newald, VL III (1943), 345 ff. – B. Ristow, Untersuchungen zu S. M.s Widmungsbriefen an S. Gossembrot, PBB 85 (1963), 206 ff. LORENZ BLUMENAU. *Ausg.:* M. Toeppen, Historia de ordine teutonicorum cruciferorum (1457), Script. rer. Pruss. 4 (1870), 35 ff. – *Lit.:* W. Ziesemer, VL I (1933), 250 f. – K. E. Murawski, NDB 2 (1955), 328 f. – H. Boockmann, Laurentius B. (1965; Göttinger Bausteine z. Gesch.wiss. 37). HARTMANN SCHEDEL. *Lit.:* W. Wattenbach, H. Sch. als Humanist (1871; Forschg. z. dt. Gesch. 1). – R. Stauber, Die Sch.sche Bibliothek (1908). – W. Höpfner, Die Nürnberger Ärzte Hermann u. H. Sch. (Diss. Leipzig 1915). ALBRECHT VON BONSTETTEN. *Ausg.:* A. Fidler, Austria sacra 4 (1782) [Gesch. des Hauses Österreich; Teilabdr.]. – Archiv für Schweizer Gesch. 13 (1862) [Burgunderkrieg]. – Quellen zur Schweizer Gesch. 13 (1893) [Gesch. d. Stiftes Einsiedeln; Beschreibung der Schweiz]. – *Lit.:* A. Büchli, A. v. B. (1889). – Ders., LThuK 2 (²1931), 469. – R. Newald, NDB 2 (1955), 450. LADISLAUS SUNTHEIM. *Lit.:* H. Maschek, VL IV (1953), 345 ff. HIERONYMUS GEBWILER. *Ausg.:* J. Gény, H. G., Die Schlettstadter Chronik (1890). – K. Stenzel, Die Straßburger Chronik des elsässischen Humanisten H. G. (1926; Schrr. d. Wiss. Inst. d. Elsaß-Lothringer 10). – *Lit.:* A. M. Burg, LThuK 4 (³1960), 570. MICHAEL KÖCHLIN. *Lit.:* A. Horawitz, ADB 4 (1876), 378 ff. JOHANNES BURCHARD. *Ausg.:* A. Muratori, Script. rer. Ital. 32 (1906 ff.) [Diarium]. – *Lit.:* L. Pfleger, LThuK 2 (²1931), 640. JOHANNES TRITHEMIUS. *Ausg.:* Johannis Trithemii Opera historica, ed. M. Freher. 2 Bde. (1601). – J. Trithemii Opera pia et spiritualia, ed. J. Busäus (1604). – Paralipomena opusculorum P. Blessensis, J. Trithemii et Hincmari, ed. J. Busäus (1605). – Nepiarchus, i. e. libellus de studiis et scriptis propriis a puertitia repetitis. In: J. G. Eccard, Corpus hist. med. aev. 2 (1723), 1826 ff. – *Lit.:* J. Silbernagl, J. T. (²1885). – J. J. Hermes, Über das Leben u. die Schriften des J. v. Trittenheim, gen. T. (Progr. Prüm 1901). – P. Lehmann, Nachrichten von der Sponheimer Bibl. des Abtes T., Festgabe H. Grauert (1910), 205 ff. – A. Dürrwächter, Tanner u. die Steganographie des T., ebd., 354 ff. – F. J. Bendel, T. als Dichter, Stud. u. Mitt. z. Gesch. d. Benediktinerordens 37 (1916), 696 ff. – F. W. E. Roth, Studien zum J. T.-Jubeljahr 1916, Studien u. Mitt. z. Gesch. d. Benediktinerordens 37 (1916), 265 ff. – Y. Fischer, Der Nachlaß des Abtes J. T., Arch. d. hist. Ver. v. Unterfranken u. Aschaffenburg 67 (1928), 41 ff. – B. Thommen, Die Prunkreden des Abtes J. T. 2 Tle. (1934–35; Beil. z. Jahresber. d. Kant. Lehranstalt Sarnen 1933/34, 1934/35). – P. Lehmann, Merkwürdigkeiten des Abtes J. T., Münchener SB, Phil.-hist. Kl. 1961, H. 2. – P. Volk, LThuK 10 (³1965), 366 f. JAKOB MENNEL. *Lit.:* A. Lhotsky, Dr. Jacob M., ein Vorarlberger im Kreise Maximilians I., Alemannia NF 2 (1936), 1 ff. – Ders., Neue Studien über Leben u. Werk J. M.s, Montfort 6 (1951/52), 3 ff. KONRAD PEUTINGER. *Ausg.:* E. König, K. P.s Briefwechsel (1923). – *Lit.:* M. Weyrauther, K. P. u. W. Pirckheimer in ihren Beziehungen zur Geographie (1907; Münchener Geogr. Studien 21). – E. König, P.studien (1914; Studien u. Darst. aus d. Gebiete d. Gesch. X, 1, 2). – H. Lutz, C. P., Lebensbilder aus d. Bayer. Schwaben 2 (1953), 129 ff. – R. Pfeiffer, P. u. die humanistische Welt, Augusta 955–1555 (1955), 179 ff. – H. Lutz, C. P., Beitrr. zu einer politischen Biographie (1958; Abhh. z. Gesch. d. Stadt Augsburg 9). JOHAN-

NES CUSPINIAN. *Ausg.:* W. Hunger, Opera Cuspiniani (1601, 1669). – H. Ank-wicz-Kleehoven, J. C.s Briefwechsel (1933). – *Lit.:* H. Ankwicz-Kleehoven, NDB 3 (1957), 450 ff. – Ders., Der Wiener Humanist J. C. (1959). JOHANNES AVENTINUS. *Ausg.:* S. v. Riezler u. G. Leidinger, J. Turmair's gen. A. Sämtliche Werke. 6 Bde. (1880–1908). – *Lit.:* Th. Wiedemann, J. Turmair, gen. A. (1858). – W. Dittmar, Aventin (1862). – G. Leidinger, Zur Gesch. der Entstehung von Aventins ‹Germania illustrata› u. dessen ‹Zeitbuch über ganz Deutschland›, Münchener SB, Phil.-hist. Kl. 1935, H. 3. – Ders., NDB 1 (1953), 469 f. BEATUS RHENANUS. *Ausg.:* A. Horawitz u. K. Hartfelder, Briefwechsel des B. R. (1886). – *Lit.:* A. Horawitz, B. R., Wiener SB, Phil.-hist. Kl. 70 (1872), 189 ff. – Ders., ebd. 71 (1872), 643 ff. – Ders., ebd. 72 (1872), 323 ff. – K. Hartfelder, ADB 28 (1889), 383 ff. – E. König, LThuK 8 (²1936), 862 f. – R. Newald, NDB 1 (1953), 682. FRANCISCUS IRENICUS. *Lit.:* A. Horawitz, ADB 14 (1881), 582 f. – W. Stein-hauser, Eine dt. Altertumskunde aus dem Anfang des 16. Jhs., ZfdA 66 (1929), 25 ff. NICOLAUS FABRI CARBACHIUS. *Lit.:* H. Grimm, NDB 3 (1957), 137 f. BIOGRAPHIE UND SELBSTZEUGNISSE. JOHANNES BUTZBACH. *Ausg.:* D. J. Becker, Chronica eines wandernden Schülers (1869). – O. Pelka, Libellus de praeclaris picturae professoribus, 1505 (1925). – M. Franc, Das ‹Odoeporicon› des J. B. (Diss. Wien 1944, masch.). – *Lit.:* H. Fertig, Neues aus dem Nachlaß des J. B. (Progr. Würzburg 1907). – W. Waetzold, Dt. Kunsthistoriker 1 (1921), 13 f. – St. Hilpisch, Unbekanntes aus des Priors J. B.s Laacher Zeit, Stud. u. Mitt. z. Gesch. d. Benediktinerordens 56 (1938), 151 ff. – R. Newald, NDB 3 (1957), 82. JOHANNES TICHTEL. *Lit.:* O. Brunner, VL IV (1953), 473.

b) Das Quadrivium: Mathematik, Astronomie, Musik; Kunsttheorie und Kunstliteratur: Albrecht Dürer. – *Gesamtdarstellungen.* S. Günther, Gesch. des mathemat. Unterrichts im dt. MA (1887; MG Paed. 3). – O. Becker u. J. E. Hof-mann, Gesch. der Mathematik (1951). JOHANNES ENGEL. *Lit.:* W. Stammler, VL I (1933), 567. HEINRICH SCHREIBER. *Lit.:* S. Günter, Die Kosmographie des H. Sch. (Grammateus) von Erfurt, Zs. f. wiss. Geographie 2 (1881), 49 ff. – K. Vogel, NDB 6 (1964), 738 f. GEORG TANNSTETTER. *Lit.:* K. Hartfelder, ADB 37 (1894), 388 f. – H. Grimm, NDB 3 (1957), 322 f. – G. Keil, PBB (W) 83 (1961/62), 216 f. STEPHAN ROSINUS. *Lit.:* H. Rupprich, Der Briefwechsel des K. Celtis (1934), 340 f. – H. Göhler, Eine Beschreibung des Wiener Stephansdomes, Unsere Hei-mat, NF 14 (1941), 100 ff. ANDREAS STIBORIUS. *Lit.:* H. Rupprich, Der Brief-wechsel des K. Celtis (1934), 173 f. – E. Zinner, Gesch. u. Bibliographie der astronomischen Lit. in Dtld. zur Zeit der Renaissance (1941), 26 u. ö. JOHANNES STABIUS. *Ausg.:* B. Petz, Script. rer. Austr. I (1721), 106 [Martyrium des hl. Kolo-man]. – *Lit.:* J. Aschbach, Gesch. d. Wiener Univ. 2 (1877), 363 ff. – E. Chmelarz, Die Ehrenpforte des Kaisers Maximilian I., Jb. d. kunsthist. Sammlungen 4 (1886), mit Suppl. (1885/86). – E. Weiss, A. Dürer's Geographische, Astronomi-sche und Astrologische Tafeln, ebd. 7 (1888), 207 ff. [die zwei Sternkarten]. – F. Krones, ADB 35 (1893), 337. – E. Braun, Eine Nürnberger Labyrinthdarstel-lung aus dem Anfang des 16. Jhs., Mitt. a. d. Germ. National-Museum 1896, 91 ff. – J. Meder, Dürer-Katalog (1932), 186 u. ö. – E. Zinner, Gesch. u. Biblio-graphie der astronomischen Lit. in Dtld. zur Zeit der Renaissance (1941), 21 u. ö. – H. Größing, J. St., Mitt. d. Oberösterr. Landesarchivs 9 (1968), 239 ff. MUSIK. *Gesamtdarstellung.* H. J. Moser, Lehrbuch der Musikgesch. (1949). GEORG VON SLATKONJA. *Lit.:* J. Mantuani, Die Musik in Wien, Gesch. d. Stadt Wien, hrsg. v. Alterthumsvereine III, 1¹ (1907), 384 f. – Ders., LThuK 9 (²1937), 631. HEINRICH ISAAC. *Lit.:* P. Blaschke, LThuK 5 (²1933), 609. LUDWIG SENFL. *Lit.:* S. Hermelink, RGG 5 (1961), 1699 f. PETRUS TRITONIUS. *Lit.:* R. Eitner,

ADB 38 (1894), 630 f. – P. Bahlmann, Des P. T. Versus memoriales, Zs. f. vgl. Lit.gesch. NF 8 (1895), 116 ff. – F. Waldner, P. T. u. sein Hymnarius 1524, Monatshh. f. Musikgesch. 27 (1895), Nr. 2. – M. Trümpelmann, Die Melopoiae des P. T., Monatsschr. f. Gottesdienst u. kirchl. Kunst 8 (1903), 62 ff. – F. Waldner, P. T. Athesinus als Humanist, Musiker u. Schulmann, Zs. d. Ferdinandeums 47 (1903), 185 ff. – H. Rupprich, Der Briefwechsel des K. Celtis (1934), 404 ff. HEINRICH FINCK. *Lit.:* L. Hoffmann-Erbrecht, NDB 5 (1961), 149 f. PAUL HOFHAIMER. *Lit.:* H. J. Moser, P. H. (1929). HEINRICH LORITI GLAREANUS. *Ausg.:* Uß Glareani Musick ein ußzug (Freiburg/Br. 1557). – P. Bohn, Glareani Dodecachordon. Übers. u. übertr. (1888; Publl. ält. prakt. u. theoret. Musikwerke 16). – W. Näf, H. G. ‹Helvetiae descriptio›. Hrsg. u. übers. (1948). – K. Müller u. H. Keller, Das Epos vom Heldenkampf der Schweizer bei Näfels u. andere unbekannte Gedichte Glareans (1949). – *Lit.:* O. F. Fritsche, Glarean, sein Leben u. seine Schrr. (1890). – W. Näf, Zu Glareans ‹Helvetiae Descriptio›, Schweizer Beitrr. z. Allgem. Gesch. 5 (1947), 186 ff. – Ch. Petzsch, Glareans lat. Textparodie zu ‹Ach hülff mich leid› des Adam v. Fulda, Die Musikforschung ‹1› (1958), 83 ff. – B. Meier, H. L. G. als Musiktheoretiker, Beitrr. f. Freiburger Wissenschafts- u. Universitätsgesch. 22 (1960), 65 ff. – H. Grimm, NDB 6 (1964), 425 f. KUNSTTHEORIE UND KUNSTLITERATUR. *Lit.:* W. Flemming, Grundlegung der modernen Ästhetik u. Kunstwissenschaft durch Leone Battista Alberti (1916). – J. Schlosser, Die Kunstlit. (1924; ital. v. F. Rossi, 3. Ausg. v. O. Kurz 1964). ALBRECHT DÜRER. *Ausg.:* K. Lange u. F. Fuhse, D.s Schriftlicher Nachlaß (1893). – E. Heidrich, D.s schriftlicher Nachlaß (1908). – J. Veth u. S. Muller, D.s niederländische Reise. 2 Bde. (1917–18). – E. Schilling, D.s Niederländisches Reiseskizzenbuch (1928; engl. ‹1968›). – F. Winkler, D.s Handzeichnungen. 4 Bde. (1936–39). – H. Rupprich, D. Schriftlicher Nachlaß. 3 Bde. (1956–69). – *Lit.:* H. W. Singer, Versuch einer D. Bibliographie (²1928; Studien z. dt. Kunstgesch. 41). – H. Bohatta, Versuch einer Bibliographie der kunsttheoret. Werke A. D.s (1928). – H. Tietze u. E. Tietze-Conrat, Krit. Katalog aller Werke A. D.s. 3 Bde. (1928–38). – J. Meder, Dürer-Katalog (1932). – M. Thausing, D. Gesch. seines Lebens u. seiner Kunst. 2 Bde. (²1884). – H. Wölfflin, Die Kunst A. D.s (1905; 6. Aufl. Bearb. v. K. Gerstenberg 1943). – M. v. Böhn, A. D. als Buch- u. Kunsthändler (1905). – L. Olschki, Gesch. der neusprachlichen wissenschaftl. Literatur ‹1› (1918), 414 ff. – E. Hartmann, Beitrr. zur Sprache A. D.s (Diss. Halle 1922). – E. Panofsky u. F. Saxl, D.s ‹Melancholia I› (1923). – E. Flechsig, A. D. 2 Bde. (1928). – G. Leidinger, A. D. u. die ‹Hypnerotomachia Poliphili› (1929; Münchener SB, Phil.-hist. Abt. 1929, 3). – O. K. Leistikow, A. D.s Stil in seinem Wortu. Bildwerk (1937; Deutsches Werden 15). – W. Waetzoldt, D. u. seine Zeit (⁴1950). – E. Panofsky, The Life and Art of A. D. (⁴1955). – W. Winkler, A. D. Leben u. Werk (1957). – A. Leinz- von Dessauer, Savonarola u. A. D. (1961). – F. Winzinger, A. D. in Rom, Pantheon 1966, 283 ff. JOACHIM CAMERARIUS. *Lit.:* G. Ellinger, Gesch. der neulat. Lit. Dtlds. im 16. Jh. 2: Die neulat. Lyrik Dtlds. in der ersten Hälfte des 16. Jhs. (1929), 44 ff. GREGOR ANGRER. *Lit.:* J. Schlecht, Röm. Quartalschr. ‹8› (1903), 160 ff. – G. Eis, VL V (1955), 45 f.

2. Artes mechanicae: Geographie, Botanik, Medizin

MARTIN BEHAIM. *Lit.:* O. Murer, Der B.-Globus (1943). – C. Rathjens, NDB 2 (1955), 2. HIERONYMUS MÜNZER. *Lit.:* J. Fischer, ·Dr. H. M. u. die Feldkircher St. Nikolaus-Bibl., Arch. f. Gesch. u. Landeskde. Vorarlbergs 12 (1916), 25 ff. – L. Pfandl, Eine unbekannte hsl. Version zum Pseudo-Turpin, Zs. f. roman. Phil. 38 (1917), 586 ff. – H. Rupprich, Der Briefwechsel des K. Celtis (1934), 18 f.

– E. P. Goldschmidt, H. M. u. seine Bibliothek (1938). – E. Reicke, W. Pirckheimers Briefwechsel 2 (1956), 32 ff. ERHARD ETZLAUB. *Lit.:* F. Schnelbögl, Life and work of the Nuremberg Cartographer Erhard Etzlaub (✝ 1532), Imago Mundi 20 (1966), 11 ff. MARTIN WALDSEEMÜLLER. *Ausg.:* Fr. R. v. Wieser, Die Cosmographiae introductio des M. W. (1907; Drucke u. Holzschnitte des XV. u. XVI. Jhs. in getreuer Nachbildung 12). JOHANNES STÖFFLER. *Lit.:* K. Langosch, VL IV (1953), 280 ff. JOHANNES COCHLAEUS. *Ausg.:* K. Langosch, J. C. Brevis Germaniae descriptio (1512) mit der Dtld.karte des Erhard Etzlaub von 1512. (1960; Ausgew. Quellen z. dt. Gesch. d. Neuzeit 1). – *Lit.:* M. Spahn, J. C. (1898). – J. Jedin, Schlesische Lebensbilder 4 (1931), 18 ff. – K. Langosch, Zur Germania des J. C. *In:* Liber Floridus, Festschr. P. Lehmann (1950), 373 ff. – H. Grimm, NDB 3 (1957), 304 ff. JOHANNES BOEMUS. *Lit.:* R. Kohl, Die geistesgesch. Bedeutung der Dtld.kapitel im Repertorium des J. B., Zs. f. Volkskunde 47 (1938), 101'ff. – E. L. Schmidt, J. Böhm aus Aub, Zs. f. bayer. Landesgesch. 12 (1939/40), 94 ff. – R. Kohl, Niederdtld. bei J. B. Aubanus, Niederdt. Zs. f. Volkskunde 18 (1940), 68 ff. – M. Huber, NDB 2 (1955), 403. – E. L. Schmidt, Wann starb J. Böhm?, Ulm u. Oberschwaben 35 (1958), 169 ff. MEDIZIN. *Gesamtdarstellungen.* M. Neuburger, Gesch. der Medizin II, 1 (1911). – H. Fischer, Arzt u. Humanismus. Das humanistische Weltbild in Naturwissenschaft u. Medizin (1962; Erasmus Bibliothek). THEODORICUS ULSENSIUS. *Ausg.:* K. Sudhoff, Erstlinge der Syphilisliteratur (1912). – *Lit.:* H. Rupprich, Der Briefwechsel des K. Celtis (1934), 90 f. – K. Langosch, VL IV (1953), 630 f. WENZEL BAYER. *Lit.:* G. Eis, PBB 83 (W) (1961/62), 172 f. HIERONYMUS BRUNSCHWIG. *Lit.:* K. Sudhoff, VL I (1933), 304 f. – G. Eis, NDB 2 (1955), 688. HANS VON GERSDORF. *Lit.:* E. Wickersheimer, NDB 6 (1964), 322 f. LORENZ FRIES. *Lit.:* E. Wickersheimer, NDB 5 (1961), 609 f. – J. Benzing, Bibliographie der Schrr. des Colmarer Arztes L. F., Philobiblon 6 (1962), 121 ff. OTTO BRUNFELS. *Lit.:* H. Grimm, NDB 2 (1955), 677. HIERONYMUS BOCK. *Lit.:* H. Ziegenspeck, NDB 2 (1955), 343. EURICIUS CORDUS. Vgl. S. 792.

3. Artes magicae: Agrippa von Nettesheim

Ausg.: Opera 1, 2 (Lyon 1600). – H. C. Agrippa's von Nettesheim magische Werke. 5 Bde. (1858; Geheime Wissenschaften 10–14; ⁵1925). – F. Mauthner, A. v. N., Die Eitelkeit u. Unsicherheit der Wissenschaften u. die Verteidigungsschrift. 2 Bde. (1913; Bibl. d. Philosophen 5, 8). – *Lit.:* J. Orsier, H. C. A. (1911¹). – R. Stadelmann, Vom Geist des ausgehenden MAs (1929), 79 ff. – E. Metzke, Die ‹Skepsis› des A. v. N., DVjs 13 (1935), 407 ff. – A. Jegel, Die Lebenstragödie des A. v. N., Jb. d. Köln. Gesch.Ver. 20 (1938), 15 ff. – E. Schwentner, A. v. N. über Ulfilas, Wörter u. Sachen NF 3 (1940), 227 f. – W. Andreas, Dtld. vor der Reformation (⁵1948), 585 ff. – H. Grimm, NDB 1 (1953), 105 f. – Ch. G. Nauert, A. and the Crisis of Renaissance Thought (1965; Illinois Studies in the Social Sciences 55).

4. Rechtswissenschaft. Zasius.

ULRICH ZASIUS. *Ausg.:* Opera omnia. 6 Bde. (1548/51); 3 Bde. (1590/95). – J. A. Riegger, Udalrici Zasii Epistolae (1774). – *Lit.:* R. Stinzing, U. Z. (1857). – J. Neff, U. Z. (Progr. Freiburg i. Br. 1889/90, 1890/91). – R. Schmidt, Z. u. seine Stellung zur Rechtswissenschaft (1904). – E. Wolf, Große Rechtsdenker (³1951), 56 ff. – K. Knoche, U. Z. u. das Freiburger Stadtrecht von 1520 (1957). – G. Kisch, Z. u. Reuchlin (1961). – H. Winterberg, Die Schüler von U. Z. (1961).

VI. Kapitel. Antike und Christentum. Kulturkritik.
Vom Renaissance-Humanismus zur Reformation

1. Außerchristliche Kultur und moderner Humanismus
Gesamtdarstellungen und Untersuchungen: P. Wernle, Ren. u. Ref. (1912). –
H. v. Schubert, Ref. u. Hum., Luther-Jb. 8 (1926), 1 ff. – O. Clemen, Hum. u.
Ref. In: O. H. Brant, Grundriß der Dt.kunde (1927), 302 ff. – Th. Klauser, Real-
lexikon f. Antike u. Christentum (1941 ff.). – R. A. Schröder, Christentum u.
Hum. In: Dt. Theologie (1943), 1 ff. – H. W. Rüssel, Antike Welt u. das Chri-
stentum (1944). – H. Rahner, Abendländ. Hum. u. kathol. Theologie (1946;
Ewiger Hum. 6). – C. Angeleri, Il problema religioso del Rinascimento (1952). –
V. H. H. Green, Renaissance and Reformation (1952). – P. O. Kristeller, Paga-
nism and Christianity. In: The Classics and Renaissance Thought (1955), 70 ff.
– B. Moeller, Die dt. Humanisten u. die Anfänge der Ref., Zs. f. Kirchengesch.
70 (1959), 46 ff.

2. Der Pfefferkorn-Reuchlinsche Streit und die ‹Epistolae obscurorum
virorum›. Crotus Rubeanus

‹EPISTOLAE OBSCURORUM VIRORUM›. *Ausg.:* E. Böcking, Ulrichi Hutteni equitis
Operum supplementum. 2 Bde. (1864–70). – A. Bömer, E. o. v. 2 Bde. (1924;
Stachelschrr., Ältere Reihe I, 1, 2). – V. Develay, Lettres des Hommes Obscurs
(1870) [nur Teil 1]. – *Übers.:* W. Binder, Briefe von Dunkelmännern (1876;
1898, 1904, 1964). – F. Griffin Stockes, E. o. v. (1909) [lat. Text mit engl.
Übers.]. – H. J. Müller, Briefe von Dunkelmännern (1964). – *Lit.:* F. W. Kampschulte, Die Univ. Erfurt in ihrem Verhältnisse zu dem Humanismus u. der
Reformation 1 (1858). – D. F. Strauß, U. v. Hutten. 3 Tle. (1858–60). – L. Geiger, J. Reuchlin, sein Leben u. seine Werke (1871). – C. Krause, Der Briefwechsel des Mutianus Rufus (1885; Zs. d. Ver. f. hess. Gesch. u. Landeskunde NF
Suppl. 9). – W. Brecht, Die Verfasser der E. o. v. (1904; Quellen u. Forschgn. 93).
– P. Lehmann, Die Parodie im MA (1922). – P. Merker, Der Verfasser des Eccius
dedolatus u. anderer Reformationsdialoge. Mit einem Beitr. zur Verfasserfrage
der E. o. v. (1923; Sächs. Forschungsinst. in Leipzig II. Neugerm. Abt. 1) [dazu:
A. Bömer, Zentralbl. f. Bibl.wesen 41 (1924), 1 ff.] – K. H. Gerschmann, ‹Antiqui
– Novi – Moderni› in den E. o. v., Arch. f. Begriffsgesch. XI, 1 (1967), 23 ff. –
JOHANNES PFEFFERKORN. *Lit.:* L. Geiger, J. Pf., Jüd. Zs. f. Wiss. u. Leben 7
(1869), 293 ff. – Goedeke 1 (²1884), 451 ff. – L. Geiger, ADB 25 (1887), 621 ff.
– M. Spanier, Zur Charakteristik J. Pf.s, Zs. f. d. Gesch. d. Juden in Dtld.
5/6 (1935), 209 ff. – F. Zoepfl, LThuK 8 (³1963), 416. JOHANNES REUCHLIN. Vgl.
S. 785. ORTWIN GRATIUS. *Lit.:* H. Cremans, O. G. u. der fasciculus rerum expetendarum ac fugiendarum, Annalen d. hist. Ver. f. d. Niederrhein 23 (1871), 192 ff.
– L. Geiger, ADB 9 (1879), 600 ff. – D. Reichling, O. G. Sein Leben u. Wirken
(1884). – CROTUS RUBEANUS. *Lit.:* E. Einert, Johann Jäger aus Dornheim, ein
Jugendfreund Luthers (1883). – P. Kalkoff, Die Crotus-Legende u. die dt. Triaden, Arch. f. Ref.gesch. 23 (1926), 113 ff. – C. Diesch, Altpreußische Biographie 1
(1941), 117. – H. Grimm, NDB 3 (1957), 424 ff.

3. Ulrich von Hutten. Humanist und Ritter; Kampf gegen Rom

Ausg.: E. Münch, U. v. H.s Jugend-Dichtungen (1838). – E. Böcking, Ulrichi
Hutteni, equitis Germani, Opera. 7 Bde. (1859–70). – S. Szamatolski, U.s v. H.
dt. Schrr. (1891; Quellen u. Forschgn. 67). – D. F. Strauß, U. v. H. 3 (1860):

Gespräche v. U. v. H. – *Lit.:* D. F. Strauß, U. v. H. 3 Tle. (1858–60); neu hrsg.
v. O. Clemen (³1938). – H. Denifle, St. Nemo, Arch. f. Lit.- u. Kirchengesch. d.
MAs 4 (1888), 330 ff. – J. Bolte, Die Legende vom hl. Niemand, Alemannia 16
(1888), 193 ff.; 17 (1889), 151; 18 (1890), 131 ff. – O. Clemen, Zu H.s Nemo,
Theol. Stud. u. Krit. 79 (1906), 308 ff. – P. Kalkoff, U. v. H. u. die Reformation
(1920; Quellen u. Forschgn. z. Ref.gesch. 4). – O. Gewerstock, Lukian u. H.
(1924; Germanist. Studien 31). – F. Gundolf, H., Klopstock, Arndt (1924). –
P. Kalkoff, H.s Vagantenzeit u. Untergang (1925). – P. Held, U. v. H. (1928;
Schrr. d. Ver. f. Ref.gesch. 144). – F. Walser, Die politische Entwicklung U. v. H.s
während der Entscheidungsjahre der Reformation (1928; Hist. Zs., Beih. 14). –
O. Flake, U. v. H. (1929). – H. Holborn, U. v. H. (1929; ²1968). – G. Ellinger,
Gesch. der neulat. Lit. Dtlds. im 16. Jh. 1: Italien u. der dt. Humanismus in der
neulat. Lyrik (1929), 465 ff. – O. Graf zu Stolberg-Wernigerode, Die großen
Deutschen 1 (1935), 450 ff. – H. Grimm, U. v. H.s Lehrjahre an der Univ. Frankfurt a. d. O. u. seine Jugenddichtungen (1938). – H. G. Keller, H. u. Zwingli
(1952). – J. Benzing, U. v. H. u. seine Drucker (1956; Beitrr. z. Buch- u. Bibl.-
wesen 6). – Th. W. Best, The Humanist U. v. H. A Reappraisal of his Humor.
(1969; University of North Carolina Studies 21).

4. Humanismus und ausgehendes Mittelalter
als Wegbereiter der Reformation

Lit.: H. Hermelink, die relig. Reformbestrebungen des dt. Humanismus (1907).
– H. v. Schubert, Reformation u. Humanismus, Jb. d. Luther-Ges. 8 (1926), 1 ff.
– P. Kalkoff, Die Stellung der dt. Humanisten zur Reformation, Zs. f. Kirchen-
gesch. 46 (1928), 161 ff. – J. Lortz, Die Reformation in Dtld. 1 (1939), 48 ff. –
W. Kaegi, Humanistische Kontinuität im konfessionellen Zeitalter (1954).

REGISTER

Personennamen und Titel bedeutenderer anonymer Werke

Abaelard, Peter 426
Absperg, Ursula von 572
Abydenus Corallus Germ. S. 717,
719 f.
Accolti, Bernardo 629
Ach Zeit, ach Zeit 193
Achellini, Alexander 402, 441
Achler, Elisabeth 332
Adam von Fulda 352 f.
Adamslegende 99
Addition 371
Adelmann von Adelmannsfelden,
Bernhard 513, 545, 607
– Konrad 513
Adenes li Roi 77
Adolf von Nassau, deutscher König
596
Adolphus von Wien 633
Adrian von Bubenberg 143
– von Corneto 599, 702 f.
Adrianus, Matthäus 488, 655
Aegidius, Gallus 444
– Romanus 297, 328
Aeneasroman 138
Äsop 53, 82, 305 ff., 568, 570, 574 f.
– Leipziger 306
– Magdeburger 306 f.
– Wolfenbüttler 306 f.
Äsopus moralisatus 307
Afralegende 98, 102
Agnes, Königin von Ungarn 321, 345,
410
– von Mömpelgart 77
Agricola, Johannes 124, 493
– Rudolf 455, 462, 483, 490 ff., 507 f.,
511, 523, 530, 532, 536, 567, 569,
579, 605, 612 f., 618, 627, 656 ff.,
666, 674, 709
Agrippa von Nettesheim, Heinrich
Cornelius 535, 540, 653 f., 667,
696 f.
Aichmann, Jodokus 480
Aichploch, Wolfgang 689
Aischylos 637
Alanus ab Insulis 385, 426
Alarich 670

Alban-Legende 90
Albert von Diessen 299
– de Riemestorp s. Albert von
Sachsen
– von Sachsen 20, 363 f., 402, 464
Albertanus Brixiensis 294, 300
Alberti, Leone Battista 38, 444, 447 f.,
452, 467 f., 629, 653, 682, 686
Albertus von Augsburg 98
– Magnus 17, 22, 310, 321, 326, 350,
355, 358 f., 361, 486, 523, 530, 610,
678
Alberus, Erasmus 655
Albich, Siegmund 359
Albrant, Meister 292, 358
Albrecht, Dichter des Jüngeren Titurel
14, 52, 55, 63, 69, 94, 202, 292
– I., deutscher König 297, 404
– II., deutscher König 12, 145, 187,
224, 252, 297, 412 f.
– II. von Bayern 179
– III. von Bayern 59 f., 160, 224,
329 f., 359, 361, 483
– IV. von Bayern 55 f., 58, 189, 485,
706
– Achilles von Brandenburg 148,
215, 224
– von Brandenburg-Ansbach 521, 719
– von Brandenburg-Mainz 190, 362,
507, 537, 617, 719, 721 ff., 726
– von Braunschweig 221
– von Halberstadt 589
– von Nürnberg 208
– II. von Österreich 208, 297, 404 f.
– III. von Österreich 101, 206, 208,
210, 212, 227, 297, 405 ff., 410
– IV. von Österreich 297, 407 f.
– V. von Österreich 252, 405, 408,
410 f.
– VI. von Österreich 49 f., 60, 145,
225 f., 342, 476 ff., 505
– von Sachsen 318
– von Scharfenberg 49, 55
Albumasar 354
Alcabitius 353 f.
Alchymey teuczsch 355

Alciati, Andrea   38, 699
Alcimus, Ecdicius Avitus   672
Aleidis, Nonne   675
Alexander d. Gr.   57 f., 60, 125, 138, 198, 210, 288, 359, 568, 570, 572, 574
– VI., Papst   13, 441, 513, 537, 544, 582, 641, 666
– von Hales   17, 310
– von Paris   56
– de Villa Dei   351, 511, 524, 635, 654, 658
Alexander und Anteloye   58
Alexius-Legende   99
– -Spiel   268
Alfraganus   467
Almannus, Frater   355
Almeida, Francisco d'   161
Alpetragius   363
Alphart, Johannes   319
Alphonsus Bonihominis   316
Alt, Georg   526, 664
Altdorfer, Albrecht   58, 342, 449
Altensteig, Johann   594, 655
Altswert, Meister   51, 203
Alvarius Pelagius   325
Amadeus von Savoyen   49
Amaltheus, Paulus   504, 600
Ambrosius   52, 315, 488, 562
Amerbach, Familie   367, 722
– Johann   487 f., 503, 532
Amicus und Amelius   90, 276
Amman, Erasmus   213 f.
Ammianus Marcellinus   438
Ammonius Alexandrinus   343
– Andreas   566
Andreae, Johannes   573
Andreas Capellanus   60, 201, 589
– von Lappitz   145
– von Regensburg   141, 146 f.
Andrelinus, Faustus   561, 599
Angela von Foligno   22
Angelico, Fra   333
Angelus, Gregorius   600
– Jacobus   690
Angrer, Gregor   689
Anna von Braunschweig   60 f., 361
– von der Bretagne   129, 186
– von Luxemburg   384 f.
– von Munzingen   157
– von Neuhaus und Stadeck   176
Anna-Legende   102
Anonymus Neveleti   306

Anselm von Canterbury   315 f.
Anselm-Legende   102
Antegameratus   294
Antichrist von Chur, Der   262
Antichrists Fastnacht, Des   262
Antichrist-Legende   97
Anthologia Graeca Planudea   598
Anton von Lothringen   590
Antoninus Pius, Kaiser   701
Aperbacchius, Petrejus   s. Eberbach, Peter
Aphtonius   470, 493
Apollonius Rhodius   568
– von Tyrus   71, 568, 570, 573 f.
Apostelbuch   97
Apuleius, Lucius   528
Archimedes   677
Archipoeta   397
Aretino, Pietro   444 f., 483 f., 574
Aretinus, Leonardus   467
Arevalo, Rodrigo Sanchez de   415, ·482, 574
Argyropolus, Johannes   441
Arienti, Sabadino degli   578
Arigo   s. Schlüsselfelder, Heinrich
Ariosto, Ludovico   443, 445, 563, 629 f.
Aristophanes   545, 550, 628 f., 650
Aristoteles   26, 86, 284, 352, 359, 363 f., 372, 378, 425, 439 ff., 445, 462, 470, 486, 488, 523, 530, 550, 557, 561, 656, 661, 672, 677, 702, 713
Aristotilis Heimlichkeit   359
Arminius   722
Arnald von Villanova   358, 361
Arndes, Stefan   119
Arnobius   561
Arnold von Freiburg   353
– von Harff   162
– de Lalaing   492
– von Wesel   510
Arnpeck, Veit   147
Arnt von Aich   353
Arstedie, Dudesche   358
Artzt, Eikhart   144
Arzneibuch, Utrechter   358
Asenheimer, Leonhard   187
Athanasius   537
Auer, Hans   186
Augurelli, Aurelio   599
Augustin   83
– von Hamerstetten   199
Augustinus, Aurelius   21 ff., 52, 139 f.,

158, 210, 310, 315, 328, 335, 343,
366, 388, 396 f., 400, 407, 412, 420,
436, 470, 476, 487, 498, 554, 556,
562, 565, 579, 587, 668, 674, 680,
713
– Triumphus 380
Augustus, Kaiser 372, 446, 527
Aurispa, Giovanni 438, 626
Ava, Frau 97, 660
Aventin, Johannes Turmair, gen.
114, 122, 124, 147, 460, 515, 527,
662, 672
Averlino, Antonio s. Filarete
Averroes 23 f., 402, 440 f.
Avianus 306 f., 575
Avicenna 91, 675
Avitus s. Alcimus
Ayrer, Jakob 372
– Marcus 72

Babiloth, Meister 58
Babrius 305 f.
Backoffen, Hans 507
Bacon, Roger 355
Badius, Jodocus 497, 584
Bämler, Johann 77
Baenst, Paul 492 f.
Bär, Oswald 503, 672
Bajazet, Sultan 160, 641
Balbus, Hieronymus 504, 599, 607
Baldemann, Otto 203, 381 f.
Baldemar von Peterweil 248
Balduff, Rudolf 234
Baldung, Hans, gen. Grien 135, 318,
336, 362, 506, 591, 688
Balthasar von Heilbronn 188
– von Mecklenburg 66
Bandello, Matteo 445
Banisius, Jakob 597
Barbara-Legende 98, 102, 268
Barbaro, Hermolao d. J. 441, 491,
533, 630, 669, 695
Barbarus, Franciscus 576
Barbirianus, Jakob 491 f.
Barinus, Jakob 519, 704
Barlaam und Josaphat-Legende 99 f.,
102, 271
Bart, Hans 160
Barthélemy, Jules 433
Barthema, Ludovico 161
Bartholinus, Richard 596, 600, 650
Bartholomaeus, Meister 292, 358
– Anglicus 349

Bartholomäus von der Lake 152
Bartholome, Ludwig 233
Bartolus de Sassoferrato 372
Basilius d. Gr. 315, 467, 546, 554,
562, 700 f.
Basilius-Legende 102
Barzizza, Antonio 444, 480, 629, 638
– Gasparino 463, 470, 576, 629
Bassenheimer, Johann 356
Bauernfeind 189
Baumann, Michael 350
Bayer, Wenzel 694
Beatrix von Kärnten 205
– von Österreich 408
Bebel, Heinrich 124, 127, 273, 296,
455, 462, 569, 592 ff., 600, 607 f.,
634 f., 644, 659, 666, 705, 708
Bebenburg, Lupold von 497 f., 513
Beccadelli, Antonio 483 f., 599
Beck, Leonhard 134
Becker, Peter 155
Beckmesser, Sixt 231, 233
Beda, Noël 563, 566
– Venerabilis 312, 334, 482
Beginchen von Paris, Das 331
Behaim, Johannes 515
– Martin 653, 691 f.
Beham, Hans Sebald 689
Beheim, Johannes 224
– Konrad 224
– Lorenz 513, 544, 547
– Michael 53, 145, 150, 153, 201,
204, 220, 223 ff.
Beispiele der alten Weisen 569, 579
Beissel, Jodocus 179, 510
Bellincioni, Bernardo 628
Bembo, Pietro 435, 444 f., 723
Benedikt XII., Papst 310, 383
– XIII., Papst 151
Bereit, Johann 155
Bergmann von Olpe, Johann 77, 582
Bergsleben, Christian 319
Beringer, Ritter 124
Berkeley, George 380
Bermentlo, Peregrinus 102
Bernauer, Agnes 59
Berner, Lubertus 332
Bernhard von Breidenbach 162 f.,
358 f., 662
– von Clairvaux 21, 52, 94, 111, 200,
310, 313, 315, 328, 333 ff., 338, 356,
396, 398, 558, 570
– von Hirschfeld 163

– von Horst 152
– von Kraiburg 411, 474, 476, 486
– von Waging 486
Bernhaupt, Pangratz, gen. Schwenter 585
Beroaldus, Philippus d. Ä. 497, 607
– Philippus d. J. 599, 722
Berthold, Bruder 321
– von Henneberg 507
– von Holle 74, 276
– von Regensburg 317
– von Tuttlingen 382
– von Wehingen 407
Bertholdus, Dominikaner 341
Bessarion, Basilius 41'3, 439, 465 f., 482, 573
Betti, Bernardino, gen. Pinturicchio 513
Betz, Johann 640
Beussel, Johann 601 f., 705
Beuther, Michael 309
Beutler, Magdalene s. Magdalene von Freiburg
– Margarete s. Margarete von Kentzingen
Bevergern, Arnd 152
Bianchini, Giovanni 467
Bibbiena, Bernardo Dovizi da 629 f.
Bickel, Johann 523
– Konrad s. Celtis
Biel, Gabriel 489, 512, 532
Bigus, Ludwig 500
Bilsner, Cunz 224
Biondo, Flavio 445 f., 472, 526 f., 653, 662
Birgitta von Schweden 94, 332, 392
Birker, Hans 187
Bischof, Johann 319, 344
Biterolf und Dietleib 66
Bitschin, Konrad 156, 520, 576
Blar, Albert 523
Blarerin, Justina 332
Blaurer, Thomas 505
Blommaerdine 329
Blumenau, Lorenz 483 f., 662, 664
Boccaccio, Giovanni 78, 88, 435 ff., 442 ff., 568, 570 f., 574 f., 578, 595, 629, 674
Bock, Hieronymus 696
Bodeker, Stephan 537
Bodenstein, Andreas s. Karlstadt
Böhm, Hans 3, 16
– Johannes s. Boemus

– Niklas 154
Bömlin, Konrad 319
Boemus, Johannes 515, 653, 693
Böschenstein, Johannes 520, 656, 678
Boethius, Anicius Manlius Severinus 284, 326, 334, 352, 425, 492 f., 509, 677
Boger, Heinrich 517, 601
Bogislaw X. von Pommern 643
Bohemus-Nihil, Johannes 129, 466, 474
Boich, Dat nuwe 152
Bojardo, Matteo 443, 629
Bollstatter, Konrad 199
Boltzhurst, Stephan 587
Bonaccorsi, Filippo de 591
Bonacursius de Montemagna d. J. 477
Bonagratia von Bergamo 377, 379
Bonaventura, eig. Johannes Fidanza 22 f., 94, 101, 198, 310, 314 f., 317 ff., 325 ff., 333 ff., 337, 391, 396, 431
Boner, Andreas 519
– Elisabeth 320
– Ulrich 87, 296, 306 f., 366
Bonifatius 668
– VIII., Papst 377
Bonomus, Franciscus 504
– Petrus 504, 600, 643
Bonstetten, Albrecht von 481, 569, 664 f.
Boppe, Meister 94, 180, 219
Borgia, Lucrezia 628
– Rodrigo s. Alexander VI.
Bosch, Hieronymus 340
Bote, Hermann 153, 300 f.
– Konrad 153
Botzheim, Johannes 482
Boys, Hektor 558
Bradwardine, Thomas 352
Brandan-Legende 61, 100
Brandes, Dietrich 156
Brandis, Lucas 125
Brant, Barbara, geb. Picker 581
– Diebolt 581
– Sebastian 30, 124, 126, 179, 216, 296, 303, 368, 371, 154 f., 160, 178, 482, 488 f., 497 ff., 503, 506, 514, 569 f., 580 ff., 588, 590 f., 593 f., 604, 607, 647, 672 f., 685 f., 708, 713, 720
Brassican, Johann 655
Brenninger, Martin 455
Brenz, Johann 512
Breu, Jörg d. Ä. 81, 336

Briard, Johannes 566
Briefe und Lieder, Söflinger 320 f.
Brinckerinck, Johannes 332, 338
Bruegel, Pieter d. Ä. 239, 450
Brugmann, Johannes 319
Brulefer, Stephan 713
Brumintfeld, Henni 190
Brunelleschi, Filippo 444, 446 f.
Brunfels, Otto 695 f.
Bruni, Leonardo 429, 438, 444 ff.,
  463, 472, 480, 484, 571 f., 576, 628 ff.
Brunner, Hans 186
Bruno, hl. 325
– Giordano 402, 420, 697
Brunschwig, Hieronymus 499, 694 f.
Brusch, Kaspar 599
Bruyne, Heinrich 332
Bucer, Martin 499, 506
Buch Bahir 533
– der Heiligen Drei Könige 360 f.
– Jerarchia 361
– Jezîra 533
– Kiranis 361
– der Märtyrer 96
– Sidrach 348 f.
– Sohar 533
– von Troja 72
– der Väter 96, 198
Bûch von gûter spîse 358
Buchau, Wenzel 474
Buchwald, Sigismund 601 f.
Buck van Buederick, Bruder 299 f.
Budé (Budaeus), Guillaume 566, 699
Büchel von dem aygen gericht 271,
  400
Bühel, Hans von 86
Bünau, Heinrich von 536
Bürgis, Elisabeth 581
Bugenhagen, Johannes 520
Bullinger, Heinrich 509
Burchard, Johannes 666
Burger, Johann 504
Burgkmair, Hans 132, 134 f., 161, 336,
  347, 513, 529, 531, 609, 645, 688
Buridan, Johannes 363 f., 464
Burley, Walther 394
Busch, Johannes 339
Busche, Hermann von dem 462,
  507 ff., 512, 519, 521, 599 f., 608,
  613 f., 707 f., 716 ff.
Butzbach, Johannes 511, 653, 674 f.

C siehe auch unter K

Cabral, Pedro Alvarez 449
Caesar, Bartholomäus 538
– Caius Julius 497, 500, 579, 670
Caesarius von Heisterbach 61 f., 83
– Johannes 509
Cajetan de Vio 724 f.
Calcidius, Sebastian 679
Calvin, Jean 22, 506, 564
Camerarius, Joachim 518, 553, 555,
  599, 619, 621 f., 625, 687
Camers, Johannes Lukas 659
– Laurentius 523, 542
Caminade, Augustin 562
Cammelli, Antonio, gen. Pistoja 629
Cammerlander, Jakob 349, 584
Can Grande 397
Cantalycius, Johannes Baptista 531
Canter, Andreas 509
– Jakob 509, 637
Cao, Diego 691
Capet, Hugo 75
Capistrano, Johannes von 515
Capito, Wolfgang 503, 506
Capotius, Priamus 596
Carben, Viktor von 710
Carbone, Ludovico 491
Carmina burana 426
Carpentarius, Jakob 503
Carrara, Francesco da 210, 442
Cassian, Johannes 326, 412
Cassiodorus, Flavius Magnus Aurelius
  397, 488, 671, 693
– -Epiphanius 410
Castelbarco, Jacobus de 474
Castiglione, Baldassare 445
Catholicon 366
Cato 47, 53, 112, 170, 199, 234, 293 f.,
  561, 584, 593
Cato minor 299
Catullus, Caius Valerius 442, 485, 598
Cellarius, Johannes 538
Cellini, Benvenuto 444
Celsus, Aulus 485
Celtis, Konrad 54, 63, 114, 124, 130,
  132, 135 f., 187, 420, 455, 459 ff.,
  479, 494, 504 f., 507 f., 513 f., 516 ff.,
  521, 522 ff., 531 ff., 551, 568 f., 579,
  596 f., 600, 604 ff., 608 ff., 616, 619,
  627, 635, 637 f., 643 ff., 649, 652 ff.,
  665 f., 670 ff., 678, 681, 684 f., 693 f.,
  720

Cennini, Cennino 682
Cervantes Saavedra, Miguel de 563
Chalkondylas, Demetrius 533, 568
Chalphurnius, Johannes 523, 542, 607
Chaucer, Geoffrey 76
Chelidonius, Benedictus 216, 544, 569, 596 f., 601, 603, 638, 643, 646 f., 685 f.
Chiphenberger, Der 187
Christian von Dänemark 224
Christine de Pizan 131
Christoph von Bayern 213
– von Braunschweig 520
– von Thein 158
– von Utenheim 503
Christophorus-Legende 97 f.
Christus und die minnende Seele 330 ff.
– und die sieben Laden 322
Chronik aus Georgenberg 157
– Oberrheinische 142
– vom Pfaffenkrieg 156
– der Stadt Köln 138
– Villinger 149
Chrypffs (Krebs), Henne 414
– Katharina, geb. Römer 414
– Nikolaus s. Cues
Chrysoloras, Manuel 439, 576
Chrysostomus, Johannes 437, 498, 562
Chyträus, David 521
Cicero, Marcus Tullius 284, 294, 299, 366 f., 428 f., 436 f., 470, 476, 480 f., 483, 485, 493, 497, 518, 523 ff., 537, 561, 565, 573, 591, 610, 631, 656 f., 659, 700, 723
Cimabue, Giovanni 433
Cimbriacus, Helius Quinctius Aemilianus 504, 600
Cintio di San Sepolcro 504
Clagspiegel, Der richterliche 581
Claudianus, Claudius 659
Clavicula Salomonis 361
Clemens VII., Papst 445, 600
Clementia von Toggenburg 176 f.
Closener, Fritsche 144, 193, 351, 378
Coccinius s. Köchlin, Michael
Coccius Sabellicus, Antonius 590
Cochlaeus, Johannes 510, 516, 544, 654, 682, 692 f., 723
Codrus Urceus, Antonius 599
Cölner, Friedrich 97
Colet, John 455, 556, 558, 561

Collenuccio, Pandolfo 723
Collimitius s. Tannstetter, Georg
Collucius, Theodor 620
Colonna, Francesco 443 f., 546
– Sciarra 377
– Vittoria 444
Colotius, Angelus 600
Columella, Lucius Iunius Moderatus 579
Comedia Bile 273, 633
Comoedia de lepore 633
Concilia, wie man die halten soll 725
Cono, Johannes 488, 503, 672
Conradi, Thilemann 623 f., 634 f.
Cordus, Euricius 459, 512, 553, 599, 601, 619, 622 ff., 696
– Valerius 696
Cornaro, Caterina 444
Cornutus 294
Corregio, Niccolo da 628
Cortez, Hernando 449
Corvinus, Laurentius 519, 593, 597, 605 f., 649, 658
– Matthias, König 431, 462, 466 ff., 505, 607
Corycius, Johannes 439, 599 f., 613, 617, 625
Cotta, Giovanni 600
Couldrette 77 f.
Cranach, Lukas d. Ä. 97, 135, 341 f., 369, 507, 618, 688
Cranc, Claus 345
Crates von Theben 680
Crescentia-Legende 99
Croaria, Hieronymus von 512, 514
Crocus, Richard 510, 519
Cronica van der hilliger Stat van Coellen 152 f.
Crotus Rubeanus, Johannes 402, 507, 518, 553 ff., 615, 709 ff., 718 f., 721 f., 725
Cues, Nikolaus von 2 f., 27, 32, 37, 43, 61, 151, 314, 325 ff., 337, 339 f., 352, 374, 409, 411 ff., 449 f., 452 f., 458, 464, 467, 476 ff., 483, 486, 505, 516, 521, 523, 528, 530 ff., 538, 540, 627, 664, 676, 690, 697 f., 723
Cuspinian, Johannes 135, 455, 505, 529, 569, 597, 617, 652, 659, 662, 671 f., 675 f., 679
Cyprian von Antiochia 315, 536, 561
Cyrillus, Fabeln des 307 f.
– Hierosolymitanus 388

Dachsberg, Augustin von 357
Dahenfeld, Siegfried von 345
Dalberg, Johann von 491, 493, 496, 508, 535 f., 639 f., 666 f.
Dalimil, Chronik des 157
Damerau, Dietrich 390
Dangkrotzheim, Konrad 354
Danhauser, Peter 526, 653
Dante Alighieri 103, 139, 315, 367, 371, 376, 382 f., 397, 431, 435 ff., 674
Dantiscus, Johannes 520
Dares Phrygius 57
Dasypodius, Petrus 655
Datus, Augustinus 470
David von Augsburg 317
Debs, Benedikt 242
Dedekind, Friedrich 584, 597
Deichsler, Heinrich 148
Demosthenes 437, 537, 550, 561
Denck, Johann 401
Descartes, René 434, 521
Detmar von Lübeck 155
Deutschenspiegel, Der 370
Dialogi septem festivi candidi 719
Dialogus mortis cum homine 394, 397
Diamond, Jakob 646
Dieb von Brügge, Der 78
Diebold von Hanau 68
Diedo, Francesco 102
Diether von Mainz 480
Dietmar von Haina 619
– von Meckebach 390
Dietrich von Apolda 102
– von Kettler 162
– von Kugelweit 262
– von Mainz 223
– von Mös 152
– von Niem 124, 149 ff.
– von Schachten 162
Dietrich-Epik 64 f.
– -Sage 53
– und seine Gesellen 67
Dietrichs erste Ausfahrt 67
– Flucht 66
Dietrichstein, Siegmund von 133
Dietz, Ludwig 309
Digbey, Everard 540
Diodorus Siculus 438
Diomedes 510
Dionisio da Borgo San Sepolcro 436
Dionysius d. Gr. 210
– Afer 660

– Areopagita 326, 329, 420, 440, 533 f., 670
– Halicarnassensis 470
– der Kartäuser 326, 328
– Pseudo- 22, 440
Dioskorides 695
Dirks, Vincent 563
Dirmstein, Hans 86
Dissen, Heinrich 315
Dittlinger, Heinrich 142
Dodo, Augustin 488
Döring, Matthias 155, 319
Dolnstein, Paul 357
Dominikus, Ordensstifter 309 f., 321, 333
– von Preußen 37
Domping, Heinz 189
Donatello 446
Donatus, Alexander 351, 366, 626, 655, 718
Doneldey, Arnold 358
Donisius 631 ff.
Dorlandus, Petrus 271
Dorothea von Hof 332
– von Kippenheim 323
– von Montau 331
Dorothea-Legende 98, 233
Dorotheen-Spiele 268
Dorpius, Martin 650
Dottanius, Georg 704
Drabolt, Hieronymus 235
Draconites, Johannes 512, 622
Dracontius, Jakob 508, 536
Drei Könige, hl.-Legende 102
Dringenberg, Ludwig 496, 507, 601, 679
Dryander, Johann 696
Dryborch, Johannes 57
Dürer, Albrecht 16, 36 ff., 131, 134 f., 137, 216, 265, 332, 341 f., 346, 353, 357 f., 364 f., 368 f., 389, 432 f., 444, 447, 449 f., 452, 455, 469, 500, 503, 507, 513, 526, 529, 531, 543 f., 546, 548 ff., 557, 559, 564 f., 583, 585, 596, 603, 609, 618, 621, 653, 666, 674, 676 f., 679 ff., 683 ff., 693, 707
Dukus Horant 72
Duller, Raphael 233
Duns Scotus, Johannes 18, 26, 198, 310, 313, 454
Durandus de S. Porciano 18
Duranti, Wilhelm d. Ä. 371, 410
Durst, Der 178

Ebelin von Eselsberg 53
Ebendorfer, Thomas 114 f., 141, 199, 409
Eber, Valentin 488
Eberbach, Peter 518, 552, 599, 619 f., 625
Eberhard, Priester 138
– von Cersne 169 f., 201
– Eberhard V. im Bart von Württemberg 49, 188, 512, 532 f., 535, 537, 571 f., 579, 592, 663
– VI. von Württemberg 535, 537, 638 f.
Eberhardi, Ulrich 477, 504
Eberlin von Günzburg 321
Ebin, Anna 330
Ebner von Engeltal, Christine 157, 322, 381
– Margarete 158, 260, 322, 381
– Valentin 479
Ebran von Wildenberg, Hans 147
Eck, Johann 402, 505, 513, 547, 612, 651, 720
Eckehart, Meister 22 f., 43, 258, 314, 323, 329, 374, 376, 381, 390, 413, 416 ff., 458
Eckenlied 64 ff.
Eckius dedolatus 651, 708, 717, 720
Edessa, Weiblein von 102
Edlibach, Gerold 143
Efinger, Heinrich 572
Egher von Kalkar, Heinrich 325 f.
Egnatius, Baptista 723
Egomondan, Nikolaus 566
Ehingen, Georg von 52, 159
Ehinger, Georg 573
Eike von Repgowe 73, 292, 370
Eilhart von Oberge 79, 473
Einhard 158, 447, 510
Eisenmann s. Ferrarius Montanus, Johannes
Eislinger, Ulrich 231
Eleonore von Österreich 69, 76, 79 f., 131, 505, 570, 574
– von Portugal 128, 132, 226, 468, 573
Elhen von Wolfhagen, Tilemann 44, 150, 166, 168, 199
Elisabeth, Gemahlin Kaiser Karls IV. 384
– Gemahlin Albrechts V. von Österreich 145 f., 410 f.
– von Bayern, Gemahlin Ottos des Fröhlichen von Österreich 115, 121 ff.

– von Mähren 389, 406
– von Nassau-Saarbrücken 60, 69, 74 ff., 79 f., 92
– von Schönau 101
– von Thüringen 101 f., 184, 596
– von Ungarn 158
– Nichte Simons von der Leyen 675
Elisabeth-Legende 101 f.
Ellenbog, Nikolaus 516
– Ulrich 359
Ellenhard (vor dem Münster) 144
Ellerbach, Burghard von, d. Ä. 208
– Burghard von, d. J. 208
Emmausspiel, Bozener 276
Emser, Hieronymus 564, 604
Endelechius 397
Enea Silvio Piccolomini 13, 26, 88, 128, 169, 374, 409, 413, 415, 421, 438, 443, 445, 453, 462 ff., 469 ff., 478, 483 f., 499, 502 ff., 515, 568, 570 ff., 600, 626 f., 629, 631 f., 662, 664 f., 674, 723 f., 727
Enenkel, Kaspar 162
Engel, Johannes 678
Engelbert von Admont 297
Engelbrecht, Philipp 505
Engelhus, Dietrich 141, 155, 342, 351
Engelmann, Nikolaus 357
Ennius, Quintus 595
Epikur 413, 441
Epiphanius von Salamis 536, 562
– Scholasticus s. Cassiodorus-Epiphanius
Epistolae clarorum virorum 462, 712 f.
– illustrium virorum 712
– obscurorum virorum 462, 482, 708 ff., 722
Eques s. Reuter, Kilian
Erasmus, Karmelit 97
– von Rotterdam 296, 320, 329, 340, 367, 442, 452 f., 455 f., 462, 487, 491, 494, 498, 500, 503, 505, 507, 510, 513, 516, 518 f., 522, 532, 544 f., 547 f., 551, 553, 555 ff., 594, 600, 604, 612 f., 618, 620 f., 624 f., 628, 640, 673, 676, 686, 695, 697, 699, 703 f., 707 ff., 713, 715, 720, 722 f., 727, 729
Ercole von Ferrara 491, 629
Erhardus, Dominikaner 655
Eriugena, Johannes Scotus 420
Ermenrikes Dot 68
Ernst, Hans 481

– von Bayern 672
– von Bayern-München 146
– von Kirchberg 155
– von Pardubitz 387
Ertman, Ertwin 152
Erwin von Steinbach 179
Eschenfelder, Christoph 564, 725
Eschenloher, Peter 157
Etienne von Besançon 306
Etterlin, Petermann 143
Etzlaub, Erhard 692
Eucharius-Legende 102
Eugen IV., Papst 414, 471, 482
Euklid 284, 579, 630, 653, 677
Eulenspiegel, Till 48, 108, 120, 123 ff.,
  301
Euripides 560, 627 f.
Eusebius Cremonensis 388
Evangelien der guten Meister 392
– Limburger s. Leben Jesu
Everyman 270 f.
Eyb, Albrecht von 61, 69, 80, 372,
  464, 483 f., 569 f., 576 ff., 652, 656 f.
– Gabriel von 517
– Ludwig von 357, 359
Eybin s. Ebin, Anna

Faber, Franciscus 597
– Johannes 505
– Stapulensis, Jakob 420, 613, 672
Fabri, Felix 162 f.
– Jacobus 511
– Johannes 296, 601, 718
– Ulrich 147
– Carbachius, Nikolaus 673
Fabricius, Georg 659
Facetus 91, 112, 294, 584, 593
Fachus, Balthasar 616
Farinator, Matthias 295
Faust, Doktor 81, 667, 699
Faustbuch 81
Feigenmuntorden, Der 303
Femel, Johann 623
Ferdinand I., Kaiser 12, 213, 618 f.,
  669, 678, 681, 687, 726
Ferrarius Montanus, Johannes 596
Festus Avienus, Rufus 671
Feuerhane s. Pyrgallius, Henning
Feyerabend, Siegmund 49
Fichet, Wilhelm 487
Ficinus, Marsilius 435, 438, 440, 450,
  455, 485, 499 f., 517, 523, 528, 533,
  540, 542, 546, 669, 694, 702

Filarete, eig. Antonio Averlino 682
Filelfo, Francesco 438, 463, 472, 484,
  573, 576, 599, 628, 664
Finck, Heinrich 681 f.
– Thomas 315
Finke, Köne 189
Firenzuola, Aquolo 445
Firmicus, Maternus 677
Fisch- und Angelbüchlein 358
Fischart, Johann 51, 124, 296, 309,
  590, 597
Fischer, Heinrich 517, 601
Fisher, John 557, 566
– Robert 558
Fleck, Konrad 578
Flock, Johann 517
Flodoard von Reims 668
Flore und Blanscheflur 72, 578
Floreke, Nikolaus 154
Florus, Lucius Annaeus 671
Floyris 578
Folz, Hans 53, 197, 219 f., 228,
  230 ff., 285 f., 400
Foppa, Vincenzo 682
Forchtenauer, Wolfgang 474, 632
Fortunatus 31, 48, 80 f.
Foscari, Francesco 479
Fouquet, Jean, gen. Perrcal 239
Fracan Montalboddo 161
Fragensteiner, Oswald 188
Franciscus-Legende 101
Franck, Hermann 233
– Sebastian 2, 134, 161, 164, 296,
  691, 697
Franckforter, Der s. Theologia
  deutsch
Frankenspiegel, Der 370
Frankfürter, Philipp 116, 119 ff.
Frankfurter, Bartholomäus 647
– Katharina 119
– Philipp s. Frankfürter
Franz I. von Frankreich 445, 562
– von Ascoli s. Franz von Marchia
– von Assisi 22, 297, 309 f., 317, 320,
  333, 336, 338
– von Marchia 377
– von Retz 252, 323, 408, 411, 581
Frau, Die böse 66
– Welt, Von 104
Frauenberg, Familie derer von 52
Frauenlob, Heinrich 47, 94, 168, 176,
  178 ff., 207, 212, 219 ff., 230, 235,
  306, 381, 399

Frechulf von Lisieux 668
Freidank 47, 53, 112, 174, 194, 197, 207, 293, 584
Freitag, Peter 101
Frey, Peter 235
Freysleben, Bartholomäus 135
Fricker, Thüring 143
Fridolin, Stephan 319, 341
Friedlieb s. Irenicus, Franciscus
Friedrich I. Barbarossa, deutscher Kaiser 92, 142
– II., deutscher Kaiser 92, 349, 358
– III., deutscher Kaiser 12, 128 f., 132, 145, 158, 162, 187, 204, 225 f., 353, 359, 405, 412 f., 454, 463, 465, 471 ff., 477 ff., 492, 504, 523 f., 536, 571, 600, 612, 662, 669
– I. von Brandenburg 190
– II. von Brandenburg 14
– von Braunschweig 189
– VII. von Leuchtenberg 72
– von Lothringen 75
– von Nürnberg 352
– der Schöne von Österreich, deutscher Gegenkönig 12, 38, 93, 113, 116 f., 375, 383, 404, 407
– II. der Streitbare von Österreich 207
– IV. mit der leeren Tasche von Österreich 173, 224
– I. der Siegreiche von der Pfalz 50, 62, 150, 153, 158, 190, 225 f., 428, 464, 480 f., 507
– von Saarwerden 56
– III. der Weise von Sachsen 163, 199, 204, 322, 329, 520, 523 f., 528 f., 554, 600, 645, 657 f., 725
– von Sizilien 376
– von Sunnenburg 180
– I. der Freidige (der Gebissene) von Thüringen, Markgraf von Meißen 105, 264, 596
– von Zollern 607
Fries, Lorenz 695
Frith, John 512
Froben, Johannes 503, 557, 562, 612
Fröhlich, Georg 147
Fröschel von Laidnitz 88, 199, 214
Fronleichnamsprozession in Freiburg i. Br. 265, 667
– zu Zerbst 265
Fronleichnamsspiel, Bozener 267
– Calver 265
– Künzelsauer 238, 262, 266

– Neustifter 265
Froschmäusekrieg 537
Fründ, Hans 143
Frundsberg, Georg von 188, 214
Fryger von Waldshut, Clewi 145
Fuchs, Jakob 716
Fuchsmagen, Johann 504, 527, 680
– Sigismund 645
Fünfer, Johann 571
Fürst, Veit von 666
Fuetrer, Ulrich 38, 49, 53 ff., 69, 147
Fugger, Familie der 513
– Hans Jakob 120, 122, 134
– Jakob II. 513
Fulgentius, Claudius Gordianus 546
– Fabius Planciades 86, 641, 659
Funck, Engelhard 604
– Matthias 102, 596, 602
Funkelin, Jakob 647
Furter, Michael 488
Fust, Johann 366

Gaguin, Robert 496, 532
Galeazzo von Arco 472
– di San Severino, Giovanni 543, 628
Galenus 450, 561
– Pseudo- 550
Galilei, Galileo 363, 380, 464, 467, 677
Gallopes, Jean 91
Gallus, Alexander 477
– Jodokus 508, 524, 536
– von Königsaal 316 f., 490
Gambara, Veronica 444
Gauricus, Pomponius 448, 653
Gautier de Chatillon 426
Gaza, Theodorus 440, 562
Gebwiler, Hieronymus 489, 506 f., 569, 604, 665, 672
Geiler von Kaisersberg, Johann 16, 296, 317, 322, 341 f., 400, 483, 489 ff., 497 ff., 505 f., 584 f., 591, 672, 674, 706
Gekatila, Joseph 533
Gellius, Aulus 428, 510
Gelre, eig. Heynen 206, 208
Gengenbach, Johannes Matthias von 503
– Pamphilus 271 f., 275, 287, 363
Geometria deutsch 353
Georg, Pfalzgraf, Bischof von Speyer 615, 711
– der Reiche von Bayern-Landshut 525, 641

– von Liegnitz 519
– von Sachsen 189, 267, 271 f., 550, 604, 640
– III., Schenk von Limburg 513
– von Trapezunt s. Georgios Trapezuntios
– aus Ungarn 103 ff., 160
– am Wald 371
Georg-Spiel 268
Georgios Trapezuntios 440, 467, 690
Georgslegende 97
Geraldini, Antonio 600
Gerard, Peter 556
– Rotger 556
Gerart van Rossiliun 74
Gerbelius, Nikolaus 506
Gerhard, Dompropst 98
– Comitis 323
– von Minden 307
– von Sterngassen 23
– van Vliederhoven 316, 327
Gerhart von Fracheto 157
– Friedrich 352
Gerhoh von Reichersberg 240
Gerlach von Mainz 318
Gern, Hans 187
Gersdorff, Hans von 695
Gerson, Johannes 20, 22, 177, 270, 316 f., 325 ff., 334, 342, 402, 411, 486, 490, 498, 668, 684
Gerstenberg, Wigand 150
Gert van der Schüren 152, 351
Gertrud von Büchel 675
– von Büren 344
Geschichte wegen eines Bundes 156
Gesner, Konrad 358
Gessler, Heinrich 352
Gesta Romanorum 80, 84 ff., 276, 574
Gesundheitslehre, Groß-Schützener 359
Gherardo da Sabbioneta 467
Ghetelen, Hans van 584
Gilgenschein 189
Gilles, Peter 557, 566
Gioja, Flavio 364
Giotto di Bondone 37 f., 433, 682
Giovanni Antonio di San Giorgio 604
Glareanus, Heinrich Loriti 503, 505, 509 f., 596, 608, 612 f., 654, 680, 682, 693, 719
Glaser, Martin 578
Glockendon, Jörg 353
Gluf, Heinz 188

Gobelinus, Person 141, 149 ff.
Goede, Henning 623
Görz, Leonhard von 505
Goethe, Johann Wolfgang von 293, 309, 444, 544, 653, 685, 689, 724
Gonzaga, Francesco, Kardinal 628
– Paola 505
Goritz s. Corycius, Johannes
Gormond und Isenbrand 76
Gossembrot, Sigismund 354, 429, 463 f., 476, 479, 483 ff., 488 f., 513, 663, 690, 703 f.
– Ulrich 483, 488
Goswin von Marienberg 145
Gothart-Nithart, Mathis s. Grünewald, Matthias
Gottesfreund vom Oberland 330
Gottfried von Brabant 54
– von Breteuil 254
– von Franken 356
– von Straßburg 43, 53, 64, 72, 74, 200, 202, 292
– von Viterbo 397, 574
Gottfrieds Eroberung des Heiligen Grabes 54
Gottsched, Johann Christoph 66, 309
Gotzkircher, Sigmund 159
Gozzadini, Tommaso 300, 575
Graf, Urs 503, 559, 587
Graff, Jörg 136, 199
Gramerin, Susanna 234
Grammateus s. Schreiber, Heinrich
Graser, Hans 356
Gratius, Ortwin 509 f., 602, 708 ff.
Grebenstein, Heinrich von 414
Gregor d. Gr. 21, 52, 315, 325
– XI., Papst 13
– XII., Papst 151
– von Nazianz 158, 437, 545 f., 550, 554, 700 f.
– von Nyssa 673 f.
– von Rimini 20, 328, 402, 409, 612
Gregorios Thaumaturgos 701
Gregorius auf dem Stein 78
Gresemund, Dietrich d. J. 507, 596, 604
Grevenstein, Hermann 190
Grien s. Baldung, Hans
Grieninger, Heinrich 516
– Johann 124 f.
– Peter 214
Grimmelshausen, Hans Jakob Christoffel von 113

Griseldis   125
Gritsch, Johannes   319
Gronde, Johannes   332
Groninger, Rainer   153
Groote, Geert   313, 325, 329, 332,
    336 ff., 491
Groß, Erhart   326 f., 570, 577
- Nikolaus   s. Nikolaus von Jauer
Grotius, Hugo   434
Grünewald, Antonius   66
- Matthias   36, 38, 333 f., 362, 507,
    674, 683, 686
Grüninger, Johann Reinhard   627
Grünpeck, Joseph   515, 634, 636 f.,
    643 f., 662, 669, 678, 694
Grünsleder, Ulrich   393
Grynäus, Simon   504, 508
Guarini, Battista   437, 444, 491, 523,
    599
Guarino von Verona   437, 444, 463,
    479, 483 f., 599
Gülfferich, Hermann   584
Günther von Mosbach   393
Guibert von Nogent   139, 158
Guicciardini, Francesco   445 f.
Guido de Columna   57
Guillaume de Deguileville   91
- de Machaut   385
Gundaker von Thernberg   122 f.
Gundelfingen, Heinrich   143
Gunther von Pairis   528, 670
Gutenberg, Johannes   366 ff., 392
Gutevrunt von dem Brunswick,
    Heinrich   57

Habichtslehre   358
Hackmann, Friedrich August   301
Hadamar von Laber   50, 53 f., 200,
    202, 207, 589
Hadeke   s. Hadus-Hadelius, Johannes
Hadrian VI., Papst   538, 618
Hadus-Hadelius, Johannes   521,
    599 f., 608, 613
Hätzer, Ludwig   707
Hätzlerin, Klara   194
Hagen, Gottfried   152
Hagenbach, Peter   144 f., 190, 496
Haider, Ursula   320
Haimonskinder, Die   59
Halbsuter, Hans   187
Haller, Heinrich   327
Hamerstetten, Augustin von   204
Hamilton, Patrick   512

Haneron   466
Hans, Bruder   94, 179 f.
- von Anwil   186
- von Bühel   56
- vom Hof   188
- von Kulmbach   336, 678
- von Lothringen   94
Harder, Der (Konrad)   180, 223, 227
Harst, Hans   572
Hartlieb, Jakob   713
- Johannes   53, 55, 58 ff., 100, 131,
    352, 359 ff., 477, 574
Hartmann von Aue   53, 55, 66, 73 f.,
    79, 99, 200, 292
- von Eptingen   593
- Georg   364
Hartung, Bruder   362
- von Erfurt   381
- von Kappel   474
Harzer, Peter   190
Has, Kunz   199, 215 f., 363
Hasenstand, Peter   189
Haunfeld, Moritz von   208
Hausbuch, Mittelalterliches   357
Hausbuchmeister   63
Hauser, Johannes   195
Hausmann, Ritter   173
- Sabine   173 f.
Hausmannstetter, Georg   671
Hayden, Gregor   72
Hebenkrieg, Paul   476
Hedio, Kaspar   503, 506, 671
Hedwig von Schlesien   101 f.
Hedwigs-Legende   101 f.
Heer, Johannes   195
Hefft, Leonhard   147
Hegendorff, Christoph   638, 643,
    648 f.
Hegius, Alexander   454, 494, 510 f.,
    552, 556, 605, 608, 613 f., 675, 718
Heiligen Leben, Der   96, 98, 295
Heilig-Kreuzspiel   268
Heimburg, Gregor   401, 414, 453 f.,
    463 f., 478, 484, 505, 515, 571, 573,
    729
Hein van Aken   63
Heinfogel, Konrad   353, 531, 679 f.
Heinrich   308
- Bruder   328
- IV., deutscher Kaiser   513, 663, 725
- van Beeck   152
- von Bergen   556
- von Beringen   301

– VII. von England 375
– VIII. von England 402, 557
– von St. Gallen 292, 317, 335 f.,
  391 f.
– von Gent 17, 326
– von Gundelfingen 102
– von Hesler 34
– von Kärnten 208
– von Landshut 88
– (Heynbuch) von Langenstein 20,
  212, 312, 327, 342, 402 f., 405 ff.,
  411, 464, 475, 537
– von Laufenberg 170
– IV. von Limburg 63
– von Melk 580
– von Morungen 184
– von Mügeln 30, 157, 170, 180, 207,
  219 f., 222 f., 300, 306, 318, 343, 345,
  385, 393, 399, 405 f.
– von München 146
– von Neustadt 385
– von Nördlingen 314
– von Ofterdingen 219
– der Löwe von Sachsen und Bayern
  348
– I. von Schlesien 101
– von Strätlingen 143
– der Teichner 8, 30, 35, 99, 176,
  194, 197 ff., 204, 208, 210, 212, 223,
  296, 402, 405, 580
– von Thalheim 377, 379, 382
– Toting von Oyta 20, 212, 402, 407
– von dem Türlin 66
– von Veldeke 205
– von Winchester 438
– von Wittenwile, Meister 108
– von Württemberg 170
– von Xanten 319
Heinrich und Kunigunden-Legende
  102
Heinrichmann, Johann 655
Helbling, Seifried 197, 202, 205, 207
Heldburg, Johann von 517
Heldenbuch, Ambraser 66, 136
– Dresdener 66 f., 69 f.
– an der Etsch 66, 69
– Gedrucktes 68 f.
– Lienhart Scheubels s. Scheubel
Helena, Die geduldige 56
Helfant, Valentin 640
Helfer, Jakob 336
Heliand 89
Heller, Jakob 683

– Johannes 484
Helmschmid, Alexander 135, 357
Helmstadt, Familie derer von 52
Helvetius, Konrad 510
Hemeling, Johann 156
Hemerken s. Thomas von Kempen
Hemmerlin, Felix 62, 454, 463, 477 f.,
  570 ff.
Hennieg van Ghetelen 161
Heraklit 701 ·
Herbort von Fritzlar 57
Herder, Johann Gottfried 364, 429
Herennius 466
Herger s. Kerling
Herkules am Scheidewege 643, 647
Hermann von Fritzlar 96
– von Hessen 62
– von Lerbeck 157
– von Sachsenheim 49 ff., 69, 107,
  194, 204, 500, 505, 589, 591
– von Vechelde 153
– von Weissenburg 157
Hermannus, Prior 171
Hermes Trismegistus 440
Hermogenes 470
Hermonymus, Georg 532
Hero und Leander 185
Herodot 78
Herolt, Johannes 302, 323
Heron 677
Herp, Heinrich 319, 340
Herpin 53
Herr, Michael 161
Herrad von Landsberg 287
Herrant von Wildon 66, 81
Herter, Kunz s. Harder, Der
  (Konrad)
Hertnit von Pettau 222, 406
Hertze, Johann 155
Herzog Ernst 53, 67, 69 f., 72,
  235
Heselloher, Hans 55, 116, 178
Hessus, Helius Eobanus 459, 512,
  552 f., 599, 601, 615, 619 ff., 624 f.,
  686, 718, 727
Heuberger, Matthäus 253
Heuerling, Tilmann 614
Heynen s. Gelre
– Claes 206
Heynlin von Stein, Johann 483, 485 ff.,
  503, 512, 532, 536, 581 f.
Hieronymus, hl. 52, 96, 210, 306,
  343 f., 388 f., 392, 406 f., 497, 519,

528, 534, 556 f., 561, 655, 668, 700, 713
– von Prag 151, 438, 572, 719
Hierszmann, Hanns 145
Hilarius von Poitiers 561
Hilbert von Le Mans 394
Hildebrandslied 67
– Jüngeres 68
Hildelied 72
Himmelfahrt Marias 95
Hinderbach, Johann 128, 463, 474 f., 484, 505, 632, 680
Hinrek van Alkmar 308
Hinrik van den Ronen 155
Hiob von Dobeneck 520, 620
Hippokrates 450, 537, 694
Hirnkofen, Wilhelm von 515
Hirschfelder, Bernhard 352
Hirtz, Matthias 188
Historie von Herzog Gottfried, wie er wider die Türken gestritten 54
– von dem Schwan 79
Hochmeisterchronik, Ältere 156
Hochstraten, Jakob von 540, 708, 710 ff.
Hochstratus ovans 717
Hölzel, Blasius 504
– Hieronymus 341
Höniger, Nikolaus 584
Hörburger, Hans 584
Hörwart, Susanne 490
Hösch von Gmünd, Hans 356
Hoest, Stephan 480, 496
Hofhaimer, Paul 136, 353, 612, 680, 682
Hofmann, Crato 507, 672
Hohenwang, Ludwig 578 f.
Holbein, Hans d. Ä. 513
– Hans d. J. 38, 218, 239, 452, 503, 506, 557, 560, 612, 674
Holkot, Robert 86
Holland, Johann 212
– Ludeken 153
Hollen, Gottschalk 343
Holonius, Lambert 562
Holzer, Wolfgang 225
Holzinger, Konrad 535, 638 f.
Holzschuher, Lazarus d. Ä. 148
Homberg, Konrad 509
Homer 439, 528, 533, 536, 568, 595, 622
Honorius, Papst 92
– Augustodunensis 350

– Johannes 518
Hoochstraten, Michiel van 127
Horapollo 444, 546, 688
Horatianus, Octavianus 510
Horatius, Quintus Flaccus 8, 39, 442, 480, 485, 509, 511, 518, 523, 565, 579, 598, 605, 608, 611, 656, 659, 700, 714
Horlaeus, Jakob 619, 622
Hornburg, Lupold 47, 184, 205, 207, 382
Hosius, Stanislaus 520
Hrabanus Maurus 497
Huber, Wolf 449
Hülzing, Der 223, 227
Hündler, Veit 214
Hütlin, Matthias 363
Hugo von Balma 340
– von Langenstein 83
– von Montfort 30, 168, 176 ff., 206, 212, 222, 350
– von Reutlingen 193
– von Trimberg 47, 83, 197, 287, 293 f., 299, 303, 305, 326, 580
– von St. Victor 21, 312, 315, 326, 335, 407, 582
Hugutio 655
Hume, David 380
Hummelberger, Michael 506, 512
Hummele von Lichtenberg 382
Hunibald 668
Hurübel, Von dem 303
Hus, Johann 149, 174, 262, 385, 400, 696, 719
Husselin, Wendel 62
Hutten, Hans von 721, 723
– Ulrich von 30, 455, 460, 479, 505, 507, 521, 547, 553 f., 563, 566, 578, 589, 599 f., 608, 615 ff., 621, 659, 673, 676, 693 ff., 708 f., 712, 715 ff., 720 ff., 729
Huusman, Heinrich 491
Huysman, Rolef 491
Hyginus 677
Hyssopaeus, Joseph 537

Ignatius von Loyola 335, 337, 340
Ilacomus s. Waldseemüller, Martin
Illuminatoris, Jacobus 519, 704
Immessen, Arnold 267
Ingold, Meister 302, 322
Innozenz VIII., Papst 440, 491, 493, 666

Institoris, Heinrich   370, 411
Irenaeus von Lyon   561
Irene, Kaiserin   670
Irenicus, Franciscus   527, 662, 673
Isaac, Heinrich   136, 353, 515, 680 f.
Isabella von Neapel   628
Isemann, Kaspar   239
Isidor von Sevilla   138, 210, 334, 350, 470
Isocrates   493, 545, 547

Jacobi, Peter   532, 594 f.
Jacobus de Bergamo   664
– de Cessolis   301 f.
– Paladini de Theramo   366, 372
– de Voragine   95 f., 98, 268, 335
Jäger, Johannes   s. Crotus Rubeanus
– Martin   173
Jakob von Gouda   509
– von Jüterbock   327
– von Lilienstein   323
– I. von Schottland   76
– IV. von Schottland   557
– von Speyer   467
Jakobus d. Ä., hl.   162
– von Mailand   317, 334, 389
Jamblichus   440
Jan van dem Berghe   302
– van Scorel   239
Jans Enikel   81, 410
Jean d'Arras   77
– de Bourgoigne   159 f.
– de Clerk   327
– de Paris   239
– le Fèvre   218
Jedermann   226
Jelin, Matthäus   188
Jesu, Leben   93
Jetzer, Hans   586 f., 719
Joachim von Fiore   193, 262, 379, 431
– I. von Brandenburg   520, 650, 667
Jöppel, Kaspar   187
Jörg von Eysenhofen   56
Johann XXII., Papst   295, 375 ff., 379 ff.
– XXIII., Papst   151, 224, 438
– der Alchimist   464
– von Allenblumen   480
– von Bopfingen   169
– König von Böhmen   383, 385
– von Brack   297
– von Brandenburg-Kulmbach   361 f.
– von Burgund   s. Jean de Bourgoigne

– von Eich   474 f., 486, 516 f., 573
– von Gmunden   408, 463 f., 466
– von Guben   154
– von Hildesheim   99
– von Jenzenstein   390
– von Konstanz   202
– von Leonrodt   341
– von Luxemburg   262, 384
– von Morsheim   299
– von Münster   657
– Sohn der Elisabeth von Nassau-Saarbrücken   92
– von Neumarkt   30, 312, 315, 329, 373, 384 ff., 393, 399, 406 ff., 412, 519
– II. von Portugal   691 f.
– von Regensburg   476
– von Rinkenberg d. Ä.   306
– von Sachsen   199, 204, 505, 650
– Friedrich von Sachsen   621
– von Salmannsweiler   572
– von Scharfeneck   392
– von Tetschen   355
– von Viktring   297
– aus dem Virgiere   79
– von Waldberg   163
– von Werden   319
– von Winterthur   142
– von Würzburg   53, 79
Johanna von Pfirt   405
Johannes VIII., Papst   269
– XXI., Papst   24
– de Alta Silva   84
– von Capua   579
– de Caulibus   334
– Chrysostomus   315
– I. von Cleve   62
– Climacus   326
– Damascenus   79, 99, 547
– von Dambach   334, 390 f.
– Fidanza   s. Bonaventura
– von Frankfurt   324
– (Rumsik) von Freiburg   321
– von Gelnhausen   390, 406
– von Glogau   s. Schelling, Johannes
– Gobii Junior   84
– vom Hayn   s. Rosenbach, Johannes
– Henslinus   395
– de Indagine   s. Rosenbach, Johannes
– von Indersdorf   329 f.
– von Jandun   377 f., 402
– von Kassel   622
– von Kastl   393

– Lagenator s. Johannes von
Frankfurt
– von Marienwerder 331
– von Palz 328
– Pflug von Rabenstein 395
– von Posilge 156
– von Rinstetten 328
– II. von Rossessing 171
– Rotburgensis s. Beussel, Johann
– Rotthut s. Johannes von
Indersdorf
– von Saaz s. Johannes von Tepl
– de Sacro Bosco 353, 678
– von Salesbury 426, 482
– von Soest 62 f., 158
– zu Solms-Lich 162
– von Speyer 325
– von Sterngassen 23
– von Tepl 16, 30, 35, 37, 43, 113,
292, 326, 350, 366, 372 ff., 390,
393 ff., 409, 421, 592
– de Turrecremata 325
– von Vitpech 328
– von Zuzenhausen 318
Johannis-Prozession, Dresdener 262
Jonas, Justus 553, 620
Jonson, Ben 563
Jordan von Sachsen (von Quedlin-
burg) 328
Jordanes 670
Josep 302, 305
Joseph Ben Chanan Esobi 537
Josephus, Flavius 561, 579
Joudrain de Blaivies 71
Jud, Leo 503
Judensint, Hans 190
Julian der Apostat 550, 701
Julius II., Papst 13, 498, 599, 617,
628, 666, 689
– III., Papst 600
Justinger, Konrad 142
Justinian I., Kaiser 589, 671
Justinus der Märtyrer 158, 554, 700 f.
Juvenalis, Decimus Junius 485, 703
Juvencus, Caius Vettius Aquilinus 672

K siehe auch unter C

Kabbala 441, 533, 535, 538 ff., 697,
709
Käsenbrot von Wscherd s. Moravus
Augustinus
Kaiserchronik 97, 99

Kallistenes, Pseudo- 57
Kaltenbach 194
Kammermeister, Hartung 154
Kanzler, Der 219, 222
Kapellen, Hans von 208
Kaper, Heinrich 156
Karl d. Gr. 59, 75, 77, 151, 343, 497,
666, 668 ff.
– IV., deutscher Kaiser 12, 14, 24,
28, 36, 140, 154, 158, 179, 184, 262,
380, 383 ff., 403 ff., 412, 592
– V., deutscher Kaiser 12, 137, 188,
213, 445, 562 f., 574, 600, 604, 619,
624, 646, 669, 720, 725 f.
– I. von Baden 571 f.
– von Burgund s. Karl V., deutscher
Kaiser
– der Kühne von Burgund 12, 128,
132 f., 142 f., 186, 492, 601
– II. von Frankreich 376
– V. von Frankreich 410
– VI. von Frankreich 401
– VIII. von Frankreich 129, 441,
496, 637, 640 f.
– Markgraf 532
Karlstadt, Andreas Bodenstein, gen.
504, 540, 707
Karoch von Lichtenberg, Samuel
481 f., 507, 512, 514, 517 f., 601
Kaspar von der Rhön 66 f., 70
Kastner, Heinrich 320
Katharina von Aragon 563
– von Baden 571
– von Burgund, Gemahlin
Leopolds IV. von Österreich 169
– von Gebweiler 157
– von Meissen 328
– Gemahlin Rudolfs IV. des Stifters
von Österreich 405
Katharina-Legende 98 f.
Katzmair, Jörg 146
Kaufleuten, Von den vier 78
Kaufmann, Daniel 162
Kaufringer, Heinrich 81, 199
Kebitz, Jakob 193 f.
Kempensen 189
Kempf, Nikolaus 327, 408 f.
Kepler, Johannes 420, 677
Kerckmeister, Johann 634 f.
Kerkhörde, Johann 152
– Reinhold 152
Kerling 306
Kessel, Hans 332

Kessler, Nikolaus 341, 488
Kettner, Fritz 231
Kiburger, Eulogius 143
Kienast, Jörg 234
Kilian, Barfüßermönch 101
Kimchi, David 537
Kirchmair, Georg 146
Kistener, Kunz 83, 99
Kistler, Peter 143
Kitscher, Friedrich 519
– Johann von 643
Kittel, Balthasar 603
Klage, Die 66, 207
Klara von Tepl 395
Klarer, Johannes 727
Klein, Johann 341
Kleinepik, Schweizer 87
Klemens V., Papst 379
– VI., Papst 383 f., 387
Klesse s. Reise, Clesse
Klingsor 219
Klösterlein, Weltliches 204
Kloor, Johannes 160
Klopstock, Friedrich Gottlieb 615
Klyber, Jakob 640
Knabe, Der elende 200, 202
Knoblochtzer, Heinrich 119
Knuyt van Slyterhoven, Hermann 633
Koberger, Anton d. Ä. 341, 344, 346, 515
Koch, Eoban s. Hessus, Helius Eobanus
– Konrad s. Wimpina
Köbel, Jakob 16, 353, 574
Köchlin, Michael 501, 666
Ködiz, Friedrich 184
Kölderer, Jörg 131
König Anteloy 67
– vom Odenwald 47
– Rother 69, 72
Königsberg 189
Königschlaher, Peter 350
Kolde, Dietrich 319 f.
Kollin, Konrad 711
Kolumbus, Christoph 161, 364, 371, 449, 468, 691
Koluthus 622
Konrad III., deutscher König 663
– von Alzey 91
– von Ammenhausen 299, 301 f., 304, 668 f.
– von Bondorf 321
– von Gaming 94

– von Gelnhausen 401
– von Haimburg s. Konrad von Gaming
– von Halberstadt d. J. 391
– von Haslau 298
– von Jungingen 353
– von Megenberg 35, 164, 349 f., 353, 380
– von Nierenberg 345
– von Queinfurt 172
– von Schlüsselberg 205, 207
– von Soest 36
– von Waldhausen 391
– von Weinsberg 223 f.
– von Würzburg 32, 44, 47, 49, 52 f., 55 ff., 63, 74, 79, 81, 83, 94, 179 f., 184, 204 f., 207, 591
Konstantin d. Gr., Kaiser 433, 537, 663
Kontoblacas, Andronicus 532
Kopernikus, Nikolaus 363 f., 417, 420, 453, 464, 467, 519, 521, 605 f., 654, 690, 699
Korner, Hermann 156
Kortelangen, Wilhelm 390
Kottanner, Helene, geb. Wolfram 145 f.
Krachenberger, Johann 136, 504, 528, 536, 671, 680
Kraft, Ulrich 341
Kramer s. Bernhard von Kraiburg
Krantz, Albert 520 f., 662
Kreckwitz, Georg 344
Kreisbach, Friedrich von 208
Kremmeling, Hermann 94
Kreusner, Friedrich 515
Kreuzer, Johannes 322
Kruffter, Servais 127
Krug, Hans 234
Kuchimeister, Christan 142
Kuchler, Hans 360
– Katharina 360
Kuchlmeister, Martinus 171
Kudrun 53, 66, 72, 184, 292
Kügelin, Konrad 320, 332
Kügler, Hans 189
Künic ze Riuzen 56
Künig von Vach, Hermannus 162
Kunhofer, Andreas 679
Kunig, Matthias 187
Künigunde, Gemahlin Kaiser Heinrichs II. 513
– von Bayern 315

Kuppner, Christoph 356
Kurzmann, Andreas 90, 299
Kydrer, Wolfgang 325
Kyeser, Konrad 357

Lacher, Lorenz 356
Ladislaus, König von Polen 478
– Posthumus, König von Böhmen und
 Ungarn 128, 145, 187, 225 f., 465,
 473 ff., 479, 607
Laetus, Pomponius 439, 445, 523,
 614, 649, 669, 673
Laienspiegel 299, 584
Lambert von Avignon 511 f.
Lammesspringe, Heinrich von 154
Lamola, Giovanni 484
Lamparter, Gregor 593
Lamprecht, Pfaffe 58
Lampridius, Benedictus 600
Lanckmann von Falkenstein,
 Nikolaus 132
Landfrieden, Würzburger 370
Land- und Lehensrecht, Kaiserliches
 s. Schwabenspiegel
Landsberg, Johann von 517
Landsberger, Johannes 519, 704
Lang, Matthaeus 504 f., 617, 628,
 646, 650, 680
– Vinzenz 530, 643 f.
Lange, Gottfried 520
– Hinrick 154
Langen, Rudolf von 296, 320, 491,
 493, 511, 604 f., 613 f.
Langland, William 394
Langmann, Adelheid 322
Lannenberg, Albrecht von 357
Lanzelot, Prosa- 53, 55, 73 f., 207
Lascaris, Johannes 598
Latomus, Bartholomaeus s. Stein-
 metz
– Jakob 566
Lauber, Diepold 368
– Franz von 379
Laubich, Blasius 102
Laufenberg, Heinrich 90 f., 183, 358
Laurin 53, 64 ff., 194
Lautensack, Hans Sebald 213
– Paul 213
Lauterbach, Johann 474
Lazius, Wolfgang 64, 662
Leben Jesu 93
– -Spiel, Himmelgartener 261
– -Spiel, Kreuzensteiner Bruch-

stücke 261
Lebküchner, Hans 360
Leczkau, Konrad 156
Lee, Edward 563, 566, 720
Lefèvre d'Etaples, Jacques 566
Legendar, Kreuzensteiner 96
Legendarium Austriacum,
 Magnum 96
Leitner, Wolfgang 135
Leman, Ulrich 162
Lemnius, Simon 625
Lenethun, Meister 190
Lenz, Hans 143
Leo VIII., Papst 219
– X., Papst 13, 440, 445, 561, 600,
 681, 711, 720, 726
– Archipresbyter 57 f., 60
– von Assisi 317
Leonardo da Vinci 38, 363 f., 420,
 444, 447 f., 451 f., 543, 628, 653,
 682, 686, 688 f.
Leonardus, Erzpriester 395
Leontorius, Konrad 488, 503, 508,
 524, 536
Leopold I. von Österreich 404
– III., Herzog von Österreich 176,
 210, 405
– IV., Herzog von Österreich 169
– III., Markgraf von Österreich 145
Lesch, Albrecht 220, 227
Lessing, Gotthold Ephraim 624
Leu, Peter 108, 124
Leubing, Heinrich 484, 515
Leyden, Lucas van 127
Leyen, Simon von der 675
Libanius 559 f., 666
Liber consecratus 361
– Rasielis 361
Lichtenauer, Johannes 360
Lichtenberger, Johann 353, 362, 369,
 678
Lidwina von Schidam 319
Liebe Buch, Der neuen 53
– von Giengen 223
Liechtenstein, Gabriel von 188
Lilie, Dietrich 152
Lindelbach, Michael 512
Lirer, Thomas 150
Litaneia pro Germania 499
Livius, Titus 445 f., 508, 561, 579,
 662, 673, 680
Lobenzwey von Riedling, Hans 362
Lobkowitz und Hassenstein,

Bohuslaus von 514, 606 f.
Lochamer, Wolflein von 194
Locher, Jakob 371, 455, 462, 498, 505, 514, 531, 584 f., 587, 596, 599, 607, 614, 627, 637 f., 640 ff., 646, 659, 705, 707 f.
Lochner, Stephan 36
Locke, John 380
Locken, Friedrich von 208
Löffelholtz, Johann 515 f., 633
Löffelholz, Martin 357
Lötz, Henning 608, 615 f., 721
– Wedeg 608, 615 f., 721
Logus (Logau von), Georg 599, 618 f.
Loher, Dietrich 340
Longinus, Vincentius s. Lang, Vinzenz
Lonicer, Johannes 512
Lorchner von Spalt, Johann 359
Lorengel 67
Lorichius, Jodokus 505
Lothar I., deutscher Kaiser 75
Lotichius Secundus, Petrus 459, 599, 625
Louber, Jakob 536
Lubbe, Jakob 156
Lucanus, Marcus Annaeus 442 f., 568, 595
Luchsperger, Lorenz 475
Lucidarius 47, 348 f.
Lucretius Carus, Titus 438, 442, 595
Lud, Walter 500, 655
Luder, Peter 153, 273, 428 f., 462 f., 479 ff., 485, 503 f., 507, 517 f., 601, 627, 633, 638, 640, 664
Ludolf von Sachsen 89, 335 f.
– von Sudheim 162
Ludus de Antichristo 240, 263, 458
– de sancta Dorothea 268
– Paschalis, Wiener 247 f.
Ludvik von Königgrätz 400
Ludwig IV. der Bayer, deutscher Kaiser 7, 12, 14, 24, 28, 46, 142, 169, 202 f., 245, 370, 374 ff., 382 f., 387, 401, 404, 420, 426, 452 f., 478, 728
Ehrenrede auf – 382
– I. von Bayern 207
– II. von Bayern 221
– IV. von Bayern 672
– VII. der Bärtige von Bayern-Ingolstadt 59, 146, 212
– IX. der Reiche von Bayern-

Landshut 215, 514
– von Bayern-Veldenz 480
– II. von Böhmen und Ungarn 190, 669
– von Brandenburg und Bayern 202
– von Diesbach 158 f.
– XI. von Frankreich 76, 159, 480
– von Mailand 641
– III. von der Pfalz 49, 298
– V. von der Pfalz 508
– IV. von Thüringen 101 f., 184
– von Ulm, Meister 342
– I. von Ungarn 208, 222, 385; 392, 406
– von Württemberg 49, 533
Luipoldus de Austria 361
Lukas, Evangelist 210
Lukian 272, 438, 443, 483, 493 f., 536 f., 545, 550 f., 560, 568, 570, 572, 579, 591, 630, 723 f.
Lullus, Raymundus 316, 355, 668, 697
Lupinus Calidomius, Matthäus 518 f., 704
Lupold von Bebenburg 203, 381 f.
Lupus, M. Barbarinus 693
Luscinius-Nachtigall, Ottmar 506
Lustspiel deutscher Studenten in Padua 633
Luterell, John 379
Luther, Martin 2 ff., 22, 34, 43, 93, 97, 122, 124, 127, 161, 191, 229, 262, 276, 296, 309, 318, 324, 327 ff., 334, 340, 346, 354, 363, 378, 401 f., 456, 506, 540, 549, 554 f., 561, 563 ff., 590, 620 ff., 624, 651, 671, 677, 681, 688, 695, 707 ff., 719 f., 724 ff., 729

Machiavelli, Niccolo 135, 433, 442, 445 f., 451, 629 f.
Macrobius, Aurelius Ambrosius Theodosius 510
Mäleßkircher, Gabriel 54
Magalhães, Fernão de 691
Magdalena, hl. 74
Magdalene von Freiburg (von Kentzingen), eig. Beutler 320, 323
Maget Krone, Der 97
Magezoge, Der 298
Magnus von Anhalt 524, 627
– von Braunschweig 189
Mai und Beaflor 56

Maier, Martin   233 f.
Mair, Georg   476
– von Nördlingen, Hans   57, 574
Mayer, Konrad   188
Mayr, Martin   478, 484, 499, 514 f.
Malegys   288
Malleolus   s. Thomas von Kempen
Man, Wolfgang von   336
Mancinellus, Antonius   518
Mancinus, Dominicus   603
Mandelreiß, Balthasar   187
Manderscheid, Ulrich von   414
Mandeville, John   160
Mandl, Johann   504
Manesse, Rüdeger   167
Manetti, Giannozzo   438, 450
Mangolt, Burk   177
Manilius, Marcus   467, 677
Manlius   s. Mennel, Jakob
Mann, Heinrich   357
– Wolfgang von   187 f.
Mantegna, Andrea   447
Mantuanus, Baptista   443 f., 497, 499,
   596, 599, 603, 614, 620, 646, 672
Manuel, Niklas   38, 218
Manutius, Aldus d. Ä.   367, 537, 628
Marco Polo   161
Marcus Aurelius Antoninus   139, 674,
   701
Mardach, Eberhard   323
Margareta von Österreich   129, 137
Margareta-Legende   98, 102
Margarete, Mutter des Erasmus von
   Rotterdam   556
– von Anhalt   505
– von Kentzingen, eig. Beutler   323
– von Savoyen   571 f.
– von Schwangau   173 f.
– von Vaudémont und Joinville   75
Margaretha, Gemahlin Kaiser
   Ludwigs IV. von Bayern   208
– von Holland   382
– Gemahlin Philipps II. von der Pfalz
   537
– von Pfannberg   176
– von Schottland   76
– von Tepl   393
Margarethe von Berg-Ravensberg   95
– von Limburg   63
– von Rodemachern   92
Maria von Burgund, Gemahlin
   Kaiser Maximilians I.   128 f.,
   132 ff., 137

– von Ungarn   563, 646
Mariae Himmelfahrt-Spiel,
   alemannisches   268
– Neustifter (Innsbrucker)   268
Marie de Frances   307
Marieken van Nijmegen   270
Marien . . . Practica, Der Prophetin
   355
Marienklage, Aggsbacher   255
– Berner   255
– Bordesholmer (Jasenitzer)   255
– Erlauer   255
– Lichtenthaler   255
– Marienweerder   256
– Münchener   256
– Niederrheinische, ältere   255
– -jüngere   255
– Prager   256, 266
– Trierer   255
– Wolfenbüttler   255
Marienlied, Heltauer   179
Mariensüß, Bartholomäus   468
Markus, Evangelist   210
– von Weida   322 f.
Marner, Der   47, 207
Marquard von Lindau   317 f., 490
Marquart von Stein   77, 685
Marschalk, Nikolaus   517 f., 521, 552
Marsiglio, Luigi   437
Marsilius von Inghen   20, 363, 402
– von Padua   140, 151, 155, 177, 374,
   377 f., 380, 383, 389 f., 392, 401 f.,
   431, 478
Marsuppini, Carlo Aretino   438
Marsus, Harmonius   444, 630
Martens, Dirk   628
Marthen, Herbord von der   552 f.,
   620
Martianus Capella   470
Martialis, Marcus Valerius   442, 485,
   518, 598, 624
Martin von Amberg   300, 392
– von Bolkenhain   157
– von Braga   294
– von Leibitz   325, 354, 690
– von Troppau   269
Martinus, Minoritenmönch   574
Masaccio   446
Massys, Quentin   557
Matthäus von Krakau   392 f.
Matthias von Beheim   344
– von Kemnat   153, 226, 480 f., 507
– von Linköping   332

– von Neuenburg 144
Mathilde von Savoyen 49
Mauburnus, Johannes 339
Maultasch, Margarete 383
Mauter, Philipp 476
Maxentius, Johannes 546
Maximilian I., deutscher Kaiser 12,
14, 48, 55, 66, 69, 71, 122, 128 ff.,
140, 143, 158 f., 186 ff., 213, 216,
332, 336, 342, 354, 357, 362, 444,
461, 468, 475, 478, 491, 496, 498 f.,
504, 515, 523 f., 526 ff., 530 f., 543 f.,
546, 582, 587, 589, 591, 593, 596,
599 f., 602, 605, 607 ff., 616 f., 628,
634, 636, 641 ff., 660, 662, 665 f.,
668 ff., 678 f., 680 ff., 686, 692 f., 696,
698, 703, 710 f., 720 f., 723, 726
– II., deutscher Kaiser 12, 309
Maximos Planudes 575
Maximus Confessor 550
– Tyrius 536
May vnd herbst 282
Mebes, Johannes 619
Mechthild, Pfalzgräfin 49 f., 54, 69,
512, 536, 569 ff.
– von Magdeburg 158
Medici, Cosimo 438, 571
– Lorenzo 439, 441, 443 f., 576
Meditationes vitae Christi 317
Medius, Thomas 444, 630
Meerwunder 66 f.
Mefrid 222
Megander, Kaspar 503
Meginfried 668
Meiler, Peter 187
Meißner, Hans 88
Meister, Die sieben weisen 56,
84 ff., 125
Meisterlin, Sigismund 148 f., 488,
515 f., 652, 662 ff.
Mela, Pomponius 692
Melanchthon, Philipp 494, 512, 519 ff.,
524, 538, 540, 625, 647, 686, 699,
706, 709, 722, 729
Melber s. Farinator, Matthias
Melusine 125
Memling, Hans 239
Mendel, Johann 466, 476, 517
– Margarete 327
Menius, Justus 716, 719
Mennel, Jakob 130, 135, 301,
662, 668 f.
Mentel, Johann 63, 346, 367

Mercatoris, Nicolaus 275, 286
Merswin, Rulmann 314, 330
Merz, Martin 357
Messahala 680
Metlinger, Bartholomäus 359
Metzen Hochzeit, Von 53, 107 ff.
Meyer, Nikolaus 78
Michael von Cesena 377, 379
– de Leone (von Löwen) 46 f.
Michelangelo Buonarotti 444, 447 f.,
600, 689
Michell, Hans 327
Micyllus, Jakob 518, 619, 625
Militsch von Kremsier 390
Miller, Johann 341
Mindowg, Fürst 83
Minneburg, Die 79, 200, 203
Miro, König 294
Mithridates, Flavius Wilhelmus
Raimundus 509
Mönch von Heilsbronn 321
– von Salzburg 30, 37, 167, 170 ff.,
175, 178 f., 183, 193 f., 212, 350,
574
Moer, Ambrosius 152
Mörsperg, Hans Werner von 586
– Kaspar von 586
Molitor, Christian 678
Mombaer, Jan s. Mauburnus,
Johannes
Mombritius, Boninus 96
Mommerloch, Wilhelm 523
Mondino de Luzzi 451
Monetarius s. Münzer, Hieronymus
Montalboddo s. Fracan
Montaigne, Michel 563
Montanus, Jakob 511, 605
Montfort-Werdenberg, Familie derer
von 150
Montigel (Monzigel), Rudolf 187
Moralium dogma philosophorum 111
Moravus Augustinus, Käsenbrot
von Wscherd 519, 526, 634 f.
Moretus 294
Moriz von Craon 66
Morlini, Girolamo 127
Moro, Ludovico 628 f.
Morus, Thomas 442, 452, 557, 560,
566
Mosellanus, Petrus 509, 519, 628
Moser, August 231
– Ludwig 327 f.
Motz, Jakob 573

Mountjoy, William Blount 556 ff., 566
Mucius, Macarius 600
Mülberg, Johannes 323
Müller, Heinrich s. Wittenwiler, Heinrich
– Johannes s. Regiomontanus
– Peter 187
Mülich, Hektor 57
– von Prag 222
Münsinger, Heinrich 358
Münster, Sebastian 508, 527, 691
Müntzinger, Johannes 323
Münzer, Hieronymus 516, 653, 692
Muffel, Nikolaus 159, 189
Muling, Johann Adelphus 50, 499 f., 506, 592, 595, 692
Mulitor, Konrad 362
Murad II., Sultan 160
Murmellius, Johannes 454, 510 f., 605, 615
Murmester, Hinrich 520
Murnauer, Alexander 147
– Paul 147
Murner, Beatus 588, 590
– Johannes 590
– Matthäus 585
– Thomas 16, 30, 38, 124, 216, 288 f., 296, 303, 497, 505, 519, 568 f., 580, 585 ff., 655, 665, 706, 708, 713, 723
Murrho, Sebastian 497, 665
Musaeus 568
Muskatblüt 194, 220, 223 f., 227
Musurus, Marcus 607
Mutianus Rufus, Konrad 455, 462, 510, 517 f., 522, 552 ff., 619 ff., 624 f., 696, 709, 718, 721
Myconius, Oswald 503 f., 613

Nachtigal, Konrad 179, 231
– Michel 222
Nachtigall s. Luscinius-Nachtigall, Ottmar
Namatianus, Claudius Rutilius 430
Narren Spiegel, Der 584
Naturlehre, Mainauer 348 f.
Nauklerus-Vergenhans, Johannes 512, 532, 663
Neckam, Alexander 86
Neidhart, Hans 627
– von Reuental 16, 53, 94, 107, 110 f., 114, 168, 174 f., 178, 194, 207
– -Spiele 274 f., 277 ff.

Großes Neidhart-Spiel 116, 280 f.
Kleines Neidhart-Spiel 116, 281
Neidhart-Spiel aus dem 15. Jh. 279
St. Pauler Neidhart-Spiel 278, 280
Sterzinger Szenar 278 f.
Neifen, Gottfried von 174
Neithart Fuchs 48, 51, 53, 107 ff., 113 ff., 124, 136, 168, 403 f.
Nemius, Johannes 127
Nepos, Cornelius 674
Nestler von Speyer 234
Nestorius 536
Neuenar, Hermann von 509 f., 695, 707
Neufarer, Sibylla 59
Neveleti, Anonymus 575
Newton, Isaac 434
Neydeck, Hans von 60
Niavis s. Schneevogel-Niavis, Paul
Nibelungenlied 53, 64, 66 ff., 207, 292
Niccoli, Niccolo 414, 438, 552
Niclas der Fuchs 105
Nicolai, Friedrich 429
– Secundus, Johannes 459
Nicolas de Clemanges 351
Nider, Johannes 334, 405, 411 f., 489, 499
Niger, Franciscus 504
Nigri-Schwarz, Peter 323, 514, 537, 655
Nigrinus, Georg 124
Nihil s. Bohemus-Nihil, Johannes
Nikander 696
Niklas von Thernberg 122
Nikodemus von Freising 472 f.
Nikolaus V., Papst 61, 377, 438, 572, 690
– von Astau 105, 329, 408
– von Autrecourt 20
– von Cues s. Cues
– von Dinkelspühl 342, 405, 408 ff.
– von Flüe 102, 665
– von Jauer 393
– von Jeroschin 156
– von Löwen 330
– von Lyra 318, 406, 668
– von Klesenburg 398
– von Straßburg 23
– von Tüngen 156
Nikolaus-Spiel 268
Nilus d. Ä. 546 f.
– d. J. 553
Niphus, Augustinus 402, 441

Nitsch, Gregor 519
Nitzschewitz, Hermann 344
Nivardus, Magister 308
Northof, Christian 558
– Heinrich 558
Nothaft von Rense, Familie der 52
Notker Balbulus 192
– Labeo (der Deutsche) 72, 293, 345, 660
Novelle antiche, cento 127
Nuhn, Johannes 150
Nunnenbeck, Lienhart 231 ff.
Nyssing 190

Ockham, Wilhelm von 18 ff., 26, 46, 151, 177, 310 f., 313, 363 f., 374, 377, 379 f., 384, 389 f., 392, 401 ff., 420, 454, 464, 706, 729
Octavio, Francesco 599
Oderich, Minorit 159
Odo von Cerington 86
– von Magdeburg 70
Oeglin, Erhard 682
Oehem, Gallus 149
Oekolampadius, Johannes 503 f., 512 f., 538, 549, 613, 655
Oertel, Hermann 231
Öser, Irmhart 316
Österreicher, Heinrich 579
Oettingen, Ulrich von 362
Offenbach, Heinrich 169
Olivi, Petrus 363, 376, 379
Olivier de la Marche 132
Omma, Gilles s. Periander, Aegidius
Opercus s. Sturz, Georg
Oratio ad Carolum Augustum et Germaniae principes 720
– Constantini Euboli Moventini 720
– de virtute clavium 719
– funebris in laudem Johannis Cerdonis 719
– pro Hutteno et Luthero 719
Orendel 63, 69, 71
Oresme, Nikolaus 352, 363, 464
Origenes 554 ff., 562, 673, 700 f.
Orpheus 440, 534
Orsini, Giordano 414, 627
Ortel, Sebald 162
Ortnit 66 ff.
Ortolf von Bayerland s. Bartholomaeus, Meister
Osten, Alexander 616

– Johann 616
Osterspiel, Luzerner 251
– Maastrichter 264 f.
– von Muri 244, 257 f.
– Neustifter (Innsbrucker) 244 f., 249, 276
– Osnabrücker 246
– Redentiner 288
– Rheinisches 241, 244 f., 249
– Trierer 244
– Wiener 244 f.
– Wolfenbüttler 244
Oswald 476
– Sankt 69 ff., 99, 244
– der Schreiber 92
– von Wolkenstein 30, 35, 37, 43, 53, 113, 116, 167 f., 172 ff., 194, 206, 350 f., 403
Oswald-Spiel 268
Otfrid 89, 662, 668, 673
Otmar, Johann 81
– Silvan 98
Ott 360
– von Aechterdingen, Michael 135
Otter, Heinrich 194
Otto I., deutscher Kaiser 219, 663, 726
– von Diemeringen 160
– II. von Freising 99
– der Fröhliche von Österreich 14, 113, 115 ff., 120 ff., 404
– von Passau 317 f.
Ottokar aus der Geul 138
Ovidius Naso, Publius 319, 425, 442, 480, 485, 511, 523, 579, 595, 598, 620, 628, 633, 637, 693, 703, 713

Paduanus, Hieronymus 603
Paffraet, Richard 511
Palladius, Blosius 439, 600
Pannonus s. Frankfurter, Bartholomäus
Pantzer, Hans 233
Paracelsus, Theophrastus, eig. Bombastus von Hohenheim 420, 451, 455, 503, 540, 654, 695, 699
Parentucelli, Tommaso s. Nikolaus V.
Paris und Vienna 78
Parler, Familie 140
Passion, Bozener 249 f.
– Brixener (Schwazer) 250
– Haller 250
– Sonthofer 250

– Steinacher 250
– Sterzinger 249
Passional 96 f.
Passionsspiel, Alsfelder 249, 251 f.,
 255, 259, 269
– Donaueschinger 250 f.
– Egerer 266
– Frankfurter 238, 248
– von Fritzlar 249
– Heidelberger 249
– Tiroler 245, 249
Passius, Franciscus 628
Pathelin, Maître 640
Patrizzi, Francesco da 600
Pauernfeindt, Andreas 360
Paul III., Papst 557
– von Bamberg 504
– von Stockerau 504
Pauli, Johannes 16, 234, 320, 490
Paulus, Apostel 296, 440, 670
– Diaconus 670
Paumann, Konrad 55, 194, 214
Paumgartner, Konrad 148
Paumholz, Albrecht 235
Peck, Hans 189
Pelayo, Alvaro 380
Pelerin, Jean, gen. Viator 353, 689
Pellikan, Konrad 488, 504, 537 f., 655
Perger, Bernhard 476 f., 504, 657
Periander, Aegidius 127
Perotus, Nikolaus 477
Perrcal s. Fouquet, Jean
Persius Flaccus, Aulus 485, 505, 598
Pescara, Ferrante d'Avalos 444
Peter, Bruder des Erasmus von
 Rotterdam 556
– Großvater des Erasmus von
 Rotterdam 556
– von Arberg 167, 179
– von Argellata 579
– von Aspelt 168
– van Diest (Diesthemius) 271
– von Dusburg 156
– von Kastl 352
– de Merode 92
– von Reichenbach 179
– von Rossières s. Klemens VI.
– von Sachsen 172
– von Ulm 359
Petersz, Gerlach 338 f.
– Lubbe 339
Petit, Guillaume 719
Petri, Adam 559, 612

– Johann 503
Petronius Arbiter, Caius 485
Petrus von Ailly 20 f., 402
– Alphonsi 86, 575
– von Alvastra 332
– Antonius de Vinariis 503
– Aureolus 18
– Comestor 258, 335
– von Corbara 377
– von Crescentiis 356
– Hispanus 353, 656
– Lombardus 326
– von Ravenna 510, 521, 717 f.
– Wiechs von Rosenheim 324, 486
– von Skänninge 332
Petrarca, Francesco 26, 28, 88, 139,
 175, 299, 334, 373, 384, 386 ff., 394,
 401, 407, 413, 421, 427 f., 431,
 435 ff., 442 ff., 453, 456, 463, 471,
 476, 480, 483, 492, 494, 558, 566,
 568, 570, 572, 574, 581 f., 596, 599,
 626, 629, 657, 661, 674, 677, 723
Pettau, Herdegen von 208
Peuerbach, Georg von 449, 454,
 463 ff., 474, 476, 504, 601, 676,
 678 ff.
Peuger, Lienhart 199
Peuntner, Thomas 342, 405, 408,
 410 f.
Peutinger, Konrad 130, 135, 455, 508,
 513, 551, 597, 652, 662, 669 ff.
Pfaffenfeind 190
Pfalz von Straßburg (Hanns) 234
Pfannberg, Ulrich von 208
Pfarrer vom Kahlenberg 48, 108,
 113 f., 118 ff., 124 ff., 136, 403 f., 411
– zu dem Hechte 301
Pfeffel, Konrad 220
– Ulrich 517
Pfefferkorn, Anna 714
– Johannes 538, 547, 615, 617, 620,
 706, 708 ff., 722
Pfettisheim, Konrad 145
Pfingstspiele in Freiberg i. S. 266 f.
Pfinzing, Georg 162, 516, 627, 633
– Melchior 130 f., 133 f.
Pfister, Albrecht 367
Pflanzmann, Jodocus 119
Pflaum, Jakob 468
Pforr, Antonius von 49, 69, 505, 569,
 579, 597
Pfullendorf, Michael 474
Phaedrus 305 f.

Philhymnus, Thilonius s. Conradi, Thilemann
Philipp, Bruder 93 f., 260, 292, 325
– Mönch 357
– von Bicken 162
– der Gute von Burgund 12
– der Kühne von Burgund 169
– der Schöne von Burgund 137, 377
– der Großmütige von Hessen 190, 511, 707
– von Kastilien 235
– von Katzenelnbogen 201
– I. von Nassau-Saarbrücken 75
– von Orleans 92
– II. der Aufrichtige von der Pfalz 63, 491, 507 f., 524, 537, 579
– von der Pfalz-Neuburg 505
Philippe de Commines 446
Philo von Alexandrien 210, 703
Philoponus, Johannes 363
Phokylides, Pseudo- 659
Phrygio, Paul 499
Physiologus 223
Piccatrix 361 f.
Pico della Mirandola, Giovanni 435, 440 f., 450, 491, 493, 498, 521, 533, 535, 540, 546, 654, 669, 672, 677, 702 f.
– Johannes Franciscus (d. J.) 602, 703
Pictorius, Georg 694
Pietro d'Abano 402
Pigus Pictorius, Ludovicus 599
Pilgerfahrt des träumenden Mönchs 91
Pilgrim II. von Puchheim 171, 252
Pindar 598
Pinder, Ulrich 336
Pinicianus, Johannes 315, 612, 646
Pinturicchio s. Betti, Bernardino
Pirckheimer, Charitas 342, 549
– Familie 482 ff.
– Franz 483 f.
– Hans 484 f., 542, 545
– Johann 429, 485, 542, 549, 576, 633
– Thomas 483 f.
– Willibald 130, 444, 452, 455, 462, 485 f., 508 f., 513, 516, 522, 527, 541 ff., 557, 560, 565, 576, 603 f., 621, 633, 654, 669, 676, 683, 685 ff., 693, 699, 709, 717, 724 f.
Pirstinger, Perthold 369
Pistoja s. Cammelli, Antonio
Pistoris, Simon 705

Pistorius, Maternus 517 f.
Pius II., Papst s. Enea Silvio Piccolomini
– Baptista 607
Pizarro, Francisco 449
Plank, Andreas 252
Platina, Bartolommeo 445 f., 482
Platon 352, 413, 418 ff., 439 ff., 462 f., 493, 502, 517, 530, 533 f., 542, 545, 565, 591, 610, 672, 701, 723
Plattenberger, Johannes d. J. 148
Plautus, Titus Maccius 230, 414, 443, 445, 485, 570, 577, 626 f., 631, 637 f., 642 ff., 646 ff., 657
Pleicher, Georg 187
Pleier, Der 55
Pleningen, Dietrich von 494, 508, 536, 579
– Gebrüder 491
Plethon, Georgios Gemistos 413, 439
Plinius Caecilius Secundus, Caius (d. J.) 491, 579, 659, 673, 703
– Secundus, Caius (d. Ä.) 509, 561, 608, 659 f., 695
Plotin 22, 439 f., 533
Pluntsch (Plunk), Tilemann 152
Plutarch 139, 437, 483, 500, 545, 547, 560, 565, 674
Podiebrad, Georg, König von Böhmen 478
Poenitentiarius 307
Poggio Braccciolini, Giovanni Francesco 88, 127, 412, 414, 428, 438, 446, 463, 472, 483 f., 568, 572 f., 575 f., 592 ff.
Polich, Martin 518, 601, 705
Poliziano, Angelo 435, 441, 444, 491, 622, 628
Pollajuolo, Antonio 451
Polybius 445
Pomponatius, Petrus 402, 441
Pomponius Mela 660
Pontano, Giovanni 443 f., 599, 723
Poppenruyter, Johann 559
Porner, Hans 153, 162
Porphyrius 440, 488
Potken, Johannes 509
Pozzo Toscanelli, Paolo del 417
Prediger, Engelberger 314
Prenninger, Martin 512
Prepost, Briccius 476, 504
Preuß, Jakob 135
Prierias, Silvester 719

Priester Johannes 66, 691
Prischuch, Thomas 188
Priscian von Caesarea 284, 493, 655
Processus contra sentimentum
    Parrhisiense 719
Proklus Diadochus (von Konstanti-
    nopel) 418, 536, 550, 678, 692
Propertius, Sextus 442, 485, 511, 598
Propst, Hans 187
Protagoras 427
Prozessionsspiel, Friedberger 248 f.
Prozessus Satanae 371 f.
Prudentius Clemens, Aurelius 200,
    272, 497, 511, 605, 671 f.
Prüß, Johann 107, 500
Prunner, Johannes   s. Johannes
    von Indersdorf
Pseudo   s. unter dem jeweiligen
    Namen
Ptolemaeus, Claudius 285, 361,
    465 ff., 515, 545, 548 f., 561, 610,
    663, 677, 680, 690 ff., 695
Publicius, Jacobus 503, 518
Pülinger, Wilhelm 649
Püterich, Hans d. J. 62
  - von Reichertshausen, Jakob 44,
    49, 53 ff., 69, 202, 213, 224, 505
Puff, Michael 358
Pulci, Luigi 443
Punt, Michel 234
Puntschucher 475
Puschmann, Adam 220
Putsch, Ulrich 146, 295
Pyramus und Thispe 53, 185
Pyrgallius, Henning 603
Pythagoras 284 f., 420, 440 f., 502,
    530, 534 f., 538, 540, 677

Quentel, Peter 509
Quentell, Heinrich 346
Questenberg, Jakob 533
Quilichinus de Spoleto 58
Quintilianus, Marcus Fabius 351,
    438, 465, 470, 493, 656
Quitzow, Familie derer von 189

Rabelais, François 563
Rabenschlacht 66, 292
Rabenstein, Prokop von 474, 572
Raber, Vigil 116, 239, 242, 259,
    275 f., 278, 282
Radewijns, Florens 332, 337 ff.
Raffael 444, 447, 688

Rambaldini von Feltre, Viktor 437
Raminger, Hans 88, 199
Ramung, Matthias 480
Ramus, Petrus 464
Rasch, Johann 546
Rasche, Tilman 517
Rasinus, Balthasar 576
Rat, Jörg 572
Ratingen, Jakob von 189
Ratschronik der Stadt Würzburg 147
  - Zerbster 155
Rauhenstein, Albrecht von 208
Rees, Heinrich von 491
Regenbogen, Barthel 219, 221, 394,
    399
Regino von Prüm 668
Regiomontanus, Johannes 43, 129,
    354, 367, 403, 431 ff., 449, 453 f.,
    462 ff., 476, 504, 515 ff., 529, 531,
    548, 627, 676 ff., 682
Regnerus de Wael 231
Reimar von Brennenberg 184
Reimchronik, Braunschweigische
    138, 153
  - Breisacher 144
  - von Kastl 146
  - Livländische 156
Reimprecht von Wallsee 252, 315,
    344, 408
Reinbot von Durne 99
Reinhard I. von Westerburg 168 f.
Reinhart Fuchs 305, 308 f.
Reinke de Vos 301, 308 f.
Reinmar der Alte 47, 219
  - von Zweter 209
Reinolt, hl. 59
  - von Montelbaen 59
Reisch, Gregor 505
Reise, Clesse 150
Reitter, Konrad 603
Rembrandt 127
Resch, Thomas 609, 611
Reuauß, Meister 303
Reuchlin, Dionysius 508
  - Johannes 420, 455, 462, 487 f., 491,
    503, 507 ff., 512, 516, 518, 522, 524,
    531 ff., 547, 551, 553 f., 557, 563,
    567, 615, 617, 620 f., 637 ff., 655 f.,
    666, 697, 706, 708 ff., 722 ff., 726,
    729
Reuter, Kilian 646
Rewich, Erhard 162 f., 357, 359
Reyman, Léonhart 354

Reyndes, Johann 156
Rhagius Aesticampianus, Johannes
507, 510, 519 f., 602, 608, 721
Rhases 91
Rhenanus, Beatus 482, 488, 499,
503, 505, 562, 599, 652, 662, 672 ff.
Rhetorica ad Herennium 351, 428,
584
Riario s. Sansoni, Raffaelle
Richard II. von England 385
– von St. Victor 21, 315 f., 326,
329, 396
Richardius (Richart) s. Winckel,
Johann
Richer, Benediktiner 668
Richilus, Mathias 493
Ried, Hans 66, 136
Riederer, Ulrich 474
Riedner, Johann 514, 517
Riedrer, Friedrich 352
Riemenschneider, Tilman 513
Rienzo, Cola di 26, 28, 373, 384,
386 f., 389, 401, 413, 421, 431,
433, 453
Rieter, Crescentia 543
– Peter 162
Rimicus 575
Rindfleisch, Peter 162
Rinesberch, Gerd 156
Ringmann Philesius, Matthias 482,
499 ff., 506, 579, 604, 655
Ripelin, Hugo 316
Ritius, Paul 402
Ritter von Turn, Der 685
Robert von Anjou 376
– der Teufel 78
Robertus Monachus 574
Rochus-Legende 102
Rode, Johannes 155
Roder, Christian 467
Rodler, Hieronymus 59
Römerbuch 198
Röslin, Eucharius 359
Rössel, Stephan s. Rosinus
Roger, Georg 345
Roggenburg, Jörg 194
Rolandslied 53, 138
Rolevinck, Werner 299, 328
Rollenhagen, Gabriel 100, 309
Rollinger, Wilhelm 239, 253 f.
Romulus Monacensis 306
– Nilantinus 306 f., 575
Romulus-Corpus 306 f.

Rorbach, Bernhard 159
– Job 159
Roritzer, Matthäus 356
Rosenbach, Johannes 362, 695
Rosenberg, Gräfin von 96
– Herren von 637
Rosenberger, Johannes 611
Rosengarten, Der, Rosengarten zu
Worms 53, 64, 66, 68
– Kleiner 53
Rosenplüt, Hans, gen. Schnepperer
88, 194, 197, 199, 214 f., 235, 285
Rosenroman 91
Rosinus, Roßlin, Stephan 505, 530,
678, 680
Rossus, Laurentius 607
Roswitha von Gandersheim 93, 526,
528, 579, 582, 646
Rot, Hans 162
Rotcher von Grummelkut 62
Rotenhan, Anton von 188
Roth, Johann von 463, 474, 479,
483 f., 519
– Stephan 353, 650
Rothe, Johannes 96, 102, 154, 264,
298, 580
Rothirsch, Petrus 395 f., 398
Rothmann, Bernhard 708
Rotthut, Johannes s. Johannes von
Indersdorf
Rubenow, Heinrich 521
Rucellai, Giovanni 444
Ruchamer, Jobst 161
Rudolf I., deutscher König 370
– von Biberach 316
– von Breslau 505
– von Ems 43, 49, 53, 57 f., 79, 96,
99, 292
– von Hochberg 77
– IV. der Stifter von Österreich 140,
405 f., 410, 464
Rueder, Christian 517
Rülein von Calw, Ulrich 355
Rüxner, Georg 213, 359
Ruf, Jakob 287
Ruffus, Johannes s. Rode
– Jordanus 358
Rufus, Publicius 463
Rumel, Jakob 234
Rumpler, Angelus 516
Rumsland von Sachsen 94, 207,
220 ff.
Ruodlieb 458

Rupert, hl. 476
Ruprecht von der Pfalz, deutscher
  König 12, 392, 404, 571
– Pfalzgraf bei Rhein 189
– von Veldenz 590
– von Würzburg 78
Ruprecht und Hildegard-Legende 102
Rusius, Laurentius 358
Ruß, Melchior 143
Ruysbroeck, Jan van 23, 329,
  336 f., 340

Sabaeus, Faustus 600
Sabellicus, Marcus Antonius 444,
  523, 599, 672
Sabinus, Georg 459, 521, 625
Sachs, Hans 2, 51, 116, 126 f., 219,
  230 ff., 261, 296, 307, 576, 578,
  584, 647
Saeldner, Konrad 465, 476, 488, 703 f.
Sallustius Crispus, Caius 153, 485,
  547, 579
Salman und Morolf 69, 71 f.,
  107 f., 274
Salutati, Coluccio 428, 437, 599
Sannazaro, Jacopo 435, 443 ff.,
  596, 600, 628
Sansoni, Raffaelle, eig. Riario 689
Sanuda, Nicolosia 572
Sapidus, Johann 499, 558, 672
Sappho 511
Savonarola, Hieronymus 441, 703
Saxus, Pamphilus 600
Sbrulius, Richard 510, 596, 600,
  614, 625
Scandelli, Antonio 39
Schälly, Stadtschreiber 143
Schäufelein, Hans 96, 132, 336, 341,
  371
Schaller, Lorenz 484, 516
Schanz, Mathes 187
Schaumberg, Peter von 464, 488, 513
Schaur, Johann 116
Schedel, Hartmann 147 f., 195, 356,
  480, 485, 516, 518, 526, 627, 633,
  652, 662, 664, 692
  Hermann 120, 476, 483 f., 488,
  514, 516
Schelling, Johannes 519
Schene, Herbord 156
Schenk, Jakob 667
– Wolfgang 655
Schenkenbach, Der 188 f.

Schernberg, Dietrich 269
Scherrenmüller, Bartholomäus 579
Scheubel, Lienhart 67 f.
Scheufler, Sigismund 515
Scheurl, Christoph 516
Scheyter, Ludwig 474
Schilher, Jörg 194, 199, 223, 233
Schilknecht, Jörg 199
Schilling, Christoph 538
– Diebold d. Ä. 142 ff.
– Diebold d. J. 143
– Wernher d. J. 144
Schiltberger, Hans 160 f.
Schiphower, Johannes 154
Schismate extinguendo, De 625
Schlacht bei Alischanz 74
Schlegel, August Wilhelm 433
Schleich, Martin 190
Schleupner, Dominikus 549
Schleusinger, Eberhard 677
Schlick, Arnold 352
– Kaspar 212, 288, 413, 471, 473
Schlittpacher, Johann 325, 476, 486
Schlüsselfelder, Heinrich 61, 569 f.,
  575 f., 597
Schmeltzl, Wolfgang 115
Schmieher, Peter 88, 199
Schmuttermayer, Hans 356
Schnauß, Cyriacus 235
Schneeberger, Hans 88
Schneevogel-Niavis, Paul 518, 569,
  591 f.
Schneider, Hans 88, 136, 162, 187,
  199, 213
Schnepperer, Der s. Rosenplüt, Hans
Schodeler, Balthasar 144
– Wernher d. Ä. 144
Schöffer, Peter 366
Schön, Arnold 332
– Erhard 341
Schöner, Johannes 467 f., 621, 677
Schönsperger, Hans d. Ä. 76, 135
Schondoch 79, 81, 83
Schongauer, Martin 365
Schonheintz, Jakob 677
Schonhoven, Johannes von 338
Schopper, Hartmann 369
Schore, Hans von 190
Schott, Peter 488 f., 497, 506,
  514, 606
Schrade, Martin 233
Schradin, Nikolaus 143
Schreiber, Heinrich 678

- Veit 189
Schreyer, Sebald 516, 526, 653
Schrot, Martin 233
Schürebrand 330
Schürer, Lazarus 499
Schürstab, Erhard 148
Schüttensam, Hans 189
Schütz, Konrad 633
Schutken, Johann 339
Schwabenspiegel, Der 292, 370
Schwalber s. Chelidonius, Bene-
dictus
Schwartz, Hans 233
Schwarz, Hans 231
- Johann 476, 504
- Peter s. Nigri-Schwarz
Schwarzburg, Amelei von 204
Schwarzenberg, Johann von 578,
698 f.
Schwenter s. Bernhaupt, Pangratz
Schwester Katrei 330, 332
Schwicker, Paul 476
Scintilla s. Funck, Engelhard
Scrovegni, Anton 492
Sebald-Legende 102
Secreta mulierum 111
- secretorum 359
Sedulius, Caelius 603, 672
Seebuch 356
Seelentrost, Großer 322
- Kleiner 322
Seelen-Wurzgarten, Der 331
Seffner, Johann 357
Seifried 58
Seld, Johannes 351
Seneca, Lucius Annaeus 294, 366, 394,
396, 443, 476, 480, 485, 518, 524,
561, 579, 627, 629, 638, 643, 649,
657, 659, 673
- Lucius Annaeus d. Ä. 492
Senfl, Ludwig 136, 353, 515, 680 f.
Senhofer 186
Sensenschmidt, Johann 515
Sentimentum Parrhisiense, Contra
712
Serafino von Aquila 628
Sesselschreiber, Christoph 357 f.
Seuse, Heinrich 22 f., 43, 158, 292,
314, 317 f., 320 f., 323, 330,
332, 335
Seyfried, Der hürnen 64
Seyringer, Nikolaus 324
Sforza, Ascanio 664

- Bianca Maria 643
- Francesco 438, 643
- Massimiliano 643
Sibilla von Bondorf 101
Sibutus, Georgius 625, 645
Sibyllenbuch 366
Sibyllen-Weissagung 104
Sickingen, Franz von 721, 725 ff.
Sidonia, Gemahlin Albrechts von
Sachsen 318
Siebenschläferlegende 97
Siegmund von Bayern 60, 359
- von Tirol und Vorderösterreich
55, 76, 129, 187, 359, 414, 472, 478,
480 f., 485, 505, 572, 574, 664 f., 682
Sigebert von Gembloux 668
Sigenot 65 ff.
Sigillum Salomonis 361
Sigismund, deutscher Kaiser 12, 53,
145, 151, 154, 173, 212, 224, 359,
403 ff., 412 f.
- I. von Polen 617
Silberdrat, Konrad 188
Silius Italicus 438
Silvanus Germanicus, C. 600
Silvester I., Papst 433
- von Chiemsee 472
- von Rebdorf 325
Simler, Georg 510, 512, 639
Simon von Ruckersburg 105, 315
Simpert, hl. s. Ulrich und Simpert
Sinapinus, Martinus 519
Singer, Kaspar 235
Sintzenhofen, Georg von 514, 641
Sismondi, Jean Charles 433
Sixtus IV., Papst 13, 437, 445,
466, 679
Slatkonja, Georg von 680
Sleidanus, Johannes 662
Sobius, Jakob 510
Söflingen s. Briefe und Lieder,
Söflinger
Sokrates 502, 536, 553, 668, 701
Solden, Heinrich (Ritze), gen. Korte
s. Cordus, Euricius
Sommer- und Winterspiel,
Appenzeller 282
Sonnenberg, Andreas von 234
Sonnenberger, Ulrich 473 f.
Sophokles 627 f.
Sorg, Anton 70, 307
Soto, Dominicus 363
Spalatin, Georg 505, 553, 620

Span s. Spaun, Claus
Spangel, Pallas 496, 536, 706
Spangenberg, Cyriacus 220
Spaun, Claus 88, 275
Speculum humanae salvationis 89,
  297, 335
– perfectionis 297
Spengler, Lazarus 686, 725
Spervogel s. Kerling
Spiegel, Jakob 498, 506, 508,
  640, 706
– der Sünden 300
– des Sünders 300
Spiegelbuch 270
Spiel von Hillebrand 282
– von der hl. Katharina 268
– von dem Perner und Wundrer 282
– von Rutebeuf 268
– vom Tannhäuser 282
– von Theophilus 268 f.
– St. Galler, von der Kindheit
  Jesu 258, 261
– St. Galler, vom Leben Jesu
  248, 261
– Redentiner, von der Auferstehung
  Christi 245
– Züricher, von 1514 286 f.
Spielberg, Moritz von 605
Spiele, Erlauer 241 f., 246
– Neustifter (Innsbrucker) 241
– Sterzinger 245
Spielkartenmeister 365
Spieß, Heinrich 536
Spießheimer s. Cuspinian,
  Johannes
Spittendorf, Markus 155
Splendor solis 355
Spreng, Johannes 233
Sprenger, Balthasar s. Springer
– Jakob 370, 411
Sprenz, Sebastian 514, 531, 548,
  600, 650
Springer, Balthasar 161
Springinklee, Hans 132, 341, 679
Sprung, Peter 234
Stabius, Johannes 130 f., 133, 135,
  505, 514, 526, 531, 569, 653,
  676, 678 ff.
Stadeck, Leutold von 208
Stadtchronik, Klosterneuburger 145
Stagel, Elsbeth 157 f.
Stainreuter, Leopold 105, 141, 145,
  162, 297, 329, 345, 405, 408 ff.

Stammler, Johannes 693
Stampa, Gaspara 444
Stantwech, Johann 153 f.
Statius, Publius Papinius 485, 598,
  703
Staufenberg, Peter von 78
Staupitz, Johann von 329
Steber, Bartholomäus 504
Stein, Eitelwolf von 507, 617
Steinbach, Wendelin 512
Steinegg, Heinrich 587
Steinhausen, Apel 162
Steinhöwel, Heinrich 61, 69, 80, 306,
  308, 569, 573 ff., 578, 592, 594, 695
Steinhuser, Töni 187
Steinlinger, Lutz 356
Steinmar, Herr 281
Steinmetz, Bartholomaeus 605
Steinwert, Johannes s. Johannes
  von Soest
Stephan d. Gr. 157
– Schulmeister 301
– III. von Bayern-Ingolstadt 146
Stercker, Heinrich 480, 518
Stewart, Alexander 557
Steyndorffer, Maternus 578
Stiborius, Andreas 505, 514, 526,
  530 f., 678 f.
Stieröchsl s. Taurinus, Stephan
Stigel, Johannes 599, 625
– Ursula 490
Stöberer s. Stabius, Johannes
Stöberl s. Stiborius, Andreas
Stöffler, Johann 468, 512, 692
Störtebeker, Lied vom 190
Stolle, Konrad 154, 219
Stoltzer, Thomas 353
Strabo 437, 663, 693
Straub, Nikolaus 344
Streit zwischen Herbst und Mai,
  Ein 281
Stricker, Der 16, 47 f., 53, 66, 81 f.,
  107, 114, 118, 121, 123, 125, 127,
  136, 197, 295, 580
Stromer, Heinrich 519
– Ulman 147 f., 189
Strozzi, Lorenzo di Pier Filippo 444,
  491, 630
– Tito Vespasiano 444, 491,
  599, 609
Strub, Arbogast 612
Stüeckh, Wolfgang 249
Stuler, Jörg 344

Stumpf, Johannes 662
Stunica, Diego Lopez Zuñiga 566
Sturm, Jakob 498, 722
– Johannes 506, 508
– Martin 498
Sturnus, Johannes Iodocus 607
Sturz, Georg 622
Suchensinn 179 f., 183, 194
Suchenwirt, Peter 30, 176, 180, 194,
197 ff., 202, 204 ff., 214, 226, 288,
405, 580
Suchten, Christophorus von 600, 605
Suetonius Tranquillus, Caius 445,
561, 674
Summenhart, Konrad 512, 532, 579
Sunneberg, Wilhelm 189
Suntheim, Ladislaus 56, 122, 130,
135 f., 665
Surgant, Johann Ulrich 503
Surigonus, Wilhelm 509
Susannen-Dichtung 269 f.
Susato, Tilman 63
Suter, Kaspar 190
Symler, Johann 476
Synthen, Johannes 511, 556

Tabula Peutingeriana 529
Taccone, Baldassare 629
Tacitus, Publius Cornelius 414, 445,
528, 593, 616, 661 f., 673, 680, 722
Tack, Alexander 152
Taktik der Fehde 357
Talmud 540, 709 ff.
Tanaweschel 237, 283
Tannhäuser, Der 175
Tannstetter, Georg 505, 618, 678 f.
Tardivus, Wilhelm 532
Tatian 89
Tauler, Johannes 22 f., 314, 321,
323, 329 f., 381, 390
Taurinus, Stephan 596
Teim, Niklas 145
Tellenspiel, Das alte 287
Tengler, Ulrich 263, 371, 581, 585
Terentius Afer, Publius 230, 412, 425,
443, 445, 473, 480, 485, 561, 584,
603, 626, 629, 631, 637 f., 642 ff.,
648 f., 650, 657, 684 f.
Terracina, Laura 444
Tersteegen, Gerhard 339
Tertullianus, Quintus Septimius
Florens 673, 700
Tetzel, Georg 633

Teufelsbeichte 97
Teufels Netz, Des 302 ff., 331, 403
Thabit 361
Thalhofer, Hans 360
Themistius 493
Themo Judaei 464
Theobald von Geislingen 319
Theodericeis 529
Theoderich d. Gr. 693
Theokrit 598, 622
Theologia deutsch 43, 323 f.
Theophrast von Ereso 111, 441, 549 f.
Thomas von Aquin 17 f., 175, 297,
310, 316, 335, 353, 361, 366, 454,
486, 523, 555
– von Baden 94
– von Celano 317
– von Chantimpré 302, 349 f., 411
– Hibernicus 295
– von Kempen 22, 35, 313, 323,
326 f., 335 ff., 491, 558
– von Straßburg 328
Thomasin von Zerklaere 293
Thomasius, Gottfried 66
Thüring von Ringoltingen 77 f.
Thukydides 662
Thurzo, Johann 617
– Stanislaus 519, 618 f.
Tibullus, Albius 442, 511, 598
Tichtel, Johann Benedikt 504, 675
Tilesius, Hieronymus 269
Tilo von Kulm 34
Tissard, François 628
Titelverzeichnis, Lübecker 270
Tolhopf, Johann 514, 518
Tollat von Vochenberg, Johann 358
Torrentius, Hermann 655
Tractatulus quidam solemnis 719
Tractatus de crudelitate mortis 396 f.
Tratt, Hans von 62
Traun, Hans von 208
Traversari, Ambrogio 438, 484
Trebelius, Hermann 615
Treitzsaurwein, Marx 130 ff., 135
Triaden für Huttens Vadiscus 719
Trissino, Giovanni Giorgio 444
Tristan-Roman 74
Trithemius, Johannes 130, 319 f., 328,
488, 507, 520, 524, 536, 546, 652,
661 f., 666 ff., 674 f., 680, 696 f.
Tritonius, Petrus 526 ff., 681
Tröster, Johann 463, 465 f., 474 f.,
476, 484, 631 f.

Trojanerkrieg 53, 125, 574
– Göttweiger 57
Trojaroman 138
Trottula 359
Troyer, Ferdinand 267
Truchseß, Theodorich 148
Tschachtlan, Bendicht 142
Tschudi, Gilg 662
Tuberinus s. Beussel, Johann
Tucher, Anton 148
– Endres d. Ä. 148
– Endres d. J. 148, 356
– Hans 162
– Martin 685
Tünger, Augustin 569, 592, 594
Tüsch, Hans Erhart 144, 489
Tundalus-Vision 103 ff.
Tungern, Arnold von 710 ff.
Tunnicius, Anton 296
Turmair, Johannes s. Aventin
Turpin, Pseudo- 397
Twinger von Königshofen, Jakob 144, 351
Tyndale, William 512

Ubertino von Casale 379
Übertwerch, Heinz 189
Ültschi, Franz 587
Ugolino de Pisanis 444, 577, 629
Ulenspegel, Claws 124
Ulrich, Bruder 327
– Subnotar 391
– von Augsburg 382
– von Cilli 208, 225, 252
– von Etzenbach 32, 58, 70
– von Laber 202
– von Lichtenstein 66, 158, 174, 202, 207
– von Pottenstein 307 f., 408 f.
– von Richental 141, 148 f.
– von Straßburg 17
– von Türheim 79
– von dem Türlin 79
– von Württemberg 149, 188, 213, 512, 537, 541, 721, 723, 726
Ulrich-Legende 98
= Simpert und Afralegende 102
– und Simpert-Viten 98
Ulricus 396
Ulsen, Dietrich 516, 605, 643, 694
Umgangsspiele, Bozener 250
Umperlin, Hans 188
Unrest, Jacob 142, 145

Unverdorben, Peter 184, 189
Uppslacht, Nikolaus 189
Urban VI., Papst 151, 406
– Heinrich 552
Urceus, Codrus 607
Uriel von Gemmingen 710
Ursinus Velius, Kaspar 505, 600, 609, 617 ff., 650, 662, 669
Ursula-Legende 101
Utloe von Suthwold, Rudolf 480

Vadianus s. Watt, Joachim von
Vadtlant, Jean 174
Valentin und Namelos 79
Valeriano, Pierio 546
Valerius, Julius 57 f.
– Maximus 222, 300, 306, 406, 480, 485
Valla, Lorenzo 413, 429, 438 f., 453, 463, 478, 496, 515, 558, 561, 576, 636, 693, 723, 725
Valturio, Roberto 357, 579
Varro, Marcus Terentius 428, 702
Vasari, Giorgio 432 f., 674
Vasco da Gama 449
Vatter, Johannes 587
Vegetius Renatus, Flavius 298, 578 f.
Veghe, Johannes 339
Vegio, Maffeo 438, 518, 568, 576, 589, 591, 599
Velleius Paterculus, Caius 673
Velocianus s. Resch, Thomas
Velser, Michel 160
Venturio von Bergamo 390
Verardi, Carlo 444, 581, 640, 643
Vergenhans, Johannes s. Nauklerus-Vergenhans
– Ludwig 635
Vergerio, Pier Paolo 629
Vergilius Maro, Publius 425, 430 f., 436, 442 f., 480, 485, 496, 500, 523, 568, 579, 583, 589, 595 f., 602, 610, 620 f., 637, 700, 703
Vernias, Nicoletto 402, 441
Vesalius, Andreas 451
Vespucci, Amerigo 161, 449, 692
Veßler, Konrad 512
Vetter, Jakob 187
– Johann 147
Vettori, Francesco 650
Viator s. Pelerin, Jean
Vida, Marco Girolamo 596, 600
Vigilantius, Publius 520

Vigilis, Heinrich 319
Vigilius, Johannes 508, 524, 536
Villard de Honnecourt 355
Villon, François 127
Vintler, Hans 300, 303, 392
Vinzenz von Aggsbach 325, 327, 417
– von Beauvais 91, 95, 297, 306
Viol, Hans 187
Viola, Pietro della 628
Virdung, Johannes 667
– Sebastian 63, 352
Virginal, Die 64
Vischer, Gebrüder 585
Visconti, Galeazzo 543
– Viridis 405
Visio Lazari 104 f.
– Sancti Pauli 103 f.
Visionen des Ritters Georg aus
  Ungarn, Die 103 ff.
Vita beatae virginis Mariae et
  Salvatoris rhythmica 93 f.
Vitez, Johann 468
Vitruvius Pollio 356, 446 ff., 649,
  653, 686, 689
Vittorino da Feltre 552
Vogel, Hans 231
Vogelsang, Konrad 231
Vogesigena s. Ringmann Philesius,
  Matthias
Vogler, Thomas 506, 604
Voigt, Valentin 179
Voltaire, François-Marie 433
Volz, Paul 499
Vos van Heusden, Johann 337
Vrie, Dietrich 149 ff.
Vrischeman 190

Wachtelmäre, Das 207, 287
Wagenrieder, Lukas 196
Wagenseil, Johann Christoph 220
Waging, Bernhard von 516 f.
Wagner, Gregor 640
– Peter 119
Wahraus, Erhard 149
Walahfrid Strabo 397, 695
Waldauff, Florian 332
Waldbruder 333
Waldis, Burkhard 134, 296
Waldkirch, Bernhard von 636
Waldner, Johann 504
Waldseemüller, Martin 500, 692
Wallsee, Ulrich von 208
Walram von Naumburg 725

Walter Anglicus 306
Walther, Bernhard 466, 516, 548
– von Rheinau 93
– von der Vogelweide 47, 114, 219,
  221, 255, 292, 615
Wameshaft, Erhard 199 ff.
Wanckel, Nikolaus 162
Warham, William 557
Wartemburg, Nikolaus von 571
Wassenberch, Johann 152
Watt, Joachim von 54, 460, 505 f.,
  528, 608, 612, 618, 625, 638, 643,
  647 f., 652, 659, 695
Weber, Veit 187, 234
Wechtlin, Hans 362
Weigel, Valentin 599
Weigelin, Jakob 315
Weiglein, Peter 189
Weihnachtsspiel, Benediktbeurer
  257 f., 261
[–] Spiel, Egerer 260
– Freisinger 257 ff.
– Niederhessisches 259 f.
– Sterzinger oder Eisacktaler 259 f.
– Unterinntaler 260
Weihnachtsspiele, Erlauer 259 f.
Weiler, Christoph 187
Weinreich, Kaspar 156
Weiß, Martin 188
Welschgattung 591
Welser, Handelshaus 161
– Margarethe 670
Weltchronik, Thüringische 146
Weltgerichtsspiel, Augsburger 263
– Berner 263
– Donaueschinger 263
– St. Galler 263
– Grüninger 263
– Luzerner 263
– Münchener 263
– Rheinauer 263
Weltlohn 104
Wenck, Johann 416
– Johannes 480
Wendel, Kaspar 474
Wenzel, hl. 607
– deutscher König 171, 345, 359,
  400, 403 f., 406 f.
– II. von Böhmen 58, 168
Werdenberg, Johann von 493
Werkmann, Johann 155
Werler, Veit 519
Werner, Johann 516

- von Themar, Adam 508, 536, 579, 604
- Thomas 155
Wernher, Bruder 207
- Priester 89
- der Gärtner 16, 66, 109, 281, 292
- von Horberg 205
- Peter 578
- der Schweizer 94
Wessel Gansfort, Johann 487, 491, 508, 532, 697
Westernach, Hans von 188
Westfael, Joachim 72
Westhofer, Diebold 503
Weydenberger, Hans 362
Weyditz, Hans 506, 696
Weymann, Georg 152
Wick, Hans 187
Wickgram, Peter 490
Wickram, Jörg 38, 219 f., 400, 597
Widmann, Achilles Jason 124
- Jörg 189
- Matthias s. Matthias von Kemnat
Wieland von Freiberg 60
Wierstrait, Christian 153
Wiest, Ulrich 233
Wigamur 65
Wigand von Marburg 212
Wild, Ingold 302
- Sebastian 86, 233
Wildenhertz, Johann 480
Wilhelm von Auxerre 17
- IV. von Bayern 58, 672
- III. von Bayern-München 146
- von Boldensele 159, 162
- von Châlons 77
- I. von Hessen 162
- II. von Hessen 623
- III. von Holland und Seeland 205
- von Innerösterreich 319
- II. von Reichenau 483, 485, 517,
- von Savona 465 f., 476, 504
- von St. Thierry 22
- III. von Thüringen und Meißen 162
- von Wert 351
Willehalm, Prosa- 74, 77
Willichius, Jodokus 520, 659
Williram 72
Wimpfeling, Jakob 153, 335, 411, 454 f., 462, 477 f., 482, 488 ff., 495 ff., 503, 506 ff., 512, 524, 536, 567, 569, 579, 586 f., 604, 608, 625, 634, 638,

640, 647, 652, 657, 662, 665 ff., 675, 699, 706
Wimpina, Konrad 518, 520, 601, 705 ·
- Petrus de 480
Winckel, Johann 647
Wind, Jodocus 321
Windeck, Eberhard 145
Windsberger, Erhard 487, 514
Winthager, Wolfgang 476, 504, 626
Wirnt von Grafenberg 53, 55, 73, 79
Wiser, Johann 475
Wispeck, Hans 187
Wißlandt, Heinrich 234
Witelo 677
Wittauer, Rudolf 101
Wittenwiler, Heinrich 16, 31, 35, 37, 43, 48, 108 ff., 403, 580, 589
Wittenwille, Heinrich, gen. Müller s. Wittenwiler
Wittenwiller, Hugo 358
Wittich, Ivo 518, 673
Witz, Konrad 37
Witzenhausen, Joel 79
Wlad II. Drakul 226
Wölfflin, Heinrich 480, 503
Wörterbuch, Stralsunder 351
Wohlgemut, Michael 319, 366, 609
Wolf, Jakob 488
- von Zülnhart 162
Wolfdietrich 64, 66 ff.
Wolfgang-Legende 102
Wolfram von Eschenbach 33, 51, 53 ff., 57, 63 f., 66, 69, 73 f., 79, 94, 168, 205, 207, 219, 292
Wolkenstein s. Oswald von Wolkenstein
Würsung, Marx 359
Würtzburger, Ludwig 234
Wulfila 343
Wunderer, Der 64 f., 67, 282
Wunstorp s. Reyndes, Johann
Wurm, Hans 147
Wurmprecht 354
Wurzgarten, Der lüstliche 331
Wusterwitz, Engelbert 155
Wyclif, John 177, 162, 385, 404
Wyle, Niklas von 38, 49, 61, 69, 80, 169, 320, 352, 372, 464, 473, 477, 515, 569, 570 ff., 578, 597, 664
Wyttenbach, Thomas 503

Xenophon 438, 536, 545, 579, 662
Ximenes, Francisco 561

Zärtlin, Konrad 725
Zainer, Günter 346
Zambertus, Bartholomaeus 444, 630
Zanchi, Lucius Petreius 619
Zapolya, Johann 669
Zasius, Ulrich 505, 670, 698 f., 705 f.
Zehender, Bartholomäus 511, 605
Zehnjungfrauenspiel 237, 263 f.
Zeichen, Fünfzehn 97
Zell, Ulrich 509
Zeller, Johannes s. Trithemius
– Johannes, Magister 252
Zeninger, Conrad 351
Zerbold van Zutphen, Gerhard 332, 337 f.
Zewers, Wilhelm 328
Ziegler, Dietrich 54
– Hieronymus 130, 261
– Niklas 136
Zimara, Mafeus Antonius 441

Zimmern, Froben Christoph von 169
– Johannes Werner von 88, 578
Zingel, Georg 498, 514, 705 f.
Zink, Burkhard 149 f.
Zirkelbrüder in Lübeck 276 f.
Ziska, Jan 597
Zobel, Georg 87 f.
Zoller, Matthias 187
Zonarius, Fabius 717
Zorn, Fritz 231
Zoroaster 439 ff.
Zovenzoni, Rafaele 599
Zriny, Nikolaus 190
Zschekkenbürlin, Hieronymus 503
Zwinger, Der (Peter) 223
– Johannes 362 f.
Zwingli, Ulrich 143, 503, 612 f., 661, 707, 727, 729
Zycha 491